日本近代思想大系 12

対外観

芝原拓自　猪飼隆明　池田正博

岩波書店刊行

目次

補　注

解　説

凡例

一、本書は、対外観・対外認識にかかわる史料を類聚する。選定にあたっては、有司・官僚によるものと、民間での議論に二大別し、後者は主に新聞の論説・投書(一部、雑誌論文などを含む)によって構成し、さらにテーマごとに章別編成した。史料は章ごとに年代順に配列した。

一、使用した底本は、I章については各史料末尾の〔 〕内に示した。II章以降は、標題の( )内に新聞・雑誌名を示したが、一部底本が異なるものがあり、その場合史料解題にその旨注記した。

一、収録史料は章ごとに通し番号を付した。また、編者による標題を付したが、原題がある場合はできるだけ原題にそったかたちとした。新聞・雑誌に連載されたものの場合、一行空白によって掲載日が異なることを示した。

＊　＊　＊

一、本文作成にあたっては、読解の便宜のため、以下の措置を施した。

a、適宜改行を設け、句読点を施した。また漢文体・漢文的表現の場合は返点を付した。

b、仮名の清濁を整えた。ただし片仮名で表記された外国語の清濁については底本通りとした。

c、漢字の字体は、いわゆる通行の字体を用いた。ただし、別体字などは底本に従い両用したものがある(例、島/嶋、州/洲、鶏/雞)。

d、略字・変体仮名・合字は通行の表記に改めた。

e、現代仮名づかいにより振仮名を付した。訓み方にいく通りか考えられる場合は、編者による試訓を示した。また難読のものに限らず、現代の慣用に比して送り仮名の過不足が甚だしい場合や、漢字が連続して読みにくい場合にも適宜施した。

なお底本に振仮名がある場合には、それが多数である史料の場合は編者による振仮名を（ ）内に、逆の場合は底本の振仮名を〈 〉に括って区別した。本行の〈 〉内に示した二行割書は、底本の左傍の振仮名である。外国地名・人名などの宛漢字については、必ずしも漢字の音によらず、現在の慣用の呼称を片仮名で示した。例えば、「日耳曼」はゲルマンとし、ゼルマンとはしない。

一、とくに新聞・雑誌の場合、誤植とみられるものが頻出する。明白な誤字・衍字は訂し、脱字は〔 〕内に補入した。なお音が通じる場合は一々訂していない。また仮名づかいは底本通りとした。

一、底本中の二行割書は〈 〉内に小字一行で示した。

一、底本の傍点・傍線などはできるだけ忠実に表記した。

一、闕字・平出や謙称の小字は採用していない。

＊　＊　＊

一、各史料ごとに、頭注あるいは後注の冒頭に解題を設け、［ ］内に成稿あるいは発表年月日を示した。また【 】内に、執筆者名を記し略注を施した。

一、補注を設け、出典とした新聞の略解題と、各史料で論及されることの多い主要な国際紛争の注をまとめた。

一、↓は参照すべき注あるいは史料があることを示す。

一、注の作成にあたっては以下の方針によった。

a、年代表記は、史料参照の便宜のため、基本的には和暦によった。とくに誤解のおそれがない場合、「明治」と冠さなかった。例えば、ただ十四年とあれば明治十四年の意である。また明治五年以前は旧暦である。ただし外国の事件で、和暦で示すのが適当でない場合は西暦によった。

b、外国人名については適宜原綴を示したが、底本の表記が英語読みによると思われる場合にはそれによった。

c、外国地名の表記は、概ね現在の呼称によったが、一部当時の呼称によったものがある。例えば、「ソウル」「京城」「漢城」の場合、当時の呼称である「漢城」に統一した。

d、注の引用文は本文作成方針に準じた。

一、本書収録の史料は、章と史料番号によって示した。II-5とあればII章の史料5の意である。また新聞論説で本書に収録しない関係論説については掲載年月日を示した。十四・五・二十七とあれば、明治十四年五月二十七日掲載であることを示す。また頻出する主要新聞名については、「毎日」(東京横浜毎日新聞)、「曙」(東京曙新聞)、「東日」(東京日日新聞)、「報知」(郵便報知新聞)、「朝野」(朝野新聞)、「自由」(自由新聞)、「立憲」(日本立憲政党新聞)、「時事」(時事新報)と略称した。なお新聞論説の場合、新聞によりまた時期によって、「論説」「社説」など論説欄の呼称が異なるが、一々区別せず論説とし、同様に「投書」「寄書」も投書と表記した。

*　*　*

一、本書の収録史料の選定は芝原があたり、校訂・注釈は猪飼・池田が担当し、芝原が補訂した。

一、本書の収録史料中、一部穏当を欠く表現、言辞が散見されるが、当時の論調をできるだけ忠実に復元するという本大系の趣旨に鑑み、一々注釈することなく、原文のまま掲載している。

一、本書の刊行にあたり、東京大学法学部附属明治新聞雑誌文庫、早稲田大学現代政治経済研究所をはじめとする、関係諸研究機関に便宜をはかっていただいた。厚く御礼申し上げる。

Ⅰ　有司・官僚の対外観

解題　本章は、維新政府の成立から帝国憲法体制の発足直前にいたる二〇年あまりの時期における、明治国家の内外への基本目標＝国是を明示した公文書、および顕官有司や中堅官僚たちによる対外問題にかかわる建策・意見書や書翰類を、年代順に収録する。収録された諸史料はすべて、当時の対外的な国家意志、および西洋・アジア諸国や国際情勢全般にたいする有司・官僚たちの認識や姿勢・志向が、より典型的に表現されていると思われるものである。

対外和親・開国進取とともに万国対峙・国威宣揚の基本目標を掲げた、誕生いらいの新政府は、まず欧米諸国にたいしては不平等条約の改正と対外的国家主権の確立を第一義的な優先課題とし、朝鮮・中国など近隣諸国にたいしては優越的地位の獲得と国権伸張を模索しつづけた。本章に収録された諸史料は、いずれも、これらの目標や課題とかかわって生じた重要な対外政策・行動や対外懸案・係争問題と、密接に結びついているものである。いわゆる琉球処分＝沖縄県設置（一八七九年）にかかわる文書（I-19）も、厳密には対外問題とは断定しえないが、琉球王国の存亡や帰属は清国との重要な外交問題でもあったので、参考のため章末に収録した。

収録諸史料そのものが語るとおり、明治国家や有司・官僚たちの対外観や対外志向の諸相は、いわゆる思想家や知識人のそれのように、それ自体まとまって体系的に表明されるわけではない。むしろ、内外の具体的な課題や案件をめぐっての公文書や意見書・書翰などのなかに、やや系統的あるいは断片的に表出されるばあいがほとんどである。しかもそれらが、公表される布告や公文書であるか、政府部内での建議や意見書類であるか、あるいは有司・官僚相互の私的な提言や書翰類であるかによって、欧米・近隣諸国への認識や姿勢も、国際情勢分析や対外野心さえも、実《まこと》しやかに粉飾されたり、逆に本音に近いものが露骨に表現されたりする。

幼少期の近代日本を統治し方向づけてきた明治国家と有司・官僚層の対外観と対外姿勢を問題にするとき、以上の諸点にも留意されたい。

1　対外和親、国威宣揚の布告

外国之儀ハ、*先帝多年之宸憂《しんゆう》ニ被ㇾ為ㇾ在《あらせられ》候処、幕府従来之失錯《しっさく》ニ依リ、因循今日ニ至リ候折柄、世態大ニ一変シ、大勢誠ニ不ㇾ被ㇾ為ㇾ得ㇾ止、此度《このたび》朝議之上、断然和親条約被ㇾ為㆓取結《とりむすばせられ》㆒候、就テハ上下一致、疑惑ヲ不ㇾ生《しょうぜず》、大ニ兵備ヲ充実シ、国威ヲ海外万国ニ光輝セシメ、祖宗先帝之神霊ニ対答可ㇾ被ㇾ遊《あそばさるべき》叡慮ニ候間、天下列藩士民ニ至ルマデ、此旨ヲ奉戴シ、心力ヲ尽シ、勉励可ㇾ有ㇾ之《これあるべく》候事。

但《ただし》是迄、*於㆓幕府㆒取結候条約之中、弊害有ㇾ之《これあり》候件々、利害得失公議之上、御改革可ㇾ被《あらせ》ㇾ為《らるべく》ㇾ在候、猶《なお》外国交際之儀ハ、*宇内《うだい》之公法ヲ以テ取扱可ㇾ有ㇾ之《これあるべく》候間、此段相心得可ㇾ申事。

正月

*徳川茂承家記

*黒田長知家記

〔『復古記』一〕

1解題〔明治元年一月十五日〕備前藩兵が外国人に発砲し、さらに英仏米の衛兵と交戦した一月十一日の神戸事件を機に、成立したばかりの新政府は、急ぎ王政復古と新政府の条約履行を明示した勅書を、十五日各国公使に手交した。あわせて同日、国内に対外和親、国威宣揚の基本方針を宣言したのが本布告である。なお維新史料綱要は一月十七日布告とする。

先帝　孝明天皇。

於幕府取結候条約　幕府は、アメリカ・オランダ・ロシア・イギリス・フランス・ポルトガル・プロシア・スイス・ベルギー・イタリア・デンマークの一一カ国と通商条約を結んでいた。ただしこのとき諸条約の正文は江戸城紅葉山文庫にあり、まだ新政府の手に入っていなかった。一月十八日、イギリス公使パークス、プロシア代理公使ブラントから諸条約の写をうけとり、二十日あらためて各国代表に条約遵守を通告する。

宇内之公法　万国公法のこと。

徳川茂承家記・黒田長知家記　官撰の維新史である復古記の依拠史料名。徳川茂承(もちつぐ)、黒田長知(ながとも)はそれぞれ和歌山藩・福岡藩の藩主。

2　国威宣揚の宸翰

御宸翰《シンカン》之御写《ウツシ》

朕*幼弱《ようじやく》を以て猝《にはか》に大統《とう》を紹《つ》ぎ、爾来《じらい》何を以て万国に対立《たいりつ》し列祖《れつそ》に事《つか》へ奉《たてまつ》らんやと朝夕恐懼《てうせききやうく》に堪《たへ》ざる也。窃《ひそか》に考《かんがへ》るに、中葉《よう》朝政衰《をとろへ》てより武家権《けん》を専《もつぱら》にし、表は朝廷《てい》を推尊《すいそん》して、実は敬して是を遠《とほざ》け、億兆《おくてう》の父母として絶《たへ》て赤子《せきし》の情《じやう》を知《し》ること能《あたは》ざるやふ計《はか》りなし。遂《つい》に億兆の君《きみ》たるも唯《たゞ》名のみに成り果《はて》、其が為《ため》に今日朝廷《てい》の尊重《ちやう》は古《いにし》へに倍《ばい》せしが如くにて朝威《い》は倍《ます〱》衰《おとろ》へ上下相離《あいはな》るゝこと*霄壌《せうじやう》の如し。かゝる形勢にて何を以て天下に君臨《くんりん》せんや。今般朝政《せい》一新《しん》の時に膺《あた》り、天下《てんか》億兆《おくてう》一人も其処《ところ》を得ざる時は、皆朕《みなわれ》が罪《つみ》なれば今日の事朕自《われみづから》身骨《しんこつ》を労《らう》し心志《しんし》を苦《くるし》め艱難《かんなん》の先《さき》に立《たち》、古《いにしへ》列祖《れつそ》の尽《つく》させ給《たま》ひし蹤《あと》を履《ふ》み治蹟《ちせき》を勤《つと》めてこそ、始《はじめ》て天職《てんしよく》を奉《ほう》じて億兆《おくてう》の君《きみ》たる所に背《そむ》かざるべし。往昔列祖《わうせきれつそ》万機《ばんき》を親《みづか》らし、不臣《ふしん》のことのあれば自《みづか》ら将《しやう》としてこれを征《せい》し玉ひ朝廷《てうてい》の政《まつりごと》総《すべ》て簡易《かんい》にして、如レ此《かくのごとく》尊重《そんちやう》ならざるゆへ、君臣《くんしん》相親《あいした》しみて上下相愛《あい〱》し、徳沢天下《とくたくてんか》に洽《あまね》く国威《こくい》海外《かいぐわい》に輝《かゞや》きしなり。然《しか》るに近来宇《きんらいう》内《だい》大《おほひ》に開《ひら》け、各国四方《かくこくしはふ》に相雄飛《あいゆうひ》するの時《とき》に当《あた》り、独我国《ひとりわがくに》のみ世界《せかい》の形勢《けいせい》にうとく旧習《きうしふ》を固守《こしゆ》し一新《いつしん》の効《しるし》をはからず朕徒《われいたづ》らに九重中《こゝのへのうち》に安居《あんきよ》し、一日《いちじつ》の安《やす》きを偸《ぬす》み百年《ひやくねん》の憂《うれひ》を忘《わす》るゝときは、遂《つひ》に各国《かくこく》の凌侮《あなどり》を受《う》け、上《かみ》は列聖《れつせい》を辱《はづか》しめ奉《たてまつ》り、下《しも》は億兆《おくてう》を苦《くる》しめん事《こと》を恐《おそ》る。故《ゆへ》に朕《われ》こゝに百官諸《ひやくくわんしよ》侯《こう》と広《ひろ》く相誓《あいちか》ひ列祖《れつそ》の御偉業《ごいぎやう》を継述《けいじゆつ》し、一身《いつしん》の艱難辛苦《かんなんしんく》を問《とは》ず、親《みづか》ら四方《しはう》を経営《けいえい》し汝億兆《なんちおくてう》を

2 解題［明治元年三月十四日］五箇条の誓文とともに発布された。起草は総裁局顧問の木戸孝允とされている。伝統的・形式的君主としての天皇に固執する公議政体派や宮廷侍臣層の反対を押え、天皇親政＝政治的絶対君主化と億兆安撫・国威発揚・海外雄飛を天皇みずから国民に宣言したもので、その第一歩として翌十五日、天皇の親征行幸の期日を三月二十一日と公布した。振仮名は、当時の官報である太政官日誌に付されていたもの。太政官日誌は当時木版。十年二月まで刊行され、一一七七号に及ぶ。

幼弱を以て　践祚の時一四歳。

霄壌の如し　霄は天、壌は地。天地の如く差の大きいこと。

公義　天下の公道・条理の意、あるいは公議の意を含むか。

総裁　慶応三年（一八六七）十二月九日の王政復古の大号令によって設置された最初の官制である三職の最高職。有栖川宮熾仁（たるひと）親王が任ぜられた。翌年閏四月二十一日の官制改革で廃止。

補弼　輔弼。明治元年（一八六八）二月三日の三職八局の制の設置に際して設けられた。中山

安撫《あんぶ》し、遂《つい》には万里《ばんり》の波濤《はとう》を拓開《たくかい》し国威《こくい》を四方《しはう》に宣布《せんぷ》し、天下《てんか》を富岳《ふがく》の安《やす》きに置《おか》んことを欲《ほっ》す。汝億兆《なんちおくてう》旧来《きうらい》の陋習に慣《な》れ尊重《そんちやう》のみを朝廷《てうてい》の事《こと》となし神州《しんしう》の危急《ききう》をしらず朕《われ》一たび足《あし》を挙《あぐ》れば非常《ひじやう》に驚《おどろ》き、種々《しゆ〳〵》の疑惑《ぎわく》を生じ万口紛紜《ばんこうふんうん》として朕《われ》が志《こゝろざし》をなさゞらしむる時《とき》は、是朕《これわれ》をして君《きみ》たる道《みち》を、失《うしな》はしむるのみならず、従《したがつ》て列祖《れつそ》の天下《てんか》を失《うしな》はしむる也。汝億兆《なんちおくてう》能々《よく〳〵》朕《われ》が志《こゝろざし》を体認《たいにん》し、相率《あいひきい》て私見《しけん》を去《さ》り*公義《こうぎ》を採《と》り朕《われ》が業《げう》を助《たすけ》て神州《しんしう》を保全《ほうぜん》し列聖《れつせい》の神霊《しんれい》を慰《ゐ》し奉《たてまつ》らしめば、生前《しやうぜん》の幸甚《こうじん》ならん。

右

御《ご》宸翰之《しんかんの》通広《とふりひろ》く天下《てんか》億兆蒼生《おくてうさうせい》を思食《おぼしめ》させ給《たま》ふ深《ふか》き御仁恵の御趣意《しゆい》に付《つき》、末々之者《すへ〳〵のもの》に至《いた》る迄敬承《までけいしやう》し奉《たてまつ》り心得違無レ之《こゝろえちがひこれなく》国家《こくか》の為《ため》に精々其分《せい〳〵そのぶん》を尽《つく》すべき事《こと》。

三月

総* 裁

補* 弼

〔『太政官日誌』第五号〕

忠能(ただやす)と正親町三条実愛(さねなる)が任ぜられた。同年閏四月二十一日の官制改革で廃止。

3 解題〔明治二年二月二十八日〕 議定の任にあった岩倉具視が輔相(最高官職)三条実美に呈し、朝議に付せんとした意見書。外交・内治の最重要課題を明示したこの意見は、同年七月の(北海道)開拓使設置、二年後の岩倉を全権とする米欧派遣使節などに具体化されていくが、とくに治外法権など不平等の現状にふれ、条約改正の意向を初めて明確に示したことが注目される。なお岩倉具視関係文書一に収録された「会計外交等ノ条々意見」(草稿か)は、外交・会計などの項が本意見書とほぼ同一内容である。底本とした岩倉公実記は、日記・覚書・意見書・往復書翰などを編年的に整理・編纂した岩倉具視の伝記。三十九年宮内省皇后職編により刊行。

【岩倉具視】 一八二五‐八三。王政復古以来、議定・副総裁・大納言・右大臣など歴任。維新政府の高官として、政策決定に主導的役割をはたした。四年から六年にかけて、特命全権大使として欧米各国を歴訪。

癸丑以降 癸丑はペリーが来航した嘉永六年(一八五三)。内憂外患の起点と意識されていた。

3 外交・会計・蝦夷地開拓意見書 (岩倉具視)

外 交 之 事

外国ニ対スルノ事ハ皇国安危ノ繫《かか》ル所ニシテ、尤《もっとも》深謀遠慮セザル可カラズ。夫《そ》レ*癸丑《きちゅう》以降和戦ノ議論紛々トシテ起リ、天下将《まさ》ニ麻ノ如クニ乱レントスルノ形勢ヲ現ス。其間ニ生ズル所ノ事件ニ就キ大ナルモノヲ挙ゲテ之ヲ数フレバ、*天皇遜位《そんい》ノ詔ヲ降スヤ、*水戸ノ賜勅ヤ、*親王ノ蟄居《ちっきょ》*四公ノ落飾ヤ、*朝野志士ノ酷刑ヤ、*大老ノ横死ヤ、*伏見寺田屋ノ難ヤ、*姉小路朝臣ノ白刃ニ斃《たお》ルヤ、*七卿ノ西竄《せいざん》ヤ、*大和但馬ノ一挙ヤ、*堺町ノ騒変ヤ、*長防ノ国難ヤ、*敦賀ノ惨死ヤ、又*伏見上野奥羽ノ兵乱ヤ、是皆《これみな》外国事件ニ由テ来タラザルハ莫《な》シ。而《しこうし》テ大政ノ朝廷ニ復スルニ方《あた》リ、天下ノ人ハ窃《ひそか》ニ以謂《おもえら》ク必ズ断然ト攘夷ノ令下ル可シト。豈《あ》ニ図ランヤ外国ト交際ヲ開クノ令ヲ発シ、継デ*英仏蘭米等諸国公使参朝ス。是ニ於テ天下ノ人大ニ疑惑ヲ抱テ曰ク、旧幕府ノ時ニ在テハ洋服ヲ着スルモノハ禁門ニ入ルヲ禁ズ、此《かく》ノ如《ごと》キ朝旨ナリシモ大政ノ朝廷ニ復スルニ及ンデハ、却テ旧幕府ノ時ヨリモ甚《はなはだ》シ。然ラバ朝廷ノ前《さ》キニ攘夷ヲ主張シ給ヒシハ、畢竟《ひっきょう》幕府ヲ倒サンガ為ノ謀略ナリ、寧《むし》ロ旧幕府ノ時ヲ以テ勝《まさ》レリトスト、議論囂然《ごうぜん》トシテ起リ、天下ノ人又方向ニ迷フ。嗚呼《ああ》是レ朝廷ノ罪ナリ。抑《そもそも》宇内《うだい》ノ形勢ヲ通観シ、今日朝廷ノ外国ト交際ヲ開カザルヲ得ザル所以《ゆえん》ヲ*領会スルモノハ、天下幾何人《いくばくにん》アルヤ。然ルヲ朝廷ヨリ丁寧ニ*暁諭《ぎょうゆ》セズシテ、外国ト交際ヲ開ク而已《のみ》ニ従事ス。天下ノ人之ヲ見テ疑惑ヲ抱クハ亦宜《むべ》ナラズヤ。朝廷宜《よろし》ク速ニ外国ト交際ヲ開カザルヲ得ザル所以ヲ天下ニ暁諭スベシ。其《その》暁諭ノ文ニハ左ノ旨意ヲ記載スベシ。

凡《およそ》宇宙ノ間ニ於テ生ヲ稟《う》ケ、目ヲ横ニシ鼻ヲ竪《たて》ニスル者ハ、紅髪碧瞳ト雖《いえども》均《ひとし》ク是レ人ニシテ、君臣ノ道アリ父子ノ倫《みち》アリ夫婦ノ愛アリ。豈ニ夷狄《いてき》ヲ以テ之ヲ軽蔑視スルコトヲ得ンヤ。宜《よろし》ク朋友ノ礼ヲ以テ接待スベシ。故ニ条理ニ由テ約束ヲ立テ、信義ヲ以テ交際ヲ行ヒ、学問ヲ修メテ智識ヲ交換シ、貨物ヲ貿易シテ有無ヲ相通ズ。万国皆然リ。豈ニ我レ独リ区々

天皇遜位ノ詔：　幕府の日米修好通商条約違勅調印に憤慨して、安政五年(一八五八)六月、孝明天皇が譲位しようとした事件。以下、戊辰戦争に至る主な政争事件を列挙。

水戸ノ賜勅　安政五年八月八日、水戸藩に下されたいわゆる戊午の密勅。

親王ノ蟄居　安政六年十二月七日の青蓮院宮の隠居・永蟄居処分をさすか。

四公ノ落飾　落飾とは剃髪のこと。安政六年一月十日の左大臣近衛忠熙・右大臣鷹司輔熙の辞官・落飾、前関白鷹司政通・前内大臣三条実万の落飾処分。

朝野志士ノ酷刑・大老ノ横死　安政六年八月―十月の安政の大獄と、翌年三月三日の桜田門外の変。

伏見寺田屋ノ難　文久二年(一八六二)四月の寺田屋事件。

姉小路朝臣ノ白刃ニ斃ル　文久三年四月、尊攘派公家姉小路公知(きんとも)の暗殺。

七卿ノ西竄　文久三年八月十八日の政変により、三条実美ら七卿が周防に落ちたこと。

大和但馬ノ一挙　文久三年八月、大和の天誅組挙兵、十月、但馬の生野の変。

堺町ノ騒変　元治元年(一八六四)七月十九日の禁門の変。

長防ノ国難　元治元年八月、英米仏蘭四カ国連合艦隊の下

トシテ鎖国ノ旧法ヲ守ルコトヲ得ンヤ。況ンヤ富強ヲ謀ラント欲ス、広ク万国ト交通セザルヲ得ズ。是レ今日宇内ノ状勢ナリ。今ヤ我ガ国*四港既ニ開クト雖《いえども》尚愈《いよいよ》開テ愈利アラバ、数十港ト雖《いえども》亦*廓然トシテ之ヲ開キ、以テ富強ヲ謀ルコトヲ資《たす》クベシ。是レ皇国ノ為ニ至大長計ナリ。然レドモ之ヲ為スニハ固《もとよ》リ天下ノ人ト議論ヲ合一ニセズンバアル可カラズ。向《さき》ニ徳川氏ノ外国ト交際ヲ開クヤ、国ノ為ニ利ナルカ抑《そもそも》不利ナルカ、畢竟大老老中三四輩ガ海外列強ノ恫喝ニ恐怖シテ俄《にわか》ニ条約ヲ締結シ、一日ノ安ヲ偸《ぬす》ンデ万事失錯シ、上ハ朝廷ヲ欺キ下ハ万民ヲ誣《し》ユ。是レ其失計ノ大ナルモノニシテ、遂ニ覆亡《ふくぼう》ヲ招ク所以ナリ。是故ニ今ヨリハ、外国ニ対スル事ハ天下ノ人ト議論ヲ合一ニシテ之ヲ処スベシ。夫レ約束ハ条理ヲ以テ立チ、交際ハ信義ヲ以テ成ル。一朝若《もし》モ葛藤ヲ生ズルコト有ラバ、亦《また》条理ノ在ル所ニ由テ其曲直ヲ判ズベシ。之ヲ裁断スルニ兵力ヲ仮《か》ラザルヲ得ザルトキハ、断然ト開戦スベシ。何ゾ必《かならず》シモ武備ノ充実スルト否トヲ問フニ遑《いとま》アランヤ。信義ヲ以テ交際スルハ常ナリ、曲直ニ由テ開戦スルハ変ナリ。故ニ天下ノ人ト議論ヲ合一ニシ、公明正大以テ和親スベキハ之ト和親シ、戦闘スベキハ之ト戦闘シ、終始皇威ヲ墜サズ、国権ヲ損ゼザルヲ以テ大眼目トス。天下億兆其レ朝旨ノ在ル所ヲ領会スベシト。

又之ニ暁諭シテ曰ク、海外万国ハ固ヨリ交通セザルヲ得ズト雖、畢竟海外万国ハ我ガ皇国ノ公敵ナリ。公敵トハ何ゾヤ。彼ノ海外万国ハ日々*文学ヲ研究シ、月々技術ヲ練磨シテ、以テ富強ヲ謀リ、和蘭《オランダ》ノ如キ小国ト雖、列強ノ間ニ屹然《きつぜん》独立シテ、他ノ列強ノ下風ニ立タズ。是レ他ナシ、其君主ヲ尊ンデ其国家ヲ愛スルノ人心上下一致スルニ由ルニ非ズヤ。此ノ如ク海外万国ハ各其自国ヲシテ他国ノ上ニ立タシメンコトヲ欲ス。甲ノ国ガ乙ノ国ニ対シ、乙ノ

関砲撃。

敦賀ノ惨死　元治元年三月挙兵した水戸天狗党が敦賀で降服、翌年処刑されたこと。

伏見上野奥羽ノ兵乱　鳥羽伏見の戦に始まった戊辰戦争。明治二年五月の箱館陥落をもって終結。

英仏蘭米等諸国公使…　明治元年二月にフランス公使ロッシュ、オランダ代理公使ポルスブルック、また三月にイギリス公使パークスが京都御所で、十月にイタリア公使ラ・ツール、アメリカ代理公使ファルケンブルグ、プロシア代理公使ブラントが東京城で、それぞれ天皇と会見。

領会　了解。

暁諭　さとすこと。

四港既ニ開ク　米蘭露英仏五カ国との修好通商条約にもとづいて神奈川・長崎・箱館が安政六年に、兵庫が慶応三年に開港した。ただし明治元年十一月には新潟も正式に開港しているから、この時点では五港のはず。

廓然　廓如。心がわだかまりなく広いさま。

文学　学問。学芸。

国ガ丙ノ国ニ対スル、皆然ラザルハ莫《な》シ。故ニ曰ク、海外万国ハ皆我ガ皇国ノ公敵ナリ。是ヲ以テ今ヨリ皇国ノ海外万国ト交際スルハ、皇威ヲ墜サズ国権ヲ損セザルヲ以テ大眼目トスベシ。是故ニ英仏孛米等諸国ト既ニ締結シタル通信貿易条約ノ如キモ、之ヲ改訂シテ皇国ノ独立ヲ保護セズンバアル可カラズ。目今ノ如ク*外国ノ兵隊ヲ我ガ港内ニ上陸セシメ、又居留洋人ノ我ガ国法ヲ犯スモノアルモ彼ガ国ノ官人ヲシテ之ヲ処置セシムル等ハ、尤《もっとも》我ガ皇国ノ恥辱甚《はなはだし》キモノト謂フベシ。断然ト前日締結シタル通信貿易条約ヲ改訂シテ、以テ我ガ皇国ノ権ヲ立テザル可カラズ。若シ其改訂ヲ談判スルニ方《あた》リ、彼レ暴論ヲ以テ之ヲ拒絶スルモ、我ハ条理ノ在ル所ニ由リ其曲直ヲ争フベシ。此時ニ方リ、廟堂《びょうどう》ノ上ニ在ルモノハ心ヲ励マシ胆ヲ張リテ之ニ従事シ、天下ノ人モ亦議論ヲ合一ニシテ之ヲ援助スベシ。彼レハ固《もと》ヨリ虎狼ノ心アリ。若シ其暴威ニ畏懼《いく》スルトキハ、我ガ皇国ヲシテ彼ガ奴隷トナルニ至ラン。是故ニ外国ニ対スルノ事ヲ処スルニハ、決シテ彼ガ富強ニ眩惑シ畏懼ノ心ヲ懐ク可カラズ。若《も》シモ畏懼ノ心ヲ懐カバ、皇威ヲ墜シ国権ヲ損シ、終始彼ガ下風ニ立タザルヲ得ズ。是尤《これもっとも》皇国ノ大恥辱トス。是故ニ天下億兆其レ朝旨ノ在ル所ヲ領会シテ、固陋《ころう》ノ弊ヲ去リ開明ノ風ニ就クコトニ励精スベシト。

英仏米蘭孛伊等諸国ノ公使、交際ノ礼ヲ以テ*既ニ参朝シ皇帝ニ謁見ス。我ガ皇国モ亦《また》勅使ヲ彼ノ諸国ニ派遣シ、彼ガ帝王大統領ニ謁見セシメ、而テ前日締結シタル通信貿易条約改訂ノ事ヲ協議セシム可シ。是等ハ固《もと》ヨリ大事件ナリ。予《あらかじ》メ天下ニ布告シ、億兆ヲシテ疑惑ヲ氷釈セシメテ、浮説流言ナカラシム可シ。

皇国ノ臣民、*海外万国ニ留学ノ為メ貿易ノ為メ渡航スル者ニハ、*外国官ヨリ印鑑ヲ授与シ

外国ノ兵隊…　元治元年から明治八年一月までイギリス・フランスは横浜に軍隊を駐屯させていた。

既ニ参朝シ…　↓前出注「英仏蘭米等諸国公使…」

海外万国ニ…　維新政権は明治元年一月、諸外国に滞在中の幕府・諸藩の留学生の即時帰国を伝達、二年一月二十二日、全国統一の海外旅行許可証交付のため、士農工商を問わず海外在留者の取調べを命じ、ついで四月十七日、以後の海外渡航者は、東京外国官ならびに大阪・長崎・箱館・兵庫・新潟・神奈川外国掛に願出の上、免許状をもらわねばならないとした。あわせて、海外旅行者の心得書を交付。

外国官　元年閏四月二十一日の官制改革による太政官七官の一つ。外国交際・貿易・開拓疆土を司った。維新政権の外国事務は、同年一月十七日、議定のもとに外国事務科が置かれたのが最初であり、同年二月三日の外国事務局への改正を経て外国官となったもの。二年七月八日の官制改革で外務省と改称。

府藩県　明治初期の地方制度。元年閏四月、新政府直轄地を府・県として知事・判事を置き、藩は従来のように諸侯に統治させた。当初は九府二七七藩二三県。府はとくに重要

テ、其取締ヲ厳ニスベシ。無頼ノ徒恣《ほしいまま》ニ渡航セバ、種々ノ弊害ヲ生ジテ、遂ニ皇国ノ恥辱ヲ遺サン。府藩県*ニ令シテ、預《あらかじ》メ其取締ヲナサシム可シ。是又今日ノ急務ナリ。

清朝朝鮮ノ如キ、古《いにしえ》ヨリ我ガ皇国ト好ヲ通ジ且尤《かつもっと》モ隣近ナリ。而ルニ清朝ハ、晩近*《ばんきん》国勢委靡《いび》シテ振ハズ、朝鮮ハ羸弱*《るいじゃく》且小ナリ。然レドモ共ニ亜細亜《アジア》洲ニ在テ、我ガ皇国ト同文ノ国ナリ。宜《よろし》ク速《すみやか》ニ勅使ヲ発遣シテ旧好ヲ修メ、以テ鼎立ノ勢ヲ立ツベシ。

欧米諸国ノ人、我ガ皇国ニ来航スルモノ愈《いよいよ》多ケレバ、我ガ皇国ノ人民ト争闘ヲ生ジ、相殺傷スル等ノ事モ亦益《ますます》多カラン。是必然ノ勢ナリ。而ルニ従前我ガ皇国ノ人民、彼ガ諸国*人ヲ殺傷スレバ彼ガ政府ヨリ厳重ニ談判セラレ、其都度《つど》我ガ政府ヨリ十数万金ヲ以テ、之ヲ償フコト有リト雖《いえども》、彼ノ諸国人ガ我ガ皇国ノ人民ヲ殺傷スルコト有ルモ、決シテ彼ノ諸国政府ヨリ償金ヲ出スコト無ク、其儘《そのまま》泣キ寝入リト為ル。実ニ皇威ノ張ラザル、国権ノ伸ビザル、憤懣ニ堪ヘザルナリ。宜ク公議ヲ以テ、外国交際上ニ関スルノ法律ヲ設ケ、預《あらかじ》メ之ヲ外国公使ニ告知シ置キ、若《も》シモ向後*《こうご》彼我相殺傷スルコト有ラバ、其法律ヲ以テ之ヲ処断スベシ。併《しか》シ此法律ヲ設クルモ、前日締結セシ通信貿易条約ヲ改訂スル迄ノ間適用スルモノナリ。

会計ノ事

天下会計ノ立タザルヤ、其由テ来ル所亦既ニ遠シ。徳川氏天下ノ大権ヲ執ルノ久シキ百弊並生シ政揆*《せいき》挙ラズ。末葉ニ至リ国力已《すで》ニ竭《つ》キ、財用已ニ乏シ。是ニ於テ粗悪*ノ金銀貨ヲ濫造シ、粗悪ノ大小銭ヲ濫鋳シ、百方手ヲ尽シ僅《わずか》ニ目前ノ急ヲ救ヘリ。朝廷其後ヲ承《う》ク。積弊纏《てん》綿《めん》シ、何ノ財力ヲ以テカ会計ヲ立テンヤ。姑息ノ法ヲ行ヘバ、猶《なお》三五年ハ支フ可シト雖、其極ニ達スルヤ、必ズ救フ可カラザルニ至ラン。会計ノ道一タビ救フ可カラザルニ至レバ、国

な地域におかれ、東京・奈良・大阪・長崎・京都・箱館・越後・度会・甲斐であったが、翌二年七月、東京・京都・大阪の三府以外は県に改められた。四年の廃藩置県により、三府三〇二県となる。

晩近 近ごろ。最近。

羸弱 羸は病気でやせた羊のこと。弱々しいさま。

彼ガ諸国人ヲ殺傷 元年の神戸事件、堺事件、イギリス公使襲撃事件など。

向後 今後。

政揆 政策のこと。

粗悪ノ金銀貨… 万延元年(一八六〇)の貨幣改鋳のこと。修好通商条約によって内外通貨の同種同量交換が強制されていたため、当時国内の金銀比価は一対五であるのに対して国際比価は一対一五であったことから、外商による洋銀＝メキシコドル(日本銀の三分の一の価値)の持ち込みによって日本の金は大量に流出した。幕府は国際金銀比価への平準化をめざして、イギリス・アメリカの同意の上、量目を三分の一に減ずる金貨悪鋳を行ない、あわせて秤量貨幣である丁銀の悪鋳も行なったもの。さらに翌年には文久通宝を多量に発行して銭相場の下落をもたらし、民衆生活を著しく圧迫する要因となった。

家ノ機能尽《ことごと》ク頽廃セン。誠ニ会計ハ国家ノ生命頼ッテ存スル所ナリ。今ニ及ンデ断然ト大ニ其本ヲ立テザル可カラズ。天下ノ人動《やや》モスレバ謂フ、*朝廷八百万石ノ土地ヲ領シ何事カ成ス可カラザラント、紛々架空ノ論ヲ主張ス。殊ニ思ハズヤ、去年*東北ノ軍費千余万、*楮幣《ちょへい》ノ流通二三千万又諸藩私鋳ノ贋金ニシテ朝廷ノ引替ヘザルヲ得ザルモノ数千万、僅ニ八百万石ノ土地ヨリ収入スル現米二百万石許《ばかり》ヲ以テ、*数千百万ノ内外債ヲ如何《いかに》シテ之ヲ処弁スベキヤ。且《かつ》此外ニ皇室及政庁ノ経費アリ、海陸軍拡張ノ費用アリ。是亦如何シテ之ヲ処弁スベキヤ。宜ク断然ト国家会計ノ困難ナル状ヲ天下ニ告示シテ、曰《い》フ可シ、朝廷ハ幕府積弊ノ余ヲ承ケ会計ノ困難ナルコト此ノ如ク甚シ、何ニ由テ皇綱ヲ張リ国権ヲ伸ブルコトヲ得ルヤ、勿体《もったい》ナクモ*至尊万乗之奉ヲモ敢テ豊カニシ給ハズ、*供御《くご》ノ費ヨリ*後宮ニ至ルノ歳費一切ヲ十万石ト限制シテ国家会計ノ本ヲ立テ、天下ノ困窮ヲ救済セント欲ストノ大意ヲ記載シ、毫モ隠蔽スルコト無ク、公明正大ニ天下ノ人ト与《とも》ニ国家ノ会計ヲ立ツルノ旨趣ヲ諭《さと》サンコトヲ要ス。而《しこう》シテ在廷ノ諸君ハ審思熟慮シテ、*量レ入為レ出ノ計ヲ運《めぐ》ラシ、旁《かたわ》ラ宇内《うだい》万国ノ貨幣ニ比較シテ*新金銀貨ヲ鋳造シ、大ニ融通ノ道ヲ興シテ財力ヲ豊阜《ほうふ》ニス可シ。是レ目下ノ急務ナリ。

蝦夷地《えぞち》開拓之事

蝦夷地開拓ノ儀ハ多年有識者ノ論ズル所ト雖、幕府姑息ニテ此事ヲ施行セザリシハ遺憾ト謂フ可シ。夫《そ》レ魯西亜《ロシア》人ノ此土ニ垂涎スルコト実ニ久シ。天ノ皇国ニ附与セシ地ヲ棄テ、顧ミズ、魯西亜人ヲシテ恣《ほしいまま》ニ蚕食セシメントスルハ、是レ何等ノ事ゾヤ。*去年在廷ノ臣ニ咨問シ、開拓事業ノ端緒ヲ開キシト雖、未ダ力ヲ此土地ニ尽シ、志ヲ此事業ニ伸ブルコト能ハズ。今ヤ奥羽既ニ平定シ、*箱館流賊ノ如キモ亦*不日勦滅《そうめつ》ニ就クベシ。此レ好機会ノ来ルモノニシ

朝廷八百万石…　維新政権は旧幕府領(天領)に旗本領の一部を加えた、約八〇〇万石の地を継承した。日本全国はほぼ三〇〇〇万石。

東北ノ軍費　戊辰戦争の軍費。

楮幣ノ流通二三千万　楮幣は紙幣のこと。元年五月太政官札が発行され、翌二年五月までに総額四八〇〇万両におよんだ。

数千百万ノ内外債　明治政府のかかえた負債。元年の財政赤字は一五九〇万円であったが、旧幕府の負債をひきついでいた。

至尊万乗之奉　奉は俸に同じ。天皇のまかないの意。

供御　天皇の飲食物。

後宮　天皇の内儀の総称で、皇后・皇妃・皇夫人・中宮・女御・更衣・典侍などを含む。

量入為出　収入の額をはかり、支出の額を定めること。

新金銀貨…　貨幣改鋳の方針はすでに元年三月に決定され、造幣局を設置し造幣機械も同年八月香港より到着していた。しかし、この岩倉の意見書ののちも本位の決定に時間を要し、二年十一月の新貨幣制度案はイギリスをはじめとする諸外国の承認が得られず、結局三年十月に新貨幣鋳造表が決定をみ、翌四年五月の新貨条例により円・銭・厘の呼称の貨幣が鋳造されることにな

テ、復タ失フ可カラズ。速《すみやか》ニ天下ニ布令シテ開拓ノ事業ニ勉励セシムベシ。而テ廟堂ニハ畢《ひっ》生《せい》此土地ニ尽瘁《じんすい》スベキ人材ヲ撰択シ、其事務ヲ専任セシメンコトヲ要ス。先ヅ*議定参与弁事各一員ヲ差遣シ、開拓ノ事業ヲ経画シ、多年此土地ヲ跋渉苦心セシ有志者ヲ扶助シ、且《かつ》土民ヲ教諭シ、墾田漁猟ヲ始メ海陸ノ利ヲ獲ルコトヲ務メシムベシ。此ノ如ク漸次着手セバ、数十年ヲ出デズシテ必ズ富有ノ土地トナラン。而《しか》ル後《のち》其土地ノ開ケ住民ノ繁殖スルニ従ヒ、*府或ハ県ヲ置キ、其開拓事業ニ功労アル者ヲ以テ知事ニ任ジ、大ニ教化ヲ*布洽《ふこう》セバ亦一箇ノ小日本国ヲ生ズルナリ。此ノ如クナレバ内ハ未曾有ノ大利益ヲ興シ、外ハ魯西亜人ガ垂涎ノ念ヲ絶チ、皇国ノ威勢此ヨリシテ海外ニ宣揚スルニ至ラン。蓋《けだ》シ蝦夷地ヲ開クト否トハ皇国ノ*隆替ニ関ス。在廷ノ諸君宜《よろし》ク力ヲ此土地ニ尽スベシ。

論者或ハ曰ン、今ヤ国家ノ会計未ダ立タズ、此大事業ヲ起スベキノ財力ナシ、須《すべから》ク数年ノ後ヲ待テ之ニ着手スベシト。顧《おも》フニ此土地ハ一ノ貨幣アルニ非ズ。土民ハ山獣海魚ヲ捕猟シ、其肉ヲ食ヒ其皮ヲ衣《き》テ固《もとよ》リ穴居野処ノ民ナリ。今ヤ土地ヲ開キ教化ヲ施サント欲スルニハ、僅《わずか》ニ酒ト煙草ヲ与ヘバ之ヲ使用スルコトヲ得ベシ。又内地ノ人民ヲ移住セシムルニハ、楮幣ヲ以テ其費途ニ充テバ可ナリ。実ニ与《くみ》シ易キノミ。徒《いたずら》ニ会計未ダ立タザルノ論ニ拘泥シテ、此好機会ヲ失フコト勿レ。他年若シ会計漸ク立ツノ日ヲ待テ之ニ着手セント欲セバ、既ニ魯西亜人ノ蚕食スル所ト為リ、臍《ほぞ》ヲ噬《か》ミ之ヲ悔ユトモ何ノ益カ有ル。況《いわん》ヤ今ヨリ数年ノ後ヲ待ツモ、会計ノ立ツト立タザルハ未ダ預《あらかじ》メ之ヲ決定スベカラズ。在廷ノ諸君断然ト之ガ経画ヲ為サンコトヲ望ム。

右ハ目下之急務ニ付、速ニ御評決アランコトヲ是《これ》祈ル。

る。

去年在廷ノ臣ニ…　元年三月、蝦夷地(現在の北海道および樺太・国後・択捉島などの総称)への鎮撫使派遣の急務であることを述べた高野権少将・清水谷侍従提出の建議について、明治天皇が三職に諮詢したこと。

箱館流賊　幕府の海軍奉行榎本武揚らをさす。元年八月政府軍への軍艦引渡しを拒否して全艦隊を率いて江戸湾を脱出、箱館五稜郭に拠って抗戦していた。翌二年五月降服。

不日　日ならずして。近く。

議定参与弁事　元年閏四月の官制改革で七官制がとられたが、議定・参与は議政官の上局に属し、弁事は行政官に属した。実際には、この官職から開拓事業にかかわるものは選任されていない。

府或ハ県ヲ置キ　これは実現しなかった。二年七月八日に開拓使を設置、札幌に本庁が置かれて、同年八月十五日、蝦夷は北海道と改称された。なお兵部大丞黒田了介(清隆)が開拓次官に任じられた。

布洽　あまねくほどこすこと。

隆替　さかんなこととおとろえること。盛衰。

二月

具視

〔『岩倉公実記』中〕

4　対朝鮮政策三箇条につき外務省伺

余リ書生論ニ近候得共《ちかくそうらえども》、佐田*森山*之見込モ有レ之《これあり》、ケ様《かよう》ノ仕出シ相伺度《あいうかがいたく》候。

外*務省

弁*官御中

朝鮮国探索御用彼地へ被ニ差遣一《さしつかわされ》候もの共、今度帰府仕《つかまつり》いさゐ申立候趣も有レ之、右に付《つき》当省見込三条左に陳啓仕候。

一、先般、皇政復古、幕府を廃し万機御親裁の旨、彼国へ報知の書翰、*厳原《いずはら》知藩事より先づ写を以《もって》差示候処、皇*の字勅の字等、是迄幕府文書に不ニ相見一《あいみえず》候に付、喋々議論を起《おこし》、三年の星霜を経、今以《いまもって》不ニ受取一、不敬至極の儀に御坐候。右は御国体を辱しめ候義に付、右を議論の根底となし戦端を可レ開辞柄十分有レ之候間、速《すみやか》に其用意に及度《およびたし》と申唱候もの可レ有レ之候得共、未だ勅使を被ニ差遣一候と申訳にも無レ之、元来謬*例を以《もって》仕来と存じ居候対州*の使《し》价《かい》執次《とりつぎ》候迄の事に付、此廉《このかど》而已《のみ》を挙候て戦端を開候訳には至間敷《いたるまじき》と被レ存《ぞんぜられ》候間、左の条々を以《もって》相伺候。

4 解題〔明治三年四月〕　対朝鮮政策についての外務省より太政官弁官への伺書。新政府成立以来、天皇の名による国書の受理を拒むなど、朝鮮側は新たな国交要求を拒絶していたが、その対策として三つの選択肢を提案している。日本外交文書に収録されたこの前後の諸史料によれば、この伺書提出の機となった朝鮮内情探索から帰国直後の佐田素一郎・森山茂、また参議木戸孝允も、第二の策すなわち使節派遣→朝鮮の拒絶→武力発動の策を建言している。実際には、翌四年七月の日清修好条規の締結など、まず第三の策が追求され、そのうえで改めて征韓論が叫ばれることになる。日本外交文書は明治元年以降の主要外交文書を、昭和三年以来外務省が編纂したもの(刊行開始は昭和十一年)。

佐田　佐田素一郎(白茅)。一八三一―一九〇七。久留米藩出身。二年朝鮮交際私議を太政官に建白し、三年二月森山茂らとともに朝鮮に派遣され、直接交渉にあたっていた。帰国後、朝鮮は弱体だから、三〇大隊の兵をもってすれば五〇日以内に征服できると外務省に建言したが、退けられている。

森山　森山茂。一八四二―一九一三。二年外国官書記、ついで外務少録から大録。

一、朝鮮国の義、固陋未開物産寡少には候得共、寛裕貿易を開候得ば*御国人のため相応潤沢も可レ有レ之歟。乍レ去《さりながら》寛裕貿易を為レ開《ひらかせ》候迄には前文の如き国風故、多少の挙動を費さず候ては、頑固の政俗決《けっし》て破れがたかるべくと奉レ存候間、寧《むし》ろ彼れが此度《このたび》拒絶いたし候を期会となし、朝鮮の交際を廃止し対州の私交をも為二相鎖《あいとざさせ》一、両国の間音問を絶し、*倭館の人数為二引払一、*風馬牛不二相関渉一ものに御一定の方可レ然歟。左候得《さそうらえ》ば対州の謬例も自然に廃沮《はいそ》し、差向《さしむき》不都合も有レ之間敷《これあるまじき》歟。尤《もっとも》右は鎖国の古習に陥り、且《かつ》魯国の深謀容易に呑併、本朝は其際に到り空手傍観に陥り、烈聖の遺烈豊臣氏の余光徳川氏の周旋千載の交誼も一朝に断絶し、悲嘆かぎりなき儀には候得共、廟議決せず、*良謨《りょうぼ》無レ之歳月遷延よりは実に止《やむ》を得ず、御国力充実迄の間は却《かえっ》て右にて御据置の方と存《ぞんじ》候事。

但《ただし》本文の通、絶交いたし候得ば、対州は格別の御扶助無レ之候ては国計難二相立一候事。

一、右交信廃止の義不レ可レ然候はゞ、兼て*欽差《きんさ》の命を奉じ居候事、極急速に*木戸従三位御呼《および》上《あげ》にて、同人え正使被レ命、厳原藩知事へ副使被レ命、其他外務省官員四五名使節職務を分課し、*肥前肥後両藩に堅牢の軍艦所持の趣に付、右二艘とも朝鮮御用被レ命、前書官員兵隊とも乗組、御一新の報知*擯斥《ひんせき》の廉、論破 并《ならびに》 開港開市両国往来自由の条約を興《おこし》候義懸《か》け合《あい》候様、皇使被二差遣一候一条、火急に御処分有レ之度、右御入費凡《およそ》拾万両にも及可レ申か。右は条理上に於ての我利御分解御坐候得ば不レ得レ止《やむをえざる》事と 奉レ存《ぞんじたてまつり》 候。勿論軍艦兵威を以《もって》差迫候とも事業の成否は難レ期候得共、此盛挙に及候ても、彼方不伏《ふふく》に候はゞ不レ得レ已《やむをえず》干戈《かんか》を被レ用候場合に至り可レ申候。其節は、在昔神功皇后御一征の雄績を被レ為レ継候御偉業も日を刻して可二相立一、決て無名暴動の挙に有レ之間敷被レ存候事。

三年二月佐田白茅らとともに朝鮮に派遣され、以後もっぱら対朝鮮外交の交渉にあたる。
弁官 太政官の事務局。
外務省 二年七月八日設置。この時の外務卿は沢宣嘉。
厳原知藩事 もと対馬藩主、宗義達。なお対馬藩は版籍奉還ののち厳原藩と改称された。国書の写を朝鮮側に示したのは元年十二月のこと。
皇の字勅の字 朝鮮国王に対して「皇」「勅」の字を従来使用し得たのは宗主国たる清国の皇帝のみであった。
謬例を以… 江戸時代以来、対朝鮮外交は対馬藩を通して行なうのを慣例としていた。二年九月二十四日、宗氏からの使節派遣を禁じ、朝鮮外交は以後外務省が直接おこなう。
対州の使价 対馬藩家老樋口鉄四郎。
御国人 日本人のこと。
倭館 一七世紀以来、朝鮮国が日本との外交・貿易のために提供していた施設で、対馬藩吏が管理していた。当時、釜山浦内の草梁にあり、敷地一〇万坪といわれる。
風馬牛不相関渉 自分とは何の関係もないこと。互いに無関係なこと。
良謨 よいはかりごと。
欽差 天子の使者。勅使。
木戸従三位 木戸孝允。二年十二月三日、太政官により清

一、朝鮮は支那に服従し其*正朔《せいさく》節度丈《だ》けは受居候事に御坐候。就ては先《まず》支那え皇使を被レ遣、*通信条約等の手順相整《あいととのえ》、其帰途朝鮮王京に迫り皇国支那と比肩同等の格に相定り候上は、朝鮮は無論に一等を下し候礼典を用候て、彼方にて異存可ニ申立一筋有レ之間敷、万一猶《なお》不伏の筋も候はゞ和戦の論に及候とも、遠き清国と通信相整候上は、*壬辰の役明軍朝鮮を援《たすけ》候様の事容易に被レ行《おこなわる》まじく、所謂《いわゆる》遠く和して近く攻るの理にも可レ有レ之歟。尤《もっとも》支那通信は朝鮮交際よりは急務とも不レ被レ存候得共、朝鮮御懐撫の趣意より論候得ば、最《もっとも》可レ急手順と存候事。

右三条の内何《いず》れにか御決定被レ下度《くだされたく》、此節に到り更に御因循にては益《ますます》御国辱を来《きたし》可レ申と存候。此段相伺候也。

午四月

〔『日本外交文書』三〕

5　朝鮮論稿（柳原前光）

朝鮮論稿　　柳原権大丞

皇国ハ絶海ノ一大孤島ニ候得バ、此後仮令《たとい》相応ノ御兵備相立《あいたて》候共、周囲環海ノ地、万世終始ヲ全フシテ各国ト並立シ国威ヲ皇張致シ候儀、最大難事存候。然ル処朝鮮国ノ儀ハ北《きた》満洲

国・朝鮮派遣の欽差大使に任命されていた。

肥前肥後…堅牢の軍艦　肥前の日進艦（一七四人乗）と肥後の竜驤艦（三一九人乗）。廃藩置県以前、雄藩の中には独自に外国製の軍艦を保有するものがあった。

擯斥　排斥。

正朔　暦のこと。暦を同じくし従うということは、その統治に服することを意味した。

通信条約　和親条約のこと。

壬辰の役　壬辰は文禄元年（一五九二）。豊臣秀吉による朝鮮出兵。

5 解題［明治三年七月二十八日］　外務権大丞柳原前光（さきみつ）の外務省諸官員への建論。この論稿は「内実政府一大官へ差出シ候文章」とされているが、その一大官とは大納言岩倉具視であり、岩倉公実記には、明治三年七月二十八日付柳原より岩倉宛書翰の別紙として、この論稿が収録されている。ここで柳原は列強に先んじた征韓と朝鮮確保を強調しているが、翌八月、清国との条約締結予備交渉のため派遣され、以来副使として翌年七月の日清修好条規の締結にあたることになる。

【柳原前光】　一八五〇－九四。公卿。妹愛子は大正天皇の母。外務省に出仕、権大丞から大丞さ

ニ連《つらな》リ、西*韃清《だつしん》ニ接シ候地ニシテ、之ヲ*綏服《すいふく》スレバ、実ニ皇国保全ノ基礎ニシテ、後来万国経略進取ノ基本ト相成、若《もし》他ニ先ゼラルレバ、国事爰《ここ》ニ休スルニ至リ可レ申。且《かつ》近年各国モ彼地ノ国情ヲ探リ知リテ、頻《しきり》ニ之ヲ窺フ者不レ少《すくなからず》。既ニ魯西亜《ロシア》ノ如キハ満洲東北ヲ蚕食シ、其勢往々朝鮮ヲ呑《のま》ントス。是レ皇国ノ一日モ軽忽《けいこつ》ニ見ルベカラザル時ト存《ぞんじ》候。況ンヤ*列聖御垂念ノ地ニ候ヲヤ。

一、大政一新報知ノ書、彼レノ是ヲ擯斥《ひんせき》スルハ各国モ既已《すで》ニ之ヲ知ル。然ルニ之ヲ忍ンデ其狡獰《こうどう》ヲ制セズ、其曖昧ヲ開カズ候テハ、皇国ノ万国ニ対スル、何ヲ以テ一新ノ規模ヲ示シ可レ申哉。

一、魯仏英米ノ彼地《かのち》ヲ属セントスルハ、*照然論ヲ竢《ま》タズ。然ルニ方今*仏孛交戦ノ事起リ、魯国ハ孛ヲ後援スルノ風聞候得ドモ、素ヨリ虎狼ノ国柄、欧羅巴《ヨーロッパ》動乱ノ際ヲ窺ヒ亜細亜《アジア》洲中ヲ掠略スルノ機鋒、必ラズ脱出シ来ルベク、且*米国モ亦兵ヲ朝鮮ニ試ミルノ説アリ。是レ皇国ノ苟《いやしく》モ因循スベキノ日ニアルマジクト存候。

一、昨春已来《いらい》、対州ノ修使ヲ遣《つかわ》シ候得ドモ、実ニ豊臣徳川両氏ノ時ノ百分一ノ斡旋ヲ尽セシニアラズ。今朝廷、厳原知事ニ命ジ、自分外務省官員ト共ニ渡海シ、数百年ノ信義ヲ尽シ百機千変ニ臨応シ、懇々切々両国*唇歯相保ノ義ヲ示シ広ク宇内《うだい》ノ形勢ヲ諭《さと》サバ、*信使ヲ来スモ*皇使ヲ下スモ、或ハ其楷梯ヲ構成可レ仕存候。乍レ去《さりながら》彼国従来頑固ノ習癖、タトヒ皇使ヲ迎ヘ信使ヲ奉ルトモ、*義州江華等諸要処開港等ノ事件ニ至リ、容易《たやす》ク承服致ス間敷《まじく》被レ存《ぞんぜられ》候、故ニ急速先鞭ヲ着候ニ、前件宗氏ヲ前導シ皇使ヲ下シ、*廟略大ニ定リ候上、必ズ一回ノ出兵ヲ議定シ置候テ寛猛恩威並《ならびに》施サバ、大戦ニ不レ至《いたらず》シテ服従可レ致被レ存候。

らに駐清公使となり、この間主として対清交渉にあたった。のち駐露公使、元老院議長、枢密顧問官など歴任。

韃清　清国がもと中国東北地方(満州)におこったことから、清国をこう呼んだものか。

綏服　安んじ、従わせること。

列聖御垂念ノ地　神功皇后の新羅征討伝説や、六六三年の中大兄皇子(天智天皇)による百済救援軍派遣などを念頭においたものか。

照然　あきらかなさま。

仏孛交戦　普仏戦争(一八七〇年七月―七一年五月)。ビスマルク指導下にすすめられたドイツ統一に対して、ナポレオン三世が干渉したことに端を発した。セダンの戦いでナポレオン三世を捕虜とするなど、モルトケの率いるプロシア軍が圧勝した。明治初年の列強相互の戦争であるため、その帰趨についての日本の関心も強いものがあった。

米国モ亦…　→四六頁注「仏米二国…」

唇歯相保　関係が深く利害が一致しているものが扶助しあうこと。

信使・皇使　信使は修信使の略で朝鮮の使節。皇使は日本の使節。

義州江華　義州は朝鮮の北辺鴨緑江に臨む港町、江華は京城につながる漢江河口の島。

一、厳原藩知事ヲ渡海セシメ、彼藩年来ノ衰弊、朝鮮ニ対シテ凡《およそ》*六万金ノ負債アリ。官是《これ》ヲ償フニ銅*凡《およそ》弐拾万斤ヲ以テセバ、内《うち》厳原藩上下ニ恩恵ヲ布《し》キ、其奮興ノ気ヲ誘ヒ、外《そと》朝鮮官府ニ信義ヲ表シテ、帰順ノ根基ト相成可レ申候間、外務省官員之ヲ奉行シ厳原藩ニ至ラシメバ、上下必ズ其力ヲ尽シ可レ申、此事一時財ヲ費スニ似テ、実ハ内外人心ヲ収ムルノ一大助ト愚考仕候。

此《この》建論ハ内実政府一大官*ヘ差出シ候文章ニ付、当省官員御覧ニハ文意過不及《かふきゅう》有レ之候得共、可レ然御笑赦、何分此好機会ニ投ジ、可レ成丈《なるべくだけ》其時宜ヲ計リ御尽力為ニ国家一祈上候。

前　光

*朝鮮論、臣胸臆ニアル既《すで》已ニ久シク、毎々建論セシ如シ。頃日《けいじつ》幸ヒニ政府漸《ようやく》御着眼ニ成タル故ヲ以テ、再度探偵モ速《すみやか》ニ決シタリ。希《ねがわ》クハ此機ニ会シ今般ハ区々ノ探索セズ、中策ニ出テ、対藩知事自分渡海、外務省官員輔翼監督シ速ニ負債ヲ彼国ニ帰シ、廟堂其資ヲ助ケ、我ニ在テハ不信ノ名ヲ掃除シ、商船蒸気一艘軍艦一隻其用ニ供シ、公然皇使追テ下韓ノ意ヲ陳ジ、彼領諾セバ大幸ナリ。彼軽侮セバ令セズシテ戦端開ケ、廟略定リ皇威初《はじめ》テ立ン。臣今清国ニ趣ク心思如レ湧《わくがごとし》ト雖ドモ、論弁暇《いとま》ナシ。故ニ此愚論ヲ呈シ任官列位ノ尽力ヲ仰ギ画策討論ヲ渇望ス。謹言。

権大丞　前光　花押

『日本外交文書』(三)

廟略　政府の方針・戦略。

六万金ノ負債　対馬藩の朝鮮貿易は公貿易も私貿易も朝鮮国からの財政援助によって成り立ち、また藩財政そのものも朝鮮国からの恒常的援助をうけていた。

銅…　朝鮮では一八世紀末以来、銅銭貨幣が広く流通し、日常の什器や祭器も鍮器が主であったので、日本にとっては金の流出を防ぐこともあって、銅による返済を考えたのであろう。

政府一大官　大納言岩倉具視。

朝鮮論　以下は外務省に提出するに際し、加筆されたもの。

6解題［明治四年九月十五日］欧米各国への特命全権大使発遣の目的と使命につき太政官より天裁を仰ぎ、天皇が勅して太政大臣三条実美より外務

6　米欧使節派遣の事由書

特命全権大使発遣朝議ノ事

*初メ九月、*三条実美勅ヲ奉ジ、特命全権大使ヲ欧米各国ニ派遣スベキ事由書二通ヲ*具視ニ下シ、以テ意見ヲ詢《と》フ。其一ニ曰ク、

対等ノ権利ヲ存シテ相互ニ凌辱侵犯スル事ナク、共ニ比例互格ヲ以テ、*礼際ノ殷勤ヲ通ジ貿易ノ利益ヲ交《まじ》ユ。此レ列国条約アル所以《ゆえん》ニシテ、而《しこう》シテ国ト国ト固《もと》ヨリ対等ノ権利ヲ有スルコト当然ナレバ、其条約モ亦対等ノ権利ヲ存スベキハ言ヲ待タザル事ナリ。

故ニ地球上ニ国シテ、独立不羈ノ威柄ヲ備ヘ、列国ト相聯並比肩シテ昂低平均ノ権力ヲ誤ラズ、能ク交際ノ誼《よろしき》ヲ保全シ貿易ノ利ヲ斉一ニスルモノ、*列国公法アリテ能ク強弱ノ勢ヲ制圧シ、衆寡ノ力ヲ抑裁シ、天理人道ノ公義ヲ補弼《ほひつ》スルニ由レリ。是《これ》以テ国ト国ト対等ノ権利ヲ存スルハ、乃《すなわ》チ列国公法ノ存スルニ此レ由ルト云フベシ。

今其国ノ人民其国ヲ愛スルハ、亦自然ノ止ムベカラザル所ナリ。既ニ其国ヲ愛スルノ誠アル其国事ヲ憂慮セザルベカラズ。憂慮既《すで》ニ此ニ及ブ、苟《いやしく》モ之ヲ実務上ニ徴シテ我国ニ存スル権利ノ何如《いかん》ヲ審察セザルベカラズ、既ニ之ヲ審察スルニ於テ、果シテ其権利我ニ存シテ失ハザルカ或ハ之ヲ他ニ失シテ存セザルカ、能ク之ヲ認メ得ベシ。之ヲ認メテ我国既ニ対等ノ権利ヲ失ヒ他ニ凌辱侵犯セラレ、比例互格ノ道理ヲ得ザレバ、勉励奮発シテ之ヲ回復シ、其凌

卿岩倉具視に下して意見を徴したもの。安政五年(一八五八)の日米修好通商条約では一八七二年七月四日以降は条約改正交渉が可能とされており、新政府も成立の当初から条約改正・万国対峙を最大の国家的課題として外務省を中心に準備も進めていたが、内外の諸情勢から当面の任務をこのように限定したもので、ここに日本の対外的地位と基本課題についての政府の自己認識がよく示されている。同年十一月に出発したいわゆる岩倉使節団の直接の発端となった。この文書は当初、参議・条約改定御用掛大隈重信のもとで立案されたと推定されている。なおこの史料は関連する三つの史料を編集したものである。

初メ九月…其一ニ曰ク　この二行は岩倉公実記にこの史料を採録する際の説明文。二二頁「其二ニ曰ク」、二五頁「十五日…其文ニ曰ク」も同様。

三条実美　当時、太政大臣。

具視　当時、右大臣。

礼際ノ殷勤　礼儀正しい外交といったほどの意味か。

列国公法　万国公法に同じ。万国公法の思想は幕末に開国論の指導原理として導入されたものであり、国際社会には道理にもとづく規範が存在するといった観念のもとに主張された。

辱ヲ雪《そそ》ギ侵犯セラレザル道ヲ講究スル事、其国人正《まさ》ニ務ムベキ職任ニシテ、其国人タルノ道理ヲ尽スト云フベシ。而テ其凌辱侵犯ヲ受ケザル道ヲ講究スル、之ヲ列国公法ニ照シテ其条約ノ正理ニ適スルヤ否ヤヲ考察セザルベカラズ。

夫《そ》レ我国海外各邦ト条約ヲ結ビシ始メ、国内ノ形勢如何《いかん》ゾヤ。積世鎖国ノ習俗、固結シテ開港ノ事ヲ拒ムモノ、滔々《とうとう》皆《みな》是ナリ。攘夷ノ論ヲ発スルモノ、*比々《ひひ》皆然リ。此レ旧政府擅権《せんけん》ノ私断ヲ以テ、此ノ全国ノ存亡ニ関係スル一大事件ヲ明白正大ナル輿論《よろん》ト才智勇決ナル処置トヲ以テ、其事件ヲ*了局セズ、其目的一時糊塗シテ、因循、歳月ヲ経過スルノ方略ニ出ヅ。其事情止《やむ》ヲ得ザルノ勢ト雖《いえども》、*到底官吏ノ懶惰《らんだ》ト姑息トニ由《より》テ、交際上其当ヲ得ザル事、夥多《かた》ナルノミナラズ、貿易上モ亦当然ノ理ヲ尽ス能ハザルモノ亦少カラズ。而テ其間我国内ノ多事ニ由リ、強弱ノ勢ニ乗ゼラレ、彼我権利ノ際限紛乱シテ、或ハ主客地ヲ換ル事アルニ至リ、益《ますます》至当ノ則ヲ失ヒ窮極如何ヲ知ラザルニ至ラントセシニヨリ、政体変革ノ始ヨリ、既ニ失ヒシ権利ヲ回復シ、凌辱侵犯セラルヽ事ナク、比例互格ノ道ヲ尽サント欲スト雖、*従前ノ条約未ダ改マラズ、旧習ノ弊害未ダ除カズ、各国政府及各国在留公使モ猶*東洋一種ノ国体政俗ト認メテ、別派ノ処置*慣手ノ談判等ヲナシ、我国律ノ推及スベキ事モ之ヲ彼ニ推及スル能ハズ、我権利ニ帰スベキ事モ之ヲ我ニ帰スル能ハズ、我規則ニ従ハシムベキ事モ、之ヲ彼ニ従ハシムル能ハズ、我税法ニ依ラシムベキ事モ之ヲ彼ニ依ラシムル能ハズ、我ガ自在ニ処置スベキ条理アルモ、之ヲ彼ニ*商議スベキ事ニ至リ、其他凡《およ》ソ中外相関係スル事々件々、彼是対等東西比例ノ通誼ヲ竭《つく》ス能ハズ、甚《はなはだし》キハ公使ノ喜怒ニ由テ、公然タル談判モ困難ヲ受クルニ至ル。抑《そもそも》対等国ノ政府ハ在留公使ノ不可ナルモノアレバ、公法ニ拠テ之ヲ其本国ニ逐

比々　いずれも。

了局　局はくぎる。決着をつけること。

到底　つまるところ。結局。

従前ノ条約　安政以来の不平等条約。

東洋一種ノ国体政俗　四年四月条約改正掛が「擬新定条約草本」を作成して伺書を政府に提出したが、その中で「欧州各国同様ノ処置ニ倣ヒ候ハヾ、諸制度規則モ未ダ充分ニ修整不レ致(いたさず)、…〔条約改正の〕談判ハ迚(とて)モ承服致間敷、時勢国情無レ拠、旧套ニ被レ為レ襲候ヨリ外無レ之」と述べており、ここでは拷問の存続、キリスト教禁止、近代的法律制度の不備などが念頭にあるか。

慣手　巧妙なわざ。

商議　協議。相談。

ヒ還ス程ノ権ヲ有スルナルニ、其事体ノ此《かく》ノ如キノ凌辱侵犯ヲ受クルニ至テハ、毫モ対等並立ノ国権ヲ存スト云フベカラズ、比例互格ノ交際ヲナスト云フベカラズ。故ニ痛ク其然ル所以ヲ反顧シ、*分裂セシ国体ヲ一ニシ、渙散セシ国権ヲ復シ、制度法律駁雑ナル弊ヲ改メ、専《もっぱ》ラ専断拘束ノ余習ヲ除キ、寛縦簡易ノ政治ニ帰セシメ勉テ*民権ヲ復スルコトニ従事シ、漸ク政令一途ノ法律同轍ニ至リ、正ニ列国ト並肩スルノ基礎ヲ立《たて》ントス。宜《よろし》ク従前ノ条約ヲ改正シ、独立不羈ノ体裁ヲ定ムベシ。従前ノ条約ヲ改正セント欲セバ、列国公法ニ拠ラザルベカラズ。列国公法ニ拠ル、我国律、民律、貿易律、刑法律、税法等公法ト相反スルモノ、之ヲ変革改正セザルベカラズ。之ヲ変革改正スルニ其方法処置ヲ考案セザル可ラズ。之ヲ考案スルニ之ヲ実際ニ施行スル、或ハ一年ヲ期シ乃至《ないし》二三年ヲ期スベキモノ有リテ、一朝一夕ニ其事ヲ了スベキニ非ズト考ヘザルヲ得ズ。而テ*条約改正ノ期限、来申年五月中 即《すなわち》 西暦千八百七十二年第七月一日ヨリ其議ヲ始ムベキ明文アリ。我政府此際ニ当テ、此事アル頗《すこぶ》ル盛業ヲ興スベキ一大機会ヲ得タルモノト雖、現場ノ形勢ニ由リ、其事ヲ督促サレ、順序及時限猶予ナク切迫ニ及ブトキハ、亦《また》困難ヲ受クルノ一大機会ニ当レリト云フベシ。如何トナレバ各国公使ニシテ此改正ノ議ヲ考案スルモノ、各自其国ノ利益ヲ網羅セント目的シ、我国ノ政俗公法ニ当ラザルヲ以テ、却テ自恣ノ所志ヲ逞《たくまし》フスル為メ正大公明ノ理ニ託シ、制度法律教宗ヨリ百般ノ諸規則*普通ノ公義ニ反セルヲ責メ、定期ノ時限ヨリ直《ただち》ニ普通ノ公法ヲ施行スベシト請求スベシ。然ルニ事情急速行ヒ難キヲ以テ、之ヲ拒辞スルトキハ、必ズ之ニ換フルノ請求ヲナシ、終ニ威力ノ談判ニ渉リ、其弊害ヲ招クモ量ルベカラズ。故ニ姑息ノ改正ハ 益《ますます》 国ノ権利ヲ失フ基トナル事、未来ニ考ヘテ判然タリ。此レ改正ノ機会困難ヲ受クルノ憂アリトスル

分裂セシ国体ヲ一ニシ　廃藩置県による中央集権の実現のこと。

民権　のちには参政権など政治的権利をさしていうことが多いが、ここでは、後文からすると移動の自由など市民的権利をさすか。

条約改正ノ期限…　日米修好通商条約はその第一三条に「今より凡(およそ)百七十一箇月の後(即千八百七十二年七月四日に当る)双方政府の存意を以て、両国の内より一箇年前に通達し、此条約並に神奈川条約の内存し置く箇条、及び此書に添たる別冊共に、双方委任の役人実験の上、談判を尽し補ひ或は改る事を得べし」と規定したが、この後の諸条約の多くは繰りあげて七月一日とした。なお和暦では、一八七二年七月四日は明治五年五月二十九日にあたる。

普通ノ公義　万国公法の土台となる万国に通ずる条理と理解できよう。

所以ナリ。故ニ此困難ヲ受クベキ機会ヲ転ジテ、盛業ヲ起スベキ機会トスルハ枢機ノ一転間*ニ在リテ、其関棙《かんれい》*特ニ全権ノ使節ヲ各国ヘ差遣シ、一ハ我政体更新ニ由テ、更ニ和親ヲ篤《あつ》クスル為メ聘問《へいもん》*ノ礼ヲ修メ、一ハ条約改正ニヨリ我政府ノ目的ト期望スル所トヲ各国政府ニ報告商議スルニ在リ。此報告ト商議ハ、彼ヨリ論ゼントスル事件ヲ我ヨリ先発シ、彼ヨリ求ムル所ヲ我ヨリ彼ニ求ムル所以ナレバ、議論モ伸《のぶ》ル処アリ。必ズ我論説ヲ至当ナル事トシ、之ニ同意シ相当ノ目的ト考案トヲ与フベシ。其目的ト考案ヲ採リ商量合議セバ、其事ヲ実地ニ施行スル時限ヲ〈大凡《おおよそ》三年ヲ目的トス〉延ブルノ談判ヲ整ヘ了ルモ至難ノ事ニアラザルベシ。

此ノ報告ト商議ハ、列国公法ニ拠ルベキ改革ノ旨向ヲ報告シ、且《かつ》之ヲ商議シ、実地ニ之ヲ我国ニ施行スルヲ要義トスルニ由リ、其実効ヲ験知スル為メ、欧亜諸州開化最盛ノ国体諸法律諸規則等実務ニ処シテ、妨ゲナキヤヲ親見シ、其公法然ルベキ方法ヲ探リ、之ヲ我国民ニ施設スル方略ヲ目的トスル、亦緊要ノ事務トス。故ニ全権ノ使節ハ全権理事ノ官員何人ヲ附従シ、之ニ書記官通弁官ヲ附属セシメ、右全権理事官員ハ之ヲ各課ニ分チ各其主任ノ事務ヲ担当スベシ。乃《すなわ》チ、

第一課　制度法律ノ理論ト其実際ニ行ハル、所トヲ研究シ、外国事務局、議事院、裁判所、会計局等ノ体裁ト、現ニ其事務ヲ行フ景況トヲ親見シ、之ヲ我国ニ採用シテ施設スベキ目的ヲ立ツベシ。

第二課　理財*会計ニ関係スル法則、租税法、国債、紙幣、官民為替、火災、海上、盗難受合*等ヨリ、貿易、工作、汽車、電線、郵便ノ諸会社、金銀鋳造所、諸工作場等方法規則ヲ研究シ、乃《すなわち》其体裁ト現ニ行ハル、景況トヲ親見シ、之ヲ我国ニ採用シテ施行スベ

一転間　一つの重大なかかわりめ。一転機と同じ。
関棙　機軸。
聘問　礼物をもって訪れること。
理財　財を理(おさ)める。広く経済のことをいう。economy の訳語として、経済学が定着する以前は、理財学も用いられていた。
受合　保険。

キ目的ヲ立ツベシ。

第三課　各国教育ノ諸規則乃チ国民教育ノ方法、官民ノ学校取建方、費用、集合ノ法、諸学科ノ順序、規則及等級ヲ与フル免状ノ式等ヲ研究シ、官民学校、貿易学校、諸芸術学校、病院、育幼院等ノ体裁及現ニ行ハル、景況トヲ親見シ、之ヲ我国ニ採用シテ施設スベキ方法ヲ目的トスベシ。

全権ノ使節及全権理事ノ官員ハ各主任ノ外《ほか》我国ノ有益トナルベキ事ハ、凡《すべ》テ之ヲ研究熟覧スベキハ勿論ナレバ、海陸軍ノ法律及給料ノ多寡、之ヲ指揮スル方法ヲ研究シ、各国有名ノ港津ニ至リ、海関ノ実況、軍器庫、海軍局、造船所、兵卒屯所、城堡、海陸軍学校、製鉄所等ヲ親見シ、且《かつ》教習ノ所由ハ最モ緊要ノ監察ナリト注意スベシ。而テ附属ノ書記官ハ其研究スル所ト親見スル所トヲ精細ニ記録シ、之ヲ採用シテ施設スルニ易カラシムルヲ要トスベシ。

右全権使節ヲ各国へ差遣スル大略ナリ。其委任ノ章程、及《および》各国へノ公書、全権理事官ノ職務章程、各官員等級職権ノ際限等ハ其一行ニ係ル官員能《よ》ク其便宜ヲ量リ、之ヲ考定シテ決裁ヲ乞ヒ可ナルベシ。

其使節一行ノ人員ハ別紙ニ附ス。

○別紙

*欽差全権使節一行人員

欽差全権使節　一員

同　二等使節　一員

欽差全権使節一行　欽は天子にかかわる物事についての敬称で、欽差は勅使のこと。実際に任命された一行は次のごとくである。[特命全権大使]右大臣岩倉具視、[副使]参議木戸孝允・大蔵卿大久保利通・工部大輔伊藤博文・外務少輔山口尚芳、[一等書記官]外務少丞田辺太一・外務大記塩田篤信・福地源一郎(桜痴)・外務六等出仕何礼之、[二等書記官]外務少記渡辺洪基・外務七等出仕小松済治・同林董三郎・同長野桂次郎、[三等書記官]川路寛堂、[四等書記官]文部大助教池田政懋・外務大録安藤忠経、[大使随行]五辻安仲・外務大記野村靖・兵庫県権知事中山信彬・神奈川県大参事内海忠勝・租税権頭安場保和・権少外史久米丈市(邦武)、[理事官]司法大輔佐佐木高行・侍従長東久世通禧・陸軍少将山田顕義、[会計兼務]戸籍頭田中光顕・文部大丞田中不二麿・造船頭肥田為良。他に各理事官に随行のものがいる。

一等書記官　　　　一　員
二等書記官　　　　二　員
二等書記官ハ会計ヲ専任スベシ。
一等通弁官　　　　一　員
二等通弁官　　　　一　員

○

全権理事官　　　　六　員
一等書記官　　　　三　員
二等書記官　　　　三　員
此書記官中通弁ヲ能《よく》スルモノ三人ヲ要スベシ。
通　弁　官　　　　三　員
此外《このほか》洋学生徒ノ通弁スル者アラバ、四五人ヲ附従セシムルモ亦《また》可ナリ。
此レ人員ノ大略ナリ。而テ使節ニ附従スル一等書記官ハ全権理事官ト同等ナルベシ。二等書記官ハ理事官一等書記官ヨリ上席タルベシ。
使節附従ノ通弁官ハ一等ハ二等書記官ト同等、二等ハ理事官一等書記官ト同等ナルヲ要ス。

其二ニ曰ク、*
我政府ニ於テ、定約ノ年限ニ由リ、来申年五月中即西暦千八百七十二年第七月一日ヨリ条約及税則ヲ改正スルノ議ニ及バントスルニ由リ、爰《ここ》ニ其改正スルノ目的ト期望スル旨趣トヲ

其二ニ曰ク… 「其一」を具体化した補論にあたるもの。

明白ニシ、且精細ナル陳述ヲナシ、其事実毫モ修飾ナク備《つぶ》サニ之ヲ各和親ノ列国ニ報告シ、*允当《いんとう》ノ考案ニヨリ公平ノ照会ヲナシ、各政府ノ信従ヲ得テ、其事業ヲシテ目的ト期望スル所ニ違ハズ、能ク成功ヲ奏スル事アルニ至ラシムルハ、我政府及人民ニ関係スル所最モ重大ニシテ且緊要ナル事トス。

各政府ニ於テ其目的ト期望スル所トヲ信ジ、且《かつ》之ヲ公平ノ条理トシテ其事業ヲ賛成スル有ルニ至テハ、和親ノ誼益《ますます》厚ク貿易ノ利弥《いよいよ》洪《おおき》ク我政府及人民ノ独リ幸ヲ享《う》ルノミナラズ、各国相互ニ往来交通スル人民モ亦、其益ヲ得ル基礎トモナルベキ所以《ゆえん》ナレバ、各政府ニ於テ必ズ我政府ノ説ヲ信聴シ、更ニ遠慮ヲ其間ニ容《い》ル事ナキハ今ヨリコレヲ予期セリ。

凡《およそ》事物上ノ実理ヲ推究スルニ、軽重比較ノ力平均ヲ得ザレバ*権衡《けんこう》其準ヲ得ベカラズ。苟《いやしく》モ其平準ヲ得ザレバ権衡其準ヲ得ベカラズ。苟モ其平準ヲ得ザレバ昂低偏傾シテ、権衡其則ヲ失フ。今国ト国ノ交際、人ト人ノ和親、対等並立其当ヲ得ザレバ、猶《なお》権衡ノ平直ヲ失フガ如シ。交際和親豈《あに》能ク平均ノ道ヲ得ンヤ。今我政府平均ノ道ヲ得テ、交際和親ノ誼ヲ厚クシ、永続保全ナラシメントスル、勉テ平均ナラシムルノ変革改正ヲ為サヾル可ラズ。既ニ此ノ変革改正ヲナサントスル、其原因ヲ推究シ、其平均ヲ得ザルノ道理ヲ反顧セザル可ラズ。

今之ヲ反顧スルニ、東洋諸国西洋列国各其国体政俗ヲ異ニスルハ、更ニ*縷説《るせつ》ヲ俟《ま》タズ。此レ其国民開化ノ遅速ニ関係ストイヘドモ、久慣ノ習俗因襲シテ永ク一種ノ政俗ヲナシ、列国公法モ之ヲ規準スル能ハズ。我帝国日本政府各国ト条約ヲ結ビシ始メ、国内人心開港ヲ好マザルニ由リ各種ノ難事ヲ生ジ、列国公法ニ従フ能ハザルヲ以テ、各国ノ定約ヲ結ビ和親ノ誼貿易ノ利ヲ通ズルモノ、一般ノ公義ヲ遂ゲ、普通ノ公権ヲ尽ス能ハザルヨリ、自ラ別派ノ処

允当　妥当。

権衡　はかり。つりあい。権・衡はそれぞれはかりのおもりとさおのこと。

縷説　くどくど述べること。

置ヲ設ケザルヲ得ザルノ勢ニ至リ、彼此一致ノ通義ヲ失ヒ*交際貿易上ノ権利終《つい》ニ平均ヲ得ザルノ憂ヲ生ゼリ。

既ニ反顧シテ平均ヲ得ザルノ理ヲ推究スレバ、我国体政俗ノ異ナルヨリ、列国公法ヲ以テ他邦ヲ待シ、普通ノ公義ト公権トヲ以テ他民ヲ処スル能ハザルヨリ、此ノ如キ不平均ヲ生ゼシ所以ニシテ、之ヲ正理ニ照シテ不当ノ事ト認ルトキハ、勉強シテ平均ナラシムルノ方略ヲ考究シ、其国体政俗ヲ変革改正セザルベカラズ。今我帝国日本天皇陛下及政府政権統一以来、夙《つと》ニ各国交際貿易ノ道彼此平均ニ至ルヲ期望シ、其理勢変革改正セザルベカラザル事ヲ了知シ、積世因襲ノ陋規弊習ヲ洗滌シ、大ニ開国ノ規模ヲ期希スル為メ、*封建ノ治体ヲ変ジテ郡県トシ、拘束セシ民権ヲ復シテ簡易ニ帰セシメ、百事更正スル所アリテ国民ノ景況之ヲ前日ニ比スレバ大ニ観ヲ改ムルニ至ルト雖《いえども》、其事ヲ設為施行スル未ダ其歳月浅キニヨリ、尚《なお》変革改正ノ順次*逐件ナスベキモノ有リ。此ノ条件尽《ことごと》ク改正スルヲ得テ、始テ我政府ノ目的ヲ達シ期望スル所ヲ遂ルト云《いう》ベシ。乃《すなわ》チ其条件左ノ如シ。

第一　我国律中、民律、貿易律、刑法律等、殊ニ西洋各国ノ法律ト大ニ殊ナルヲ以テ、何ノ人民モ之ヲ遵守シテ妨礙《ぼうがい》ナカラシムベキ目的ヲ定メ、其異ナルヲ除キ其同《おなじ》キヲ採リ、正理ニ適合シテ謬《あやま》リナカラシムベキコト。

第二　各国人民互ニ相往来居住スル其国法ヲ遵奉スルニ於テハ、固《もと》ヨリ自由ヲ得ベキ事アリ。然ルニ地ヲ画シテ其区ヲ分ツ、彼此一致セザルニ似タリ。故ニ往来住居ノ規則ヲ確定シ、自由ヲ得セシムベキ方法ヲ設クルコト。

第三　国《くに》東西ヲ異ニシ、民情亦《また》随テ均シカラズト雖《いえども》、其原性元ヨリ同一ニシテ異ルコト

交際貿易上ノ権利…　治外法権の存在、関税自主権の喪失により不利益を蒙ること。

封建ノ治体ヲ変ジテ…　廃藩置県のこと。

逐件　箇条ごとに。

有ルナシ。故ニ教諭ノ道ヲ盛《さかん》ニシ開化ノ帰旨ヲ一致セシムル方法ノコト。

第四　彼此法教ノ存スル障害ハ之ヲ除キ、異論ナカラシムルノ実徴ヲ保全シ、相互ニ抵触ナカラシムベキコト。

右ノ条件変革改正スルニ於テ、国内百般ノ事務之ニ準ジテ更正セザルベカラズ。而《しこうし》テ或ハ施為先後ノ順序アルモノアリ、或ハ方法処置ノ趣向ヲ案定シテ商議ニ附スベキモノ有リ、而テ之ヲ実際ニ施行スル多少ノ時限ヲ費サヾルヲ得ザルモノ有リ、或ハ其法令ノ行《おこなわ》レザルカ又ハ之ヲ拒ムノ徒アルトキハ、威力ヲ以テ之ヲ圧制シ其事ヲ遂グベキモノ有リ。

此変革改正ヲ行フハ一大事件ナルニ由リ、緊要ナル商議ヲ各邦ニナシ、其考案論説ヲ請フハ必要ノ事ト考ヘタリ。

各国政府ニ於テ、我国政府ノ目的ト期望スル所トヲ賛成スル為メ要用ナル考案ヲ与ヘ、且其論説ヲ聴カシメ、以テ此事ニ同意シ、我国ヲシテ開化ノ域ニ登進セシムル事ニ協力シ、厚ク商議ヲナシ其処置ヲ十分施行シ得ベカラシムベシ。

而テ其処置ヲ十分施行シ得ベカラシムルニハ、其時限ヲ予算シテ我政府ニ与ヘザルベカラズ。此レ我政府大《おおい》ニ後ニ期スル処アルニヨリ、其事情ヲ陳述シテ条約改正*ノ期ヲ延ブルノ請求ヲ敢《あえ》テ各国政府ニナスモ亦不レ得レ已《やむをえざる》ノ所以ナリ。

十五日、具視、寺島宗則*、山口尚芳*連署ノ答議ヲ上《たてま》ツル。其文ニ曰ク、

条約改定延期断《ことわりの》之為《ため》、使節可レ被二差立一起原ノ条理、件々御下問ノ書中、固ヨリ異議無レ之、早々人員御撰挙発程ノ準備被二仰出《おおせいだされ》一度《たく》存候。但三年定限立《たて》候儀ハ、将来之景況ニ由リ万

条約改正…　四年四月に外務省の条約改正掛から出された伺書は、諸制度や各港貿易の規律の不整備を理由に改正延期を提案したが、これがここに引きつがれた。

寺島宗則　一八三二―九三。元年に参与外国事務掛を命ぜられて以来外交官として活躍した。二年外務大輔となる。

山口尚芳　一八四二―九四。元年外国事務局御用掛。外務少輔・特命全権副使として岩倉使節団に加わる。

一失見モ有レ之候ハヾ、指支《さしつかえ》候ニ付、先使節一行帰国我政府熟議ヲ遂《とげ》候上、右期限更ニ可ニ申入一方可レ然《しかるべき》歟。且《かつ》学校兵学宗教等ニ至ルマデ同時研究之趣相見候ヘ共、右ハ条約改定ノ急務ニ無レ之、其中法律理財交際ノ三科丈《だ》ケ急務ニ有レ之候間、使節一行中ニテ研究可レ致儀ト存候。外ニ*償金一条ハ猶《なお》取調更ニ相伺可レ申候。此段申上候。以上。

山口外務少輔
寺島外務大輔
岩倉外務卿

辛未九月十五日

*正　院　御中

追テ本文学校兵学宗教等ノ儀云々ノ次第ハ、全ク職掌ニテ申入候ヘ共、此儀ハ別段見込可ニ申上一候。尚又《なおまた》使節人員何分ニモ速ニ御取極有レ之度《とりきめこれありたく》存候也。

（『岩倉公実記』中）

7　特命全権使節の使命につき意見書（伊藤博文）

今般*吾曹、辱《かたじけな》ク特命ノ全権ヲ奉ジ、茲《ここ》ニ海外各国ニ使スルニ当リ、其至重ノ大任タルコト万人ノ*観望ニ係ルヲ以テ、各国政府ニ至リテ諮議《しぎ》研究スルノ際ニ臨ミ、其至重ノ大任タル実証ナカラザル可ラズ。熟考スルニ、我*天皇陛下ノ御書中ニ掲載スル所ハ、

償金一条　元治元年(一八六四)八月の英米仏蘭四カ国の下関砲撃事件の際四カ国が獲得した賠償金三〇〇万ドルのうち米国取得分七八万五〇〇〇ドルの返還問題。ちなみにこれは一八八三年米国の上下両院の議を経て日本に還付された。

正院　四年七月の太政官官制改革で設置された太政官の最高官庁。太政大臣・納言・参議などを置き、天皇親臨の上、外交を含め万機を審理する部署。

7解題［明治五年］　米欧派遣使節団が米国ソルトレイク市に滞在中、おそらくワシントンへ向け出発直前の明治五年初め、副使の一人伊藤博文が全権大使岩倉具視や副使の木戸孝允・大久保利通・山口尚芳らに呈した意見書。使節発遣の「事由書」(I-6)および天皇が使節に授けた「内勅旨」「別勅旨」(四年十一月四日)の主旨をみずから整理し、使節団の使命につき、あらためて意思統一を求めたもの。開明派とされた、当時の伊藤の欧米観と課題意識がよく示されている。底本とした伊藤博文伝は、伊藤の書翰・意見書・演説・法律草案、また山県有朋・井上馨らの関係文書などを収録した伝記。昭和十五年春畝公追頌会編により刊行。

全体ノ綱領而已《のみ》ニテ処分ノ眼目実践ノ順序ニ渉《わた》ラズ、*勅旨別勅ノ如キモ、細大ノ事務相混合セルヲ以テ商議ノ標準トスルニ適当ナラズ。然ラバ則チ近日華盛頓《ワシントン》府ニ至リ、彼外務卿ト面議スルニ臨ミ、何ヲ以テ使節奉命ノ眼目ト云ハンヤ。何ヲ以テ我天皇陛下ノ貴重ノ大臣ヲ以テ、此特命ノ使臣ニ任ジ宣セタル目的ト云ハンヤ。其際*茫漠ノ対ヲナサバ独リ我使節ノ栄辱ニ関スル而已ナラズ、併《あわせ》テ我日本政府ヲシテ*疎漏ノ詬《はじ》ヲ受シムルニ至ラン歟。於《ここにおいて》レ此僕窃《ひそ》カニ御勅書並ニ別勅ノ趣意ニ基キ、其体ヲ推テ要ヲ発シ、其末ヲ溯《さかのぼり》テ源ヲ探リ、玆ニ天皇陛下ノ期望預図ノ眼目実践処分ノ順序ヲ草シ、以テ各位諸君ノ賢考ニ供ス。此草案スル所、実ニ暗中ヲ模索スルノ類ニ係ルヲ以テ、彼商議応接ノ日ニ於テ果シテ各国政府ノ協合ヲ得ベキ歟、僕自《みず》カラ之ヲ信ズルヲ得ズ。又他日我国ニ於テ之ヲ実行スルニ臨ミ、果シテ事情ニ適当ナルベキ歟、僕又自《みずから》之ヲ証スルヲ得ズ、只条理ヲ推考シテ実際ヲ臆測シタル而已ナリ。各位諸君請フ、之ヲ熟読シ、異論アラバ之ヲ筆述シ、遺漏アラバ之ヲ補綴《ほてい》シ、以テ我使節派出ノ眼目ト商議ノ目的トヲ大全シ、近日華盛頓《ワシントン》府ニ於テ咨議研究スルノ用ニ供セン。敢テ諸君ノ思考ヲ望ム。

伊藤博文

使節委任ノ全権

今般我天皇陛下ヨリ派出セラレタル特命全権使節ハ、欧米各国ノ政府ニ至リテ新ニ条約ヲ結ビ、或ハ現今ノ定約ヲ廃止シ、又ハ更正スベキ全権ヲ委任セラレタルニ非ズ。

派出ノ大眼目ハ、現今ノ条約ヲ実践シタルニ付《つき》、是迄《これまで》経験シタル所ノ利害ヲ挙《あげ》テ之ヲ各国

【伊藤博文】 一八四一―一九〇九。長州藩出身。松下村塾に学び、以後尊攘・討幕運動に加わり、維新後、参与・外国事務局判事などを経て大蔵少輔兼民部少輔兼租税頭であったが、使節団副使に内定ののちの九月二十日、後藤象二郎に代って工部大輔に昇任していた。大久保利通の死後、内務卿となり、大隈重信罷免の後は、明治政府の中心的存在となる。

吾曹 わがはい。自称。

観望 様子をうかがうこと。

天皇陛下ノ御書 四年十一月四日、使節団に授けられた勅旨。

勅旨別勅 四年十一月四日、「条約改正ニ付目的トシタル件々ヲ実際ニ履行スベキ順序」を指示した別勅旨のみをさすか。

茫漠ノ対 何を目的としているのかはっきりしない対応。

疎漏ノ詬 手落ちの恥。

政府ニ討論シ、将来我国民ノ為ニ其権利ヲ増サンコトヲ謀リ、或ハ新約ニ加入スベキ条款ヲ議シ、或ハ我国ノ情実ヲ披陳《ひちん》シテ各国政府ノ考案ヲ乞ヒ、*到底我帝国ヲシテ開明諸国ノ社中ニ入ラシメ、万国公法ヲ遵奉スル者ト同等並肩ノ交際ヲナサシメ、独立不羈ノ公権ヲ全ク受用スルコトヲ得セシメント欲スルニ在リ。

此大眼目ヲ達センニハ、内政ニ於テ如何《いか》ナル改革ヲナスベキ乎、如何ナル法律ヲ設立スベキ乎、如何ナル方略ヲ以テ如何ナル政務ヲ施行スベキ乎、又外務ニ於テハ如何ナル方法ヲ標準トスベキ乎、如何ナル交際ヲナスベキ乎、如何ナル処分ヲ以テ其権限平均ヲ得ルノ域ニ至ルベキ乎、都《すべ》テ之ヲ咨議研究スルヲ須要ナリトス。

是故ニ使節ハ、天皇陛下ニ代リテ我国ト外国トノ間ニ関渉スル重件ヲ商議シ、各国政府ヲシテ使節ノ披陳スル所ニ聊《いささか》ノ虚偽ヲ挿《はさ》マズ、確実ナル情状タル事ヲ信用セシメ、承認セシムベキノ大任ナリ。

其大任タル如此《かくのごとし》、故ニ我政府ハ凡《およ》ソ此使節ガ各国政府ト商議シタル条款ヲ嘉納シ、他日之《これ》ヲ内政外務ノ実際ニ施行シ、或ハ他日之ヲ条約中ニ加入スベキコト、確定シ、条約改定ノ日ニ臨ミテ聊《いささ》カ異同スル所アリト雖ドモ、其大綱要領ノ如キハ充分ノ条理アリテ*弁疏スルニ非レバ、後日ニ至リテ使節ガ*目今各国政府ト協議シタル条款ヲ変更スルコトヲ得ズ。

爰《ここ》ヲ以テ天皇陛下ハ、特ニ其貴重信任ノ大臣ヲ選択シテ使節ニ命ジ、其期望預図スル所ヲ各国政府ニ伝ヘシメ、以テ現今将来ニ施設スベキ方法ヲ商議セシメン為ニ、特例ノ全権ヲ委任セラレタリ。

　　天皇陛下ノ期望預図ノ眼目

到底　つまるところ。

弁疏　弁解。
目今　現在。ただいま。
営生　くらしをたてること。
夙夜　朝晩。一日中。
黽勉　つとめはげむこと。
封建ヲ破リタリ　四年七月の廃藩置県。
世禄ヲ減ジタリ　二年六月藩知事家禄の制を定め、同年十二月禄制二一等を定めて藩士の俸禄を削減した。
学黌ヲ起シ　明治政府は、旧幕府の昌平黌・開成学校・医第一、天皇陛下ハ我東洋諸州ニ行ハル、所ノ政治風俗ヲ以テ、我国ノ善美ヲ尽スニ足レリトセズ。何ゾヤ。欧米各国ノ政治制度風俗教育*営生守産概《おおむ》ネ我東洋ニ超絶スルヲ以テナリ。於此《ここにおいて》開明ノ風ヲ我国ニ移シ、我国民ヲシテ速《すみやか》ニ同等ノ化域ニ進歩セシメンコトヲ志シ、*夙夜《しゅくや》励精*黽勉《びんべん》スルヲ事務トセリ。

第二、天皇陛下ハ国力ヲ一ニセン為ニ*封建ヲ破リタリ。人民ノ権利ヲ重《おも》ンジテ*世禄ヲ減ジタリ。旧習ノ陋俗ヲ除キ公明ノ政治ヲ布《し》カン為ニ、賢能ヲ挙グルニ当リテ其門閥ヲ論ゼズ、学術ヲ盛ニシ智識ヲ拡メン為ニ*学黌《がっこう》ヲ起シ、*遠ク師ヲ海外ニ招キタリ。*鉄道ヲ建設シテ往来ヲ便ニセント謀リ、*電信ヲ通線シテ書信ヲ速ニセンコトヲ望ミ、航海ヲ安全ニスルニ*燈台ヲ以テシ、船舶ヲ修理スルニ造船廠ヲ設ケ、貿易ヲ助ケン為ニ*貨幣ヲ改鋳シ、公論ヲ取ル為ニ議院ヲ開キ、保護ヲ固クセン為ニ兵制ヲ一ニシタリ。凡ソ此般ノ諸務其成功ニ至ラザル者尚《なお》多シト雖ドモ、已ニ其端緒ヲ開キ皆欧米各国ニ行ハル、所ノ現時ノ制ニ倣《なら》ヒタリ。

第三、天皇陛下ハ我国自主ノ*権理アルヲ以テ、政務上ニ於テハ中外人民ノ別ヲ論ゼズ、凡ソ我国内ニ居住スル者ヲシテ我法律ニ服従セシメ、我政府ノ保護ヲ以テ其生命家産所有ヲ安全ナラシメント欲セリ。

第四、天皇陛下ハ平時戦時ノ別ヲ論ゼズ、欧米各国ニ於テ遵奉スル万国公法ノ条規ニ従フテ、外国トノ交際ヲ処分セント欲セリ。

第五、天皇陛下ハ外国人民ノ*我版籍ニ入ラント欲スル者ヲ許可シ、而シテ此許可ノ法律ヲ設立シ、之ヲ公布セント欲セリ。

第六、天皇陛下ハ我国民ノ外国版籍ニ入ラント欲スル者ヲ許可シ、而シテ其者ハ日本人タル

学所を接収して昌平学校・開成学校・医学校とし、ついで二年統合して大学校とし、国学・漢学とともに洋学をも教授した。

遠ク師ヲ… 二年以降五年まで、教頭フルベッキ(米)、プーセー(仏)、パリー(英)ほか計四二人を招いている。

鉄道ヲ建設 二年に東京―神戸間の鉄道建設を計画、最初の開通は五年五月の品川―横浜間(九月東京―横浜間開業)。

電信ヲ通線 二年十二月に東京―横浜間に電信開通。

燈台… 二年一月観音崎燈台に点火。洋式燈台の初め。

貨幣ヲ改鋳シ 四年五月に新貨条例を制定。→一〇頁注「新金銀貨…」

権理 right の翻訳語として、権利・通義などと併用されていた。

我版籍ニ入ラン… 版籍は土地台帳と戸籍簿。帰化すること。この項および次項の文言からは、帰化・亡命権の認容ともうけとれるが、前提となる内勅旨の第三項は国際通婚の自由を述べたにとどまる。なお、のち自由民権期には、植木枝盛の「日本国国憲案」が「日本国ハ外国人ノ帰化ヲ許ス」、「日本人民ハ日本国ヲ辞スルコトヲ得」と帰化・脱籍ともに認めるべしと主張する。

ノ権理ヲ失フ而已《のみ》ニシテ、別ニ之ヲ拒止スルノ法律ヲ設ケザルベシ。

第七、天皇陛下ハ人間ノ自由ニ基キ、内外人民ノ間ニ婚姻ヲ許可シ、将来設立スベキ法律中ニハ婚姻ノ条規ヲ定メ、内外ノ人民ヲシテ之ヲ遵奉セシメント欲セリ。

第八、天皇陛下ハ外国人民ノ我国法民法及ビ地方規則ニ違背セザル以上ハ、*其国内ニ来住シ、其国内ヲ往来シ、其産業ヲ営ミ、其便利ヲ達スルコトヲ許可シ、一切其自由ヲ得セシメント欲セリ。

第九、天皇陛下ハ将来設立スベキ法律ニ於テ、外国人民ハ諸事尽ク日本人民ト同等ノ権利ヲ有スルヲ得ザルベシト雖ドモ、政府ノ威権ヲ以テ生命家産所有ヲ保護スル事ニ付テハ、*一視同仁ノ理ヲ主トシ、更ニ内外ノ差別ヲ設ケザルベシ。

第十、天皇陛下ハ我国ノ物産ヲ昌《さかん》ニシ、内外ノ貿易ヲ盛ニセン事ヲ望ミ、其景況ト国力トヲ計リ、時ニ交易ノ章程ヲ更正シ、中外ノ税額ヲ増減シ、我国自立ノ権理ヲ以テ之ヲ実際ニ施シ、凡ソ我国ニ来リ我国ニ住スル者ヲシテ、之ヲ遵奉セシメンコトヲ欲セリ。

第十一、天皇陛下ハ将来設立スベキ法律ヲ普《あまね》ク我国内ニ居住スル人民ニ通知セシメン為ニ、之ヲ国内ニ公布スルニ当リテハ、国文ニ英仏ノ両訳文ヲ附セント欲セリ。

前条ノ眼目ヲ綱領トシ我国今日ノ事情ヲ酌《くみと》リ之ヲ実践スルニ適当ナルベキ処分ノ順序

*第一、前文ノ第三第五第八ノ趣旨ニ基キ、外国人ノ我国内ニ居住スル事ヲ許スニハ、先ヅ東京*西京大阪ノ三府並ニ*諸開港場ニ於テ居留地ノ制ヲ廃シ、其市街ノ境内ハ内外人民ノ区別ヲ論ゼズ、互ニ雑居スルコトヲ許スベシ。

其国内ニ来住シ…　いわゆる内地雑居。これは条約改正問題にかかわる重大問題として明治二十年代末まで争点となった。別勅旨では「彼我人民自由ニ雑居スル事ヲ許ス」としながらも、三府五港の市街雑居に限定した。使節の米欧回覧の途中、六年二月福地書記官をトルコ・エジプトに派遣、両国では内地雑居が行なわれ、それが混合裁判(→七二頁注「埃及立会裁判所」)の実施を生んだとの報告を得て、十二月二十日寺島外務卿は内地旅行も許さないとの通告を英国公使に送っている。

一視同仁　差別なく同等に仁愛を施すこと。「聖人一視而同仁」(韓愈、原人)。

第一…　以下、第四まで内地雑居および旅行自由を段階的に行なうことの提案。

西京　京都。

諸開港場　神奈川・長崎・箱館・兵庫・新潟の五港。

第二、右ノ府港ノ外ハ雑居ヲ許サズト雖ドモ、我政府ヨリ与フル所ノ*往来切手ヲ所持スル外国人ハ、日本全国中ヲ旅行スルコトヲ得ベシ。

第三、右ノ府港ノ外タリトモ、我政府ノ免許ヲ得タル外国人ハ、其願立ノ地ニ居住スルコトヲ得ベシ。

第四、此居住並ニ往来ノ免許ヲ与フル為ニ、地方官ニ於テ各所ニ記録所ヲ設ケ之ヲ司《つかさど》ラシムベシ。

*第五、現今実践ノ条約ニ拠レバ、凡ソ外国人民ノ裁判ハ其国ノ*岡士《コンシル》之ヲ司ルト雖ドモ、向後《こうご》ハ之ヲ廃止シ、一切其地方ノ裁判ニ任スベシ。

第六、内外人民ノ訴訟ヲ聴《きか》ンガ為ニ各地方ニ裁判所ヲ設クベシ。其長官ハ日本官員タリト雖ドモ、自余ノ法官ハ内外人民ノ別ヲ論ゼズ、各邦ニテ其法律ニ通達シタル人物ヲ選テ之ヲ我裁判所ノ法官ニ挙用シ、我法律ニ照シテ審断セシムベシ。

第七、政府ノ*第一等裁判所ニ於テハ、法律ヲ論議スル為ニ各邦ニテ最モ法律ニ熟通シタル人物数員ヲ選ミテ司法官ト為スベシ。

第八、政府ノ議政官ハ、此司法官ヨリ進呈スベキ法律ノ議案ヲ得テ之ヲ討論シ、之ヲ各国ノ法律ニ比較シ、其議案果シテ至当ナリト認メバ、天皇陛下ノ許可ヲ乞ヒ、御璽ヲ得テ之ヲ国内ニ布告シ、以テ国律トナスベシ。

第九、此国律ハ国文ヲ以テ本トシ、英仏ノ両訳文ヲ添ヘテ公布スベシ。其余ノ布告モ皆此両訳文ヲ添フベシ。

第十、現時実践ノ条約中ノ租税貿易ニ関係スル個条ハ一切之ヲ廃止シ、日本政府ニ於テ時々

往来切手　これは七年七月太政官達第八七号により実現する。「公私雇人ノ外国人」で職務上あるいは疾病などやむをえない事情で各地を旅行しなければならない者は「通行免状」を外務省に願い出るというもの。なお外交官のうち、「ミニストル」と「コンシェルゼネラール」は日本国内の旅行を許されていた。

第五…　以後、第九まで裁判権にかかわる提案。

岡士　領事。

第一等裁判所　当時の最高級裁判所である東京裁判所(四年十二月司法省に設置)をさすものと思われる。これは八年大審院設置とともに廃される。

貿易ノ規則並内外租税ノ増減ヲナスベシ。

第十一、内外人民ノ生産商業ハ、都《すべ》テ其者ノ自由タルベシト雖ドモ、会社ヲ結ビ、或ハ内海ヲ航シテ運輸スル等ノ如キハ、地方官ノ特例ニ非ザレバ許サヾルコトアリ、此般ノ条例ハ兼テ之ヲ公布シテ之ニ従ハシムベシ。

第十二、現時実践ノ条約中、此新議ノ個条ト齟齬《そご》スル者アラバ一切之ヲ廃止スベシ。且《かつ》其趣旨明確ナラザル者アラバ、公法ノ条規ニ従テ之ヲ定ムベシ。

〔『伊藤博文伝』上〕

8　憲法制定の建言書案（木戸孝允）

孝允材識浅短学問空疎、叨《みだ》りに要路に当る。曩者《さきごろ》命を奉じて欧亜各国に使し、専対*其当を得ざる者亦《また》少からず。上は朝廷特命の旨を尽さず、下は人民希望の意に酬《むく》ゆる事能はず。其罪亦多し。然《しか》ども経歴の際、其制度文物に就て其沿革の由る所以を察し、其風土人情に由て其異同の然る所以《ゆえ》んを考へ、之を我邦維新前後の事に比較して、其施設措置の得失を熟思し、思て已《やま》ざれば録して以て賢明諸公に質《ただ》さゞるを得ず。要するに各国の事蹟、大小異同の差ありと雖ども、其廃興存亡する所以んの者、一尺に政規典則*の隆替得失如何を顧みるのみ。夫《そ》れ一枝の杖強しと雖ども、三つの童子も時あれば能く之を折《くじ》く。十枝の杖弱しと雖ども、把

8 解題〔明治六年七月〕遣米欧副使として帰朝したばかりの参議木戸孝允が廟堂に呈出した建言書(草案)。建言書の成文は「松菊木戸公伝」に収録。米欧諸国巡歴中の観察や調査研究からえた木戸の世界認識と国家構想がよく示されている。なお最初の原稿は木戸の意をうけたベルリン駐在公使館書記官青木周蔵の筆になるとされている。ちなみに、同年十一月、諸国巡歴をともにした大久保利通(当時、参議・内務卿)も「立憲政体に関する意見書」を呈示している。底本とした木戸孝允文書は日本史籍協会叢書の一(東京大学出版会刊)。編者は木戸公伝記録編纂所主任であった妻木忠太。

【木戸孝允】　一八三三－七七。長州藩出身。西郷隆盛・大久保利通とともに維新の三傑と称される。維新後まず徴士、ついで参与となり、参議となる。五箇条の誓文の起草に加わる。のち七年の台湾出兵に反対して下野したが、翌年参議に復帰した。西南戦争中に病死。

専対　他国へ使者として行き、自分ひとりの考えでうけこたえすること。

政規典則　憲法と法律。

して之を束ぬれば、強夫も之を折る事能はず。啻《ただ》に之を折る事能はざるのみならず、千斤の重き亦《また》以て支ふべし。今無数の小主あり、一国を割いて各区に主宰たるときは、方嚮《ほうこう》多端に分れ、各《おのおの》其《その》利を営み各其慾を逞くし、一国の威力分裂して合せず。*牆内《しょうない》の兄弟強弱を判ずると雖ども、外国に対峙するに至りては、其強未だ以て一和協合の敵国に抗するに足らず。之に反し一主能《よ》く無数の小主を統《す》べて全国を総轄するときは、仮令《たとい》境壌広大ならずと雖ども、方嚮一途に帰し利害同一に通し、以て隣境の侮慢を禦《ふせ》ぐに足る。是れ*物理の然る所にして、今日五洲強国の通論なり。我国嚮《さき》に*一新の政規を興し、藩籍奉還の請を許し、*侯伯を廃し、全国に臨んで百般の威権を統一するもの、朝意の期する所を問はず。豈《あ》に五洲強国の通理に基《もとづ》かざらんや。然りと雖ども、時勢変更の際士民其所を失ひ、或は貧困に陥るもの亦鮮《すくな》からず。況《いわん》や*京畿北陸の諸役、士民の苦艱一時塗炭に坐せり。今其れ一家の不幸に就て之を言はんに、父は京城に死して国家に酬《むく》ひ、子は北地に斃《たお》れて君恩に報ずるものあり。私情を以て当日の形勢を追想すれば、冷汗未だ脊梁に徹せずんばあらず。然《しか》れども一国の変は*公事盬《もろ》きことなし。豈に一身を顧るに遑《いとま》あらんや。当時の士民も亦能く斯意を弁知し、焦心粉骨、終に朝廷政規の基を成せり。而して維新の際、諸制変革耳目の触るゝ所、毎事昔日の慣習に非ず。是に於て*狐疑を抱くものあり、割拠を謀るものあり。景況恰《あたか》も朝意の嚮《むか》ふ所を知らざるが如し。朝廷豈に漫《みだ》りに旧制を変更せんや。当時万機の朝裁、主として内国の時勢を察し、次《つい》で外国の関渉を顧み、其事一つも已《や》むを得ざるに出ざるものなし。且《かつ》聖主の叡慮遠大にして、生民を其堵《と》に安保し、富強を興し文明を隆《たか》むるを以て目的とす。故に戊辰の春、東北の地未だ平定せざるの初早、已に天下の侯伯を会し*百官有司を徴集し、親《みずか》ら天神地祇を祈り*誓文を

牆内　かこいの内。国内。

物理　ものの道理。

一新　明治維新をいう。

侯伯を廃し　侯伯は諸侯・諸大名をいう。廃藩置県をさす。

京畿北陸の諸役　鳥羽伏見の戦に始まる戊辰戦争をさす。

公事盬きことなし　「王事靡レ盬」(詩経)に同じ。ここは、一国の変にあたって公の事は脆いものであってはならず、つねに堅固でなければいけないから、公事につとめ力を尽くして暇がないことをいう。

狐疑　疑いためらうこと。

百官有司　諸々の官僚。

誓文…　五箇条の誓文。

作り、五条の政規を建て之を天下に公告し、以て朝意の帰着する所を証し、人民の方嚮を一定せり。其題言に、大に斯《かく》国是を定め制度規律を立るは、誓文を以て目的となすの語あり。蓋《けだ》し政規は一国の是とする所に因りて之を確定し、百官有司の随意に臆断するを禁じ、万機の事務総《すべ》て其規に則《のっと》りて処置する事を期するに在り。其 慮《おもんばか》る所極めて深重、其期する所極めて遠大なり。当時の士民誰か叡旨の*隆渥《りゅうあく》に感じ、敢て之を奉戴せざるものあらんや。然《しかれ》ども時勢猶《なお》*透《い》迤《い》して人心一方に偏執し、時好を喜んで開化を擬し、挙動を逸して文明に模するの弊なき事能はず。現今の形勢を察し、施設措置の跡を証するときは、五条の誓文猶《なお》実際の施行に就かざるものあるに似たり。今文明の国に在ては、君主ありと雖ども*闔国《こうこく》の人民一致協合、其意を致して国務を*条列し、其裁判を課して一局に委托し、之を目して政府と名《なづ》け、有司を以て其局に充てり。而して有司たる者は一致協合の民意を承け、重く其身を責めて国務に従事し、非常緩急の際に在りと雖ども、一致せる民意の許す所に在《あら》ざれば漫《みだ》りに挙動を試むる事能はず。其厳密なる斯《かく》の如きも、人民猶《なお》其*超制を戒め、*議士事毎《ことごと》に験査して有司の随意を抑制す。然りと雖ども一国尚《なお》不化に属し、文明未だ洽《あま》ねからざれば、暫く君主の英断を以て一致協合せる民意を迎へ、代りて国務を条列し、其裁判を課して有司に附托し、以て人民を文明の域に導かざるを得ず。嚮《さき》に五条誓文の盛挙を仰ぐに、叡慮の起るところ、蓋し此理に基きしなるべし。我邦に於ては議士事毎に験査を加へずと雖ども、聖令固《もと》より重大にして、且《かつ》其事務の重き、欧米各国に於て民意を体して政を行ふ者に毫も異なる事なき事を以て、有司たる者は宜しく其身を責め、五条の政規を以て標準となすを要す。政規は精神なり、百官は支体なり〈欧洲の通説に政規は精神、百官は支体と云《いう》。又一説に人民を精神とし、百官を支体とす。政規は即

隆渥　さかんでてあついこと。

透迤　まがりくねっているさま。

闔国　国中のこらず。全国。

条列　列挙すること。

超制　決められた枠組を超える行為。

議士　立法府の議員。

人民一致協合の意に出づれば、二説異なり〔と〕雖ども理は即ち一なり〉。*神心命を伝へて肢体逆《さかさ》まに動き、或は命を俟《また》ずして妄《みだり》に挙動するが如き事あらば、全国の事務錯乱し、物情を挑撥し随て不安の形勢を醸すに至らん。事若《も》し斯《ここ》に至るときは、戊辰一新の盛挙も旧制を廃するに過ざるのみ。士民粉骨の勢も遂に水泡の空《むなし》きに属せん。加之《しかのみ》ならず法令軽出、昨是今非、前者未だ行はれざるに後者又継ぐが如きは、果して人民の能く堪ゆる所に非ずして、其身要路に当る者の適々《たまたま》以て其過《あやま》ちを累《かさ》ぬるに足るのみ。凡《およそ》天下の事、之を言ふは易く之を行ふは難し。*用舎の間亦《また》以て深く戒むべし。然《しかり》と雖ども政務は固より広大にして、区域殆んど際涯なし。況《いわん》や人生の要務は開化の進むに従て相増し、政府今日の事務は、亦《また》已に戊辰年間の事務と其轍を斉《ひとし》ふして論ず可らず。然るを尚、五条の誓文のみを以て照準と為す時は、当路は応変の処置に迷ひ恐らくは民意に充つる事能はざるべし。然《しからば》則《すなわち》今日の急務は五条の誓文に基《もとづき》て其条目を加へ、政規を増定するに在り。抑《そもそも》五条の誓文に因て、以て聖主今日の叡旨を推すに豈《あに》天下を以て一家の私有とせんや。民と斯に居り、民と之を守り、国務万機統《すべ》て人民に関渉せざるはなし。況や人民各《おのおの》権利あり*負責あり。権利を張て天賦の自由を保ち、負責を任じて一国の公事に供する等、亦人民存生の目的なり。細かに其条目を記載し、盟約して其制に違反する事を禁じ、相互に従順するものは即《すなわち》典則なり。蓋し政規なるものは典則中の本根にして、一切の枝葉悉《ことごと》く之より分出せざる可らず。而して各国政規の変革固より容易ならず。事実万止むを得ざるに非《あらざ》れば必ず軽挙して之を変ずる事なし。殊に君主擅制《せんせい》の国に在ては、最も謹慎を加へ、能く視察を労し、深く内国の状態を考へ、広く人民の生産を顧み、其開化の度に応じ、能《よ》く其意を迎ふるに在り。凡《およ》そ五洲の広き国あれば、輙《すなわ》ち民あり。各国土風の開化

神心　心神。こころ。

用舎　用捨。用いると捨てること。

負責　責任。責務。

と不開化を問はず、人に賢愚あり、富に大小あり。賢明にして事務に達する者は要路に当りて生民を引卒し、富にして其産厚き者は貧民を駕御する事、恰《あたか》も普通の公理なりと雖ども、諺に所謂《いわゆる》＊一燕の帰り来るや未だ以て天下の春を唱ふるに足らず、烟霞淡蕩《えんかたんとう》百花妍《けん》を争ふに至りて始て以て陽和を賞するに足ると。故に民間偶《たまたま》一二の賢材を出し、或は数名の豪富を生ずと雖ども、一般の人民未だ貧愚にして品位賤劣の地にあれば、其国未だ富強文明の域に入らざるなり。今や邦人の外貌、漸々《ぜんぜん》都風に化し往々朴野の旧習を変ずと雖ども、其心情豈《あに》一朝にして文化に明なる事を得んや。政府能く勉めて生民を教育し、徐《ゆ》るやかに全国の大成を期するに如《し》かず。然後《しかるのち》政家方《まさ》に其際に投じ精意を国家に尽さば、生民の幸福も亦多かるべし。万一徐《ゆるや》かに大成を期する事能はずして、一二の賢明独り其身の利達を負《たの》んで民意の向背を察せず、只管《ひたすら》功名を企望し、要路の一局に拠りて威権を偏持し、而して万緒国務の多き毎事之《これ》を文明の各国に擬似せんと欲し、軽躁之を施行するに至らば、国歩の運厄以て累卵の危きを招くべきなり。孝允等亦恐《おそら》くは他日其責を免るゝ事能はず。且夫《かつそ》れ一国を経理するには必ず一国の力あり。力を計りて事に処せざれば、一利変じて百害となる。彼《か》の里人の子の千金の子を羨む如く、財を傾け家を喪ふに至るも其栄遂《つい》に及ぶべきに非ず。国事を理《おさ》むる者宜しく其序次を繹《た》づぬべし。力を養ふ者宜しく其漸に従ふべし。彼文明の至治、豈《あ》に遽《にわ》かに一朝の能く求め得る所ならんや。庶幾《こいねがわく》は朝廷此《ここ》に注意し、大令を布き、誓文に加条し、典則を建て、以て後患を予防せん事を。大凡《おおよそ》政治の盛衰国家の興廃総《すべ》て政規典則の有無と其当否に由らざるものなし。土壌広大人民蕃殖すと雖ども、若《も》し其国の政務に於て一規を以て之を約束する事能はず、一夫縦《ほしいまま》に私利を営み、一夫驕《おご》りて公道を矯《た》め、＊諂諛《てんゆ》僥倖、小人随て朝に満《み》つるに

一燕の帰り来るや…　一部を見て全体を判断してはいけないことの喩。One swallow does not make a summer. また、One swallow does not make a spring. と言う場合もあり、日本の四季の感覚からはこのほうがぴったりする。

諂諛僥倖　こびへつらって、おこぼれにあずかろうとすること。

至らば、富強文明の外貌ありと雖ども、国基衰頽終《つい》に整頓すべからざるに至らん。近く比較を取りて之を*支那の形勢に証し、遠く欧洲*「ホーランド」の蹉跌に鑑《かんが》むべし。昔時「ホーランド」の独立存在せるや、土壌広く人民蕃殖し、更に暴君奸吏あるにあらず。只時勢の変遷に当りて能く其政規を確立する事能はず。甲は自ら信じて智者と唱へ、乙は自ら負《たの》んで能者と称し、彼此相服せず。公侯豪族或は私利を営み、或は威権を争ひ、殆んど無政の邦と為る。此際に当り生民の困厄誰か活路を探り、以て救済を求めざらんや。全国随て蜂起し、公侯を懲治し豪族に復讐し、其騒擾《そうじょう》遂に比隣魯普墺の三国に波及し、生民其堵に安ずる者なきに至る。故に三国の人民坐して当日の状態を傍観するに忍びず、兵力を集め残賊を*膺懲《ようちょう》し、終に其国を三分して各自の所属となせり。而して亡国の人民、将《は》た誰をか咎め誰をか恨みんや。予*火車に駕し、普より魯に行く一暁、*悲笳《ひか》耳に徹し残夢忽《たちま》ち破る。起て車窓を推せば則「ホーランド」にして土人の旅客に銭を乞ふものなり。因て昔日を追想し、慨に堪ざるもの数刻、嗟呼《ああ》政規建て典則存せざれば、自他の国と雖ども亦《また》*同轍の厄運に罹《かか》るを免るべからず。予曾《かつ》て聞く、羅馬《ローマ》の古語に曰く、民あれば乃《すなわ》ち法ありと。政規典則の欠く可らざる見るべきなり。欧亜一周触目経験の際痛く已往《いおう》を想ひ、窃《ひそか》に将来を察し緘黙《かんもく》して自ら止む事能はず。区々の冗言切に以て諸公の評正を請ふ。

〔『木戸孝允文書』八〕

支那の形勢　清国がアヘン戦争(→補注)、アロー戦争(→補注)の敗北により租借地として領土を奪われ、またロシアによるイリの占領(→補注「イリ紛争」)など領土が蚕食されている状況が念頭にあるか。

ホーランドの蹉跌　ポーランドが亡国の憂き目にあったことをいう。ポーランドは、一七七二、九三、九五年の三次にわたって、ロシア・プロシア・オーストリアの三国によって分割され、滅亡した。

膺懲　うちこらすこと。

火車　汽車。

悲笳　悲しい笛の音。

同轍　先例をくり返す。轍をふむ。

9 解題〔明治七年二月六日〕蕃地問題調査委員とされた大久保利通(参議・内務卿)・大隈重信(参議・大蔵卿)が連名で、六日閣議に提出したもの。右大臣岩倉具視が不平士族に襲撃された事件(一月十四日)を機に政府は外征の実行を急ぎ、まず台湾への武力発動によって、琉球漂流民が台湾高山族に殺害された事件(四年十一月)以来の懸案をも一挙に打開しようとしたもの。この要略は閣議で了承され、台湾出兵にいたる。↓補注。底本とした大久保利通文書は日本史籍協会叢書の一(東京大学出版会刊)。書翰・意見書などを収録。

【大久保利通】 一八三〇-七八。薩摩藩出身。四年大蔵卿。岩倉使節団副使となり、六年帰国後征韓論に反対。内務省を創設して内務卿となり、明治政府の中心的存在となる。十一年五月紀尾井坂で暗殺される。

【大隈重信】 一八三八-一九二二。佐賀藩出身。三年参議となる。征韓論争では大久保利通らと征韓論に反対、台湾出兵では事務局長官であった。明治十四年政変で失脚。二十一年には外務大臣として条約改正交渉にあたった。

昨年… ↓補注「台湾出兵」

両属の説 琉球が日本・清国双方に服属しているとの説。

犬牙接連 国境が入り交って接していること。

台湾港 台南の西方にある安平港のこと。

淡水 滬尾。台北の北西、淡水河口北側の港。

北京在勤公使 初代の公使は柳原前光であったが赴任せず、北京に公使館が建設された六年十一月から山田顕義、この要略直後から柳原に代った。

琉球館 清国との朝貢貿易の

9　台湾蕃地処分要略　(大久保利通・大隈重信)

第一条　台湾土蕃の部落は清国政府政権逮《およ》ばざるの地にして、其証は従来清国刊行の書籍にも著しく、殊に昨年*前参議副島種臣使清の節、彼の朝官吏の答にも判然たれば、無主の地と見做《みな》すべきの道理備れり。就ては我藩属たる琉球人民の殺害せられしを報復すべきは、日本帝国政府の義務にして、討蕃の公理も茲《ここ》に大基を得べし。然して処分に至ては着実に討蕃撫民の役を遂ぐるを主とし、其件に付て清国より一二の議論生じ来るを客とすべし。

第二条　北京に公使を派し公使館を備へ交際を弁知せしむべし。清官若《も》し琉球の属否を問はゞ、即ち昨年出使の口蹟に照準し、琉球は古来我が帝国の所属たるを言ひ並べ現今弥々《いよいよ》恩波に浴せしむるの実を明にすべし。

第三条　清官若し琉球の自国に遣使献貢するの故を以て、両属*の説を発せば、更に顧て関係せず、其議に応ぜざるを佳とす。如何《いかん》となれば、琉球を控御《こうぎょ》するの実権、皆我が帝国に在て且《かつ》遣使献貢の非礼を止めしむるは追て台湾処分の後に目的あれば、空《むなし》く清政府と弁論するは不可とす。

第四条　清政府より台湾処分に付《つき》論説を来さば、昨年の議を確守し、判然蕃地に政権不逮の証蹟を集て動かさざるべし。若《もし》土地連境の故に付論すべき者生ぜば、和好を以て弁ずべし。其事件至難に渉らば、是を本邦政府に質して可ならん。惟《これ》推託して、時日遷延の間に即事を成し、和を失はざるの機謀交際の一術なり。
第五条　土蕃の地は無主の域と見做《みなす》と雖《いえども》、清国版図《はんと》と*犬牙接連の地勢なれば、隣境の関係生じ葛藤を発すべければ、福建省に属する*台湾港に領事一員を置き、*淡水事務を兼轄せしめ、征蕃の時に方《あた》りて船艦往来に付ての諸用を弁ぜしむべし。右職掌の外に、台湾処分に付《つき》清国地方官との応接を担当せしめ、極々《ごくごく》和好を保護するを長策とすべし。但《ただし》清国を視察したる福島九成を領事に任ずべし。
第六条　領事は蕃地の征撫に関せず、征撫に任ずる者は応接に関せず。蓋し其分界を明かにし和好を維持せん為めなり。若《も》し事《こと》至重に渉《わた》らば、是を*北京在勤公使に伝致するを可とす。
第七条　福州は福建省の一大港なれども、台蕃処分の便路は台湾及《および》淡水を要地とす。且《かつ》福州には*琉球館あれば、暫く是を度外に置き、嫌忌を避くるを佳とすべし。
*第八条　福島九成、成富清風、吉田清貫、児玉利国、田中綱常、池田道輝右六名を先に台湾へ発遣し、*熟蕃の地へ立入り、土地形勢を探偵し、且《かつ》土人を懐柔綏撫せしめ、他日*生蕃を処分する時の諸事に便ならしむべし。
第九条　探偵の心得は熟蕃の地、*瑯嶠社寮の港より兵を上陸せしむる積《つもり》に付、兼《かね》て此辺の地勢其他停泊上陸等の便利なる事に注意すべし。

二月

大隈重信

大久保利通

〔『大久保利通文書』五〕

便宜のため、福州にあった施設。明の時代に設置された。
第八条　岩倉具視はこの要略の閣議決定直後の二月六日大久保に書翰を送り、「此上ハ問罪使命之人体御取極(とりきめ)之義急務ト存候。右ハ鹿児島県之人ニテ誰カ無レ之哉」と書き、「土人撫育終ニ吾属地タラン否哉ハ、再ビ御評議之筈…何卒(なにとぞ)吾レニ得ベキノ目的立(たて)タキ者ト存候。兼テ福島ニ承リ候処ニテハ必成易カラント存候得共、費ス処他日補フニ足カ、得失ノ処十分御心配被レ下度(くだされたく)、且ハ六人之人体被レ遣候ニモ右之辺御定見無レ之テハ奉命ノ事如何ト懸念候」と述べている。なお、福島・成富・吉田・児玉・田中らは、四年に清国に政府派遣留学生として渡り、台湾や福建省地方に赴き地理や軍備等につき探索・研究していた。
熟蕃・生蕃　台湾の住民は原住民の高山族(高砂族)と明末清初以後移住の中国人の子孫が大部分を占めるが、西部に中国人が進出してその影響をうけて漢化したものを熟蕃、中部山地や東部など影響の少ないものを生蕃といっていた。
瑯嶠社寮　瑯嶠は瑯嶠。現、恒春。台湾南部にある。社寮は中国人と台湾人の交易所が置かれたところをいう。

10　朝鮮遣使に関する取調書（大久保利通・大隈重信）

朝鮮へ数名ヲ発遣スルノ旨趣

一、朝鮮遣使ノ事既《すで》ニ廟議一決セリ。因テ茲《ここ》ニ其目的ヲ達シ其序ヲ追ンガ為、数名ヲ撰ビ渡航セシムベシ。

〔附箋〕御一新以来朝鮮ニ使ヲ遣ハサレシハ、既ニ数回彼屢《しばしば》之ヲ拒ム。国辱ト云フ可シ。今又使ヲ遣シ公誼ヲ表シ誠ヲ尽スト雖モ、彼尚《な》ホ肯《がえ》ンゼザルトキハ、問罪*ノ師ヲ興サヾル可ラズ。因テ預《あらかじ》メ之ガ計画ヲ為シ置カザル可ラズ。

一、友国ノ公誼ヲ表シ、旧交ノ誠意ヲ尽スハ、遣使ノ旨趣タルニヨリ、其目的ヲ失フ可カラズ。

一、其国情ノ如何、兵備ノ虚実、版図ノ形勢等ヲ捜偵シ、後図《こうと》ノ考覈《こうかく》*ニ充ツベキナリ。

〔附箋〕朝鮮境ヲ魯西亜《ロシア》ニ接ス。魯国ノ情状測ル可ラズ。宜シク人ヲ遣シ其国境ニ入リ探偵セシム可シ。支那亦是《またかく》ノ如クス可シ。且《かつ》朝鮮ニ兵ヲ出スノ議決スル時ハ、預メ魯国ニ照会シ関係スル事ナキノ談判アル可シ。

一、艸梁館《そうりょうかん》*ハ即《すなわち》我国権ヲ行ヒ来リシ一局ノ地ヲ占守シ官民ヲ保護シ商路ヲ開設スルニアリ。

右ノ目的ヲ要スル時ハ

10解題「明治七年二月」「台湾蕃地処分要略」と前後して、同じく大久保利通・大隈重信が連名で閣議に提出したもの。日付は不明。半年まえの征韓論争では内治優先を主張した大久保らが、台湾遠征の断行とともに、期をみての朝鮮への出兵も計画していたことを示すものである。なお外務省七等出仕森山茂は、七年一月十一日、「朝鮮国交通維持方法ニ付上申書」を外務卿寺島宗則に建議しており、この取調書の参考となった。建議書は朝鮮が日本との国交を拒む理由を述べたあと、朝鮮が「信ジ且尊ム所ノモノハ日本ニアラズ、又対州ニ非ズ、独リ宗氏アルノミ」として、宗氏に渡韓を命じ、かつ「使節ノ名義ヲ用ヒズ」「火輪ヲ不レ用、和船ニテ渡航スベシ」「可レ成古風ノ体面ヲ存シ彼ノ疑懼ニ渉ラザルヲ要スベシ」「官員随行ハ彼ニ猜疑ヲ不レ抱モノヲ附添スベシ」「彼ト面熟懇話セシ対州ノ士人一両名ヲ撰ラミ宗氏ノ附員タラシ」める、ことなどを建策している。

問罪ノ師　敵対国または反乱者を討ち、こらしめるための出兵。

考覈　考え調べること。

艸梁館　釜山草梁におかれた倭館。五年九月以来日本政府

一、今茲《ここ》ニ発スル処ノ数名ハ使節ノ名義ヲ用ヒズ、壬辰乱*後ノ例ニ習ヒ、即旧時不レ可レ棄旧情不レ可レ破ノ旨ヲ失ハズ、前条ノ意味貫徹スルヲ期トスベシ。

一、一行渡韓ハ必ズ和船ヲ以テ航行スベシ。

一、官員随行ハ可レ成《なるべく》少数ヲ好トス。三五名ヲ過グベカラズ。

一、着手ノ上我意ニ応ズルモノアラバ、迅速人ヲシテ回奏セシムベシ。

二月

大 隈 重 信

大久保利通

〔『大久保利通文書』五〕

11 樺太問題・朝鮮政策につき意見書（榎本武揚）

三月十日到

別記第拾八号

本月三日附別記第拾七号*を以て、大略申進置《もうしすすめおき》候対話書第五回*、別紙の通《とおり》差進候間、御熟考可レ有レ之《これあるべく》候。対話書中、拙者より申述候代物《*だいぶつ（コンジション）》約束の大本、並に其外とも未だ返答無レ之《これなく》候間、返答有レ之《これあり》次第早速以二電信一可二申進一《もうしすすむべく》候。最早《もはや》*魯国新年も相迫《あいせまり》、其上当国は他の欧邦と

の摂取するところとなる。↓一三頁注「倭館」

壬辰乱　豊臣秀吉の朝鮮出兵。

11解題〔明治八年一月十一日〕ロシア駐在公使榎本武揚より外務卿寺島宗則への意見具申。一月二日のロシア外務省アジア局長ストレモウホフとの第五回対話書を付している。七年一月臨時代理公使ウラローフスキーは寺島外務卿に千島と樺太の交換を提案。日本も交換論に傾き、十一月から榎本公使が交渉にあたっていた。対露交渉の報告を兼ねつつ、ロシアの南下に先行する対朝鮮政略の急務を進言したもの。樺太千島交換条約調印は八年五月七日。

【榎本武揚】　一八三六―一九〇八。文久二年(一八六二)幕府の命によりオランダに留学し、帰国後海軍奉行。戊辰戦争のときには、幕府の艦隊を率いて箱館五稜郭にたてこもり抗戦した。明治五年特赦されて北海道開拓使に出仕、七年海軍中将兼特命全権公使としてロシアに渡り、樺太千島交換条約締結に尽力した。また甲申事変、天津条約締結(十八年)の頃の駐清公使。

別記第拾七号　二月二十六日到着の榎本の書翰。ストレモウホフとの応答の概略を報じたもの。

対話書第五回　榎本とのスト

異なり祭日至《いたり》て夥多《かた》に付、右返答は少々手間取可レ申候。

一、樺太嶋境界談判の義、可レ成丈《なるべくだ》け皇国の声価と実利に注意して其目的を達せんため、先づ嶋上境界の外は訓状*無レ之と申張、同件に付《つき》魯政府到底の決議を確と承り置て後、代地代物約束の談判に亘《わた》りて利益を我方に取《とら》んと兼て見込居たる儀にて候。

一、「キュリル*」諸嶋風土物産等は、魯人「クルセンステルン*」氏及《および》「ゴロウニン*」氏〈文化年間我が擒《とりこ》となりたる人〉等旧記の外は新書更に無レ之、右は畢竟《ひつきよう》「カムサツカ」地方並に「キュリル」諸嶋は魯国新領沿海道*に比すれば緊要ならざるを以て著述者無レ之によれり。「ゴロウニン」氏の測量書に拠れば「ウルップ」嶋には洋船二三隻位は碇泊し得べき港有レ之、其他諸嶋も「ラッコ」猟及漁業も有レ之候得共、雲霧常に鎖《とざ》して航海に便ならざる趣に付、御訓状中には無レ之候得共、拙者一己の見込丈けを以て「ウルップ」嶋の外は軍艦*を以て代物と致度段陳《いたしたきだん》述致置候訳にて候。乍レ《さりながら》去右は魯政府同意致候《いたしそうろうや》哉否《いなや》、前定仕兼《つかまつりかね》候。

一、茲《ここ》に今般の談判に差響候一難事は、余の義にあらず、去秋樺太嶋日本住民政府の命にて大半立退《たちのき》、現今は一二の官員と漁民少々残り居り、最早《もはや》日本政府は同嶋を棄《すつ》るなりと近頃諸邦の新聞紙に記載有レ之、拙者当政府え談判の意味と齟齬《そご》いたし、且前文代物の損益にも大に関係いたし可レ申事にて候。拙者些々《ささ》たる代物等迄に嘖々《さくさく》*致候も畢竟我国論と国利を苦心斟酌致候へばなり。故に樺太嶋談判相済候迄は右御注意有レ之度所レ祈に御座候。

一、推察迄には候得共、代地談判は当表にて大略相整ひ可レ申、品《しな》*に寄《より》候へば「プロトコール*」も相整ひ可レ申様子相見候。

一、樺太嶋上に於て境界を立るは尚来の得策にあらざるべき段は、前便略《ほぼ》申上置候通、経

レモウホフとの会談は、七年六月二十二日、十一月十四日、八年一月二日の三回にわたって行なわれた。この対話書は第三回の会談についての報告。

代物約束…　一月二日の第三会談で榎本は、代物について「樺太島産物の上り高と、其土地の値段とを双方委任の者実地立会取調の上」で精算すべきだが、一個の私見ということで千島のうちウルップと付近の三島のほか、露国軍艦を要求した。

魯国新年　ロシアの旧暦は西暦より一二日遅れである。

訓状　榎本は特命全権公使として渡露するに際して、七年三月五日付で、交渉において遵守すべき訓条を政府から言い渡された。その内容は、樺太は雑居を廃して境界を定める、全島を露国の有にする場合、釣合う地を獲得する、ウルップ島からカムチャツカに連なるクリール諸島を代地とするなど一二カ条からなる。しかし、榎本は十一月十四日の会談では「島上境界の外は(樺太島上に境界を設けることと以外は)拙者訓条中に無レ之に付、貴皇帝御帰京後今日の談判向御奏聞被レ為レ遂、其御返答を待より外無レ之候」と強硬に主張した。

キュリル　クリール諸島。

済上にても防辺上に於ても、同嶋は只々我通商貿易の路を残し置《おき》、品に寄我*岡士《コンシル》を置て、通商事務旁《かたわら》同嶋一体の動静を偵知致候位にて、相当の義と存候。抑《そもそも》魯国の尚来に大注目致居候は、兼々《かねがね》申進置候通、朝鮮境より満州海岸新領地に有レ之候に付、我防辺の要地は其咽喉の地たる対馬《つしま》嶋とこれに向へる朝鮮の向岸にあり。我邦沿海の防禦と同様に対馬嶋には追々厳重の砲台を築き、更に九州の一部より*海底電線を設くるは不可欠の義と存候。対馬嶋の防禦は佐土嶋の先にあるべし。

一、魯国の伎倆は万事はでやかなる事をせず、徐々として行き孜々《しし》として倦《う》まず。故に其新領沿海道地方の如きは又「*ペートル」大帝及「*ヱカテリナ」女帝も既に着目し、千八百六拾年に至て漸くこれを占拠せりと雖ども、今より拾数年内には未だ亜細亜《アジア》洲に威権を逞《たくましう》するを得るには必然至らざるべし。是れ其財力に限あればなり。此時を幸にして我邦にては尚来の計を為さゞるべからず。其計たる、固より富国強兵の四字より外なかるべしと雖ども、魯の南侵に対しては預《あらかじ》め左の二件に注意すべきに似たり。

第一、支那に先だつて我より朝鮮を訓導し、我と交誼を篤《あつ》ふせしめ、務めて我威徳を朝鮮国内に感響せしむるに在り。魯は此件に着目すと雖ども、地理上の難と其国事務緩急の序あるを以て、未だ其手を下すを見ず。此件もし魯より先んぜられ、万一魯にて朝鮮国の我対馬嶋に対せる一地に歩頭を占る時は、我防海の大目的を失ふべし。*客歳*森山某の朝鮮に使せしが如きは最も其要領を得たりと謂ふべし。

第二、朝鮮もし愚頑にして我と交誼の験なき時は、事に托して対馬嶋の向岸に我一歩頭を歩むるにあり。

クルセンステルン　ロシア海軍提督クルゼンシテルン Kruzenshtern. 一七七〇—一八四六。
ゴロウニン　ゴロヴニーン Golovnin. 一七七六—一八三一。ロシア海軍中将。松前と箱館に監禁されて、二年三カ月余の幽閉生活をおくった。
沿海道　沿海州のこと。
軍艦を以て代物…　付属の対話書によると、軍艦要求に対し、ロシア側は思いもよらないことと驚き、即答を避けた。十五日付で拒否回答。
嘖々　やかましく言う。
品に寄　事情により。
プロトコール　条約案。
岡士　領事。
海底電線　十三年に長崎から対馬を経て釜山にいたる海底電線設置のための測量開始。
ペートル大帝　ピョートル一世 **Pyotr I.** 一六七二—一七二五。近代化を推進し、領土を拡大して、ヨーロッパ列強の間にロシアの地位を高めたことで著名。
ヱカテリナ女帝　エカテリーナ二世 **Ekaterina II.** 一七二九—九六。ピョートル三世の皇后であったが、廃位して自ら即位した。典型的な啓蒙専制君主とされる。内政を整備し領土を拡大して、ロシアをヨーロッパの強国として確立した。
客歳　客年とも。去年。
森山某　森山茂。→一二頁注

一、皇国は島嶼夥多なるを以て、外寇の襲来を悉《ことごと》く防ぐ能はず。故に要地を撰《えらび》てこれが備を置き、兵勢を成丈《なるた》け分割せざる事肝要たるべし。

一、樺太嶋代物約束中に、朝鮮一件密約云々の義*、前便一寸申上候得共、右は此方よりは断然不ル二申出サ一方に決し申候。

一、先月差進候近主釜泊人殺一件*覚書、翻訳仏文用語稍《やや》激に過ぎ候処有レ之趣、懇意づくにて魯国一役より申呉《もうしくれ》候に付、少々用語を取替、魯政府え差出し申候。尤《もっとも》意味は別に替たる事無レ之、右是正致候仏文に准じ、本書も一二ケ所刪除《さんじょ》致候処有レ之候。仏文の方は別紙の通、差進申候。本書は其中清書の上次便差進可レ申候。

一月十一日

在峩*　榎本武揚

寺島外務卿殿

『日本外交文書』八

朝鮮一件密約云々の義　副島は樺太放棄の代償のひとつとして、日本が朝鮮に軍事的進出をしてもロシアは干渉しないという密約を得たいと考えていた。

近主釜泊人殺一件　近主、釜泊は樺太の地名。四年に近主で日本人一名がロシア人三名に殺害され、翌年釜泊で日本人三名がロシア人四人に放火・殺害された事件。慶応三年の日露間樺太島仮規則(仮樺太規約)により、樺太が日露の雑居地域になって以来、この種の事件が頻発していた。

峩　峩羅斯(アロシ)の略。

12　対朝鮮政策につき榎本武揚書翰

四月五日到

12解題［明治九年二月十日］ロシア駐在公使榎本武揚より外務卿寺島宗則宛書翰。前年九月の江華島事件をめぐる日朝外交交渉のさなか、条約締結と漢城への日本公使館開設をみこして、樺太千島交換条約の交渉に参画し帰国するロシア駐在公使館書記官花房義質(→後出注)を、朝鮮への勢力扶植のための最適任者として推挙したもの。江華島事件は日本軍艦雲揚号の挑発行為によって、朝鮮の江華島守備隊と交戦になり、日本の陸戦隊が砲台を占拠、破壊・略奪した事件。詳しくは↓補注。この事件を口実に日本は朝鮮に開国をせまり、九年二月二

内啓

甚寒の節弥《いよいよ》御清栄被レ為レ《あらせられ》有遥頌此事に候。然《しから》ば花房書記官*帰国の儀に付ては、本人より閣下迄願出候義も有レ之趣、右願意の中、朝鮮国云々の義は拙官兼て同人とも論談いたし候件にて、一体朝鮮国は其地理上の位置といゝ、政理上の関繋《かんけい》といゝ、我邦より亜細亜《アジア》近隣間に対する威権上に直感する事甚大なるを以て、好時機に乗じて我威福を彼に波及せしむるの緒を開くは、我邦「ポリシー」上の一要件にして政家の宜く忽《ゆるがせ》にすべからざる者と存《ぞんじ》候。現下我邦国務多端倉廩《そうりん》不満*なるを以て、実益の無き所は急に手を延《のば》さゞるを要する者の如しと雖ども、実益と要務《（ネセシチー）》とは常に合幷するを得がたき者にて、要務の有る所は時宜により単に実益上のみに着目するを得ざる事多し。朝鮮の我邦に於て経済上の実益は微少なるべしと雖ども、「ポリチカル」及「スタラテジカル*」上の要務に至ては、現下世間の称する所権謀術数等をさて措《お》き、其尚来に関する所実に浅鮮ならずとす。是れ固より閣下の方寸*中に在り。拙官敢て其緒由を縷《る》するを要せずと雖ども、只一言の寸愧を吐露せんと欲する者は、皇国の「ポリシー」たる、単に内国治安而已《のみ》に限らず、更に隻眼*を具して亜細亜全局上の去来、今に注意せざるべからざるの一事にて候。かの客歳征台*の挙の如き、世の論者或は之を目して単に無益の外征と看做《みな》す者ありと雖ども、是れ所謂知レ一而未レ知レ二*者の言と謂《いわ》ざるを得ず。何となれば、征台の一挙よりして我が国民憂国の熱心は判然世人の認知する所となり、又支那に向て志を逞《たくましう》せんと決せし勇気は暗に欧人の敬憚する所となり、我輩亦外に在て肩身の広きを覚ゆる者の如し。何となれば現下無気力の亜細亜洲におゐて此一事は稍《ようやく》勇奮の気略を現し、英米の拋却せし挙を荷《にない》て能く其効を奏したればなり。此気略の世界、人心に感動せしは

十七日に日朝修好条規が締結されて、朝鮮は初めて鎖国を破られることになる。なおこの事件をめぐる新聞論調についてはⅣ-1～5参照。

花房書記官　花房義質。一八四二―一九一七。岡山藩出身。明治政府外国官御用掛となり、五年、外務大丞として対朝鮮交渉にあたった。なお花房は、日朝修好条規締結後、十年九月初代朝鮮駐在代理公使、十三年四月弁理公使に任命され、十五年の壬午軍乱と済物浦条約締結まで朝鮮に駐在する。

倉廩不満　倉も廩もくら。国家財政が不備であること。

スタラテジカル　戦略。

方寸　心。

隻眼　ものを見抜く力のある一眼識。

征台の挙　台湾出兵。↓補注

知一而未知二　ものごとの一面だけを知って、他面を知らない、見識の狭いことをいう。荘子、天地篇にでる語。

六百万円を以て買ひがたき者たり。一国を評するは一人を評するが如く啻《ただ》に其貧富を以て論ずべからざる者あり。然れども是れ猶《なお》小なり。夫《か》の朝鮮着手の如きに至ては、特に事に大小の差ある而已ならず、其事の我「ポリシー」上に直切なる、亦大不同あるを覚ふ。かの仏米*二国の半途にして業を廃せしは、其事の二国に実益なき而已ならず、其「ポリチカル」及「スタラテジカル」上の要務に於ても関係なきを以てなるべし。然れ共もし此事をして英国の任ずる所たらしめば、仮令《たとい》以上二個の要務に関せざるも、必らずこれを仏米二国の如く漫然に附せざるべし。況《いわん》や日本にとりては釜山の埠頭を領するが如きは、其「スタラテジカル」上の要務たるは論を待たず。又朝鮮を開て万国に通ぜしめ、江華或は漢陽に於て互市場を開かしむるが如きも、亦《また》我「ポリチカル」上に多少の声光を発する事、豈に僅々ならんや。何となれば此事未だ世人の着鞭せざる所にして、殊に支那安南暹邏《アンナンシャム》等同種民の意想及《およば》ざる所たるを、独り我日本能《よ》くこれが先を為せばなり。是れ実に我国「ポリシー」上の一大要務と謂《いわ》ざるべからず。頃者《けいしゃ》*黒田弁理大臣赴韓以来、未だ其信息を得ざるを以て、其形勢如何を知るを得ずと雖ども、到底彼国は今般我政府の着手よりして、遂に鎖国を廃せざるを得ざるに至るべきは、復《また》疑を容《い》れざる事にて、今般我邦一着鞭の声誉は永く開化史上に名を留むべし。黒田氏既に使命を了するの後は、直ちに彼国京城に我が「*ヂプロマチツキ、ヱーゼント」を駐《とどめ》て、益《ますます》我が「インフリユヱンス」を拡張するは不可欠の典に属すべく、而して其任に当る者は能く内外の事情に通じ、兼て亜細亜全局の「ポリシー」上に属目《しょくもく》する者にあらざれば不可なり。花房書記官同居既《すで》に二年、其識見の向ふ所を見るに頗《すこぶ》る此任に当るべき人物と看做《みな》し候に付、同人本年帰朝の上は篤《とく》と御面談の上、同人志願採用有ㇾ之度候。依ㇾ之《これによりて》愚衷を吐露し

仏米二国… 慶応二年(一八六六)にアメリカ船ゼネラル・シャーマン号が大同江に侵入して撃沈され、同年、フランス艦隊も宣教師殺害を理由に江華島を占領したが、反撃され撤退を余儀なくされていた。明治元年にはアメリカ船チャイナ号(船長はドイツ人オッペルト)が忠清道徳山郡に上陸して陵墓を盗掘するなどの挑発行為があり、四年四月、アメリカはシャーマン号事件の謝罪と開国を要求して、アジア艦隊司令官海軍少将ロジャーズの率いる艦隊六隻で江華島を攻撃・占領するが、結局撃退される。

黒田弁理大臣… 黒田清隆。江華島事件処理のために、九年一月黒田清隆・井上馨を正・副の特命全権弁理大臣として派遣、黒田全権一行はかつてのペリー来航の例にならって、軍艦三隻・汽船三隻をひきいて渡韓した。アメリカ公使ビンガムは「ペリー提督の日本遠征記」(テイラー著)を贈ってこの挙を激励したという。

ヂプロマチツキ、ヱーゼント diplomatic agent. 外交官。

て閣下の取捨を待つ、如㆑斯《かくのごとく》に候。敬白。

明治九年二月十日

榎　本　武　揚

寺　嶋　宗　則　殿

〔『日本外交文書』九〕

13　内外の情勢につき柳原前光書翰

辱下愈《いよいよ》御荘剛、*杳賀《ようが》仕候。於㆓当地㆒拙生*瓦全《がぜん》、乍㆑憚《はばかりながら》乞㆓*省念㆒候。*卻説《きやくせつ》、先月十三日、*魯帝虚無党ニ被㆓弑殺《しいさつされ》㆒、太子即位等ノ事ハ、頃日《けいじつ》*細川幹事へ及㆓通知㆒、賢台へモ伝話致《いたし》呉《くれ》候様、及㆓依頼㆒候間、御聞取ノ儀ト存候。宇内《うだい》ヲ雄視セシ独尊モ、一朝無名ノ匹夫ニ被㆑殺、実ニ人命朝露ノ如キ者ニ候。該党ハ、其原因、学卒業生目途不㆓相立《あいたたざる》㆒ヨリ為ス也。蓋《けだ》シ先帝即位初年、自国ノ教育ヲ振興鞭撻シ、各国ト比肩セン事ヲ欲シ、自由説ヲ勧誘セシガ、上ノ好ム所下之《これ》ヨリ甚シク、爾来《じらい》廿年余大ニ進歩セシガ、卒業後、力ヲ尽スノ道少ナシ。如何《いかん》トナレバ、魯国ノ要路ハ貴族多クハ之ヲ占メ、其*声援電信ナキ者ハ官途ニ上ル事難ク、又一般ノ人民ハ不開化ナレバ、民間ニ於テ事ヲ成シガタシ。故ニ鬱情ノ発スル所、先ヅ帝ヲ倒シ政体ヲ変換セント欲ス。且《かつ》魯人ハ勇悍ニシテ死ヲ恐レズ、故ニ一決シテ之ヲ行フ。水火敢《あえ》テ避ケ

13解題〔明治十四年四月二十七日〕ロシア駐在公使柳原前光より元老院議官佐佐木高行宛書翰。ロシアの内治外交、露清関係、日清関係(琉球・朝鮮問題)などを懸念し論じた柳原の佐佐木宛書翰は、この前後、十三年八月十四日付、十四年三月九日付、十四年八月八日付、十五年八月二十日付、十五年十月二十一日付など少なくない。いずれも保古飛呂比(ほごひろい)所収。保古飛呂比は佐佐木高行の伝記史料で、十六年までの関係史料を収める。東京大学史料編纂所編(東京大学出版会刊)。

杳賀　杳ははるかにの意。遥賀。遠くから喜び申し上げること。

瓦全　いたずらに生きながらえていること。対語は玉砕。

省念　放念。

卻説　さて。ところで。

魯帝虚無党ニ被弑殺　一八八一(明治十四)年三月十三日、アレクサンドル二世が「人民の意志」党員に暗殺された事件。この事件の日本に与えた社会的影響は非常に大きなものがあった。

細川幹事　細川潤次郎。一八三四—一九二三。土佐藩出身。幕末に蘭学・英学を学び、維新政府に登用され、印刷局長、元老院議官、ついで幹事となった。

声援電信　紹介状の意か。

ズ、此ノ大逆ヲ行フ所以《ゆえん》ナリ。前光考フルニ、本邦ノ教育モ往古ニ異ニシテ、忠孝道徳ノ説ハアルナシ。想フニ十数年後ハ社会ノ景況大《おおい》ニ変ゼン。而シテ中学以上卒業ノ徒ヲシテ、力ヲ用ヰシムルノ道無クンバ、一種激烈ノ政談党ヲ生ズベシ。仮令《たとい》虚無党ノ如クナラザルモ、予《あらかじ》メ可レ慮事ナリ。想フニ、今閣下ナリ拙者ナリノ*肘腋《ちゅうえき》ニ教育スル子男モ、精神ヲ問ハヾ、彼忠孝二字ノ主義大ニ御互ニ異ナラン。蓋シ今日ノ御互ハ、此二字尚《なお》頭脳ニ包含浸潤ス。子男ハ然ラズ。是《これ》前光ノ十余年後大ニ社会ノ形勢一変スベシト謂フ所以ナリ。尊慮如何。且欧州ハ宗教アリ。幽冥ノ理ヲ説キ之ヲ戒ムル者アリ。我国ハ其《その》信向ハ愚民ニ止マレリ。故ニ陳腐視サレタル漢学、孔孟ノ教ヘ、決シテ捨ツベカラズ。曩《さき》ニ*谷干城等*斯文学会ヲ起シ、*榎本武揚、*渡辺洪基等*興亜会ノ企テアリタリ。此二社共ニ協力シ漢学維持アリタシ。殊ニ谷氏ハ御懇友ノ事故《ことゆえ》、御序《おついで》ノ際、拙論御伝述、彼学会興張ノ儀、尚更《なおさら》御勧メ置企望候。

此大難ニ当リ、*新帝追々《おいおい》改革ニ着手ス。諸卿ノ変更、警察諮問ノ民会ヲ起ス。（蓋シ、人民ト共ニ虚無党必滅ヲ期スル策也。）宮内省定額減少等、総テ立憲ノ政ニ近付キタリ。当地新聞記者ノ説ニハ、*不日国会設立、憲法発表予約ノ詔書ヲ発スル由。新帝ハ太子タルノ際ヨリ既ニ自由主義ノ英名アレバ、事必ラズ玆《ここ》ニ出ル早晩ニアラン。魯ハ世界ノ強大国也、此際各国ノ注目スルハ勿論、局外前光ノ如キモ手ニ汗シテ一大活劇視シ、一学問ト心得罷在《まかりあり》候。

*琉球事件ノ皇清両国紛議、破裂ニ垂《なんな》ントシ、*宍戸帰朝ノ由ハ、三月初旬ノ新聞紙ニ有レ之。又本月二日*英京新聞ニ横浜ヨリノ電報ヲ録シ、日本内閣ニ於テ清国ニ対シ和戦ノ論合セズ、榎本海軍卿以下武人ハ戦論ヲ張リ、辞表ヲ出セリト。真偽如何哉。大掛念ニ候ヘ共、今ヤ寄合持ノ内閣ナレバ、何分重事アル毎ニ決断難ク紛紜《ふんうん》アラン。併《しか》シ榎本ナリ誰ナリ、今日ノ貴

肘腋　わきのした。転じてきわめて近いところ。

谷干城　一八三七–一九一一。土佐藩出身。四年兵部権大丞、五年陸軍裁判所長、六年熊本鎮台司令長官。佐賀の乱、西南戦争など士族反乱鎮圧に軍功があり、十四年には監軍部長となったが、この年九月三浦梧楼らと国憲創立議会開設の建白を行ない、また月曜会を組織して、山県有朋らと対立、陸軍を去った。十八年の第一次伊藤内閣では農商務相となったが井上馨外相の条約改正案に反対して辞職。

斯文学会　十三年六月、風教の振起と文学の興隆を期して結成された。

榎本武揚　→四一頁注

渡辺洪基　一八四八–一九〇一。四年岩倉使節団の一員となる。帰国後、太政官大書記官兼外務大書記官。十二年学習院長。興亜会を興す。十五年元老院議官、十八年東京府知事となり、十九年帝国大学初代総長となった。

興亜会　→一五八頁注

新帝　アレクサンドル三世 **Aleksandr III.** 一八四五–九四(在位一八八一–九四)。

不日国会…　ロリース・メーリコフ(一八二五–八八)の改革案。メーリコフはアレクサンドル二世の下にあって、言論の自由制限の緩和や秘密警察廃止

官ハ既ニ十年余富貴顕栄ニ居リ、漸ク華族然トシテ迚《とて》モ*一新頃ノ豪気ハ無《これなきゆえ》レ之故、区々ノ辞表モ説得ニテ容易ニ出仕候事ト可二相成一哉ニ推測。

近頃*吉田正春（故*松岡時敏門人、*後藤象次郎徒弟ノヨシ）、土耳格《トルコ》波斯《ペルシア》ニテ理事官ノ事務完成、当地ヘ来リ、此両国景況審問候所、外人ニ圧セラレ候情態可レ憫《あわれむべき》事ニ有レ之。何ゾ西洋ノ独リ盛ニシテ亜洲ノ衰ヘタルヤ。大英雄ノ崛起《くつき》シテ此運ヲ挽回セズンバ、数十年ノ後益々《ますます》凌辱セラレントス。我国既ニ清韓ト相隣ス。今度ノ葛藤ハ解クモ、到底清国トハ早晩交兵ヲ免レザルベシ。如何トナレバ、清ノ盛ナル我ノ恐ルベキ所ナリ、清ノ衰ルヤ我東洋ノ勢ヲ減ズル也。盛衰皆我ニ関切ス。而シテ現今ノ儘ニテ和親ヲ全フシ、維持並立ヲ図ルハ、言フベク行フ可カラズ。真ニ紙上ノ空論、遠計ニ在ラザル也。故ニ広ク世界ノ形勢ヲ考フレバ、我ガ日本ノ事ハ尚小ナリ。東洋ノ大変革ヲ図ラザル可カラズ。而シテ之ヲ為スハ外務ヲ察シテ内治ヲ整ヘ、又内治ヲ整ヘテ外勢ヲ張リ、並立セザレバ、共ニ規模狭隘《きょうあい》ニ陥ルヲ免レズ。然《しか》レ共《ども》此大策英略ハ、今ノ要路諸公ニ対シテ責ムベカラズ。彼前文ニ陳ゼシ大英雄ノ崛起ヲ待ツベキノミ、其人ノ有無ハ機運ヲ*天数ニ附スルノ外《ほか》他ナシ。嘆息々々。併《しか》シ先ヅ其一着手ヲ我陸軍ノミニ付テ言ハンニ、器械弾薬ノ外国ニ仰ガザル迄ノ進歩ヲ図ル外、武人ノ士卒ヲシテ*清韓ノ語学ヲ習ハシム。其《その》之ヲ善クスル者ハ、格外ヲ以テ昇級ヲ速《すみやか》ニセシムル法ヲ立ツル等ナリ。閣下愚言ヲ迂視《うし》セバ止《やま》ン。若《も》シ採ルベシトセバ、此二事、御序《おついで》ノ際、谷氏ヘ御伝話、参考ニ御供シ被レ下《くだされ》度《たく》候。

世界大勢ノ放言ハ上ニ止リ、本邦近事如何。*布哇《ハワイ》王ノ来遊、*博覧会等ハ、漸ク太平ヲ粉飾スルノ一具ナルベキモ、紙幣下落日々甚ダシク、国会願望者ノ切迫、昨年ノ如クナラザルモ、

などの改革を行ない、また通例「ロリース・メーリコフの憲法」と呼ばれる立憲制への出発となる改革案が、皇帝暗殺の日の朝に承認されたばかりであった。三世は国家秩序と治安に関する臨時措置法を公布、改革は実現しなかった。

琉球事件…　前アメリカ大統領グラントの琉球分島案をめぐる日清両国の紛議。→四三四頁注「琉球三分ノ議」

宍戸　宍戸璣。一八二九―一九〇一。十二年三月に駐清公使、十四年一月琉球談判分裂で帰国。

英京新聞　ロンドン・タイムズか。

一新　明治維新。

吉田正春　土佐藩出身。外務省御用掛奏任取扱。興亜会会員。十三年にペルシア調査の報告書を外務省に提出している(日本外交文書)。

松岡時敏　一八一四―七七。土佐藩の儒者。維新後徴士、文部大丞。国憲編纂に従事。

後藤象次郎　後藤象二郎。一八三八―九七。土佐藩出身。この時期、自由党結党の議に参画。

天数　自然の理法。

清韓ノ語学…　柳原も参加した興亜会は、その規則第一条に「亜細亜諸邦、形勢事情ヲ講究シ幷セテ言語文章ノ学ヲ習修スル」ことを掲げており、十三年二月東京芝愛宕下に興亜会支那語学校を開設し、同

思フニ*冥々《めいめい》ノ間ニ上下軋轢ノ禍機ヲ隠服セン。政略*廟謨《びょうぼ》ノ主義モ今ニ発顕ヲ見ズ。思フニ*熱海会議モ湯気ノ立上ニ散失セシ乎。

外務省海外公費節減ニ付、七月以降俸給ヲ一般ニ減殺ノ由。併シ拙者ヘハ依然在勤、帰朝ノ列ニ不レ入《いらざる》旨、三月一日付井上私信ニテ内報ヲ得候。*当国ハ隣交ノ大邦故、澳伊蘭等ノ如キ不急ナル者ニ無レ之故ト存候。併シ当国ハ世界無数物価昂貴ノ地ニテ、拙者俸級減殺セラレ、公使ノ体面漸《ようや》ク保チ難ク実ニ困卻《こんきゃく》仕候。就テハ機会見合《みあわせ》、断然帰朝致シ度トモ存ジ候ヘ共、本邦ノ時勢斯《かく》ノ如ク、帰ルモ身ヲ容《い》ル、ノ地ナク、去リ迚《とて》辞職*掛冠スルモ、福沢ノ教育、板垣ノ民権ノ如キ専門ノ事業難レ立《たてがたく》、商売ハ尚更不レ長《ちょうぜざる》所也。故ニ進退共ニ難ク唯《ただ》嘆息アルノミ。御憫察是《これ》祈ル。先ヅ不レ得レ止《やむをえざる》不体裁ヲ弥縫《びほう》シテ依然氷雪中ニ艱苦ヲ嘗メ、例ノ如ク晩学ノ英書研究読ノ外《ほか》術ナシ。併シ当地ハ非常奇寒、半年間ハ*毬衣《きゅうい》ニテ之ヲ凌ギ、既ニ今日迚《とて》モ府下大河ノ氷未ダ解ケザル位ニテ、弱体ノ者ニテハ永続ノ目的無レ之、*鮫島ノ覆轍ヲ蹈ムノ恐レアリ。仍《より》テ明年乃至明後年ハ帰朝可レ致ト存ジ、本年ハ依然雪中ノ読書ニテ*消光スベシ。

官海ノ浮沈モ亦難《かた》ヒ哉《かな》。

*元老院景況ハ如何《いかん》。新聞紙上ヲ見テ遠察ヲ下スニ、*大木氏兼任後ハ卻《かえっ》テ威権昔日ヨリ減ゼシニ似タリ。如何トナレバ*検視ノ数旧ニ幾倍シ、且《かつ》甚ダ称賛シ難キ議官ヲ増加セリ。権限未定ノ際ハ其人ニヨリ軽重アルハ通例ナリ。然ルニ其増加セシ人如レ是《かくのごとく》、且検視ノ多キヲヤ。曾《かつ》テ前光ノ幹事奉職中、参議ヲ以テ議長ヲ兼任スルノ非ナルヲ、内閣貴臣ニ痛論セシ際、之ニ答フルニ、内閣ト元老院ノ気脈ヲ通ジ、興張スル為メナリト弁明アリタリ。然ルニ、果シテ何事ヲ興張シタルヤ。結果ハ前述ノ二事ニシテ、威権減殺ト増員云々ニ過ギズ。不可解ナ

年十一月から朝鮮語の授業も開始された。また軍隊でも中国語修得の必要を認め、十二年末御幡雅文ら一四名を陸軍留学生として送っている。

布哇王ノ来遊　十四年三月、ハワイ国皇帝カラカウアが諸国訪問の途次、来日。外国皇帝の初めての来日であり、日本は東京湾に軍艦を浮べ、ハワイ国歌を吹奏して歓迎した。明治天皇紀には「亜細亜諸国の連盟を起さん」とする目的の巡遊であったとあるが、来日の目的の一つには、同じ君主国である日本と婚姻同盟を結ぶことがあった。

博覧会　十四年三月―六月、上野公園で開かれた第二回内国勧業博覧会。

冥々ノ間ニ　知らず知らずに。

廟謨　朝廷の方針。

熱海会議　十四年一月伊藤博文・大隈重信・井上馨・黒田清隆の四参議が、国会開設問題等につき協議したこと。

当国　ロシア。

掛冠　挂冠。官職を辞すること。

毬衣　かわごろも。

鮫島ノ覆轍　十一年駐仏公使となった鮫島尚信がベルギー、スペインの公使も兼任し、条約改正交渉の激務の中で、十三年十二月パリで病没したこと。没年三九。

リ。
*条約改正一件、魯ハ之ヲ賛セシガ、近頃英国主トシテ改正案ヲ破棄スルノ企テヲ内策シ、仏白蘭之ニ響応シ、独逸《ドイツ》其他一般へ波及セントスルノ勢、十中八九ハ今度ノ改正モ水泡ニ属スベク察セラレ、嘆息候。右事件ハ、英ノ東洋貿易ハ諸国ニ冠タル故、第一ニ関係多キナリ。然ルニ其内実ヲ察スルニ、*森ハ全ク井上馨ノ主義ヲ欲セズ、茲《ここ》ヲ以テ内外齟齬公私紛乱セリ。可レ笑可レ歎《わらうべきなげくべき》事、其間ニ数多《あまた》有レ之。譬ヘバ外務卿ハ総督也、公使ハ旅団長ナリ。相待ツテ戦功ヲ奏スベシ。然ルニ最モ先鋒タル旅団長、総督ノ命ニ違異シ、其他各旅団長モ各一方ニ割拠スル勢ニテ気脈通ゼズ。可レ惜《おしむべき》哉。弥《いよいよ》今度ノ改正破ルレバ、又十余年後ニ無レ之《これなく》テハ開談ナシ難カラン。此事ハ外交ノ秘事、別テ拙者職務ニ関シ候故、決シテ御他言無レ之様、万々御依頼仕候。

帝室其他宮内省景況ハ如何哉。既ニ*凶変後立憲政体ニ可レ入《いるべき》勢ニ付、是ニ注目ハ勿論、別シテ専制国帝室事務ト立憲政体国トノ比較愚考仕居候所、上策ヲ以テ論ズレバ、専制ヨリ立憲ニ変ズルノ前、十分帝室ノ制ヲ鞏固ニセザルベカラズ。一変ノ後ハ又手ヲ出シ難キ勢也。其変革前ニ各種ノ方法(帝室ヲ鞏固ニスル制度諸般ヲ指ス)ヲ立テザルベカラズ。今本邦ノ帝室、万世一系ノ尊重ハ論ヲ待タズト雖モ、而シテ制度儀文ノ煥然《かんぜん》タル、立憲国ニモ不レ及《およばざる》事甚ダ多シ。是内閣ノ集権其体ヲ得ザルニ出《いず》ト雖モ、抑《そもそ》モ亦識慮ノ及バザル多々ナルノ致ス所ナリ。

嗚呼《ああ》、節々タル天下、何ノ日歟定《かさだま》ラン。深憂スレバ際涯ナク、雖レ然《しかりといえども》丈夫ノ志ヲ立ルヤ目途ヲ必成ニ期シ、一事ノ為メニ一喜一憂ヲ苟《いやしく》モセズ、堅忍不抜ナルヲ要ス。豈《あに》児女ニ倣《なら》フテ啼泣センヤ。乱文放言、万々御海恕被レ下《くだされ》、如レ例高覧後、速ニ投火被レ下度候。時下乞ニ*自玉一。

消光 月日を送る。光は時間のこと。

元老院 八年四月、漸次立憲政体樹立の詔勅によって設立された立法上の諮問機関。この期は、憲法草案の起草に力を入れていた。二十三年帝国議会の開設により廃止。

大木氏 大木喬任。一八三二—九九。佐賀藩出身。維新以来東京府知事、民部卿、文部卿、参議を歴任、さらに元老院議官となる。十八年には議長。

検視 案件を審議せず通覧だけさせること。元老院章程に規定がある。内閣が検視案件を指定でき、佐佐木高行は「昨年ハ議案四十九件ナルモ、検視ハ三分ノ二ニ居レリ」とその濫用を批判している(保古飛呂比、十四年一月二十七日)。元老院の立法権を弱める一因となった。

条約改正… 十三年七月井上改正案により各国駐在公使は交渉を開始、ロシア(柳原)は順調であったが、イギリス(森有礼)、フランス(青木周蔵)は難航した。イギリスは修正案を提示、各国合同の改正予備会議を呼びかけ、十二月日本もこれを受諾。

森… 森有礼。一八四七—八九。薩摩藩出身。幕末、藩命によりイギリスに留学し、またアメリカにわたる。帰国後外国官権判事。一時廃刀論で免官となったが、外務大丞・大輔をへて、十二年にイギリス公使となっていた。なお、条約改正に関する対英交渉は、十二年十一月十九日付の井上外務卿の森公使への訓令から開始されるが、交渉経過からは柳原のいうような両者間の齟齬はみられない。イギリスの強硬姿勢による交渉の難渋の責任を森の姿勢に求めたものか。

凶変　アレクサンドル二世の暗殺。

自玉　自愛。

14解題〔明治十五年九月十七日〕　参事院議官井上毅が、壬午軍乱と済物浦条約締結後の新事態をもとに草し、主要な閣臣に呈示したもの。井上はすでに、軍乱後の外務卿井上馨の対朝鮮・対清交渉を実質的に補佐し方向づけてきていたが、ここでは、将来の清国・ロシアからの朝鮮の独立確保のための現実策を模索している。右大臣岩倉具視や井上外務卿も当面はこの線に同調していく。ちなみに、かかる朝鮮政略の主張は、この前後の在野民権派の論調にも少なからずみられる（Ⅳ-15など）。壬午軍乱については↓補注。底本とした井上毅伝史料篇は、井上毅文書（梧陰文庫）を井上毅伝記編纂委員会が整理編纂して刊行したもの。

不尽。

四月廿七日夜　書遥呈　　北極居士拝

駿台老兄
　机下

〔『保古飛呂比』一〇〕

14　朝鮮政略意見案（井上毅）

朝鮮政略

朝鮮の事は将来東洋交際政略の一大問題となりて、二三大国の間に或は此国の為めに戦争を開くに至るべし。朝鮮の実際を察するに、政府之人の庸弱なると人民の愚昧なるにより、今数十年間は一個の独立国となること難《かた》かるべし。而して其《その》軍民の外国人を敵視して是れに無礼を加ふるは、是又今数年間は止む時なかるべし。然る時は此節新《あらた》に条約を結べる英米孛の国に、又は其他の国より名義を仮り機会に投じて其要地を占領し、又は其内政に干渉し＊安《アン》南緬甸《ナンビルマ》の類となさんとするは必然也　多分露国なるべし。

此時に当り、支那は猶《なお》其属国之名義を以て是に干渉し、一々朝鮮の為めに謝罪之処分を行はしめ、以て外国に機会と名義を仮さゞらんとする歟。又十分の保護を加へ以て其応援たらんとする歟。何れも覚束《おぼつか》なき事なり。又支那の果して如《かくのごとく》レ此干渉保護を永久に実行するは我国に関して不利の事とするは明なり。

若し欧州の一国朝鮮に占拠して、安南《アンナン》又は印度《インド》の例に倣《なら》はんには、我国は頭上に刃を懸けたる如し。若し又不幸にして露国の為めに朝鮮を奪はれんには、東洋の大勢は全く為すべからざるに至らんとす。故に東洋の為に均勢を保つには、支那と我国とは力を極めて朝鮮の独立を保護し、露国の南侵を禦《ふせ》がざるを得ず。是れ、*東洋の為に数年の後を顧る者は必ず此意を抱かざるものなかるべし。

惜哉《おしいかな》、朝鮮の実況を目撃するに迚《とて》も同盟合力すべきの国にあらず。又支那も亦与《とも》に謀るに足らず。故に三国同盟の説は一の夢想に過ぎざるなり。然しながら此に他の一策あり。如レ左。

一、日清米英独之五国互に相会同して朝鮮の事を議し、朝鮮を以て一の中立国となし、即ち*白耳義瑞西《ベルギースイス》の例に依り、他を侵さず又他より侵されざるの国となし、五国共に之を保護す。

一、五国中若し此約を破る者あれば、他の国々より罪を問ふべし。

一、若し五国の外より朝鮮を侵略することある時は、五国は同盟して之を防禦すべし。

一、清国は朝鮮に対し上国たり。朝鮮は清に対し貢国《〈トリビユテール〉》たりと雖ども属国《〈デペンデーシー〉》の関係あることなし。朝鮮は一の独立国たる事を妨げざるべし。而して清国は他の四国と共に保護国《〈プロテクトラ〉》たるを以て、四国の協同を得ずして独り朝鮮の内政に干渉することなかるべし。

此策若し果して行はれなば、東洋の政略に於て稍《ようやく》安全の道を得るものとす。独り我が国

国学院大学図書館所蔵。

【井上毅】 一八四三-九五。熊本藩出身。四年司法省出仕。五年フランス・ドイツに派遣され、帰国後大久保利通に認められ、内務大書記官、太政官大書記官、十四年に参事院議官。この間憲法研究を進め、後の大日本帝国憲法の骨格を確定した。また清国・朝鮮との外交交渉にも参加。

安南緬甸 安南はフランスの保護国となり(↓一四三頁注「安南王国」)、ビルマはイギリスの支配下にあった(↓一四三頁注「緬甸王国」)。

是れ 「是れ」の後に「ボアソナド氏日韓清三国同盟之説ある所以にして」とあったのが抹消されている。ボアソナードについては↓七三頁注

白耳義瑞西の例 ベルギーは一八三九年ロンドン会議で、スイスは一八一五年ウィーン会議で、永世中立国として認められた。

の利益のみならず、朝鮮の為めには永久中立《（ペルペチユエル・ニウトラリチ）》の位地を得且《か》つ支那の*羈軛《きやく》を脱し、又支那の為めには其朝貢国の名義を全くして而して虚名実力相掩《あいおお》はざるの患なかるべし。是れ併しながら外交家の方寸運用に在て、席上の空談たらざらんとす。姑《しばら》く筆録して以て当局の参考に供す。

九月十七日於㆓周防海㆒　井上毅

『井上毅伝　史料篇』一

15　欧洲の見聞につき伊藤博文書翰

十一月*念五日の華封本日相達《あいたつし》、謹読。先以《まずもつて》賢兄時下御佳適、不㆓相変㆒《あいかわらず》御勉務遥賀此事に候。僕は十一月初旬従㆓墺都㆒帰来、尚《なお》踏㆓前蹤㆒憲法行政の事に従学罷在《まかりあり》候処、歳暮新年は休暇に付、旧臘念七日伯林《ベルリン》発程独逸《ドイツ》南邦を遊歴、賢兄が往年曾てシイボルト*氏に被㆓誘引㆒たる*ウルムの古城イルパクに両三日淹留し、其近隣なる*ホーヘンソーレン、シグマリンゲン公を訪ふ。同公は独逸帝家の同族にして、其次子は今現にルーマニア王たり。千八百七十年*同公の嫡子イスパニア王に推選せられたるを以《もつて》、*那勃烈翁《ナポレオン》三世不承知を鳴らし、終に孛仏戦争の基となれり。同公曾《かつ》て王族を以、孛帝の宰相となり、千八百四十八年頃の*過激民権論に当り、王家を維持する為め、随分心力を労したりとの声聞あり。其後*ビスマルクの英才あるを

羈軛　たづなとくびき。束縛。
15解題［明治十六年一月八日］在ベルリンの参議伊藤博文より参議・大蔵卿松方正義宛書翰。前年三月憲法調査のため渡航して以来の欧州の形勢、世界の帝国主義的情勢を強調し、政府の軍備拡張策を激励したもの。
念五日　二十五日。
シイボルト　Alexander Georg Gustav von Siebold. 一八四六―一九一一。ドイツの外交官。駐日イギリス公使館の通訳官をへて、三年に日本政府に出仕、ベルリンの日本公使館書記官などをつとめる。のち井上馨の秘書官として条約改正交渉に貢献。日本から勲二等瑞宝章を受けている。
ウルム　ドイツ、バーデンヴュッテンベルク州の商業都市。
ホーヘンソーレン、シグマリンゲン公　Hohenzollern Sigmaringen 公、Karl Anton. 一八一一―八五。宰相をつとめたのは、ヴィルヘルム一世が摂政であった一八五八年から六一年にかけてのこと。ルーマニア国王である次子とはカルル一世。
同公の嫡子　レオポルト Leopold. 一八六八年スペイン王に推戴されることになったが、ナポレオン三世の強硬な反対で実現されなかった。
那勃烈翁三世　Napoléon III.

見て之を*孛王に勧め、己に代り相位を継がしめ、自から退避して老を*故山に養へり。此公頗《すこぶ》る日本好きと相見へ、頻《しき》りに日本の開明を称賛せり。談話中僕に疑問を懸けて曰《いわく》、日本の開明実に驚くに堪《たえ》たる者数件ありと雖《いえども》、尚此往《このさき》き一の艱難あるべし、之を如何するの積りなるとの事に付、僕之《これ》に答ふるに、人心の帰嚮に随て推移する時は、左程難事に非ざるべしと云《いう》を以せり（此疑問の主意は、耶蘇《ヤソ》教を公許せざれば、真の文明は得難し、之を如何するとの意味、言中に含蓄せるを以て、敢て推究せず、此の如く答たり）。概して大陸諸国立君政治の精神を探知せんとすれば、其勢力、全く上等社会即ち貴族に在り。而して貴族上等社会の君権を主張する者、十中八九皆宗教信仰者なり。其脳裏の虚実は知り難しと雖も、精神方略共に臣民を駕御するの必要具たるを以て、殆んど*密邇《みつじ》して離る可らざる者の如し。僅《わずか》に理学者輩が宗教を非難するも、現在の社会は宗教の空気の内に生息するを如何《いかん》せん。暫時談話の後、頗《すこぶる》盛宴を張り、饗応等ありて、随分面白く時間を消過せり。本月一日南地を去り、北に走り、ワイマルに至り、両日滞在せり。*ワイマル公は独逸皇后の弟にして、僕渡航の節*菊花大綬章を御贈与相成るを以《もって》、既に旧知を辱す。故を以頗《すこぶ》る懇待、両日の晩食夜会談話中、屢々《しばしば》日本の事情に渉り、終極は早晩宗教談に及ぶ。僕太《はなは》だ答辞に苦しむ事多し。然《しか》し我政府の宗教者を遇する頗る寛大にして、措《おき》て問はざるの現情を以て説明せり。南遊の大略は如レ此《かくのごとく》なり。四日夜半の汽車にて、五日早晨伯《ベル》林《リン》に再帰せり。貴書中に御示有レ之候*軍備充実の為め増税の勅書を御下行相成候儀は、目今の形勢に於て実に不レ得レ止《やむをえざる》事にして、愚見に於ても賛成するの外無レ之候。此上は何卒《なにとぞ》目的を被レ達候様祈望の至に不レ堪《たえず》。軍備の事は差当り隣邦の挙止既に不レ可二座視一者あるは論を俟《ま》たず。加之《しかのみならず》欧洲現今の形勢を察するに、*属地政略再燃の景況にて英仏互に競争せんと欲

一八〇八－七三〕。通称ルイ・ナポレオン。一八四八年大統領に当選。五一年クーデタにより任期を一〇年とし、五二年国民投票で帝位についた。七〇年普仏戦争（→一五頁注「仏孛交戦」）で敗北し退位。

過激民権論　一八四八年の三月革命をさすものと思われる。

ビスマルク Bismarck.〔一八一五－九八〕。三月革命のとき反革命派として活躍し、後の皇帝ヴィルヘルム一世に用いられる。一八六二年プロシア首相兼外相。有名な鉄血演説を行ない、以後ドイツ統一と帝国主義的発展を推進した。当時、日本においても広く英雄視されていた。なおII-2参照。

孛王　プロシア王ヴィルヘルム一世。ドイツ皇帝となる。

故山　故郷。

密邇　近く接していること。

ワイマル公 Karl Alexander.〔一八一八－一九〇一〕。一八五三年から、ザクセン・ワイマール・アイゼナッハ大公。明治天皇紀によれば、「我が国に対し交誼特に浅からざる」として、同公に大勲位菊花大綬章を贈ることとし、伊藤博文にそれを托すとある（十五年三月十日条）。

菊花大綬章　勲章の一。大勲位菊花大綬章。九年制定。

軍備充実…勅書　十五年十一月二十四日宮中に地方長官を

するが如し。*英国の即今埃及《エジプト》を処置する、*仏人の安南地方を掠略する、乱暴狼藉無レ所レ不レ至《いたらざるところなし》。今の勢を以て察する時は、機に応じ、変に乗じ、如何様の事出来《しゅったい》するも不可測なり。僕着欧以来、欧人の我東洋に対する友愛の情誼深浅如何《いかん》を測知せん事を注意し、或は情に量り理に推し、又《ま》た古《いにしえ》に照し今に視るも、到底我を害し我を欺くも、我を利し我を益するの誠意ある事少し。偶々《たまたま》一己人にして彼我の利害に関係せざる者は、稍《やや》懇切の情あるが如くなれども、是れ必竟《ひっきょう》目下の戯談に過ぎず。苟も事東西の二洋に交渉すれば、欧土相連衡して孤立の我を凌駕せんとす。其心術必竟他なし、人種と宗教の異同あるに外ならず。若《も》し我文明の度彼等と比肩するに至らざるが為めなりと云《いわ》んか、彼のブルガリア、セルビア、モンテニクロー、ルーマニアの如き山中の野猿に異ならざるの徒を公認して文明独立の一国と為すは如何《いかん》。我文明の進度、事物の旺盛は、彼の褊小《へんしょう》なる四国と*霄壌《しょうじょう》の差ある事、天下の誣《し》ゆる能はざる所なり。蓋し彼の不開化なる山中の野蛮を敬愛して却て我東洋の進歩を公認せざる所以《ゆえん》の者、彼等と同宗兄弟の情誼ある事なきを以てなり。抑《そもそも》欧洲の所謂《いわゆる》文明道徳なる者は、悉皆耶蘇《しっかいヤソ》教内の事にして、之を異教の人に推さんとする誠意ある事なし。往年*魯土戦争の際に当り、英国の政略二途に分裂したる事跡に就て、其証を徴するに足るべし。当時執権の宰相*ジスレリー党曰く、政略は時に臨み己を利するに過ぎず、故に土耳其《トルコ》を器械使して魯細亜《ロシア》を防禦し、印度、地中海の利益を保護せんと。其反対党なる*グラッドストン曰く、真正なる政略は道徳と背馳する事を得ず、今《い》ま魯国は我と同胞なる耶蘇教国にして、土耳其は宗敵たる回教国なり。宗敵を援助して同胞の兄弟を討つ、抑道徳の大本に背かざるかと。此二途の論旨を以《もって》、英国人民の思想全く両分せり。而して一は現在を利するを説き、一は脳裏の精神は終古不易、

集めて出されたもの。朝鮮の保護を直接の「国益」としてそれを保全するために軍拡と増税が必要であることを説いた。これは十六年から八年間に三二隻の軍艦を新造する海軍整備計画を中心に約六〇〇〇万円を予算とするもの。

属地　植民地。

英国の即今埃及…　→一八四頁注「埃及事件」

仏人の安南地方…　フランスはこの年首都フエを攻略する。→一四三頁注「安南王国」

霄壌の差　天と地ほどの差。

魯土戦争　→補注

ジスレリー　ディズレーリ Disraeli. 一八〇四-八一。イギリスの政治家、文人。保守党の領袖として、一八六七年につい で七四年内閣を組織し、東方政策に手腕を発揮した。ビーコンスフィールド伯に叙せられる。

グラッドストン　Gladstone. 一八〇九-九八。イギリスの政治家。自由党党首としてディズレーリと対抗、典型的な二大政党時代を形成することになる。ディズレーリの帝国主義的外交政策を激しく批判した。

挙国同一なり。由レ是観レ此《これによりてこれをみれば》、後の所謂道徳を主眼と為す事論を俟たず。故に外教を奉ずる者は、人情相通じ利害相関するも、既に道徳の精神出処を異にするを以て、大体に於て自から異同親疎の別なき能はず。而して其同親なる者を援助敬愛し、其異疎なる者を漸次終滅せんとす。西欧人の東洋に交《まじわ》る此心ある事、火を視るよりも瞭《あきら》かなり。実に我東方の形勢は、累卵よりも危しと云《いう》べし。豈に寒心せざるべけんや。

前文の事情なるを以て、軍備充実の事は我力の限りを尽くし、平素に不虞の警を為さゞる可からず。僕東西の大勢を比較して我独立の安危を思ふ毎に、寝食を安んずる能はざる者あり。決して漫《みだり》に大言を吐き、知己を欺かんとするの詐意に非ず。吾兄乞ふ之を諒察せよ。誠惶頓首。

一月八日　博文

芝*竹賢兄座下

〔『伊藤博文伝』中〕

16　甲申事変処理につき意見案（井上毅）

日清交際ノ沿革ヲ略説スルニ、明治四年ニ我政府ノ始メテ伊達大蔵卿*ヲ使節トシテ両国ノ条約ヲ締結スルコトヲ求メシニ、総*理衙門《がもん》ハ両国ノ通商ハ旧慣ニ依リ、商民ニ任カスベク更

芝竹　松方正義の雅号。

16解題［明治十八年二月］　甲申事変処理に関する参事院議官井上毅の「意見書類」（一）〜（七）のうち（六）にあたる部分。台湾・琉球・朝鮮をめぐる十数年来の日清両国の対立を総括しつつ、日清交渉の基本方針を論じたもの。執筆の時期は、朝鮮との漢城条約締結（明治十八年一月）後、対清交渉方針・全権派遣が決定された同年二月と推定される。この前後井上は、対朝鮮交渉では全権井上馨の随員として、また対清交渉では全権伊藤博文の随員として、両国との外交談判に直接参画している。なお井上は、この「意見書類」すべてをつうじて、開戦の覚悟を秘めた清国軍の朝鮮撤兵要求を基本にすべしと主張している。

伊達大蔵卿　伊達宗城（むねなり）（一八一八-九二）。四年四月太政官は伊達を欽差全権大臣、外務大丞柳原前光を補佐として清国との修好条約の締結交渉を命じ、六月伊達一行は天津に渡った。

総理衙門　一八六一年北京に設けられた清国の外交機関。正しくは総理各国事務衙門という。一九〇一年外務部に改められる。

ニ締約ヲ要セズトノ言ヲ以テ、我要求ヲ拒絶セントシタリ。此時偶々《たまたま》*曾国藩天津ニ在リ、*李鴻章ト議ヲ協《あわ》セ日本ト約ヲ結ビ、唇歯ノ交ヲ固クシ、以テ東洋共同ノ利益ヲ謀ルベシト云フノ説ヲ以テ清国政府ニ勧告シ、清国政府ハ僅カニ其説ヲ容《い》レ、乃《すなわ》チ李鴻章ニ任ズルニ日清締約ノ全権ヲ以テシ、爾来《じらい》李鴻章ハ専ラ日本ニ於ケル交際ノ事ヲ担当シタリ。伊達氏結約ノ使命ヲ遂ゲ、還《かえり》テ上海ニ到ル頃《こ》ロニ、我政府ハ*或ル外国公使ノ説ニ動カサレ、伊達ノ結ビタル*条約ノ第二条ヲ不当ナリトシテ、批准ノ前ニ更ニ之ヲ改正センコトヲ試ミ、別ニ使員ヲ派シ天津ニ到リ、李鴻章ニ面議セシメタルニ、李ハ墨痕未ダ乾カザルニ遽《にわか》ニ前議ヲ変ズルコト能ハズト云フノ説ヲ以テ、之ヲ謝絶シタリ。此ヲ日清交際ノ間ノ違言ノ第一トス。

其後六年ニ、副島外務卿ハ全権大使トシテ条約批准交換ノ使命ヲ奉ジ、北京ニ到リ謁見ヲ終ヘ、帰朝スルニ方《あた》リ大丞柳原*通弁官鄭ヲシテ総理衙門ニ致ラシメ、朝鮮台湾澳門《マカオ》ノ三事ヲ問ハシメタルニ、総理衙門ノ大臣ハ其不意ノ問題ニシテ且ツ副嶋ノ使命ヲ以テ照会セルニアラザルヲ以テ、一時偶然ノ談話トシテ即時ニ一応ノ答言ヲナシタリ。然ルニ副島ノ帰朝スルノ後未ダ一年ヲ経ザルニ、我国ハ陸兵ヲ発シテ遽《にわか》ニ台湾ニ到リ、琉球難民ノ為ニ讐ヲ復スルノ名義ニ拠リ、台湾ノ蛮民ヲ攻伐シタリ。清国政府ハ不意ノ変ニ驚キ、条約第一条ニ拠リ侵*越疆土ノ責ヲ以テ我国ニ問ハントセシニ、我政府ハ前日副島ノ談判ニ於テ既ニ台湾ハ*化外《かがい》ノ民ナル答議ヲ得タリトノ説ヲ以テ之ニ答ヘ、遂ニ大久保大使北京ニ到リ往復論弁ノ末、清国政府ハ五十万両《テール》ヲ*撥支《はっし》シテ其局ヲ結ブニ至レリ。此ヲ日清交渉ノ第二ノ違言トス。

*十二年ニ琉球藩ヲ廃シテ沖縄県トシ、該藩両属ノ旧慣ヲ禁止シタリ。清国ハ其封冊《ほうさく》朝貢ノ藩国ヲ滅絶スト云フヲ以テ、我レニ照会シ復封ノ処分ヲ求メタリシニ、我政府ハ廃藩置県ノ

曾国藩　一八一一–七二。清国の政治家、学者。太平天国征服で功を挙げたのち両江総督在任一〇年の間に中国経済・文化の復興、清国の再建のために活躍したが、一八七〇年中央官界を離れていた。

李鴻章　一八二三–一九〇一。清末の政治家、外交官。曾国藩のあとをついで一八七〇年直隷総督兼北洋大臣、以後二五年にわたりその任にあった。洋務運動推進の中心的存在であり、西洋の軍事技術を導入し軍需関係産業育成をめざした。また対外交渉に活躍し、清国の外交をほとんど一手に握った。

或ル外国公使　駐日アメリカ代理公使シェパード。

条約ノ第二条　日清修好条規は全文一八条からなる。日清両国にとって完全な対等条約として史上最初のもの。その第二条は「両国好ヲ通ゼシ上ハ必ズ相関切ス。若シ他国ヨリ不公及ビ軽藐スルコトアル時ハ、其ノ知ラセヲ為サバ、何レモ互ニ相助ケ或ハ中ニ入リ、程克ク取扱友誼ヲ敦クスベシ」とあり、シェパードは、日清攻守同盟をにおわすものとして列強の疑惑を招くものと批判。

通弁官鄭　鄭永寧。一八二九–九七。元年通弁官、四年文書権正として大蔵卿伊達宗城、外務大丞柳原前光に随い清国に赴き

滞留。六年六月二十一日柳原とともに総理衙門に総理大臣毛昶熙らと会った。「副島大使適清概略」を編纂。
疆土　領土。
台湾ハ化外ノ民…　この言葉をもって台湾は清国の領土ではないとし、日本の台湾出兵を正当化した。→補注「台湾出兵」
撥支　支払うこと。
十二年…　この廃藩置県強行の後、グラントによる調停で琉球分島案がまとまりかけるが結局決裂する。→四三四頁注「琉球三分ノ議」
宍戸公使　宍戸璣。
事端　争いのもと。
朝鮮京城ノ変　甲申事変。第二次京城事変とも。→補注
疎外　うとんじる。
清仏ノ事件　清仏戦争。→補注

挙ハ我内治ニ係《かか》リ、他人ノ干渉ヲ容レズト云フヲ以テ、之ヲ拒絶シタリ。其後互相譲歩ノ便法ヲ以テ、*宍戸公使ヲシテ談判ヲ試ミシメシニ、未ダ成議ニ至ラズシテ総理衙門ハ其約案ニ調印スルコトヲ拒ミタリ。此ヲ日清交渉ノ第三ノ違言トス。

日清ノ締約歴年、未ダ久シカラズシテ不幸ニシテ屢々《しばしば》*事端ヲ生ジ、両国ヲシテ互ニ相凌駕スルノ跡アラシムルハ、実ニ各国ニ其比類ヲ見ザル所ニシテ、而シテ両国ノ官民ヲシテ頻《しきり》ニ不快ノ感ヲ重ネ一年々々ヨリモ長シ、以テ今次*朝鮮京城ノ変ニ至テ両国ノ怨気ハ殆ンド其極点ニ達シタル者ノ如シ。

李鴻章ハ実ニ最初日本ニ対シ締約好和ヲ主張セシ者ナリ。台湾ノ役ニ於テ彼レハ専ラ主戦ノ説ニ抵抗シ、総理衙門ノ譲歩和議ヲ賛成セシ者ナリ。然ルニ我琉球ノ廃藩ノ処分アルニ及デ、遽ニ一転シテ主戦ノ説ヲ執リ、日本人ノ詐偽ニ長ジ侵略ヲ好ムコトヲ唱ヘ、朝鮮ノ守ヲ固クシ以テ我国ノ併呑ヲ防ガントシ、琉案ノ成議ヲ中阻シ以テ*疎外ノ意ヲ示シタリ。今日ニ在テ彼ハ日本ニ於ケル政略ハ兵力ニアリト云ヒ、専《もっぱら》西ニ和シテ東ニ戦フノ説ヲ執ルト云フ。嘗《かつ》テ柳原公使ノ七年ニ於テ、天津ヲ通過シ李鴻章ニ面会セシ時、彼レハ其ノ始メニ日本ト締約スルノ説ヲ主張シタルニ、未ダ幾《いく》バクナラズシテ日本ノ為メニ侮弄サレタルコトヲ痛恨シ、流涕噴沫シテ談話シタルコトアリシ。前後ノ事情ヲ観察スル時ハ、前説或ハ李ガ心事ヲ誣《しゅ》ルモノニアラザルガ如シ。

故ニ若シ今日ニシテ*清仏ノ事件ナカラシメバ、朝鮮ノ事変ヨリシテ日清間ノ決裂ハ既ニ避クベカラザルノ事ナリシナラン。今度ノ談判ニ於テハ、清国ハ必ズ充分ノ譲歩ヲナスナラン。而シテ日清ノ間ノ危険ナル形勢ハ爾後益々《ますます》切迫ヲ加フルトモ、今度ノ談判ノ結局セルガ為ニ、

将来ノ平和ヲ保証スベカラズ。却テ早晩彼レヨリ起テ我ニ凌加スルノ事アルハ、必至ノ勢ナルベシ。

熟々《つらつら》思フニ、今日ハ以テ戦フベク又以テ和スベキノ時ニシテ、再ビ得ベカラザルノ機会トス。何トナレバ、清仏ノ事件ハ清国ノ為メニ其国脈ニ関スル非常ノ厄運ニシテ、恩怨共ニ例外ノ感触ヲナスベキノ時ナレバナリ。清国人ノ胸中ニ日仏ノ密約アルヲ疑ヒ、朝鮮ノ事変ヲモ併セテ其一部ナリトスルニ至ル。若シ我国ノ朝鮮ノ事変ニ於ケル談判ハ平穏ナルコトヲ憚ラズシテ、剰《あまつ》サヘ時宜ニヨリ清仏ノ交戦ニ向テ局外中立ヲ布告スベシト謂ハンニハ、清国君臣ハ推測ノ外ニ出ヅルナルベシ。此時ニ乗ジテ、十分ニ説明シテ我ガ好和ノ誠心ヲ披示シ、両国十年ノ積怨ヲ消シ、永久ノ和平ヲ保チ禍ヲ転ジテ福トナスベシ。此レヲ失フベカラザルノ機会トス。然《しか》ト雖ドモ事若《も》シ平凡ニ出テハ僅カニ一時ノ平和ヲ得、一時ノ結局ヲ得ルニ止マリ、以テ我ガ好和ノ精神ヲ彼レノ脳漿ニ感通セシムルニ足ラズシテ、毫モ大局ニ補ナカルベシ。譬ヘバ貴価ヲ以テ賤物ヲ買フガ如シ。深ク惜ムベキニアラズヤ。廟堂ノ君子大局ヲ達観シ時機ヲ洞見ス。必ズ神算ノアルアラン。

（『井上毅伝　史料篇』一）

17　条約改正問題意見書（井上馨）

17解題［明治二十年七月九日］外務大臣井上馨が条約改正問題で内閣に提出した意見書。同月三日付の農商務大臣谷干城の「意見書」をはじめ西洋主義の法典編纂・外人法官任用・内地開放などへの閣内外の強い批判に反論し、自己の方針の正当性を強調したもの。なお、世論沸騰のなかで七月末には谷は辞職したが、政府も十九年五月一日の第一回会議以来二七回開催された条約改正会議の無期延期を各国に通告、井上は二十年九月十七日、責任をとって辞職した。

【井上馨】一八三五‐一九一五。号は世外。十二年参議兼外務卿となって以来、十八年第一次伊藤内閣では外相となり、一貫して条約改正交渉にあたった。欧化主義者として知られる。のち内相、蔵相など歴任し、元老となる。

惟《おもんみ》ルニ今ヤ宇内《うだい》ノ形勢ハ将《まさ》ニ何等ノ運ヲ成シ、我国ヲ何等ノ地位ニ置カントスルモノナル乎。本大臣ハ請フ、試《こころみ》ニ之ヲ陳ゼン。夫《そ》レ泰西各国ガ其力ヲ展開シテ新地ヲ外ニ求ムルハ、一朝一夕ノ事ニアラズ。殊《こと》ニ第十九世紀ノ初メヨリ以来、即チ七八十年以来欧洲各国ノ間ニテハ、事物整頓シテ妄《みだ》リニ憾動ス可ラザル事トナリシヨリ、此等各国ハ益々《ますます》其力ヲ殖民拓地ノ政略ニ専《もっぱら》ニシ、*駸々《しんしん》トシテ今日ノ勢ヲ致シタリ。即チ印度《インド》、柬蒲塞《カンボジア》、交趾《コーチ》ノ如キハ弱肉已《すで》ニ強食トナリタル者ナリ。然レドモ本大臣ガ今特ニ各大臣ノ注意ヲ喚《よば》ント欲スル者ハ、欧洲各国ガ三四年以来更ニ一層其力ヲ亜細亜《アジア》、亜非利加《アフリカ》ノ間ニ展開シテ、将ニ東洋ノ表ニマデ其勢力ヲ震ハシメントスルニ至リタルノ事実ナリ。嗚乎《ああ》今ヤ亜細亜、亜非利加ノ両大洲ハ将ニ欧洲各国ガ*逐鹿《ちくろく》ノ場トナラントセリ。而シテ其ノ此等ノ場ニ於テスルノ馳駆ハ、各自本国ノ艱難安危ヲ醸《かも》スノ虞《おそれ》、甚ダ少ナキモノナレバ、各国ハ甚ダ他顧ノ憂ナクシテ力ヲ此ニ用ル事ヲ得テ、互ニ*呑噬《どんぜい》ノ権ヲ競ヒ、殆ンド現今欧洲各国一定ノ国是トナレリ。即チ独乙《ドイツ》ハ其今日占メタル高地位ヲ維持センガ為メ、更ニ殖民政略ニヨリテ其国力ヲ伸ベン事ヲ勉メ、*カメロン、ザンヂバアル、ニユウギニイ、マーシヤル群島等ハ先ヅ之ガ肉トナリテ*独乙大宰相ノ外政上ノ精神ノ在ル所ヲ証シタリ。又《ま》タ*北独逸ロイド会社ニ巨額ノ保護金ヲ下付シテ航海ノ事業ヲ開カシメタルガ如キ、該大宰相ノ殖民政略ハ実ニ独乙人民ノ心ヲ得タル事ヲ見ル可キナリ。仏郎西《フランス》モ亦《ま》タ同ジク活潑ニシテ、曩《さ》キニ已《すで》ニ安南《アンナン》ヲ伐《うち》テ其保護国トナシタリ。暹羅《シャム》ノ如キモ早晩其肉トナル事ヲ免レザル可シ。唯《ただ》其能ク存シテ今日ニ至ルモノハ、常ニ仏軍ガ*東京《トンキン》ニ於テ甚ダ振ハザリシニ由ルノミ。英国モ亦タ袖手シテ隣邦ノ挙動ヲ傍観スル事ヲ得ズ。遂ニ兵ヲ進メテ*上緬甸《ビルマ》ヲ併セ更ニ東向シテ一時*巨文島ヲ占拠シタリ。又《ま》タ埃及《エジプト》及ビ蘇西《スエズ》運河ノ

駸々　物事が速く進むさま。

逐鹿　帝位、政権を争うこと。

呑噬　のみ、くらう。他国を侵略すること。

カメロン…　カメルーンは一八八四年ドイツの領有するところとなり、八六年ザンジバルをイギリスと分割領有、ニューギニアは同じ頃、東北部を領土としてカイゼル・ヴィルヘルムス・ランドと命名（東南部はオーストラリア領）され、マーシャル群島は一八八八年にドイツ領となった。

独乙大宰相　ビスマルク。

北独逸ロイド会社　一八五七年ブレーメンに設立された北ドイツロイド商船会社。

東京　ハノイ周辺のトンキン地方。

上緬甸　北部ビルマ。イギリスは一八八五年に占領、翌八六年にビルマ全土の併合を宣言する。↓一四三頁注「緬甸王国」

巨文島…　一八八五年のこと。↓IV-21解題

如キハ実際已ニ英国ノ手裏ニ落チタリ。伊太利《イタリー》モ亦タ近ゴロ拓地ノ政略ヲ執リ、先ヅ地中海ノ対岸ヨリシテ之ヲ始メ、乃《すなわ》チ*マツソーヲ略取シタリ。而シテ此等各国ガ亜細亜亜非利加《アジアアフリカ》等ニ殖民地ヲ拓キタルノ挙動ハ、旋《めぐり》テ復タ露西亜《ロシア》皇帝ヲ*刺衝シ、露国皇帝ニハ西志比里亜《シベリア》ヲ開拓シ、之ヲシテ繁栄ノ土地ト為サシメントシ、即チ中央亜細亜ニ鉄道ヲ布設スルノ計ヲ定メ、遂ニ*バロン、コルフ氏ノ奏請ニ依リ、此三年間ニ聖彼得堡《セントペテルスブルグ》ヨリ志比里亜《シベリア》全国ヲ貫キテ浦潮斯徳《ウラジオストック》港ニ*鉄道ヲ布設シ、運河ヲ開鑿スベキノ勅令ヲ発シタリ。縦令《たと》ヒ右鉄道ハ三四年ノ間ニハ成ラザルニモセヨ、十年乃至《ないし》十五年ノ間ニハ遂ニ其功ヲ竣《おわ》ル可ク、而シテ一旦其成ルニ至レバ、露国ハ聖彼得堡ヨリ西志比里亜ヲ経テ、浦潮斯徳港ニ軍器兵粮ヲ僅々数日ノ中ニ輸送シ得ルモノトナラン。試ニ此等各国ガ従前所領ニ加フルニ、右新領ノ地ヲ以テスルトキハ世界地図上余ス所ハ復《ま》タ幾《いく》バクカアルヤ。即チ(第一)亜非利加洲ノ全部ハ殆ンド欧洲雄国ノ掌中ニ期シタリ。(第二)亜細亜洲諸国モ亦タ、大抵欧洲雄国ノ併呑スル所トナリ、今日ニ至テ、真ニ独立ノ地位ヲ保ツ者ハ唯《ただ》二国アルノミ。但シ本大臣ガ玆《ここ》ニ独立ト云フ者ハ、正理ニ於テモ又実際ニ於テモ独立国ノ体面ヲ保ツモノニシテ、即チ日本支那両国ヲ云フナリ。夫《か》ノ*アフガニスタン、*キユバ、*ボクハラ、*カフヰリスタン及《および》*ダルジスタンノ如キハ、実ニ猶《なお》存スレドモ皆ナ多少其独立ノ体面ヲ欠キ、其ノ英ニアラザレバ即チ露国ノ有ニ帰スルハ遠ニアラザルベシ。其他彼斯《ペルシア》、暹羅《シャム》、朝鮮ノ如キモ皆ナ能ク泰西雄国ノ殖民政略ニ抗シ得ルノ力ヲ有セズ。茫々タル亜細亜中、只我日本及ビ支那ノ二帝国ノ独立スルアルノミ。(第三)大洋洲諸島ハ総テ欧洲諸国ノ領地トナリタリ。

左《さ》レバ今日日本帝国ヲ環《めぐり》テ国スル者ハ、只《た》ダ支那ト欧洲諸国ノ殖民地アルノミ。殊ニ欧洲

マツソー　紅海に臨むエチオピアの港マッサワ。イタリアは一八八五年二月イギリスの支持のもとにここを植民地とした。

刺衝　刺激。

バロン、コルフ　略歴など未詳。II-30にも黒竜江太守としてでる(二四二頁)。

鉄道ヲ布設…　↓八二頁注「西伯利鉄道」

アフガニスタン　イギリス・ロシアの両勢力の緩衝地帯となったが、二度にわたるアフガン戦争(↓補注)などを経て、イギリスの保護国となった。

キユバ　Khiva. ヒヴァ・ハン国。一九世紀前半にはアラル・クリ・ハン政権のもとで大版図を実現したが、一八七三年ロシアの保護国。

ボクハラ　Bokhara. ボハラ・ハン国。ボハラはロシア領トルキスタンの古都。一六世紀初に成立したが、一八六六年ロシアの保護国。

カフヰリスタン　ヒンズークシ山脈の南側、カシュガルに隣接する地域。

ダルジスタン　未詳。あるいはカスピ海西岸のダジェスタンか。

諸国ガ右等ノ領地ニ於ケルハ、徒《いたずら》ニ其地ヲ領スルノミヲ以テ足レリトセズ、之ヲ鞏固《きょうこ》ニシ之ヲ改良スルガ為メニハ、数百万ノ人ト雖モ数百万ノ財ト雖モ之ヲ費シテ曾テ惜マズ。各国ノ国会ハ年々互ニ新保護金ヲ給スルノ多少ヲ競ヒ、実ニ殖民拓地ハ近時欧人一種ノ特性トナリ、内閣更替ノ如キ一時ノ事情ニヨリテ乃チ変換スルモノニ非ラザルヲ見ルナリ。即チ独逸ガ北独逸ロイド会社ニ保護金ヲ給シテ、亜細亜地方ニ定期航海ノ事業ヲ開カシメタルガ如キ、偶然特出ノ事ニアラズ。此《この》例証ハ近年欧洲ニ往来シタル我国人ハ皆ナ親シク目観《＊もくと》シタル所ナル可シ。即チ明治十五年ノ頃欧洲ニ赴キ、昨年或ハ本年ニ至テ帰朝シタル者ハ、必ラズ其経歴シタル各殖民地ノ改良進歩ノ甚ダ捷速ナルニ驚ク可シ。馬車ナリ、鉄道ナリ、電信ナリ、鉄道馬車ナリ、其他近世文明ノ事物ニシテ前ニハ一モ見ザリシ所ノ者ハ、今ハ到処《いたるところ》トシテ具《そな》ハラザル事ナク、其人口ノ如キモ頗ル衆ヲ加ヘタル事ヲ認ム可シ。是豈《あ》ニ偶然ノ結果ナラン哉。嗟乎《ああ》欧洲各国ハ特ニ此等ノ殖民地ヲ改良シ、其威ヲ此等ノ地ニ震フノミヲ以テ足レリトスル乎。特ニ其力ヲ此等領地ニ劃シテ、復タ他志ナキ乎。是レ本大臣ガ甚ダ恐ル、所ナリ。

故ニ欧洲各国ハ一タビ機会ニ遭遇セバ、必ラズ之ガ利ヲ収ムル事ヲ失ハザル可シ。若シ暗君庸相ノ政府アリテ一タビ之ニ其罪ヲ鳴ラスノ口実ヲ与フルトキハ、必ラズ之ニ乗ジテ充分ノ利ヲ収ムル事ニ遅疑セザルベシ。而シテ是モ亦タ彼ガ各々《おのおの》其国ノ為ニスル所以《ゆえ》ンナリ。左レバ今日幸ニ亜細亜洲中ノ暫ク安キモノハ、決シテ以テ恃《たのみ》トナスニ足ラズ。欧洲各国ハ俄《にわか》ニ拓地ノ志ヲ変ジタルニアラズ。又タ其《その》乗ズベキノ機会ナキガ故ニアラズ。蓋シ昨年六七月以来惨澹タル黒雲欧洲ヲ掩ヒ、全欧ノ戦争旦夕《たんせき》ニ迫リタルガ如キノ勢トナリシヨリ、各国ハ暫ラク其暇ヲ得ザルノミ。若シ此ノ黒雲終《つい》ニ風雨ヲ捲起《けんき》セズシテ消スルカ、或ハ遂ニ一大戦争

目観　目撃。

ヲ経テ事復タ定ルノ後ニ至ラバ、其ノ力ヲ倍シテ雄ヲ亜細亜《アジア》ノ局面ニ争フノ政略ニ復スル事ハ、決シテ疑ヲ容レザルナリ。亜細亜ノ邦国ハ豈ニ*酣歌《かんか》熟睡ヲ得ルノ時ナラン哉。矧《いわ》ンヤ各国鯨呑狼噬シテ、雄ヲ争フノ勢ハ駸々トシテ日ニ我ニ迫ルモノアルヲヤ。議者或ハ謂ハン、若シ東洋事アルノ日ニ至ラバ我日本帝国ハ宜シク局外中立ヲ守ル可キノミト。然レドモ亦タ安《いずく》ンゾ各国ノ中其兵力ヲ我ニ試ムル者ナキ事ヲ保セン。何《な》ントナレバ我レ能ク自ラ我進歩ヲ速《すみやか》ニシテ、今日ノ運ニ適合スル事ヲ致スニ非ラザルヨリハ、各国ニ其ノ乗ズベキノ隙ヲ与フル事ハ決シテ必無ヲ期シ得ザレバナリ。且ツ琉球事件ノ如キ、支那ハ猶ホ未ダ全ク之ヲ争フノ念ヲ絶タズ。若シ各国ノ中*鷸蚌《いつぼう》ノ争ヲ利トシテ、之ヲ挑発スルモノアラバ、応《まさ》ニ何等ノ事トナルベキ歟。本大臣ハ各大臣ノ能ク今日内外ノ大勢ヲ達観シテ、万世不抜ノ基ヲ立テラレン事ヲ望ムナリ。

本大臣ハ請フ。本大臣ガ之ニ処スルノ意見、即チ此等ノ患ヲ未然ニ防グ所以ノ意見ヲ陳ゼン。蓋シ本大臣ハ以為《おもえ》ラク之ニ処スルノ道、惟《た》ダ我帝国及ビ人民ヲ化シテ恰《あたか》モ欧洲邦国ノ如ク、恰モ欧洲人民ノ如クナラシムルニ在ルノミ。即チ之ヲ切言スレバ、欧洲的一新帝国ヲ東洋ノ表ニ造出スルニ在ルノミト。夫《そ》レ一国人民ハ、其《その》分子タル各国人民ガ先ヅ勇敢活潑ノ人民トナルニアラザルヨリハ、独リ其強大ヲ致ス事能ハズ。即チ日本人民ノ自治ノ制ト活潑ノ行動トハ、日本国民ノ強大ヲ致シ日本政府ノ強盛ヲ致スニ於テ、万欠ク可ラザルモノトス。何ントナレバ、我政府ハ固ヨリ我国民ヲ代表スルニ止《とどま》ルモノナレバナリ。然ラバ即チ如何ニシテ此《この》敢為ノ*気象、此独立自治ノ精神ヲ我*三千八百万人民ノ脳裡ニ注入スルヲ得ベキ歟。本大臣ノ所見ヲ以テスレバ、我人民ヲシテ欧洲人民ト触撃シ、各自ニ不便ヲ感ジ不利ヲ悟リテ、

酣歌　酒を飲んで歌い楽しむこと。

鷸蚌ノ争　鷸(しぎ)と蚌(はまぐり)が相争ってともに漁師に獲られること。「漁夫の利」に同じ。中国戦国時代、趙が燕を攻めたとき、この争いは強国の秦を利するだけだとしていわれた喩(戦国策、燕策)。

気象　気性に同じ。気風。

三千八百万人民　日本の人口は十九年で三八二〇万人、二十年で三九五〇万人であった。

内外人ノ往来…　十九年六月条約改正会議第六回会議において、井上馨の条約改正案の基礎となるイギリス・ドイツ案がだされるが、そこでは二年以内に全国を外国人に開放し、旅行・居住・営業・不動産取得の自由などが提案され、また領事裁判権は条約規程内に限るなどとされていた。井上はこれを「百万円位の値あり」と賞讃し、ドイツ公使に

泰西活潑ノ知識ヲ吸取セシムルニ在ルノミ。即チ我国人ガ各自ニ文明開化ニ要スル活潑ノ知識敢為ノ気象ヲ具フルニ至テ、我帝国ハ始メテ真ニ文明ノ域ニ躋《のぼ》ル事ヲ得ベキナリ。本大臣ハ我皇帝陛下ノ威霊ニ頼リ、各大臣ト倶《とも》ニ誓フテ此ノ新帝国ヲ東洋ノ表ニ造出セント欲スルナリ。若シ夫レ其手段ニ至テハ、亦《また》*実ニ内外人ノ往来交通ヲ自由自在ナラシムルニアリトス。之ニ反シ、今ヤ外国貿易自由交通ハ、万国交際上特出ノ形象トナリタルノ秋《とき》ニ方《あた》リテ、我帝国ハ其一部分ヲ除クノ外、之ヲ外国人ニ閉鎖シテ其内地ニ入ル事ヲ許サヾルハ、啻《ただ》ニ固陋背理ノ事タルノミナラズ、実ニ外国人ニ其苦情ヲ鳴ラスノ口実ヲ与フルノ虞《おそれ》アルモノトス。然《しか》ルニ議者或ハ謂ハン、今俄《にわか》ニ我国ヲ外国人ニ全開スルトキハ、大ニ我国ノ経済ヲ害スルモノ有ルベシト。本大臣ハ其然ラザル所以《ゆえ》ンヲ示ス可シ。

試《こころみ》ニ我国今日ノ状況ヲ把《とり》テ、之ヲ三十年前ノ事ニ比セヨ。其間商業社会ニ於テハ、種々ノ苦情ヲ鳴ラシタル事アルニモ拘ハラズ、日本ノ国富ハ爾来《じらい》大ニ増殖シタル事ヲ認ム可シ。即チ我各種ノ産物、殊ニ糸茶其他ノ輸出品ハ三十年前ニ比シテ大ニ其産出額ヲ増加シ、同時ニ貨物分送ノ便、即チ運輸ノ便モ大ニ進ミ汽船鉄道電線ノ如キ、三十年前ニ在テハ我国人ガ曾テ夢視セザルノ物モ、今ハ縦横ニ我海陸ニ飛翔架設シ、我商人ハ頗《すこぶ》ル顧ミテ、昔日ノ不便ヲ悟ルノ知識ヲ開キタリ。而シテ此等ノ進歩ハ、実ニ泰西有為ノ人民ト往来触撃ノ結果ナリトス。豈啻《ただ》是ノミナラン。我国全体ノ改良進歩ハ皆全ク泰西人ト往来交際ノ刺衝ニ由リテ、之ヲ致シタルナリ。嗚呼《ああ》、現行条約ノ外国人ニ許シタル*掌大《しょうだい》ノ居留地内ヨリシテ発射シタル刺衝ノ効力ノ大ナル事、猶且《なおか》ツ如レ此《かくのごと》シ。矧《いわ》ンヤ全国ヲ放開シ、我国人ヲシテ所在ニ外国人ト相触撃セシムルニ於テヲヤ、其刺衝ヲ受ルノ効ハ応《まさ》ニ何如《いか》ナルベキ歟。本大臣ハ惟《た》ダ此利益ノ

勲一等旭日大綬章、イギリス公使に勅語、イギリス皇太子に大勲位菊花大綬章を贈っている(『世外井上公伝』)。なお内地雑居については、明治十年代末から種々の議論が行なわれ始めたが、例えば遠藤愛蔵が「内地雑居之利害」(十九年七月刊)で、内地雑居の利を㈠外資の輸入、㈡文明を輸入して人民を開明に赴かしむること、㈢直輸出入の盛んに流行して国産を繁殖させることと指摘、一方害として㈠競争の害、㈡裁判上より生ずる害をあげ、結局害よりも利が大であると、内地雑居に賛成の論をたて、また毎日新聞が十九年に内地雑居に関する懸賞論文を募集したところ、応募論文一二七篇中一一二篇が内地雑居を可とするなどの世論の動きもあった。しかし、ボアソナードの、外国人判事の任用への批判とともに、内地雑居により日本の法律が外国の審査をうけることになり、これまで居留地にかぎられていた不利益が日本全国に及ぶ、との指摘をうけて、反対運動は激しくなり、井上条約改正案は崩壊した。その後鹿鳴館時代の終焉とともに、内地雑居反対の声の方が主流となっていく。

掌大 手のひらほどの大きさ。ちっぽけなこと。

ミヲ以テ、充分ニ全国ヲ放開スルノ価値アリトスル也。

議者又曰ク、今《い》マ我国ヲ外国人ニ放開スルトキハ、外国人ハ其優等ノ知識ト巨額ノ資本及ビ敢為ノ気力ニ依リテ、遂ニ我国人ノ競争者ヲ工業商業ノ市場ヨリ駆リ出スニ至ル可シ、又タ我帝国ノ土地モ、数年ヲ出ズシテ尽ク外国人ノ所有トナルベシ。仮リニ議者ノ言ノ如ク、現今我国人所有ノ土地ノ大半ハ外国人ノ手ニ帰スルトスルモ、此等外国人ハ徒手ニ之ヲ取ル事能《あた》ハズ。必ラズ相当ノ代価ヲ払フベシ。即チ我国人ハ自ラ之ヲ耕作スルト之ヲ売渡ストノ利益ヲ比較シテ、或ハ売リ或ハ否ス可シ。又タ此等ノ土地ハ縦令《たと》ヒ其所有主ヲ変換スルモ、外国人ハ固《もとよ》リ之ヲ其国ニ携帯シ得ベキニ非ラズ。其之《これ》ニ卸シタルノ財本並ニ之ニ施シタル改良ハ、適々《たまたま》我日本ノ国富ヲ増殖スルモノトナル可シ。工業ノ如キニ至テハ、外国人ハ或ハ内地ニ於テ大ナル製造所ヲ創設シ、我国未ダ有ラザルノ工業ヲ起ス事モアラン。然ルニ此場合ニ於テ、最モ其利益ヲ受ク可キモノハ何人《なんぴと》トスル歟。我国人ノ消費者ハ因テ其需用品ヲ従前ヨリ安キ代価ヲ以テ買フ事ヲ得、従前ヨリ其費用ヲ減ズル事ヲ得可シ。即チ差引其*贏余《えいよ》貯蓄ノ分ヲ増シ、我ガ財本ヲ増殖スル事ヲ助ク可シ。故ニ此《この》場合〔ニ〕於テ我国ハ実ニ財本増殖ノ二源ヲ得ルモノトス。

（一）輸入資本

（二）物品価格ノ低減シタルニヨリ消費者ノ*嚢中ニ生ズル資本ノ増加

又《ま》タ外国人ハ実ニ優等ノ知識及ビ気力ヲ有スルトスルモ、我国モ亦タ一種特性ノ模擬ノ長ヲ有スル事ハ、固《もとよ》リ争フ可ラズ。左スレバ譬《たと》ヘバ斯《ここ》ニ一外国人アリテ、本年「レース」製造所ヲ某地ニ建設シタリトセンニ、我国人ノ中ニハ一年ヲ待タズシテ必ズ之ニ倣《なら》ヒ、同ジク

贏余貯蓄　あまりを貯えること。

嚢中　さいふの中。

「レース」製造ノ業ヲ試ミル者ヲ輩出スベシ。加之《しかのみならず》、右外国人ガ創設シタル工場ニ雇ハル、ノ労働者モ皆ナ我国人タルベケレバ、(第一)我労働者ハ従来曾テ識得セザル所ノ工業ヲ学習シ、外国伝来ノ工業上新知識ヲ全国ニ弘ム可ク、(第二)日本労働者ノ賃銀ヲ増加シ、漸次其生活ノ度ヲ進ムルニ至ルベキナリ。且ツ外国人ガ此等ノ事業ヲ起スヨリシテ、我国人ニ及《およぼ》スノ利益ハ特ニ労働者ニノミ止マラズ、其間接ニ我事業家ニ与フルノ利益モ亦タ大ナル可シ。何ントナレバ、我事業家ハ外国人ガ其事業ヲ管理指揮スルノ仕法ヲ観テ、大ニ其ノ自家ノ事業ニ裨益スル事アル可ケレバナリ。蓋シ我事業家ハ是レマデ欧米ノ仕組ニ倣フテ新事業ヲ始メ、又ハ其従前営ミ来リタル事業ノ規模ヲ拡張スルノ場合ニ於テ、往々失敗ヲ免レザリシモノハ、之ヲ要スルニ此等大規模ノ事業ヲ管理指揮スルノ方法ヲ知ラザリシガ故ナリ。然ルニ一旦外国人ガ内地ニ於テ大規模ノ事業ヲ起スニ至レバ、該事業ハ一個人ニテ経営スルニモセヨ、又ハ組合或ハ会社ノ方法ヲ以テ経営スルニモセヨ、我事業家ハ必ラズ之ヲ管理指揮スルノ方法ヲ覧観スル事ヲ得テ、因《より》テ大ニ其事業上ノ知識ヲ進ム可シ。故ニ本大臣ハ啻《ただ》ニ外国人ガ新事業ヲ内地ニ起スヲ以テ、害トナサヾルノミナラズ、寧《むし》ロ其我国人ノ利タル事ヲ疑ハザルナリ。

若シ夫《そ》レ日本固有ノ物産即チ糸、茶、漆器、各種ノ日本酒類及ビ醤油等ノ事業ハ、本大臣決シテ容易ニ外国ノ手ニ移ラザルベシトナスナリ。此等事業ニ就テハ、今ヨリ十年乃至《ないし》十四、五年間ハ外国人ハ迚《とて》モ我製造家ト其競争ヲ試ル事ヲ敢テセザル可シ。何《な》ントナレバ此等事業ハ我国人一種固有ノ知識、技巧、及ビ練熟ヲ要スルモノニシテ、外国人ガ容易ニ学習シ得ル所ニアラザレバナリ。但シ本大臣モ亦タ、外国人ノ中行々《ゆくゆく》此等ノ事業ヲ企ル事ナキヲ保セズ。

其ノ日本ニ永住シ善ク人情、風俗、言語ニモ通ズルノ後ニ至ラバ、或ハ多少此等ノ事業ニ着手スル者モアル可ケレドモ、其レマデノ間ニハ我国人ノ知識気力モ同様比例ニ開発シ、多ク外国人ニ譲ラザル事ヲ致ス可ケレバ、斯《かか》ル後年ノ事ハ今日ヨリ預《あらか》ジメ無用ノ懸念ヲナス事ヲ要セザル可シ。故ニ本大臣ハ此項ニ関シテ、今ヨリ十年乃至十四五年間ハ決シテ議者ノ云々スルガ如キノ虞ナカルベシト断言スルヲ以テ、充分トナス也。

斯《か》ク本大臣ハ経済上ノ利害ヲ弁ジ置キ、此ヨリ復タ主タル問題ニ帰ランニ、本大臣ハ更ニ前ノ断言ヲ反覆シテ以テ之ヲ提起ス可シ。我帝国ヲ化シテ欧洲的帝国トセヨ、我国人ヲ化シテ欧洲的人民トセヨ、欧洲的新帝国ヲ東洋ノ表ニ造出セヨ。只《た》ダ能《よ》ク如レ此《かくのごとく》ニシテ我帝国ハ始メテ条約上泰西各国同等ノ地位ニ躋《のぼり》タル事ヲ得可シ。我帝国ハ只ダ之ヲ以テ独立シ、之ヲ以テ富強ヲ致ス事ヲ得ベシ。而シテ此大目的ヲ達スルガ為ニハ、実ニ現行条約ノ改正ヲ以テ第一着歩トス。故ニ本大臣ハ任ニ外務ニ当リショリ以来、夙夜懈《しゅくやおこ》タルニアラズ。誓フテ治外法権ノ辱ヲ洗雪セン事ヲ期シ、幸ニ我皇帝陛下ノ威霊ニ頼リテ、漸ク各国政府ヲシテ改正ノ議ニ一致セシメタリ。然レドモ我ガ今日条約上ノ地位ヨリシテ、直チニ一躍シテ充分完全ナル対等ノ地位ニ超上スル事ハ実際終ニ做《な》シ得ベカラザルノ事ナルヲ以テ、本大臣ハ姑《しば》ラク左ノ譲与ヲ以テ已ムヲ得ザルモノトナシタリ。

第一　法典ノ編制ニ就テハ

イ　条約批准十六ケ月内ニ法典ヲ編制スル事

ロ　泰西ノ主義ニ基キ諸法典ヲ編制スル事

ハ　日本国ノ法律ヲ外国人ニ適用スル時ヨリ八ケ月以前ニ其英語正文ヲ外国政府ニ送付

スル事

第二　司法裁判所ノ制ニ関シテハ

イ　外国属籍ノ人ヲ我司法官ニ任用スル事

ロ　裁判所ニ於テ英語ノ使用ヲ許ス事

ハ　特別ニ管轄裁判所ヲ定ムル事

右諸項ハ実ニ締盟十六ケ国*ヲシテ、治外法権ヲ廃去セシメンガ為メニ之ヲ譲与シタルモノニシテ、実ニ已ムヲ得ザルノ事情ニヨリタルナリ。本大臣各大臣ガ右諸項ノ譲与ヲ以テ、現行条約治外法権ノ我面目ヲ辱メ、我利益ヲ害スルモノト比較シテ、善ク之ヲ察セラレン事ヲ冀望《きぼう》スルナリ。然ルニ世或ハ軽々ニ治外法権ノ害ヲ看過シ、却テ此譲与ヲ重ンズル者ナキニアラズ。本大臣ハ請フ、為メニ治外法権ノ害ヲ詳言セン。

夫《そ》レ治外法権ノ制ハ、外国政府ニ日本帝国ノ版図内ニ於テ其法律ヲ実施シ、其人民ヲシテ之ヲ遵奉セシメ、其君主ノ名ヲ以テ自国ノ裁判権ヲ執行スル所ノ裁判所ヲ設置スルヲ許シ、以テ我ガ国辱ヲナシ、我国人ガ外国人ヲ被告トスル訴訟ハ該外国人ヲ管轄スルノ領事裁判ヲ仰ガザル可ラズ。此《この》裁判ヲ受ルガ為メニハ、巨額ノ訴訟入費幷ニ代言人料*ヲ払ハザル可ラズ。若シ此裁判ヨリシテ控訴セント欲スレバ、遥ニ之ヲ該被告本国ノ相当裁判所ニ送ラザル可ラズ。而シテ此等ノ不便ハ実際我国人ガ外国人ニ対スル訴権ヲ奪フモノトス。各開港場居留地ハ外国人ヲ庇護スル一種ノ城壁トナリ、凡《およ》ソ此内ヨリスルトキハ新聞雑誌若《も》クハ無頼ノ徒如《い》何《か》ニ我政府人民ヲ悪口雑言スルトモ、我政府ハ之ヲ奈何《いかん》トモスル事能《あた》ハズ。及ビ若干ノ地所ヲ外国政府ニ貸与シテ其海軍ノ用ニ供シ、曾テ其使用ノ場合ヲ限ラズ。外国政府ハ以テ戦

締盟十六ケ国　幕末維新以来、条約を結んでいた欧米諸国は、アメリカ、オランダ、ロシア、イギリス、フランス、ポルトガル、プロシア(のち北ドイツ連邦、さらにドイツにひきつぐ)、スイス、ベルギー、イタリア、デンマーク、スウェーデン＝ノルウェー、スペイン、オーストリア＝ハンガリー、ハワイ、ペルー。

代言人料　弁護料。当時、弁護士を代言人と称した。

時ノ用ト為ス事ヲモ得ベク、尤《もっと》モ危急危険ノ措置トス。凡ソ此等ノ事実ハ皆ナ我帝国ノ面目ヲ辱メ、我帝国ノ利益ヲ損ジ、我帝国ノ安寧ヲ害スルノ大ナルモノニシテ、朝野議者ノ具《つぶさ》ニ知ル所ナリ。故ニ此等ノ垢辱《こうじょく》此等ノ危害ニ就テハ、本大臣ハ必ラズシモ明目張胆*シテ急言詭論スル事ヲ要セズ。更ニ現行条約ガ三十年来実際如何ナル方向ニ向フテ其精神ヲ進メタルカヲ観察ス可シ。抑《そもそ》モ安政*、、、ニ結ビタル最初ノ条約ニテハ、下田一港ヲ開クニ止マリタリシガ、已ニシテ兵庫港ヲ開テ三港*トナシ、遂ニ五港ヲ開クニ至レリ。是レ開港ノ箇所ニ於テ、已ニ最初ノ精神ヲ保ツ能ハザリシナリ。又タ現行条約*ノ明文ニ従ヘバ、外国人ハ公使館員及ビ領事館員ヲ除クノ外ハ、総テ遊歩規程外ニ出ル事ヲ得ザルモノナルガ、二十年前ヨリシテ健康保養若《もし》クハ学術取調ノ為メ、内地ニ旅行セント欲シ、其国公使ノ保証ヲ得テ外務省ニ出願スル者ニハ、旅券ヲ下付シテ之ヲ許ス事トナシ、今日ニ及ンデハ殆ンド一種ノ例規ヲ成シ、如何ナル外国人モ皆ナ之ヲ受ケテ内地ニ旅行スル事ヲ得。即チ明治、、年中内地ニ旅行シタル外国人ノ数ハ、、、人同、、年ニハ、、、人ノ衆ニ至レリ。固《もとよ》リ此等外国人ノ中ニハ、糸茶出産ノ地方ニ至テ直ニ出産人*ト之ガ取引ヲ約シ、其他種々商業上ノ取引ヲ約スル者アリ。而シテ表面ハ皆《みな》居留地内ニ於テ、之ヲ履行スルノ方便ニ仮託スルモノナレバ、法律モ亦タ之ヲ如何トモスル事能ハズ。其他或ハ番頭ノ名義ヲ以テ、内地ニ派出シテ各種商業上ノ取引ヲナサシメ、或ハ我国人ニ雇ハル、ノ名義ヲ以テ、実際ニ組合営業ヲナスガ如キ、皆ナ法律ノ奈何《いかん》トモスル事能ハザル所ナリ。故ニ現行条約ハ一方ニ於テハ、外国人ヲ治外法権ノ下ニ庇護シ、而シテ一方ニ於テハ、之ニ全国ヲ放開スルト其間殆《ほと》ンド幾《いく》バクナキノ結果ヲ致スモノトス。

明目張胆　奮発してことに当ること。

安政…　安政元年(一八五四)の日米和親条約。

三港…　米蘭露英仏五カ国との修好通商条約にもとづき、安政六年に神奈川・長崎・箱館の三港が開港、のち兵庫(慶応三年)、新潟(明治元年)が加わり五港となった。文中、「兵庫港ヲ開テ三港」とあるは不審。

現行条約ノ明文…　各国の修好通商条約には、開港場の遊歩の範囲が規定されていた。

出産人　生産者。

又《ま》タ我開港場及ビ開市場ニ在ル外国人ハ、我行政上ノ法律規則ニ遵《したが》ハズ。酒類醤油等ヲ製造スル事アルモ、我政府ハ之ヲ奈何《いか》ントモスル事能ハズ。何ントナレバ、現行条約ハ総テ外国人ヲ我法律ノ外ニ置クモノナレバナリ。然レドモ若シ斯《かか》ル場合ニ於テ、我政府ハ外国人ノ為ス儘ニ任セテ棄置《すてお》クトキハ、其害タル事、応《まさ》ニ如何ナルベキ歟。固ヨリ此等ノ製造ニハ、我国人ハ外国人ニ優ルノ知識経験ヲバ有スレドモ、造石税営業税ノ有無ハ、迚《とて》モ右ノ優劣比較ヲ以テ其利益ヲ差引スル事ヲ得ズ。勢必ラズ外国人ガ無税ヲ以テ、費少ク製造シ価安ク売出スノ品、独リ市場ノ利ヲ擅《ほしいまま》ニスルニ至ル可シ。然《しか》ルニ是迄《これまで》外国人中一二此等ノ製造ヲ試ミタル者アルニモ関ラズ、幸ニ右ノ如キノ結果ヲ実験スルニ至ラザルモノハ、一ニ外国公使等ノ好意ニヨリ其都度纔《わずか》ニ起業者ヲ説諭シテ、之ヲ輟《とど》メシメタルニ由ルナリ。決シテ現行条約ガ我ニ与ヘタルノ権利ヲ以テシタルニハアラズ。又外国船ガ石炭ヲ外国ニ輸出スルノ場合ニ於テハ、常ニ該船航海中ノ用ニ充ルノ名義ニ托シテ輸出シ、一銭ノ輸出税ヲモ払ハザレドモ我政府ハ外国船ヲ管轄スルノ権ヲ有セザルヲ以テ、同《おなじ》ク亦《また》之ヲ奈何ントモスル事ナキナリ。又郵船会社等ニ雇ハル、外国属籍ノ船長、及ビ船員等ノ景況ヲ看《み》ヨ。彼等ハ果シテ我ガ懲戒法ニ服従スル乎。彼等ハ航海上其任ヲ怠リ、或ハ過《あやま》ツ事アルモ我政府ハ之ヲ責罰スル事能ハザルナリ。又現行条約ニテハ、居留地内ト雖モ、外国人ニ不動産ノ所有主タル事ヲ許サズ。然ルニ今日外国人ノ中ニハ我国人ノ名義ヲ仮リテ、不動産ヲ居留地外ニ所有スル者ナキ乎。現ニ外国人ガ此ノ手段ニ因リテ、東京府内目貫《めぬ》キノ場所ニ於テ、不動産ヲ所有セルノ例ハ尠《すくな》シトセズ。否、彼等ハ天街紫陌*ノ間ニ於テモ之ヲ所有スル者アルナリ。其他外国人ガ此手段ヲ以テ箱根、熱海、江ノ島及ビ日光等ノ地方ニ於テ不動産ヲ所有スル者ハ実ニ枚挙スルニ遑《いとま》

紫陌　都の市街。

アラズ。想フニ今日ヨリシテ十年ヲ経過セバ、日本全国到ル処トシテ外国人ガ不動産ヲ所有セザルノ地ナキニ至ラン。而シテ斯ク歳月ヲ経過スル間ニハ、自ラ黙許同様ノ慣習ヲ成シ、我政府ハ徳義上此ノ事実ヲ認メテ、之ガ処分ヲナサヾルヲ得ズ。即チ遂ニ之ニ法律上ノ所有権ヲ許スカ、若《も》クハ我政府ハ為メニ悉《ことごと》ク此等ノ土地ヲ買上ゲザルヲ得ザルニ至ル可シ。嗚呼今ニ及ンデ速《すみやか》ニ此不幸ナル治外法権ヲ廃去スルニアラズンバ、本大臣ハ其遂ニ如何ナル危害ヲ馴致スベキカヲ前言スル事能ハザルナリ。何ントナレバ、若シ右外国人ガ土地ヲ所有スルノ事実一タビ公認セラレ、外国人ハ我法律ニ遵ハズ、我裁判所ノ管轄ニ属セズシテ日本人民ト同一ノ特権ヲ享受スル事ヲ得ルノ日ニ至テハ、我政府ハ縦令《たと》ヒ如何ニ熱心シテ条約ヲ改正セントスルモ、時已《すで》ニ晩《おそか》ル可ク、此時ニ及ンデハ、外国人ハ決シテ埃及《エジプト》*立会裁判所ノ例以上ノ裁判管轄権ヲ、我ニ復スル事ヲ承認セザル可ク、即チ今日我ガ以テ殷鑑*トスル埃及立会裁判所ノ制ハ、徒《いたずら》ニ我ニ先例ヲ示ス者トナル可ケレバナリ。故ニ我政府ハ速ニ現行条約ヲ改正シ、治外法権ヲ廃去シ、以テ我ガ自主不羈《ふき》ノ権ヲ保テ、我ガ面目利益ヲ護スルニ足ルノ新条約ヲ訂立スル事ヲ勉メザル可ラズ。是レ実ニ今日ニ於テ一日モ緩《ゆる》クス可ラザルノ事トスルナリ。

今ヤ本大臣ハ、幸ニ我皇帝陛下ノ威霊ニ頼リテ条*約改正会議ヲ開ク事、已ニ二十九回ニシテ、略々《ほぼ》裁判管轄条約ヲ議決スル事ヲ経タリ。然《しかる》ニ未ダ一躍シテ直《ただち》ニ相互対等ノ条約ヲ訂立スル事能ハズ。猶ホ若干ノ譲与ヲナサヾル事ヲ得ザルモノハ、豈ニ啻《ただ》ニ本大臣ノ憾ノミナラン。然レドモ是《これ》実ニ我今日内外事情ノ実際已ムヲ得ザル所ニシテ、各大臣ハ必ラズ善ク之ヲ諒セラルベキナリ。何ントナレバ、苟《いやしく》モ泰西ニ航シ其文物制度ノ美、文明開化ノ盛ヲ目覩《もくと》シ

埃及立会裁判所　The Mixed Court. 混合裁判所。アレクサンドリア、カイロ、ザガジーク(のちマンスーラ)の三地方裁判所とアレクサンドリアの控訴裁判所からなり、それぞれ判事七人中四人、一一人中七人がイギリス・フランス・ドイツなど関係一一カ国より指名された外国人判事であった。すでに岩倉使節団渡欧のとき、その一員の福地桜痴が調査に赴いているが、十九年には控訴院評定官長谷川喬がエジプトに派遣され、外国人判事の任用は必ずしも不利ではないとの外国人学者の説を報告している。

殷鑑　他の失敗をみて戒めとすべきこと。

条約改正会議　十九年五月一日から開催。日本からは井上馨外務大臣や青木周蔵外務次官らが、諸外国からはイギリス・アメリカ・ドイツなど一二代表が参加し、第六回会議でのイギリス・ドイツ両公使の提案にそって会議が進行した。これは外国人判事の任用や法典の外国による承認の必要などを含むことから、閣内にも強い反対があり、また世論も沸騰して、七月には会議の無期延期を余儀なくされる。なお下文に「二十九回」とあるのは「二十七回」の誤り。

民法・商法　民法は早く司法

タル者ハ、我国ガ三十年来力致シタルノ進歩ハ実ニ東西古今殆ンド未曾有ノ事トスルモ、之ヲ泰西各国文物開化ノ度ニ比スレバ、其猶ホ未ダ相及バザル者アルヲ認ム可ク、此事実ハ即チ泰西各国ガ今日ニ至ルマデ、治外法権ヲ我国ニ維持シタル所以ニシテ、今日若干ノ譲与ヲナサヾル事ヲ得ザル者モ、亦只ダ此事実アルガ故ナレバナリ。請フ、本大臣ハ各大臣ト試ニ我今日立法上及ビ司法上ノ景況ヲ一看セン。

今夫《そ》レ我国ニ於テ、諸法典ノ已ニ制定セラレタル者ハ、果シテ幾バクアル乎。*民法、*商法、*訴訟法ノ三法典ハ已ニ備リタル乎。夫《か》ノ一切*苟且《こうしょ》ノ慣習法ノ如キハ、決シテ不成文法律トナシテ此等法典ニ代用シ得ルモノニアラズ。何ントナレバ我国今日ノ制度ハ、多ク維新以来造出セラレタル者ニシテ、其齢尚《な》ホ弱ク未ダ以テ真ニ慣習法トナルニ足ルノ力ヲ有セズ。又タ其旧幕時代ヨリシテ伝来シタル者ハ、大抵今日文明人民ノ所要ニ適セザレバナリ。左レバ我法典ノ泰西主義ニ適合シタル者ハ、只ダ明治十三年ニ於テ公布シタル、*刑法、*治罪法ノ二法典アルノミナルガ、此二典モ早已《はやすで》ニ多少ノ不完全ヲ見《あら》ハシ、現ニ*法律取調委員会ニ於テ「*ボアソナード」氏ガ修正中ナリ。又タ我行政法ノ中ニハ、内外法律学士ノ其過厳ヲ議スルモノモ亦《ま》タ少ナカラズ。之ニ加ルニ、我維新以来進歩ノ速《すみやか》ナル事ハ、動《やや》モスレバ内外人ヲシテ其反動ノ或ハ劇ナラン事ヲ恐ルノ情ヲ生ゼシムル者ナキニアラズ。此等ノ事実ヲ合シテ之ヲ観ルトキハ、各国全権委員ガ輙《すなわ》チ右刑法治罪法ヲ以テ、我ガ将来制定スベキ他ノ三典ノ見本トナス事ヲ承諾セズ。条約案第四条ニ於テ、特ニ其ノ泰西主義ニ従フ可キ事ヲ約スルヲ要シタルモ、亦必ラズシモ甚ダ謂レナキノ請求ニハアラザル歟。

次ニ我裁判所ノ景況ヲ一看センニ、我裁判官ガ外国裁判官ノ如ク、素ヨリ法学ヲ習ヒ兼テ

卿の江藤新平や大木喬任らによって編纂が進められており、元老院・枢密院の審議をへて二十三年全編がいったん公布される。しかしフランス民法をもとにした自由主義的内容であったため、いわゆる民法典論争がひきおこされ、二十五年第三議会で施行延期を可決、その後ドイツ民法を範とする修正民法が編纂されて三十一年公布されることになる。

商法は二十三年民法と同時に公布されたが、日本の商習慣に合わないなどを理由に東京商工会議所などが反対に回り、同じく第三議会で民法と共に施行延期となり、その後修正商法が編纂されて、三十二年公布される。

訴訟法　ここでは民事訴訟法のみをさすか。二十三年公布。

苟且　まにあわせ。かりそめ。

刑法　十三年フランス法学者ボアソナードの指導を得て公布した、日本で初めての罪刑法定主義の刑法。十五年施行。

治罪法　刑法と同時に公布・施行された。近代的な刑事訴訟法の法理や制度を不完全ながらとり入れている。二十三年刑事訴訟法制定により廃止。

法律取調委員会　十九年八月設置。条約改正準備のため、「泰西主義」に準じて裁判所構成に関する法律や他の諸法典を急ぎ編成することを目的

とした。委員長は井上馨、委員は西園寺公望、三好退蔵、ボアソナード、カークード、ルドルフ。井上の条約改正案が頓挫したのち司法省に移管。

ボアソナード Boissonade. 一八二五―一九一〇。フランス法学者。六年日本政府の招きで来日し、司法省法学校・明治法律学校等で民法・刑法を講ずるとともに、外務省・内務省等の顧問として外交や立法事業をたすけた。

明治十四年　十五年の誤り。

我裁判官…　試験による裁判官登用などが規定された「裁判所官制」が公布されるのは、十九年五月のこと。

実際経験ニ富ミ、其相当資格ヲ具フル者ニアラザル事ハ、復タ争フ事ヲ得ザルモノトス。然《しか》ルニ是モ亦タ怪ムニ足ラズ。我ガ刑法治罪法ノ実施セラレタルハ、纔《わずか》ニ明治十四年*一月以来ノ事ニシテ、未ダ我裁判官ニ充分ノ経験ヲ与フルニ足ルノ歳月ヲ経過セズ。殊ニ我裁判官ハ若*干取除クノ外ハ、皆ナ泰西各国裁判官ノ如ク、試験及第シテ登用セラレタル者ニアラズ。其能ク外国裁判官ノ如キヲ得ル事ハ固《もと》ヨリ望ム可ラザルノ事ナリ。且ツ欧洲各国ニテハ裁判官ヲ以テ終身官ト為シ、以テ裁判官ノ独立ヲ保スルノ法トナセドモ我裁判官ハ斯《かか》ル安心ナキガ故ニ、其原被告ノ是非曲直、犯罪ノ有無軽重ヲ判決スルニ当テモ、或ハ枉《ま》ゲテ行政官ノ指揮内訓等ニ従フモノ少カラズ。是レ我国人ノ猶《なお》且ツ往々其例ヲ挙ゲテ非難攻撃スル所トス。之ヲ要スルニ我裁判官ハ未ダ充分ニ外国人ノ信用ヲ得ルニ足ルノ資格ヲ具ヘザルナリ。又現今我裁判所ノ組織モ亦タ、往々泰西主義ト相矛盾スルモノナカラズ。左レバ各国全権委員ガ特ニ条約ニ於テ、外国人ヲ管轄スル裁判所ハ外国属籍ノ裁判官ノ多数ヲ以テ、組織スベシトノ条款ヲ載スル事ヲ要シタルモ、亦タ必ラズシモ無理ナル事ニアラズ。本大臣ハ縦令《たと》ヒ外国人ヲ雇ハザル事ヲ得ザルモ、苟モ右裁判官ガ我裁判所ニ於テ、我皇帝陛下ノ御名ヲ以テ、我帝国ノ法律ヲ執行スルト為ス以上ハ、右ノ請求ヲ以テ容易ニ拒ミ得ザルモノトスル也。

試ニ地ヲ易《か》ヘテ之ヲ察セヨ。試ニ我国ハ已ニ泰西各国ガ今日占ル所ノ地位ニ達シタルノ日ニ於テ、朝鮮ハ正ニ我後ヲ逐フテ恰《あたか》モ我国ガ今日泰西各国ニ対スルト同様ノ地位ニマデ進歩シ、我ニ向フテ日韓条約ヲ改正シ治外法権ノ制ヲ廃去セン事ヲ要求スルトセヨ。此場合ニ於テ、我政府ハ何等ノ約款ヲモ附セズ、直《ただち》ニ我人民ヲシテ朝鮮政府ノ法律、朝鮮政府ノ裁判管轄ニ服従セシムル事ヲ承諾ス可キ乎。抑《そもそ》モ泰西各国ガ現ニ我ニ要請スルガ如ク、充分ニ我人民ノ利益ヲ保護スル保証ヲ得ルニアラザレバ、輙《すなわ》チ之ヲ承諾セザル可キ乎。本大臣ハ我政府モ亦タ必ラズ泰西各国ガ我ニ於ケルノ例ニ倣ハザル事ヲ得ザルヲ信ズル也。

夫《そ》レ我帝国進歩ノ度、尚ホ未ダ泰西各国ト並馳スル事ヲ得ズ。尚ホ未ダ外国人ヲシテ何等ノ約款ヲモ附セズ、直ニ其利益ヲ日本政府ノ保護ニ委セシムルニ足ルガ如キノ信用ヲ有セザルハ、本大臣ガ誠ニ*浩嘆ニ堪ヘザル所ナリ。此条約ニ於テ啻《ただ》ニ適当ニ外国人ノ取扱ヲナス事ヲ保スルノミナラズ、多少仍《な》ホ之ニ特権ヲ与フルハ、固ヨリ全ク之ナキニ如《し》カズ。此等譲与ノ多少其弊アル事ハ固ヨリ議者ノ言ヲ俟《また》ズシテ之ヲ知ルナリ。然レドモ今日ノ場合ニ於テハ、本大臣等ハ単ニ一ハ純ニ利タリ、一ハ純ニ害タルノ間ニ択ブ事能ハズ。寧ロ比較的利害ノ択ヲナサヾル可ラズ、即チ右等ノ弊ハ(第一)将来生ズベキ一層更ニ大ナルノ弊害ヲ免レンガ為メ、(第二)十七ケ年ノ後ニ至テ充分ノ自由充分ノ不羈自主ヲ得ンガ為メ、之ヲ今日ニ忍バザル可ラザルモノトス。抑モ此条約ノ継続ハ僅《わずか》ニ十七ケ年ニシテ、又右等ノ譲与ハ僅ニ十五ケ年ニ止リ、苟モ此期限ヲ過レバ各締盟国ハ我ガ行為上充分ノ自由ヲ承諾スル事、勿論ナレバ、畢竟《ひっきょう》此等ノ約款ハ特ニ一時ノ事タルニ過ギズ。即チ十五年ノ後ニ至レバ、我帝国ハ復タ此条約中何等ノ字句ノ為ニモ束縛セラルヽ事ナキモノトナリ、只《ただ》万国公法ノ通義ヲ以テ内外交際ノ条規トナシテ乃《すなわ》チ足ルモノトナル可シ。即チ他語ヲ以テ之ヲ言ヘバ、今ヨリ十五ケ年ノ後ニ至レバ、我日本帝国ハ真ニ泰西各国ト同等ノ地位ヲ占ムル事ヲ得ベシ。又新通商条約ノ如キハ、其期限更ニ短ク僅ニ十二ケ年ヲ以テ限トナシ、此期限ノ後ニ至レバ、我政府ハ海関税規則ヲ制定スルニ付、全ク亦タ自主ノ権ヲ有スル事トナル可シ。嗚呼《ああ》此ノ十五年ノ間ハ即チ治外法権ノ暗夜ヨリシテ、充分ナル不羈自主ノ*旭旦《きょくたん》ニ達スル、*将曙ノ時トスルナリ。本大

浩嘆 おおいに嘆く。慨嘆。

旭旦 朝日のさす時。日の出。
将曙 夜明け。

臣ハ豈ニ若干ノ譲与ヲ吝《おし》ム事ヲ得ン哉。

然レドモ凡《およ》ソ非常ノ業ハ惟《た》ダ聖主賢相乃チ能《よ》ク断ジテ之ヲ行フ所ニシテ、学士ハ*規々ノ見ニ拘リ庸人ハ*区々ノ慮ヲ懐キ、以テ謗議ヲ逞クスルハ東西今古其情ヲ同《おなじ》クスル所ナリ。矧《いわ》ンヤ我今日ノ如キノ場合ニ於テヲヤ、内外学士ハ或ハ其学ブ所《とこ》ロ英独仏米ノ流ヲ異ニシ、己レヲ主トシ彼ヲ奴トシ、先入ノ見ニ交ルニ猜忌嫉妬ノ情ヲ以テシ、又タ議者論客ハ暗ニ人ノ嗾《そその》カス所トナリテ、其心ニ於テ実ハ以テ是トスル所モロニ於テハ故《ことさ》ラニ之ヲ非トシ、各々《おのおの》其為メニスル所ヲ吠ヘ、以テ私計ノ地ヲナシ、又タ況ンヤ現改正条約案ノ如ク実ニ彼我相互ノ譲与ヲ以テ本トナシ、理論ニ由テ独リ行フ事ヲ得ザルモノヲヤ、其或ハ議者ノ云々スル所トナルハ、啻ニ必然免レザルノ事ノミナラズ、本大臣ハ却テ其言ヲ聞クノ尚ホ少キヲ怪ムナリ。故ニ今《い》マ、本大臣ガ謹ンデ現改正条約案ノ始末ヲ具シテ之ヲ内閣ニ呈スルモノハ、決シテ謗議ヲ排シ讒説《ざんせつ》ヲ弁ゼンガ為メニアラズ。謹ンデ我皇帝陛下ノ宸覧ヲ願ヒ奉リ、且ツ各大臣ガ其可否ヲ皇帝陛下ニ進言セラル、前ニ於テ充分ニ之ヲ熟読シテ、其利害得失ヲ詳究セラレン事ヲ冀望《きぼう》スルガ故而已《のみ》。何ントナレバ此ノ改正ノ事タルヤ、之ヲ実施スル亦タ各大臣非常ノ労ヲ要スルモノアリテ、実ニ容易ノ業ニアラザレバ也。

試ニ現改正条約案、一タビ我皇帝陛下ノ批准ヲ経ルトスレバ、改正ノ約款ハ必ラズ之ヲ挙行セザル可ラズ。我政府ハ果シテ如何ナル方法ヲ以テ、条約上特約シタル改革及ビ其他緊急ノ改革ヲ遂行シ得ベキ乎。先ヅ司法大臣ハ左ノ事件ノ責任ヲ承当セラレザル可ラズ。

一、外国属籍ノ裁判官、及ビ外国語ヲ我裁判所ニ用ウルヨリシテ生ズ可キ司法上ノ困難、外国人ニ与ヘタル一種特別ノ裁判仕法ヨリシテ生ズ可キ*差縺《さしもつれ》、及ビ我裁判所ノ裁判権限幷ニ

規々ノ見・区々ノ慮　融通のきかない、こりかたまった意見と、とるに足らない小さな危惧。

差縺　紛擾。

其管轄区域権限ノ差縺等ヲ処分スル事。
一、我裁判所ノ構成ヲ改正シテ泰西主義ニ適合セシメ、就中《なかんずく》全ク合議裁判所ノ制ヲ取ル事。
一、裁判官ヲ独立ニシ其地位ヲ鞏固高尚ニスル事。
一、相当資格ヲ具フル裁判官 并《ならびに》 検察官及ビ其他官吏ヲ備フル事。
次ニ内務大臣ハ、
行政規則及ビ地方行政規則ノ改正殊ニ警察規則ノ改正
大蔵大臣ハ、
右等改正ニ要スル経費ノ準備
陸海軍大臣ハ、
陸海軍ノ力ヲシテ充分ニ条約上享受シタル権理ヲ護スルニ足ラシムル事。
此等事項ハ実ニ右各大臣ガ其責任トシテ承当セラル可キノ大要トス。其他此条約ヲ実行スルガ為メ、直接又ハ間接ニ他大臣ノ責任ニ帰スベキ分モ、亦タ多カル可シ。之ヲ要スルニ、此条約改正ノ大事業ヲシテ、能ク実際ノ功ヲ奏セシムルト否トハ全ク各大臣ノ責任ニ属シ、本大臣ガ得テ関スル所ニアラズ。是レ本大臣ガ各大臣ノ予《あらか》ジメ此条約改正案ニ付、其責任ノ如何ンヲ覚悟セラレン事ヲ冀望《きぼう》スル所以ナリ。
故ニ各大臣ハ之ヲ思ヒ、又之ヲ思ハレ、此条約案ニ我皇帝陛下ノ批准ヲ請ヒ奉ルノ前ニ於テ、右等責任ノ遂ニ担承シ得ラル可キモノナル乎否《いなや》ヲ反覆熟思セラレ、若シ此等改革ハ時機未ダ熟セズ、実際做《な》シ得ベキノ事ニアラズ、或ハ我人民及ビ制度ノ進歩ハ未ダ泰西主義ニ基《もとづ》イテ制定シタル法律ヲ受用スル事ヲ得ズ、或ハ我政府ハ未ダ充分ニ泰西主義ノ法律ヲ適施執行シ得ルノ裁判官ヲ備ヘズ、或ハ未ダ充分ニ外国属籍ノ裁判官ト並列シ、外国語ヲ用キテ訴訟ヲ取扱ヒ得ルノ裁判官ヲ備ヘズ、或ハ合議裁判所ノ制ハ相当資格ヲ具ヘタル裁判官ニ乏《とぼし》キノ故ヲ以テ、竟《つい》ニ実行シ得ルモノニアラズ、或ハ我国人ガ従前架掛シタルノ冀望ハ却テ此条約案ニ因テ遮礙《しゃがい》セラル可シ、右案ニ於テ許シタル譲与ハ国人ノ心ヲ激シ容易ナラザルノ困難ヲ致ス可シトナスナラバ、充分丁寧ニ閣議ヲ尽クサレ、若シ果シテ此条約案ヨリシテ生ズルノ害ハ一時信ヲ各国政府ニ失フノ害ヨリモ、更ニ大ナル者アリテ此ヲ以テ彼ニ易フ可ラズトセラル丶ナラバ、宜《よろし》ク閣議ヲ定メ、皇帝陛下ノ勅裁ヲ仰ギ、以テ之ヲ今日ニ破毀セラル可キナリ。蓋シ今日ニ至テ之ヲ破毀シ、信ヲ各国ニ失フハ事態固ヨリ重大ナラザルニハアラズ。然レドモ猶ホ一時ノ失ニ止《とどま》ルモノナリ。若シ夫《そ》レ苟且《こうしょ》ノ議ヲ以テ、我ガ終ニ能ハザルノ事ヲ締約スルハ、其弊タルヤ遂ニ測ル可ラズ。仮リニ此条約案ノ定メタル十五ケ年ノ間ニ於テ、不幸ニシテ我政府ガ一条款タリトモ之ヲ挙行シ得ザル事アリトセヨ。即チ*爾時《じじ》マデ挙行シタル一切ノ功モ、之ガ為メ忽《たちま》チ水泡ニ属シ、我国ハ惟ダ此等ノ事業ヲ半途ニシナガラ、旋《めぐり》テ今日ノ現況ニ返ルノミナラズ、苟モ一タビ斯《かか》ル却退ノ行歩ヲ着ケタランニハ、其遂ニ我ヲ駆テ何等ノ深淵ニ陥ル可キカヲ知ラザル可シ。若シ不幸ニシテ此ニ至レバ、今日我政府ノ此条約案ヲ訂立シタルノ意思ハ、遂ニ以テ内外ニ白ニスル事ヲ得ズ。徒ニ成敗ノ迹ヲ以テ議セラレ、永ク史上万世ノ恨ヲ遺《のこ》ス可キナリ。是故ニ各大臣ニ於テ、果シテ此条約案ヲ以テ遂ニ実行シ得ルモノニアラズトセラル丶カ、若《も》シクハ国人ノ心ヲ激シ国家ノ難ヲ醸スノ慮アリトセラル丶、ナラバ、須《すべか》ラク今日ニ及ンデ之ヲ破毀セラレヨ。本大臣ハ復タ何ヲカ言ハン。

本大臣ノ如キハ我皇帝陛下ノ親任ヲ辱《かたじけな》クシテ、全権委員トナリ、各国全権委員ト*商辦討議

爾時 そのとき。

商辦 相談してことを行なう。

シテ此ニ至リタル者ナレバ、会議ノ結果トシテ一旦承諾シタルノ案ハ、復タ故ナクシテ之ヲ破ル事ヲ得ズ。然レドモ本大臣ハ之ヲ外務ニ承ケシヨリ以来、身ヲ以テ報効スル事ヲ決心シタル事実ニ已《すで》ニ久シキナリ。君ノ為メ国ノ為メナラバ如何ナル辱ニ遇フモ固ヨリ甘受シ辞セザル可シ。各大臣ハ国家ノ為メ人民ノ為メニ此条約案ヲ斥《しりぞ》クル事ヲ以テ、必要トセラル、ナラバ断ジテ之ヲ斥ケラレヨ。本大臣ハ敢テ以テ憾トナサヾル也。各大臣ハ唯《ただ》善ク之ヲ察セラレヨ。

明治二十年七月

外務大臣伯　井　上　　馨

附　録

議者或ハ謂フ、此条約改正案中司法制度ノ如キハ尤《もっと》モ国庫ノ利益ヲ害スルモノトス、何《な》ントナレバ、*許多《きよた》ノ外国人ヲ雇入レ之ヲ我裁判官検察官ニ任用シ、及ビ許多ノ通弁官幷《ならび》ニ翻訳官ヲ置クノ費用ハ甚ダ大ナル可ケレバナリト。本大臣ハ之《こ》ニ応《た》フルニ左ノ事実ヲ以テシテ充分トナス可シ。

(第一)本大臣ハ此条約ニ拠リ、我裁判官若《もし》クハ検察官トシテ雇入ル、外国人ニハ、是マデ我政府ガ諸雇外国人ニ給シタルト同様ノ高俸ヲバ払ハザル見込ナリ。然レドモ内国属籍ノ裁判官及ビ検察官ノ俸給ト之ヲ同クスル事ヲ得ザルハ勿論ナレバ、姑《しばら》ク此同異ハ措《おき》テ論ゼズ。仮リニ右裁判官若クハ検察官トシテ雇入ル、ノ外国人ニモ、亦タ相当ノ高俸ヲ給スルトモ、通商条約及ビ海関税則ノ改正ヨリシテ生ズル海関税ノ増加ハ、之ヲ支弁スルニ於テ余リアル

許多　あまた。多くの。

可シ。何ントナレバ此ノ増加ハ今日ノ予算ニテモ、凡ソ七八十万円ニ下ラザル可ケレバナリ。矧《いわ》ンヤ全国ヲ開キ内国ノ富益増殖スルニ随テ、海関ノ収入モ亦《ま》タ益々多ヲ加フ可キヲヤ。且ツ海関税収入ノ増加シタル分ヲ以テ、此等ノ費用ニ充ル事ハ、本大臣ガ今日始メテ商量シ得タルノ案ニアラズ。本大臣ハ実ニ昨年英独合議案ヲ提出シテ閣議ヲ乞フノ際ニ於テ、海関税収入ノ増額ハ悉ク之ヲ司法事務上直接又ハ間接ノ費用ニ充ン事ヲ請ヒ置キタリ。本大臣ハ今日閣議ノ依然トシテ之ヲ採用セラル、事ヲ信ズル也。

（第二）通弁官及ビ翻訳官ヲ置クニ因テ増加スル費用ハ、惟ダ裁判手数料ヲ改正シテ稍々《やや》之ヲ高クスレバ亦タ充分ニ之ヲ補フニ足ル可シ。而シテ此改正ハ同時ニ健訟*ノ弊ヲ制スルノ利益アル可シ。何ントナレバ、現今ノ制ニテハ裁判手数料ノ甚ダ小ナルヨリ訴訟人ハ濫リニ控訴シ、徒《いたず》ラニ事件ヲ増スノ弊アル事ハ当局者ノ夙《つと》ニ認メル所ナレバナリ。又タ此通弁官及ビ翻訳官ハ我ガ改正条約案ニ於テ、之ヲ創設シタルニアラズ。泰西各国ノ法律中ニモ亦タ裁判所ニ通弁官ヲ置クノ例アルナリ。

故ニ本大臣ハ此等費用ノ増加ヲ以テ、決シテ国庫出入上ノ不足ヲ致スモノトナサズ。但シ覚書本文中ニ於テ指出シタル如ク、現改正条約案ヲ実施スルガ為メ須要トスル一切ノ改革更張ノ費用合算スルトキハ、或ハ単ニ海関税ノ一項ノミヲ以テ之ヲ償《つぐな》フ事能ハザル事アル可シ。然レドモ同時ニ我ガ国富モ亦タ此条約ノ改正ニ因テ増殖スベケレバ、本大臣ハ少クトモ其出入差引相当ル事ヲ信ズル也。議者ハ此等ノ点ニ於テ甚ダ無用ナル懸念ヲナサズシテ可ナルノミ。

〔『日本外交文書』二〇〕

健訟　訴訟ずき。

18 外交政略論 （山県有朋）

有朋窃《ひそか》ニ惟《おも》フニ、国ニシテ自衛ノ計ナキトキハ国其ノ国ニ非ザルナリ。苟《いやしく》モ国勢傾危シテ外《そと》其ノ侮ヲ禦《ふせ》グコト能ハズ、而シテ臣民独《ひとり》各個ノ幸福ヲ保ツコトヲ得ルハ、*史乗ノ曾テ例見セザル所ナリ。

国ノ独立ヲ維持振張スルハ吾人ノ共同目的ニシテ、此ノ一定ノ方嚮《ほうこう》ハ独《ひとり》政府ノ離ルベカラザルノ針路タルベキノミナラズ、将来政事上ノ分合ハ何等ノ変化ヲ現出スルコトアルニ拘《かかわ》ラズ、凡《およ》ソ帝国臣民タル者ハ同心協力シテ其ノ進線ヲ*湊合シ、永遠ノ間ニ此ノ共同目的ヲ達スルコトヲ誤ラザルベキナリ。今ハ国家独立自衛ノ長計ヲ*未ダ雨フラザルニ綢繆《ちゆうびゆう》シ、平安無事ノ日ニ於テ一朝不虞ノ図《はかり》ゴトヲ為シ、廟議ヲ尽シテ以テ前途ノ方向ヲ一定スルノ必要ナルヲ信ズ。

国家独立自衛ノ道二ツアリ。一ニ曰《いわく》、主権線ヲ守禦シ他人ノ侵害ヲ容レズ。二ニ曰、利益線ヲ防護シ自己ノ形勝ヲ失ハズ。何ヲカ主権線ト謂フ。*彊土《きようど》是レナリ。何ヲカ利益線ト謂フ、隣国接触ノ勢我ガ主権線ノ安危ト緊《きび》シク相関係スルノ区域、是レナリ。凡《およ》ソ国トシテ主権線ヲ有《たも》タザルハナク、又均ク其ノ利益線ヲ有タザルハナシ。而シテ外交及兵備ノ要訣ハ、専《もつぱら》此ノ二線ノ基礎ニ存立スル者ナリ。方今列国ノ際ニ立チテ、国家ノ独立ヲ維持セントセバ、独

18 解題〔明治二十三年三月〕内閣総理大臣山県有朋が「軍事意見書」(二十一年一月成稿)とともに閣僚の回覧に付した意見書。この強兵富国の外交論は、第一帝国議会における主権線守禦・利益線防護のための軍備拡張という山県の施設方針演説(二十三年十二月六日)の土台となっている。なお二十六年十月の山県(当時枢密院議長・陸軍大将)の「軍備意見書」でも、この立場は一貫している。底本とした「陸奥宗光関係文書」は国立国会図書館憲政資料室所蔵。条約改正・日清戦争関係文書や、陸奥宛書翰、自筆草稿などからなる。外交の中枢にあった陸奥の関係史料として貴重なもの。

【山県有朋】一八三八―一九二二。長州藩出身。維新後欧州を視察した後、兵部少輔・陸軍大輔などをへて、六年陸軍卿、七年参議。議会開設以後、伊藤博文と並ぶ指導的政治家となる。のち元老。

史乗　歴史書。

湊合　あつめあわす。

未ダ雨フラザル…　災いを未然に防ぐこと。出典↓一三〇頁注「天ノ未ダ…」

彊土　領土。

リ主権線ヲ守禦スルヲ以テ足レリトセズ、必《かならず》ヤ進ンデ利益線ヲ防護シ、常ニ形勝ノ位置ニ立タザルベカラズ。利益線ヲ防護スルノ道如何《いかん》。各国ノ為ス所、苟モ我レニ不利ナル者アルトキハ我レ責任ヲ帯ビテ之ヲ排除シ、已ムヲ得ザルトキハ強力ヲ用ヰテ我ガ意志ヲ達スルニ在リ。蓋《けだし》利益線ヲ防護スルコト能ハザルノ国ハ、其ノ主権線ヲ退守セントスルモ、亦《また》他国ノ援助ニ倚《よ》リ纔《わずか》ニ侵害ヲ免ル、者ニシテ、仍《よりて》完全ナル独立ノ邦国タルコトヲ望ムベカラザルナリ。今夫《そ》レ我ガ国ノ現況ハ、屹然《きつぜん》自ラ守ルニ足リ、何レノ邦国モ敢テ我ガ疆土ヲ*窺覦《きゆ》スルノ念ナカルベキハ、何人モ疑ヲ容レザル所ナリト雖《いえども》、進ンデ利益線ヲ防護シテ以テ自衛ノ計《はかり》ゴトヲ固クスルニ至リテハ、不幸ニモ全ク前ニ異ナル者トシテ観ザルコトヲ得ズ。

我ガ国、利益線ノ焦点ハ実ニ朝鮮ニ在リ。*西伯利《シベリア》鉄道ハ已ニ中央亜細亜《アジア》ニ進ミ、其ノ数年ヲ出ズシテ竣功スルニ及デハ、*露都ヲ発シ十数日ニシテ黒竜江上ニ馬ヲ飲《みずか》フベシ。吾人ハ西伯利鉄道完成ノ日ハ、即チ朝鮮ニ多事ナルノ時ナルコトヲ忘ルベカラズ。又朝鮮多事ナルノ時ハ、即チ東洋ニ一大変動ヲ生ズルノ機ナルコトヲ忘ルベカラズ。而シテ朝鮮ノ独立ハ之ヲ維持スルニ何等ノ保障アルカ。此レ豈《あに》我ガ利益線ニ向テ、最モ急劇ナル刺衝ヲ感ズル者ニ非ズ乎。

他ノ一方ニ於テハ、*加奈陀《カナダ》鉄道新線成ルヲ告ゲ、英国ヨリ東洋ニ至ルノ距離ヲ短縮シ、実ニ九千二百五十哩《マイル》ニシテ我ガ横浜ニ達スベク、即チ旧航路ノ蘇西《スエズ》ヲ経ル者一万三千七百五十哩ニ比較スルニ、実ニ四千五百哩ノ減差ヲ得タリ。夫レ西欧無事ノ日ハ、即チ彼ノ各国ノ遠略ヲ東洋ニ進ムルノ時ニシテ、東洋ノ*遺利財源ハ、方《まさ》ニ肉ノ群虎ノ間ニ在ルガ如シ。事阿富汗《アフガン》ニ在ラズンバ必《かならず》朝鮮海ニ在ラン。近時支那政府モ亦其ノ警戒ヲ急ニシ、兵備ヲ整ヘ

窺覦　すきをうかがう。

西伯利鉄道　狭義にはウラルのチェリャビンスクからウラジオストックまでをいう。一八世紀中期以後、建設の動きがあり、一八八七年に勅令によって部分的な測量が開始され、九一年にウラジオストック、翌九二年チェリャビンスクから着工された。ハルビン経由で全線が開通するのは一九〇四年である。

露都　ペテルスブルグ。

加奈陀鉄道　カナダ横断鉄道。ノーザン・パシフィック鉄道会社により一八七〇年に着工され、スペリオル湖とシアトルを結ぶ鉄道が一八八六年に完成した。

遺利　開発されないで放置されている利益。

艦船ヲ造リ、欧洲強国ト同盟ノ約ヲ成スニ至レリト云《いう》。将来東洋ノ事情ハ縦横錯綜シテ、一朝我ガ国ヲシテ平和ノ地位ニ立ツノ困難ヲ感ゼシムルニ迫ルハ、方ニ数年ノ間ニ在ルベキナリ。

加之《しかのみならず》我ガ外交ノ位置ヲシテ、一タビ失ヘルノ権利ヲ回復シテ平等完全ノ域ニ進マシムルハ、固ヨリ至難ノ事ニシテ区々理論ノ能ク成スベキ所ニ非ズ。今一ノ西人ノ言ヲ引用スルヲ以テ足レリトスベシ。曰ク、国ノ兵力ハ以テ人ノ畏怖スル所ノ敵ト為ルベク、又以テ人ノ招ク所ノ友ト為ルベシト。

且《かつ》之ヲ史乗及《および》各国ノ現状ニ徴明スルニ、凡ソ国ノ強盛ヲ致ス所以ノ者ハ、皆競争ノ結果ニ依ラズンバアラズ。我ガ国ノ不幸ハ実ニ海中ニ孤立シテ四隣ニ密接ノ外患ナク、従テ朝野漸《よう》ク小局ニ安ンジ無事ニ習熟シ進為ノ気象ニ乏《とぼし》キコトヲ免レズ。今ノ時ニ及ンデ、国民尚武ノ気風ハ之ヲ鼓舞振起スベキモ之ヲ萎弱ナラシムベカラズ。

利益線ヲ防護シ、以テ独立ヲ完全ナラシメントスルノ実際ニ施行スベキ計画ハ如何。

外交ノ事ハ実力ノ如何ニ存シ、空言以テ遠略ヲ務ムベカラズ。独《ひと》リ自動ノ作用ニ依ルベキノミナラズ、又他動ノ変化ニ従テ臨機之ニ応ゼザルベカラズ。然ルニ大勢ヲ観《み》、大局ヲ察シ、其ノ必須ニシテ避クベカラザルノ利害アルニ至テハ、予《あらかじ》メ目的ヲ定メテ以テ将来進行ノ標拠トセザルベカラズ。我ガ国ノ利害尤《もっとも》緊切ナル者、朝鮮国ノ中立是《これ》ナリ。明治八年ノ条約*ハ各国ニ先《さき》だチ、其ノ独立ヲ認メタリ。爾来《じらい》時ニ弛張アリト雖《いえども》、亦其ノ線路ヲ追ハザルハナク、以テ十八年ニ天津条約*ヲ成スニ至レリ。然ルニ朝鮮ノ独立ハ西伯利《シベリア》鉄道成ルヲ告ルノ日ト倶《とも》ニ、薄氷ノ運ニ迫ラントス。朝鮮ニシテ其ノ独立ヲ有《たも》ツコト能ハズ、折《くじ》ケテ安南緬甸《アンナンビルマ》ノ続ト

明治八年ノ条約　日朝修好条規。調印は九年二月で、第一款に「朝鮮国ハ自主ノ邦ニシテ日本国ト平等ノ権ヲ保有セリ」とうたっている。
天津条約　甲申事変(→補注)のあと、十八年四月朝鮮問題に関して日清間で結ばれた条約。

ナラバ東洋ノ上流ハ既ニ他人ノ占ムル所トナリ、而シテ直接ニ其ノ危険ヲ受クル者ハ日清両国トシ、我ガ対馬諸島ノ主権線ハ頭上ニ刃ヲ掛クルノ勢ヲ被《こうむ》ラントス。清国ノ近情ヲ察スルニ、蓋《けだし》全力ヲ用キテ他人ノ占有ヲ抗拒スルノ決意アルモノ、如シ。従テ又両国ノ間ニ天津条約ヲ維持スルハ至難ノ情勢ヲ生ゼリ。蓋《けだし》朝鮮ノ独立ヲ保持セントセバ、天津条約ノ互ニ派兵ヲ禁ズルノ条款ハ、正ニ其ノ障碍《しょうがい》ヲ為ス者ナレバナリ。知ラズ、将来ノ長策ハ果シテ天津条約ヲ維持スルニ在ルカ、或ハ又更ニ一歩ヲ進メテ聯合保護ノ策ニ出テ、以テ朝鮮ヲシテ公法上恒久中立ノ位置ヲ有タシムベキカ、是ヲ今日ノ問題トス。

恒久中立ハ欧洲ニ於テ、「シュイス」*「ベルジュム」「セルウイア」「リユクサンビュルク」ノ四国ノ例ノ如ク、其ノ国ノ自ラ之ヲ要求セルト否トニ拘ラズ隣邦ノ利益ニ依リ他国ノ占有ヲ防止スル為ニ其ノ国自ラ中立ヲ敗ルニ非ザル限ハ、他国之ヲ侵害セザルノ約ヲ為スヲ謂フ。此ノ約ノ成立スルハ、其ノ尤《もっとも》利益ヲ有スル一大邦之《これ》ヲ唱ヘ、他ノ諸邦之ニ和シ会議ヲ開キ、成約調印シテ之ヲ宣告スルニ由ル。此ノ約一タビ成ルトキハ、聯盟ノ一邦其ノ約ヲ敗ルコトアリ、又ハ聯盟ニ預ラザル一邦其ノ中立ヲ認メズシテ之ヲ侵犯スルコトアルニ於テハ、聯盟ノ各邦ハ強力ヲ以テ、其ノ中立ヲ保護セザルベカラズ。

今我ガ国進ンデ各国ヲ誘導シ、自ラ聯約ノ盟主ト為ルハ情勢ノ許サヾル所アリ。但シ他ノ一邦ノ首唱タル者アリト仮定センニ、我ガ国ハ其ノ聯盟者トナルノ位置ヲ取ルハ、蓋《けだし》必須ニシテ避クベカラザルノ事ナルガ如シ。

時機ノ来ル、固ヨリ常則ナシ。而シテ廟算一タビ決スルトキハ、時ニ乗ジ機ニ投ズルコト亦難キニ非ザルベシ。朝鮮ノ中立ハ独《ひとり》清国ノ冀望スル所タルノミナラズ、英独ノ二国亦《また》間接

シュイス…　スイス、ベルギー、セルビア、ルクセンブルグ。

ノ利害ヲ有スル者ニシテ、就中《なかんずく》英国ノ如キハ其ノ東洋ニ於ケル利益線ノ必争ノ地タラズンバアラズ。曾テ聞ク、*李鴻章ハ久シク朝鮮ノ為ニ恒久中立共同保護ノ策ヲ抱ク、而シテ英独ノ策士亦《また》往々此ノ説ヲ持スル者アリト。

此ノ大計ノ地ヲ為スニハ、第一、英独二国ヲシテ東洋共同利益ノ範囲内ニ聯合セシムルコトヲ務ムルガ為ニ、外交上二国ノ一ニ偏セズ、時機一タビ熟スルヲ待チテ二国又ハ二国ノ一ヲシテ日清両国ノ間ニ紹介居仲セシムベシ。第二、清国ノ交際ヲ厚クスルコトヲ務ムベシ。第三、朝鮮ニ派遣スルノ公使ハ、全局ニ通ジ機務ニ熟スルノ人ヲ択《えら》ブベシ。

此ノ事若《も》シ成ラバ他ニ又間接ノ利益尤《もっとも》大ナル者アリ。即チ日清両国ハ、朝鮮ノ共同保護主タルガ為ニ東洋ノ均勢ヲ生ジ、両国ハ将来ニ同舟ノ想アリテ、其ノ交誼期セズシテ親密ナルベク、従テ琉球問題ノ久シク清国政府ノ積怨タルガ如キモ、亦自然ニ消滅シテ痕ナキニ至ラン。

上ニ陳《の》ブル所ノ利益線ヲ保護スルノ外政ニ対シ必要欠クベカラザルモノハ、第一兵備第二教育是ナリ。

*現今六師団ノ設ハ、以テ主権線ヲ守禦スルヲ期ス。而シテ漸次ニ完充シ*予備後備ノ兵数ヲ併セテ、概数二十万人ヲ備フルニ至ルトキハ、以テ利益線ヲ防護スルニ足ルベシ。又海軍ノ充実ヲ怠ラズ、年ヲ期シテ目的ヲ一定シ、事業ヲ継続シ中コロ退歩セザルハ、尤《もっとも》必要トスル所ナリ。

国ノ強弱ハ、国民忠愛ノ風気、之ガ元質タラズンバアラズ。国民父母ノ邦ヲ愛恋シ、死ヲ以テ自《みずから》守ルノ念ナカリセバ、公私ノ法律アリト雖、国以テ一日モ自ラ存スルコト能ハザル

李鴻章 →五八頁注

現今六師団…　二十一年五月に従来の鎮台を廃止し、新たに全国を六管区に分け、第一から第六までの六師団を編成した。二十四年十二月には近衛部隊が近衛師団とされる。一師団は平時約一万人、戦時約二万五千人で編成。

予備後備　二十二年の改正徴兵令では兵役を常備兵役(七年)と後備兵役(五年)とし、常備兵役は現役(陸軍三年、海軍四年)と予備役(陸軍四年、海軍三年)に分けられている。

ベシ。

国民愛国ノ念ハ、独《ひとり》教育ノ力以テ之ヲ養成保持スルコトヲ得ベシ。欧洲各国ヲ観ルニ、普通教育ニ依リ其ノ国語ト其ノ国ノ歴史ト及《およ》ビ他ノ教科ノ方法ニ従ヒ、愛国ノ念ヲ智能発達ノ初期ニ薫陶シ、*油然《ゆうぜん》トシテ発生シ以テ第二ノ天性ヲ成サシム。故ニ以テ兵ト為ルトキハ勇武ノ士ト為ルベク、以テ官ニ就クトキハ純良ノ吏トナルベク、父子相伝ヘ隣々相感化シ、一国ヲ挙ゲテ党派ノ異同各個利益ノ消長アルニ拘ラズ、其ノ国ノ独立国旗ノ光栄ヲ以テ共同目的トスルノ一大主義ニ至リテハ、総テ皆帰一ノ点ニ注射湊合セズンバアラズ。国ノ国タルハ唯《ただ》此ノ一大元質アルニ依ルノミ。此事主任省ノ経画スル所ニ属スルヲ以テ、茲《ここ》ニ之ヲ詳論セズ。

以上ノ二項ハ国ノ独立ヲ完全ニスル為ニ必要ノ条件トス。

更ニ終ニ臨ミ、一言以テ吾人ノ注意ヲ表明スベキモノアリ。今果シテ主権線ヲ守ルニ止マラズ、進ンデ利益線ヲ保チ以テ国ノ独立ヲ完全ナラシメントセバ、其ノ事固《もと》ヨリ一朝空言ノ能クスベキニ非ズ。必ズヤ将来二十年ヲ期シ、寸ヲ積ミ尺ヲ累ネ、以テ成績ヲ見ルノ地ニ達セザルベカラズ。而シテ此ノ二十年間ハ即チ吾人*嘗胆坐薪ノ日ナリ。今ニシテ廟議定マル所アラバ後人必《かならず》吾人ノ志ヲ継グ者アラン。此レ亦《また》之ヲ緩慢ニ付スベカラザル所以ナリ。

明治廿三年三月　　有　朋

『陸奥宗光関係文書』

油然　さかんにわきおこるさま。

嘗胆坐薪　「臥薪嘗胆」に同じ。中国春秋時代の故事により、将来の成功のために長い間艱難辛苦すること。

19 琉球処分案について（松田道之）

解題［明治十一年十一月］ 内務卿伊藤博文の命により、二回目の琉球出張の直前、内務省大書記官松田道之が呈上した「琉球藩処分方法愚案」三部構成のうちの主要部分。伊藤から太政大臣三条実美を通じて勅裁を仰ぎ承認され、十二年三―四月の琉球廃藩・沖縄県設置の基本方針となったもの。「琉球藩処分方法」全一四条の部分は、翌年三月一日、全二〇条に一部変更されるが、基本線に変化はない。なお本史料を含む松田編集になる関連史料の全文は、「琉球処分」全三冊として、十二年十二月に公刊されている（『明治文化資料叢書』四に所収）。【松田道之】 一八三九―八二。鳥取藩出身。京都府判事、大津県令、内務大丞、東京府知事など歴任。

琉球藩処分案

茲《ここ》ニ琉球藩処分ノ方法ヲ設ケントスルノ前ニ於テ先ヅ該藩従来ノ状況ト処分ノ結果トノ大略ヲ論ジテ、以テ之ガ順序ヲ定メ、廟議ノ裁制ヲ仰グ。

従来ノ状況ノ大略

該藩ハ中興ノ国王舜天*ヨリ当今ノ藩王尚泰*ニ至ル迄、世数三十八代歴年六百八十六年（国祖天孫氏*二十五紀年間凡《およそ》一万七千年余ト云フ）、王統聯綿絶ヘズシテ土人永ク其一統治ノ下ニ在リ。昔時ヨリ本朝ニ属シ、中時ハ薩摩藩主ノ管轄ヲ受ケ、近時ハ政府ノ直管ヲ受クルト雖モ、裁判兵権貨幣頒暦等ヲ除クノ外、一切ノ政務ハ藩王ニ委任セラレタルヲ以テ、土人ニ於テハ藩王アルヲ知テ天皇陛下アルヲ知ラズ、藩政府アルヲ知テ本邦政府アルヲ知ラズ。随テ藩王ヲ尊信スルノ厚キ実ニ無量ニシテ、藩王ノ為メニハ生命ヲ絶チ財産ヲ棄ルモ決シテ惜マザルノ情アリ。故ニ其藩政ハ実ニ圧制苛酷ヲ極メタリト雖モ、土人ニ於テハ藩王ヲ尊信スルノ厚キト数百年来慣習ノ久シキトニ依テ、格別厭苦ノ情ヲ懐《いだ》カザルニ至レリ。然レドモ尚ホ能ク之ヲ分析シテ論ズレバ、藩王ヲ尊信スルハ士民一般ナリト雖モ、営業上租税上宗旨上等ニ就テノ圧制苛酷ニ於ケル、士族以上ニ於テハ敢テ厭苦セザルモ、士民ニ於テハ多少ノ厭苦ナキニアラザルナリ。而シテ其風俗タルヤ、士族以上ニ於テハ閑雅清潔、衣食住モ亦《また》随テ鄙野ナラズシテ自ラ上等人士ノ風アリト雖モ、士民ニ於テハ無学ニシテ字ヲ知ル者少ナク、弊衣徒跣矮屋ノ土間ニ起臥シテ野蛮ノ風アリ（熱地ニ在テ土人裸体トナラザル美事アレドモ）。其言語タルヤ、本邦ノ古言ト彼ノ方言支那言トヲ混淆スルト雖モ、要スルニ一種ノ方言ヲナシテ、更ニ本邦人ニ通ゼズ（官吏ハ皆ナ本邦ノ語ヲ用ユレドモ）。其人気タルヤ、温順倹樸礼譲信義ヲ尚《たっと》ビ（藩吏ノ本邦ト支那トノ間ニ苦仕スル為メニハ頗《すこぶ》ル狡猾ヲ事トシ、商賈《しょうこ》ノ鹿児島商賈ノ籠絡ヲ免ル、為メニハ、黠詐《かっさ》ヲ用ユルコトアレドモ）、堅忍久シキニ耐ヘテ営生ニ労力スルノ質アツテ、又固陋因循新規ヲ忌ムノ癖アリ。其民力タルヤ、概《おおむ》ネ貧困ニシテ（処々或ハ富豪ノ者モアレドモ）官吏多クハ富メリ（政府ハ常ニ窮乏スレドモ）。其石高租税秩禄会計戸口系統城郭社寺学校物産輸出ノ類タルヤ、別表掲グル所ノ如ク、其政治タルヤ、文教人倫ヲ原《もと》トシテ政教ヲ分タズ、兵備ヲ用ヒズシテ士人ニ寸鉄ヲ帯ハシメズ。敬神信仏ノ風アリト雖モ、士人ニ宗旨ノ自由ヲ与ヘズ。文学ハ主トシテ孔孟ノ道ヲ講ジ、官府俗間ノ帳簿書札皆ナ本邦ト同ジク、門閥ノ子弟及ビ久米村人*（閩《びん》ノ人種）ハ清国ノ書法ヲ学ビ、官吏ハ総テ本邦ノ御家流及ビ俗文ヲ用ヒ、土地ノ制度税法殖産貿易法等ニ於テハ、其国勢ニ随テ頗《すこぶ》ル注意ノ事蹟ヲ見ルニ足ル。而シテ往々本邦ノ制ヲ用ユルモノアツテ、就中《なかんずく》税法祭祀度量衡等ノ如キハ最モ本邦ノ制ニ依レリ。然レドモ要スルニ百事皆ナ圧制ノ主義ヲ免カレズ。

舜天　一一六六―一二三七。琉球建国の始祖。　**尚泰**　一八四三―一九〇一。琉球王国最後の国王。　**天孫氏**　伝説上の祖。　**久米村人**　閩は福州のこと。室町時代、沖縄の久米村に福州から移住してきた人たちをさす。士族として有力な存在であった。

処分ノ結果ノ大略

茲《ここ》ニ其将《まさ》ニ処分ヲナサントスルノ時、及ビ処分ヲナシタル後ニ於テ、果シテ何等ノ結果ヲナスヤヲ考フルニ、前陳スル所ノ如キ状況ナルニ依リ、其処分ノ初メニ於テハ一時ハ非常ノ形勢ヲ発シ、即チ士民一般痛哀不レ知レ所レ措《おくところをしらず》、業ヲ廃シ食ヲ忘レ、狼狽動揺殆ンド狂気ノ如ク、必死ヲ以テ処分ヲ拒ムヲ是《これ》事トスベシ。然レドモ兵力ナキヲ以テ、干戈《かんか》ノ所為ニハ及バザルベシト雖モ（士人争闘スルニ石ヲ擲《なげう》ツノ癖アレドモ）、嘯聚《しょうしゅう》強訴等紛擾ノ所為百事至ラザルナク、殆ンド反状ヲ顕ハスベシ。而シテ固《もと》ヨリ孤島ノ人民ナレバ到底拒ミ得ルノ力ナク、遂ニ命令ニ従フコト必セリ。其処分ノ後ニ於テハ元是《もとこれ》威服ニシテ心服ニアラザレバ、隠顕百般ノ所為ヲ以テ政治ノ妨害ヲナシ、最モ困難ナルハ士民字ヲ知ル者少ナク言語通ゼザルヲ以テ、政令ヲ布《し》キ政治ヲ施スニ皆ナ士族以上ノ者ヲ用ヒテ、之ガ媒介ヲナサシメザルヲ得ズ。而シテ其士族ハ則チ不平徒ナレバ、上意ヲ偽伝シ下情ヲ詐申シ、実ニ士人ニ便益ナル事件モ之ヲ不便不益トシテ告知スル等、壅蔽《ようへい》離間至ラザルナク以テ政治ヲ妨害スルノ好手段トナス、恰《あたか》モ盗ニ鍵ヲ保管セシムルガ如シ。尚ホ之ヲ分析スレバ、士民ニ於テハ営業上租税上宗旨上等ノ圧制苛酷ヲ免ル、ニ依リ、自然新政ニ陶治馴致セラル、所アルベシト雖モ、如何セン彼ノ不平士族ノ媒介ニ依ラザルヲ得ザルノ不便アルヲ以テ、其実効ヲ見ル甚ダ遠キナリ。要スルニ政令ノ通暢政治ノ施行ノ間ニ於テハ、終始障碍《しょうがい》アルヲ免カレズシテ、内地ノ廃置県ノ意外ニ容易ナルノ比ニアラザルベシ。且《かつ》彼ノ従来藩内ノ歳入ト将来新政ノ歳出ト比較スルニ、入資ノ以テ出費ヲ支フルニ足ラザルコトアルヲ知ルベシ。

処分ノ方略

該藩ノ処分タルヤ、専ラ内治自主ノ権ニ属スト雖モ、其条理ハ国憲上ヨリ出テ、其事由ハ世界ノ論題トモナルベキ事件ニ付、仮令《たとい》彼レハ微力ノ孤島ト雖モ、之レニ加フルニ不条理ヲ以テス可ラズ。然レドモ元是非常ノ変革ナリ。平時ヲ以テ論ズベキモノニアラザレバ、徒《いたず》ラニ条理ノミニ拘泥シテ変通ノ活法ヲ用ヒザルトキハ、処置ノ宜《よろしき》ヲ誤ルノミナラズ、却テ条理ヲ失フベシ。故ニ政府適当ナリトスル所ノ目的ヲ達スル為メニ、一時厳酷ノ処分ニ出ルモ其大体ノ条理ニ背カザル以上ハ、断ジテ之ヲ行フベキノ理アルナリ。因テ此処分ヲナスニハ如何ナル方法ヲ以テスベキヤヲ考フルニ、抑モ該藩昔時ノ事蹟ハ暫ク措《お》キ、中時ノ事蹟就中《なかんずく》維新以来ノ事蹟ニ基ヅカザル可ラズ。抑《そもそも》該藩ハ隷属半主ノ国ニ非ズシテ、純然タル本邦治内ノ一藩地ナリ。方今該藩ノ体制我ガ国体ニ適セザルモノハ、之ヲ改革スルニ何ノ憚ル所アランヤ。然ルニ先年*副島種臣外務卿奉職ノ時ニ当リ、該藩ニ説クニ、国体政体永久変更セザルノ事ヲ以テス。此言ヤ永遠変ズ可ラザルノ官令ニアラズト雖モ、外務卿ノ職任ヨリ出タルモノナレバ、全ク効力ナシトス可ラズ。故ニ該藩ニ於テハ不朽ノ金言トシテ、常ニ之ヲ主張シ旧制ヲ維持スルノ辞柄トナセリ。故ニ今俄然変革ヲ行フニハ、適当ノ条理ト辞柄トナカル可ラザルナリ。而シテ其条理ト辞柄トヲ求ムルニ、去ル明治八年該藩ニ対シ命令ノ個条ノ中、清国ヘ隔年朝貢使ヲ派遣シ清帝即位ノ節慶賀使ヲ差遣シ、藩王代替ノ節清国ヨリ冊封《さくほう》ヲ受ル等ノ儀被二差止一ノ条ニ於テハ、歎願ト称シテ今ニ至ル迄遵奉ノ書ヲ呈セズ。且《かつ》九年該地ニ裁判官ヲ被レ置《おかれ》候ニ付、該藩裁判事務悉《しっ》皆《かい》引渡スベキ筈ノ処、是又歎願ト称シテ今ニ至ル迄遵奉セズ。此二ツノモノハ最重ノ事件ニシテ、*荏苒《じんぜん》不問ニ置ク可ラズ。其他*幸池親方ヲシテ窃《ひそか》ニ支那ニ投ジテ密訴セシメ、府下在留ノ藩吏ヲシテ東京*駐箚《ちゅうさつ》ノ支那公使ニ密訴セシメ、及ビ各国公使ニ出入シテ其周旋ヲ要《もと》ムル等、隠匿ノ所為ノ如キハ枚挙スルニ遑《いとま》アラズ。依テ此等ノ事件ヲ以テ変革ヲ行フノ条理名義トナシテ、断然廃藩置県藩王東京住居等ノ処分アルコトヲ要ス。然リト雖モ、廃藩置県ハ固ヨリ其藩王東京住居ノ一段ニ至テハ、得失相半バスルモノアリ。何トナレバ廃藩ノ事ノミヲ行フモ士人ノ動揺予知スルニ足ル。加フルニ藩王ヲシテ其地ヲ去ラシメントスルトキハ、条理ノ有無政治ノ利害ヲ問フハ抑モ末ニシテ、*昧死《まいし》藩王ニ離ルヽヲ拒ミ幾層ノ紛擾ヲ醸《かも》スベクシテ、到底強迫ノ処置ヲ以テスルモ行ハレズシテ、遂ニ兵威ヲ以テ拘引スル等ノ反人同一ノ処置ヲナサヾル可ラザルニ至ルモ不レ可レ測《はかるべからず》。勢茲《ここ》ニ至ラバ、臨機ノ処分ヲ以テ先ヅ廃藩置県、藩王ハ居城ヲ退去シテ別荘ニ住居セシムルニ止メ、而シテ終始県治上ノ妨害ヲナスノ所為、又妨害トナルベキ勢ヲナストキハ、何等ノ時ヲ論ゼズ、断然東京ニ住居セシムルノ処置ヲ執行スルモ敢《あえ》テ遅シトセザルナリ。然レドモ士人ハ堅忍因循ノ気質ナレバ、五個ノ事件ヲ要スルトキハ十個ノ事件ヨリ及ボシ、軽キヲ要スルトキハ重キヨリ責メザレバ容易ニ結局ヲ見ルヲ得ザルニ付、先ヅ最初ハ藩王東京住居ヲ命ジ、種々ノ歎願ニ依テ当分其地ニ滞住ヲ許サルヽノ順序〈島津氏、鹿児島ニ滞住スルヲ許サル、ノ例ニ依ル）トナシテ、漸クニ居城退去別荘住居ノ事行ハルベキ乎。又以上数件ノ処置ヲナスニモ将来県治ヲ行フニモ、厳威ヲ示シ実力ヲ備ヘテ、以テ兇暴ヲ予防シ安寧ヲ保護セザル可ラザルニ付、相応ノ戍兵《じゅへい》ヲ要ス。然レドモ廃藩置県ノ発令ト同時ニ兵ヲ送ルトキハ、討伐ノ処置ト誤認シ、無レ謂《いわれなき》動揺ヲ招クベシ。故ニ発令ヨリ以前ニ於テ、若干ノ増兵ヲ該地ノ分営ニ送ルベシ。而シテ後此処分ノ任ヲ受ケタル一行ノ官吏ト、県官ニ任ゼラレタル一行ノ官吏ト、同時ニ入琉スベキヲ要スルナリ。而シテ処分長官其奉命事件ノ始末ヲ了ヘ、県令ニ引渡シタル上、将来ノ県治ニ於テハ決シテ美治ノ急施ヲ要《もと》ム可ラズ。土地ノ制ヤ風俗ヤ営業ヤ、凡ソ該地士民旧来ノ慣習トナルモノハ、勉メテ破ラザルヲ主トシ、就中家禄ノ処分社寺ノ処分山林ノ処分等ノ如キハ、内地旧藩処分上穏当ヲ失シタルモノ、覆轍ヲ蹈《ふ》マザルコトヲ注意シ、只租税上営業上警察上教育上宗旨上等ニ就キ旧規ヲ改良シテ、士民ノ便益トナリ又情願ニモ適スベシト確認スルモノ、ミヲ改正スルニ止ムベシ。是《これ》彼ノ県治ノ一大主義ナリ。其経費ノ如キハ、別紙概算スル所ノ如ク、歳入ノ以テ歳出ヲ支ユルニ足ラズト雖モ、抑モ此変革ハ国憲不レ得レ已《やむをえざる》ニ出ルモノニ付、其入費ノ如何ニ依テ行止ヲ決ス可ラザルナリ。乃チ別紙琉球藩処分ノ順序ヲ草シ以テ聞ス。

副島種臣外務卿…　六年八月副島外務卿が琉球の国体制度等は変更せずと言明したこと。　**荏苒**　のびのびになること。　**幸池親方**…親方（うぇかた）は王子（あんじ）・按司（あじ）に次ぐ階層で、士族の最上層。いわゆる救援密書と称されるもので、当時の新聞はこの全文を掲載し、民間でも大きな問題となった（後掲V-4など参照）。　**東京駐箚ノ支那公使**　何如璋。　**昧死**　死を覚悟して。

琉球藩処分方法

第一条

処分発令ノ以前ニ於テ藩地ノ分営ニ若干ノ兵員ヲ増スベシ。

第二条

処分ノ手順ノ整ヒ次第左ノ通御達アルベシ。

琉球藩

其藩ヲ廃シ更ニ〈琉球沖縄〉県ヲ被レ置《おかれ》候条、此旨相達候事。

年　月　日　太政大臣

但《ただし》県庁ハ首里城ニ被レ置候事。

第三条

前条ト同時ニ藩王ニ対シ勅書ヲ添テ、左ノ通《とおり》御達アルベシ。

但勅書ハ左ノ御達ノ旨趣ヲ取リ、別ニ起草ヲ要ス。

琉球藩王　尚　泰

去ル明治八年五月廿九日ヲ以テ、清国ヘ隔年朝貢使節ヲ派遣シ、清帝即位ノ節慶賀使ヲ差遣シ、藩王代替ノ節清国ヨリ冊封ヲ受ル等ノ儀被ニ差止《さしとめらるる》一ノ旨被ニ相達一候処、歎願ト称シテ于レ今《いまに》遵奉ノ書ヲ進呈セズ、且九年五月其地ニ裁判官ヲ被レ置候ニ付、其藩ノ裁判事務悉皆可ニ引渡《ひきわたすべき》一ノ処、是亦歎願ト称シテ、于レ今遵奉不レ致《いたさざる》等ノ始末ニ於テハ、実ニ国憲上難レ被《おかれがたき》レ閣次第ヲ以テ廃藩置県被ニ仰出《おおせいだされ》一候条、此旨可ニ相心得《あいこころうべく》一候事。

年　月　日　　太政大臣

第四条

前条々ト同時ニ左ノ通御達アルベシ。

琉球藩

今般其藩被レ廃候ニ付テハ、右為ニ処分《しよぶんのため》一何官何某出張被ニ仰付《おおせつけられ》一候ニ付、諸事同人ノ指揮ニ依テ可ニ取計《とりはからうべく》一、此旨相達候事。

年　月　日　　太政大臣

第五条

前条々ト同時ニ左ノ通御布告アルベシ。

琉球藩ヲ廃シ更ニ〈琉球沖縄〉県ヲ被レ置候条、此旨布告候事。

但県庁ハ首里城ニ被レ置候事。

年　月　日　　太政大臣

第六条

前条々ト同時ニ左ノ通御達アルベシ。

東京琉球藩邸在番

親　方

其藩吏東京在番ノ儀、自今廃止候条、早々帰藩可レ致《いたすべく》、此旨相達候事。

年　月　日　　太政大臣

第七条

内務省ノ官吏中ヨリ撰ンデ処分ノ任ヲ被レ命《めいぜられ》、同時ニ県令書記官警察吏属官等モ命ゼラルベシ。但シ人撰等ハ廃藩発令ヨリ以前ニ御内定ヲ要ス。

第八条

処分官県官等入琉ノ上ハ左ノ処分ヲ行フベシ。

第一、処分長官ヨリ元藩王ニ左ノ御達書ヲ渡スベシ。

華族

何位　尚　泰

自今東京住居被ニ仰付一候事。

年　月　日　　太政大臣

第二、処分長官ヨリ元藩王ニ対シ、首里城ヲ明ケ渡シ東京ヘ出発マデハ別荘ニ住居スベキ旨ヲ申渡スベシ。

第三、処分長官ヨリ元藩王ニ対シ、家屋倉庫地所金穀船舶其他、諸物件ノ従来藩ニ属スル所ノモノト、元藩王尚氏ノ家ニ属スル所ノモノトヲ引分ケ具申スベキ旨ヲ申渡シテ、其取調ヲ監査スベシ。但《ただし》該藩従来藩王家政ニ属スル費資ト、藩政ニ属スル費資トハ其収税上ヨリ区別シテ不混ノ法アリ。故ニ其従来家政ニ属スル分、幷ニ別荘菩提寺墳墓地其他判然所有ニ属スル動産不動産〈宝器物モ此内ニアリ〉ハ元藩王ニ与ヘ、其他ハ官物ト定メテ然ルベシ。詳細ハ其事物ニ就キ其主管ノ省ニ稟申シテ定ムベシ。

第四、前条々整頓ノ上ハ、処分長官ヨリ元藩王ニ達シテ県令ニ引渡シノ手続ヲナサシムベシ。

第五、元藩王ノ東京住居ノコトタル、殊力《しゅりょく》ヲ尽シテ歎願固辞スルハ必然ナリ。此場合ニ於テハ処分長官ハ其願書ヲ受ケテ政府ニ進達シ、政府ハ暫ク之ヲ寛待シテ琉球滞在ヲ御許可アルベシ。

第六、租税ノ事秩禄《ちつろく》ノ事等其他前途処分ヲ要スル事項ハ、処分長官ニ於テ取調ベ、県令ニ協議ノ上主管ノ省ニ具状スベシ。

第七、処分ヲナスニ当リ士人狼狽騒擾スルハ必然ニ付、可レ成《なるべく》説諭スベシト雖モ、若シ兇暴反人ノ所為ニ及ブト認ルトキハ、分営ニ謀リ兵威ヲ示シテ鎮撫スルモ苦シカラズ。

第八、元藩王居城ヲ去ラズ、又ハ御達ノ条件ヲ遵奉セズシテ頑然背反ノ所為ヲ顕ハス時ハ、亦分営ニ謀リ兵威ヲ示シテ処分ヲナスモ苦シカラズ。

第九、県令ハ元藩王ヨリ諸般引渡シナキ以前ト雖モ、人民ニ命令告達等ハ固ヨリ、其職分ニ於テ当然処分セザル可ラザル事件ハ順次着手シ且警察ノ事ハ最モ怠ル可ラズ。

第九条

処分官滞琉中ハ勿論、以後ト雖モ、毎月一回ノ郵便汽船ノ往復ヲ開クベシ。

第十条

元藩王ヨリ諸般県令ニ引渡シ、且《かつ》処分長官ニ於テモ諸事取調ヲ了レバ処分官ハ不レ残《のこらず》帰京スベシ。

第十一条

処分長官帰京ノ場合ニ至レバ、同地内務省出張所ヲ廃シ処分官ト同時ニ帰京スベシ。

第十二条*

長崎ヨリ琉球マデ海底電線ヲ通ズベシ。

第十三条

琉球県ニ裁判所ヲ置クベシ。

第十四条

県治ヲ行フニ土地ノ制ヤ風俗ヤ営業ヤ、凡ソ該地士民ノ慣習トナルモノハ勉メテ破ル可ラズ。就中秩禄ノ処分社寺ノ処分山林ノ処分等ノ如キハ、内地旧藩処分ノ穏当ヲ失シタルモノ、覆轍ヲ蹈ム可ラズ。只租税上営業上警察上教育上宗旨上等ニ就キ、旧規ヲ改良シテ士民ノ便益トナリ、又情願ニ適スルモノト確認スルモノ、ミヲ改正スルニ止ムベシ。

〔『公文別録』琉球廃藩置県処分二〕

第十二条　この条文は底本では朱で抹消されている。

II

新聞論調（一）——西洋観と国際政治論

解題　II―V章では民間の対外観の諸潮流を、草創・発展期にあった主要な新聞の論説・投書（一部雑誌論文を含む）によって、年次順に配列して鳥瞰する。本章では、欧米列強主導の世界情勢全般の分析・批判、西洋諸国の内治内情や外交の評論、また日本のとるべき対外進路をめぐる議論など、西洋観や国際政治論・外交論というべきものを扱う。

当時の新聞の論説・投書で国際問題を扱ったものは数多く、ほとんど枚挙にいとまがない。ここに掲げるのはその代表的なもののみであるが、これだけでも民間世論における国際問題への認識とその視野が、想像する以上に広く深く、また鋭い緊張感をともなうものであったことが観取されよう。

とくに、西洋諸国の権力外交と世界分割の趨勢がもたらす国際紛争に対しては、情報がかなり的確・迅速であり、インド・ビルマからアフガニスタン・トルコ、さらにエジプトなどアフリカにまで及ぶ地域に対して詳細な分析がなされていることは注目すべきである。また、西洋観の中核をなす文明イメージについても、単純な先進・開化のプラス・イメージにとどまってはおらず、変革こそ文明化の原動力だとする主体的・実践的な主張、ドイツの専制への批判やロシアの圧政を告発する論調もあり、また西洋各国における社会主義の諸潮流の紹介・評論など幅広いものがあった。

これらの論説・投書を通して、典型的には富国強兵・国権拡張に賭けようとする議論と内治改良・小国主義的自立を求めようとする主張との交錯にみられるように、日本のとるべき進路をめぐって、さまざまな可能性が真剣に模索されていたことがうかがわれる。

1　変革を論ず（朝野新聞　投書）

1解題［明治八年九月二十九日］　政治変革こそが文明化の原動力だと説く投書。筆者の草間時福は当時二三歳、松山英学所長であった。文明化を主体的実践的に理解し推進しようとする姿勢は、民権思想が新たな時代思潮として登場しつつあることをよく示している。

【草間時福】　一八五三―一九三二。京都の人で安井息軒・中村敬宇に学ぶ。十二年松山英学所退職後、「報知」ついで「朝野」に入社、有力記者として活躍する。のち、北越新聞、「毎日」、「立憲」を経て、十七年官界に入った。

干偲睅目　髭を蓄え、目のとびだした荒々しい顔つき。

論二変革一

愛媛県寄留　草間時福

変革ナル文字ハ、世ノ論者ノ視《み》テ禍源乱階トナシ、為メニ寒心スル所ナリ。然レドモ此《これ》特〈コト〉ニ皮相ノ見ニシテ其実質ヲ知ル者ニアラザルナリ。夫《そ》レ変革ノ実質タルヤ至善至良ニシテ、文明ノ進歩ハ皆此ノ力ニ由ラザルハナシ。然レドモ思想ニ乏シキ者、其実質ノ如何ヲ知ラズ、其皮相ノ悪《にく》ムベキニ驚キテ之ヲ非斥スルニ至ル。何ゾ干*偲〈ヒク〉睅目《かんもく》ノ人ヲ視テ直《ただち》ニ疎暴猛悪ナル人トナスニ異ナランヤ。我輩ハ謂《おも》ヘラク、変革ハ文明ノ機関ナリ、智力ノ進路ナリ。然レドモ其皮相ニヨリテ世ノ賤悪忌嫌スルトコロトナリ、自ラ其光輝ヲ発スル能ハザルモノ茲《ここ》ニ数百千年ナラムトス。惟《た》ダ其性質ノ磨滅スベカラザルモノアルニヨリ、世道人心ノ開明ニ趨《おもむ》クニ随テ、忽《たちま》チ世人ノ頭脳ヲ直射シ、変革ノ論始メテ世ニ出ルニ至レリ。然レドモ世猶《なお》固陋ノ士アリテ口角ニ沫〈アハ〉ヲ出シ、此貴重ナル変革ノ弊害ヲ論ズル者少《すくな》シトセズ。大抵未開半開ノ亜細亜《アジア》地方ニ於テ流行スルトコロニシテ、文明ノ障碍ヲ為ス、此ヨリ大ナルハナキナリ。

凡《およ》ソ、万国ノ状態ヲ見ルニ、其文明ノ進ムヤ変革ノ功ニ由リ、其退クヤ必ラズ旧習ノ力ニ由ラザルハナシ。今一歩ヲ進メテ之ヲ論ズレバ、其進ムヤ変革党ノ強盛ナルニ因リ、其退クヤ旧習党ノ勢力ニ*ヨラザルト謂ハザルベカラズ。試《こころみ》ニ亜欧諸国ノ歴史ニ就テ之ヲ見レバ、恰《あたか》モ燭ヲ挙ゲテ物ヲ見ルガ如ク明々白々、亦吾輩ノ饒舌ヲ俟《ま》タザルナリ。

今ヤ我日本帝国開化進歩ノ度ヲ量ルニ、已ニ頑愚ノ支那ニ超エ固陋ノ朝鮮ニ駕スル、啻〈タダ〉ニ数等ノミナラズ。而《しこう》シテ我国ノ支鮮両国ヲ藐視〈カロン〉ジ東洋ノ*巨擘《きよはく》ヲ以テ自負スル所以《ゆえん》ノモノハ、将《はた》何ニ因テ然ルカ。吾輩ハ其功ヲ明治初年ノ変革ニ帰セザルヲ得ズ。若《も》シ復古ノ変革無《なか》ラシメバ、今日日本ハ支那朝鮮ト其優劣長短ノ果シテ孰《いず》レニアルベキヲ知ラザルナリ。而シテ今又一歩ヲ進メ之ヲ欧米諸国ニ比較スレバ、或ハ台湾蝦夷ノ日本ニ於ルガ如キ者無キニアラズ。将来欧米ノ文明ト水準〈タイラナル〉ノ点ニ達スルヲ得ルハ、夫《それ》何レノ年ナルヤ。伸テ之ヲ望ミ茫然タルヲ免レザルナリ。然レドモ*造化人ニ賦スル至公至正ニシテ、固《もと》ヨリ彼ニ厚ク此ニ薄キノ理ナカルベシ。故ニ欧人ノ達スベキ文明ノ点ハ亦吾日本人ノ達スベキ文明ノ点ナルコトハ、固ヨリ疑ヲ容《い》レザルトコロナリ。然レドモ我国ノ文明ハ無変革〈ノヲレボリユシヨン〉ヲ以テ其進歩ヲ得ベキヤ。吾輩千思万慮ヲナストモ之ヲ信ズルアタハズ。然レバ日本帝国ニ於テハ、*第二ノ変革ナルモノナカルベカラザルナリ(明治初年ノ変革ヲ以テ第一ノ変革トナス)。我ガ*福沢先生ノ説ニ、明治初年ノ変革ヲ以テ英国(*マグナカルタ)ノ変革ニ比セリ。其ノ論卓越ニシテ吾輩ノ深ク心服スルトコロナリ。夫レ英国ノ文明ハ(マグナカルタ)ノ変革ニ胚胎スルト雖ドモ、今日充全(真ノ充全ニナイニモセヨ)ノ位地ニ至リシハ、彼《か》ノ*千六百四十年ノ変革ノ力ニヨラザルハナシ。概シテ云ハヾ(マグナカルタ)ノ変革ハ英国ノ文明ヲ草創シタル者ナリ。千六百四十年ノ変革ハ英国文明ヲ大成セシ者ナリ。今日英国ノ世界ニ雄視シ宇宙ヲ睥睨《へいげい》スルヲ得ルハ、此二大変革ノ力ニアラズト謂ハザルベカラズ。

ヨラザル…ベカラズ　ここでは肯定の強調。ヨラザルナシトイハザルベカラズの意。本頁最終行も同じ用法。

巨擘　親指。転じて、かしらだつ者、大だて物。

造化　造物主。

第二ノ変革　当時、維新変革を未完の変革として、「第二ノ変革」の必要性が説かれた。例えば、植木枝盛「明治第二ノ改革ヲ希望スルノ論」(「海南新誌」十・九・二十二)など。

福沢先生ノ説　「朝野」の投書「五月一日明六社会談論筆記」(八・五・八)は、福沢・加藤弘之・森有礼の民選議院開設をめぐる討論の内容を報じているが、ここで福沢は民選議院設立は時期尚早との説への反論の中で、開国から明治四年の廃藩置県にいたる過程は人民の権利の回復の過程であって、それはマグナ・カルタが君主の恩恵ではなく権利の回復であることと同じであるとする。また福沢は、民間雑誌(八年六月)所載の「国権可分ノ説」でも詳しくマグナ・カルタにつき論じている。

マグナカルタ　Magna Carta. 一二一五年イギリス王ジョンが貴族・僧侶に迫られて承認した「自由の特許状」。教会の自由・封建的負担の制限・裁判に関する規定など六三カ条からなる。

故ニ吾輩窃《ひそ》カニ謂《おもえ》ラク、我明治初年ノ変革ハ実ニ文明ヲ草創セシトイヘドモ、其第二ノ変革ヲ以テ文明ヲ充全大成ナラシムルハ果シテ何レノ年ニアルヤ。我輩ハ断ジテ第二変革ノ文明ノ進歩ニ欠ク可カラザルヲ信ズルナリ。然レドモ世ノ旧習家ハ必ラズ謂《いわ》ン、汝ハ狂人ナリ国賊ナリ。彼《か》ノ惨毒ナル英国千六百四十年ノ変乱ヲシテ我邦ニ再発セシメントスルカ、其妄決テ恕《ゆる》スベカラザルナリト。我輩ハ之ニ答ヘテ云《いわ》ン、夫《そ》レ英国ト我日本トハ土地異ナリ風俗殊《こと》ナリ、而シテ千六百年ノ英国ト明治八年ノ日本ト其時代事情自ラ均シカラズ。然ルニ英国ノ往跡ヲ挙ゲテ同模同形ノ変革ヲ今日ニ施行セントスレバ、*孩童《がいどう》トイヘドモ其狂愚ヲ笑フベシ。只我輩ノ英国第二ノ変革ヲ称スル者ハ其貴重ナル本質ニアリテ其惨毒ナル外形ニアラザルナリ。天下豈《あに》国王ノ刑場ニ上リ蒼生ノ兵刃ニ苦シムヲ喜ブノ狂人アルベケンヤ。

然リ而シテ吾国第二ノ変革ハ、吾輩ノ一生ニ於テ之ヲ見ルヲ得ベキヤ、或ハ吾子孫ニ於テ之ヲ視ルヲ得ベキヤ、未ダ予《あらかじ》メ期スベカラザルナリ。然レドモ要スルニ一大変革有テ我文明ヲシテ大ニ進歩スル所アラシムルナルベシ、我文明ヲシテ欧米ト水準ノ点ニ至ラシムルナルベシ、姑《しば》ラク我ガ思想ヲ記シテ之ヲ百年ノ後ニ証セント欲ス。変革論ヲ作ル。

2　ビスマルク論（朝野新聞）

比*斯馬耳克〈ビスマーク〉論

千六百四十年ノ変革　イギリスのいわゆる清教徒革命。一六四二年に議会派と王党派との間に戦端が開かれて以来、四七年の長老派と独立派との対立を経て、四九年のチャールズ一世の処刑、自由共和国の成立をもってその第一段階を終る。

孩童　幼い子供。

2解題［明治九年二月十八日］ビスマルクは後進ドイツを西欧の一等国たらしめた宰相として、当時広く英雄視されており、ベルリンを訪れた岩倉遣米欧使節団一行にも強い感銘を与えたことはよく知られている。しかし独自にビスマルクを論じた新聞論説は意外に乏しく、これはほとんど唯一のものであって、英雄視に対して厳しく批判し警句を発した論説として注目すべきもの。なお→II-23参照。

比斯馬耳克　一八六二年以来、プロシアの首相兼外相であった。→五四頁注

　方今宇内《うだい》強国ノ巨擘《きょはく》タル孛魯西亜《プロシア》帝国ノ首相、比斯馬耳克《ビスマルク》氏ハソレ果シテ希世ノ英雄ナル歟《か》。其威名独リ欧米各国ニ赫々《かくかく》タルノミナラズ、又斯《か》ノ東洋遼遠ノ地ニ在ル人民ヲシテ其非常ノ人材タルヲ*嘖々《さくさく》称誉シ、殆ンド口舌ニ絶エザラシム。然《しか》リ而《しこう》シテ之ヲ信ズルコト益々《ますます》厚ク愈々《いよいよ》深キニ至ルヤ、世人ノ少シク其功業ヲ奏スルアレバ則チ之ヲ称シテ曰ク、渠《かれ》ハ東洋ノ比斯馬耳克ナリ、又少シク英断果決ニ類似スルノ所置ヲ施スアレバ則チ亦《また》称シテ曰ク、渠ハ比斯馬耳克ニ恥《は》ヂズト。遂ニ*江湖一般ノ人ヲシテ比斯馬耳克ハ英雄ナリ、英雄ハ比斯馬耳克ナリ、人生願クハ其抜群ナル光栄ヲ蒙《こう》ムルコト比斯馬耳克ノ如キヲ得ント云フガ如キ、一種有害ナル思想ヲ懐《いだ》カシムルニ至レリ。

　吾輩モ亦固《もと》ヨリ以謂《おもえ》ラク、比氏ハ実ニ英雄ナリ、比氏ハ実ニ非常ノ人材ナリ。然リト雖ドモ決シテ慕フベキノ人物ニアラズト。若シ人アリ、強テ之ヲ学バント欲セン歟。吾輩ハソノ所謂《いわゆる》*虎ヲ画《えが》テ成ラズ、却テ狗ニ類センコトヲ保ツノミ。其啻《ただ》ニ狗ニ類センコトヲ保ツ而已《のみ》ナラズ、之ガ為メニ天下ノ一大災害ヲ醸生シテ、億万ノ生霊ヲ塗炭ニ苦《くるし》マシムルコトアルヲ保証セントスルナリ。見ヨ。比氏ハ方今《ほうこん》位人臣ヲ極メ職国君ニ次ギ、万国ノ政務一トシテ其意ノ如クナラザルハナシ。此時ニアタリ、抑《そもそ》モ何等ノ善政ヲ行ヒ何等ノ仁術ヲ施シ、以テ其国民ヲシテ何等ノ*優渥ナル徳沢ニ浴セシメタルヤ。吾輩ガ曾《かつ》テ聞クトコロヲ以テスルニ、比氏ノ英敏果断ハ徒《いたず》ラニ孛国人民ノ権利ヲ妨害シ、自由ヲ束縛スルニ足リ、其残忍酷薄ハ流血淋《りん》漓《り》ノ場ニ無数ノ人命ヲ絶チナガラ、恬《てん》トシテ顧ミルトコロナク、更ニ其私怨ニ報ズルニ厳刑酷罰ヲ以テスルニ足リ、其巧弁*黠智《かっち》ハ能ク世人ヲ籠絡シ、己《おの》レト反対スル政治党ノ議論ヲ駁シ、民権家ヲシテ其勢ヲ専ラニセザラシムルニ足ルト言ヘリ。

嘖々　口々にほめそやすさま。

江湖　世間。世の中。

虎ヲ画テ…狗ニ類セン　「画レ虎不レ成、反類レ狗者也」(後漢書、馬援伝)。素質のないものが優れた人のまねをしてかえって軽薄になったり、不成功におわること。

優渥ナル　手あつい。特に君主の恩恵についていう。

黠智　わるがしこい知恵。

抑《そもそ》モ比氏ハ一心ヲ勤王ノ一点ニ傾ケテ、民権ヲ忌ムコト蛇蝎ヨリモ甚《はなはだ》シク、其嘗《かつ》テ孛国王ノ権ハ之ヲ天ニ稟《う》ケテ毫モ人民ヨリ借ルノ理ナシ、若シ其君主特権ノ万一ヲ剖《さ》キテ之ヲ国民ニ譲ルコトアラバ、之レ実ニ国王格外ノ恩賜ナレバ国民タル者宜シク低頭シテ謝スベシト言ヒシハ、実ニ其衷情《ちゅうじょう》ヲ吐露セシノ語ト謂フベシ。又比氏ハ其国ノ学士論客ヲ俟《ま》ツニ、頗《すこぶ》ル苛酷ノ刑罰ヲ以テスルニヨリ、為メニ言論ヲ以テ罪ヲ得、禁獄等ノ処刑ヲ命ゼラル、者、*比々相継グ。其最モ寒心スベキハ、*ハノーブルノ新聞編輯長*アイヒロップ氏ナル者、曾テ諤々《がくがく》ノ危言ヲ以テ罪ニ坐シ、*シレジアニ拘引セラル、途上、待遇ノ甚ダ厳酷ナルヨリ忽《たちま》チ病ヲ発シテ死スルニ至レリ。吾輩ハ只《ただ》之ヲ耳聞スルニ過ギズト雖ドモ、猶且《なおか》ツ毛髪ノ悚然《しょうぜん》タルヲ覚ユルナリ。況《いわん》ヤ其形状ヲ面《ま》ノアタリ目撃セシ孛国人民ノ心情ハ、ソレ果シテ如何ゾヤ。近年孛国、*羅馬《ローマ》教ヲ禁制シテ宗教信仰ノ自由ヲ害シ、人民ノ外国ニ移住スルヲ阻遏《そあつ》シテ国民進退ノ自由ヲ妨グル等、悉《ことごと》ク是レ比氏ノ意衷ニ出ザルハナシ。其圧制束縛ノ甚シキ、豈《あに》畏レザルベケンヤ、豈畏レザルベケンヤ。

人或ハ曰ハン。比氏ハタトヘ残忍刻薄ニモセヨ、民権ヲ忌ムコト蛇蝎ノ如キニモセヨ、圧制束縛ノ政治ヲ施行スルニモセヨ、亦《また》慕フベキノ英雄ニアラズヤ。其非常ノ材力ハ、能ク日耳曼《ゲルマン》聯合ノ諸邦国ヲシテ孛国政府ノ権威ニ畏服セシメ、其蓋世《がいせい》ノ雄略ハ、*セダンノ一挙ニ仏帝五十万ノ師ヲ挫折シ、孛兵ヲシテ騎虎乗竜ノ勇気ヲ発揚セシメ以テ遂ニ全仏国ヲ蹂躙シ尽シ、加フルニ*数千万弗《ドル》ノ償金ヲ得ルニ至レリ。其孛国ノ帝家ト人民トニ対スル功、実ニ大ナリト謂ハザルベケンヤ。若シ比氏ヲ学ンデ、タトヘ其全功ニ及ブ能ハザルモ、亦其国ヲシテ富庶強大ニ至ラシムルコトヲ得バ、何ノ不可ナルコトカ之レアラント。嗚呼《ああ》是レ何ノ言ゾヤ。

比々　しきりに。しばしば。

ハノーブル　ハノーヴァー Hannover. 現在の西ドイツのニーダーザクセン州の州都。自由都市の一つ。ビスマルクの推進する北ドイツ連邦の試みに反対し、ハノーヴァー公は自ら経営する新聞で、激しく反ビスマルクの論陣を張らせていた。

アイヒロップ　未詳。

シレジア　Silesia. 現在のポーランド南西部、オーデル川上中流域一帯の地名。一八世紀の二度にわたる普墺戦争でプロシア領となった。

羅馬教ヲ禁制…　一八七一年以来ビスマルクが行なった、「文化闘争」の名でよばれるカトリック教徒弾圧策。ドイツにおける少数派のカトリック教徒が中央党を結成して権利保護を要求したのに対して、これを「帝国の敵」として弾圧、七二年イエズス会徒の追放、七三年僧侶の教育、結婚への教会の干与を排除するなどの一連の反カトリック法を制定した。

セダンノ一挙　普仏戦争(→一五頁注「仏孛交戦」)において、プロシア軍の勝利を決定的にした、セダンの戦い。

数千万弗ノ償金　プロシアは五〇億フランの賠償金を獲得。

比氏ノ所為ハ権ナリ暴ナリ。之ヲ正ト言フベカラズ。比氏ノ功ハ一時ノ功ナリ。之ヲ万世ノ功ト称スベカラズ。方今孛国人民ハ圧制束縛ノ政治ヲ受ケテ、其憤怨ノ情ハ愈々《いよいよ》甚シク、其鬱屈ノ気ハ益々切ナリ。然ルニ其未ダ容易ニ紛擾ヲ生ゼザルモノハ、想フニ頑強無類ノ比氏ガ猶其余命ヲ保ツニ因ルノミ。又仏国人民ノ如キハ、先年*敗衄《はいじく》ヲ孛国ニ取リテ、遺恨骨髄ニ徹セリ。其方今大《おおい》ニ兵数ヲ増加シ、銃器ヲ精鋭ニスルモノハ、将《ま》サニ比氏ノ死ヲ俟ツテ*会稽《かいけい》ノ恥辱ヲ雪《すす》ガントスルニ非ルヲ得ンヤ。聞ク、比氏ハ即今猛烈ナル*風湿症〈レイウマチヴ〉ニ罹《かか》リ、殆ンド危篤ナリト。ソレ然ルカ。果シテ然ラバ則チ其*喘々タル残息ハ、尚《な》ホ僅カニ孛国政府ノ命脈ヲ繋ギ得ルモ、若シ一朝其鬼籍ニ入ルニ至テハ、内憂外患並ビ起リテ孛国政府ヲ顚覆壊滅センコト、数月ノ間ヲ俟タザルヲ保ツ能ハザルナリ。事若《も》シ玆ニ至ラバ、比氏ガ多年剛毅英邁ヲ以テ遂ゲタル功業、独リ能ク孛国中ニ留存スベキ歟。否《い》ナ。其痕跡ダモ余サザルニ至ラン。然ルニ、世往々斯《かか》ル怪異ノ人物ヲ慕フコト甚シキ者有ルハ、豈《あに》長大息ノ至リナラズヤ。然リト雖モ夫《か》ノセダンノ大捷、仏都ノ盟約ノ如キハ、徒《いたずら》ニ怨ヲ隣国ニ結ビ禍ヲ後世ニ遺シ、永ク天下ノ好名者ヲシテ其覆轍ヲ戒ムルニ足リ、又夫《か》ノ圧制束縛ノ処置ノ如キハ、宇内各地ノ政府ヲシテ其人民ヲ統治スルノ方法ヲ悟ラシムルニ足ルモノアラン。嗚呼比氏モ後来遂ニ圧制家ノ殷鑒トナラバ、亦世ニ小補益ナキニアラザルナリ。

　吾輩ハ此文ノ結局ニ臨ミ、一言以テ世ノ比氏ヲ賛賞シ切ニ其所業ヲ慕フ者ニ告ゲントス。比氏ハ天理ニ反《そむ》キテ人民ノ権利自由ヲ忌嫌スル者ナリ、故ニ罪ヲ天人ニ得ル者ナリ、罪ヲ天人ニ得ル者ハタトヘ何等ノ偉功アリトモ尊ブニ足ラズト。

敗衄　戦いに敗れること。
会稽ノ恥辱　中国春秋時代、越王勾践が呉王夫差に会稽山に包囲され、臣従を誓って降服したことをいう。勾践はこの恥辱をすすぐため、苦難の後国政を整え、呉を滅ぼす。苦難にたえることを「臥薪嘗胆」というのは、このときの故事による。
風湿症　リューマチのこと。
喘々タル　あえぐさま。

3解題［明治十年一月十一日］露土戦争前夜、英露対立を機軸に展開するヨーロッパ及びアジアの国際情勢への注視を強く促した無題論説。トルコに支配されていたバルカン半島のスラブ系諸民族の政治的・宗教的自立をめぐり内乱がおこるや、同地方への南下を策すロシアはトルコに干渉、当時露土戦争の契機となる。

3 トルコの危急は対岸の火事に非ず（東京日日新聞）

*土耳其《トルコ》帝国〈ヲツトマンエムパイル〉ノ現状ハ其レ危急存亡ノ秋《とき》ナリト云ハザルベケンヤ。叛賊内《うち》ニ蜂起シテ強国外《そと》ニ雄視シ、其殆《あやう》キ累卵ノ如ク其勢ヒ朽索《きゅうさく》ニ似タリ。傾覆ノ期ハ蓋《けだ》シ甚ダ遠キニ非ザルベキナリ。抑《そもそ》モ土耳其ノ国是タルヤ、権威ヲ逞ウシテ封境《ほうきょう》ヲ圧服スルヲ秘訣トスルガ故ニ、其邦域ハ広亘ナリト雖ドモ、其臣民ハ衆多ナリト雖ドモ、驕傲ハ乃《すなわ》チ其君徳タリ、擅制《せんせい》ハ乃チ其ノ政体タリ、回教ハ乃チ其ノ国教タリ。政府ノ国民ヲ視ル、既ニ土芥ノ如ク夫《そ》レ然リ。何ゾ国民ガ政府ヲ視ル、*寇讐ノ如クナラザルヲ得ンヤ。夫レ圧制ノ政ハ固《もと》ヨリ完全ノ治ヲ致スニ足ラズ、束縛ノ治ハ豈《あ》ニ宜《よろ》シク*泰岳ノ安ヲ保ツベケンヤ。是ヲ以テ禍乱更々《こもごも》起リ内訌頻《しき》リニ発シ、宗教上ノ葛藤アリ政治上ノ紛紜《ふんうん》アリ、堂々タル土耳其帝国ハ常ニ乱レテ麻ノ如ク、数十年来殆ンド*寧日ナシ。現ニ*セルウヰア諸州ノ叛乱ノ如キハ其ノ最モ著シキモノナリ。

蓋シセルウヰア、*モンテネグロ、*ヘルゼゴウヰナ、*ボスニア、*ボルガリアノ諸州ハ、其初メ或ハ独立国ノ体面ヲ保有シタリシカドモ、中世土耳其ノ猛威ニ圧服セラレテ遂ニソノ版図ニ属セシモノナリ。而シテ此等ノ諸州ガ土帝〈シユルタン〉ノ驕傲ニ苦ミ、*土廷〈ポルト〉ノ圧抑ヲ厭フコト日既ニ久矣《ひさし》、憤鬱ノ積ム所ハ発シテ叛乱トナリ、戦闘已《や》ムトキナク、遂ニ*妖氛《ようふん》ヲシテ土耳其ノ全国ヲ覆《おお》フニ至ラシメタリ。其ノ戦状勝敗ノ報道ノ如キハ、我輩概《おおむ》ネ之ヲ昨年以来ノ紙上ニ訳出セシヲ以テ、読者ハ必ズ其概況ヲ知了シタルナルベシ。世人或ハ此ノ叛乱ノ源因ヲ

の新聞諸紙が開戦前から強い関心を寄せていたことがうかがわれる。なお露土戦争については→補注

【久保田貫一】 一八五〇―一九四五?。但馬国豊岡藩士の子。九年四月「東日」に初めて編輯長と署名。十四年まで「東日」記者、以後外務省に出仕し官界に入る。

土耳其帝国 Ottoman Empire. オスマン帝国。

寇讐 かたき。

泰岳ノ安 中国の名山の一つである泰山のようにどっしりとたのもしい平安。

寧日 安らかな、平和な日。

セルウヰア… セルビア。一八二九年以来自治公国。一八七六年六月トルコに宣戦布告し、露土戦争後、七八年のベルリン会議で独立が承認される。

モンテネグロ 一四世紀以降トルコに従属。このとき自治公国。

ヘルゼゴウヰナ・ボスニア ヘルツェゴビナはボスニア州を形成する一地域。民族反乱の口火をきり、ボスニア全土に波及する。

ボルガリア ブルガリア。

土廷 ポルト Porte. スルタンを輔弼する宰相四人で構成する宮廷をいい、事実上のトルコ政府である。

妖氛 不吉なあやしいけはい。

推究シテ、全ク之ヲ宗教上ノ葛藤ニ帰スルモノアリト雖ドモ、我輩ハマタ之ヲ圧制政治ノ反動ナリト云ハザルヲ得ザルナリ。

我輩マタ一歩ヲ進ミテ土廷ノ近況ヲ窺《うかが》フニ、故帝*アブジユルハミツド汗ガ昨年ニ自殺セシヨリ未ダ*期ナラザルニ、帝位再ビ替リ内閣大臣ノ更迭モ亦《また》一ニシテ足ラズ。而シテ外ハ無数ノ軍隊ヲ諸方ニ分遣シテ叛民ノ鎮圧ニ奔労シ、内ハ正議ノ政談ニ迫ラレテ国政ノ改革ニ着手ス。其ノ国事ノ多端ニシテ且ツ混雑ナル、実ニ名状シ難キモノアリ。

土耳其《トルコ》ノ国勢ハ此《かく》ノ如ク夫《そ》レ危矣《あやういかな》。土耳其ノ内訌ハ此ノ如ク夫レ甚矣《はなはだしいかな》。然リト雖ドモ、若シ此ノ変乱ヲシテ独リ土耳其ノ封境ニ止マラシメバ、固《もと》ヨリ深ク憂慮スルニ足ラズト雖ドモ、蓋シ土耳其ノ存亡ハ実ニ夫《か》ノ*東邦論〈イーストルンクエツシヨン〉ニ重大ノ関係ヲ有シ、叛乱ノ結果ハ頗《すこぶ》ル*寰《かん》宇《う》ノ大勢ニ影響スル所アルヲ以テ、天下ノ論者ハ尽ク眼光ヲ此点ニ注ギ、万国ノ政事家ハ常ニ耳孔ヲ此件ニ欹《そばだ》テザルモノナシ。我輩豈ニ対岸ノ火災モテ之ヲ視ルベケンヤ。

見ヨ見ヨ、魯西亜《ロシア》ノ国勢ヲ見ヨ。其邦域ヲ欧羅巴《ヨーロッパ》、亜細亜《アジア》ノ間ニ*跨有シテ、夙《つ》トニ*噬鷲《ぜいしゅう》ノ禍心ヲ包蔵シテ宇内ヲ睥睨《へいげい》シ、一旦時機ヲ得バ直ニ雄鷲ノ双翼ヲ鼓シテ、「*サンタソヒヤー」ノ尖塔ヲ一攫シ、以テ*東瀛《とうえい》ニ進ミ去ラント欲スルニ非ラズヤ。其ノ国是ハ果シテ斯《かく》ノ如シ。故ニ土耳其ノ内訌ハ即チ魯西亜ノ*奇貨ナリ。魯廷ハ此際ニ於テ*慣手ノ権謀ヲ逞ウシ、得意ノ術数ヲ運《めぐ》ラシ早晩*帝幟《ていし》ヲ公斯坦丁堡《コンスタンチノープル》ニ樹テ、、以テ欧亜ヲ制御センコトヲ企望シ、一方ニ向テハ援兵ヲ土領ニ派出シテ叛勢ヲセルウヰア諸国ノ旗下ニ援ケ、一方ニ向テハ陽ニ平和ノ議ヲ土廷ニ主張シテ叛乱諸州ニ自政ノ権理ヲ与ヘンコトヲ勧諭シ、反覆常ナク表裏一ナラズ。其ノ画策ヲ曖昧模糊ニ包蔵シテ巧ニ言辞ヲ欧洲ノ論場ニ塗抹ス。噫々《ああ》古人ノ所謂《いわゆ》ル口ニ蜜ア

アブジユルハミツド汗　アブデュル・アズィーズ Abdül-aziz（一八三〇–七六、在位一八六一–七六）の誤り。オスマン・トルコ帝国第三二代スルタン。財政危機を招き、列強の侵略を許したとして糾弾されて廃位され、幽閉中の一八七六年六月四日疑問の死をとげた。つづいてムラト五世が即位したが八月には廃位、さらにアブデュル・ハミト二世に代った。

期　一年。

東邦論　Eastern Question. いわゆる東方問題。一九世紀に入って、オスマン帝国が衰退したことにともない、その領土や民族問題をめぐって、イギリス・フランス・ロシアなど列強の間に展開した国際問題のこと。とくにバルカン地方での民族独立闘争と絡んで複雑な展開をとげるが、露土戦争後のベルリン会議で一応の決着をみる。

寰宇　世界。天下。

跨有　いすわって占領する。

噬鷲　噬はかむ、くらうこと。ロシアのイワン三世がビザンチン帝国の双頭の鷲に昔からのモスクワの紋章を重ねてロシアの表徴としていたことから、ロシアをさしていう。

サンタソヒヤー…　ソフィア Sofia. 一三八二年トルコの支配下に入り、軍事拠点となっていた。

リ腹ニ剣アリトハ、夫《そ》レ魯廷ノ謂乎《いいか》。

地勢ヲ按ズルニ、公斯坦丁堡ハ*ボスポルスノ海峡ニ跨《また》ガリテ、実ニ欧亜ノ要地タリ。之ヲ欧亜ノ咽喉ナリト云フモマタ虚言ニ非ザルベシ。夫《か》ノ魯国ノ勢力ヲ以テ、一旦此ノ要地ニ拠リソノ艦隊ヲ黒海ニ整置シテ、以テ平生ノ禍心ヲ逞ウスルコトアラシメバ、其欧亜ニ於ケルハ所謂ル*喉ヲ扼《やく》シテ背ヲ拊スルノ類ナリ。普仏強シト雖ドモ英澳盛ナリト雖ドモ、豈ニ其ノ猛勢ヲ既成ニ制シ易カランヤ。勢ヒ茲ニ迫ラバ、魯軍ハ必ズ先ヅ進デ英国ノ金庫ナル印土《インド》ノ後背ヲ襲撃シテ、遂ニ亜細亜大洲ヲ席巻シ、余燄ノ及ブ所ハ実ニ測度スベカラザルニ至ルベシ。是レ英廷ガ断意シテ之レガ備ヲナシ、魯廷ノ企謀ヲ未済ニ防禦シテ土耳其ノ独立ヲ維持セシメント鋭意スル所以ナリ。然《しか》バ則チ土国ガ今日ニ於テ魯廷ヲ扞約《かんやく》スルノ*藩塀《はんぺい》タルハ、独リ欧州ノ為ノミナラズ、併《あわせ》テ我ガ東洋ノ為ナリト云ハザルヲ得ンヤ。

斯ノ如クナルガ故ニ、土国ノ内訌ハ遂ニ土魯ノ葛藤ヲ喚起シ、土魯ノ葛藤ハ実ニ欧亜全局ノ争乱ヲ引出シ来テ*到底寰宇一般ノ禍害ヲ醸スニ至ルベシ。我日本帝国ノ如キハ遥カニ東洋ノ一隅ニ在リト雖ドモ、マタ決シテ此ノ妖氛ノ余毒ニ感染スルノ患ナシト高枕スベキニ非《あら》ザルナリ。苟《いやしく》モ独立ノ体面ヲ此際ニ維持シテ、帝国ノ光栄ヲ不朽ニ保全セント望マバ、今ノ時ニ及ンデ早ク我ガ国是ヲ確立シ、我ガ国威ヲ伸暢シテ、不測ノ禍害ヲ未発ニ予防スルノ政略ヲ定メザルベカラザルナリ。今ヤ寰宇ノ大勢、斯ノ如ク其レ危急ナリ。世上ノ論者ハ此ノ危勢ヲ認メテ毫モ我国ニ痛癢《つうよう》ナシトスル乎。論者ガ目前ノ利害ヲ論ズルニノミ汲々シテ、此ノ緊急ナル東邦論ヲ議スルノ甚ダ稀ナルハ抑モ何ゾヤ。

日報社* 久保田貫一稿

東瀛 東の大海。黒海とくにそれを扼すボスポラス海峡争奪が念頭にあるか。
奇貨 もっけのさいわい。
慣手ノ 手慣れた、巧妙な。
帝幟 幟はのぼり。ロシアの旗。
ボスポルス… ボスポラス海峡。黒海とマルマラ海を結ぶ。クリミア戦争の結果、軍艦の海峡通過は禁じられていた。
喉ヲ扼シテ背ヲ拊スル 前後から攻めて苦しめ、逃げ場を与えぬこと。
藩塀 藩屏。まがき、かこい。転じて守りとなる諸侯をいうが、ここでは単に障壁の意。
到底 つまるところ。結局。
日報社 東京日日新聞社。

4　欧洲諸国は群雄割拠に外ならず　（東京日日新聞）

欧洲諸国ノ政略ニ於ケル、概ネ皆陰険ヲ蔵シ詐術ヲ弄シ、己ヲ利スルヲ謀リテ人ヲ戕《そこな》フヲ顧ミズ。其ノ所為ノ文明世界ト云フニ似ザルハ、*吾曹《ごそう》已ニ之ヲ慨嘆セリ。試《こころみ》ニ思ヘ。*第十八百紀ノ末ニ当リ仏国ノ大乱ヲ潰裂セシヨリ今日ニ至ルマデ、凡ソ九十年間ノ治乱ニ於テ一ノ義戦ト名ヅクベキ者アリヤ否ヤ。或ハ口実ヲ愛国ニ托シ或ハ名義ヲ国光ニ仮リテ、強《しい》テ之ガ辞ヲ作ルト雖ドモ、其実ヲ見レバ君相ノ功ヲ好ミ、事ヲ喜ブヤ一身ノ名利ヲ博センガ為ニスルノ私戦タルニ外ナラズシテ、夫《か》ノ暗黒世界トモ云フベキ群雄割拠ノ戦国時代ト何ノ異ナル所アランヤ。

往事已逝矣《すでにゆけり》、敢テ之ヲ追論セザルモ可ナリ。只々現状ノ如何ニ就テ、其ノ果シテ文明世界ノ道徳節義ニ慚《はず》ル所ナキカ如何《いかん》ヲ徴スルニ余リアリトスベシ。去歳土耳其〈トルコ〉ノ内乱ニ当リ、哈黙教〈モハメット〉ノ土兵ガボルガリア州ノ*基督〈キリスト〉教民ヲ殺戮セシヲ奇貨トシテ、魯西亜〈ロシア〉ハ土国ヲ侵略スルノ禍機ヲ構威シ遂ニ今日ノ交戦タルニ至レリ。其ノ檄文ヲ読メバ、恰《あたか》モ救世主ガ再成シテ人類ヲ窮厄ノ中ヨリ済《すく》フガ如クニ説出《ときいだ》シタリト雖ドモ、其今日ノ戦略ニ於テハ宗教ノ問罪ヲ論外ニ措《お》キ、儼然タル政略戦争ノ本色ヲ顕ハシ、ヲ以テ、其ノ曩《さき》ニ土領ナル同宗ノ*希臘寺派ノ教民等ガ無辜ニ死スルヲ悲シムニ由ルト、文明ラシク言ヒタル事ノ仮面タルヲ世上ニ表

4解題［明治十年十月十日・十二日］露土戦争のことから筆をおこし、ロシア・ドイツ・フランス・オーストリアなど欧州列強の歴史をたどりつつ、内治外交策全般を批判し、「文明国」の名に価しないと断じたもの。なおイギリスは例外としているが、その根拠は示されていない。西欧文明を無批判的に受容する傾向を戒めるもので、「東日」は別の無題論説（十・一八）でも「文明国」たる欧州諸国の内治外交を包括的に批判している。筆者は福地桜痴か。福地は本名源一郎。〔一八四一―一九〇六〕。もと幕臣。二度洋行し、戊辰戦争のころ江湖新聞を発行、薩長を批判して筆禍第一号となる。七年に「東日」入社、主筆ついで社長。当時の代表的記者の一人であり、福沢諭吉と並ぶ人気を博した。

吾曹　わがはい。福地桜痴の常用した自称語として知られ、福地は吾曹先生とも呼ばれた。

第十八百紀…　一八世紀末、一七八九年勃発のフランス革命をさす。

基督教民ヲ殺戮　一八七五年九月、また翌年四月にブルガリアで反トルコ蜂起があり、四月から八月にかけて鎮圧したトルコ軍隊がブルガリアのキリスト教徒を無差別に殺戮した事件。

白セシニ非ズヤ（魯土ノ戦争論ハ別ニ之ヲ他日ニ論出スベキガ故ニ玆《ここ》ニ論及セズ）。仮令《たとい》魯廷ヲシテ、誠ニ同宗ノ不幸ヲ憐レムノ意アラシムルトモ、為ニ其ノ国民ノ子弟ヲ駆テ戦争ノ衢*ニ死ナシメ、其ノ国民ノ膏血ヲ絞リテ行軍ノ費ニ供サシメ、*溝壑《こうがく》ニ転ジ道路ニ餓ルヲ顧ミザルハ抑《そもそ》モ何ノ心ゾヤ。斯ノ如ク敵国ノ同宗ニ厚ウシテ、却テ自国ノ同宗ニ薄ク所謂《いわゆ》ル親疎ヲ倒行スルノ甚ダシキニ至ルヲ以テ、文明世界ノ徳義トセン乎。且ツ魯国ノ報道ニ拠レバ、頻《しきり》ニ土兵ガ基督教民ヲ戮《りく》スルノ*無状ヲ告発スレドモ、土国ノ公報ニ於テハ又盛ニ魯兵ガ哈黙《モハメツト》教民ヲ殺スノ残酷ヲ憤訴セリ。而シテ其所業ハ両《ふたつ》ナガラ痕跡ナキニ非ザルガ如シ。果シテ然ラバ、是レ則チ暴ヲ以テ暴ニ代ヘ、怨ヲ以テ怨ヲ報ズルノ野蛮法ニシテ、苟モ惻隠羞悪ノ心アル者ノ悪《にく》ム所タリ。然ルニ堂々タル文明ノ美称ヲ冒スノ兵隊ニシテ、此ノ廉恥ヲ破リ敢テ愧色《きしょく》ナキハ、寧《むし》ロ之レヲ暗黒世界ノ戦争ト云ハザルヲ得ンヤ。*倫敦《ロンドン》ノ通信者ガ、斯ノ如キハ文明ノ曙光ニ照サレタル戦争ニ於テ未ダ曾《かつ》テ見ザル所ナリト戦地ヨリ書送セシハ、亦宜《むべ》ナル哉。之ヲ要スルニ、魯軍ノ今日ニ土ヲ攻侵スルヤ、其ノ戦士ハ魯国人ノ役セラル、所ナリ、其ノ軍費ハ魯国人ノ供スル所ナリ、其ノ国債ハ魯国人ノ負フ所ナリ、其ノ疲弊ハ魯国人ノ被ル所ナリ。而シテ其ノ構戦ハ魯国人ノ公論ニ出デズシテ反《かえつ》テ君将ノ名利ヲ貪《むさぼ》ルニ出ルナリトセバ、魯国人ノ不幸ハ如何ゾヤ。加《しか》ノミナラズ、民権未ダ張ラズ自由未ダ伸ビズ抑圧ノ政治ニ約セラル、土国人ト伯仲スルノ実アルニ於テヲヤ。是ノ不幸ヲ被受スルヲ以テ、欧洲文明世界ニ生ル、国民ノ義務ナリト云ハヾ、吾曹ハ社会公衆ニ向テ文明国民タルコト勿《なか》レト望マザル可カラズ。然ト雖ドモ、斯ノ如キハ独リ魯国ノミナラズ日耳曼《ゼルマン》ノ如キモ蓋シ亦《また》然ル也。

同宗ノ希臘寺派　キリスト教ギリシア正教会。

衢　ちまた。

溝壑ニ転ジ　溝壑は谷間。生活の途を失って。

無状　名状しがたいありさま。「謂二禍大不一レ可三名二言其状一也」（後漢書、李通伝、注）。

倫敦ノ通信者…　六月八日・二十三日・三十日のロンドンのデイリー・ニューズ The Daily News に、同紙通信員のエドウィン・ピアスおよびアメリカの新聞記者マクガーンの詳細な報告が載せられた（ただし最初の報道は六月三日のスペクテーター紙）。グラッドストンの「ブルガリアの惨事と東方問題」Bulgarian Horrors and the Question of the East というパンフレットが二〇万部でるなど、当時ヨーロッパで大きな反響をよんだ事件である。

夫《か》ノ日耳曼〈ゼルマン〉ヲ見ヨ、其ノ国民ハ自カラ誇称シテ文明ノ第一ニ位スルト云ヘリ。而シテ其ノ現状ヲ見レバ、能《よ》ク何等ノ幸福ヲ得ル乎。吾曹ハ為ニ之ヲ指点スルヲ得ザルナリ。彼レ*英主ヲ輔《たす》クルニ*智相ヲ以テシ、*丁抹〈デンマルク〉ヲ伐チ澳地利〈アウストリア〉ト戦ヒ仏蘭西〈フランス〉ヲ攻メ、連戦ミナ捷《か》チ封域ヲ拡*□版図ヲ併セ、寔《まこと》ニ大陸ニ雄視シテ国光ヲ今日ニ輝スニ似タレドモ、其ノ君相ノ詐術ヲ以テ一世ヲ籠絡スルヤ、亦太《はなはだしいかな》矣。試ニ問ハン。*日廷ハ尽ク君相ノ意ヲ以テ其ノ政略ヲ変更スル也。国民参政ノ権利ハ何《いずく》ニカ在ル。日廷ハ己ニ利アラザルヲ以テ、前ニ*ゼスウヰツト教派ヲ国内ヨリ逐ヒ、次デ加特力〈カトリック〉教派ヲ擯斥《ひんせき》シテ頻ニ宗教ノ事ニ兼渉スル也。国民信仰ノ楽地ハ何ニカ在ル。日廷ハ文章論議ヲ鉗制《けんせい》シ、己ニ利アラザレバ之ヲ刑シ之ニ罰シテ憚ル所ナキ也。国民発論ノ自由ハ何ニカ在ル。此ノ自由ヲ失ヒ此ノ楽地ヲ欠キ此ノ権利ヲ奪ハル、モ、社会ハ猶ホ幸福ヲ得タリト云フベキ乎。日軍ガ数年前仏国ニ捷チテ二州ヲ割《さ》カシメ、巨億ノ償金ヲ払ハシメ以テ大ニ其国ヲ利セント謀リタルニ、巨億ノ金額ハ実ニ日国ニ輸入シタリト雖ドモ、奈何《いかん》センヤ其ノ会計ノ宜《よろしき》ヲ得ザル為ニ、金貨モ新鋳ノ実効ナク国債モ支消ノ著績ナク、遂ニ有識ノ理財家ヲシテ数年ナラザルニ仏国ハ其ノ失フ所ノ全額ヲ復シ、日国ハ其ノ得ル所ヲ失ヘリ。日国ノ人民ハ一旦コノ暴富ヲ致セショリシテ、俄《にわか》ニ驕奢ノ風ヲ学ビテ其ノ質朴ノ俗ヲ失ヒ、為ニ物価ヲ騰貴セシメ為ニ工作ヲ衰微セシメタリト慨嘆セシムルニ至レリ。是レ誰ガ過《あやまち》ゾヤ。況ヤ国力ヲ殫《つく》シテ兵備ヲ整ルガ故ニ、財政ノ日ニ窮乏ヲ告グルアリ。数十万ノ壮丁ヲ徴シテ兵役ニ充テシムルガ故ニ、耕工ノ漸ク荒涼ニ赴クアリ。而シテ自由政論ノ精神ハ*当路ニ抑圧セラル、ニ従テ、漸ク反動ノ勢ヲ醸成スルモノアルニ於テヲヤ。若シ一朝維廉〈ウイルヘルム〉帝、比斯馬克〈ビスマルク〉公ニシテ*殂《そ》薨《こう》ノ事アラバ、*墳陵ノ土未ダ乾カザル

英主・智相　皇帝ヴィルヘルム一世とビスマルク。

丁抹ヲ伐チ…　デンマークがシュレスヴィヒとホルスタイン両公国を併合すると、一八六四年プロシア・オーストリア両国は共同して出兵して両地を占領、六五年前者をプロシア、後者をオーストリアが統治する協定を結んだ(デンマーク戦争)。六六年にはプロシアはドイツ統一を目的としてオーストリアに開戦して勝ち(普墺戦争)、翌六七年プロシアを盟主とする北ドイツ連邦を組織、さらに七〇年フランスと戦い(普仏戦争)、大勝してアルザスと北ロレーヌ地方を獲得し、またドイツ統一も実現させた。

□　底本一字空白。「ゲ」か。

日廷　日は日耳曼(ゲルマン)の略。プロシア宮廷。

ゼスウヰツト教派　イエズス会。ジェズイットはもとその会員をいった。一五三四年、新教に対抗して、イグナチウス・デ・ロヨラにより組織されたカトリック教団。↓九九頁注「羅馬教ヲ禁制…」

当路　権力を握るもの。

殂薨　死ぬこと。薨はとくに諸侯・貴人の死についていう。

墳陵ノ土…　死後まもないうちに。

ギゾー　Guizot.　一七八七-一八七四。フランスの政治家、歴史家。

ニ早ク軋轢ノ潰裂ヲ見ルノ患ナシトセンヤ。此ノ現状ニ在リテ、君相ハ文明ノ政治ヲ施スナリト誇リ、国民ハ文明世界ニ覆載セラル、ナリト讃スルヲ得バ、文明ノ一語ハ実ニ社会ノ一大有害物タルベキノミ。然リト雖ドモ、斯ノ如キハ独リ日国ノミナラズ、澳地利仏蘭西ノ如キモ亦蓋《けだ》シ皆然ル也。

読者マタ眼ヲ転ジテ仏蘭西ノ国情如何ヲ見ヨ。*ギゾーハ其ノ文明史ニ於テ、仏国ヲ以テ文明ノ集点ナリト誇称シ、欧洲ノ論士モ亦或ハ之ヲ許シテ*溢美《いつび》ニ非ラズトセリ。而シテ其ノ所謂《いわゆ》ル文明トハ何ヲ指シテ文明ト名《なづ》ケ、何ヲ認メテ文明ノ最極トスル乎。凡ソ欧洲大陸ニ於テ国民ガ泰平ノ沢ニ浴スル能ハザルハ、仏国ヨリ甚シキハ莫《な》シ。第*十七百紀ノ末ニ起リタル大革命ハ姑《しばら》ク之ヲ往事ニ附去リ、千八百十五年*維也納〈ウィヤナ〉ノ会盟ヨリ今日ニ至ルマデ、僅《わずか》ニ六十年間ニ於テ幾回ノ革命ヲ経、幾回ノ兵乱ヲ被リタルカヲ算セヨ。仏王*路易〈ルイ〉十八世殂《し》シテ*査耳〈シャルル〉十世ソノ統ヲ嗣ギ〈一八二四〉、数年ナラザルニ*三日ノ変乱アリテ王位ヲ廃セラレ、路易非立〈ルイヒリップ〉コレニ代リテ立ツ〈一八三〇〉。*合衆ノ革命アリテ王政ヲ廃シ、*路易那破倫保那巴〈ルイナポレオンボナパルト〉ソノ大統領タリシガ〈一八四八〉、一変シテ十年ノ在任ト定マリ〈一八五一〉、再変シテ帝位ニ登ル〈一八五二〉。爾来仏国ノ人民ハ稍々《ようやく》革命ノ騒乱ニ罹《かか》ルノ禍ヲ免カル、十八年ノ久キニ至リシト雖ドモ、仏廷ノ国是ハ外征ヲ以テ内訌ヲ鎮圧スルニ在ルガ故ニ、*アルゼリーノ遠征アリ*黒海ノ役アリ、*以太利《イタリー》ノ戦アリ*交趾《コーチ》*墨是哥《メキシコ》ノ戦争アリテ、遂ニ*日耳曼《ゲルマン》ト兵ヲ構シ〈一八七〇〉、軍敗レ帝虜《とら》ハレ帝政再ビ仆《たお》レテ又合衆ト為リ、次デ「*コムミュン」ノ乱ト為リ、乱平《たい》ギテ仏民ハ漸《よう》ク小康ヲ今日ニ得レドモ、政党ノ軋轢ハ現時ニ於テ更ニ甚シク、人心洶々ト

第一帝政期の一八二八年ギゾーがソルボンヌ大学で行なった講義をまとめたのが「ローマ帝国の崩壊よりフランス革命にいたるヨーロッパ文明史」で、日本ではC・S・ヘンリーの英訳本(一八七〇年刊、**New York**)が、はやく福沢諭吉らに読まれ部分的に紹介されていたが、明治十年永峰秀樹訳「欧羅巴文明史」として刊行された。

溢美　ほめすぎ。

十七　前出では「十八」。

維也納ノ会盟　ウィーン会議。ナポレオン戦争後のヨーロッパの秩序回復のため、一八一四年九月から翌年六月にかけてウィーンで開かれた。ロシア・オーストリア・プロシア・イギリスの四大国が主導したが、領土問題をめぐって利害が対立、長期間に及んだ。

路易十八世　〔一七五五―一八二四〕。一八一四年フランス王位につきブルボン王朝を復活。

査耳十世　〔一七五七―一八三六〕。一八二四年即位。ブルボン王朝最後の王となる。

三日ノ変乱　七月革命。市街戦が行なわれた七月二十七日―二十九日は「栄光の三日間」といわれる。ルイ・フィリップ(一七七三―一八五〇)が王位についた(七月王政)。

合衆ノ革命　二月革命。第二共和制。

シテ皆薄氷ヲ履ムノ思ヲ為スニ非ラズヤ。嗚呼《ああ》コノ六十年間ニ於テ君主ヲ廃スル三、合衆ヲ立ル二、政体ヲ改革スル八、憲法ヲ釐正《りせい》スル五、外戦ヲ構スル五、内乱ヲ起ス四回ナリト云ヘリ。其度ゴトニ人民ハ為ニ戦血ヲ洒《そそ》ギ、為ニ営業ヲ失ナヒ為ニ国費ヲ課セラレ、甚シキニ至リテハ平安ヲ明日ニ保信シ難キニ及ブ時アリ。斯《かく》ノゴトキ社会ノ不幸ニ遇フモ、尚ホ文明ノ化域ニアリトスル乎。且ツ輓近《ばんきん》ノ報道ニ拠レバ、今大統領*マクマホンハ帝党ノ徒ヲ挙テ内閣トシ、国論ノ多説ヲ拒絶シ遂ニ国会ヲ散シテ人民ノ政権ヲ傷《やぶ》リ、論者ヲ禁錮シテ言論文章ノ自由ヲ制シ、殆《ほとん》ド那破倫《ナポレオン》帝ノ故智ニ倣《なら》フ者ノ如キ状勢ヲ呈セリ。帝ガ大統領タルニ当リテヤ、臨機ノ政略《クーデター》ヲ名トシテ政権ヲ掌握シ、国会ヲ閉鎖シ、非常ノ戒厳ヲ令シ、激進合衆党ノ首領ヲ禁錮シ、内閣ノ長官ヲ更迭シ、直ニ*一般選挙法《ユニワルサルソフレーシ》ヲ復シ国民軍人ニ命ジテ急ニ十年在職ノ大統領ヲ選任セシメ、元老院及ビ立法両院ヲシテ之ニ応援セシメ、軍人ノ多説ニヨリテ自カラ其選ニ中《あた》ラント謀リタリ。而ルニ仏国ノ諸県ニ於テハ、往々其ノ簒逆タルヲ悪《に》クミ議論紛々ト起リタレドモ、尽ク兵威ヲ以テ之ヲ圧服シ、百方詐術ヲ逞ウシテ、遂《つ》ヒニ十年在職ノ大統領ニ選バレ帝位ニ登ルノ地位ヲ為セリ(一八五一年ノ十二月一日ヨリ廿日ニ至ル)。今ヤ政党ノ軋轢スル所ト政府ノ国是トスル所ヲ見レバ、如何ゾ、為ニ悚然《しょうぜん》トシテ恐レ、仏国ノ所謂《いわゆ》ル文明ノ集点トハ騒動ノ集点ト密附シ併行スルヲ以テ、更ニ其ノ社会ノ幸福ニ利益ナキヲ怪シマザルヲ得ザル也。

読者マタ夫《か》ノ墺地利《アウストリ》ヲ見ヨ。其ノ先帝*フェルジナントヲ廃シテ今帝*フランシスジョーセフノ大統ヲ嗣《つ》ギ新ニ政体ヲ定メタルハ、実ニ一八四九年ニシテ僅ニ廿五年前ノ事ナリ。而シテ其ノ国情タルヤ、墺地利帝ニシテ哄喝利《オンガリ》王ヲ兼任スルニヨリ、墺哄内国ノ葛藤ハ

路易那破倫保那巴　↓五四頁注「那勃烈翁三世」

アルゼリーノ遠征　一八五七年のアルジェリア侵略。

黒海ノ役　クリミア戦争。↓補注

以太利ノ戦　一八五九年、イタリア統一のためオーストリアに対する戦争に参戦。

交趾墨是哥ノ戦争　交趾↓一四三頁注「安南王国」。メキシコ遠征は一八六一―六七年。

日耳曼ト…　普仏戦争。↓一五頁注「仏孛交戦」

コムミユンノ乱　パリ・コンミューン。一八七一年三月から五月にかけパリに樹立された、最初の社会主義的な政権。

マクマホン　マクマオン MacMahon. 一八〇八―九三。クリミア戦争・イタリア戦争などで活躍し、チエールとともにパリ・コンミューンを鎮圧、七三年王党派の支持を得て第三共和制の第二代大統領に就任。大統領任期を七年に延長する一方、共和派・急進派の伸張を抑えることを計った。

一般選挙法　普通選挙法。

フェルジナント　オーストリア皇帝フェルディナント一世 Ferdinand I. 一七九三―一八七五。

フランシスジョーセフ　フランツ・ヨーゼフ一世 Franz Josef I. 一八三〇―一九一六。フェルディナント一世の甥。一八四

常ニ絶エズ。即位ノ初メ、僅《わずか》ニ*魯兵ノ援ヲ仮リテ哄ノ叛乱ヲ鎮定セシガ、日耳曼会盟ノ紛紜ハ概《おお》ムネ墺国ノ安寧ヲ妨害スルノ媒ト為リ、漸ク攻守同体ノ条約ヲ普魯西《プロシア》ト結ビタレドモ、其ノ実効ナク、*撒地利〈サルジニー〉王ノ為ニ以太利《イタリー》ノ所領ヲ蚕食セラル、ニ付キ、遂ニ仏撒同盟ノ兵ヲ敵トシテ戦ヲ構シ、毎戦ミナ利アラズ、ロムバルジートスカニーゼノアモデナボロナノ諸州ミナ敵有ト為レリ〈一八五九〉。次デ*普魯西ト共ニ丁抹《デンマーク》ト戦ヒタレドモ、其実益ハ普ノ為ニ専《もっぱら》ニセラレ〈一八六三〉、次デ*普ト戦フテ大ニサドワニ敗レ、又ウェネシアヲ以太利ニ割クニ至レリ〈一八六六〉。幸ニ其後ハ常ニ局外中立シテ外戦ニ関渉セズト雖ドモ、実ニ自国ノ防守ヲ経営スル為ニ兵ヲ増シ、備ヲ厳ニシ、殆ド国力ヲ竭《つく》シテ足ラザルノ域ニ迫ルガ如キヲ如何センヤ。且ツ其ノ政体ハ立憲ト称スレドモ、所謂《いわゆ》ル「*ジーヱット」「*レイクスラッド」ナル国議院ハ政治ニ向テ何等ノ実益ヲ与ヘ、人民ニ向テ何等ノ権利ヲ拡メ何等ノ自由ヲ伸バシムルヲ得ル乎。然バ則チ墺地利モ亦文明世界中ニ立チテ、却テ文明ノ美績ヲ社会ノ幸福ニ与ヘザルモノト云フベキノミ。

斯ノ如クニ観察シ去レバ、欧洲ノ第一等国ト呼バレタル諸強国ニテ唯々一ノ英吉利《イギリス》ヲ除クノ外ハ、魯日墺仏ノ文明ト誇負スル所ハ果シテ如何ノ点ニアル乎。見ヨ見ヨ。其ノ言論ニテコソ高尚ノ説ヲ立テ、以テ政図ノ標目ハ一ニ全ク社会ノ幸福ヲ保捗スルニ在リトスレドモ、其ノ実際ハ君相ノ名利ニ貪恋ナルガ為ニ、日々ニ国力ヲ竭《つく》シテ兵備ニ浪費シ、欧洲ノ大陸ヲ挙テ恰《あたか》モ戒厳休戦ノ日ト同一ノ観ヲ為サシムルガ如シ。安《いずくん》ゾ此ノ不幸ニ際立シテ文明ノ盛時ニアリト云フヲ得ンヤ。今ノ書生輩ハ動《やや》モスレバ欧洲ノ文明ヲ景慕シテ、之ニ心酔シ、甚シキハ其ノ政図ノ詐術ヲ以テ、忠信節義ヲ重ズルノ道徳世界ト妄信スルニ至ル者アリ。噫々《ああ》何

八年オーストリア皇帝に即位。六七年ハンガリーと調停してオーストリア＝ハンガリー二重帝国に改造し、ハンガリー国王を兼ねた。

魯兵ノ援ヲ仮リテ… 一八四九年ロシア皇帝ニコライ一世に援助を求め一〇万の軍隊をもってハンガリー革命を鎮圧。

撒地利王… サルディニア王、ヴィットーリョ・エマヌエレ二世。一八二〇－七八。イタリアを統一し、最初のイタリア国王となる。一八五九年ナポレオン三世と連合してオーストリアに開戦し、オーストリア領であったロンバルディア地方を回復した。フランスはイタリアからサヴォイとニースを獲得。

普魯西ト… デンマーク戦争。

普ト戦フテ… 普墺戦争。ボヘミアのサドヴァの会戦で、オーストリアは敗北した。

ジーヱット・レイクスラッド 一八六一年オーストリアに設置された二院制議会。前者が上院、後者は下院にあたる。

ゾ思ハザルノ甚シキ乎。

5　ロシアの勝利の影響を畏る　（郵便報知新聞）

*加耳斯《カルス》既ニ抜ケ、*孛列維納《プレウナ》亦《また》陥リ、魯軍ノ*英児見倫《エルゼローム》ニ逼《せま》ルハ将《ま》サニ近キニ在ラントス。近日電報ノ戦状ヲ告ルモノハ、土軍常ニ利アラズシテ魯鋒甚ダ鋭ク、漸ク*鷲旗ノ南進スルヲ観スルモノ、如シ。土廷ハ*回章ヲ以テ諸国ノ中裁ヲ冀図スルノ意ヲ表シタリト。土廷ハ何等ノ条約ヲ以テ媾和ス可キノ主意ナルヲ知ラズト雖モ、其勢幾分ノ国権ヲ減損セザルヲ得ズ。回顧スレバ本年四月戦端ヲ両国間ニ開キシヨリ、幾《ほと》ンド九ケ月ヲ閲シテ猶ホ殺氛ノ消滅スルヲ見ズ。異郷異種ノ人ニ在リト雖モ、誰レカ其惨烈ヲ悲マザランヤ。況ンヤ両国勝敗ノ機ハ大ニ我政事上ニ関スルナキニ非《あらざ》ルオヤ。嗚呼《ああ》戦闘ノ主義ハ宗教上ヨリ起リシニセヨ、将《は》タ政策上ヨリ生ジタルニセヨ、幾十万ノ生霊ヲ殺戮シ、幾*万斛《ばんこく》ノ鮮血ヲ以テ贖《あがな》ハズンバ到底所望ノ達ス可キニ非ルヲ知ル可シ。其残忍惨酷モ亦甚シカラズヤ。

然リト雖モ魯ト土トハ素《もと》ヨリ対等ノ敵ニ非ズ。両国開戦ノ初メヨリ、其勝敗如何《いか》ンハ幾《ほと》ンド決定シタルモノ、如ク、仮令《たとい》土軍ノ鋒勢鋭利ニシテ一時勝ヲ制スルモ、其結局ヲ全フスル能ハザルハ必然ナリト識者ハ予《あらか》ジメ明言シタル所ナリ。蓋《けだ》シ今日ノ形勢ヲ以テセバ、土軍ノ敗兆顕然トシテ軍機ヲ回復スルノ気力無ク、媾和ニ因テ結局ヲ了セントスルモノ、如シ。土

5 解題［明治十年十二月二十一日］ 露土戦争での専制ロシアの勝利のわが国への影響を警戒した無題論説。普仏戦争での専制プロシアの勝利につぐロシアの勝利が、日本でもますます「専制抑圧ノ主義」への礼讃の主張を強めることになりはしないか、と強く警告している。

加耳斯　トルコのアジア部の東端、国境にほど近い戦略要地。

孛列維納　プレヴナ。ドナウ河の南側、対露第一次防衛線に位置する重要拠点の一つ。オスマン・パシャ(→一一三頁注「オスマン侯」)がこの要塞を守り、三度にわたってロシア軍を撃退したが、一八七七年十二月ついに陥落。

英児見倫　エルズルム。小アジア東北端、アルメニア地方の都市。カルスが突破された場合の第二次防衛の拠点。

鷲旗　ロシア軍をいう。鷲はロシアの表徴。

回章　一八七七年十二月十二日、トルコ政府は回章をもってパリ条約(一八五六年)加盟のイギリス・ドイツ・オーストリアなどに調停を依頼した。

万斛　おびただしい量であること。斛は容量の単位(一〇斗)。

廷ノ中情実ニ想フ可キナリ。抑《そもそ》モ我ト魯トハ隣境締交ノ好無《な》キニ非ズ。故ニ我輩ハ決シテ魯ノ敗ヲ望ミ土ノ勝ヲ祈ラザルナリ。但土耳格《トルコ》ハ同盟ノ邦ニ非ズ、交情ノ以テ之ヲ庇蔽スルアルニ非ルナリ。又タ強ヲ挫《くじ》キ弱ヲ助クルノ任侠然タル気風ヨリ、土ノ勝ヲ欣喜スルニ非ルナリ。然レドモ其勝敗如何ンニ付キ、大ニ我国ノ政事上ニ影響シテ吾人ノ利害如何ンニ波及ス可キモノ無キニ非ルヲ以テ、吾人ハ自家ノ利害如何ニ付キ論弁スル所アラント欲スルナリ。

我輩ハ四海皆兄弟タリ腕力遂ニ権利タラズ同盟ノ交誼亦相頼ルニ足レリトセバ豈《あに》魯ノ勝ヲ祈ラザランヤ。然レドモ、既ニ一国ヲ建立シテ各其国ノ利害ヲ計画スルヨリ、政事上ニ生ズルノ影響如何ンヲ見テ、自家ノ喜戚*トナスモノハ、独リ我輩ノミナラズ、全国ノ人民皆同一ノ感想ニ出ヅ可キナリ。然リト雖モ、我輩ハ決シテ土ノ魯ニ勝タンコトヲ望ムニ非ルナリ。唯《ただ》魯ノ土ニ勝テ而シテ我国ニ生ズ可キ影響ヲ懼《おそ》ルヽナリ。其所謂影響トハ、強魯一タビ土ニ勝タバ其勝軍ノ勢ヲ以テ我ヲ凌圧スルヲ謂フニ非ルナリ。斯クノ如キハ或ハ終ニ懼ル可キモノトナルヲ知ラズト雖モ、還《ま》タ我輩ガ今日ニ杞憂スル所ノモノト異ナリ。

抑《そもそ》モ魯ノ土ニ勝テ而シテ其国ニ成スルノ勢ハ、我国ニ向テ何等ノ影響ヲ与フルカハ我輩ノ懼レテ而《しか》モ言ハント欲スル所ナリ。我輩ハ魯国ノ政体法律ヲ見テ、其厭《いと》フ可キヲ知リ、専制抑圧ノ主義ハ自ラ其国ヲ成シタルヲ想ヒ、吾人ハ生レテ魯国ノ政轅*ニ羈束セラレザルノ幸福アルヲ喜悦スルノミ。而ルニ今若シ魯軍ノ捷ヲ奏シテ国勢再ビ振ヒ、垂天ノ鷲翼ヲ張リテ両洋(東西)ヲ睥睨《へいげい》スルアラバ、殊《こと》ニ強国主義ニ熱中スルノ君子ハ如何ナル意想ヲ生ゼントスルカ。安《いずく》ンゾ魯ノ強ヲ羨ミ、国ヲ挙ゲテ魯ニ倣《なら》ハントスルナシトセンヤ。往年普国ガ仏国ニ勝テ、漸ク抑圧主義ヲ主張スルヨリ、世界ノ政事家ハ抑圧主義モ亦《また》国ヲ富強ニスルニ足レリトシ、

喜戚　喜憂。喜びと心配。

政轅　轅はくびき。専制抑圧の政治をいう。

圧制ハ以テ治国ノ要訣ナリト云フニ至リ、例ヲ普ニ取リ喩ヲ魯ニ引テ此説ヲ賛助スルモノナキニ非ルナリ。

今ヤ魯国勝ヲ恣《ほしいまま》ニシテ大ニ強威ヲ養成セバ、彼《か》ノ抑圧ノ極点ニ位セル魯国政府ニシテ、尚ホ然リ、抑圧モ亦悪《にく》ム可キニハ非ズトノ念慮ヲ生ゼザルヲ保セズ。良シ然ラズシテ、為政家ハ幸ニ抑圧ノ悪ム可キヲ知ルモ、国ノ強ヲ欲ルハ人情ノ然ラシムル所ナレバ、「強兮強兮、北方之強強ナルコト魯ノ如《ごと》クンバ亦足レリ、圧制手段モ又タ将タ可ナリ」ト、苟《いやし》クモ此一念ヲシテ為政家ノ心裏ニ侵入セシメバ、一旦*手滑、抑圧政事ノ振作スルナキヲ保ス可ケンヤ。其レ然リ、魯ノ勝ハ魯ノ強ヲ生ジ、魯ノ強ハ人ヲシテ之ヲ慕ハシムルノ心ヲ生ジ、之ヲ慕フノ心ハ又其法律制度ニ傚フノ心トナリ、終ニ抑圧ノ鋒刃トナリテ、自由ノ*塞柵権利ノ干城ヲ撃破スルニ至ラザルナキ乎。論ジテコヽニ至ラバ、我輩ガ魯ノ勝ヲ懼ルヽハ決シテ其勝軍ヲ懼ルヽニ非ズ、勝軍ニ由リテ生ズル影響ノ我ニ波及スルモノヲ懼ルヽヲ知ラン。

6　魯勝土敗は東洋の不利にあらず（郵便報知新聞）

魯勝土敗ハ東洋ノ不利ニアラズ　杉山繁

*新月*双頭鷲ノ戦ヲ開キシ初ニ当リ、鷲旗軍ハ連戦其ノ利ヲ失ヒ、或ハプレウナニ鋭鋒ヲ挫折セラレ、或ハエルゼロームニ*曠日持久シ、三旬ヲ出デズシテ*吶喊長駆直ニ公斯丹堡《コンスタンチノープル》ニ迫

手滑　しくじるの意であるが、ここでは、つい、勢いあまって、と解すべきか。

塞柵　とりで。

6解題［明治十一年一月二十八日］露土戦争にかかわる論説として、前掲II-5と同じ「報知」の論説でありながら対照的な主張。ここではロシアの勝利がその野心をますます西方(トルコ・ヨーロッパ)に向けさせるのなら、アジア、日本には必ずしも不利にはならないと説く。II-5・6の主張の相違は、民権派のロシア認識が、その専制主義への批判と膨張主義への警戒の間で揺れ動いていたことをよく示している。筆者杉山繁については未詳。

新月・双頭鷲　それぞれトルコとロシアの表徴。

曠日持久　長い月日をもちこたえる。

吶喊　ときの声をあげる。

ルノ戦略ハ其ノ空想タリシヲ証セシ者ノ如クナリシモ、終ニ*輪贏《しゅうえい》ノ局面ヲ一変シテ、新紙上ニ連々掲載スルガ如ク、去歳十二月三日ノ電報ニハバトームノ近地ナルチヤズバニーヲ略取シ、六日ニハバルカン山脈ノ険路ヲ占メ、次デスタリチザヲ抜ケリ。又欧羅巴《ヨーロッパ》部ニ於テ、土兵ノ根拠ト頼ミ西部ノ安危ヲ托シタル彼ノプレウナハ、守将*オスマン侯ガ猛勇ニシテ善ク守禦シタルニモ拘ラズ、激戦ノ後遂ニ之ヲ陥レテ上将以下四万余人病者二万ヲ捕獲セリ。又一月七日ノ電報ニ依レバソヒヤヲ略シ、十日ニハシフカノ土兵ヲ追テバルカン山路ヲ踰《こ》ヘ、近クテースニ達シタリ。而テ十二日ニ於テハニツチヲ降ダシエニサガラ及ビバザジツチニ入レリ。又最近ノ電報ニテハアドリアノープル府モ既ニ魯軍ノ攻陥スル所トナリシトゾ。欧羅巴部ニ於ル最後ノ*要扼ハ唯《ただ》アドリアノープルノ一処ノミナレバ、土軍ハ全力ヲ尽シテ此地ヲ死守スベキニ、今ヤ亦タ此ヲ棄テ首府ニ退却スルニ至レリ。又亜細亜《アジア》ノ戦況ヲ顧レバ、土軍ノ振ハザル、日ニ甚シキヲ加ヘ、カルスノ堅砦ヲ失ヒシ以後ハ歩々退卻《たいきゃく》シテ、バルカンノ険地モ亦夙《と》ク其ノ守ヲ失ヒ、西ヨリ東ヨリ敵兵ノ首府ニ進侵スル、最早《もはや》旦夕ニ迫レリ。城下ノ盟焉《いずくん》ゾ得テ免ルベケンヤ。而テ世人ガ援助ノ望ヲ属シ、其ノ仲裁ヲ早晩ニ負担スベキノ英国モ、今日ニ至テハ無言中立ノ地位ヲ永ク保守スル能ハザルベキナリ。余輩ガ聞得タル最近ノ私信電報ニ依レバ、英国ノ媾和ヲ周旋スルニ因テ、遂ニ戦闘ハ休止ニ至レリト。果シテ此《かく》ノ如クンバ欧洲ノ戦乱モ其ノ局ヲ結ブコト、応《まさ》ニ近キニアルベシ。此ノ時ニ当テ魯国ハ土国ニ如何ナル条件ヲ要求スベキカ。黒海ノ全艦ヲ奪ヒ土国ノ*附庸《ふよう》属藩ヲ独立セシムル等ハ、講和ノ締約ニ於テ余輩其ノ免レ難キ所タルヲ疑フナリ。又仮令《たと》ヒ此等ノ条件ナキニモセヨ、今日ノ輪贏ハ、魯国ヲシテ其ノ勢威ヲ振フノ階梯タラシムルニ傾斜スルハ明カナリ。未レ審《いまだつまびらかならず》、

輪贏　まけ（輸）とかち（贏）。勝負。

オスマン侯　オスマン・パシャ Othman Pasha. 一八三七?―一九〇〇?。オスマン帝国の将軍。クリミア戦争やセルビア戦争などに戦功があり、プレヴナの攻防戦では要塞を五カ月間守備し、ついに捕虜となった。のち近衛師団長ついで陸相にいたる。

要扼　敵をくいとめるところ。アドリアノープルはコンスタンチノープルの西方約三〇〇キロにあって、ギリシア独立にかかわるロシア・トルコ戦争（一八二八―二九年）、クリミア戦争などで常に争奪の的とされた戦略要地であった。結局ロシアの占領するところとなり、休戦条約がこの地で結ばれる。

附庸　宗主国に服属すること。

東洋諸国ノ人民ハ土国ノ敗亡ヲ以テ、之ヲ利アリト為《す》ルカ将《は》タ害アリト為《な》スカ。

世人ノ説ク所ヲ聞クニ、*万口一談魯勝土敗ヲ以テ、東洋ノ一大不幸ト為サヾル者無キニ似タリ。然レドモ余輩ノ意見ハ大ニ之ト相反セリ。請フ、試《こころみ》ニ之ヲ説《とか》ン。余輩ハ土国今日ノ敗衰ヲ以テ、却テ東洋一時ノ大幸ト為サント欲スルナリ。凡《およ》ソ赫々ノ威、焔々ノ勢ヲ同類ニ振ハント欲望スル者ニシテ、其ノ志ヲ右辺ニ得ザレバ、必ズ転ジテ其ノ力ヲ左辺ニ専ニス。是レ人類ノ常情ナリ。然レドモ其レヲシテ初ニ志ヲ右辺ニ得セシメバ、厭倦満足ノ後ニアラザルヨリハ、未ダ其ノ力ヲ左辺ニ用ユル者ハアラザルナリ。故ニ其人ヲシテ力ヲ左辺ニ専ニセシメザランコトヲ欲セバ、唯応《まさ》ニ之ヲシテ其ノ志ヲ右辺ニ得セシムベキノミ。斯ノ如クシテ其ノ鋭鋒ヲ他辺ニ転向シ、其ノ力ヲ他人ト競ハシメバ、我以テ彼ニ備ルノ間ヲ得テ、却テ又其ノ隙ニ乗ズルノ利ヲ得ベシ。夫《そ》ノ志ヲ右辺ニ得ザラシメント欲スルガ若《ごと》キハ、徒《いたずら》ニ是レ自己ノ禍難ヲ急促スルノ愚策タルノミ。

今顧テ天下ノ大勢ヲ察スルニ、欧洲ハ恰《あたか》モ世界ノ大都タルガ如シ。故ニ欧洲一地ニ覇タルヲ得バ、亦タ以テ天下ニ覇タルヲ得ベシ。欧洲一地ニ於テ其ノ勢威ヲ逞《たくまし》スル者ハ、亦タ以テ其ノ威ヲ世界ニ振フニ足レリ。是ノ覇図ヲ抱ク者ニシテ、先ヅ其ノ力ヲ欧洲ニ伸ルヲ欲セズシテ、将《は》タ他ニ何事ヲ望マントスルカ。試ニ魯西亜政府ヲシテ*大帝彼得《ピヨートル》ノ遺訓ヲ服膺セシメバ、余輩ハ其ノ欲望スル所明ニ欧洲ニ覇タルニ在ルヲ知ルナリ。若シ夫レ東洋諸国ニ垂涎スル者ハ、是レ唯《ただ》資ヲ以テ覇欧ノ勢ヲ養ヒ成サンガ為ニ過ギザルノミ。然ラバ則チ、魯西亜ノ欲望スル所ハ左辺ニ在ラズシテ、却テ右辺ニ在ル者ナリ。苟モ其レヲシテ志ヲ欧西ニ得セシメズ、連戦利ヲ失ヒ土兵ノ為ニ追躡《ついじよう》退却セラルヽコト、往年*クリメヤノ役ニ於ルガ如《ごと》ン

万口一談　大勢の人が口をそろえていう。

大帝彼得ノ遺訓　ピョートル大帝の遺訓。戦争に備えて軍備を整えること、ヨーロッパ各国の事件・争論には必ず干渉すること、ポーランドは絶えず分裂状態におくこと、コンスタンチノープルとインドを領すれば世界の主となれる、など一四カ条にわたる。ただしこの遺訓中に東アジアへの進出をほのめかす内容はない。日本には「明六雑誌」第三号(七年)に杉亨二により、「峨国彼得王ノ遺訓」として訳出・紹介されていた。

クリメヤノ役　クリミア戦争。→補注

バ、此ノ西欧ニ逞フスルヲ得ザルノ志ハ転ジテ之ヲ東亜ニ専ニセン。彼ノ土国ニ屈セシ膝脚ハ将《まさ》ニ之ヲ東洋諸国ニ伸ベントス。此ノ時ニ至テハ、我ノ以テ彼ニ備ル所ノ者、未ダ整備スルニ及バズシテ禍患転《うた》タ速《すみやか》ナルヲ加ヘン。是レ戦国政策ノ宜シキヲ得タル者ニハアラザルベシ。

然ルニ今ヤ、土国ノ衰敗ニ因テ魯国ハ其ノ力ヲ西欧ニ用ルノ階梯ヲ得タレバ、向後《こうご》ノ政策ハ必ズ黒海、地中海ノ沿岸若《も》クハ印度ヲ領有スルニ急ニシテ、其志ヲ東洋ニ専ニスルコト無《なか》ラン。果シテ然ラバ、東洋ノ諸国ハ因テ以テ其国力ヲ培養スルヲ得ン。且ツ魯国ガ覇欧ノ勢、日ニ成ラント欲スルノ有様アラバ、西欧諸国ガ之ヲ忌嫌疾悪スルノ情、亦《ま》タ益々大ナルヲ加ヘ、合同ノ国力ヲ以テ魯国ノ赫焔ヲ殺《そ》ガント願フ者多カラン。又仮令《たとい》此事無キモ一旦東洋諸国ニ事アラバ、之ヲ扶援救護スルコト愈《いよい》ヨ止ム能ハザルベシ。故ニ東洋諸国ニ於テハ、今回ノ戦乱ニ因テ、第一ニ国力ヲ養フノ間ヲ得ルノ利アリ。第二ニハ西欧諸国ニ自己ノ得喪ヨリ患難相救フノ念ヲ増サシメシ利アリ。然ラバ則チ、魯勝土敗ガ東洋諸国ニ於テ意外ノ幸福タランモ知ル可ラザルナリ。焉《いずくん》ゾ之ヲ以テ一概ニ不利ト断言スルヲ得ンヤ。

7　各国交際の形勢を論ず（郵便報知新聞）

各国交際ノ形勢ヲ論ズ

杉山　繁

7 解題〔明治十一年二月十六日・十八日〕　現実の世界情勢を動かしているものは欧米諸強国のパワー・ポリティクスの論理であることを強調した論説。さらに万国公法も半開・未開の非欧米諸国にとってはなんの救いにもならないとする。筆者はII-6と同じく杉山繁。この種の世界情勢認識を示した論説は、「朝野」の論説「東洋ノ形勢ヲ論ズ宇津木克己手稿」(十四・四・一)をはじめ数多く、当時の一般的な論調であったといえる。

国ヲ鎖ザシテ外人ヲ拒絶シ、交際通好ハ専ラ内人ノ中ニ止《と》リシ日ハ、水入ラズノ内輪（ウチハ）世帯ナレバ、遠慮心配モ無キ世ノ中ナリ。実ニ*武陵桃源ノ春ヲ専ニシタル心地ナリシガ、一タビ国港ノ*鎖鑰《さやく》ヲ撤シテ、外人ノ進入ヲ縦《ゆ》ルセショリ、活世ノ機関ハ全ク変ジテ一国百般ノ事物皆外国ト関係スルノ姿トナリ、吾人ガ心配ノ領分モ一層広マリ、*方寸ノ働キハ以テ此広濶ナル人海ノ波瀾ヲ洞観スル能ハズ。僅カニ一身ヲ以テ、一時代ノ風濤ニ浮沈シテ而シテ止ムノミ。其レ然リ、人海ノ波瀾ハ理ヲ以テ動カズ、情ヲ以テ動クガ故ニ、国ト国トノ附合モ亦情ニ由リテ動カザルヲ得ズ。故ニ只管《ひたすら》理論ニ由リテ論談スルモ、大ニ世情ト背馳シテ案外ノ誤解ヲ来スコトアリ。理ヲ以テ推ストキハ、馬ト名《なづ》ク可キモノモ案外ニ鹿ト変ズルコトアリ、其レ然リ、理論推考モ亦以テ情ノ活動ヲ前知スル能ハズトセバ、人海ノ転変ハ、愈《いよいよ》推測ス可ラズ。加フルニ交通ノ区域愈大ナレバ、之ヲ観ルコト益《ますます》明ナラズ。嗚呼《ああ》開港アリテヨリ、我国ノ人民ハ無数ノ心配ニ取捲カレタル、手モ足モ出シ兼ネタルノ有様ナラズヤ。

抑モ平穏無事ニ交際ヲナスノ時ト雖モ、各国互ヒニ相并呑《あいへいどん》セントスル思念ハ自ラ消去セズシテ、締盟好通藹然《あいぜん》ノ情言外ニ現ハレタルモ、猶《なお》虎狼ノ野心ヲ其心裏ニ陰伏セシムルヲ如何《いか》ンセン。然リト雖モ、各国交際ノ有様モ亦、日ニ変遷シ来リテ、各自其国ヲ富強ニスルノ手段モ、大ニ昔日ニ異ナル所アルガ如シ。我国ノ如キハ地勢ノ自ラ外交ヲ妨遏シタルヲ以テ、列国交通ノ際ニ生ズル変態ノ味ハ知リ得ザル所ナリト雖モ、*犬牙界ヲ接シテ国ヲ立ルノ諸邦ニ在リテハ、已ニ往昔ヨリノ変遷ヲ味ヒ得タルコトナル可シ。古来史乗ニ載スル所ヲ見ヨ。唯隣境敵国ヲ嚙喫并呑シテ其国土ニ合セ、以テ富強ヲ誘クノ一手段アルノミ。白耳西《ペルシア》ノ*塞留斯《ピュロス》及ビ*駝流斯《ダリウス》、馬塞頓《マケドニア》ノ*歴山王《アレキサンダー》、羅馬《ローマ》ノ*斯西《シーザー》、*査列曼《シャルルマーニュ》及ビ*多滅留蘭《タメルラン》、*現幾斯罕《ジンギスカン》、

武陵桃源　陶淵明の「桃花源記」にでる仙境で、世の変遷とはかけはなれた平和な別天地のこと。

鎖鑰　じょうまえとかぎ。鎖国していたことをいう。

方寸　心。心中。

犬牙界ヲ接シテ…　国境が入りくんで接していること。

塞留斯　Pyrrhus. ピュロス。前三一九-二七二。エペイロス王。一時マケドニア王。大軍を率いてイタリアに渡り、ローマ軍・カルタゴ軍を撃破。

駝流斯　Darius I. ダリウス一世。前五五八頃-四八六。アケメネス朝ペルシアの王。前四九〇年ギリシアに遠征したがマラトンで敗れた。

歴山王　Alexander. アレクサンドロス。前三五六-三二三。マケドニア王。ギリシアからインドに及ぶ大帝国を築き、大王と称される。

斯西　Caesar. カエサル。前一〇二-四四。ローマ最大の政治家とされる。

査列曼　Charlemagne. 七四二-八一四。カルル一世。フランク国王。イギリス・スカンジナビアを除く、ヨーロッパ大帝国を築く。八〇〇年ローマ皇帝の帝冠をうけた。

多滅留蘭　ティームール Timur. 一三三六-一四〇五。ヨーロッパではタメルラン Tamerlan とよばれた。地中海からイン

日耳曼《ゲルマン》ノ＊査列斯《チャールス》第五、西班牙《イスパニア》ノ＊辺留次南土《フェルディナンド》及ビ＊伊佐別羅《イサベラ》、仏蘭西ノ＊路易《ルイ》第十四、瑞典《スエーデン》ノ＊査列斯《チャールス》第十二、孛魯西《フロシア》ノ＊扶列田力《フレデリック》、満児母郎《バルバロッサ》及ビ＊那勃翁《ナポレオン》第一ノ如キハ、皆他国ヲ蚕食幷呑シテ其疆土ニ加エ、以テ富強ヲ致セルモノナリ。然レドモ此等ノ猛将暴王ガ他邦ヲ幷呑シテ自国ノ疆土ニ加エ、以テ自ラ富強ナリトスルハ真ニ惑ヘルノ甚シキモノナリ。唯甲ノ貨財ヲ奪フテ乙ニ移シ、甲ノ身体ヲ降シテ乙ノ身体ヲ昇セタル迄ニテ、コノ変態アルガ為メニ、起シタル戦争ハ双方ノ間ニ多分ノ貨財ヲ消亡セシメタルガ故ニ、差引キ勘定ヲ以テスレバ唯一方ノ疆土ヲ広メタルノ成績アルノミニシテ、富強ノ実アルニハ非ルナリ。

英国ノ印度ニ於ルハ、稍《やや》其趣キヲ異ニスルガ如シ。一タビ其地ヲ取テ附庸トナシテヨリ、逐漸土民ヲ籠絡シテ恰カモ之ヲ範＊籬内ニ蓄《やしな》ヒ置キ、秩序ヲ追フテ其膏血ヲ取ルガ如シ。故ニ印度ハ英国ノ宝庫タル諺アリキ。其レ然リ。英国ト雖モ今日ニ在リテ初メテ印度ヲ取ランニハ、其コヽニ至ルヲ得ザル可シ。惟《おも》フニ英国ノ如キハ、他邦ヲ掠取シタルノ後、工夫ヲ施シテ其富強ヲ増スノ原因ヲ開キタルナリ。唯《ただ》之ヲ掠取シタルヲ以テ、直チニ富強ヲ得タルニハ非ルナリ。其疆土ヲ取ルノ道ト其富強ヲ致スノ道トハ大ニ趣キヲ異ニシ、初メハ直チニ腕力ヲ用ヒ、後ニハ漸ク智術ヲ施ス。故ニ其膏血《こうけつ》ヲ土人ニ取ル惨酷至ラザル所ナシ。然リ而シテ此一術ハ唯《ひと》リ英人ノ専有ニ帰シタルガ如シ。英国ヲ除クノ外ハ他邦ヲ幷呑シタルガ為メニ、大ニ自国ヲ富マシタルアルヲ見ズ。蓋シ蚕食幷呑ヲ以テ直チニ富強ヲ致スノ術トナシタルナリ。猶ホ一国社会ノ一人ガ他人ノ財産ヲ奪掠シテ、之ヲ所有シ以テ富メリトスルガ如シ。実ニ厭フ可キノ至リナラズヤ。然レドモ此《この》蛮習ハ今日ニアリテモ尚ホ未ダ洗滌シタリト云フヲ得ズ。列国好通ニ盟約アリ万国交際ニ公法アリト雖モ、決シテ一般ノ平和ヲ維持スルノ用ヲ

ドのガンジス河にいたる、広大な帝国を建設。

現幾斯罕 チンギス・ハン。一一六七‐一二二七。モンゴル帝国の創設者。

査列斯第五 Charles V. カルル五世。一五〇〇‐五八。神聖ローマ皇帝。スペイン・ドイツにまたがるハプスブルグ王国を建設。

辺留次南土 Ferdinand II. フェルナンド二世。一四五二‐一五一六。カスティリャ王・アラゴン王・連合王国スペイン王。グラナダ王国を征服し、南イタリア・シチリアも領土にした。

伊佐別羅 Isabella I. イサベル一世。一四五一‐一五〇四。夫のフェルナンド二世とカスティリャを共同統治。

路易第十四 Louis XIV. ルイ一四世。一六三八‐一七一五。フランス絶対主義の最盛期を現出。太陽王。

査列斯第十二 カルル一二世。一六八二‐一七一八。ピョートル大帝のロシアやポーランド、デンマーク等と北方戦争(一七〇〇‐二一)を行なった。

扶列田力… Frederick Barbarossa. フリードリヒ・バルバロッサ。一一二三‐九〇。神聖ローマ帝国皇帝。五度にわたりイタリアに遠征。帝国の全盛期とされる。

那勃翁第一 Napoleon I. 一七

ナサズ。他邦ヲ并呑シテ其境土ヲ合センガ為メニ戦乱ヲ醸《かも》スノ勢ハ、遂ニ之ヲ*遏絶《あつぜつ》スルノ道ヲ得ズ。今日各国交際ニ在リテ至極ノ困難ヲ免レザルハ此点ニアリ。

他人ノ疆土ヲ蚕食并呑シテ、以テ富強ヲ致サントスルノ野心ハ締盟列国ノ間ニ在リテ、常ニ戦気ヲ攪起スルノ本源ナリ。近クハ*波蘭《ポーランド》土ノ覆滅ヲ見ヨ、現在魯土ノ交戦ヲ見ヨ。其口ニ藉《かり》テ以テ戦ヲ開クノ原因ハ何事ニ在ルモ、唯是レ虎狼ノ暴念ヲ蔽庇スルノ外套ニ過ギザルノミ。嗚呼虎狼群中ニ介立シテ、其傷害ヲ免レント欲ス。其レ亦難矣《かたきかな》。各国ノ交際ニ情誼ヲ主トシ強威ヲ弄シテ弱小ヲ凌《しの》ガズ、他邦ノ権利ヲ尊重シテ以テ其国ヲ富強ニシタルハ、唯北亜聯邦共和国ニ於テ之ヲ見ルノミ。

米国人民ノ自ラ誇揚スル所ヲ聞クニ、輒《すなわ》チ曰ク、我共和国ノ外交ニ主トスル所ハ専ラ平和ト情誼トニ在リ。敢テ土地ヲ争フノ暴戦ヲナサズ。又他邦ノ権利ヲ傷害セズ。貿易ノ故ヲ以テ他邦ト相親交ス。政策ノ故ヲ以テ相密約スルコトナシ。他人ノ境土ヲ欲スルトキハ適宜ノ代価ヲ以テ之ヲ贖《あがな》フ。敢テ兵ヲ弄シテ侵略セザルナリ。

又一タビ之ヲ贖ヒ得レバ、其土人ノ権利ハ毫モ左右スルコトナシ。我政府此主義ヲ変セズシテ、従来贖ヒ得タル土地ハ聯邦共和ノ根基タル十有三州ニ八倍セリ。一千八百三年ニ千五百万弗《ドル》ヲ以テ、ミツシツピー河ト太平海ノ間ニ在ル疆土ヲ仏国ヨリ買取レリ。後《の》チ之ヲ*ロイシヤナト名《なづ》ク。此売買ニヨツテ直チニ那勃列翁《ナポレオン》第一世トノ戦争ヲ免レタリ。此レ売買条約ヲ以テ土地ヲ兼并シタルノ初メナリ。

*千八百十一年ニ至リテ、更《さ》ラニ五百万弗ヲ以テフロリダヲ西班牙ヨリ贖ヒ、以テ戦乱ヲ免

六九―一八二一。いわゆるナポレオン戦争によりヨーロッパを席巻。

範籬　藩籬。まがき、かこい。

遏絶　さえぎりとどめる。

波蘭土…　ポーランドの滅亡。→三七頁注「ホーランド…」

ロイシヤナ　ルイジアナ。

千八百十一年　一八一九年の誤り。

レタリ。千八百四十五年ニ在リテハ、政府ノ欲望ニヨリテキサスヲ兼并シテ、為メニ*一千万弗ノ負債ヲ引請ケタリ。此事ヨリシテメキシコトノ戦争ヲ開クニ至レリ。而ルニ我勝利ニヨツテ其地ヲ占メ、其戦ヲ終ヘタルハ実ニ千八百四十八年ナリ。此ニ至リテ更ラニ条約ヲ定メ、当時争端ニ属セルテキサス州ヲ我ニ譲与シ、之ニ加フルニ現ニカリホルニヤ、ネバタ、ユータ、ニユーメキシコノ一部タル疆土及ビコロラード地方ヲ以テセリ。此条約ニ就テ我政府ヨリ千五百万弗ヲメキシコニ払ヒ、別ニ三百万弗ノ負債ヲ引請ケタリ。此レ一タビ兵力ヲ以テ得タルノ土地ヲ贖フニ適宜ノ金額ヲ以テシテ、其所有権ヲ譲受ケタルノ濫觴ニシテ、古今史乗ノ未ダ記セザル所ナリキ。又*千八百五十四年ニハ、一千万弗ヲ以テメキシコヨリメツシラ近地及ビアリゾナ地方ヲ買取リ、*千八百六十八年ニハ七百万弗ヲ以テアラスカノ所領ヲ魯国ヨリ贖ヒ得タリ。其他各地方ニ植民シテ、以テ我所領ニ加エタルハ枚挙スルニ遑《いとま》アラズ。之レガ為メニ英国ト戦端ヲ開キシコト、甚ダ多シ。然レドモ其戦ハ已《や》ム可《べか》ラザルニ起リ、敢テ我レヨリ侵略ヲ企テタルニ非ルナリ。又偏《ひとえ》ニ強威ニ頼リテ土地ヲ侵略セバ、土着ノ蛮族ヲ制伏シテ其所領ヲ奪フハ殊ニ易々タル耳《のみ》。然レドモ敢テ兵力ヲ以テセズ、充分ノ金額ヲ以テ其地ヲ贖フノ外、別ニ兼并主義ヲ有《も》タズ。此レ我政府ガ年々幾百弗ヲ*土苗事件ニ消費スル所以ナリ。夫レ然リ、我政府ガ兵威ニ依頼セズシテ境土ヲ拡ムルノ主義ハ、*華盛頓《ワシントン》ガ解任ノ日ニ在リテ我国人ニ告諭セルノ本旨ニ基キタルモノニシテ、我共和国ノ外交ニ於ケル此《かく》ノ如キニ過ギザルノミト。

余輩モ亦信ズ。此争奪世界ヲ分離シテ別ニ一天地ヲ卜《ぼく》シタルハ、唯《ひと》リ聯邦共和国アルノミ。其戦闘ヲ好マズシテ平和ヲ主張シ、防守ノ戦ニ非《あらず》ンバ敢テ兵力ヲ藉《か》ラザルハ、固ヨリ尊重ス

一千万弗… テキサスはいったん独立した後、一八四五年アメリカの一州として加わるが、メキシコはこれを認めず、翌四六年アメリカのポーク大統領はメキシコから戦端が開かれたとして、五万人の軍隊召集と一〇〇〇万ドルの軍費支出を議会で可決させた。この軍費をいうか。戦争は四七年のメキシコ市陥落をもって終了し、四八年のグアダルーペ・イダルゴ条約によって、ニューメキシコ・カリフォルニアを含む広大な地域を一五〇〇万ドルで買収する。

千八百五十四年 一八五三年の誤り。

千八百六十八年 一八六七年の誤り。

土苗事件 インディアン問題のことか。

華盛頓 George Washington. 一七三二—九九。アメリカ合衆国初代大統領。一七九六年九月、大統領辞任のことばをフィラデルフィアの新聞 The Daily American Advertiser に発表(訣別の辞)、外国との同盟の危険性について論じ、外国と政治的運命を共にすることを戒めた。

ル所ナリ。而ルニ此ノ尊重ス可キ米国ト雖モ、猶且ツ兵力ヲ後援トシテ強迫手段ヲ交際上ニ用ルヲ免レズ。*記スルヤ否ヤ、嘉永年間米国ノ水師提督ペルリガ我徳川政府ニ交通ヲ逼《せま》リシ事情ヲ。豈其レ之ヲ正理ニ適《かな》ヘリト云フヲ得ンヤ。将タ情誼ニ出デタリト云フ可ラズ。米国ニ在リテスラ猶コヽニ出ルヲ免レズ。他ノ諸強国ガ交際上ニ何等ノ威力ヲ施用スルカハ又論ヲ俟タザルナリ。而ルニ*ウイルシイ氏ノ如キハ、其著述セル万国公法ニ於テ、直チニ此強迫ノ修交ヲ挙ゲテ後来ニ示ス可キ一例トナシ、「開明ノ人民ガ未開人民ニ交通ヲ逼ルノ*憑例ハ、米国ノ日本ニ於ケルガ如ク敢テ許シ難キノコトニ非ズ」ト云フニ至ル。嗚呼唯《ひと》リ為政家ノミナラズ、学士ヲ以テ自ラ任ゼル人ト雖モ、此妄論ヲ吐露シテ以テ後世ヲ瞞着セントス。戦乱ノ止ミ難キ、締盟ノ恃《たの》ム可ラザル、外国交際ノ因リテ困難ヲ生ズル、亦宜《むべ》ナラズヤ。此レ吾人ガ今日ニ在リテ*国歩ノ艱難ヲ生出スルノ最大本源ハ唯外国ニ関係スルノ事物ニアリトスル所以ナリ。

8　英領インド独立論（朝野新聞　投書）

英領印度独立論　　麹町　里　父　弘

近日電線ノ報ズル所ニ拠レバ、*魯英戦端ヲ開クノ期モ実ニ旦夕ニ迫ルト謂フ可シ。是ニ於テカ我輩ハ*案ヲ拍テ、覚エズ大呼シテ曰ク、嗚呼英領印度ノ独立ヲ謀ルハ其レ今日ニ在ルカ

記スルヤ否ヤ　憶えているかどうか。

ウイルシイ　Theodore Dwight Woolsey. 一八〇一-八九。アメリカの政治・法律学者。エール大学の学長。著書 Introduction to the Study of International Law(一八六〇年)は箕作麟祥が訳出(ただし全訳ではない)、「国際法一名万国公法」として刊行している(明治六—八年)。また十五年刊の川田徳次郎纂訳「政治提綱」でも、ミル、トクヴィル、モンテスキューなどとともにその理論が訳出されており、当時の新聞にもしばしば登場した。

憑例　証拠。憑はよりどころ。

国歩　国の運命、情勢。

8 解題[明治十一年四月二十八日]　アジアにおける英露対立の深刻化を好機と捉え、アジアの諸国民は連携し、インド人民の対英独立闘争を支援すべきだと説く投書。新聞・雑誌でインドを独自に論じたものは概して少なく、本稿はこの点でも特徴ある論稿。なお「自由」の論説「印度ノ虐政」(十六・九・十五～十・十、九回連載、同年末清水佐兵衛編として刊行)は英書を訳出したものだが、植民地インドの苛酷な実態を詳細に紹介している。

魯英戦端ヲ開クノ期　露土戦争の講和条約サン・ステファ

ト。我輩ガ斯《か》ク言フヲ聞キ世人或ハ云ハン、夫《そ》レ英ハ欧洲ノ大国ニシテ国富ミ兵強ク、五洲各国ノ震慴《しんしょう》スル所タリ。故ニ彼ノ強大ヲ以テ宇内ニ横行スル魯ニシテ、累世ノ余威ヲ藉〈カ〉リ連戦ノ勝ニ乗ジテ、彼レニ当ラント欲スルモ猶且ツ危懼スル所無キ能ハズ。況《いわん》ヤ印度ノ貧且ツ弱ナルヲヤ。何ヲ以テカ能ク其ノ独立ヲ謀ルベキ。一敗地ニ塗《まみれ》ルヤ知ル可キ也。且ツ*子《し》知ラズヤ。英属印度ノ従来反ヲ謀ルコト一ニシテ足ラズ。而シテ遂ニ其ノ成ル無シ。亦以テ其ノ自立スル能ハザルヲ見ルベキ也。又更ニ一歩ヲ進メテ、子ノ言ノ如ク其ノ独立ヲ僥倖スベキ者ト認ルモ、印度ノ興廃ハ毫モ吾人ニ関係ナシ。立ツモ可ナリ立タザルモ亦可ナリ。方今我邦開明日猶浅ク、百事草創未ダ完全ノ地位ニ至ラズ。世ノ論ズ可キノ事豈鮮《あにすくな》シトセンヤ。子独リ喋々無用ノ弁ヲ費ヤシ、徒《いたずら》ニ貴重ノ光陰ヲ消センヨリ、寧ロ我邦ニ有用ノ説ヲナスノ勝レルニ若《し》カズト。嗚呼論者ノ言亦理アルニ似タリ。然レドモ未ダ我輩ノ心ヲ獲ザル者有リ。請フ、之ヲ左ニ陳ゼン。

夫レ印度ノ貧弱ヲ以テ英ノ富強ニ抗抵シ、其ノ独立ヲ謀ラント欲ス、三尺ノ童子モ能ク其ノ難キヲ知ラン。然リト雖ドモ、凡ソ事ノ成敗ハ時機ニ関スル者ニシテ、未ダ必ズシモ貧富大小強弱ヲ以テ之ヲ論ズ可カラズ、若シ貧ハ富ニ当リ難ク、小ハ大ニ敵シ難シトセバ、*劉季ハ秦ニ勝ツ能ハズ、米国モ自立スル能ハザル道理ナリ。然ルニ二者共ニ其志ヲ成ス所以《ゆえん》ノ者ハ、豈《あに》時機ニ際会セシヲ以テノ故ニ非ズヤ。今夫レ英ハ強大ナリト雖ドモ其ノ将《ま》サニ敵セント欲スル所ノ魯モ亦強且ツ大ナルニ非ズヤ。両虎雄ヲ争フノ日ニ方《あた》ツテ英属印度ノ人民ガ一致協合、千挫不撓ノ精神ヲ以テ独立ノ*旌旗《せいき》ヲ各州ニ翻ヘシ、死力ヲ尽シテ英兵ニ抗セバ、英兵モ目前ニ魯ノ大敵ヲ擁スルヲ以テ、専ラ東辺ヲ顧ルニ遑《いとま》アラザルヤ必セリ。然リ而シテ印

ノ条約が汎スラブ主義の実現を意味したことから、イギリスはドイツ・オーストリアをさそい条約の廃棄を要求してロシアとの対立が深刻化していた。

案　つくえ。

子　二人称の敬称。

劉季　劉邦。季は字（あざな）。前二五六または前二四七—一九五。前漢の初代皇帝となり高祖とよばれる。

旌旗　はたの総称。

度各州ニ於テ、英国ニ宿怨ヲ抱ク者亦鮮《またすくな》シトセズ。英属人民ガ自立ヲ謀ルヲ聞カバ四方風靡シ、*亜富汗《アフガン》或ハ応ズベク*緬甸《ビルマ》或ハ力ヲ共ニス可シ。諸国相共ニ力ヲ協《あわ》セ死ヲ以テ誓ヒ百折屈セズンバ、縦《たと》ヒ鍬鋤ヲ以テ兵器ニ充テ*藁席ヲ以テ旌旗ニ換フルモ、其ノ功必ズ成ラン。是レ我輩ガ英領印度人民ガ今日ノ機ヲ失フ可カラズト謂フ所以ナリ。

論者謂フ、印度ノ興廃ハ吾人ニ関係ナシト。何ゾ惑ヘルノ甚シキヤ。試ミニ双眼ヲ開テ亜《ア》細亜《ジア》全洲ノ現状ヲ見ヨ。其地ハ大概白人ノ為メニ蚕食サレ、其民ハ大概其為メニ牛馬使サレ、其ノ醜態人ヲシテ見ルニ忍ビザラシム。僅《わずか》ニ二三国ノ独立ヲ称スル者アリト雖ドモ、亦皆白人ニ脅迫セラレ独立ノ名有テ独立ノ実ナシ。亜細亜ノ気運ハ其レ斯クノ如ク衰頽セリ。今ニシテ此ノ衰運ヲ挽回セズンバ、我輩東洋諸国ノ人民ハ竟《つい》ニ白人ノ奴隷タルヲ免カレザラントス。是レ慷慨ノ士ガ夙《つと》ニ痛論スル所ニシテ、我輩ノ喋々ヲ俟《ま》タザル所ナリ。故ニ我輩ハ我ガ同胞ナル印度人民ノ興廃ヲ以テ、決シテ度外ニ措《お》ク能ハズ。一日モ早ク其ノ羈絆《きはん》ヲ脱シ、人生固有ノ権利ヲ回復シ、其ノ幸福ヲ得セシメンコトヲ切望セズンバ有ラザルナリ。而シテ其ノ幸福ハ特《ひと》リ印度ニ止マラズシテ、亜細亜全洲即チ我輩ノ幸福タルヲ以テ也。嗚呼《ああ》機ハ得難ウシテ失ヒ易シ。印度ノ独立ヲ謀ルハ今日ヲ捨テ、将《はた》何レノ日ヲ期セントスルヤ。

9　欧洲各国の不平党（東京曙新聞）

亜富汗　→補注「アフガン戦争」

緬甸　→一四三頁注

藁席　わらむしろ。

9解題［明治十一年十一月七日］　民権派が欧米社会主義を本格的に論じた論説。これよりさき、政府寄りの「東日」の論説「小人窮斯濫矣」(十一・六・二〇)は、欧米の「社会党」による種々の暴挙の背景にはまず「財産共有ノ邪説」があるとして、この邪説の波及の防止をよびかけていたが、本論説は「貴賤貧富ノ懸隔」の深刻化こそ根源であり、その根源の除去が基本策だと主張する。なお十二年、「曙」は論説「社会党ノ原因及来勢第一篇～第四篇」(十二・六・十六～八・七)、「朝野」は論説「闢邪論第一～第六」(十二・八・十～九・十六)を掲載、社会主義伸長の経済的および政治的背景の理解をめぐって大論争を展開した。ちなみに民権派の社会主義論がもっとも深化・体系化されたものとして「朝野」の論説「論欧洲社会党」(十五・六・二三～八・二、筆者は城多虎雄と推定)がある。

日耳曼ノ社会党　ドイツ社会主義労働党。一八六三年ラサールによって設立された全ドイツ労働者同盟と一八六九年マルクスの影響下にあるリープクネヒト、ベーベルによっ

*日耳曼《ゲルマン》ノ社会党〈ソシアリスト〉*魯西亜《ロシア》ノ虚無党〈ニヒリスト〉ハ近時大ニ其《その》党与ヲ増加シ、漸ク兇暴ヲ逞フシテ害毒ヲ其国家ニ流布セントス。世人ノ既ニ知レルガ如ク、日耳曼ニ於テハ曩《さ》キニ*フーデルナル者、其皇帝ヲ狙撃シテ志ヲ達セズ、後又*ノーベリングナル者、其ノ弐舞《にのまい》ヲ為シテ終ニ之ヲ傷《きず》ケ、魯西亜ニ於テハ前ニ*某ノ女子其大警視ヲ撃傷シ、後ニ*兇徒其近衛都督ヲ暗殺スル者アリ。是ニ於テカ両国政府ハ其法令ヲ酷ニシ、其警察ヲ厳ニシ、悉ク其党ヲ逮捕シテ根ヲ絶チ巣ヲ覆《くつ》ガヘシ、以テ将来ノ禍害ヲ除カントス。蓋シ此等ノ不平党ガ此ノ如《かく》キ暴行ニ及ブ所以《ゆえん》ノモノハ、其自己ノ怠惰ニ由リ志ヲ当時ニ得ザル者ガ徒ラニ不平ノ怨望ヲ懐クヨリ発スル者ニシテ、其所業固《もと》ヨリ悪《にく》ムベク、其目的モ亦甚《はなは》ダ厭フベケレバ、両国政府ガ力ヲ尽シテ之ヲ撲滅スルニ汲々タル者、亦蓋シ止ムヲ得ザルニ出《いで》タル者ノ如シ。

然リト雖ドモ、余輩ハ*日魯政府ガ此等ノ不平党ノ漸ク蔓延スルヲ恐レ、之ヲ撲滅センヲ欲シテ、徒ラニ其枝葉ヲ芟《か》ルヲ務メ、其根源ヲ枯竭スルヲ知ラズ、唯ニ威力ト権柄トヲ以テ之ヲ圧倒セントスルヲ見テ未ダ嘗《かつ》テ其《その》失錯ヲ憫笑セズンバアラズ。何トナレバ此等ノ党派ノ団結スル所以ノモノハ、元《も》ト其不平ノ欝結スル所、頑冥撓《たわ》マスベカラザルノ気性ヲ成シ、其性命ヲ犠牲ニ供シテ其所志ヲ遂ゲントスルノ熱心ヨリ成ルモノナレバ仮令《たとい》如何ナル厳刑酷罰ヲ以テ之ヲ待シ*刀鋸《とうきょ》以テ之ヲ畏シ*鼎鑊《ていかく》以テ之ヲ懲スモ到底寸毫ノ益ナキノミナラズ、権威ヲ以テ之ヲ圧セント欲スルハ、恰《あたか》モ尚ホ石炭油ノ火ヲ救ハンヲ欲シテ、之ニ水ヲ澆《そそ》グ如ク、偶《たまた》マ以テ其怨望ヲ深フシ、其声焔ヲ熾《さか》ンナラシムルニ足リテ、一人ヲ殺サバ三人ヲ生ジ、五人ヲ除カバ十人ヲ現ズルニ至ルベキコトヲ確信スレバナリ。看《み》ヨ、反動ノ力ハ圧抑ノ甚キニ由リテ益々《ますます》激烈ヲ加ヘ、同感ノ情ハ悲惨ノ深キニ随ヒテ愈々《いよいよ》慨憤ヲ増スコトヲ。社会党虚無党ノ

て設立された社会民主労働党（アイゼナハ派）が七五年ゴータで合同して成立。一八九〇年十月ドイツ社会民主党と改称する。

魯西亜ノ虚無党　特定の政党を意味するわけではない。日本では、主に一八六〇年代末以降、いわゆるナロードニキをはじめ無政府主義・社会主義的な反政府運動（チャイコフスキー団、「土地と自由」団、「人民の意志」派など）を総称していう。

フーデル　ブリキ職人で、一八七八年五月ヴィルヘルム一世を狙撃して未遂に終った。

ノーベリング　哲学博士。一八七八年六月皇帝を狙撃して重傷を負わせた。ビスマルクはこの事件を理由に国会を解散、総選挙を実施して保守派を伸ばし、同年十月社会主義者鎮圧法を制定。

某ノ女子…　ナロードニキの女性活動家ヴェラ・ザスーリチ（一八四九―一九一九）。一八七八年一月ペテルスブルグ特別市市長トレポフを銃撃した事件。

兇徒其近衛都督ヲ暗殺　一八七八年四月第三部（秘密警察）長官メゼンツォフが首都で暗殺されたこと。

日魯　ゲルマンとロシア。

刀鋸・鼎鑊　ともに刑具。かたなとのこぎり、かまゆでにするかなえ。

増長モ豈ニ此理ニ外ナランヤ。

其レ然リ然ラバ、則チ之ヲ如何セバ可ナラン。蓋シ事ハ*結菓アルモノ、必ズ其根源アリ。故ニ若《も》シ結菓ノ不良ナルモノアレバ、先ヅ其根源ヲ除クニ如《し》カズ。苟《いやしく》モ根源ニシテ枯竭セバ、復タ焉《いずくん》ゾ結菓ノ不良ナルヲ生ゼンヤ。若シ然ラズ、其根源ヲ絶ツヲ努メズ、徒ラニ結菓ノ発生スルヲ抑止センヲ欲スレバ、此処ニ発セザレバ彼処ニ現ハレ、一所ニ抑ユレバ他所ニ出テ、到底制止スベカラズ。今ヤ彼ノ日耳曼及ビ英仏米等ノ諸国ニ於テ社会党ノ兇焔ヲ熾《さか》ンニシ、魯西亜ニ於テ虚無党ノ毒流ヲ漲ラスガ如キモ、決シテ是レ一朝一夕ノ事ニ非ズ。偶然ニ発生スルモノト謂フベカラズ。必ズ其根源ナル者ノ存スルアリテ然ルナルベシ。蓋シ地球上何《いず》レノ邦国ニテモ、苟モ其人民社会ノ順序整然トシテ紊《みだ》レズ、上下各々《おのおの》其堵ニ安ンジ賢愚皆其分ヲ守リ、上流ニ居リ権柄ヲ握レル者ヲシテ一点微塵ノ私曲ヲ行ハザラシメ、賢ニシテ勉強ナル者ヲシテ常ニ安富ナラシメ、愚ニシテ怠惰ナル者ヲシテ常ニ貧困ナラシメバ、豈ニ復タ資産平均秩序虚無等ノ僻説ヲ主張スル者ヲ現出スルニ至ランヤ。其此ノ如キ不平党ヲ現ズル者ハ畢竟《ひっきょう》是レ貴賤貧富ノ懸隔甚ダシク、同一ノ人民ニシテ幸不幸ノ差異、雲泥モ啻《ただ》ナラザルモノアルニ源因シ、圧抑反動ノ勢終《つい》ニ此ニ至リシ者ニアラザルナキヲ得ンヤ。請フ、平心虚気ニシテ欧米諸国ガ今日ノ現状ヲ視察セヨ。其国ハ文明開化ト称スト雖ドモ、其君相ハ果シテ愛憎ヲ以テ臣民ヲ御スルコトアラザル乎。其政刑ハ常ニ公平ニシテ私ナキ乎。其官吏ハ果シテ忠良ニシテ姦曲ヲ行ハザル乎。富者ハ貧人ヲ凌ガザル乎。細民ハ*冤枉《えんおう》ヲ被ラザル乎。能者必ズ上ニ在テ不能者必ズ下ニ在ル乎。賄賂*苞苴《ほうしょ》ハ行ハレザル乎。其風俗ハ汚穢ナラザル乎。必ズシモ皆然ル能ハズ。是ニ於テ不平ヲ当時ニ懐ク者ハ*比々トシテ興リ、彼レガ如キノ党与

結菓　結果。

冤枉　冤罪。ぬれぎぬ。

苞苴　贈りもの、転じて賄賂。

比々トシテ　次から次に。

ヲ団結シテ、隠慝ヲ行ヒ不軌ヲ謀ルニ至ル。故ニ此等ノ不平徒ヲ撲滅センヲ欲シテ、唯ニ之ヲ権威ニ訴ヘ、其党ヲ作成スル所以ノ源因ヲ改良スルヲ務メザルハ、蓋亦過矣《けだしまたあやまてり》。

余輩ハ今一歩ヲ進メテ我国ニ就テ之ヲ論ゼン。近日論者或ハ是等ノ党ノ欧米諸国ニ*熾盛《しせい》ナルヲ見テ、不平徒ハ国トシテ免レザル所ナリト言ヒ、北米合衆ノ共和国ニ於テモ亦、*職人党アルヲ以テ之ヲ証シ、空シク之ヲ長嘆ニ付スル者アリ。何ゾ論者ガ所見ノ浅キヤ。此不平徒ハ固《も》ト政府ノ施政社会ノ交際ニ不満ナル所アルヨリシテ団結スル者ナレバ、豈ニ専制国ト共和国トヲ撰バンヤ。且《かつ》論者ハ米国ヲ以テ完全ナル善政厚徳ノ国ト為スカ。余輩ノ聞ク所ニ拠レバ、決シテ然ラズ。其風俗ハ汚穢ニシテ人民ハ唯《ただ》利ニ是レ趨《はし》リ、富者貧人ヲ圧スルガ如キノ弊ハ頗《すこぶ》ル甚シキ者アリト。亦焉《いずくん》ゾ不平徒ヲ現ゼザルヲ得ンヤ。又某論者ハ我邦ニ於テ未ダ此ノ如キ不平党ヲ現出セザレバ、之ヲ不問ニ付スルモ可ナルガ如シト説ク。何ゾ論者ノ不深切ナルヤ。是等ノ患害ヲ未萌ニ防ガズシテ、徒手箝口其発生ヲ待ツハ、宛《あたか》モ尚ホ*盗ノ来ルヲ待ツテ然ル後ニ索綯スルト一般、其愚モ亦甚シト謂フベシ。

且ツ夫レ今日我邦ニ於テハ是等ノ不平党ナシト雖ドモ、時運ノ進動ハ日一日ヨリモ速《すみや》カニシテ、人心ノ転変ハ間ニ髪ヲ容《い》レザレバ、風潮一タビ至ラバ豈ニ復タ之ヲ抑止スベケンヤ。現今外国ノ交際頻繁ナルノ時ニ際シ、我国人民ノ軽躁ナル、苟モ欧米諸国ニ流行スル風俗慣習トサヘ云ヘバ、其事ノ理否善悪ヲ論ゼズ、悉ク之ヲ妄信採用スルノ風アレバ、一朝若シ是等ノ不平党ニシテ欧米諸国ニ志ヲ得ルコトアラバ、其影響ハ忽《たちま》チ我国ニ波及シテ人民ノ脳漿ニ感染セザルコトナキヲ保スベカラズ。況ヤ我邦ニ於テ此等ノ不平論ヲ吸引スベキ引力ハ、今日ノ社会ニ於テ甚ダ乏シカラザルニ於テヲヤ。余輩ハ恐ル。時運若シ此ニ至ラバ、社会論

熾盛　さかんで激しいさま。

職人党　一八六九年十二月創立の労働騎士団、一八七七年十二月結成の社会主義労働党がある。

盗ノ来ルヲ…　事がおこってからあわてて準備することの喩。索綯は縄をなうこと。

ナリ虚無説ナリ、我国民中ニ蔓延伝播スルハ電信ヲ以テ命ヲ伝フルヨリモ速カナランコトヲ。
世人ハ彼《か》ノ虎列刺《コレラ》病ヲ知ルヤ。其害毒ノ劇烈ニシテ其伝染ノ速カナルハ、実ニ人ヲシテ避《さく》ル所ヲ知ラザラシム。是ヲ以テ其遠ク海外ニ流行スルヲ聞クヤ、予《あらかじ》メ其防禦ノ策ヲ運《めぐ》ラシ、各人ノ居室ヲ清潔ニシ、各人ノ身体ヲ健康ニシ、*石炭酸ヲ澆《そそ》ギ臭気止ヲ撒《ま》キ、以テ之ニ備フルニアラズヤ。社会党虚無党ノ害毒ハ尚ホ虎列刺ヨリモ甚シキ者アリ。然ルニ*医国経綸ヲ以テ自ラ任ズル論者ニシテ、徒ラニ之ヲ嘆息ニ付シ、現ニ我国ニ痛痒相関スル所ナケレバトテ其輸入ヲ防禦スルノ策ヲ講ゼザル者ハ、抑《そもそ》モ何ゾヤ。請フ、*大眸ヲ放ッテ現今我社会交際ノ状態ヲ観察セヨ。貴賤上下貧富苦楽ノ懸隔ノ甚シキハ固ヨリ余輩ガ此ヲ喋々スルヲ待タザル所ニシテ此ノ如キノ現状ハ将来世運ノ進動シ人智ノ開達スルニ随ヒ益々其不平ヲ欝結スルノ源因タルヲ知ル可ラズ。此時ニ当リ欧米ノ不平党ニシテ若シ志ヲ得ルコトアラバ、其*翕然《きゆうぜん》トシテ相響応スベキハ蓋シ勢ノ免レザル所ナリ。夫レ然リ、国ヲ憂フル者ハ予《あらかじ》メ防禦ノ策ヲ講ゼザルベカラズ。而シテ其策ナル者ハ他ナシ、余輩ガ所謂《いわゆる》不平徒ヲ団結セシムル所以ノ根源ヲ努メテ除却スルニ在ル焉耳《のみ》。

10　魯国形勢論　（朝野新聞）

魯国形勢論　　高橋基一稿

石炭酸　コレラ予防の消毒法として石灰とともに広く用いられた。十年に初めて内務省から出された「虎列刺(コレラ)病予防心得」も石炭酸を使用するよう指示している。

医国　国をよく治めること。

大眸…　大きく目を見開いて。

翕然　いっせいに集まるさま。

10解題［明治十一年十二月二十八日］ロシアのアジア諸方への侵略外交を最大脅威とし、これをその内治とともに分析、批判した論説。ロシア帝国認識として典型的なもの。高橋はこの直前の論説(十一・一二・九)でも朝鮮への進出を警戒しているが、この論説では、その一方ロシアの国内の専制は人民の抵抗を激成せしめているとして、兵威のみに頼る国家の弱点を指摘している。ちなみに「朝野」のロシア論はII-22などを含め十指にあまり、系統的である。

【高橋基一】一八五〇-一九〇七。島根県松江の人。九―十六年の間「朝野」の記者。十四年の自由党結党以来の党員として、十七年「自由」、翌十八年自由燈(のち、めさまし新聞)記者、二十三年江湖新聞主筆、またのち東京新聞記者として論壇で活躍した。

鎖鑰 とじまり。外敵の侵入をくいとめるべき要所。
呑噬 のみ、くらう。他国を侵略し、領土を奪うことの表現として、頻繁に使われる。
蟄縮屏息 とじこもり、息をひそめてつつしむこと。
幕運ノ澆季 澆季は末世、世のすえ。幕府が衰亡した時代。
魯人ノ… ↓四四頁注「近主釜泊人殺一件」
彼特ノ遺訓 ↓一一四頁注「大帝彼得ノ遺訓」

世人海外ノ強国ヲ称スレバ、必ズ魯西亜《ロシア》ヲ推シテ之レガ最ト為シ、我ガ国ノ守禦ヲ説ケバ必ズ先ヅ北門ノ*鎖鑰《さやく》ヲ固ウスベシト為ス。蓋《けだ》シ亦、魯国ノ*呑噬《どんぜい》ヲ畏《おそ》ル、ナリ。概シテ之ヲ言ヘバ、我ガ日本国人ハ窃《ひそ》カニ魯西亜ヲ目シテ虎狼トシ蛇蝎トシ、自カラ*蟄縮屏息シテ、其ノ利牙ニ触レ毒ロニ罹《かか》ラザランコトヲ之レ要スルガ如キノ形状アリ。夫レ徳川覇府ノ治世以降、我ガ北地ニ於テ魯国ト関係ヲ有スルヤ久《ひさし》矣。而《しこう》シテ当時恰《あたか》モ*幕運ノ澆季《ぎょうき》ニ属シテ事々外交ノ処置ヲ誤マリ、加フルニ海内ノ諸侯各自殆ンド割拠分裂ノ情勢アリ。復《ま》タ之ヲ統一シテ力ヲ北門ノ事務ニ尽スヲ得ザリシヨリ、樺太在留ノ我ガ国人ハ動《やや》モスレバ*魯人ノ為メニ凌轢セラレテ、遂ニ其ノ位置ヲ該島ニ保ツコト能ハザルニ至ル。既ニシテ王政復古大ニ国運ヲ隆興シタリシモ、其ノ一タビ北辺ニ損壊セシメタル国利ハ到底之ヲ恢復スルノ目途ニ乏シク、若シ強《し》ヒテ之ヲ争フトキハ却テ強魯ノ禍心ヲ開導スルノ地ヲ成サントスルノ憂慮ナキニ非ズ。因ツテ我ガ政府ハ其ノ万全ノ策ヲ尽シ、樺太千島交換ノ条約ヲ結ビ、以テ纔《わず》カニ其ノ局ヲ結ビタリ。而シテ我ガ国人ハ已ニ自カラ此ノ不幸ヲ経験シタルノミナラズ、海外ノ歴史新聞紙等ニ由ツテ魯帝*彼特《ピョートル》ノ遺訓ヲ読ミ、爾来《じらい》数百年間ニ於テ魯国ガ欧亜両洲ノ間ニ併呑蚕食ノ挙動ヲ逞《たくまし》ウセシヲ知リ、乃チ自己ノ経験ト他邦ノ亀鑑トヲ取ツテ、遂ニ一定説ヲ各人ノ胸中ニ刻記シテ曰ク、魯西亜ハ虎狼ノ兇国ナリ呑噬蚕食ヲ以テ其《その》国是ト為ス者ナリト。此ニ由ツテ之ヲ観レバ、我ガ邦人ノ魯国ヲ忌畏スルハ蓋シ一朝一夕ノ事ニ非ザルナリ。

案ズルニ、今ヨリ前数百年間ニ於テ、魯国ガ欧亜ノ各地ニ漸次跋扈《ばっこ》跳梁ノ勢力ヲ逞ウセシハ、実ニ彼特《ピョートル》帝ノ遺命ニ負《そむ》カザルナリ。而シテ其ノ今日ノ政府ト雖ドモ、或ハ尚ホ斯《かか》ル政略ニ従事スル者ノ如ク、時々数万ノ精鋭ヲ発出シテ西部中央亜細亜ニ散在スル小提封ヲ討滅シ、又其諸蛮族ヲ駆逐シテ大ニ威力ヲ其ノ方面ニ振張シ、甚シキハ支那ノ内訌ヲ僥倖シ、其ノ虚隙ニ乗ジテ*満洲*イリ、*クルジヤ等ヲ併呑シ、近クハ兵端ヲ土耳其《トルコ》ニ開《ひ》ラキテ殆ンド其ノ国ノ強半ヲ蹂躪シ、其ノ鮮血未ダ乾カザルニ、又将《ま》サニ干戈《かんか》ヲ支那ノ*新境地方ニ動カサントスルニ似タリ。夫レ魯ノ此ノ如ク常ニ其ノ呑噬蚕食ノ兇暴ヲ擅《ほしいまま》ニスルヲ視レバ、我邦未ダ直チニ其ノ進路ニ当ラズト雖ドモ、亦予《あらかじ》メ之レガ警戒ヲ為サヾルベカラザルハ、固《もと》ヨリ論ズルヲ俟《ま》タザルナリ。近来我ガ政府ノ務メテ朝鮮ノ外交ヲ誘導スルノ政略ニ従事スルガ如キハ、亦此ニ見ル所アツテ然ルヲ知ルベシ。

然リト雖ドモ、吾輩ヲ以テ魯国ノ現状ヲ観察スレバ、其ノ内情ニ於テハ彼ノ外観ノ儼然動カス可ラザル者アルニ似ズ、其ノ危殆ニ切迫セルハ宛《あたか》モ風前ノ燈火ニ斉《ひと》シキノ看ナキ能ハズ。何ゾヤ、其政府ノ百事ハ悉《ことごと》ク君相ノ間ニ決シ、管内億兆ノ*蒼生ハ復タ毫モ重要ノ国務ヲ与《あずか》リ聞クヲ得ザルヨリ、政府ノ処置ハ着々人民ノ意向ニ反シ、且ツ屢《しばしば》バ之レガ為メニ其ノ国益民利ヲ損害セシヲ以テ、遂ニ民権党与ノ憤怒ヲ来タシ国内騒然タリ。或ハ言フ、革命ノ内乱甚ダ遠カラザルベシト。吾輩ハ此ノ実況ヲ証スルガ為メニ、該国民権党ノ挙動如何ヲ説カン。頃日《けいじつ》魯西亜全国中ニ人民保護ノ政府ト号スル会社ヲ設立シ、普《あま》ネク国中ニ檄文ヲ移シタリ。其文ニ、第一魯政府ガ自己ノ名誉心ニ誤ラレ武ヲ土耳其《トルコ》ニ瀆《け》ガシタルヲ咎メ、次ニ攻略地ノ民ヲ統治スルハ土国ノ圧制ヲ免レシムル為メナルニ、却テ以前ニ倍セシ束縛法ヲ行ヒシヲ責メ、次ニ此ノ戦争ニ由テ一国ノ貧困ヲ来タシ、寡婦遺孤ノ飢渇ニ向ントスル者数万人ノ多キニ至リシヲ説キ、又次ギニ軍資トシテ*鉅万ノ新公債ヲ募リ人民ノ負担ヲ重カラシメタルヲ論ジ、遂ニ王政ノ其ノ私擅ニ出デ、民利ヲ妨害スルヲ以テ、自治ノ精神ヲ*発擢シテ其ノ政府ヲ

満洲　ロシアは一八五八年愛琿(アイグン)条約によって黒竜江(アムール河)以北を領有し、六〇年北京条約によってウスリー江以東の沿海州を領有した。

イリ・クルジヤ　→補注「イリ紛争」

新境　新疆。中国北西部、西域の主要地域。現在、新疆ウイグル自治区。

蒼生　人民。

鉅万　巨万。

発擢　擢はふるう。発揮。

顚覆セザルヲ得ズト言フニ至ル。而シテ更ニ其標目ヲ掲ゲタリ。曰ク、各種ノ特権ヲ廃セン。曰ク、併呑圧制ノ心思ヲ絶タン。曰ク、大ニ兵備ヲ減ゼン。曰ク、異説人ヲ凌虐スル法律ヲ除カン。曰ク、公会ヲ以テ国費ヲ維持セン。曰ク、教法自由ナルヲ得ン。曰ク、*寡孤ヲ扶助スルノ法ヲ設ケン。曰ク、官吏ノ私曲ヲ矯正セント。其言フ所概《おおむ》ネ此ノ如シ。

吾輩ハ目下此党与ガ易々其政府ヲ顚覆スルヲ得ベキヤ否ヤヲ断言スル能ハザレドモ、亦能ク魯政府ノ永ク其現今ノ政略ヲ保続スベカラザルヲ知ルナリ。古人言フ有リ、*兵ハ凶ニシテ戦ハ危ウシト。然ルニ魯政府ノ如キハ其凶且ツ危キ者ヲ弄シテ、自己ノ名誉ヲ求ムルニ汲々タリ。幸ニシテ自カラ其ノ戦争ニ敗レズト雖ドモ、之レガ為メニ危殆ノ地位ニ瀕スルコト此ノ如シ。蓋シ亦自カラ招クノ孽《わざわい》ナリト謂フベシ。吁嗟《ああ》世ノ国民ノ幸福ヲ図ラズ、兵ヲ示シ武ヲ瀆スニ汲々タル者、宜シク魯国ニ鑑《かんが》ミテ自ラ抑制スベキナリ。

11 「メール」記者の誤謬を正す（朝野新聞）

今ノ時代ハ黄金時代ニ非ザルナリ。今ノ平和ハ干戈ヲ戢《おさ》メ弓矢ヲ櫜《つつ》ムノ平和ニ非ザルナリ。呑噬蚕食ノ心ハ仁ヲ衒《てら》ヒ義ヲ売ルノ後《の》チニ伏シ、抑圧凌轢ノ挙動ハ正ヲ説キ理ヲ言フノ中ヨリ生ズ。彼ノ文明開化ヲ以テ五洲ニ誇視スルノ欧羅巴《ヨーロッパ》諸大国ニシテ且ツ然リ。何ゾ矧《いわ》ンヤ、其他ノ蛮邦ヲヤ。故ニ地球ノ表面ニ位スル邦国ニシテ、苟クモ純然タル独立ヲ保有シ以テ其

寡孤　やもめとみなしご。

兵ハ凶ニシテ…　「兵者凶器、戦者危事也」(国語、越語下)。

11 解題［明治十二年一月十六日］　世界はパワー・ポリティクスの時代だとして強兵の必要を説いた無題論説。「朝野」はさらに一連の論説で、「曙」の海軍優先論に対し、現今の国力に相応する陸軍優先論を主張した(十二・二・十八、二・二十七、二・二十六～三・一、三・十二～十六など、いずれも高橋基一による論説)。

ノ外侮ヲ禦《ふせ》ガントスルニ於テハ、陸軍ノ兵制実ニ一日片時モ欠クベカラザルナリ。*比斯馬耳克《ビスマルク》氏曾《かつ》テ曰ク、仁ヲ粧ヒ義ヲ仮ル者世間滔々皆是レナリ、之ヲ裁スル只鉄ト火ト在ルノミ。亦以テ欧洲現時ノ情況ヲ徴スベシ。夫レ日本ト欧洲トハ地ノ相距《あいへだつ》ル数千里、人情亦互ニ懸隔ナキニ非ズト雖ドモ、彼我交通来往スルコト此ニ数年、政治上社会上ノ関係ハ甚ダ近接シタリト謂フベシ。其関係*業《すで》ニ已《すで》ニ接近ス。彼レノ兵制軍備ハ特《ひと》リ我レノ兵制軍備ニ関係ナシト言フヲ得ンヤ。況ヤ強魯ノ蚕食ハ現ニ我ガ北門*一葦水ノ外ニ及ビ、英国亦勢焔ヲ亜細亜《アジア》洲内ニ燃及シ、其ノ鉄艦砲舶ハ常ニ我ガ東洋ノ怒濤ヲ截《た》ツテ意気殊ニ揚々タルニ於テヲヤ。詩ニ云フ、*天ノ未ダ陰雨セザルニ及ンデ牖戸《ゆうこ》ヲ綢繆《ちゆうびゆう》スト。又諺ニ曰ク、転バヌ前《さ》キノ杖ト。我邦ニ於テ其完全ナル兵制ヲ要スルハ亦他ナシ、其外国ノ侮辱凌轢ヲ受ケザル以前ノ警戒ノミ。

去ル十一日発版ノ「*ジャツパンメール」新聞ニ日本陸軍ノ題ヲ掲ゲタル一文アリ。其文徹頭徹尾我ガ国ニ於テ陸軍兵制ヲ要セザルヲ説キ、又兵制ヲ設ケショリ其ノ国用ヲ為シタルハ徒《いたず》ラニ兄弟相殺戮スルノ挙動ニ止マリシヲ論ジ、遂ニ之ヲ廃止スルニ如《し》カザルヲ陳述シタリ。吾輩ハ之ヲ読ムコト一回、「メール」記者ノ我ガ国情ニ疎《うと》ク併セテ宇内ノ現状ニ暗クシテ妄《みだ》リニ喙《くちばし》ヲ我ガ国事ニ容《い》ル、ヲ悲マザルヲ得ザルナリ。抑《そもそ》モ我邦ノ海外諸国ニ対シテ其完全ナル兵制ヲ要スルコトハ、前段已ニ之ヲ縷《る》説《せつ》セシヲ以テ、今此ニ我ガ兵制ノ国内ノ平和ヲ整頓シ、并ニ他国ノ凌侮ヲ拒絶スルニ於テ既ニ著シキ功用ヲ奏セシヲ説キ、以テ記者ノ迷妄ヲ提醒スベシ。記者ハ騒擾紛乱ヲ以テ開化進歩ニ益スベシト為スカ、分裂割拠ヲ以テ工芸貿易ニ利アリト為スカ。蓋シ必ズ然ラザラン。維新以来我邦ニ於テハ攘夷党アリ封建党アリ急進党アリ

比斯馬耳克氏…　いわゆる鉄血演説。一八六二年議会が予算案のうち軍制改革費を認めず、予算案が不成立に終ったため、ドイツの統一のためには言論や多数決でなく、鉄と血によらねばならないと演説したもの。この演説は鉄火と流血、すなわち戦争政策を述べたものだとして喧伝され、ビスマルクは一時苦境にたつ。下文に鉄と火とあるのは、鉄を鉄火の意とした解釈が流布したことにかかわるか。

業ニ已ニ　業已。もはや。

一葦水　きわめて近いこと。

天ノ未ダ…　「迨㆔天之未㆓陰雨㆒、徹㆓彼桑土㆒、綢㆓繆牖戸㆒」(詩経)。雨の降らぬうちに小鳥などが桑の実などによって巣を手入れする。災いを未然に防ぐことの喩。

ジャツパンメール…　The Japan Weekly Mail. 横浜で刊行されていた The Japan Mail と The Japan Times が十一年合併したもの。十一日の論説 "The Japanese Army" で日本の軍隊は国内の鎮圧のためのものであるとし、また軍人の素行の悪さを指摘していたが、全廃までは主張していない。

漸進党アリ、冥々中彼此互ニ軋轢セリ。而シテ其最モ激烈粗暴ナル攘夷党、其最モ多数強力ナル封建党ニシテ敢テ威力ヲ全国ニ逞《たくまし》ウシ、以テ改良進歩ノ政府ヲ顛覆スル能ハザラシメタル者ハ果シテ何ゾヤ。兵制ノ設立即チ是レナリ。蓋《けだ》シ明治ノ初メニ於テ二三卓見ノ士、世運ノ風潮ニ乗ジテ勢力ヲ廟堂ノ上ニ有シ、以テ大ニ後輩ヲ籠絡シ政務ノ方向ヲシテ改良進歩ノ要点ニ定メタリト雖ドモ、当時其勢力ヲ以テ在野ノ攘夷封建党ニ比スレバ所謂《いわゆる》多勢ニ無勢ノ不権衡アツテ、勢ヒ其政務ヲ施行シ得ザルノ情況アリキ。故ニ若シ夙《つ》トニ我ガ兵制ノ設立アリシニ非ザレバ、彼ノ攘夷封建等ノ党派ヲ以テ一朝ニ政府ヲ破壊スルハ、其易キコト宛《あたか》モ朽ヲ砕キ枯ヲ拉《くだ》クガ如キ者アリ。而シテ其結局竟《つい》ニ諸党互ニ国内ニ争闘シ、或ハ割拠分立ノ姿ヲ為スニ至リシモ亦知ル可ラズ。古言ニ曰ク、*蚌鷸《ぼういつ》ノ勢ハ漁人ノ利ヲ収ムト。我邦果シテ此ノ如キノ形勢ヲ当時ニ現出セバ、彼ノ虎視眈々トシテ我邦ヲ環立スル者安《いず》クンゾ此虚ニ乗ズルノ慾念ヲ逞ウセザランヤ。然ルニ維新以後今日マデ我ガ内憂外患ヲシテ此ノ極点ニ達セザラシメタルハ、*職トシテ兵制設立ニ因ラザルハ無キナリ。

此ニ由ツテ之ヲ視レバ、我ガ兵制ハ*冥々裏ニ於テ外患ヲ拒絶シタルノ功用アル、固ヨリ論ズルヲ待タズ。而シテ其ノ面《ま》ノアタリ内外国人ノ眼目ニ煥然タリシハ、*台湾ノ事件*朝鮮ノ開港ヲ以テ最トス。「*メール」記者モ亦、其論中ニ台湾征討江華砲撃ノ事ヲ以テ我ガ兵制ノ国用ヲ為シタル者ト認ムレドモ、吾輩ガ論ズル所ハ大ニ其ノ意ヲ異ニス。台湾事件ニ関シテハ支那トノ葛藤ヲ主ト為シ、朝鮮事件ハ其ノ開港ヲ骨子ト為スナリ。整々粛々タル三千有余ノ鋭兵ヲ遣《つか》ハシテ、古銃鈍刀ヲ帯スル野蛮種族ヲ討ツ一挙ニ、其ノ巣窟ヲ屠《ほふ》リ酋長ヲ誅戮スルト雖ドモ、何ゾ以テ日本兵ノ名誉ト為スニ足ランヤ。江華戦闘ノ如キモ亦然リ。而シテ甲挙ハ

蚌鷸ノ勢…　「漁夫の利」に同じ。出典→六四頁注

職トシテ　主として。もっぱら。

冥々裏　知らず知らず。

台湾ノ事件・朝鮮ノ開港　七年の台湾出兵(→補注)と八年の江華島事件(→補注)。日本の最初の対外軍事行動である。

メール記者…　十一日の論説では、台湾出兵はその背後に軍事力を試したいとする欲求と、不平士族の不満をそらす狙いがあり、江華島事件については朝鮮側に非があると述べたが開港問題にはふれていなかった。

*四百余州ノ大国ト隙ヲ構ヒ、使節往復*冠蓋相望ミ、我ハ常ニ正理ヲ確持シ武力ヲ負担シ、以テ支那政府ヲ圧伏シ遂ニ五拾万両《テール》ノ償金ヲ得タリ。若シ当時我ガ兵制ヲシテ著シキ進歩無《なか》ラシメバ、支那政府ハ我ガ義挙ヲ公認シテ之レガ償金ヲ出サヾルノミナラズ、直チニ其ノ兵ヲ発シテ我ガ在台ノ兵ヲ討チ、或ハ彼ノ蒙古ノ艦隊ヲ再ビ九州沿海ニ見ルニ至リシモ亦知ルベカラズ。我ガ兵制ノ設立ヲ以テ、傲慢ナル*覚羅氏ヲシテ輒《たやす》ク其ノ膝ヲ屈セシメタルヤ、已ニ此ノ如シ。朝鮮ノ頑愚固陋ハ*米仏戦艦ノ砲撃ヲ畏懼セズ、依然鎖国ノ政略ヲ保続セシモ我ガ兵威ノ赫々タルヲ見ルニ及ビ、其ノ全国ノ兵ヲ挙ゲテ之ニ抗スルモ到底勝算ナキヲ知リ、遂ニ我ガ公使ノ意ニ従ツテ開港条約ヲ交訂スルニ至レリ。爾来韓地ノ貿易漸《ようや》ク其ノ体面ヲ一新シ、更ニ*二港ヲ開クニ及バ、我邦人ノ利益愈《いよい》ヨ大ナラン。要スルニ是レ亦我ガ兵制設立ノ海外ニ於テ其功用ヲ奏シタル者ニ非ズヤ。

吁嗟《ああ》、「メール」記者ハ宇内ノ現状ヲ以テ黄金時代ト為スカ、我ガ内国ノ党派ハ已ニ国会アツテ人民自治ノ制度全ク整頓セシ各国ノ党派ノ如ク危害ナシトスルカ、蓋シ亦深ク思ハザルノミ。

12 慈母毒鬼と化す (朝野新聞)

慈母化ニ毒鬼一

四百余州 中国全土の称。

冠蓋相望ミ 使者の往来の激しいさま。冠蓋は使者の冠と馬車のおおい。

覚羅 愛親覚羅。清国の皇帝。ここでは第一一代皇帝、光緒帝。一八七一―一九〇八。

米仏戦艦… →四六頁注「仏米二国…」

二港 元山・仁川の二港。日朝修好条規により開港が約されていた。→三三七頁注「仁川港…」

12解題 [明治十二年二月七日] 第二次アフガン戦争をめぐる経過を追い、イギリスの侵略主義を批判して、厳しい対英認識を示す論説。なおアフガン戦争については→補注

ジヤツパンメール新聞 The Japan Weekly Mail. 十一年十一月十六日の論説 The Afghan Difficulty をさす。この部分の原文は "beneficent, mild,—— the Mother of Empires,—— who creates and fosters colonies, till they develope into independent States." なお「朝野」はすでに十一年十一月二十日の論説で紹介、批判していた。

巾幗 婦人の髪かざり。転じて婦人をいう。

曾《かつ》テ「*ジャツパンメール」新聞ノ前記者ガ吾輩日本国人ニ忠告スルノ言ニ云《いわ》ク、英国ハ慈仁温和自カラ各国ノ母トナツテ、殖民所ヲ産出シ之レヲ育成シ、以テ其開化ノ功ヲ積ンデ独立国タルニ至ラシムト。噫《ああ》大嬢ヨ、卿ハ如何ナル天魔ノ魅入リシカ。*巾幗温厚ノ性ヲ変ジテ俄《にわか》ニ酷烈ナル*鬼子母ノ態ヲ学ビ、無思無想ナル幼稚国ノ罪ヲ鳴ラシテ、大ニ之ヲ殴打懲罰セントス。何ゾ其レ惨苛ナルヤ。吾輩ハ試ミニ大嬢ニ問ハントス、夫《か》ノ亜加業坦《アフガニスタン》ニシテ抑モ何等ノ悪逆ヲ謀リ、何等ノ妨害ヲ企テタルヤ。想フニ此ノ幼稚国ガ*草昧野蛮ノ夢未ダ醒《さ》メズ、或ハ二三ノ過失ヲ慈母ノ膝下ニ行フ無キヲ保ツ可ラザルナリ。然リト雖ドモ、渠《かれ》ハ纔《わずか》ニ*襁褓《きょうほう》ヲ脱シ漸ク匍匐《ほふく》スルノ間ニ在リ。而シテ其過失ノ過失タルハ実ニ自カラ知ラザル所ナリ。然ルニ之ヲ責ムルコト大人ノ罪戻《ざいれい》ト同ジク、毫モ其情状ヲ憐察スル所アルナシ。是レ果シテ慈仁温和各国ノ母タルニ負《そむ》カザルノ所為カ。

吾輩ノ聞ク所ニ拠レバ、今ヤ英国ノ軍隊ハ印度《インド》ノ境界ヲ越エテ、深ク亜加業坦ノ内部ニ進入スル者数万ヲ以テ算ス。而シテ其「*アルムストロング」砲、「*マルチニヘヌリー」銃ノ巧器ヲ以テ、武備不整頓ナル野蛮兵ヲ攻撃ス。勝敗利鈍ノ勢ハ始メヨリ瞭然火ヲ睹《み》ルガ如キモノ有リ。英兵ニシテ遂ニ亜国全土ヲ蹂躙シ、尽ク其ノ抗敵者ヲ殺戮スルト雖ドモ、何ゾ以テ英国ノ名誉トナスニ足ランヤ。却テ残忍不仁ノ悪名ヲ宇内ニ取ルヲ免カレザルノミ。且ツ吾輩ヲ以テ平心今回*英亜葛藤ノ源因ヲ捜求スルニ、英国政府即チ内閣ノ*守旧党ノ宰臣ハ当初頻《しき》リニ*亜加業坦王ガ抗英ノ志有ルヲ公告シ、其ノ魯国使臣ヲ款待シ又遂ニ英使ノカブールニ進行スルヲ拒ミタルヲ以テ之レガ確証ト為スニ拘ハラズ、其ノ実際ハ大ニ之レト反シ、印度総督*ロルドライトン氏ノ策略ヲ以テ故《ことさ》ラニ亜国王ノ憤怒ヲ起サシメタル者ノ如シ。若シ更ニ数

鬼子母　鬼子母神。性質邪悪で他人の子を奪って食したという。のち善神となり、求児・安産・育児などの祈願を叶える神とされた。

草昧　未開で人知が蒙昧なこと。

襁褓　おむつ。

アルムストロング砲　イギリスの発明家アームストロング(一八一〇―一九〇〇)が発明した火砲。日本では幕末に佐賀藩が模造しようとして失敗、戊辰戦争では官軍がこれを用い、威力を発揮した。

マルチニヘヌリー銃　いわゆるマルチネー銃(小銃)で、日本では西南戦争のときスナイドル銃とともに官軍が使用。

英亜葛藤　第二次イギリス・アフガン戦争(一八七八―一八八〇年)。

守旧党ノ宰臣　守旧党は保守党。ディズレーリのこと。↓五六頁注

亜加業坦王　バーラクザイ朝二代目の王シェール・アリ。一八二五頃―七九。アフガニスタンは一八五七年イギリス・イラン戦争でイギリスが勝利した結果独立が認められたが、のち反英運動を行なった。

ロルドライトン　リットン Edward Robert Bulwer Lytton. 一八三一―九一。インド総督(在任一八七六―八〇)としてインド帝国の成立にかかわった。

ロルドマヨー　メーヨー Richard Southwell Bourke Mayo. 一八二二-七二。インド総督(在任一八六九-七二)。

節旄　君主から使節にたまわるしるしの旗。

年前ニ溯《さかのぼ》リテ之レヲ論ズレバ、印度前ノ総督＊ロルドマヨー氏(同氏モ守旧党)ハ曾テ英国吏人ノ亜国領内ノ諸都府ニ駐在スルコト無カルベキノ約ヲ結ビ、為メニ却テ亜王ノ所望ヲ拒絶シタルノ実況アリキ。然ルニ今回ロルドライトン氏ハ魯使ノカブールニ款待ヲ受クルヲ名トシ、因テ又英使ヲ同府ニ駐劄《ちゅうさつ》セシメントセリ。是レ則チ前総督ノ約ヲ破《や》ブル者ニアラズシテ何ゾヤ。加之《しかのみならず》此ノ英使ガ＊節旄《せつぼう》ヲ持シテ亜国ノ境界ニ臨ムヤ一千人ノ護衛兵ヲ携帯シ、殺気隠然トシテ其情殆《ほと》ンド測ル可ラズ。此《か》クノ如キハ邦国相交通スルノ礼ナルカ。果シテ然ラバ英使ノ普仏ニ往クヤ亦数百千人ノ護衛兵ヲ携帯セザル可ラズ。蓋シ普仏ニシテ苟クモ斯《か》ル挙動ニ逢ハヾ、吾輩ハ其ノ必ズ英使ヲ逐斥シ、或ハ反《かえっ》テ其ノ無礼ヲ論責スルニ至ル可キヲ知ルナリ。然ルニ夫《か》ノ幼稚ナル亜国ハ只公正穏当ノ語ヲ以テ英使ノ関ニ入ルヲ謝絶シタルノミ。英国若《も》シ一タビ其ノ躬《み》ニ反省スレバ、何ゾ亜国ヲ咎ムルヲ得ンヤ。英国ハ特《ひと》リ此ニ反省スル能ハザルノミナラズ、忽《たちま》チ揚言シテ曰ク、亜国ハ異志有リ魯使ヲ款待セリ英使ヲ拒絶シタリト。之レニ贈ルニ断決ノ書簡ヲ以テシ、其答書ノ少シク期日ヲ誤レバ、則チ令シテ曰ク、諸兵ヲシテ直チニ界ヲ越エテ進入セシムベシト。終ニ此ノ流血淋漓《りんり》ノ惨状ヲ現出スルニ至レリ。

試ミニ思ヘ、亜兵決シテ英国ニ侵入セザル也。而シテ英兵今亜国ニ侵入ス。亜国決シテ英国ヲ害セザル也。而シテ英国今亜国ヲ害ス。亜国ハ弱ニシテ英国ハ強ナリ。亜人ハ回教ニシテ英人ハ基督教ナリ。然ルニ現ニ英兵ハ彼レノ寒村ヲ焼キ、砲銃刀剣ヲ以テ老幼婦女ヲ駆逐シ、既ニ其ノ数百人ヲ殺傷シタリト云フ。畏《おそ》ル可キ哉慈母ノ所為、哀シム可キ哉稚児ノ不幸。真神若シ霊アラバ此ノ苛酷ヲ戒メ、此ノ不幸ヲ憫《あわ》レメヨ。千祈万禱、吁嗟《ああ》吾輩誓ツテ此ノ慈母ノ手中ヲ脱スル有ラントス。

13　強兵富国論　（郵便報知新聞）

13 解題［明治十二年四月九日・十日］　強兵こそ富国の本だとして強硬な国権拡張論を唱えた論説。「報知」はこの論説の前年、十一年十一月ころから露骨な強兵優先論へと急転換するが、同年夏、同紙に強い影響力をもつ福沢諭吉の「通俗国権論」刊行とあるいは関連したものか。なおこの論説はV-7と照応するもの。

【箕浦勝人】　一八五四－一九二九。豊後の人。慶応義塾出身の福沢諭吉門下の一人。「報知」記者として、立憲改進党系の論陣を張った。

強兵富国論

箕浦勝人稿

富国強兵トハ一種流行ノ熟語ニシテ、苟《いやしく》モ国事ヲ談ズルモノ、必ズ口吻ニ上ルコト免レザル所ノモノナリ。此語ヤ之ヲ分解シテ二語ニ分チ、富国ト強兵トニ区別シテ称スルトキハ、曰ク国ヲ富マスナリ曰ク兵ヲ強クスルナリトノ意味ニシテ、単ニ別種ノ働キヲ表スルモノニ過ギザレバ、其ノ孰《いず》レヲ先称シ孰レヲ後称スルモ、順序ニ於テ毫モ問フコトヲ要スベキモノアラザルナリ。然レドモ余輩熟々《つらつら》世人ノ此ノ二語ヲ連称スル者ノ、如何ナル意味ヲ以テスル乎ヲ察スルトキハ、決シテ二語ニ分解シテ別々ニ之ヲ称スルニ非ズ。全ク之ヲ一語トシテ固《もと》ヨリ先後ノ順序ニ拘ハリ、先ヅ国ヲ富マシテ而後《しかるのち》兵ヲ強クスルノ意味ヲ以テ之ヲ連称スルガ如キヲ見ル。若シ或ハ先後ノ順序ニ拘ハラズ、単ニ二語トシテ之ヲ連称スル間ハ固ヨリ問フコトヲ要セザレドモ、苟モ富国ヲ前置シ強兵ヲ後置シテ呼称スルト共ニ、先ヅ国ヲ富マシテ而後兵ヲ強クセント欲スルガ如キ思想ヲ喚起スルアラバ実ニ大ナル誤謬ニシテ、余輩ノ最モ黙止ス可ラザル所ナリ。

余輩ガ斯《か》ク言語ノ配置ヲ論弁シテ、敢《あえ》テ之ヲ等閑視セザルモノハ、唯《ただ》思想ノ順序ヲ転倒スルガ為ニ、終ニ所望ノ目的ヲ達スル能《あた》ハザランコトヲ恐ルレバナリ。苟モ国富ミテ人民最大ノ幸福ヲ享受スルヲ得ルアラバ、思想ノ順序ヲ転倒スルモ毫モ之ヲ咎《とがむ》ルヲ須《もち》キズ、瑣々タル言語固《もと》ヨリ問フ所ニ非ザルナリ。然レドモ凡ソ今世ニ処スルモノ、其ノ国ヲ富マサント欲セバ先ヅ其ノ兵ヲ強クセザル可ラズ。兵強カラザレバ国富マザルナリ。然ルヲ先《ま》ヅ国ヲ富マシテ而後兵ヲ強クセント欲スルモ、余輩ハ其ノ国富ム可キノ機会ナカランコトヲ恐ル、ナリ。故ニ余輩ハ断言ス、富国ノ本ハ強兵ニ在リト。

試《こころみ》ニ之ヲ*史乗ニ徴セヨ。英国ハ天下之ヲ富国ト称ス。今其ノ富ヲ致ス所以《ゆえん》ノモノヲ問ヘバ、則チ兵力ニ藉《か》ルニ非ズヤ。英国皇帝陛下ノ領地ニ嘗テ太陽ノ没スル時ナシト称シ、益々利源ヲ開キ益々国ヲ富マスベキ田園ヲ拡張スルモノ皆兵力ノ強盛ニ*職由《しょくゆう》スルノミ。若夫《もしそれ》英国ニシテ当初ヨリ兵力ノ強ナカラシメバ、焉《いずく》ンゾ今日ノ富ヲ致スヲ得可ケンヤ。又米国ノ独立ヲ見ヨ。天地ノ公道ニ訴ヘ人理ノ正義ヲ唱ヘ、以テ英国王ノ圧制ヲ憤リ以テ天賦ノ自由ヲ保護センコトヲ欲シタレドモ、千古易《か》フ可ラザル公道正義モ更ニ其ノ効ヲ奏セズ、終ニ之ヲ兵力ニ訴ヘ英兵ニ抗スルコト七年ノ永キニ亘リ、始メテ英国ノ「*羈軛《きやく》」ヲ脱シ、天賦ノ自由ヲ保チ得テ以テ独立ノ一大国ヲ建立シ終ニ今日ノ富ヲ致スニ至レルナリ。此ノ時ニ当リ、米人ノ兵力ヲシテ英兵ヨリ強カラザラシメバ、米国ノ独立未ダ知ル可ラズ。其ノ今日ノ富ヲ致サンコト固ヨリ期ス可キニ非ザルナリ。又我徳川氏ガ其ノ国是ヲ定メテ二百有余年ノ太平ヲ致シタルモ、其ノ基源ハ皆兵力ヲ以テスルニ非ズヤ。其ノ他万国ノ史乗ニ就キ一廃一興、苟モ史乗ノ面ニ著明ナル事迹ヲ踪索セバ、必ズ兵力ノ強ニ興リ兵力ノ弱ニ廃スルモノ明亮ナルヲ知ラン。今之ヲ歴叙スルニ遑《いとま》アラズ。

*搏噬《はくぜい》攘奪ノ世ニ当リテ兵力ノ功ヲ奏スルコト斯《かく》ノ如ク、其ノ国ヲ保チ国ヲ富マスニ緊要ナ

史乗ニ徴セヨ　歴史に照してみよ。

職由　もっぱらそれに依ること。

羈軛　束縛。

搏噬攘奪　つかみ、くらい、ぬすみ、うばう。

ルコト斯ノ如シト雖モ、暫ラク一歩ヲ譲リ兵ヲ後ニシテ富ヲ先ニスルノ説ヲ容《い》レン歟。国ヲ富マスガ為ニ委《ゆだ》ネタル時間ノ防禦ハ果シテ之ヲ如何ス可キヤ。外寇ハ我防禦ノ未ダ備ハラザルヲ見テ猶予スルコトナカル可キナリ。余輩甚ダ恐ル。一方ニ於テ*拮据経営勉メテ富ヲ増スベキ所以ノ事業ニ従ヒ、僅《わずか》ニ財ヲ積ミ富ヲ増スノ時ニ際シ、一方ニ於テ防禦ノ備具整理スルナクンバ、*猛獅鷲鷲東西ヨリ侵入シ恣《ほしいまま》ニ蹂躪ヲ極メ、以テ其ノ慾ヲ逞フスルコトアルニ至ラバ、幾多ノ熱血モ空《むなし》ク泡沫ニ属シ、富以《もっ》テ富トナスニ足ラザルノミナラズ、終ニ富ヲ生殖スベキ田園ノ我有トナラザルニ至ランコトヲ恐ル、ナリ。譬ヘバ爰《ここ》ニ東京日本橋ノ中心ニ一商店ヲ開キ、戸締リモナク外囲モナク、又之ヲ看守スルモノモナクシテ百貨ヲ陳列スルモノアランニ、何程ニ勉励シテ買客ヲ迎ヘ貨物ヲ販売スルモ、盗賊多キ今ノ世ナレバ戸締ヲ厳ニシ外囲ヲ密ニシ且《かつ》之ヲ看守シテ懈《おこた》ラザルモ、尚《なお》且ツ隙ヲ窺《うかが》フノ徒尠《すく》ナカラズ。況ンヤ*稠人輻湊ノ地、喧噪雑踏ノ街ニ商店ヲ構ヘテ、戸締モナク外囲モナク且ツ看守ノ人ナキニ於テヲヤ。老実勤勉ノ*結菓ハ悉ク悪漢懶惰ノ餌食トナランコト知ルベキナリ。今ノ世ニ処シテ一国ノ計ヲナス者ノ亦宜シク爰《ここ》ニ注視スベキノミ。

琉球ノ如キハ恰《あたか》モ日本橋ノ中央ニ開店シテ、戸締リモナク外囲モナキモノト云フベキナリ。人民ニ兵事ノ精神乏シキノミナラズ、兵器ノ一モ備具スルモノアラザルハ実ニ*坤輿《こんよ》無類ノ国柄ニシテ、之ヲ他ノ乱暴殺伐ノ世界ニ比スレバ、恰モ卓然タル文明ノ国開化ノ境ト称スベキガ如クナレドモ、世界万国ノ地位未ダ*偃武《えんぶ》ノ至域ニ達セザレバ独リ辺隅ニ開化ノ極点ヲ恣《ほしいまま》ニスル能ハズ。一回搏噬世界ノ人種ニ其国ノ存在ヲ発見セラル、以上ハ、不レ得レ已《やむをえず》、他ニ対

拮据 いそがしく働くこと。

猛獅鷲鷲 獅子はイギリス、鷲はロシアの表徴であることから、両国を暗喩するものであろう。

稠人輻湊 多くの人で混みあっていること。

結菓 結果。

坤輿 大地。

偃武 戦火がやみ、平和になること。

スル所ノ備具ヲ張ラザル可ラザルナリ。自国ノ人民ハ固ヨリ柔弱ニシテ、兵事ノ精神ニ乏シキガ故ニ、内国ニ在テハ開化極点ノ幸福ヲ享ケ得テ毫モ憂フル所ナカルベケレドモ、国外ニ対シテ些《いささか》ノ慮《おもんばか》ル所ナキトキハ、其国ヲ保チ独立ヲ維持スルコト能ハザルヤ知ルベキナリ。豈ニ之ヲ*熱鬧《ねっとう》ノ街頭ニ開店シテ外囲ニ懈《おこた》ルモノト云ハザルベケンヤ。既ニ勢ノ斯ノ如クナルヲモ悟ラズシテ、漫然経過スルガ如キハ最モ不覚悟千万ノ事共ナリ。其盗難ヲ免ル、能ハザルヤ、必然ナリ。是レ余輩ガ琉球人民ノ近隣大国ニ属隷タラザルヲ得ザルヲ論ジ、我日本政府ノ保護ヲ享《うく》ルノ至幸タルヲ弁ジタル所以ナリ。

世ノ論者殊ニ柔弱ナル学者達ハ、動《やや》モスレバ現在活世界ノ形勢ヲ悟ラズシテ空中ニ想像世界ヲ描キ、生意気ニモ時事ヲ談ジテ経国ノ要旨ヲ論ジ曰ク、富国ノ本ハ商売ニ在リ、勧工ニ在リ、商売ヲ盛ニシ勧工ヲ振起スルニ非ザレバ国富ム可ラズ、兵備ノ如キハ抑《そもそも》末ナリ、先ヅ国ヲ富マシテ然後《しかるのち》徐々兵備ヲ拡張スベシト。嗚呼《ああ》、是レ何等ノ*囈語《げいご》ゾヤ。論者ハ兵備ヲ以テ徒《いたずら》ニ体面ノ虚飾トスル乎、以テ虚栄ヲ張ルノ具トナス乎。若夫《もしそれ》然ラバ実ニ兵備ヲ後ニシテ富国ヲ先ニスル、最モ其当ヲ得タリトス。然レドモ兵備ノ第一義タル、決シテ体面ノ虚飾ニ非ズ。又虚栄ヲ張ルノ具ニ非ザルナリ。現世ノ形勢ヲ以テスレバ国富テ然後《しかるのち》其体面ヲ粧飾スルガ為ニ、或ハ兵備ヲ拡張シ兵備ヲ以テ粧飾ノ具トナスニ足ル可キモノアルベケレドモ、粧飾ノ事タル固ヨリ第二段ニ属スルガ故ニ粧飾ヲ以テ兵備ノ精神トスルトキハ其之ヲ末トスル、誠ニ宜《むべ》ナリト雖モ、余輩ハ決シテ粧飾ヲ以テ兵備ノ精神トスルモノニ非ズ。実ニ防禦ノ急務ニシテ、未ダ余裕アル者ノ道楽ト一般ニ看做《みな》スヲ得ザルナリ。上文ニモ論ゼシ如ク商売ヲ励ミ勧工ニ懈《おこた》ラズ、孳々《しし》汲々トシテ以テ富ヲ増サントスルモ、一方ニ防禦ノ欠乏スルアラバ、

熱鬧　人が混雑してにぎやかなこと。繁華。

囈語　たわごと。

商売ノ効、勧工ノ績、一モ我ヲ益スルモノナカルベシ。幾多ノ勤労ヲ累《かさ》ヌルトモ終ニ得ル所ナクンバ、之ヲ徒労ト云《いわ》ザルヲ得ズ。徒労ノ無益タルガ如キハ論者ト雖モ豈ニ之ヲ知ラザルノ理アランヤ。然ラバ則チ商売ヲ盛ニシ勧工ヲ振起スルガ為ニ最モ緊要ナル手段ヲ問ヘバ、先ヅ第一番ニ防禦ニ在リト云ハザルヲ得ズ。果シテ之ヲ第一ノ要具トセン歟、如何ゾ之ヲ末ナリト云フ可ケンヤ。余輩固ヨリ国ヲ富マスガ為ニハ商売勧工ノ甚ダ緊要ナルヲ熟知セリ。敢テ論者ノ喋々ヲ煩《わずらわ》スヲ要セザレドモ、斯ク緊要ナル商売勧工ヲ保護スル、一ニ兵力ニ在ルガ故ニ断ジテ兵備ノ末ニ非ズシテ富国ノ本タルヲ主張スルナリ。

論者又徳義ヲ以テ外交上ノ本拠トシ、或ハ万国公法ナル者ヲ以テ結局ノ訴場トナスモノアリ。徳義固ヨリ人心ノ制規トナルアリ。公法亦《また》時ニ其用ヲナサヾルニ非ズト雖モ、決シテ安然依頼ス可キモノニ非ズ。一朝事アルノ日ニ当リテ能《よ》ク其功ヲ奏ス可キモノハ、独リ兵馬ノ力アルノミ。然ルニ此急要ノ力ヲ懈《け》怠《たい》シテ、却テ恃《たの》ム可ラザル徳義ヲ恃ミ、依頼ス可ラザル万国公法ニ依頼スルハ、猶ホ南無阿弥陀仏ヲ唱ヘテ盗賊ヲ防ガント欲スルガ如シ。南無阿弥陀仏ノ力ハ能ク老婆ノ一心ヲ安ンズルニ足リテ、決シテ外物ノ襲来ヲ防禦スルノ効アラザルナリ。論者ハ猶《なお》老婆ノ声ニ倣《ならい》テ、能ク一国ノ独立ヲ搏噬世界ニ維持スルニ足レリト信ズル乎。愚モ亦甚シカラズヤ。

論者又或ハ曰ク、*国用足ラズ以テ兵力ヲ強クスル能ハズト。論者ハ*国帑ヲ何ノ事業ニ傾ケテ、以テ之ヲ足ラズトスル乎。国帑窮乏ナリト雖モ急用ノ費途ニ応ズ可キ資力ナシトセザル可シ。盗賊徘徊ノ世界ニ在テ、最モ急要トスル所ノモノハ則チ戸締ナリ、外囲ナリ。此急要ヲ顧ミズシテ、徒《いたずら》ニ商売ヲ励ミ工業ヲ勉ルモ其商売ヲ励ミ工業ヲ勉ル間ノ防禦ハ之ヲ如何《いかん》セ

国用・国帑　国政にかかわる費用と国家の財産。

嗤笑　あざわらうこと。

14解題[明治十二年六月二十七日・二十八日]　インド・ペルシア・アフガニスタン・清国・安南・ビルマなどアジア諸国について、順次列強による侵略の歴史を簡略に整理し、あわせて世界、またアジア情勢における日本の位置につき論じたもの。日本は列強による国権侵害は他のアジア諸国に比べて少なく、アジアの「中等国」から「上等国」に進みつつあるとしている。なお「毎日」はひきつづき日本の進路をめぐって、アジア連帯論への賛否二論の投書を掲載した。前者は「聯合主義ヲ東洋ニ播ン事ヲ望ム　東京赤羽三郎郵送」(十二・十一・十二)、後者はIII-5である。

日魯　ゲルマンとロシア。

葡班　ポルトガルとスペイン。

土埃　トルコとエジプト。

白蘭　ベルギーとオランダ。

国民ノ叛乱…　学制・徴兵制・地租改正等に反対する一揆あるいは士族反乱などをいうか。

ント欲スル乎。店頭ニ勉強シテ戸締ヲ厳ニセズンバ勉強ノ結菓ハ復タ我有ニ非ザルナリ。然ルモ尚《なお》勉強シテ以テ富ヲ増サントスル歟、識者ノ*嗤笑《ししょう》ヲ待タザルナリ。資力不足ノ論ハ無論効ナキモノタルヲ知ルベシ。余輩故ニ曰ク、強兵ハ先ナリ富国ハ後ナリト。強兵富国論ヲ作ル。

14　東洋諸国の形勢（横浜毎日新聞）

東洋諸国ノ形勢

帝国外交以来政体政法ノ進歩シタル、之ヲ*日魯ニ比セバ敢テ恥ヅルナク、学術文芸ノ進歩シタル、之ヲ*葡班ニ比セバ敢テ譲《ゆ》ヅルナク、民業物産ノ盛ナル、之ヲ*土埃ニ比セバ幾《ほと》ンド其上ニ出テ、陸海軍ヲ振興シ航海ヲ内外ニ開キ、都府邑里ノ宏壮清麗ナル東方諸国ノ能ク及ブ所ニアラザレバ、則チ我ガ帝国ハ実ニ全亜細亜《アジア》ノ錚々《そうそう》タル者ニシテ、之ヲ欧洲中葡班*白蘭ノ間ニ伍タラシム可キハ、我ガ開進家ノ敢テ保証スル所ナルベシ。然レドモマタ眼ヲ転ジテ之ヲ観レバ、政体政法進歩シタルモ随テ*国民ノ叛乱ヲ変法上ニ招キ、学術文芸進歩シタルモ人情風俗浮薄軽卒ニ流レ、民業物産一方ニ盛ナルモ又失業破産ノ徒一方ニ群ヲ成シ、陸海軍ハ振興シ航海ハ内外ニ開ケ、都府邑里一層ノ美観ヲ増シタリト雖モ、之ニ引替ヘ士族職ヲ失ヒ、駅路空寂辺郡僻村貧苦衰墜ノ状ヲ呈シ、加之《しかのみならず》外交以来常ニ貿易上ニ敗退ヲ取リ、物産足ラ

嘖々　口々にほめそやすさま。

呶々　口やかましいさま。

余儕　わがはい。自称。

孟買　Bombay. インド中部西海岸、アラビア海に面する都市。一五三四年ポルトガルが領有、一六六一年イギリス王に譲られ、六八年さらに国王から東インド会社に譲渡され、以来イギリスのインド経営の要地となった。

ズシテ之ニ継グニ金銀ヲ以テシ、金銀幾《ほと》ンド尽キテ将《まさ》ニ易《か》フルニ物ナカラントセバ、則チ豈ニ外交上ニ利ヲ得タル者ト為スニ足ランヤト。是レ即チ守旧家ノ称スル所ナリ。蓋シ開進家ヨリ之ヲ観レバ、単ニ国ノ進歩シタルヲ見テ国ノ疲弊シタルヲ見ズ、故ニ*嘖々《さくさく》其進歩ヲ賛歎シテ已《や》マズ。又守旧家ヨリ之ヲ観レバ、単ニ国ノ疲弊シタルヲ見テ国ノ進歩シタルヲ見ズ、故ニ*呶々《どうどう》其疲弊ヲ指摘シテ已マズ。然リト雖ドモ、天下ノ理、右ニ得ル所アレバ必ズ左ニ失フ所アリ。唯《ただ》得失相比較シ、小ヲ失テ大ヲ得、悪ヲ失テ美ヲ得ル者ヲ善ク進歩ヲ謀ル者ト謂フベシ。今政体政法ノ進歩シタル、陸海軍ノ振興シタル、学術文芸航海商業ノ進歩シタルハ我ガ二十年以来ニ得ル所ナリ。国内人民ノ屢々《しばしば》叛乱ヲ興シタル、人情風俗ノ浮薄軽卒ニ流レタル、失業破産ノ徒各地ニ充斥シタル、民産工業ノ一方ニ衰頽シタル如キハ我ガ二十年以来ニ失フ所ナリ。其得ル所ヲ以テ其失フ所ニ比較セバ、孰《いず》レヲ小トシ孰レヲ大トシ、孰レヲ美トシ孰レヲ悪ト為サン乎。*余儕ハイマ姑《しばら》ク之ヲ比較スルヲ舎《や》メ、先ヅ彼ノ亜細亜諸国ガ欧洲通商以来何等ノ変状ヲ致シタルカヲ観察シテ、然ル後チ我ガ得失ニ論入セントスルナリ。

我ガ日本ハ決シテ大国ト称ス可キ国ニアラズ。支那印度ヲ以テ之ニ比セバ、幾《ほと》ンド我ニ十倍スル者アリ。我ガ日本ハ決シテ強国ト称ス可キ国ニアラズ。満洲韃靼ノ英雄ヲ出ス、満洲韃靼人ノ欧亜ニ跋扈シタルニ比セバ、幾《ほと》ンド我ニ十百倍スル者アリ。蓋シ我ガ日本ノ土地ハ波斯《ペルシア》亜加業坦《アフガニスタン》緬甸《ビルマ》暹羅《シャム》ヨリ小ニシテ、其人民歳入ハ遠ク之ニ過ギナバ、則チ古来亜細亜ノ中等国ニ位スト云フモ、甚《はなはだし》キ違見ニアラザルベシ。斯《か》ク我帝国ノ等位ヲ仮定シ、然ル後《の》チ彼《か》ノ印度支那波斯亜加業坦緬甸暹羅等ノ諸国ガ欧洲交際ニ何等ノ変状ヲ致シタルカヲ観察セヨ。

夫《そ》レ印度帝国ハ亜細亜中部ノ大国ナリ。然ルニ一千五百年代葡人始メテ*孟買《ボンベイ》ニ来リ、城ヲ建テ市ヲ通セショリ、尋《つい》デ蘭人其地ヲ奪テ埠頭ヲ築キ、既ニシテ英人東印度ニ来リ、*商会ヲ結ビ商権ヲ擅《ほしいまま》ニシ、英将又諸島ヲ取リテ砲台ヲ築キ、其民ヲ移植シ(是レ一千六百年代ノ末ナリ)、一千七百年代ニ及ンデ印度商会ハ*莫臥爾〈モゴル〉帝国ヲ援ケテ土豪ヲ攻滅シ、是ヨリ漸ク印度蚕食ノ基ヲ開キ、一千八百五十七年*彪色茵〈ヒエーセイン〉ノ乱平グニ及ンデ、印度ノ全地復タ英政府ニ抗敵スル者ナシ。其次ギハ*波斯王国ヲ観ヨ。波斯ハ古ノ強国ニシテ、今猶ホ土地七万方里人民一千二三百万ヲ有セバ、復タ小国ト見做ス可ラズ。然ルニ一千八百年代大ニ各国ト通商ヲ開キショリ、英人魯人其国ニ垂涎シ、一千八百十三年魯人始メテ来伐テハ、翌十四年英人逼《せまり》テ盟ヲ要シ、是ヨリ英魯共ニ攻メ更ル〴〵伐チ地ヲ割キ償ヲ出シ、気息奄々トシテ僅《わずか》ニ存スルハ猶ホ*陳鄭ガ晋楚ノ間ニ居ルガ如シ。其次ギハ*亜加業坦ヲ観ヨ。其地狭小ナルニアラズ。其民*羸弱《るいじゃく》ナルニアラザレドモ、一千八百年ノ初ヨリ英魯共ニ其地ニ朶《だ》頤《い》シ、今ニ至ル迄英人ト兵ヲ構フ者幾回ナルヲ知ラズシテ、而シテ昨一千八百七十八年ニ至リ、マタ魯人ノ教唆ヲ受ケテ英ト絶チ、連戦連敗終ニ権ヲ殺ギ和ヲ講ズルニ至レリ。其他*皮路直坦《バルチスタン》地方ハ嚮《さ》キニ波斯ノ羈扼ヲ脱スレドモ、未ダ一箇ノ邦国ト為スニ足ラズ。*都耳基坦《トルキスタン》地方ハ数箇ノ酋長ヲ以テ統治スト雖ドモ、近年漸ク魯国ニ併呑サレ今ニ至リテハ都耳基旦全土幾ンド魯国ノ所轄ニ帰セリ。此ニ由リテ之ヲ観レバ、印度以西ノ諸国一タビ欧人ト交際ヲ開キショリ、或ハ英ニ取ラレ或ハ魯ニ割《さ》カレ、一モ全存ヲ得ル者ナシ。将《は》タ印度以東ノ諸国ハ如何。余儕ハ明日ノ紙上ニ於テ詳《つまびら》カニ之ヲ説カン。

印度以東ノ諸国中最大ナル者ヲ支那ト為ス。支那ハ九拾万方里ノ封疆《ほうきょう》ニ拠リテ、四億余万

商会… 東インド会社 East India Company. 一六〇〇年設立。同会社は遠隔地貿易で利益をあげるが、次第に政治的軍事的色彩を強くし、一七五八年にはベンガル知事(のちベンガル総督と改称)をおき、ボンベイ・マドラスもその統治下においた。

莫臥爾帝国… ムガール帝国はインド史上最大のイスラム系王朝。東インド会社軍が帝国から自立の動きのあったベンガル太守軍を破ったプラッシーの戦い(一七五七年)のことか。

彪色茵ノ乱 セポイの反乱。宗教的理由に端を発したこの反乱は、一八五七年から二年余にわたりインド全域の三分の二に及ぶ、大規模な反英闘争になった。

波斯王国 カジャール朝ペルシア。ロシアは一八一三年のグリスターン条約でカスピ海西岸を獲得。イギリスは一四年条約を結んでロシアに対抗。

陳鄭ガ晋楚… それぞれ中国春秋時代の国。陳・鄭は強大国である晋・楚に隣接し、併合される。

亜加業坦… ↓補注「アフガン戦争」

羸弱 弱々しいさま。

皮路直坦 Baluchistan. 現パキスタン南西部からイラン南東部にわたり、アラビア海

ノ人口ヲ有セバ亦世界ノ大国ト謂フベシ。然ルニ一千七百年代ヨリ欧人ト交通ヲ開キ尋《つい》デ英人其南ニ逞フセント欲シ、魯人其北ヲ窺ハントシタレド、遇々《たまたま》清朝ノ隆興スルニ遇ヒ未ダ其志ノ如キヲ得ズ。既ニシテ英人漸ク阿片輸入ノ道ヲ開キ（一千七百年ノ末）、利ヲ得ル巨万ナルヲ見テ、清人亦《また》漸ク其害ヲ*稔知《じんち》シ、令ヲ出シ厳禁スレドモ国人之ヲ嗜《たしな》ムコト益々甚シ、一千八百三十九年広東《カントン》総督*林則徐尽《ことごと》ク英商蓄フル所ノ阿片ヲ焼キ、併セテ英人ヲ酷虐スルニ及ンデ始メテ英ト*釁端《きんたん》ヲ開キ、翌四十年英人兵ヲ進メテ清ニ寇シ、尽ク広東廈門《カントンアモイ》舟山寧波《ニンポー》乍浦呉淞《ウースン》上海《シャンハイ》鎮江ノ諸処ヲ陥レ、遂ニ香港《ホンコン》ヲ割キ軍費ヲ償ヒ、五港ヲ開キ以テ和ヲ講ズルニ至レリ。時ニ一千八百四十二年ナリ。其後一千八百五十九年*英船勒索ノ一事ヨリ再ビ英仏ト釁端ヲ開キ、*牽連《けんれん》シテ一千八百六十年ニ至リ英仏両国兵ヲ進メテ北京《ペキン》ヲ陥レタルニ及ンデ、遂ニ之ト和ヲ議シ軍費ヲ償ヒ、天津《テンシン》ヲ開キ九竜ヲ割《さ》キ、且ツ外国公使ヲ北京ニ駐箚《ちゅうさつ》セシムルヲ許セリ。斯ク清廷ノ南方ニ固メラル丶ニ乗ジテ魯人又北方ニ迫リ、清廷ニ請フテ*満洲沿岸ノ地ヲ購ヒ、既ニシテ魯人マタ*伊犂《イリ》土民ヲ教唆シテ数々《しばしば》清国ニ叛カシメ、昨一千八百七十八年ニ及デ遂ニ清廷ト伊犂ノ疆界論ヲ開ケリ。是レ清人ガ欧洲交際ニ致シタル変状ナリ。

其次ギ*安南王国ヲ観ヨ。善ク清人ノ覆轍ヲ鑒《かんが》ミテ阿片ヲ厳禁シ、且ツ西洋兵式ニ倣《なら》フテ軍艦ヲ製造シ士卒ヲ訓練スト雖ドモ、一千八百六十五年仏人ト隙ヲ生ジ毎戦勝タズ、終ニ塞根《サイゴン》一帯ノ地ヲ割テ仏国ニ属セリ。其次マタ*緬甸《ビルマ》王国ヲ観ヨ。一千八百二十六年始メテ英人ノ侵略ヲ受ケ、終ニ港ヲ開キ銀ヲ償ヒ以テ和ヲ講ジ、同五十二年再ビ和敗ルニ及ンデ、又南方諸州ノ地ヲ割キ以テ英ニ属セリ。是ニ於テ孟加拉《ベンガル》沿岸ノ地尽ク英ノ有ト為レリ。其次ギ暹羅《シャム》王国ヲ観ヨ。能ク欧人ト*釁隙《きんげき》ヲ開カザレドモ、欧人跋扈ノ風ハ他ノ諸国ニ異ナルナク、能ク欧

北岸沿いに広がる地域。
都耳基坦…　ボハラ・ヒヴァ・コーカンドの三国をロシアは一八六六―七六年に征服、ロシア領トルキスタンとした。
稔知　熟知。
林則徐　〔一七八五―一八五〇〕。清末の政治家。↓補注「アヘン戦争」
釁端　争いのいとぐち。
英船勒索ノ一事　アロー号事件。↓補注「アロー戦争」
牽連　連なりつづくこと。
満洲…　↓一二八頁注
伊犂…　↓補注「イリ紛争」
安南王国　安南はベトナムの中部。一八〇二年に統一国家阮朝が成立。一八五八年ナポレオン三世はベトナム人宣教師殺害を理由に侵略戦争を開始(仏越戦争)、六二年第一次サイゴン条約でフランスはコーチシナ東部を獲得、国内での布教・通商の自由を認めさせた。フランスは翌年カンボジアを保護国とし、六七年コーチシナ全土を奪取、さらに七四年第二次サイゴン条約、八三年フエ条約で保護国化した。このことが清仏戦争(↓補注)の契機となり、八五年に保護国化を確定。
緬甸王国　ビルマは一八世紀中葉に成立したアラウンパヤーの新王朝がシャムを伐つなど強盛を誇ったが、第一次(一八二四―二六年)・第二次

風ニ模擬シテ国政ヲ改革シタレドモ、国民ノ貧陋ハ今ニ至ル迄改ムル能ハズ。是レ*後印度諸国ガ欧洲交際ニ致シタル変状ナリ。其他朝鮮王国ハ未ダ交際ヲ開カザルニ既ニ*法米ノ攻伐ヲ受ケ、南洋諸嶋ハ未ダ一箇ノ邦国ト為スニ至ラザルニ、早ク蘭班諸国ニ略有セラレタリ。此ニ由リテ之ヲ観レバ、印度以東ニ於テ暹邏ノ一王国ヲ除クノ外、或ハ英仏ニ割カレ或ハ魯西亜ニ迫ラレ、一モ全存ヲ得ル者ナシ。是レ其故《そのゆえ》何ゾヤ。欧洲人ノ智謀材略遠ク亜細亜人ノ上ニ出デ、亜細亜人ノ能ク及ブ所ニアラザレバナリ。

帝国東洋ニ位シテ、亦亜細亜諸国ノ*倫類タリ。而シテ其欧洲交際ノ景状之ヲ他ノ亜細亜諸国ニ比較セバ果シテ如何《いかん》。帝国始メ合衆国ニ迫ラレテ外交ヲ開クト雖ドモ、外交ノ初メ厳ニ雑居旅行及ビ*静産所有ヲ禁ゼリ。故ニ城ヲ建テ砲台ヲ築キ、併《ならび》ニ其民ヲ移殖セラル、コト印度ノ如クナラズ。帝国外交ノ初メ又厳ニ阿片ノ輸入ヲ禁ゼリ。故ニ民ヲ毒シ財ヲ耗ラシ併ニ*外釁《がいきん》ヲ開クコト支那ノ如クナラズ。且ツ先ニハ*高輪麻布ノ襲撃アリ、後ニハ*下関鹿児嶋ノ開戦アレドモ、唯《ただ》金ヲ出シ費ヲ償フニ止リテ、併ニ未ダ地ヲ割キ国ヲ削ラル、コト波斯安南緬甸ノ如キニ至ラザレバ、則チ帝国欧洲交際ノ景状之ヲ亜細亜諸国ニ比較セバ、大ニ其上ニ出デタル勿《なか》ランヤ。夫レ然リ。帝国欧洲交際ノ景状亜細亜諸国ノ上ニ出《いで》テハ、帝国外交ノ得失ニ於テ孰《いず》レカ小タリ孰レカ大タリ、孰レカ美タリ孰レカ悪タルヲ問ハズ、余儕ハ先ヅ其国ヲ損傷セザルヲ以テ我国ノ最大福祉ト為サズンバアラズ。何トナレバ其大ナル支那印度ノ如ク、其強キ波斯緬甸ノ如キモ皆其国ヲ損傷スルヲ免レザルニ、帝国独リ其封疆ヲ全存スルヲ得タレバナリ。

此ノ如ク観察シ来レバ、帝国外交以来縦令《たとい》国内人民屢々《しばしば》叛乱ヲ醸シタルモ、人情風俗浮薄

(一八五二年)ビルマ戦争でイギリスは下ビルマを併合、さらに第三次戦争(一八八五—八六年)でビルマ全土はインド帝国の一州とされ、イギリスの支配下におかれた。

釁隙　なかたがい。不和。

後印度　いわゆるインドシナにあたる地域。→二八一頁注

法米　フランスとアメリカ。→四六頁注「仏米二国…」

倫類　同類。

静産　不動産。

外釁　外とことをかまえる。

高輪麻布ノ襲撃　東禅寺事件。文久元年(一八六一)イギリス仮公使館のおかれた江戸高輪の東禅寺を水戸浪士が襲撃したが、賠償金一万ドルと幕府が公使館を適当な地に建設することで解決した。

下関鹿児嶋ノ開戦　元治元年(一八六四)の英米仏蘭四カ国連合艦隊下関砲撃事件と、その前年文久三年の薩英戦争。

ニ流レタルモ、失業破産ノ徒各地ニ見《あら》ハレタルモ、民産工業大ニ衰頽シタルモ、金銀宝貨尽ク海外ニ流出シタルモ、余儕ハ之ヲ以テ直チニ*当路者ヲ罪シ又之ヲ以テ直チニ我ガ先輩者ヲ咎メザルナリ。況ンヤ国内叛乱屢々《しばしば》興リタルモ、政体政法大ニ改良シ人情風俗浮薄ニ流レタルモ、学術文芸大ニ進歩シ失業破産ノ徒各地ニ見ハレタルモ、陸海軍大ニ振興シ民産工業衰頽シタルモ、新工新業一方ニ興リ金銀宝貨海外ニ流出シタルモ、民智大ニ開達シ幾《ほと》ンド東洋上等国ノ地位ヲ占メントスルニ於テヲヤ。然リト雖ドモ、余儕ハ帝国今日ノ情状ヲ以テ十分ノ福祉ヲ保有シタリト為スニアラズ。又帝国将来ノ形勢ヲ以テ全然憂慮ス可キナシト云フニアラズ。余儕ハ唯ダ之ヲ亜細亜諸国ニ比較シテ其幸福ノ最多キヲ保証スルノミ。若夫《もしそ》レ帝国今日ノ情状ト帝国将来ノ形勢トヲ観察シテ、其福祉ヲ永遠ニ増益セントスル方法ニ至リテハ、余儕当《まさ》ニ*不日ニ開陳ス可シ。

15　魯国虚無党の景状（朝野新聞）

魯国虚無党〈ニヒリスト〉ノ景状

現今社会党ハ一種ノ主義ヲ以テ世間ヲ煽動シ、地球上ニ於テ其ノ国ノ開化ト不開化トヲ問ハズ、尽ク此ノ党論ノ為メニ風靡セラレントスルノ景状アリ。然レドモ社会党ハ始テ今日ニ発生セシニ非ズ。仏国ニ於テ此ノ毒種ヲ播殖シ、此レヨリシテ四方ニ蔓延シ、各国トモ多少

当路者　為政者。

不日　近いうちに。

15解題［明治十二年十月二十八日・二十九日］　ロシアの過激ナロードニキ（「人民の意志」派）について、その歴史をたどり、ヨーロッパの社会主義と異なる独自の思想と主張の特徴を具体的に論じ、内在的に捉えようとしたもの。「朝野」の数多い社会党・虚無党論のなかでも注目すべきものの一つ。なおナロードニキ認識としては、インテリゲンチアの先覚的運動という側面をも捉え論評した「曙」の投書「虚無党論　在東京　高須鉄峯」（十四・二・二十五）がある。

之ガ為メニ伝染セラレ、国々ニシテ、各自ニ主義ヲ立テ党与ヲ結ブニ至レリ。而シテ其ノ激烈ナルモノハ魯国ノ社会党ニシテ、所謂《いわゆ》ル「ニヒリスト」則チ虚無党ノ綽号ヲ得タル者、是レナリ。抑《そもそ》モ魯国ノ社会党ニ向フテ、無信心又ハ破壊教ト云フ意味ヲ以テ「ニヒリスト」ノ名ヲ下ダセシハ、実ニ*ツウルグネフ氏ノ親子ト題スル小説ニ創《はじ》マレリ。此クノ如キノ綽号ハ今日ニ創マルニ非ズ。昔時和蘭《オランダ》国ノ改革党ヲ悪《にく》ミ之ヲ名ヅケテ*水丐《すいかい》ト云ヒ、仏国ノ改革党モ*赤脚ノ名ヲ得タルコトアリ。虚無党ノ如キモ蓋《けだ》シ亦之ニ同ジ。而シテ虚無党ハ社会ノ平均ヲ望ミ、政事ヨリ裁判軍事ノ組立ニ至ルマデ尽ク之ヲ変更セント熱中スル者ナリ。吾輩ハ頃日《けいじつ》欧洲ニ在ル朋友ヨリ得タル所ノ報告ヲ基本トシ、更ニ二三ノ新聞紙上ニ掲グル所ヲ参酌シテ、夫《か》ノ虚無党ガ成立ヨリシテ今日ニ至ル迄ノ概略ヲ説キ、其ノ前途ニ於テ如何ノ景状ヲ為ス可キヤヲ陳ベ、幷セテ虚無党ノ自カラ公告セル約定書ヲ掲載シ、従フテ其ノ党論ノ正邪如何ヲ弁論スルアラントス。

往時仏国其他ノ社会党ノ云ヘルコトアリ。魯国ノ人民ハ極メテ衆多ナリト雖ドモ、因循姑息ニシテ与《とも》ニ謀ルニ足ラズ。暫ク之ヲ党与ノ後備トスルニ若《し》カズト。然ルニ卅年以来魯国人民ノ変動ハ果シテ如何ゾヤ。*クリミヤノ一役殊ニ*近年ノ戦争ニ於テ、魯国ハ兵制ノ整ハズシテ武備ノ闕乏セル土耳《トルコ》其ノ兵ノ為メニ支ヘラレ、之ガ為メニ国内ノ疲弊ヲ来タスニ至レリ。是時ニ当リ魯国ノ帝室党ハ虚無党ノ企望スル所アリテ、大ニ恐ルベキ景状アルヲ省視セズ、之ヲ度外ニ放棄セシニ、夫《か》ノ因循姑息ナル魯国人民ハ今ヤ*顚覆党トナリ、諸国ノ社会党中ニ於テ最モ勢力アル者ト為リタリ。即チ魯国今日ノ虚無党ハ社会党中顚覆党ノ前駆ナリト謂フベシ。是レ迄奴隷ト言ハレシ魯国人民ハ、何ヲ以テ俄《にわ》カニ此クノ如キ強大ナル顚覆党ノ首魁

ツウルグネフ氏ノ…　ツルゲーネフ(一八一八-八三)の作品「父と子」(一八六二年)。主人公バザーロフをあらゆる既存の価値や伝統の権威を否定するニヒリストとして描いたもので、この論説が日本における最初の紹介であるとされる。なお「父と子」の日本語訳は、十九年頃に二葉亭四迷によって、「虚無党形気《かたぎ》」という書名で出版されるはずであったが、実現しなかった。

水丐　丐はこじき。乞食党・海乞食。一五六六年オランダに生れた下級貴族の同盟。フィリップ二世の宗教迫害に抵抗したが、追われて海乞食として、オランダ独立戦争を助けた。

赤脚　未詳。

クリミヤノ一役・近年ノ戦争　クリミア戦争と露土戦争。それぞれ→補注

顚覆党　無政府主義あるいは社会主義的革命的党派の表現として、当時しばしば使用された。

大魯・小魯　東スラブ(ロシア人)のうち、モスクワを中心とする森林地帯に居住したものが大ロシア人、南ロシアに住んだものが小ロシア人(ウクライナ人)である。また西北部国境に住んだものは白ロシア人(ベロロシア人)。

キイフ　キエフ Kiev. ウクラ

ト為リシヤ。是レ世人ノ深ク驚訝《きょうげん》スル所ナリ。然レドモ、今若シ魯国ノ歴史ヲ披《ひらき》テ之ヲ一見セバ、此ノ大疑ハ直チニ解散スルニ至ル可シ。

魯国ニ二部ノ大区アリ。其一ヲ*大魯ト云ヒ、其一ヲ*小魯ト云フ。大魯ハ即チ莫斯科《モスクワ》ノ部ニシテ昔日既ニ専制党ノアリシ地タリ。小魯ハ之ヲ*キイフ、*トセルニンゴウ、*ポルトワノ三部ニ分チ、魯国ノ旧部ニシテ昔時既ニ自由ノ気風アリシ地タリ。中世ノ頃ハ各部ノ都会ニ於テ共和政治ヲ施行セシコトアリ。往時数百年ノ間世ニ小魯ヲ呼テ、*自由「コサック」(屯田兵ノ名ナリ)ノ中央ノ地ト称セリ。其後ニ至ッテ小魯ノ自由人民ハ莫斯科ノ専制党ノ為メニ圧伏セラレ、奴隷トナルコト此ニ二百年ナリ。此クノ如ク一タビ昔時ノ自由ヲ失フト雖ドモ、小魯ノ人民ハ今日ニ至ル迄土地ヲ共有スル等ノ古制ヲ守リ、共同ノ風俗ヲ失ハズ、西方欧洲ノ人民モ遠ク及バザル所アリ。先年「*ステンコラジーン」及ビ「プウカチフ」ノ大一揆アリ。此ノ一揆ハ魯国政府ノ圧制ニ抗抵シ、不公平ヲ矯正スルノ激動ニ出デタリ。而シテ仏国ニ於テ社会党ノ勝ヲ得タルノ報ヲ聞キ、伯得堡《ペテルスブルグ》ノ市街ニテハ人民相視テ欣々ノ色アリ。人々握手シテ相賀シタリト云フ。後チ仏国其他ニ於テ、社会党ノ反動ハ大ニ衰フルト雖ドモ、魯国貴族中ニハ自由ヲ慕ヒ公平ヲ思フノ心確乎《かっこ》トシテ変ゼザル者アリ。千八百廿五年十二月*虚無党ノ巨魁ハ刑場ニ臨ミ、毫モ恐怖ノ心ナク泰然トシテ、四方ヲ周視シ自由共和国万歳ナレト大喝シテ死ニ就ケリ。

魯ノ前帝*ニコライハ巧ミニ計図ヲ為シ、完全ナル専制政治ヲ恢復シ以テ帝室ノ基礎ヲ鞏固ニセントセシモ、事業半途ニシテ瓦解ニ至リ、大業成ラザルヲ知リ失望シテ崩御ニ至レリ。此時魯国人民ハ愁訴スル所アリ、*ヘルセン、*バクニン等ハ人民ノ為メニ非常ノ尽力ヲ為セシ

イナの中心地。

トセルニンゴウ　チェルニーゴフ **Chernigov.**　チェは Tsch とも表記することから「トセル」と読んだものと思われる。キエフの北方にあり、一一―一三世紀にはチェルニーゴフ大公国の首都であった。

ポルトワ　ポルターヴァ **Poltava.**　キエフの東南三〇〇キロ余に位置。

自由コサック　コサック(カザーク **Kazak**)はタタール語で「自由人」「放浪する人」また「剛胆者」を意味したが、ロシアでは農奴に対して国税を免除された自由人の意に使用された。辺境で国境防衛の軍務に服する集団を形成し、さらに農奴制的束縛を逃れたものが加わり、みずからカザーク＝自由人と称した。彼らの社会はまた、統治や裁判において自治的・民主主義的組織をもって運営されていた。

ステンコラジーン…　一六七〇―七一年ステンカ・ラージン(?―一六七一)が下層カザークを率いておこした反乱。およびプガチョフ(一七四二?―一七七五)が一七七三―七五年ヤイク・カザークを率いておこした蜂起。

虚無党…　デカブリスト(十二月党員)のこと。一八二五年、専制政治の打倒、農奴制の廃止を要求して蜂起したが鎮圧され、ペステリ、ルイレ

カドモ許容セラレズ。然レドモ、其ノ愬訴ノ影響ハ終ニ西部ノ人心ヲ感動セシメタリ。

茲ニ又虚無党ノ為メニ一大機会アリ。魯軍ノクリミヤニ敗績シテ帝室党ノ人望ヲ失フヤ、人民ハ益《ますま》ス自由ヲ唱ヘ改革ヲ望ミ、其影響ハ忽《たちま》チ四方ニ波及セリ。此時大ニ虚無党ノ勢援ヲ為ス者アリ。*大学校ノ生徒是レ也。生徒ニ首長アリ、ニコライト云フ。其人トナリ聡明ニシテ度量アリ。其国人ヲ愛スルガ為メニ刑ヲ受ケ、十六年間シベリヤノ鉱山ニ苦役セリ。是レヨリ国民ノ一揆ヲ起スコト数回ニ及ブモ、政府ハ常ニ銃鎗ノ力ニ藉《かり》テ之ヲ*殄滅《てんめつ》セリ。千八百六十一年ニ至リテ魯国政府ハ顚覆ノ禍ヲ恐レ、人民ニ自由ヲ与フルノ策ヲ施セシカドモ其目的ヲ達セズ。其ノ外ハ和平ノ如クナレドモ其ノ内ハ実ニ危急ナリ。*千八百六十六年ヨリ屢《しばし》バ魯帝ヲ暗殺セントスル者アリ。顚覆党ノ徒刑人ハ年々ニ増加ス。而シテ其徒刑ト為ツテ四方ニ遷移スルモノハ、却テ虚無党ノ主意ヲ魯国内ニ伝播セシメタリ。千八百七十一年*巴里《パリ》ニ於テ社会党ノ大暴発起ル。此ノ暴発ハ全欧洲ノ社会党ヲ感動セシメシ者ニシテ、魯国ノ虚無党モ亦均シク一大感発ヲ為シ、此時ヨリ以来該党ノ主義ハ愈《いよい》ヨ堅固トナリ、愈ヨ過激トナレリ。是レ虚無党ノ成立ヨリ今日ニ至ルマデノ概略ナリ。

魯国ノ社会党ハ他邦ノ社会党ト大ニ異ナル者アリ。其ノ異ナル者ハ何ゾヤ。魯国ノ社会党ハ最モ勉励ス、是レ其ノ一ナリ。党中豪族多シ、是レ其ノ二ナリ。党中婦女多シ、是レ其ノ三ナリ。又魯国ノ虚無党ハ苦難ニ当ルト雖ドモ大ニ前途ニ望ム所アリ。何トナレバ党中ニ幾万ノ少年男女アリ。其ノ安楽ニ日ヲ送リ衣食ニ不足ナク頗《すこぶ》ル奢侈ナル者モ、亦皆身ノ富有ヲ顧ミズ其ノ家ヲ捨テ、或ハ国人ノ圧抑ニ苦ム者ヲ救ヒ、或ハ其ノ飢寒ニ苦ミ艱難ニ堪ヘザル

ーエフなど五名が絞首刑になった。

ニコライ　Nikolai I. 一七九六–一八五五。「ヨーロッパの憲兵」としてロシアのみならずヨーロッパの革命運動を鎮圧した。クリミア戦争の失敗により、服毒自殺をしたという。

ヘルセン　ゲルツェン Gertsen（西欧では Herzen）. 一八一二–七〇。貴族出身でモスクワ大学在学中社会主義に傾倒、ロシア社会主義の先駆者となる。ナロードニキ理論の基礎を築いた。

バクニン　Bakunin. 一八一四–七六。貴族出身。四三年パリで無政府主義者となり、六四年第一インターに加わり、国際社会民主同盟を組織するが、マルクスと対立、七二年大会で除名。

大学校ノ生徒…　最初の学生暴動はクリミア戦争の終結した一八五六年に起きている。

殄滅　ほろぼし、たやす。

千八百六十六年…　カラコーゾフによる皇帝アレクサンドル二世暗殺未遂事件。以後、七九年四月に冬宮内でのテロリストによる狙撃、八一年二月に冬宮地下室にダイナマイトが仕掛けられるなどの事件がつづく。皇帝は同年三月、暗殺される。

巴里…　パリ・コンミューン。

キユスチン　未詳。

虚無党ノ自ラ公告…　一八七六年秋に結成されたナロードニキの最大の結社「土地と自由」(第二次)が七七年初までに作成した綱領。

者ヲ助ケ、或ハシベリヤノ獄屋ニ至リ国人ノ流刑ニ処セラレシ者ヲ訪《おとな》ヒ、懇切ノ情ヲ尽クシ之ヲ慰ムルニ好時節ノ将サニ来ル可キヲ以テシ、其ノ望ヲ失ハシメザラントス。然ルニ政府ハ益《ますま》ス圧制ヲ重ネ、牢獄ニ繋ガル、モノ日ニ多ク、シベリヤノ牢獄ハ犯者之ニ充塞シ、鮮血ハ大都ノ市街ニ流ル、ニ至ル。然レドモ虚無党ノ勢ハ益《ますま》ス盛ンニテ、毫モ屈撓スル所ナシ。魯人*キユスチン氏言ヘルコトアリ。曰ク、魯国ノ政府ハ暗殺ニ因テ和《やわ》ラグノ専制政治ナリト。今ヤ世人ハ殆ド其言ヲ信ズルニ至ラントス。現ニ魯国ノ政府ハ其信義ヲ失ヒ、人民ハ為メニ惨酷ニ苦ミ、虚無党モ日ニ困苦ノ地位ニ在リ。純正ナル自由家モ一言ヲ発シ其処刑ヲ非議スルコトヲ得ズ。然レドモ前途ニ於テ何等ノ結果ヲ為ス可キヤ、未ダ今日ニ於テ之ヲ明言ス可カラザルナリ。

*虚無党ノ自ラ公告スル約条ハ左ノ如シ。

人民ノ智識ト経済トヲ自由ナラシメントシ、之ヲ実行スルノ目途ハ左ノ箇条ニ由ルベシ。

其一ニ曰ク、宗旨ヲ廃シ神事ヲ棄テ無神教ヲ弘メ、人間現行及ビ学問上ノ物質派〈マテリヤリスム〉ヲ弘ムルコト。

其二ニ曰ク、相続所有物ノ権利ヲ廃スルコト。

其三ニ曰ク、男子ト同ジク婦女モ政権及ビ社会ノ権ヲ有シ、之ヲシテ充分ニ均一ナラシムルコト。夫婦親子ノ権利ヲ廃シ、宗教上ノ婚姻ヲ廃シ、婚姻ノ政治上ニ係ル者民法上ニ係ル者ハ悉《ことごと》ク之ヲ廃スルコト。

虚無党ノ公告スル所ハ此《かく》ノ如シ。今ヤ該党ノ約条ニ就テ之ヲ論ゼンニ、婚姻ノ宗教ニ係リ裁判ニ係リ民法ニ係ル者ヲシテ悉ク之ヲ廃スルトセバ、子弟教育ノ事ニ於テ直チニ一ノ難題ヲ生出ス可シ。子ノ母ノ胎内ニ在ルヨリ成年ニ至ルマデ、其ノ教育ハ公共仲間*ニテ之レガ責任ヲ負ハザル可ラズ。又子弟ノ小学校ヲ経テ漸次ニ高等学校ノ生徒ト為リ其ノ才能ヲ発育スルニ至ルマデ、其ノ子弟ハ皆同等ノ教化ヲ承ケシメ公共会タル同党中ノ責任ト為サヾル可カラズ。社会ノ人民ヲシテ学術モ均シク職業モ均シク皆ナ同等ノ位置ニ至ラシメザル可ラズ。而シテ人ヲシテ筋力ノ働ヲ均シクセシメン為メニ神力ノ働ヲモ亦均一ナラシメザル可ラズ。是等ノ事モ亦公共会ノ負担シテ其責ニ任ズベキ所ナリ。

土地ハ唯《ただ》公共会ノ手ヲ以テ、互ニ其所用ノ物産ヲ作ルニ止マリ、苟《いやしく》モ公共仲間ノ配分ニ充ツレバ其物ヲ生ズルヲ足レリトシ、此ニ人間ノ働ヲ尽クセリト為サヾル可カラズ。

夫《そ》レ土地ハ共同ノ為メナリ共有ノ地面ナリ。而シテ職業ノ資本及ビ其諸器具モ亦皆公共仲間ノ作業ノ為メトシ、彼レモ此レモ悉ク充全ノ自由ヲ根拠トシ経済政事ニ至ルマデ皆以テ平等ト為シ、一々平準ト為サヾル可ラズ。斯《か》クノ如クナレバ政事ノ組立ハ自由公共会ノ政事ナリ。農業モ斯クノ如ク工業モ斯クノ如ク、一ニ自由同約ノ政事ニ帰セザル可ラズ。故ニ其名ハ人間ノ大公同会ナル自由政事ナレドモ其実ハ社会ノ秩序ヲ紛乱スルモノニシテ之ヲ約言スレバ国家ノ身代限リヲ促ガス者ナリ。若シ夫レ公共会ノ主義ノ如クセバ、宗教ニ係リ政事ニ係リ民法ニ係リ学制ニ係リ裁判ニ係リ会計ニ係リ軍制ニ係リ立法ニ係ル所ノ者ハ、悉ク之ヲ*芟除《さんじょ》セザル可カラズ。

故ニ彼ノ虚無党ハ社会党中叛乱ノ一党ナリ。然レドモ今ノ世ニ方《あた》ツテ軍制政治ヲ立テ、暴政ヲ行フ国ニ於テ此ノ反動ヲ顕ハスハ怪ムニ足ラズ。虚無党ノ如キハ則チ暴政ノ反動ナリ、而シテ其党ノ精神タルヤ政事ノ改良ヲ望ムニ非ズシテ、却テ之ヲ破滅セントスルニ在リ。千

公共仲間　いわゆるミール共同体。下文の「公共会」も同じ。

芟除　かりのぞく。

16解題［明治十三年九月六日・十三日］　民権運動の代表的理論家植木枝盛の演説記録。

七百八十九年三月二十八日仏蘭西顛覆ノ禍ノ如キ実ニ是レナリ。

16　世界大野蛮論　（愛国新誌）

世界大野蛮論　　　植木枝盛演説稾

諸君ヨ、余ハ今一国民タルノ身分ノミニ止マルコトナク、全世界ノ人タルノ身分ヲ以テ世界大野蛮論ヲ演説ス可シ。諸君先《ま》ヅ余ガ言ヲ聞ケヨ。亜米利加《アメリカ》洲内「*ブラシル」ノ部中ニ「リヨガランテツト」ト称スル一地アリ、嘗《かつ》テ「*アルスヱイスセウスキ」氏*這地《しやち》ヲ遊歴セシトキ、某ノ池畔ニ人ノ死シタル者アリシニ、*這土ノ人種其屍ヲ宰シ、厥《その》腹ヲ割キ寸々ニ断截シテ火ニ炮《あぶ》リ、脂油ノ瀝《したた》ルアレバ之ヲ以テ最上ノ珍食ト為シ、或ハ両膀ノ肉、陰処ノ肉等ヲ啖《くら》ヒ、舌ヲ鳴ラシテ絶品ト称シ、頗《すこぶ》ル之ヲ賞味シ、而シテ歯牙筋骨等ノ直チニ食シ難キモノハ燔《やき》テ灰ト為シ、酒油ニ和《ひた》シテ之ヲ飲ムコトアルヲ見タリト云ヘルコトアリ。又「リオデラプラタ」ノ部中ナル「カルヨス」ノ土俗モ専ラ殺伐劫奪ヲ好ミ、他国ト戦テ勝利ヲ得ルトキハ、大ニ酒宴ヲ催シ、其俘ヲ殺シテ之ヲ啖《くら》ヒ、且ツ其痩瘠セル者ハ養テ其肥ユルヲ待チ遂ニ屠《ほふり》テ之ヲ食フト云ヘルコトアリ。彼《か》ノ*先年琉球人ノ漂着セル者ヲ虐殺シタル台湾ノ如キモ、*土蕃ノ者或ハ人ヲ喰フト云フコトヲ伝言セシコトアリ。但《た》ダ是等ノ如キハ、若《も》シクハ之ヲ書籍ノ上ニ閲《けみ》シ、若クハ之ヲ世間ニ伝聞スルノミニシテ、自ラ実見目撃シタル訳ニアラザレバ、

戦争・侵略・植民地政策こそ「大野蛮」だとして、世界各国の平和・自主・平等を実現する必要を説き、「万国共議政府」樹立と「宇内無上憲法」制定を提唱する。この年、愛国志林に連載された著名な論文「無上政法論」の立論と対をなすもの。愛国新誌は愛国社の機関誌で、十三年三月創刊の愛国志林を同年八月改題したもの。三六号に及んだが、十四年六月終刊。

【植木枝盛】〔一八五七－九二〕。土佐藩出身。自由民権運動における最も革命的な理論家とされる。十年に立志社に参加して以来、国会期成同盟・自由党で指導的役割を演ずるとともに、「民権自由論」「東洋大日本国国憲案」などを著わしている。

ブラシル　ブラジル。一八二二年立憲君主国としてポルトガルから独立した。

アルスヱイスセウスキ　未詳。

這地　この地。

這土ノ人種其屍ヲ宰シ…　宰シは「切りさく」こと。食人をいう。

先年琉球人ノ…　四年琉球島民が台湾に漂着し、台湾高山族に殺された事件。この事件が日本の台湾出兵の口実となる。↓補注「台湾出兵」

土蕃　台湾原住民をいう。↓三九頁注「熟蕃・生蕃」

全ク真事ニ係ルヤ否ヤニ至テハ、確言シテ保証シ難シト雖ドモ、然《し》カモ今爰《ここ》ニ斯《かく》ノ如キ者アリトスレバ、諸君ハ之ヲ以テ如何《いかん》ト言ハントスル乎。之ヲ文明ト言ハントスル乎、之ヲ野蛮ト言ハントスル乎。吾儕ハ諸君ニシテ一人モ之ヲ文明トスル者ナク、之ヲ野蛮トセザルハコレナシト信ズルナリ。蓋シ全ク然ルベキナリ。

諸君又之ヲ聞ケ。今夫《かの》太平洋ノ諸島ヤ亜弗利加《アフリカ》内地ノ如キハ、政治法律ノ備具スルコトナク、人民猥《みだり》ニ人ヲ殺シ、人ヲ害シ、人ノ物ヲ掠シ、人ノ所有ヲ犯シ、且ツ私ニ之ヲ報復シ、相抵敵シ、土民或ハ木上ニ棲息シテ危害ヲ免カルヽヲ務ムルアリ、*新西蘭《ニユーシーランド》ノ如キハ、其民数家相合シテ一*夥トナリ、又ハ峻絶ナル*山嵓《さんがん》ニ小舎屋ヲ構造シテ且ツソノ周囲ニハ湟《ほり》ヲ鑿《ほ》リ橛《くい》ヲ植エ以テ他人ノ寇害ヲ防禦スレドモ、然《し》カモ隣人大群ヲ為シテ来リ侵シ、或ハ暗夜ニ乗ジテ襲撃シ、凡ソ殺戮ノ多キコト人口ノ割合ニヨッテ之ヲ算スレバ、欧羅巴《ヨーロッパ》洲ノ百倍ニモ当ルベク、古昔羅馬《ローマ》国ニテ圧制暴虐ノ*君主世ニ出デヽ、其意ヲ逞《たくまし》フシ其威ヲ振ヒタルトキヨリモ、十倍ノ多キニ当ルベシト云ヘルコトアリ。凡《およ》ソ斯ノ如キノ有様ヲ聞ケバ、諸君ハ之ヲ以テ文明ト為《す》ル乎。諸君ノ中ニハ決シテ之ヲ文明ト為ルガ如キコトハナカルベシ、必ズ之ヲ称シテ野蛮トスルナラン。

然ラバ諸君ハ今一ツ之ヲ聞ケ、古昔欧羅巴ノ各国幷《ならび》ニ亜米利加ノ各邦ニ於テ、人々人ヲ奴隷ニシテ之ヲ私有スルノ風習アリ。主人ハ奴隷ヲシテ其身体ヲ意ノ如クセシメズ、其動作ヲ自由ニセシメズ、奴隷ハ勤労ヲ為スモ利益ヲ収ムルコト能ハズ、休息ヲ為スモ己レノ快楽ノ為メニスル能ハズ、皆悉《ことごと》ク主人ノ心意ニ是レ従ハザルベカラズ、且《か》ツヤ私有ヲ保固スルノ権ナクシテ資産ヲ増殖スルコト能ハズ、人ト契約スルコト能ハズ、男女己レノ権ヲ以テ婚姻

新西蘭　ニュージーランドは一六四二年にオランダのタスマン、ついで一七六九年イギリスのクックが来航した。一八四〇年イギリスの直轄植民地となる。下文にみえる「殺戮」とは、一八世紀末から一九世紀初頭にシドニーの商人が木材・麻を手に入れる代償に、先住民であるマオリに小銃を与え、小銃を得た部族が奥地の部族を攻撃、全滅させたことをさすか。

一夥　夥はなかま、くみ。

山嵓　嵓は岩に同じ。岩山。

君主　暴君とされる皇帝ネロNeroをさすか。

ヲ為スコト能ハズ、主人ノ許可ニ従テ妾婦ヲ携ユルアルモ子ヲ生ムトキハ自ラ之ヲ管理スル権ナク、主人之ヲ已レノ意ノ如クシ、少シク年歯ヲ経レバ之ヲ父母ヨリ遠《とおざ》ケテ今世再会ノ期ヲ失ハシメ、或ハ之ヲ他人ニ売渡シ、婦女ハ或ハ之ヲ妾トシテ恣《ほしいまま》ニ婬役シ、若シモ奴隷ニシテ主人ニ抗スルコトアレバ、主人ハ直《ただち》ニ鞭策ヲ下シテ之ヲ罰責シ、甚シケレバ則《すなわち》之ヲ死ニ至ラシメ、概シテ之ヲ云ハヾ身体財産生命ノ自由ヲ抑縛残害シ、又ソノ心神ノ自由ヲ害スルハ、第一読書ヲ禁ジテ心才ヲ発展スルノ道ヲ塞《ふさ》ギ、其他智識ヲ開達スルノ法ハ皆之ヲ禁ジ、更ニ宗教ノ開導ヲ受クルヲ制シ、主人ノ許可スル外ハ全ク之ヲ禁ジテ奉教ノ自由ヲ剝奪シ、実ニ非道ヲ極ムルコトアリシ故ニ、諸君ハ今コノ次第ヲ聞カバ之ヲ文明ノ趣ト思フ乎、決シテ然ラザルベシ。諸君ハ咸斉《みなひと》シク音ヲ同《おなじ》フシテ是レ野蛮ナリト揚言スベシ。

ソレ然リ、以《もって》右ニ陳ズルガ如クナレバ、諸君ハ吾儕ノ言フヲ待タズシテ之ヲ野蛮ト為サン、是レ固《もと》ヨリ当然ノ事ナリ。然ルニ右等ノ諸条ニシテ実ニ野蛮ナラバ、吾儕ハ是等ノ野蛮ヲ論言スルニ止マルコトナク、更ニ観察ヲ施サヾル可カラザルモノアルナリ。曰ク何ゾヤ、今ソレ上文ニ叙述セシガ如キハ、各国各州各地ノ一小区域内ニ係ル所ノ事ナリ、之ヲ各国各地ノ小野蛮ト称スルモ可ナルベキナリ。而シテ今日ハ各国各地内ニ係ル小野蛮ナラザルモノアリ。世界ノ大野蛮是レナリ。曰ク、何ヲカ世界ノ大野蛮ト云フ、世界通区ノ形状彼《か》ノ「リョガランテツト」「カルョス」ノ如ク、太平洋ノ諸島、亜弗利加《アフリカ》ノ内地及ビ古昔欧米ニテ奴隷ノ行ハレシトキノ如ク、世界ニ最モ大ナル呑噬《どんぜい》ヲ為スモノアリ、最モ大ナル殺掠ヲ為スモノアリ、最モ大ナル奴隷ヲ有スルモノアリ、其悪業残害ノ甚シキモ亦右ニ挙ゲタル各野蛮国処ノ比ニアラザルモノアリ。而シテ諸君ハ彼ノ「リョガランテツト」「カルョス」ノ如キ太平洋群島、亜弗利加内地ノ如キ、及ビ古昔ノ欧米ニ於テ人ヲ奴隷ニシタル風習ヲ以テ之ヲ野蛮ナリト為シ、吾儕ノ口ヲ極テ切ニ之ヲ野蛮ト言フヲ聞テ初メヨリ之ヲ許シ、曾《かつ》テ異《あや》シムコトヲ為サヾリシナリ。然ラバ則今ノ世界ニシテ其全体ニ彼ノ野蛮国処ノ如キアラバ、之ヲ世界ノ大野蛮ト謂ハザルヲ得ン哉。吾儕ハ各国各地内ニ於テコレアル所ノ野蛮ヲ称シテ之ヲ小野蛮ト為シ、世界全区ニ係ル所ノ野蛮ヲ称シテ世界大野蛮ト称セントスルナリ。蓋シ小野蛮ハ一小国内若《もし》クハ一小地方内ノ野蛮ト云フノ意ニシテ、大野蛮ハ大世界ニ通ジタルノ野蛮ト云フノ意ナリ。乃《すなわ》チ吾儕ハ是レヨリ世界ノ大野蛮タル所以《ゆえん》ヲ論ゼン。

蓋シ世界ノ大野蛮タル所以ハ、世界中ノ一部分ノモノ他ノ部分ノモノヲ呑食スルコト是レナリ。即チ宇内ノ一洲ニシテ己《おの》レト同類ノ他洲ノ肉ヲ噉《くら》ヒ、己レト同類ノ他洲ノ血ヲ吸ヒ、世界ノ一国ニシテ他ノ同類ノ国ノ肉ヲ噉ヒ、他ノ同類ノ国ノ血ヲ吸ヒ、地球ノ一地ニシテ他ノ地ノ肉ヲ噉ヒ、他ノ地ノ血ヲ吸ヒ、同類ヲ喰ミ同類ヲ斃シ同類ヲ滅シテ自ラ我身ヲ肥ヤシ我族ヲ殖スルコト、猶ホ彼ノ極々野蛮ナル地処ノ人々相食《あいは》ミ相滅スルガゴトキハ、之ヲ世界ノ大野蛮ト謂ハザルヲ得ザルナリ。曰ク、果シテ斯《かく》ノ如キモノアルカ、果シテ斯ノ如キモノアレバ、則何《いず》クニ在ル乎。曰ク、其例ハ甚ダ多シ。而シテ*「サンドウイッチ」ヲ以テ最モ著シト為スナリ。夫レ「サンドウヰッチ」島ハ甫《はじ》メ一千七百七十八年英国ノ*「カピタン」「コック」ノ発見セシ所ニ係リ、近傍ノ諸島ニ較スルトキハ開化稍《やや》優リテ、初メ之ヲ発見セシ時ノ如キハ、其人口三四十万ナリシモノ一千八百二十三年ニ迨《およ》ンデハ僅《わずか》ニ十四万口ヲ残シタリト云ヒ、前後五十年ノ間毎年人口ノ減少セシコト凡ソ百分ノ八ナルヲ算シ得タリ、実ニ驚ク可

サンドウイッチ　サンドイッチ Sandwich. ハワイのこと。クックが一七七八年来航して命名。

カピタンコック　クック James Cook. 一七二八-七九。イギリスの探検家。キャプテン・クックと通称される。ハワイ島で原住民に襲撃され死亡。

キコトニアラズヤ。乃チ斯之《これこ》レヲ何ントカ謂フ可キ。世界中ノ一部分一種属ノモノニシテ他ノ一部分一種属ヲ呑食シタルモノト評セザルヲ得ンヤ。口ヲ極テ之ヲ切論*スレバ、如レ此《かくのごとき》ハ欧洲ノ白哲人種*ト云ヘル一大鬼ガ島民ノ腹ヲ割キ其身ヲ宰シ非常ノ大口ヲ開テ無残ニモ啗ヒ了《おわ》リタリト云フベキナリ。然レドモ平穏ニ之ヲ審察スルトキハ、固ヨリ実ニ斯ノ如キコトアルニアラズシテ只々無形ノ事ヲ有形ニ状スルトキハ輒《すなわ》チ然リト為スベキノミ。蓋シ天ノ物ヲ生ズルヤ素ヨリ定限アリテ、元素ニ至ツテハ終古変更スルコトナク、人間ハ天地間ノ一元素ヲ滅スル能ハズ、一元素ヲ生ズル能ハズ、如何程ノ大有力ヲ用ユルモ纔《わずか》ニ物ノ形ヲ変更スル〔ニ〕止マリテ、其元素ハ微《いささか》モ能ク擅《ほしいまま》ニスルコトナク、彼ニ増セバ此ヲ減ジ、此ヲ増セバ彼ヲ減ゼザルヲ得ザルナリ。故ニ太古ニ在テ草木ノ多キヤ人類少ク、後世ニ至テ人類ノ繁殖スルニ随ヒ草木禽獣ハ其数ヲ減ジ其勢ヲ落シ、初メノ草木禽獣ノ人ヲ制セシモノ今日ハ翻然変換シテ人間ノ力頗《すこぶ》ル甚シク草木禽獣ヲ圧スルニ至リ、古昔亜米利加ノ土地ニ多《ひろ》ク人間ノ棲息セル間ハ、深林荊莽*鬱然トシテ繁茂シ草木禽獣ソノ全勝ヲ占メタリシモ、爾後欧洲人ノ移住スルニ及ンデヤ、草木禽獣次第ニ其数ヲ滅シ其力ヲ減ジ、今日ノ如キハ、白堊*《はくあ》煌々トシテ耀《かがや》キ、車輪凜々*《りんりん》トシテ響キ、人煙旺然トシテ昌盛ヲ尽シ、良《まこと》ニ開化ノ大都府ト称スルニ至リ、人間最モ勢力ヲ得テ草木禽獣ヲ圧スルコトトナリ、又上古ニ於テハ人ノ数今日ノ如ク多カラザルヲ以テ凡ソ人間ノ身体甚《はなは》ダ巨大ナリシモ、爾後人口ノ漸次ニ増多スルヤ、人々ノ体軀復タ疇*《ちゅう》昔《せき》ノ如クナル能ハズ、乃《すなわ》チ益《ますます》短小トナルニ至レリ。是等即チ元素ノ生死セズシテ物形ノ相変易シ、若《も》シクハソノ地位ヲ換エ彼ニ益シテ此ニ減ジ、此ニ益シテ彼ニ減ゼシ所以ノモノナリ。故ニ斯理ハ実ニ造化ノ大規矩、天地ノ常則ニシテ曾テ渝《か》ハルコトナク、人間モ亦ソノ範囲内

切論 少しもはばからずに議論する。

白哲人種 後出二例も白哲人種とあるが、白晳人種の誤りか。白人のこと。

荊莽 いばらとくさむら。

白堊 しっくい。白壁。

凜々 轔々の音通か。轔々は車のきしりとどろく音。

疇昔 むかし。

ニ在テ此理ヲ別物ニスルコト能ハザルヲ以テ、一個ノ地処一個ノ物品ヲ限テ、彼ノ一方ヲ増殖スレバ此ノ一方ヲ減殺セザルヲ得ズ、此一方ヲ増多スレバ彼ノ一方ヲ減削セザルヲ得ザルナリ。故ニ欧洲ノ白哲人種ニシテ「サンドウイッチ」ノ一島内ニ移住シ、此ニソノ族ヲ繁昌セシムレバ、土人ハ*否《（イヤ）》ナリ応《（オウ）》ナリソノ種ヲ減ゼザルヲ得ザル筈ナリ。是レ即チ「サンドウイッチ」島ノ彼ガ如ク人口ノ減少セシ所以ナリ。故ニ欧洲白哲人種ハ直接ニ「サンドウイッチ」島ノ人民ヲ呑食セズト雖ドモ、将《まさ》ニ該島ノ土人ト成ルベキ元素即チ食物、衣服、住所、薪炭等其他人間ヲ養成生長セシムベキ品物ヲ横領シテ之ヲ呑食使用シ、間接ニ土人ヲ呑食撲殺スルコトヲ為スナリ、即チ無形ノ間ニ呑食ヲ逞フスルナリ、撲殺ヲ恣《ほしいまま》ニスルナリ。然《し》カモ亦「リヨガランテツト」「カルヨス」等ノ蛮民ガ人相食《あいは》ミ相滅《（ホロボ）》スニ異ナルアラン。異ナル所ハ一人ト一種族トナリ、一家ト一国トナリ、有形ト無形トナリ、直接ト間接トナリ、ソノ大体ハ則同ジキ*矣ナリ。所以《ゆえ》ニ言《いわ》ク、之ヲ世界ノ大野蛮ト謂ハザルヲ得ザルナリト。

宇内ニ戦闘アルハ何ゾヤ。是レ宇内ノ大野蛮ナリ。今夫《そ》レ*文野ノ差アルヲ問ハズ、凡ソ国ヲ建テ政府ヲ置ク所ノモノハ、偶々《たまたま》内乱ノ興ルナキニアラズト雖モ、一国内ノ人民ニシテ互ニ相闘ヒ相伐ツヲ禁ゼザルハ尠《すくな》ク、公然ト相戦ヒ相戦フコトアルナキナリ、是レ寔《まこと》ニ一国内ノ開化ナリ。故ニ一国ノ如キハ文物ノ美悪智識ノ進不進ハ各《おのおの》異ナリト雖モ、一国内ノ人民ニシテ互ニ相伐チ相戦フナキノ開明ニ届《いた》ラザルモノハナキナリ。然ルニ顧テ宇内ノ大勢ヲ通観スルトキハ、*孛仏相戦争セルガ如キ、*英ノ支那ヲ伐チシガ如キ、*魯ノ波蘭土《ポーランド》ヲ併セ及ビ*土ヲ征セシガ如キ、吾儕ノ殊更ニ其例ヲ示サズト雖モ、斯ノ如キノ類ノ更ニ多キハ万人ノ皆知ル所ナルベク、要シテ之ヲ言フニ、各国互ニ相戦闘シ、互ニ相争奪シ、餓鬼ノ棲所ノ如ク、

否ナリ応ナリ　否でも応でも。

矣　置字。

文野　文明と野蛮(または未開)。

孛仏…　普仏戦争。→一五頁注「仏孛交戦」

英ノ支那…　アヘン戦争。→補注

魯ノ波蘭土…　→三七頁注「ホーランド…」

土ヲ征セシ…　露土戦争。→補注

悪獣ノ交際ノ如ク、決シテ今日ノ各地一小邦国内ノ形状ニ似ル能ハズシテ、便《すなわ》チ太平洋ノ群島、亜弗利加内地等ノ開化ト彷彿タリ。是レ豈ニ世界ノ大野蛮タル顕証ニ非ズヤ。若シソレ之ヲ大野蛮ト称ザレバ、太平洋ノ群島モ亜弗利加ノ内地モ一モ野蛮ニアラザルナリ、寧ロ此理アランヤ。

其次ニ於テ吾儕ガ世界ノ大野蛮ヲ鳴ラスモノハ何ゾヤ。諸君ハ前段ニ於テ昔日欧米ニ行ハレタル奴隷ノ習慣ヲ以テ最モ野蛮ノ事柄ナリト為シタルヲ忘レザルベシ。蓋シ天地ニ於テ已レモ人ナルニ、ソレト同等ナル人間ヲ奴隷ニスルハ極メテ非ナルコトニシテ野蛮ナルニ相違ナク、而シテ国ハ人ノ集合シテ生ジタルモノニシテ、此国ニシテ独立ノ権利アレバ、彼ノ国モ亦独立ノ権利アラザルハ莫《な》ク、全ク同等ニシテ立存スベキモノナル故ニ、一国ニシテ他ノ一国ヲ私有スルハ一人ニシテ他ノ一人ヲ奴隷ニスルニ異ナルコトナク、且ツヤ其事ハ更ニ広大ニ係ルノ筈ナリ。然ルニ英国ノ印度《インド》緬甸《ビルマ》等ヲ属地トシテ之ヲ私有シ、*和蘭《オランダ》ノ爪哇《ジャワ》ヲ私有シ、*西班牙《イスパニア》ノ呂宋《ルソン》ヲ私有スルガ如キ、是レ一国ニシテ他ノ国ヲ奴隷ニシ、他ノ洲ヲ私有スルモノニシテ、吾儕ノ眼ヨリ之ヲ見レバ、ソノ所為モ亦彼ノ昔日ノ奴隷ヲ処スルニ類スルモノ多シ、其《そ》レモ亦果シテ何ノ理ゾヤ。欧洲ノ各国今日ハ、多ク奴隷ノ制ヲ廃シタリト謂ッテ以テ人々鼻ヲ高フシテ自ラ文明ニ進歩セルコトヲ称スレドモ、現ニ昔日ノ奴隷ヨリモ更ニ最モ大ナル奴隷ヲ其国ニ私有シテ之ヲ圧虐シ之ヲ擅《ほしいまま》ニスルハ、其業昔日ノ世ノ人ノ奴隷ヲ虐使セシモノヨリモ大ナルベシ。嗟呼《ああ》、亦タ解スベカラザルノ太甚《はなはだ》シキニ非ズヤ。断ジテ之ヲ世界ノ大野蛮ト大言スルモ、誰カ克《よ》ク其非ヲ論ズルモノアランヤ。

*我観如是。宇内ハ今方《まさ》ニ修羅場ナリ、世界ハ残念ナガラモ大野蛮ト称セザルヲ得ザルナリ、

和蘭ノ爪哇…　オランダは一七世紀初頭、連合東インド会社を設立してジャワ島に勢力を扶植し、一七九九年直接支配とする。ジャワ戦争、アチェ戦争(→二二一頁注「亜珍」)などをへて、現インドネシアとほぼ等しい地域を植民地としたのは二〇世紀初のこと。

西班牙ノ呂宋…　スペインは一五七一年マニラに要塞を築き、植民地経営の拠点とした。フィリピンは一八九八年に独立を宣言、アジア最初の共和国となるが、米西戦争の結果、アメリカの植民地とされる。

我観如是　仏教の経典の冒頭の常套句、「如是我聞(かくのごとくわれきけり)」を意識した表現か。

以《もつて》右ノ三条実ニ之ヲ証スルニ余リアルナリ。況ンヤ今一層詳論ヲ尽スニ於テハ、其言フベキモノ更ニ沢ノ如ク山ノ如クニ多キヲヤ。然ラバ則《すなわち》吾儕ハ豈ニ得テ黙止スベケンヤ、也《ま》タ曷《なん》ゾ徒過*スベケンヤ。蓋シ今若シ一国ノミノ身分ヲ以テ之ヲ言ハヾ、世界ハ如何様ナルトモ、我国ヲ防禦スルニ足リ、我国ノ独立ヲ貫クニ足リ、我一国ヲ宜敷《よろしき》程ニスレバ事ハ足ルベク、一洲ノミノ身分ヲ以テ之ヲ言ハヾ一洲上ノ事ノミヲ謀テ済ムベク、例ヘバ興亜会*ヲ為シテモ亜細亜《アジア》聯合ヲ為シテモ相応ズルカハ知ラザレドモ、世界ノ人タルノ身分ヲ以テ之ヲ言ハヾ、斯《か》カル事柄ニシテ足ルベキニ非ザルナリ。必ズ更ニ務ムル所ナクンバアルベカラザルナリ。乃チ吾儕ガ曾テ続々愛国志林*ノ数編ニ載録シタル万国共議政府ヲ設置シ宇内無上憲法ヲ立定スルノ旨趣ヲ行フヲ図ルベキニ在ルヲ信ズルナリ。果シテ然ラバ吾儕ハ一日モ無上政法ノ成ルヲ務メズンバアルベカラザルナリ。若シモ之ヲ務ムルナクンバ、吾儕ハ世界ノ人タルノ分ヲ尽サヾルモノナリ、懶惰ナルモノナリ、自棄者流タルナリ、自ラ己レヲ重ンゼザルモノナリ、己レノ幸福ヲ長ズルヲ知ラザルモノナリ、恥ヲ知ラザルノ無智者流タルナリ、人間ニシテ人間タルノ本分ヲ欠クモノナリ、之ヲ可ナリト為スベケン哉。諸君ハ果シテ如何トスル耶。演説姑《しばら》ク茲《ここ》ニ闋《おわ》ル。

17　外交論（嚶鳴雑誌）

徒過　いたずらに過ごす。

興亜会　十三年三月曾根俊虎らの主導で創立。会長長岡護美、副会長渡辺洪基。会員には柳原前光ら外交官また海軍関係者が多く、末広鉄腸・草間時福・高橋基一ら民権運動家も参加している。なお植木が「興亜会報告」を読んでいたことは知られており、また十四年三月六日大阪府大仁村で清国人・朝鮮人を集めて開かれた、興亜会主催の亜細亜人親睦会には、朝鮮人呉仁典を伴い、宴席に出席している。

愛国志林…　愛国社の機関紙。愛国志林に九回、その後身の愛国新誌に二回、計十一回連載した「無上政法論」をさす。

17解題［明治十三年十二月］条約改正交渉をめぐる政府・井上馨外相の外交姿勢を批判し、日本外交のあるべき姿を論じた、代表的民権思想家馬場辰猪の演説筆記。外国交際の形態は人民相互の交際こそが重要であるとして、条約改正にも対外的な民意・世論形成の必要性と有効性を説き、そのためにも国会開設が不可欠だとする。嚶鳴雑誌は自由民権結社嚶鳴社の機関誌。十二年十月創刊、十六年五月七五号をもって終刊。

【馬場辰猪】　一八五〇-八八。自由民権家。土佐藩出身。慶応義

左ノ一文ハ馬場辰猪君ガ政談討論会場ニ於テ演説セラレシヲ筆記セシモノナリ。

外交論

余ガ聴衆諸君ニ向テ意見ヲ陳述セント欲スル所ノ論題ハ極メテ重大ナル事項ニシテ、苟《いやしく》モ日本人民タル者ハ之ガ為メニ苦心焦慮セザル可カラザル要件ナリ。然《しか》ルニ此事タル彼《か》ノ*紙幣下落若《もし》クハ*徴兵令等ノ如ク人々其関係ノ直接ナラザルヨリ、常ニ居ヲ各地方ニ占ムル人ノ如キハ或ハ之ガ為メニ感覚ヲ引起サヾル者往々之レアリ。豈《あ》ニ自国ノ*休戚ヲ以テ毫モ意ニ介セザルモノナリト言ハザル可ケンヤ。吾輩ノ之ヲ憂フルハ実ニ久シ。故ニ今地球上外交ノ大別小別ヲ示シ、従テ我邦今日ノ外交ハ何《いず》レノ地位ニアルヤヲ論ジ、又更ニ一歩ヲ進メテ我邦*向来ノ外交ハ斯《かく》ノ如ク為サヾル可カラズト云フコト迄ニ論究セントス。

抑《そもそ》モ世界万国ノ交際ハ之ヲ大別シテ二ト為ス可シ。即チ欧洲ノ交際、東洋ノ交際是《こ》レナリ。而シテ又更ニ欧洲ノ交際ヲ小別シテ三ト為ス。曰ク野蛮ノ交際(第一)、曰ク政府ト政府トノ交際(第二)、曰ク人民ト人民トノ交際(第三)即チ是ナリ。蓋《けだ》シ此ノ第一ノ如キハ単ニ一国若シクハ一部落ノ交際ニ止マリ、其外邦人ノ如キハ之ヲ敵視スルコト極メテ甚《はなはだ》シ。故ニ往昔ノ法律中ニ於テ決シテ外人ヲ保護スルコトナシ。是レ万国公法又ハ*人種学《(アセノロジー)》ヲ講究セルモノヽ明知スル所ニシテ、即チ野蛮ノ交際ナル者略《ほ》ボ斯ノ如シ。第二ハ既ニ外国ト交際ヲ為《な》スニ至ルモ其ノ国々人民ノ間ハ甚ダ疎遠ニシテ、之ヲ要スルニ其帝王ノ交際タルニ過ギズ。左《さ》レバ一朝両国帝王ノ間ニ紛議ヲ生ズルコトアレバ直《ただち》ニ兵ヲ挙《あげ》テ相戦闘《あいせんとう》ス。是レ人民各自ノ間ト毫モ交際ヲ為サヾルノ証ナリ。又更ニ一層進歩シテ第三ニ至テハ其帝王各自ノ間ニ或ハ小紛議ヲ生ズルコトアルモ人民ノ輿論《よろん》ニ背馳《はいち》スルトキハ決シテ戦端ヲ開ク能《あた》ハズ。豈啻《ただ》ニ戦争ノミナラ

塾で学び、明治三年渡英して法学を学ぶ。在英中の九年「日英条約論」(→一六二頁注「条約論」)を著わしている、また日本人学生協会を組織。帰国後、共存同衆・自由党で活動し、「朝野」「自由」などで論陣をはった。十八年渡米し、二十一年フィラデルフィアで客死。

紙幣下落　富国強兵・殖産興業政策に加え、十年の西南戦争のために不換紙幣が乱発され、インフレーションが著しく進行しており、十三年九月に紙幣整理が着手されていた。それでも米価をみると、六年に一石四円八三銭であったのが、十三年に一〇円八四銭、十四年には一一円二〇銭と上昇している。翌十五年から下落しはじめる。

徴兵令　六年一月発布。十二年、十六年には法改正が行なわれる(最終的改正は二十二年)。

休戚　喜びと憂い。

向来　これまで、従来の意で用いるのが一般的用法であるが、ここでは将来の意。

人種学　ethnology.

ン、其他皆然リ。即チ現時英米普仏等ノ諸国是ナリ。今其適例ヲ挙ゲン。彼ノ著明ナル*魯土葛藤ノ時ニ当テ土国ハ其嘗《かつ》テ*英国ト盟約アルヲ以テ英政府ノ宰相タル*ヂスレリーニ請フニ土国ヲ援《たす》ケンコトヲ以テセリ。然ルニ時ノ外務卿*ロードダーベー氏之《これ》ニ答テ曰ク、政府ニ於テハ固《もと》ヨリ前約ヲ蹈《ふ》マント欲スレドモ如何《いかん》セン当今人民ノ輿論昔年ト同ジカラザルガ故ニ之ヲ援クル能ハズト、遂ニ援兵ヲ出ダサヾリキ。是《これ》ニ由《より》テ之《これ》ヲ観《み》レバ該国交際ノ基礎ハ其人民ニ在ルヲ知ルニ足ル可シ。今ヲ距《へだつ》ルコト三年前ニ当今ノ宰相タル*グラドストンノ言ヘルコトアリ。土国政府ハ仮令《たと》ヒ魯国ノ為メニ如何ナル残害ヲ被ブルトモ固《もと》ヨリ問ハザルニ置ク可シ、憐ム可キハ其人民ナリ、故ニ人民ノ惨毒ニ陥ルコトアラバ之ヲ救援セザル可カラズト。蓋シ諸君ハ之ヲ聞テ何故ニ公明正大ナルグラドストン其人ニシテ斯ノ如キ語ヲ発スルカト怪《あやし》マン。然レドモ細カニ之ヲ思考セヨ。夫《か》ノ土国政府ハ常ニ圧制手段ヲ用ヒテ人民ヲ束縛シ、新聞演説集会ニ至ルマデ一モ其ノ自由ヲ得ルモノ有ル無シ。自由ヲ貴重スル英国人民ハ何ゾ土国政府ヲ保持スルノ義務アランヤ。止《た》ダ其ノ人民交互ノ間ニ於テハ同情相憐ミ之ガ困難ヲ傍観スルニ忍ビザルト謂《い》フノミ。以テ今日欧洲ノ交際ハ人民ト人民トノ間ニ在ルヲ証明ス可シ。

東洋ノ交際ノ如キハ前ニ述ブル第一第二ニ止マリ、第三即チ人民ト人民トノ交際ノ如キハ毫モ未ダ之レ有ルヲ見ズ。欧洲現時ノ交際トハ全ク相異《あいこと》ナリ。現ニ欧洲ニ於テモ東洋ノ交際ト欧洲ノ交際トヲ以テ別種ト為スモ亦《また》此ノ事情ニ基《もとづ》ケリ。今我邦外交ノ事ハ暫ク之ヲ後ニ譲リ、印度《インド》国ノ未ダ其独立ヲ失ハザリシ時若《もし》クハ清国現時ノ実況ニ就テ之レヲ考フルニ、概シテ其外交ハ第二ノ点ニ止マリテ其人民之ガ為メニ極メテ不幸ナル位置ニ立チタリ。而シテ此原因タルニアリ、即チ東洋政府ノ愚鈍(甲)ナルト欧人ノ狡黠《こうかつ》(乙)ナルトニ*職由《しょくゆう》セザルハナシ。

魯土葛藤　露土戦争。↓補注

英国ト盟約　クリミア戦争の終結にあたって一八五六年結ばれたパリ条約のことか。なお詳しくは↓補注「クリミア戦争」

ヂスレリー　ディズレーリ。↓五六頁注

ロードダーベー　Edward H. S. Derby. 一八二六-九三。保守党員として下院に入り、父ダービ・スミスの第一次内閣で外務次官、第二次内閣で植民相、第三次内閣で外相、第二次ディズレーリ内閣(一八七四-八〇)の外相となったが、その帝国主義政策に反対して七八年辞職(外相はソールズベリが継承)、八〇年自由党に転じた。

グラドストン　↓五六頁注

職由　もっぱらそれに依ること。

暁知　さとり知ること。

枉屈　まげること。

壟断　利益を独占すること。ひとりじめ。

井上君　井上馨。→六〇頁注。井上は幕末の文久三年(一八六三)にイギリスに渡り、また明治九年にも渡欧している。

保庇　かばう。目をかける。

例ヘバ彼ノ清国ノ亜片烟《アヘン》ノ為メニ常ニ巨害ヲ被ブルコトノ如キモ、若シ清政府ノ官吏ヲシテ輿論ノ果シテ貴重ナルヲ*暁知シ全国人民ノ意見ヲ口実トシテ之ヲ英政府ニ乞ハシメバ夫《か》ノ有名ナル自由党ノ一人タル英相グラドストンニシテ何ゾ之ヲ拒ム可ケンヤ、而シテ英国人民ニ於テモ何ゾ之ヲ憐マザルアランヤ。然ルニ計此《ここ》ニ出デズ百方策略ヲ施スト雖ドモ到底此《この》弊害ヲ矯《た》ムルコト能ハズ。是レ其政府ガ愚ニシテ人民ノ尊ム可キヲ知ラザルニ由レリ。又欧人中往々狡黠ナル者アリ。例ヘバ我邦在留ノ或ル公使ノ如キハ其権利ヲ*枉屈《おうくつ》セラル、所ノ国ニ於テ其人民ノ輿論ハ実ニ之ヲ矯正セントスルノ点ニ熱心スルモ決シテ之ヲ自国ノ人民ニ知ラシメズ。若シ之ヲ知ラシメバ其人民間ノ交際ニ於テ其不幸ヲ憐ミ之ヲ改正セバ此国ニ居留スル自国ノ姦商《かんしょう》ヲシテ其*壟断《ろうだん》ヲ私セシムルコト能ハザランヲ畏《おそ》ルレバナリ。左《さ》レバ東洋諸国ノ交際ノ進歩セザルハ即チ東洋政府ノ愚ナルト欧人ノ狡黠ナルトニ基《もとづ》ケリ。

噫々《ああ》我邦ノ外交ハ如何《いか》ナル位置ニアルヤ。抑モ我邦当今ノ外務卿タル*井上君ハ嘗テ久シク欧洲ニ留学セラレシ人ナレバ必ズヤ其人民輿論ノ貴重ナルヲ知リ又彼ノグラドストン氏ノ公明正大ナルコトヲ知ラル、ナラン。然ラバ則チ外交ノ針路ハ決シテ政府ト政府トノ交際ニ止マル可カラズシテ、宜《よろ》シク人民ト人民トノ交際ニ進ム可キハ亦其《またその》明知セラル、処タルヤ疑ヲ容《い》レズ。然ルニ若シ井上君ニシテ政府間ノ交際ヲ以テ外交ノ針路トセラル、ガ如キコトアラバ実ニ我邦人民ノ不幸ハ言フニ忍ビザルナリ。然《しか》リ而《しこう》シテ今我邦ノ如キ決シテ土国ノ如キ圧制ナル政府ニ非ズト雖ドモ、仮令《たと》ヒグラドストンニシテ如何ニ之ヲ*保庇《ほひ》セント欲スルモ英国人民ノ輿論ノ許可ヲ得ザレバ治外法権及ビ海関税権等ノ如キモ決シテ之ヲ変更スルコトヲ旨セザル可シ。左レバ如何ニシテ英国人民ノ輿論ヲ動カスヲ得可キヤ。他ナシ、我邦人民ノ輿論即チ是ナリ。然リト雖ドモ唯《ただ》単ニ輿論ノ貴重ナルコトヲ説クモ之レガ証左ヲ挙ゲザレバ未ダ其説ヲ確実ナラシムルコト能ハズ。故ニ今吾輩ノ曾《かつ》テ親シク経験セル所ノモノヲ挙ゲテ之ヲ諸君ニ示サン。

今ヲ距《へだつ》ルコト七年前即チ明治五六年ノ頃*吾輩嘗テ英国ニ留学シ親シク其実況ヲ見ルニ、彼レハ我邦ノ法律ヲ以テ之ヲ罰スルヲ得ザルモ我ハ彼ノ法律ニ遵《したが》ハザルヲ得ズ。是ニ於テ大ニ感激スル所アリ。因テ其権利ノ枉屈ヲ慨嘆シ之ガ矯正ヲ熱望スル趣意ノ*小冊子ヲ著ハシ、之ヲ英国人ナル朋友等ニ贈リ之ヲ我邦ニモ*逓送《ていそう》シタリキ。聞ク、我邦ニ送リタルモノハ*報知新聞ニ於テ既ニ之ヲ掲載セリト。故ニ諸君中或ハ之ヲ閲読セシモノモアラン。然ルニ英人ナル朋友等ハ吾輩ガ言ニ依テ初メテ英人等ガ日本ニ於テ壟断ヲ*専恣《せんし》スルヲ暁知シ、痛ク我日本人民ノ不幸ヲ憐ミ、乃《すなわ》チ曰《いわ》ク、子ハ是レ日本政府ノ官吏ニ非ズ、純然タル日本ノ一人民ニシテ英国ニ留学セルモノナリ、然ラバ則チ此言ヤ決シテ自国政府ノ嘱託ヲ受テ之ヲ為スニ非ズ、日本人民ノ地位ヨリシテ之ヲ論ズルモノタルヤ明白ナリ、是ヲ以テ知ル、日本人民ハ智識ノ進歩セルコト決シテ十有余年前ノ比ニ非《あら》ザルヲ、然レバ吾人ハ何ゾ同等ノ権利ヲ有セシムルヲ拒ムノ理由アランヤト。後又*条約論ヲ著ハシ議院ノ代議士及ビ友人等ニ贈リシ時ノ如キモ、或ハ書ヲ以テ之ヲ慰メ或ハ口ヅカラ之ヲ弔スルコト亦前ト同ジ。嗚呼《ああ》諸君ハ此言ヲ聞テ如何ナル感覚ヲ引起セシヤ。無望賤劣ナル一馬場辰猪ノ私言スラモ尚ホ能ク彼等ヲシテ為ニ感動セシムルコト斯ノ如シ。況ンヤ全国人民ノ輿論ニ於テオヤ。

斯ク説キ来ルモ凡庸ノ俗吏輩ハ未ダ自ラ其非《そのひ》ヲ暁《さと》ラズ、或ハ種々ノ非難ヲ為ス可シト雖ドモ、之ヲ要スルニ彼等ノ脳裏ニ二個ノ大誤謬《こびゅう》アリテ如何ナル批難モ総テ此ノ二点ヨリ生ズル

吾輩嘗テ英国…　馬場は三年九月土佐藩留学生として他の三人とともにロンドンに到着、藩命の海軍機関学を学んだが、五年八月ロンドンに到着した岩倉使節団によって政府留学生の身分に切り替えられるとともに、法学(ローマ法・財産法など)を研究、テンプル法学院に通うことになる。そのかたわら、自由党のグラッドストン内閣から保守党ディズレーリ内閣に政権交代(一八七四年二月総選挙)が行なわれる時期の下院の傍聴にしばしば出かけていた。七年秋まで滞在し、十二月帰国。

小冊子　「日本における英国人」The English in Japan; What are Japanese thought and thinks about them (London, 一八七五年)のことであろう。ただしこれは八年六月から十一年三月の二回目の留学のときのもの。馬場はこの中で、文明を教えるために日本にやってきていると自ら高言するイギリス人が日本や日本人を腐敗・堕落させており、彼らの日本の宗教への批判はそっくりイギリスの宗教にもいえると述べるとともに、治外法権の必要の根拠としてあげる日本の裁判制度の不備は、イギリス本国にもあてはまると批判、イギリス人が日本人と友好関係を保つ

ためには完全に平等な原則に立たねばならないとして、日本が独立国であることを強調した。

逓送　郵便で送ること。

報知新聞…　八年十二月二十九日から九年二月二日まで、「日本在留ノ英国人ヲ論ズ」と題して、六回にわたり連載された(ただし全体の四分の三ほどのところで中断)。

専恣　ほしいままにする。

条約論　「日英条約論」The Treaty between Japan and England (London, 一八七六年)。九年九月二十八日脱稿、同十月十日に出版され、ディズレーリ、ダービ、グラッドストン、ホーセットやブライトなどイギリスの代表的政治家に送られた。

請託　内々に頼むこと。情実で頼むこと。

懽心　歓心。

ニヨリ、今ヤ其根原ヲ駁シ一撃以テ之ヲ粉砕シ向来其惑ナカラシメントス。然リ而シテ其所《いわ》謂《ゆる》誤謬トハ即チ一ハ輿論ノ大切ナルヲ知ラズ、二ハ百事策略ニ依テ左右セラル、モノナリト妄想スル是ナリ。而シテ第一惑ノ如キハ従来我邦ハ未ダ英仏等ノ如ク人民ノ輿論ノ為ニ劇烈ナル反動ヲ被リタルコト無キニ因レリ。第二惑ニ至テハ事ノ公私ヲ別《わか》タザル故ナリ。何トナレバ我邦現時ノ習慣タル、公事ヲ左右セント欲スルニ私ノ請託*ヲ以テス。而シテ此事多クハ効験アリ。例ヘバ前宵ニ於テ一酒楼ノ饗応ハ能《よ》ク長官ノ心ヲ和《やわら》ゲ明朝ノ出頭九時ヲ過ギ若クハ十一時ニ至ルモ決シテ其咎《とがめ》ヲ受ルコト無キガ如キ即チ其類ナリ。欧米人ノ如キハ則チ然ラズ、公私ノ区別極メテ判然タリ。故ニ横浜在留ノ外国商人ノ如キモ仮令《たと》ヒ前宵ニ如何ナル饗応請託ヲ為スモ翌日商業上ノ談判ニ至テハ寸歩モ之ヲ枉《ま》ゲズ。然ルニ方今我邦ニ於テハ毫モ此等ノ事ヲ弁知セザルガ如ク、或ハ欧米諸国ノ顕官ヲ饗応シ此ノ懽心*《かんしん》ニ因テ条約改正ヲ実施セントスルガ如キ景況ナキニ非ズ。豈《あに》誤レルノ太甚《はなはだ》シキモノト云ハザル可ケンヤ。噫若《ああも》シ政府ニシテ外交ノ針路果シテ此ノ如クナラバ吾輩人民ノ不幸実ニ云フニ忍ビザルナリ。然リト雖ドモ知識アリ経験アル井上外務卿ニシテ豈ニ斯ノ如キ拙策ニ出デンヤ。必ズ人民ノ輿論ヲ以テ之ヲ請求シ人民ノ交際上ノ信義ヲ以テ之ヲ改良セシメントセラル、ヤ明々白々タリ。

其レ然リ、然ラバ則チ人民ノ輿論ヲ以テ之ヲ請ハント欲スルニハ果シテ如何ナル方法ニ依ル可キヤ。既ニ前ニモ述ブルガ如ク馬場辰猪一個ノ私言スラ能ク彼等ヲ感動セシムルニ足ル。左《さ》レバ此席ニ来会ノ諸君一名若《も》クハ数名連署シテナリトモ書面ヲ以テ彼ノ英国議院ニ向テ其不幸ヲ訴ヘバ辰猪ガ一個ノ私言ニ勝《まさ》ルヤ万々ナリ。然レドモ数人ノ連合未ダ以テ充分ナリトスルニ足ラズ。宜シク全国人民ノ輿論ヲ以テス可シ。而シテ其輿論ヲ以テスルノ方法ニ至テハ他ナシ、即チ国会ヲ開設シ全国人民ノ代議士タル所ノモノ、決議ヲ以テ之ヲ請求ス可キナリ。果シテ能ク此ノ如クナラバ何ゾ治外法権ノ破棄シ難キヲ憂《うれえ》ンヤ、何ゾ条約改正ノ困難ナルヲ憂ヘンヤ。

18　攻守の得失を論ず（朝野新聞）

論二攻守之得失一

吾輩ハ天下ノ拙碁ナリ。所謂《いわゆる》＊四ツ目殺シヲ知ルノミ。然レドモ数《しばし》バ他人ノ対局ヲ観テ大ニ自ラ発明スル所アリ。謂《おも》ヘラク、局上ノ機変ハ何ゾ政事社会ノ有様ニ異ナランヤト。蓋シ先ヅ内ヲ整ヘテ然ル後外ニ応ズ、是レ一定ノ順序ナリ。然レドモ時有テ常法ニ拘ハル可カラザル者アラン。敵手ノ攻撃ニ逢テ石子紛乱シ自ラ隊伍ヲ立ル能ハザルトキニ当リ強《しい》テ退守ノ方略ヲ取ラント欲セバ四面囲《かこみ》ヲ受ケ、遂ニ自ラ解脱スル能ハズ。遂ニ敵手ノ為メニ全局ノ勝利ヲ占メラル、ニ至ラントスルナリ。故ニ一方ニ＊窘蹙《きんしゅく》スレバ之ヲ放棄シテ、却テ他ノ一方ニ出デ以テ敵手ノ本拠ヲ侵シ、或ハ切テ其ノ接続ヲ絶チ、或ハ点ジテ其ノ眼目ヲ塞《ふさ》ギ、彼ヲシテ攻撃ヲ変ジテ防禦ト為スニ至ラシムレバ、其ノ一方ニ窘蹙スル者モ亦自ラ其ノ勢力ヲ恢復スルヲ望ム可キナリ。是レヲ攻ムルヲ以テ守ト為スト謂フ。然レドモ機変ハ勢ノ已ムヲ得ザルニ出ヅ。慣レテ之ヲ行ヘバ必ズ失敗ヲ致サヾルヲ得ズ。故ニ局勢已ニ変ズルニ及ビ、己レノ

18 解題［明治十五年九月十五日・十六日］国際情勢を囲碁の局面に喩え、自陣の守りをかえりみない戦法は自滅につながるとして、古今内外の政府が国民統合・威信確保を外征によってはかろうとしてきた事例をあげて、その政略の危険性を説く。「朝野」で内治優先こそ急務たることを主張した論説としては、ほかに「外交政略ノ方向　草間時福」（十三・三・六）、「内外ノ軽重」（十五・九・一）、「日本ノ独立」（十六・三・二三～二七、五回連載）、「内外ノ緩急ヲ知レ」（十六・五・一～二）などがある。

四ツ目殺シ　盤上の一つの石を周囲四カ所を囲んで取る、囲碁における最も初歩的手法。また習いたての初心者をも言う。

窘蹙　苦しんで縮こまる。

攻劫　囲碁の戦法。「劫」をしかける。

虞舜　舜。中国古代の伝説上の帝王で、尭と並んで徳をもって天下を治めた理想的帝王とされる。以下は書経、大禹謨にでる話。

占拠スル地面ニ向フモ石子ヲ配置スルヲ知ラズ、屢《しばし》バ進ンデ攻劫*ヲ行フトキハ却テ自ラ潰裂シ、復《ま》タ収結ス可ラザルニ至ル。故ニ此等ノ場合ニ於テハ守ヲ以テ攻ト為スノ方略ヲ取ランコトヲ要ス。奇正常変能《よ》ク其ノ時ヲ失ハザル者ニシテ始メテ一国ノ高手ト謂フベキ也。区々タル黒白ノ勝敗スラ猶《なお》然リ、況ヤ活世界ノ局面上ニ於テヲヤ。

古今政事家ノ一国ヲ維持スル方略ヲ察スルニ攻守ノ二者アルノミ。而シテ攻ヲ以テ守ト為スモノ有リ、又守ヲ以テ攻ト為ス者アリ。時ニ応ジ変ニ従ヒ、必ラズシモ一定ノ法則ヲ拘守ス可カラズ。而シテ其ノ実際ニ於テ興廃存亡ノ形跡ヲ異ニスル者ハ亦政事家ノ伎倆ニ巧拙生熟アルニ因ルナリ。請フ、支那西洋ノ政事家ガ施行セシ的例ヲ挙ゲテ之ヲ証明セン。虞舜*ノ時ニ当リ有苗*背叛ス。舜ハ禹*ニ命ジ師ヲ率キテ之ヲ征セシメ勝ツ能ハズ。舜ハ以謂《おもえら》ク外敵ヲ服セント欲セバ先ヅ内治ヲ整フルニ若《し》カズト。是ニ於テ益《ますます》ス其ノ政令ヲ修メ、有苗遂ニ戦ハズシテ降服ヲ為スニ至レリ。史臣従フテ其ノ事ヲ夸称《こしょう》シテ曰ク、誕*敷㆓文徳㆒舞㆓干羽于両階㆒七旬有苗格ト。亦其ノ能ク守ヲ以テ攻ト為スヲ謂フナリ。越王勾践*ノ会稽ニ苦《くるし》メラル、ヤ身ヲ屈シテ呉ニ降ダリ其ノ為ス所ニ任カセ、節ヲ折リ、賢ニ下ダリ、賓客ヲ厚遇シ、貧ヲ賑《めぐ》ミ、死ヲ弔ヒ、百姓ト労苦ヲ同《おなじ》ウスル、二十余年ノ久キニ及ビ、己《おの》レガ局面ノ堅固ナル鉄壁ノ如クナルヲ俟《ま》チ然ル後呉国ノ釁隙《きんげき》ニ乗ズ。実ニ天下ノ高手ト謂フベシ。故ニ一戦シテ全局ノ勝利ヲ収メリ。秦始皇*ノ如キ、已ニ六国ヲ併呑シテ天下ヲ統一スルノ後ニ於テ、徳ヲ修メ仁ヲ施シ十分ニ内治ヲ整頓セシムレバ、区々ノ匈奴ハ戦ハズシテ自ラ服センノミ。此ヲ是レ顧ミズ国力ヲ傾ケテ長城ヲ築クノミナラズ、*閭左《りよさ》ヲ発シテ疆上ヲ戍《まも》リ、以テ匈奴ヲ畏慴セント欲シ之ガ為メニ枰子*ノ自ラ潰乱スルヲ知ラズ。亦天下ノ拙碁ト謂フベキナリ。而シテ宋ノ韓侂*

有苗　尭舜の時代に中国南部にあった少数民族の称という。

禹　舜によって起用されて大洪水をおさめ、その功績と人望によって舜についで天子となった。

誕敷文徳…　「誕(おお)いに文徳を敷き、干羽を両階に舞わす。七旬有苗格(いた)る」。文徳を広め、親善外交の礼を修めたことで、苗族が七〇日ほどして帰服したという意。「干羽」は禹が始めたという舞で、干(たて)と羽(雉の尾でつくった扇という)をもって舞うという。

越王勾践…　→一〇〇頁注「会稽ノ恥辱」

秦始皇　始皇帝。前二五九-二一〇。韓・魏・趙・斉・燕・楚の六国を滅ぼし、中国最初の統一国家の初代皇帝となる。

閭左…　閭は村。秦代、村の富強なものは里門の右側に、貧窮なるものは左に住まわせたという。貧民が徴発されたことが、その一人であった陳勝の乱を呼び、秦の滅ぶきっかけとなる。

枰子　碁盤。

韓侂冑　?-一二〇七。南宋の政治家。宰相の趙汝愚を讒言で失脚させ、あわせて趙の推す朱熹と朱子学を偽学として弾圧した(慶元の党禁)。金の内紛に乗じて戦端を開いたが連戦連敗し、誅された。

冑ノ政ヲ為スヤ、偽学ノ禁ヲ布《し》キ尽ク己レニ反対スル党与ヲ一掃シ、人心ノ己レニ服セザルヲ知リ、金国ノ内乱アルニ乗ジテ中原恢復ノ偉業ヲ建テ、以テ内国ヲ鎮圧セント試ミシハ蓋シ攻ヲ以テ守ト為スノ方略ニ出ヅル者也。然レドモ兵結ビ禍連リ其身モ誅戮ニ就キ、殆ド宋室ヲ危クセシ者ハ要スルニ己レガ技倆ノ巧拙ヲ弁ゼズシテ妄作セシノ過《あやま》チナリ。*明ノ成祖ノ如キハ然ラズ。詐力ヲ以テ天下ヲ奪ヒ、己レヲ敵視スル者ノ多キヲ知リ、威武ヲ外域ニ立テ以テ国人ヲ慴伏スルノ計ヲ為サントシ、風雪艱難ヲ辞セズ、数《しばし》バ*六師ヲ率キテ沙漠ニ出デ、遂ニ路ニ崩ズルニ至レリ。其子孫ノ坐シテ泰平ヲ享受スルヲ得ル者ハ、皆成祖ノ辛苦経営ニ出ヅ。而シテ清ノ*康熙帝ガ四海泰平ノ時ニ当リ、遠ク朔漠ヲ渉《わたり》テ*喝爾丹《ガルダン》ヲ親征セシガ如キモ、亦祖先ノ満州ヨリ入テ支那ヲ横奪シ、人心ノ之ニ服セザルヲ以テ、威武ヲ天下ニ示サヾレバ内部ノ平和ヲ維持ス可ラズト為スニ出ヅ。故ニ*雍正*乾隆ノ二帝モ之ニ倣《ならい》テ親《みず》カラ西域征討ノ大師ヲ統《す》ベリ。清ノ祖宗ノ布置ニ巧ナル、此ノ如シ。宜《むべ》ナル哉、一時国運ノ隆盛ナル、遠ク漢唐ノ上ニ凌駕スルニ至レルヤ。

夫《か》ノ仏国ノ改革党ハ、大革命ノ最初ニ於テ君主ヲ殺シ貴族ヲ廃シ、殆ド社会ノ組織ヲ一変セリ。是ノ時ニ於テ人心危懼ヲ懐キ、輙《たやす》ク新政府ヲ信用セザルノミナラズ、*王政党ハ援ヲ外国ニ結ビ干戈ヲ執テ四方ニ紛起セシニ因リ、常情ヨリ之ヲ視レバ務メテ平和ノ政略ヲ行ヒ、以テ一国ノ秩序ヲ整頓シ交際ヲ隣国ニ厚クシテ、成ル可ク戦争ノ危難ヲ避クルノ場合ナル可キニ、革命党ハ然ラズ。故《ことさ》ラニ欧洲諸大国ノ君主ヲ挑撥シ*聯合軍ノ四疆ニ逼《せま》ルニ及ビ、一国ノ全力ヲ尽クシテ之ニ抵抗シ、遂ニ革命ヲ成就シ民主政治ヲ建ルヲ得タリ。是レ他無シ、外部ノ刺衝ニ因テ国民ノ不平心ヲ発洩シ、之レヲ転ジテ敵愾ノ気ト為シ、其ノ一致協同ニ因ツ

明ノ成祖　明の第三代皇帝永楽帝。一三六〇-一四二四。恵帝の位を奪って即位。親征して東モンゴルのタタール、西モンゴルのオイラート部を撃破し、東北は黒竜江下流域、南は安南に軍を進め、さらに遠く紅海・アフリカ東岸にまで使を派して朝貢を促した。

六師　天子の軍。一師一万二五〇〇人で、六師は七万五〇〇〇人の軍隊となる。

康熙帝　一六五四-一七二二。清国の第四代皇帝。一六七五年内モンゴルのチャハル部族を解体・編入し、八九年ロシアとネルチンスク条約を結んで黒竜江流域を獲得、さらに九六年外モンゴルに親征してジュンガルのガルダン・ハンの軍を撃破して外モンゴルを清国領とした。つづく雍正・乾隆帝とともに清国の最盛期を現出した。

喝爾丹　一六四四頃-九七。モンゴル、オイラートのジュンガル部の長。康熙帝の清国軍に敗れ自殺した。

雍正　一六七八-一七三五。清国の第五代皇帝。

乾隆　一七一一-九九。清国の第六代皇帝。この時代に、中国史上最大の領土をもつ大帝国となった。

王政党…　処刑前、国王ルイ一六世がオーストリアに援助を求めたことをいうか。

テ内部ヲ維持セントスルノ目的ニ外ナラザルナリ。然レドモ此《か》クノ如キ危険ノ方略ハ時有テ失敗ヲ致タサヾルヲ得ズ。*三世那勃翁《ナポレオン》ハ権謀詐術ヲ以テ帝位ニ上ボリ、一時仏国ノ威名ヲ欧洲ニ赫《かがや》カスト雖ドモ、晩年ニ至リ人心之ニ背違シテ共和政治ヲ唱フモノ日ニ増加シ、己レガ地位ノ日ニ危殆ナルヲ知ルニ因リ、強《しい》テ西班牙《イスパニア》帝位ノ事ニ干渉シテ普魯西《プロシア》ト兵端ヲ開キ、一戦シテ伯林《ベルリン》ヲ蹂躙シ之ニ因ツテ仏国人心ヲ一変シテ帝政ヲ永遠ニ維持セント試ミ、即チ攻ルヲ以テ守ト為スノ策略ニ出デシニ、何ゾ料《はか》ラン、己レニ贏《かて》ル数等ナル高手ニ逢ヒ、止《た》ダ劫争ニ失敗スルノミナラズ、全*枰尽ク変ジテ敵ノ有トナル。亦憐ムベキナリ。而シテ魯西亜《ロシア》政府ガ常ニ攻戦政略ヲ取リ、土耳其《トルコ》ヲ伐チ中央亜細亜《アジア》ヲ略シ、盤面ノ広キ地球上第一ニ居ルニモ係ハラズ、民心*睽離《けいり》シテ殆ド革命ノ有様ヲ現出スルニ至ルモノハ、是レ徒《いたず》ラニ攻劫ヲ務メ、己レガ占拠スル所ノ地面ニ向フテ定石ヲ配置スルヲ知ラザルノ誤リニ坐スルノミ。一勝一敗宜《よろし》ク後人ノ深ク注意スベキ所ニ非ズヤ。

維新以来今日ニ至ルマデ、我邦ノ局面ヲ一覧スレバ果シテ如何《いか》ナル有様ヲ為スカ。奥羽征討ノ諸軍、始メテ凱旋スルヤ、*当途者ノ間ニ於テ之ガ計画ヲ為ス者アリ。謂ヘラク、尊王攘夷ノ議論ニ因ツテ天下ノ士気ヲ鼓舞シ、以テ維新ノ事業ヲ成就スルヲ得タリト雖ドモ、諸藩兵ヲ擁シ陰ニ事変ヲ窺ヒ草莽不逞ノ徒四方ニ潜伏セリ。今ニ於テ*局促トシテ自ラ守ルトキハ、必ズ内国ノ自カラ潰裂ニ就クニ至ル可シ。故ニ事ヲ朝鮮安南等ニ生ジテ、一国ノ面目ヲ変換スルヲ以テ長策ト為スト。此等ノ議論ハ其ノ賛成ヲ得ズシテ廟議ハ先ヅ内部ヲ整頓スベキニ傾向セシガ、明治六年ニ至リ突然トシテ征韓ノ論起リ、廟堂之ガ為メニ分裂セリ。是レ我邦

聯合軍　イギリスを中心としたスペイン・オランダ・プロシア・オーストリアの五国。一七九三年第一次対仏大同盟を結成。

三世那勃翁　→五四頁注

枰　囲碁の盤面。

睽離　そむきはなれること。

当途者…　たとえば木戸孝允は、戊辰戦争中の明治元年、「函館之一条御平定ニ至候ハヾ海陸之処於㆓朝廷㆒稍御備被㆑為㆑立、唯偏ニ朝廷之御力ヲ以、主トシテ兵力ヲ以、韓地釜山附港ヲ被㆑為㆑開度」、これにより「皇国之大方向ヲ相立、億万生之眼ヲ内外ニ一変仕」(「松菊木戸公伝」下)と主張していた。しかし下文にある安南については言及はなく、未詳。

局促トシテ　身を縮めて。

ノ利害ニ就キ、攻ヲ以テ守ト為スト守ヲ以テ攻ト為ストノ議論相齟齬スルニ出ヅルガ如シ。一時廟堂ニテ征韓ヲ非トスル者勝ヲ得タリシガ、之ガ為メニ*佐賀ノ変乱ヲ生出シ、不平ヲ懐クモノ天下ニ充満スルヲ視ルニ因リ、廟議忽《たちま》チ一変シ、直チニ兵ヲ台湾ニ出ダシテ蛮民ヲ征伐シ、遂ニ支那ト葛藤ヲ結ビ、殆ンド兵端ヲ両国ノ間ニ開カントスルニ至レリ。当時政府ガ施行シタル政略ノ当否ハ姑《しば》ク置イテ論ゼズ。其ノ外部ノ刺衝ニ因ツテ国民ノ不平心ヲ発洩シ、之ヲ転ジテ敵愾ノ気ト為シ以テ一国ノ治安ヲ維持セント欲スルノ目的ニ出デシハ、之ヲ当日ノ事跡ニ照ラシテ復タ隠蔽スベカラザルモノ有リ。然レドモ、一時ノ*詭道ニ因ツテ社会自然ノ事変ヲ制止スル事ハ輙《たやす》ク望ム可カラズ。是レヨリ以来熊本ニ山口ニ屢《しばし》バ変乱ヲ生ジ遂ニ鹿児島ノ大破裂ヲ現出スルニ至レリ。是等政府ガ海陸軍ノ力ニ因テ容易ニ之ヲ鎮圧セシト雖ドモ、之レニ次イデ財政困難ノ実跡ヲ呈露シ、紙幣下落シテ物品騰貴ヲ為シ、人民ノ財産上ニ一大影響ヲ及ボスノミナラズ、上下ノ意見動《やや》モスレバ合ハズシテ、日ニ抵抗ノ勢ヲ増加スルノ有様ヲ現出セリ。是レ政府ニ在ルト民間ニ在ルトヲ問ハズ、苟《いやしく》モ社会ノ事情ニ注意スル者ハ誰レカ之レガ為メニ慨歎セザルアランヤ。然レドモ事ヲ為スニ自カラ機会アリ。一家ノ私政ト雖ドモ其ノ機会ニ投ゼザレバ輙ク改正ヲ施行シ難キノ事情ナキニ非ズ。況ンヤ一国ノ政務ニ於テヲヤ。故ニ官民ノ互ニ意見ヲ持シテ相下ラズ、共ニ局面ノ勝敗ヲ争フニ当レバ、政府ニ於テ自カラ政略ノ当ヲ得ザル所アルヲ発明スルモ輙ク其ノ目的ヲ変換スル能ハザラントスルナリ。喩ヘバ、風ニ乗ジテ帆ヲ使フノ舟ノ如シ。仮令《たと》ヒ前途ノ危険ナルヲ知ルモ、大風驚浪ノ間ニ帆ヲ卸シ柁ヲ転ゼントスルハ、誠ニ一大困難ノ事業ナリ。故ニ此等ノ場合ニ当レバ、舟上ニ立ツテ喚呼シ、速《すみや》カニ針路ヲ転ゼヨト勧ムル者アルモ舟師ハ謂ハントス、姑《しば》ク此

佐賀ノ変乱…鹿児島ノ大破裂　いわゆる士族反乱。征韓論争のあと、大久保利通・岩倉具視らを中心とする有司専制体制はより強固になったが、それに反対する士族層が各地で反乱を起した。七年一月には岩倉が東京赤坂喰違で武市熊吉ら高知県士族に襲撃される事件があったが、二月、江藤新平率いる征韓党と島義勇の率いる憂国党が佐賀で旧藩士族の過半をまきこんで反乱を起した(佐賀の乱)。敗れて江藤は高知で、島は鹿児島で捕えられ梟首の刑に処せられた。九年十月、熊本の神風連(敬神党)が廃刀令を直接の契機として挙兵、熊本鎮台などを襲撃(神風連の乱)、また旧秋月藩士宮崎車之助らが福岡県で挙兵(秋月の乱)、つづいて山口県萩で前参議前原一誠らが県庁を襲撃しようとして鎮圧された(萩の乱)。翌十年二月鹿児島の私学校の生徒を率いて西郷らが起つと、熊本をはじめ九州の士族が民権家(結社)を含めてそれに与し、九月まで九州を舞台に官軍との間に激しい戦闘が繰り返された(西南戦争)。大規模な反乱はこの西南戦争で終りを告げたが、翌十一年五月、大久保利通が東京紀尾井坂で島田一郎らに襲撃され殺されるという事件が起り、これで士族

ノ向キニ従フテ舟ヲ進メ、風静マリ浪平カナルヲ待ツテ、徐《ようや》ク其ノ方向ヲ定ム可キノミト。之ト同《おなじ》ク我ガ政府ガ二三年以来着手スルノ政略ヲシテ、果シテ天下ノ人心ヲ満足セシメザルノ実跡アラシムルトモ、故ナクシテ自ラ手ヲ引キ俯シテ民間ノ議論ニ屈従スルガ如キアラバ、条理上ヨリ視レバ固ヨリ盛徳美事ニ相違ナシト雖ドモ、其ノ政府ノ軽重ヲ天下ニ示シ自ラ威権ヲ失墜スルノ恐レナキニ非ズ。必ズヤ社会ノ人心ヲ感動スルノ機会ニ投ジ、然ル後《の》チ内政ノ方向ヲ一変スルヲ得ベシ。其レ然リ然ラバ今日ハ誠ニ政府ノ為メニ失フ可カラザルノ好機会ニ際会セシト謂フベシ。吾輩ハ政府ガ内政ノ配置ニ注目シ、其ノ一着手ヲ誤マラズシテ全局ノ整々条理アルニ至ランコトヲ希望セザル可カラザルナリ。

夫《そ》レ今回*朝鮮ノ事変ノ如キ、事情ノ已ム可カラザルニ至レバ固ヨリ最後ノ手段ヲ兵力ニ訴ヘ、支那政府ガ挙動ノ如何ニ因テハ決シテ之レヲ度外ニ放棄ス可ラズ。実ニ我邦ニ取テノ一大事ナリシガ、政府ガ措置ノ宜《よろし》キヲ得タルト支那ノ局外ニ立ツテ両国ノ間ヲ弥縫セシニ、固ヨリ我邦ハ十分ノ目的ヲ達シ撲《ぼく》シテ之レヲ勒《ろく》シ、朝鮮政府ヲシテ*許多《きよた》ノ石子ヲ投棄セシメ、其ノ互ニ劫戦ヲ開キ全局ノ紛争ヲ生出ス可シト思惟シタル支那トハ恰《あたか》モ相持スル姿ト為レリ。亦一国ノ至幸ト謂フ可キナリ。然レドモ平心ニ之レヲ察スレバ、我ガ局面ハ決シテ定法ニ協《かな》ヒ隊伍ノ全ク整頓スル者ニアラズ。之ヲ放棄シテ手ヲ朝鮮ニ下ダスハ是レ機変ノ手段ニ出デ、決シテ安全ノ方法ニハ非ザル也。今ヤ幸ニシテ局勢ノ一変シテ先手ノ我ニ在ルニ逢ヘバ、姑ク進ンデ攻劫ノ危道ヲ行フヲ止メ、己レノ拠守スル所ヲ堅固ニシ、反撃ニ逢フテ潰裂ヲ為サザルノ用意ヲ為スハ今日ノ急務ニ非ズシテ何ゾヤ。故ニ政府ヲシテ戦ハズシテ全勝ヲ朝鮮ニ得テ、国民ノ愁眉ヲ開キタル機会ニ乗ジ、公議輿論ニ従フテ政治ノ方向ヲ定メ、言論ヲ自由

反乱による襲撃事件も終る。

詭道 いつわりの道。正道に対する語。

朝鮮ノ事変 十五年七月の壬午軍乱。→補注

許多ノ石子ヲ投棄… ここも囲碁に喩えた表現。投了。敗北を認めてうちきること。

ニシテ民情ヲ通達シ、集会ヲ制限セズシテ政事ノ思想ヲ発達シ明ラカニ国会設立ノ準備ニ着手スルニ至レバ、天下ヲ挙テ政府ヲ感戴シ、共ニ国歩ノ艱難ヲ匡済スルニ至ル可シ。此クノ如クナレバ条約改正ヲ決行スルモ亦易々ナルノミ。朝鮮支那ノ如キハ何ゾ歯牙ノ間ニ掛ルニ足ランヤ。坐シテ全勝ヲ制スルノ機会ハ実ニ今日ニ在リ。我ガ政府ハ何ゾ速カニ之ヲ為サヾルヤ。

事端　事件の発端。いとぐち。
諺ニ曰ク…　いわゆる傍目《おか》八目。局外にあって見物しているものの方が状況がよくわかること。

19　外交を論ず（内外政党事情）

蓋シ朝鮮事件ノ発スルヤ、世ノ憂国者ハ窃《ひそ》カニ相語ツテ曰ク、財政困難ノ今日ニ於テ果シテ兵端ヲ開クニ至レバ、愈《いよい》ヨ紙幣ノ下落ヲ生ジ之ヲ挽回スルノ時期ナカラントスル也。曰ク、官民ノ互ニ睽離ヲ為スニ際シ、支那ニ向フテ雌雄ヲ決セントスルモ輙ク目的ヲ達スルヲ望ム可カラズト。嗚呼、我邦ノ敵国ハ豈《あに》独リ支那ノミナランヤ。僅カニ一事件ノ発スルガ毎ニ国民ノ憂懼ヲ生ズル此クノ如クナレバ、欧米諸国ノ凌轢ヲ免カレント欲スルモ、夫レ果シテ得ベケンヤ。苟モ今日ニ於テ速カニ内治ヲ整頓スルノ計ヲ為サザルトキハ、遂ニ国民ノ不平ヲ発洩スルガ為メニ故《こと》サラニ事端*ヲ外国ニ求ムルガ如キ、機変ノ政略ヲ取ルノ已ムヲ得ザルニ至ルコトナキヲ保タズ。是クノ如クナレバ実ニ我ガ帝国ノ一大不幸ナリ。諺*ニ曰ク、局ニ当ル者ハ迷フテ傍観者ハ明ラカナリト。天下ノ高手ヲ以テ自ラ任ズル廟堂君子モ幸ニ吾輩ノ助言ヲ容ル、アラバ幸甚。

19解題［明治十五年十月八日］東京明治会堂における小野梓の演説筆記。ヨーロッパおよびアジアに対して日本の採るべき外交政略を論じたもの。井上馨外相の条約改正交渉と壬午軍乱後の日本・朝鮮・清国三国の対立激化という事態をふまえ、条約改正につき三策を提示し、三国の連帯をはかるべしとしている。この十月八日の演説はまず内外政党事情に十月二十日・二十二日・二十四日の三回にわたって発表され、のち「東洋論策」に収録される。底本は「小野梓全集」によった。なお初出の仮名遣は片仮名である。

【小野梓】［一八五二－八六］土佐藩出身。立憲改進党の代表的理論家。維新後中国を旅行し、アメリカ・イギリスに留学。帰国後七年共存同衆を組織、十五年立憲改進党結成に参加、また東京専門学校(のち早稲田大学)創立にも加わった。「国憲汎論」など著書も多い。

満堂の諸君は‖土児格《トルコ》今日の状況を観察して如何《いか》なる感覚を提起せる乎。諸君は必らず了知するならむ。今の時に当て‖土児格帝国の政治は毎《つね》に‖欧洲強国の干渉を受け、殆んど其自主を保つことを得ず、*半月の国旗は其光朦朧として輝かず、*撒担《（サルタン）》の尊称は其位微賤にして貴からず、‖土児格は是れ衰微国の異名なるが如きことを。願ふに是れ何等の由来ありて然るもの乎。諸君は如何《いかに》か是れ其源因なりと思へる乎。教育其善を失するが故乎、内治其序を誤まるが故乎、国民遊怠の致す所なる乎、君主抑圧の来す所なる乎。顧《おも》ふに是の数種の者、能《よ》く‖土児格帝国の威力を損ずるに足るならむ。然れども半月の国旗其の光朦朧として輝かず、撒担の尊称其位微賤にして振はず、*闘脱曼《（オツトマン）》の帝国将《まさ》に亡《ほろ》びんとするものは、唯《ひと》り*教育の善を尽さゞるに因るのみにあらず、又唯《ひと》り内治の其序を誤るに因るのみにあらず、又唯り国民の遊怠なるに因るのみにあらず、又唯り君主の抑圧なるに因るのみにあらず。蓋《けだ》し別に其一大源因ありて夫《か》の朦朧を致し、夫の微賤を来すものなるを知る。抑々《そもそも》是れ何等の事なる乎。余は‖欧洲外交の歴史を読み、*東邦論の条に至る毎に、未だ曾《かつ》て‖土児格人民の為めに当時姑息不能の政事家ありて*苟且偸安《こうしよとうあん》の外交を為し、その禍害を後世子孫に貽《のこ》したるを憤らずんばあらず。以為《おもえ》らく‖土児格今日の衰微を致す、到底之を救ふを得ず。其外国の侮辱を受け、究竟之を雪《すす》ぐを得ざるものは、多くは是の姑息不能の政事家ありて、一時の虚安を苟偸し、‖欧洲強国と杜撰の交換を為せるに*職由すと。

抑々《そもそも》国政の弊害たる、その種類甚だ多し。然れども其害の久しきに流れて直ちに之を療医するを得ず、その国にして一たびその害を蒙れば、智者才人ありと雖《いえど》も殆んど其後を善くす

半月の国旗　トルコの国旗をさす。

撒担　スルタン。本来はイスラム世界において宗教的・世俗的な最高の権力をもつカリフから帝国の一部の統治を委任されるものをいったが、セルジュク・トルコ時代にカリフは宗教的権力を、スルタンは専制君主として世俗的権力をもつものとなった。オスマン帝国になると、スルタン・カリフ制として、聖俗両権をスルタンが掌握する。

闘脱曼の帝国　オスマン帝国。

教育…　オスマン帝国の教育改革の実態は以下のようであった。一八四五年以降初等中等学校のほか師範学校・農業学校などを開校、さらに六九年に普通教育基本法を発布、現在につながる教育体系の基礎ができていた。また六九年には以後国家枢要の人物を多く輩出することになったガラタサライ・リセ Galatasaray Lise が開校されている。ただしこの教育改革はフランスを中心とする列強の干渉・勧告によるものであった。

東邦論　いわゆる東方問題。↓一〇二頁注

苟且偸安　かりそめに安んじる。

職由　もっぱらそれに依ること。

るを難んずるものは、外交の宜きを誤まり、*理財の政を失したるより甚しきは莫《な》し。夫《か》の*集会条例の過刻にして社会交通の自由を妨碍《ぼうがい》し、夫の*出版法規の過厳にして人民言論の自由を抑圧するが如き、其の国家人生に弊害ある、素より巨大なり。是れ満堂の諸君が屢々《しばしば》其目に触れ、数々《しばしば》其の耳に聞き、明に其の然るを知るものならむ。然れども其害たる、幸にして速《すみやか》に之を改正するを得るの望みあり、其の後を善くするの術も亦た必ずしも智者才人を待たざるが如し。諸君試みに*三世那破烈翁《ナポレオン》が姦豪の黠智《かっち》を以て自家の暴威を逞うせんことを欲し、夫の集会条例を過厳にし、以て仏蘭西《フランス》国民交通の自由を妨碍し、夫の出版条例を過刻にし、以て仏蘭西国民言論の自由を束縛せしを看よ。当時仏国四千万人の自由は那破烈翁一人の蹂躙する所と為り、那破烈翁其人の如きは自家威力の強大なるを誇り、常に謂《おも》へらく、「*落々たる仏国方百里の山河、蹈々たる*豪児《ゴール》四千万の遺族は、是れ我が意のまゝのみ。我れ夫《か》の口を箝して夫の筆を縛る、彼れ*竪子《じゅし》又言ふを得ず」と。其の仏蘭西の社会を害し、其仏人の生育を損する、誠に巨大なるを知る。然れども那破烈翁の孛魯士《プロシア》と戦ひ、其軍利あらず、将軍*馬麦韓《マクマオン》(MacMahon)傷を負ひ*世団《セダン》守らず、*羅意《ルイ》(Louis XVIII)降を*孛帝に納れて、仏人其政府を一変するや、那破烈翁の多年辛苦経営して纔《わずか》に創設したる集会条例の如き、出版条例の如き、皆な一連廃止の布告あるに遇ひ、忽焉《こつえん》としてその跡を絶ち、昨日*箝緘《かんかん》を蒙るの口は今日開けて*諤々《がくがく》天下の得失を論じ、昨日束縛を受くるの筆は今日解けて*侃々《かんかん》人生の利害を載せ、交通の自由、言論の自主、朝夕を待たずして、仏蘭西方百里の間に復せり。其之を改正するの難からざる、誠に此の如し。然れども外交の弊に至ては則ち然らず、其毒や、政府の変遷、内閣の更迭に依て直《ただち》に之を療医するを得ず、其国にして一たび其弊を蒙れば、智者才

理財　経済。
集会条例・出版法規　↓二一三頁注「出版ノ自由…」
三世那破烈翁…　一八五二年一月の新憲法にもとづき、二月新聞法を制定して許可制・印紙・保証金・発行停止などの規定を定め、五七年には保安法を制定して反政府行動の取締りを厳重にした。
落々たる　大きいさま。
豪児　Gaule. ラテン語でガリア Gallia. 古代にケルト族が居住した地域で、ここではフランス全土の意。
竪子　小僧、青二才。人を見下げていうことば。
馬麦韓　↓一〇八頁注
世団　普仏戦争の決戦場となった地。
羅意…　ルイ一八世(一七五五―一八二四)は、ナポレオン一世失脚ののち王位につき、ナポレオンの百日天下によって追われたが、再び復位した人物。普仏戦争のときすでに死亡しており、ナポレオン一世と三世の時代を混同した思い違いであろう。
孛帝　ヴィルヘルム一世。
箝緘　とじふさぐこと。
諤々・侃々　剛直に信ずることを直言すること。
顧みて…　以下一七六頁一五行「…出でざるの罪ならむ」までの部分は、十七年執筆の「条約改正論」でも全文引用、

人ありと雖も殆んど其後を善くするを得ず、終に其民を疲《つか》らし、その国を亡ぼすに至らんのみ。蓋し外交の政たる、元《も》と対敵の国ありて終始其事に関し、到処《いたるところ》其認諾を承けざるを得ざるものなれば、その之を改むる、直に自国の便利のみにこれ依るを得ず、随て其改良を遅回ならしめ、甚《はなはだ》しきは之を為すを得ざるに至り、其弊や延て内治の改良を防碍し、遂に一国の元気を損ずるに至るべければなり。然るを土児格当時の政事家は之を暁《さと》らず、その不能の才を以てして姑息の外交を行ひ、一時の虚安を苟偸して万世の大計を思はず、徒《いたず》らに杜撰の条約を結んで禍害を後世に遺し、以て今日の有様を致せり。蓋し又切痛悲憤の至りにあらずや。

*顧みて土児格《トルコ》の歴史を看れば、其外交の宜しきを失し、自から大計を誤りしもの、一にして足らず、其状の弔すべきもの誠に多し。然れども外交艱難の端緒を開き、国旗の朦朧、国権の汚辱をして今日の極に至らしめ、到底之を正すを得ざるものは、実に土児格が欧洲強国共同の干渉を許し、自ら国権を辱しめしに在り。諸君の明知するが如く、土児格は元《も》と欧亜の両洲に跨りたる強大の一国にして、夫《か》の*東羅馬《ローマ》を亡ぼして君斯但堡《コンスタンチノープル》を占め、夫の維納《ウイーン》を*囲《かこみ》て城下の盟をなさしめし等、其勢甚だ大なり。然るに彼れ甚だ外交の略を慎まず、今を去る百八十五年、即ち我東山天皇*元禄十一年の時に当て、英、蘭二国の共同して魯、土の講和に干渉するを許せり。是れ欧洲強国がその共同の力を以て土児格の外交に関せし濫觴にして、爾後数々《しばしば》其凡例を続き、*文化九年の頃に及んで又《ま》た仏蘭西《フランス》、墺太利《オーストリア》共同の力を得て魯細亜《ロシア》と講和せしより以来、欧洲強国の土児格の外交に干渉すること一層甚しきを致し、東邦の問議是《ここ》に於てか起り、*文政十年の頃に至て英吉利《イギリス》、仏蘭西、魯細亜の共同して希臘《ギリシア》を助け、土児

再論している。

東羅馬… オスマン・トルコは一四世紀末にはコンスタンチノープルを完全に包囲、征服王といわれるメフメット二世が一四五三年ついにコンスタンチノープルを陥し、東ローマ帝国を滅した。

城下の盟 本拠地まで攻めこまれて講和を結ぶ、屈辱的な降服をいう。オスマン帝国のシュレイマン一世が一五二六年ハンガリーを破り、さらに敗死したハンガリー王の継承に干渉してウィーンを攻撃、ハプスブルグ家のフェルディナンドに王位継承を断念させたこと。

元禄十一年… 一六九九年一月のトルコとロシア・オーストリア・ヴェネツィア・ポーランドとの間で結ばれたカルロヴィッツ条約。和暦では元禄十一年十二月にあたる。一六八三年以来、オーストリア・ヴェネツィア・ポーランド・マルタ騎士団による神聖連盟とトルコとの戦争がつづいていたが、九五年ロシアのピョートル大帝がこれに加わってトルコを攻撃、トルコを敗北させた。イギリス・オランダの調停を得て、ようやく講和が成立、この事件を機にトルコのヨーロッパからの撤退が始まる。

文化九年… 一八一二年トル

格の征討を禁ぜしが如き、又近時に及んで*伯林《ベルリン》の大会議を開き、塞耳亜《セルビア》(Servia)の独立を強迫せしが如き、其土児格帝国の国権を辱しめ、半月の国旗を汚す、一にして足らざるなり。顧ふに闕脱曼《オットマン》帝国の大、土児格国民の多き、必ず其汚辱を憤り、其恢復を図るものあらむ。然れども之を其始めに慎まず、一時の苟安を偸《ぬす》んで、一たび欧洲強国共同の干渉を許し、之をして土児格の外交に関せしめたるを以て、大勢一たび去つて又回らすべからず。*埃及《エジプト》の乱あるや、英、仏忽《たちま》ち其軍艦を艤《ふなよそ》ひ、希、土の境界を争ふや、魯、墺俄《にわ》かに欧洲の大会議を促す等、土児格の死命一に欧洲強国共同の手に帰し、又た如何とも為す能はず。其運命の危き、*累卵も亦た啻《ただ》ならざるなり。宜《むべ》なる哉、半月の国旗其光朦朧として、土児格の国権其威微弱なるや。顧ふに若し当時土児格の政事家をして確然守る所を知り、大に万世の利害を計るあり、其始めに当て欧洲強国共同の干渉を受けず、魯細亜《ロシア》は魯細亜、墺地利《オーストリア》は墺地利、英吉利《イギリス》は英吉利、仏蘭西《フランス》は仏蘭西と、各自異別に其交際を結び、彼此共同の関係を拒絶するあらしめば、東邦の問議起るに由なく、土児格の汚辱蓋《けだ》し今日の甚しきを致さゞりしならむ。然るを夫《か》の徒之《これ》を察せず、杜撰の外交を為し、一時の苟安を偸み、万世の大計を誤り、以て今日回らすべからざるの大弊を来すに至る。天下の人誰れか之を切痛悲憤せざらんや。

上来は是れ余が土児格国民の為に其不幸なるを弔ひ、以て当時の外交家がその政略を失し、禍害を後世子孫に遺したるを責むるものなり。而して余の之を弔慰して、切痛悲憤の声を発し、自ら禁ずる能はざるものは抑々《そもそも》何ぞや。土児格は是れ土児格人の土児格なるのみ。余今日本帝国の良民たるを辱《かたじけの》うす、殆んど土児格の盛衰浮沈と相関せざるが如し。然るを今猶《な》ほ切痛悲憤し、自から禁ずること能はざるものは、甚だ故あるなり。余は年壮少しく俠気を

コ・ロシア間で結ばれたブカレスト条約。一八〇六年のロシア・トルコ戦争が翌年のフランスのナポレオンの仲介で一時和約(ティルジットの和約)が成立、のちイギリスが仲介して一二年条約が結ばれ、結局トルコ領は狭められた。

文政十年… 一八二七年トルコ支配下にあったギリシアを援け、イギリス・フランス・ロシアの三国艦隊がトルコ・エジプト艦隊を破ったナヴァリーノの海戦。二九年のロシア・トルコ間のアドリアノープル和約によってギリシアの事実上の独立が認められる。

伯林の大会議 一八七八年六—七月、ビスマルクが主宰した、七カ国によるベルリン会議。**露土戦争**(→補注)の結果、ロシア・トルコ間のサン・ステファノ条約を修正。これによりセルビア・ルーマニア・モンテネグロが独立、ブルガリアは分割・縮小された。

埃及の乱… 一八一〇年代にエジプト全土の支配を確立したムハンマッド・アリーが、一八三三年シリアへの侵略を開始した事件。ロシアと結んで対抗したトルコに対し、イギリス・フランスはエジプト側に立って介入、ムハンマッドにクレタ・トリポリ・ダマスカスなどの世襲知事職を与

えることをトルコに認めさせた。

累卵　卵の積み重なっているさま。くずれやすくきわめて危険な状態。

幕府の一時…　安政元年(一八五四)日米和親条約締結の際、最恵国待遇条項(第九条)の趣旨を理解していないまま調印したことをいう。

安政初年…　一八五八年のいわゆる安政五カ国条約。五カ国それぞれに結ばれたもので共同の条約とはいいがたいが、最恵国待遇条項により同じ条件が五カ国に与えられている。

喃々　くどくどしゃべること。

帯ぶ、人の急あれば常に憐み易し。今土児格の急を憐む、蓋し之に因る乎、吾決して然るにあらず。人の急を見て憐むは余の性なり。然れども今日土児格の艱難を見て悲憤の心を起し、之を慷慨する久しきものは、敢て任俠人を憐むの意に出でたるにあらず。蓋し別に大に感ずる所ありて然るなり。満堂の諸君、否《いな》大日本帝国の臣民は、我が外交の有様を見て如何なる感覚を抱ける乎。諸君は必ず外交の近史を記するならむ。当時幕府は如何なる条約を結べる乎、其杜撰にして国権の汚辱を顧みざるが如き、諸君の既に憤り、既に怒る所にあらずや。然れども余を以て之を言へば、*幕府の一時条目の趣旨を誤り、国権を辱めたるは、当時の事情に照し猶ほ恕すべき所あり。但《た》だ*安政初年の条約に及んで、英、仏、米、蘭、魯細亜共同の条約を結び、之を改正するの便利を妨ぐるものに至りては、余《わ》れ勢ひ其罪を鳴らさゞるを得ず。是れ実に土児格の覆轍に陥りたるものにして、苟《いやしく》も之を継続して之を改むるを為さゞれば、其極や旭日の旗章をして半月国旗の運命を分たしめ、日本をして土児格の相続人たらしむるの不祥あるも未だ知るべからず。余は日本の国民なり、旭日の旗章を輝かさんと欲するものなり。日本の国権を張らんと欲するものなり。焉《いずく》んぞ能く之を見て自から慷慨悲憤し、私《ひそか》に期する所あらざるを得んや。是れ実に余が土児格の外交史を講じ、忽《たちま》ち悲憤の情を発し、自から禁ずること能はず、切痛之を*喃々《なんなん》する所以《ゆえん》なり。吁々《ああ》幕府や既に欧米共同の条約を結び、以て外交の政略を過《あやま》てり。然れども既往の事は去れり、之を追ふも及ばず。況んや幕府既に亡びて其責に任ずるものなきをや。余は今甚だ其罪を責めざるべし。但《た》だ向後《こうご》此過誤の政策を継続して之を改めず、之を再三再四するに至つては、天下の大勢一去して又回すべからず、到処《いたるところ》土児格の不祥を避けんと欲するも遂に得べからざるに至らん。外交の局面に当るものは深く其慎を加へ、勉めて各国共同の訂約を改め、以て各自異別の条約と為し、其禍源を防がざるべからず。又設令《たとい》土児格の覆轍に陥らしめざるも、各国を共同して我が条約の改正に従事せば、或は善良の改正を為すを得ざる恐れあり。顧ふに各国の間、各々《おのおの》其特種の利害あらむ。而して、英国は自から英国特種の利害あり、仏蘭西は仏蘭西特種の利害あり、普魯西《プロシア》は普魯西特種の利害あり、魯細亜は魯細亜特種の利害ある等、彼此互に相同じからず。惟《おも》ふに各国を別異して各自に其条約を改正せば、特種の利害、特種の利害を以て相償ふを得、我国に於て大なる弊害を受くることなかるべし。然れども若し各国を共同して其改正に従事せば、各国特種の利害は相集て一団を為し、我が日本は一国を以てその積弊を受けざるを得ず。而して我が求むる所甲に害なきも乙に不利ありて、全然其望を全うするを得ず。其極や甲に譲り、乙に譲り、丙丁に譲り、失ふ所既に多く、而して甲の許さんと欲する所乙之を許すを肯んぜず、我れ之を甲に失ひ、又之を乙に失ひ、又之を丙丁に失ひ、我が得る所又《ま》た少し。我が失ふ所既に多くして、我が得る所又た少し。是れ果して善良の改正と云ふべき乎。余は寧ろ一挙して両失するものと称するも、之を称して良善の改正なりと謂ふを得ざるなり。惟《おも》ふに皆な是れ諸国を共同して条約を結ぶの流弊にして、各国異別の条約に出でざるの罪ならむ。是を以て余は望む、我政府が今の時に当て勉めて各国異別の条約を結び、彼此の間我邦の所得を多からしめ、以て善良の改正たるを得しめんことを。余の見る所実に此の如し。然るに*道路の伝ふる所に拠れば、政府は今現に*各国の公使を会集して条約改正の事を商議すと。惟ふに是れ条約の改正に便利あるの政略なる乎、余は私《ひそか》に疑なき能はざるなり。聞くが如くんば、米洲聯邦の如き、伊太利《イタリー》の如きは、共に各国の共同を待たずして、其の条約を改

道路　世の中。世間。

各国の公使を…　条約改正予議会のこと。各国共同の条約改正予備会議を開いて、協議のできた事項を基礎に各国別々に条約を締結すべきだとのイギリスの勧告をうけて、この共同会議の開催が今後の先例とはならないことを条件にそれを行なうこととし、十五年一月十八日、イギリス、ドイツ、フランス、オーストリア、ロシア、イタリア、スペイン、オランダ、スイス、スウェーデン＝ノルウェー、デンマークの各委員を外務省に集めて、日本側井上馨、塩田三郎外務少輔が打合せを行ない、ついで一月二十五日第一回予議会を開催した。ベルギーは第三回、アメリカは第八回、ポルトガルは第一三回会議より出席した。七月二十七日まで二一回開催。

正せんことを諾せりと、果して然らば、政府は何故に此の各自別異の条約を結ばざる乎。余は当局者に向て問はんとす。何故に此便利ある改正の法方*を捨て夫《か》の利便少《すくな》き各国共同の商議を起し、共同の訂約を再びせんと欲するの傾きある乎。惟《おも》ふに当局者は天下の衝に立て一国の大事を謀るものなれば、必らず一時苟偸の政略に安んじて、禍害を後世に遺すを顧みざるものにあらざるべし。若し夫《そ》れ然らば、当局者の各国の代理人を招同して事に条約改正の商議に従ふものは、蓋し一種隠微の妙味ありて、大に我帝国を利するものあるに因るならむ。唯《た》だ余や未だ其妙味を知ること能はず。故に私に疑懼の心を抱き、自から安んずること能はざるなり。抑々《そもそも》堅氷*は霜を履んで来り、禍の起るは起るの日に起るにあらずして、遠く其前に在り。惟ふに、各国共同の訂約を為す、今直《ただち》に其禍を致さず。然れども之を再びし、之を三たびし、之を四五たびするに至らば、外交の事毎に共同の干渉を受け、その極や堅氷を見るに至るべし。土児格の鑑誡に遠からざるなり。

且《か》つ当局者は如何なる順序を以て、此条約を改正せんと欲する乎。諸君の熟知するが如く、条約の改正すべき要目二つあり。曰く、治外の法権を撤せしむる、一なり。曰く、収税の権を回復する、二なり。而して甲は我が帝国の体面を全うする為め甚だ必須にして、乙は我国民の実益を保つが為め甚だ必要なり。惟ふに我邦をして二者を合して共に之を恢復するを得しめん乎、吾人素《もと》より其軽重を問ふを須《もち》ゐず。但だ二者にして共に之を改正するを得ず、其一を択ぶべきの時に及ばゝ、吾人は甲を択ぶべき乎、将《は》た乙を択ぶべき乎。誠に満堂の諸君に問はん、諸君は今の時に当つて体面を重しとする乎、将た実益を重しとする乎。今偶然之を見れば体面は重きが如し、然れども是れ理を究めざるの弊なり。一国の体面素より軽きに

法方　方法。

堅氷は霜を…　霜が降るとやがて氷が張る。何事にも予兆があること。予兆を見てあらかじめ備えることを「履霜之戒」という。「履レ霜、堅氷至」(易経、坤)。

あらず、其事甚だ重し。然れども国民の実益を併せて共に之を全うするを得ざるの際に当ては、余は寧ろ体面を忍んで、其実益を収めんと欲するなり。抑々地租の軽からずして我が生産力を妨ぐるの憂あるは、満天下の人共に知る所なり。而して之を軽減して、其宜しきを得しむるは、今日の一大急務なるが如し。又*不換紙幣の制を改革し、硬貨の主義を実行し、通商の便宜を謀るは、輿論の一致して共に是とする所なり。惟ふに此時に当て、関税賦課の全権を我政府の掌中に握り、之を上下するを得ば、必ず適宜の度に於て関税を賦課し、為めに国費の一部を補ふを得、以て地租を減じ、紙幣を改革するの途を開くを得ん。其実益に於ける、関する所甚だ大なりと謂ふべし。

抑々《そもそも》外人の治外法権を行ひ、我が法律を遵守せず、寧ろ之を軽視するの状ある、我邦体面の上に在て、吾人の甚だ忍びざる所なり。然りと雖《いえど》も顧みて仔細に之を看れば、之が為め邦人未だ現実にその弊害を蒙りし者あるを聴かず。今之を以て夫《か》の生産力の現時に阻碍《そがい》せられ、通常の便利を目下に欠きたる者に比すれば、自から事情の緩急を異にするが如し。故に吾人は体面上実に忍ぶべからざるの治外法権を忍ぶべきも、寧ろ実益の為め関税賦課のことを正し、我が富有の基を固くし、以て内治を改良し、以て国権を張るの実力を養はんことを冀《こいねが》へり。而して外人の如きも、我が生産力の発達して、貨物の市場に盈《み》ち、紙幣価格の浮沈を安着して、通商の利便あるを希《こいねが》ふものなるべければ、各国政府と雖も又必ず之を肯んずるならむ。聞くが如くんば、各国政府は法権の撤去を拒むも、甚だ関税改正の事を拒まずと。果して是れ信なる乎。吾人は我が実益を謀るの道途を得たりと謂《いい》つべし。当局の者は宜しく力を此に用ひ、縦令《たとい》関税賦課の全権を恢復し得ざるも、勉めて我に利あるの改正を為さゞるべか

不換紙幣の制…　紙幣整理は十三年以来行なわれており、十五年日本銀行設立、十七年兌換銀行券条例制定により、不換制は克服され銀本位制となる。

らず。然るに今当局者の為す所を見るに、為し易きの収税権を正すを措いて、夫《か》の為し難きの治外法権を正さんと欲するが如し。果して是れ何の利便あるに因るもの乎。試みに当局者に向つて問はんとす、治外法権は此際に当て全然之を撤せしむるを得る乎。聞くが如くんば*五百円以下に相当する民事刑事を審判するの権を挙げて、之を我が*法庭の手に帰せしめんことを謀れりと。是れ果して*信然の事なる乎。若し之を信然なりとせば、能く之を以て治外の法権を恢復したるものと謂ふべき乎。又若し此僅少の改正を為すに依て改正の期限を改定し、十年若しくは十五年の後にあらざれば、全然治外の法権を撤せしむることを得ざるに到るなきを得る乎。或は此僅少の改正が全然法権を恢復するの途を防ぎ、国会開設の後数年を経るにあらざれば、終に善良なる条約の改正を為すを得ざらしむるの恐れあらざる乎。若し実に其恐れありとせば、余は此際この僅少の改正を為さず、寧ろ忍んで内治の改良を謀り、其利器を提げて大に之を改正するの途を速《すみや》かならしめんことを望めり。之を要するに、治外の法権を撤せしむるは、遺憾ながらも我が内治の改良を尽すに非ざれば十分の冀望を全うするを得ざるが如し。又《ま》た縦令《たとい》少しく之を改正するを得るも、是が為め或は大に之を改正するの途を塞ぐの恐れあり。況んやこの少しく改正するの政略の如きも、稍々《やや》又之を行ひ難きの聞えあるをや。然るに当局者は何故にこの行ひ難き体面上の事に恋々して、夫《か》の行ひ易き実益の事に及ばざる乎。惟ふに収税の権を恢復するの事、未だ容易なりと謂ふを得ず。然れども之を以て治外の法権を撤せしむるものに比すれば、遥《はるか》に易きを覚ゆるにあらずや。況んや収税の権を恢復して内治の改良を為すは、是れ所謂《いわゆる》治外法権を撤せしむるの利器を作るものにして、事理の順序宜しく然るべきに於てや。

五百円以下…　十三年七月六日各国に提示した条約改正案では回復すべき裁判権に制限を設け、「違註罪罰金二円以下、施政規則罰金五百円、禁獄三箇月以内」を限り日本の裁判所の管轄とし、他は従来通り領事裁判に委ねる、とされていた。これは七月十六―十七日ジャパン・ヘラルド紙上に条約案の大略が掲載されたことによって、世上に知られるところとなった。この法権の部分的回復の方針は、十五年に始まる条約改正予議会でも追求されるが難航する。

法庭　法廷。

信然　信じるねうちのあること。

余は又之を道路に聞けり、政府は*布哇《ハワイ》帝国と対頭の条約を結び、布哇人の内地雑居を許さんとすと。惟ふに是れも亦信然なる乎。若し信然なりとせば、この条約に依て何等の利益を本邦に収めんとする乎。或は曰く、之を以て対頭訂約の凡例と為し、之を推して欧、米各国に及ぼすの意なりと。惟ふに是れ信なる乎。若し信なりとせば、果して其意望を成就するを得る乎。英、米、孛、仏の諸国は夫《か》の*蕞爾《さいじ》たる布哇帝国の凡例を甘受し、直に之に倣《なら》ふ乎。余は甚だ之を疑はざるを得ざるなり。且つ内地の雑居を許すの一事は、果して我が帝国に不利なき乎、将来の事は余《わ》れ別に一論あるも、今の時に当て我が内治の改良を尽さゞる間は、成るべく外人の雑居を抑へ、異日大に之を開くの謀を為さゞるべからず。惟ふに今布哇人の雑居を許すの一事、終に外人の雑居を許すの実を為すものにあらざる乎。諸君は布哇人の雑居を以て、独り純粋の布哇人のみ雑居するものと思へる乎。余は甚だ恐る、欧、米諸国の人民が少《しば》らく籍を布哇に移し、以て内地の雑居を為すに至らんことを。内地の雑居、目下果して本邦に不利ある乎。布哇国人と雖も決して之を許すを得ざるべし。然るを今之を許さんとす、蓋し大なる利便あるに因るもの乎。余は当局者に向て其利便の在る所を聞かんと欲するなり。之を要するに、内地の雑居を許さゞるの一事は、他日大に之を許すの予備にして、我帝国独立の基を堅くする為め少《しば》らく之を改むるを得ざるものなれば、今の時に当て之を許すの実を為すものは、果して我に利便なる乎。余は私に之を疑はざるを得ざるなり。唯《た》だ夫《そ》れ是れを以て、我邦が西洋諸国に対する外交の政略は、今三つの要点あり。曰く、各国各自の条約を結び、其共同の条約を結ぶ勿《なか》れ。曰く、先《ま》づ為し易きの収税権を恢復せよ、為し難きの治外法権を半部分恢復するに止め、後日大に之を改約するの途を塞ぐ勿れ。曰く、少《しば》らく

布哇帝国と対頭の条約　対頭とは敵、仇などを意味するが、ここでは対等のこと。四年七月ハワイとの間に対等条約が結ばれている。

蕞爾　小さいさま。

外人内地の雑居を止め、内治を改良するの便を謀り、異日大に之を開くの予備を為さしめよ。是れ此の三つの要点、実に我邦外交の格言と謂ふべし。

上来は是れ今日我邦が西洋に対する外交政略の要を論ぜり。今や又論述の方向を転じ、其東洋に対する政略を言はんに、一言の以て之を蔽《おお》ふあり。曰く、支那に与ふるに疑を解くの便を以てせよ、朝鮮に与ふるに怨を散ずるの便を以てせよ、西洋諸国をして東洋の外交に干渉せしむる勿れと、是れなり。諸君試《こころみ》に世界の地図を披《ひら》き、仔細にこれを見よ。紅海以東独立国の体面を全うするもの、蓋し若干国ある乎。印度《インド》は既に英国の有に帰し、安南《アンナン》又た疲れて仏に入り、漠々たる亜細亜《アジア》大陸の間、能《よ》く其独立の体面を全うし、自国の旗章を建つるもの、唯《た》だ僅《わずか》に我邦と支那とあるのみにあらずや。而して東洋の間に在て文明の率先と為り、夫《か》の改進の治理に従ふものは、実に我邦にあらざる乎。我邦の位地甚だ重しと謂《いい》つべし。然るに従来、日清の間動《やや》もすれば互に相軽んじ、日韓の間又た未だ憤怨の解けざるあり。今にして之を解き、今にして之を散ずるの謀を為さずんば、歳月の久しき疑は愈々《いよいよ》凝《こり》て争を為し、怨みは愈々積んで戦を為すに至らむ。惟ふに是れ東洋の大局に利便なる乎、蓋し然らざるべし。今や我東洋は西洋諸国と交際を開き、強国は壌を接して涎を垂るゝあり、富国海城を浮べて眼を注ぐあり。その勢の切迫する、決して百年以前の東洋に非ざるなり。惟ふに此の間に当て、東洋人の処する所最も易からず。而して我邦は実に東洋文明の先導者たり。その此の間に処する、又一層の難きを覚ゆ。然れども我邦自から奮つて此位地に立てり。此際焉《いずく》んぞ其難きを避け、以て東洋の大局を誤まるを得んや。而して我邦の此際に処する、唯だ宜しく支那の疑を解き、韓人の怨を散ずべきのみ。顧ふに政府はこの東洋の大勢を観察して、此際に処せしものある乎。*宍戸君北京を去《さり》て以来、公使清国に赴かず。近日に及んで始めて*榎本君を派遣せしは、果して是れ日清の交誼を厚うするに利益ある乎。将《は》た米‖韓の支那に依て条約を結び、本邦は嘗《かつ》て与《あずか》り知らざりしは、果して日韓の関係を鞏《かた》くせしものと謂ふべき乎。*朝鮮の暴徒我が公使館を襲ひ、公使万死を出でゝ一葉の*陋舟を浮べ、僅に英‖国の艦舟に扶《たす》けられて本邦に帰りたるが如き、是れ韓人の怨み未だ解けざるの証に非ざる乎。*馬建忠、*丁汝昌、兵卒を率て漢陽府に入り、将《まさ》に日韓の談判に干渉せんとせしが如き、是れ清人の疑ひ未だ散ぜざるの証に非ざる乎。余は政府の深く茲《ここ》に注意して、東洋の大局を誤ることなからんを冀《こいねが》へり。今や幸にして、我天皇の威徳と我国民の勢力とに依て朝鮮の局を結びしと雖も（世人は韓事終局の功を以て*花房氏に帰すと雖も、余は之を我天皇の威徳と我国民の勢力とに帰せざるを得ず。顧ふに天皇の威徳と国民の勢力あるにあらざれば、千の花房氏あるも終に其局を結ぶ能はざるべければ也）、事の玆に至りしは決して東洋大局の利益に非ざるなり。而してその後を善くするの責は、本邦実に之に任ずべきが如し。顧ふに我日本人は、*五十万の償金を貧弱なる朝鮮に課し、自から快しとする乎。余は勢ひ之を愉快なりと揚言する能はざるなり。況んや未だ其戦端を開かずして之が極を結びたれば、五十万の償金を課する或は説なしと謂ふべからず。然れども今や既《すで》に業《すで》に之を収むるを約せり。余今敢《あえ》て其得失を追論するを欲せず、但だ夫《か》の償金を使用するの方法に至りては、余は多少の冀望なきを得ず。余は切に望む、我政府は此償金の使用を公明正大にし、之を韓人の怨を解き、清人の疑を去るに足るべきものに用ゐ、以て禍を転じて福と為さんことを。惟ふに是れ他なし、唯だ宜しく此五十万の金円を費し、之を朝鮮の開化を進むるに足るべき事業に用ゆべきのみ。諸君の

注

宍戸君　宍戸璣。

榎本君　榎本武揚。↓四一頁注

朝鮮の暴徒…　壬午軍乱のこと。↓補注

陋舟　せまいふね。花房公使らは仁川から小舟で脱出、たまたま沖合にあったイギリス測量船フライング・フィッシュ号に救助されて長崎に戻った。

馬建忠　一八四五－九九。清末の官僚。フランスに留学し、洋務派として知られる。壬午軍乱後の大院君拉致事件で主動的役割をはたす。

丁汝昌　?－一八九五。北洋艦隊の水師提督。朝鮮をめぐる日清両国の外交に大きな役割をはたすが、のち日清戦争において黄海の海戦で大敗、降服した後自決。

花房氏　花房義質。↓四五頁注

五十万の償金…　壬午軍乱の賠償金五〇万円。済物浦条約でとり決められたが、のち十七年に未払分四〇万円を朝鮮に返付した。

了知するが如く、朝鮮未だ郵便の設あらず、朝鮮未だ電信の設けあらず、燈台の築くべきもの、港湾の浚《さら》ふべきもの蓋し許多《きよた》ならむ。是を以て余は此五十万金を収めて之を我が国庫に入れず、直ちに之を朝鮮政府に与へ、之を以て夫《か》の数者を築造せしめ、以て朝鮮の進歩を助けんことを望めり。顧ふに若し我が政府にして能く之を行ふをせば、其名正しくして、韓人稍々《やや》旧怨を散じ、清人も亦た従て其無益の疑を解くに至らむ。是れ所謂《いわゆる》一挙三得の事にして、其東洋の大局に利便ある、余信じてこれを疑はず。若し然らずして償金を収めて自から快とし、我れ韓人を威服せり、我が武是れ揚ると謂ふに至らば、韓人は愈々怨み、清人は愈々疑ひ、其極や東洋の大局を誤るに至らむ。是れ豈《あに》吾人の賀すべき事ならんや。且つ朝鮮は果して独立国なる乎、将た清国の所属なる乎は、近時の一問たり。惟ふに当局者は如何《いかに》か之を処せんとする。論ずる者間々《まま》或は西洋の各国を招同して其関係を正さんことを冀ひ、現に英国の如きは之に干渉せんと欲するの情あり。惟ふに是れ東洋の利便なる乎、蓋し然らず。既に論ずるが如く、紅海以東独立の体面を全うするものは、唯だ僅《わずか》に我と清とあるのみ。而して各国共同の干渉を受け、遂に其大勢を誤りしは土児格《トルコ》の既に経験せし所ならずや。然るを今各国を招同して、東洋諸国の自決すべき事問に干渉せしめ、夫の僅に残れる東洋の独立国をして既に覆へりたる土児格の弊轍に陥らしめんとす。蓋し又た歎ずべきなり。今余を以て之を見れば、日清韓は共同して其関係を正し、朝鮮を以て独立国と為すも、之を以て半独立国と為すも、一に皆な東洋の大局に利便あるの要に於て之を決すべし。又た必ずしも小節に拘泥して、東洋の大局を誤るべからざるなり。惟ふに東洋の大局を誤らずして亜細亜の盛なるは、独り東洋の幸福なるに止まらず、又洋外交際諸国の共に其利を受くべきものなれば、夫の諸国と雖も亦た必ず此挙を賛成するならむ。

之を要するに、外交の事は一国利害の係る所にして、一旦之を誤れば其禍一時に止まらず、永く延て万世子孫に及ぶべきものなれば、其之を処する、決して一時投機の小智を以てすべからず。必ずや其大勢の赴く所を察し、所謂大智謀を以て之を処すべきのみ。知らず、今の当局者は、能く大智謀を以て夫の外交を処するある乎。余は諸君と共に之を観察するあらんと欲するなり。

20　エジプト事件を論ず（東京日日新聞）

論ニ＊埃及《エジプト》事件一　　末　松　謙　澄

此論ハ明治十五年十月十七日、英国ケンブリッヂ大学聯合討論会ノ動議ハ「近年英国政府ガ埃及《エジプト》ヲ待ツ政略ハ危険ニシテ且ツ鄙野ナリ」トス。又「従来政略ノ是非ニ関セズ、将来ニ於テハ英国若《も》クハ他ノ一欧国ヲシテ埃及政府ヲ分担セシムベシ」トノ修正案アリ。末松氏ハ其動議賛成ノ一人ニテ、此論ヲ成セリトテ之ヲ我社ニ郵寄セリ。其埃及ヲ論ズル頗《すこぶ》ル読者ヲ利益スルニ足ルヲ以テ、特ニ之ヲ本欄ニ登載ス。

議長、予ガ将《まさ》ニ論ゼントスル所ニシテ苟《いやしく》モ大胆ニ過タリトセバ、君等姑《しばら》ク恕《ゆる》シ玉ヘ。予ハ前論者ガマホメット教ノ余弊ト土耳基《トルコ》政府施政ノ世界ノ文化ヲ害スルヲ抗撃スルコト、彼レ

20解題［明治十五年十二月十四日］　イギリスのエジプト占領をめぐる十月十七日のケンブリッジ大学での討論会における留学生末松謙澄の弁論。エジプトのオラービー革命へのイギリスの鎮圧と占領に対するイギリス国内の肯定的世論を、所詮は利己的な併合主義だとしてきびしく批判し、弱小国にたいする大国の「正義」を訴えている。「東日」はすでに論説でエジプト事件をとりあげていたが(十五・七・十四、十五・九・二十三～二十六)、末松のつづく十月十九日の演説も論説として紹介している(十五・十二・十六)。

【末松謙澄】　一八五五―一九二〇。福岡出身。「東日」の福地桜痴にみいだされて青萍の号で健筆をふるった。九年に黒田清隆特命全権弁理大臣とともに渡韓、十一年から十九年に在英公使書記として渡英し、ケンブリッジ大学に学び、帰国後文部省・内務省に勤務、ついで代議士となる。

埃及事件　オラービー・パシャ(→後出注「アラビパシヤ」)が指導したエジプト最初の反英反乱。オラービーの主導で一八八二年新憲法を制定、政治の大改革を行なったことに対し、権益を失うことをおそれたイギリス・フランスはオラービーの辞任を要求して連合艦隊を派遣した。これが

ガ如クニ甚クシナガラ、却テ君等自身ガ世界ノ到処《いたるところ》ニ於テ何事ヲ為セル歟ヲ一黙ニ付スルヲ見テハ、復タ我舌ヲ緘《かん》スルコト能ハザルナリ。予ハ人間社会ノ為メ一言セザルヲ得ザルナリ。予ハ真ニ英国ノ大ヲ欽羨《きんせん》スル者ナリ。然リト雖ドモ欽羨ハ欽羨ナガラ、猶窃《ひそか》ニ君等ガ次第ニ自家ノ大ヲ誤用スルノ迹《あと》アルヲ恐ル、ナリ。而シテ君等ガ君等ノ大ヲ誤用スルハ「インテレスト」(利)ノ一字ヲ重ズルニ過グルニ在リ。其実「インテレスト」ノ一字ハ漸次ニ君等政論ノ銘符ト為ラントシ、否既ニ為リ、次第ニ徳義ノ境ヲ去リ政論ト云ヘバ唯《ただ》「インテレスト」是レ顧《かえりみ》ントス。是レ豈《あに》政論ノ真面目ナランヤ。君等ガ埃及《エジプト》ヲ論ズル亦此レニ外ナラズ。曰ク我レスヱス航路ノ利ヲ占メザル可カラズ、曰ク我レ埃及債主ノ利ヲ護セザル可カラズト。一モ利、二モ是レ利ナリ(冷笑)。君等笑フ乎。君等ノ英製眼鏡ヲ以テ此論ヲ見レバ笑フモ不可ナシ。唯此等ノ大事ヲ論ズルニハ宜シク公平ノ心ヲ以テスベシ。*君等自家、敢テ云ハン、商売政略、君等自家、商売政略ノ色付眼鏡ヲ以テ外物ノ真色ヲ評ス可カラザルナリ(大喝采)。スヱスノ未ダ開ケザルヤ、君等ハ啻《ただ》ニ我ガ開鑿ヲ担任セザルノミナラズ、現ニ之レニ抗抵セシニアラズヤ。今ヤ則チ他人ガ之ヲ開鑿シタレバ君等ハ大言疾呼シテ*獅子ノ割前(英国通言、漢語ノ壟断《ろうだん》ト粗《ほぼ》同ジ)ヲ其利益ニ得ントセリ。君等ハ初メ君等ノ投機商賈ヲシテ、屢々《しばしば》埃及ノ募債ニ*看々不公平ノ約ヲ結バシメナガラ、今ハ渠等《かれら》ガ投機ノ充分ニ*仕当《しあて》ザルヲ恐レテ債主ノ利益ヲ保護セントス。是レ殆ド手前勝手ノ論ニアラズヤ。君等ハ復タ深ク埃及戦争ノ原因ヲ究メズシテ*アラビパシヤハ埃及ノ野ニ*杯盤狼藉シタリト論ズ。然レドモ、之ヲ激シテ此極ニ至ラシメシハ抑々《そもそも》誰ゾヤ、君等ハ*英仏聯合管督官派遣前後ノ形状ヲ記スルナラン。渠等ハ殆ンド埃及政務ノ枢機ヲ掌握シ、随テ数百ノ英仏人ヲ迎テ諸般ノ政路ニ当ラシメ、其俸給ハ

エジプトを刺激、六月に反乱が勃発した。しかしイギリスの出兵により全土が制圧され、その結果エジプトは事実上イギリスの支配下に入った。

君等自家　君たち自身。

獅子ノ割前 the lion's share. 弱者がえたものを強者がひとりじめする。イソップ物語の寓話。

看々　みるみるうちに。

仕当　ことが思うように運ぶ。

アラビパシヤ Arabi Pasha. 〔一八三九―一九一一〕。農民出身。軍人となり、一八七六年陸軍将校として結社をつくり、自らをワタニーウーン(愛国者)と呼び、「エジプト人のエジプト」の建設を主唱した。八一年に陸軍省に逮捕されるがこれが兵士の反乱をひきおこし、八二年に自ら陸軍大臣になって、政治改革の中心となった。イギリス軍の出兵によりカイロで逮捕されてセイロンに流刑となり、一八年後に釈放されてエジプトに戻った。エジプト独立運動の父とされる。

杯盤狼藉　酒宴のあと、杯や皿・鉢などが散乱しているさま。

英仏聯合管督官派遣　エジプトは財政危機が深刻化したため一八七五年、スエズ運河株をイギリスに売却し、イギリスから財政調査のケイプ調査団、フランス中心の債権整理

実ニ不相当ノ多額ニシテ而シテ悉《ことごと》ク之ヲ埃及租税ヨリ収斂シタリ。埃及人民ニモ志気君等ノ如キ壮年モアラン、生活ノ途ヲ求ムル書生モアラン。而ルモ渠等ノ望ハ殆ンド英仏人ノ為メニ遮《さえぎ》ラレタリ。加之《しかのみならず》外人ノ為メニ政務ノ綱領ヲ簒奪セラレタル如キ観アリ、埃及人民ノ之ヲ怨ムルモ寔《まこと》ニ其故アリト云フベシ。若シ君等ニシテ如レ此《かくのごとき》ノ事ヲ我ガ国ニ施スコトアリトセン乎、予モ亦必ラズ抗抵蜂起ノ一首謀タラン。然レバ則チ君等ニシテ若シ当時已ニ今日アルヲ予算セザリシト云ハヾ、殆ド愚人ノ譏《そしり》ヲ免カレザルノミ。此レ之ヲ顧ミズシテ、前論者ハ徒《いたずら》ニ埃及ノ挙兵ヲ咎メ、欧洲ノ一国ヲシテ其国ノ政務ヲ分担セシムベシト論ゼリ。実ニ君等ハ未ダ陽ニ埃及ヲ併呑スベシトハ言ハズ、然レドモ君等ノ意ハ此ニ在ラズシテ何ゾヤ。而シテ之ヲ併呑スルモ亦君等ノ英国ニ非ラズシテ誰ゾヤ。見ルベシ、兵ヲ送テ其国ヲ破リシハ君等ナリ。運河ノ利ヲ争フモ君等ナリ。欧洲ノ一国ニシテ其国政ヲ分担スベシト云ハヾ夫子《ふうし》自道ニアラズンバ則チ復タ誰カアル。抑《そもそ》モ他人ノ国ヲ亡スハ人間稀有不レ可二常有一ノ変タリ。其国ヲ併呑シ其人心ヲ収メントスルハ豈亦《あにまた》容易ノ業ナランヤ。況ヤ欧洲各国ノ相猜忌スルアルニ於テヲヤ。君等ノ計ヲ為サンニハ、宜シク正義ヲ以テ相応ジ、後進ノ小国ヲシテ其独立ヲ全クセシムベキナリ。姦策陰謀ヲ用フ可カラザルナリ。自家ノ大ヲ誤用ス可カラザルナリ。君等ハ如レ此《かくのごとき》善良ノ風教アルニアラズヤ。如レ此善良ノ宗教アルニアラズヤ。何ゾ少シク之ヲ外交政略ニ移サヾルヤ。何ゾ徒ニ利ノ一字ニ拘束スルヤ。予ヲ以テ之ヲ観レバ君等ハ未ダ如レ此風教宗教ヲシテ最上ノ利ヲ為サシメザルニ似タリ。君等ハ今ニシテ早ク自省スル所アラズンバ、古詩ニモ、

斯ク彼黍ノ*離々《りり》タル曠原平野モ

委員会を受け入れたが、翌七六年英仏は共同して調査団を派遣、さらに財政監督官として両国から一人ずつを任命することをエジプトに認めさせた。

離々 穂や実がよく実ってたれ下がっているさま。

昔ハ堂々タル*ツロイノ故都ニゾ候ヘトアル如ク、或ハ君等ヨリモ一等ノ有力者来リテ汝非也ト云フノ日アランコトヲ恐ル、也。

21　エジプト処分及び各国の関係（朝野新聞）

埃及《エジプト》処分及ビ各国ノ関係

英国ノ名将*サー、ガルネット、ウヲルセレー氏ガ督セシ三軍ハ、一撃ノ下ニ埃及《エジプト》ノ叛将アラビーノ兵ヲ蹂躙シテ、赫々タル武勲ヲ宇内ニ表示シ、今ヤ*ニール河畔ノ妖氛《ようふん》ハ戦塵ト与《とも》ニ消滅シ、倫敦《ロンドン》街頭ノ繁華ハ凱歌ノ声ヲ加ヘテ益《ますま》ス盛ンナリ。嚮《さ》キニ欧洲全国ヲ噪《さわ》ガシタル埃及征討ハ、是ニ於テ全ク其局ヲ結ビタリトハ雖ドモ、埃国戦後ノ処分ニ至テハ今日ヲ以テ纔《わず》カニ端緒ヲ開カントス。蓋シ英国政府ガ今日以後ニ施サント欲スル埃及処分ノ難キハ、其出兵開戦ノ易々タリシガ如クナラズ。而シテ欧洲列国中ニ於テ、此処分ノ如何《いかん》ニ由リ己《おの》レニ痛痒アリト為スノ心モ、亦必ズ出兵開戦ノ当日ヨリモ切ナルヲ免レズ。一戦已ニ終リ一難又前ニ在リ。欧洲ノ多事ナルハ今ニ於テ始メテ知ルニ非ザレドモ、而《し》カモ亦其禍源ノ続々発生スルニ驚カザルヲ得ズ。

抑《そもそ》モアラビーノ兵ヲ埃及ニ起スヤ、其目的英国等ノ干渉ヲ脱シテ独立ノ政務ヲ行フニ在リ。英国ノ直チニ征討軍ヲ発シ、迅雷耳ヲ掩フニ遑《いとま》アラザルノ間ニ於テ、能ク敵ヲ挫クノ機会ヲ

ツロイ　トロイ。

21解題［明治十五年十二月十五日］　エジプト反乱の理由を論じてイギリスの干渉強化を予測し批判するもの。さらにエジプト占領をめぐってヨーロッパ情勢が流動的であることにも言及している。なお、エジプト事件については、ほかに「毎日」の論説「埃及戦乱ノ結局」（十五・九・二十六〜三十）、「埃及国ノ改革」（十六・八・八〜九）があるが、イギリスへの批判は弱い。

サー、ガルネット、ウヲルセレー　ガーネット・ウルズリ卿 Garnet Joseph Wolseley. 一八三三―一九一三。のちイギリスの陸軍元帥。

ニール河畔　ナイル河畔。

誤ラザリシモノハ、英国ヲ以テ飽《あく》マデ埃及ノ政務ニ干渉セント要スルノ心殊《こと》ニ切ナレバナリ。之ヲ要スルニ前日*アレキサンドリヤ及ビニール河畔ノ戦ヒハ、独立ヲ求ムルノ心ト干渉ヲ欲スル心トノ戦ナリ、而シテ埃兵一敗塗レ地《ちにまみれ》、英軍ヲシテ十分ノ武勲ヲ立テシメタル結果如何ト考フレバ、外国干渉殊ニ英国干渉ノ埃及ニ行ハル、ハ勢ノ自然ナリ。此ニ由テ之ヲ観レバ、英国ガ将《ま》サニ埃及ニ施サントスルノ処分ハ、必ズ干渉ノ甚シキモノト為サヾルヲ得ズ。或ハ云フ、英国ハ埃及ヲ処スルコト恰カモ印度《インド》ノ土人領地ニ於ル如ク為サント欲スルモノナラント。然レドモ埃及ノ事往々印度ト異ナルモノアリ。例ヘバ埃及ニハ各国人ノ群集セル大ナル寄留所アリ。埃及政府タルモノハ此等ノ身体財産ヲ保護セザルベカラズ。又*外国人ヲ以テ組織セル法廷アリ。外国人相互ノ訴訟及ビ外国人ニ対スル土人ノ訴訟ヲ裁定ス。又外国人ニ向テ其ノ歳入ノ半額ヲ払ハザルヲ得ズ。而シテ此等ノ外国人ハ代理者ヲ埃及ニ置キ、其受クベキ金額ニ充ツルガ為メニ二三州ノ収税ヲ監督ス。又*大ナル所有地二ケ所及ビ鉄道ハ外国人ノ管理スル所ナリ。此等ハ埃及ノ特有ニシテ印度ノ土人領地ニ絶エテナキ所ト為ス。若シ此等ノ事件ヲ以テ埃及政府ノ処分ニ委付スル時ハ、何如《いか》ナル不都合ヲ生ズルモ亦知ルベカラズ。然レバ英国ガ埃及処分ハ、彼ノ印度ノ土人領地ヲ総轄シテ、其内政ニ干渉セザルガ如キノ方法ニ非ザルヤ知ルベキナリ。必ズヤ厳ニ其内政ニ干渉シ政治ノ実権ハ英人ノ掌握中ニ帰スルニモ至ルベキカ。就中《なかんずく》其陸軍常備兵ノ事ノ如キハ、英政府ガ今回処分中ノ最要的トスルモノナラン。埃及陸軍卿ペイケルパシヤハ外国人ヲ以テ常備軍ヲ編制シ、アルバニヤ人ヲ徴集シテ憲兵ト為スベシトノ発議ヲ為シタレドモ、英政府ハ恐《おそら》クハ之ヲ容レザラン。何トナレバ外国兵ヲ徴集スルニハ費用多クシテ且ツ民心モ之ト和セザルベク、又アルバニヤ人ノ性タル

アレキサンドリヤ…　イギリス艦隊司令官シーモアの指揮するイギリス海軍は一八八二年七月十一日、最初の攻撃でアレクサンドリア要塞を破壊、同年九月十三日ナイル河畔のテル・エル・ケビールでオラービー軍と交戦し、オラービー軍を壊滅させた。

外国人ヲ以テ…法廷　エジプト混合裁判所。→七二頁注「埃及立会裁判所」

大ナル所有地二ケ所　一八七八年副王家の所有地四三万一〇〇〇エーカー、ついでダイラ Daira 所有地とよばれる副王の所有地四八万五〇〇〇エーカーが抵当に入っていた。

土耳其《トルコ》人ニ似テ急躁激烈ナレバ、厳重ノ規律ニ服シ難ケレバナリ。「スペクテートル」*新聞ニ曰ク、埃及常備兵ハ旧来ノ徴集法ヲ保存シ、其弊害ノアル所ハ之ヲ改正シテ正当寛裕ニシ、之ヲ統轄命令スルノ士官ハ多ク欧人ヲ用ヒ土人ノ士官ハ殊ニ選択シテ其器ニ適スル者ヲ採ルベシ。又其紛擾不規律ノ警備トシテ、中部ニハ別ニ欧洲人ノ一隊ヲ置キ、英政府ノ意ニ背クコト無《なか》ラシムベシ。若シ之ヲ為シ能ハズンバ英政府ヨリ*免黜《めんちゅつ》シ得ルノ司令官ヲ置クベシト。想フニ英政府ノ施サント欲スル所モ亦之レト大同小異ナルベキノミ。概シテ之ヲ論ズレバ、埃及《エジプト》ノ政権兵権共ニ英国ヲ以テ管理スルノ処分タルベシト推測セバ、中《あた》ラズト雖ドモ亦遠カラザルヤ必セリ。

今ヤ埃及ノ愛国者ニシテ英国ノ為メニハ兇暴者タルアラビーハ、軍旅ノ俘虜ト為リ、生命ノ危キ風前ノ灯火ノ如ク只《ただ》旦夕裁断ノ下ルヲ俟《ま》ツノミ、而シテ其徒党ノ如キモ戦敗ノ後四方ニ潜伏シテ、復タ事ヲ起スノ気力アル無シ。然レバ英政府ノ処分ハ易々トシテ埃国ニ行ハルベキカ。抑モ戦勝国ノ勢威ヲ以テシテ何ノ処分カ行ハレザラン。然レドモ埃及ノ愛国者ハアラビート其党トノミナラザルコト論ヲ待タズ。此等ノ人、英国ガ傍ヨリ其国ノ政権兵権ヲ奪フガ如キノ所為アルヲ見ルニ及ビ、果シテ能ク唯々《いい》トシテ其下ニ屈従スベキカ、縦令《たとい》公然干戈ヲ執ツテ之ニ抗スルコト能ハザルモ、抗敵ノ心情ハ止ムトキナク種々ノ手段ト為ツテ英政府後来ノ処分ヲ困難ナラシムルコトアルベシ。加之《しかのみならず》「スタチスト」*新聞ノ論ズル所ニ由レバ、仏蘭西《フランス》伊太里《イタリー》西班牙《イスパニア》三国ハ*英国兵ノ長ク埃及《エジプト》ニ在ルヲ拒マントスルノ心アリ。魯国モ或ハ此三国ノ後援タルニ至ランモ測ルベカラズト。蓋シ英国ハ既ニ*ジブラルタルニ於テ地中海ノ咽喉ヲ占メ、又*マルタ、*キプリスヲ領有セリ。而シテ今又埃及ニ占拠スレバ、地中海両口

スペクテートル新聞　The Spectator Paper. 一八二八年ロンドンで発刊された週刊紙。エコノミストとならび、保守的な論調で知られる。

免黜　罷免。降格させること。

スタチスト新聞　未詳。

英国兵ノ長ク…　イギリスのエジプト占領は列国の疑惑を招き、イギリス外相グランヴィルはフランス首相の質問に答えて、占領が一時的である旨を言明、ついで一八八八年初までの撤退を約束したが、実際には一九一四年までつづき、事実上エジプトはイギリス植民地であった。

ジブラルタル　一七一三年ユトレヒト和約によってイギリスの獲得するところとなる。

マルタ　一八一五年のウィーン会議でイギリスが獲得。

キプリス　キプロス。一八七八年ベルリン会議でイギリスがトルコから獲得。

ノ開鎖ハ英国ノ意ノマヽナリ。地中海畔ニ国スル伊仏西三国ガ之ヲ好マザルノミナラズ、進ンデ之ヲ妨ゲントスルハ理勢ノ甚ダ見易キモノトス。英国ガ埃及処分ニシテ果シテ彼《か》ノ如クナラバ、此三国ハ如何ノ異論ヲ出ダシ、如何ノ景況ヲ欧洲南部ニ生ズベキカ、我儕予《あらかじ》メ之ヲ明知スルニ由ナキモ、埃及処分ハ独リ其国人ノ憤怨ヲ来タス可キノミナラズ、欧洲数国ノ容易ナラザル関係ヲ生ズルコトアランヲ知ルナリ。

22 魯国内外の事情を論ず（朝野新聞）

魯国内外ノ事情ヲ論ズ

維新前後我邦論者ガ魯国ニ就テ説クヤ、虎狼ト言ハザレバ必ズ＊蛟鱷《こうがく》ト言フ。一ニハ則チ其ノ暴敢ヲ忌ミ、二ニハ則チ其ノ勇猛ヲ畏ル。蓋《けだ》シ我邦人ハ魯国ガ前数十年間ニ於テ漸々亜細亜《アジア》東北部ヲ併呑蚕食シタルヲ見聞セシノミナラズ、我ガ北海ノ属地タリシ樺太島ハ天保年間ヨリ魯人ノ侵入スル所ト為リ、終ニ之ヲ以テ魯領ノ千島ト交換シ、彼我交渉ノ原ヲ塞グノ一策ヲ取ルニ至リシコトヲ経験シ、＊一意ニ此等ノ事ニ徴シテ該国ヲ忌ミ畏ルヽコト甚ダシキ故ナリ。然レドモ平心ニ之ヲ考フレバ、魯国独リ必ズシモ虎狼ニ非ザルナリ、又蛟鱷ニ非ザルナリ。若シ魯国ヲ指シテ斯《か》ク言フベキノ理アラバ、他ノ邦国モ亦斯ク言フベキノ理ナクンバアラズ。試《こころみ》ニ見ヨ。呑噬蚕食ハ果シテ魯国ノ独リ為ス所ナル乎。英ノ如キ仏ノ如キ、五

22 解題［明治十六年五月十一日・十三日・十五日］前掲II-10いらいの「朝野」のロシア論の集大成をなす論説。その露骨な対外侵略・併呑拡張策だけを根拠としてロシアを「虎狼」とするロシア認識は誤りで、自由を求める人民を苛烈に弾圧する野蛮な専制こそ、ロシアの「虎狼」たる最大の所以だとしている。なおこの時期、ロシアの「無限専制」を同じく鋭く批判したものとして「毎日」の論説「露国ノ近状如何」（十六・六・五〜七）がある。

蛟鱷　みずちとわに。

一意ニ　もっぱら。ひたすら。

大洲中ニ於テ占奪セシ邦国ノ数抑《そもそ》モ幾多ゾヤ。而シテ其他ノ欧洲邦国ノ如キ、亦多少ノ占奪地ヲ所有セザルモノハ有ラズ。殊ニ英国ハ其所レ謂《いわゆる》海外諸領、即チ併呑蚕食ノ地ヲ有スルコト其面積七百六十四万七千英里*ニ至ルニ非ズヤ。魯国全土ノ面積八百四十四万四千七百六十六里、此内ヨリ欧洲魯西亜《ロシア》ノ面積二百二十六万一千六百五十七里ヲ引去リ、残ル所六百十八万三千百九里ヲ以テ其併呑蚕食ノ地ト仮定シ、之ヲ以テ英国占奪ノ地ニ比較スレバ少ナキコト百四十六万三千八百九十一里タリ。若シ併呑蚕食ヲ以テ虎狼ト呼ブベケレバ、英国ハ已ニ十分ニ此称呼ヲ受ケザル可ラザルナリ。且夫《かつそ》レ均《ひと》シク併呑蚕食ナリ。纔《わず》カニ一小境ヲ占領スル者ト雖ドモ、是レ亦英魯ノ徒ナリ。若シ然ラズト言ハヾ、是レ五十歩ヲ以テ百歩ヲ論ズルモノ耳《のみ》。然レバ英魯其他ノ強大国ヲ外ニシテ、弱小ナルコト葡萄牙《ポルトガル》和蘭《オランダ》ノ如キモ亦《また》虎狼ノ辞ヲ受ケザルヲ得ズ。何《な》ントナレバ各々《おのおの》其占奪地ヲ有スルノミナラズ、苟クモ時機ノ乗ズベク兵力ノ能フベキアレバ更ニ領土ヲ増加センコトヲ欲スレバナリ。

夫《そ》レ優勝劣敗ハ宇内ノ通理ニシテ、大ノ小ヲ併呑シ強ノ弱ヲ蚕食スルハ当然ノ勢ナリ。特《ひと》リ強大ノ国ヲ尤《とが》ムベカラズ。況ンヤ一強大国ガ他ノ封土ニ侵入スルノ事ハ、必ズシモ其虎狼ノ慾ヲ逞《たくまし》ウスルノ故ノミニ非ラズシテ、往々両強大国又ハ数強大国ノ互ニ競争スルノ結果ニ出ヅルコト之レアルヲヤ。此ノ場合ニ於テハ侵奪ノ事ハ第二ノ国ニ属スルト雖ドモ、其原ハ即チ第三以下ノ国ニ在リ。然ルニ世人ハ只管《ひたすら》其第二ノ国ヲ虎狼視シ、其第三以下ノ国ニ就テハ毫モ顧慮スル所ナキヲ常トス。例ヘバ魯西亜ノ中部及東方亜細亜ヲ侵略スルノ政略ハ、クリメヤ戦争後最モ鋭意ナルヲ致セリ。蓋シ魯土相敵抗*スルハ古来ノ慣習ニシテ、偶然ニ生出シタル勢ニ非ズ。而シテ魯英日*仏墺伊ノ諸国ガ威力ヲ欧洲ニ争フハ、中古以後殆《ほとん》ド間断ナシ。

英里　平方マイル。以下数行に「里」とあるのはこの「英里」のこと。当時の日本の二六町二畝二八歩にあたる(土屋広次編纂「改正官民必携」十年刊)。

敵抗　敵として抵抗すること。敵対。

日　ゲルマン。

クリメヤ戦争前ニ於テ欧洲邦国ハ聯合シテ魯ノ跋扈ヲ制スルノ心アリ。而シテ英仏ハ最モ此意ノ盛ンナリシガ為メニ、遂ニ土耳其《トルコ》ヲ援《たす》ケテクリメヤニ戦ヒ、魯兵ノ鋭鋒ヲ挫折シテ平和*ノ条約ヲ定メ、爾後《じご》魯国ヲシテ戦艦ヲ黒海ニ放ツコト能ハザラシメタリ。斯ク英仏ハ欧洲南部ニ於テ痛ク魯国ノ挙動ヲ限画セシヨリ、魯政府ハ其欝勃タル壮図ヲ伸バスノ地ナク、徒ラニ自国ノ境内ニ蟄シテ英仏ノ宇内ニ跳躍スルヲ坐視セザルヲ得ズ。若シ此勢ヲ以テ数十年ヲ経過スレバ、魯国ハ終ニ其富強ヲ英仏ニ競フ能ハザルニ至ルハ勿論ナリ。是ヲ以テ当時ノ魯廷ハ欧洲南部ニ向フテ手ヲ下ダスノ策ヲ一転シ、中部及東方亜細亜ヲ征略シテ雄略ヲ英仏ニ競フコトヲ勉メタリキ。此ニ由《より》テ之レヲ観レバ、魯国ガ中部及ビ東方亜細亜ニ於テ許多ノ土地ヲ併呑蚕食シタルハ勿論ナリト雖ドモ、其心情如何ヲ察スレバ、強《あなが》チ好ンデ人ノ国ヲ奪ヒ、其ノ民ヲ虐セントニハ非ズ。英仏其他ノ強邦ニ対シ其勢力ヲ争フノ結果、遂ニ之ヲ為スノ止ムヲ得ザルニ至リシノミ。然ルニ世人唯《ただ》魯国ヲ目シテ虎狼ナリト言フハ何ゾ其レ冤《えん》ナルヤ。

且ツ理ヲ以テ之レヲ論ズレバ、併呑蚕食ヲ為スノ国、必ズ残忍刻薄ナルニ非ズ。併呑蚕食ヲ蒙ブルノ国、必ズシモ不幸ノ地ニ沈淪スルニ非ズ。或ハ時トシテ此ノ反対ニ出デ、併呑蚕食ヲ為ス者ニシテ良政ヲ布キ、善法ヲ設ケ汲々トシテ其ノ民ノ幸福ヲ之レ図リ、併呑蚕食ヲ蒙ブル者ノ安楽自由ヲ得ルハ却テ遥カニ旧時ニ過グルコトアリ。按ズルニ古昔希臘羅馬《ギリシアローマ》ノ時代ノ如キハ、他境ヲ併呑蚕食セント欲シテ、戦端ヲ啓《ひら》クニ際シ其戦捷ヲ得ルモノハ必ズ軍囚ヲ携ヘ帰テ之ヲ奴ト為スノ習慣ナリキ。加レ之《しかのみならず》併呑蚕食ノ目的往々其地ノ金銀財宝ヲ掠奪スルニ在ルヨリ、其不幸ニシテ一敗地ニ塗《まみ》レ恵ヲ勝者ノ陣門ニ請フモノハ、独リ国家ノ廃亡スルノミナラズ、民人其財産ヲ失ナフテ生計ノ因ルベキナク、流離転沛*シテ一大惨状ヲ呈出ス

平和ノ条約　一八五六年のパリ条約。これにより黒海の中立化が定められる。

転沛　顚沛。つまずき倒れる。

草昧　未開。

煕々タル　よろこびたのしむさま。

昔者…　「湯始征、自レ葛載《はじめ》、…東面而征、西夷怨、南面而征、北狄怨。曰ニ奚為《なんすれぞ》後レ我」(孟子、滕文公下)。湯王は夏王朝の暴君桀王を倒して殷王朝をたてた。殷の紂王を滅した周の武王と並称される。

夷狄　漢民族は自らを中華とし、周囲の異民族を東夷・西戎・南蛮・北狄と呼んだ。夷狄はその総称。

出師　出兵。

貪戻　欲ふかく荒々しいこと。

ルヲ免レズ。蓋シ是レ特《ひと》リ希臘羅馬ニ限ラズ、*草昧各国ノ常事タリト謂フベシ。斯《かか》ル時代斯ル邦国ノ間ニ出現スル併呑蚕食ハ、一般ニ弱者ノ為メニ災害タルコト、固《もと》ヨリ論ズルヲ要セズト雖ドモ、現時ノ文明各国ニハ決シテ此事アルノ虞《おそれ》ナシ。例ヘバ魯国ガ中部亜細亜ノ邦国若クハ部落ヲ併呑シ、又東方亜細亜ニ於テ支那ノ満州一辺ヲ蚕食スルヤ、其ノ民人ノ状況果シテ如何ト観察スルニ、彼等ハ却テ更ニ一層ノ幸福ヲ増シタルコト明カナリ。中部亜細亜ノ蛮邦夷族ガ其王若《もし》クハ酋長ノ統治ヲ擅《ほしいまま》ニスルニ当《あたり》テヤ、縦令《たとい》其民ヲシテ圧制威赫ニ慣ル、者ナラシムルモ、何ゾ自ラ十分ノ幸福ヲ享有スルト為サンヤ。況ヤ邦国相窺ヒ部落相戦ヒ一日モ高枕安臥セザルハ彼輩民族ノ常態ナリトス。然ルニ魯国之ヲ併呑統一シテヨリ以後ハ、漸次ニ其悪風醜俗ヲ改メ、民生ノ惨苦タルベキ事ハ決然之ヲ制禁スルヲ勉ム。而シテ彼ノ相侵凌攻伐スルガ如キコトハ実ニ其跡ヲ絶ツニ至レリ。之ヲ其民ノ幸福ナリト言ハザラント欲スルモ豈《あに》得ベケンヤ。満州一部ノ人民ノ如キモ亦《また》魯国ノ治下ニ棲息シテ現ニ*煕々《きき》タル光景ヲ顕ハス者ノ如シ。蓋シ是レ亦中部亜細亜民族ト略《ほ》ボ同一ノ結果ヲ得タルヲ知ルベシ。*昔者殷ノ湯王ガ東征スレバ西夷怨ミ、南征スレバ北狄怨ム。曰ク、何ゾ我レヲ後ニスルヤト。抑モ当時支那四面ノ*夷狄ハ皆独立ノ民族ニシテ、始メヨリ支那ニ服従スル者ニ非ズ。而シテ湯王ガ之レヲ征服スルヤ、後ノ儒者之ヲ湯王ガ某夷邦ヲ併呑蚕食スルト言ハズシテ、仁義ノ師某夷邦ニ臨ムト為ス。然レドモ湯王ガ心情ニ至リテハ、支那ノ版図ヲ広メ之ヲ永年ニ維持スルノ基ヲ為スニ在リシカモ亦知ルベカラズ。魯国ノ諸邦ヲ併呑蚕食スルニ於テ、苟クモ仁義ノ口実ヲ求ムルヲ要スレバ、豈其レ難カランヤ。然ルニ世人ハ魯国ノ*出師《すいし》ヲ目シテ*貪戻《たんれい》ニ出ヅルト為シ、湯王ノ征討ハ則チ仁義ノ師ナリト為ス、共ニ空漠ナル推測ノ説タルニ過ギザルナリ。是故ニ吾輩ハ其併呑蚕食ヲ蒙ブル民人ノ禍福如何ニ考ヘ、以テ其事ノ是非ヲ定メンコトヲ要ス。而シテ中部東方亜細亜ノ魯領ニ棲息スル民人ノ景況、果シテ前陳ノ如シトスレバ、魯国ノ挙モ亦殷湯ノ挙ニ異ナラズト為スモ不可ナル無シ。何ゾ一概ニ虎狼ノ所為ナリト為ス可ケンヤ。

然リト雖モ、論者ノ魯国ヲ指シテ虎狼ナリト言フモノハ、蓋シ斯《かか》ル*龐大《ほうたい》ナル思想ヨリシテ発スル言ニハ非ズ。唯ダ魯国ガ我ガ北門ニ近接シテ頗ル其威力ヲ示スガ故ニ、何時我邦ノ独立ニ向フテ危害ヲ与ヘンモ知ルベカラズト、深ク畏懼スル所有《あり》テ乃チ虎狼ヲ以テ之ヲ目スルニ至リシノミ。更ニ之ヲ詳言スレバ、自家ノ利益ヲ害スルノ畏レアル者ヲ指シテ虎狼ト呼ビ、他人ノ利益ヲ害スル者ヲバ舎《おき》テ問ハザルハ*輿人ノ常ナリ。故ニ我邦ノ論者モ亦、魯国ガ我ガ帝国ノ利益ヲ害センコトヲ畏レテ之ヲ虎狼ト言ヒ、英仏其他ノ強国ガ他ノ邦土ヲ併呑蚕食スルノ果シテ虎狼ノ所為タルカ否ヤヲバ不問ニ置クモノナルベシ。吾輩ハ魯国独リ我邦ノ利益ヲ害スベキ畏レアリテ、他国ハ決シテ此所為アルノ畏レナシト思惟スルヲ得ズト雖モ、而カモ魯国ニ対シテ警戒スルハ殊ニ我邦ニ必要ナルヲ知レリ。因テ暫ラク論者ヲシテ右ノ思想ヨリ魯国ヲ虎狼ト呼バシムルヲ許ルサン。想フニ虎狼ノ畏ルベキハ其ノ兇暴残酷ノ所為アルガ為メナリ。若シ此ノ所為アラザラシメン歟、何ゾ敢テ之レヲ畏ルベケンヤ。我国ノ魯邦ニ対スル、其ノ併呑蚕食ヲ免ル丶ノ方略ナキニ非ズ。我邦ハ已ニ幾分カ此法ヲ実行シタリト謂フベシ。何ゾヤ。外ハ交誼ヲ万国ニ通ジテ諸強国相牽制スルノ勢ヲ斯ノ東方亜細亜ニ生ゼシメ、内ハ漸ク政務ヲ整頓シ兵制ヲ改革シ、防国ノ警備ニ汲々タル等即チ是レナリ。熟《よくよ》ク往事ニ就

龐大ナル　高遠な。

輿人　庶民。民衆。

テ之ヲ考フルニ、一強大国ノ為メニ蚕食ヲ蒙ブルノ国ハ、自カラ万事ニ怠慢ナリショリ其ノ禍機ヲ開ラキタルモノ最モ多シ。彼《か》ノ土耳其《トルコ》ノ如キ、外交常ニ其宜シキヲ失ヒ、内治ハ動《やや》モスレバ紊乱シテ殆ンド中央政府ノ統一シ能ハザル所ト為リ、屢《しばし》バ反旗ヲ翻ヘス者アリテ＊鼙鼓《へいこ》ノ声四境ニ達ス。而シテ其ノ兵備如何ト察スレバ、＊海軍ハ九艘ノ鉄装艦アリ、外観太《はなは》ダ壮ナリト雖モ其戦艦ノ指揮ヲ司ドル将校及ビ士官ノ多数ハ英人ニシテ、土耳其人ニ非ズ。其陸軍モ境土ノ欧洲諸強国ニ隣接スルニ似ズ、頗ル不振ノ勢ヒアリ。且ツ近頃陸軍編制ヲ改良スルガ為メニ、数名ノ日耳曼《ゲルマン》士官ヲ聘シテ其全権ヲ委托セシヲ以テ之ヲ観ルモ、推シテ陸軍全体未ダ整頓セザルヲ知ルベキナリ。斯《かか》ル邦国ナルガ故ニ、北ハ魯西亜ニ境土ヲ縮メラレ、西ハ墺斯利《オーストリア》ニ州郡ヲ蚕食セラレ、英国ノ為メニ＊サイプリスヲ取ラレテ、希臘ノ為メニ其ノ一境ヲ譲ラザルヲ得ザルニ至レリ。欧人常ニ土耳其ヲ称シテ病者ト云フ。彼レ若シ＊病羸《ひようるい》ノ人ニ非ザレバ何ゾ此禍原ヲ啓カンヤ。

又思想ヲ一転シテ我ガ樺太島ノ往事ヲ顧ルニ、旧幕府ハ此島ノ日本版図中ノ物ナルコトヲ固執セシニモ拘ラズ、常ニ之ヲ荒蕪ニ附シテ開拓ニ着手セシコト無ク、又官吏兵隊ヲ置キ土地人民ヲ保管セシコトモ無カリキ。加ㇾ之《しかのみならず》魯人ノ此土ニ移住シテ開墾ニ従事スルコトヲ聞クモ、初メハ之ヲ放擲シテ問ハズ、後之ト談判ヲ開キタルモ該島ノ我ガ有ナルコトヲ主張セズ、唯《ただ》五十度以南ハ日本領ナリト言ヒ、後又雑居ヲ約シ、殆《ほとん》ド其ノ定論ナキノ証ヲ示シタリ。斯ク樺太事件ハ幕府ガ怠慢ニシテ魯国ノ為メニ蚕食ノ便ヲ与ヘリ。維新後ニ至リテモ、外交未ダ全ク整ハズ兵備尚《なお》完《まった》カラザル時ニ於テハ、已《や》ムコトヲ得ズ便宜ヲ謀リテ之ヲ千島ニ交換シタリ。知ルベシ、併呑蚕食ノ禍機ハ其国ノ自カラ怠慢ナルヨリ起ルコトヲ。今ヤ我邦ハ外交

鼙鼓　騎兵が馬上でならす鼓。

海軍…　「朝野」は国力不相応な海軍拡張が自滅をもたらした例として、トルコを挙げて論じていた(「読二曙新聞一」高橋基一稿」一二・二・二六～三・一)。なお同論説には「近年土国ノ甲鉄艦ハ、一等ハ四艘、二等ハ五艘、三等ハ七艘、計十六艘有リ」とある。下文に九艘とあるのは、一等・二等の合計か。

サイプリス　Cyprus. キプロス。

病羸　やみつかれる。

内治ノ整頓スルコト維新ノ際ニ比シテ固ヨリ霄壌《しょうじょう》ノ差異アリ。海陸軍ノ制ノ如キモ、既ニ以テ他ノ侮リヲ防グニ足ルモノ有リ。此クノ如クニシテ猶惴々《ずいずい》トシテ魯国ノ併呑蚕食ヲ畏ルベキ乎。将《は》タ魯国ナル者、敢テ現時ノ日本ニ向テ軽々シク虎狼ノ慾ヲ逞ウシ得ベキ乎。吾輩ハ自今而後《じご》、我邦ノ政略兵備退歩スルニ非ルヨリハ断ジテ此事無キヲ知ルナリ。果シテ然ラバ、今日我邦安危ノ一点ニ関シテモ、強《あなが》チ魯国ヲ指シテ虎狼ト云フヲ要セザルナリ。

此クノ如ク論ジ来タレバ、論者ガ道徳上ヨリ残忍兇悪ノ意ヲ以テ、魯国ヲ特称シテ虎狼ト云フハ謬《あやま》リナリ。又我ガ安危ノ点ヨリ思想ヲ起シ、之ヲ虎狼ト称スルモ亦其当ヲ得ズ。然ラバ論者ノ評語ハ全ク根蔕《こんてい》ナキノ妄言ナル乎。或人曰ク、虎狼ノ称ハ魯国ガ其外略ニ関シテ得タルモノニ非ズシテ、其ノ内政ノ為メニ得タルモノナルベシト。此説果シテ信カ。吾輩ハ更ニ論歩ヲ進メザルヲ得ザルナリ。細カニ魯国ノ状況ヲ考察スルニ、其ノ人民概シテ安居休息スルコト能ハザルノミナラズ、紛々擾々甚《はなは》ダ激動ノ勢アリ。此ノ形勢ヲ証スルガ為メ欧洲新聞ノ一報ヲ掲グベシ。曰ク、魯国警察官ノ言ニ拠レバ、現時魯国各地ニハ虚無党アラザルハ無シ。而シテ之ヲ捕フル方策已ニ尽キタリト。噫《ああ》国情斯クノ如シ。以テ其原因ヲ推知スルニ足レリ。抑モ如何ナル邦国ノ人民ト雖モ、故ナクシテ其政府ヲ敵視スルコトアル可ラズ。而シテ勢ノ偶《たま》マ此ニ至ル者ハ、畢竟人民ガ其政治ノ下ニ於テ甚シキ痛苦ヲ感ズルニ因ルノミ。然レドモ人心ノ相同ジカラザル、甲ノ人民ガ苦痛トスル所モ乙ノ人民ハ之ヲ苦痛ト為サズ、丙ノ人民ニ至リテハ反《かえっ》テ之ヲ快楽ト為スコトアリ。故ニ人民中ニ苦痛ヲ感ズル者アリト言《いい》テ、直チニ其政府ヲ非難スルハ太《はなは》ダ早計ナリトス。何トナレバ之ト同時ニ其人民中ニ苦痛ヲ感ゼザル者、或ハ快楽ヲ感ズル者アルベケレバナリ。吾輩ガ所謂《いわゆる》人民ガ苦痛ヲ感ズルニ因テ其政

霄壌　天と地。
惴々　びくびくするさま。
根蔕　よりどころ。根拠。

府ヲ敵視スルトハ、人民ノ多数ガ皆然《し》カルノ場合ニ就テ言フノミ。今夫《そ》レ虚無党ハ果シテ魯国人民ノ多数ヲ占ムルヤ否ヤ。是レ得テ知ル可ラズト雖モ、概シテ論ズレバ魯国人民ノ多数ハ其政治上ニ於テ苦痛ヲ感ズル者ナリ。而シテ虚無党ハ其最タル者ナリト言フヲ得ベシ。*我ガ紙上ニ数日登録セル所ノ英国々会議員*コリンクス氏ノ虚無党論中ニ曰ク、魯国官吏ハ自然ニ別社会ヲ為シ、邦国ノ精神タル人民トハ全ク其利害ヲ異ニシ、毫モ公議輿論ノ牽制ヲ受ケズ。故ニ官吏タル者怠惰放恣ナルコト甚《はなはだ》シク、人民ノ疾苦ヲ顧ミズ其冀望ヲ察セズ。此ノ政体ニシテハ自カラ不正ノ政略行ハレ、随テ人民ノ憤怨抗敵スルノ情アルハ勢ノ免レザル所ナリト。古来支那国ハ専制ノ政ヲ行フヲ常トシ、人民ハ卑屈従順ヲ以テ其義務ト為セル時ト雖モ、其ノ政府ガ怠惰放恣ニシテ人民ノ疾苦ヲ顧ミズ其冀望ヲ察セザルニ当リテハ、遂ニ一般人民ノ憤怨ヲ招キテ革命ノ事アルヲ常トス。苟クモ史ヲ読ムモノ誰レカ之レヲ知ラザランヤ。今若シ魯国ノ民ヲ以テ*桀紂暴秦等ノ民ニ比センカ、其智愚霄壌ノ差異アルコト勿論ナリ。世人魯国ヲ指シテ欧洲ノ後進国ト為スト雖モ、其土ハ則チ最上文化ノ国ニ接シ、其人民ハ則チ最上自由ノ人民ト交ルコト実ニ数十年ナリ。安《いずく》ンゾ開化ノ潮勢ニ促サレザルヲ得ンヤ、安ンゾ自由ノ風気ニ薫染セラレザルヲ得ンヤ。国民已ニ此ノ潮勢ニ促サレ、此ノ風気ヲ受ケテ而シテ政府ハ独リ古来ノ専制政体ヲ固守シテ改メズ。従フテ多数人民ガ痛苦ヲ感ズル亦宜《む》ベナラズヤ。

人性元ト自由ヲ好ンデ束縛ヲ悪《にく》ム。然ルモ尚ホ一国人民ガ専擅《せんせん》ナル政府ノ下ニ立テ、毫モ苦痛ヲ感ゼザルガ如キコトアルハ、其ノ民*蠢愚《しゅんぐ》ニシテ更ニ幸福ノ境域ニ就クベキ道アルヲ知

我ガ紙上…　「朝野」は四月二十八日から五月五日にかけ六回にわたって、近着の「ホルトナイト、レビュー」からの摘訳を掲載していた。

コリンクス　コリングス Col-lings. 一八三一―一九二〇。イギリスの土地改革論者。一八七二年全国農業労働組合を結成し、一八八〇年に「三エーカーと牛一頭」をスローガンに代議士に当選。下文では「コーリング」と表記されている。

桀紂暴秦　中国古代の暴君とされる夏の桀王と殷の紂王、さらに苛政をもって知られた秦の始皇帝。

蠢愚　おろか。

ラズ。且ツ数世来ノ慣習ニ陶冶セラレ、其不自由極リナキ状態ヲ以テ国民本分ノ境界ナリト思惟スルガ為メナリ。斯ル蒙昧ノ人民ト雖ドモ、気運一タビ開ケ進歩ノ途ニ就キ、乃《すなわ》チ漸ク政治ノ思想ヲ発揮シテ自由ノ空気ニ游泳スルヲ要スルニ至レバ、其ノ政府ハ特別ニ残忍刻薄ノ処分ヲ施サヾルモ、痛苦ノ感ハ*業《すで》ニ已《すで》ニ之アル者トス。何トナレバ、此クノ如キ国民ハ新タニ自由ノ政治ヲ定ムルニ非ザレバ、其幸福ヲ全ウスルコト能ハズト固信スルガ故ニ、従来存スル所ノ政律其他、政治上ニ関スル官民ノ関係等殆ンド一トシテ其心ニ適セズト云フニ止ラズ、又目シテ一般ノ自由ヲ*箝制シ幸福ヲ妨害スルモノト為スベケレバナリ。然ルニ此際ニ当リ魯国ノ如ク、政体制度ノ旧ニ依《より》テ痛苦ヲ進歩ノ人民ニ感ゼシムルノ外、政府ハ更ニ残忍刻薄ノ処分ヲ施スコト有リトスレバ、其人民ハ実ニ二重ノ痛苦ヲ感ズル者ト謂フベキナリ。

看《み》ヨ、魯国政体制度ハ概シテ今ヲ距《へだつ》ルコト凡《およそ》百八十年前、ペートル大帝ノ創定改正セシ所ニシテ、爾後《じご》之ヲ*釐革《りかく》シタルハ実ニ僅小ノミ。歴史ノ記スル所ニ拠レバ、ペートル帝ハ英邁不群、加フルニ済世ノ心深ク、孜々《しし》トシテ其国民ヲ開化ノ区域ニ誘導スルノ方法ニ尽力セラレタリ。故ニ当時ニ在《あり》テハ、其政体制度ノ国民ニ向フテ大ナル幸福ヲ与ヘタルハ論ヲ俟タズト雖モ、然リシヨリ後、已ニ数十百年ヲ経過シタル現時ニ於テハ、人民一般ニ之ヲ以テ古野ニシテ其幸福ヲ保護スルニ足ラザルモノト為スハ勢ノ必然ナリ。然ルニ魯国政府ハ、国民ガ時勢民情ニ従フテ政体ヲ変換シ、政治ヲ改良セント熱心スルヲ憎ミ、之ヲ制圧シテ其法ノ厳酷ヲ極メタリ。コーリング氏ノ虚無党論ニ曰ク、昨年聖彼得堡《セントペテルスブルグ》ニ於テ地方貴族会ヲ開キシニ、其議員ノ一人タルヱムジデレフ氏ハ一場ノ演説ヲ為シテ云フ、一千八百七十年ヨリ一千八百七十七年ニ至ルマデ国事犯嫌疑ノ為メニ*サイベリアニ追放セラレシ者、六万三千四百四

業ニ已ニ　もはや。

箝制　束縛。

釐革　改革。

サイベリア　シベリア。

十二人ノ多キニ至レリ、仍《より》テ今回衆議ヲ以テ、将来一回ノ審問ヲモ為サズシテ国事犯囚徒ヲ追放スルノ制ヲ廃センコトヲ皇帝ニ建白スベシト。又云フ、噫《ああ》今日ハ是レ如何ナル時代ゾヤ、官吏ハ法憲ヲ弄《もてあそ》ンデ随意ニ人民ヲ捕縛シ、且ツ此事ヲ行フヤ専《もっぱ》ラ夜間ヲ以テシ、毫モ法律ノ手続キヲ履《ふ》マズシテ直チニ追放ノ刑ニ処ス(中略*)、其追放者ハ如何《いか》ナル者ゾト問フニ多クハ弱年ナリ、其刑ヲ受クルハ何故ゾト尋ヌルニ政府ガ最モ嫌疑スル囚徒ノ親類タリ知友タリト云フニ過ギザルナリ、云々ト。夫《そ》レ七年間ニ六万三千四百四十二人ヲ追放スレバ、一ケ月平均七百五十五人強ヲ追放スルノ比例ニ当レリ。此一事已ニ以テ非常ノ所為ト為スニ足ル。況ヤ之ヲ捕縛スルニ於テ法律ノ手続キヲ履マズ、審判ヲ開テ其罪ノ有無ヲ究メズ、唯《ただ》彼レハ怪シムベシ憎ム可シト云フノ一点ヨリ直チニ之ヲ処刑スルニ於テヲヤ。又況ヤ其追放ナル者ハ、辺隅ニ蛮民ト伍シ瘴煙毒雨*ノ侵ス所トナルト云フニ止ラズ、身《み》重鎖ヲ帯ビテ日々坑穴中ノ苦役ニ駆使セラレ、顔色憔悴形容枯槁*シテ長ク其生命ヲ保ツノ望ミナキニ於テヲヤ。人若シ漠然ニ之ヲ一聞スルトキハ、右等ノ不幸痛苦ハ彼ノ六万三千余人ノミガ受ルモノナリト思フコトモ有ラン。是レ決シテ然ラザルナリ。試ミニ思ヘ、人誰カ父母妻子ナカラン、兄弟姉妹ナカラン。而シテ一人ガ受クル所ノ痛苦ハ其父母妻子兄弟姉妹ニ及ブコト論ヲ俟タズ。且ツ法律ノ手続キヲモ履マズシテ警官ハ随意ニ何人《なんびと》ノ家ニモ闖入シ、不幸ニシテ官吏ノ嫌疑ニ触ルヽ者ハ何人タリトモ忽《たちま》チ追放ノ処刑ヲ蒙ブルコトハ、其痛苦ヲ全国ノ人民ニ与フルモノナリ。何ントナレバ、如何ナル温柔謹粛ノ者ト雖ドモ何時警官ガ其屋内ニ闖入センモ測ルベカラズ。又何時官吏ノ嫌疑ニ触レテ処刑ヲ蒙ランモ知ルベカラズ。心情悸々《きき》トシテ僅カニ其日ヲ消シ、大息シテ一日ノ安全ヲ賀スルガ如キノ情況アレバナリ。而シテ国民ハ此ノ苦痛ヲ外

中略　底本に記されている注記。

瘴煙毒雨　毒を含んだ煙と雨。

枯槁　やせて色つやがなくなる。

ニシテ、尚《な》ホ政体制度ノ古野ニシテ其冀望スル所ノ幸福ヲ拒絶スルト為スノ一大痛苦アリ。是ヲ以テ遂ニ一般ノ政権掌握者ヲ敵視シ、激烈ナル彼ノ虚無党ノ如キ者ヲ生ズルニ至レリ。

魯国ノ情況ヲ詳《つまびらか》ニセザル者ハ或ハ以謂《おもえ》ラク、虚無党ハ乱暴兇悪ノ党ナリ、現立魯政府ヲ顛覆セント欲スルノミナラズ併セテ其社会ヲモ破壊変更セント企望スル者ナリ、此クノ如キ党派ハ何《いず》レノ邦国ニ出現スルモ力ヲ尽シテ制圧セザルヲ得ズ、魯政府ガ之ヲ撲滅スルノ目的ヲ以テ百方計画スルハ、誠ニ其当ヲ得タリト。或者ガ斯ル思想ヲ有スルモノハ、第一虚無党ハ秩序宗教道徳ヲ破壊スルノ主義ヲ取ルト云フコトヲ一聞シ、第二ハ其所為ノ乱暴兇悪ノ観アルヲ見ルガ為メナリ。曾《かつ》テ地雷火ヲ以テ魯帝ガ乗御ノ汽車ヲ破壊セント企テ、事成ラズシテ英国ニ逃レタルハートマン*ト云ヘル虚無党ノ一人ハ、英人ノ問ニ答ヘテ曰ク、魯皇若シ立憲政体ヲ立テ給ハヾ我党ノ暴行ハ頓《とみ》ニ止ムベシト。又コーリング氏ハ曰ク、虚無党ノ名ハ以テ其党ノ言論動作目的ヲ示スニ足ラズ。魯国官吏ノ報告ニ由レバ、此党ハ其国ノ秩序宗教道徳ヲ破壊セントスル無頼ノ悪徒ヨリ成ルト言ヘドモ、是レ決シテ信ズルニ足ラズ。今信拠スベキ出処ヨリ得タル報道ヲ挙ゲンニ、此党ハ次第ニ蔓延シ国中到ル処其党アラザルハ無シ。党中種々ノ人物ヲ包含シ、其大半ハ政治上ノ自由ヲ得ルニ熱心スレドモ、鮮血ヲ流シテ目的ヲ達スルヲ要セズ。其余ハ始メ穏当ノ手段ヲ用ヒントセシモ其効ナキヨリ、憤懣ノ極、此手段ニ代フルニ暴力ヲ以テシタル者ナリト。此等ノ証ニ就テ考フレバ、虚無党ハ決シテ始メヨリ悪主義ヲ取ル者ニ非ズ。而シテ其兇暴ノ行ヒアルモノハ必竟政府ガ残酷ニ之ヲ抑制シタルノ反動力ナルコトヲ知ルニ難カラズ。

古昔草昧ノ時代ニ於テモ、聖明ナル政府ハ則チ天下*ハ一人ノ天下ニ非ズシテ天下ノ天下ナ

ハートマン　レオ・ハルトマン。一八七九年鉄道爆破によるアレクサンドル二世暗殺を企てたが、失敗してフランスに逃亡した。

天下ハ一人ノ天下…　「天下非二一人之天下一、天下之天下」(六韜、文韜)。周の太公望のものとして伝えられていることば。

ルコトヲ知リ、又*民心ニ従フ者ハ栄エ民心ニ背ク者ハ亡ルコトヲ知ル。是ヲ以テ身ハ*九五《きゅうご》ノ位ニ在リ、貴キコト全国ニ冠タリト雖モ、其尊貴ナルガ為メニ驕ラズ、勉メテ人民ノ疾苦如何ヲ察シ、一民タリトモ其処ヲ得ザルアレバ其責メ我レニ在リト為シテ其政ヲ慎メリ。況ンヤ現時文化ノ進歩シテ、聖明ナラザルモ亦能《よ》ク政府人民ノ本分関係如何ヲ知リ得ベキニ於テヲヤ。然ルニ魯国政府ハ何故ニヤ、其多数人民ガ更ニ完全ナル政体制度ヲ冀望スルニ当ツテ、未ダ曾テ其意ニ従フ所ナク、却テ厳ニ之ヲ抑制シテ今日ニ至ル。何ゾ其ノ人民ノ不幸ナルヤ。論者果シテ魯政府ガ国人ノ公意ニ従フベクシテ従ハズ、之ヲシテ痛苦ヲ感ゼシムルノミナラズ、厳重ノ処分ヲ施シテ更ニ幾分ノ苦痛ヲ重ネシムルノ所為有ルヨリ虎狼ノ称呼ヲ免レズト為スカ。然ラバ則チ吾輩ハ未ダ容易ニ其不当ナルヲ断言スルコト能ハザルナリ。

23 ドイツ内閣を論ず （朝野新聞）

独逸《ドイツ》内閣ヲ論ズ

吾輩之レヲ聞ク、独逸国会ノ*改進党ハ現時政府ガ専制ニシテ無責任ナルヲ不可トシ、之レヲ改メテ責任内閣ト為スベシトノ議ヲ呈出シ、全党ノ力ヲ尽シ熱心ニ之ヲ主張スルヲ以テ、*ビスマーク侯ハ自カラ議院ニ臨ンデ論弁ヲ振ヒ、以テ其ノ攻撃ヲ防ガル、ト云ヘリ。又侯ハ近来益《ます》ス老衰シテ*繁劇ノ職務ニ堪ヘザルヲ以テ、専ラ独逸帝国ノ宰相ニ任ジ普国内閣長ヲ

民心ニ従フ者… 「順ㇾ天者存、逆ㇾ天者亡」（孟子、離婁上）のもじりか。

九五ノ位 天子の位。易の九五は君位の象。

23解題［明治十七年五月十七日］ 名は立憲であっても、その実は無責任内閣であるとして、有司専制たるドイツの政体をきびしく批判した論説。ビスマルクを批判したII-2および論説「日耳曼ノ現況」（十五・三・十九）につづくもの。これらを通じて、「朝野」は伊藤博文らの憲法調査と、ドイツに範をとる政府の憲法構想を暗に論難している。なお、この時期の「自由」のゲルマン主義批判としての論説「慨世余言」（十五・九・二十四～二十六）、「模擬ヲ論ズ」（十六・十・三十）などの論調は、「朝野」に比してむしろ微温的であった。

改進党 一般的にはドイツ進歩党と訳される。

ビスマーク ビスマルク。→五四頁注

繁劇 非常に忙しいこと。

辞シタシトテ屢《しば》バ請願セラル、ヨリ、独逸帝モ已ムヲ得ズシテ其請ヲ許サルベシトノ事ナリ。夫《そ》レ独逸国会ノ改進党ガ無責任内閣ノ制度ヲ改メンコトヲ希望スルハ、決シテ一朝一夕ノコトニハ非ザルベシ。而シテ今日之レヲ発表シテ、為メニ畢生ノ力ヲ尽スニ至リシハ、蓋シ時機ノ到来シタルニ由ルカ。彼《か》ノ剛愎ナルビスマーク侯ニシテ、自カラ老衰セリト称シ、屢《しば》バ普国内閣長ヲ辞スルノ運《めぐり》ニ至リシハ、是レ則チ改進党ガ一大動議ヲ呈出シ得ル所以《ゆえん》ニシテ、而シテ今日無責任ナル内閣ノ急ニ攻撃ヲ受クル場合ニ際セシモ、ビスマーク侯ノ老衰シタルガ故ニ非ズヤ。時機已ニ到リ、気運漸ク変ズ。独逸内閣ハ必ラズ現時ノ制度ヲ以テ永ク存在スルコト能ハザルベシ。

昔者*源三位頼政ハ一ノ怪獣ヲ射タリ。此ノ怪獣ハ其首猿ノ如ク、其四肢虎ノ如ク、而シテ蛇ノ如キ尾有リ。名ヅケテ*鵺《ぬえ》ト云フト。吾輩ハ素《もと》ヨリ其ノ真偽ヲ知ラズ。然レドモ世ニ果シテ此《か》クノ如キ物アリト仮定セバ、彼《か》ノ独逸内閣ノ如キハ誠ニ鵺内閣ト謂フベキナリ。其ノ政体ヲ問ヘバ則チ立憲ニシテ、聯邦ヲ以テ其ノ邦ヲ構成セリ。然ルニ其ノ内閣ハ専制無責任ニシテ、実権ハ偏《ひと》ヘニ宰相ノ手ニ存ス。豈《あに》奇怪ノ甚ダシキモノニ非ズヤ。蓋シ立憲君主政治ノ邦国ニ於テ、君主ハ行政ノ大権ヲ総攬シテ一国ニ君臨シ、而シテ直接ニ政治上ノ責任ヲ受ケザルヲ以テ通則トス。是レ理論上ニ於テモ、実際上ニ於テモ、共ニ然ルベキ所ナリ。試ミニ理論上ニ就テ之レヲ観ヨ。立憲政体ニ於テ国会ノ設立有ルハ勿論ナリ。已ニ国会有ル以上ハ、議院多数ノ推薦スル者ヲ択ンデ内閣ヲ組織セシメザル可カラズ。而シテ此ノ選択ノ如キモ、強《あなが》チ議院多数ノ冀望スルガ為メニ之レヲ取ルニ非ズ。止《た》ダ君主ハ政事上偏私ノ意見ヲ抱カズ、特ニ民意ニ従フヲ以テ其ノ本分ト為スニ因リ、此ノ衆望ヲ得タル者ニシテ己レノ意思ニ

源三位頼政　一一〇四―八〇。平安末期の武将、歌人。武勇にひいで紫宸殿上で伝説上の怪獣鵺(ぬえ)を射とったという話が平家物語にみえる。

鵺　頭は猿、胴は狸、尾は蛇、手足は虎、声はトラツグミに似ているという。ここから正体不明の人物やあいまいな態度のことをいう。

適スル時ハ之ヲ採取スルニ外ナラズ。故ニ此人ヤ、君主ト議員ノ中間ニ立テ政務ノ責任ヲ負ハザル可カラズ。然ルニ無責任内閣ハ全ク之レニ反シ、其権力ノ議院ヨリ大ナル時ハ議院ヲ凌駕シテ、擅《ほしいまま》ニ之レガ議決ヲ否拒シ或ハ之レヲ解散シ、議院有レドモ無キガ如ク、到底代議政体ノ実ヲ失ヒ依然タル*有司専制ノ有様ヲ生ズルニ至ル。独逸内閣ノ如キ即チ是レナリ。理論上ニ於テ責任内閣ヲ通則トシ、無責任内閣ヲ変則ト為ス可キハ固ヨリ論ズルヲ待タザルナリ。

然レドモ政治家ハ元来活動社会ヲ支配シテ運転ノ妙ヲ現ハスベキ者ナレバ、実際ニ於テ無責任内閣ノ利益アルニ於テハ必ズシモ理論如何ヲ*省視スルヲ要セザルベシ。去《さ》レド完全ノ聞《きこ》エ有ル立憲君主国ノ実況ヲ観察スルニ、其ノ帝王ハ勝ヲ輿論ニ得タル人物ヲ選任シテ内閣ヲ組織セシムルヲ常トシ、則チ概シテ責任内閣ヲ用フル者多シトス。其故何ゾヤ。議院ノ多数ニ依テ内閣ヲ進退セシムル時ハ、内閣ハ政略国是ニ於テ輿論ノ希望ニ背馳スル能ハズ。議院モ亦其ノ内閣ハ多数政党ヨリ成ルヲ以テ、恣《ほしいまま》ニ実施シ難キ法案ヲ議定シ無益ノ困難ヲ内閣ニ蒙ブラシムルコト無ク、従テ密着親和シ為メニ大ニ施政上ノ円滑ヲ来タスヲ得ベシ。苟《いやしく》モ然ラズ、内閣諸員ハ無責任ノ専制家ナランカ。議院ト内閣トハ分離孤立シ、互ヒニ讐敵視シ互ニ妨害ヲ為シ、紛々擾々トシテ底止スル所ヲ知ラズ。此種ノ内閣ハ社会公衆ノ信用ヲ得ル能ハズ、将《は》タ輿論ノ其処置ヲ非難スルモ元来多数ノ推薦ニ依テ君主ノ任用ヲ得タルニ非ザレバ、毫モ之ヲ顧慮セザルノミナラズ、私利ヲ謀リ我意ヲ逞ウシテ公議ヲ排斥シ、若《も》シ人民ノ憤怒シテ烈シク外部ノ刺衝ヲ受クル時ハ、之レヲ君主ノ責任ニ帰シテ自ラ其ノ責ヲ免カレントス。独逸内閣ノ如キハ即チ是レナリ。立憲君主国ノ実際ニ於テ概シテ責任内閣ヲ採取スル

有司専制　一部の高級官僚が国政を専断している体制。とくに自由民権運動において、ときの政体を批判することばとして盛んに使われた。

省視　くわしくしらべる。

ハ亦宜《むべ》ナラズヤ。

蓋シ立憲君主国ノ無責任内閣ハ、代議政体ノ中心ニ於テ専制々度ヲ立ツル者ニシテ、其実ハ寡人政治有司専制ニ外ナラズ。已ニ憲法ヲ立テ議院ヲ設クル以上ハ、責任内閣ニナス可キハ勿論ニシテ、若シ実際専制政治ヲ是トスレバ、寧ロ純然タル君主独裁ヲ取ルノ勝リタルニ若《し》カザルナリ。必ズシモ議決ニ依ラズ、又必ズシモ*宸断ニ依ラザル彼ノ無責任内閣ノ如キハ、之レヲ称シテ鵺内閣ナリト謂フベキナリ。此ノ鵺内閣ハ元来理論ニ背キ、将タ実際ノ慣例ニ違《たが》フ所ノ変則ナルガ故ニ、之ガ為メニ君主ト人民ノ不幸ヲ蒙ルコト実ニ甚ダシク、邦国社会ノ安寧幸福ヲ傷害スルヤ極メテ大ナリ。故ニ普通一般ノ条理ヨリシテ之ヲ云ヘバ、此種ノ内閣ハ実際成立ス可カラザル筈ナレドモ、一時奇怪ノ情実ヨリシテ造出シタル現象ナルヲ以テ、此ノ内閣ヲ維持スルハ僅カニ非常ナル圧制家ノ力ニ頼ラザルベカラズ。決シテ其ノ基礎ノ堅固ナル者トハ謂フベカラザルナリ。現ニ伊太利《イタリー》ノ如キハ、強《しい》テ此変則ヲ実践セントスルモ、専制無責任ノ内閣ヲ維持スベキ有力者ナキヨリ、政府ノ*紛擾《ふんじょう》甚シクシテ国民ハ其弊ニ堪ヘズト云ヘリ。特《ひと》リビスマーク侯ノ*駕御スル独逸内閣ハ、政治上ノ通則ニ拘ハラズ実際ノ利害ニ係ハラズ、強テ此ノ変則ヲ実践シテ撓《たわ》マザルニ因リ、一種ノ現象ヲ生出シ勢力ヲ一時ニ震フト雖ドモ、是レ決シテ永遠ノ者ニハ非ザルナリ。今ヤ独逸ノ改進党ハ責任内閣ヲ立テ、普通一般ノ正則ニ従フベキヲ熱論シ、其党力ヲ尽シテ之レガ目的ヲ貫徹セントス。苟《いやしく》モ此ノ議ニシテ行ハル、ニ至ラバ、非常ノ変更ヲ独逸政府ニ及ボスノミナラズ、奇怪ナル現象ヲ政治社会ヨリ消滅セシメテ其ノ正則ヲ履行スルヲ得ベシ。而シテ縦《たと》ヒ独逸改進党ノ微力ニシテ勝ヲ議場ニ制スル能ハザルトモ、此ノ変則ヲ維持シ得ベキビスマーク侯ハ已ニ老衰シテ、復タ

宸断　皇帝の裁断。

紛擾　もめごと。

駕御　思いのままにあやつること。

昔日ノ気力ナシ。侯ノ衰フルハ則チ独逸内閣ノ衰フルナリ。独逸内閣ノ衰フルハ則チ専制無責任内閣ノ衰フルナリ。是ニ於テ吾輩ハ責任政党内閣ノ益《ますま》ス勢力ヲ得テ、普《あまね》ク天下ニ行ハル可キヲ知ルナリ。

24 内外の緩急（自由新聞）

24 解題［明治十七年八月十三日・十四日・十五日］「自由」の内治優先・小国主義論をのべた代表的論説。自由党の機関紙である同紙の対外姿勢を示す論説群は、全体的には積極論・国権拡張論を基調としていたが、例外的・散発的にこうした論調があり、壬午軍乱・清仏戦争などをめぐって非(反)国権拡張論を説いたものとして、「論二外交一」(十五・八・十三〜十七)、「立国ノ要」(十五・十一・十四〜十六)、「我邦ヲ忘ルヽコト勿レ」(十七・九・二十一)などがある。
月鼈 月とすっぽん。氷炭に対応。

内外ノ緩急

人心ノ同ジカラザル其面ノ如シ。故ニ其一国ノ公事ニ関スル意見ニ於テモ、人各《おのおの》其ノ緩急利害ノ思想ヲ異ニセザルヲ得ズ。宜《む》ベナリ。我ガ政論者ノ社会ニ於テ内外事務ノ緩急利害ニ関シテ懐ク所、互ヒニ氷炭＊月鼈《げつべつ》ノ異ヲ致タスモノ有ルコトヲ。然レドモ其異別ノ小ナル者ニ至リテハ千支万岐、固《もと》ヨリ一々之レヲ挙述スルニ遑《いとま》アラザレバ、今最モ其大異別ニ就テ論ズルコトヲ要ス。我邦政論者中甲ノ一大類ハ曰ク、今ヤ宇内ノ形勢ヲ観ルニ、兵威盛ンナル者ハ兵威盛ンナラザル者ヲ圧シ、国土大ナル者ハ国土大ナラザル者ヲ虐シ、真ニ是レ弱肉強食ノ有様ナリ。苟クモ先ヅ外ニ対スルノ計画ヲ十分ニスルニ非ザレバ、国家ノ安危、旦夕ヲ測ルベカラズト。是レ則チ外事ヲ急ニシテ内事ヲ緩ニセント欲スル者ナリ。又乙ノ一大類ハ曰ク、我邦維新以来開明進歩ノ気運ヲ生ジタルコトハ論ヲ待タズト雖ドモ、国財漸ク尽キテ衆庶困弊シ、其他全社会ノ幸福安寧ヲ全ウスルニ至ラザルモノ猶ホ甚ダ多シ。喩《たと》ヘバ腹心ノ病ノ如シ。早キヲ趁*《お》フテ善ク診断ヲ下ダシ、之レニ投ズルニ良剤ヲ以テスルニ非ザレバ、何等ノ大患ニ陥ランモ亦知ルベカラザルナリト。是レ則チ内事ヲ急ニシテ外事ヲ緩ニセント欲スル者ナリ。吾輩ハ固ヨリ乙論党ニ与《く》ミスル者ナレドモ、而カモ斯クノ如ク唯己《ただおの》レノ見ル所ノ一方ニノミ固着シテ、其他ヲ顧ミザルニ於テハ、其愚恰《あた》カモ昔譚ニ云フ、英国武士ガ肖像ヲ論ジテ決闘ヲ為シタルニ類セントスルナリ。聞ク、昔二個ノ英国武士アリ、一個ハ東ヨリ来タリ一個ハ西ヨリ来リ、十字街上ニ於テ相会ス。忽《たちま》チ見ル、街上新建ノ肖像アリ。一面ハ金光耀灼トシテ遥カニ人眸ヲ射、他ノ一面ハ銀色玲瓏トシテ近ク人顔ヲ照ス。蓋シ肖像ノ表裏金銀ノ鍍《めっき》ヲ異ニシタルナリ。武士ハ唯各其一面ヲ見ルノミ、故ニ之レヲ知ラズ。甲士曰ク、美ナル哉金像。乙士曰ク、美哉銀像。甲士冷笑シテ乙士ニ言《いい》テ曰ク、卿金像ヲ目シテ銀像ト為ス、眼ノ用安《いず》クニカアル。乙士又甲士ヲ罵《ののし》テ曰ク、卿ハ有眼ノ盲者、自カラ銀像ヲ以テ金像トスルハ妨ゲザルモ、何ゾ人ヲ評スルニ無礼ノ言辞ヲ以テスルヤト。論極リテ闘ヲ為シ、双方皆重創ヲ負フテ倒ル。一老翁アリ、偶《たまた》マ之レヲ過ギ両士ヲ呼ンデ決鬥《けっとう》ノ次第ヲ問フ。両士気息奄々猶ホ答フルニ事実ヲ以テス。翁天ヲ仰デ浩*嘆シテ曰ク、嗟噫《ああ》両士ヲシテ其決鬥ヲ為スニ先ダチ、各他ノ一面ヲ検視セシメバ豈ニ此ノ惨ヲ呈スルニ至ランヤト。夫《そ》レ己レガ見ル所ノ一方ニノミ固着シテ、其他ヲ顧ミザルノ弊ハ則チ此クノ如ク戒ムベキモノ有リトスレバ、吾輩ハ先ヅ彼ノ内外緩急ノ意見ニ関スル、双方ノ事実ヲ調査シ、然ル後チ判断ヲ下サヾルコトヲ得ザルナリ。

抑《そもそ》モ内外政略上ニ於テハ、必ズシモ其緩急ニ関スル一定不変ノ規則アルニ非ズ。故ニ常ニ内ヲ急ニシテ外ヲ緩ニスベシトモ言フベカラズ。又常ニ外ヲ急ニシテ内ヲ緩ニスベシトモ言

趁フテ　おいかけて。

浩嘆　おおいに嘆くこと。

フベカラズ。要スルニ其国ノ地位及ビ其国比隣ノ情況如何ニ由リテ、緩急其宜シキヲ図ルニ若《し》クハ無キナリ。去《さ》レバ古今各国、或ハ其外ヲ急ニシテ其内ヲ緩ニスルコトヲ要スル者アリ、或ハ其内ヲ急ニシテ其外ヲ緩ニスルコトヲ要スル者アリ。例ヘバ雅典《アテネ》、西美《テーベ》ノ末世ニ際シテハ其ノ近傍ニ馬西頓《マケドニア》ト云ヘル強大国ヲ生ジ、其王*ヒリップハ夙《つ》トニ希臘《ギリシア》聯邦ヲ*戡定《かんてい》スルノ大志ヲ懐キ、加フルニ百戦錬磨ノ老将ニシテ部下ニハ亦*貔貅《ひきゅう》虎豹ノ猛卒多シ。斯時ニ当リ雅典、西美ノ邦国タル者ハ、其危勢漸ク迫リ何時大患ヲ生ゼンモ測リ知ルベカラザルヲ以テ、国事ノ要ハ固ヨリ内ヲ緩ニシテ外ヲ急ニシ、即チ彼ノ虎視眈々其慾*遂々タル馬西頓ノ来侵ニ備ヘ、其国ノ独立ヲ維持スルニ在リ。是ヲ以テ義名希臘史上ニ赫々タル*デモスゼンスハ其一生ノ雄弁ト気力トヲ以テ、一ニ外患防禦ノ事ニ供シ、其数十回ノ演説ハ曾《かつ》テ一言ノ他事ニ渉ル無ク、其東奔西走ハ亦曾テ他事ニ関スルコト無カリキ。若シ当時ノ雅典人等ヲシテ早キニ及ンデデモスゼンスノ説ヲ容レ、専《もっぱ》ラ力ヲ聯邦防禦ノ事ニ用ヒタルナラバ、蓋シ必ズ其亡滅ヲ免レタルナラン歟。噫《ああ》惜ムベキ哉。而シテ其厄運此ニ至リシモノハ他ナシ、外事ヲ急ニスベキニ当リテ、之レヲ急ニスルヲ怠リシガ為メナリト言ハザルベカラザルナリ。

現時彼ノ欧洲邦国ノ形勢ヲ観ルニ、諸大国各々《おのおの》大兵ヲ一方ニ擁シテ、互ヒニ他ノ*釁隙《きんげき》ヲ窺フ者ノ如ク、仏国若シ万兵ヲ増置スレバ普国モ亦万兵ヲ増シ、魯ノ如キ墺ノ如キ伊ノ如キ、従テ更ニ幾分ノ戒厳ヲ加フルノ勢ニシテ、普仏魯ノ三国ハ戦時ノ兵二百万ヲ出デ、伊墺二国モ亦タ百万ニ過ギントス。而シテ此レ等ノ邦国ガ年々兵ノ為メニ費ヤス所ヲ見ルニ、普国ハ三億四千二百四十九万三千二百五十「マーク」、仏国ハ三億八千四百十五万七千四百二十八「フランク」、魯国ハ一億八千三百四十八万九千零四十二「ルーブル」、墺地利《オーストリア》ハ一億零百五

ヒリップ Philip II. フィリッポス二世。前三八二―三三六。マケドニアを一大強国とし、ギリシアの都市国家を圧服。東征準備中に暗殺され、子のアレクサンドロス大王によって東征が行なわれる。

戡定 戦争に勝って平定する。

貔貅虎豹 貔貅は飼いならして戦争に使ったという猛獣。勇猛な軍隊をいう。

遂々タル 隆盛。

デモスゼンス デモステネス Demosthenes. 前三八四―三二二。アテネの大政治家、弁論家。前三五一年以来反マケドニアの立場を貫き、ギリシアの自由のためにテーベを説いて連合して戦ったが、カイロネイアの戦いに敗れた。

釁隙 なかたがい。不和。

十九万一千三百八「*フロリン」、伊太里《イタリー》ハ二億二千五百三十六万四千六百二十六「*ライル」ナリトス。斯《か》ク欧洲大陸諸邦ガ其外ニ対スルノ手段ニ汲々トシテ、其国至重ノ生産者タル壮丁数十万人ヲ取テ常備兵ト為シ、更ニ之レガ*用度トシテ*鉅万ノ国財ヲ費ヤスモノハ、必竟彼此ノ間其邦境ヲ近接シテ互ヒニ戒心ヲ要スルガ為メナリ。見ヨ、彼ノ大陸ニ於テハ或ハ怨恨ヲ挟ミ、之レヲ酬ユルノ目的ヲ以テ他ノ釁隙ヲ窺フ者アリ。即チ普国ニ対スル仏国ノ如シ。或ハ其版図ヲ広メ、*異図ヲ逞ウセント欲スル者アリ。即チ附近邦国ニ対スル魯国ノ如シ。此他別国ノ怨恨ニ乗ジ、之ト事ヲ与《とも》ニシテ自国ノ利益ヲ図ラントスル者、又ハ他国ノ貪心ヲ*奇貨トシ、之レヲ助ケテ*臠肉《れんにく》ノ配分ヲ得ントスル者ノ類固《もと》ヨリ多シ。亦以テ欧洲大陸ニ国スル者ハ、専ラ外ニ対スルノ事ニ従ハザルベカラザルヲ証スル足ルニ非ズヤ。独リ英国ハ此ノ戦国ノ形勢アル欧洲ノ中ニアリナガラ、殆ンド全ク別界ノ国ノ如ク、毫モ兵数ヲ他ノ諸国ニ競フコトナク、僅々二十万ニ足ラザル常備兵ヲ有シテ、為メニ費消スル所ノ国財モ亦甚ダ少ナキヲ得タリ。而シテ其専ラ意ヲ用ヒ力ヲ尽ス所ハ何ナリヤト顧ミレバ、重《お》モニ貿易ノ一点ニ在リ。斯ク外事ノ為メニ大財ヲ費ヤサズシテ、内事即チ貿易ニ勤勉シテ鴻利ヲ占ム。快楽ノ極点ナリト謂ハザルベカラザルナリ。蓋シ其能ク此クノ如クナルヲ得ル所以ハ他ナシ、英国ハ海中ノ島国ニシテ境壌ヲ他ノ強大国ニ比接スルニ非ズ。従フテ守禦ノ容易ニシテ外患ノ虞《おそれ》アルコト尠《すく》ナキニ因ルナリ。英人ノ平和ヲ喜ビ貿易ヲ好ムノ質アルヲ以テスルモ、若《も》シ其国ヲシテ大陸ノ中ニ在ラシムレバ、何ゾ独リ戦国中ニ平和ヲ楽《たのし》ンデ而シテ独立国権ヲ維持スルコト今日ノ如クナルヲ得ンヤ。此ニ由テ之ヲ観レバ、其ノ国ノ地位如何ハ内外事務ノ緩急ヲ区別スルニ関係ノアル大ナルコト豈《あ》ニ言ヲ俟《ま》タンヤ。

フロリン　florijn. グルデン gulden の古称。
ライル　リラ lira.
用度　費用。
鉅万　はなはだ多い。巨万。
異図　異心。むほんのはかりごとをいうが、ここは侵略の陰謀をいう。
奇貨　利用すれば思いがけない利を得る見込のある物事や機会。
臠肉　切りみ。切り肉。

今我ガ邦ハ果シテ当時ノ雅典、西美ニ似タルカ。抑モ亦現今ノ英国ニ似タルカ。蓋シ我邦ノ国境以外ニ於テ、其強我レニ*倍蓰《ばいし》スルノ邦国固ヨリ之レナキニハ非ザルナリ。彼ノ魯英普仏ノ如キ、独リ其兵力ノ甚ダ我レヨリ強大ナルノミナラズ、又各々《おのおの》亜洲ニ向フテ其慾望ヲ逞ウセントスルノ心アリ。即チ魯西亜ハ其先帝伯徳《ピョートル》大帝ノ遺志ヲ継イデ、西ハ欧洲諸国ト平和ノ関係ヲ有シ、間ヲ得テ窃カニ南ノ方土耳其《トルコ》ヲ併呑センコトヲ要シタルモ、英仏ノ側ヨリ之レヲ防制シ、曾テ著名ナル克里米亜《クリミア》戦争ヲ起スニ至リショリ、爾後魯国ハ翻然其計画ヲ一変シ、専ラ亜細亜《アジア》地方ニ於テ侵伐ノ事ヲ実行シ其版図ヲ増加センコトヲ期シ、其東方亜細亜ノミニ関スル挙動ニ就テ之レヲ見ルモ、既ニ支那領タル満州ノ一辺ヲ蚕食シ、更ニ進ンデ我ガ樺太ニ及ビ彼我交渉談判ノ末遂ニ此全島ヲ挙ゲテ彼レガ版図ニ帰セシメタルハ、我邦人ガ現ニ能ク記臆スル所ナリ。噫《ああ》樺太已ニ此クノ如シ。彼豈《あに》更ニ一鞭ヲ加ヘテ、我ガ本領ニ闖入セザルノコトナキヲ得ンヤ。又英国ハ其欧洲諸邦ニ対シテ最モ温和ナル政略ヲ執ルニ似ズ、亜細亜洲内ニ於テハ常ニ往々威圧ノ手段ヲ施シ、*印度《インド》ノ如キハ已ニ数十年ノ前ニ於テ其併呑スル所ト為リ、支那ノ一島*香港《ホンコン》モ亦其領地ト為ルニ至レリ。而シテ現ニ我邦ト英国トノ関係ハ幸ヒニシテ平和ノ有様ナリト雖ドモ、若シ一タビ釁隙ヲ其間ニ生ズルコトアラバ、彼レノ曾テ印度ヲ奪掠シ香港ヲ押領シタルノ暴力ハ、復タ再ビ我邦ニ及ブコトナキヲ保スベカラズ。又仏国ハ久シク足ヲ安南ニ入レテ、其国権ヲ亜細亜地方ニ振張シ、暗ニ魯英ト勢力ヲ競ハントシ、現ニ*東京《トンキン》事件ニ就テ葛藤ヲ支那国ニ生ズルヤ、償金保信ノ為メト称シテ忽《たちま》チ台湾ノ一港*雞籠《キールン》ヲ奪有スルヲ憚《はばか》ラズ。普国ニ至リテハ未ダ亜洲ニ其国勢ヲ張ルヲ得ズト雖ドモ、

倍蓰 倍は二倍、蓰は五倍。数倍であること。

印度… 一八四九年シク王国を屈服させたことにより、イギリスによる全インドの植民地化が完了する。

香港… 一八四二年アヘン戦争終結にともなう南京条約によりイギリスに割譲。

東京事件… →補注「清仏戦争」

雞籠 Keelung. 雞籠は台湾語音のケイランのもともとの表記で、光緒元年(一八七五)に「基地昌隆」の意で基隆と改名された。台湾北東岸にある良港。清仏戦争に際して、一時フランスに占領された。

早晩必ズ魯英仏ト相競フテ、高ク其旗章ヲ亜洲内ニ掲ゲ出サント冀望スルコト論ヲ俟タズ。近年外人ノ頻リニ説ク所ニ拠レバ、普国ハ先ヅ屯在ノ地ヲ亜洲ニ有スルガ為メニ、事ニ託シテ交渉ヲ支那ニ起シ、以テ台湾ヲ得ントスルノ計画アリト。其信偽ハ固ヨリ知ルコト能ハザル所ナレドモ、已ニ斯《かか》ル風説アル所以ノモノハ其必ズ事ヲ亜洲ニ生ズルニ意アルコトヲ証スベシ。然ラバ則チ、普仏モ亦魯英ト均シク何時我邦ニ対シテ禍心ヲ包蔵シ、害悪ヲ逞フセンモ未ダ知ルベカラザルナリ。是故ニ我邦外部ノ事情ハ、数箇ノ馬西頓《マケドニア》ヲ以テ囲繞セラル、雅典《アテネ》、西美《テーベ》ノ如クニシテ、常ニ必ズ外ニ対スルノ事務ヲ急ト為サヾルベカラズト答フルノ論者アルコトハ吾輩ノ始メヨリ予期スル所ナリ。

抑《そもそ》モ事物ノ極端ニ就テ思想ヲ起スニ於テハ、往々此クノ如キ誤謬ノ論局ヲ得ル者ナリ。喩ヘバ火ハ熱ナル者ナリ。然レドモ*一星ノ火ヲ以テ一斗水ヲ騰沸セシムルハ難シ。火ト物トノ関係均シカラザルガ故ナリ。然ルニ火ハ熱ナリト言フヤ、火水ノ分量ニ論ナク必ズ之レヲ騰沸セシムベシトスルガ如キ、極端ノ見ヲ取ルハ愚モ亦甚ダシ。彼ノ論者ノ推究ハ亦殆ンド之レニ類スルモノアルナリ。夫《そ》レ魯英ノ既ニ亜細亜洲内ニ跋扈*奔騰シテ、動《やや》モスレバ他国ヲ併呑蚕食スルニ至ルハ、固ヨリ争フベカラザルノ事実ニシテ、仏国ノ近頃漸ク魯英ノ所為ヲ学ビ、普国モ或ハ窃カニ同一手段ニ出デント冀望スルノコトモ亦決シテ虚妄ニハ非ズ。然《しかれ》ドモ更ニ細カニ其事情ヲ究《き》ハメテ、此等ノ邦国ノ為メニ併呑蚕食ニ逢フタル者ノ、当時果シテ如何ナル有様ナリシヤヲ考フベシ。其一国ノ未開野蛮ニシテ、邦国相互ヒノ交際法如何ヲ知ラザル者ニ非ザレバ、兵備最モ不整頓ニシテ護国ノ用ニ適セザルカ、若《も》シクハ国内ノ紀綱廃弛シ政府ノ権力四隅ニ及バザル者ニ外ナラズ。斯ク併呑蚕食ノ害ヲ受ケタル邦国ノ中ニ就テ、支

一星ノ火…　小さな火で大量の水をわかす。非常に困難なことの喩。

奔騰　かけのぼる。走りのぼる。

割合ニハ　比べては。

八旗　清の太祖の時に定められた兵制で、清朝創業の際に功労のあった者の子孫をもって組織した兵。満州人・蒙古人・漢人からなるものをそれぞれ満軍八旗、蒙軍八旗、漢軍八旗といい、合せて二四旗。

孱弱　よわよわしいこと。

岌々乎　あやういさま。

那ト日本トハ他ノ*割合ニハ最モ文明ニシテ最モ兵備アリタレドモ、其文明ハ未ダ以テ宇内ノ形勢ヲ洞観シテ邦国ノ交際法ヲ熟知スルニ至ラズ。其兵備ハ未ダ以テ自国ヲ護衛シテ外国ノ侮リヲ禦《ふせ》グニ足ラズ。即チ支那ガ曾テ条約ニ背テ英仏政府ヲ辱メタルガ如キ、彼《か》ノ*八旗二十万ノ兵ヲ以テ英仏聯合軍僅々三万人ノ進路ヲ遮断スルコト能ハザルガ如キ、我邦ニ関シテハ魯人足ヲ樺太ニ入ル、モ始メハ之レヲ知ラザリシガ如キ、已ニシテ之ヲ知リ双方談判ノ末、期ヲ刻シテ両国官吏ヲ実地ニ立合ハシメ、以テ境界ヲ議定スルノ約ヲ為シナガラ、其期ニ至リテ官吏ヲ派出セザリシガ如キ、以テ之レヲ証スルニ十分ナリトス。日本支那スラ猶ホ然リ。況ンヤ亜洲各処ノ蒙昧国又ハ蛮族ヲヤ。其併呑蚕食ヲ受クルニ至ルハ固ヨリ其所ナリ。蓋シ魯英仏等ノ侵略ヲ亜洲ニ実行スルニ汲々タルコトアリト雖ドモ、兵ヲ起スノ口実アラザレバ何ゾ得テ干戈ヲ用ヒン。又縦《たと》ヒ兵ヲ起スノ口実ハ造リ難カラズトスルモ、其国ニシテ整然タル護国ノ兵備アリ、容易ニ之ヲ征服スベカラザルノ見込アラバ、彼レ必ズ好ンデ自カラ和交ヲ破ブルベカラズ。是レ其損失ニ帰スルヲ慮《おもんぱ》カレバナリ。然ラバ則チ、国苟《いやし》クモ文化ノ進歩シテ能ク邦国相互ヒノ交際法ヲ熟知シ、兵備モ亦整頓シテ、縦《たと》ヒ進ンデ雄ヲ欧洲強大国ニ争フコト能ハザルモ、退テ自国ヲ護シテ其侮リヲ禦グニ足リ、又タ紀綱ノ国内ニ廃弛シテ政権一ニ集マラズ、従フテ国力ノ*孱弱《せんじゃく》ナルコト維新前ノ我邦ノ如ク、又現時ノ支那国ノ如キノ弊ナキニ於テハ、何ゾ猶ホ*岌々乎《きゅうきゅうこ》トシテ魯英普仏ノ併呑蚕食ヲ畏レンヤ。現時ノ我邦ハ業《すで》ニ已《すで》ニ此ノ好気運ニ達シタルモノニシテ、之ヲ維新以前ノ我邦及ビ現時ノ支那ニ比スレバ、実ニ霄壌《しょうじょう》ノ懸隔アルコト、誰レカ復タ之ヲ争ハン。然ルニ論者ハ魯英仏ガ未開野蛮ノ国若《も》クハ兵備不整頓ニシテ紀綱廃弛セル国ヲ併呑蚕食シタルノ事実ヲ推シテ、現時ノ我邦モ猶ホ此大患ヲ免レズト為ス。是レ何ゾ火ノ熱ナルガ故ニ一星ノ火猶ホ能《よく》一斗水ヲ騰沸セシムルト思惟スルニ異ナランヤ。

現時ノ我邦ハ魯英普仏ノ併呑蚕食ヲ畏ル、ヲ要セザルコト既述ノ如クニシテ、其情況頗《すこ》ブル彼ノ英国ノ欧洲諸大邦ニ於ケルガ如キモノアルナリ。而シテ地位ノ点ニ就テ之レヲ考フルモ、我邦ガ亜細亜《アジア》大陸附近ノ太平洋中ニ在ルハ、猶ホ英国ガ欧羅巴《ヨーロッパ》大陸附近ノ大西洋中ニ在ルガ如シ。然ラバ則チ我邦ハ甚ダ彼ノ英国ニ似タリト言ハザルベカラザルナリ。夫《そ》レ我邦ノ地位及ビ外部ノ情況果シテ英国ニ似タリトセバ、何ゾ専ラ外ニ対スルノ方略ニノミ汲々トシテ、為メニ夥多ノ生産者ヲ害シ以テ国ノ富源ヲ狭バメ、加ルニ測ルベカラザルノ国財ヲ徒消スルヲ顧ミザルコト、一類ノ論者ノ如クナルヲ要センヤ。宜シク勉メテ内事ヲ急ニシ、人民ノ自由権利ヲ保全シテ、其幸福安寧ナルヲ得セシメ、社会ノ殖産興業ヲ便利ニシテ其繁栄富裕ナルニ至ラシムベシ。是レ実ニ*国本内ニ鞏《かた》クシテ、国勢外ニ張ルノ最良手段ニシテ他日宇内ニ雄飛シ、彼《か》ノ魯英普仏等ト相競立シテ敢テ一歩ヲ譲ラザルニ至ルモ決シテ難キニ非ザルナリ。

試ミニ我邦ヲ以テ英国ニ比較セヨ。其地位ト外部ノ情況トノ相類似スルコトハ彼レノ如シト雖ドモ、内部ノ有様ニ至リテハ実ニ*天淵ノ相違アルヲ見ルナリ。彼レハ則チ夙《つ》トニ立憲政体ノ美ヲ極メ、輿論ニ拠リテ政治ヲ施行シ、夫《か》ノ百政ノ機軸ヲ掌《つかさ》ドル所謂《いわゆる》内閣員ナル者ハ国皇ノ特ニ命ジ給フ所ナレドモ、実際ハ国皇一己ノ判断ヲ以テ其人ヲ採用セラル、ニ非ズシテ、*輿望《よぼう》ノ帰向シタル政党、即チ国会議員ノ多数ヲ占メタル政党中ノ重《おも》ナル者ニ命ゼラル、

国本　国の基礎。一国の根本。
天淵…　天とふち。非常に隔たっていることの喩。
輿望　世間の人気。衆望。
一意ニ　もっぱら。
我邦ハ立憲政体…　十四年十月十二日付の「詔勅」で「夙ニ立憲ノ政体ヲ建テ、後世子孫継グベキノ業ヲナサンコトヲ期ス。嚮ニ明治八年ニ元老院ヲ設ケ、十一年ニ府県会ヲ開カシム。…将ニ明治二十三年ヲ期シ、議員ヲ召シ国会ヲ開キ、以テ朕ガ初志ヲ成サントス」と二十三年に国会を開設することを約している。
府県会町村会ノ設　地方によっては六年ごろから民会の設置がみられたが、十一年に府県会規則が、郡区町村編制法・地方税規則とともに制定、二五歳以上の男子で三年間居住し、地租一〇円以上納めるものに被選挙権、二〇歳以上の男子で郡区内に本籍をもち地租五円以上納めるものに選挙権が与えられた。しかし議員に議案提案権はなく、議会の議決も府知事・県令の承認をえてはじめて効力をもった。
治罪法ノ発行…　十三年七月十七日に刑法とともに公布(施行はともに十五年一月)。ボアソナードがフランスの治罪法をもとに起草し、全四八〇条という膨大なもので、三審制の採用、検事による不告

訳ナリ。而シテ其内閣員ハ輿人ノ扶助ヲ受クルノ間ノミ其ノ職務ニ当リ、若シ一旦ニシテ輿人ノ扶助ヲ失ヘバ、直チニ辞表ヲ呈シテ職ヲ退キ、新タニ公衆ノ尊信ヲ得タル党派ノ重ナル者、更ニ内閣員ニ命ゼラル、ヲ常トス。斯ク英国政治家ハ輿人ノ代理者トシテ廟堂上ニ立ツノ実アルガ故ニ、未ダ曾テ其一己若クハ内閣員一部ノ私心ニ因リテ政ヲ行ナフガ如キコトアラズ。

且ツ一意*ニ輿論ノ傾向如何ヲ察シ、政事ノ之レト牴触シテ人心ヲ激動スルコト莫《なか》ラシメントセザルハ無シ。我邦*ハ立憲政体ノ実行セラル、コト蓋シ甚ダ遠カラザルベシト雖ドモ、今日ニ於テハ未ダ英国政体ニ同ジキコト能ハザルナリ。彼レハ則チ地方自治ノ制最モ完全ニシテ、公選ノ人ヲ以テ其事務ヲ処弁シ、固ヨリ人民ノ意向ニ背イテ擅《ほしいま》マニ断行ヲ為シ若シ不服ヲ其件ニ唱フル者アラバ暴威ヲ以テ之レヲ圧スルガ如キコトアラズ。我邦地方ノ制度ハ稍《ようやく》自治ノ原素ヲ加ヘ、府県会町村会ノ設*アリトハ雖ドモ、亦未ダ英国自治ニ及バザルコト遠シ。彼レハ則チ人民ノ自由権利極メテ鞏固安全ニシテ、其一証ヲ挙グレバ、各人ガ家屋ハ其城壁ニシテ何人ト雖ドモ恣《ほしいま》マニ冒シ入ルベカラズト為シ、些少ノ嫌疑ノ為メニ良民ノ門戸ヲ蹴破シテ其屋内ニ闖入スルガ如キハ之レヲ夢視セント欲スルモ復タ得ベカラズ。我邦人民ノ自由権利ハ維新以来漸ク其鞏固安全ナルニ至リ、殊ニ治罪法*ノ発行ニ由リテ故ナクシテ警吏巡査ノ人家ヲ冒スコトヲ戒メラレタリト雖ドモ、然《し》カモ其自由権利ハ英国人民ガ享有スルモノニ下ルコト幾等ナルヲ知ラザルナリ。請フ、見ヨ、我ガ人民ガ出版ノ自由*、言論ノ自由、集会ノ自由ヲ受クルノ度ハ之レヲ英国人民ニ比シテ其多少果シテ如何《いかん》ゾヤ。又権利ニ関シテ我ガ人民ガ政治上ノ権利ハ、諸《もろもろ》ノ権利中ニ就テ最モ薄弱ナル者ニシテ、英国人民ガ現ニ有スル

不理の原則、国家訴追主義、口頭弁論主義、弁護人制度などの近代的な刑事訴訟法制度の導入をはかった。その第一三三条に「令状執行ノ命ヲ受ケタル巡査ハ被告人其家宅若クハ他人ノ家宅ニ潜匿シタリト思料シタル時ハ其地ノ戸長又其差支アル時ハ隣佑二名以上ノ立会ヲ求メ之ヲ捜索ス可シ。巡査ハ被告人ヲ発見シタルト否トニ拘ハラズ捜索調書ヲ作リ立会人ト共ニ署名捺印ス可シ。家宅捜索ハ日出前日没後之ヲ為スコトヲ得ズ」とあり、第一四八条に「予審判事臨検家宅捜索物件差押又ハ被告人証人ノ訊問ヲ為スニハ書記ノ立会ヲ必要トス。…裁判所外ニ於テ急遽ノ際書記ノ立会ヲ得ルコト能ハザル時ハ立会人二名アルヲ要ス」とある。なお二十三年十月刑事訴訟法の公布により廃止。

出版ノ自由… 元年に無許可の出版を禁止する布告が出され、翌二年新聞紙印行条例で新聞は許可制となり、一般書籍については同二年出版条例が制定(五年改正)され、検閲・免許制・内容制限・罰則などが規定された。八年に許可制から届出制に緩和されたが、同時に讒謗律・新聞紙条例が公布され、政府変改・成法非難をきびしく取締る体制がとられた。また集会条例が

十三年に公布され、結社や集会が届出制とされ、政社間の連絡や屋外集会の禁止、制服警官の臨検による退去・解散を命ずることができること、軍人・教員・警官の結社や集会への参加の禁止などが定められた。

モノトハ年ヲ同《おなじ》ウシテ語ルベカラザルナリ。抑《そもそ》モ彼我内部ノ情況此クノ如ク相懸隔スル所以ハ暫ラク舎《おき》テ論ゼズト雖ドモ、今日ノ急ハ官民ノ別ヲ問ハズ、専ラ力ヲ我ガ内部ノ改良ニ尽シテ、以テ彼我相類似スルノ点ヲシテ、独リ地位ト外部ノ情況トニ止ラシメズ、内部ノ情況モ亦タ実ニ甲乙ナキニ至ラシムルニ在リ。想フニ彼ノ一類ノ論者ハ、我ガ人民ノ幸福安寧ヲ欲セザル乎。我ガ社会ノ繁栄富裕ヲ望マザル乎。何ゾ専ラ外ニ対スルノ手段ヲ論ズルニノミ汲々トシテ、心ヲ内事ノ整頓ニ用ヒザルヤ。外ニ対スルノ手段ハ往々ニシテ人民ノ幸福安寧ト社会ノ繁栄富裕トニ妨障ヲ与フルコトヲ免レズ。何トナレバ此手段ノ為メニハ常ニ多クノ壮夫ヲ駆リテ兵役ニ服セシメ、更ニ大ナル国財ヲ消費スルコトヲ要スレバナリ。彼《か》ノ欧大陸ノ列国ノ如ク、苟クモ専ラ外ニ対スルノ方略ヲ執ルニ非ザレバ、其国ノ独立ヲ保ツベカラザル者ニ在リテハ固ヨリ已ムヲ得ズト雖ドモ、我邦ノ如キハ已ニ今日ノ有様ヲ以テシテ敢テ他国ノ併呑蚕食ヲ畏ルヽヲ要セズ。何ゾ此上ニ外ニ対スルノ方法ヲ主ト為ス可ンヤ。西哲曰ク、自由ハ幸福ノ母也ト。已ニ自由ハ幸福ノ母タルアラバ、繁栄富裕モ亦其産出スル所ナラザルベカラズ。試ミニ宇内ノ邦国ヲ視ヨ。其繁栄富裕ナル者ハ自由ノ行ハルヽ、最モ盛ンナルノ国ナリ。例ヘバ英米普仏ノ如シ。之ニ反シテ貧困不活潑ナル者ハ自由ノ行レザル最モ甚ダシキノ邦ナリ。則チ土耳其《トルコ》埃及《エジプト》等ノ如シ。亦以テ自由ハ幸福安寧繁栄富裕ノ母タルコトヲ証明スルニ足ルベシ。然ラバ則チ彼ノ一類ノ論者ハ勿論、苟クモ我邦人ニシテ人民ノ幸福安寧ト社会ノ繁栄富裕トヲ欲望スルニ於テハ、必ズ先ヅ自由ヲ我邦内ニ盛行セシメンコトヲ要セザルベカラズ。而シテ自由ヲ我邦内ニ盛行セシムルハ、首トシテ内事ヲ改良スルニ非ザレバ能ハザルナリ。是ニ於テカ吾輩ハ大声判断ヲ下ダシテ曰ク、是故ニ今日ノ我邦ハ宜シク内事ヲ急ニシテ外事ヲ緩ニスルヲ以テ最モ得策ナリト為スナリト。

25　国権拡張論（自由新聞）

25解題［明治十七年九月三十日・十月一日・四日・五日］「自由」の、壬午軍乱いらい主基調であった対外強硬論の到達点を典型的に示すもの。「独立権以上ニ於テ国権ヲ拡張スルコト」を主張するこの論説は、II-24とは対照的である。内に激化諸事件、外に清仏戦争という内外情勢のなかで、党組織の保持と激化する急進派少壮党員の統制に、自由党本部が最も苦慮していた時期であった。

国権拡張論

近来世ノ論者ロニ国権拡張ヲ説カザルハ無シ。然レドモ真ニ之レヲ拡張スルノ方法如何《いかん》ニ至リテハ、吾輩未ダ論者ノ之ヲ陳出シテ遺憾ナカラシムル者アルヲ見ザルナリ。或ハ曰ク、弱肉強食今日ノ有様ノ如キ禽獣社会ニ於テハ、決シテ道理道徳ヲ頼ムベカラズ、今日ノ親友モ明日ハ変ジテ讐敵ト為ルガ如キコト往々之レ有リ、故ニ我邦ニシテ我独立権ヲ全フシテ、復タ外侮ヲ受ケザラント欲セバ、其要必ズ先《ま》ヅ海陸軍ヲ強盛ニスルニ在リト。或ハ曰ク、我邦ノ未ダ欧米邦国ニ対シテ同等ノ権利ヲ得ルコト能ハズ、常ニ動《やや》モスレバ其軽ンズル所ト為ルモノハ、他ナシ、我ガ文化ノ猶ホ深カラズシテ事々不完全ナル者多ク、彼レヲシテ信ヲ我邦ニ置カシムルニ足ラザルノ致《い》タス所ナリ、是故ニ我邦ハ専ラ務メテ文化ノ進歩ヲ謀リ、百事ノ完備スルヲ期スベシ、然ラバ則チ我邦ガ欧米ニ対シテ同等ノ権利ヲ得難キヲ憂ヘザルナリト。蓋シ論者ガ国権拡張ノ方法トシテ纔《わず》カニ陳出シタル所ハ此二様ノ旨趣タルニ過ギザルガ如シ。是レ果シテ我ガ国権拡張ノ方法タルヲ得ルモノナル乎。甲論者ハ武力ニ依リテ独立権ヲ全フセントスルニ止リ、乙論者ハ文化ヲ進メテ我ガ権利ノ欧米邦国ニ同ジキヲ得ントスルニ止ルモノナリ。若《も》シ夫《そ》レ現今我ガ国権ノ条約上ニ毀損セラレテ、其他猶ホ時ニ彼レノ軽侮ヲ受クルヲ免レザルノ情況ヨリシテ考フレバ、其更ニ進ンデ我ガ独立権ヲ全《まっと》フシ、彼我同等ノ有様ヲ為スニ至ルコトハ国権ノ拡張ニ相違ナキガ如シ。然リト雖ドモ、此《か》クノ如キハ之レヲ国権ノ拡張ト言ハンヨリハ、寧ロ国権ノ回復ト称スルノ至当ナルヲ見ルナリ。何トナレバ独立国ナルモノハ其権利必ズ他ノ独立国ニ同ジカルベクシテ、決シテ之レニ劣ルベカラザルベキニ、偶然ノ勢曾《かつ》テ我邦ヲシテ現今ノ如キ地位ニ陥ラシメタリ。而シテ今ヤ自カラ力ヲ尽シテ独立国本来ノ有様ニ復帰セント要スレバナリ。試ミニ思へ、人ノ為メニ財産ノ一部ヲ損害セラレタル者ガ、其損害ヲ要償シテ之レヲ得タルヲ名《なづ》ケテ財産増殖トハ言フベカラズ。之レト同一理ニシテ我邦ガ曾テ欧米邦国ノ為メニ損害セラレタル国権ヲ回復スルヲ以テ国権拡張トハ称スベカラズ。去《さ》レバ論者ノ説ク所ノ如ク国権回復ノ為メニ止マル文武二様ノ方法ハ、未ダ以テ真ニ我ガ国権ヲ拡張スルニハ足ラザルナリ。

然ラバ則チ国権拡張トハ何ゾヤ。独立権以上ニ於テ国権ヲ拡張スルコト、即チ是レナリ。彼ノ欧洲列国ノ景況ヲ見ヨ。白耳義《ベルギー》丁抹《デンマーク》和蘭《オランダ》瑞西《スイス》等ノ小国ト雖ドモ、其独立権ノ鞏固ナルニ至リテハ敢テ魯英普仏等ノ大邦ニ異ナルコト無ク、常ニ相互ヒニ同等ノ権利ヲ以テ交際ヲ為スナリ。然レドモ国権ノ伸縮ニ至リテハ、此等ノ邦国間自カラ大ナル差異アルヲ致セリ。即チ魯英普仏ノ国権ハ至大至盛ニシテ、其啻《ただ》ニ欧洲大陸ニ赫々《かくかく》＊タルノミナラズ、世界各国ノ人ヲシテ遥カニ之ヲ欽仰＊セシム。之レニ反シテ白丁蘭瑞ノ国権ハ至小至衰ニシテ、其国欧洲大陸ニ在レドモ欧人且《か》ツ之ヲ歯牙ニ介セズ。況ンヤ遼遠ナル邦国ノ民ニ於テヲヤ。其国名モ亦殆ンド之レヲ知ラザルモノ比々トシテ是レナリ。此ニ由テ之ヲ観レバ、苟クモ国権ヲ拡張

赫々　あらわれて盛んである。
欽仰　うやまいあおぐ。

セント欲セバ白丁蘭瑞ノ如クニシテ安ンズベカラズ。必ズヤ魯英普仏ノ如クナランコトヲ期セザルベカラズ。此ヲ是レ独立権以上ニ於テ国権ヲ拡張スル者ト為スナリ。然リト雖ドモ国権ヲ拡張スル、決シテ容易ニ非ズ。単ニ欧大邦ニ倣《なら》フテ海陸軍ヲ盛ンニスルモ、以テ其目的ヲ達スベカラズ。又欧大邦ニ倣フテ文化進歩ヲ図ルモ、亦以テ其目的ヲ達スベカラズ。吾輩請フ、細カニ其理ヲ述ベン。

抑《そもそ》モ我ガ限リアルノ国力ヲ以テ支弁スル所ノ海陸軍ハ、其強力亦《また》自カラ限リ無カルベカラズ。今我ガ国力遠ク魯英普仏ニ及バズシテ、而シテ敢テ俄《にわ》カニ魯英普仏一般ノ海陸軍ヲ備有スルコト能ハザルハ固《もと》ヨリ論ヲ俟タズ。且ツ試ミニ彼我国力ノ差異ヲ左ニ示スベシ。

魯国歳入	六千三百十万零七千七百十五磅《ポンド》
英国歳入	八千五百八十二万二千二百八十一磅
普国歳入	四千五百六十五万三千五百二十磅
仏国歳入	一億一千四百零九万一千四百零一磅
日本歳入	一千三百七十一万四千七百九十九磅

我邦ノ歳入ヲ以テ仏国歳入ニ比スレバ其十分一ニモ及バズ。又四大国中歳入最モ少ナキ普国ニ比スルモ猶ホ其三分ノ一ニ及バズ。国力ノ懸隔甚《はなは》ダシト謂フベキナリ。然ラバ則チ、若シ我邦ニシテ英仏ニ髣髴《ほうふつ》タル海軍ヲ備ヘ、魯普ニ匹敵スベキ陸軍ヲ設ケントスレバ、必ズ先ヅ此等ノ邦国一般ノ国力ヲ養成スルニ非ザレバ能ハズ。然ルニ国力養成ノコトハ舎《おき》テ顧ミズ、猥《みだ》リニ海陸軍ヲ盛ンニスルノ末ヲ勉メバ、国力却テ益《ますま》ス衰弱シテ国権モ亦従フテ退縮スルニ至ルベシ。又文化進歩ハ百事隆盛ノ原《もと》ナリト雖ドモ、而《し》カモ是レノミヲ以テ国権ヲ拡張スベ

カラザルコトハ、彼ノ欧洲小国ノ事ヲ以テ十分ニ証スベキナリ。白耳義《ベルギー》ト云ヒ丁抹《デンマーク》ト云ヒ和蘭《オランダ》ト云ヒ瑞西《スイス》ト云ヒ、其文化進歩ノ有様ニ至リテハ毫モ他ノ大国ニ譲ラザルノミナラズ、或ハ事ノ他ノ大邦ニ優ルモノ往々之レ有リ。然ルニ其国権ハ至小至衰ナルコト已ニ説ク所ノ如ク、常ニ他ノ諸大邦ノ威風ニ圧倒セラレテ纔《わず》カニ文化ヲ小境ノ内ニ守リ、殆ンド彼ノ盆池仮山ノ小風景ニ安ンジテ名山大川ノ真域ヲ跋渉スルノ気力ナキ者ト一般相似タリ。文化ニシテ独リ能《よ》ク国権ヲ拡張スルニ足ルモノナラシメバ、白丁蘭瑞ハ何ゾ遂ニ此クノ如キニ至ランヤ。然ラバ則チ国権拡張ハ果シテ如何セバ則チ之ヲ為シ得べキ乎。国力ノ許《ゆ》ルス所ニ従フテ兵備ヲ為ス可《べき》ナリ。又民智ノ進ム所ニ従フテ文化ヲ促ガス可ナリ、而シテ要スル所ハ、退守ルノ卑屈心ヲ去リ進ンデ取ルノ勇気ヲ鼓動シ、屈セズ倦《う》マズ、以テ国力ヲ養成スルニ在リ。国力已ニ養生セラル、国権拡張ハ求メザルモ自カラ成ルベキナリ。

按ズルニ国力ヲ養成シテ国権ヲ拡張スルノコトハ、其邦国ノ情況如何《いかん》ニ由リテ之レガ方法ヲ一ニセザルナリ。例ヘバ北米合衆国ノ如ク境土広大ニシテ人口蕭疎《しょうそ》*ナル者ハ、沃野千里棄テ、耕サヾル処多ク、山海ノ利亦剰《またあま》シテ顧ミズ。即チ実ニ造化無尽蔵ノ遺利*ヲ其邦内ニ有スルヲ常トス。此クノ如キ邦国ニシテ果シテ国力ヲ養成セント欲セバ、只合《ま》サニ其棄テ、耕サヾルノ沃野ヲ耕ヤシ、剰シテ顧ミザル山海ノ利ヲ挙ゲ、以テ造化無尽蔵ノ遺利ヲ拾収スベキナリ。是ヲ以テ合衆国政府ハ常ニ外事ニ関係セズシテ専ラ力ヲ内国ノ事ニ費ヤシ、物産ノ繁殖ヲ奨励シ製造ノ隆興ヲ保護シ、且ツ外人ノ来*リテ其国ニ移住セントスル者ノ為メニ便利ヲ与ヘテ毫モ吝《おし》ム所アラズ。其然ル所以《ゆえん》ハ他ナシ、国力ヲ養成シテ国権ヲ拡張スルノ目的ヲ

蕭疎　まばら。

遺利　開発されないで放置されている利益。

外人ノ来リテ…　米国では一八四八年のカリフォルニア州の金鉱発見以来のゴールド・ラッシュ、六九年の大陸横断鉄道の完成による鉱山開発の促進によって多くの労働力を必要としたため、多くの移民を受け入れた。

達セントスルノ政略ニ之レ因ルナリ。試ミニ近年合衆国ノ情況ヲ示セバ、左ノ如シ。

聯邦三十八ノ平方里　其人口
二、〇八六、七六〇　四九、三七一、三四〇
編制地方ノ平方里　其人口
八六七、六二〇　五〇、二六二、八三四
不編制地方　其人口
五、七四〇
総計平方里　総計人口
三、六〇二、二九〇　五〇、四四二、〇六六

此総計平方里中ニハデラワル*、ラリタレ*、ニウヨルク*湾地七百二十平方里ヲ含蓄シ総計人口中ニハ土人十七万九千二百三十二人ヲ合算セシモノト知ルベシ。

又此総計平方里ヲ以テ仏蘭西全国二十万零四千零九十二平方里ニ比スレバ、多キコト三百三十九万八千百九十三平方里ニシテ、概ネ仏国ノ十七倍強ニ当ル。然ルニ其総計人口ヲ以テ仏国人口三千七百六十七万二千零四十八人ニ比スレバ、多キコト僅カニ一千二百七十六万零々十八人ニシテ未ダ其一倍*ニモ及バザルコト遠シ。乃《すなわ》チ以テ合衆国ノ地広クシテ民少ナキコトヲ見ルベキナリ。而シテ其不住不耕ノ土地ハ聯邦及ビ地方ノ中ニ含有シ、其地ヲ分ツテ両種ト為シ、一種ハ一「ヱクル*」(我が四十四万零六百八十平方尺)ニ付キ地価一弗《ドル》二十「セント」、他ノ一種ハ一「ヱクル」ニ付キ地価二弗五十「セント」ニシテ、望ム者ハ何人《なんびと》ニテモ之レヲ払ヒ下グルヲ得ルト云フ。合衆国ノ情況此《か》クノ如シ。其政府ガ手ヲ邦外ニ下サズシテ専

デラワル　デラウェア州。**Delaware.** 独立一三州のうちの一つ。
ラリタレ　未詳。ただしハドソン川の支流にラリタン川 **Raritan** があり、ニュージャージー州を流れていることから、あるいはニュージャージー州をいうか。
ニウヨルク　ニューヨーク州。**New York.**
一倍　二倍の古い言い方。
ヱクル　エーカー。

ラ力ヲ国内ニ用ヒ、以テ其国力ヲ養成シテ国権ヲ拡張セント要スルモノハ、洵《まこ》トニ適当ノ手段ナリト謂フベシ。

然リト雖ドモ、其邦境合衆国ノ如ク大ナラズ、加フルニ民衆已ニ邦境内ニ充満シテ地ノ復《ま》タ闢クベキ無ク、山海ノ遺利モ亦甚ダ多カラザル者ニ至リテハ、其国力ヲ養成シテ国権ヲ拡張スルノ方法自カラ大ニ異ナル所ナカルベカラズ。何ントナレバ邦内ノ事業ヲ以テ国力ヲ養成スルノ原素ハ略ボ已ニ尽キ、縦令《たとい》多少ノ遺利ナキニ非ラザラシムルモ、其遺利ヲ拾収スルガ如キハ更ニ其国権ヲ拡張スルニ足ルノ効ナキモノナレバナリ。吾輩ハ今英国ヲ以テ之レヲ論証セン。彼《か》ノ*蕞爾《さいじ》タル*英愛蘇ノ聯邦王国ハ洋中ニ孤立シテ、欧洲大陸ト*接壌セズ。其天然ノ嶮要ニ拠ルガ故ニ、古来欧大陸争乱ニ際シ英雄豪傑ガ利牙鋭爪ノ害ニ罹ルコト少ナク、羅馬《ローマ》兵及ビノルマン人ガ前後侵略ヲ為シタルヲ除キ、常ニ能《よ》ク其独立ヲ維持シタリ。然リト雖ドモ唯《た》ダ其独立ヲ維持シタリト云フニ止マリ、国権ノ拡張シテ勢威ノ欧洲ニ赫々タルガ如キコトハ当時未ダ之アラザルナリ。而シテ其国権ノ今日ノ如ク盛ンナルニ至リシ所以ハ如何ト考フルニ、蓋シ全ク其殖民事業ヲ海外ニ営ミタルノ致《い》タス所ニ外ナラザルナリ。試ミニ英国ヲシテ手ヲ邦外ニ着セズ、只管《ひたすら》其内地ノ事ニノミ汲々タルコト合衆国ノ如クナリシト仮定セヨ。其如何ニ勉励努力スルモ、要スルニ蕞爾タル邦境内ニ於テ三千五百余万ノ人民ガ為ス所ノ事業ニシテ、其際限アルヤ勿論ナリ。而シテ英民ノ為ス所ハ仏民モ為スベク米民モ為スベク、其他総ベテノ文化略ボ英人ニ同等ナル国民ハ亦必ズ之ヲ為スベシ。然ラバ則チ英国ノ国力ハ、到底彼ノ其地英国ヨリモ広ク其民英国ヨリモ多キ仏米其他ノ国力ニ及ブベカラズ。従テ其国権モ亦仏米等ニ劣ルコト数等ナラザルベカラザル理ニ非ズヤ。然ルニ今ヤ実際然ラ

蕞爾　小さいさま。
英愛蘇　イングランド、アイルランド、スコットランド。
接壌　地続き。

ズ。英国ノ国力大ニシテ国権ノ盛ンナルコト仏米ニ優ルアルモ及バザルナキモノハ、他ナシ、其海外諸領ノ甚ダ多キガ為メナリ。其本国歳入ハ八千五百八十二万二千二百八十一磅《ポンド》ナリト雖ドモ、印度《インド》其外重《おも》ナル海外領所ノ歳入ハ亦甚ダ大ニシテ、或ハ之ヲ以テ陸軍ヲ備有シ或ハ巡回艦ノ費ヲ助クルガ如キコトモ有リ。即チ本国ト海外諸領トニ由リテ大ナル国力ヲ養成シ、遂ニ其国権ヲシテ特《ひと》リ欧洲ニ輝クノミナラズ、遠ク宇内ニ赫々トシテ所謂《いわゆる》海中王ノ称号ヲ受ケ、人ヲシテ窃《ひそ》カニ其盛ヲ羨マシムルニ至レリ。

夫レ果シテ此クノ如シ。苟クモ英国一致ノ邦国ニシテ、国土已ニ闢《ひら》ケ人口亦已ニ多ク、甚ダ勉メテ遺利ヲ拾収スルト雖ドモ以テ大ニ其国権ヲ拡張スルニ足ラザル者ハ、手ヲ邦外ニ下シテ計画スル所ナカルベカラザルナリ。見ヨ、彼ノ日耳曼《ゲルマン》ハ既ニ欧大陸ニ強大ナルヲ以テ数ヘラル、者ノ一ニシテ、国権モ亦已ニ拡張シタリト言フヲ妨ゲズ。然ルニ其猶ホ更ニ国権ノ拡張ヲ要スルヤ、最早《もはや》其本国内ノ事業ヲ以テシテ其目的ヲ達スベカラザルヲ知リ、即今頻《しき》リニ海外殖民ヲ計画シテ已マズ。噫《ああ》国権ノ既ニ拡張シタル日耳曼スラモ且ツ然リ。況ンヤ国権ノ微弱ヲ感ジ汲々トシテ之レヲ拡張セント欲スル者ニ於テヲヤ。必ズ彼ノ日耳曼ニ過グル数倍ノ熱心ト注意トヲ以テ、海外ニ着手スルノ機会ヲ俟タザルベカラザルナリ。

抑《そもそ》モ我邦ハ海中ノ一島国ニシテ、其地狭クシテ民多キコト殆ンド英国ニ類似スル所アリ。而シテ東辺ノ一部及ビ北海道ノ如キハ猶ホ未ダ開拓移民ヲ要スルノ処ナキニ非ズト雖ドモ、而《し》カモ吾人ガ汲々トシテ此事業ヲ大成スレバ、以テ大ニ我ガ国力ヲ増加シ従フテ国権ヲ宇内ニ拡張スルヲ得ベシトハ為スベカラザルナリ。故ニ吾輩ハ以謂《おもえ》ラク、我邦ニシテ果シテ国権ヲ拡張セント要セバ、奥羽ノ一辺及ビ北海道ノ開拓移民ノ如キハ瑣々タル事業ノ外ニ於テ為ス所ナカルベカラズ。即チ彼ノ曾テ英国ヲシテ其国権ノ拡張ヲ得セシメタル海外植民事業ヲ計画セザルベカラザルナリ。然リト雖ドモ今日ノ世界ハ其ノ情況甚ダ千七百年代ト異ニシテ、彼ノ西班牙《イスパニア》葡萄牙《ポルトガル》英吉利《イギリス》仏蘭西《フランス》ガ当時ニ於テ、呑噬ヲ亜細亜《アジア》亜米利加《アメリカ》豪太洲ニ擅《ほしいま》マニシタルガ如キ事ハ、蓋シ必ズ之レヲ行フニ容易ナラザルベシ。見ヨ、欧洲ノ強国ハ已ニ宇内ノ遺壌若《も》シクハ無主ノ島嶼ヲ占領シテ剰ス所ナク、其盛ンナル者ハ一大新国ト為リ、盛ンナラザル者モ一ノ植民地タルヲ失ハズ。而シテ偶《たま》マ棄テヽ顧ミザルノ地ナキニ非ザルモ、要スルニ此クノ如キハ悪候瘠土ニシテ、之ヲ得ルモ損アリテ益ナキモノニ外ナラズ。否《しか》ラザレバ則チ独立ノ邦国ニシテ、遠ク欧洲ヨリ夥多ノ軍隊ヲ遣発シテ征スルニ非ザルヨリハ、得テ之ヲ得ルコト能ハザルモノト為ス。例ヘバ暹羅《シャム》朝鮮亜珍*其他ノ国々ノ如キ是ナリ。宇内ノ現状果シテ此クノ如クナラバ、縦《たと》ヒ我邦ニシテ海外植民ノ事業ヲ為サント欲スト雖ドモ、復《ま》タ殆ンド手ヲ着クルノ所ナキガ如シ。噫夫《ああ》レ如何《いかん》セバ則チ以テ其計画ヲ逞《たくまし》ウスルコトヲ得ベキヤ。

蓋シ我邦ガ亜細亜東方ニ於テ、此ノ事業ヲ為スニ関シテ欧洲邦国ニ優ル幾層ノ便利ナキニハ非ズ。其遠近便否ノ相異ナル者、即チ是レナリ。試ミニ清仏開戦以来仏国ノ挙動如何ヲ察セヨ。彼ノ堂々タル欧洲屈指ノ強大国ヲ以テシテ、咄嗟《とっさ》ニ数万ノ精兵ヲ遣発シテ一挙ニ北京ニ攻入リ、速《すみや》カニ事ヲシテ結局セシムル能ハザルモノハ何ゾヤ。其清国ト千里ノ海山ヲ隔ツルニ由リ、勉メテ航海時間ヲ減ズルモ猶ホ二十余日ヲ要シ、加フルニ軍隊糧食運送ノ為メニハ極メテ巨大ノ費額ヲ消セザルヲ得ズシテ、一方ニ足ラザルノ兵ヲ出スモ本国会計上非常ノ困難ヲ感ズルヲ以テナリ。若シ我邦ヲシテ此戦争ニ関スル仏国ノ地位ニ立タシメン歟。数日

亜珍　アチェ Aceh.　スマトラ島北端部にあって、胡椒の産地として著名であり、早くからイスラム教が定着し、一六世紀には王国を形成していた。しかし、スエズ運河の開通により、マラッカ海峡の重要性が高まったことから、一八七三(明治六)年オランダが武力侵略を開始し、アチェ戦争がはじまっていた。岩倉使節団に随行した久米邦武の「米欧回覧実記」はその「榜葛剌(ベンガラ)海航程ノ記」の中に、風土を紹介するとともに、「エッシーン」(アチェ)とオランダの戦争を詳しく紹介している。八―九年頃の「朝野」の海外新報欄には戦争の早期終結を予測した記事が散見されるが、民衆の抵抗は頑強で、二〇世紀初頭にまでいたる長期戦争となった。

ヲ出デズシテ十万ノ兵ヲ出スハ決シテ至難ニアラザルベキナリ。已ニ此便利アリテ而シテ更ニ加フルニ敏捷ノ政略ヲ以テシ、我ガ実力ヲ用フルコト成ルベク少ニシテ、其利益ヲ得ル成ルベク大ナランコトヲ要セバ、何ゾ必ズシモ其計画ノ行ハレザルヲ憂ヘンヤ。英国ガキプルス島ヲ領セシハ魯土戦争ニ就テ其政略ノ巧ミナリシノ結果ナリ。而シテモンテネグロ、セルビア等ノ土耳其《トルコ》ノ羈絆ヲ脱シテ独立ヲ得タルモ、又希臘《ギリシア》国ガ土耳其ノ為メニ曾テ狭バメラレタル境界線ヲ回復シ得タルモ、共ニ皆魯土戦争ヲ時トシテ計画其機ニ当リタルノ結果ナリ。去《さ》レバ邦外着手ノ事ハ固ヨリ我ガ実力ノ多少ニ比準スベキナレドモ、其政略ノ如何ニ由リテハ、甚ダ我レヲ労スル無クシテ良好ノ美果ヲ収メ得ルニ足ルベキナリ。

今ヤ亜細亜ノ形勢ヲ観ルニ、其邦国ハ概《おおむ》ネ皆数百千年ノ旧態ヲ株守*シテ現世ニ処スルノ事務ヲ知ラズ。之ヲ誘導スルモ蒙ニシテ遷《うつ》ラズ、之レヲ刺衝スルモ頑ニシテ感ゼズ、為メニ欧洲邦国ヲシテ其蒙昧頑陋ナルヲ侮リ、事ニ托シテ其禍心ヲ逞ウスルニ至ラシメ、即《すなわち》印度《インド》ハ夙《つ》トニ英国ノ領有スル所ト為リ、亜業加《アフガン》ハ纔《わず》カニ独立ノ名ヲ保ツト雖ドモ、亦是レ半バ英国主権ノ下ニ在リト謂フベシ。安南ハ仏国ノ殆ンド併呑スル所ニシテ、中央亜細亜及ビ満州ノ一辺ハ魯国ガ漸ク蚕食スル所ト為レリ。噫《ああ》此形勢ニシテ変化スルコト無ケレバ欧洲強国ガ亜細亜ニ於テスルノ併呑蚕食ハ年一年ヨリモ多ク、終ニ亜洲邦国ノ独立ハ全ク彼レノ為メニ破壊セラル、ノ惨況ヲ生ゼンモ亦知ルベカラザルナリ。想フニ今日欧洲強国ガ未ダ其根拠ヲ亜細亜東洋ニ固ウセザ〔ル〕時ニ於テスラモ、我邦ハ彼レニ対シテ同等ノ国権ヲ有スルコトヲ難《な》ンズル情況ナキニ非ズ。然ルニ彼ノ邦国ヲシテ併呑蚕食ヲ亜細亜東洋ニマデモ逞ウセシムル

株守 守株に同じ。古い習慣をいつまでも守ること。

ニ至レバ、我邦ハ則チ直チニ欧洲強国ト比隣シ、其地位恰カモ白耳義《ベルギー》瑞西《スイス》和蘭《オランダ》等ガ魯英普仏ノ間ニ介立スルガ如クニシテ、其独立権ヲ保ツモ決シテ容易ナラズ。復タ何ノ遑《いとま》アリテカ国権ヲ拡張スルコトヲ得ンヤ。去レバ我邦ハ*天ノ未ダ陰雨セザルニ於テ牖戸《ゆうこ》ヲ綢繆《ちゅうびゅう》スルヲ勉メザルベカラズ。更ニ之ヲ詳言スレバ欧洲強国ガ未ダ其意ヲ亜細亜東洋ニ逞ウセザルニ当リテ、自カラ進ンデ我ガ国権ヲ拡張スルノ手段ヲ行ナハザルベカラザルナリ。

夫《そ》レ此クノ如キノ理由アルヲ以テ、我邦ガ海外着手ノ順序ハ先ヅ其近キヨリ始メザルベカラズ。然リト雖ドモ、吾輩ハ決シテ欧洲邦国ノ所為ニ倣フテ、猥リニ併呑蚕食ヲ為《なさ》ンコトヲ主トスルモノニ非ザルノミナラズ、却テ実ニ亜洲ヲ興起スルノ精神ヲ以テ其事業ヲ勉メントス。今夫《そ》レ亜洲一般ノ共ニ憂フル所ノモノハ、欧洲人ノ跋扈跳梁ナリ、併呑蚕食ナリ。然ルニ自カラ之ヲ防グコト能ハザルモノハ、他ナシ、其蒙昧固陋ニシテ十九世紀ノ文化ニ感染セザルノ致《い》ス所ナルノミ。而シテ十九世紀ノ文化ヲ採取シテ、已ニ甚ダ欧洲ニ恥ヂザル者ハ亜細亜洲中唯《ただ》我ガ日本ノミナルニ非ズヤ。故ニ亜細亜ノ先進タル我邦ハ、道徳上又必要上ニ於テ此亜洲ノ衰運ヲ救ハザルヲ得ズ。之ヲ救フノ道固《もと》ヨリ一ナラズト雖ドモ、或ハ我レヲ以テ直チニ其主権ヲ掌握シテ政道ヲ改革シ民心ヲ奮興シ、或ハ我レヲ以テ其国事ヲ監護シテ文化ノ進歩ヲ図リ、又一方ニ於テハ彼我ノ貿易ヲ奨励シ我ガ文化ノ民ヲシテ彼ノ後進ノ民ニ接触セシメ、以テ其感化ヲ促ガス等ノ如キハ蓋シ最モ効力ノ迅速ナルモノナルベシ。我邦ガ海外着手ノ挙動ハ果シテ亜洲ノ衰運ヲ救ヒ得ルノ方法タルコト此クノ如シトセバ、縦《たと》ヒ其形跡ノ偶《たまた》マ併呑蚕食ニ類スルアルモ復タ何ゾ之ヲ意トスルニ足ランヤ。

吁嗟《ああ》虎視眈々其慾遂々タルモノ、東西南北ヨリ近ヅキ来リテ亜洲ノ安寧ヲ破ブリ、亜洲ノ

注

天ノ未ダ…　災いを未然に防ぐことの喩。出典→一三〇頁

利益ヲ害シ遂ニ其諸邦国ヲシテ独立ヲ失ハシメントス。幸ヒニ我邦ハ改良進歩ノ途ニアルヲ以テ、決シテ容易ニ其禍ヒニ罹ルベカラズト雖ドモ、彼ノ欧強国ガ各々《おのおの》競フテ亜洲ニ進入シ、一大邦国ヲ我ガ近隣ニ造出スルニ於テハ、我邦ノ独立モ岌々乎《きゆうきゆうこ》トシテ其レ危フカラズヤ。去レバ苟クモ愛国ノ人タルモノハ我邦ノ危害ヲ未発ニ防ギテ、国権ノ大ニ海外ニ拡張センコトヲ計画セズンバアルベカラズ。然ルニ現今我邦ノ情況ヲ視察スルニ、諸人ノ熱心ハ一ニ国内ノ事件ニ集リ紛々擾々、野ニ議シ、巷ニ論ジ、其壮年血気ノ甚シキモノニ至リテハ老成ノ説ヲ容レズシテ往々＊違法ノ挙動ヲ為シ、頗《すこ》ブル社会ヲシテ驚惶セシムル所アルヲ免レズ。而シテ政府モ亦《また》之レガ為メニ甚ダ心ヲ内事ニ労シテ、社会ノ安寧ヲ保護スルニ汲々タラザルヲ得ズ。此クノ如ク官民相共ニ専ラ心ヲ内事ニ注グニ於テハ、勢ヒ自ラ我邦ノ一大利害タル国権拡張ノ事ヲ緩緩ニ付シ去ルノ弊ナシト為スベカラズ。啻《ただ》ニ此《この》弊ナキニ非ザルノミナラズ、彼《か》ノ紛々擾々トシテ官民相軋轢スルノ事ハ、実ニ容易ナラザルノ害ヲ我邦ニ及ボスモノナリ。苟クモ心アルモノ豈《あに》之ヲ嫌悪セザルコトヲ得ンヤ。想フニ彼ノ壮年有志等ノ熱心ヲシテ、内事ヨリ転ジテ外事ニ向ハシメ、政府ハ則チ之ヲ利用シテ大ニ国権拡張ノ方法ヲ計画スルヲ得バ、内ハ以テ社会ノ安寧ヲ固ウシ外ハ以テ国利ヲ海外ニ博スルニ足ルニ非ズヤ。吾輩ヲ以テ之ヲ考フルニ、政府ニシテ果シテ此クノ如クナラシメント要セラルレバ、其事敢テ至難ニハ非ザルガ如シ。抑モ今日輿人ノ深ク政府ニ向フテ望ム所ノモノアルベシ。而シテ彼ノ壮年人士ハ之ヲ望ムノ最モ切ナルガ故ニ、時ニ誤リテ違法ニ陥ルモノナルガ如シ。若シ果シテ然リトセバ、政府ニシテ能ク輿望ノ在ル所ヲ察シテ施コサル、有ラバ、其是レマデ内事ニ集マリタルノ熱心ハ容易ニ転ジテ、外事ニ向フコトヲ得、以テ国権回復ノ談判ヲ声援セシムベク、

25 **違法ノ挙動**　直前に起きた群馬事件や加波山事件などの激化事件をさす。

以テ海外着手ノ労ヲ負担セシムベク、以テ国権ヲ海外ニ拡張スルノ事ヲ共ニスベシ。其益豈《あに》小ナリト為《な》サンヤ。*兄弟牆《けいていかき》ニ鬩《せめ》グモ外其侮リヲ禦《ふせ》グハ千古ノ確言ニシテ、而シテ実ニ今日ノ要務ナレバ、吾輩ハ政府ニ於テ国権拡張ノ為メニ必ズ良図ヲ選択セラルベシト信ズルナリ。

26　東洋諸国は万国公法の利益を分取せず（東京横浜毎日新聞）

東洋諸国ハ万国公法ノ利益ヲ分取セズ

西人ノ言ニ曰ク、万国公法ハ弱国ヲ保護スルノ器械ナリ。故ニ古来有名ナル公法学者*ハ多ク小弱ナル国ヨリ出デタリ。蓋シ此等小弱ナル邦国ノ人民ハ腕力ノ到底強大ナル邦国ニ敵ス可カラザルヲ知リ、道理ヲ以テ一国防禦ノ器械トナサントノ感ヲ発スレバナリト。此説一応ノ理ナキニアラズ。彼《か》ノ普通一般ノ法律ガ強暴者ヲ制シテ小弱者ヲ保護スルモ略《ほぼ》之レト理ヲ同《おなじ》フスルナリ。然レドモ亜細亜《アジア》地方近時ノ状ヲ見レバ、万国公法ハ小弱者ヲ保護スルノ器械ニアラズ。寧ロ強大者ノ利用スル器械ナリト思ハシムルノ疑アルナリ。白耳義《ベルギー》瑞西《スイス》ノ如キ欧洲中ノ小国ナリ、此等ノ小国ニシテ若シ亜細亜地方ニアリシナランニハ、此国ハ疾クニ印度《インド》ト運命ヲ同フスルニアラザレバ安南《アンナン》緬甸《ビルマ》ト運命ヲ同フシタルコトナル可シ。幸ニ彼レ欧洲大陸内ニ在ルガ故ニ、幾分カ万国公法ヲ利用スルヲ得テ、四隣ノ強大国ヨリ侮辱ヲ受クルコト差《や》ヤ少《すくな》シ。故ニ永久中立ノ地位ヲ保ツヲ得ルナリ。然《しかれ》ドモ亜細亜ノ小国ニ至リテハ之レト同

兄弟牆ニ鬩グモ…　「兄弟鬩二于墻一外禦二其務一」（詩経）。兄弟どうしうちわもめをしていても、外からの侮りには、ともに抗してふせぐの意。

26解題［明治十七年十月十日］清仏戦争をめぐるフランスとドイツの政略を例証として、万国公法を権謀術数の具として恥じない欧州列強の外交政略を批判した論説。これとほぼ同じ基調の列強批判の論説として、「報知」の「欧州ノ大勢ヲ論ジテ仏清事件ノ局勢ヲ断ズ」（十七・九・十八〜二十）、「東日」の「欧州ノ侵略主義」・「欧州ノ武備」（十七・十・二〜三）など。

有名ナル公法学者…　たとえば近代国際法学を基礎づけたグロティウス Grotius（一五八三―一六四五）はオランダからでた。

安南東京…　↓一四三頁注「安南王国」。また↓補注「清仏戦争」

トルキスタン…　↓一四二頁注「都耳基坦…」

未ダ開戦ヲ布告セズ　清国の場合は一八八四(明治十七)年八月二十六日に宣戦布告しているが、筆者はこれは国際法上不十分なものとみなしたか。

様ニ公法ヨリ生ズルノ利益ヲ受クルヲ得ズ。苟《いやしく》モ一タビ欧州強国ノ垂涎スル所トナラバ、早晩其強国ノ為メニ掠奪セラル、ヲ免レズ。其掠奪ノ時ニ当リテハ、道理モ取ツテ以テ小弱国ヲ防禦スルノ利器トナラズ。万国公法モ砲丸ニ対シテ其脆《もろ》キコト朽木ノ如ク、一撃ノ下ニ破壊セラレザルコト甚ダ稀ナリ。*安南東京《トンキン》ノ如キ、拿破翁《ナポレオン》三世ノ頃ヨリ既ニ仏国ガ垂涎スル所ニテアリシガ、仏国ハ今日ニ至リ其目的ヲ達シ、都合ニ依レバ進ンデ清国ノ南辺ヲモ掠有セントセリ。*トルキスタン地方ハ久シク魯国ガ垂涎セシ所ナルガ、今日ニ至リ魯国ハ略《ほ》ボ其目的ヲ達シ夫《それ》ヨリ進ンデ波斯《ペルシア》、亜非業《アフガン》迄モ進入セントスルノ勢ヲ為セリ。波斯、亜非業ニシテ欧洲大陸中ニアル邦国ナランニハ、魯国ノ進撃モ種々ノ障碍ヲ生ズベシト雖ドモ、此二国モ不幸ニシテ亜細亜部内ニ在ル者ナレバ、早晩露国ノ併呑ヲ免ル、能ハザルコトナラン。是レ亜細亜ニ位スル邦国ハ毫モ万国公法ヲ利用シテ強大国ノ暴力ヲ防禦スル方便ナケレバナリ。

亜非業、波斯ノ諸国ハ亜細亜洲中ニ在リテモ弱国ナレバ、欧洲強国ガ之レニ向テ欲スル所ヲ恣《ほしいまま》ニスルハ怪ム可キニアラザレドモ、亜細亜洲中ニ在リテハ強国ト呼バル、清国スラモ万国公法ハ一モ取リテ以テ利トスルヲ得ズ。読者ノ既ニ知ル如ク、今回清仏ノ紛議タル交戦国ハ双方共ニ*未ダ開戦ヲ布告セズ。清国ハ其国内ニ向ツテ開戦令ノ如キ者ヲ発シタレドモ、未ダ交通諸国ニ向ヒ開戦ノ通知ヲ為サズ。従ツテ交通諸国モ未ダ中立ノ布告ヲ出サズ。軍用品モ自由ニ売買シ、香港造船所ノ如キモ憚《はばか》ラズシテ仏国ノ軍艦ヲ修繕シタリト云フ。又自余ノ交通国モ今日迄中立ヲ布告シタルヲ聞カザレバ、清仏ノ間ニ戦争アルモ交通諸国ハ未ダ公ニ開戦ヲ見《み》認《と》メザルヤ明カナリ。斯ク一方ニ清国トノ交通諸国ハ公ニ清仏ノ開戦ヲ見認メズ、従ツテ中立ヲ布告セザレドモ、亦他方ヨリ見レバ恰モ公法ニ依リ中立ヲ守ル如キ状ヲ為ス者アリ。彼ノ日耳曼《ゲルマン》政府ガ*ステツチン造船所ニテ製造シタル軍艦ヲ清国ニ交附スルコトヲ肯《がえん》ゼザル如キ、清国ガ公法ヲ利用スル能ハザルノ一事トス。日耳曼政府ガ*清国ヨリ注文ノ軍艦ヲ清国ニ交附セザルハ、日耳曼政府ノ*意思ラク、此軍艦ヲ清国ニ渡スモ到底清国海岸ヲ防禦スルノ見込ミナシ、今之ヲ清国ニ渡シテ仏国大砲一撃ノ下ニ破壊セシムルヨリハ暫ク日耳曼ニ拘留シテ軍艦ノ安全ヲ計ルニ如《し》カズト云フ好意ニ出デタルカヲ知ラザレドモ、公ニ日耳曼政府ガ口実トスル所ハ、万国公法ニ依リ中立ヲ守ルガ為メニ新製ノ軍艦ヲ清国ニ交附セズト云ヒシト。然《しか》レドモ清国政府ハ自国海軍ガ軍艦ヲ実地ニ使用スル熟練ナキニ係ラズ、早ク此軍艦ヲ取寄セテ海岸防禦ノ用ニ供センコトヲ希望スルナル可シ。日耳曼政府ガ新製ノ軍艦ヲ清国ニ交附セザルハ、好意ニ出ヅルカ悪意ニ出ヅルカニ論ナク、公法ノ上ヨリ云ハヾ日耳曼政府未ダ中立ヲ布告セザレバ清国ニ軍艦ヲ渡サヾルコト甚《はなはだ》奇怪ナル挙動ト云ハザル可カラズ。又近日西信ノ伝フル所ニ依ルニ、日耳曼宰相ハ今回清仏ノ戦争ニ就キ仏国ニシテ*千八百六十年ノ条約ヲ改正シ、日耳曼ヲシテ清国ニ対シ英米仏ト同一ノ利益ヲ受ケシメバ、日耳曼ハ仏国ニ幇助ヲ与フ可シト云ヒシト。此ニ於テ万国公法ハ益々清国ヲ益スルニ足ラザルヲ知ル可シ。*日相ハ仏国ニシテ英米仏同様ノ利益ヲ清国ヨリ取ラシムルコトヲ為サバ、仏国ニ幇助ヲ与フ可シト云ヒシト云フ。此語気ヨリ推サバ、仏国ガ清国ニ対スル挙動ハ如何ニ乱暴狼藉ノ挙動アルモ、苟《いやしく》モ日耳曼国ヲ益スルアラバ進ンデ仏国ヲ助ントスルノ意ナリト解釈スルモ不当ノ解釈ト云フ可カラズ。啻《ただ》日耳曼ノミナラズ、其他ノ強国ト雖ドモ大概自国ヲ利スル者ナラバ、之ヲ取ルノ海賊流儀タルト正当ノ手段タルトニ論ナク、直チニ進ンデ利益ノ分ケ前ヲ取ントスルコト餓狼ノ肉ヲ争フニ異ナラズ。此場合ニ当リ、万巻ノ万国公法アリ弱国ヲ助ン

ステツチン造船所　バルカン株式会社ステッチン造船所。ステッチン Stettin は、バルト海にそそぐオーデル川口の工業都市。

清国ヨリ注文…　中国は一八八〇年ドイツに鉄甲艦二隻(のちの定遠・鎮遠)、鋼甲艦三隻ほかを発注していたが、うけとったのは一八八五年であった(海軍大事記)。

意思ラク　おもえらく。意思ならく。

千八百六十年ノ条約　アロー戦争後の北京条約。清国とイギリス・フランス・ロシアとの間にそれぞれ結ばれたもの。内容については↓補注「アロー戦争」

日相　日耳曼(ゲルマン)宰相の略。

トスル説アルモ、毫モ清国ノ益トスルニ足ラズ。左《さ》レバ万国公法ハ故紙*ト価ヲ同《おなじ》フスルカト云フニ、左ニアラズ、泰西諸国ノ国際上ニハ万国公法ガ利益ヲ与フルコト少カラズ。故ニ万国公法ハ欧米二洲ノ間ニハ多少ノ益ナキニアラザレドモ、亜細亜《アジア》地方ニ来リテ見ル可キノ利益ヲ国際上ニ与ヘタル者ナキガ如シ。泰西ノ政治家動《やや》モスレバ則チ曰ク、万国公法曰ク公道正理ト。而シテ彼等亜細亜地方ノ諸国ニ対スルニ至リテハ、公法モ道理モ顧ル所ナキガ如シ。故ニ彼輩ガ言フ所ノ万国公法ナル者ハ欧米二洲ノ万国公法ナリ、彼輩ガ言フ所ノ道理ナル者ハ欧米二洲ニ通用スル道理ナリト亜細亜東方人民ガ非評ヲ下スモ、之レニ対スルノ弁解ナカルベシ。知ラズ、欧米政治家ハ世界ニ世界共通ノ道理アルコトヲ知ルヤ否ヤ。若シ此道理アルコトヲ知ラバ、彼等ハ何故ニ亜西亜《アジア》東方ニモ道理ヲ利用スルノ道ヲ講ゼルヤ。

27 外交政略の標準を論ず（朝野新聞）

外交政略ノ標準ヲ論ズ

マキヤベリー*氏ハ伊太利《イタリー》国フローレンスノ人ニシテ、中古政事学中興ノ祖ナリ。其説ニ曰ク、政事ト道徳トハ全ク別種ノ者ナリ。政事ノ善悪ハ道徳ノ準縄*ニ依テ之ヲ議スルコトヲ得ズ、唯其手段ノ其目的ニ適合スルヤ否ヤヲ見テ之ヲ是非ス可キノミ。是故ニ縦令《たと》ヒ不道徳ノ手段ニテモ、国家ノ為メニ有益ナレバ、之ヲ行ヒテ憚ルヲ要セズ。如何ニ寛仁ノ処置ト雖ド

故紙　ほご。

27解題［明治十八年二月二十二日］　マキャヴェリらの言説を引用しつつ、国際世界は優勝劣敗の勢と権謀術数が支配しているとして、外交政略は国家間の生存競争で勝ちぬくことを基本にすべしと主張する。前年の甲申事変後、後掲IV-19にみられるような、フランスを利用した対清強硬論が洪水のごとく「朝野」の紙面をにぎわしたが、本論説はその一極限ということができる。II-18などの内治優先論とは対極をなすもの。

マキヤベリー　Machiavelli. 一四六九-一五二七。イタリアの政治学者、歴史家。フィレンツェ共和国十人委員会書記長として活動したが、一五一二年メディチ家に捕われ、以後引退して「君主論」「ローマ史論」等を著わす。国家目的のためには手段をえらばず、行為それ自体は反道徳的であっても結果の正当性によってそれは正当化されるという政治思想マキャヴェリズムはこの「君主論」に由来するとされる。

準縄　水平をはかる水もりと、直線をきめる墨なわ。転じて基準、規則。

モ国家ノ為メニ有害ナレバ、速《すみやか》ニ之ヲ廃止セザル可カラズト。蓋《けだ》シ此時ニ至ルマデ、欧洲諸国ノ政事学者ハ概《おおむ》ネ全ク政事ト道徳トヲ混一セリ。夫《そ》レ政事ト道徳トハ縦令ヒ密接ノ関係ヲ有スルニモセヨ、学問上ヨリ之ヲ講究スル時ハ必ズ之ヲ大別セザル可カラザルハ、恰《あたか》モ彼ノ人身ヲ分チテ有形無形ノ二ト為シ、生理ト心理ノ二学ニ依テ之ヲ講究セザル可カラザルト同一ナリ。然ルニ学者ハ此ニ出ルヲ知ラズ。従テ政事学ノ進歩ハ甚ダ遅鈍ニシテ其他ノ諸学科ト相并立スル能ハザリシヲ以テ、マキヤベリー氏ガ奮然起チテ之ヲ分別シタルハ実ニ政事学上ノ一大改革ナリト云ハザル可カラズ。然レドモ此区別ヲシテ学問上ニ止マラシメズ、実際ノ政事ヲ以テ全ク道徳ト関係ナシトスルニ至テハ、実ニ一大謬見ニシテ天下後世ヲ誤マル、蓋シ之レニ過グル者ナカル可シ。善哉《よきかな》、*ブリユンチユリー氏ノ言ヤ。曰ク、政事ト道徳トハ全ク別種ノ者トシテ之レヲ講究セザル可カラザルモ、是レハ唯《ただ》学問上ノコトニシテ、実際ノ政事家ニ至テハ決シテ道徳ノ本旨ニ異ナル可カラズ。政事ノ目的ハ国家公衆ノ福祉ヲ増進スルニ在レドモ、若シ道徳ノ指揮ニ従ハズンバ何ゾ能ク其ノ目的ヲ達スルコトヲ得ンヤ。政事ト道徳トハ*輔車ノ関係ヲ有シ、暫時モ相離ル可カラザルナリト。誠ニ*不刊ノ確言ニシテ、今日欧洲ノ政事家ハ大抵皆此説ヲ遵奉セリ。然リト雖ドモ、氏ノ言モ亦大ニ斟酌セザル可カラザル者アリ。何トナレバ内国ノ政事ニ於テハ道徳ノ準縄ニ従フヲ以テ必要トスレドモ、今日ノ外交政略ニ至テハ権謀術数ニ依頼セザルベカラザル者アレバナリ。

*斯辺鎖《スペンサー》氏曰ク、太古人民ノ極メテ蒙昧ナリシ時ニ当リテハ、道徳ノ何物タルヲ弁ゼズ唯《ただ》利己ノ一法アルノミ。然ルニ社会ノ文明ニ赴クニ従ヒ、利己ノ心ハ次第ニ減少シテ利他ノ情トナリ、人々相愛シ相扶ケ、苟《いやしく》モ他人ノ利トナレバ縦令《たと》ヒ己レヲ害スルモ亦顧ミザルニ至ル。

ブリユンチユリー　ブルンチュリ Bluntschli. 一八〇八―八一。スイスの法学者、政治家。チューリヒ大学教授であり、また穏健な自由主義者として政界にあったが、一八四八年の宗教動乱で政界を去り、ミュンヘン、ハイデルベルク各大学の教授となった。主著「一般国家法」は加藤弘之により摘訳され、「国法汎論」と題して、五年に刊行された。また加藤はこの書を明治天皇に進講している。

輔車　車と車のそえ木。あるいはほおぼねと下あごのほね。もちつもたれつの関係をいう。唇歯と同義。

不刊　磨滅しないの意。刊はけずりきざむこと。

斯辺鎖　Herbert Spencer. 一八二〇―一九〇三。イギリスの哲学者。全自然の進化(進化哲学)の観点から諸科学や世界過程を説明しようとした。日本では十一年に「代議政体論」が鈴木義宗により翻訳、出版されて以来、数多く紹介されており、東京大学・慶応義塾などで教科書としても使われた。とくに松下剛訳「社会平権論」(全六冊、十四―十六年刊)は自由民権運動に絶大な影響を与え、一方その社会有機体説に集約される社会思想は、明治政府の要人にも影響を与えた。

然レドモ純然タル利己主義ヲ去リテ純然タル利他主義ニ至ルハ一朝一夕ノコトニ非ラズ。其ノ間ハ利己利他ノ主義並ビ行ハレテ社会ヲ維持スル者ナリト。蓋シ幽谷ヲ出デ、未ダ喬木ニ遷ラザルノ間ニ於テハ何事モ其完全ヲ望ム可カラズ。善悪真偽相混淆セザルヲ得ズ。今日人々ノ交際ヲ見ルニ、大抵信義ヲ本トシ敢テ利己ノ一方ニ陥ルコトナキガ如シト雖ドモ、国ト国トノ交際ニ於テハ全ク之ニ反シ、大ハ小ヲ圧シ強ハ弱ヲ凌《しの》ギ、互ニ呑噬ヲ事トシテ復タ仁義道徳ヲ顧ミルコトナシ。実ニ野蛮蒙昧ノ極ト云フ可シ。近来ニ至テハ益《ます》ス《ま》此風ヲ増長シ、欧洲諸大国ハ文明開化ヲ以テ自カラ誇ルニモ拘ラズ、専ラ領地ヲ開クコトニ熱心シ、小弱ナル邦国ヲ見レバ無法ノ手段ヲ以テ之ヲ圧抑シ、機ニ乗ジテ呑噬ヲ逞ウセントスルノ勢アリ。此時ニ当リ世界ノ小弱国タル者ハ果シテ如何ナル方法ニ依頼シテ其ノ命脈ヲ保続ス可キカ。夫レ生存競争ノ活潑ナル時ニ当リ、其血統ヲ保存シテ子孫ヲ繁殖セント欲セバ、力《つと》メテ其時情ニ適合スルノ謀ヲ為サンコトヲ要ス。優勝劣敗トハ言ヒナガラ、劣者モ亦生存ノ法ヲ求メテ優者ノ呑噬ヲ免レ、自カラ一部ノ優者トナルコトヲ得ベシ。例ヘバ燕雀ハ鷹隼ニ対シテ劣者ノ地位ニ在リト雖ドモ、巧ミニ鷹隼ノ搏撃ヲ免ルヽノ方法ヲ求メ、能ク其ノ生命ヲ全《まっと》ウスルノミナラズ、又能ク其子孫ヲ繁殖スルアラバ、他ノ生存競争ニ堪ヘズシテ其ノ類族ヲ滅亡スル者ニ比シテ、遥カニ優者ノ地位ニ在リト云フベシ。果シテ然ラバ生存競争ニ際会シテ、其身命ヲ保ツハ必《かならず》シモ最上ノ優者タルヲ要セズ。巧ミニ其時情ニ適合スルニ在ルヤ明カナリ。若シ之ニ反シ其時情ニ適合スル能ハザランカ、何物ト雖ドモ忽《たちま》チ身命ヲ亡スニ至ラン。彼ノ猟犬ハ遺伝ニ因テ次第ニ足力ヲ増加スルモ、狐狸ニ在テハ依然トシテ健歩スル能ハザラシメンカ、漸次ニ其ノ跡ヲ社会ニ絶ツヤ毫モ疑ヲ容レザルナリ。今日ノ世界ハ生存競争ノ一大劇場ナリ。一人一己ノ勝敗ハ措《おき》テ之ヲ論ゼズ、堂々タル邦国ノ中ニ於テモ其競争ニ失敗シテ強大国ノ餌食ト為ル者一一枚挙スルニ遑アラズ。何ゾ進ンデ自ラ独立ヲ維持スルノ方法ヲ講ゼザル可ケンヤ。

　果シテ然ラバ、今日ニ当リ我邦ノ外交政略ハ当《ま》サニ何物ヲ以テ其ノ標準トナス可キカ。曰ク、権謀術数以テ強大国ノ侮リヲ禦ギ、地位ノ我レニ劣リタル者ニ対シテ利益ヲ博取スルニ在ルノミ。固ヨリ時節ト場合ニ拠リ信義道徳ノ仮面ヲ被ブルハ敢テ妨ゲナシト雖ドモ、諸外国ニ交際シ真実ニ信義道徳ヲ確守スルガ如キハ即チ是レ*宋襄ノ轍ヲ踏ム者ナリ、生存競争ニ打勝チ子孫ヲ万世ニ繁殖スルコトハ決シテ望ム可カラザルナリ。然ルニ世間ニハ往々此等ノ情勢ヲ詳《つまびら》カニセズ、仁義道徳ヲ以テ外交政略ノ標準トナシ、之ヲ以テ天下ニ誇示セント欲スル者アリ。豈《あに》笑フ可キノ至リニ非ズヤ。已ニ吾輩ガ反覆弁論セシガ如ク、現ニ*今回ノ朝鮮事件ニ関シ世間ノ論者ヲ見ルニ、動《やや》モスレバ親友国ノ情誼ヲ称シ朝鮮ヲシテ純然タル独立国タラシメント欲スル者甚ダ鮮《すくな》カラズ。或ハ万国会議ヲ開テ之ヲ図ル可シト云ヒ、或ハ独力ヲ以テ之ニ当ル可シト称シ、其ノ手段ニ於テハ小異同ナキニ非ズト雖ドモ、情誼ニ基キ朝鮮ノ為メニ尽力ヲ為スノ義務アリト云フニ至テハ、殆ンド同一ナルガ如シ。今日我邦ノ政略ハ固ク自カラ守リテ其実力ヲ養フニ在リ。何ゾ朝鮮ノ為メニ独立ヲ謀ルニ暇アランヤ。若シ朝鮮ノ独立ヲシテ果シテ我邦ニ大利アラシメバ、固ヨリ進ンデ之ガ計画ニ従事スベシト雖ドモ、自国ノ損害ヲ顧ミズ隣国ノ為メニ情誼ヲ尽クサヾルベカラズト謂フニ至テハ、吾輩其《それ》何ノ意ニ出《いず》ルヤヲ知ル能ハザルナリ。今日我邦ノ外交政略ハ彼ノマキヤベリー氏ノ説ノ如ク、道徳ノ準縄外ニ於テ政機ヲ運転シ、徒ラニ宋襄ノ覆轍ヲ蹈ンデ生存競争ノ犠牲ト為ラザルコトニ注

宋襄ノ轍…　中国春秋時代の宋と楚との争いにおいて、宋の襄公が、敵の陣の整う前に攻撃すべきとの論を、仁義に反するとして抑え、かえって楚軍に敗れた故事から、無益な思いやりから身の破滅を招くことをいう。

今回ノ朝鮮事件　甲申事変。→補注

意スベシ。世ノ人士タル者幸ニ一時ノ感情ニ制セラレテ百年ノ大計ヲ誤ルコト勿《なか》レ。

28 ビルマ征服せらる （朝野新聞）

緬甸《ビルマ》征服セラル

我ガ東方亜細亜《アジア》ノ一王国ニシテ、今日マデ僅カニ其ノ独立ヲ維持シタル緬甸《ビルマ》ハ遂ニ英国ノ保護国トナリテ、其ノ国内ノ政務ニ干渉セラルベキカ、将《は》タ全ク其ノ独立ヲ失亡シテ印度《インド》政府ノ命令ノ下ニ服従スルニ至ルベキカ、其ノ空名ノ如何ハ姑《しばら》ク置テ論ゼズ、此ノ王国ハ今日ニ於テ既ニ滅亡ニ就キシト謂フモ亦不可ナルナキナリ。夫《そ》レ安南《アンナン》ハ仏国ノ為メニ頻《しき》リニ疆土《きょうど》ヲ蚕食セラル、ノミナラズ、遂ニ一国ヲ挙ゲテ仏国ノ附属国トナリ、其ノ独立ノ権力ヲ失亡シ、而シテ今ヤ又緬甸ノ英国ノ為メニ征服セラル、ニ会ヘリ。欧洲諸強国ガ其ノ貪婪ノ志ヲ逞マシウシテ、濫《みだ》リニ小弱ノ邦国ヲ呑噬シ、虎狼モ啻《ただ》ナラザルノ毒心ヲ有スルコトハ今更ニ論ズルヲ待タザルコトナレドモ、我ガ亜細亜諸国ガ自強ノ道ヲ知ラズ、相続デ欧洲諸国ノ毒手ニ罹《かか》リ、自ラ独立ヲ失亡スルニ至ルハ如何《いか》ニモ痛嘆スベキノ至リナリ。之ヲ要スルニ、安南ノ如キ緬甸ノ如キハ政事上貿易上トモ我邦ト風馬牛*ニシテ、其ノ盛衰興廃トモ直接ノ関係ヲ我邦ニ及ボスコトナシト雖ドモ、欧洲諸強国ノ漸次ニ勢力ヲ東方ニ拡張スルハ決シテ亜細亜諸国ノ利益ニ非ズ。仮令《たと》ヒ野蛮ノ旧態ヲ存遺スル一小国ニテモ、亜細亜洲中ニ在リテ我ト

28 解題［明治十八年十二月十日］ 第三次ビルマ戦争によるイギリスのビルマ併合を論じたもの。インドシナ支配の拡大をはかるフランスによる北部ビルマへの介入の動きに対抗して、イギリスは一八八五年十月ビルマ王に外交官受け入れなどを突きつけ、これが拒否されると十一月首都に侵攻、全ビルマを併合した。本論説は、この侵略の背後にイギリスの貿易関係者などの植民政略要求があると推察する。この問題を論評した当時ほとんど唯一の論説。なお↓一四三頁注「緬甸王国」

風馬牛 互いに関係のないこと。

同一ノ人種ナル緬甸《ビルマ》国民ノ外人ノ為メニ征服セラレテ之ガ支配ノ下ニ立ツヲ見レバ、我々日本帝国ノ人民ニ於テハ自ラ*兎死シテ狐悲ムノ感ナキヲ得ザルナリ。

夫《そ》レ英領印度ヨリ遠征軍ヲ派遣シ緬甸ニ入ラシムルノ電報ニ引続テ、*緬甸王ノ軍門ニ降服シタルヲ報ズルヲ見レバ、緬甸兵ハ一戦ニモ及バズ英軍ヲシテ国都ニ進入セシメシコト、思ハル。而シテ最近ノ電報ニ拠レバ、緬甸王ハカルコツタニ護送セラレシトアリ。国王スラ已ニ敵兵ノ手ニ落ツル程ナレバ、今ヤ此ノ土地ヲ以テ印度ニ合併スルモ、将《は》タ姑《しばら》ク其ノ土人ニ政府ヲ建設セシメテ之レニ自国ノ命令ヲ施行スルモ、亦英国政府ノ都合如何ニ在リ。蓋シ英国ノ威力ハ印度ヨリ延テ緬甸ニ及ビ、已ニ之レヲ認メテ外府ト為シタルハ一朝一夕ニ非ラザルナリ。故ニ今回ノ遠征ハ緬甸政府ノ窃《ひそ》カニ仏国ト条約ヲ結ビ、英国ヨリ之ガ故障ヲ申出シ一タビ恐嚇手段ヲ用ヒシモ、緬甸王ノ頑固ニ之ニ抵抗セシニ因リ已《や》ムヲ得ズ兵力ニ依頼セシニ出ルト雖ドモ、英国ニ於テ已ニ緬甸ノ成立ヲ以テ印度ノ繁栄ニ妨害アリトシ、之ヲ呑噬スルニ決セシ以上ハ、今回ノ事変ナシト雖ドモ到底之ガ為メニ蚕食セラルベキハ勢ノ然ルベキ所ナリ。文明富強ノ日ニ増加スル英国ノ植民地ト其ノ疆土ヲ接シナガラ、内政外交ノ一モ見ルベキ無ク殆ンド国家ノ形態ヲ成サヾレバ、長ク其独立ヲ維持セントスルモ果シテ得ベケンヤ。欧洲諸強国ハ互ニ競争シテ植民地ヲ東方ニ闢《ひら》カントシ、而シテ滔々タル亜細亜大陸諸国ハ概ネ開明ニ進歩スル能ハズ、国勢腐爛シテ自カラ支持スル能ハズ。虎視眈々タル者ヲシテ其ノ貪心ヲ肆《ほしい》マヽニセシム。吾輩ハ未ダ*区々タル緬甸一国ノ為メニ悲ムニ暇アラズシテ、亜細亜大洲ノ日ニ衰運ニ傾クヲ痛歎スルナリ。

蓋シ今日ハ弱肉強食ノ世界ニシテ、文明ノ進歩スルニ従ヒ優勝劣敗ノ作用ハ益《ますま》ス活潑迅速

兎死シテ狐悲ム　同じ仲間の不幸を悲しむこと。今日は人の身、明日は我が身。

緬甸王ノ軍門ニ降服　一八八五年十一月二十八日イギリス軍のマンダレー占領によって、国王ティボー Thibaw（在位一八七八–八五）は降服。

区々タル　小さな。

トナルノ勢アリ。故ニ国小ニシテ兵弱キ者ハ常ニ富強者ノ為メニ凌轢セラル、ト雖ドモ、故ナク兵力ヲ以テ他国ヲ蚕食スルコトハ孰《いず》レノ邦国ニテモ輿論ノ容易ニ賛成セザル所ナレバ、苟モ其ノ国ヲ建ルノ方法ヲ以テ内政外交ノ適当ヲ失ハザレバ、諸大国ノ間ニ介立シテ自ラ独立ヲ維持スルノ希望ナキニ非ズ。其ノ邦国ノ組織ヲ成サズ、動《やや》モスレバ妨害ヲ欧洲諸国ノ商業上ニ及ボス者ニ至テハ、仮令ヒ諸強国政府ニ於テ之レヲ呑噬スルニ意ナキモ、其ノ土地ニ在ル本国人ノ輿論ニ違フ能ハズシテ遂ニ兵力ヲ用フルニ至ル。今回緬甸《ビルマ》ノ英国ノ為メニ征服セラレシガ如キハ、職*トシテ此等ノ事情ニ出ルナリ。蓋シ緬甸ノ形勢ト英国政府ガ之ヲ呑噬スルノ決心ヲ為シタル理由ハ、吾輩已ニ数回之ヲ記載シタレバ、更ニ之ヲ論述スルヲ須《もち》ヒザルナリ。之レヲ要スルニ、緬甸政府ノ暴虐ナル、其ノ国民ノ頑陋ナル、屢《しばし》バ英国ノ貿易ヲ妨害シ、而シテ英国人民ノ印度ヨリ鉄道ヲ敷設シテ支那又ハ暹羅《シャム》ニ及ボサントスルヤ、*獷悍《こうかん》野蛮ノ人民ヨリ成立スル緬甸ノ其ノ中間ニ立テ之ガ交通ヲ妨害スルヲ以テ、印度地方ニ在ル英国商民ハ本国政府ノ速カニ之ヲ占取センコトヲ希望シ、輿論ノ一致ニ因テ其ノ政府ノ決心ヲ促ガシ、遂ニ機会ニ乗ジテ之レヲ征服スルニ至レリ。然レバ緬甸政府ヲシテ仏国ト秘密盟約ヲ結ブコトナカラシムルトモ、早晩英国ノ為メニ占取セラレザルヲ得ズ。況ンヤ其ノ国王ノ狂暴ナル、故《こと》サラニ英国ニ抵抗シテ其禍ヲ激動スル者アルニ於テヲヤ。夫レ英国ノ印度ヲ占取シテ威力ヲ東洋ニ振フトキハ、仏国人民ハ安南ニ拠テ之ト商業上ノ利益ヲ競争セント欲シ、而シテ仏国ノ所為ハ、更ニ東方ノ貿易ニ従事スル英国人民ヲシテ緬甸ニ垂涎セシムルニ至レリ。然レバ此ノ二国ノ政略ハ又他ノ強国ノ人民ニ向テ植民地ヲ東方亜細亜ニ求ムルノ熱望ヲ発セシムルコトナキガ故ニ、今日亜細亜大陸諸国ノ為メニ寒心スベキハ欧洲諸国ノ兵力ニ在《あら》

職トシテ　主として。
獷悍　礼儀がなく風俗のあらあらしいこと。

ズシテ、其ノ貿易ニ従事スル人民ガ其ノ商業上ノ利益ノ為メニ本国政府ヲシテ植民政略ヲ実行セシムルニ在リ。豈《あに》察セザルベケンヤ。

29 豈二十余人のみの不幸ならんや (朝野新聞)

豈《あに》二十余人ノミノ不幸ナランヤ

「ノルマントン」*号沈没ノ一事ニ就イテハ、我ガ国人ノ之ヲ怒ル恰《あたか》モ烈火ノ如ク、其ノ炎々タル勢ハ府下ヨリシテ地方ニ及ビ、将《ま》サニ激烈ナル全国ノ輿論ヲ煽起スルニ至ラントス。吾輩ノ視ル所ヲ以テスルニ、今回ノ事タル其ノ国民一般ノ感情ヲ動カス、却ッテ前年ノ朝鮮事件及ビ前日ノ長崎事件ニ過グル者アルガ如シ。夫《そ》レ「ノルマントン」号船長ノ処置タル、今日マデニ発見シタル事跡ニ就テ之ヲ視レバ、其我ガ国人二十余名*ヲ空《むなし》ク海底ノ藻屑ト化シ去ラレシハ独リ其ノ不注意ニ出ルニ非ズシテ、其ノ間ニ如何ニモ不当千万ノ処置アルカヲ疑ハザルヲ得ズ。而シテ神戸英国領事裁判*ノ之ニ対シテ無罪ノ申渡ヲ為セシガ如キ、吾輩ノ最モ認メテ奇怪ト為ス所ナレドモ、単ニ此ノ一事ニ就イテ観察ヲ下ダセバ、未ダ之ヲ認メテ一国ノ利害ニ関係スル程ノ大事件ト為スニ足ラザルガ如シ。何トナレバ其「ノルマントン」号ノ沈没ニ因リテ溺死セシ者ハ僅々二十余名ニ過ギズシテ、其ノ船将ノ此等ノ人々ヲ死ニ致タセシ者ハ、果シテ言語*ノ不通ナルニ因ッテ之ヲ救助スルノ便宜ヲ得ザリシニ因ルカ、将《はた》タ船

29解題[明治十九年十一月十七日・十八日] 十九年十月二十四日紀州沖でイギリス船ノルマントン号が沈没、イギリス人船員二七名はボートで脱出したが、日本人乗客全員が溺死した。この事件は神戸イギリス領事裁判に付されたが、十一月五日船長以下全員無罪の判決があり、全国民的に抗議の世論がおこった。本論説は、この事件の背景には黄色人種や日本人への根強い蔑視があり、治外法権を回復することが国民的重要問題であることを強調したもの。この事件では各紙とも裁判の行方に大きな関心をよせ、多くの論評を掲載している。日本側の告訴をとりあげて、横浜イギリス領事裁判所は船長ドレークに三カ月の禁錮刑を言い渡し、事件は一応落着した。

ノルマントン号 アダムソン・ベル汽船会社(横浜居留地三六番地)の所有船。船長は、ウィリアム・ドレーク John William Drake.

二十余名 日本人乗客は二三名(一説二五名)、他にインド人の火夫も放置され水死した。

神戸英国領事裁判 裁判は行政法上の審問で正式の裁判ではないが、十一月一日から神戸駐在イギリス領事ジェームス・ツループ James Troup によって開始され、五日船

長・士官およびヨーロッパ人水夫に全く落度はないとの判断を示した。
言語ノ不通　英字新聞「兵庫ニュース」には、言語が不通のため、危険を理解せず、ボートに乗りうつるのを拒否したという、イギリス人船員の談話が載せられた。「時事」など各紙はこれを転載し、その信憑性に疑問を呈している。
庇蔭　かばうこと。
冤屈　無実の罪。ぬれぎぬ。

要償　代償を要求する。

冥々ノ間ニ　知らず知らずに。

将等ノ自ラ危険ヲ逃レントスルニ急ニシテ故《こと》サラニ日本人ヲ舟中ニ放棄セシニ因ルカ、或ハ悪意ヲ以テ廿余人ニ悲惨ノ最期ヲ遂ゲシメシニ因ルカ、此等ハ確実ノ証拠ヲ得ルニ非ザレバ未ダ其ノ如何《いか》ンヲ断定スベカラザルナリ。而シテ夫《そ》ノ前日神戸ニテ開キタル領事裁判ノ如キ、如何ニモ我々ノ満足セザル所ナルニモセヨ、夫《か》ノ外国ノ裁判官ガ東洋諸国ニ在ツテ故《ことさ》ラニ同国人ヲ庇蔭スル判決ヲ為ス者ハ独リ今日ニ始リタルニハ非ズ。細ニ実際ヲ点検スレバ、内外交渉事件ニシテ我国人ノ冤屈《えんくつ》ヲ伸バス能ハザルモノハ毎々皆《ことごと》然ラザルハ無シ。然ルニ今ヤ廿余人ノ死亡ト領事裁判ノ宣告トニ就テ、人心ノ激怒スル烈火ノ如ク、新聞紙上日々論弁スル所ハ「ノルマントン」号事件ニ非ザルハ無ク、遺族ヲ救助スルノ広告ヲ出ダセバ之ニ応ズル者雲ノ如ク起テ、演説ヲ為セバ之ヲ聴クモノ一堂ニ充満シ、或ハ遺族ノ為メニ損害要償ノ訴訟ヲ起サントシ、或ハ紀州大島ノ海底ヲ撈索シテ其ノ多人数ノ死ヲ致シタル証拠ヲ得ント欲シ、「ノルマントン」〳〵ト叫ブ声ハ四方ニ反響シ、我国人ヲシテ非常ノ熱心ヲ引起サシメ、夫《か》ノ朝鮮ノ乱民又ハ支那ノ水兵ノ為メニ非常ノ損害ヲ我ガ同胞兄弟ニ及ボシタル時ノ有様ニ超過スル者アルハ果シテ何ノ為メゾヤ。即チ「ノルマントン」号ノ一事ハ外人ノ我ニ対スル心情ノ実際ニ発露セシ者ニテ、冥々ノ間ニ重大ノ損害ヲ我ガ三千七百万人ノ名誉上ニ及ボシ、一タビ之ヲ度外ニ放棄スレバ遂ニ一国独立ノ体面上ニモ関係スル程ノ大事件ヲ将来ニ引起スノ恐レアリ。国家ヲ組織スル我々ノ義務トシテ、自ラ起テ之ガ利害ヲ担当セザルベカラズトスルノ精神ニ出ルニ外ナラザルナリ。

　嗚呼《ああ》「ノルマントン」号ノ沈没セシ場処ヲシテ、果シテ欧洲諸国ノ海岸ニ在リ、其ノ二十余人ノ乗客ヲシテ欧洲諸国ノ人民ナラシムレバ、「ノルマントン」号ノ船将ハ之ヲ船中ニ放棄

29　豈二十余人のみの不幸ならんや

シ、自ラボートニ乗ツテ危険ヲ免ル、ガ如キ、人情ニ戻《もと》リ職掌ヲ失フノ挙動ヲ為スヲ得ベキカ。一方ニハ激烈ナル輿論ノ攻撃ヲ畏レ、一方ニハ厳重ナル法律ノ責罰ヲ恐レ、風濤ノ危険ヲ冒《お》カシテ二十余名ノ乗客ヲ救出《すくいい》ダシ、己レノ生命ヲ天命ニ委シテ自ラ職掌ヲ尽クシタル名誉ヲ生前又ハ死後ニ求メントスルニ相違ナシ。彼レ眼中ニ日本人ナク又日本帝国ナシ。故ニ一タビ破船ノ危難ニ逢ヘバ、思ヘラク、猿ト*一般ナル日本人ノ為メニ貴重ナル生命ヲ危クスルヲ要センヤ、他日之ガ為メニ紛議ヲ生ズルコトアルモ、我々ヲ裁判スル者ハ日本国ノ官吏ニ非ラズシテ我々ヲ庇蔭スル大英国ノ領事ナレバ、決シテ之ガ為メニ罪科ヲ受クルノ気遣《きづかい》アルコトナシト。仮令《たと》ヒ風濤危険ノ際ニ於テ、此ノ如キ精細ノ考案ヲ下ダスノ暇ナカリシニモセヨ、其ノ怒濤ノ間ニ叫喚ノ声ヲ聞キナガラ、二十余人ヲ放棄シテ毫モ顧慮セザリシ者ハ、其ノ平生ヨリシテ眼中ニ日本人ナク又日本帝国ナク、自然ノ感情ヲ流離顛沛ノ間ニ現出シ来レルニ外ナラザルベシ。之ト同ク此ノ破船ノ場処ヲシテ欧洲諸国*ノ海岸ニ在リ、其ノ二十余人ノ乗客ヲシテ欧洲諸国ノ人民ナラシムレバ、英国領事ガ「ノルマントン」号ノ船将ヲ審問スルニ当リ、一方ニハ輿論ノ向背ヲ察シ一方ニハ交際上ノ都合ヲ思考シ、鄭重ナル裁判ヲ為シテ其ノ死者ノ同胞ヲシテ自ラ慰ムル所アラシムベキ筈ナルニ、其ノ然ラザル者ハ亦其ノ眼中ニ日本人ナク又日本帝国ナク、一ニ其ノ人民ヲ庇蔭スル*自私心ノ為メニ支配セラル、ニ因テ、不当ナル裁判ノ結果ヲ視ルニ至リシト想像セザルヲ得ズ。苟モ吾輩ノ推測ヲシテ果シテ其事実ヲ誤マラザラシムレバ、夫レ「ノルマントン」号ヲ沈没セシメタルハ僅々廿余人ニ非ラズシテ三千七百万人ヲ沈没セシメタルト同一ナリ。領事裁判ノ結果ハ廿余人ノ遺族ニ向テ重大ノ感触ヲ与ヘシノミナラズ、我ガ三千七百万人ノ面目ヲ傷損セシ者ナリト謂フモ亦不可

一般ナル　同様な。

ノ海岸…　次行「人民」まで二五字はもと脱落。翌日の新聞にこの脱落分を注記。

自私心　利己心。

ナルナカラントスルナリ。然レバ今日我ガ国人ノ一時ニ奮発シテ「ノルマントン」号船長ノ所為ヲ咎メ、英国領事ノ裁判ヲ難ズル者、豈《あに》独リ目前ニ生出スル一事件ノ為メノミナランヤ。即チ此ノ機会ニ乗ジ、輿論ヲ以テ外人ノ驕傲ヲ制止シ、我ガ国権ヲ恢復スルノ手段ト為スニ外ナラザルナリ。

今回「ノルマントン」号ノ事ニ就イテ或*ル記者ハ最モ卓越ノ説ヲ為セリ。曰ク、如何ニモ彼ノ船長船手等ノ不当ナル挙動ハ悪《にく》ムベシ、又英国領事ノ裁判ノ不当ナルハ憤ルベシト雖ドモ、余輩ハ亦事体ノ大小ヲ思ハザル可ラザルノミ。如何ニモ我々日本人ヨリ邪推スレバ、東洋ノ黄色人ハ人類ノ中ニ加リ居ラザル者ノ如ク、多数ノ端*船ハ有リナガラ多数ノ乗客ヲ棄殺シニナシタル外国人ノ軽蔑ヲ憤ルハ、尤《もつとも》ノコトナガラ、実ハ一国全体ノ人民ガ棄殺ニサル丶程ニ外国人ヨリ軽蔑ヲ受ケ居ル事ハ、豈啻《ただ》ニ「ノルマントン」号ノ不幸ナリシ乗客ノ比ナランヤ。英国領事ノ裁判ノミナラズ、列国交際上ノ裁判ニ於テ我ガ国人ハ尚《なお》此ヨリモ一層大ナル軽蔑ヲ受ケ居ルヤモ知ル可ラズ。「ノルマントン」号ハ愚カ、日本ト云ヘル大船サヘ古ビ腐レテ船底ヨリ水ノ漏居ル有様ナルヤモ知ル可ラズ。之ヲ思ヘバ実ハ「ノルマントン」号ノ事ハ比較ニモ掛ラヌ程ノ小事ナリ。余輩ハ日本ト云ヘル大船ガ狂風怒濤ノ中ニ漂ヒ居ルガ如キ有様ヲ想像スレバ、外国人ニ対シ彼ノ一小船ノ細事ヲ抗論スルヲ心ニ恥シク思フノミ。我日本ハ重大ナル百事ハ何事モ外国人ニ対シテ恥辱ヲモ取ラズ、軽蔑ヲモ受居ラザルガ如キ顔付ヲ為シ、「ノルマントン」号ノ如キ細事ヲ大事ノ如ク大騒ヲナス者アラバ、余輩ハ其何ノ心ナルヲ知ラザルナリト。誠ニ然リ。苟《いやしく》モ今日内外ノ大勢ニ就テ観察ヲ下ダセバ、黄色人ノ部分中

或ル記者… 「報知」十九年十一月十二日の論説「英船ノルマントン号の事」をさす。以下の引用はその論説末尾の一節で、大きな反響をよび、英字紙 Tokyo Independent などはいたずらに民心を煽動するものと批判した。ただし The Japan Weekly Mail などの有力英字紙はイギリス人船長らの所為に批判的であり、当初の全員無罪判決には遺憾の意を表明していた。
端船　ボート。

ニ在ル我ガ国人ノ如キハ、西洋白皙人ノ*擯斥《ひんせき》ニ逢ヒ一国ヲ挙ゲテ破船ノ中ニ放棄セラレ、狂風怒濤ノ間ニ沈没セントスルガ如キ不幸ナシトセザルベシ。又列国交際上ノ裁判ニ於テ我々ノ軽蔑ヲ受クルハ、今回英国領事ノ裁判ヨリ大ナル者アルベキハ、吾輩ノ毎《つね》ニ痛憤シテ已ム能ハザル所ナリ。故ニ此等ノ大体上ヨリ之ヲ視レバ、「ノルマントン」号ノ一事ハ*九牛ノ一毛ト云フモ亦不可ナル無シ。或ル記者ガ能ク激烈ナル輿論ノ風潮ニ反対シテ此ノ如キ議論ヲ主張スルハ如何ニモ感服ノ至リナリ、去《さ》リ乍《なが》ラ、「ノルマントン」号ノ事変ハ一細事ナリ、英国領事ノ裁判ハ*小故ナリ、之ガ為メニ一国ヲ挙ゲテ大騒ヲ為スニ及バズト云フニ至ツテハ少シク記者ノ失言ニシテ、実際ノ観察ヲ誤マル者ニ非ザルカヲ疑ハザルヲ得ザルナリ。

古語ニ云ハズヤ、*車ヲ数フレバ車ナシト。我ガ邦ノ外人ノ為メニ擯斥ヲ受クルト云フハ、即チ「ノルマントン」号ノ事件ノ如キモノ、相集ツテ一国ノ名誉ニ重大ノ影響ヲ及ボスナリ。我ガ国ノ列国交際上ノ裁判ニ軽蔑ヲ受クルト云フハ、即チ英国領事館ノ裁判ノ如キモノ、相集ツテ一国ノ体裁ニ重大ノ影響ヲ及ボスナリ。是レハ細事ナリ是レハ小故ナリト謂フテ自ラ感覚ヲ引起サヾラシムレバ、遂ニ就《いず》レノ日ニ於テ此ノ狂風怒濤ノ中ニ漂流スル日本帝国ノ大船ヲ救出シテ、之ヲ安全ノ地位ニ置クヲ得ベキヤ。思フニ今日我ガ国人ガ「ノルマントン」号沈没ノ一事ニ就イテ非常ノ感情ヲ引起シタルハ、独リ其ノ悲惨ノ死ヲ遂ゲタル二十余人ヲ哀悼スルニ非ズ。其ノ船将水夫ヲ始メ白皙人ハ概ネ危害ヲ免カレタルモ、我ガ邦人ノミ尽《ことごと》ク死没シタルハ、彼等ノ我ガ邦人ヲ以テ下等ノ人類ナリト見做《みな》シ、適当ノ保護ヲ尽サズシテ之ヲ沈没スル船中ニ棄置キシニハ非ザルカヲ疑ハザルヲ得ザルノ形迹アリ。之ヲ置イテ問ハザルトキハ、即チ記者ノ云ヘル一国全体ノ人民ガ棄テ殺シニサルヽ程ノ軽蔑ヲ甘受スルト同一

擯斥　排斥。

九牛ノ一毛　多くの牛の毛のうちの一本。とるに足らない小事の喩。

小故　小さな事柄。

車ヲ数フレバ車ナシ　「数レ車無レ車」(老子)。車はさまざまな部品からなり、そのひとつひとつを数えていくと、ついに車と称するものはなくなってしまう。それら(部品)をまとまったものと考えて、はじめて車が車として役に立つ。世の中はすべて差別を廃すべきであるという喩。

ノ成跡ニ陥ル者アレバナリ。今日我ガ国人ノ英国領事ノ裁判ニ於テ非常ノ憤怒ヲ引起シタルハ、其ノ裁判ノ不完全ニシテ、二十余人ノ死ヲ致タシタル船将ノ所為ヲ以テ、相当ノ職掌ヲ尽クシタリト断定シタルヲ非難スルニ止マラズシテ、其ノ英国領事ノ申渡ハ我ガ国人ヲ軽蔑シテ、呼吸アル荷物ト同一視シテ一ニ自国人ヲ庇蔭シタル結果ニ非ザルカヲ疑ハザルヲ得ザルノ事実ナリ。之ヲ置イテ問ハザルトキハ、即チ記者ノ云ヘル列国ノ交際上ニ於テ一国全体ノ軽蔑ヲ受クルト同一ノ成跡ニ陥ル者アレバナリ。玆《ここ》ニ一輛ノ車アラン、忽《たちま》チ物ニ触レテ其器械ノ一部分ヲ傷損セバ、記者ハ是レ輪ノ脱セシナリ軸ノ折レシナリ車ノ全体ニ於テ毫モ関係スル所ナシト云フヤ。亦思ハザルノ甚シキ者ト謂フベキナリ。

吾輩ノ視ル所ヲ以テスルニ、今日「ノルマントン」号ノ事件ニ因テ激烈ナル輿論ヲ引起シタルハ、何ガ故ニ廿余人ヲシテ此ノ如キ不幸ニ陥レシメシヤ、何ガ故ニ領事裁判ニ於テ此ノ如キ結果ヲ視シヤト云フノ疑問ニ在リ。即チ一国ノ体面名誉ヲ保護スルガ為メ、外人ヲシテ我ガ国ニ対シテ再ビ此ノ如キ所為ナカラシメントスルノ熱心ニ出ルニ外ナラザルナリ。記者ハ之ヲ認メテ二十余人ノ為メニ悲号シ一ノ裁判ノ為メニ奮激スルモノト為シ、其ノ国家ニ重大ノ関係アルコトヲ弁ゼザルニ似タリ。是レ其ノ淡冷ノ言語ヲ吐露シテ、輿論ノ風潮ニ背違スルヲ顧ミザル所以ナラン。人アリ、我ガ面ニ唾《つば》キスル者アラン、我レ静カニ之ヲ拭《ぬぐ》ヒ、是レ小事ナリ、細故*ナリ、倶《とも》ニ計較スルニ足ラズト云ハシムレバ、彼レ自ラ忌憚スル所ナク遂ニ我レヲ執縛シ我レヲ鞭撻スルニ至ラン。或ル記者ハ幸ニ之ヲ省思セヨ。

細故　ささいな事柄。

29　豈二十余人のみの不幸ならんや

30　シベリア大鉄道と東亜三国との関係　（朝野新聞）

西伯利亜《シベリア》大鉄道と東亜三国との関係

亜細亜《アジア》に於て露英二国若《も》しくは露清二国の相ひ衝突するは必然已《や》む可からざるの勢にして、世人の皆な予期する所なるべし。特に遠からず敷設せらるべしとの風説ある西伯利亜《シベリア》大鉄道の如きは、露清の関係をして愈々《いよいよ》危急ならしむるの結果あるべきものなり。右鉄道敷設の詳報は*本月二日の紙上に訳載したれば、読者既に之を了知せらるべしと信ずれど、今《い》ま其要領を挙《あげ》んに露京聖彼得堡《セントペテルスブルグ》より東の方亜細亜に向へる鉄道を延長し、西伯利亜万里の平原を横断して浦塩斯徳《ウラジオストック》港に達し以て露京より直接に日本海に出でしむるに在り。此鉄道は西伯利亜を開拓し、満州蒙古の北に於て繁華なる境土を現出するの結果あるべきこと論を俟たずと雖も、其専ら目的とする所は是にあらずして却て用兵上の便利を開くに在り。故に主として此議を起せる者は陸軍卿にして黒竜江地方の太守、*コルフ氏及び東西伯利亜《シベリア》の太守*イグナチーフ将軍等夙《つと》に之を主張し政府に向て頻りに請求する所ありたりと云へり。而して参事院は已に此議を可決し*陛下も亦其測量に着手することを裁許し給へりと云へば、廟議一変し若しくは実測の後《の》ち非常の困難あることを発見するにあらずんば当初の予算通り来春を以て之に着手し、五六年を出でずして此*大事業を竣工するに至るべしと想はる。現に露京よりエカテリンバルグ迄の鉄道は既に成就し居れば是れより浦塩斯徳に至るの距離は凡《およ》そ既設の道程に二

30 解題［明治二十年八月十二日・十三日］　ロシアのシベリア鉄道敷設の状況を述べ、日本にとっても直接の脅威になることを論じたもの。さらに日本はロシアとイギリス・清国の対立の局外に立つべきか、それともロシアとイギリス・清国のいずれかと同盟すべきかを問題提起する。「朝野」は「日清両国ノ外交政略及ビ其外交家」(IV-24)以来同盟外交論を展開するが、論説「支那人の外交に係る誤想」(二〇・七・一七〜八)で英清同盟に対する日露同盟を論ずる一方、「外国に倚頼するは亡国の本なり」(二〇・七・一六)では朝鮮を好例として、他力本願的同盟外交を最も拙劣な外国政略だと批判するなど、同盟論と非同盟論との間を揺れ動いている。

本月二日…　二十年八月二日の「朝野」に、「西伯利亜鉄道の敷設」と題して、「六月廿四日の倫敦(ロンドン)タイムス」の記事を紹介している。

コルフ　略歴など未詳。I-17には「バロン、コルフ」としてでる(六二頁)。

イグナチーフ　Ignatiev. 一八四三—一九〇六。当時イルクーツク県知事。

陛下　アレクサンドル三世。

大事業を竣工…　シベリア鉄道敷設の実際の経過については↓八二頁注「西伯利鉄道」

倍するに過ぎず。而して其間には、トボルスク、トムスク、イルクツク等の要地ありて之を露京と連絡するは用兵上政事上は云ふに及ばず、商業上開拓上にも亦緊要止む可からざるの事業なれば、露人の勇断果決にして且企業の壮図に富むや大抵の碍害は之を顧慮せずして当初の目的を遂行す可きに似たり。此鉄道にして愈々成就する上は露国は兵士粮食を西伯利亜地方に運搬するに方《あたり》て毫も従前の如き不便を感ずることなかるべく、一朝清国と事あるに方ては大兵露京を発するの後十四五日を出でずして満州蒙古の境上に臨むことを得べく、其東洋艦隊の如きも電報一《ひとた》び伝はるゝの後《の》ち二旬内外にして浦塩斯徳港より兵士粮食の応援を受くることを得べし。果して然らば此鉄道に由て直接に其影響を蒙むるべきは支那朝鮮日本の三国にして支那第一に居り、朝鮮之に亜《つ》ぎ日本亦之に亜ぐ。而して英国の如きも亦間接に至大の影響を被むることを免かれざらんとす。

実に此鉄道は亜細亜の形勢をも一変するに足るべきものにして、従前洪寒不毛の荒土として見捨てられたる西伯利亜万里の平原は之が為めに人口物産を増殖し露国富強の一大原因を為すに至らんも亦未だ知る可らざるなり。蓋し従前世人が西伯利亜を見て不毛の荒土と為せるは畢竟其実況を知らざるが為めにして、若し之を詳《つまびら》かにせば決して其想像するが如く*磽确《こうかく》瘠痩ならざるやも計り難し。現に其鉱物に富めるは世人の許す所にして金銀石炭の年々同地方より産出するもの決して少々ならざるにあらずや。又西伯利亜地方を旅行せる者にして其磽确不毛ならざることを証明するもの往々にして是れ有るにあらずや。又浦塩斯徳の貿易の如きは今日と雖も年々増加の勢ひありて此鉄道愈々敷設せらるゝに於ては其大《おおい》に増加すべきこと勿論にして、従来貧衰の一小港として度外視せられたる者忽《たちま》ち東亜の一大要港となるに

エカテリンバルグ　エカチェリンブルグ。現スベルドロフスク。ウラル山脈中部東斜面の町で、エカテリーナ一世を記念して名づけられた。鉄道は西はペルミ、東はテュメーニと結ぶものがそれぞれ一八七六年、八六年に設けられているが、ペテルスブルグと結ぶものはまだできていない。この首都とモスクワ(副都)を結ぶ鉄道は一八五一年に開通している。

磽确　石の多いやせ地。

至るべき歟。而して此貿易上の変勢に由て最も其影響を蒙むるべき者は日本と朝鮮是れなり。我日本商人たる者豈《あ》に予《あらかじ》め之が準備を整へ清韓人の為に先鞭を着けらるるが如きこと無きを期せざる可けんや。

然りと雖も、此鉄道の為めに生ずべき社会上及び貿易上の変化の如きは事の抑も末なるものなり。露国の主眼は用兵上に在つて其影響の最も深く日清韓三国に及ぶべきものも亦兵事上の点に在り。鉄道未だ敷設せられざるの今日に在ては、露国の兵士粮食を運搬すること極めて困難なるが故に、清国は満州蒙古の*疆場《きようえき》を防禦するに於て遠く露国に超ゆるの便利を制し、露清若し西伯利亜《シベリア》疆場に争ふ時は勝算必ずしも露国にあらずと雖も、鉄道既に敷設せられ露人は二旬を出でずして東の方浦塩斯徳《ウラジオストツク》に達するの便利を得るに至れば、清国北疆の防禦の困難なること固より今日の比類にあらざるなり。況んや清国の露国に備ふべきは単に北疆に止まらず、其西境も亦直接に露人の侵入を蒙むるべきの憂ひあるをや。按ずるに、露西亜《ロシア》の中央亜細亜を*経略するに熱心なるは遠く東方亜細亜を経略するの熱心に超え、或は陰謀を百児西《ペルシア》に用ひ或は兵を亜非業《アフガン》に出し、将《まさ》に進んで支那を衝き印度を侵さんとするの形勢あり。且《かつ》中央亜細亜の鉄道は既に土耳古斯坦《トルキスタン》なるボカラを過ぎ、サマルカンドを過てコウカンドに達し、其支那の西疆を距《へだつ》ること既に数日程の内に迫れり。去れば世の支那の為めに露国の侵略を憂ふる者は、皆な眼を北方に注がずして反《かえつ》て之を西疆に注ぎ、震天動地の大患は北方より来らずして反て西方より墜落せんことを予言したり。然るに今や、露政府は中央亜細亜の鉄道敷設を担任して非常の大功を奏したる*アンネンコツフ将軍を移して西伯利亜鉄道事業に用ひんとするの議あり。将軍にして苟《いやしく》も之を担任せば、従前中央亜細亜の鉄道事業と同じ

疆場　国境。底本「疆場」。

経略　ここでは、辺境を攻めとること。

アンネンコツフ　ミハイル・アンニェンコフ。カスピ横断鉄道の建設を担当し、一八八五年にはメルヴまで完成していた(八八年にサマルカンドまで延線)。シベリア鉄道について、六年以内に多額の費用をかけることなく建設するという覚書を政府に提出するが、あまりに非現実的だとして結局却下される。

く神速果断の処置を施こして忽《たちま》ち其竣工を告げ、以て世上の耳目を驚破すべし。於レ是乎《ここにおいてか》清、国の露国に備ふべきは単に西方に止まらず、北方万里の疆場は皆其侵入を蒙むるの患ひあり。加之《しかのみ》ならず*清国の東洋艦隊は之が為め大に其勢威を増加し、浦塩斯徳を根拠として縦横自在に支那の東海岸に出没するを得るに至るべし。清国の患害焉《いず》くんぞ之が為め大に増加する所なからんや。然して清国の患害は実に東亜共同の患害たり。是れ吾輩の西伯利亜鉄道の一報に接して之を等閑視する能はざる所以なり。

露人が我が北境に寇せんと欲するの念を蓄ふる由は、幕府の末年以来我が学士論客の喋々弁述せる所にして、我の露国を恐るること毫も英国の之を恐るるに異ならざるに至れり。然れども露人は如何《いか》にして我が境土を侵すことを得べきや。一朝我れと事あるの時に方《あたり》ては果して若干の陸兵と軍艦とを派出することを得可きや等の実際問題に至ては、世間復た一人の之を熟慮精算したる者なく、唯《た》だ「露人怖るべし」の一語を以て徒《いたず》らに我が国民の恐怖心を攪起するに過ぎず。是れ畢竟《ひつきよう》露国の実力と地理の*険夷とを知《しら》ざるの過《あやま》ちに坐するなり。若し陸路西伯利亜《シベリア》を経て兵を日本に出さんとすれば、其運搬に数ケ月の久きを要すべく、兵器備らず糧食続かず、到底力を伸ばすこと能はざるや必せり。若し又命を黒海艦隊に下して日本海に赴かしめん乎、発令より到着までには殆んど二ケ月の*日子を費すべし。況んや更に数千里を隔つる所の*バルチック海の艦隊を派出するに於てをや。故に露国如何に我境土に垂涎するも運輸交通の便利にして、依然今日の状態にあらん限りは到底我に向て其貪心を逞ふする能はず。我が陸海軍の力能く露国の遠征軍を撃破し帝国を防禦するに足れり、将《は》た又西の

清　「露」の誤植か。

険夷　険しいとたいらと。地勢をいう。

日子　ひにち。

バルチック海の艦隊…　のち日露戦争において、バルチック艦隊の日本海回航が現実化するが、このときバルチック海のリバウ軍港出港以来、諸般の事情があったが、日本近海到達まで約七カ月を要した。

方土耳古斯坦《トルキスタン》よりする所の侵寇は、韃靼西蔵を略して甘粛四川に及び以て漸く支那の東海岸に出るの後《の》ちに非ずんば、決して我が日本に及ぶこと能はざるなり。故に今の時に方《あたり》て露国の憂《うれい》は唯《た》だ地を朝鮮に略し、茲《ここ》に巨大の兵を駐屯せしめ機会を相して我が西岸に寇するの一事に在り。而して此事や我れにして苟も眼を隣国の形勢に注ぎ、且《かつ》勇断果決の外交政略を把持する以上は魯国決して之を為す能はざるなり。是を以て世人は皆な魯国を疾悪して天然自然の仇敵と為し、日夜其侵寇を憂ふと雖ども、吾輩は毫も之を憂へず、却て共に大事を計るに足るべき*与親国と為せり。

然りと雖ども、以上の観察は西伯利亜鉄道未だ敷設せられざるの今日に方て下すことを得べき者なり。此大工事にして既に竣功を告ぐる以上は、彼我相ひ対するの形勢全く一変し、従前は数ケ月を経ざれば陸路より兵を我が日本海に出す能はざりし所の露国は、僅々十五日にして聖彼得堡《セントペテルスブルグ》より浦塩斯徳《ウラジオストツク》港に出づるの便利を得べし。其差異の大なる実に*日を同《おなじ》ふして語るべからざるなり。況んや近時露国政府の西伯利亜地方に注目するの*親切なること、復た従前の比類にあらざるをや。現に本夏は西伯利亜の西境にして烏拉児《ウラル》山の東麓に在るエカテリンバルグに西伯利亜物産博覧会を開き、ミチエル大公露帝陛下の代理として之れに臨めり。又同府に大学校を建設するの企てもありて遠からず着手せらるべしと云へり。其他トムスク、イルクツクの如きも亦た漸く政府の注意を引着し遠からずして兵事上に至便至要の大都府と為るべきの形勢あり。支那北境の防禦は日を経て益々困難に赴く者と云ふべし。其西方よりする所の侵寇は鉄路既にコーカンドに達すと雖ども、尚ほ遠く支那本部と隔たり、先づ韃靼西蔵を略するにあらずんば四川甘粛に入ること能はず。仮令《たとい》此に入るも未だ

与親国　ともにしたしむ国。

日を…べからざるなり　「同日の談にあらず」に同じ。非常な相違があることをいう。

親切　深切。深くはなはだしいこと。

容易《たやす》く支那帝国を震撼すること能はざるべしと雖ども、之れに反して北の方蒙古満州若《もし》くは朝鮮よりする時は力を用ふること少なくして、功を収むるは即ち多く非常の困難に遭遇せずして直隷山西陝西等に近《ちかづ》くことを得べし。見るべし、西伯利亜鉄道の成否如何は影響を我が日本に及ぼすこと実に大なりと雖も、之を支那朝鮮に及ぼす更に巨大なる者あることを。

斯《か》くて露国は支那の西境に北境に到る所鉄路を建設して兵士糧食を運搬するの便を開き、以て東侵南下の地を為すと雖ども、支那に至ては運輸交通の道不便を極め迅速を要するの行軍と雖ども、一日十里に過ぐる能はず。前年カシユガルに叛乱あるに方《あた》り、支那第一の名将と聞えたる左宗棠の如きは半年有余の日月を費して、漸く叛乱地を去ること数百里前に着せりと云へり。之れを西伯利亜大鉄道成就するの後ちは、露人が十五日を出でずして聖彼得堡より浦塩斯徳に達するに比すれば、迅速の差も亦た大ならずや。勢ひ此《かく》の如くんば、勝敗の数は戦はずして既に定る、支那政府たる者予《あらか》じめ之れが備を為さずして可ならんや。然りと雖ども、支那人の因循姑息なるは天下の稀《ま》れに見る所にして、固《もと》より露人と勇断果決の大計画を競ふことを得べきにあらず。是れ吾輩の益々支那帝国の為めに危《あやぶ》む所以なり。而して清国の利害安危は独り一国内に局止するにあらず。近くは即ち日本朝鮮、遠きは即ち英国の如きも亦之れが影響を被むることを免かれざるなり。清国一たび露人の侵寇を被らば、英商は之れが為め大に売買の利益を失ふべく、露兵進んで支那本部を擾するに至らば印度緬甸《インドビルマ》亦た其患害を被むらざるを得ず。此故に英人の西伯利亜大鉄道に注目すること却て支那人の上に出で、其利益を論じて喋々乎たり。此鉄道にして苟も成就する上は英清二国の露国に対して抱く所の憂患愈《いよい》よ増加すべきが故に、二国の関係は益々親密なるに至るべし。此時に方り、

直隷… 黄河以北の中国の三省。北京・太原・西安など重要都市を擁している地。直隷省はのちの河北省。

カシユガルに叛乱… →補注「イリ紛争」

左宗棠 左宗棠。一八一二―八五。清末の武将、政治家。太平天国の乱の鎮圧に頭角をあらわし、曾国藩・李鴻章とならぶ重臣となった。欽差大臣として新疆の反乱を鎮圧、ロシアのイリ占領事件(→補注「イリ紛争」)では強硬策を主張した。福州に近代的造船所をつくるなど、洋務派官僚の中心人物の一人。清仏戦争の際、福建方面の総司令官となり、任地で没。

西伯利亜大鉄道成就… 全線開通は一九〇四年(ハルビン経由)、ハバロフスク経由では一九一六年に完成。

日本は英清と*合従して露国に当るべき乎、将《は》た孤立して三国の抗争を傍観すべき乎、抑《そも》そ又た露国と*連衡して自衛の計を施すべき乎、三者の中其の一を取て我国是政略を定めざるべからず。若し然らずして因循断せず遷延日月を経過せば、悔とも及ばざるの時期忽《たちま》ち到着す可きなり。

31 外交論 (東雲新聞)

近時我邦の外交政策《がいこうせいさく》を論じて百年の国是《こくぜ》を定めんと欲《ほ(つ)》する者、或《(あ)るひ》は云ふ、露国は勁兵百余万数有《あ》りて而《しか》も近日斯別利《シベリア》鉄道の布設《ふせつ》に*罷勉《びんべん》たれば、其工事落成《らくせい》の暁《あかつき》には取も直さず其帝都聖別埵爾堡《セントペートルボルク》を移し来りて我が北門《ほくもん》に据へ付けたるも同様《どうやう》なり。且つ欧洲諸強国中最も熱心《ねつしん》に東亜の拓地に従事《じうじ》し、英国が数百年来波瀾《はらん》を蹴立《けた》てゝ経営《けいえい》したる海洋皇帝の版図《はんと》を陸路より進《す》ゝみて、寸を奪《うば》ひ尺を掠《かす》め、今年一城を落《おと》し明年一塁を陥《おとしい》れると云ふ様に、只管執念《ひたすらしうねん》深く如何様の*変故《へんこ》有るも祖先*貽謀《(いぼう)》の雛形《ひながた》を*糸毫《しごう》も改むること無きこと、是れ諸強国の深く懼《おそれ》を露国に懐《いだ》く所以《ゆえん》なり。他の諸国の懼《おそ》る可きは極て長《なが》きも一代に過ぎず、露国の懼《おそ》る可きは永劫未来《えいごうみらい》に渉《わた》る。要するに露国には皇帝の更代《こうたい》有るも政策には更代《こうたい》無し。伯徳《ペートル》大帝より今帝に至《いた》る迄、代々《だい〳〵》一直線の政策《せいさく》を執りて恰も不老不死《ふろうふし》の一大《だい》*蛟竜《こうれう》が不断に口を張《は》りて国外を睨《に》らみ廻《ま》はせると謂ふ可し。看《み》よ、仏国の如きは路易《ルイ》十四世の時に強《つよ》かりし、路易《ルイ》十五世の時には

合従・連衡　中国戦国時代、それぞれ蘇秦・張儀による同盟策。合従は六国が連盟して秦にあたろうとするもので、連衡は六国をそれぞれ秦と結ばせようとするもの。北方にあった大国秦をロシアになぞらえているか。

31 解題［明治二十一年八月二十六日・二十八日］　欧米列強とのもろもろの提携論を批判し、全国民が結束して、生命を賭す決意で自主独立外交の実現に邁進すべきことを力説した中江兆民の論説。たとえば前掲II-30のような当時の世論の動向に対する一つの回答でもある。なおこの論説の前年に「三酔人経綸問答」が刊行されており、その中の「南海先生」の意見に一脈通じるものであろう。

【中江兆民】　一八四七-一九〇一。土佐藩出身。本名篤介。号はほかに南陵、秋水。四年フランスに留学、帰国後仏学塾を開いた。十四年東洋自由新聞主筆、また「自由」にも執筆。二十年保安条例により追放されて大阪にあり、創刊した東雲新聞主筆として活躍した。

罷勉　つとめはげむこと。

変故　非常のできごと。

貽謀…　貽は遺と同じ。祖先が子孫にのこしたはかりごと。ピョートル大帝の遺訓(↓一一四頁注「大帝彼得ノ遺訓」)

最早《もはや》強からざりき。那勃崙《ナポレヲン》一世の時には強かりし、査理《チャーレス》十世の時には最早強からざりき。独乙《(ドイツ)》の如きも其威力《いりよく》を外に輝《かゞや》かせしは弗列埡力《フレデリッキ》第二の時にして、其後は別《べつ》に目立つ程の事とては無く、近時維 廉《＊ウヰルヘルム》帝に至り毘斯瑪屈《＊ビスマーク》侯の如き有り没爾篤《＊モルトケ》伯の如きありたればこそ今代日耳曼《(ゲルマン)》の武名《ぶめい》は彼の如く強大《けうだい》と成りたれ。畢竟《ひつけう》独仏の如き皆其国一代の政策《せいさく》は、其国一代の主権者《(し)ゅけんしゃ》と倶《(とも)》に生《せう》じて倶に滅《めつ》する者なり。路易《ルイ》の雄略に富《と》みしも弗列埡力《フレデリッキ》の用兵に長《てう》ぜしも、終に伯徳《ペートル》大帝が其蛟竜の毒液《どくえき》を滴々淋々《てき〱りん〱》子孫に注入して尽未来《＊じんみらい》の末迄万国を恐怖《けうふ》せしむるが如くなること能はず。露国不死《ふし》の蛟竜《こうれう》は此一塊の地球を飲《の》み尽《つく》さねば已《や》まざる可きなり。英国も時々兵を出して我亜細亜《アジア》を苦《くる》しむることあり。支那《シナ》を苦しめ依日土《エジプト》を苦しめ緬甸《ビルマ》を苦しめ、近年又更《さら》に東に来りて突然《とつぜん》巨文嶋に取付《とりつ》きし事も有りたり。然れども英国の進取《しんしゅ》は畢竟《ひつけう》真《しん》の進取に非ずして保守的《ほしゅてき》の進取なり。彼れ甚《はなは》だ露国を懼《おそ》る故に、其亜細亜に向《むか》ふて進取するは露国の進取を妨害《ぼうがい》し、若くは之に備《そな》へ之に抗《こう》するが為めなり。自身《じしん》の起草権にて起草《きそう》するに非ず。露国が無暗《むやみ》に其蛟竜的の動議《どうぎ》を亜細亜の議場に持込《もちこ》むことさへ無ければ、英は其博大《ばくだい》の財産に安《やす》んじて必ず沈黙《ちんもく》を守る可し。故に欧洲諸国の亜細亜政策は一切《さい》皆露国の動機《どうき》に動《うご》かされて動くものと知る可し。

英仏独は兎《と》に角《かく》開化人なり。開化人の乱暴は流石《さすが》に幾分か筋道《すぢみち》あるが故に自《おのづか》ら受け方《かた》の有る者なり。露は蛮野人《ばんやじん》なり。世の中に蛮野人の乱暴《らんばう》程怖《おそ》る可き者は有らず。

露は又清国の版図《はんと》の広大なると土壌《どぜう》の沃饒《よくぜう》なるとに流涎《りうえん》して、其鼻口を顫《うご》かせること久し。而して朝鮮国が正に其道中筋《どうちうすぢ》に当れるより、又其鼻《はな》づらを朝鮮に指《さ》し付《つ》けんと欲するもの丶如し。而して朝鮮人や清国人や、到底《＊とうてい》我日本と親和《しんか》し連衡《れんこう》し其郷国を郷国《けうこく》とするの外、更《さら》に

をさすか。

糸毫 ほんのわずか。

蛟竜 みずちと竜。一説にうろこのある竜。

維廉帝 ヴィルヘルム一世。なおヴィルヘルム帝死去に際し、兆民は二十一年三月十四日の東雲新聞紙上に一文を掲げ、「帝の崩殂は…欧洲諸国に取りて一大出来事也」、「日耳曼(ゲルマン)皇帝の崩殂は或は亜細亜(アジア)海洋の波瀾を揚ぐるに至らん歟」と記した。

毘斯瑪屈 ↓五四頁注「ビスマルク」

没爾篤 Moltke. 一八〇〇-九一。ドイツの近代的軍隊の創設者。参謀総長として、デンマーク戦争、普墺戦争、普仏戦争を指導して勝利をおさめ、戦術家・戦略家として著名であった。

尽未来 尽未来際の略。未来永劫。永久に。

到底 つまるところ。結局。

進みて此亜細亜を一大郷国として共《とも》に彼れ*鋭鼻碧眼《えいびへきがん》の国盗を禦《ふせ》がんとするの念は微塵《みぢん》も無きなり。独り今に於て此念無きのみに非ず、後来《こうらい》に於て有らしめんと欲するも、彼輩脳漿《のうせう》の薄き眼孔《がんこう》の狭き執念《しうねん》の深き疑惑《ぎわく》の堅き、到底共に亜細亜の一大党を作《つく》る抔《(など)》は夢想《むそう》も望む可らざるなり。されば此の二国特《こと》に清の如きは、良《よ》しや我が日本の仇敵《きうてき》と成らざるも味方《みかた》と成ることは決して無きなり。

幸にして彼の蛟竜《こうれう》は我日本の痩肉《そうにく》よりも清の肥肉《ひにく》を啗《(くら)》はんと欲すること明瞭《めいれう》なれば、我日本は牛を牽《ひ》きたる黒人が餓獅《がし》に出遭ひて其牛を放棄《ほうき》して自ら助《たす》かりたるに倣《なら》ふこそ銘策《めいさく》と云ふ可けれ。更らに一歩を進《すゝ》めて露と共に清を図《はか》りて其余肉《よにく》もて空腹を実《み》たす様計画《けいかく》するこそ銘策と云ふ可けれ。聞く、近日英国は清を助《たす》けて強勢《けうせい》を成し、以て其印度領地の藩屏《はんぺい》と為して露国侵進の備《そなへ》に備へんと計《はか》ると。此時機に乗《ぜう》じ我日本は露国と交結《こうけつ》し、*異日進《すゝ》みて其南征軍の前列《ぜんれつ》に加《くは》はらんと約して其*驩心《かんしん》を買ふこそ銘策と云ふ可けれ。貧弱《ひんじやく》の国を以て独立《どくりつ》の勢を全《まつた》ふせんと欲する者は、隣国《りんごく》にして強国《けうこく》にして*山気《やまぎ》有る国に結《むす》ぶ外他策無きなり。是れ近《きん》時《じ》伊国の大宰相*カヴール伯が拿破崙《ナポレヲン》三世を籠絡《ろうらく》して伊国統一の基《もとい》を剏《はじ》めたる故智《こち》なり。

夫れ然《しか》り、豈其れ然《しか》らんや。

或は云ふ、英国海軍の盛《さかん》なる*海賈《かいか》の殷《(さかん)》なる世界万国当《あた》る者有らず。洋海港湾凡《およ》そ西土詩人の所謂《いはゆる》流動性の原野《げんや》には一も英国船旗の翻然《ほんぜん》たらざる無《な》きは無し。而して我日本は実に屹然《きつぜん》たる一島嶼《とうしよ》にして、四境の外皆《ほかみな》所謂流動性の原野《げんや》にて即ち英人が其独擅《どくせん》の伎倆を逞《たくまし》くする為めの好箇《こうこ》の演武場なり。露国は強盛《けうせい》なるも海軍の上より云ふ時は啻《たゞ》に英国に及《およ》ばざるのみな

鋭鼻碧眼　西洋人をいう。

異日　後日。

驩心を買ふ　歓心を買う。人の気にいるよう努める。

山気　やまっけ。

カヴール　Cavour. 一八一〇―六一。イタリアの政治家。サルディニア王国の宰相として、イタリア統一のために活躍。一八五九年にはサヴォイとニースの割譲を代償にナポレオン三世と結び、その援助によってオーストリア軍を破った。巧みな外交によって列強の中での地位を高め、またナポレオン三世を牽制した。

海賈　賈は商人。海外で商売を行なうものをいう。

進闐 すすみひらく。

惴々たり おそれてびくびくするさま。

瞎目 盲目。

鷙鳥 たけだけしい鳥。鷲・鷹の類。

武震 武をもって鳴ること。

窟宅 巣窟。すみか。

下の関の償金… →二六頁注「償金一条」

らず、仏蘭西に比《ひ》するも十の一にだも上《の》ぼらず。欧洲諸国海軍の統計表《とうけいへう》を検して知る可し。且政治《せいち》や文芸《ぶんげい》や技術《ぎじゅつ》や英国は現に世界最《もっと》も進闐《*(しんせん)》したる邦国の中にて、而《し》かも其第一列《れつ》に居るものなれば我日本国独立《どくりつ》の基を固《かた》めんとならば英国に依頼《いらい》するこそ得策《とくさく》なれ。露国は版図広大《こうだい》なるも兵衆数夥《すうか》なるも、元来荒漠《こうばく》たる一凍瘠《とうせき》の原野上三々五々小都邑の離立《りりつ》したるに過《す》ぎず。其政府は常に財計《ざいけい》に困《(くる)》しみ、未来《みらい》を食ふて現在《げんざい》を活する極《きは》めて頼み少なき暮《く》らし向《む》きにて、加之《しかのみならず》社会の癥毒《ばいどく》とも云ふ可き虚無《きよむ》破壊《はかい》の旨義は深く此国政治世界の血脈中《けつみやくちう》に混入し、出没起伏《しゅつぼつきふく》測度す可らず。其天子は数千億数生類の牧主《ぼくしゅ》にて有りながら、来往坐臥《らいおうざが》常に一箇半箇の爆弾の響鳴《けうめい》に惴々《*ずいく》たり。彼れ大胆《だいたん》にも其長臂を伸《の》べて遥に亜細亜一方の土地を攫《つか》まんと欲して、己《おの》れが頭脳《づのう》の何時《いつ》本国に於て破裂《はれつ》するかを慮《おもんぱか》らず。或人は露国を以て不死《ふし》の蛟竜と為すも寧《むし》ろ是れ瞎目《*かつもく》の鷙鳥《*(しちよう)》と謂ふ可し。露を捨《す》てゝ英に結《むす》ぶこそ国家久長《きうてう》の計《けい》なれ。

夫れ然り、豈其れ然らんや。

或《あるひ》は云ふ、独逸は近日盛《さかん》に亜細亜地方を図《はか》るの計有り。其国武震《*ぶしん》、天下に並《なら》ぶ者無し。没爾篤伯《モルトケ》或は一朝にして長逝《てうせい》し、毘斯瑪屈侯《ビスマルク》或《あるひ》は之れが跡を追《お》ふも、此両雄の養成《ようせい》し固定《こてい》したる兵馬の政は永く衰《おとろ》ふ可くも有らずして、欧洲和戦《わせん》の権は永く独逸皇帝の握《あく》に在らん。独逸に交結《こうけつ》するこそ国の長計《てうけい》なれ。或は云ふ、欧洲諸国は実に虎狼野心《ころうやしん》の窟宅*なり。欧洲諸国と交結《こうけつ》して国の安全を計るは恰《あたか》も毒蛇《どくじゃ》の口中に入りて一時の雨《あ》ま宿《やど》りを為すに等し。弥利堅《メリケン》聯邦《れんぽう》は天下義を重んずるの国にして、其朝鮮国の独立《どくりつ》を承認《せうにん》し我下*の関の償金《せうきん》を還へし来れるが如きは正《まさ》に其義侠《そのぎけう》の実を証するに足る。弥利堅聯邦《れんぽう》に交結《こうけつ》するこそ国家《こくか》万世の長策《てうさく》なれ。

論者の言皆不可《ふか》なり。強大《けうだい》の国を以て他の強大の国と聯結《れんけつ》するは少しは好《よ》ひ事も有れ共、貧弱《ひんじやく》の国を以て他の強大《けうだい》の国に依頼《いらい》するは極て悪《わ》るし。依頼てふ事は一身《いつしん》の上《うへ》にも悪《わ》るし、一国の上にも悪《わ》るし。依頼の源《げん》は畏懼《いく》なり、畏懼とは何事を畏懼する乎と云へば亡滅《ばうめつ》を畏懼《いく》するなる可し。されば亡滅《ばうめつ》するも屈《くつ》せずと一決するに於ては、是れより上に畏懼《いく》す可き事は有らざる可し。畏懼する所さへ無《な》ければ依頼《いらい》するには及ぶまじ。亡滅《ばうめつ》を畏《おそ》れて他国に依頼するは羞辱《しうぢよく》を招くの道なり。依頼の一念《いちねん》を掃《はら》ひ去らざれば国の独立《どくりつ》は望《のぞ》む可らず。

論者動《やゝ》もすれば云ふ、我日本は小国《せうこく》なり貧国《ひんこく》なりと。貧は誠《まこと》に貧なるも小とは云ふ可らず。人口を算《さん》するに伊国仏国に比《ひ》して莫大《ばくだい》の差有るに非ず。白耳義《(ベルギー)》瑞西《(スイス)》に視《み》るときは洋々《ようく》たるの一大邦とも謂《い》ふ可し。嗚呼《あゝ》、三千許万の丈夫児《(ますらおのこ)》が相《あ》ひ倚《よ》りて一大団結《だいだんけつ》を為し、日本国とか*蜻蜓洲《(あきつしま)》とか一箇《こ》の邦国《ほうこく》を成しながら、惴々焉《ずいくえん》として外国人の鼻息是れ伺ふて僅に独立《どくりつ》を図《はか》るが如きは実に浅間敷《(あさましき)》の限《かぎり》に非ずや、第十九世紀如何に未開《びかい》なるも万国公法《こうほう》如何に無力《むりよく》なるも、我儕三千余〔万〕の大男児が相《あ》ひ抱持《ほうぢ》して一体を成し、仁に仗《よ》り義を執《と》り、彼れ列国或は無《ぶ》礼《れい》を我《われ》に加ふるに於ては我儕三千余〔万〕の大男児《だいだんじ》が皆悉く一死《いつし》以て自ら潔《いさぎよ》ふするに決心《けつしん》し、全国焦土《せうど》と為るも辞《じ》せず、弾丸雨注《だんがんうちう》するも避《さ》けず、義と倶《とも》に生じ義と倶《とも》に斃《たほ》れ瑣々《さゝ》たる利益便宜《べんぎ》の鄙情《ひぜう》を一点も胸中《けうちう》に存せざるに於ては、彼《か》れ列国《れつこく》の兇暴《けうばう》なるも何ぞ畏《おそ》るゝに足らん。第十九世紀の今日に於て、亜細亜の一孤島《ことう》に於て全国民討死《うちじに》と一決して一歩も退かざるの心を持《ぢ》して打失《だしつ》せざる時は、一陣道徳《いちぢんどうとく》の*大風颯然《たいふうそうぜん》として西向し、欧洲諸国の政界《せいかい》部面に堆積《たいせき》せる利己的汚穢《おかい》の雲霧《うんむ》を一掃して余り有るを得ん。彼れ区々《くゝ》たる条約改正議事の如き、何ぞ深《ふか》く意慮《いりよ》を労《らう》するに足らん。唯々「どふでもこふでも是非《ぜひ》共《とも》必ず亡滅《ばうめつ》せざる様致さねば成らぬ」と云ふの念《ねん》、是れぞ条約改正議事の面白く運《はこ》び難《がた》き所以なり。是れぞ我日本が何と無《な》く

蜻蜓洲　日本をいう。

大風颯然　底本振仮名は「たいさつそうぜん」。

彼れ外人の侮蔑《ぶべつ》を蒙《こう》むる所以なり。外人が我れを侮蔑《ぶべつ》するに非ずして我れ実《じつ》に自ら侮蔑《ぶべつ》するなり。噫《あゝ》。

III

新聞論調（二）——中国をめぐって

解題　本章は、主要な新聞の論説・投書のうち、主として中国(清国)の内治・外交や中国をめぐる国際情勢を論じたもの、また日清両国のあるべき関係を論じたものを収録する。

隣国たる清国は、アヘン戦争以来の「西勢東侵」のなかで、ロシアとのイリ紛争(一八七一—八一年)や清仏戦争(一八八三—八五年)など、自国の西北辺境や藩属国ベトナムをめぐって、西洋諸国の新たな脅威をうけ、また屈服を強いられつつあった。一方、琉球の帰属や朝鮮問題をめぐって、清国と日本との国家的対立も深まりつつあった。これらすべての局面の進展とともに、この老大国へのイメージや伝統的な評価は、有司・官僚層のみならず民間世論においても絶えず動揺し、中国観も徐々に変化していく。

西洋の圧迫にたいするアジアの振興の中核として日清両国は合従連衡すべしとする、いわば日清連携論的思潮と、守旧・尊大にして衰弱の一途をたどる老帝国などは突き放すべしとする清国蔑視・脱亜論的志向とは、比較的早くから交錯しつつ併立していた。こうした議論の交錯や分岐の一背景には、まず、日本自身の文明開化への自己評価のあり方、すなわち、それを軽薄な表面開化として反省的に捉えるか、それとも積極的に自負するかという論点があったことも見逃せない。また、清国の西洋諸国との紛争とその帰趨への関心と分析・判断のあり方が、琉球や朝鮮をめぐる日清対立激化の状況への自覚とともに、中国へのイメージや清朝への評価を大きく左右したという事情もある。

数多い中国論のうち、清仏戦争とりわけ両国の全面開戦となった一八八四(明治十七)年夏以降の諸論説は、いらい侮蔑的清国観と脱亜入欧論的思潮が民間世論でも支配的となっていく過程を明証している。一画期として注目されよう。参考として章末に収録した民権派の杉田定一の著述も、その一傍証となるであろう。

なお、朝鮮や琉球の問題と直結した清国対策論などは次章以降で扱う。

1　支那決して軽侮すべからざるなり（東京日日新聞）

解題［明治八年十一月二十八日］　自国の開明に「自満」し、清国の委靡不振を「軽侮」する風潮を批判するもの。清国も「奮発」の可能性あり、同種同文の日清両国はともに蔑視せず、開明の先進を競うべしとする。なお、たとえば「毎日」も、無題投書（九・十・十六、東京回東子）、無題論説（九・十・十九、東京 松山温）、同（九・十・二十五）などで日清協和論を掲げている。

支那ハ日本ヲシテ開明ノ域ニ独進セシムル事ヲ欲セズ。本月十八日午後一時ゴロ、其ノ軍艦ヲシテ長崎ノ港中ニ投錨セシメタリ。吾曹ハ電報ニテ此ノ報知アリシ事ヲ伝聞シ、直《ただち》ニ之ヲ去ル廿四日ノ雑報中ニ記載シタリ。今ヤ此ノ軍艦ノ詳細ヲ得タルヲ以テ、之ヲ左ニ登録スベシ。

此ノ軍艦ハ即《すな》ハチ砲艦*《（ゴンボート）》ニシテ「ヤンウー*」号ト名《なづ》ケ船将《（カピテン）》*テレセーノ指揮ニ属ス（蓋《けだ》シ此ノ船将ハ西洋人ニシテ支那海軍ノ御雇教師ナルベシ）。芝罘*《（チーフー）》（山東省中半島ノ北端ニシテ即チ烟台ナリ）ヨリ抜錨シテ長崎ニ来航セシ者ナリ。此船ハ福州*ノ造船所ニ於テ製造シ、外国人ノ監督ニ係ルヲ以テ全ク泰西軍艦ノ模範ニ従ヒ、舳頭ニ*竜形ヲ彩刻シテ支那ノ徽章ヲ示シタリ。装置スル所ノ大*《たい》熕《こう》ハ大小九門ニシテ、其ノ最巨ナル者ハ七噸《トン》以上ナリ。乗組ノ人員ハ二百五十人。汽関ハ二百五十馬力。速度ノ平均ハ凡《およ》ソ九里《（ノット）》ト云ヘリ。

船中ニハ支那ノ海軍生徒三十人ヲ載セタリ。此ノ生徒ハ既ニ予備ノ海軍学科ヲ成業シ、実際ノ操練ノミヲ要スルノ境ニ達シ、尽ク英発ノ少年ニシテ、講習ノ難業ヲ耐忍シ、以テ大成ノ志ヲ懐クノ輩ナリ。其ノ人員ハ即ハチ将官二人、士官八人、下士官十一人、見習八人トゾ。而シテ此ノ将官二人ハ共ニ支那小砲艦ノ船長ヲ勤メタレドモ、猶《なお》モ修業ノ為ニ此ノ航海ニ同伴シタルナリ。其外ニ支那海軍大将*《（アドミラル）》モ亦船中ニアリト言ヘリ。

此ノ「ヤンウー」艦ハ長崎ヨリ横浜ニ赴キ、再ビ舵ヲ転ジテ上海《シャンハイ》ニ到リ、夫《それ》ヨリ福州ニ帰港スル目的ナリ。尤《もっと》モ明年ハ此ノ操練ノ航路ヲ久遠ニシ、欧州マデヲモ巡航セシムル積《つもり》ナリト云ヘリ。夫《か》ノ支那ガ近時其ノ海軍ニ着手スルハ、吾曹夙《つと》ニ之ヲ聴クト雖ドモ、ソノ親シク我ガ海上ニ於テ黄竜ノ旗ヲ翻スヲ見ルハ、実ニ今回ヲ以テ初メトス。支那ノ軍艦ガ我邦人ノ頭脳ニ感触ヲ与フルヲ以テ推考スレバ、其ノ他日欧州ニ到ルニ際シテモ、亦必ラズ多少欧‖人ヲシテ感触セシムル所アルニ相違ナカル可シ。

此ノ支那砲艦ガ横浜ニ来港スルハ近日ニアルベキニ付キ、我ガ海軍将士ハ其ノ操練進退ノ実際ヲ目撃シ、多少ノ利益ヲ得ルベシト信ジ、我ガ海軍将士ガ隣国ノ同僚同学ヲ待遇スルニ懇親ノ情誼ヲ以テシ、彼ヲシテ又コノ利益ヲ得セシムルノ裨助《ひじょ》ヲ与フルニ相違ナカラン事ヲ信ズルナリ。

砲艦　gun boat. ただし海軍大事記によると、このときヤンウー号は練習船となっており、実習航海中の寄港であった。　**ヤンウー号**　揚武号。中国の建造した第七艘目の軍艦。　**テレセー**　R. N. Tracey. ヤンウー号の前の練習船建威号においても船長であった。　**芝罘**　明代に烽(のろし)台を設け、防海の拠点とした要港。現在名、煙台。　**福州ノ造船所**　一八六六年六月左宗棠(→二四七頁注)が馬尾に福州船政局の設立を奏議して汽船建造を試み、六九年六月第一号蒸気船「万年清」号を進水させた。六七年この船政局に船政学堂を付設、生徒を募集して、造船・航海などの技術を教授した。なお、ここで二〇隻前後の軍艦が建造されたが、そのほとんどが清仏戦争で壊滅した。　**竜形**…　清国の表徴。一八六三年制定の国旗は、黄地に青竜と赤玉をあしらったもの。　**大熕**　大砲。ただしここには九門とあるが、一三門とする記録もある。　**海軍大将**　この前後の「東日」の雑報記事には「水師提督」。

我邦人ト支那人トハ比《ひと》シク是レ東洋同文ノ人種ニシテ、性質風俗トモニ類似スル所アリ。而シテ其ノ情交如何《いかん》ヲ問ヘバ、商工ノ間ニハ更ニ仇視セザルノミナラズ、或ハ互ニ欧州‖人ヨリモ親密ナルノ形状アリト雖ドモ、上等社会ノ間ヲ顧レバ、往々*睚眦《がいさい》ノ情ナキヲ免レズ。蓋シ東洋自尊ノ風ハ、自カラ各自ノ脳漿ヲ誘化シテ相軽ズルヲ以テ、体面ヲ全《まっと》ウスル事ナリト思惟スルニ生ゼシナリ。元ノ*忽必烈《フビライ》ガ来襲ヲ企テショリ、支那人ヲ仇視スルノ萌《きざし》ハ邦人ノ胸中ニ現シ、嗣《つい》デ明代ノ*和寇幷《ならび》ニ*朝鮮征伐ノ為ニ日本人ヲ忌憚スルノ念モ亦支那人ノ頭脳ヲ去ラズ、降テ去年*北京ノ談判ニ於テ、益々《ますます》支那人ヲシテ宿怨ヲ懐クノ情ヲ興サシメタリ。特ニ我邦人ハ鋭進勇行シテ開明ノ端緒ニ赴キ、頗《すこぶ》ル欧米‖ノ喝采ヲ博シ得タルガ為ニ頓《とみ》ニ支那人ヲ軽侮シ、敢テ虞《おそれ》トスルニ足ラザル者ト見做《みな》スニ至レリ。於《ここにおいてか》レ此乎彼ガ恨ヲ買《か》フモ亦益々熾《さかん》ナラザルコト能ハズ。是レ豈《あ》ニ善隣ノ方法ニ於テ策ヲ得タリト云フ可ケンヤ。

吾曹熟々《つらつら》世間ノ情勢ニ見ルニ、下等社会ノ心情ハ常ニ上等社会ノ方嚮《ほうこう》ニ従フ者ナレバ、数年ヲ出ズシテ我邦人ガ一般ニ支那人ヲ軽侮シ仇視スルノ念ヲ興シ、之ヲ除却スルヲ得ザルニ至ルベシ。而シテ誰アリテカ此ノ上等社会ノ気風ヲ匡正シ、軽侮ノ弊害ヲ棄捐セシメンヤ。吾曹ハ果シテ日清両国ノ人民ガ相和セザルハ多年ヲ待タズシテ、恰《あたか》モ英仏‖両民ガ相容《あいい》レザルニ似ルベキヲ知ルナリ。

夫《そ》ノ相容レザルハ愛国心ノ固着スル所ニシテ、即ハチ独立国ノ元素タル者ナレバ、吾曹ハ決シテ容和ノ一点ノミヲ希望スルニ非ザレドモ、其ノ容和ヲ嫌フニ出ル所ノ軽侮ハ、何様ノ明解アリトモ独立人民ノ美ト云フ可カラザルヲ憂フルナリ。

支那決シテ軽侮スベカラザルナリ。昨*日ノ論説ニモ略《ほぼ》陳述セシ如ク、苟《いや》シクモ日本ノ為ニ百年ノ計ヲ成サント欲セバ、二三ノ大国ヲ東洋ニ峙立《じりつ》セシメンヨリハ、寧ロ数十ノ小国ヲ大陸ニ割拠セシメザル可カラズ。若シ再ビ揚子江ヲ境トシテ、南北両独立国ヲ建ツルニ至レバ、更ニ其利アル可キ程ノ事ナリ。斯《かく》ノ如キ大国ニ隣《とな》リ、徒《いたずら》ニ軽侮ヲ快トシ、彼ヲシテ奮起ノ志ヲ発セシムルハ、是レ決シテ国勢ノ権衡ヲ保ツノ良法ニ非ザルベシ。我邦人ハ常ニ支那ノ近況ヲ評スルニ、其ノ人情政務ノ日ヲ逐《おい》テ委《い》靡《び》スルノ衰態ニ注目シ、勉メテ自快自尊ノ談資ト為スト雖ドモ、其説ク所ハ未ダ支那ノ全局ヲ通観シタルニ非ズ。斉*一変セバ魯ニ至ラン。其ノ我邦進度ニ達スルハ、敢テ望外ノ事ト云《いう》ベカラザルナリ。若シ再ビ一変セバ、自他孰《いず》レガ能《よ》ク道ニ至ルベキ乎、吾曹ハ玆《ここ》ニ論及スレバ未然ヲ保証スルコト能ハザルヲ奈何《いかん》センヤ。其ノ委靡不振ノ現状ヲ将《もっ》テ直《ただち》ニ全局ノ定度ト見做サント欲スルハ寧ロ大*箇ナラズヤ。

我邦人ハ東洋ニ於テ開明ノ先進タルヲ以テ、頗ル自満ノ状ヲ帯ビ東洋諸州ヲ軽侮シ、支那人ハ日本人ニ先鞭ヲ着ケラレタルヲ憤リ、漸ク奮発ノ姿ヲ現スニ非ズヤ。夫《か》ノ軽侮ト奮発トハ孰《いず》レカ是レ独立ヲ保全スルノ良策タル、智者ヲ待タズシテ明カナリ。吾曹ハ切ニ希望ス、我邦人ガ早ク隣邦ヲ軽侮スルノ悪念ヲ棄却シ、百年ノ後ニ到ルモ支那ニ許スニ開明ノ先進ヲ争フノ期ヲ以テセザラン事ヲ。満盈ノ志ヲ戒ムベキハ乃《すな》ハチ今日ニ在リ。若シ不幸ニシテ支那砲艦ノ整粛ナラザルヲ見テ益々軽侮ノ念ヲ養成シ、彼ヲシテ益々奮発ノ志ヲ勉励セシムルコトアラバ、胡*軍十万海ヲ蔽テ来襲セシ旧挙ヲ、他年ニ再企セシムルモ未ダ其無ヲ必セザルナリ。而シテ軽侮ヲ以テ弘安ノ美名ヲ再輝スルヲ得ベケンヤ。識者反省セバ必ラズ自カラ悟ル所アルベシ。

睚眦　憎そうに人をみる目つき。「睚眦の怨み」はわずかなうらみのこと。　**忽必烈**　フビライ・ハン。一二一五―九四。モンゴル帝国第五代のハン。元朝初代の皇帝。日本に遠征軍を送った(文永・弘安の役)。　**和寇・朝鮮征伐**　室町時代末期から中国・朝鮮の沿岸に横行した海賊と、秀吉による朝鮮出兵。ともに明がその対策におわれ、疲弊した原因とされる。　**北京ノ談判**　七年九―十月、北京で行なわれた台湾出兵に関する日本側大久保利通全権と清国との談判。なお→補注「台湾出兵」。　**昨日ノ論説**　八年十一月二十七日の「東日」の無題論説。「論者ハ朝鮮ヲ見テ独立国ト做サント欲スルカ」と書きおこされていた。 **斉一変セバ…** 「子曰、斉一変至二於魯一、魯一変至二於道一」(論語、雍也)。斉の国はちょっと変われば魯の国のようになり、魯の国はちょっと変われば理想の道徳政治の国になるだろう。魯は孔子の理想とした周公旦の開いた国で、かつての伝統がまだ残っているとされていた。 **大簡** 大ざっぱなこと。 **胡軍十万…** 胡はえびす。元寇をいう。弘安の役により最終的に撃退。

2 清国軽視す可らざる論
（郵便報知新聞）

解題［明治十一年一月十二日］ 実勢を知らぬまま清国を蔑視・嘲笑する風潮を危険な偏見だと批判したもの。日本の文明化が清国より進んでいるとして清国を軽視する傾向に対し、日本の文明の進展の早さは、「内貧」をまねくおそれがあり、この点で「国歩」の遅い清国はかえってその実力を保持しえているとして、その潜在的国力を評価すべしと説く。筆者杉山繁については未詳。

清国軽視ス可《べか》ラザル論　　杉山 繁 稿

誰レカ清国ヲ軽視スルモノゾ。余輩ハ邦人ガ清人ヲ嘲笑スルヲ聞クゴトニ未ダ嘗《かつ》テ悚然《しょうぜん》トシテ寒心セザルアラザルナリ。抑《そもそ》モ邦人ノ清国ヲ軽視スルハ如何ナル縁由《えんゆう》アリテ然ルカ。蓋《けだ》シ清人身体形容ヲ欧人ニ比較シ其優柔惰《だ》弱《じゃく》ナルヲ識別シテ直チニ之ヲ蔑如《べつじょ》スルカ、否《しからず》ンバ其欧人ニ屈辱セラル、ノ有様ヲ見テ之ヲ嘲笑スルニ外ナラズ。想フニ清人中亦《また》軽視ス可キモノアリ。然リト雖モ此等清人ヲ以テ結成セル清国ハ決シテ軽視ス可ラザルナリ。

今夫《それ》自国ヲ自負スルノ情ハ亦愛国ノ精神ニ発シテ、真ニ貴重ス可キモノナルモ、自ラ謀ラズシテ敵国ヲ軽視スルハ常ニ敗亡ヲ招クノ原因ニアラザルハナシ。余輩ハ謂《い》ハレナク清人ヲ軽視スルノ思念ニ先入セラレタル邦人ニ対シ、交際各国ニ就テ最モ懼《おそ》ル可キハ清国ニ在ルヲ開陳セント欲スルナリ。我慷慨悲歌之士ハ清政ノ壊委シタルヲ鳴ラシ、清人ノ惰弱ナルヲ唱ヘ、動《やや》モスレバ暴言ヲ吐露シテ之ヲ罵詈《ばり》スルニ至ル。然リト雖モ其《その》之ヲ軽視スルノ念慮ハ全ク清国ノ実勢ヲ知了セザルニ生ゼリ。世人ハ清国ノ富有如何《いかん》ヲ知レリヤ。将《は》タ其兵力如何《いか》ンヲ知ルカ。清国ノ広大ナル、其地方ニ含有スルノ富有ハ輒《たやす》ク量知スルヲ得ザルナリ。且夫《かつか》ノ国土ノ大ナル、年々豊凶ノ差異ヲ各地ノ間ニ現ズルヲ以テ、偏《ひとえ》ニ其凶飢ニ苦《くるし》ムノ地方ニ就テ暗算スルトキハ其疲弊実ニ名状スベカラザルガ如キモ、又一方ニ向テ豊沃ヲ極メタル地方ヲ望メバ黄金世界モ啻《ただ》ナラザルノ状ナキニ非《あら》ズ、唯《ただ》其貨財ノ運転流通ニ欠乏セルヲ以テ平衡ヲ各地ノ間ニ維持スル能《あた》ハザルノミ。

或ハ曰ク、清政ノ因循《いんじゅん》風ヲ為シテ速《すみや》カニ文明ノ進路ニ*馳騁《ちてい》スル能ハザル、又其国歩ノ遅緩ニシテ文明器物ヲ運用スルニ熟セザル、将タ何ゾ懼ル、ニ足ランヤト。其レ斯《か》クノ如キハ、却《かえっ》テ余輩ノ寒心スル所ニシテ、余輩ノ最モ清国ヲ懼ルハ唯《ただ》此点ニアリ。蓋シ我国ノ夙《つ》トニ改進ノ路ニ進ミ、速カニ文明器物ヲ誘入シテ、電線鉄路ヲ始メ諸種諸般ノ西洋物ヲ模擬シテ之ヲ内国ニ布置シタルハ、開明ノ観美ヲ備エタルガ如キモ、是亦《これまた》已《や》ム可ラザルノ時勢ニ促《うなが》サレテ急進シタルモノニシテ、決シテ外部ニ表シタル開明ニ対ス可キ実力ヲ内部ニ備エタルニアラザルナリ。為メニ内国ノ貨財ヲ駆リテ洋外万里ノ国土ニ運搬シ、僅カニ余膏ノ内地ニ存スルアルモ、亦常ニ外人ノ喫噛ニ供スルヲ免レズ。其レ然リ、国ノ開明ニ進ミタルハ富有ヲ外邦ニ駆逐スルノ路ヲ開キタルガ如ク、急進ニ成レルノ観美ハ、徒《いたずら》ニ内貧ヲ装フニ足レリ。清国々歩ノ遅緩ニシテ政務因循苟《いやし》クモ改進セザルハ、一方ニ於テ欠点ナキヲ免レズト雖モ、其富有ヲ内地ニ保存シテ陰然実力ヲ含蓄スルノ点ニ至リテハ、反《かえっ》テ其失ヲ償フテ余リアルヲ覚フルナリ。顧《おも》フニ国歩ノ遅緩ナルハ東洋諸邦ガ西洋強国ニ対シテ内富ヲ保全スル唯《ただ》一箇ノ政策ナリ。是レ清国ノ富有、洋西ニ濫出セズシテ其国ニ留スル所以《ゆえん》ナリ。抑《そもそ》モ富有ノ在ル所ハ実力ノ存スル所ナリ。豈《あに》敢テ軽視ス可ケンヤ。

又或ハ曰ク、*英清ノ交戦ニ清国ノ敗績シタルハ世ノ能《よ》ク知ル所ナリ、其国勢モ亦知ル可キナリト。抑モ此敗績ハ却テ余輩ノ寒心スル所ニシテ、余輩ガ清国ヲ畏ル、ハ亦唯此敗績ニアリ。カノ*天津ノ敗城下ノ盟ハ大ニ清人ヲシテ国是ニ共同心ヲ懐《いだ》カシメ立国ノ志気ヲ各自ニ振発セシメタルモノニシテ、我人民ノ国事ニ痛痒ヲ感ゼザルト大ニ其赴《おもむ》キヲ異《こと》ニセリ。清国ノ富強ハ陰伏離散シテ現前セザルノミ、否《いな》之ヲ集合配置シテ外部ニ表呈セザルノミ。若《も》シ夫《そ》レ之ヲ集合配置シテ外部ニ表呈スルコトアラバ其勢力ノ如何ンヲ想像ス可キナリ。

夫《そ》レ斯《か》クノ如キノ富強ヲ存シテ而シテ陰然潜伏シ未ダ文明ノ路ニ向テ躁進セズト雖モ、亦一方ニ於テ長策ヲ持セリ。其レ然リ、其国既ニ実力ニ富メリ、一朝事《こと》ノ其国ニ生ズルアラバ安《いず》クンゾ奮然興起セザルヲ知ランヤ。然リ而シテ其国タル我ト比隣匹敵ノ地位ニ在リテ、事ノ生ジ易キ場合アルノミナラズ、又事ヲ発スルノ機会ニ豊カニ往昔ヨリノ事情ヲ推シテ考フルトキハ、締盟ノ保チ難キ、紛紜《ふんうん》ノ生ジ易キ、万一国是ニ関スルノ事項ヲ両国間ニ生ズルモ測ル可ラザルナリ。然ラバ則《すなわち》能ク其国情如何ヲ知悉シテ、漫《みだり》ニ軽侮ヲ懐キ反《かえっ》テ事ヲ誤ルガ如キニ至ラシメザルヲ冀《き》望《ぼう》シ、杞《き》憂《ゆう》ノ余《あまり》論ジテコヽニ及ベリ。

馳騁　思うままに振るまうさま。　**英清ノ交戦**　アヘン戦争のこと。↓補注。　**天津ノ敗城下ノ盟**　アロー戦争のこと。↓補注。城下の盟とは本拠地まで攻めこまれて結んだ、屈辱的な講和をいう。

3　清民の奮って強魯に抗するを聞きて感あり（朝野新聞）

解題［明治十二年一月三十一日］　イリ紛争における清国の姿勢を評価し、日清両国の連携によるアジアの富強化を説く。回教徒の対清反乱を奇貨としたロシアによるイリ地方占領に対抗し、清国は左宗棠指揮下に大軍を送り、イリを除く新疆全域を平定、ロシアと対峙した。そこに清国人民の「自治独立ノ精神」がいかんなく発揮されているとして、日本の人民もこれにならい奮起せよと力説する。なお「朝野」のこの時期の日清連帯論として、たとえば論説「隣邦可㆓相援㆒論」(十二・一・二十三)がある。イリ紛争については↓補注。【浅野乾】「朝野」の中心的記者の一人。この時期の「朝野」の編集内規によると、論説は末広鉄腸を主任とし、草間時福・高橋基一・浅野乾が補佐するとある。のち社主となる。

聞㆔清民奮抗㆓強魯㆒有㆑感

浅野　乾

比隣相《あい》疾《や》ミ交友相《あい》怨《うら》ムハ其ノ身ヲ立ツルノ道ニハ非《あら》ザルナリ。孤立無援ニシテ禍福安危ヲ倶《とも》ニスル者無キハ、其ノ身ヲ安《やす》ンズルノ法ニハ非ザルナリ。一個ノ人ニシテ猶《なお》且ツ然リ。況《いわん》ヤ一国ニ於テヲヤ。故ニ我ガ社友ハ去ル廿三日ニ於テ隣邦可㆓相援㆒論ト題セル一篇ヲ掲ゲ、切ニ日支両国ノ人民ガ益々《ますます》其交際ヲ親密ニシ、常ニ相救援スベキヲ希望シタリキ。噫《ああ》今ノ世ハ黄金世界ニ非ザルナリ。今ノ人ハ徳義社会ニ非ザルナリ。仮令《たと》ヒ陽ニハ親懇和睦ノ姿ヲ粧フモ心ハ陰ニ掠奪攻略ヲ図リ、虎視眈々常ニ弱小ノ肉ヲ噉《くら》ハントスルモノ滔々《とうとう》タル天下皆是ナリト云フモ決シテ失言ニハ非ズ。且ツ夫《そ》レ強魯ノ窮土ヲ攻伐シタル、富英ノ弱亜ヲ征討スルガ如キ、深ク其ノ心術ヲ探レバ皆是レ*無名ノ師掠奪ノ兵ニシテ、而シテ英ノ*土ニ於ケル、魯ノ*亜ニ於ケル、其ノ之ヲ援《たす》クル陽ニアラズシテ陰ニ在リ、公ニアラズシテ私ニ在リ。知ルベシ、其ノ仁義公正ノ心ヨリ弱小ヲ助ケテ強暴ニ抗スルニ非ズシテ、其ノ私利私益ヲ失ハンコトヲ恐懼《きょうく》スルニアルヲ。果シテ然《しか》ラバ強魯富英ノ諸国ガ、他ノ小国有事ノ日ニ際シ適《たまた》マ之ヲ救援赴助スルハ、是レ則チ其国ノ利益ヲ増シ、若《も》クハ其レヲ失ハザランコトヲ希図スルニ外ナラザレバ、弱小ナル我ガ日本国民ノ如キハ念々常ニ之ヲ忘レズ、軽々シク之ヲ親友視スベカラザルナリ。噫《ああ》春秋戦国其時ノ如ク紛雑乱擾《らんじょう》セル今日ニ当リ、*魯衛ノ地位ニ在ル者豈《あに》一日モ高枕安臥スベケンヤ。発憤励精シテ自治独立ノ精神ヲ揮《き》攉《かく》シ常ニ近邦比隣ナル弱小若《も》シクハ未開ノ国民ヲ援助奨励シ、相倶《あいとも》ニ戮力《りくりょく》合心シテ以テ彼ノ貪婪《たんらん》無飽ノ強敵ヲ扞禦セズンバ有ル可ラズ。吾儕ハ去ル廿一日発行ノ*ヘラルド新聞ヲ読ミ、魯国ガ頗《すこぶ》ル其ノ財政ニ苦シムヲ聞キ、且ツ我ガ同文同種ナル隣邦支那帝国ノ人民ガ奮ツテ之ニ抗抵セントスルノ一報ヲ得タルガ故ニ、欣々然トシテ我ガ亜細亜《アジア》大洲ノ為メニ之ヲ賀シ、而シテ顧ミテ我ガ日本帝国ノ人民ニ向ヒ其ノ発憤進取ノ心ヲ起スアランコトヲ熱望セント欲スルナリ。

ヘラルド新聞ニ曰ク、欧羅巴《ヨーロッパ》印度《インド》及《および》支那ノ諸新聞ニ拠《より》テ之ヲ考フルニ、今ヤ魯国ハ啻《ただ》ニ欧洲ニ於テ*国帑《こくど》空乏ノ気色アルノミナラズ、其ノ亜細亜ノ征略ニ於テモ亦大ニ損スル所アリ、夫《か》ノ魯将*コーフマン氏ガ*基華ヲ攻略セショリ以来数度ノ戦争ノ為メニ費消シタル軍費ハ勝《あげ》テ算《かぞ》フ可ラズ、遂ニ欧羅巴、小亜細亜ニ跨《また》ガリタル魯国人民一般ノ願望ニ逆《さから》ヒ*カナトニ援兵ヲ送ルノ議ヲ廃スルニ至レリ。而シテ支那人ハ此ノ疲弊ノ好機会ニ乗ジテ彊界論ヲ起シ、今日魯国ト開戦スルモ更ニ恐ルヽ所ナキガ如シ。今ヨリ数日ヲ経ルニ非ザレバ曩《さ》キニ魯都ニ赴キタル支那公使*チュンホー氏ガ伊犂《イリ》取戻シノ談判ハ如何ナル成果ヲ結ビタルカヲ知ルニ由ナシト雖ドモ、北京《ペキン》ヨリノ来書ヲ見ルニ、支那政府ハ伊犂ノ事ニ関シ魯国政府ニ向テ断乎タル掛合ヲナシ、設令《たと》ヒ開戦ノ不幸ニ遇フモ空シク其ノ領地ヲ魯ノ所有ニ帰セザルベシト決心シタルガ如シ。今ヤ清将*左曾棠ハ頻《しき》リニ援兵ヲ得テ益《ます》ます其ノ兵員ヲ増シ、戦備ヲ整フルコト愈《いよい》ヨ急ナリ。而シテ其兵ノ員数ハ固ヨリ魯兵ニ及バザルモ、其ノ奮勇ノ志気ニ至ツテハ寧ロ魯兵ノ右ニ出ヅルト謂フモ決シテ不当ニ非ルベシト。

無名ノ師　名分のないいくさ。　**魯衛ノ地位**　魯・衛ともに周代の侯国。周公の長子伯禽が魯を預かり、弟の康叔が衛を開いた。以来ともに四〇〇年、国政が衰え、内紛が絶えず、周囲の強国に脅かされた。　**土・亜**　トルコとアフガニスタン。　**ヘラルド新聞**　The Japan Daily Herald. 横浜で発行されていた有力な英字新聞。以下の引用文は同紙一月二十一日号掲載の記事の翻訳。ただし二六三頁下段の「(其兵ノ)員数ハ」は「装備ハ」とでも訳すべきところ。原文 quality を quantity と読み誤ったか。　**国帑**　国庫の財貨。　**コーフマン**　カウフマン。Konstantin Petrovich Kaufmann.（一八一八―八二）。ロシアの将軍。一八六七年ロシア領トルキスタン総督（総督府はタシュケント）となり、中央アジアにおける軍事・外交の専決権をにぎった。東トルキスタンでは新たにおこったヤクーブ・ベク政権を抑え、西トルキスタンでは一八六六年にボハラ・ハン国、七三年にヒヴァ・ハン国を攻めて保護国とした。ロシアの中央アジア支配の基礎を築いた人物とされる。 **基華** Khiva. ヒヴァ・ハン国。→六二頁注「キュバ」。 **カナト** khanate. ハン(汗)の領土の意。ここでは広くイリ地方をさすか。 **チユンホー** 崇厚。一八二六-九三。清国の政治家。七八年ロシアへの全権大使に任命され、七九年リワディア条約を締結した。これは多額の賠償金の支払いとロシアへの領土の割譲、ロシアの通商・行動の特権を認めたものであったため、非難をうけ死刑の宣告をうけた。のち死罪は免れたが不遇のうちに終った。 **左曾棠** 左宗棠。→二四七頁注。

右ノ報道ヲシテ果シテ大過ナカラシメバ、常ニ我ガ日本国民ガ蔑視軽侮スル支那人民ハ其ノ豚尾*ヲ巻収シテ之レヲ其ノ頭上ニ束《つか》ネ、奮然其ノ志気ヲ鼓舞作興シテ以テ東洋人民ガ震懼恐慄スル強魯ノ大軍ニ向ツテ之ヲ邀撃《ようげき》セントス。何ゾ其ノ奮然激励スルノ甚シキヤ。吾儕実ニ我ガ隣邦同種ノ人民ガ自治独立ノ精神ヲ揮《ふる》ヒ、理義ノ為メニハ敢テ強暴ナル虎狼ダモ猶《なお》之ヲ避ケザラントスルノ志気ヲ感歎シテ措《お》カザルナリ。夫レ魯国ハ妄《みだ》リニ数々《しばしば》弱小ノ国民ヲ征服セントシタルヨリ、其ノ国帑為メニ空乏シ、今ヤ其ノ財政ノ困難ヲ極ムルニ至リタリ。故ニ其ノ平常ノ手段ヲ以テ漫《みだり》ニ東洋諸弱国ヲ苦シムルコト能ハザルヤ瞭々トシテ、猶《なお》火ヲ観《み》ルガ如シ。東洋ノ人民タル者自治自立ノ精神ヲ揮ヒ、其ノ隣邦ト協和親睦シテ以テ秦楚*其邦ノ如キ強国ノ跋扈ヲ後日ニ防グハ、今ノ時ヲ措《おき》テ其レ何《いず》レノ日ヲ待タントスルヤ。

今ヤ我ガ日本帝国益《ますま》ス改進ノ針路ニ向ヒ、駸々《しんしん》トシテ日ニ月ニ愈《いよい》ヨ人文ヲ煥発スルニ至ラントス。看《み》ヨ、府県会*ヲ設ケテ人民参政ノ権ヲ得ルノ階梯ヲ作リ、民ヲシテ之ニ由《よ》ラシムベク、又之ヲ知ラシメントス。我邦人民ガ漸ク国事ヲ担当スルニ至ラバ、愛国ノ志気勃焉《ぼつえん》トシテ起リ、自治ノ精神煥乎《かんこ》トシテ発スルハ明鏡ヲ照シテ之ヲ観ルガ如シ。看ヨ、仁愛アル合衆国ハ業《すで》ニ已《すで》ニ新条約ヲ訂盟シタリ。故ニ必ズヤ諸国亦之ニ倣《なら》フテ之ヲ行ナフヲ肯《がえ》ンジ、漸ク将《まさ》ニ他日裁判ノ権利ヲ我レニ得ルニ至ラントス。我ガ日本帝国ガ純然タル独立自治ノ邦国トナリ、以テ支那諸国ト倶《とも》ニ亜細亜大陸ヲシテ他日ニ富強ナラシムルモ亦甚《はなは》ダ難キニ非ザル可シ。噫《ああ》我邦人民ガ発憤励精シテ以テ益《ますま》ス開明ノ針路ニ向フハ唯ダ此ノ時ヲ然リトナス。同胞諸君ヨ、希《ねが》ハクハ奮ツテ一歩ヲ支那人ニ譲ルコト勿《なか》レ。

豚尾 清国の習俗である辮髪の蔑称。 **秦楚** 春秋戦国時代における二大強国。 **府県会** →二一三頁注「府県会町村会ノ設」。

4　東洋連衡論（郵便報知新聞）

解題［明治十二年十一月十九日］　日本の独力では欧州列強に伍すことは不可能だとして全アジア諸国の「連衡」の必要を説く論説。アジア諸国間の交際を頻繁にすることが「東洋連衡」の「一大手段」だとしつつ、その先導者の役割を担いうるのは日本をおいて他にはないとの東洋盟主論も表明されている。なお→Ⅲ-6参照。草間時福については→九五頁注。

東洋連衡論

三田　草間時福

欧洲ノ書ヲ観ル者其書中ニ欧洲ノ名誉、欧洲ノ利害又ハ欧洲ノ平和等ノ文字ノ往々散見スルハ遍《あまね》ク親炙《しんしや》スル所ナルベシ。蓋《けだ》シ文字ナルモノハ思想ノ符牒ニシテ、思想ナケレバ文字ナシ。故ニ以上ノ文字アルヲ知ラバ欧人ノ精神中既ニコノ思念ノ一般ニ涵養《かんよう》スル所アルヲ知ラザルベカラズ。サレバ欧洲列国ハ、各自ノ利害名誉ニ関シテコソ水火ノ如ク敵讐ノ如ク互ニ相容《あいい》レザルコト孛仏ノ如キモノナキニアラザレドモ、若《も》シ利害名誉ノ欧洲一般ニ関スルトキハ*秦楚モ力ヲ戮《あわ》セ、*呉越モ其情ヲ同《おなじく》シ、又各自一個ノ小利害ヲ犠牲ニスルヲ吝《おし》マザルナリ。之ヲ一国ニ例スルニ、彼《か》ノ仏国ノ如キハ各党分立拮抗シ、拿崙翁《ナポレオン》党アリ、共和党アリ、*ボルボン党アリ、平素国事ニ関シテ各其所見ヲ異《こと》ニシ、相容レザル敵讐啻《ただ》ナラズト雖モ、一朝兵ヲ磨キ馬ニ秣《まぐさか》ヒ、将《まさ》ニ日耳曼《ゲルマン》ニ事アラントスルニ至テハ千万人一心ニ出ルガ如ク、更ラニ相掣肘《あいせいちゆう》スルモノアルヲ聞カザルガ如シ。故ニ欧洲列国ノ相争ハ猶ホ*兄弟《けいてい》ノ墻《かき》ニ鬩《せめ》グガ如ク、其実欧洲一般ノ名誉利害ノ大紐綱ヲ以テ相団結スル一大国《（グレエトナシヨナルチー）》情ヲ組織スルモノト謂ヒ、敢テ不可ナルヲ覚ヘザルナリ。然ラバ則チ欧人ハ啻《ただ》ニ自己アルヲ知ルノミナラズ、又欧洲アルヲ知ルモノト謂《いう》ベシ。

秦楚・呉越　春秋戦国時代の強国。敵対し仲の悪い関係の代表とされる。　**ボルボン党**　ブルボン党。王党派（正統主義者）、大地主勢力を代表する党。　**兄弟ノ墻ニ鬩グ**　→二二六頁注。

翻《ひるがえつ》テ亜細亜《アジア》ノ国勢ヲ視察スルニ、全ク之ニ反シ茲《ここ》ニ国スルモノハ概《おおむ》ネ自己アルヲ知リテ亜細亜アルヲ知ラズ。詳《つまびらか》ニ云《いわ》バ利害ノ一部ヲ知リテ未ダ其全部ヲ知ラズ、直接ニ利スルヲ知リテ未ダ間接ニ利スルヲ知ラズ。若シ事ノ自家一個ニ関スルモノニ遭《あわ》バ相応ノ熱心ヲ以テ之ヲ争フコトヲ知ルト雖モ、亜細亜ノ利害名誉若《も》シクハ其平和ニ至テハ茫乎《ぼうこ》トシテ忘レタルガ如ク、漠然トシテ感ゼザルガ如シ。亜人ノ思想中未ダ亜細亜ナシト謂《い》フモ可ナリ。故ニ其列国ハ概ネ鎖鑰《さやく》ヲ国是トシ、国際ノ疎遠ナル*階前万里互ニ痛痒ヲ感ゼザルヲ常トス。又偶《たまた》マ彼我交際ノ端ヲ開クモノアルモ、互ニ単ニ自家一個ノ利害ヲ以テ相接シ、亜細亜一般ノ利害ニ思想ノ及ブナキヲ以テ、其交際兎《と》角《かく》穏ナラズ、稍《やや》モスレバ互ニ疎隔拒絶セントスルノ傾向アリ。憶《おも》フニ欧洲列国ノ交際ト雖モ皆自家一個ノ利害ヲ謀ルモノナルモ、其中隠然トシテ双方ノ思想冥々《めいめい》裡ニ欧洲一般ノ利害若シクハ名誉ヲ同《おなじく》スルノ感情アルヲ以テ、其交際疎ナルガ如クシテ案外疎ナラズ、其関係敵讐ノ如クシテ却テ敵讐ナラズ。亜細亜ハ全ク之ニ反シ其交際親密ナルニ似テ親密ナラズ、毎《つね》ニ友于《*ゆうう》ノ関係ヲ表シテ却テ相敵視スルノ弊アルヲ免《まぬか》レズ。コレ他ナシ、亜細亜諸邦ニハ其列国ヲ連繫《れんけい》スル公共ノ情帯即チ亜細亜ノ利害名誉等ノ念慮ニ貧シクシテ、思想ノ跼蹐《*きよくせき》タル僅《わずか》ニ自家ノ小範囲ニ止マルガ故ナリ。近来我国ノ士人ノ常言ニ、我国ヲシテ欧米ニ駕迭《*がてつ》セシメント謂ヘリ。寔《まこと》ニ壮ナリト謂ベシ。然レドモ又思想ノ亜細亜一般ニ及《およば》ザルヲ証スルモノト謂ザルヲ得ズ。何トナレバ欧洲ハ富強諸国ノ相団結スル一大陸ナリ。我国ハ亜細亜大陸中ノ一部ニシテ猶《な》ホ欧土中ノ英若《もし》クハ仏ノ如キモノナリ。此ヲ以テ彼レニ駕迭セントスルハ所謂《いわゆる》*泰山ヲ挟テ北海ヲ超ユルノ類ナリ。我国将来富強開明ノ域ニ進マバ或ハ英ニ駕シ或ハ仏ニ迭スルニ至ルヲ得ベシト雖モ、決テ欧洲ニ駕迭スル能《あたわ》ザルヤ、言ヲ俟《ま》タザルナリ。然ラバ則チ遂ニ欧洲ニ駕迭スルニ道ナキ乎、曰《いわく》否、亜細亜ヲ以テ之ガ駕迭ヲ求ムベキナリ。是レ我国ヲシテ間接ニ欧洲ニ駕迭セシムルノ術ナリ。

英ノ印度ヲ掠奪シ、魯ノ支那ノ北部ヲ蚕食スルハ何等ノ醜体不礼ナルヤ、亜細亜ノ不利不面目蓋《けだ》シ焉《こ》レヨリ大ナルハナシ。若シ亜細亜列国ヲシテ亜細亜一般ノ名誉利害ヲ感ズル自家ノ如ク深切ナラシメバ、宜《よろ》シク慷慨熱心一致連衡シテ西英ニ其土地ヲ求メ北魯ニ其無礼ヲ責ムベキニ、如何《いかん》セン之ガ思想ニ貧シキヲ以テ或ハ之ヲ対岸ノ火視シ、漠然顧ミザルガ如シ。若シ果シテ如レ此《かくのごとく》ナルトキハ将来亜細亜ハ欧人ノ奪有スル牧畜場ト変ジ、吾人墳墓ノ地ヲ挙《あげ》テ彼レガ乱暴狼藉ニ任《まか》シ、昨日ノ印度ハ明日ノ日本ナランモ未ダ知ルベカラズ。今ニシテ之ガ計ヲナシ、以テ欧洲ニ駕迭スルノ道ヲ窮メザルベカラズ。即チ本論ノ亜細亜連衡ノ要用ナル由縁ナリ。

蓋シ亜細亜ノ連衡ヲ謀ルニ其ノ国際ノ間ニ事ヲ繋ニスルニ如《し》クハナシ。敵戦ノ交際ニテモ和親ノ関係ニテモ、何デモ彼我ノ間ニ事ヲ繋ニセバ、其ノ中自ラ利害相感ズルノ情ヲ提起スルニ至ルベシ。厭恨《(アンチパシー)》ノ関係ヨリ却テ同情相憐《(シンパシー)》ノ感ヲ生出スルモノアルハ古今其例鮮《すく》ナシトセズ。戦争ト雖モ交際ハ則チ交際ナリ。厭悪ト雖モ関係ハ則チ関係ナリ。寧《むし》ロ不関係ノ風馬牛*ニ勝ルハ言ヲ俟タザルナリ。故ニ貿易ナリ通信ナリ戦争ナリ商議ナリ、苟《いやしく》モ彼我交際ノ間ヲシテ多端ナラシムルモノハ些事《さじ》ト雖モ之ヲ軽忽ニセザレバ遂ニ利害相感ズルノ情帯ヲ以テ東洋諸国ヲ連絡シ、亜細亜特別ノ国力平均ヲ創造シ、之ヲ以テ欧亜ノ権衡ヲ維持シ、之ヲ以テ弱肉強食ノ患ヲ防グヲ得ベシ。是レ東洋連衡ノ一大手段ト認メザルヲ得ザルナリ。

階前万里 階(きざはし)の前でおこったできごとも、耳に入らなければ万里の遠くのできごとと同じである。 **友于ノ関係** 仲むつまじい関係。 **跼蹐** 跼蹐。天が高いのに身をかがめ(跼天)、地が厚いのにぬき足で歩く(蹐地)。びくびくしてちぢこまっていることをいう。 **駕迭** 駕軼。のりこえること。凌駕。 **泰山ヲ挟テ…** 「挟二泰山一超二北海一」(孟子、梁恵王上)。人力では不可能であることの喩。 **風馬牛** 自分と関係のないという態度をとる。

余輩ハ東洋連衡ノ要用ナル由縁ノ大概ヲ叙シ去リ、将《まさ》ニ筆ヲ茲《ここ》ニ擱《お》カントスルニ望ミ、更ラニ一大肝要的ノコノ連衡ニ関係スルモノヲ演《の》ベザルヲ得ズ。即チ印度独立ノ事是《これ》ナリ。蓋シ印度ハ亜細亜版図ノ一大富国ニシテ、天恵地利共ニ其宜《そのよろし》キヲ得タリ。之ヲ世界ノ花園トモ称スベク、之ヲ亜細亜ノ自負ト謂ベキ国柄ナリ。然ルニ不幸ニシテ英人ノ奪有スル所トナリ、其富有豊饒《ほうじょう》ハ偶《たまた》マ異種ノ英人ヲ利シ、却テ自己ニ禍災ヲ招クノ媒介トナリ、苛法重税ノ下ニ悩マサル、、茲ニ年*アリ、其状態ノ惨然タル聞見スル者ヲシテ酸鼻寒心セシメザルハナシ。印度人ト雖モ均《ひとし》ク天ノ賦与ヲ享《う》ケ、自治独立ヲ喜ブノ人間ナリ。我レト同国ノ情愛ヲ共ニスルノ人種ナリ。近況ニヨレバ印度人ノ英軛ヲ脱シテ自治ヲ回復スルハ最早《もはや》遠キニアラザルガ如シト雖モ、英印ノ間自ラ強弱ノ勢ヲ異ニシ、智愚其度ヲ同《おなじく》セザレバ、亜細亜諸国ノ加勢助力ヲ得ルニアラザルヨリハ其自治ヲ希望スル積年ノ労苦モ或ハ一朝水泡ニ属スルヲ保チ難シ。故ニ印度人ヲシテソノ自治ヲ恢復セシムルニ助力スルハ亜細亜諸国ノ情誼《じょうぎ》ニシテ、免ルベカラザルノ義務ト謂《いう》モ可ナリ。今ヤ我国ハ亜細亜諸国開化先進ノ国タルハ自ラ任ジ又他ノ許ス所ナルヲ以テ、諸邦ニ率先シテコノ東洋連衡ノ業ヲ担当スルハ我国ヲ棄テ、又誰カアル。故ニ先ヅ我ヨリ書生ヲ印度ニ派遣シ、其政体風俗ヲ審《つまびらか》ニシ、其言語文章ヲ学バシメ、或ハ雑誌新聞或ハ演説公会等ノ便ニ依リテ印度人ノ独立ノ精神ヲ揮擢シ、公共ノ義気ヲ呼醒シ以テ其自治ノ幸福ヲ得ルヲ促スベシ。印度一《ひとた》ビ独立セバ、英ハ東洋ニ力ヲ失ヒ、支那一ビ振作セバ魯ハ復《また》鴨緑江ヲ渡ルヲ得ズ。故ニ余輩ハ欧亜ノ権衡ヲ維持シ、彼ガ蚕食掠奪ヲ防グノミナラズ、我国ヲシテ東洋ノ盟主トナシ卓然其牛耳ヲ執《と》ルノ位地ニ置クノ道ハコノ東洋連衡ヲ棄テ、又他ニ如何《いか》ナル良謀善策アルヲ知ラザルナリ。

年アリ　長い年月を経ること。

5　日支聯合果して恃むべき耶

(東京横浜毎日新聞　投書)

解題〔明治十三年一月十日・十五日〕　日清連合は他国への依頼心をうみ、独立自為の精神を減退させるとして批判する投書。III-1～4・6などの日清連携論、またアジア連帯論への強い疑念を表明する。なお→II-14解題。【野手一郎】　茨城県下総地方の民権政社同舟社中心メンバーとして活躍。

日支聯合果シテ恃《たの》ムベキ耶《や》

同舟社員　野手一郎

演説者口ヲ開ケバ即チ曰ク、日支聯衡スベシ、新聞記者筆ヲ掲《と》レバ即チ曰ク、倭清合従スベシト。説トシテ日支聯衡ノ説ニアラザルハナク、文トシテ倭清合従ノ文ニアラザルハナシ。而シテ論者ノ其ノ主眼トスル所ヲ聴クニ、弱者ハ常ニ強者ノ為メニ圧セラレ、愚者ハ必ラズ智者ノ為メニ制セラル、是レ古今自然ノ状勢ニシテ、日支二邦ガ現ニ独立ノ主権ヲ有シ、而シテ夫《か》ノ不当ナル領事裁判権モ之ヲ破毀スルニ由ナク、海関収税権モ之ヲ恢復スル能ハザルガ如キ、一ニ彼碧眼奴輩ヲシテ自儘ノ挙動ヲ国交上ニ逞《たくましう》スルヲ得セシムルノ情況ハ、恰《あたか》モ稚童ヲシテ智ヲ*スペンサーニ較セシメ、老嫗ヲシテ勇ヲ*オスマンパシャト*角セシムルト同一般ナリ。豈《あ》ニ智力彼ノ下風ニアリ腕力亦遠ク彼レノ末流ニ位スルガ為メニ非ザランヤ。然ラバ則《すなわち》日支聯合ノ策ニ出テ其ノ智力ヲ併セ、其ノ腕力ヲ合シテ彼レノ狂暴ヲ抑ヘ、彼レノ跋扈ヲ制シ独立ノ体面ヲ全《まっと》フスルハ、更ニ今日ノ急務トモ言フ可シ。若シ夫《そ》レ日支聯合シテ其ノ智力ヲ併セ、其ノ腕力ヲ合シ、唇歯相助ケ相保ツノ主義ニ出ルアレバ、領事裁判権ヲ破毀シ海関収税権ヲ恢復スル、豈亦《あにまた》難カラズヤ。而ルヲ況ンヤ碧眼奴輩ガ自儘ノ挙動ヲ国交上ニ逞スルガ如キ、之ヲ制シ之ヲ抑ユル一挙手一投足ノ労ニ過ギザルノミ。然レドモ人或ハ日支両国ノ言語相異ナルヲ聴キ、其ノ風俗ノ互ニ同ジカラザルヲ覩《み》、其心ヲ聯合ノ成否ニ介スルモノナシトセズ。去レドモ聯合ノ成否ハ聯合ノ利害ニアリテ、言語風俗ノ異同ニ由ル者ニアラズ。苟《いやしく》モ日支両国ガ各々《おのおの》聯合ノ利益アルコトヲ暁《さと》ラバ、言語ハ相異ナルモ、風俗互同ジカラザルモ、其聯合ノ実事ヲ遂グルニ於テ何ノ難キコトカ之アラント、日支聯合ヲ是トスル論者ガ金城鉄壁トスル所ハ概ネ如レ此《かくのごとく》ニ過ギザルナリ。予ヤ論者ト同ジク満腔ノ熱血ヲ蔵テ之ヲ国交上ニ注グ者ナリ。然レドモ其説ノ奇怪ナル如レ此、其ノ文ノ虚妄ナル如レ此ヲ覩《み》バ、豈ニ亦一言ヲ吐露シテ之ヲ駁撃セザルベケンヤ。

論者曰ク、聯合ノ成否ハ聯合ノ利害ニアリ、言語風俗ノ異同ニアラズト。論者ノ言、寔《まこと》ニ然リ、予モ亦聯合ノ成否ハ其ノ利害ニアリテ言語ノ異ナルト風俗ノ同ジカラザルトニ由ル者ニ非ラザルコトヲ知ラザルニアラズ。唯《ただ》務メテ之ヲ聯合スルモ、決シテ毫末ノ利益アルコトナシ、否啻《ただ》ニ毫末ノ利益ナキノミナラズ、之レガ為メニ一大弊害ヲ国民ノ気風上ニ醸生シ来ルコトヲ信ズルナリ。請フ、是ヨリ日支聯合ノ弊害アル所以《ゆえん》ヲ陳述セン。

論者ヨ、顧《かえりみ》テ論者ガ前段ニ於テ喋々スル所ヲ思ヘ、論者ハ言語ノ異ナルニ拘ハラズ、風俗ノ同ジカラザルニ関セズ、断然利害ノ二字ヲ以テ日支ノ聯合ヲ遂グルヲ得ベシト云フニアラズヤ。其レ然リ、利害ナル文字ノ力ニ藉《か》リテ其聯合ヲ成遂スルコトヲ得ベシト雖ドモ如何セン。利害ノ為メニ結約セル聯合ハ、亦其ノ利害ニ由リテ聯合ノ結約ヲ解放スルコト無キヲ保証シ難カルベキヲ。例ヘバ今茲ニ*奸黠《かんかつ》蘇張ノ如キ英人アリ、支那ニ啗《くら》ハシムルニ利ヲ以テシ、支那政府ニ向テ英国ハ日本ニ*釁《きん》アリ、将《まさ》ニ干戈《かんか》ヲ日本ニ向ヘントス、貴国願クハ師ヲ出シテ日本ヲ救ヒ、*餉ヲ輸シテ日本ヲ助クルガ如キコトヲ為ス勿《なか》レ、貴国幸ニ此言ヲ容レテ日本ヲ救助スルコトヲ肯ゼザレバ*五港ノ埠頭ハ貴国ノ請ニ従ヒ、之ヲ鎖閉シ、鴉片《アヘン》ノ贖金モ貴国ノ求ニ応ジテ之ヲ弁還セン、其ノ他、貴国政府ノ利トスル所、貴国人民ノ便トスル所ハ、一切貴国ノ命ニ従ハント云ツテ*贏秦《えいしん》ガ商於六百ノ地ヲ以《もつ》テ斉楚ノ間ヲ乖離スルガ如キ狡獪手段ニ出ルアラバ、烏《いずくん》ゾ支那政府ガ其ノ甘言ニ瞞着セラレ、其ノ聯合ノ約ニ背テ戟ヲ日本ニ倒ニスルコトナキヲ必ス可ケンヤ。論者或ハ言ハン、若シ足下ノ言ノ如ク、日支其ノ聯合ヲ解放スルガ如キ不幸ニ逢フモ、日本ニハ日本ヲ保護スベキノ兵士アリ、日本ヲ維支スベキノ軍餉《くんしょう》アリ、之ヲ其ノ始ヨリ連合ヲ為サヾル者トセバ、何ゾ不可ナルコトカ之レアランヤト。嗚呼《ああ》何ゾ思ハザルノ太甚《はなはだ》シキヤ、夫《そ》レ国ニ刺衝物ナケレバ人民安着ノ心ヲ起シ、従テ亦依頼ノ念ヲ生ズ、此ノ二者ノ為メニ内ノ国土ヲ失ヒ、其ノ社稷《しゃしょく》ヲ亡シ千歳ノ下恨ミヲ荒墟

スペンサー →二三〇頁注「斯辺鎖」。 **オスマンパシヤ** →一一三頁注「オスマン侯」。 **角セシム** くらべること。

ノ残礎ニ遺シ涙ヲ叢間ノ枯骸ニ注グモノ、天下其ノ類尠《すくな》シトセズ。古賢ノ所謂《いわゆ》ル敵国外患ナキモノハ国恒《つね》ニ亡ブト言《いう》モ、蓋シ此意ニ外ナラザルベシ。日支聯合ハ豈ニ我邦人民ノ怙恃心ヲ誘起セザランヤ。而《しか》ルニ論者ハ其ノ例証ノ*鑿々《さくさく》タルヲモ省ミズ、強ヒテ之ヲ聯合セシム、若シ之ヲ解放スルガ如キ不幸ニ逢フモ、始メヨリ聯合ヲ為サヾル者トセバ決シテ不可ナシト言フハ、吾輩ノ了解スルコト能ハザル所ナリ。

奸黠蘇張　奸黠はわるがしこいの意、蘇張は、洛陽の蘇秦(?-前三一七)と魏(河南)の張儀(?-前三〇九)。ともに鬼谷子に学んだ戦国時代の政治家で、蘇秦は合従策、張儀は連衡策を唱え、弁舌に巧みなことをもって知られる。　**齟**　不和。仲たがい。齬に同じ。　**師・餉**　軍隊と兵糧。　**五港**　広州・福州・厦門・寧波・上海。アヘン戦争のあと締結された南京条約で開港が約束された。　**嬴秦ガ商於…**　嬴は秦の国の姓、商於は秦の地(河南省)。秦の張儀が商於の地六百里を与えると楚に約して斉との同盟を破らせ、のちそれを反古にしたこと。詐偽の手段をいう。　**鑿々タル**　明白なさま。

以上、論者ガ金城鉄壁ト為ス所ノ者ハ予ガ一筆鋒ヲ以テ既ニ撃破シ去リタレバ、論者ハ羊ヲ予ガ*轅門《えんもん》ニ牽《つな》グノ外《ほか》計策ノ出ヅベキナシト信ズレドモ、論者ガ又強性ニモ本論ノ余喘《よぜん》ヲ刀花弾雨ノ間ニ全フシ、*唇亡歯寒ノ余燼煽起シテ叛旗ヲ一方ニ翻スコトアルモ亦知ル可カラズ。予ハ再ビ師ヲ挙ゲテ兵革ヲ奔走ニ疲レシメンヨリハ、寧ロ血刃ノ未ダ乾カザルニ先《さきだ》チ*乱斫鏖殲《らんしゃくおうせん》以テ其ノ*遺孑《いけつ》ヲ残サシメザルコソ上策ナリト思考スルナリ。論者或ハ言ハン唇亡歯寒ノ語ハ夫《か》ノ*宮之奇ガ晋公ノ虢《かく》ヲ征スルノ日ニ虞《ぐ》公ヲ諫止セント欲スルノ時ニ当テ、始メテ発現シタルノ語ナリト雖ドモ、虞公ハ敢テ宮之奇ノ言ヲ容レズ、不幸ニモ晋ノ為メニ生擒スル所トナリタリ。是レ日支聯合ノ一日モ欠ク可カラザル所以ナリト。然リト雖ドモ如レ此《かくのごとき》ハ未ダ其ノ内実ノ如何ヲ洞察シ得タルモノト言フベカラズ、何ントナレバ則チ虞公ガ晋ノ為メニ擒《とりこ》ニセラレタルハ、他ニ亦擒ニセラルベキノ原因アリテ然ルナリ。決シテ聯合ヲ虢ニ辞シタルガ為メニ非ラズ、又聯合ヲ虢ニ辞シ虢ノ救援ヲ受ケズ、晋楚ノ為メニ擒ニセラレタルヲ以テ、直《ただち》ニ唇亡歯寒トナスノ道理ナケレバナリ。且ツ夫レ六国ガ*呂政ノ為メニ併呑セラレタルハ、六国ガ其ノ富ニ依頼シ其ノ強ヲ怙恃シ、国人ハ自ラ奮ツテ其ノ国力ヲ振起シ、其国勢ヲ皇張スルコトヲ勉メザルニ由ル。是亦罪ヲ唇亡歯寒ニ帰ス可カラズ、否《いな》唇歯相助クルノ決シテ恃ム可カラザルヲ証スルニ足ルベシ。嗚呼《ああ》日本国小ナリト雖ドモ幾千万円ノ歳入アリ、以テ此ノ国ヲ維持スルニ足ル、日本人寡《すくな》シト雖ドモ亦幾千余万ノ人口アリ、以テ此ノ国ヲ保護スルニ足ル、何ゾ必《かならず》シモ清国ノ力ヲ借リテ此ノ国ヲ保護シ及ビ維持スルコトヲ要センヤ。然リト雖ドモ予ハ敢テ支那交ル可カラズ、支那親《したし》ム可カラズト言フニ非ラズ。唯《ただ》日支聯合ノ為メニ安着依頼ノ志念ヲ発起シ、独立自為ノ気象ヲ減耗スルコトアルヲ恐ル、ノミ。予ハ此ニ今筆ヲ閣《お》クニ当テ、論者ニ向テ一言セザルヲ得ザルモノアリ。曰ク、唇亡テ歯ノ寒ニ感ズルハ、歯ノ唇ニ依頼シ、唇アルニ安心シ、常ニ其ノ寒ニ耐ユル習慣ナキニ由ルナリ。今ヨリ宜シク歯ヲシテ唇ニ依頼セシメズ、唇アルニ安心セシメズ、介然独立シテ*沍《ご》寒《かん》厳雪ニ耐ヘシムルハ予ノ切ニ希望スル所ナリ。

轅門 軍門。陣営の門。 **唇亡歯寒** 関係の密接した一方が滅びると、他方もあぶないことの喩。「輔車相依、唇亡歯寒」(左伝、僖公)。 **乱斫鏖殲** むやみに切ってみな殺しにする。 **遺孑** わずかな生きのこり。 **宮之奇** 春秋時代の虞国の大夫。晋の献公虞に借りて虢国を伐とうとしたとき、協力すべきではないと虞君を諫めたが用いられず去った。虢は滅び、次いで虞も晋のために滅ぼされる。 **呂政** 秦王政、のちの始皇帝。 **沍寒** 沍はこおること。厳寒。

6 支那語学の要用なるを論ず（朝野新聞）

解題［明治十三年二月十七日］ 欧米諸国にのみ目をむけることなく、「一大富源」であり、かつ利害関係の深い清国にこそ注目すべしとして、その理解のため中国語を学ぶ必要を説く論説。筆者草間は明治十三年一月「報知」から「朝野」に転じ、同年三月結成された興亜会(→一五八頁注)の役員となる。同会は「支那語学校」を設立するなど中国語教育を重視した(→四九頁注「清韓ノ語学…」)。草間は「朝野」の論説「支那ノ国勢ヲ論ズ」(十三・一・二十二)でも日清連合論を説いている。なお「朝野」の興亜会関連の論説として、十三・三・十一、十三・六・十五〜十六、十四・四・二十一などがある。

支那語学ノ要用ナルヲ論ズ　　草間時福

五洲諸邦各自国語ヲ異《こと》ニシ、甲ノ話ス所ハ乙以テ*鴃舌《げきぜつ》ト為シ、彼ノ語ル所ハ此《これ》以テ*侏離《しゅり》ト為シ、互ニ通解スル能ハザルハ万国交通ノ一大妨害也。利害ヲ異ニシ痛痒相《あい》感《かん》ゼザルモ是レヨリ起リ、交ヲ絶チ港ヲ鎖《とざ》シ、貿易有無ヲ通ズルノ路ヲ塞ギ、通信智識ヲ互換スルノ便ナキモ是レヨリ生ジ、世界開明ノ之ガ為メニ妨害ヲ受クルヤ実ニ大ナリ。故ニ欧洲ニハ*世界普通ノ国語〈ユニヘルサルランゲージ〉ヲ創造シ万国一語ナラシメンコトヲ企《くわだつ》ル会社アルハ、蓋《けだ》シ茲《ここ》ニ見ル所アレバ也。然レドモ此ノ各自殊別ナル国語ヲ溶解シテ万国普通ノ一語ヲ鋳成《ちゅうせい》セントスルハ、至難中ノ至難ナル者ト謂ハザルヲ得ズ。今日万国交通ノ道日ニ開ケ、電信ナリ汽船ナリ新聞郵便ナリ道路河港ナリ、頗《すこぶ》ル完全ニ至ルヲ以テ、早晩万国ノ人民一語ヲ話スコト猶《なお》一国人民ノ如キ便利アルニ至ル可シト雖モ、其成功ノ日ヤ極メテ遠シ。之レヲ数百年ノ後ニ望マザルヲ得ザルナリ。故ニ未ダ万国一語ノ便利ヲ得ザルノ間ハ、他ノ諸国ニシテ自国ト緊要ナル関渉ヲ有スルノ国語ハ勉メテ之《こ》レヲ学ビ、以テ交通ノ道ヲ便ニシ以テ彼我ノ事情ヲ通ジテ以テ相利スルノ道ヲ求メザル可カラザルナリ。

駃舌　外国人の話す意味のわからぬ言語。　**侏離**　西方の蛮人の音楽。転じて外国語の意味不明であるさま。　**世界普通ノ国語**　universal language. 国際語。ここでは一八七九年に公表された、ドイツの聖職者シュライヤー J. M. Schleyer の考案によるボラピューク Volapük をさすか。当時盛んに活動が行なわれていた。なおエスペラントの創始は一八八七年のこと。

我邦開港以来欧米ノ国語ハ漸次ニシテ隆盛ト為リ、之レヲ教フル官私ノ語学校モ既ニ数百ノ多キニ上リ、児童走卒ト雖ドモ皆欧米ノ語ヲ話スニ至ル。蓋シ我国近来ノ文明ナル者ハ概《おおむ》ネ欧米諸邦ヨリ輸入シ、制度文物学術風俗ニ至ルマデ百般ノコト一ニ皆ナ彼レヲ模擬スルヨリシテ、国ノ富饒ヲ致スモ只欧米ヲ知ルニアリ、国ノ智識ヲ進ムルモ只欧米ヲ学ブニ在リ、富貴利達一身ノ栄ヲ謀ルモ又只欧米ノ事情ニ通ズルニ在リト思惟シ、遂ニ斯クノ如キノ流行ヲ致セシニ因《よ》ルナリ。然レドモ其ノ甚シキニ至テハ能ク洋語ヲ囀《さえず》ルモ我ガ国語ヲ話ス能ハズ、能ク西洋ノ「アルハベツト」ヲ綴ルモ自国ノ以呂波《いろは》ヲ知ラザル者アリ。其ノ弊モ亦《また》極マルト謂フベシ。

然ルニ我国ノ富饒ヲ致シ智識ヲ進ムル源泉ハ独リ欧米諸国ヲ知ルニ非ラザルナリ。我国ト緊要ナル関渉ヲ有シ大ニ利害得喪ノ交渉アルハ独リ欧米諸国ノミナラザルナリ。試《こころ》ミニ近ク我同洲ナル支那国ヲ見ヨ。其人口ハ四億万ヲ有シ、其土地四百余州ノ広キヲ保テリ。而シテ其ノ地形ヲ問ヘバ所謂*一葦《いちい》航スベク牛吼《ぎゅうこう》達ス可キナリ。其関係ヲ問ヘバ唇歯相保《あいたも》ツナリ、其富饒ヲ問ヘバ無尽蔵ナリ。若《も》シ能ク其事情ヲ審《つまびらか》ニシ其国情ヲ知ラバ、我国ノ智ヲ進メ富ヲ益スハ遠ク欧米ニ非ラズシテ近ク此支那ニ在ルヲ知ル可シ。然ルニ凡庸ノ眼ハ常ニ欧ニ明ニシテ亜ニ暗ク、遠キヲ審ニシテ近キヲ忘レ、我邦ノ一大富源ニシテ而《し》カモ直接ニ利害得失ノ関係アル支那国ヲ以テ之レヲ思想外ニ抛擲《ほうてき》シ、其ノ事情風俗ヲ審ニセントスル者無ク、其ノ国勢制度ヲ知ラント欲スル者モ無ク、其他貿易物産需用通信等ハ全ク利害得失ノ相関セザル者トスルガ如シ。亦＊咄々《とつとつ》怪事ト謂ハザルヲ得ズ。故ニ今日我国ノ支那ト往来交通スル者ハ概《おおむ》ネ骨董家者流ニ過ギザル也。此ノ我邦ト一大関係アル支那国ヲ以テ骨董ノ本店ト認メ、以テ他ニ求ムルヲ欲セズ、徒《いたずら》ニ之ヲ二三商估《しょうこ》ノ為ス所ニ放棄シテ意トセザルハ世上識者ノ罪ニ非ザルヲ得ンヤ。

　余輩嘗《かつ》テ支那ノ国勢ヲ論ジ其国ノ盛衰開否ハ頗ル我国ニ密着ノ関係アルヲ論ジ、又支那近況ノ大ニ注察ヲ加ヘザル可カラザル由縁ヲ論ジタリキ。世人ニシテ其主意ヲ解シ、若《も》シ支那ノ我国ニ一大関係アルヲ審ニセバ今日支那語学ノ要用ナル由縁ヲ通解スルニ難《か》タカラザルベシ。彼レヲ知リ彼レニ交ラント欲シ、却テ彼レガ国語ヲ学バザルハ、是レ楫《かじ》無クシテ舟ヲ行《や》リ路《みち》無クシテ車ヲ推《お》スガ如シ。抑《そもそも》亦事理ニ適シタル者ニ非ザルナリ。嗚呼《ああ》支那四百余州ハ我国人ノ壮快ナル活劇ヲ試ルノ新舞台ナリ。今日ヨリ彼レガ国語ニ通ジ其事情形勢ヲ審ニシ地理物産ヲ明《あきらか》ニシ、変ニ応ジ機ニ投ジ以テ他日下回《したまわり》ノ演劇ニ於テ如何ナル脚色ヲ為スカヲ見ルモ亦一愉快ナラズヤ。世人ニシテ若シ亜細亜連衡ノ要用ナルヲ感ゼバ宜シク支那ノ国勢ヲ知ラザル可カラズ、支那ノ国勢ヲ知ラント欲セバ先ヅ支那語学ノ門ヨリ入ラザル可カラズ。支那ノ語学ハ豈《あ》ニ一日モ之ヲ等閑ニ附ス可キモノナランヤ。

一葦航スベク…　小舟が往き来し、牛のなく声も達する程の近い関係。　**咄々怪事**　驚くべき奇怪の事。

7　魯清果して戦端を開くべきか
（朝野新聞）

解題［明治十三年九月四日］　イリ紛争を「東洋ノ大事件」と捉え、紛争の帰趨、とくにロシアの動向に対する関心を強く促す論説。もしロシアが清国との戦争に勝ち北京を陥落させた場合、漢城攻略・朝鮮奪取は必至だとして、ロシアの侵略東漸を強く警戒している。イリ紛争にからみ強国ロシアの極東侵略を警告する論調は「朝野」のものだけでも数多い。たとえば、十三・七・八、十三・八・十六、十三・八・二十六（Ⅳ-7）、十三・九・十二、十三・十二・九、十四・一・二十九の論説など。

　魯清《ろしん》果シテ戦端ヲ開クベキカ

魯清果シテ戦端ヲ開クベキカ。蓋《けだ》シ此ノ問題ハ現時東洋ノ局面ニ湧現《ゆうげん》スル最大事件ナリ。然ルニ近時ノ報道ニ依レバ、今ヤ魯清ノ関係ハ益《ますま》ス切迫シ、遂ニ潰裂《かいれつ》ニ至ラントスル者ノ如シ。魯国ハ現ニ清廷ニ向フテ最後ノ談判ヲ開イテ清廷ガ答辞ノ如何《いかん》ヲ竢《ま》チ、若《も》シ期定スル時日ヲ過ギテ確答ナケレバ直《ただち》ニ兵力ヲ以テ天津《テンシン》ヲ扼《やく》シ、北京《ペキン》ヲ衝《つ》カントシ、許多《きょた》ノ軍艦ハ要港ヲ拠守シ、兵備既ニ充実セリト。又清国ノ形勢如何ヲ見ルニ*醇親王*左崇棠ノ諸人ハ専ラ開戦ヲ主張シ、*李鴻章ノ如キモ已《や》ムヲ得ズ開戦党ニ合セザルヲ得ザルニ至リ、砦《とりで》ヲ堅メ兵ヲ集メ、専ラ開戦ノ準備ヲ怠ラザルガ如シ。魯清両国ノ形勢ニシテ已ニ斯クノ如クナレバ、到底平和ノ局ヲ結ブ能ハズシテ、妖氛《ようふん》殺気ノ東洋ヲ掩《おお》フノ不幸ヲ見ルニ至ル可キカ。然ラバ今日東洋ノ安危ハ寔《まこと》ニ*一髪千鈞《せんきん》ヲ引クガ如シト謂フモ不可ナル無キナリ。而シテ魯清ノ戦端ヲ開ケバ其勝敗*輸《しゅ》贏《えい》ノ帰着スル所ハ智者ヲ俟《ま》タズシテ知ル可シ。何トナレバ清兵ノ怯弱《きょうじゃく》ニシテ器械ノ鈍拙ナル、決シテ魯ノ鉄騎精兵ニ抵抗スベキニアラズ、之ニ加フルニ魯国ハ迅速ニ艦隊ヲ支那海ニ派遣シテ、清国ハ之ヲ防禦スルノ兵備アルコト無シ。故ニ魯清戦ヲ宣告スルノ日ハ即チ魯軍ノ凱歌ヲ奏スルノ日ニシテ、其ノ天津ヲ掠《かす》メ北京ヲ陥《おとしいる》ルハ極メテ易々タル可シ。然ルニ清廷ニシテ此ノ睹易《みやす》キ大勢ニ暗ク、徒《いたずら》ニ僥倖ヲ万一ニ期シ国家ノ安危ヲ一場ノ*孤注ニ決セントスルガ如クナレバ、今日両国ノ平和ハ絶エザル縷《いと》ノ如シト謂フベキナリ。豈ニ亦《また》至危至殆《したい》ナラズヤ。

然レドモ今日ニ於テ一ノ望ヲ属ス可キ者ハ英国ノ挙動如何《いか》ンニ在リ。蓋シ魯清ノ和戦ニ就キ英国ハ最大ノ関繫《かんけい》ヲ有シ、戦争ニ因ツテ蒙ル所ハ殆ド支那ト同一ニシテ、北京ノ利害ハ立《たち》ドコロニ影響ヲ倫敦《ロンドン》ニ及ボサヾルヲ得ズ。故ニ上海《シャンハイ》ノ新聞ニシテ最モ能力ノ名アル「*ノースチャイナヘラルド」記者ハ痛快ノ筆ヲ振ヒ、現時英国ノ政権ヲ掌握スル者ハ、何《いず》レノ政党ニモセヨ、若シ北京ヲシテ*二十年前英仏ノ手ニ陥リシガ如ク再ビ魯人ノ掌中ニ陥ラシムルモ、英国政府ハ袖手《しゅうしゅ》傍観シテ更ラニ之レヲ顧ミザルコトアラバ、良シヤ之レガ為メ英国ハ印度《インド》地方ニ於テ魯英ノ境界ヲシテ一*英里相接近スルノ患ナキトモ、其実ハ魯国ヲ推シテ亜加業坦《アフガニスタン》ノ主宰タラシムルト同一ノ不幸アルヤ明カナリ。然ルニ英国政府ニシテ之レヲ察セズ、魯国ヲシテ随意ニ北京ヲ陥ラシメバ、是レヨリ中央及ビ南方亜西亜《アジア》ニ於テ英魯ノ競争ハ一敗地ニ塗《ま》ミルニ至ルベシ。果シテ此《か》クノ如クナレバ、之レト踵ヲ接シテ印度全国ノ叛乱ヲ目撃スルノ不幸アルヲ知ラザルベカラズ云々ト。此論ヤ寔《まこと》ニ能ク魯清和戦ノ英国ニ向フテ密着セル利害アルヲ説キ尽セル者ト謂フベキナリ。夫《そ》レ然リ。故ニ英国政府ハ果シテ魯清ノ間ニ干渉シテ其ノ平和ヲ仲裁シ、魯国ノ兼併《けんぺい》ヲ制止シテ自国ノ利害ヲ謀ルベキカ、今日和戦ノ機ハ間ニ髪ヲ容レズ。止《た》ダ其ノ潰裂ニ至ルト否《しか》ラザルトハ英国政府ノ挙動如何ヲ見ルニ在ルノミ。

醇親王　奕譞。一八四〇-九一。第一一代光緒帝の父。のち八五年創設の海軍衙門の総理。　**左崇棠**　左宗棠。→二四七頁注。　**李鴻章**　→二五八頁注。　**一髪千鈞ヲ引ク**　一本の髪の毛で千鈞の重い物を引くの意で、きわめて危険なことの喩。　**輸贏**　まけとかち。　**孤注**　ばくちで、あり金すべてを賭けること。　**ノースチャイナヘラルド**　The North-China Herald. 中国名称では北華捷報。一八五〇年八月、上海在住のイギリス人シャーマン H. Shearman 創刊の週刊紙。内外の通信・報告が正確・詳細なことで定評があった。　**二十年前英仏ノ…**　一八六〇年の英仏連合軍の北京入城。→補注「アロー戦争」。　**英里**　マイル。

余輩ハ頃日《けいじつ》北京ヨリ一ノ報道ヲ得タリ。曰ク、七月十日頃魯国東洋艦隊甲鉄艦七隻、木艦十七隻通計二十四隻ノ軍艦突然トシテ*煙台港ニ来着シ、専ラ開戦ノ用意ヲ為セリ。清国政府ハ之ガ為メニ狼狽驚愕シ廟堂ノ議論モ俄《にわ》カニ一変シテ和睦ヲ謀ラントシ、現ニ北京駐劄《ちゅうさつ》ノ英仏公使ニ就テ之ガ仲裁ヲ依頼シタリト聞ケリ。然レドモ兵備ハ益《ますま》ス厳ニシテ大沽及ビ山東地方ノ諸要害幷《ならび》ニ江蘇浙江広東等ノ要地ニハ日夜軍艦陸兵ヲ配布スルヲ怠ラズ云々ト。此ノ報道ヲシテ確実ナラシメバ、清廷ハ稍《や》ヤ顧慮スル所アルガ如シ。苟《いやしく》モ英仏公使ノ之ヲ許諾シテ其ノ仲裁ニ尽力セバ、或ハ平和ヲ以テ其ノ局ヲ結ブヤモ亦測ルベカラズト雖モ、余輩ハ今回此ノ東洋ノ大事件ニ関シ英国政府ガ干渉甚《はなは》ダ活潑ナラザルヲ怪《あやし》マザルヲ得ザルナリ。

*曩《さき》ニ魯人ガ長駈シテ将《まさ》ニコンスタンチノーブルヲ陥レントスル時ニ当リ、英政府ハ百方其肘ヲ掣シテ遂ニ魯国ヲシテ其ノ兼併ノ志ヲ逞《たく》マシウスルヲ得ザラシメタリ。今日魯国ハ同一ノ兼併主義ヲ以テ将ニ北京ニ迫ラントス。而シテ英政府ハ啻《ただ》ニ前日ノ如ク魯人ヲ掣肘セザルノミナラズ、或ハ之ヲ度外視スルガ如キノ景状アリ。然レバ彼レト是レト英国ノ利害ニ関シテ其ノ軽重厚薄アルカ、余輩ヲ以テ之レヲ見レバ、魯人ノ北京ヲ陥ルトコンスタンチノーブルヲ占奪スルトハ均《ひと》シク英国ニ大影響ヲ及ボスノミナラズ、或ハ北京ヲ陥ルヲ以テ寧《むし》ロ其害ノ多キト云フモ可ナリ。然ルニ英政府ノ強魯ノ兼併ヲ制スルヤ、曩《さき》ニハ彼レノ如ク周密ニシテ今ハ此クノ如ク疎漏ナルハ何ゾヤ。説ヲ為ス者アリ、曰ク、前時ノ英国ハ*ヂスレルノ政府ニシテ専ラ外交ニ好大喜功ノ主義ヲ執リ、今時ハ*グラツドストヲンノ政府ニシテ専ラ内治ニ実益実利ノ主義ヲ守ル、是レ其《その》異ナル所以《ゆえん》ナリト。然レドモ魯国ノ兼併ヲ逞《たくまし》ウシ東洋ヲ席巻シテ之レニ雄飛スルハ英国ノ実益実利ヲ妨害スル者ナレバ、現時ノ政府ハ何程ニ内治ヲ目的ニスルニモセヨ、魯国ノ兼併ヲ意トセズ彼レガ東洋ヲ蹂躙スルニ任セテ可ナリト謂フガ如キハ決シテ之レ無キ筈

ナリ。故ニ余輩ハ今日ニ於テ英政府ガ何故ニ此ノ東洋ノ大事件ニ干渉セザルヤヲ怪ミ、其ノ支那政府ガ中裁ヲ請フニ因リ将来何等ノ挙動ニ出ヅ可キヤヲ注目シ、魯清和戦ノ帰着スル所ヲト《ぼく》セントスルナリ。

然リ而シテ我邦ハ此ノ魯清ノ関係ニ就キ其利害ノ密着スル、敢《あえ》テ英国ニ譲ラザル者アリ。看ルベシ、魯人ガ北京ヲ陥ルノ明日ハ必ズ*双頭鷲旗ノ朝鮮京城ニ翻ル有ラン。苟クモ魯人ヲシテ北京ヲ占メ朝鮮ニ拠ラシムレバ、我ガ邦モ豈独リ其蚕食威迫ノ影響ヲ免ルヽヲ得ンヤ。且ツ頃日《けいじつ》聞ク所ニ依レバ魯国ハ頻《しき》リニ朝鮮政府ニ迫ツテ*開港互市ヲ促ガシ、而シテ魯国東洋艦隊ハ其政府ヨリ内命ヲ受ケ清国ト局ヲ結バヾ其艦隊ハ直チニ朝鮮ニ向フベシト。此ノ風説タルヤ未ダ信偽ヲ審《つま》ビラカニセズト雖ドモ、魯国ノ東洋ニ垂涎シ虎視眈々タルノ形勢ハ得テ掩《おお》フ可カラザルナリ。嗚呼《ああ》清魯果シテ戦端ヲ開クベキカ、其和戦ノ関スル所ハ啻《ただ》ニ魯清ノ利害ノミナラズシテ東洋全局ノ安危ニ関係セリ。東洋ノ平和ヲ維持シ、其開明ヲ進メ、其自由ヲ護セントスル者ハ幸ニ此ノ最大事件ヲ*忽諸《こっしょ》ニ附スル勿《なか》レ。

煙台　↓二五八頁注「芝罘」。　**曩ニ魯人ガ…**　露土戦争をいう。　**グラッドストヲン**　↓補注。　**ヂスレル**　ディズレーリ。↓五六頁注。　↓五六頁注。　**双頭鷲旗**　ロシアの国旗。　**開港互市**　港を開いて貿易・交易を行なうこと。　**忽諸**　ゆるがせにする。

8　東洋の気運（朝野新聞）

解題［明治十七年四月十三日］　スタインの論の批評から説きおこして、日清同盟を基軸とする全アジアの連衡の必要を主張し、清国蔑視、脱亜論を批判する論説。日本の国力充実及び東洋連衡の二策を欠く国権拡張論こそ「架空ノ妄想」にすぎぬとして、清仏戦争での清国の劣勢による対清蔑視を憂慮する。なお清仏戦争に関連する論説は「朝野」も数多く掲載しているが、そのなかで日仏連携による清国挟撃論を批判するとともに、日本の厳正中立を主張した典型として、「一方ヲ庇護ス可カラズ」(十七・九・十六～十八)がある。清仏戦争については↓補注。

東洋ノ気運

有名ナル墺地利《オーストリア》ノ政治家*ドクトル、ローレンツ、フホン、スタイン氏ハ、頃日《けいじつ》東洋領事裁判ト題スル書ヲ著ハシ大ニ治外法権ノ非ヲ痛論セリ。而シテ其ノ結末ニ於テ特ニ断言シテ曰ク、欧洲諸国ハ土耳其《トルコ》ニ加ヘタル所ノ治外法権ヲ移シテ之レヲ東洋ニ用ヒタルガ、是レ往時ニ在テハ不可ナル無シト雖ドモ、二三十年以降東洋貿易ニ関シテ形状大《おおい》ニ変化スル所多シ。故ニ東洋諸国ニ於テ目下ノ一大問題トスル所ハ、東方領事裁判ノ法ヲ全廃シテ更ニ欧洲ノ制度ヲ代用スルニ在ルノミ。又余ノ国ハ兎《と》モ角《かく》モ独リ日本国丈《だ》ケハ東洋諸国中最モ進歩シタル国民ナルガ故ニ、領事裁判ノ制ヲ変革スルハ必要ノ事ニシテ、且ツ已《や》ミ難キモノト謂フベシ。是レ我輩ガ心ニ信ジテ疑ハザル所ナリト。我邦人民ノ此言ヲ聞ク者或ハ謂ハン、我邦ノ開化ニ向ヒ進歩ノ著明ナルハ欧米人民ノ普《あまね》ク知ル所ナリ。故ニ他ノ東洋諸国ガ英仏等ノ侮慢ヲ受ケ凌辱ヲ蒙ブルニ拘《かか》ハラズ、独リ我邦ハ西洋諸国ノ尊敬ヲ来タシ宛《あたか》モ欧洲列国ノ中ニ加ハル者ノ如シ。スタイン氏ガ特ニ我邦ヲ称賛シテ治外法権ノ廃棄ヲ唱道スルハ亦宜《またむべ》ナリト。然レドモ此ノ説ノ如キハ果シテ適当ナル観察ヲ得タルモノト謂フベキカ、吾輩ハ殆ド云フニ忍ビザル者アルナリ。熟《つらつ》ラ今日ノ実相ヲ考フルニ、欧米諸国ハ東洋人民ヲ一概視シテ尽《ことごと》ク未開固陋ナリトシ、強《あなが》チ我邦ト他ノ国トヲ区別セズ。現在支那ニ加フルノ侮慢ハ将来我レニ加フルコト有ルベク、今日朝鮮ニ蒙ブラシムル凌辱ハ後年亦我レニ及ボスコト無キヲ保タズ。縦《たと》ヒ如何《いか》ナル名士ノ我邦ヲ称賛スル者アルモ欧洲諸国ガ実際東洋人民ニ対スル挙動ハ安《いずくん》ゾ能《よ》ク其ノ公正ナルヲ望ム可ケンヤ。然《しか》レバ之レヲ為サンコト如何《いかん》。第一ニ我邦ノ実力ヲ養ヒ、第二ニ東洋連衡ノ計ヲ建ツルニ在ルノミ。此ノ二策ヲ外《ほか》ニシテ、坐シテ国権ノ振張ヲ欲スルハ亦架空ノ妄想タルニ過ギザルナリ。

ドクトル、ローレンツ、フホン、スタイン シュタイン Lorenz von Stein. 一八一五‐九〇。ドイツの社会学者、法学者。キール大学からウィーン大学の教授。一八八二年八月、憲法調査のため渡欧した伊藤博文が憲法学・行政法学の講義をうけたことでも著名。日本はその歴史的国体を尊重した独自の立憲君主国憲法を制定すべきことを述べ、のち山県有朋・黒田清隆・海江田信義らも渡欧して教えをうけた。海江田信義が筆記した講義録が、「須田因氏講義筆記」の書名で明治二十二年に出版されている。「東洋領事裁判」は、彼が寄稿していたオーストリア・オリエント月刊紙 Oesterreichische Monatsschrift fur den Orient に載ったものか。

試《こころみ》ニ今日亜細亜《アジア》諸国ノ如何ナル有様ヲ為スカヲ看ヨ。印土《インド》ノ英国ニ制圧セラレテ之レガ版図《はんと》トナリショリ以来、暹羅緬甸《シャムビルマ》ハ惴々《ずいずい》トシテ僅《わずか》ニ其ノ気息ヲ保チ、其邦独立ノ危《き》殆《たい》ナルコト風前ノ燈ノ如ク、而シテ支那ノ藩屏タル安*南ハ已ニ仏国ニ掠取セラレテ其ノ掌中ニ帰セシニ因リ、支那ノ困難ナル殆ド名状ス可カラズ、漸次ニ其ノ領地ヲ蚕食セラルヽノ恐レ有リ。故ニ今日ノ現状ヲ以テ之ヲ観察スルモ亜細亜諸国ガ已ニ悲惨ノ境ニ陥ルヲ知ルベシ。況《いわん》ヤ将来ノ気運ヲ察スレバ更ニ不祥ナル萌芽ヲ発スルニ於テヲヤ。夫《そ》レ魯国ノ中央亜細亜ヲ窺窬《きゆ》シテ止マザルハ世人ノ能《よ》ク知ル所ニシテ、欧洲諸国殊ニ英国ノ如キハ最モ常ニ之レヲ憂慮セリ。頃日、魯政府ハ兵ヲ発シテ東印度ニ密接スル所ノメルブ*ト云ヘル地ヲ略取シ、且ツ魯帝ハ特ニ前内務卿タル将軍イグナチーフ*氏ヲ選択シテ、土耳其斯坦《トルキスタン》ノ知事兼中央亜細亜全魯領ノ行政長官ニ任ジタリ。而シテ或ハ云フ、将軍イグナチーフ氏ハメルブニ中央亜細亜第一等ノ鎮守府ヲ設置シ、漸ク四方ヲ経略スルノ策ヲ建テタリト。是レニ由《より》テ之レヲ観レバ魯国ノ志ヤ決シテ近少ニ非ザルベク、英国モ是レヨリ多事トナリ、亜細亜全土ノ之ガ為メニ不幸ヲ蒙ブルニ至ル可シ。然レバ今ヨリシテ亜細亜大陸ハ兵馬ノ地トナル覚悟ナカル可ラズ。此時ニ当リテ我邦ノミハ独リ亜細亜ノ籍ヲ脱シ、純然タル欧洲列国ノ中ニ加ハラントスルモ豈得《あにう》ベケンヤ。蓋シ英魯諸国ノ外交家戦略家ノ眼ヨリ我邦ヲ観レバ、毫モ他ノ東洋諸国ニ異ナラズ、之ニ侮慢凌辱ヲ加ヘテ毫モ怪マザルノミナラズ、若シ機会ノ許スアラバ如何ナル企図ヲ為スモ亦知ルベカラズ。之ヲ奈何《いかん》ゾ一ノスタイン氏ノ言ヲ頼ンデ独リ坐シテ幸福ヲ占ムルヲ望ムベケンヤ。

安南ハ已ニ…　↓一四三頁注「安南王国」。　**メルブ**　メルブ・ハン国。一八八四年二月ロシアが占領。　**イグナチーフ**　一八三二―一九〇八。イルクーツク県知事は弟(↓二四二頁注)。

蓋シ非常ノ時運ニ際シテハ必ズ非常ノ挙動ニ出デザルベカラズ、而シテ非常ノ挙動ニ出デンニハ必ズ非常ノ覚悟ナカル可ラズ。故ニ治外法権ヲ廃棄シテ対等ノ権利ヲ得ント欲スルガ如キハ、尋常普通ノ請求ニ由テ輙《たやす》ク之ヲ得ルヲ期シ難シ。故ニ苟《いやしく》モ充分ニ其ノ目的ヲ達センニハ条約改正ヲ望マズシテ、条約廃棄*ヲ告グルノ精神ナカル可カラズ。何トナレバ改正ハ彼我相互ノ熟談ヲ遂グベキ者ニシテ不利益ヲ感ズル一方ニ於テハ決シテ快ク之ヲ諾スルノ理ナシ。廃棄ハ然ラズ。我ガ一存ニ由テ之ヲ決スルモノニシテ、復《ま》タ他人ノ之ヲ云々スルヲ許サヾレバナリ。欧洲今日ノ外交家ハ不正不実ノ策略ニ富ミ、人ヲ倒シテ己《おの》レヲ利スルニ巧ミナルヲ以テ、其ノ心中ヨリ懇切ナル辞ヲ発セシメントスルモ容易ニ之ヲ望ムベカラズ。是等ノ人物ガ已《や》ムヲ得ズシテ是認スルハ、止《た》ダ実力ヲ以テ決断ヲ為スノ一法有ルノミ。蓋シ実力ト云ヘバ富強ヲ幷有シ大ニ他ニ優《まさ》ル所ナカル可カラザルガ如シト雖ドモ、我邦ニ於テ条約ヲ廃棄スル如キハ必ズシモ此《か》クノ如キヲ要セザルベシ。一方ニ於テ完全ナル開明ノ制度ヲ立テ、充分ノ自由ヲ外人ニ与フルヲ約シ、而シテ一方ニ於テ既ニ期限ノ疾《と》ク過ギ去リタル条約ヲ株守スル能《あた》ハザレバ、今日直チニ之ヲ廃棄スト云ハヾ、之レガ為メニ多少ノ異説ヲ唱フル者アリトモ遂ニ已ムヲ得ズシテ之ヲ是認スルニ至ランノミ。然レドモ能ク之ヲ成就センニハ国民ヲ挙《あげ》テ非常ノ覚悟ヲ為シ、政府ヲシテ意ヲ強フシ言ヲ激シクセシムルノ後援ヲ為サヾル可カラズ。故ニ吾輩ハ敢《あえ》テ今日ノ政府ニ向テ之ヲ云フニ非ズト雖ドモ、苟モ我邦人民ニシテ国権ヲ伸暢《しんちょう》セントセバ此ノ実力ヲ養成セザル可カラザルヲ知ルナリ。

且《か》ツ夫《そ》レ我邦ノミ独リ卓出シタリトテ、滔々《とうとう》タル亜細亜諸国ニシテ尽《ことごと》ク未開固陋ヲ極メ、従テ欧洲諸国ノ侮慢凌辱ヲ受クルガ如クナレバ、到底我邦ノ国権ヲ伸暢シテ欧人ノ跋扈ヲ制ス可カラズ。故ニ結合ノ勢力ニ依リ相一致シテ之レニ従事スル計画有ランコトヲ要ス。而シテ彼ノ支那帝国ハ亜細亜諸国中我ガ恃《たの》ンデ以テ同盟ト為ス可キ邦ナレバ、吾輩ハ我ガ国人ノ之ヲ軽蔑スルコトヲ非トシ、成《な》ル可《べ》ク之ト親密ノ交際ヲ為サンコトヲ希望スルナリ。然ルニ近来支那政府ガ大ニ仏国ノ侮辱ヲ受ケテ屢《しばし》バ嘲弄セラル、ノ状アルノミナラズ、仏兵ハ已ニ*北寧太原山西ノ三要地ヲ占拠シ、山西ニ在ル者ハ将《まさ》ニ進ンデ興化州ニ攻入リ*興化鎮ヲ陥レントシ、北寧太原ニ在ル者ハ清兵ノ北《に》グルヲ追テ*諒山鎮ニ至リ其軍械旌旗《せいき》等ヲ奪ヒタルニ、毫《ごう》モ之ヲ聞知セザルガ如キ態アルヲ以テ、我邦人民ハ一層之レヲ軽蔑スルニ至レリ。然レドモ吾輩ハ支那政府ノ無気力ナル此クノ如クニシテ、仏国ノ跋扈スル彼レガ如キヲ以テ、益《ますま》ス前途ノ為メニ連衡ノ必要ヲ感ズルニ至レリ。若シ夫《そ》レ支那ニシテ雨降テ地固マルノ諺ノ如ク今回ノ汚辱ニ由テ大ニ自ラ奮起スルアラバ、与《とも》ニ力ヲ合セテ欧洲ノ圧制ヲ破リ亜細亜ノ振起ヲ計ルニ足ラン。単独ノ我邦ヲ以テ此大業ヲ成サントスルハ極メテ困難ナリ。是レ吾輩ガ第一ニ実力ヲ養ヒ第二ニ連衡ヲ計ルベシト謂フ所以《ゆえん》ナリ。且ツ夫レ英名ヲ欧洲諸国ノ間ニ轟《とどろ》カスイグナチーフハ強魯ノ兵ヲ指揮シテ幕府ヲ中央亜細亜ニ立テシニ因リ、威権ヲ東洋ニ振フ英国スラモ自ラ警戒スル所アリ。況シヤ勢力ノ微々タル東洋諸国ニ於テヲヤ。豈《あに》安坐シテ泰平ヲ歌誦スルノ時ナランヤ。

条約廃棄　不正な条約は「非常ノ覚悟」をもって断固廃棄すべし、とする主張はこの時期注目すべきものであり、後年の中江兆民の「外交論」(II-31)にある、「区々たる条約改正議事」批判の先駆をなすものであろう。　**北寧太原山西**　バクニン、タイグエン、ソンタイ。ハノイに近接する、紅河(ソンコイ河)のデルタ地帯の要地。一八八三年十二月に山西、翌八四年三月に北寧・太原が仏軍に占領された。　**興化鎮・諒山鎮**　フンホアとランソン。興化は山西に近接し、八四年四月に仏軍が占領。諒山はハノイ北東の国境付近にあり、ここにむかおうとした仏軍がその途中で北黎(バク)事件をひきおこすことになる(→二八六頁注「朗松事件」)。

9　興亜の問題及び東洋の現勢（郵便報知新聞）

解題［明治十七年六月六日・十八日］「改進」日本が「西向」しているのに対し、「守旧」清国は「東向」しているとして、日清両国の方向を一致させる方策がありえぬ以上、日清協和は不可能だと説くもの。アジアの中で文明の域に進んでいるのは日本だけであり、日本は「内治ノ改良」をもって国力の充実を計り、独力で国勢を張る道を進むべしとして、「興亜ノ空想」は捨てよと主張する。

興亜ノ問題及ビ東洋ノ現勢

東洋諸邦ヲ振興シテ欧洲ニ対峙《たいじ》スベシトノ説ハ余輩ノ屢々《しばしば》聞知スル所ナリ。我国ニ於テモ曾《かっ》テ*興亜会ナルモノヲ創起シテ協同ノ力ヲ此目的ニ用ヒントスルノ交社アルヲ聞ケリ。抑《そもそ》モ亜細亜《アジア》大洲二百六十万方里ノ面積ニ於テ邦土ノ画域ヲナスモノ其数甚《はなは》ダ多シ。日本、支那、西比利亜《シベリア》、*後印度《インド》、前印度、土耳機坦《トルキスタン》、亜加業坦《アフガニスタン》、*皮露直坦《バルチスタン》、波耳西亜《ペルシア》、亜細亜土耳其《アジアトルコ》、亜刺比亜《アラビア》及ビ東印度諸島ト名《なづ》ケラレタルモノ、之ヲ合一スレバ則《すなわち》欧羅巴《ヨーロッパ》大洲ニ四倍スルノ面積ヲ有《も》テリ。然リト雖モ現ニ此大洲ニ建国セルモノ或ハ欧洲ノ強国ニ附属シ若《も》シクハ其凌蔑《りょうべつ》スル所トナリ、独立ノ体面ヲ全《まっと》フセルモノ果シテ幾許《いくばく》カアル。西比利亜《シベリア》ハ魯西亜《ロシア》ニ属シ、前印度ハ英国ニ属シ、亜細亜土耳其ハ土耳格《トルコ》ニ属シ、東印度諸島ノ如キ或ハ阿蘭《オランダ》ニ属スルモノアリ或ハ西班牙《イスパニア》ニ属スルモノアリ。其間支那ノ総称ニ附属スル蒙古、満州、朝鮮ノ如キ、後印度ノ総称ニ附属スル安南《アンナン》、暹羅《シャム》、緬甸《ビルマ》ノ如キ、或ハ一邦国ヲ為シテ土壌広ク人口多キモノアリト雖モ、国威振ハズ、僅カニ他邦ノ勢力ニ藉《か》リテ存立スルモノアリ。是ヲ以テ亜州ヲ振興スルノ策ヲ建ルモノハ皆日本ト支那トヲ以テ目的トナシ、其他ハ渾《すべ》テ度外ニ措クモノ、如シ。日本ト支那ト協同親和シテ共ニ力ヲ興亜ノ事ニ尽クサバ漸ク其目的ヲ達スルニ庶《ちか》カラント、近来清国ノ屢々《しばしば》欧洲ノ強国ニ窘《くる》シメラル、ヨリ、自国ヲ挙テ対抗スルモ到底及バザルヲ以テ事情ノ必要ニ逼《せま》ラレ、其国人中亜洲振興ノ策ヲ講ズルモノ漸ク増加スルニ至レリ。現ニ清人中稍《やや》外国ノ形勢ニ通ズル者(即チ新聞記者ノ如キ)ハ*翕然《きゅうぜん》此事ヲ主張スルニ至レリ。我国ニ於テモ漢学者流往々此問題ヲ掲ゲテ大声呼道シ、甚シキハ我国権ヲ拡張スルハ清国ト協同スルニ在ルガ如クニ論ジ去ルモノアリ。

興亜会　十三年三月曾根俊虎らの主導で創立された、近代日本で初めてのアジア主義団体。→一五八頁注。　**後印度、前印度**　二〇世紀前半にインドシナという呼称が定着する以前、ヨーロッパからはこの地域を後インドといい、現在のインドを前インドと称していた。
皮露直坦　パキスタン南西部からイラン南東部にわたるアラビア海沿いの地域。　**翕然**　多くのものが一致するさま。

余輩固《もと》ヨリ亜洲ノ振ハザルヲ嘆ズルモノナリ。又清国ニシテ我国ト方向ヲ共ニシテ進歩スルノ主義ヲ執ラバ、余輩ハ之ヲ拒マザルノミナラズ喜ンデ共ニ興亜ノ策ヲ講ゼント欲スルナリ。然レドモ清国ノ形勢ヲ察スルニ寧《むし》ロ我国ト方向ヲ異ニスルガ如シ。恰《あた》カモ清国ハ東向シ日本ハ西向スルノ状アリ。日本ハ欧洲ノ文物ヲ採用シ真ノ文明国タランコトヲ勉ムルモノナリ。政治上ニ社会上ニ文明国ノ最良制度ニ拠リテ改良ヲ計ルモノナリ。是レ著明ナル実事ニシテ、維新以後我政府ノ施為《しい》スル所ヲ観《み》レバ争フ可ラザルノ形勢ナリ。然リ而《しこうして》清国ノ形勢ヲ通観スルニ、我ト同ジク西向スルモノニアラズ。僅々ノ人ハ或ハ西向セルモノアルモ知ル可ラズト雖モ、是等ノ人ハ皆全体ノ形勢ニ動カサル丶モノニシテ決シテ全国ヲ動カスモノニアラズ。全国ノ大勢ハ則《すなわち》専ラ守旧ノ精神ニ動カサレテ頑然陋習ニ安ンズルモノナリ。況ンヤ其国土甚ダ広大ナルガ為メ、一国ノ間、相分離シ頭足支体各自ノ働キヲ為シ一ノ脳力ニ動カサレザルモノナリ。其勢此《かく》ノ如クナルガ故ニ強邦ニ窘《くるし》メラル丶毎ニ追次窮縮シテ専ラ退守ノ計ヲ定ム。之ヲ我国ノ駸々《しんしん》歩ヲ進メテ開明ノ境ニ入ルノ形勢ニ比ス可ラザルヤ明カナリ。我国ト雖ドモ固《もと》ヨリ守旧ノ徒ナキニアラズ。然レドモ猶《な》ホ清国ノ開明ヲ唱フルモノ丶如ク、僅々社会ノ一微分子ニシテ即チ全国ノ大勢ニ動カサル丶モノナレバ、彼我ノ形勢ハ全ク相背馳《あいはいち》スルモノナリ。仮令《たとい》何等ノ英傑ヲシテ二国ノ為メニ計ラシムルモ、是《この》大勢ヲシテ一致ノ方位ニ進マシムルノ策ヲ見出サヾル可シ。

若《も》シ清国ノ形勢ヲシテ我ト同一ノ方向ニ進マシムルノ策アリトセン乎、清国ハ我国ト同一ノ方向ヲ取ルノ前ニ於テ先ヅ一ノ革命ヲ経過セザル可ラザルモノナラン。何トナレバ一国ノ大勢ハ必ズ一二有力者ノ左右シ得ベキモノニ非ズ。清国ヲシテ果シテ西洋文明ノ新説ニ由リテ進動スルノ形勢ニ至ラシメンニハ、先ヅ其国民ノ思想ヲ一変セシメザル可ラズ。即チ社会ヲ左右スベキ勢力アル者皆ナ新主義ヲ取ラザル可ラズ。凡《およ》ソ文明国ニ貴重セラル丶事物ハ悉《ことごと》ク之ヲ国内ニ採用シテ其働キヲ自由ナラシメザル可ラズ。果シテ改進ノ主義ヲ以テ国勢ヲ左右セシムルニ至ラバ*愛親覚羅氏ハ猶ホ其威徳ヲ損ゼズシテ永ク天祐ヲ保有シ得ベキ乎。若シ永遠ニ其支配権ヲ保タント欲セバ人心ノ向フ所ニ従フテ其政体ヲ撰ビ其制度ヲ換ヘザル可ラズ。此事果シテ行ハルベキ乎。百ノ李鴻章*アリテ此ノ如キノ運動ヲ清国ニ与ヘントスルモ決シテ為《な》シ能《あた》ハザルナリ。若シ一時ニ此運動ヲ起サントセバ忽《たちま》チ現時ノ大勢ニ衝突シテ破裂ノ端ヲ発セザルヲ得ズ、一タビ破裂ノ勢ヲ醸サバ已《すで》ニ頭足支体ノ分離セル者紛糾厖錯《ぼうさく》、勢ヒ収拾ス可《べか》ラザルニ至ラン。是ニ於テ乎、命ヲ革《あらたむ》ルノ変ナキヲ得ズ。此ノ如キノ情勢ナルヲ以テ苟且偸安《こうしょとうあん》*ハ則《すなわち》清国ノ其国ヲ保ツ骨髄トナリテ到底改進ノ巷ニ進行ス可ラザルモノナリ。

今夫《そ》レ守旧ノ人ト改進ノ人ト相合ハザルハ何ゾヤ。其所見ヲ異ニシ其方向ヲ別ニシテ、其経営スル所全ク相反スレバナリ。若シ守旧人ト改進人ト合同協和スルヲ要セバ、孰《いず》レカ其所見ヲ変ジ方向ヲ換ヘテ一方ニ帰セザル可ラズ。然ラズンバ到底協和ノ事ヲ談ズ可ラズ。若シ夫レ清国ハ改進ノ方向ヲ取ルコト能ハザル乎、我ヨリ其方向ヲ改メテ清国ト同《おなじ》フセン乎。我国ハ 則《すなわち》改進ヲ以テ骨髄トセリ。仮令《たと》ヒ此形勢ヲ変ゼント欲スルモ能ハザルナリ。強《しい》テ之レヲ変ゼントセバ不測ノ患害ヲ醸サヾルヲ保セズ。両国ノ地位即チ此ノ如クンバ到底一致ノ方向ヲ取ラシムルコト能ハザルナリ。然ラバ 則《すなわち》興亜ノ策ヲ講ズル者ガ第一ノ目的ハ望ム可ラザルナランカ。

愛親覚羅　清国帝室の姓。清国皇帝をさす。　**李鴻章**　↓五八頁注。
苟且偸安　かりそめに目先の安楽をむさぼること。

興亜論者ガ第一ノ目的トスル所ハ支那ト日本トノ協和ヲ謀ルニ在リ。而ルニ清国ノ形勢彼レガ如ク我国ノ形勢此ノ如シ。仮令《たとい》輔車唇歯*ノ勢ヲ説キ同文ノ縁ニ因リテ協同ノ事ヲ謀ルモ、国民ノ方向ヲシテ同一ニ帰セシムルノ策無クンバ到底其目的ヲ達ス可ラザルハ前篇ニ於テ詳論シタルガ如シ。今夫《かの》亜細亜大洲、日支ヲ除クノ外《ほか》興亜ノ問題ニ入ルモノアラザルナリ。而《しか》ルニ日支ノ方向一ニ帰セズシテ各其方向ニ由リテ進マバ何ノ処ニ向テ興亜ノ問題ヲ講ゼントスル乎。我国ノ大勢ハ改進ノ方ニアリ、清国ノ大勢ハ保守ニ動カサル、両者ノ共進遂《つい》ニ約ス可ラズ。是ヲ以テ余輩ハ亜洲ヲ振興スルヲ嘉《よみ》スルモ、其実行ス可ラザルヲ知ルガ故ニ、暫ラク之ヲ不問ニ附セント欲スルナリ。興亜論者若《も》シ尚《な》ホ此事ヲ実行セント欲セバ先ヅ清国ノ形勢ヲ変更シテ我ト方向ヲ共ニセシムルノ労ヲ取ラザル可ラズ。此事ニシテ為ス可ラザルヲ信ゼバ念ヲ此問題ニ断ツノ外ナカル可シ。

余輩ハ右ノ考案ナルガ故ニ、亜洲ヲ振興スルノ策ハ今日ニ速成シ難キコトト断念シテ更ラニ亜洲ノ現勢ヲ観察シ、唯《ただ》我日本帝国ヲ振興シテ国ノ体面ヲ保全セント欲スルノミ。現ニ東洋ノ大勢ヲ見ルニ、漸ク欧洲諸強国ガ争フテ利益ヲ採拾スルノ好地面トナリシガ如シ。千六百年以後英人稍《ようや》ク志ヲ印度《インド》ニ得テ遂ニ印度ヲ領スルニ至リ、非常ノ財源ヲ東洋ニ開発シタルハ実ニ欧陸諸邦ノ*艶羨《えんせん》ヲ発セシメタル一原因ニシテ、爾来《じらい》欧陸諸邦ハ皆東洋ニ向テ志ヲ逞クスルノ念ヲ生ゼザルハ無シ。仏国ノ如キモ常ニ眼ヲ東洋諸方ニ注ギ、苟《いやし》クモ隙アレバ之ニ乗ゼントスルノ志アリ。唯欧陸ノ大勢ニ沮隔セラレテ遽《にわ》カニ意ヲ暢《のぶ》ル能ハザルノミ。然レドモ*往年三世那勃翁《ナポレオン》ガ我国ニ向テ計図セル方策ノ如キハ三世那勃翁ト共ニ死去シタリヤ、否、未ダ知ル可ラザルナリ。近時*安南事件ヨリ生ジタル葛藤ニ就テ始終ノ顚末ヲ推考セバ其意ノ在ル所亦《また》知ルベキノミ。

印度一旦英領ニ帰シテ大ニ英国ノ利益ヲ開ラキショリ、欧洲諸邦ノ東洋ニ来往スルコト日一日ヨリ急ナルニ至リ、露西亜《ロシア》ノ如キモ苟クモ国ニ余力アレバ東洋ニ向テ利源ヲ発《ひら》カントスルノ意アリ。英国ハ常ニ印度ヲ根拠トシテ東方ニ馳騁《ちてい》シ、遂ニ清国ニ進入スルニ至レリ。初メ清国ハ猶ホ我国ガ往時通商場ヲ長崎ニ限リシガ如ク、唯《ただ》広東《カントン》ヲ以テ英人ノ通商地ニ定メタルモ、英人漸ク脚歩ヲ進メ、隙ニ乗ジテ事端ヲ発ラキ、鴉片《アヘン》乱後、遂ニ上海《シャンハイ》、寧波《ニンポー》、厦門《アモイ》、福州ノ諸港ヲ開キ、爾後天津《テンシン》、漢口《ハンカオ》、芝罘《チーフー》以下諸港ヲ合セテ十数港ヲ開ラクニ至レリ。爾来露人ノ蚕食アリ、仏人ノ侵掠アリテ交《こもご》モ国ヲ煩ハシ、支那政府ガ外事ニ繁忙ナル実ニ名状ス可ラザルナリ。

欧洲ノ一国一《ひと》タビ利ヲ東洋ニ開発スルモノアレバ忽《たちま》チ他ノ諸邦ヲシテ其例ニ依ルノ念ヲ生ゼシメ、幾《ほと》ンド底止ス可ラザルノ勢アリ。日本ノ如キ昔時外国トノ貿易ハ荷《オラ》蘭《ンダ》ニ限リ、荷蘭トノ通商ハ長崎ニ限リ、*慶長以後文化文政ノ際英露交《こもご》モ使臣ヲ派シテ貿易ヲ請ヒシモ幕府之ヲ謝絶シテ止《や》ミタリキ。然レドモ欧米人ガ東洋ニ進入スルノ風勢ハ固《もと》ヨリ支持スベキニ非ズ。嘉永ノ後米人ノ前駆ニ由リ欧洲諸邦皆来集シテ利ヲ求ムルニ汲々タリ。爾時《じじ》諸外国トノ間ニ取結ビタル条約ハ則《すなわ》チ多少ノ沿革ヲ経テ以テ今日ニ存シ、即チ邦人ガ其不公平ト不利益トヲ鳴ラシ

輔車唇歯　もちつもたれつの関係をいう。　**艶羨**　うらやむこと。
往年三世那勃翁…　一八五八年、日仏修好通商条約締結以来の、幕府支援などフランスの対日勢力浸透策をさす。　**安南事件**　清仏戦争のこと。

テ其改正ヲ熱望スル所ノモノナリ。我国ハ外交以来多少ノ混雑ヲ免レザリシト雖モ、清国ノ如キ艱険ニ逢ヒシコトナク、能ク機ニ応ジテ宜シキニ随フ故ニヤ、未ダ永遠ノ利ヲ外人ニ放遺セルガ如キコトアラザルナリ。然レドモ隙ノ投ズベキアレバ、利ヲ求メントスルノ念慮ハ寸時モ欧人ノ心胸ヲ離レザルハ必然ノコトナレバ、吾人ハ注意ヲ怠ル可ラザルナリ。

朝鮮ノ如キ、近来マデハ国ヲ鎖《と》ザシテ外交ヲ拒絶シタルモ、到底他人ノ*鼾睡《かんすい》ヲ容《い》レザルヲ得ズ。其国種々ノ党派アリテ、或ハ開国ヲ唱ヘ或ハ鎖国ヲ説キ、屢々《しばしば》紛擾《ふんじょう》ヲ惹《ひ》キ出ダシ、国勢人情殆ンド測ル可ラザルノ際ニ在リ、其形勢ハ略《ほ》ボ我国ガ曾《かつ》テ経履シタル所ノ楷梯ヲ践《ふ》ムモノ、如シ。然リ而シテ近時ニ至リ漸ク改進ノ方向ヲ取ルモノヲ現出シ、現政府ノ所為ヲ観ルニ往々保守者ノ為メニ掣肘《せいちゅう》セラル、アリト雖モ、其方向ハ則改進ノ点ニ在ルガ如シ。惟《おも》フニ其国小ニシテ一国人心ヲ集合スルコト甚ダ難カラザルヲ以テ、一タビ改進ノ路ヲ開テ泰西ノ文明ヲ味ハシメバ、一般社会ノ勢ヲ成スハ難事ニアラザル可シ。之ヲ清国ノ頭足支体分離ノ状ニ比ス可ラザルナリ。然レドモ其国ノ貧弱ナル、未ダ盛ンニ文物ヲ採用スベキ望アラザルナリ。況ンヤ僅カニ交通ノ端ヲ開ラキタルモノナレバ、或ハ隙ヲ外人ニ投与シテ其脚歩ヲ東洋ニ進メシムルノ楷梯トナラザルヲ保ス可ラズ。

現ニ安南《アンナン》、暹羅《シャム》ノ如キ、皆欧人ヲシテ歩ヲ東洋ニ進メシムルノ楷梯トナレリ。朝鮮国ガ後来欧米人ニ交ハルノ艱難想像スベキナリ。今ヤ欧陸稍《ようや》ク和平ヲ得テ諸邦皆余力ヲ他方ニ用ユルノ間ヲ得ントス。独逸《ドイツ》国ノ如キハ従来東洋ニ脚歩ヲ保タザリシモ、今ヤ其国威ノ他邦ニ加ハルニ乗ジテ一頭地ヲ亜洲ニ出ダサントスルノ念愈々《いよいよ》熾《さか》ンナルガ如シ。夫《そ》レ斯《か》クノ如ク欧人ガ東洋ヲ以テ利益ヲ撮拾スルノ好地面トナシ、相争ヒ相聚《あいあつ》マリテ亜洲ノ一面ニ往来シ、隙ノ投ズベキヲ窺フノ状アルハ已ニ愈々顕著ナルヲ知ルベシ。此際ニ当リテ亜洲ニ建国スルモノ前ニ述ルガ如キ情勢アリ、共ニ協同ノ力ヲ致スベキモノナシ。輿亜ノ空想ハ以テ国ノ勢力ヲ養フベキ問題ニ非ズ。右ニ視《み》左ニ顧《かえりみ》ルモ、唯《ただ》改進ノ方向ヲ取リテ文明ノ域ニ進ムモノハ亜洲中我日本アルノミ。而シテ我国勢ヲ張ルハ唯我日本国ガ我日本国ニ依頼シ他ヲ顧ミズシテ進行スルノ一点ニ在ルノミ。斯クノ如ク決意シテ以テ国力ヲ養ハント欲セバ、唯夫《そ》レ内治ノ改良ニ注意スルニ在リ。凡《すべ》テ外国ニ交渉スル諸問題ハ皆内治ト相関スルモノナリ。現今ノ一問題タル条約ノ改正ハ即チ内治ノ改良ニ関スルモノナラン。故ニ我国ヲ振興シテ欧米諸邦ニ競フノ策ハ外ニ求ムルヲ要セズ、唯内ニ向テ其道ヲ求ムルニアルノミ。

慶長以後文化文政… 鎖国以前に英国が通商を求める使節を派遣したのは慶長十八年(一六一三)。文化文政期にはロシア使節レザノフが文化元年(一八〇四)に、イギリス人ゴードンが文政元年(一八一八)に来航している。 **鼾睡ヲ容レザル** 「臥榻之側、豈容二他人鼾睡一乎」(続資治通鑑長編)。臥榻(がとう)は寝床、鼾はいびき。自分の領土のごく近くでの勝手なふるまいを許さない喩。

10 曷為れぞ其れ仏国を咎むるや

(自由新聞)

解題［明治十七年八月二十八日・二十九日・三十日］ 清仏戦争全面化以後の「自由」の親仏・反清の論理をもっとも体系的に示す論説。フランスを非として清国に同情を示す論調に対して、一々反論を加えるかたちで、清国の非とフランスの理を論証している。また安南に対する清国の宗主権を否認しているフランスは、同じく朝鮮に対する清国の宗主権排除をめざす日本と利害が共通すると主張する。さらにフランスの宣戦布告なしの攻撃についても、現今の慣例であると弁護した。徹頭徹尾フランス側に立ち、脱亜入欧的心情を吐露したものとして注目に価する。「自由」はこの前後、清仏戦争関連で五〇を越える論説を掲載しているが、前掲II-24の内治優先論は、それら論説群中の例外をなすものである。

曷為《なんす》レゾ其レ仏国ヲ咎《とが》ムルヤ

頃日《けいじつ》諸新聞紙ノ清仏事件ヲ論ズル所ヲ見ルニ、仏国ヲ曲トシテ之レヲ憎ミ清国ヲ直トシテ之レヲ憐ムノ意想ヲ吐露スルモノ往々之レ有リ。夫《そ》レ仏国ハ強ニシテ清国ハ弱ナリ、而シテ強ヲ憎ンデ弱ヲ憐レムハ普通ノ人情ナリト。去《さ》レバ我邦論者ノ仏国ヲ曲トシ憎ミ清国ヲ直トシ憐レムモノハ亦是レ普通情感ニ因ルモノ歟《か》。然リト雖ドモ普通情感ノ為メニ制セラレテ良心ノ判断ヲ誤リ、曲ナラザル者ヲ以テ曲ナリト為シ直ナラザル者ヲ以テ直ナリト為スガ如キハ、論者ノ罪豈《あに》其レ小ナリト為サンヤ。或ル新聞紙ハ朗松*事件ニ関シテ仏兵ヲ先発者ナリト信ズルガ故ニ、彼ノ仏相*ガ其ノ下院ニ於テ演説ヲ為シ「本日将軍ミローヨリ得タル詳報ニ拠ルニ、仏兵ヨリ最初ニ発火セシニ非ズ、清国ノ正兵ガ伏ヲ設ケテ彼方ヨリ発火セシナリ」云々ト説キ出シタルハ、纔《わず》カニ仏将ノ一報ヲ軽信シ清人ノ報ズル所ハ一概ニ之レヲ抹殺セシモノニ外ナラズシテ、所謂《いわゆる》片打チノ判断ナリト為シ、遂ニ之レニ拠テ其推論ヲ逞《たくまし》ウシ、彼ノ仏相ハ朗松事変ノ責専《もっぱ》ラ自国ニ在ルコトヲ知ルト雖ドモ、天津*平和決約ノ差《や》ヤ仏民ノ心ヲ失ヒ自己ガ宰相タル地位ノ危《あやう》カランコトヲ畏《おそ》レ、清兵暴動ノ事ヲ仮作シテ更ニ激烈ナル談判ヲ開キタルナリト論局スルニ至レリ。此論者ノ如キ、縦《たと》ヒ自カラ眼光ノ千里外ニ達スルヲ以テ妄《みだ》リニ自カラ慢ズルニモセヨ、几上《きじょう》ニ筆ヲ舐《ねぶ》リテ我邦ヲ距《へだつ》ルコト山海万里ノ清安境上ニ起リタル事変ノ先発者ハ必ズ仏人ナリト断定スルニ至リテハ、之レヲ推測ノ妙ト言ハンヨリ寧《むし》ロ漫言ノ極ト評セザルベカラズ。抑《そもそ》モ清安境上ノ事ハ清仏人ヲ外ニシテ他邦人ノ能《よ》ク得テ知ルベキ所ニ非ズ。而シテ彼ノ朗松事件ニ関シテ仏官ハ報ジテ清兵不意ニ襲撃シタリト言ヒ、清官ハ報ジテ仏兵先ヅ戦ヒヲ開キタリト言フ。孰《いず》レカ果シテ信ナルカ果シテ偽ナルカヲ知ルベカラズ。苟《いやし》クモ局外人ニシテ其信偽ヲ知ラントスレバ当時相戦フタル両軍ノ将卒及ビ其現状ヲ目撃シタル安南人ヲ一廷ニ招喚シテ具《つぶ》サニ糺問ヲ遂グルニ非ザレバ能ハズ。此クノ如キコト豈ニ実際ニ為シ得ル所ナランヤ。然ルニ論者ハ軽々易々忽《たちま》チニ空中楼閣ノ判断ヲ下ダスコト彼レノ如シ。漫言ノ甚ダシキモノニ非ズシテ何ゾヤ。且ツヤ論者ハ已ニ痛ク仏相ヲ責メテ、彼レハ自国出征ノ大将ガ報告ノミヲ軽信スルモノニシテ、之レヲ訴訟吟味ノ手続キニ譬《たと》フレバ仏相ノ耳ハ原告ノ申立ニ聡ニシテ被告ノ申立ニ聾ニ、被告ノ申立ハ一切之レヲ拒絶シ、此事件ノ先発者ハ被告ナリト原告ヨリ申立タルガ故ニ償金ヲ出スノ責メハ被告ニ在リト判断スルニ異ナラズト言ヘリ。然ラバ論者ガ自カラ判断シテ朗松事件ノ先発者ハ仏人ナリト為スハ果シテ能ク双方ノ申立ヲ聞キタル上ノ判断ナル乎、果シテ然リトセバ何等確実ナル証拠アリシ乎、又如何《いか》ナル公平無私ノ断案ヲ造リ得タル乎、論者ノ議論中ニハ未ダ一ノ此クノ如キ者アルヲ見ズ。唯ダ論者ガ取リテ証スル所ハ清官ノ報告ニ仏兵先ヅ手ヲ下シテ挑戦シタルガ故ニ我レ已ムヲ得ズ之レニ応ジタリト言フノ一事ノミ。否《しか》ラザレバ官報ニ非ザル清人中ノ風説等ニシテ最モ信ヲ置クニ足ラザルモノナラザルヲ得ズ。然《しから》バ則チ論者モ亦《また》耳ヲ清人ノ一方ニ傾ケテ仏人ノ言フ所ハ一切之レヲ拒絶シ、此事件ノ先発者ハ仏人ナリト清人ガ申立ツルニ因リ朗松事件ノ曲ハ仏国ニ在リト判断スルニ異ナラズ。所謂《いわゆる》片打チノ譏《そし》リハ論者ノ決シテ免レザル所ト為スナリ。

朗松事件　朗松(ランソン)は諒山(→二七九頁注)。清国との国境近くの要衝の地。一八八四年六月、ハノイとランソンの中間にある北黎(バクレ)で清国軍とフランス軍が衝突、交戦した事件。前月の清仏間の協定で鎮静するかにみえた清仏戦争再燃のきっかけとなる。　**仏相…**　一八八三年十月、フランス首相フェリー(一八三二―九三)が行なった演説。トンキンからの清国勢力駆逐の必要性を述べたもの。フェリーは一八八〇―八一、八三―八五年の両度首相を務め、外相を兼任して、チュニジアを保護国化するなど、アジア・アフリカに対する積極的な植民地獲得策をとった。なお演説中にでるミローは、一八八四年二月にクールべにかわったベトナム派遣軍司令官で、着任直後に北寧に進攻した。 **天津平和決約** 一八八四年五月十一日、李鴻章とフルニエ(↓後出注)によって調印された協定。五カ条よりなり、清国軍のトンキン撤退、フランスの賠償不要求、清国のフェ条約承認などを取り決めた。なお↓補注「清仏戦争」。

朗松事件ノ先発者如何《いかん》ニ関シテハ未ダ容易ニ断定スベカラズト雖ドモ、而《し》カモ此事件ヲ生起セシメタルノ責メハ清国ノ決シテ免ルベカラザルノ一事ニ至リテ吾輩ハ十分ニ之レヲ論証スルコトヲ得ルナリ。嚮《さ》キニ仏国大佐*フールニエー氏ガ直隷総督李鴻章ニ会シテ天津条約ナルモノヲ議定スルヤ、其第二条ニハ清兵ノ速《すみや》カニ東京《トンキン》州ヲ引キ揚グベキコトヲ記載シテアリタリ。此事ハ独リ仏官ガ之レヲ公言セシノミナラズ清官モ亦其事ナシト言フコト能ハザルガ故ニ一時ハ*言ヲ誤訳ニ托シテ其責ヲ免レントシタルモ、条約書ノ正文ハ仏文ヲ以テスルト云フコトアリシヨリ北京政府ノ遁辞ハ其功ヲ奏スルコト能ハズ、已ニシテ其訳文モ亦決シテ誤訳ニ非ザリシコトノ世ニ公ナルニ至レリ。夫《そ》レ斯クノ如ク条約書ニ清兵速カニ東京《トンキン》ヲ引キ払フベキノ明文アリシニ拘ハラズ、爾後《じご》数十日ノ久シキヲ経テ仏兵朗松ニ進行スルノ時ニ至ルマデ北京政府ハ未ダ曾《かつ》テ在東京《トンキン》軍将ニ向ツテ退去ヲ令セシコトアラズ。彼《か》ノ軍将ガ朗松事変ヲ奏上シタル文中「仏軍進ミ来リテ退去ノコトヲ迫リシモ未ダ政府ノ命ヲ得ザルガ故ニ軽々シク営ヲ解クコト能ハズト答ヘタリ」云々ヲ以テスルモ明カニ之レヲ証スベキナリ。此ニ由テ之レヲ観レバ、北京政府ハ既ニ天津条約ニ於テ仏国ト議定シタルノ事項ヲ実行スルノ時日ヲ有シナガラ之レヲ実行スルコトヲ怠リシモノナリ。更ニ之ヲ切言スレバ条約ニ背《そむ》キテ其ノ仏国ニ尽スベキノ義務ヲ尽サヾリシモノナリ。斯ク已ニ平和ノ条約ヲ結ンデ而シテ従フテ又之レヲ破ブルニ於テハ、其ノ辱《はずかし》メヲ受ケタル仏国ニシテ直チニ干戈《かんか》ヲ執リテ其憤懣ヲ晴ラスモ決シテ不理ノ挙動ナリトハ言フベカラザルナリ。此クノ如ク思考シ来レバ、彼ノ東京《トンキン》屯在ノ仏兵一隊ガ条約実行ノ為メニ朗松ヲ占有スルノ命ヲ受ケテ進軍シタルニ、意外ニモ清兵ノ依然ト営ヲ張リテ留屯スルヲ見出シ、*行人往復シテ退去ヲ促スト雖ドモ彼レ敢《あえ》テ去ラザルガ故ニ、遂ニ自カラ進ンデ戦ヒヲ清兵ニ挑ミタリトスルモ亦タ毫モ仏国ヲ咎ムルニ足ラザルヲ見ルナリ。況ンヤ其ノ実際ニ於テ先ヅ戦ヒヲ朗松ニ挑ミシモノハ、或ヒハ却ツテ清兵ナランモ知ルベカラザルニ於テヲヤ。

フールニエー フルニエ François Ernest Fournier. 一八四二—一九三四。フランスの軍人、フランスのトンキン攻撃の際フランス艦隊艦長。のち極東艦隊司令官、地中海艦隊司令官などを歴任した。 **言ヲ誤**

訳ニ托シテ… 坂野正高氏の研究によると経過は以下のようであったという。協定調印直後の五月十七日、フルニエは李鴻章に対し、フランス軍の国境付近への進出時期を通告、清国軍と遭遇した場合は撤退に二四時間の猶予を与えることを述べ、李はこれを了承、必要な命令をだすことを約束した。それによりフルニエは協定原本の撤兵に関する条項を鉛筆で抹消し、自らのサインを加えて李に手渡した。李は総理衙門には清国軍はすでに国境付近にあると報告していたが、実際には国境南方七〇キロに駐留しており、同軍にフランス軍進出の日限は伝えながらも撤退命令をださず、フランス軍と遭遇した場合には「相度機宜、酌量進止(然るべく行動せよ)」と命じたのみであった。両軍の衝突事件(→前出注「朗松事件」)にあたり、李鴻章は自らの妥協的対応を隠すため、協定誤訳に原因をすりかえようとしたものという。

行人 使者。

更ニ一歩ヲ進メテ之レヲ論ズレバ、安南事件ニ関スル清国ノ所為ハ徹頭徹尾之レヲ穏当ナリト言フコトヲ得ザルナリ。曾《かつ》テ仏人ノ足ヲ安南ニ容《い》ル、ヤ固《もと》ヨリ清国政府ノ許可ヲ請フテ之レヲ為シタルニ非ズ。何ントナレバ当時仏国ハ安南国主権ノ安南王ニ在リテ清帝ニ在ラザルヲ認メタルコトハ、恰《あた》カモ我邦ガ*江華湾暴挙ノ際ニ於テ朝鮮国主権ノ朝鮮王ニ在リテ清帝ニ在ラザルヲ認メタルガ如クナレバナリ。又当時安南王ガ純然タル独立国主ノ資格ヲ以テ親和条約ヲ仏国ニ結ビタルハ亦彼ノ韓王ガ我邦ニ対シテ平等国権ノ条約ヲ訂シタルニ均シク、而シテ清国ガ毫モ其仏安条約ヲ妨ゲザルノミナラズ、見テ以テ両外国ガ擅《ほしいま》マニ各自ノ国権ニ拠テ交訂シタルノ条約ニシテ、我レニ於テ元《もと》ト痛痒ナシトスルノ情況ヲ露《あら》ハシタルハ、其ノ曾テ江華ノ日韓条約ヲ傍観シテ関セザリシト一般相似タリ。啻《ただ》ニ之レノミナラズ、爾後《じご》安南王ガ交趾《コーチ》地方ヲ仏国ニ譲与シタルモ清国ハ敢《あえ》テ一言ヲ其間ニ容レズ、千八百七十四年及ビ八十三年八十四年ノ*仏安条約書中ノ明文ニ由リテ仏国ハ東京《トンキン》洲ニ監護政治ヲ行フノ権利ヲ得タレドモ清国ハ猶ホ敢テ一言ヲ其間ニ容レズ。千八百八十三年八月ニ至リ安南王死シ、而シテ仏国ノ更ニ承認シタル新王ハ、条約ヲ仏国ニ結ンデ自カラ仏国ノ安南ヲ監護スルコトヲ承認シ、*ビンハンノ一州ヲ割キテ之レヲ仏領ニ増併セシメタルモ、清国ハ始メ恬然《てんぜん》トシテ顧ミル所ナカリキ。然ルニ清国ハ仏政府ガ東京《トンキン》監護ノ事ヲ実行セントスルヲ見ルニ及ビ、突然トシテ之レヲ妨障シテ曰ク、安南ハ清国ノ属邦ナリ、仏国ニシテ苟《いやし》クモ清廷ハ許可ヲ得ルニ非ザルヨリハ擅《ほしいま》マニ其地ヲ占領スルノ権利アルベカラズ、清廷ハ仏国ガ東京ヲ占領スルコトヲ欲セザレバ、仏人ハ宜シク東京ヲ引払フベキナリト。噫《ああ》清国ニシテ果シテ安南ノ其属国タルノ権利ヲ確有セント欲セバ、何ガ故ニ仏安交際ヲ開クノ始メヨリ其宗国タル主権ヲ安南ニ実行セザリシ乎、又何ガ故ニ譲与監護等ノ大事ヲ定ムルノ条約ニ干渉セザリシ乎。縦《たと》ヒ当時清廷ヲシテ内乱外患ノ累《るい》ニ堪ヘザラシメタリトスルモ、清安果シテ宗属ノ実アラバ何ゾ一言ノ此《これ》ニ及ブノ暇ナシト為サンヤ。然ルニ其ノ実際相関セザルコト彼レノ如シ。清安ノ間、元《もと》ト完全ナル宗属ノ関係アラザリシヲ知ルベシ。或ハ一歩ヲ退キ、其始メ清安ノ間ニハ完全ナル宗属ノ関係アリシトスルモ、仏安交際ノ当時ニ於テ自カラ其宗国権ヲ放擲シタル者ナリト認メザルベカラズ。然ルニ清国ハ今日ニ至リ、俄《にわ》カニ仏国ニ対シテ其安南ニ宗国タルノ権利ヲ主張セントス。仏国ノ之レヲ肯《がえ》ンゼザルハ、固ヨリ理ノ当然ナリ。試ミニ思ヘ、若《も》シモ今日清国ニシテ突然我邦ニ対シテ、朝鮮ハ我ガ属国ナルヲ以テ将来貴国ガ此国ニ関シテ為サント欲スル所ハ、先ヅ我ガ清国ノ承諾ヲ経ザルベカラズト言ハシムレバ、我邦人タル者果シテ何等ノ感覚ヲ発動シ来ルヤ。彼ノ北京政府ハ嚮《さ》キニ*日韓□対頭条約ニ関シテ毫モ其嘴《くちばし》ヲ容ル、所ナク、即チ朝鮮ノ独立国タルヲ公認シナガラ、今ニ至リテ此反覆ノ言ヲ出スハ何事ゾ、堂々タル独立ノ日本ニシテ豈《あに》此ノ軽侮凌辱ヲ容レンヤト言ツテ我邦ノ輿論ハ必ズ痛ク清国ヲ責ムベキナリ。苟《いやし》クモ我邦人ニシテ自己ガ此際ニ於ケルノ心ヲ以テ現時仏国ノ民心ヲ忖度セバ、蓋《けだ》シ必ズ其ノ違ハザルニ庶幾《ちか》カラン乎。然リ而シテ清廷ガ安南事件ニ就テ仏国ヲ妨ゲタルハ啻《ただ》ニ口舌上ノ議論ニノミ止マラザリシナリ。即チ窃《ひそ》カニ*黒旗ヲ煽動シテ仏人ヲ撃《う》タシメ、大将*リヴヒエルノ戦死シタルモ要スルニ其結果ナリトス。已ニシテ清国ハ更ニ其常備兵ヲ東京《トンキン》州ニ進メ力ヲ黒旗ニ合セテ仏兵ニ抗戦シ*数閲月ニシテ始メテ休戦スルニ至レリ。此ニ由テ之レヲ観レバ仏国ヲシテ戦争ヲ安南ニ要シ、許多ノ国財ヲ費ヤシ且ツ人命ヲ損ゼシメタルハ専ラ清国ノ所為ナリト言ハザルベカラズ。之ガ為メニ仏人ハ清国ニ対シテ憤怨骨ニ透リ、縦《たと》ヒ其戦捷ヲ得タルニモセヨ、未ダ曾テ其気ノ消散スルノ時アラズ。此情況ナルガ故ニ瑣少《さしよう》ノ違約齟齬《そご》モ亦仏人ヲシテ事端ヲ開カシムルニ足レリ。況ンヤ清国ニシテ明カニ条約ニ背戻《はいれい》スルノ所為アルニ於テヲヤ。而シテ其本ニ復《かえ》リテ之レヲ考フレバ則チ清国ガ自カラ先ヅ害ヲ仏国ニ与ヘタルノ致《い》タス所ニ外ナラザルナリ。清国ガ仏国ニ対スルノ所為、徹頭徹尾其穏当ナラザルコト此クノ如シ。朗松ノ事変ハ縦ヒ仏人ノ先発スル所ナラシムルモ亦何ゾ之レヲ咎ムルニ足ランヤ。

江華湾暴挙　江華島事件。↓補注。　**仏安条約**　第二次サイゴン条約(一八七四年)とフエ条約(一八八三・八四年)をさす。↓一四三頁注「安南王国」。　**ビンハン**　ビントゥアン省。八三年のフエ条約で仏領コーチシナに合併。　**日韓□対頭条約**　一八七六年の日朝修好条規のこと。なお底本の「韓」字下、一字分空白。　**黒旗**　黒旗軍。もと太平天国軍にあった劉永福(一八三七―一九一七)が紅河上流の国境地帯に擁した兵力。黒地に赤く義と記した旗を用いた。一八七三年フランス海軍士官ガルニエを敗死させ、以後一貫してフランス軍と敵対した。　**リヴヒエル**　アンリ・リヴィエール。**Henri-Laurent Rivière.** 一八二七―八三。一八八二年コーチシナ総督としてハノイを攻略、翌年劉永福の黒旗軍の迎撃にあい敗死。　**数閲月**　数カ月。

次ギニ吾輩ガ論ズベキ所ハ雞籠《キールン》砲撃ノ一件ナリ。或ル論者ハ痛ク仏人ガ此挙動ヲ論責シテ曰ク、仏国ガ未ダ宣戦ヲ公告スルニ及バズ卒然戦艦ヲ集メテ雞籠港ヲ砲撃スルハ、実ニ粗暴過激ノ挙動ニシテ、万国公法ニ悖《もと》ルモ亦《ま》タ甚《はなは》ダシキモノナリト。抑《そもそ》モ欧洲ノ昔時ニ在テハ宣戦公告ノコトニ甚ダ厳重ノ儀式ヲ用ヒテ、然《しか》ル後《のち》戦ヒヲ起スノ習慣ナリシガ、近世ニ至リテハ必ズシモ宣戦ノ儀式ヲ行ハズシテ、直チニ兵ヲ出シテ戦ヒヲ開クヲ通例ト為セリ。是ヲ以テ近時ノ万国公法家ハ未ダ曾テ宣戦ヲ為シテ後《の》チ実戦ヲ開カザルベカラズト言ハザルノミナラズ、直チニ開戦スルヲ得ルモノトセリ。而シテ其実際如何ト考フレバ甲国ノ乙国ニ向フテ兵ヲ発シテ進入セントシ、若《も》シクハ軍艦ヲ以テ砲撃ヲ為スハ、取リモ直サズ宣戦ノ告知ニシテ、乙国ハ直チニ之レニ応ジテ戦ヒヲ為スヲ常トス。然ラバ則チ仏艦ノ雞籠ヲ砲撃シタルハ亦固《もと》ヨリ以テ宣戦ノ告知ナリト為スコトヲ妨ゲズ。唯《ただ》清国政治家ガ宇《う》内《だい》ノ事ニ通暁セザルガ故カ、或ハ卑怯ニシテ成ルベク戦ヒヲ避ケント欲セシガ故カ、自カラ仏人ノ所為ヲ認メテ宣戦ノ告知ナリト為サズ、千七百年代ノ公法家ガ旧説ヲ根拠トシテ痛ク仏人ヲ責メタリ。清国政治家ニシテ此クノ如キハ何ゾ咎ムルニ足ラン。然ルニ我邦ノ新聞記者ヲ以テ自カラ居ル者ニシテ、其ノ意見ヲ頑陋ナル清官ニ同《おな》ジクシテ、雞籠砲撃ハ公法ニ悖ルノ所為ナリト公言スルハ、咄々《とつとつ》大怪ト言ハザルベカラザルナリ。抑《そもそ》モ戦争ハ元ト粗暴過激ノモノナリ、而シテ万国公法ハ此粗暴過激ノ戦争ヲ公認スルモノナリ。然レバ仏国ニシテ何様猛烈ニ雞籠ヲ砲撃スルト雖ドモ、要スル是レ戦事ノ常態ナレバ固ヨリ之レヲ当然ノ所為ト言フノ外ナシ。何ゾ以テ仏国ヲ責ムベケンヤ。吾輩ハ寧《むし》ロ清官ノ事ニ通暁セズシテ迷路ニ彷徨シテ徒言ニ労スルヲ愍《あわれ》マザルヲ得ザルナリ。

又論者ハ清国ノ我レト同文同種ノ国ナルガ故ニ、情ニ於テハ必ズ之レヲ愛憐セザルベカラズト言ヘリ。此意ヲ推シテ之ヲ考フレバ、論者ハ仏国ノ我レト異文異種ノ国ナルガ故ニ、情ニ於テ之レヲ愛憐スベカラズト為スニ外ナラズシテ、*至竟文ト種トノ異同ノ為メニ清仏ヲ見ルニ於テ冷熱ノ情ヲ一ニセザルモノナリ。想フニ、世ノ未ダ開ケズシテ人智ノ猶ホ蒙ナルニ当テハ、道理及《および》利害ノ如何ヲ問ハズシテ其貌状最モ相同ジキ者ヲ親愛シ、一概ニ異貌異風ノ者ヲ憎悪スルヲ以テ普通ノ民情ナリトス。故ニ彼ノ台湾ノ蛮人ハ他邦人ノ漂流スル者ヲ見レバ争フテ其衣食ヲ奪ヒ、甚《はなはだ》シキハ屠戮《とりく》シテ其肉ヲ啖《くら》フ。南洋島《とう》嶼《しょ》ノ諸蛮モ此クノ如キモノ往々之レアリ。又彼ノ亜弗利《アフリ》加《カ》中部ノ蛮族ノ如キ、欧洲人ノ旅行スルヲ見レバ忽然《こつぜん》トシテ之レヲ襲撃スルヲ常トス。此等諸蛮ノ挙動此クノ如キモノハ固《もと》ヨリ其《その》外邦人ニ宿怨アルガ為メニハ非ズシテ、唯其異貌異風ナルノ故ニ因ルノミ。是レ吾輩ガ今更ニ詳説スルヲ要セザル所ナリ。而シテ今論者ガ同文同種ノ国ナルガ故ニ之レヲ愛憐セン、同文同種ノ国ナラザルガ故ニ之ヲ愛憐セザラント言フモノハ、豈《あに》此蛮風ノ範囲ヲシテ較《（ヤヽ）》大ナラシメタルモノニ非ザルヲ得ンヤ。抑《そもそ》モ今日ノ文明世界ハ人能《よ》ク道理ヲ知リ又能ク利害ヲ弁ズルヲ得ルモノニシテ、而シテ我邦モ亦《また》固ヨリ此文明界中ニ在リ。然ルニ道理ト利害ヲ舎《おき》テ問ハズ、清国ハ我ガ同文同種ノ国ナルガ故ニ、情ニ於テ愛護セザルベカラズ、仏国ハ同文同種ノ国ニ非ザルガ故ニ、情ニ於テ愛護スベカラズト為スニ至リテハ、彼ノ蛮族ガ外国人ナルガ故ニ之ヲ戮スベシ之ヲ襲撃スベシト為スモノト、理ニ於テ何ゾ択バンヤ。

若《も》シ夫《そ》レ道理上ヨリ清仏交渉ノ事ヲ観レバ其理仏国ニ多クシテ清国ニ少ナキコト已ニ吾輩ガ前日ニ論ジタルガ如シ。又我邦ノ利害上ヨリ之ヲ考フルニ、論者ノ如ク心情甚《はなは》ダ清国ヲ愛憐シテ仏国ヲ疎外スルハ果シテ我邦ノ為ニ何ノ利益カアルヤ。蓋《けだ》シ清国ハ我レト同文同種ナリト云フコトアルノ外ハ、事々我邦ト其道ヲ反対ニスルノ国ナリ。彼レハ則チ太古其国ノ有様ヲ以テ此上ナキ文化ノ盛代ナリト為シテ、政治上ノ事ハ着々模範ヲ尭舜文武ニ取ランコトヲ要ス。是レ我ガ欧米文化ノ主義ニ基キテ立憲政治ヲ行ハントスルニ反対スルモノニ非ズヤ。彼レハ則チ孔孟ノ教《おしえ》ヲ以テ社会ノ万事物ヲ規矩《きく》シ、一概ニ其他ノモノヲ斥《しりぞ》ケテ異端*左道ト為ス。是レ我ガ欧米各種ノ学ヲ容レタルノミナラズ自カラ亦異ヲ立テ派ヲ成シ相競フテ愈《いよい》ヨ進ムニ反対スルモノニ非ズヤ。彼レハ則チ其版図ノ大ニシテ民生ノ多キニ満足シ、進ンデ更ニ求ムルノ心ナク退テ偏《ひと》ヘニ其所領ヲ保守セント要ス。是レ我ガ自カラ国ノ小ニシテ民ノ寡《すく》ナキヲ知リ、常ニ進ンデ国権国力ノ拡張ニ汲々タルニ反対スルモノニ非ズヤ。此他彼我ノ間ニ相反対スル所ハ甚ダ多ク、一々之レヲ挙ゲテ論ズルニ遑《いとま》アラザルナリ。斯ク国情ノ相反対スルニ於テハ日清両国至親ノ同盟ヲ得ルコト豈《あに》甚ダ容易ナリト謂《い》ハンヤ。吾輩ハ曽《かつ》テ之ヲ聞ク、清国高官*ハ我邦ガ近来鋭意ニ欧米ノ主義ヲ容レテ往々之レヲ実行スルコトヲ非視シ、書ヲ我邦ノ或ル所ヘ贈リテ貴国ノ情況果シテ然ランニハ到底日清ノ至親ナル交際ヲ妨グルモノナリトノ意ヲ致《い》タシタルコト啻《ただ》ニ一回ノミニ非ズト。噫《ああ》彼我国情ノ相反対スル所アルガ為メニ、清国政治家ヲシテ実ニ此《かく》ノ如キノ意想アラシムルトセバ、苟《いやし》クモ日清両国ニシテ其至親ノ同盟ヲ為スコトヲ得ンニ、必ズヤ我邦ノ開明進歩ノ世態ヲ一変シテ頑陋保守ノ旧状ニ還リ、略《ほ》ボ国情ヲ清国ニ斉《ひとし》ウスルコトヲ要ス。是レ果シテ我邦ノ為シ得ル所ナルカ、否《い》ナ其《それ》決シテ為シ得ベカラザルニ止ラズ、既ニ一タビ日新進歩ノ途ニ上リタル我邦ハ、所謂《いわゆる》騎虎《きこ》ノ勢ヒヲ以テ愈ヨ益《ますます》ス奮進シテ已マザラントスルナリ。然ラバ則チ我邦人ニシテ此《この》清仏交戦ノ際ニ当リ、如何《いか》ニ清国ヲ愛憐シテ仏国ヲ疎外シタレバトテモ何ゾ能ク其歓心ヲ得ルニ足ランヤ。清国果シテ我レヲ喜バズ、加フルニ仏国ハ我邦人ガ心情窃《ひそ》カニ清国ヲ愛憐シテ自国ヲ疎外スルヲ憤リ、永ク之レヲ銜《ふく》ンデ必ズ其報酬ヲ為サンコトヲ期スルニ至ラバ我邦ノ不利タル抑モ如何《いかん》ゾヤ。世俗ノ所謂虻《あぶ》ヲ獲ズ又蜂ヲ獲ズトハ即チ此事ナリ。

至竟　結局。つまり。　**左道**　古くはサトウと訓む。邪道。　**清国高官**…　十二年に日本を視察した王子春か。日本の欧化政策を批判する「談瀛録」を著わした。

日清両国ガ至親ノ同盟ヲ妨グルモノハ特《ひと》リ国情ノ異同ノミニハ非ザルナリ。抑モ支那ハ亜洲邦国ノ牛耳ヲ執ルコト実ニ数千百年、而シテ其国ノ大、且ツ強ナリシノミナラズ、又亜洲文化ノ中心タリシガ故ニ、自カラ誇リテ中華ト称シ、総《す》ベテ他ノ邦国ヲ以テ其属邦一般ニ見做《みな》シタリ。日本ノ如キハ未ダ曽《かつ》テ其下ニ屈従セシコトアラザリシト雖ドモ、而《し》カモ亦其ノ大国タルト文化ノ中心タルトノ故ヲ以テ、固ヨリ之レヲ尊遇シタリ。近世欧米文化ノ我邦ニ入テ我ガ国運ノ一変セシヨリ以来我邦ノ挙動ハ着々清国ノ右ニ出デ、其勢ヒ往々清国ヲ凌《しの》グモノアルニ至リ、台湾ノ征討、朝鮮ノ条約、琉球ノ処分ノ如キハ最モ清人ヲシテ憤怨ノ心ヲ我邦ニ懐《いだ》カシメタリ。要スルニ是レ我ガ所為ノ曲ナルガ故ニハ非ズ、彼ノ清人ガ久シク目シテ劣等国ナリトシタルノ我邦ガ、国運ノ俄《にわ》カニ隆盛ヲ致シテ、一歩ヲ彼レニ譲ラザルノミナラズ、已ニ実際其上ニ凌駕《りょうが》シ、彼レヲシテ時トシテ却テ我レニ屈従セザルコト能《あた》ハザラシメタルガ為メナリ。是ヲ以テ清国ハ常ニ反目シテ遥カニ我邦ヲ望見シ、彼レ復タ何等ノ非望*ヲ中国ニ懐クヤト警スルヲ常トセリ。苟《いやし》クモ我邦ヲシテ清人ガ此憤怨ヲ解キ、彼レヲシテ我ガ至親ノ同盟者タラシメントスレバ、常ニ一歩ヲ清国ニ譲リテ事々殆ンド其意向ニ従フ程ニ非ザルヨリハ、蓋シ決シテ其歓心ヲ得ルコト能ハザラン。然レドモ我邦人ノ気質ヲ以テ此失体ノ事ヲ為スコト能ハザルコト勿論ナレバ、日清間至親ノ同盟ハ豈《あに》其レ容易ニ其大成ヲ望ミ得ンヤ。此ノ如クニ思考シ来レバ、益《ますま》ス以テ論者ガ清国ヲ愛憐シテ仏国ヲ疎外スルノ我邦ニ不利ナルコトヲ知ルベキナリ。想フニ論者ハ唯其言論ノミヲ以テスルモノナルガ故ニ、猶ホ且ツ可ナリト為スベキモ、世ニハ*清仏開戦ノ為メニ清国ノ不幸ヲ弔スルト為シテ金貨物品ヲ清廷ニ贈ラント計画シ、其中立ノ旨趣ニ背戻シテ憤怨ヲ仏人ニ求ムルヲ顧ミズ。何ゾ其レ思ハザルノ甚シキヤ。

非望 大それた、分を越えた望み。 **世ニハ…** たとえば「朝野」八月二十九日雑報欄に藤田一郎なる人物が金五〇円を寄付した話が紹介されている。

11 支那の敗北は日本の幸なり

（東京横浜毎日新聞）

解題［明治十七年八月二十九日・三十日］ 清仏戦争での清国の敗北を期待する論説。清国の勝利は同国の軍備増強に拍車をかけ、日清両国の軍拡競争が必至となれば、日本の軍国主義化が強まり財政・経済の発展にも支障をきたすとしている。日本の発展のために清国の敗北を願うというものであり、清国への一片の同情も示されていない。「毎日」はこの前後、清仏戦争に関連する約二〇篇の論説を掲載。II-26のようにフランスの侵略を批判したものもあるが、清国に対し非同情的な論調が多い。とくに清仏戦争を好機として朝鮮で甲申事変（→補注）が引き起こされると、日仏同盟による清国挟撃論まで現われる（「已ムヲ得ズンバ仏国ト同盟ス可シ第一～第三」十八・一・十四～十六）。

支那ノ敗北ハ日本ノ幸ナリ

目下清仏ノ戦況ヲ云フ者多シト雖ドモ、其論点ヲ一ニスル所ノ者アリ。曰ク、今回仏国ノ清国ニ対スル挙動ハ文明国ノ与《くみ》セザル所ナリ。曰ク、台湾福州ノ攻撃ハ支那ヲシテ仏国ノ要求ニ従ハシムルニ足ラズ、戦争ハ恐《おそら》クハ長引クナラント。自余ニハ人々説ノ同ジカラザル所アレドモ此二点ハ大差ナキガ如シ。此二点ニ就テ余輩モ論者ト説ヲ同《おなじ》フシ、戦争恐《おそら》クハ長引クナラン、今回仏国ノ挙動ハ文明国ノ非難ヲ免レズトスル者ナリ。支那ハ朝鮮ヲ除キ最モ日本ニ接近スル邦国ナリ。貿易上ノ関係モ英米二国ヲ除テハ清国最モ多額ノ取引ヲ為ス者ナリ。日本古来ノ文明ハ大概支那ノ為メニ伝授セラレタル者ナリ。明治ノ今日コソ或ル部分ニ於テハ清国我ニ及バザル所アルモ、数百年ノ昔ニ在リテハ支那ノ我ニ尊敬ヲ受ケタルコト、今日欧米諸国ガ我ニ尊敬ヲ受クルニ異ナラズ。斯《かか》ル関係アル古帝国ニシテ今仏国ノ為メニ凌辱ヲ受クルコトナレバ、支那ヲシテ勝利ヲ得セシムルヲ望ムコト人情ノ然ラシムル所ナレドモ、倩々《つらつら》日本利害ノ上ヨリ考察ヲ下スニ、清国ノ勝利ハ日本ノ利益ニアラズ、言不人情ノ如クナレドモ、日本利益ノ為ニハ早ク清国ガ敗北シテ戦争ノ局ヲ結ブヲ望マザル可カラズ。

何故ニ支那ノ敗北ハ日本ノ利益ナリト云フ。曰ク、是レ余輩ノ疾《と》クヨリ説アル所ナリ。日本ノ支那学ニ熱心ナル人々ハ往々亜細亜《アジア》ヲ一団結トナシ、恰《あたか》モ泰西諸国ガ耶《ヤ》蘇《ソ》教国ノ一団結ヲ為スガ如クナラシメ、此一団結ヲ以テ泰西耶蘇教国ノ団結ニ当ラントスル者ノ如クナレドモ、余輩ヲ以テ之ヲ見ルニ、此人々ノ為ス所ハ本末ヲ倒置シ、自国ノ強キヲ望テ却テ自国ヲ弱ムルノ結果ヲ生ズル傾キアル者ト思考セリ。蓋《けだ》シ此等ノ人々ハ、西人ノ東洋ニ跋扈シ往々傍若無人ノ振舞アルヲ見テ憤懣ニ堪ヘズ、彼レ耶蘇教国ノ一団結ヲ以テ我ニ迫ラバ、我モ亜細亜ノ一団結ヲ以テ彼レニ当《あたら》ント云フ勇気ニ出タルコトナル可ケレバ、其慷慨《こうがい》ノ気象ハ真ニ感服ノ至リナレドモ、其実労シテ功ナク、功ナキノミナラズ、場合ニ依テハ労シテ害アル者ナリ。余輩ガ今支那ノ失敗ハ日本ノ幸ナリト云フ論題ヲ掲グレバ、定メテ此等ノ人々ノ心ヲ害《そこな》フコトナル可シ。然レドモ本論ヲ述《のぶ》ルニハ是非此支那学者流ノ意ニ逆《さから》ハザルヲ得ザルコトナレバ、此ニ一言亜細亜《アジア》団結ノ到底無益タルヲ論ジ置ク可シ。

亜細亜ノ団結ヲ以テ欧洲ノ団結ニ当ラントスル人々ハ、皆云フ、欧洲諸国ノ強キハ彼相聯合《あいれんごう》シテ東方諸国ニ当ルヲ以テナリ、東方諸国モ団結セバ彼ニ当ルヲ得ベシ、今東方諸国ノ弱キハ諸国ノ弱キニアラズシテ団結ノ足ラザルナリト。成程《なるほど》東洋諸国ハ諸国ヲ連貫シテ気脈相通ゼシムル所ノ元素ナケレバ、其団結力ハ耶蘇教諸国ノ如クニ強カラザレドモ、今之《これ》ヲ団結セシメタレバトテ、十九世紀二十世紀ノ間ニハ到底泰西諸国ヲ圧倒セシムルニ足ラズ。何トナレバ弱国ノ団結ハ強国ノ団結ニ如《し》カズ、犬羊ノ団結ハ虎狼ノ団結ニ如カザレバナリ。余輩ハ支那朝鮮ト相結ビ耶蘇教国ノ団結ニ当ラントスル人々ニ反対スル者ナリ。左《さ》リトテ支那ト戦端ヲ開ク可シ、朝鮮ヲ蹂躙ス可シト云フニアラズ。普通ノ交際ハ支那朝鮮ノ別ナク可成《なるべく》親密ニセンコトヲ望ムナレドモ、支那学者流ノ望ム所ノ団結ハ日本ニ取リテ得策ニアラズト云フナリ。余輩ノ意見斯《かく》ノ如シ。是ヨリシテ支那ノ失敗ハ日本ノ利益ナリト云フ理由ノ生ズルナリ。

今支那ノ失敗ヨリ生ズル日本ノ利益ヲ云フノ代リニ支那ノ勝利ヨリ生ズル日本ノ不利益ヲ論述セバ利害ノ在ル所一目了然タル可シ。夫《そ》レ清仏ノ戦争ハ幾《ほと》ンド万口一致シテ勝利仏ニ帰セント云フ所ノ者ナリ。然《しかれ》ドモ仮ニ清国勝利ヲ得、仏軍全敗シテ兵ヲ本国ニ引上タリト仮定セヨ。是ヨリ清国ハ昨日ノ清国ニアラズ、其ノ大言虚喝ハ勿論、益々《ますます》海陸軍ヲ拡張シ、南ハ安南地方ニ旧時ノ威ヲ振ヒ、西ハ*カシガル東ハ黒竜江ニ武ヲ張リ、*琉球談判ノ再興アルハ必然ナリ。此時ニ当リ、日本ハ支那海風潮ノ動揺ヲ受ケズ孤島ノ中ニ僻在《へきざい》シ、四万ノ常備軍二三十艘ノ軍艦ハ日本ノ安全ヲ保護スルニ足ルト云ヒ、手ヲ拱シテ支那ノ傍若無人ナルヲ傍観シ得ルヤ。若《も》シ傍観ス可シ、武備ヲ為スニ及バズト云フ者アラバ、天下ノ大計ヲ知ラザル者ナリ。余輩倩々《つらつら》按ズルニ、一昨年*朝鮮ノ暴民我公使館ニ無礼ヲ加ヘタル一事スラモ、大ニ我海陸軍拡張説ニ力ヲ与ヘタルコトヲ知レリ。当時支那海陸軍兵ト日本ノ海陸軍兵トヲ比較スル者皆曰ク、勇気ト規律トノ二ノ者ハ支那兵恐《おそら》クハ我ニ及バザル可シト雖ドモ、其軍艦ノ完美ニシテ兵士身幹ノ屈強ナルコト、器械ノ具《そな》ハリタルコトハ日本ノ及ブ所ニアラズ、此兵ニシテ充分ノ熟練ヲ為サバ恐ル可キ強敵トナラント。平生武ヲ長技トスル人々ハ彼《か》ノ変ヨリ一層自説ヲ強メタルガ如シ。我海陸軍定額ノ非常ニ増加シタルモ朝鮮事件以後ノコトナリ。*徴兵令ノ改正モ朝鮮事件以後ノコトナリ。尤《もっと》モ此改正ト定額増加ハ他ニ理由モアルコトナル可シト雖ドモ、隣邦頻《しき》リニ武ヲ講ジ軍艦ヲ購入シタルノ事情我ヲ励シタルコトハ、事実ニ於テ掩フ可カラザルガ如シ。然ルニ今支那ニシテ仏軍ニ打勝チ、威ヲ世界ニ振フ等ノコトアラン乎、我一千五六百万円ノ海陸軍定額ハ頓《とみ》ニ二千万三千万ニ登ラザルヲ得ザルノ事情ヲ引起スニ至ルベシ。彼レ一塁ヲ築カバ我一艦ヲ製造シ、陸海軍費用ノミ年々ニ増加シテ停止スル所ヲ知ラザルハ日耳曼《ゲルマン》仏蘭西《フランス》方今ノ競争ナリ。幸ニシテ東洋地方ニハ是《こ》レ迄斯《かか》ル無益ナル競争ナカリシニ、今清国ニシテ仏ニ勝タバ、我東洋地方ニモ此悪《にく》ム可キ競争ヲ生ズルニ至ラントス。故ニ曰ク清国ノ勝利ハ日本ノ不利益ナリト。

カシガル　カシュガル。新疆省(一八八四年設置)の西辺の重要都市。　**琉球談判…**　↓四三四頁注「琉球三分ノ議」。　**朝鮮ノ暴民…**　壬午軍乱のこと。↓補注。　**徴兵令ノ改正**　↓一五九頁注。

前号ニ述ベシ如ク、清国ニシテ若《も》シ仏ト戦ヒ勝利ヲ得ルアラバ、是ヨリ日本ハ軍人跋扈ノ時勢トナラン。陸海軍費ニ無限ノ支出ヲ要スルニ至ラン。殖産事業ニ従事スル壮丁ヲ駆《か》リテ銃剣ヲ事トスルノ兵卒タラシムルニ至ラン。此数ケノ者ハ一モ望ム可キコトニアラズシテ余輩聞《きく》ヲモ屑《いさぎよ》シトセザル所ナリ。今此事実ヲ一層分明ナラシムル為メニ、普仏戦争後英国ニ対スル日耳曼《ゲルマン》貿易ノ盛衰ヲ挙ゲ、武備競争ハ社会ヲ疲弊セシムルノ一大原因タルコトヲ示ス可シ。

		千磅《ポンド》
千八百七十二年	輸出	一九、二三一余
	輸入	三一、六一八余
	計	五〇、八四九余
千八百七十三年	同	一九、九二六余
	同	二七、二七〇余
	計	四七、一九六余
千八百七十四年	同	一九、九四七余
	同	二四、七九九余
	計	四四、七四六余
千八百八十年	同	二四、三五五余
	同	一六、九四三余
	計	四一、二九八余
千八百八十一年	同	二三、六五〇余
	同	一七、四三一余
	計	四一、〇八一余

此表ハ只大略ヲ挙ゲタル者ナレバ、之レニ向ッテ詳細ヲ望ム可カラズト雖ドモ、事実ノ大体ニ至リテハ決シテ誤リナキ者トス。而シテ此表ノ示ス所ニ依ルニ、千八百七十二年日耳曼《ゲルマン》帝国ガ英国トノ貿易ハ五千〇八十四万磅《ポンド》余ニシテ、千八百八十一年ハ四千一百万磅余ナリ。左《さ》レバ日耳曼ノ英国ニ対スル貿易ハ七八年間ニ九百七十六万磅(四千八百八十万円)余ヲ減ズル者ニシテ、其海陸軍費ノ如何ヲ見ルニ、兆《はじめ》日耳曼諸州ガ聯邦ヲ為ス以前ハ、普魯西《プロシア》国ニ於テハ軍費ヲ年々国会ニ議決セシメタリシニ、千八百七十一年、*日耳曼帝国ノ国会ガ爾後《じご》三年間連続軍費ヲ議決セヨト政府ヨリ要請セラレ、千八百七十四年爾後七年間連続ノ軍費ヲ一時ニ議決セヨト要請セラレシハ世ニ有名ナル事実ナリ。千八百八十年、七年間連続ノ非

常ニ増加シタル軍費ヲ支弁スルコトトナリタルモ世ニ有名ナル事実ナリ。斯ク一方ニ於テハ費用ヲ増加シ、他方ニ於テ貿易衰退ノ状アルハ偏《ひとえ》ニ軍備競争ヨリ生ジタル結果ナリトス。軍備競争ノ害、真ニ怖ル可キ者ト云フベシ。

日耳曼帝国ノ国会… 一八六七年北ドイツ連邦成立時に平時兵員定数は七一年末まで人口の一%、一人当り二二五ターラーとされたが、これは七四年末まで延期された。政府は同年この現有兵力を無期限に固定する法案を議会に提出、反対があって結局七年間とする妥協案が成立した。八〇年にはより増強されて七年制軍事予算が成立。

人或ハ云ハン、日本ノ恐ル可キハ支那ノ勝利ニアラズシテ仏国ノ勝利ナリ。今仏国ニシテ*禹図九州ヲ略取シ威ヲ満州蒙古ニ迄振ハン歟、日本ニ取リテハ支那ニ倍スルノ強敵ナリ。故ニ日本ノ為メニ計ルニ支那ノ敗北ヨリハ寧《むし》ロ仏国ノ敗北ヲ希望セザル可カラズト。実ニ然リ。仏国ニシテ支那ノ全地ヲ略取シ第二ノ仏蘭西《フランス》共和国ヲ禹図九州ニ立ツルノ勇気アル者ナラバ吾人モ支那ノ勝利ヨリハ仏国ノ勝利ヲ恐ル、ハ勿論ナリ。然レドモ仏国如何ニ攻城略地ニ熱心ナルモ、支那ノ全地ヲ自領トスル能《あた》ハザルハ万人ノ許ス所ナリ。其故ハ仏国ニシテ支那ヲ自国ノ領地トナサントセバ、終局ノ知レザル戦争ヲ為サヾル可カラズ、此共和国ニシテ数年間外征ヲ事トセバ、凱旋ノ歌未《いま》ダ聞カザル間ニ国家転覆ノ禍*蕭牆《しょうしょう》ノ中ニ起ルハ必然ナリ。又仏国ノ目的ニシテ支那全国ヲ併呑スルニ在ラバ、東洋英領ノ安全ヲ害スル者ナレバ、自国ノ利益ヲ保護スルニ穎敏《えいびん》ナル英国ハ之ヲ傍観セザルハ必然ナリ。英ニシテ一タビ仏ト*旗鼓《きこ》相見《あいまみ》ルノ勢ヲ示サン歟、仏ハ本国ノ安全モ覚束《おぼつか》ナキ地位ニ陥ラン。故ニ仏国ノ政治家、如何ニ併呑主義ヲ以テ支那ニ横行セントスルモ、支那全国ヲ併呑スル如キハ彼等ノ万能《あた》ハザル所ナリ。方今ノ場合コソ、仏国下院ハ支那人ヲ殺スノ資本ヲ宰相*フヱリー氏ノ求メニ応ジテ支弁スルモ、*曠日弥久《こうじつびきゅう》費用ノ増加シテ租税ノ嵩《かさ》ムニ至ラバ、フヱリー氏ノ信用モ減損スルハ必然ナリ。故ニ仏国ヲ以テ支那全国ヲ併呑スルニ足ル者トノ見込ヲ立ツル者ハ、是レ空想ノミ、妄想ノミ。余輩ノ見ル所ヲ以テセバ、今回ノ役、幸ニ仏国勝利ヲ得ルモ、清国ノ一港又ハ一小地ヲ割テ自国ノ有トナシ、自余ニ若干ノ償金ヲ払ハシムル位ニ止ルナラント信ゼリ。仏国豈《あ》ニ支那全地ヲ取ルノ余裕アル者ナラン乎。

余輩ノ見込斯《かく》ノ如シ。恐クハ世間具眼ノ人モ此見込ノ外ニ意見ナカルベシ。左レバ今清国ニシテ戦ニ敗レ仏ニ和ヲ講ズルコトアルモ、第二ノ波蘭《ポーランド》トナラズ、微力ナガラモ此ノ帝国ノ形ヲ存スルハ必然ナリ。此帝国ノ形存セン歟、此ノ国ハ宛然タル日本ノ藩屏ナリ。此ノ藩屏アルガ為メニ日本ハ欧洲ニ終年流行スル怒濤激浪ニ直接ニ衝突セザルナリ。日本ガ開国以来外国ニ比シテ安全ノ多カリシハ、其《その》一分ハ亜西亜《アジア》ノ僻隅《へきぐう》ニ島居スルガ為メナリト雖ドモ、他ノ一分ハ静寧無事ヲ尊ブ支那帝国ノ西方ニ藩屏タリシニ由ル。而ルニ、彼不幸ニシテ仏軍ニ打勝チ、*ミロー、*クールベーノ諸将ヲ擒《とりこ》ニシテ仏国ニ前罪ヲ謝セシムル等ノコトアラン乎、彼レ是ヨリ日本ノ藩屏トナリ亜西亜ノ平和ヲ保持スルヲ止メテ、日本ヲ脅迫スルコトモアルベシ。此時日本ハ彼ニ競争セン為メニ無数ノ軍艦ヲ製造セザルヲ得ズ、天下ノ丁壮ニ向ヒ、汝ノ鍬鋤ヲ投ジ、汝ノ帳簿ヲ擲《なげう》チ、来《きたり》テ銃剣ヲ事トセヨト云ハザルヲ得ズ、事情ニ依リテハ壮丁ヲ駆リ、財産ヲ負フテ海外ニ移住セシムル如キ日耳曼《ゲルマン》ノ不幸ニ倣《なら》ハザルヲ得ザルコトアル可シ。此等諸種ノ不幸ハ清国ガ仏国ニ勝ツヨリ生ジ易キ者ニシテ、仏国ニ負クルヨリ生ズル者ニアラズ。故ニ曰ク、清国ノ敗北ハ日本ノ利益ナリ。

禹図九州　中国の領土全体をいう。禹は夏の始祖で、洪水を治めて中国全土を九州に分けたという。　**蕭牆**　門の内側の土塀をいう。転じて門内また国内のこと。　**旗鼓相見ル…**　戦旗と戦鼓。交戦することをいう。　**フヱリー**　↓二八六頁注「仏相…」。　**曠日弥久**　むなしく月日をすごし長きにわたる。　**ミロー・クールベー**　ともにフランスの将軍。ベトナム派遣軍を指揮した。

12　外患に対する政体の得失

（朝野新聞）

解題［明治十七年九月十九日・二十日］　清仏戦争において、個々の戦況はどうあれ、結局清国がフランスに勝ちえない要因はその政体にあると論ずるもの。清国の専制政体は人民の離反をまねきかねないのに対し、フランスは自由政体であるから人民と政府の利害が一致し、そこに強さの根源があると説く。

外患ニ対スル政体ノ得失

清仏二国ノ兵端ヲ開キショリ既ニ二旬有余ノ久シキニ至レリ。爾来《じらい》二人以上相会スレバ必ズ清仏ノ勝敗如何ヲ談ゼザルハ無キナリ。甲ハ曰ク、今度ノ戦争ハ仏兵如何《いか》ニ精練ナリト雖ドモ、万里ノ*懸軍ヲ以テ支那ノ大国ト戦フコトナレバ、容易ニ其ノ全勝ヲ制スル能ハザルベシ。乙ハ曰ク、支那ハ版図《はんと》広大ニシテ三億以上ノ人口ヲ有スレドモ、各省恰《あたか》モ分裂ノ有様ヲ為シ号令一途ニ出デズ。戦争ノ結ンデ解ケザルトキハ、必ズ内乱ヲ引起シ自ラ潰《かい》裂《れつ》ヲ為スニ至ラン。或ハ曰ク、支那人ノ柔弱ナル、婦人ノ如ク、其戦争ノ拙劣ナル、小児ト一般ナリ。安《いずくん》ゾ能《よ》ク慓悍《ひょうかん》ニシテ獰猛《どうもう》ナル仏兵ト雌雄ヲ決スルヲ得ンヤト。而シテ其ノ最モ清国ノ勝敗如何《いかん》ヲ顧慮スル論者ニ至テハ、或ハ風俗習慣等ノ如キ緻密ナル事実ヲ挙ゲテ、頻《しき》リニ之ヲ論弁スルニ至レリ。嗚呼《ああ》清仏事件ノ我邦ノ人心ヲ刺撃スルヤ亦深シト謂フ可キナリ。然レドモ現時世上ノ議論ヲ視ルニ、徒《いたずら》ニ邦国ノ大小文化ノ開否等ノミニ注意シ、清仏二国ガ政体ノ異同ニ至テハ殆ンド之ヲ不問ニ付シ去ルガ如キ状態アルハ、吾輩ノ深ク論者ノ為メニ取ラザル所ナリ。

懸軍　敵地に深く攻め入った軍隊。

夫《そ》レ一国ノ独立ヲ謀リ社会ノ安寧ヲ致サント欲セバ、必ズ政体制度ノ善良ナル者ヲ採択セザル可ラザルナリ。苟《いやしく》モ政体ニシテ善良ナランカ、以テ内訌ヲ杜絶ス可シ、以テ外患ヲ一掃ス可シ。苟モ然《しか》ラズンバ以テ社稷《しゃしょく》ヲ亡失シ、以テ社会ヲ擾乱《じょうらん》ス可シ。殊ニ非常ノ事変有ルニ当テハ、政体制度ノ如何《いか》ンニ因《よ》ツテ大ニ影響ヲ国家ノ安危ニ及ボス者アリ。深ク之ニ注目セザル可ラズ。然ラバ則チ外患ニ対シテハ如何ナル政体ヲ善良ト云ヒ、如何ナル政体ヲ善良ナラズト云フ可キカ。是レ吾輩ガ詳細ノ観察ヲ下ダシ、読者ノ判読ヲ請ハント欲スル一大要件ナリ。

元来専制政府ハ天下ノ政権ヲ一処ニ集メ、内治外交トモニ一二主権者ノ意見ヲ以テ之ヲ断定スル者タリ。是ニ於テカ、其ノ政治上ニ属スル事務ハ、司法ト無ク行政ト無ク将《は》タ立法ト無ク頗《すこぶ》ル迅速ニシテ、国家ヲ経営スルニハ最モ便利ナル政体ナリ。然レドモ此《か》クノ如キ政体ハ、専ラ其ノ邦国ノ形状稍《や》ヤ細小ナル者ニ向ツテ之ヲ施スヲ得可キモ、境域ノ広大ナル邦国ニ於テハ決シテ充分ノ効力ヲ顕《あら》ハス能ハザルナリ。蓋《けだ》シ邦土ノ広大ナルトキハ地形亦従テ同ジカラザルナリ。或ハ山河ノ為メニ形勢ヲ異《こと》ニシ、或ハ険易《けんい》ニ因テ利害ヲ異ニシ、甚《はなはだし》ケレバ甲乙両地ノ人民ハ全ク政治上ノ関係無キニ至ル。而シテ此等ノ邦国ニ於テ開明ノ度未ダ進歩セズ、鉄道汽船ノ創設モ未ダ充分ナラザル時ニ当テハ、人民ノ交通自《おのず》ラ少《すく》ク、互ニ彼此ノ事情ヲ尽サヾルヲ以テ、各々《おのおの》一州ニ割拠シテ独立ヲ為スノ有様有リ。之レガ為メニ各州ノ権力従テ強大ニシテ、一二ノ主権者ノ有ス可キ全国統治ノ権力ハ止《た》ダ虚名ニ過ギザルナリ。偶《たま》マ強大ナル権力ヲ一処ニ結合スル*秦皇那翁ノ如キモノ無キニ非ズト雖ドモ、此クノ如キハ誠ニ一時ノ現象ノミ、決シテ之ヲ永久ニ伝フルヲ得ザルナリ。且ツ夫《そ》レ専制政治ハ、人民ヲシテ自治ノ精神ヲ発起セシメザル者ナリ。故ニ人民ハ自国ノ利害ヲ以テ恰モ他国ノ利害ノ如ク思惟シ、唯《た》ダ専《もっぱ》ラ主治者ノ喜怒哀楽ニノミ注意ス。是レ果シテ何ノ為メゾヤ。主治者ノ一喜一怒ハ直チニ人民ノ生命財産ニ向テ非常ノ影響ヲ与フル者ナレバナリ。故ニ此ノ政体ニ於テ、全国ノ力ヲ結合シ、之ヲシテ国家ノ利益ヲ保護シ、社会ノ幸福ヲ増加セシメントスルモ、充分ニ其ノ目的ヲ貫徹スルヲ得ル能ハザルベシ。是レ専制政府ノ下ニ生出スベキ自然ノ現象ナリ。

　之レニ反シテ自由政府ハ其《その》権力各処ニ分裂シ、或ハ代議院ニ属スル権力有リ、或ハ内閣ニ属スル権力有《あり》テ一小瑣事ト雖ドモ、概《おおむ》ネ許多《きょた》ナル人々ノ承諾ヲ経ザル可カラザルニ因リ、之レガ為メニ種々ノ手数ヲ要シ、容易ニ之レガ断定ヲ見ル能ハザルナリ。故ニ政治上ノ事務ノ如キモ、従テ渋滞ヲ来タスノ弊害無キニ非ズ。殊ニ敵国外患ノ面前ニ横《よこたわり》テ兇暴ヲ逞《たくまし》ウスルニ当テハ其ノ不便ヲ感ズル鮮少ニ非ズ。是レ実ニ自由政体ニ密着スル弊害ナリ。然レドモ許多ノ州郡ヲ統合シテ一国ト為シ、億万ノ人民ヲ駆テ一体一身ノ活動ヲ為シ、毫モ*相睽違《あいけいい》スル所ナカラシメンニハ、必ラズ自由政府ニ由ラザル可カラズ。*千八百五十九年、英魯ノ間ニ戦端ヲ開キシ時ニ当テ、欧洲ノ政治社会ニ於テ外国ト戦争ヲ為スニ就キ、専制政府ト自由政府トハ何レガ最モ利益ナルカノ問題起レリ。当時ノ論者ハ互ニ雄弁ヲ逞ウシ、熱心ニ之レガ利害ヲ比較シタリト雖ドモ、多クハ皆自由政府ヲ以テ利益アリト断定シタリキ。元来自由政治ノ下ニ立ツ人民ハ、直接ニ政府ト利害ヲ同《おなじ》ウスルコトヲ感覚スル者ナリ。例ヘバ政府新タニ軍艦ヲ製造スト云ヘバ、是レ如何ナル必要ニ因テ然《しか》ルカ、政府新タニ軍費ヲ増加セバ、是レ如何ナル理由ニ出ヅルカト、直接ニ其ノ事実ヲ見聞シテ之レガ利害ヲ論弁シ、而シテ其ノ政府ノ為ス所ニシテ誠ニ黙視ス可カラザルノ事情アルヲ知ラバ、人民ハ自カラ進ンデ之レヲ賛成シ、飽《あく》マデモ自国ノ名誉ト利益ヲ保護スルニ尽力セザルハ無シ。苟《いやし》クモ然ラズ、政府ノ企図ニシテ徒《いたずら》ニ一将ノ功名ヲ成就セントスルニ出デ、毫モ国家人民ノ利益ヲ増進スル者ニ非《あら》ザレバ、非常ニ奮激シテ之ニ反対シ其ノ事ヲ中止セシメントス。故ニ人民ハ結合シテ一致ヲ為シ、時ト事情トニ因リ、全国ノ力ヲ挙ゲテ国事ニ尽力スルニ至ル。此《か》クノ如キハ古来自由政府ノ下ニ立ツ人民ノ有様ナリ。夫《そ》レ政体ノ如何ンニ因テ成跡ヲ国家ニ及ボス此クノ如キノ異同アリ。豈《あに》深ク省察セザル可ケンヤ。吾輩ハ是ヨリ一歩ヲ進メ、直チニ清仏二国ノ事情ニ就テ観察ヲ下ダシ、更ニ弁論スル所有《あ》ラントス。

秦皇那翁　秦の始皇帝とナポレオン。　**相睽違**　睽はそむく。そむき離れること。　**千八百五十九年**　一八五四年の誤り。一八五三年勃発のクリミア戦争に翌年イギリス・フランスが参戦したこと。

今日清仏二国ノ有様ヲ観察スルニ、攻者ハ仏国ニシテ、守者ハ清国ナルカ、将《は》タ清国ハ主戦ニシテ、仏国ハ退守ト為リシカ、殆ンド解知ス可カラザルガ如シ。曩《さ》キニ仏兵ノ鶏籠《キールン》港ヲ砲撃シ、次イデ福州ニ於テ一大激戦ヲ開キシ頃ハ、実ニ激烈ノ勢力ヲ有シタリシガ、一《ひと》ビ*閩江《た》ヲ下ダリテ其口ニ碇泊セシヨリ、未ダ何《いず》レニ向フテ進撃ヲ試ミントスルヲ知ラズ。或ハ曰ク、再ビ台湾ヲ襲撃スベシ。或ハ曰ク、*呉淞《ウースン》ハ必ズ兵馬ノ地ト為ラン。又或ハ曰ク、嚮《さ》キニ本国ヲ発セシ援軍ノ支那海ニ来レバ、仏軍ハ直チニ其精兵ヲ以テ天津《テンシン》ヲ衝《つ》クナラント。然レドモ現今ノ勢ヒニ於テハ仏軍ハ未ダ目覚《めざま》シキ運動ヲ為ス能ハザルガ如シ。而シテ清国ニ於テハ兵勇ヲ召募シ、砲台ヲ修築シ、或ハ*黄浦口ヲ閉塞シテ仏軍ノ進入ヲ制止セント欲シ、兵備益《ますま》ス厳重ヲ加ヘリ。然レドモ、亦進ンデ仏ノ艦隊ヲ南洋ニ衝キ、仏兵ヲシテ魚腹ニ葬ラシメントスル程ノ勇気モ無ク、仏兵来リ襲ハヾ、他国ノ外見モ有レバ先ヅ已《や》ムヲ得ズ之レト応戦ス可シト云フノ勢ニテ、二国ノ戦争タル、即今睨《にら》ミ合ヒノ有様トナレリ。若《も》シ仏国ニシテ清国ヲ征服セント欲セバ、何ゾ進ンデ一大血戦ヲ為サヾルヤ。又清国ニシテ仏人ノ無状ヲ咎《とが》メ、暴動ヲ憤《いきど》ホラバ、許多ノ軍艦ヲ繰リ出シ、南洋中ノ仏兵ヲ殲殺スルノミナラズ、直チニ進ンデ巴里《パリ》ヲ襲ヒ、彼レヲシテ城下ノ盟ヲ為サシムルモ亦可ナリ。然レドモ此事タル、仏国ノ能《よ》クスル所ニシテ、清国ノ能ク為ス所ニ非ザルナリ。

閩江　福建省にある川。この河口の馬尾に福州造船廠が建てられた。↓二五八頁注「福州ノ造船所」。**呉淞**　上海の重要な軍港。**黄浦口**　揚子江から黄浦江への入口。黄浦江は上海を通り、呉淞口で揚子江と合流する。

今日清国ノ形勢タル、誠ニ萎靡《いび》振ハザルコトハ世ノ論者ガ常ニ称道シテ措《お》カザル所ナリ。其ノ人民ノ柔弱ナル、其ノ軍備ノ廃弛スル、其ノ兵器ノ不完全ナル、固《もと》ヨリ外侮ヲ受クルノ一原因タルニ相違ナシ。然レドモ吾輩ヲ以テ見レバ政体ノ関係ニ於テ、清国政府ハ到底仏国ヲ制止スル能ハザル者ノ如シ。既ニ読者ノ知ル如ク、支那ハ東洋ニ在ツテ無限ノ専制政治ヲ施ス所ノ帝国ナリ。其ノ邦土ノ広大ナル、殆ンド全世界ノ三分ノ一ヲ領シ三億以上ノ人口ヲ有スルト雖ドモ、境域過大ニシテ、政令*四裔《しえい》ニ達セザルノミナラズ、各省互ニ屹立シテ一政府ヲ為シ、北京政府ノ号令ハ殆ンド実際ニ挙行セラレザルモノ多シトス。故ニ土地ノ広大ナルハ、却ツテ支那ノ為メニ一大不便利ニシテ、各省ノ三々五々トシテ自カラ活動ヲ為スニ因リ、力分レ勢小ニシテ、到底世界ヲ聳動《しょうどう》スル勢ヲ顕《あら》ハス能ハザルナリ。又其ノ人民ノ如キモ数百年ノ久シキ専制政府ノ下ニ生活セシガ故ニ、政府ト人民トハ常ニ利害ヲ異ニシ、政府ノ損害ハ人民ノ利益ニシテ、人民ノ苦痛ハ官府ノ快楽トナルノ事情有リ。例ヘバ、秦皇隋煬*ノ亡ブルハ其国民ノ幸福ニシテ、朝ニ明ニシテ夕ニ清ナルモ人民ハ毫モ苦痛ヲ感ゼズ。故ニ如何ナル人種ノ来ツテ政府ヲ立テ、如何ナル人物ノ出デ、帝王トナルモ更ニ之ニ関係セズ。租税減少シテ課役煩多《はんた》ナラザレバ之ヲ感戴シテ聖明ノ世ト称セリ。夫《そ》レ此《か》クノ如ク支那人ハ従来屢《しばし》バ政府ノ変更ニ逢ヒ、其朝廷ノ一亡一興ヲ視ル、風雲ノ変化ト一般ナリ。故ニ清国人民ノ多数ガ今日ニ憂フル所ハ、光緒帝*ノ社稷《しゃしょく》ヲ失フニ在ラズシテ、専ラ課役租税ノ煩雑ニ至ラントスルニ在リ。其仏兵ニ抗敵スル者ハ清民ニ非ズシテ清廷ナリ。支那ノ覆亡ハ国家ノ覆亡ニ非ズシテ政府ノ覆亡ナリ。故ニ今回清仏戦争ニ就テ自ラ出デ、困難ニ当ラントスル者アレドモ、是レ特《ただ》ニ千百万人中ノ二三ノミ、全国多数ノ人民ハ、自国ノ政権ハ如何ナル人種ニ落ツルヲ問ハズ、唯ダ一身一家ノ私利ヲ営求シ、苟《いやしく》モ賃銀ヲシテ多カラシムレバ敵軍ノ為メニ荷物ヲ運搬スルヲモ辞セズ、又敵国ノ雇兵ト為リテ本国ノ同胞ヲ砲撃スル者モ亦之レ無シト謂フ可ラザルガ如シ。往時英国政府ノ印度《インド》ヲ征略スルヤ、専《もっぱ》ラ印度兵ノ力ニ頼レリ。又近時仏国ガ東京《トンキン》ヲ征服スルトキニ当リ、安南人ハ喜ンデ其ノ軍役ニ出デタリ。是レ他ナシ、専制政府ノ下ニ立ツ人民ハ、政府ト利害ヲ異ニスルヲ以テ、自国政府ノ興亡ニ就キ、毫モ痛癢ヲ感ゼズ、利益ノ在ル所ハ即チ己レノ味方ナリト思惟シ、敵兵ニ附随シテ以テ自国ノ政府ニ抵抗スルニ至ル。今日清国政府ガ仏国ニ向フテ如何ニ猛烈ナル復仇ヲ試ミント欲スルモ、多数人民ガ一致シテ自国ノ名誉ト権利ヲ保護セント欲スル熱心ヲ発スルニ非《あ》ラザレバ、決シテ仏兵ヲ南洋ニ一掃スルノ挙動ヲ為ス能ハザルヤ必セリ。況《いわ》ンヤ自カラ攻戦者ト為ツテ、巴里《パリ》ヲ襲撃セントスルガ如キ活潑ノ戦争ヲ為スニ於テヲヤ。是レ実ニ専制政府ノ自カラ養成スル所ノ弊害ニシテ、政治家ノ宜《よろし》ク戒心セザル可カラザル所ナリ。

四裔　国の四方の果て。　**隋煬**　隋の煬帝。大運河造営などの土木工事や外征をくり返したことにより、反乱を招き滅んだ。　**光緒帝**　当時の清国皇帝。

眼ヲ転ジテ仏国ガ政治上ノ状況ヲ観察スレバ、全ク之ト其ノ趣ヲ異ニスル者有リ。国家最上ノ執権者タル大統領ハ人民多数ノ賛成ヲ得テ其職ニ上ボリ、政権ノ源泉タル国会ハ、人民ヨリ選挙シタル代議士ヲ以テ之ヲ組織シ、内閣諸卿ハ常ニ輿論《よろん》ノ力ヲ藉《かり》テ政治ヲ施スノ制度タリ。海陸ノ士官ト雖ドモ、多数国民ノ歓心ト連結シテ国家ノ名誉ヲ保護セザル可ラズ。国民ノ許サヾル戦争ハ、如何ナル場合ニ於テモ之レニ従事スルヲ得ズ。軍艦軍器ヲ始メ戦争ニ使用スル諸費ハ、之ヲ国民ニ謀リ、詳《つまびら》カニ其戦争ノ利害ヲ討論シテ其支給ヲ請フヲ以テ常トス。故ニ一タビ外国ト戦端ヲ開キ、果シテ仏国ノ名誉ト利益ヲ保護スルニ充分ナリト思惟スレバ、喜ンデ其費用ヲ支出スルノミナラズ、軍人兵隊ノ欠乏ヲ告グル場合ニ於テハ、自ラ進デ戦地ニ赴キ一大快戦ヲ為サント欲スル有様ナリ。是レ果シテ何ノ故ゾヤ。政体ノ自由ニシテ、人民ト政府トハ終始其ノ利害ヲ同ウシ、政府ノ損害ハ人民ノ損害ニシテ、政府ノ名誉ヲ発揚スルハ即チ仏国人民ノ名誉ヲ発揚スルニ出ヅレバナリ。其レ然リ。故ニ人民ハ常ニ国家ノ安危ヲ以テ一家ノ安危ト為シ、社会ノ利害ヲ以テ一身ノ利害ト思惟シ、其ノ事情タル、全ク清国人民ト相反対セリ。是レ仏国ガ屢《しばし》バ変乱ヲ経過スルモ国力毫モ退歩セズ、万里遠征ノ孤軍ヲ以テ亜細亜《アジア》ノ一大帝国ヲ恐嚇《きょうかく》スル威勢アル所以《ゆえん》ナリ。故ニ現今戦争ノ実況ハ果シテ如何ナルヲ論ゼズ。其ノ政体ノ関係上ヨリ観察ヲ下ダシテ、其勝敗ノ帰着スル所ヲ断定スルヲ得ベキナリ。若《も》シ夫《そ》レ清国ニシテ専制政治ノ弊害アルヲ覚知シ、公明正大ナル自由政府ヲ設ケ、終始人民ト利害ヲ一ニスルアラバ、何ゾ国勢ノ萎靡スル今日ノ如クニ至ランヤ。其内治ノ整頓スルトキハ仏国モ最初ヨリ深ク之ヲ憚《はば》カル所アリ、容易ニ其ノ事端ヲ開カザリシナラン。仮令《たと》ヒ戦争ノ已《や》ム可カラザルニ至ルモ、三億万以上ノ人民ヲ有スル一大国ニシテ、何ゾ区々タル仏国ノ客軍ヲ恐レンヤ。故ニ支那ヲシテ目今ノ不幸ヲ蒙ブルニ至ラシメシハ、人民ノ柔弱ナルニアラズ、兵備ノ充分ナラザルニアラズ、軍艦軍器ノ完全ナラザルガ為メニアラズシテ、政体上ノ弊害ニ出ル者多シトス。

論者或ハ曰《いわ》ントス、支那ハ古来英雄豪傑ノ起リシ邦国ナリ。而シテ其ノ英傑ハ、屢《しばし》バ専制政治ヲ以テ内地ヲ統一シ、能《よ》ク一時ノ隆盛ヲ致セシコト有リ。故ニ今日ニ於テモ、一タビ豪傑ノ生出スル有テ、各省ノ権力ヲ合併シテ偉大ナル専制政府ヲ創設シ、兵ヲ整ヘ武ヲ錬リ、船舶砲銃ヲ製造セバ、以テ欧洲諸大国ノ上ニ凌駕スル一大帝国トナルベシ。何ゾ特ニ自由政府ヲ設クルヲ要センヤト。然レドモ此ノ論タル深ク邦国ノ形勢ヲ詳《つまびら》カニセシ者ニ非ズ。人民ノ蒙昧ナル時ニ当テハ、或ハ一二ノ豪傑ガ無限ノ専制政治ヲ以テ、国家ノ強大ヲ致スコトナキニ非ズト雖ドモ此クノ如キハ特《ただ》ニ一時ノ現象ノミ。其豪傑ニシテ一タビ瞑目セバ、邦内分裂シテ乱民四方ニ蜂起シ、復《ま》タ収拾ス可カラザルニ至ラン。国家ノ利益ヲ永遠ニ保持セント欲スレバ、自由政体ニ非ザレバ不可ナリ。今日支那ノ政体ヲ変更セザル以上ハ、百ノ李鴻章アリト雖ドモ一ノクールベーニ当ル能《あた》ハザラントスルナリ。支那ノ形勢ヲ論ズル者ハ幸ニ深ク此点ニ注目セヨ。

13　開化と開化の戦争（朝野新聞）

解題［明治十七年九月二十八日］　清仏戦争を清国の「空想開化」とフランスの「実用開化」の戦だと捉え、清国の劣勢は「実用」を軽視する清国の伝統的思惟様式の弊害がその軍備にも現われているからだとする論説。「朝野」もこの時期、III-8のような日清連衡論にかわって、この論説やIII-12のような主張が主流になる。もっとも、このような論調は論説「自治ノ習慣アル国ハ亡ビズ」(十六・十・二五～二六)などのなかにすでに存在していた。【関輪正路】　?-一八九七。旧姓は柴山、号は貫堂。この頃、「朝野」記者。のち中学校長をへて、東洋経済新報創刊に参加。

開化ト開化ノ戦争

関輪正路

人心ノ傾向ハ実ニ社会ノ盛衰ニ重大ノ関係有リ。一国内多数ノ人民ガ空理空想ニ沈溺センカ、其ノ邦国ハ遂ニ救フ可ラザルニ至ラン。若シ之ニ反シテ実利実業ヲ愛慕センカ、其社会ハ愈《いよい》ヨ富強ニ赴キ、殆ンド制止ス可カラザル勢ヲ現出スルナラン。今日吾輩ガ清国ノ事情ヲ観察スレバ実ニ驚ク可キ者有リ。政府ノ枢機ニ関スル重臣ニシテ社会ノ大勢ヲ知ラズ、徒《いたずら》ニ古経ヲ読ンデ天下ノ政治ヲ談ジ、又武官ト行政官トハ同一物ニシテ之レガ区別ヲ為サズ、苟《いやし》クモ清麗ナル文章ヲ記スレバ直チニ抜擢シテ軍務提督ニモ任選セラル。而シテ其ノ文詞ヲ能クセザル者ニ至テハ、如何ナル才略有リト雖ドモ之ヲ擯斥《ひんせき》シテ駑馬ト伍ヲ同《おなじ》ウセシムルノ有様ナリ。而シテ兵士ヲ募集スルニハ、恥無ク節無キ無頼ノ悪漢ヲ以テス。去《さ》レバ今日支那ノ兵隊ハ、戦争ヲ知ルヨリハ寧《むし》ロ盗賊ヲ為スニ長ジ、進ンデ敵陣ヲ破《や》ブルノ勇気ヨリハ寧ロ財貨ヲ奪テ逃亡スルニ熱心ナリ。又兵隊ノ行軍ヲ為スヤ雨中ニハ左手ニ傘ヲ持シ、右手ニハ鉄砲ヲ担《にな》ヒ、夜中ハ提燈ヲ携ヘテ戎器《じゅうき》ヲ操ル、其有様タル諺ニ云フ*狐ノ嫁入ニ彷彿《ほうふつ》タリ。加《くわう》ルニ兵士ノ胆力無キ、外国人ヲ視レバ妄《みだ》リニ恐怖シ、苟《いやしく》モ他国船ノ港門ニ近《ちかつ》クトキハ、交戦国船ト中立国船トノ差別ヲ為サズ、忽《たちま》チ砲撃ヲ試ムルニ至ル。嚮《さ》キニ英国船ゼツフアール号ニ発砲シテ謝罪ヲ為シ、今又我邦ノ広島丸ニ向テモ砲撃ヲ加ヘタリト。其他人民ノ志節ナク勇気無キ、殆ド豚犬ト一般ニシテ、苟モ人ノ一棍棒ヲ振上グル者有ルトキハ是非ヲ問ハズシテ忽《たちま》チ逃走ス。故ニ其戦争ノ着々失敗スル、亦深ク怪シムニ足ラザルナリ。而シテ自ラ揚言シテ曰ク、我レニ百万ノ兵勇有リ、我レニ数千ノ艦隊有リ、中華何ゾ洋鬼ヲ恐レンヤト。其ノ夸張モ亦甚《はなはだ》シト謂フベシ。

狐ノ嫁入　夜中に、山野で狐火(きつねび)が並んでいる様子を、嫁入の提燈行列に見立てていう。

然リト雖モ、支那今日ノ形勢ハ実ニ数千年以前ヨリ発生シ、決シテ一朝一夕ノ故ニ非ザルナリ。元来支那ハ往時ニ在テハ実ニ開化ノ進歩セシ邦国ナリ。然レドモ其ノ開化タル、専ラ空想ニ渉リ、或ハ*彫虫ノ文章ヲ記シ、架空ノ詩句ヲ賦シ、又ハ絵画篆刻《てんこく》等ニ精神ヲ労スレドモ、実用ニ適スル煉瓦ヲ製シテ堅牢ナル家屋ヲ建築スルヲ知ラズ。常ニ喫茶会ヲ開テ小鼎ノ古色ヲ弄スレドモ、蒸気力ノ効用ヲ発明セズ。雷鳴ヲ聞イテ天神ノ怒リト為シ、之ヲ恐怖スルノミニテ、之ニ因テ電気ノ作用ヲ思考スル能ハズ。其ノ学者ヲ問ヘバ、*程朱ノ如ク将《はたま》タ*韓柳ノ如ク、往々空理ヲ談ジ空想ヲ錬リ巧ニ詩ヲ賦シ*文ヲ属スルノミニテ、殆ド社会ノ実用ニ適セズ。其ノ風習ハ一般ニ波及シ、陋屋《ろうおく》ニ起臥シテ*疏食《そし》ヲ食ヒ水ヲ飲ミ、日々山水ノ間ニ逍遥スルヲ以テ此上無キ開化ノ人間ト思惟セリ。故ニ人間ニ必要ナル器械学物産学ノ如キニ至テハ毫モ発育長進セズ、以テ今日ノ如キ有様ニ至レリ。加之《しかのみならず》支那ノ開化ハ之ヲ隣国ニ及ボシ、現ニ日本ノ如キモ、二十年前迄ハ此ノ開化ニ感染シ、稍《や》ヤ智識有ル者ハ、支那ノ学術詩文其他ノ物品ヲ以テ神聖ノ作為ニ出ヅルト思惟シ、非常ニ之レヲ遵奉《じゅんぽう》シタリ。然レドモ此等ノ開化ハ所レ謂《いわゆる》想像ノ開化ニシテ、実利実用ノ開化ト称スルニ足ラザルナリ。往時希臘《ギリシア》ハ欧洲諸国ニ於テ最モ文明ノ長進セシ邦国ナリ。然レドモ此ノ開明タル、殆ド支那ノ開化ト相類似シ、*フラトウ、*チヲヂネスノ如キ哲学家有リト雖ドモ徒《いたずら》ニ空想ニ流レ、*ホウマー、*アナクレヲンノ如キ大家有リト雖ドモ全ク詩文ノ名人タルニ過ギズ。其ノ美術ノ如キ、或ハ殆ド匹敵ス可ラザルノ進歩ヲ為ス者有リト雖ドモ、社会ノ実利ヲ起ス学術器械ハ、毫モ之レヲ発明スルコト能ハザリキ。一国上等ノ智識ヲ有スル者ニシテ、既ニ此クノ如シ。故ニ其ノ社会人心ノ傾向ハ全ク無用無益ノ開化ニ帰シ、其ノ衰頽ヲ来タスヤ殆ド支那ト一般ナル有様アリ。

亦哀《あわれ》ムベキニ非ズヤ。

彫虫…　彫虫篆刻。虫を彫り篆字を刻むように文章の字句をかざること。　**程朱・韓柳**　程子(程顥と程頤)と朱熹、韓愈と柳宗元。唐宋の学者、文人。前者は性理学を大成し、後者は文章をもって著名。　**文ヲ属スル**　文章をつくる。　**疏食**　粗食。「子曰、飯二疏食一飲レ水、曲レ肱而枕レ之。楽亦在二其中一」(論語、述而)。　**フラトウ・チヨヂネス**　プラトンとディオゲネス。古代ギリシアの哲学者。　**ホウマー・アナクレヲン**　ホメロスとアナクレオン。古代ギリシアの詩人。

近代ニ至リ欧洲諸国ノ学問モ動《やや》モスレバ空理空想ニ基クヲ免レザリシガ、十六世期ノ頃ニ当リベーコンナル哲学家出デ、実験ヲ主トシ、専《もっぱ》ラ理学ニ因テ社会ノ公利公益ヲ増加セント主張セリ。其ノ後聡明ノ学者相次《あいつい》デ起リ、ワット氏ノ蒸汽力ヲ発明スルヤ、鉄道トナリ汽船トナリ、或ハ変ジテ種々ノ器械ヲ以テ貨物戎器ヲ製造シ、又ハフランクリンノ電気力ヲ発明セシヨリ、電信トナリ電気燈ト変ジテ、日々人生ノ利益ヲ進捗《しんちょく》セシムルニ至レリ。是ニ於テ国民ノ心ハ全ク実利ヲ起スニ傾キ、互ニ相競争シテ遂ニ今日ノ如キ開化ヲ造出シ、其ノ政体ヲ論ズルヤ、実益有ル自由政治ヲ尊ビ、其ノ経済ヲ説クヤ、実益有ル自由主義ニ因リ、社会ノ事物ハ一トシテ実際ニ発シタル実利ニ基カザルハナシ。今日仏国ガ支那ヲ攻撃スル器械ノ如キモ、皆此《こ》ノ実利アル学科ノ原則ニ基テ製造シタル者ナリ。軍艦トナク軍器トナク、将《は》タ衣服糧食ニ至ルマデ、尽《ことごと》ク実験上ノ利益ニ出ヅ。然ルニ支那ニ於テ使用スル軍器ハ、実用ニ適スルヨリハ寧ロ虚飾ニ属シ、其ノ兵隊ハ百万有リト云ヘドモ、実際ニ臨ンデハ一二万ノ用ヲモ弁ゼズ。其ノ銃器ハ幾十万アリトモ、多クハ今日ノ実用ニ適セザル古軍器ナリ。而シテ其ノ軍艦モ、大半修覆ヲ加ヘズシテ処々ニ破損ヲ生ズルモノ有リト聞ク。此《か》クノ如キモノハ何ゾ、支那人ハ空想ヲ先《さ》キニシ、実用ヲ後《の》チニスルヨリ生ズル弊害ナリ。邦土ノ広大ニシテ人民ノ多キ、全地球諸国ニ於テ能ク之レト肩ヲ駢《なら》ブルモノ無キニ、歴代常ニ外寇ノ為メニ苦《くる》シメラレ、其ノ朝廷ノ能ク三百年ノ久《ひさし》キヲ経過スル者ノ甚ダ稀レナルガ如キハ、決シテ偶然ニ非ズ。若《も》シ支那ヲシテ欧洲諸国ノ間ニ在ラシムレバ、其国ノ亡滅シテ他ノ人種ノ支配ヲ受クルハ豈《あに》今日ヲ俟《ま》タンヤ。嗚呼《ああ》今日清仏ノ戦争ハ、空想開化ト実用開化ノ戦争ナリ。虚ヲ以テ実ニ敵ス、其ノ勝敗ノ在ル所ハ予《あらかじ》メ知ル可キノミ。然ルニ世ノ頑冥論者ハ、深ク支那ヲ尊崇シ、其ノ欧洲諸国ノ為メニ苦メラルヽヲ以テ一時偶然ノ原因ニ出ヅルト思惟シ、進ンデ其ノ根原ヲ探究スル能ハズ。支那ノ学問ニ非ザレバ以テ社会ノ秩序ヲ維持ス可ラズト為シ、却《かえっ》テ欧洲ノ開化ヲ称シテ空理虚飾ナリト謂フハ、亦笑フ可キノ至リニ非ズヤ。

14 四十年来の日本及び支那

（郵便報知新聞）

解題［明治十七年十月二日・三日］ 一八四〇年のアヘン戦争以後、清仏戦争にいたるまで、清国と日本は守旧と改進の正反対の方向を歩んでおり、日本は清国を西欧の力をはかる「試験ノ料具」としてみつつ西洋式兵制を採用してきたとして、そこにまず日本の優位性を認めるもの。さらにその兵力の根源は国家の富であり、愛国心であると注意を喚起する。「報知」も前掲III-9と同様、清国蔑視観・脱亜論が次第に強くなり、ついに後掲IV-18の対清対決論に進んでいくことになる。

四十年来ノ日本及ビ支那

*天保ノ末年（千八百四十年ノ頃）英国兵ヲ清国ニ加ヘテ諸方ヲ侵略シ、清軍毎戦敗続シ遂ニ屈従シテ和ヲ乞フニ至レリ。当時我国ハ猶《なお》鎖国ノ時代ニ属シ、僅カニ長崎ニ来レル阿蘭《オランダ》人ガ*阿媽港《アマカワ》ヲ経過シ其戦争ノ風聞ヲ齎《もた》ラシテ、*長崎市尹《しいん》ニ報ゼシヲ以テ、市尹ハ之ヲ幕府ニ呈シテ其注意ニ具《そな》エタリ。サレバ長崎ノ訳官ト其事ニ与《あず》カル有司ノ外、特《ひと》リ此戦況ヲ知ルモノハ、江戸ノ閣老参政以下密議ニ参ズル諸有司ノ外ニ及バザリキ。而シテ民間中此等ノ新報ヲ知ルモノハ、僅々蘭学者ニ過ギザリシナリ。全国人民ハ幾《ほと》ンド全ク聾盲ニ異ナラズ、我比隣同文ノ清国ハ幾ンド其国脈ノ絶ヘナントスルガ如キ艱難ニ陥リシヲ知ラズ。此清国ニ加ハルノ風潮ハ、早晩我国ニ及ブベキ趨勢アルヲモ察セズ、封建ノ制度ハ永ク存続スベキモノナリト確信セザルモノハ無カリシナリ。

此時ニ当リ、僅カニ*有識ノ士アリテ、英清ノ戦争起リテ清軍大敗シタルノ報ニ接シ、頗《すこぶ》ル我国ノ前途ヲ憂慮シ、英夷ノ強梁《きょうりょう》ナル実ニ恐ルベシ、其奇工ヲ以テ清軍ヲ敗ルノ状ハ神出鬼没ナリ、我国モ終始無事ヲ保ツベキニ非ズ、宜《よろし》ク之ニ鑑《かんが》ミテ備フル所ナカル可《べか》ラズトノ議論ニ由リテ、海防策ヲ講ズルニ至レリ。此海防論ハ遂ニ江戸政府ヲシテ聴従セシムルノ勢力ヲ有シ、江戸政府ハ余儀ナク寇ニ備フルノ警戒ヲ始ムルニ及ベリ。自《これより》レ是国家多事ニシテ内刺ト外衝ト交《こもご》モ起リテ幕府ヲ攻撃シ、遂ニ其ノ衰滅ヲ促シタリ。是レ吾人ガ知悉スル所ノ実事ニシテ、我国ノ多事ナル原因ハ、初メニ阿蘭人ガ英清ノ戦報ヲ齎ラシテ我国人ノ睡眠ヲ警醒シタルノ幾微ニ発セリ。幸ニシテ我国ハ、外邦ニ対シテ大ニ国威ヲ損ズルガ如キ事ヲ惹《ひ》キ出ダサズシテ竟《つい》ニ維新ノ大業ヲ終ヘ、更ラニ国体ヲ一新シ、以テ外邦ニ対スルニ至レルヲ以テ禍ヲ外邦ニ被ブルニ及バズシテ止《や》ミタリキ。然レドモ今ヨリ頭ヲ回シテ当時ヲ顧レバ其甚《はなはだ》シキ外侮ヲ受ケザリシハ実ニ僥倖《ぎょうこう》ト云フ可キナリ。

天保ノ末年…　アヘン戦争。↓補注。　**阿媽港**　澳門(マカオ)。　**長崎市尹**　長崎奉行。尹は長官をいう。　**有識ノ士**　たとえば佐久間象山は海防のため西洋砲術習得の必要性を説いた。　**幾微**　きざし。

夫《そ》レ斯《か》クノ如ク国人皆聾盲、政府亦頑迷ナルノ時ニ当リ、僅《わずか》ニ阿蘭《オランダ》人ガ齎《もた》ラシタル隣国ノ敗報ニヨリテ、国家多事ノ機運ヲ醸成シタルハ亦奇ナラズヤ。顧《おも》フニ当時ノ識者ガ動《やや》モスレバ世ニ訴フル所ノ説ハ 則《すなわち》左ノ如シ。我ト支那トハ固《もと》ヨリ文物ヲ同《おなじ》フシ、各種ノ兵器大抵彼我相異ナラザルナリ。然ルニ清国ノ兵器ハ常ニ英兵ノ鋭利ナルニ若《し》カズ、清国ノ兵制ハ全ク欧洲ノ兵式ニ劣レルガ為メニ大敗ヲ取レリ。然ラバ 則《すなわち》清国ト伯仲ノ間ニアル我兵制ト兵器トハ以テ英国ニ当ルニ足ラズト。常ニ清国ニ比較シテ立論シ、清国ニ勝《まさ》ルノ兵制兵器ヲ備ヘテ我ニ有スルニ非ズンバ、到底海防ノ事ヲ全《まっと》フスルコト能ハザルヲ主張セリ。江戸政府モ清国ノ敗聞ニ接シテハ、我モ亦外寇ノ侵ス所ナラザルヲ保セズトノ恐悸《きょうき》アルヲ以テ、何トカ工夫ヲ廻《めぐ》ラシテ辺備ノ衛ヲ設ケザル可ラズ。然ルニ我国ニ於テ支那ニ優ルベキ兵制兵器ヲ新タニ発明センコトハ思ヒモ寄ラズ、サリトテ従来自国ニテ使用セルモノハ、以テ敵ニ当ル可ラズトセバ、所謂《いわゆる》奇巧ト称シ鋭利ト云ヘル外国ノ兵器ヲ採用シ、幷《あわ》セテ之ヲ使用スルノ術ヲ求メザル可ラズ。是レ阿蘭ノ兵式ヲ学ビ兵艦ヲ購《あがな》フノ初メヲナセシモノニシテ、之ヲ推究スレバ英国ガ支那ヲ侵略シタル戦報ノ至レルト同時ニ、我国ノ沿海ニ時々外国船艦ノ出没スル警報ニ会フテ而シテ敵ニ備フベキノ術ヲ求ムルニ至リシヲ知ル可シ。

果シテ予期スルガ如ク、*弘化ノ頃ヨリ諸外国ノ軍艦荐《しき》リニ臻《いた》リ、遂ニ嘉永六年ニ至リ、迫リテ我ニ要スルアルノ使節ヲ載セタル外艦ヲ江戸湾ニ見出ダスニ至レリ。爾来江戸政府ノ脳力ハ外国ノ関係ニ其多分ヲ消用セラル、ノ有様ニシテ、安政以後、条約ヲ定ムルノ後ニ及ンデハ、外国交渉ノ為メ幕府ハ殆《ほと》ンド困難ノ深淵ニ沈ミタリ。此際ニ当リテ更ニ内国ニ数多《あまた》ノ事変ヲ生出シ、江戸政府ハ其痩衰セル双肩ニ此 夥《おびただ》シキ困難ノ重荷ヲ負担スルニ堪ヘザルニ至リ、遂ニ以テ仆《たお》レタリ。

弘化ノ頃ヨリ…　弘化元年(一八四四)頃より、英仏米の船舶がたびたび来航して通商を求め、またオランダも開国を勧告した。嘉永六年はペリー来航の一八五三年。

徳川氏ノ仆ル、固ヨリ勤王正義ノ風潮ニ逆《さから》フコト能ハザルニ由ルモノナリト雖ドモ、外国交渉ヨリ生ジタル困難ト、其ノ困難ノ返響セル所ニ原因スルモノ最モ多キヲ知ル可シ。是レ幾《ほと》ンド今日ノ定論ニシテ、余輩ノ喋々ヲ要セザル所ナリ。今斯《か》クノ如キ大事変ニシテ其ノ幾微ハ昔時英清ノ戦争ヲ報ゼル蘭人ノ通信ニ発シタリトセバ、真ニ国ヲ憂フルモノハ最モ幾微ヲ知察シテ、予《あらか》ジメ其ノ計考ヲ要スルナリ。惟《おも》フニ当時ノ先覚者ガ、支那ト我トハ方《まさ》ニ兵制兵器ヲ同《おなじ》フセルヲ以テ、宜《よろし》ク之レニ異ナルノ兵制兵器ヲ求メザル可ラザルヲ主張シ、遂ニ其説ノ勝ヲ制シテ欧洲ノ兵制兵器ヲ使用スベキ勢ヲ生ジタルハ、遂ニ今日我国ガ支那ト異ナルノ兵制兵器ヲ用ユルニ至リシ濫觴ニ非《あらざ》ルヲ知ランヤ。

抑《そもそ》モ支那ト同フス可ラズ、支那ト異ニセザル可ラズトハ、則《すなわち》我国ガ支那ノ大敗ニ鑑《かんが》ミテ、以テ兵制ノ上ニ実行セントセル要訣ナリキ。而シテ此要訣ハ、猶ホ今日ニ於テ一層切ナルノ勢ヲ帯ビテ兵制ノ上ニ懸レリ。啻《ただ》ニ兵制ノミニアラズ、政治上ニ社会上ニ、支那ト同ジカル可ラズ、支那ト異ナラザル可ラズ。昔人ガ支那ニ同ジカル可ラズト云ヘルノ主意ハ何《いず》レニ在ルカ。支那ニ同ジケレバ則《すなわち》敗レン、支那ニ異ナレバ則勝タント云ヘル意味ニシテ、支那ト異同アルノ原因ヲ以テ外国ニ勝敗アル結果ヲ卜《ぼく》スルモノナリ。而《しか》ルニ我国ノ今日ハ已ニ昔日ノ比ニ非ズ。二十余年間ニ研究セル所ノ兵制兵器ハ已ニ支那ニ同ジカラズ、誠ニ支那ニ異ナルノ実アリ。昔人ガ当時支那ニ同ジカル可ラズ、支那ニ異ナラザル可ラズト主張セル所ノモノハ、後人之ヲ襲用シテ以テ今日アルニ至ラシメタリ。支那ハ昔日ニ*懲毖《ちょうひ》スル所アリテ、少シク兵制ヲ改良スル所アルモ、全国制度ノ上ニ於テ何等ノ進歩ヲモ現ハサズ、以テ今日ノ衰勢ニ馴致《じゅんち》セリ。今夫《そ》レ清国ニ鑑ミテ能ク其国力ヲ養フベキ東洋諸邦ハ、何如《いか》ナル要義ヲ以テ其大本トナス可キカ、是レ実ニ講究セザル可ラズ。

懲毖　こり、つつしむ。

我国人ガ支那ノ英国ニ侵掠セラル、ヲ見テ痛痒ヲ感ジタルハ、其侵略ヲ受ケタル本国ヨリモ甚《はなはだ》シカリシガ如シ。而シテ清国人ガ此大敗ニ懲毖シテ西人ニ備フルノ道ヲ求ムルノ状態ハ、其隣邦ガ他人ノ覆轍《ふくてつ》ニ鑑《かんが》ミテ武ヲ講ジ文ヲ修ムルノ志ヲ激発シテ、以テ西人ニ備フルノ道ヲ求ムルノ切ナルニ及バザリシナリ。頃日発兌《はつだ》セル*藤田氏文明東漸史中、此事ヲ論ジタルノ一節アリ。

天保十一年(千八百四十年)英国ガ支那ヲ侵掠シテ東洋

ヲ震盪《しんとう》セシヨリ、其ノ余勢ニ動カサレテ、少シク外情ヲ知ルモノハ、始メテ外国ニ対スル本邦ノ形勢ニ注目スルノ志ヲ生ジ、久シク日本人ノ思想中ニ空位ヲ留メタル「我国」ノ二字ハ、漸ク喚起セラレテ其思想ニ入リ、発シテ憂国ノ情トナレリ、是時英人果シテ我ニ寇スルノ意アリシヤ否ハ暫《しばら》ク措《お》キ、其船艦ノ日本海ニ出没シテ日本人ノ目ニ遮《とま》リシハ、則我国人ヲシテ外夷(当時ノ称呼ニ依ル)ノ実力如何ヲ推知セシメタルモノナリ。而シテ我国人ガ外ニ対シテ内ヲ護ルノ計ヲ求ムルニ至リシハ、則《すなわち》隣国ニ鑑ミテ自省シタルニ因ルナリ。故ニ英国ハ、其内情ノ如何ヲ問ハズ、外勢ヨリノ関係ヲ以テスレバ、我国人ヲシテ愛国ノ情ヲ発シ、護国ノ念ヲ厚フセシメタルノ功ナキニアラズ云々。

藤田氏　藤田茂吉。一八五二—九二。号は鳴鶴。「報知」の編集長また主筆であり、のち衆議院議員となる。「文明東漸史」刊行は十七年。

蓋《けだ》シ当時我国ハ、直接ニ英人ノ侵掠ヲ受ケタルニアラズ、唯《ただ》支那ノ覆轍ニ鑑ミテ頗ル意ヲ労シ、当時外情ニ通ズル者ガ主唱シテ、西式ノ兵制兵器ヲ用ユベキノ意ヲ当路者ニ決セシメ、遂ニ東洋普通ノ兵制兵器ヲ棄却《ききやく》シ、以テ外寇ニ備フルノ必要ナルヲ社会ノ一部分ニ感ゼシメタルヲ見ル可シ。爾後《じご》幕府ハ因循ナガラモ西洋流ノ兵制兵器ヲ採用シ、支那ノ敗レタル所以《ゆえん》ノモノヲ斥ケ、西洋ノ勝テル所以ノモノヲ取リ、支那ヲ背ニシテ西洋ニ向ヒ、強国ノ本ヲ立ルニ西洋ノ流義ヲ以テセントスルノ意想ヲ生ジタルナリ。爾来三十余年ノ久シキ、我国ハ支那ト途ヲ異《こと》ニシテ進ミタルノ有様ナリ。其間或ハ逡巡《しゆんじゆん》シ或ハ却退シタルコトアリト雖モ、未ダ曾《かつ》テ其方向ヲ変ゼザリシ。而シテ我国ハ一タビモ外人ノ侵掠ニ会ハズシテ、唯我国人ノ前ニ呈シタル隣邦ノ実例ハ、大ニ我国人ニ新思想ヲ起サシムルノ功ヲ奏セシナリ。故ニ当時ニ在リテ、英清事件ハ我国ノ為メニ無量ノ利益ヲ与ヱタルモノト云フ可シ。

我国ニ於テハ陸海軍ハ勿論、凡《すべ》テ外ニ対シテ内ヲ護ルベキ要具ハ皆之ヲ西邦ニ採リ、其方式ニ傚《なら》フテ研究練磨ノ功ヲ積ミ、以テ今日アルニ至レリ。而ルニ清国モ亦同日ノ大敗ニ懲《こ》リ、爾後髪賊*ノ討平ニ試ミテ頗《すこぶ》ル其利ヲ悟ルモ、大ニ之ヲ使用スルコト能《あた》ハズ、又全国ノ兵制ヲ変ジテ全ク此レニ帰セシムル能ハズ、僅カニ其一小部分ニ較《や》ヤ純粋ノ西式ニ似タリト云フベキノ兵士アルノミ。故ニ其兵制ハ恰《あた》カモ我慶応年間ニ於ケルガ如ク、一方ニハ蘭式アリ、一方ニハ英式アリ、又越後流アリ、甲州流アリテ、砲銃剣装錯綜雑出、殆《ほと》ンド名状ス可ラザルモノト其状ヲ同フセリ。漸次或ハ西法ノ真ニ進ミタルガ如キ状アルモ、其実決シテ然ルニアラズ、唯外面ニ於テ僅カニ其進歩ヲ見ルノミ。惟《おも》フニ清人ノ斯クノ如クナル所以ハ則《すなわち》他ニアラズ、其四十年前ノ思想ハ即チ今日ノ思想ニシテ毫モ進化スルコトナク、寧《むし》ロ益々腐敗シタルヲ以テ仮令《たとい》何程兵器兵制ニ西法ノ美ヲ示スモ唯其観ノ美ニ止マリ、毫モ実用ヲ為サヾル可シ。抑《そもそ》モ泰西ノ兵器ヲ用ヒ其兵制ヲ採リテ実用ヲ悉《つ》クサント欲セバ、宜《よろし》ク其思想ヲ泰西ノ人ニナサヾル可ラズ。千古不易ナル支那流ノ思想ヲ以テ、漫《みだり》ニ西式ニ傚フノ兵ヲ用ユルモ、其実効ヲナサヾルハ必然ナリ。先ヅ支那流ノ思想ヨリ変化シ去テ泰西ノ思想ヲ実ニシテ、以テ其兵制ヲ用ユルニアラズンバ、軍艦アルコト数百艘ニ及ビ、兵士アルコト数百万ニ及ブモ、何ノ用ヲモナサヾルナリ。是ヲ以テ支那ハ英ニ敗ラレシ以後、泰西ノ兵式ヲ用ユト雖《いえど》モ、唯其外観ニ止マルノミニテ実用ニ当ラザルナリ。支那人ニシテ若《も》シ其旧思想ヲ変ジテ新思想ヲ蓄ヱ、此ノ如キ兵器ヲ用ユベキノ思想ヲ以テ此ノ如キノ兵器ヲ用ユルニ至ラズンバ、幾千万年ヲ経ルモ猶ホ咸豊*ノ昔日、英人ニ敗ブレタルノ時ニ異ナラザル可シ。

今夫《それ》我国ガ泰西ノ兵式ヲ採ラザル可ラザルヲ知リシハ、決シテ自ラ西人ト戦ツテ其実効ヲ験シタルニ非ズ、支那ノ英国ニ破ラレタル時、彼此ノ兵制兵器ヲ比較シテ、其勝敗ノ在ル所ヲ究メタルニ因レリ。支那ハ我国ニ向テ泰西人ノ実力ヲ示スベキ試験ノ料具トナリ、我レ能ク之ヲ測度シテ、以テ泰西ノ学芸技術ヲ用ユルノ初メヲナセシナリ。然リ而シテ今日清国ハ再タビ仏人トノ関係ヲ生ジ来リテ我国ニ向ヒ再タビ試験ノ料具トナリテ、西人ノ東洋ニ対スル事情ヲ測度セシムルニ至レリ。仏清未ダ大ニ戦争ヲ開カズト雖モ、鶏籠馬尾*ノ事以テ其一斑ヲ知ルニ足レリ。然ラバ則《すなわち》我国ハ再タビ清国ニ鑑ミテ、支那ニ異ニシ、支那ニ同ジカラザルノ実ヲ挙ゲ、泰西文明ノ堂ニ昇リ室ニ入リテ、以テ我国ヲ護ルノ力ヲ養ハザル可ラズ。此ノ如キノ目的ヲ以テ我国ノ前途ヲ計ラバ、豈《あに》唯兵制兵器ノミ泰西ニ模倣《もこう》スルヲ以テ足レリトセンヤ。其兵制ノ生出シ其兵器ノ発現セル根本ノ思想ヲ養成セザル可ラズ。

髪賊ノ討平　太平天国の乱の鎮圧。太平天国軍は辮髪を禁じたことから長髪賊と呼ばれた。　**咸豊ノ昔日…**　アロー戦争をさす。咸豊は清国第九代皇帝文宗の年号(一八五一―六一)。　**鶏籠馬尾**　鶏籠→二〇九頁注。馬尾→二五八頁注「福州ノ造船所」。

且夫《かつそ》レ兵力ノ根源ハ国家ノ富実ニアリ。仮令《たとい》武力ヲ研《みが》カント欲スルモ、之レガ資本ヲ得ルノ途ナクンバ其《その》志ヲ果タスヲ得ズ、而シテ政府ノ武力ヲ養フベキ資本モ亦《また》之ヲ人民ノ租税ニ求メザルヲ得ズ、人民ノ財源涸乾シテ政費ノ負担ニ堪ユルコト能ハズンバ武力ヲ張ルノ資本ヲ得ルコト能ハザルナリ。故ニ我国人ハ支那ノ仏国ニ苦《くるし》メラルヽヲ見テ、自ラ省《かえり》ミテ国家ノ富ヲ増進スルノ志ヲ発セザル可ラズ。殊ニ当路者ハ財富ヲ殖スルノ路ヲ啓《ひらき》テ人民ヲ此ニ誘《みちび》カザル可ラズ。然リ而シテ兵力ノ強盛ハ愛国ノ情ニ根《ねざ》セリ。民ニ愛国ノ情ナクンバ護国ノ真勇ニ乏シカラザルヲ得ズ、愛国ノ情ハ、民ヲ保護スル政治ノ善良ナルニ由リテ生ズルハ勿論ノコトナレバ、常ニ政治ノ得失ヲ計較シテ、真勇ヲ鼓舞スルコトモ亦当路者ノ勉《つと》ム可キ所ナラン。今ヤ仏清ノ形勢ヲ覩テ、四十年来日本支那ノ別路ヲ取リテ進退セルノ情況ヲ想起シ、我国人ノ最モ宜《よろし》ク精慮深考スベキモノ、自ラ此問題ニ懸レルヲ以テ遂ニ論ジテ此ニ及ベリ。

15　脱　亜　論（時事新報）

解題［明治十八年三月十六日］　因循固陋の清国・朝鮮との交際は開化日本の前途に有害だとして、これら「悪友」との謝絶を宣言する有名な論説。直截簡明な典型的脱亜論とされる。この論説の前提をなすものとして、「時事」の論説「脈既に上れり」(十七・八・十五)、「輔車唇歯の古諺恃むに足らず」(十七・九・四)、「支那風排斥す可し」(十七・九・二十七)などがある。底本は「福沢諭吉全集」によった。初出の仮名遣は片仮名である。**【福沢諭吉】**　一八三五―一九〇一。代表的啓蒙思想家の一。幕末に三度渡欧米し、近代文明の紹介また実学奨励につとめた。慶応義塾を主宰。十五年に時事新報を創刊。

脱　亜　論

世界交通の道、便にして、西洋文明の風、東に漸し、到る処、草も木も此風に靡《なび》かざるはなし。蓋《けだ》し西洋の人物、古今に大に異るに非ずと雖ども、其挙動の古《いにしえ》に遅鈍にして今に活潑なるは、唯《ただ》交通の利器を利用して勢に乗ずるが故のみ。故に方今東洋に国するものゝ為に謀るに、此文明東漸の勢に激して之を防ぎ了る可きの覚悟あれば則ち可なりと雖ども、苟《いやしく》も世界中の現状を視察して事実に不可なるを知らん者は、世と推し移りて共に文明の海に浮沈し、共に文明の波を揚げて共に文明の苦楽を与《とも》にするの外ある可《べか》らざるなり。文明は猶《なお》*麻疹の流行の如し。目下東京の麻疹は西国長崎の地方より東漸して、春暖と共に次第に蔓延する者の如し。此時に当り此流行病の害を悪《にく》て之を防がんとするも、果して其手段ある可きや。我輩断じて其術なきを証す。有害一偏の流行病にても尚《なお》且《かつ》其勢には激す可らず。況や利害相伴ふて常に利益多き文明に於てをや。啻《ただ》に之を防がざるのみならず、力《つと》めて其蔓延を助け、国民をして早く其気風に浴せしむるは智者の事なる可し。西洋近時の文明が我日本に入りたるは嘉永の開国を発端として、国民漸く其採る可きを知り、漸次に活溌の気風を催ふしたれども、進歩の道に横《よこた》はるに古風老大の政府なるものありて、之を如何ともす可らず。政府を保存せん歟、文明は決して入る可らず。如何となれば近時の文明は日本の旧套《きゆうとう》と両立す可らずして、旧套を脱すれば同時に政府も亦廃滅す可ければなり。然《しか》らば則ち文明を防て其侵入を止めん歟、日本国は独立す可らず。如何《いかん》となれば世界文明の喧嘩繁劇は東洋孤島の独睡を許さゞればなり。是に於てか我日本の士人は国を重しとし政府を軽しとするの大義に基き、又幸に帝室の神聖尊厳に依頼して、断じて旧政府を倒して新政府を立て、国中朝野の別なく一切万事西洋近時の文明を採り、独り日本の旧套を脱したるのみならず、亜細亜《アジア》全洲の中に在て新《あらた》に一機軸を出し、主義とする所は唯《ただ》脱亜の二字に在るのみ。

　我日本の国土は亜細亜の東辺に在りと雖ども、其国民の精神は既に亜細亜の固陋を脱して西洋の文明に移りたり。然るに爰《ここ》に不幸なるは近隣に国あり、一を支那と云ひ、一を朝鮮と云ふ。此二国の人民も古来亜細亜流の政教風俗に養はるゝこと、我日本国民に異ならずと雖ども、其人種の由来を殊にするか、但しは同様の政教風俗中に居ながらも遺伝教育の旨に同じからざる所のものある歟、日支韓三国相対し、支と韓と相似るの状は支韓の日に於けるよりも近くして、此二国の者共は一身に就き又一国に関して改進の道を知らず、交通至便の世の中に文明の事物を聞見せざるに非ざれども、耳目の聞見は以て心を動かすに足らずして、其古風旧慣に恋々するの情は百千年の古に異ならず、此文明日新の活劇場に教育の事を論ずれば儒教主義と云ひ、学校の教旨は仁義礼智と称し、一より十に至るまで外見の虚飾のみを事として、其実際に於ては真理原則の知見なきのみか、道徳さへ地を払ふて*残刻不廉恥《ふれんち》を極め、尚傲然《こうぜん》として自省の念なき者の如し。我輩を以て此二国を視れば、今の文明東漸の風潮に際し、迚《とて》も其独立を維持するの道ある可らず。幸にして其国中に志士の出現して、先づ国事開進の手始めとして、大に其政府を改革すること我維新の如き大挙を企て、先づ政治を改めて共に人心を一新するが如き活動あらば格別なれども、若しも然らざるに於ては、今より数年を出でずして亡国と為り、其国土は世界文明諸国の分割に帰す可きこと一点の疑あることなし。如何となれば麻疹に等しき文明開化の流行に遭ひながら、支韓両国は其伝染の天然に背き、無理に之を避けんとして一室内に閉居し、空気の流通を絶て窒塞するものなればなり。輔車脣歯とは隣国相助くるの喩《たとえ》なれども、今の支那朝鮮は我日本国のために一毫《いちごう》の援助と為らざるのみならず、西洋文明人の眼を以てすれば、三国の地利相接するが為に、時に或は之を同一視し、支韓を評するの価を以て我日本に命ずるの意味なきに非ず。例へば支那朝鮮の政府が古風の専制にして法律の恃《たの》む可きものあらざれば、西洋の人は日本も亦無法律の国かと疑ひ、支那朝鮮の士人が惑溺深くして科学の何ものたるを知らざれば、西洋の学者は日本も亦《また》陰陽五行の国かと思ひ、支那人が卑屈にして恥を知らざれば、日本人の義侠も之がために掩はれ、朝鮮国に人を刑するの惨酷なるあれば、日本人も亦共に無情なるかと推量せらるゝが如き、是等の事例を計《かぞう》れば枚挙に遑《いとま》あらず。之を喩へば比隣軒《のき》を並べたる一村一町内の者共が、愚にして無法にして然《し》かも残忍無情なるときは、稀に其町村内の一家人が正当の人事に注意するも、他の醜に掩はれて*堙没《いんぼつ》するものに異ならず。其影響の事実に現はれて、間接に我外交上の故障を成すことは実に少々ならず、我日本国の一大不幸と云ふ可し。左《さ》れば今日の謀を為すに、我国は隣国の開明を待て共に亜細亜を興すの猶予ある可らず、寧ろ其伍を脱して西洋の文明国と進退を共にし、其支那朝鮮に接するの法も隣国なるが故にとて特別の会釈に及ばず、正に西洋人が之に接するの風に従て処分す可きのみ。悪友を親しむ者は共に悪名を免かる可らず。我れは心に於て亜細亜東方の悪友を謝絶するものなり。

麻疹　はしか。　**残刻**　残酷。　**堙没**　あとかたもなく消滅すること。

16　遊清余感

解題［明治十七年末から十八年初か］　日本が清国を略取し「改良誘導」することは、普遍的な「開化ノ理論」からも東アジアの「優勝劣敗ノ実際」からも妥当だとする説。日清友好論や内治優先論を批判しつつ、公使館襲撃などへの懲罰を名目とする対清出兵が可能な千載一遇の好機を生かし、国威を海外に伸ばすべしと主張している。筆者杉田定一にはもともと民権論とともに対外強硬論があったが、清仏戦争を機とする渡清以後露骨な武力侵略論になる。この一文は十七年に中国旅行した見聞にもとづいて記されたもの。底本は「杉田鶉山翁伝」による。【杉田定一】　一八五一―一九二九。号は鶉山(じゅんざん)。福井県出身。自由民権運動の指導者の一人として著名。自由党員。

余夙《つと》ニ東洋ノ不振ヲ嘆ジ、支那ノ遊ヲ思フ久シ。茲歳《このとし》八月、偶々《たまたま》清仏葛藤起ル。慨然海ニ航シ、上海《シャンハイ》ニ至ル。上海ノ地タル、各国居留民ニシテ、半欧半清、支那ノ大勢ヲ知ルニ足ラズ、大勢ヲ知ル、帝都ノ在ル所カ、政ノ出ル所ニ赴クニ如《し》カザルヲ覚知シ、北京《ペキン》ニ遊ブ。其ノ制度、風俗、人情ノ在ル所ヲ見聞スルニ、全ク平生書籍ヲ読ミ、詩文ニ看《み》ル所ト、霄壌《しょうじょう》ノ差アリ。抑《そもそ》モ彼ノ祖先、*康熙、*乾隆、歴代ノ治乱興廃ヲ鑑《かん》ガミ、制度法律ヲ建設シタルモ、今也《や》、腐敗紊乱《びんらん》、紀綱振ハズ、賄賂公行、進士及第ノ設アルモ、其ノ学ブ所ノ書、*四書六経《りくけい》ノミニシテ、欧羅巴《ヨーロッパ》ノ書ニ渉《わた》ラズ。故ニ宇内《うだい》ノ事情ニ疎《うと》ク、兵制タルヤ、*八旗緑営勇ノ設アリ、八旗ハ当初、西討東伐ノ労アリシト雖《いえど》モ、今日、旧弊古格ノミニシテ、実際ノ用ニ供セズ。勇ノ如キ、概《おおむ》ネ無頼*穿倫《せんりん》ノ徒ニシテ、利ノ為メニ集リ、義ノ為ニ散ジ、僅《わず》カニ李鴻章直轄、三万余ノ兵アリ、欧式ニ法《のっと》リ、新製ノ器械、美麗ノ衣服ヲ着スルモ、其ノ新製ノ器械、美麗ノ衣服ヲ着スル所ノ人ハ、依然無神経、破廉恥ノ支那人タルニ過ギズ。而シテ民間ノ状況タル、*哥老会、白蓮教、斎党、密党ノ如キ者アレドモ、概ネ盗賊ニ非《あらざ》レバ、異端邪説ニ惑溺《わくでき》シ、毫モ憂世愛国ノ情ナク国利公益ヲ重《おもん》ズルノ心ナク、而テ外ハ欧羅巴諸国ニ侮凌蔑慢《ぶりょうべつまん》セラレ、遠クハ鴉片《アヘン》ノ乱、城下ノ盟ヲナシ、近クハ安南、台湾、福建ノ如キ、仏ニ侵陵蹂躪セラレ、且ツ魯ハ、輓近《ばんきん》、漸時満洲黒竜江等ヲ蚕食シ、再ビ又内地ノ多端ニ乗ジ、伊犂《イリ》ヲ略セント欲シ、聞ク、魯国ノ伊犂ヲ得ルヤ、其ノ地形、甘粛ニ通ジ、揚子江ノ水源ニ達スル便アリト。斯《かく》ノ如ク、内ハ制度紊乱、人心下ニ背キ外ハ国権日ニ縮リ、愛親覚羅氏ノ命脈、殆ド地ニ墜《お》チントス。然ルニ尚ホ、守旧ノ迷夢未ダ全ク醒《さ》メズ、傲然、自国ヲ中華中国、衣冠礼儀ノ国トシ、他国ヲ禽獣夷狄《きんじゅういてき》視シ、倨傲《きょごう》尊大、自ラ居ルハ、果シテ何ノ心ゾヤ。余ノ北京ニ在ルヤ、偶々《たまたま》仏国軍艦雞籠《キールン》、淡水ニ向ツテ発スルノ電報、我ガ公使館ニ来ル。公使、隣国ノ情好ヲ以テ、信切《しんせつ》ニモ、書記官ヲ以テ、彼総理衙門ニ示シタルニ、詰員云《いわ》ク、本日ハ中国ノ中秋ニシテ、大臣出頭セズ、故ニ領受シガタシト。然ラバ貴国ノ安危ニ関スルノ電信ナルヲ以テ、私宅ニ届ケヨト請ヒタルモ、遂ニ受ケ取ラザリシト。嗚吁《ああ》、外人スラ、其国ノ危急存亡ヲ憂フルニ、自国人、却テ痛痒相関《つうようあいかん》セズ、抑モ何ノ心ゾヤ。而シテ又聞ク、*左宋党ノ任ニ福建ニ赴クヤ、舟行ヲ嫌ヒ、陸行ヲ為セシト。陸行スルヤ、関山数千里ノ遠キ、光陰数旬日ヲ費シ、到着ノ節ハ、大事既ニ去ルノ場合ナリト。此ノ事ヲ以テモ、支那ノ大勢、推知スルニ足レリ。

康熙・乾隆　それぞれ清国の第四代、第六代皇帝。康熙帝は清国の基盤を確立し、乾隆帝は領土を最も拡大した皇帝として、ともに名君とされる。　**四書六経**　四書は論語・孟子・大学・中庸、六経は詩・書・礼・楽・易・春秋。　**八旗緑営**　清の軍制。八旗→二一一頁注。緑営は漢人のみによる軍隊で、緑の旗を用い、八旗より格が低いものとされた。　**穿倫**　穿踰(せんゆ)の誤りか。どろぼう。　**哥老会…**　以下はいずれも清国にあった民間宗教また結社。　**左宋党**　左宗棠。→二四七頁注。

宇内ノ大勢、駸々乎《しんしんこ》トシテ、開化文明ノ点ニ走ツテ止マズ。此ノ勢ニ逆《さから》フ者ハ衰ヘ、順《したが》フ者ハ盛《さか》ユ。方今支那ノ大面積、九十万零五千四百八十方里、人口四億零四百六十万、土地饒《ゆた》カニ、物産繁リ、実ニ天府ノ国、亜細亜《アジア》ノ都府ナリ。故ニ其ノ国ノ盛衰開化ハ、独リ自国ノミナラズ、東洋ノ隆替安危ニ関ス。然ルモ其国人、固陋頑冥、宇内ノ大勢ヲ知ラズ、守旧ノ迷夢ニ沈淪《ちんりん》ス。若《も》シ之ヲシテ、*荏苒《じんぜん》其ノ為ス所ニ任ゼシメバ、遂ニ東洋開化ノ進路ヲ遮断スベシ。東洋開化ノ進路ヲ遮断スル、吾輩同種ノ情、隣国ノ好、豈《あに》袖手傍観ニ付スルニ忍ブ可ケンヤ。宜シク進ンデ、改良誘導スベキナリ。是レ固《もと》ヨリ其本分ナリ。而シテ、宇内文明各国ニ於テモ、固ヨリ其ノ賛成スベキヲ信ズ。又眼ヲ転ジテ回顧スルニ、方今西欧羅巴《ヨーロッパ》ハ、竜虎相争ヒ、強弱相匹敵シ、掠《かす》ムニ地ナク、奪フニ城ナク、東亜細亜《アジア》ニ、野耕スベク、*山鋳《い》ルベキアリ。西人来ツテ茲《ここ》ニ利ヲ争ヒ、覇《は》ヲ試《こころみ》ント欲ス。吾輩同胞、此必争ノ地ニ在リ、坐シテ、其ノ肉タラント欲スルカ、将《は》タ進ンデ、共ニ膳上ノ客タラント欲スル乎。坐シテ肉タルヨリ、進ンデ共ニ膳上ノ客タルニ如《し》カズ。是レ実ニ、優勝劣敗ノ活世界ニ処スルノ法乎。論者或ハ云フ、支那ハ唇歯輔車ノ国ナリ、宜シク親《したし》ムベシ、敵視スベカラズト。是レ其ノ一ヲ知リテ、二ヲ知ラザル者ナリ。論者ノ云フ如ク、其ノ地形ハ、唇歯輔車タルモ、其ノ人類ハ、頑冥執拗ニシテ、文明各国ノ悪《にく》ム所ニシテ、固ヨリ親シムベカラザル者ナリ。況ンヤ、琉球ノ件、台湾ノ事、彼常ニ好意ヲ以テ、我ヲ迎ヘザルニ於テヲヤ。若シ此ノ時機ニ乗ゼズ、*中原ノ鹿、一旦白人ノ掌中ニ落チナバ、其ノ所得ノ地、鉄道敷《し》クベシ、電線架スベシ、軍艦設クベシ、旧日ノ支那ハ、変ジテ新成ノ欧羅巴トナルベシ。其時ニ臨ミ、垂涎百尺スルモ、固ヨリ及ビ難ク、且ツ我国ハ、東洋開化ノ魁ナリト自称セント欲スルモ、恐ラクハ得ガタカラン。以上論ズル如ク、之ヲ開化ノ理論ニ照シ、之ヲ優勝劣敗ノ実際ニ問フモ、支那ニ着手スルノ不可ヲ見ザルナリ。然ルヲ知ラズシテ、徒《いたず》ラニ自由ヲ説キ、権利ヲ談ズルモ、其ノ権利ヲ説キ自由ヲ談ズルノロハ、却ツテ不自由、無権利トナルベシ。嗚呼《ああ》、東洋ノ大勢、既ニ去矣《いんぬるかな》。安《いず》ンゾ一孤島ノ治安ヲ維持スルヲ得ンヤ。宜シク、区々蕭牆《しょうしょう》ノ紛争ヲ擲《なげう》チ、眼ヲ波濤千里ノ外ニ放ツベキナリ。

　論者又或ハ云フ、内未ダ整ハズシテ、安ンゾ外ニ及ブ可ケンヤ。是実ニ千載、行フベカラザルノ迂論ナリ。試《こころみ》ニ明治七年以来、内地ノ形勢ヲ看ヨ。海外進取ノ気象ヲ欝閉シ、半バ凝結スル所、却ツテ内乱ヲ醸シ、上ハ明君賢相、寐《び》ヲ安ンゼス、下ハ英雄豪傑、蕭牆ノ変ニ斃《たお》レ、国庫為ニ疲弊シ、元気為メニ消乏セシニ非ズヤ。是レ内ヲ整ヘント欲シテ、却テ反対ノ結果ヲ致セシ者乎、非乎。然リト雖モ、既往ハ追ヒ難シ、将来ノ計ヲ講ズルニ如《し》カズ。将来ノ計タル宜《よろし》ク進取ノ気象、海外ニ展《の》ブルヤ、区々蕭牆ノ紛争、自ラ止ムベキナリ。然リト雖モ、兵ハ曲直ヲ尊ブ、濫《みだり》ニ無名ノ師ヲ起スベカラズ。然ルニ、這般《しゃはんか》彼ノ兵、朝鮮ニ於テ、公然我兵ニ発砲シ、我ガ公使館ヲ焼キ、我人民ヲ虐殺ス。其罪実ニ神人ノ憤リ、公法ノ許サヾル所、充分討ズベキノ理、懲スベキノ名アルニ於テオヤ。嗚呼《ああ》、時機屢々《しばしば》会シ難シ。千載ノ一日、今日ヲ棄テ、何レノ時ニカ在ル。尚モ国是進取ノ方向ニ決シ、国威一旦海外ニ伸ブルヤ、条約ノ改正モ自ラ成リ、対等ノ権利モ、自ラ得、内地ノ平和モ自ラ整ヒ、東洋ノ盟主モ、期セズシテ致スベキナリ。然ルヲ、若シ茲ニ出ズ、頼ムベカラズ、悪《にく》マル、所ノ者ヲ親シミ、内ハ進取ノ気象ヲ壅塞《ようそく》シ、不平ノ気ヲ醸成シ、外ハ乗ズベキノ機ヲ失ナヒ、得ベキノ利ヲ擲チ、欧洲諸国ノ嘲笑ヲ取ルアラバ、之ヲ策ノ得、道ノ協フタル者ト云フベキヤ。元来、我国ノ地形タル、東洋ノ一孤島ニシテ、古来閉鎖、是《これ》事トシ、故ニ規模内ニ縮リ、度量外ニ伸ビズ、此ノ病ヲ医スル、夫《そ》レ唯ダ海外進取ノ一点ニ在ル乎。嘗《かつ》テ*南洲翁ノ云ヘルアリ。曰ク「国ハ開クベシ、鎖《とざ》スベカラズ。国ハ進取スベシ退守スベカラズ」ト。是レ我国柄ニ於テハ、実ニ服膺《ふくよう》スベキノ確言ナリ。大方以テ如何トナス。聊《いささ》カ遊清ノ余感ヲ述ブ爾《しか》リ。

荏苒　のびのびになること。　**山鋳ル…**　山の銅をとって銭を鋳る。「鋳山煮海」(史記、呉王濞伝)。　**中原ノ鹿…**　帝位。政権。「中原還逐レ鹿」(魏徴、述懐詩)とは、群雄が帝位を争うこと。　**南洲**　西郷隆盛の号。

Ⅳ

新聞論調(三)——朝鮮をめぐって

解題　本章は、主要な新聞の論説のうち、朝鮮の政情や対外的地位、日朝間の外交や紛争の展開、朝鮮をめぐる日本と清国やロシアその他欧米諸国との関係などにかかわって論じたものを収録する。

維新以来、最近接の隣国朝鮮への国権拡張と勢力扶植は、近代日本外交の最大課題の一つとされ、最初の大規模な対外戦争たる日清戦争(一八九四―九五年)の基本的動因となったことは、周知のとおりである。それだけに、征韓論争(一八七三年)や江華島事件(一八七五年)・日朝修好条規締結(一八七六年)以来、壬午軍乱(一八八二年)や甲申事変(一八八四年)、その後の日本と朝鮮・清国・ロシアとの関係などをめぐる諸新聞の論説・記事・投書などは厖大な数にのぼる。本章では、このいわゆる朝鮮問題をめぐって、詳細な経過の分析や具体的な戦術論などの論稿よりも、民間各派の朝鮮観、朝鮮をめぐる国際情勢の認識、朝鮮への志向や野心などが典型的に現われていると思われる論稿を主にとりあげている。

まず、各紙相互間の大論争の発端となった、江華島事件をめぐる中央五大紙の論説は、それぞれの朝鮮対策論の対立の背後にある、自国の内治への展望の差異や朝鮮観そのものの一定の共通性など、対外論と国内政治論との密接な関連を伺わせる。また、その後の諸論稿も、民権各派の諸紙にも少なからず存在した深い朝鮮蔑視や止みがたい朝鮮への膨張志向、それだけに徐々に増幅される清国との対決熱やロシアを脅威とする心情、この両者の螺旋的で複雑な思潮の展開を示している。さらに、壬午軍乱や甲申事変期における、数多の対朝鮮・対清国強硬論や冷静な対応論、あるいは数少ない民権優先・対朝鮮非干渉論(参考として章末に収録した徳富蘇峰の手記もふくむ)など、世論の交錯と対抗も興味ぶかい。

なお、朝鮮観や朝鮮対策論と、清国論・ロシア論や国際政治論、さらには日本の進路全般をめぐる議論とが、もともと密接不可分であったことは留意さるべきである。

1　江華島事件を論ず（郵便報知新聞）

解題［明治八年十月二日］　以下IV-5まで江華島事件についての各紙論説。当時、「報知」「東日」「朝野」が非戦論を主唱したのに対し、「曙」「毎日」は征韓論を主張して、両派のあいだで論争が行なわれ、多数の論説が掲載された。本論説は、財政窮乏のおり、避け得る戦争を引き起こすことは、国庫をいたずらに浪費させる愚策だとして、前年の台湾出兵をその好例とし、征韓論を批判するもの。また、事件が日本の挑発によるものであることを暗示している点が注目される。「報知」は無題論説（八・十・十六、八・十・十九）などで、箕浦勝人（→一三五頁注）を中心に「民権論」と実益優先の立場から反征韓論の主張を展開した。なお江華島事件については→補注。

*我儕ガ常ニ国家ノ為メニ憂慮スル朝鮮ノ事件ハ今ヤ我儕ノ心胆ヲシテ寒カラシムルノ形勢ニ変遷シ来レリ。我儕ハ去月廿九日ニ於テ朝鮮云々ノ巷説ヲ聞キ得タリ。然レドモ我儕ハ其謬伝《びゅうでん》アランコトヲ恐レ、敢《あえ》テ之ヲ世ニ公ニセズ、其事実ヲ精究スルニ及ンデ尋常ノ巷説ニ非ズシテ疑フベカラザルノ実説ナルヲ聴キ得タリ。故ニ我儕ハ其事実ト意見トヲ陳《の》べ、世間ニ向ツテ陳叙スルコトアラントス。

聞ク、*長崎ヨリ発シタル電報ハ廿八日夜七時我政府ニ達シタリト。我儕ハ其電報ノ確然タルヲ以テ其事実ノ確然タルヲ知リ得タリ。然レドモ瑣末ノ事ニ至ツテハ或ハ誤謬ヲ免レザルアラン。故ニ我儕ハ今我儕ノ聞ヒテ以テ確実トスル所ノ者ヲ挙ゲンニ、我*雲揚《うんよう》艦ハ朝鮮ノ京城ニ接近セル江華近海ニ投錨シテ、去ル*廿一日小舟ヲ以テ江華湾ヲ測量セシニ、*海岸ノ砲台ヨリ発砲シタルニヨリ雲揚艦ハ之ニ応ジテ戦ヲ開キ、兵ヲ率《ひき》ヒテ上陸シ、其砲台ヲ乗リ取リ大小砲幷《あわ》セテ七十挺余ヲ分捕リセリ。我水夫ノ即死セルモノ一人アリ。曾《かつ》テ我政府ノ命ヲ奉ジテ朝鮮ニ使セル*森山茂君ハ、去ル廿九日ヲ以テ長崎ニ着セリト聞ク。森山君ノ長崎ニ帰リシハ雲揚艦ヨリ報知アリシニ非ズ、向《さ》キニ已《すで》ニ引上ノ議論起リテ遂ニ決議シ帰国シタルニ、*偶然此兵端ヲ開クニ会ヘリト。

我儕　自称。われら。　**長崎ヨリ発シタル…**　事件の報告は雲揚艦の長崎入港後になされた。　**雲揚艦**　帆を備えた蒸気船である日本軍艦。艦長は海軍少佐井上良馨。八年五月に雲揚、六月に第二丁卯が釜山に入港して示威行動を行なっていた。ついで朝鮮半島を東海岸から西海岸へと測量して清国の牛荘に向う途中、飲料水補給を名目として江華島付近から漢江を溯ったことにより砲撃を受け、いわゆる江華島事件をひきおこすことになる。　**廿一日**　廿日の誤り。　**海岸ノ砲台…**　江華島は漢城の喉元を扼す要地であり、砲台が築かれていた。このとき、草芝鎮砲台からの砲撃に応戦したが成功せず、防衛力の弱い頂山島・永宗島の砲台を攻撃して、大小砲三六門(一説に三八門)を奪い、朝鮮兵三五名を殺害した。**森山茂**　八年二月以来、外務少丞理事官として、副官広津弘信とともに釜山に渡り朝鮮側と交渉にあたった。しかし朝鮮側は日本側から手交した書契の「大日本」「皇上」の字句に難色を示し、理事官が汽船を利用したこと、洋式の大礼服を着用したことに不満を示して交渉は進まず、森山は四月、軍艦による海路測量による示威行動の要請を外務省に上申していた。なお、七月に至り面接を拒否され、九月三日に帰国命令が出され帰路にあったが、二十九日長崎で報に接し、再度の指令で朝鮮に引き返した。なお↓一二頁注「森山」。**偶然此兵端…**　佐佐木高行の日記によると、この間の事情について、「一体今般ノ事件モ必ズ吾レヨリ求メタリト思フナリ、…艦長井上氏出帆ノ前、彼ヨリ万一発砲等スレバ幸ト、密ニ同志ニ咄シテ出デ行キタルコトハ、或士官ヨリ親シク聞ク処ナリ」(保古飛呂比、明治八年十月初旬)と記していた。

或ハ曰ク、朝鮮近海ヲ測量スルコトハ我政府ヨリ朝鮮政府ニ通暢《つうちょう》シタルニ非ズ、且《かつ》江華湾へ舟ヲ入ル丶ハ朝鮮政府ヨリ兼《かね》テ断リアリシニ、我測量船ノ漫《みだり》ニ湾中ニ入込ミシヲ以テ曲、我ニ在リトシテ、此挙動ニ及ビタルナリト。

巷説ニヨレバ日本政府ハ海軍ニ令シテ軍艦ノ修覆ヲ急ニシ、更ラニ陸軍ニ命ズルニ検閲使ヲシテ速《すみやか》ニ其事ヲ了ラシムベキヲ以テセリト。

我儕ハ征韓ノ一事ニ付テ弁論数回ニ及ビタレバ、世人モ此事ニ就テ我儕ノ持説ハ了知タルベシ。然レドモ今事已ニ此ニ迫ルトキハ我儕更ラニ平生ノ持論ヲ弘張セザルヲ得ズ。怯ト呼ビ惰ト呼ブモ人評ニ任セ、我儕ハ国家ノ為メニ敢テ怯惰ノ醜名ヲ避ケザルナリ。我日本政府ガ兵ヲ朝鮮ニ用ユルヲ以テ策ノ得タル者トセザルハ、我儕ノ万々保証スル所ナリ。仮令《たとい》海陸軍ヲシテ戒厳セシムルモ、故《ことさ》ラニ兵ヲ用ヒント欲スルニ非ルヤ明ナリ。必ズヤ軍備ヲ整斉シテ已ムコトヲ得ズ戦ヲ布告スルノ需要ニ応ゼント欲スルナランカ。且夫《かつそれ》政府社会ノ際ニ立ツテ国用ノ究乏ヲ熟知セルモノハ、仮令兵ヲ用ユルノ名義期望両《ふたつ》ナガラ我ニ在ルモ軽々事ヲ挙ルノ良策ニ非ルヲ知ラザルモノアランヤ。故ニ我儕ハ我日本政府ノ決シテ戦ニ出デザルヲ知ルナリ。然レドモ我儕ハ我政府ノ主旨ニ悖《もと》リテ戦ヲ主張スルモノアルヲ恐ル丶也。今此輩ノ我国ノ社会中ニ一党派ヲナスヲ憂ヘテ為メニ一言ナキ能ハザルナリ。

今夫《かの》征韓ノ議ヲ主張スルモノ、説ヲ聞クニ、曰ク、朝鮮ハ未開ノ蛮種ナリ、人民蠢愚《しゅんぐ》武備粗悪素《もと》ヨリ我ニ抗スベキモノニ非ズ、然リ而シテ数《しばしば》凌辱ヲ我ニ加ヘタリ、朝鮮ニシテ討セズンバ我国体ヲ如何《いかん》セン、神州ノ国威ヲ振起スルト否《しか》ラザルトハ此一挙ニアリ、今雲揚艦ガ砲台ヲ乗取リシ勢ニ乗ジ速《すみや》カニ軍旅ヲ整へ直チニ発艦シテ海岸ヲ発砲シ、遂ニ上陸シテ侵略ヲ逞《たくまし》フシ、進ンデ京城ニ入リ城下ノ盟ヲナスハ手ヲ覆《くつが》ヘスヨリモ易シ、鴨緑江頭ニ旭旗ヲ翻《ひるが》ヘシ*雞林ノ二卵復獲《またう》ベシト。其《それ》斯クノ如シ。其言ヲ聞ケバ勇壮ノ気アリ、其意ヲ尋ヌレバ愛国ノ情アリ。惜ヒ哉《かな》、兵ヲ用ユルノ要ハ国民ノ安全ヲ保護スルニアリ、而シテ捷ヲ得ルノ機ハ国用ノ富饒ニ在リトノ金言ハ全ク此輩ノ脳裏ニ達セザルガ如シ。

慷慨悲憤神州ノ国辱ヲ雪《すす》ガント欲スルノ衷情《ちゅうじょう》ヲ以テ、自国ノ独立ニ関スルノ事ヲ思念セシメン乎、安《いずくん》ゾ征韓ノ非ヲ知ラザルコトアランヤ。今夫《それ》一旦ノ憤怒ニ乗ジ断然外ニ向ハントスルノ踵《くびす》ヲ旋《めぐ》ラシテ我内国ノ事情ヲ回顧セヨ。国用究乏自国ノ民ヲシテ完全ナル保護ノ下ニ置クコト能ハザルニ汲々トシテ官省ノ定額ヲ減ジ官吏ヲ*沙汰スルノ廟議アリ。而シテ国ヲ思フノ宰臣、其所見ヲ異《こと》ニスルヲ以テ廟議穏ナラズト。加之《しかのみならず》巷説*九州ノ騒擾《そうじょう》ヲ伝フルアリ。其信ズベカラザルヤ明カナリト雖ドモ、今日ヲ以テ我国ヲ見ルトキハ百害ノ未ダ芟除《さんじょ》シ尽サヾルアリト言ハザルヲ得ズ。然ルニ又大患ノ外ニ破裂スルアラバ、我儕同胞ノ生民ハ何レノ所ヨリシテ康福ノ源ヲ導クベケンヤ。

此《かく》ノ如キノ形勢ヲ胸裏ヨリ放棄セルニアラザルヨリハ征韓ノ議ハ舌頭ヨリ迸出《ほうしゅつ》セザルベシ。仮令《たとい》*八道ヲ席巻シテ之《これ》ヲ我ニ有スルモ国勢*楮幣《ちょへい》ノ軽キニ若《し》カザルアラバ、何ヲ以テ之ヲ管轄スベキヤ。況《いわ》ンヤ全勝ノ如キハ予《あらか》ジメ期スベカラザルニ於テオヤ。雲揚艦ノ捷利《しょうり》ハ以テ我国旗ノ斑点ヲ洗除スルニ足レリ。会計ノ疲弊シタルハ人ノ知ル所ナリ。良シヤ僅々ノ*膏血尚《なお》人民ノ内ニ*贏余《えいよ》ヲ留ムモ、安ンゾ之ヲ絞取シテ海外ニ運輸シ、鴨緑ノ煙ト化シ鶏林ノ雲ト消ヘシムルニ忍ビンヤ。

我儕ハ切ニ信ズ、仮令《たとい》全勝ヲ得ルノ望ミアルモ、日本帝国ヲ犠牲トスルニ非ザルヨリハ其望ヲ遂ルコト能ハズ、日本帝国ノ独立ヲ思考ノ外ニ棄擲《きてき》スルニ非ルヨリハ征韓ノ感慨ヲ起スコト能ハザルナリ。論ジテ此ニ及バヽ、世人ハ征韓ノ空栄ヲ思想ノ外ニ放棄スベシ。見ヨヤ*台湾ノ旧轍其成効ヨリ果シテ何等ノ果実ヲ結ビ出シタルカ、此征討アリシニ由リテ日本ノ国勢ハ振起シタルカ、日本ノ財用ハ充実シタルカ。我儕ノ臆測ニヨラバ今日会計ノ疲弊ヲ極メタル原因ノ一部トナルベキモノハ台湾征討ノ出費ナラン。苟《いやし》クモ日本人民タランモノ、思ヲ此ニ及《およぼ》サヾルベケンヤ。

雞林　もと新羅国の異称。朝鮮をいう。　**沙汰**　淘汰。　**九州ノ騒擾**…　この年、西郷隆盛の私学校生徒は三万人に達し、事実上の軍隊となっていたことから緊迫した情勢が生れていた。　**八道**　朝鮮全土をいう。京畿・江原・咸鏡・平安・黄海・忠清・慶尚・全羅の八道。　**楮幣**　紙幣。　**膏血**　あぶらと血。苦労して得た財産をいう。　**贏余**　あまり。　**台湾ノ旧轍…**　台湾出兵。→補注。

2　征韓の兵は興すべからず

（朝野新聞）

解題［明治八年十月三日］　江華島事件に関し、開戦が反動士族の強勢化・軍国主義化を促す可能性があるとして、征韓論を批判する。ただし「朝野」は翌四日の無題論説からは論調が変わり、軍国主義批判は影をひそめ、内治・富国優先論からの非戦論を主張。しかも、征韓論それ自体を否定するのではなく、内治の整備をまって問罪の兵を起こせばよいとする、時機待望論になっている。

征韓ノ論一タビ我ガ日本国内ニ興リショリ、慷慨激烈ノ士争ツテ之ヲ主張シ、不平無聊《ぶりよう》ノ徒亦《また》随テ之ニ応ジ、囂々然〈カマビスシク〉トシテ宛〈アタカ〉モ豊太閤ヲ九泉*ニ呼ビ起サントスル者ノ如シ。然ルニ去年征台ノ役*有リシモ、終ルニ支那ノ償金ヲ以テシ干戈《かんか》動カズ、人民皆鼓腹*シテ太平ヲ謡〈ウタ〉フニ至リ、我ガ邦ノ幸福実ニ言辞ノ上ニ尽ス可ラザル程ニテ有リキ。然レドモ彼ノ慷慨激烈ノ士ト不平無聊ノ徒ガ征韓ノ宿志ト弄兵ノ妄念トハ、決シテ全ク灰冷スルニ至リ難キノ状態アリ。豈《あに》恐ル可キニ非ズヤ。

今ヤ彼蒼*〈テン〉ハ東洋ニ於テ兵革ヲ興サシメテ之ヲ擾乱セント欲スル歟《か》、将《は》タ我ガ日本国ヲシテ無涯ノ幸福ヲ享〈ウ〉ケシムルヲ好マザル歟、彼ノ朝鮮狂暴ノ民ヲ縦〈ユル〉シテ我軍艦ニ発砲シ我軍吏ニ抗敵セシムルニ至レリ（是レ巷説ト雖ドモ姑《しばら》ク真ト為シテ論ズルモ不可ナル無シ）。我輩ハ窃《ひそか》ニ信ズ、彼ノ慷慨ノ士無聊ノ徒ハ斯ノ一報ヲ聞クヤ否ヤ、当〈マ〉サニ一タビハ腕ヲ扼シ剣ヲ按シ奮然トシテ憤リ、一タビハ当サニ膝ヲ拊〈ウ〉チ盃ヲ呼ビ欣然トシテ喜ブ可キヲ。何ヲ以テカ憤ル、彼レノ我レニ無礼ヲ加ヘシヲ以テナリ。何ヲ以テカ喜ブ、己レノ宿志ヲ達スルノ時至レルヲ以テナリ。然レドモ我輩ハ将《まさ》ニ其人ト共ニ憤リ其人ト共ニ喜バン歟。我輩ハ窃《ひそか》ニ自ラ容易ニ憤ル可ラズ、又容易ニ喜ブ可ラザルヲ知レルナリ。

世人将《ま》サニ我輩ニ向テ問ハン、何ノ故ニ憤ラザル、又何ノ故ニ喜バザルト。我輩ハ将サニ之ニ答ヘテ言フ所《ところ》有ラント欲スレドモ、既ニ我ガ同業ナル日報社*ノ記者ハ雄弁警語ヲ以テ其社千百三十七号ノ論説ニ陳述シタリ。我輩ハ其論ノ明晰ニシテ精確毫モ間然ス可キ無キヲ以テ、敢テ復タ蛇足ヲ加フルヲ欲セザルナリ。

九泉　あの世。　**征台ノ役…**　台湾出兵。→補注。　**鼓腹**　腹つづみをうつ。太平を楽しむさま。**彼蒼** そら。天。「彼蒼者天」（詩経）。**日報社** 東京日日新聞社。「千百三十七号」は「東日」八年九月三十日号。

然リト雖ドモ我輩、今其蛇足タルヲ甘ンジテ一言ス可キコト有リ。日報記者ハ断乎トシテ戦ノ不可ヲ論ジ、其全捷ヲ得ルモ利益無キヲ説キ、又其応援ノ支那ニ出ヅベキヲ証シ、又進デ軍費ノ我邦ニ乏シキヲ弁ジ、終リニ*彼レガ砲台ヲ奪ヒ彼レガ村落ヲ焚クハ、既ニ彼レニ向テ我ガ国恥ヲ雪《すす》グニ足レルヲ以テセリ。其論鋒能《よ》ク利害得失ヲ弁明シテ*麻姑ノ痒〈カユ〉ヲ搔〈カ〉クニ似タリ。是レ我輩ノ*呶々《どうどう》焉タルヲ須《もち》ヒザル所以《ゆえん》ナリ。而シテ我輩ノ言ハント欲スル所ノ者ハ猶一歩ヲ進メテ結局ヲ想像スルニ在ルナリ。若シ朝鮮ト戦端ヲ開クニ至ランカ、縦令《たとい》全捷ヲ我レニ収〈オサ〉メ、支那ノ応援ヲ挫折シ、軍費モ亦幸ニシテ闕乏無カラシムルトモ、若シ彼ノ慷慨ノ士無聊ノ徒ヲシテ一旦其志ヲ逞〈タクマシ〉フシ、戦闘ニ慣〈ナ〉レ掠奪ニ馴レ*隴《ろう》ヲ得テ蜀《しょく》ヲ望ミ武ヲ挾ンデ以テ横行*搏噬《はくぜい》セシメバ、政府ノ安全ト人民ノ幸福トニ於テ果シテ如何ゾヤ。是レ我輩ガ朝鮮ノ勝敗、支那ノ和戦、軍費ノ多寡等ノ外ニ於テ、大ニ憂慮スル所以ノモノナリ。我輩ハ深ク信ズ、方今ニ於テ外ノ侮辱ヲ忍ビ内ノ基礎ヲ固クシ、干戈ヲ動カサズ金穀ヲ糜〈ツイヤ〉セズ、国ヲ富マシ民ヲ教ヘ、而シテ徐々之ヲ図ルモ敢テ遅シト謂フ可カラザルヲ。然ル故ニ我輩ハ、日報記者ニ雷同シテ征韓ノ兵決シテ興ス可ラザルヲ主張スルナリ。

彼レガ砲台… 雲揚艦長井上良馨の報告書には、「於レ此〈ここにおいて〉本艦ヨリ兵員ヲ上陸セシメ、城内砲台等ヨリ砲銃剣槍旗章軍服兵書楽器等、軍器ヲ分捕ル…城中放火尽ク灰燼トス」とあった。**麻姑ノ痒ヲ搔ク** 麻姑は中国伝説上の仙女で、爪が鳥のように長かったとされる。この麻姑にかゆいところをかかせる、すなわち事が意の如くなることの喩。**呶々焉** くどくどしくいうさま。**隴ヲ得テ蜀ヲ望ミ** 隴（甘粛省）を平定してさらに蜀（四川省）をとろうとするという中国三国時代の故事から、人の欲に限りがないことの喩。**搏噬** つかみ、くらうこと。

3 主戦論は無策なるのみ
（東京日日新聞）

解題［明治八年十月四日］ 征韓論が「栄誉論」、あるいは「権道論」としてでてくることを警戒し、その二論を批判、最上策は、朝鮮とのいっさいの関係を絶ち内政整備に専念することだと説く。外交交渉による事件の決着を図るを「中策」、開戦を「無策」の極とする。「東日」は、無題論説（八・十一・二十七）でも対朝鮮非干渉・内治集中論を主張している。無署名であるが福地桜痴の筆になるか。

朝鮮暴挙ノ電報ヲ聞クヤ否ヤ東京ノ諸新聞ハ本月二日コノカタ皆翕然《きゅうぜん》トシテ征韓ノ非ナルヲ明言セリ。*吾曹《ごそう》ハ此ノ卓識アル記者ト意見ヲ同ウスルヲ喜ビ、正議ノ非戦ニ帰スルヲ信ジ、愈々《いよいよ》勇進シテ意衷ヲ吐露スベキ機会ヲ得タリ。

吾曹熟《つらつ》ラ世論ノ合分スル所ヲ察スルニ、三四年前マデハ熱心ニテ征韓ヲ主唱セシ論者モ、昨年台湾ノ一役ヲ実視シタルヨリ漸ク外征ノ容易ナラザルヲ悟リ、頓《しきり》ニ経験ヲ歴《へ》テ其ノ識見ヲ進メ大ニ発見スル所アルガ為ニ、現ニ其ノ論党ノ観望ヲ繋グ諸氏ハ今日ニ当リテ復《また》昔日ノ如キ一轍ノ議論ヲ持セザル可シト信ゼラル故ニ、吾曹ハ今コヽニ熱心ノ征韓論ハ姑《しばら》ク世論ノ要路ヨリ消散シタリト見做《みな》ス可シ。

然ルニ今ノ世論ハ一進シテ深遠ニ入リ、稍々《やや》二種ノ論派ヲ現ズルニ似タリ。吾曹ハ今私《ひそか》ニ之ヲ名《なづ》ケテ栄誉論ト*権道論トノ二者ニ分ツ可シ。栄誉論者ハ素ヨリ国安ヲ誤ルコトヲ望マザルニ付キ、外交ノ公法ヲ遵奉シテ至当ノ談判ニ渉リ支那政府ニ質スルニ、朝鮮ハ其ノ属国タルカ否ヲ以テシ、若《も》シ属国ニ非ズト答ヘバ直《ただち》ニ朝鮮政府ト掛合ニ及ブベク、若シ属国ナリト答ヘバ支那政府ニ対シテ満足ヲ覓《もと》ムベシ。此ノ談判ニ於テ満足ヲ得ザル而已《のみ》ナラズ愈々栄誉ヲ汚スノ多キニ至ル時ハ、詮方《せんかた》ナク目途ヲ定メテ戦議ヲ決セザルヲ得ズトスルガ如シ。

権道論者ハ之ニ反シ、外征ヲ仮《かり》テ内患ヲ防ギ、窃《ひそか》ニ*拿破倫《ナポレオン》第二世ノ故智ニ倣《なら》ヒ、以テ国安ヲ保タント欲セリ。其ノ深意ヲ折言スレバ、昨年ハ台湾ノ軍費ヲ以テ内乱ノ萌《きざし》アルヲ買上ゲタリト雖ドモ、未ダ全ク之ヲ買潰シテ跡ナキニ至ルヲ得ズ、若シ今度ノ朝鮮談判ニテ満足ヲ得ザル時ハ此ノ好機ニ乗ジ、国旗ノ恥ヲ雪《すす》グヲ名トシテ*鷙悍《しかん》ノ搏噛《はくげつ》ヲ放《ほしい》マヽニセシメ、以テ内国ノ鬱憤ヲ一洗スベシトスルガ如シ。

吾曹　わがはい。福地桜痴の常用した自称として知られる。　**権道**　権は仮りにの意。便宜的方法。正道・常道に対する語。　**拿破倫第二世ノ故智**　二世は三世か。対外的な国権伸長策を、国民統合と威信確保のための重要政略の一つとしていた。　**鷙悍ノ搏噛**　鷙悍はあらあらしいさま、搏噛は、つかみ、かむこと。他国を侵略することの激しさの形容。

吾曹マタ玆《ここ》ニ明言ス、此ノ二派ノ論議ハ孰《いず》レモ十全ノ策ニ非ザル也、孰レモ国安ヲ保ツノ計ニ非ザル也、栄誉論ニシテ猶《なお》然リ、況《いわん》ヤ権道論ノ奇功ヲ僥倖ニ期スルニ於テヲヤ。此議ニ関シ既ニ識見超絶ナル論者ニモ質シ、治安理財ノ根理ニモ溯リ、益々其ノ確切ナルヲ信ズルナリ。

吾曹イマ内国ノ動静ヲ考ヘ会計ノ疲弊ヲ察シテ試《こころみ》ニ之ヲ忖度《そんたく》センニ、念ヲ朝鮮ノ事ニ絶チ条約モ結バズ交通モ成サズ栄誉モ論ゼズ談判ニモ渉ラズ孜々《しし》トシテ内政ヲ粛理スルヲ専《もっぱら》トシ更ニ外顧セザルハ最上ノ策ナリ。吾曹ハ日本ノ政府人民ガ怒ヲ収メ恥ヲ忍ビ、以テ此ノ最上ノ策ヲ履行センコトヲ冀望《きぼう》スル也。

雖《しかりといえども》レ然 朝野ノ矚目《しょくもく》スル所ハ、若《も》シ独立国ノ栄誉ヲ全ウスルニ切ナルヨリ、事勢既ニ此ノ最上策ヲ用フルコトヲ能ハザルノ時ニ迫ラバ、懇親ヲ以テ支那政府ニ掛ケ合ヒ、飽《あく》マデ朝鮮ヲ彼ノ属国ト見做《みな》シ、其間接ニ由テ満足ヲ得ンコトヲ望ム可シ。若シ不幸ニシテ満足ヲ得ザル事アラバ、交際上ノ習慣ニ従ヒ、此事ニ関係ナキ外国ニ仲裁決断《（アルビテレーション）》ヲ乞フノ手段アルノミ。吾曹ハ之ヲ以テ中策ト名《なづ》ケ、万々止ムヲ得ザルノ方法ト成シ、政府人民ガ直《ただち》ニ之ヲ挙行スルコトヲ願ハザル也。抑《そもそ》モ戦フノ一決ニ至リテハ其ノ栄誉ニ根《ねざ》スルト権道ニ出ルトヲ問ハズ、吾曹ハ一概ニ之ヲ目シテ無策ナリトシ、筆力ノ続ク限リハ同業ノ記者ト共ニ之ヲ排斥スルヲ以テ緊切ナル義務ト思惟スベキ而已《のみ》。

3 主戦論は無策なるのみ

廟議ノ決スル所ハ仮令《たとい》吾曹ガ所謂《いわゆる》上策ニ帰スルコトヲ得ザルモ必ラズ中策ニ止マリ、決シテ無策ニ出ザルベキヲ信ズルト雖ドモ、吾曹ハ猶窃《ひそ》カニ患《うれ》フル所アリ、政府ハ非戦ノ議ヲ維持スルノ時ニ当リ断然ヨク其ノ威権ヲ以テ熱心ノ征韓士族ヲ鎮静スルコトヲ得ベキ乎ノ問題コレナリ。此ノ征韓士族ハ薩長土肥ヲ初トシ日本全州ニ散在シ、其ノ愛国ニ出ルモ抑鬱ニ出ルモ均シク慷慨悲歌ノ勇士壮夫ニシテ、良《よし》ヤ其ノ首領ヲ失フトモ其ノ勢力ハ以テ政府ヲ揺攪スルニ足ル者ナル可シ。去年佐賀ノ乱ハ僅《わずか》ニ是レ内国一部ノ騒擾ノミ。然レドモ一時動揺シテ戦議ヲ唱フルノ士族アリテ之ヲ鎮静スルノ苦労ハ、却テ佐賀ヲ平定スルト伯仲セシニ非ズヤ。台湾ノ戦隊ガ初メテ長崎ヲ発セシヲ見ヨ、主戦ノ気ハ*海陸軍ニ熾《さかん》ニシテ政府ノ之ヲ駆御シ能ハザリシノ痕跡ハ自カラ覆ヒ難キノ成跡ヲ現ハセシニ非ズヤ。他日朝鮮支那ノ談判模様ニヨリ其ノ一報ハ以テ海陸兵隊ノ気ヲモ激シ、其ノ一信ハ以テ全州士族ノ志ヲモ動カスニ至ル事アルベシ。此際ニ臨ミ政府ハ海陸軍ニ向ヒ、兵隊ハ政府ノ命令ニ従テ進退ヲ為ス可シ、政府ヲシテ方向ヲ変移セシムベキニ非ラズト云フ正理ヲ以テ之ヲ駆御シ能フベキ乎。海陸軍ハ各々《おのおの》其ノ将校アリ、之ヲ駆御シ得ルモ政府ハ又彼ノ士族ニ向ヒ和戦ノ決ハ政府ニ在リ、士族ノ与《あずか》リ議スベキ所ニ非ズ、外征ニハ海陸ノ常備兵アリ、予備兵アリ、以テ攻撃スベシ、以テ防禦ス可シ、毫末モ士族ノ兵力ヲ頼ムニ及バズ、無用ノ動作ヲ成スコト勿《なか》レト云フ正理ヲ以テ之ヲ鎮静シ能《あた》フ可キ乎。若シ一モ茲ニ誤ルコトアリテ馭御鎮静ノ要ヲ失フ時ハ、国家ノ大計ハ直ニ兵隊ノ力ニ帰シ士族ノ手ニ属スルニ至ルコト無キヲ保セザルナリ。果シテ然ラバ前途ノ国安ハ実ニ如何ナル窮捉ニ陥ルベキカ、吾曹コレヲ前知スルヲ得ズ、前知スルモ前言スルニ忍ビザルベキ也。

　斯《かく》ノ如キハ蓋《けだ》シ吾曹ガ杞憂ニシテ或ハ実ニ過ルコトアルベシト雖ドモ、今日ニ於テ隠然コノ徴ナキニ非ザル也。故ニ吾曹ハ栄誉権道両派ノ論者モ姑《しば》ラク意ヲ平ゲ、心ヲ虚《むなし》フシテ此ノ情形ヲ察シ徐《おもむろ》ニ国安ヲ保ツノ第一義タルヲ顧ミテ処分ヲ議セザル可カラズ。而シテ之ヲ議スルニ当リテハ、政府ノ威権ヲ以テ兵隊ヲ馭御シ、士族ヲ鎮静スルノ緊要ナルヲ悟リ、断然タル計画ヲ施サヾル可カラズト思フナリ。然ラザレバ決議ト実行トハ背馳シテ遂ニ無策ノ主戦議ニ陥ル可シ。是レ決シテ止ムヲ得ザル者ニ非ズ、実ハ止ムヲ得ル者ナリ。論者如何《いかん》トスル乎。

海陸軍ニ熾ニシテ…　陸海軍や鹿児島・肥後の士族が出兵に積極的であり、政府内には木戸孝允など強硬な反対もあったが、主戦論におしきられた。当時の新聞論調に、軍人のおごりと政治関与に対する危惧は多くあった(例えばV-1)。

4　外征やむなし（横浜毎日新聞）

解題［明治八年十月五日］　不平士族の動向など、外征はもはや止めがたい状況にあるとして、むしろ出兵を機に内政を整えるべしとする。いわゆる「権道論」にあたるもの。ちなみに「毎日」は江華島事件そのものは日本側の挑発によるものと認識している(八・十・十三)。

吾輩ハ一昨日ノ論説ヲ以テ今回朝鮮ノ事変ヲ論ジ、以テ我国ノ一大厄機トナシ、其征スルモ災アリ征セザルモ亦タ禍ヲ免カレズ、但孰《いず》レカ大、孰レカ小ヲ決言スル能《あた》ハザルノ旨ヲ陳述シタリキ。

　爾来《じらい》瞑目深思シテ之ヲ既往ノ事蹟ニ索《たず》ネ、其征韓論ノ原始ニ遡《さかのぼ》リ漸次今日ニ迫レルノ情況ヲ屢々《しばしば》認メ来テ少シク覚《さと》ル所アリ。以テ其災害ノ軽重大小ヲ較シテ吾輩ハ不レ得レ已《やむをえず》＊出師《すいし》ノ一途ニ決セザルヲ得ザルノ機勢ヲ発見シタリ。

　抑《そもそも》治平ヲ喜ビ戦闘ヲ悪《にく》ムハ人ノ常情ナリ。我数万ノ宝貨ヲ以テ砲火一片ノ煙トナシ、我数万ノ兄弟ヲ以テ海外殊域ノ鬼トナス、之ヲ経済上ヨリ論ズルモ治教上ヨリ論ズルモ其損害莫利、一目シテ了々タランノミ。而シテ吾輩ハ学者社会ノ定論ニ反シテ彼ノ*馮河《ひょうか》ノ英雄連、無謀ノ武夫党ト殆ド其蹟ヲ同《おなじ》フシ、影ヲ均《ひとし》フシテ世上有識者ノ駁責ヲ辞セズ、甘ンジテ之ガ説ヲナスモノハ豈《あ》ニ夫《そ》レ已ムヲ得〔ザ〕ル者ナランヤ。此間吾輩ノ悲衷何人《なんぴと》カ能《よ》ク之ヲ忖度《そんたく》スル。

*東京ノ有名ナル論者ハ、*駭嶽ノ椽筆《てんぴつ》ヲ振ヒ*懸河ノ雄弁ヲ逞《たくま》シフシテ用兵ノ害ヲ極論ス。其説真ニ切実吾輩モ亦タ決シテ異論アラザルナリ。而シテ吾輩ハ今《い》マ此ノ論者ノ胸中ニ向ツテ問ハントス。我廟堂ノ決論能《よ》ク彼ノ*虎《こ》賁《ほん》ノ海陸武官、熊威ノ各地士族ヲ圧服シ、征韓ノ妖炎ヲ撲滅シ得可キヤ。又タ此《かく》ノ如クシテ遂ニ内治ノ権衡ヲ維持シ得〔可〕キヤト。推問コヽニ至ツテハ此ノ論者モ大ニ疑ヒアル者ノ如シ。而シテ吾輩ハ別ニ見ル所アツテ此ノ撲滅維持ハ、想フニ我政府ノ能ハザル所ナランヲ信ズルナリ。

出師　出兵。　**馮河**　黄河を徒歩で渡ろうとするような向うみず。　**東京ノ有名ナル論者**　「東日」論説(IV-3)の筆者をさす。無署名であるが、福地桜痴の執筆にかかると推定しているのであろう。　**駭嶽ノ椽筆・懸河ノ雄弁**　大山をおどろかすような大文章と、勢いよく流れる水のようによどみない弁舌。　**虎賁**　もと帝王を護衛した周代の官名。のち勇猛な軍隊の意に用いられる。

蓋《けだ》シ論者ノ主張スル所ノ第一上策ナル者ハ、日本ノ政府人民ガ怒ヲ収メ恥ヲ忍ビ意ヲ朝鮮ニ絶チ条約モ結バズ交通モ成サズ只管《ひたすら》内顧自守センコトヲノミ冀望《きぼう》セリ。吾輩モ此策ヲ以テ暗夜ニ鉄砲ヲ放ツガ如キモノトナサヾレドモ、如何《いかん》セン近日ノ国情ニ照ラシテハ熱病人ニ牛乳補剤ヲ与フルガ如キ者ト言ハザルヲ得ズ。抑《そもそも》征韓ノ論ヤ其来ル所一朝一夕ノ故ニ非ラズ。廟堂亦タ此ヲ憂フルアツテ屢々之ガ制馭ヲ商《はか》ルモ竟《つい》ニ之ヲ滅絶スル能ハズ、其鬱勃《うつぼつ》ノ気焰轟裂《ごうれつ》スルニ及ンデハ変ジテ佐賀ノ挙トナリ台湾ノ師トナリ、循環遂ニ又タ朝鮮ノ事ニ回《めぐ》ル。而シテ廟堂決議断然意ヲ征韓ニ絶タザルノミナラズ、或ハ*森山公使ヲ発シテ交通ヲ議セシメ、其拒斥《そのきょせき》セラルヽヤ益々彼ノ徒ノ気ヲ激シ、武官亦測船ヲ発シテ彼レノ砲撃ヲ招キ、以テ戦機ヲ促ガス。吾輩ハ今日之ヲ言フノ無益タルヲ知ルト雖ドモ蓋シ廟堂ノ為ス所其蹟ニ就テ之ヲ考フルニ、亦タ征韓党ノ気ヲ養生セシト云フモ全ク当ラズトス可カラズ。如何トナレバ若《も》シ始メヨリ和平ノ算予《あらか》ジメ決セバ意ヲ交通ニ絶チ公使ヲ遣《や》ラズ船艦ヲ発セズシテ可ナリ。之ヲ制スル能ハズシテ、其機既《すで》ニ発スルノ今日、意ヲ交通ニ絶チ怒ヲ収メ恥ヲ忍ブノ説ヲ行ハント欲スルモ得ベケンヤ。廟堂設令《たとい》此策ニ沿ヒ此論者ノ意ヲ是トスルモ、吾輩決シテ軍士ノ耳孔ヲ穿《うが》チ士族ノ丹田ヲ圧スルニ足ラザル耳《のみ》ナラズ、徒《いたず》ラニ佐賀ノ覆轍《ふくてつ》ヲ履《ふ》ミ余波更ニ激昂シテ台湾ノ後舞《あとまい》ヲナシ、勢ヒ外征ニ出デザルヲ得ズ。若《も》シ夫《そ》レ斯《かく》ノ如クンバ、其禍実ニ太甚《はなはだ》シキ者アラントス。論者唯《ただ》之ヲ杞憂《きゆう》ニ附シ空論袖手徒《いたず》ラニ其不可ヲ弁ジテ已《や》マントスルカ、将《は》タ機ニ臨ミ変ヲ制シテ国安ヲ図ラントスルカ。抑《そもそも》学者連中ノ位地ヲ顧ミ民情云々ノ字面ヲ拈《ねん》ジ来テ其禍ノ大小軽重ニ関セズ其説ノ今日ノ事機ニ適セズシテ竟《つい》ニ行フ可ラザルヲ知ルモ尚ホ理論ヲ主張シテ以テ其責任ヲ竭《つく》セリトスルカ。

吾輩ハ内ニシテ*帑《ど》蔵《ぞう》空乏ノ憂ヲ懐《いだ》キ、外ニシテ支那応援ノ畏《おそ》レヲ思ヒ、前日ノ論説既ニ之ヲ論ジテ有識ノ論者ト其杞憂ヲ頒《わか》テリ。而シテ之ヲ憂フルモ遂ニ出師ノ勢焰ヲ止ムル能《あた》ハズ。其経費易々タラザルモ之ヲ生スノ資アルヲ望ミ又タ外方ノ葛藤ニ纏《まと》ハレテ支那ノ救援スル能ハザルヲ考ヘ益々征討ノ已《や》ム可カラザルヲ信ゼリ。嗚呼《ああ》矢弦上ニ在ル発セザルヲ得ズ。禍福機アリ勝敗算アリ。吾輩亦タ此ノ已ムヲ得ザル外征ノ災害ヲ転用シ、以テ内地積年ノ大弊ヲ洗滌瀉下スルノ望ミ窃《ひそか》ニ存スルモノアリ。将《まさ》ニ時ニ及ンデ私考ヲ記シ之ヲ有識者ニ質《ただ》シ、謹デ批正ヲ乞《こわ》ント欲ス。

森山公使 ↓一二頁注「森山」。 **帑蔵** 貨財をおさめるくらをいう。

5 朝鮮討つべきを論ず (東京曙新聞)

解題［明治八年十月六日］ 自国の名誉のために「征韓」を断行すべしとする論説。いわゆる「栄誉」征韓論の一典型。断固とした姿勢をもって国の面目を保つべきであり、そのためには一戦も辞さないとする。さらに、欧米諸国と対峙するためにも、国民が一致して「自国ノ名誉ヲ保全スル」姿勢が不可欠であると主張する。「曙」はこの後、無題論説(八・十・十四、八・十一・十七など)で征韓派壮士を煽動する激越な論陣をはっている。

朝鮮果シテ討ツ当《べ》キカ、吾《われ》得テ之ヲ知ラザルナリ。朝鮮果シテ討ツ当カラザルカ、吾得テ之ヲ知ラザルナリ。然レバ孰《いずれ》カ之ニ近シトスルヤ、討ツ当キヲ之ニ近シトスルナリ。

今吾輩ノ容易ニ此ノ如キノ語ヲ掲ゲ来ルヲ見レバ、慷慨激烈ノ士ノ鋭意ニ征韓ニ従事セントスルモノハ必ラズ欣然トシテ曰《いわ》ン、快ナルカナ曙子ヤ、世ノ新聞記者ハ皆持重因循《じちょういんじゅん》ノ説ヲ唱ヘ、人ヲシテ一読嘔吐セシメントスルノ文章ヲ*臚列《ろれつ》スルノ際ニ当リ、汝独リ征韓論ヲ主張スルカ、汝速《すみや》カニ三尺ノ日本刀ヲ携ヘ来タリテ吾党ト進取ノ策ヲ商議スベシト。而シテ吾輩同業ノ士ハ必ラズ吾輩ヲ指斥スルニ、世態人情ノ如何ヲ問ハズシテ徒《いたず》ラニ過激ノ言論ヲ吐露シ大ニ新聞記者タルノ職掌ヲ失フヲ以テスルアラムトスルナリ。

然レドモ吾輩ハ、敢《あえ》テ世上ノ論者ノ如ク一時ノ憤怒ニ乗ジ輒《たやす》ク干戈ヲ動カスヲ欲スルニアラザルナリ。吾輩同業諸子ノ征韓ノ不可ナルニ喋々タルトコロハ固《もと》ヨリ、吾輩ト其目的ヲ同《おなじ》フスルモノアリ。惟《た》ダ其立論ノ間ニ於テ寸毫ノ差異アルニ止マルノミ。何ヲ以テ之ヲ謂フヤ。今非征韓論者ノ口実トスルトコロヲ聞クニ、曰ク、人心未ダ一致セズ、*府庫未ダ充実セズ。曰ク、小恥忍ブベシ、*八道ヲ蹂躙スルトモ何ノ利益アラム。曰ク、之ニヨリテ支那政府ト葛藤ヲ生ズルノ恐レナキニアラズ。曰ク、結局ノ後、其将卒ノ驕悍ニシテ制止スベカラザルヲ如何セント。此等皆持重沈着ニシテ時ヲ知リ勢ヲ識《し》ルノ論ニシテ允《まこと》ニ間然スルトコロナク、吾輩モマタ論者ノ驥尾《きび》ニ従ヒ兵革ノ国安ヲ害スルヲ主張シ、吾国ト朝鮮トノ間ニ於テ惨毒ナル戦闘ヲ開キ、以テ無辜《むこ》人民ヲシテ塗炭ニ陥ルヲ免レシメントスルナリ。

然レドモ論者ノ謂フトコロハ吾国富強ノ実ナキヲ以テ朝鮮ノ未ダ征討ス可カラザルトスルニ過ギズ。其条理上ニ於テ果シテ討ツ当《べ》キカ討ツ当カラザルニ論及セザルナリ。虚栄ハ実益ニ如《し》カズ、其兵ヲ挙ゲ戦ヲ開クニ先ダチ利害得失ヲ計較スルハ治国者ノ要訣ナリトイヘドモ、一国ノ体裁面目ニ於テ独リ垢ヲ含ミ恥ヲ忍ビ目前ノ*苟安《こうあん》ヲ得ルノミヲ以テ策ノ得タリトナスベカラザルモノアリ。故ニ其利害得失ヲ計較スルニ先《さき》チ、其条理上ニ於テ果シテ討ツ当キカ討ツベカラザルカノ一語ヲ挙ゲテ疑問トナサヾルベカラザルナリ。

臚列 臚も列もならべるの意。 **府庫** くら。文書・貨財・兵器などを収蔵するものをいう。 **八道** 朝鮮全土をいう。→三二三頁注。 **苟安** 一時の安楽。一時のがれ。苟且偸安に同じ。

吾雲揚《うんよう》艦ノ戦ヲ朝鮮海ニ開キシヤ、吾輩未ダ其事ノ詳細ヲ聞知シ条理ノアルトコロヲ明断スルアタハズトイヘドモ、*本月三日吾太政大臣ノ名ヲ以テ府下ニ公達スルトコロニヨレバ、江華島辺通行ノ際図《はか》ラズ彼ヨリ砲撃ニ及ビ、上陸シテ其所由ヲ尋問セントスルニ砲発ノ益々励《はげし》キニヨリ已《や》ムヲ得ズ同艦ヨリモ応発シ、遂ニ台場ヲ乗取リシ旨ヲ公言セラレタリ。吾日本帝国ノ国旗ヲ掲グル軍艦ノ通行ヲ妨ゲ弾丸ヲ発撃ス、韓人ノ侮慢ナル孰《いず》レカ此ヨリ甚《はなはだし》カラン。其曲直ノアルトコロハ固《もと》ヨリ弁論ヲ費サズシテ明々白々ナルモノアリ。仮令《たと》ヘ其砲台兵器ヲ奪ヒ、以《もって》一時ノ全勝ヲ収ムトイヘドモ、吾政府ハ其ノ一介ノ使節ヲ馳《は》セテ其事由ヲ責問セザルベカラズ、而シテ彼如《も》シ抗言アレバ我何ンゾ其面目ノ如何ヲ問ハズ曲直ノアルトコロヲ昧々ニ附スベケンヤ。故ニ平穏交和ハ固ヨリ今日ニ冀望《きぼう》スルトコロニシテ、万ニ軽挙暴動ノコトアルベカラズトイヘドモ、其已《やむ》ヲ得ザルニ至レバ遂ニ戦ノ一字ヲ忌ムアタハザルナリ。

本月三日… この公達は以下のようなものである。「先般、我雲揚艦、朝鮮国東南海岸廻艦ノ末、猶又西海岸ヨリ支那牛荘辺ヘ向ケ、航海ノ次(ついで)、九月廿日同国江華島辺通行ノ処、不レ図(はからず)彼レヨリ砲発ニ及ビ候ニ付、上陸シ其所由可レ及二尋問一ノ処、彼レ砲発益(ますます)励(はげ)シキ故、不レ得レ止(やむをえず)同艦ヨリモ発砲シ、次日遂ニ上陸、台場ヲ乗取リ兵器ヲ分取リ、我水夫二名手負有レ之。長崎港マデ回艦ノ趣、電報有レ之候。此旨、為二心得一相達候事」。また寺島外務卿も、同日各国駐劄帝国公使あて、「江華島事件ニ関シ報知ノ件」を公達した。

或曰ク、昔年米仏*ノ二国ノ軍艦モマタ朝鮮ノ為メニ砲撃セラル、トコロトナリ、而シテ未ダ二国ノ再ビ往テ其罪ヲ問フコトアルヲ聞カズ、野蛮ノ人民安《いずくん》ゾ之ト曲直ヲ計較スルニ足ランヤト。此言誠《まこと》ニ然リ。今吾国戦艦ヲシテ南洋諸島ノ野蛮ノ為メニ襲撃セラレル如キアラシムレバ一二ノ弾丸ヲ加フルノミニシテ固《もと》ヨリ之ト曲直ヲ論ズルニ足ラザルナリ。夫《か》ノ米仏二国ノ朝鮮ニ於ケルガ如キ即チ是ナリ。而シテ今日ノ状実ニ於テハ大ニ之ト相異《あいこと》ナルモノアリ。何トナレバ吾国未ダ朝鮮ト訂盟条約ノコトナキトイヘドモ、其釜山浦ニ於テ儼然《げんぜん》タル日本館*ナルモノアリ、近来屢々《しばしば》使介ヲ遣《つか》ハシ其通信ヲ催促シ方《ま》サニ其応接中ニアレバ、其盟国ヲ以テ之ニ例セザルベカラズ。今彼ノ一砲ヲ以テ相加フルニヨリ敢《あえ》テ朝鮮政府ニ向テ一言ノ之ニ照会スルトコロナカルベケンヤ。使節ノ弁口ニヨリテ彼ノ頑愚ナル朝鮮政府ヲシテ其罪ヲ引キ償ヲ納《い》ル、ニ至ラシムレバ可ナリ。言談ノ熟セザル両国ノ間ニ於テ、剣戟ヲ以テ其面目ヲ保護セザルベカラザルハマタ万ニ已ムヲ得ザルトコロナリ。故ニ吾輩ハ切ニ吾政府ノ委曲調停ノ法ヲ行ヒ輙《たやす》ク両国ノ人民ヲ傷賊スルノコトナキヲ冀望ストイヘドモ、マタ一時ノ苟安ヲ貪《むさぼ》リ一国ノ面目ヲ問ハザルニ置クノ理ナシ。今ヨリシテ上下人民タルモノ憤然トシテ自国ノ名誉ヲ保全スルヲ以テ自ラ任ジ、懶怠《らんたい》ヲ禁ジ冗費ヲ省キ、上下同心シテ常ニ戦ニ臨ムガ如クナラシムレバ、以テ此国ヲシテ特立ノ体面ヲ失ハズ、欧米諸国ト峙立《じりつ》スルニ至ラシムルコトマタ難《かた》キニアラザラントスルナリ。何ゾ朝鮮ノ言フニ足ランヤ。然ラズ。天下ヲ挙ゲテ卑屈ニ甘《あまん》ジ内治ノ整ハズ人心ノ和セザルヲノミ歎息セシムレバ、何ノ日カ吾国ヲシテ富強特立ノ域ニ至ラシムベケンヤ。

今吾輩ハ此文ノ結末ニ臨ミ、一言ノ以テ征韓論者ニ告グルトコロアラムトスルナリ。天下ノ事ハ未ダ上下暌隔《けいかく》人心一致セズシテ能《よ》ク其事ヲ成スモノアラズ。平常尚ホ然リ。況ンヤ国ヲ伐《う》ツノ大事ニ於テヲヤ。故ニ世ノ慷慨憂国ノ士タルモノ幸ニ政府ノ命令ニ従フテ其身ヲ進退シ一時ノ憤怒ニヨリテ軽々ノ挙動ヲ為スコトアル勿《なか》レ。苟《いやしく》モ陰々タル殺気ノ国中ニ起ルニ至レバ自ラ維持スルノ遑《いとま》アラズ。安《いずくん》ゾ朝鮮ノ討ツ可キ討ツベカラザルヲ問ハンヤ。

米仏ノ二国… →四六頁注「仏米二国…」。 **日本館** →一三頁注「倭館」。

6 ロシアの東洋に於ける挙動

（朝野新聞）

解題［明治九年二月二十日］ ロシアの動勢を論じ、日朝修好条規締結までの対朝鮮談判の最中に両国が開戦することがあれば南下策を進める強国ロシアの干渉・侵蝕があると警戒する論説。とくにクシュンコタン・ウラジオストックが日朝紛争の機隙を窺う「要鎮」たる意味を有していると指摘している。なお「朝野」は無題論説(九・二・十三)でも同様の懸念を示している。

朝鮮ノ一挙ニ先《さきだ》ツテ、彼ノ多年魯国ト紛紜《ふんうん》アリシ樺太一件モ其千島ト交換ノ結局ヲ了セシハ、我輩我日本国ノ為メニ一大幸事ト思想セシニ、我輩ノ一友近頃役ニ千島ニ赴ケル者アリテ、詳《つまびらか》ニ北地ノ形勢及ビ魯人ガ其東岸属地ヲ処置スルノ大略ヲ聞クコトヲ得、其頗《すこぶ》ル警戒スベク寒心スベキ事実ノ更ニ深ク我輩ガ脳中ニ入ル者アリ。依《より》テ今爰《ここ》ニ其聞ク所ノ魯人ガ東洋ニ於ケル挙動ノ大略ヲ説《とか》ントス（千島ノ形勢ハ別ニ*本日ノ雑録中ニ載セタリ）。初メ魯領ノ黒竜江北ニ限レルニ当テヤ魯領ナル此地方ノ要領ハ東察加〈カムシヤツカ〉ノ「*ペートル、ハウスケ」ノ一港ニ在リシガ、*黒竜江南ノ地ヲ得ルニ及ンデ其要鎮《ようちん》ハ転ジテ黒竜江口ノ「*ニカライスク」ニ移リ、今ハ又転ジテ「*クシユンコタン」及ビ「*ウラヂオストーク」ノ二港ニ移レリ。「クシユンコタン」ハ樺太南部ノ良港ニシテ彼レ早クヨリ領事ヲ置キ軍艦ヲ繋《つな》グ。是レ我北海道ニ当ツル彼ガ北地ノ鎖鑰《さやく》ナリ。「ウラヂオストーク」ハ即チ日本海ノ北岸ニテ魯属満洲地ノ極南、朝鮮ノ北境ニ密接シテ在ル一大良港ニシテ、沃壌頗ル広ク又良質ノ石炭礦*アリ。殊ニ二三年来頻《しきり》ニ殖民ヲ移シ、常ニ四五百ノ陸兵ト数艘ノ軍艦ヲ置キ、海陸軍ノ兵廠《へいしょう》屯倉粗《ほぼ》備ハレリ。蓋《けだ》シ此地方極南ノ良港ニ依ルト雖ドモ亦現然朝鮮ノ鎖鑰ニ当ツル者ニシテ、且二三年来我ガ朝鮮トノ関係起ルニ依テ其機隙ヲ窺《うかが》フノ要鎮ト為スヤ亦《また》疑ヲ容《い》ル、所ニアラザルナリト。

本日ノ雑録… 占守(ジュム シュム)・得撫(ウル ツプ)・新知(シム シル)の三島の住民の特徴や千島の自然・風土と産物などを記載。 **ペートル、ハウスケ** ペトロパブロフスク Petropavlovsk. **黒竜江南ノ地…** 一八五八年愛琿条約でロシアは黒竜江以北を獲得、黒竜江支流のウスリー江以東の沿海の地(樺太島を含む)を露清共同管理としたが、一八六〇年北京条約で沿海の地もロシア領となった。 **ニカライスク** ニコライエフスク Nikolaevsk. **クシユンコタン** 樺太島南端部の良港。現コルサコフ。日本は大泊と称した。一八六七年二月の協定では、日露雑居地であったが、一八七三年ロシアが占拠。 **ウラヂオストーク** ウラジオストック Vladivostok. 一八六〇年に建設され、七一年ニコライエフスクからシベリア艦隊の本部が移された。 **石炭礦** 当時の軍艦の燃料は石炭であり、近くに良質の石炭礦があることは軍港としての機能を高めた。

夫《そ》レ魯国ハ近古百余年前蕞爾《さいじ》*タル欧洲中ノ一小国ナリシモ、彼ノ「ペートル」*「カタリナ」*二帝ヨリ大ニ国運ヲ拡張シ常ニ国ヲ辟《ひら》クヲ以テ国是ト定メ、終ニ「シベリア」数万里ノ地ヲ併呑シテ東察加《カムチャツカ》ヨリ北亜米利加《アメリカ》ニ及ビ更ニ南下シテ千島樺太ニ迫リ、爾来《じらい》隙ヲ伺ヒ機ニ乗ジ、苟《いやしく》モ少虚アレバ則《すなわち》尺寸ヲ掠《かす》メ以テ南出ヲ図リ、二十年前満*清鴉片《アヘン》ノ乱ニ乗ジ黒竜江南満洲ノ地ヲ賺《すか》シ取リ、以テ朝鮮ノ北境ニ逼《せま》ルニ至レリ。然ルニ其国ヲ辟クヲ以テ定策トスルナルニ、十余年前北亜米利加ノ「アラスカ」*ヲ合衆国ニ売リ其金ト人トヲ移シテ以テ大ニ千島及ビ満洲地ヲ開キ、今回又千島ヲ我ニ附シ其人民ヲ移シ漸《ようや》ク以テ南遷セシムル者ハ是レ隠然タル一大謀アリテ力ヲ那辺《なへん》ノ一点ニ移スノ挙動ナル固《もと》ヨリ昭々タリ。

抑《そもそも》魯国ノ東洋ヲ望ムコト此如《かくのごと》ク其レ切ナル者何ゾヤ。蓋《けだ》シ其国ノ彊土《きょうど》荒漠彼《か》ノ如ク、其レ大ナルモ其実ハ全国北地ニ僻在シ、南方諸国ト相比スルコトヲ得ズ。故ニ嘗《かつ》テ都児格《トルコ》ヲ取ラントスレバ英仏之ヲ遏《とど》メテ黒海ノ戦*アリ、却テ亜細亜《アジア》大陸中ニ向ヒ彼ノ「キヒハ」*等ヲ蚕食スレドモ蒙古ノ翰海*南北ヲ横絶シテ其境ヲ拓《ひら》クコトヲ得ズ、是ニ於テ乎、転ジテ以テ東洋ニ向《むか》ントスルハ亦当《まさ》ニ然ルベキノ理ナリ。況ヤ方今我国清国ト駸々ノ勢将《まさ》ニ漸ク東洋西洋ト并馳《へいち》セントスルノ時ニ趣カントスルニ当リ、豈《あに》魯国ノ流涎ヲ此ニ導カザルコトヲ得ンヤ。而シテ朝鮮ハ正ニ其併呑南下ノ衝ニ当ル者ニシテ早晩魯ノ此ニ手ヲ下スハ敢《あえ》テ疑ヲ容レザルノミナラズ、蓋シ魯人ノ眼中既ニ朝鮮無キノミ。

今夫《そ》レ我国ノ廟議ハ終ニ朝鮮問罪ニ一決シ発遣ノ使節ハ既ニ江華湾ニ臨ムニ至レバ、和戦ノ両点孰《いず》レカ其局ヲ結バズシテ已《や》ムヲ得ザルハ論ヲ待タザルナリ。若《も》シ不幸ニシテ一旦兵革ヲ動カスニ至リ*骰子ヲ彼ノ半島上ニ一擲《いってき》スルニ及ンデハ彼ノ*長白山北ノ大鷲焉《いずくん》ゾ其爛々タル電眼ヲ開カズ、其慣手ナル熟策ヲ収メ以テ徒手ニシテ他人ノ利ヲ見ルノ理アランヤ。魯国ハ既ニ宇内《うだい》ノ最強国ニシテ、然《しか》モ我ト接壌ノ国ナレバ、我ハ各国ニ於テ其最《もっとも》畏憚《たん》スベキ者ナルハ論ヲ待タズ。然ルニ彼ノ多年関心セル樺太ノ紛紜モ、千島ノ交換アッテ我背先ヅ席ニ貼スト思ヒシニ、何ゾ図ラン今又再ビ其大翼ノ搏撃ニ触ル丶ノ隙ヲ起サントハ。今ヤ一朝兵端ヲ開クニ及ビ、国力ハ疲弊ニモセヨ韓兵或ハ挫スベシ、清軍或ハ郤《しりぞ》クベシトスルモ、彼ノ一ノ大鷲ノ翼ヲ如何セン。我ハ恐ル、独リ其搏撃ニ触レ百戦之《これ》ヲ取ルノ地モ徒労ノ贈物ト為《な》ルノミナラズ、併セテ其余撃ヲ我国疆ニ及ボサンコトヲ。

蕞爾　小さいさま。　**ペートル・カタリナ**　ピョートル一世とエカテリーナ二世。近代国家として国力を高めた治世とされる。↓四三頁注。　**満清鴉片ノ乱**　アロー戦争のこと。第二次アヘン戦争とも称される。↓補注。　**アラスカ…**　一七四一年ベーリングの探検以来ロシアによって開発されてきたが、一八六七年七二〇万ドルでアメリカに売却された。　**黒海ノ戦**　クリミア戦争。↓補注。　**キヒハ**　ヒヴァ・ハン国。↓六二頁注「キュバ」。　**翰海**　ゴビ沙漠をいう。一般的にはバイカル湖の呼称とされる。　**骰子**　すごろくのさい。　**長白山**　中国東北区と朝鮮の間にそびえる火山。中国では長白山と呼び、朝鮮では白頭山と呼ぶ。

7　朝鮮を処するの政略を論ず

（朝野新聞）

解題［明治十三年八月二十六日］　朝鮮の独立を全うさせて、ロシア・清国に対する日本にとっての「万里ノ長城」にすべしと説く論説。また公使の漢城駐劄は、朝鮮政府の「頑夢」を覚醒するとともに、朝鮮政府がロシア・清国といかなる条約・協定を結ぶかを監視するためだとさえ述べる。「朝野」は論説「朝鮮修信使帰国ス」（十三・九・十〜十二）でも、朝鮮を「我邦ノ障屏」とすべしと説いている。なおこれに類する論は、すでに「東日」も論説「朝鮮処分論一〜三」（十三・五・二十七〜二十九）で主張している。

論下処二朝鮮一之政略上

朝鮮ハ東洋ノ要地ナリ。殊ニ其地位ノ我邦ト相《あい》密接スルノ点ヨリ之ヲ論ズレバ、我邦ノ為メニハ所謂《いわゆ》ル唇歯ノ関係ヲ有スル者ト為ス。若《も》シ之レヲシテ純然タル清国領地タラシムレバ他日清国ガ其国勢ヲ振張スルニ当リ我邦ノ不利ナルハ挙ゲテ数フ可ラザル也。或ハ之レヲシテ魯国ノ併呑スル所ト為サシムレバ一旦事アルノ際対馬《つしま》隠岐《おき》等ノ諸島復《ま》タ我有ニ非ラズ、而シテ九州中国ハ直《ただ》チニ強魯ノ要衝ニ当ルヲ免レズ。是故ニ苟《いやし》クモ我ガ国利ヲ図《はか》ラバ務メテ朝鮮ノ独立ヲ助ケ、彼レヲシテ常ニ魯国ノ併呑ヲ受ケシメザルノミナラズ、又成《な》ルベク清国ノ制御ヲ蒙ラシメザルヲ要ス。想フニ嚮《さ》キニ我ガ政府ノ威力ヲ仮《かり》テ談判ヲ朝鮮政府ニ開ラキ、遂ニ和親通商条約ヲ交訂セラレタルハ其ノ政略ノ在ル所蓋《けだ》シ亦此ニ外ナラザリシト信ズ。然ルニ頃日《けいじつ》或ル新聞紙*ガ今回渡来ノ朝鮮修信使*ノ請求スル四件即チ京畿道仁川港*ノ開港ヲ謝絶スルコト、米*穀ノ輸出ヲ禁ズルコト、海関税則*ヲ改正スルコト、我ガ公使ガ彼ノ京城*ニ駐劄《ちゅうさつ》スルヲ拒絶スルコトニ就イテ論弁セシヲ見ルニ、其ノ大意往々我儕ノ宿論ト背馳《はいち》シ彼ノ鎖港主義ノ朝鮮ヲシテ早ク其ノ独立ヲ固ウセシムルニ深切ナラザルヲ覚ユ。何ゾ一日ノ紙上ニ於テ之レヲ駁撃《ばくげき》スルノ労ヲ辞スベケンヤ。

或ル新聞紙　十三年八月二十日・二十三日の「東日」の社説「朝鮮修信使」をさす。　**朝鮮修信使**　修信使は友好使節。閔氏政権は、一八七六年四月の金綺秀一行につづいて、一八八〇年七月三十一日二度目の修信使として礼曹(外交および教育担当者)参議の金弘集一行を日本に巡遣した。しかし日本政府は金が国王の全権委任状をもたないことから一切の外交交渉に応じなかった。一行は日本の諸施設を見学し、また駐日清国公使館(公使何如璋)の参賛官黄遵憲から、アメリカとの条約締結をすすめるとともに朝鮮・清国・日本の提携によってロシアの侵略と対抗すべしとした「朝鮮策略」を与えられて帰国した。「朝鮮策略」は四月八日から十二日にかけ、「毎日」で四回連載されて、全文が紹介されている。　**仁川港…**　日朝修好条規において、釜山のほかに二港を開くこと、その二港は明治十年末までに選定して開くこととされていた。交渉は難渋し、十二年七月江原道元山開港が内諾され、翌十三年五月から開かれたが、残る一港として日本が要求した仁川を朝鮮は首都に近すぎると拒否していた。十四年一月に日本の出兵、脅嚇により、十五年九月の開港がきめられ、壬午軍乱のため遅れたが、十六年一月から開港されることになる。　**米穀ノ輸出…**　日朝貿易の開始により、日本からはイギリス製綿製品が朝鮮に送り込まれ、朝鮮からは米・大豆・金地金・牛皮などが大量に輸出され、とくに朝鮮の米不足が深刻になっていた。　**海関税則ヲ改正…**　日朝修好条規第一一款の規定によって九年八月修好条規附録と貿易章程を漢城で調印。このとき数年間関税を免ずることが約されていた。　**京城ニ駐劄…**　日朝修好条規第二款は、それぞれの首都に公使館設置を認めたが、朝鮮は難色を示し、結局日本政府は威圧によって公使の漢城常駐を黙認させた。

論者ノ弁ズル所ハ縷々《るる》千万言ヲ尽スト雖ドモ、要スルニ現今ノ朝鮮国情ヲ以テ我ガ開港当日ノ国情ニ比較シ、人智ノ開ケザル時ハ何処モ同一徹ノ所為ニ出ヅル者ナレバ、強《あな》チ彼ノ請求ヲ非理ナリトシテ尤《とが》ム可ラズ。故ニ先《ま》ヅ悉《ことご》ク彼レノ請フ所ヲ許シテ我ガ好意ヲ示シ、彼レガ信用漸ク厚キヲ待テ然《しか》ル後《のち》利害ヲ説イテ其ノ大計ヲ定メシムベシト言フニ過ギザルナリ。蓋シ米穀ノ輸出ニ関シテハ彼ノ国、果シテ之ヲ輸出ス可ラザルノ情実アリヤ否《いなや》ヲ知ラザレドモ、或ハ論者ノ言フガ如ク我ガ対馬全島ヲ以テ例年朝鮮米穀ヲ需求スルノ外、*我ガ内地商ガ彼ノ港埠ニ於テ夥多《かた》ノ米穀ヲ買ヒ入レテ輸出スルヨリ、現ニ朝鮮国内ノ米穀其ノ*匱乏《きぼう》ヲ告ゲ、価格騰昇シテ人民ノ困難ヲ生ゼシムルモ亦《また》知ル可ラズ。果シテ然ルガ如クンバ予《あらかじ》メ約束ヲ立テ、暫ラク其ノ輸出ヲ禁ズルノ請ヲ許《ゆ》ルスハ、素《もと》ヨリ情誼ノ宜シク然ルベキ所ナリ。然レドモ今日ノ朝鮮政府ハ、必ズ真確ノ事情ニ由ツテ請求スル者ナリヤ否ヤ、是レ一大疑問ニ附セザル可ラズ。我儕ヲ以テ之ヲ察スルニ、*嚮時《きょうじ》彼ノ国ハ*我ガ戦艦ノ武威ニ震慴《しんしょう》シテ開港条約ヲ結ビシトハ雖ドモ、其《その》真意ノ開港ニ在ラズシテ鎖港ニ在ルハ彼レガ平日ノ挙動ニ徴シテ甚《はなは》ダ明カナリトス。而シテ今ニ至リ公然我ニ向ツテ鎖港ヲ言フハ勢ノ許ルサヾル所ナルヲ以テ、或ハ事ニ托シテ両国通商ノ利原ヲ塞《ふさ》ギ因テ以テ鎖港ノ方便ト為サント欲スルコト無キヲ保セズ。然ルニ彼レガ意想ノ如何国情ノ如何ヲモ詳察セズ、其請求ノ言趣ヲ一聞シ軽《かるがる》シク尤モナリ道理ナリト為スガ如キハ、決シテ東方外交ニ錬熟スル者ノ所為ニ非ザルナリ。

　海関税則改正ノ事ニ関シテハ、現行条約上ニ於テ輸出入トモ無税ニ属シ、只噸《トン》数税ノミヲ収ムルニヨリ、朝鮮政府ハ其開港場ヲ整理スルノ国費ニ乏シキノ情実ナキニ非ズ。然ラバ今其修信使ノ請フ所ハ、此税則ヲ改メ輸出入ニ適度ノ収税ヲ為サントスルニ在ルカ、苟《いやし》クモ其税額ヲシテ適度ニ過ギザラシムレバ、我ニ於テ固《もと》ヨリ之ヲ拒ムノ理ナシ。然レドモ其請タル、或ハ鎖港主義ニ出デ、輸入物ニ過多ノ税ヲ課シ、以テ其境ニ入ルヲ防ガントスルカ、又ハ輸出物ニ同前ノ税ヲ課シ、以テ其特別ニ貴重スル物品ヲシテ境ヲ出サヾラントスルガ如キアラバ、我邦ハ断乎トシテ正理ヲ執リ毫モ其請求ヲ聴《ゆ》ルスベカラザルナリ。論者記セズヤ、今ヲ距《へだつ》ルコト僅カニ二三年前、*朝鮮政府ハ其輸出品ニ非常ノ重税ヲ課シテ窃《ひそ》カニ其国産ノ境ヲ出デザランコトヲ期セリ。之レガ為メ在韓ノ日本商ハ一時多少ノ困難ヲ経験シ、或ハ韓吏ト争擾《そうじょう》ヲ開《ひ》ラクニ至レリ。而シテ今日ノ朝鮮政府ハ二三年前ノ朝鮮政府ナリ。其従来国是ト為ス所ニ於テ俄《にわ》カニ見ルベキノ変更アラザルハ論ヲ待タズ。然ラバ何ゾ百方画策シテ其嚮時ノ目的ヲ達シ得ント希望スルノコト無キヲ保タンヤ。

要スルニ米穀輸出ノ禁止、海関税則ノ改正ハ細カニ彼レノ情実事理ヲ詳悉《しょうしつ》シテ之レガ諾否《だくひ》ヲ定メザルヲ得ズ。然レドモ他ノ二件即チ仁川港ノ開港ト我ガ公使ヲシテ其京城ニ駐剳セシムルコトトニ至テハ彼レガ情実事理ヲ糺《ただ》スニモ及バズ、飽《あく》マデ其請ヲ排撃シ決シテ之ヲ聴《ゆる》ス可ラザル也。論者ハ此二件ニ就キ尚《なお》我ガ開港当初ノ事ヲ引証シ、彼レガ之ヲ請願スルハ、蓋シ事情ノ已《や》ムヲ得ザル者アルベキニ由リ、我邦ニ於テ其請求ヲ然諾スルコト宛《あたか》モ当年条約各国ガ我ガ請求ヲ容《い》レテ新潟江戸大坂神戸ノ開港期限ヲ延バセシ如クナルベシトノ意ヲ陳ジタリ。想フニ朝鮮今日ノ情況ハ我邦旧時ノ情況ト或ハ相似《あいに》タル者アラン。然レドモ現今我邦ノ朝鮮ニ向ツテ有スル利害ハ、旧時各国ガ我邦ニ向ツテ有スル利害ニ異ナリ。何ゾヤ、各国ノ我邦ト交通スルノ目的ハ単ニ貿易ノ一点ニ在ツテ、我邦ノ朝鮮ト交通スルノ目的ハ啻《ただ》ニ貿易ノミナラズ、専ラ彼レガ独立ヲ固ウシ窃《ひそ》カニ以テ我ガ万里ノ長城ヲ作ルニ在ルナリ。苟クモ此ノ目的ヲ遂ゲント欲スレバ、先ヅ朝鮮政府ノ頑夢ヲ呼醒シ其人民ノ智識ヲ誘導スルニ尽力セザルベカラズ。而シテ公使ヲシテ其京城ニ駐剳セシムルハ、朝鮮政府ノ頑夢ヲ呼醒スル一ノ方便ナルノミナラズ、亦因テ以テ彼ガ清国幷《ならび》ニ魯西亜《ロシア》ト如何《いか》ナル交際約定

我ガ内地商…　三菱、大倉組などが米の買占めを行なっていた。
匱乏　とぼしいこと。　**嚮時**　さきごろ。　**我ガ戦艦…**　雲揚艦のこと。江華島事件をさす。　**朝鮮政府ハ…**　釜山税関事件のこと。十一年九月二十八日、朝鮮政府が釜山豆毛鎮に税関を設置、関税の徴収を始めたことに対し、十二月、日本商人百余名と日本陸戦隊は釜山税関と東莱府庁におしかけ損害賠償を要求した。また翌十二年には日本代理公使が海関税による損害の賠償を要求している。

等ヲ為スヤヲ偵察シ、宜《よろし》キニ従ツテ我ガ国利ヲ該国ニ保存スルヲ得ベシ。而シテ京畿道ノ一要地タル仁川港ヲ開キ我商ノ此ニ群集ヲ為スハ、彼国ノ重《お》モナル人民ヲシテ貿易ノ世ニ欠クベカラザルヲ悟リ、従ツテ漸ク其ノ智識ヲ進達セシムルノ計策タリ。我邦ハ如何《いかん》ゾ此二件ヲ以テ彼国ニ実施スルヲ怠タルベケンヤ。論者試ミニ思ヘ、我邦開港ノ当初ニ於テ、海外各国若《も》シ或ハ緩漫ノ所為ヲ以テ我レヲ待チ、此レモ尤《もつとも》ナリ彼レモ道理ナリト為《な》シテ毫モ断決ノ談判、敢為《かんい》ノ処置ヲ行ハザリセバ我邦ハ抑《そもそ》モ如何ノ景況ヲ当時ニ現ジタルベキヤ。因循姑息ノ言論之レガ為メニ盛ンナルヲ得テ、発奮有為ノ精神或ハ跡ヲ社会ニ絶チシモ亦タ知ルベカラズ。蓋シ開港以来我邦ノ駸々《しんしん》乎《こ》トシテ開明ノ区域ニ進入セシモノハ、其ノ原職*トシテ各国ガ断決ノ談判敢為ノ処置ヲ為シタルニ出デタリ。彼ノ神戸大坂開港ノ際ノ如キモ、我ガ政府ハ其京畿ニ接近スルノ故ヲ以テ大ニ之ヲ拒ミシモ、欧米各国ハ数艘ノ戦艦ヲ連ネテ神戸ニ来リ、威力ヲ示シテ談判ヲ為シ遂ニ其目的ヲ達シタリ。而シテ其事タル、当時我邦人ノ喜バザル所ナリシモ、之レガ為メニ其ノ智識ヲ開ラキ開化ヲ進メタルハ甚ダ明カナリシニ非ズヤ。然ラバ我邦ヲ以テ朝鮮事件ヲ談判シ処置スルニ於テモ亦《また》時トシテ断決敢為ヲ要ス。彼《か》ノ二件ノ如キハ即チ是レナリ。論者又試ミニ思ヘ、現ニ魯国ハ朝鮮ト其境界ヲ近接シ朝鮮人ノ魯領ニ住居スル者亦《また》僅少ニ非ラズ。若《も》シ魯国事ニ托シテ兵ヲ朝鮮ニ進メ、或ハ威力ヲ仮《か》ツテ交際ヲ開ラキ、冥々裏《めいめいり》ニ之ヲ籠絡《ろうらく》スルコト有ラバ、我邦人ハ臍《ほぞ》ヲ噬《か》ンデ悔ユルト雖ドモ及ブ可ラザルナリ。且ツ清国近来其衰運ヲ挽回シ国勢ヲ振張スルノ志アリ、何ゾ其実権ヲ朝鮮ニ施及シ属国ノ義務ヲ尽サシムルニ至ラザルヲ保タンヤ。此ニ由ツテ之ヲ観レバ我邦ノ朝鮮ヲ処スル一日ノ緩漫アラバ一日ノ危害アリ。苟クモ我ガ国利ヲ図ル者ハ、百方計画シ片時ノ早キヲ争フテ朝鮮ノ独立ヲ固ウシ、其レヲシテ他国ノ羽翼タラザラシムベシ。論者ノ言ノ如キハ実ニ我国ノ大計ヲ誤マル者ナリ。

職トシテ　もっぱら。主として。

8 「東京日日新聞」朝鮮按を読む　（東京横浜毎日新聞）

解題［明治十四年二月二十七日・三月二日］　朝鮮をロシアの南下か

ら守るためには武力発動も辞さないとした「東日」の論説を批判し、日本は非干渉の立場をとるべきであり、万一ロシアが朝鮮に開戦しても日本は中立すべしとするもの。朝鮮独立の保障は、朝鮮をして欧米列国に開国せしめるほかにないと主張する。「毎日」のこの期における朝鮮の欧米への開放、対朝鮮非干渉論を説く論説として「朝鮮ノ変報」(十四・五・六)、「再ビ朝鮮ノ近況ヲ論ズ」(十四・五・十一)、「開韓論第一〜第三」(十五・五・六〜十九)などがある。

読㆓東京日々新聞朝鮮按㆒

*東京日々新聞記者ハ国是ヲ定ルト云ヘル題ニテ数日ノ論ヲ草セリ。余輩其説ヲ読ムニ、第一節ニハ支那若《も》シ我ニ向テ事ヲ起サバ我ハ海陸ノ兵ヲ興シテ之ニ応ズルノ策ヲ為サヾル可カラズト。第二節ハ魯国ニシテ若シ朝鮮海岸ニ事ヲ起サバ我ハ朝鮮ニ代リ魯国ヲ防ガザル可カラズトノ説是《これ》ナリ。第一節ハ余輩固《もと》ヨリ記者ト意見ヲ同《おなじ》フシ、*既ニ数日ノ紙上ニ論述シタル所ナレバ記者定メテ吾人ガ意見ノアル所ヲ承知シタルナル可シ。第二節ニ至ツテハ余輩飽《あく》マデモ記者ト意見ヲ異ニシ、啻《ただ》意見ヲ異ニシタルノミナラズ、若シ記者ノ説ニシテ行ハレシメバ日本将来ノ国運ヲ危殆《きたい》ナラシムルノ説ナルガ故ニ飽マデモ日報記者ガ朝鮮按ヲ排シ、我国将来ノ実益ヲ保護セザル可カラザルナリ。日報記者ノ朝鮮按ニ曰《いわく》、魯国政府ハ東洋地方ニ良港ヲ得ザルコトヲ苦《くるし》ムノ政府ナリ。彼二十余艘ノ軍艦ヲ帥《ひき》ヒ清国ニ向テ最後ノ談判ヲ為《なさ》ンコトヲ試《こころみ》タレドモ、*クルジヤノ談判既ニ平和ニ帰シタレバ許多《きょた》ノ軍艦モ之ヲ用ユルニ処ナシ。左《さ》レバ魯国ハ清ニ向フノ軍略ヲ変ジテ朝鮮ニ向フノ軍略トナシ、朝鮮元山津ノ近地ナル*レザレフ港ヲ取ラントスルモ知ル可カラズ。若シ魯国ニシテ朝鮮海岸ニ来リ斯《かく》ノ如キ挙動ヲナスモ日本ニシテ之ヲ顧《かえりみ》ザルアラバ、是レ恰《あたか》モ*臥榻《がとう》ノ傍ニ他人ノ鼾睡《かんすい》ヲ容《い》ルヽニ殊ナラザレバ飽マデモ之ヲ防禦セザル可カラズ。魯ト我ト海陸ノ兵ヲ比較セバ彼ハ遥カニ我右ニ出ヅルト雖ドモ、彼ハ*懸軍万里ノ客兵ナリ、我ハ*一葦《いちい》航ス可キノ地ナレバ主客勢ヲ異ニセリ。我輿論《よろん》ハ魯国ヲシテ一歩モ脚ヲ朝鮮ニ投ゼシム可カラズ、彼若シ之ヲ犯サバ我ハ全力ヲ挙ゲテ防禦セザル可カラズトノ一点ニ帰スルガ如シ。左《さ》レバ我廷議ハ輿論ノ帰スル所ヲ察シ、以テ予《あらかじ》メ今ヨリ国是ヲ定メザル可カラズ、云云。此一文ヲ読ムニ、日報記者ノ朝鮮按ハ平生ノ伎倆ニモ似ズ其論点甚ダ弱ク、言ヲ輿論ノ二字ニ托シテ始終論極ヲ結ブガ如クナレバ、記者ガ今日ノ国是ト定メントスル決意ハ自家ノ考フル所ノ者ニ輿論ノ名ヲ附シ、我廟議ヲシテ其名《なつ》ケタル輿論ニ従ハシメントスル者ト見ユ。左レバ日報記者ハ我国ヲ以テ東洋ノ英国トナシ、朝鮮ヲ以テ土爾其《トルコ》亜非業《アフガン》トナシ、魯国ノ軍

隊一歩ヲ南ニ向ルモ我国ノ栄誉ヲ害スル者ナリ、我日本ノ安全ヲ害スル者ナリ、我日本ハ位地東洋ノ英国ニ置キ、飽迄《あくまで》魯国南向ノ志ヲ制セザル可カラズトスル者ナリ。実ニ魯国ガ東洋地方ニ良港ヲ得ントスルノ企望ハ記者ノ説ノ如クナル可シ。魯国ガ南向スルニ従テ我国ノ平和ニ多少ノ影響ヲ及《およぼ》スナル可シ。然《しかれ》ドモ我国ヲ以テ東洋大陸ノ保護人〈パトロン〉トナシ、英国ヲ以テ自ラ居ラントスルニ至ツテハ、是レ己ノ力ヲ量ラザルノ甚シキ者ト云ハザル可カラズ。蓋シ日報記者ノ胸臆ハ彼ノ所謂《いわゆ》ル「ナショナルグロリー」(国ノ名誉)ナル者ニ充タサレテ利害ノ計考ヲ為スニ猶予ナク言此《ここ》ニ至リシ者ナル歟。若シ記者ノ言ヲシテ*白面書生ノ言タラシメバ大言放語ハ青年子弟ノ常套ナリトシ敢《あえ》テ之ヲ意ニ介セズト雖ドモ、斯《この》記者ニシテ此言アリ、余輩飽マデ記者ガ干渉主義ノ非ヲ論破セザル可カラザルナリ。

東京日々新聞記者… 「東日」は十四年二月二十二日・二十三日に「国是ヲ定ムルノ議」、二十四日に「盍(なん)ゾ国是ヲ一定セザル乎」と題した論説を掲載した。 **既ニ数日ノ紙上ニ**… 十四年二月二十五日・二十六日の「毎日」論説「日清ノ談判如何」。 **クルジヤノ談判** →補注「イリ紛争」。 **レザレフ港** ラザレフ港。現永興湾。元山津に隣接する良港。なお「東日」に論説「レザレフ港」がある(十四・三・九)。 **臥榻ノ傍**… →二八五頁注「鼾睡ヲ…」。 **懸軍万里** 敵地奥深く攻め入った軍隊。 **一葦航ス可キ**… 一葦は小舟。きわめて近いことの喩。 **白面書生** 年少で経験の乏しい学生。

抑々《そもそも》我日本ノ地形ヲ云ハヾ英国ト略《ほ》ボ地形ヲ同《おなじ》クスルナル可シ。我国民ノ眼ヲ以テ*鶏林半島ヲ見レバ英国人民ガ亜非業土爾其《アフガントルコ》ヲ見ルガ如クナル可シ。只我国々力ノ英国々力ノ如クナラザルヲ如何《いかん》セン乎。我国兵備ノ英国ノ如クナラザルヲ如何セン乎。世界貨財ノ引力ヲ持ツ者ハ竜動《ロンドン》ナリ。世界ノ強国ガ常ニ畏怖《いふ》スル所モ英国ナリ。英国府庫ノ需用ヲ満足セシムル者ハ英領印度《インド》ナリ。印度存スレバ英国富ミ、印度滅スレバ英国困ズ。左《さ》レバ英国ガ英領印度ノ形勢ニ眼ヲ注ギ魯国ヲシテ西部亜細亜《アジア》ノ南方ニ威ヲ恣《ほしいまま》ニセシメザルハ、其国ノ実益ヲ保護セントスル者ニテ決シテ彼ノ虚栄ノ為メニ一国府庫ノ貨財ヲ費ス者ニアラザルナリ。英国政府ハ斯ノ如ク印度ニ向テ重要ナル関係ヲ有スル者ナルニ、尚《な》ホ英国一方ノ政党ハ亜非業《アフガン》遠征ノ政略ヲ非ナリトシ、万已《や》ムヲ得ザレバ印度ヲ捨ツモ可ナリト云フノ説ヲ立ツル者アルニアラズヤ。朝鮮人民ハ他ノ諸国ニ先《さきだ》ツテ我国ニ交際ヲ開キタルノ隣国ナレバ可レ成《なるべく》此国ヲシテ独立セシメ日韓貿易ノ利益ニ害ヲ受ケザルコトヲ勉メザル可カラザレドモ、朝鮮ガ我ヲ益スル、印度ノ英国ヲ益スル比ニアラズ。朝鮮ノ独立ヲ保護スルヨリハ寧《むし》ロ我ガ本国ノ独立ヲ保護セザル可カラズ。眼ヲ翻シテ我国環海ヲ周視セヨ。海岸防禦ノ法既《すで》ニ充分ナルカ。眼ヲ翻シテ内地軍備ノ如何ヲ顧ヨ。四五万ニ過ギザル常備軍ハ東洋地方ニ雄飛シテ海外ノ強国ヲ威服スルニ足ルカ。我国庫ノ貧富ヲ顧ヨ。我国財政ハ能《よ》ク三年四年ノ軍備ヲ充《みた》スニ足ルカ。此数ケノ者非ナリ。左レバ自国ノ独立モ殆ンド危ニ迫ルノ形勢ナラズヤ。何ノ猶予アツテ兵ヲ絶海ノ小国ニ派シ他国ノ禍ヲ買フテ自ラ毒スルノ非策ニ倣《なら》フコトヲ得ン乎。

鶏林半島　朝鮮半島。

朝鮮ノ独立ハ我北方ノ堡塞《ほうさい》ナリ。此国独立ヲ失ヒ魯国ノ直管スル所トナラバ、魯ハ百年ノ希望ヲ遂ゲ其武力ヲ自在ニ東洋地方ニ運用スルガ故ニ、我日本ニ取テハ北門防禦ノ堡塞ヲ失ハザルヲ得ズ。左《さ》レバ魯国南向ノ企ヲ牽制スルハ固《もと》ヨリ我政略ノ一分ナリト雖ドモ、自国ノ根拠ヲ定メズシテ濫《みだ》リニ事ヲ絶海ノ邦国ニ起スハ、是レ政略ノ順序ヲ得タル者トス可カラズ。左レバトテ我国政事家ハ魯国ト朝鮮トノ関係ヲ以テ隔岸ノ火災トナサバ、小弱ナル朝鮮ハ魯国一撃ノ為メニ粉靡セラレ、日本ノ朝鮮貿易ハ跡ヲ絶ツニ至ルモ知ル可カラズ。此時ニ当リ日本政府ハ如何ナル策略ヲ運《めぐら》シテ日韓貿易ヲ保護セン歟。曰ク、他ニ良策アラバ余輩之レニ従フコトニ猶予セザレドモ現時ニ当リ魯国東洋艦隊ヲシテ其武力ヲ恣《ほしいまま》ニセシメザルノ法ハ、韓廷ヲシテ早ク世界ノ強国ト互市《ごし》ヲ開カシムルヨリ外ナキ者ノ如シ。余輩数年来朝鮮政府ノ挙動ヲ見ルニ、彼レ始メハ開港貿易ハ其国ヲ亡《うしな》フ端緒ノ如クニ畏怖シタレドモ、我外交官吏ガ韓人ニ接スル道ヲ得タルガ為メニヤ、彼レ今日ノ国情ハ大ニ昨日ニ一変シ、開港貿易ハ亡国ノ端緒ニアラズシテ富国強兵ノ一歩タルコトヲ知ル者ノ如シ。此ノ時ニ乗ジ我政府ハ彼レニ一介ノ使ヲ発シ、説クニ現今世界ノ形勢ヲ以テシ、若《も》シ韓廷ニシテ広ク世界ノ強国ト貿易ノ道ヲ開キ之レト利害ノ関係ヲ共ニセバ朝鮮ノ害ハ此国交通諸国ノ害トナリ、朝鮮ノ利ハ交通諸国ノ利トナルガ故ニ、仮令《たと》ヒ魯国ガ如何ニ大軍ヲ帥《ひき》ヒ鶏林八道ヲ取《とら》ントスルモ、魯ハ朝鮮交通諸国ノ為メニ制セラレテ其ノ慾ヲ恣ニスルヲ得ザレドモ、韓廷ニシテ飽《あく》マデ鎖港攘夷ノ主義ヲ主張セバ、魯ハ韓廷ノ孤立ヲ幸トシ清ニ備フルノ軍艦ヲ転ジテ韓ヲ攻ムルノ武器トセン。魯ガ朝鮮近海ニ良港ヲ得ント望ム久シ。而ルニ韓廷ハ魯国ガ此亡*厭ノ欲ヲ懐クヲ知ラズシテ孤立自ラ当ラントセバ、其滅亡遠キニアラザラン。我日本ノ力ヲ挙テ魯国ニ敵シ魯国ヲシテ朝鮮八道ニ威ヲ振フコトヲ得ザラシメントセバ、力能《あた》ハザルニアラザレドモ自国ノ全力ヲ挙テ他国ノ禍ヲ買ハントスルハ日本政府ノ為サヾル所ナリ。日本政府既ニ韓廷ノ援助トナラズ。然《しから》バ援ヲ清国ニ請ハン歟、清国政府ハ近時魯国ト平和ノ談判ヲ為シクルジャノ和約遠キニアラズ。去レバ清国政府ハ魯国ノ援助ヲ為サヾルモ、朝鮮ノ側ニ立ツテ武器ヲ取ルコトハ万々清国ノ為サヾル所ナル可シ。清国、朝鮮ノ援助トナラズ、日本、朝鮮ノ援助トナラズ、朝鮮政府ハ四面強敵ノ中ニ孤立スル者ナリ。四面ノ強敵ヲシテ悉《ことごと》ク韓廷保護ノ堡塞ト変ゼシムル者ハ唯《ただ》開港貿易ナリ。四面ノ強国ヲシテ悉ク敵国タラシムル者ハ鎖港攘夷ナリ。韓廷ノ興廃只此一挙ニ在リト情ヲ悉《つく》シ理ヲ尽シテ彼レニ説諭スルアラバ、彼レ如何《いか》ニ頑陋ナリト雖ドモ之レニ服セザルノ理ナカル可シ。韓廷ニシテ果シテ此説ニ服スルアラバ、英ノ如キ米仏ノ如キ、皆踵《くびす》ヲ接シテ朝鮮貿易ニ従フアラン。故ニ我国今日ノ計ヲ為サントセバ、朝鮮政府ヲシテ孤立ノ位置ヲ去ラシムルニ在リ、自ラ好ンデ他国ノ禍ヲ買フ可カラザルナリ。

然《しかれ》ドモ日報記者ト説ヲ同フスル者或ハ云ハン、韓廷ヲシテ世界ノ強国ト互市ヲ為サシムルコト、利ハ則チ利ナレドモ魯国ノ艦隊ハ既ニ迫テ朝鮮近海ニアリ、魯国艦隊ガ事ヲ朝鮮ニ開カントスル機、既ニ瞬間ニ在リ、左レバ今日ノ韓廷ハ*一髪千鈞ノ危キニ迫ル者ナリ、此時ニ際シ臨機ノ策ヲ用ヒズ数千里外ニ在ル強国ヲ誘テ之レニ交通貿易セシメントスル朝鮮交通条約成ルノ日ハ、当《まさ》ニ八道ヲ挙テ魯国ノ有トシタル時ナル可シト。余輩モ固《もと》ヨリ朝鮮政府ガ此危険ニ迫リシコトヲ知ラザルニアラザルナリ。若シ不幸ニシテ韓魯ノ開戦ガ韓廷開港ニ先《さきだ》ツテ起リ、世界ノ強国未ダ朝鮮ト交通ノ約ヲ結バザル以前ニ武器ヲ交ユルアラン歟、我国政府ハ只《ただ》韓魯二国ノ勝敗ヲ傍観シテ可ナリ。魯国ノ兵艦江華ヲ衝《つ》クノ変アルモ我ハ決シテ之レニ干渉ス可カラズ。恰《あたか》モ英仏諸国ガ魯清ノ間ニ戦端ヲ開クモ敢テ之レニ干渉スルナク、又*智利《チリ》ノ軍艦白露《ペルー》ノ首府リマニ侵入スルモ米国政府ハ之レニ干渉セザルニ同ジキナリ。魯国艦隊ニシテ若シ元山釜山ノ我居留地ヲ侵シ我居留人民ノ安全ヲ害スルコトアラバ其時コソ我ハ已《やむ》ヲ得ズ魯国ヲ敵トナシ、我国アラン限リノ力ヲ尽シテ魯ヲ防ガザル可ラザレドモ、魯国モ我日本ヲ敵トスルノ不利ナルヲ知レリ。豈《あ》ニ濫《みだ》リニ我居留地ヲ侵シ日韓聯合ノ兵ニ向フヲ望ム者ナラン乎。故ニ我日本政府タル者、朝鮮ニ対シテ処分スルノ法二アリ。即チ韓廷ヲシテ世界ノ強国ト開港貿易ヲ為サシムルコト、韓魯事アルモ我国ハ中立ノ位置ヲ守リ、彼ヨリ我ヲ侵スニアラザレバ我決シテ干渉セザルコト是《これ》ナリ。日報記者此説ニ服スルヤ否ヤ。

亡厭　ほろぼしおしつぶすこと。　**一髪千鈞**　一本の毛髪できわめて重いものを引く。危険が迫っていることの喩。　**智利ノ軍艦…**　一八七九―八四年、チリとボリビア・ペルーの間で戦われた、いわゆる太平洋戦争。もとボリビア領のアタカマ砂漠の硝石の採掘権をめぐって紛争がおき、ペルーもボリビアの同盟国として参戦したが、チリの圧勝となり、ボリビアは領土を割譲、以後内陸国となった。

9　朝鮮を処するの政略（朝野新聞）

解題〔明治十四年五月十五日〕　日清合従による朝鮮の漸進開化を主張し、開化派支援論はかえって鎖国派を親露派に追いやると懸念する「東日」の論説「朝鮮処分議」(十四・五・九〜十)などを不可としつつ、日本が「開化党」を積極的に支援すべきことを説く論説。日本は朝鮮の開化派に対し、「心意ノ援助」だけにとどまらず、要請があれば臨機応変に「実力ノ援助」を与えるべきだと主張する。「朝野」は論説「朝鮮開化ノ情況」(十四・四・二九)でも同主旨を論じている。この種の論調は、「報知」の論説「朝鮮ノ国難ニ対スル政策」(十四・五・七〜九)にもみられる。

朝鮮ヲ処スルノ政略

此ノ論題ヲ一瞥《いちべつ》スル者或ハ曰《い》ハン、諸新聞紙已《すで》ニ朝鮮ノ事ヲ論ズル多シ、而シテ汝亦顰《ひそみ》ニ倣《なら》フテ一日ノ紙面ヲ充塞シ以テ読者ヲ倦《う》マシメントスルカト。罵詈《ばり》ヲ好ム者ハ曰ハン、是レ蓋《けだ》シ記者ガ其ノ論種ニ尽キ窮中ニ一策ヲ出ダシタル者ニ過ギズ、之ヲ読ムモ亦何ヲカ益セント。我儕之《これ》ニ答テ曰ク、諸新聞紙皆《みな》朝鮮ノ情況ニ就テ論ジ、我儕亦《また》已ニ之レヲ論ズルコト数回*ニ及ベリ、而シテ今更ニ此論題ヲ掲出スルハ、我邦ノ利害ニ関シテ黙止スルコト能ハザルモノアレバナリ、苟《いやし》クモ読者ニシテ我邦ノ利害ヲ思ハヾ新聞紙ヲ読ムヲ以テ観劇一般ノ思ヒヲナス勿《なか》レ、重複ヲ厭《いと》フ勿レ、専ラ其精神ノ在ル所ヲ観察セヨト。

今朝鮮ノ事ハ所謂《いわゆる》東洋政略上ニ於テ最モ緊急切要ナルモノナリ。若シ之レヲ処スルニ於テ其方法ヲ誤マルトキハ、独リ朝鮮人ノ憤怨ヲ来タシ即チ我ガ一羽翼ヲ失フノミナラズ、彼レ或ハ大国ノ爪牙《そうが》ト為《な》リ、却テ害ヲ我邦ニ加ヘンモ亦知ルベカラズ。故ニ何人ニ限ラズ朝鮮処分ヲ論ゼント欲セバ、先ヅ其国情如何《いかん》ヲ詳《つまびらか》ニシ、之レニ次《つ》グニ外国ノ関係如何ヲ以テシ、其国情ニ応ジ又外国ト関係アル所ニ従ヒ、以テ之レガ方法ヲ計画スベシ。苟クモ然ラザレバ、縦《たと》ヒ細密ノ考案ヲ費ヤシ自カラ負《たの》ンデ万ニ一失ナシトスルモ、遂ニ其功ナキコト水泡ト一般ナルニ至ルヲ免レザルナリ。我儕頃日《けいじつ》*或ル新聞紙ノ論ヲ読ムニ、其朝鮮ヲ処スルノ蘊奥《うんのう》手段トシテ陳出スル所ハ、清国ト共ニ之レヲ謀ルベシ、朝鮮人ヲシテ信ヲ日本ニ措《お》クコト恰《あたか》モ従来清国ヲ信ズルノ厚キガ如クナラシメ、日清合従ノ力ヲ以テ目下彼ノ国ニ盛ンナル鎖国党ヲ敗《や》ブルベシトナスニ過ギズ。此ノ論者ノ如キ、果シテ能《よ》ク朝鮮ノ国情ヲ詳ニセシカ、其外国ト関係スル所ヲ悉《つ》クセシカ、蓋シ然ラザルモノニ似タリ。我儕ノ知ル所ヲ以テスレバ朝鮮国人ハ未ダ曾《かつ》テ清国ヲ尊信セシコトナシ。而シテ其ノ我邦ニ向フテ懐ク所ノ猜疑ハ亦之ヲ清国ニ向フテ懐クヲ常トス。其然ル所以《ゆえん》ノ者ハ何ゾヤ。我邦ハ*豊公其人ノ如キ英雄アリテ、彼ノ八道ヲ蹂躙シ其京城ヲ陥《おとしい》レ其王子ヲ擒《とりこ》ニシタルコトアリ。清国ハ*太宗其人ノ如キ智勇絶倫ノ主アリ、朝鮮ヲ攻伐シテ其王李倧ヲ降セシコトアリ。朝鮮人ヲ以テ之レヲ見レバ日清均シク皆旧敵国タリ。何ゾ此レニ服セズシテ彼ニ服スルノ理アランヤ。猶《なお》一歩ヲ進メテ之ヲ説カンニ、*清ノ天聡年間ヨリ朝鮮ノ清国ニ藩属スルハ其ノ徳化ニ服シタルニ非ラズ、唯《た》ダ其ノ武力ノ強大ニシテ敵シ得ザルガ為メニ然ルナリ。曾テ朝鮮内地ニ潜伏シタル*仏国宣教師ノ紀行ニ曰ク、該国政府ガ清人ヲ忌ムハ殆ンド日本人ヨリモ甚ダシク、其王位継承ノ時*清国封冊《ほうさく》使ノ来ルニ遭《あ》フヤ、其ノ王城ニ往復スルノ外ハ決シテ旅館ヲ出デ、遊歩スルヲ許サズ、且ツ封冊ノ事畢《おわ》ルヤ速《すみや》カニ境ヲ出デ、還ラシムルヲ冀望《きぼう》スト。我儕近ゴロ之ヲ一朝鮮人ニ*叩ク。彼レ云フ、果シテ然リ。此《これ》ニ由《より》テ之《これ》ヲ観《み》レバ朝鮮ノ清国ヲ尊信セザルノ情ハ甚ダ明カナリ。而シテ近来彼ノ国人士ノ挙動ヲ視レバ稍《や》ヤ方今ノ事務ヲ解シ、大《おお》ニ改進ニ志アルモノハ其ノ尊信スル所清国ニ在ラズシテ却テ我邦ニ在ルニ似タリ。彼《か》ノ*李東仁等ノ傑士ガ国外ノ形勢ヲ探知セント欲スルヤ、清国ニ往カズシテ我邦ニ来レリ。又彼ノ*六十名一行ノ視察使ノ如キモ陸路ノ安穏ヲ求メテ北京ニ至ラズ、航海ノ危険ヲ冒シテ長崎ニ来着シタリ。是レ蓋シ我邦ガ東洋開化ノ先進者トシテ平和ノ政略ヲ施シ、連合一致ノ必用ナルヲ説諭セシヨリ、彼レ亦《また》大ニ悟ル所アリ、其旧怨ヲ捨テ、新交ヲ密ニセントスルモノナルベシ。是等ノ事実及ビ該国人ガ説話中ニ就テ其ノ意ヲ察スレバ、彼レガ従来我邦ヲ猜疑スル心ハ時ヲ逐《お》テ消散セントスルノ兆《きざし》アルハ亦疑フ可ラザルナリ。

数回…　ただし十四年についてみれば、四月二十九日の論説「朝鮮開化ノ情況」の一回のみ。　**或ル新聞紙ノ論**　「東日」の論説「朝鮮処分議」。　**豊公…**　豊臣秀吉。文禄・慶長の役のこと。加藤清正・鍋島直茂らの第二軍は、募兵のため咸鏡道に派遣されていた二人の王子を捕虜とした。　**太宗…**　一五九二－一六四三。清の第二代皇帝。太祖(ヌルハチ)を継いで、明・朝鮮を攻め、内モンゴルを席巻する夫《そ》レ已ニ斯《か》クノ如キ情況ナレバ、日清合従ノ力ヲ以テ朝鮮国事ニ干渉スルハ彼レノ必ズ喜バザル所ナラン。如何トナレバ、彼ノ政府及ビ有志者ハ今ニ於テ我邦ノ公正ナル政略ヲ悟リ、復《ま》タ虎狼ノ貪慾ヲ以テ我レヲ目セズト雖ドモ、其ノ清国ヲ猜疑スルノ心ニ至テハ未ダ敢テ今昔ノ変更アルヲ見ザレバ也。彼レ常ニ清国ノ干渉ヲ忌避スルヤ久シ。成ルベク清使ヲシテ国境ニ入ラザラシメ、*成ルベク自国ノ官吏ヲシテ清京ニ上ラザラシム。然ルニ今我邦ニ於テ日清合従シテ朝鮮国事ニ干渉スルノ方略ヲ画シ、清国官吏ヲ引テ彼ノ国都ニ入ラシメントスレバ、独リ其頑儒輩ノ不満ヲ来タスノミナラズ、政府及ビ有志者モ亦之レヲ以テ心ニ快シトセズ、彼我将《ま》サニ親密ナラントスルノ交際ヲシテ或ハ二タビ阻《そ》格《かく》セシムル事ナキヲ保ツ能ハズ。是レ豈《あ》ニ我邦ノ利ナランヤ、亦東洋ノ為メニ不利タルヲ知ルベシ。且《かつ》我邦ハ已ニ朝鮮ヲ認メテ一ノ独立国ト為シ、彼レニ向テ対等ノ条約ヲ交訂シタリ。蓋シ我邦ノ東洋政略ニ於テ、該国ヲシテ他国ノ藩属タラシムルハ甚ダ害アリ。勢必ズ此《か》クノ如ク為サザルヲ得ズ。然リ而シテ清国亦能ク朝鮮ヲ認メテ独立国トナスベキヤ、我儕ノ臆測スル所ニ因レバ、彼ノ傲慢尊大ナル北京政治家ハ、恐《おそら》クハ此ノ決断ヲ為スコト能ハザラン。若シ然ラバ日清相共《あいとも》ニ朝鮮国事ニ関渉スルニ際シ、我邦ハ独立国トシテ之レヲ処分セント欲シ、清国ハ其ノ藩属ヲ以テ之レヲ処分セント欲シ、彼此其ノ意見ノ齟齬《そご》スルニ於テハ、為メニ如何ナル危害ヲ三国ノ間ニ生ゼンモ亦知ルベカラズ。斯《か》カル紛擾《ふんじょう》アルニ際シテ窃《ひそ》カニ漁父ノ利ヲ攫取セントスルモノ近ク一境ヲ隔テヽ在リ。抑《そもそ》モ亦警戒セザルベケンヤ。

然ラバ則《すなわ》チ我邦ヲ以テ朝鮮ヲ処スル、如何《いかに》セバ則チ可

など領土を拡大し、国号を後金から清と改めた。朝鮮を二度にわたる出兵により服属した。李倧は当時の朝鮮国王仁祖(在位一六二三―四九)。

清ノ天聡年間　太宗の時の年号。一六二七―三六年。ただし、この時の国号は後金。　**仏国宣教師…**　アンベール。Laurent Joseph Marie Imbert. 一七九七―一八三九。フランスのパリ外国伝道教会所属の宣教師。マカオ、コーチシナ、安南などを経て、一八三七年に第二代朝鮮司教となり、翌年漢城に着任したが、憲宗による弾圧(己亥の迫害)により三九年殉教。当時の信徒の伝記を編集した「己亥日記」をのこしている。　**清国封冊使**　宗主国である清国への服属の儀礼として、国王の代替りのときには、清国による王の認許の手続きが必要であり、その使者が封冊使である。　**叩ク**　問う。たずねる。

李東仁　生没年不明。朝鮮の開化派の僧。本願寺釜山別院に出入りして近代日本に関心を寄せ、一八七九年金玉均・朴泳孝の援助をうけ、国禁を犯して来日。福沢諭吉らと接触した。　**彼ノ六十名一行ノ視察使**　十四年二月、趙準永・朴定陽・洪英植・魚允中ら六二名の「紳士遊覧団」。官庁・学校・軍隊などを視察、この中から留学生も生れた。

ナランカ。其《その》開化守旧両党ノ相軋轢《あいあつれき》スルノ際、其政府ヨリ公然助力ヲ我レニ請ハザルノ間ハ、我レ唯《ただ》開化党ニ与フルニ心意ノ援助ヲ以テスベシ。決シテ実力ノ援助ヲ以テス可ラズ。若シ朝鮮政府ニシテ我ガ一臂《いっぴ》ノ力ヲ借ラント要請スルニ於テハ、実力ノ援助必ズシモ辞スベキ所ニアラズ。臨機ノ方法ヲ以テ彼レノ求メニ応ズルアランノミ。此ノ時ニ当テ縦《たと》ヒ清国ガ疑議ヲ起スコトアラシムルモ、我レニ於テ名実共ニ非難ヲ受クベキ所ナシ。何ゾ敢テ両国ノ*構難ヲ来タサンヤ。而シテ朝鮮モ亦遂ニ其望ミヲ空《むなし》ウスルコトナカル可キナリ。

成ルベク自国ノ官吏ヲシテ…　ただし実際には日本に「紳士遊覧団」を派遣した同じ十四年九月に、領選使金允植率いる両班出身の留学生と工匠八〇名を天津の機械局に派遣、新式兵器の製造技術・軍事技術の修得をはかっている。　**構難**　戦乱を起こす。

10　朝鮮を待つの政略を論ず

（朝野新聞）

解題「明治十五年五月十日」「恐嚇」と「懐柔」の両政略の併用により、朝鮮の鎖国派を打倒すべしと説く論説。この年三月、元山の居留民五名が遊歩規程に違反し、同地安辺府外で朝鮮人民に襲撃され死傷を負った事件が発生したが、本論説はこの事件を「半開以下ノ邦国」朝鮮の「鎖封孤立ノ輿論」が顕在化したものとみなし、日本側の強圧的な賠償・問責要求も、むしろ朝鮮の民心を開化させ外国交際を促進することになるとしている。ここに壬午軍乱以降の朝鮮への対応の伏線をみることができる。

朝鮮ヲ待ツノ政略ヲ論ズ

*花房公使ハ最早朝鮮ノ京城ニ*到着シテ彼ノ*安辺暴動ノ事件ニ就キ談判ヲ開カレタルナラン。我ガ政府ガ此事件ニ向ツテ満足ヲ朝鮮国ニ求ムルノ方法如何ニ至テハ所謂《いわゆる》外交機密中ノモノナルニ由リ我儕ノ得テ知ルベキ所ニ非ズト雖ドモ、其方法ハ必ズ朝鮮在留ノ本邦人及ビ我ガ内地人民ヲシテ其心ニ満足セシムルモノナリト断定セザルヲ得ズ。抑《そもそ》モ彼ノ暴動事件ハ*過日ノ紙上ニ詳報セシガ如ク不幸ナル我ガ被害者ノ一行ガ遊歩規程外ニ出デタルニ起リ、其ノ過我《わ》レニ在ルニ似タリト雖ドモ、是レ実ニ偶然ノ過失ニシテ其心情ヲ問ヘバ毫モ責ムベキノ所アル無シ。何トナレバ被害者ハ異邦ノ水光山色ヲ弄シ或ハ飛禽走獣ヲ逐フテ知ラズ識《し》ラズ規程区画ヲ越エタルニ過ギザレバナリ。之レニ反シテ彼ノ暴民ハ始メヨリ害悪ノ心ヲ挟ミ徒党ヲ嘯集《しょうしゅう》シ瓦石梃刃等ヲ以テ無罪ノ人ヲ襲撃シ、立《たちどこ》ロニ一人ヲ殺シ又他ノ二人ヲシテ殆ンド死ニ至ラシ

メントセリ。其罪豈《あに》軽カランヤ。而シテ斯《かか》ル暴民ヲ制シテ害ヲ他人ニ加ヘザラシムルハ政府ノ職分ナリ。況ンヤ盟約アル外国人ニ対スルモノヲヤ。然《しか》ルニ朝鮮ノ現状ヲ考察スルニ地方官ノ如キハ往々陰険ノ心ヲ以テ我ガ邦人ヲ待チ、其ノ自カラ暴動ヲ煽起スルニ至ラザルモ其人民ヲ制シテ交際ノ親誼ヲ破ラザラシムルノ処置ハ常ニ甚ダ緩漫ナルヲ免レズ。一地方ノ平和ヲ掌ドル官吏ニシテ已ニ此クノ如シ。其ノ人民ガ恣《ほしいまま》ニ暴戻《ぼうれい》ヲ行ヒ害ヲ我ガ邦人ニ加フルハ何ゾ怪シムニ足ランヤ。必竟スルニ安辺ノ如キ事件ヲ生ズルハ其ノ地方官ノ怠慢ニ因ルナリ。更ニ溯《さかのぼ》ツテ之ヲ責ムレバ朝鮮中央政府ガ地方官ヲ選任スルノ不注意ナルニ論及セザルヲ得ズ。然ラバ我ガ政府ハ之レガ為メニ我ガ公使ヲシテ如何《いか》ナル談判ヲ為サシメ、以テ将来両国交際ノ真誼ヲ保チ併《あわせ》テ我ガ東洋政略ノ目的ヲ達スベキカ。想フニ今日ニ於テ其法ノ適否ヲ論定スルハ、最モ彼我ノ為メニ緊要ナリト思ハル、ナリ。

花房公使　花房義質。↓四五頁注。　**京城ニ到着シテ…**　安辺暴動処理のため、四月二十六日に陸軍中尉松岡利治らとともに玄海丸に乗船して朝鮮に向っていた。　**安辺暴動**　十五年三月三十一日、元山津本願寺説教場留学の蓮元憲誠・谷覚立、大倉組支店児玉朝二郎、三菱会社支店大淵吉威・浜手常吉の五名が安辺府近傍で、朝鮮人に襲撃され、蓮元は死去、大淵・児玉が重傷を負った事件。　**過日ノ紙上…**　「朝野」は四月二十六日に、二十四日長崎発の電信によるとして簡単な記事を載せ、翌二十七日には、谷覚立の始末書や検死報告、また事件後の布達などを含む詳しい報道をしている。これらによると、安辺府市内は開市日で賑わっており、荷物を盗まれて追ったところから民衆に襲撃されたという。

凡《およ》ソ半開以下ノ邦国殊ニ其鎖封孤立ノ習慣ヲ有スル者ヲ処スルノ政略ハ、要スルニ二途アルノミ。曰ク、恐嚇政略、曰ク、懐柔政略トナス。此ノ二政略ノ一ヲ単用シテ其ノ目的ヲ達スルコト無キニ非ザレドモ、概《おおむ》ネ之レヲ両用スルヲ以テ策ノ得タルモノトス。之ヲ詳言スレバ鎖封孤立シテ交際ノ利益ヲ悟ラザル邦国ハ一意ニ他邦ノ交際ヲ拒絶スルヲ以テ其ノ廟謨《びょうぼ》ト為シ或ハ其ノ輿論《よろん》ト為ス。斯《かか》ル邦国ニ向テ懐柔政略ヲノミ施ストキハ毫モ其功験ナク、彼レハ却ツテ懐柔政略ヲ用フル者ヲ目シテ弱ナリ怯ナリト為スニ非ザレバ、甘言温為ノ中ニ禍心ヲ包蔵スルモノナリト為シ、旧ニ依テ嫌悪ノ意ヲ挟ムニ至ル。此クノ如キ場合ニ於テハ恐嚇政略往々其功ヲ奏スルコト有リ。已《すで》ニシテ交際ノ利益ヲ悟リ、或ハ全ク之ヲ悟ラザルモ猶《なお》能《よ》ク其ノ自ラ交際ヲ拒絶スル力ナキコトヲ知ルニ至レバ、之ニ向テ専《もっぱ》ラ恐嚇政略ヲ用フルハ甚ダ非也。何トナレバ其ノ邦国復《ま》タ外交拒絶ヲ以テ廟謨ト為サズ、又輿論ト為サヾル以上ハ平和ノ処置ヲ以テ其ノ陋見《ろうけん》ヲ啓《ひら》キ之レヲ導イテ開化ノ域ニ進入セシムルノ方便アレバナリ。此ノ時ヤ懐柔政略ノ利用多キコト亦何ゾ疑ハン。今朝鮮ノ廟謨ハ如何ナル廟謨ゾヤ。其国王*ハ頗《すこぶ》ル開化ノ思想ヲ有スト云フト雖ドモ其ノ父タル大院君*ハ外邦人ヲ忌ムコト蛇蝎《だかつ》ノ如ク、常ニ鎖攘ノ説ヲ固執シテ勢力ヲ国政上ニ及ボスト聞ケリ。而シテ廟堂官吏中ニ於テハ開論党ナキニ非ズト雖ドモ之ヲ以テ斥論党ニ比スレバ其数甚《はなは》ダ少ナク、左《さ》顧《こ》右《う》眄《べん》躊躇スル所多キハ勢ノ蓋シ止《や》ムヲ得ザルニ出ヅルナリ。此他一般民心ノ如キハ固《もと》ヨリ頑愚固陋ニシテ当今ノ時務ヲ知ラズ、只其旧習ヲ株守スルヲ以テ最モ安全ナリト為スノミ。概シテ之ヲ言ヘバ朝鮮国ハ未ダ外交ノ利益ヲ悟ラザルモノナリ。且ツ其輿論ハ鎖港攘夷ヲ欲スルモノナリ。我邦ノ之ヲ処スルニ特《ひと》リ懐柔政略ヲ以テセバ其功験薄クシテ且ツ遠カルベシ。必ズ亦《また》幾分ノ恐嚇政略ヲ用フルヲ以テ適当ト為ス。乃《すなわ》チ恩威幷《なら》ビ行ヒ、或ハ彼レヲシテ中心ヨリ交際ノ利益ヲ感ズルニ至ラシメ、或ハ彼レヲシテ已《や》ムヲ得ズ宇内《うだい》ノ公道ニ従ハザルヲ得ザルニ至ラシメ、以テ其一日モ速《すみや》カニ開化ノ境域ニ進入スルヲ期スベキナリ。

今夫《そ》レ朝鮮ハ北《きた》魯国ト境界ヲ接シ未ダ其ノ間ニ憂フベキノ関係ヲ生ゼズト雖ドモ、何時カ不虞ノ禍《わざわ》ヒヲ生ゼンモ知ルベカラズ。彼ノ魯国ガ東洋ニ屯艦所*ナキニ苦シミ、百方計画シテ之ヲ得ルニ汲々タルハ万国ノ能ク知ル所ナリ。現ニ魯国ハウラジヲストツクヲ有シ、此ニ屯艦ノ準備ヲ為ストノ事ナレドモ其地タル甚ダ北辺ニ在ルヨリ冬時海面凍結シテ船舶ヲ出入スル能ハズ。故ニ魯国ハ事機ニ投ジテ更ニ便利ノ良港ヲ得ントスルヤ疑ヒナシ。而シテ朝鮮ノ如キハ則チ魯国ノ為メニ良港ヲ供スル最モ便利ノ国土ニ非ズヤ。其常ニ垂涎シテ瞻望《せんぼう》スルコトハ是亦万国ガ視察スル所ト為ス。若シ吾人ニシテ眼ヲ此点ニ注シ併セテ我邦ノ利益ハ朝鮮ノ独立ヲ図ルニ在ルヲ思ヘバ、早ク朝鮮ノ頑陋ヲ破リ其港埠ヲ開イテ各国人ノ通商ヲ許ルシ、魯国ヲシテ手ヲ鶏林ニ着クルコト能ハザラシムルハ実ニ今日ノ緊務タルヲ知ルベシ。已ニ此緊務ヲ知ルニ於テハ我邦ノ朝鮮ヲ処スル決シテ緩漫ナルベカラズ。苟《いやし》クモ緩漫ナレバ未ダ其独立ヲ全ウセズシテ或ハ強魯ノ術策中ニ陥イルノ患《うれ》ヘ無キヲ保タズ。我ガ外交ノ機密ヲ掌

其国王　高宗(李太王)。一八五二—一九一九。妃は明成皇后(閔妃。一八五一—九五)。

大院君　李昰応。一八二〇—九八。高宗の父。一八六四年から摂政として中央集権体制の強化をはかり、対外的には強硬な鎖国攘夷政策をとった。七三年国王親政を名目に隠退させられるが、閔氏との反目・抗争はのちの壬午軍乱の伏線となる。

ドルモノ此ニ深慮スル所ナカルベカラザルナリ。

花房公使ガ今回朝鮮京城ニ於テ談判スル所ハ専ラ彼ノ安辺暴動ノ事件ナルベシ。此件ヤ数十ノ暴民ガ所為ニ係ルト雖ドモ蓋《けだ》シ亦其ノ国人ガ鎖封孤立ノ輿論ヲ事実ニ発顕シタルモノト謂フベシ。我ガ公使ニシテ厳ニ之ヲ責メ十分ニ其報償ヲ求ムルハ、則チ彼ノ頑陋ヲ挫《くじ》キ両国ガ訂盟シタル条約ニ背クトキハ忽《たちま》チ斯ル苦痛ヲ受ケザルヲ得ズトノ事ヲ感悟セシムルノ方便ナリ。必ズ之ヲ寛ニ失スベカラズ。且ツ此ノ談判ニ関シ苟クモ機会トスルニ足ルモノ有ラバ、或ハ彼レニ迫ルニ未ダ開カザル港埠ヲ開設スベキヲ以テシ、或ハ*欧米諸邦ト通商条約ヲ為スベキヲ以テシ、彼レヲシテ辞ノ之ヲ拒ムベキ無ク、且ツ勢ヒ之ニ従ハザルヲ得ザルニ至ラシムベシ。回顧スルニ我邦ノ曾《かつ》テ鎖港攘夷ヲ以テ国論ト為セシニ当リ海外各国若《も》シ専ラ懐柔政略ヲ用ヒシナラバ、我邦国論ノ豹変スル何ゾ斯《か》クノ如ク迅速ナランヤ。而シテ*下ノ関鹿児島ノ砲撃ハ暴ニ近カリシモ我ガ国人ヲシテ其思想ヲ一変セシメタルノ第一ト謂フベシ。今我邦ハ朝鮮ニ向テ斯ル挙動ヲ為スベキニ非ザルハ論ヲ俟《ま》タズト雖ドモ、責ムベキ所ハ之ヲ責メ、威ヲ用フベケレバ之ヲ用ヒ、以テ其頑陋ヲ挫キ以テ其海外交際ヲ促ガスハ蓋シ緊要ノ事タリ。我儕ハ政府ガ能ク此方法ヲ尽シ花房公使ガ能ク之ヲ実地ニ用ヒンコトヲ冀望セザルヲ得ザルナリ。

屯艦所　軍港。とくに一年を通じて使用できる不凍港獲得がロシアの南下政策の一因をなしていた。　**欧米諸邦ト通商条約…**　この論説の直後の五月二十二日にアメリカとの間に通商条約が締結され、六月六日にイギリス(ただし批准せず)、同三十日にドイツが続いた。

下ノ関鹿児島ノ砲撃　元治元年(一八六四)八月の四カ国連合艦隊と長州藩との馬関戦争、及び文久三年(一八六三)七月の薩英戦争。

11　朝鮮鎖攘家の乱　(朝野新聞)

解題[明治十五年八月八日]　壬午軍乱に際して、「頑固」党討滅を説く強硬論として典型的なもの。鎖国を破ることは「満天下全世界ノ改進」を謀ることだとして、朝鮮の開化のため「慈母」のごとく教え「厳師」のごとく導いた「日本帝国人民」を襲撃、殺害したことを強く非難する。「朝野」は論説「朝鮮京城ノ変」(十五・八・一)以来、壬午軍乱に関連する多くの論説を掲げている。前掲II-18や「内外ノ軽重」(十五・九・一)など内治優先を説く論説もあるが例外的であり、全体的には強硬論が圧倒的に多い。柔軟な対応を説いた「毎日」とは論説(十五・九・二〜十、十五・九・二十二〜三十、十五・十・十五〜十七)で論争している。ただ論説「朝鮮事件ノ収局」(十五・九・五)以降、対清政略上から、清国の出兵・干渉への過剰な対決熱を批判するものもある。なお浅野乾→二六二頁注。壬午軍乱については→補注。

朝鮮鎖攘家ノ乱

浅野　乾

嗚呼《ああ》我ガ＊看官諸君ハ吾儕ガ一昨日附録ヲ以テ報道シタル朝鮮京城ノ異変ヲ聞知シ、果シテ如何ナル感覚ヲ脳裡ニ生ゼシカ。＊王妃及太子ノ妃ハ毒殺セラレ、十余人ノ貴顕ハ不幸ニモ暴徒ノ為メニ屠《ほふ》ラレ、我ガ＊陸軍中尉堀本氏及＊語学生徒巡査モ亦尽《ことごと》ク禍ヲ蒙ブルニ至レリ。而シテ頑固党ノ首領タル大院君ハ政柄ヲ掌握シテ斥和《せきわ》攘夷ノ勢焔ハ殆ド朝鮮八道ノ人民ヲ震慴《しんしょう》セシム。豈《あに》之レヲ称シテ朝鮮ノ大乱ナリト謂《い》ハザルヲ得ンヤ。事情遼遠ニシテ詳《つまびらか》ニ之レヲ知ルヲ得ズト雖ドモ、頑固党ノ暴悪既ニ斯《か》クノ如シ。惟《おも》フニ国王ニシテ縦《たと》ヒ弑殺《しさつ》ノ兇虐ヲ免カレ給フモ、其ノ必ズ幽閉セラレタルカ将《は》タ廃セラレタルカノ二者ヲ免カレ給フコト能ハザル可シ。況ンヤ国王ノ＊踪蹟分明ナラズシテ、其ノ生死ヲ知ル者無シトノ風説アルニ於テヲヤ。而シテ改進主義ヲ固持スル官吏ニシテ、難ニ此ノ変ニ遇フタル者ハ止《た》ダ＊李載応、＊尹雄烈ノ諸氏ノミナラズ、輔国大夫＊李載元ヲ始メ、苟《いやしく》モ開国党ノ錚々《そうそう》ヲ以テ鳴ル者ハ、尽ク兇徒ノ毒手ニ罹《かか》リタルヤ必セリ。嗚呼亦《また》惨ナリト謂フ可キナリ。苟モ此邦ト親近ニシテ、其ノ禍福治乱ノ我ガ利害ニ関スルノ僅少ナラザル者ハ、何ゾ之レヲ傍観坐視ス可キノ時ナランヤ。

抑《そもそ》モ暗冥固陋ノ時代ヨリシテ開明交通ノ期節ニ変移セントスルヤ、其ノ第一着ニ於テ必ズ先ヅ＊這般《しゃはん》ノ事変ヲ誘起シ、＊天定ツテ人ニ勝ツノ時ニ達スル瞬間ニ於テ、頑固党ノ一時暴威ヲ奮《ふる》フハ誠ニ免カレザルノ数《いきおい》ナリト謂フ可シ。今ヤ朝鮮亦《また》此ノ時期ニ遭遇ス。苟モ開化ノ先鞭ヲ着ケテ、平素之レガ誘導ニ尽力スル者ハ、此ノ不運ナル邦国ヲ援ケテ冥々濛々タル雲霧ノ中ヨリ救ヒ出ダサヾル可カラズ。而シテ其ノ奮ツテ之レヲ為ス所以《ゆえん》ノモノ、独リ此邦ノ開明ヲ慮《おもんぱか》ルガ為メノミニシテ然ランヤ。若《も》シ苟

看官　読者。著者が書物などを通して呼びかける詞。　**王妃…**　王妃である閔妃は殺害されたものと当時信じられたが、宮女に変装して王宮を脱出しており、忠州長湖院の閔応植宅に避難していた。生存が公表されるのは、再び大院君が失脚した後の九月八日である。また壬午軍乱では、大院君の兄、李最応をはじめ、閔氏一族の高官たち十数人が殺害された。　**陸軍中尉堀本氏**　堀本礼造。一八五二-八二。讃岐国香川郡出身。四年に大阪鎮台召集兵となり、ついで教導団工兵生徒、参謀本部勤務をへて、十三年十月朝鮮行きを命ぜられ、朝鮮の洋式軍隊である別技軍の軍事訓練担当となった。十五年四月に工兵中尉。　**語学生徒巡査**　陸軍語学生池田平之進・岡内恪、外務省巡査広戸昌克(一等巡査)・宮錭太郎(二等巡査)が殺害された。　**踪蹟**　ゆくえ。　**李載応**　李最応。閔氏と結び、領議政(総理大臣)の地位にあった。　**尹雄烈**　当時、軍務司令官。別技軍の創始者で、第二次修信使の随員。甲申事変直後には刑曹判書。　**李載元**　国王高宗の従兄で、当時輔国大夫。甲申事変直後の内閣では、洪英植とともに領議政となる。

モ之レヲ傍観シテ頑固党ノ為ス所ニ任《ま》カスル如キコトアラバ、将《まさ》ニ之レト交通セントスル開明諸国ハ大ニ之レガ為メニ其ノ害ヲ蒙ブルニ至ル可シ。豈啻《あにただ》ニ其交通貿易ヲ約セシ諸国ノ為メノミナランヤ。凡ソ地球上ニ於テ此クノ如キ鎖攘ノ頑固党有テ公正博交ノ道ニ背戻スル者アルハ、是レ我ガ世界ノ福運ヲ障碍スル者ナリ。然レバ人アリ、此ノ頑冥ヲ排破シテ天地ノ公道ニ就カシムルハ、則チ之ヲ皮相視スレバ独リ朝鮮其国ノ開明ヲ図ルガ為メナリト雖ドモ、一歩ヲ進メテ之レヲ論ズレバ則チ開明諸国ノ公利ヲ謀ルガ為メニシテ、更ニ一歩ヲ進ムレバ満天下全世界ノ改進ヲ謀ルガ為メナリト謂ハザル可カラズ。嗚呼《ああ》亦栄ナリト謂フ可キナリ。苟モ之レニ率先シテ改進ヲ唱ヘ、以テ文明ノ余光ヲ其ノ邦ニ漏洩シタル者ハ、亦何ゾ袖手《しゅうしゅ》坐視ス可キノ時ナランヤ。

夫《そ》レ朝鮮ニ親近ニシテ、其ノ禍福利害ハ決シテ秦越*ノ肥瘠《ひせき》視スル能《あた》ハザル者ハ、果シテ何《いず》レノ国ゾ。之ヲ導キ之ヲ教ヘテ、慈母ノ如ク又厳師ノ如キ者ハ抑《そもそ》モ何レノ人ゾ。是レ我ガ日本帝国人民ニ非ズシテ誰ゾヤ。且ツ夫レ今回ノ変タルヤ、彼《か》ノ暴戻《ぼうれい》ナル頑固党ハ奇怪ニモ我ガ小日本国タル京城ノ公使館ヲ襲ヒ、我ガ日本政府ヲ代表スル公使*其人ヲ殺サントシ、仁川ニ我ガ官吏ヲ殺傷シ、今ヤ又堀本中尉等諸人ヲ掩殺《えんさつ》スルニ至ル。咄《とつ》何者ゾ我ガ帝国ニ寇シ我ガ政府ヲ辱《はずか》シメントスルカ。苟モ我ガ邦人民ハ我ガ国旗ノ冤血《えんけつ》ヲ雪《すす》ギ、我ガ政府ハ我ガ国権ノ凌轢《りょうれき》ヲ防ガザル可カラズ。曩《さ》キニ世人ガ軽挙妄動ヲ戒慎シテ、能《よ》ク其ノ事情ト原因ヲ詳知シ、先ヅ飽迄《あくまで》モ道理上ノ尋問ヲ為スヲ主眼トセシ者ハ、要スルニ其暴徒タル、徒《た》ダニ烏合《うごう》ノ一揆ニ止マルカ否ヤヲ明知セザレバ也。然レドモ此ノ時ニ於テ吾儕ハ既ニ其ノ暴発スル一朝一夕ノ故ニ非ズシテ、其ノ必ズ容易ナラザル異変アル可キヲ察知シ、遂ニ朝鮮王国ノ為メ、自他開明諸国ノ為メ、全世界改進ノ区域ヲ拡ムル為メ、我ガ日本国権ヲ伸《のぶ》ルガ為メニ、結局ノ法廷ニ訴ヘテ直チニ勝訴ヲ得ルノ時期近キニ在ルヲ信ゼシガ故ニ、予《あらかじ》メ看官ニ向フテ我社ノ意見ヲ陳述シタリキ。然ルニ今ヤ朝鮮ノ頑固党、即チ我ガ改進帝国ヲ敵視スル者、勝ヲ獲テ、大院君ハ政事ヲ執リ、王妃ヲ始メ大臣貴人ヲ殺シ、国王ノ安否亦未ダ詳《つまびらか》ニ知ル可カラズ。此ニ於テカ吾人ハ始メテ我ガ小日本帝国ニ乱入放火シテ我ガ政府ノ代理者ヲ掩殺セントセシ者ハ、大院君ヲ戴キタル頑固守旧ノ紳士兵隊ナルヲ明知シ、我ガ国旗ヲ汚シ我ガ国権ヲ傷ツケタル者ハ、勢力強大ナル一大変乱党、即チ我レト親シキ前政府ヲ転覆シタル今ノ朝鮮政府ナルコトヲ知レリ。嗚呼《ああ》我邦ニ於テ豈《あに》傍観坐視ス可キノ時ナランヤ。

這般　今般。このような。　**天定ツテ人ニ勝ツ**　邪悪非道がときに栄えることがあっても、天運が常態に復すれば、悪は滅び善が栄える。人力は結局天理にそむくことはできないという意。　**秦越ノ肥瘠**　越人にとって遠く離れている秦の人の肥瘠はどうでもいいということから、自分に関係のないことは何とも思わないことの喩。
公使其人…　公使は花房義質。漢城の公使館が襲撃されたため仁川に逃れたが、そこも鄭義吉らの一隊に追撃され、船で南陽沖に避難、イギリス船フライング・フィッシュ号によって、三十日(一説に二十九日深夜)に長崎に帰着することになる。

説者或ハ東洋政略ヲ誤ルヲ慮ツテ之ヲ憂フル者アリ、陰然後援ヲ為スノ大敵アランヲ恐レテ、之レヲ危《あやぶ》ム者有リト雖ドモ、二者皆迂《う》ナリ。吾儕ヲ以テ之レヲ観レバ苟モ東洋政略ヲ保タンガ為メニハ、必ズ一タビ之レヲ干戈《かんか》ニ訴ヘテ頑固党ノ気焔ヲ其邦ニ消滅セシメザル可ラズ。若シ夫《そ》レ非常ノ変ニ処スルコト猶《なお》平時ノ措置ヲ為スガ如ク、頑冥不霊《*ふれい》ノ者ニ向フテモ亦唯《た》ダ親睦是レ務メテ怨嗟《えんさ》ヲ万一ニ起スノ憂ナカランヲ欲スル如キハ、其ノ結果タル、果シテ如何。内ハ比隣ナル清国ニ制御セラレテ益《ますま》ス我邦ヲ敵視シ、併セテ欧米開明諸国ヲ忌憚《きたん》スルニ至リ、外ハ垂涎三尺常ニ其隙ニ乗ジ、瑣末《さまつ》ノ口実ヲ得テ之レガ略奪ヲ企《くわだ》ツル強魯其国ト争端ヲ開クコトナキヲ保ツ可カラズ。説者実ニ東洋ノ連合シテ以テ唇亡ビテ歯寒キノ歎ナカラシムルヲ欲セバ、何ゾ此ノ変乱ヲ鎮圧セズシテ却テ姑息《こそく》ノ計ニ出デントスルヤ。是レ其ノ智慮ノ浅キガ為メカ、将《は》タ為メニスル所《ところ》有テ然ルカ、二者必ズ其一ニ居ルナラン。嗚呼《ああ》朝鮮国民ノ為メニ其ノ困苦ヲ救フハ義ナリ。国王王妃ヲ始メ我邦ヲ愛敬セシ改進党ノ為メニ其《その》怨ヲ報ユルハ信ナリ。天下諸国ノ為メニ其妨害ヲ除クハ仁ナリ。我ガ国威ノ為メニ其発揚ヲ謀《はか》ルハ勇ナリ。此ノ機会ニ因テ、東洋政略ノ為メニ却テ将来ノ禍基ヲ絶ツハ智ナリ。智仁勇三徳ニ兼ヌルニ信ト義トヲ以テス。此ノ天兵ニ向フテ誰カ能《よ》ク抗敵スル者有ランヤ。好《よ》シ且ツ如何ナル強暴ノ邦ト雖ドモ我ガ正理ヲ行ナフノ目的ヲ妨ゲテ、頑固ノ国人ニ応援スルノ非挙ヲ企ツル者無キヤ必セリ。抑《そもそ》モ平時ニ於テ沈着ナルモ非常ニ当ツテ勇敢ナルヲ務メ、剛毅ニシテ能ク断ジ、事ニ当ツテ迷ハザルヲ要ス。苟モ事変ヲ聞クノ始メニ於テ予《あらかじ》メ能ク沈思熟考シ、已《すで》ニ事ヲ作《な》スニ決セバ毫モ踟躕《*ちちゅう》スル所アル可カラズ。断然之レヲ貫カント欲シテ半途阻礙《そがい》ニ遇フモ決シテ屈撓《くっとう》スルコト勿《なか》レ。是レ吾儕ガ今日特ニ我邦ノ方略ニ就テ希望スル所ナリ。我政府ノ英明ナル、亦必ズ此ニ出ヅルヲ信ズルナリ。

不霊　ぐずぐずすること。　**踟躕**　躊躇すること。

12　朝鮮果して無政府なる乎
（東京日日新聞）

解題［明治十五年八月八日］　壬午軍乱に関し、「時事」「報知」の論説をとりあげて、その主戦論を批判し、外交交渉により事態の決着を図ることを説く論説。外交上の手段が尽きた後であれば兵威を用いることもやむをえないが、外交交渉が可能なときに主戦を論じるのは、東洋政略上誤りだとする。「東日」も壬午軍乱関連論説は多く、その中で主戦論への体系的批判、朝鮮の欧米への開国と内政非干渉を説いたものとして、論説「朝鮮ノ内乱ニ干渉スベカラズ第一〜第五」(十五・八・十五〜二十一)、一方清国による日朝談判の調停を拒否するものに、論説「清国ト朝鮮ノ関係」(十五・八・二十五〜二十八)がある。

朝鮮果シテ無政府ナル乎

王妃世子ノ妃毒殺セラレ、李最応、*金輔鉉、*閔謙鎬、*閔台鎬、尹雄烈等ノ大臣貴官十三人殺サレ、大院君政事ヲ執ルノ電報ヲ得ルヤ否ヤ彼ノ主戦論者ハ例ノ如クニ慌惶シ、昨朝ノ紙上ニ於テス、ハヤ朝鮮ハ無政府ナルゾ速《すみやか》ニ我兵ヲ以テ之ニ臨ムベシト論ジヌ。其要旨ニ云《いわ》ク、此賊徒ハ斥和攘夷ヲ主張シ政府ヲ簒奪スルノ逆謀アリ、卒然兵ヲ挙テ王宮ヲ囲ミ、王妃以下ヲ弑殺シテ悪逆ヲ恣《ほしいまま》ニシ、当路大臣ヲ殺シ日本公使ヲ襲ヒ忠烈勇武ノ伝習兵ヲ掩殺シ、反逆ノ謀皆《みな》其図ニ中《あた》リテ遂ニ大院君ノ新政府トナレリ。此新政府ニ対シテハ花房公使ハ日本使臣ノ資格ヲ失ヒタル者ナリ、花房公使ヲシテ途中ヨリ引返《ひきもど》シ*再ビ京城ニ入テ談判セシムルノ理由ハ、政府顛覆ノ一報ヲ以テ全ク消滅ニ属シタル者ト見做《みな》スベキナリ。加之《しかのみならず》、僅《わずか》ニ二中隊ノ護衛兵ヲ以テ此新勝ノ賊兵中ニ入ランコト、実際ノ軍略ニ於テ無謀ノ如シ。朝鮮政府ハ叛賊ノ有ニ帰シタリ。我日本ハ此叛賊ヲ認《みとめ》テ適正ノ朝鮮政府トナサズ、飽《あく》マデモ従前ノ政府ヲ以テ適正ノ朝鮮政府ト認メ十分ニ之ニ助力スベシ。此叛賊等ハ我日章旗ヲ辱《はずか》シメ我国人ヲ屠殺シタルノ悪逆人タルヲ以テ、其罪ヲ厳責スベシ、事機ハ須《すべか》ラク神速ナルベシ、速ニ文武全権弁理大臣ヲ派遣シテ京城ニ入リ此事件ヲ処分セシムベシ(*時事新報ノ論趣)。云《いわ》ク、朝鮮政府ハ既ニ叛徒ノ為ニ顛覆セラレタリ。叛徒ハ啻《ただ》ニ我公使館ヲ襲撃シテ公使一行ヲ殺傷セルノミナラズ、我訂盟国ナル朝鮮政府ヲ顛覆シ、我天皇陛下ト通交ノ親アル韓王ヲ凌辱シ、其妃ヲ毒殺シ其大臣貴官ヲ屠殺セリ。朝鮮政府ノ微弱ナル、到底叛乱ヲ*戡定《かんてい》スルコト能ハザル明白ナリ。直《ただち》ニ我師ヲ発シ暴徒ヲ鎮メ朝鮮国ヲ取リテ韓王ニ与ヘザル可カラズ。朝鮮国ハ既ニ無政府ト為レリ。暴徒充満シテ共ニ道理上ノ事ヲ談ズベキ者ナキナリ。先ヅ兵ヲ出シテ国中ニ充満セル叛徒ヲ鎮定シ、従前ノ政府ヲ確立スルノ後ニ非ズンバ、誰ト共ニカ国辱洗滌ノ事ヲ談判スルヲ得ンヤ(*報知新聞ノ論趣)。是レ両記者ガ早《はやく》モ速了シテ直《ただち》ニ今日ノ朝鮮ヲ見テ無政府《(アナルキー)》ト認メ、大院君党ヲ見テ叛逆党《(レーブル)》ト認メ、速ニ其内乱ニ立入ルノ方略ヲ行ハント欲スル者ナリ。其同一轍ニ出テ方略トスル所ハ、(第一)大院君ハ王位ヲ簒奪スル逆徒ナルガ故ニ実権アリトモ我ハ之ヲ適正朝鮮政府ト認ム可カラズ、(第二)韓王ハ正統ノ国王ナルガ故ニ実権ヲ失フトモ我ハ尚ホ之ヲ適正ノ朝鮮政府ナリト認メザル可カラズ、(第三)我ハ我兵力ヲ以テ適正ノ政府タル韓王ヲ助ケ其簒《うば》ハレタル王位ヲ恢復セシムベシ、(第四)韓王ソノ王位ヲ恢復シ再《ふたたび》適正ノ政府ヲ建タル上ニテ我ニ対シテ謝罪ノ実効ヲ立テシムベシ、ト云フニ過ギザルヲ以テ甚ダ簡明ナル方略ナリト云フベシ。

金輔鉉　前宣恵堂上であり、京畿監司をつとめていた。　**閔謙鎬**　大院君の妃の弟。　**閔台鎬**　太子の妃の父。　**再ビ京城ニ入テ談判**… 花房公使は八月十二日、軍艦四隻・陸兵一個大隊を率いて仁川にもどっていた。十六日には護衛兵とともに漢城に入り、二十日に王に謁見して公使館襲撃に対する満足すべき回答を求めることになる。　**時事新報**… 八月七日論説「朝鮮事変続報」。　**戡定**　鎮定。平定。　**報知新聞**… 八月七日論説「朝鮮叛徒討タザル可ラズ」。

吾曹《ごそう》モ亦最初ヨリシテ時機ニヨリテハ或《あるい》ハサル場合ニ到ルコトモアランカト思ヒ、既ニ*本月一日ノ紙上ニ於テ、攘斥党ノ激徒其志ヲ逞クシテ開国党ヲ退ケ、国王ヲ挟ミテ頻《しきり》ニ攘斥ヲ国中ニ令スル乎、或ハ国王ハ京外ニ*蒙塵シ、激徒王位ヲ乱リテ国乱ヲ起スノ有様ニ至ラバ、我ニ於テモ談判ハ偖置《さてお》キテ更ニ大ニ計画スル所アラザル可カラズ、今日ノ急務ハ京城ノ状況ヲ探問シテ其国情ノ実ヲ得ルニ在リトハ開陳シタリ。而シテ昨今到来ノ電報ヲ見レバ、大院君ソノ新政府ヲ建テ釜山元山ミナ無事ナルノミナラズ、其官吏ハ我ニ向テ厚ヲ示シ、大院君ハ特ニ*東萊府使ヲシテ我釜山領事館ニ告グニ、京城内部ノ騒擾ニ当リ日本公使館ニ保護ヲ与フルコトヲ得ザリシハ甚ダ遺憾ナリトセル趣ヲ以テセシメタルノ手続ヲ見レバ、其内心ハ固《もと》ヨリ知ル可カラザルト雖ドモ、表面ニ於テハ陽ニ攘倭ノ勢ヲ示サヾルナレバ、吾曹ガ*昨日ニモ云ヘル如ク、我ヨリ今日ノ朝鮮政府ヲ見テ無政府ト認ムベキ乎、大院君党ヲ見テ反逆党ト認ムベキ乎、但《ただし》ハ実力政府ト認ムベキ乎ハ談判上ノ第一緊務ニテ、其如何ハ花房公使ガ京城ニ到ルノ日ニ非ザレバ之ヲ知リ得ベカラザル者ナリ。然ルヲ今両記者ノ如クニ慌惶シテ一モ無ク二モ無ク大院君党ハ反逆ナリ、朝鮮ハ無政府ナリトシテ、直ニ其内乱ニ立入ラント欲スルハ、寧《むし》ロ速了ノ大早計ニ非ザルヲ得ンヤ。花房公使ガ再ビ京城ニ入ルニ当リ、彼ノ砲台ヨリ我軍艦ニ発砲スル乎、或ハ公使ノ上陸ヲ抗拒スル乎、或ハ問罪ノ談判ヲ拒絶スル事アラバ外交官ノ尽ス所ハ已ニ竭《つ》クルナレバ、其時コソ不レ得レ已《やむをえず》我兵威ヲ以テ之ニ臨ミ、宣戦ノ手続ニ及バンコト、吾曹モ其可ナルヲ知ルナリト雖ドモ、若シ大院君政府ニテ公使ヲ引接シテ暴動謝罪ノ談判ニ取掛リ、今回ノ事タル、全ク国内ノ騒擾ニシテ外交ニ関係アルニ非ズ、兵隊蜂起ノ為ニ日本公使館ノ襲撃ヲ保護スルコト能ハザリシハ我過ナリ、我其暴徒ヲ厳刑ニ処シ大ニ将来ヲ懲戒スベシ、我其死傷ニ相当ノ扶助ヲ成シテ以テ我保護ノ至ラザルヲ謝スベシト答フルモ、我公使ハ尚ホ却テ之ヲ拒絶シ、汝《なんじ》大院君ハ簒逆者ナリ、我コレト共ニ談判ヲ開クコト能ハズト云ハン乎、又ソノ大院君政府ハ其号令ヲ八道ニ布《し》キ実力政府タルノ実アルモ、我公使ハ尚ホ却テ之ヲ拒絶シ、汝大院君政府ハ実力政府タリトモ我コレヲ適正ノ政府ナリト認メズ、飽《あく》マデ無政府ナリト認メント云ハン乎、彼ノ韓王ハ幽閉セラルルカ若《も》シクハ蒙塵シテ、復タ主権者ノ実ナク政府ノ実ナキモ、我公使ハ尚ホ之ヲ国王視シ、是ニ向テノミ談判ヲ開クベシト云ハン乎、是レ万国公法ノ取ラザ〔ル〕所ナリ。而シテ両記者ノ所見ニ従ヘバ、公使ノ処置ハ勢必ラズ玆ニ出ザル可カラズ。是レ吾曹ガ決シテ外交上ノ得策トセザル所ナリ。畢竟《ひっきょう》スルニ、今日ニ於テハ彼ノ大院君政府ハ実力政府ナルカ、我問罪談判ヲ引受クベキカヲ一ノ問題トシ、之ヲ適正ノ政府ナリト公認スルカ公認セザル〔カ〕ヲ一問題トセザル可カラズ。両記者ノ如クニ之ヲ混同シテ直ニ断案ヲ下スハ豈《あ》ニ東洋政略ヲ得ルモノナランヤ。

本月一日ノ紙上　「朝鮮ノ変報」と題する、壬午軍乱についての論説。「今日ノ急務ハ元山、釜山、仁川ニ在住スル我国民ヲ保護シ、夫(それ)ヨリ京城ノ状況ヲ探問シテ其国情ノ実ヲ得ルニ在リ。然ル上ニテ朝鮮政府ニ向テ厳重ノ談判ヲ開クカ、又ハ彼ノ政府ヲ援ケテ先ヅ其内訌ヲ除カシムル乎、其実情ニ応ズルノ策ヲ建ツベシ」と述べている。　**蒙塵**　頭にちりをかぶること。天子は常は道を清めてから旅行するが、出奔の場合にはその暇がないことから、変事に難をさけて逃れることをいう。　**東萊府**　東萊は釜山のこと。釜山府。

昨日ニモ云ヘル如ク　八月七日論説「朝鮮ノ変報」。

13　ヂョン・ブライト氏がエジプト措置の意見　(日本立憲政党新聞)

解題〔明治十五年八月二十日〕　エジプト干渉に反対して辞職したジョン・ブライトの辞任の弁を援用しつつ、壬午軍乱にいたるまでの日本の朝鮮政略は「侵犯ノ主義」だとして批判し、ブライトのいう「政治ノ大本」たる道徳の立場にたつべきことを説く論説（エジプト事件については↓一八四頁注「埃及事件」）。ただ「立憲」も論説「朝鮮談判ノ結了」（十五・九・五〜九）、「日本支那ノ関係ヲ論ズ」（十五・十二・十五〜十六）などで、「宗主国」清国の介入を警戒し、朝鮮「独立」のため清国への対抗準備を主張するにいたる。

*ヂョン、ブライト氏ガ埃及《エジプト》措置ノ意見

英吉利《イギリス》ガ今ヤ埃及《エジプト》ニ於ケルノ外相ハ、我国ノ朝鮮ニ於ケルノ情況ト稍々《やや》相似《あいに》タルコト無カラズ。夫《そ》レ英吉利ハ宇内ノ至富至強ノ国ニシテ、其ノ内閣ニ在ルノ宰相モ皆ナ外交内治ノ事ニ錬達シテ、夙《つと》ニ其名ノ東西両球ノ間ニ聞エタルノ士ナリ。又《ま》タ埃及モ泰西雄国ノ間ニ介《はさ》マレテハ誠ニ*泗上十二諸侯ノ如ク、積弱積衰ノ一小邦ニシテ復《ま》タ論ズルニ足ラザル者ニハ有レドモ、*アラビー、ベイ一タビ奮ヘバ猶《な》ホ能ク欧洲ノ政治ヲ動カシテ、英仏ノ内閣ヲシテ因テ更迭シ、若《も》シクハ其ノ閣員ノ辞職スル等ノ事ヲ生ゼシムルニ足ルノ力アルナリ。左レバ国ノ貧富強弱、軽重大小ノ上ヨリシテ之ヲ観レバ、我国ハ迚《とて》モ英吉利ニ*企及スベキニハ非ズ。又タ妄《みだ》リニ朝鮮ヲ以テ埃及ニ比擬スルハ埃及人ノ為メニハ甚ダ気ノ毒ナルコトモアル可シ。然レドモ*埃及ガ土耳《トルコ》其ニ於ケルノ関係ハ朝鮮ガ清国ニ於ケルノ関係ト尤《もっと》モ相近ク、又タ我国ガ是レマデ朝鮮ニ向フテ措置シ及ビ今日将《まさ》ニ彼ニ処セントスルノ政略ハ、侵犯《〈アクレシーブ〉》ノ主義ニ因リタル者ニシテ、猶ホ英国ガ埃及ニ於ケルノ政略ト同一ノ源ニ発スル者トス。殊ニ地球ノ*那辺ニ於テ方《まさ》ニ英埃ノ難アルノ日ニ当リテ、恰モ*這辺ニ於テ日韓ノ事ノ発シタル者ナレバ、論者ガ往々ニ此ノ日韓ノ問題ヲ把リテ直《ただ》チニ彼ノ英埃ノ事ト相比擬セント欲スルモ、亦タ未ダ必ラズシモ全ク謂ハレ無キニハアラザルナリ。斯《かか》ル次第ナレバ今日ニ於テ英国ノ政治家ガ其ノ政府ノ埃及措置ノ政略ニ対シテ如何ナル意見ヲ有スルカヲ観察スルハ、吾人ハ其ノ甚ダ要用ナルコトヲ信ズルナリ。矧《いわ》ンヤ其ノ自由改進ノ泰斗タル先輩大臣ノ言ニシテ、恰《あたか》モ吾人ガ朝鮮ニ処スルノ意見ト東西符節ヲ合セタルガ如キ者アルノ場合ニ於テヲヤ。吾人ハ此ノ先輩大臣ノ重キニ因テ、吾人ノ言ヲシテ愈々《いよいよ》読者ノ心ニ入ルコトヲ深カラシムルノ効ヲ得ンコトヲ期セザル可ラズ。此ノ先輩大臣トハ誰レゾ。吾人ガ本月二日ノ本紙ニ於テ「*ルートル」ノ電信ニ因テ特ニ其辞職シタルノ事ヲ報ジタル所ノ英国内閣宰相ノ一人ナリシ、ヂョン、ブライト氏即チ是ナリ。同氏ハ自由ノ泰斗改進ノ先輩ニシテ、久シク*根本改正党ノ首領ト推サレタルノ人ニシテ、即チ一千八百四十八年

ニ於テ彼《か》ノ穀物輸出入ニ関スル悪法ヲ廃シ、尤モ其力アリテ英国貧民ヲシテ長ク穀賤《やす》キノ慶ヲ享クルヲ得セシメ、有名ナル*コブデン氏ト倶《とも》ニ名ヲ斉《ひとし》クシタルモ此ノブライト氏ナリ。又タ一千八百六十九年ニ於テ*愛爾蘭《アイルランド》借地法ノ改正案ヲ提出シテ*ヂスレイリー氏（後ニビーコンスフキールド侯）ヲシテ辞職セシメ、*グラーヅストウン氏ト倶《とも》ニ新内閣ヲ組織シテ愛爾蘭小作人ノ疾苦ヲ救ヒタルモ此ノブライト氏ナリ。已ニシテ議グラーヅストウン氏ト合ハズシテ退キ、因テ大ニグラーヅストウン氏ノ勢力ヲ減ンジテ一千八百七十三年ニ至リテ遂ニグラーヅストウン氏ガヂスレイリー氏ノ為メニ敗ラル、ヲ致セシモ亦タ此ノブライト氏ナリ。一千八百七十八年、グラーヅストウン氏復タビーコンスフキールド侯ニ代ルニ及ンデ、ブライト氏亦タ内閣ニ入リケルガ、今ヤ復タ其ノ意見ノ合ハザルヲ以テ去リタリ。グラーヅストウン氏ノ内閣モ復タ長ク存スルコトヲバ保ツヲ得ザル可シ。斯《か》ク*醇乎《じゅんこ》トシテ正ク、*藹然《あいぜん》トシテ仁ニシテ、而《し》カモ名ハ内外ニ聞《きこ》エ、力ハ其ノ大宰相ヲ一進一退セシムルニ足ル所ノ先輩大臣ノ意見ニシテ、吾人ノ説ノ恰モ之ニ暗合シタルノ言アリタルハ、誠ニ自由ノ主義ノ磊々《らいらい》トシテ天地ノ間ニ軒シテ貴キ者アルヲ見ルニ足ル可シ。豈ニ独リ吾人ガ因テ吾人ノ言ヲ重クスルヲ得ルノ幸ノミナラン乎哉。

ヂヨン、ブライト　John Bright. 一八一一-八九。イギリスの政治家、雄弁家。コブデンとともに穀物法廃止運動にかかわるなど、早くから社会改革運動に参加した。自由党グラッドストンの第一次内閣の末期と第二次内閣でランカスター公領尚書となるが、一八八二年エジプト干渉に反対して辞職、アイルランド自治問題についてグラッドストンと意見を異にして八六年自由党を脱退する。　**泗上十二諸侯**　泗水のほとりに国をたてた一二の諸侯。　**アラビー、ベイ**　オラービー・パシャ。↓一八五頁注「アラビパシヤ」。　**企及**　つま立ちしてとどくこと。努力しておいつくことをいう。　**埃及ガ土耳其ニ於ケルノ関係**　エジプトは一六世紀以来一九世紀初頭にいたるまで、オスマン・トルコの一属州として、その支配下にあった。　**那辺・這辺**　あちらとこちら。　**ルートルノ電信**　ロイター通信。　**根本改正党**　イギリスの自由党の左派をさすか。　**コブデン**　Richard Cobden. 一八〇四-六五。イギリスの政治家。自由貿易論者として著名。ブライトとともに穀物法廃止運動を唱導する。またクリミア戦争やアロー戦争への参戦に反対した。　**愛爾蘭借地法**　イギリスの植民地アイルランドの土地は八割以上がイギリス人地主の手にあり、アイルランド人は高率小作料を強制されていた。このため一九世紀中葉以後、反地主反英闘争が激化し、アイルランドをめぐる問題はイギリス最大の政治問題であった。グラッドストンは一八六八年、アイルランド土地問題の解決をスローガンにディズレーリを破って首相となり、一八八一年、小作権の安定、妥当な地代、小作権売買の自由を認める土地法を発布した。　**ヂスレイリー**　ディズレーリ。↓五六頁注。　**グラーヅストウン**　グラッドストン。↓五六頁注。　**醇乎**　まじりけのないさま。純乎。　**藹然**　穏やかになごんでいるさま。

吾人ハ*紐克「ツリビーン」新聞ノ竜動《ロンドン》通信ノ報ヲ読ム

ニブライト氏ガ辞職シタルノ事ニ関シテ実ニ左ノ言ヲ載セタリ。

ブライト氏曰ク、余ガ辞職シタルノ原因ハ、実ニ道理上当《まさ》ニ許ス可ラザル所ノ兵力ヲアレキサンドリヤニ用ウルコトヲ致シタル我ガ政府ノ埃及《エジプト》措置ノ政略ニ在リトス。余ハ初メヨリ政治上ノ目的ヲ以テ艦隊ヲ埃及ニ送ルノ議ヲ拒ミタリ。余ノ意見ニテハ英国ガ埃及ノ内治ニ干渉スルハ全ク無用ノ事トス。何ントナレバ、英国ハスヱズ運河ヲ除クノ外ハ、埃及ニ於テ曾《かつ》テ重大ナル利益ノ関係アラズ、而シテ此ノ運河ハアラビーハ勿論其他ヨリモ亦タ曾テ之ヲ襲フノ意ヲ示シタルコトモ無ケレバナリ。余ハ六月十一日ニ於テ英国人ヲ始メ各国人ガ、彼レガ為メニ屠殺セラレタルハ、我ガ艦隊ノ碇泊シタルニ因テ彼レヲ激怒セシメタルヲ信ズルナリ。余ニテサヘ我ガ艦隊ガ日ニ其数ヲ増シテ彼レノ港湾中ニ入リテ碇泊シタルノ状ハ即チ劫迫《きょうはく》ニシテ、友国ノ措置ニ非ラズト看《み》做《な》サヾルヲ得ズ。彼ノ怒ヲ挑撥シタルモ亦タ宜《む》ベナラズ乎。左《さ》レバ艦隊ヲ送リテ我ガ国人ヲ保護セント欲シタルノ意ハ則チ善カリシモ、其仕方甚《はなは》ダ宜《よろし》キヲ失ヒシヨリ保護ノ艦隊ハ却テ寧ロ危害ヲ致スノ本トハナリタリト。或《ある》ヒト問テ曰ク、然ラバ則チ*中将セイマール氏ガ最後ノ掛合状ヲ送リテ、アラビーハ一旦其兵備ヲ為スヲ止ムルコトヲ約シ乍《なが》ラ旋テ復タ其約ヲ破リタル後ニ於テハ、当《まさ》ニ如何《いかん》スベカリシ乎ト。

ブライト氏応ヘテ曰ク、余ハ只《ただ》片言ヲ聞キタル迄ニテ未ダ他ノ一方ノ言ヲ聞カザルナリ。且ツ其委《くわ》シキ談話ハ決シテ要用ニ非ズ。余ガ辞職シテ退キタル所《ゆ》以《え》ンハ、実ニ道徳上ニ於テ廻護シ得ザル所ノ兵力ヲ妄《みだ》リニ用ヰタルニ在ルナリ。余ハ四十年来我ガ国人ニ向フテ惟《ただ》道徳ハ真ニ政治ノ大本タルコトヲ倡《とな》ヘタリ。余ハ実ニ戦争ヲ罪トシテ之ヲ斥ゾケタリ。左レバ余ハ、今《い》マ若《も》シ真ニ其急アルコト無クシテ妄リニ開キタルノ戦ニ与《(クミ)》スルコトアラバ、是レ余ガ言ヲ食《は》ム者ナリ、是レ余ガ主義ニ負《そむ》ク者ナリ。故ニ余ハ余ガ同僚ト相離ルヽヲ哀ミ又タ其ノ遂ニ因テ或ハ改進党ヲ分裂セシムルノ患ヲ致スコトヲバ懼《おそ》ルレドモ余ハ遂ニ区々タル朋友ノ情若《も》シクハ党派ノ関係ノ為メニ余ガ常ニ執ル所《とこ》ロノ大主義ヲ一棄スルコト能ハザル可シ、云々ト。

嗟呼《ああ》何ゾ其言ノ正クシテ、其志ノ潔キヤ 如《かくのごとく》レ此 ニシテコソ誠ニ自由ノ泰斗改進ノ首領タルニ愧《は》ヂズト謂フ可シ。

夫《そ》レ吾人ガ朝鮮措置ノ事宜ヲ論ズルモ亦タ実ニブライト氏ノ意ニ異ナラザルナリ。即チ吾人ノ意見ニテハ侵犯ノ政略ヲ朝鮮ニ施スハ実ニ道徳ノ許ルサヾル所《とこ》ロナリ。七月二十三日京城ノ変アルヲ致シタルハ、我ガ従前ノ措置ノ彼レヲ激怒セシムルニ足ル者アリテ、遂ニ之ヲ致シタルノ憾ナカラズ。故ニ我ガ政府ハ今日ノ場合ニ於テハ只《ただ》勉メテ彼レヲ寛仮容赦スルヲ以テ主ト為シ、決シテ彼レニ劫迫スルガ如キノ事アル可ラズ。我ガ政府ハ宜シク彼国ノ権理ヲ敬シテ敢テ或ハ妄リニ其ノ内治ニ干渉スルガ如キノコト莫《な》キヲ要ス可シト為スナリ。故ニ吾人ハ初メヨリ実ニブライト氏ト「惟《ただ》道徳惟《こ》レ政治ノ大本ト為ス」ノ主義ヲ同《おなじ》クシタル者ナリ。若夫《もしそ》レ我国ノ朝鮮ニ於ケル利益ノ関係ハ多クトモ一ケ年只百四五十万円ノ西洋品物ノ仲買貿易ニ過ギズシテ、彼《か》ノスヱズ運河ノ英国ニ於ケルガ如キノ関係サヘ亦タ曾テ之レ無クシテ、商売ハ年々ニ我ノ損トナル事ナレバ、特ニ利益ノ関係ヲ以テ朝鮮ノ措置ヲ厳ニスルコトヲ主張スルヲ得ザルモ、亦タ殆ンド英国ガ埃及ニ於ケルヨリモ甚シキ者アルナリ。況ンヤ朝鮮ヲ其ノ藩属ノ内ニ置クコトヲ保タント欲スル所ロノ清国ガ我レニ於ケルハ、決シテ埃及《エジプト》ノ本属ナル土耳其《トルコ》ガ英国ニ於ケルト日ヲ同《おなじ》ウシテ、之レト和戦スルノ得失及ビ其力ノ強弱大小ヲ語ル可ラザル者アルヲヤ。是レ吾人ガ我政府ノ能《よ》ク平和ヲ朝鮮ニ保ツコトヲ得ルノ政略ヲ択バンコトヲ切望シテ已《や》マザル所以《ゆえ》ンナリ。嗚呼《ああ》彼ノ武夫壮士ガ徒《いたず》ラニ歴史上ノ残夢ヲ恋ヒテ、敢テ豊公ノ*黷武《とくぶ》弄兵ノ挙ヲ学バント欲スル者ハ復タ論ズルコト勿《な》キノミ。吾人ハ独リ彼ノ書ヲ読ミ字ヲ識リテ自由ノ言ヲ口ニシ、改進ノ説ヲ耳ニスルノ輩ニシテ、往々ニシテ国権ノ義ヲ誤リ解シテ、敢テ妄リニ朝鮮ノ内治ニ干渉シ、侵犯ノ戦ヲ清韓ニ宣シテ、我ガ東洋ヲ不測ノ禍ニ陥レント欲スル者アルヲ怪《あや》ムナリ。苟《いやしく》モ此ノブライト氏ノ言ヲ聞カバ、庶《こいねがわ》クハ其レモ亦タ少シク愧ヂン歟。

紐克ツリビーン　ニューヨーク・トリビューン。　**中将セイマール** Frederick Seymour. 一八二一-九五。一八八〇年から八三年までイギリス地中海軍司令官。八二年七月十日アレクサンドリア要塞構築中止を要求して最後通牒をつきつけ、翌十一日オラービー軍に攻撃を開始する。　**黷武**　理由なしの戦をする。

14　東洋の大勢大計を論ず

（郵便報知新聞）

解題［明治十五年九月五日・六日］　東洋諸国共通の主敵はロシアだとして、清国・朝鮮に対しては「小忿」を忍び、「和平ノ主義」に徹して、提携すべきことを説くもの。壬午軍乱終熄の過程における対清韓対決熱に警告する論説。「報知」は、論説「日清両国ハ向後如何ニ朝鮮ヲ処置スベキカ第一〜第七」（十五・九・十三〜二十）では、ロシアの侵略阻止のため、日清のほか英米独仏により朝鮮独立の保障を確保すべしとしている。これがIV-23ともつらなっていく。

東洋ノ大勢大計ヲ論ズ

近小ナル事物ト雖ドモ其趣ヲ同《おなじく》スルトキハ遠大ナル事物ト*理勢ヲ異ニスルコトナシ。故ニ同趣ナル小事ノ勢ヲ洞察シ得レバ亦タ遠大ナル事物ノ有様ヲ推知スルニ難カラズ。同趣ナル昔時ノ世勢ヲ知ル者ハ又現在ノ大勢ヲ推知シ得ベキ者ナリ。則チ一郡村ト趣ヲ同クスルノ事ハ一郡村ヲ推シテ全国ノ大勢ヲ明知シ得ルニアラズヤ。

然ルニ世上動《やや》モスレバ其近小ナル事物ノ理ニ明ナルモ却テ同趣ナル遠大ノ事理ヲ忘レ、或ハ昔時史中ノ事実ヲ明知シ居ルモ却テ同趣ナル現在ノ国勢ニ思ヒ至ラズ、其人々ガ近小ノ事物ニ過《あやま》チシ故轍《こてつ》ヲ踏テ知ラズ々々《しらず》遠大ノ事物ニ過チ、或ハ昔人ノ邦国ヲ危クセシ故態ニ倣《ならい》テ知ラズ々々《しらず》現在ノ困難ヲ醸成セント欲スル者ハ蓋《けだ》シ怪《あやし》ムニ堪タル事ナリ。是レ畢竟《ひっきょう》ハ其眼光能《よ》ク近小ナル事物ノ理ニ及ブモ*渺遠《びょうえん》ナル大事ニ達スルコト能《あた》ハズ、其智力能ク既往ノ得失ヲ察スルモ諸般ノ細事其心目ヲ攪《みだせ》ルガ為ニ現在ノ活勢ヲ視《み》ルコト能ハザルニ坐スルナルベシ。小大今昔ノ差異ハ世人ヲシテ往々其志慮ヲ誤ラシムルコト斯《かく》ノ如キ上ニ、邦国相互ノ交際ニ於テハ自ラ喜怒一時ノ発情ヨリ憤々ノ心ニ忍ブコト能ハズシテ遂ニ千歳ノ大計ヲ失スル者今古其例ニ乏シカラズ。唯《ただ》有識ノ士能《よ》ク邦国ノ利弊ヲ前後ニ較量シ、其小忿《しょうふん》ヲ忍《しのび》テ大ニ世論ヲ*撓矯シ以テ人民ノ福利ヲ永遠ニ定メンコトコソ憂世ノ士ノ深ク希望スルトコロナルベシ。

今試《こころみ》ニ西洋諸国ノ中ニ就テ其武力能ク東洋ノ諸国ヲ圧スルニ足リ其ノ呑噬《どんぜい》ヲ逞《たくましう》スルノ意志常ニ東洋ニ在ル者ヲ求メバ、我ガ邦人ハ問ハズシテ皆其露国タルヲ知ル〔ベ〕シ。英ヤ仏ヤ自余澳伊ノ如キハ其ノ治体ト其国人ノ意志トニ於テ東洋中非常ノ弱小国ニアラザレバ之ヲ統併スルノ念ナキハ又疑フ所ナキガ如シ。唯《ただ》日耳曼《ゲルマン》ノ如キハ其意測《はか》ルベカラズト雖ドモ、其地勢遥遠《ようえん》ニ阻隔シテ属地ノ如キモ亦タ東洋ニ貫連セザレバ、従テ其口吻ヲ東方ニ容ルヽノ端ヲ得ズ。故ニ其意志ヲシテ仮令《たと》ヒ東洋ニ切ナラシムルモ其欲望ヲ達センコトハ決シテ容易ニアラザルヲ知ルベシ。独リ露国ニ至テハ其版図《はんと》大ニ東洋屈指ノ諸国ニ密接シ其隣交モ亦タ従テ密切ナリ。故ニ東洋諸国ガ有事ノ日ニ於テハ露国ガ其事有ルノ邦国ニ関シ隣好中裁ノ名誼ヲ以テ之ニ関与スルハ亦タ甚ダ難カラズ。斯《かく》ノ如ク東洋ニ関与シ得べキノ地位ニ立チ、東洋ノ利害ヲ左右シ得べキノ威力ヲ養有シ、東洋ニ関与セント欲スルノ大志ヲ抱懐ス。東洋諸国ノ最モ寒心戒慎ヲ要スル所ノ者ハ豈《あに》露国ニアラズヤ。

東洋中屈指ノ邦国ハ支那ト我邦トノミニシテ其ノ地域ノ広狭大小ハ甚ダ異ナリト雖ドモ、現在ノ国勢威力ヲ平均スルトキハ支那ト匹敵ノ地位ニ立ツべキ者ハ独リ我邦アリトス。若《も》シ一旦両国ノ間ニ事アリトモ支那ノ勢力決シテ我邦ヲ凌虐《りょうぎゃく》スルコト能ハズ、又我邦英武ノ士気ハ遥《はるか》ニ支那ニ超越シ能《よ》ク之ヲ一時ニ圧服スルモ、其力支那ヲ殄滅《てんめつ》スル迄ニハ至ラザルべシ。然ラバ則チ今日ハ日支両国ノ間ニ東洋勢力ノ権衡《けんこう》其平均ヲ得タル姿ニテ、強弱優劣未ダ判ズル所アラズト云ハンモ可ナリ。故ニ両国相争ハヾ其勝敗ノ結局自ラ帰スル所アルニモセヨ両国ノ勢力ヲ*敝耗《へいこう》シテ他国ヲ利スルノ一事ニ至テハ智者ヲ待タズシテ明白ナリ。若シ又両国争抗ノ機ニ投ジ露国ヲシテ一方ヲ援助スルコトアラシメバ、両国ノ起伏盛衰ハ唯《ただ》露国ノ意中ニ在ルべシ。百斤ノ重キモ権衡平ヲ得ルノ時ハ*朱両ヲ加ヘテ軽重定《さだま》ル。況ンヤ露国ニ於テ東洋ノ敝耗ニ乗ゼシメバ其ノ事タル豈啻《あにただ》ニ尋常ノ小利害ニシテ止《や》マンヤ。蓋《けだ》シ亦タ我邦安危存亡ノ関スル所ナリ。然ラバ則チ東洋諸国ガ保有スル現時ノ安寧《あんねい》ハ是皆《これみな》幸ニシテ無事平静ノ致ス所ナリ。東洋事《こと》無ケレバ露国其弊ニ乗ズルコトヲ得ズ、露国ヲシテ其手ヲ東洋ニ下ダスノ機ヲ得ザラシメバ、日支ノ勢力相《あ》ヒ若《し》キ相ヒ加ルコト能ハズシテ互ニ其力ヲ養成スルヲ得ルニ至ラン。然ラバ則チ支那今日ノ憂ハ我邦ニアラザルナリ、露国ナリ。我邦今日ノ憂ハ支那ニアラザルナリ、露国ナリ。露国ヲシテ乗ズべキノ隙アラシムルハ、決シテ東洋ノ得策ニアラザルナリ。日支両国ノ大計ハ相ヒ結ビ相ヒ助クルニ在リ、相ヒ撃チ相ヒ耗《へ》ラスニ在ラザルナリ。東洋ノ大勢已《すで》ニ斯《かく》ノ如シ。東洋ノ大計亦《ま》タ斯ノ如クナラザルべカラザルナリ。

理勢　自然のなりゆき。　**渺遠**　はるかに遠いこと。　**撓矯**　たわめ、ただすこと。　**敝耗**　つかれ、へらすこと。　**朱両**　銖両。わずかな目方の単位。

古往今来有識ノ士人ニシテ当時列国ノ大勢大計ヲ知ラザル者ナキニ、其行為ヲ察スレバ動《やや》モスレバ其大勢ニ戻《もと》リ其大計ヲ過《あやま》ツニ至ル者多キハ何ゾヤ。蓋シ其眼前ニ紛生スル百事時《とき》トシテ其識慮ヲ攪乱シ或ハ為シ易キノ利益ニ誑惑《きょうわく》セラレ或ハ忍ビ難キノ小忿ニ迷乱セラレ或ハ行キガヽリノ勢ヲ止ムルコト能ハズシテ、遂ニ軽々一歩ヲ失シ其ノ失脚セル一歩ヲ護センガ為ニハ又漸々ト二歩三歩ヲ進メ中途ニシテ自ラ顧ルモ既ニ本拠ノ地位ヲ離ルヽコト益々遠キガ為メニ其ノ行キガヽリシ道途ノ険易ヲ問ハズ前途ニ至大ノ絶険アルヲモ避回スルニ遑《いとま》アラザルニ因ルナリ。故ニ邦国ノ戒慎スベキハ唯《ただ》其ノ着下スベキ第一歩ニ在ル者ナリ。

此度《このたび》日韓ノ間ニ生ジタル紛議ノ如キモ、若《も》シ不幸ニシテ平和ニ結落スルコト能《あた》ハザリセバ、其終局ハ遂ニ露国ヲ利スルニ至ラザルヲ保シ難カリシナリ。若シ仮ニ支那ヲシテ日韓ノ事ニ干渉セザラシムルトスルモ、両国交兵ノ不幸ニ立至《たちいた》リタル時ニ於テ、我兵鋭果シテ向フ所前無ク八道*ヲ蹂躪シテ王京ヲ陥《おとし》レ其ノ執政者ヲ窮追スルコトアランニ、此時ニ当テ若シ露国ヨリ隣壌ノ交誼ヲ名トシ甘言ヲ以テ韓廷ノ執政者ニ説キ、日韓ノ間ニ立テ韓廷ノ為ニ中裁ノ計画ヲ為シ我邦ヲシテ兵ヲ戢《おさ》メシムルヲ宣言セバ、韓廷ノ諸人仮令《たと》ヒ露国ノ中裁ハ千歳ノ憂タルコトヲ熟知スル者多クトモ、勢ヒ焦眉ノ急ヲ救ハザルコトヲ得ザレバ、或ハ悦《よろこび》テ其言ヲ容《い》レ其力ニ藉《かり》テ我ト休兵ノ事ヲ済《な》サント欲スル者アルハ勢ノ免レ難キ所ナリ。事若シ斯ニ至リ露国ノ中裁ニ因テ幸ニ日韓ノ間戢兵*《しゆうへい》無事ナルニ至ラバ、韓廷ハ露国ニ対シテ充分ノ恩恵ヲ感ジ、我邦ニ向テハ単ニ讐怨《しゆうえん》ヲ重ヌルニ過ギズ、決シテ我邦ノ宥《ゆう》恕《じよ》寛待ヲ感ズルノ理ナシ。而シテ又露国ハ韓廷ニ施シタル恩恵ニ因テ或ハ一二ノ嶋嶼ヲ所望シ、東洋ニ艦隊ヲ屯駐セシムルニ恰好ナル地所ヲ得ルモ亦タ甚ダ難カラザルベシ。好《よ》シ戦艦ノ繋泊所兵士ノ屯駐所ヲ請ヒ得ザル迄モ中裁一時ノ恩誼ハ有事ノ日ニ於テ多少ノ便宜ヲ露国ニ与フルハ明白ナリ。果シテ然ラバ露国ハ一兵ヲ殺サズ一丸ヲ発セズ徒手空拳ヲ以テ日韓ノ紛紜《ふんうん》ニ乗ジ大利ヲ網スルコトヲ得ベキナリ。

若シ支那政府ガ韓地ニ戦艦ヲ派シ兵士ヲ発遣シタルハ、彼ノ宣言スル如ク単ニ忠告警備ノ為ニシテ、日韓ノ談判遂ニ調《ととの》ハザルコトアルモ敢《あえ》テ交戦ノ事ニ関与セズ、袖手傍観スルト為スモ、尚ホ終局ニ於テハ露国ノ関与ナキヲ保ツベカラザルコト前述スルガ如シ。況《いわ》ンヤ支那ト雖ドモ、遂ニ傍観ニ終ルコト能《あた》ハザルノ勢アルヲヤ。我ガ公使ノ韓廷ト談判ヲ開クノ初ニ於テハ、事尚《な》ホ平穏ニ結落スベキノ見込アレバ、此時ニ於ケル支那政府ノ意志ハ或ハ実ニ韓人ニ忠告シテ無事謝罪ヲ勧諭スルコト、其中心ヨリ発スル所ナルベシ。李鴻章*其人ノ如キモ定《さだめ》テ東洋ノ大計ヲ察スル者ナルベケレバ、容易ニ韓人ヲ教唆《きようさ》シテ我ガ請求ヲ峻拒《しゆんきよ》シ、両国交兵ノ危害ヲ醸成スルコトヲバ好マザルベシ。*観察馬氏ガ我ガ公使領事ニ接スルノ温和ナルハ、恐ラク其矯飾《きようしよく》ニアラズシテ実ニ其本心ナリシモ測ルベカラズ。然レドモ是レ特ニ当初ノ勢ナルノミ。仮《た》令《と》ヒ支那政府ノ意志誠ニ斯《かく》ノ如クナルモ、若《も》シ韓廷ノ諸人頑冥ノ見ヲ固執シテ終ニ開戦ノ不幸ニ至ラバ、其時ニ於テ支那政府ハ果シテ之ヲ黙視スベキカ将《は》タ韓人ヲ援助センカ、是ノ一疑問ハ決スルニ難キ所ノ者ナリ。然レドモ支那政府ガ是迄西洋諸国ヲ紹介シテ締盟結好等ノ事件ニ尽力セシ事迹《じせき》ヨリ想像スレバ、日韓交兵ノ時ニ於テ袖手傍観ニ終ランコトハ甚ダ難カルベケレバ、其勢遂ニ日清ノ隙ヲ開キ東洋ノ二大国相ヒ敝耗シテ、其ノ終局ハ又遂ニ露国ヲ利スルニ至ルベシ。然ラバ則チ日韓今日ノ紛紜ハ独リ日韓ノ事ニ止《とどま》ラズシテ、到底東洋ノ大勢ニ関シ其大計ニ及ボサンモ亦タ測リ難カリシナリ。然レドモ日韓ノ紛紜ハ是レ東洋ノ大計ニ於テ尚ホ其初歩タリ。第一歩タル者ニシテ、是ヲ処スルコト其宜《よろ》シキヲ得レバ決シテ東洋ノ大計ヲ失スルニ至ラザルナリ。有識ノ士人、苟《いやしく》モ東洋ノ大計ヲ深慮シテ東洋ノ利ハ日清相《あ》ヒ親好スルニ在ルヲ知リ、是ノ大計ニ因テ固ク国是ヲ定メ始終和平ノ主義ヲ固執シ能ク小忿ヲ忍テ、向後《こうこ》韓廷ニ対シ我ガ韓人ニ忍ブ所以《ゆえん》ノ者ハ則チ国家永遠ノ福利ヲ求ムルノ所以ナルコトヲ思ハヾ、人々自ラ其心ニ快然タルヲ得ベキナリ。

八道　朝鮮全土をいう。　**戢兵**　兵をおさめる。　**李鴻章**　→五八頁注。　**観察馬氏**　観察は道員(地方官)のこと。馬氏は馬建忠(→一八二頁注)。壬午軍乱の直後、朝鮮に派遣され、軍乱の問罪のため、大院君を清国に拉致した。

諸人ノ熟知スル支那*戦国六国ノ旧態ハ何ゾ。其東洋今日ノ現状ニ似タルヤ。三晋斉楚ノ患ハ唯《ただ》虎狼ノ強聚ニシテ六国ノ大患之《これ》ヨリ甚シキ者ハナシ。当時ノ識者豈《あに》之ヲ知ラザランヤ。然《しか》ルニ六国ノ政策ヲ察スレバ秦ニ結《むすび》テ却テ相ヒ撃《う》ツアリ、或ハ自ラ利スルアリ、其大勢ニ戻《もと》リ其大計ヲ失テ遂ニ皆其ノ為ニ呑併セラル勝テ概スベケンヤ。而《しこうし》テ其ノ失計ノ由ル所ヲ察スレバ皆得易キノ小利ニ惑ヒタルノミ、小忿ヲ忍ビズシテ一時ノ快ヲ取リタルノミ、行キガヽリノ勢ヲ止ルコト能ハズシテ遂ニ前途ノ絶険ヲ回避シ得ザリシノミ。

　東洋ノ勢ヲ論ズル者動《やや》モスレバ英国ガ東洋勢力ノ権衡ヲ保持スルニ尽力スベキヲ説キ、露国ニシテ若《も》シ日清諸国ノ争衡ニ干与シ其間至大ノ奇利ヲ射ント欲セバ是レ英国ノ利ニアラズ、故ニ英国ハ応《まさ》ニ力ヲ極メテ其間ニ周旋スル所アラン、然ラバ則チ露国ノ干与モ亦タ極メテ患《うれ》フベキニアラズト。露国ノ東洋ニ勢威ヲ逞《たくま》フスルハ誠ニ英国ノ不利ナレバ、英人モ亦タ必ラズ之ヲ等閑ニ附セザルベシ。然レドモ英国ガ有事ノ日ニ於テ果シテ東洋諸国ヲ直接ニ援助スベキヤハ必トシ難キノ事ナリ。何トナレバ*土露両国ノ数年前ニ争闘セシニ当テヤ英国ハ土国ヲ援助スルコトヲ為サズシテ遂ニ露国ノ呑併ニ任セタリ。土国ヲシテ其版図ヲ縮減セシメズ、之ヲ援助シテ常ニ露国ノ衝ニ当ラシムルハ、英国ガ印度《インド》其他ノ地方ヲ護スルニ於テ実ニ非常ノ得策ナルベキニ、優悠決セズ露ヲシテ遂ニ其積年ノ志望ヲ遂ゲシメタリ。若シ今日東洋ノ諸国果シテ露国ト事有ルニ及ビ、英国ガ能ク果断ノ挙措《きよそ》ヲ以テ直接ニ之ニ関与スルヤ否ヤハ実ニ予《あらか》ジメ期シ難キノ疑問ナリ。而テ露国ガ厳冬*沍《ご》寒《かん》ノ際、層冰ニ閉塞セラル、港湾浦塩斯徳《ウラジオストツク》等ノ外ニ其戦隊艦隊ノ屯駐ニ恰好ナル地所ヲ東洋ニ求ルノ念ハ*路人モ知ル所ナリ。果シテ然ラバ一日東洋ニ事有ラバ以テ露国ヲ*厭足《えんそく》セシムルニ至ラン。想テ茲《ここ》ニ至レバ*惴々焉《ずいずいえん》タラザルヲ得ズ。有志ノ士人ハ東洋ノ大勢ヲ須臾《しゆゆ》モ忘ル、コト勿《なか》レ。小忿ノ為ニ愉快ヲ一時ニ求メテ永遠ノ大計ヲ忘ル、コト勿レ。

論者或ハ曰《いわ》ン、我邦独リ東洋ノ大勢大計ヲ遠慮シテ善隣ノ誼《よしみ》ヲ忘レズ、相ヒ親好シテ*輔車ノ勢ヲ為サント欲スルトモ、清韓二国我ト其意ヲ同《おなじく》セズ、或ハ隙ニ乗ジテ我ヲ凌虐《りようぎやく》セントシ、或ハ我ニ対シテ不敬無礼ヲ加ル等ノ事アラバ、我ハ如何《いか》ニ之ト親好シテ東洋ノ大計ヲ失セザラント欲スルモ得ベカラズ。其勢是非トモ清韓二国ニ対シテ交戦侵略ノ途ニ出ヅベシ。果シテ然ラバ我邦外交ノ政策ハ、唯《ただ》武力ヲ養ヒ臨機応変ノ処置ヲ為スニ在リ。何ゾ迂遠ナル東洋ノ大勢ヲ慮ルニ及バンヤト。嗚呼《ああ》是ノ論ノ如キハ是レ*膚浅《ふせん》ナル常人ノ見ニシテ与《とも》ニ百年ノ長算大計ヲ語ルニ足ラザル者ナリ。如何ニモ武力ヲ養フノ一点ハ無論余輩ノ冀望《きぼう》シテ措《お》カザル所ナレバ、唯《ただ》是ノ一事ハ論客ト其意ヲ同クスルモ、其大計ヲ迂《う》ナリトスルニ至テハ余輩ハ其識見ノ浅近ナルヲ悲マザルヲ得ザルナリ。凡《およ》ソ一個人ノ身上ニ就テ考ルニ彼我相互ノ交際ニ関シ其ハ親疎ヲ定ムルハ常ニ其ノ中情本意ヲ固定スルニ在リ。若シ中情本意ヲ固定スレバ其外ニ現ハレ行状ニ発スル者自ラ掩フベカラズシテ、仮令《たと》ヒ最初ハ其人ノ悪意疎情ヲ疑フモ終ニハイツトナク其疑団氷釈スルニ至ル者ナリ。又此ノ親愛スル中情本意ヲ示スハ一旦事有ルノ日ニ於テスルモ決シテ其効アルコト少ク、我ガ他人ニ対スルノ異志他意ハ必ズ事無キノ常時ニ於テ許多ノ小事件ト悠久ノ歳月間トニ発顕スル者ナレバ、苟《いやしく》モ我邦人ガ能《よ》ク東洋ノ大勢大計ヲ察シテ我ガ外交ノ国是ヲ平時ニ固定シ常ニ是ノ主義ヲ執テ失セズンバ、我ガ親好ヲ欲スルノ中情本意ハ久シカラズシテ清韓二国ニ顕ハレ、二国ノ人民ガ我ガ勇武ニ恐怖シ常ニ畏懼《いく》ヲ懐クノ疑心ヲ冰釈セシムルニ至ランハ疑ヲ容《い》レザル所ナリ。若《も》シ彼ノ二国ヲシテ「我ニ非礼ヲ加ヘズンバ我ハ之ヲ侵略スルヲ欲セズ、露国ニ抗スルトキハ輔車ノ勢ヲ好ム」コトヲ知悉セシメバ、東洋ノ大計始《はじめ》テ成就スルヲ得ベシ。東洋百年ノ長算茲《ここ》ニ定マルヲ得ベシ而テ是ノ大計ヲ定ムルハ決シテ有事ノ日ニ在ラズシテ却テ平時ニ在リ。是レ余輩ガ是論ヲ作為シテ以テ邦人ノ注意ヲ喚起スル所以ナリ。

戦国六国ノ旧態　中国戦国時代の韓・魏・趙・斉・燕・楚の六国。互いに対抗し、遠交近攻などの外交政策をとる秦に、結局併呑されてしまったこと。　**土露両国ノ…**　露土戦争(→補注)。イギリスは戦争が始まると、コンスタンチノープル近くまで艦隊を進めはしたがトルコ援護は行なわなかった。　**沍寒**　厳寒。　**路人**　道行く人。転じて利害関係のない人。　**厭足**　満足。　**惴々焉**　おそれてびくびくするさま。　**輔車**　互いにたよりあっている関係をいう。　**膚浅**　あさはか。浅薄。

15　大陸の関係　（自由新聞）

解題［明治十五年九月十三日］　壬午軍乱後の情勢の中で、ロシアの野心とともに清国の出兵・干渉の挙動にも警戒・対抗の要を説いた論説。朝鮮の欧米諸国への開国と「連合国ノ力」による朝鮮独立の保障、そのなかでの朝鮮の人心収攬・親日助長を求めている。この前後、「自由」は論説「清国政府ノ挙動」(十五・九・二)、「再ビ清国政府ノ挙動ヲ議ス第一〜第三」(十五・九・八〜十二)などにはじまり、清国への対抗熱を次第に強めていく。

大陸ノ関係

清国ノ使臣馬建忠等ガ朝鮮京城ニ於テ試ミタル挙動ノ、条理ニ適セズ事情ニ合セザルコト*前号ニ開陳セシ如クナルヲ以テ、今ヤ朝鮮人民タルモノ其常ニ拠ラントシタル清国政府ノ復《ま》タ依頼スベカラザルヲ悟リ、必ズヤ孤舟ノ棹ヲ失ヒ蒼海ニ漂泊シテ水天渺茫島影ヲ見ザルノ思ヲ為サン乎、其レ将《は》タ奮激シテ死力ヲ出ダシ兵器ヲ執リ清国政府ヨリ蒙ムリタル凌辱ヲ雪《すす》ガント欲シテ開戦セン乎、我公使ガ朝鮮京城ヲ退去セラレシ後、該地ノ通信ヲ得ルコト極メテ稀ナルヲ以テ余輩ハ韓人現時ノ事情ヲ詳知スルヲ得ズト雖ドモ、苟《いやしく》モ日本人民ニシテ此《かく》ノ如キ国辱ヲ外国政府ヨリ蒙ムルアラバ寧《むし》ロ挙国焦士トナルモ其《その》恨ヲ報ゼント欲スルヤ知ルベキナリ。是レ人情ノ常ニシテ大方ノ男子ハ皆ナ此ノ如キ気性ヲ有スルナラン。朝鮮人民ノ柔弱ナル、思フニ開戦ヲ試ムル程ノ勇気ヲ有セザルベシ。然リト雖ドモ真逆《まさか》ニ今日ニ於テハ清国ヲ以テ尚ホ依頼スベシトハ思惟セザルベシ。果シテ然ラバ日本政府ガ乗ジテ以テ数百年間失ヒタル歓心ヲ恢復スルノ機ハ其レ此時ニアラズヤ。

　論者或ヒハ云ハン、是レ要ナキナリ、日本国タルモノ朝鮮ノ歓心ヲ得ルモ果シテ何ノ益アランヤ、見ヨ、夫《そ》レ朝鮮ノ国タル*弾丸黒子ノ地ノミ、之ヲ得ルモ益ナク之ヲ失フモ損ナシ、支那之ヲ奪ハント欲セバ宜シク奪フベシ、毫モ痛癢利害ノ我ニ及ブナキナリ、朝鮮ノ存亡且ツ此ノ如シ、況ンヤ其歓心ヲ得ルト得ザルトヲヤ、是レ要ナキノミト。是論ヤ現時ノ如ク徒《いたずら》ニ謙譲スルヲ以テ万国交際ノ格式ナルガ如ク思惟スルノ天地ニナリテハ、稍々《やや》世ノ信用ヲ博スル者アラン歟。然リト雖モ是レ余輩ガ以テ日本国ニ望ム所ニ非ザルナリ。蓋《けだ》シ日本ハ東海ノ一孤島ニシテ亜細亜《アジア》大陸ノ変動ニ関係ナキガ如シト雖ドモ、其実最モ痛癢利害ヲ感ズルモノナリ。彼朝鮮八道ヲ蹂躙シテ之ヲ我有トナスノ愚策タル論ヲ俟《ま》タズ。然レドモ之ヲ他ノ強国ニ譲ルハ決シテ我国ノ利ニアラザルナリ。何トナレバ朝鮮ノ国タル現時尚《な》ホ微々タル一半島ノ如シト雖モ亜細亜東海ノ一衝地ニシテ、之ヲ得ルモノ能《よ》ク東洋ノ大勢ヲ制スルニ足ルアレバナリ。試《こころみ》ニ此地ヲ以テ*峨羅士ニ占有セラレタリトセン乎、我国民焉《いずくん》ゾ能ク安キヲ得ンヤ。蓋シ峨羅士ノ威ヲ亜細亜ニ伸ベント欲スル久シ。今ヤ亜細亜北方一帯ノ地ニ蟠踞《ばんきょ》シ冱寒《こかん》ノ内ニ蟄閉《ちっぺい》シ其爪牙《そうが》ヲ収ムルノ跡アリト雖ドモ垂天ノ翼ヲ張リテ*図南《となん》ノ計ヲ為スコト其レ何《いず》レノ時ナルヤヲ知ルベカラズ。支那ノ英仏ト葛藤ヲ開クヤ黒竜江以南数百里ノ地直《ただ》チニ其餌トナレリ。我樺太ノ如キモ徳川氏以来数々《しばしば》其紛紜《ふんうん》ヲ来タシ、終ニ明治政府ニ至リ千島ト交換シテ以テ其局ヲ結ベリ。峨羅士ノ望ム所常《つね》ニ土地ニアリ、其土地ヲ望ム、実ニ宇内《うだい》ヲ併合セント欲スルニアルナリ。故ニ朝鮮八道ノ如キハ其最《もっとも》垂涎スル所タルヤ知ルベキナリ。*異日事ノ其北辺ニ発スルアラバ必ラズヤ直ニ長駆シテ南ニ下ラン。若《も》シ然ルガ如キ事アラバ朝鮮人民タルモノ固《もと》ヨリ其鋒ニ当ルベカラズ。若シ其勢ヲ制スルナクンバ朝鮮八道悉《ことごと》ク峨羅士ノ有トナラン。唇亡ビテ歯寒シ。日本西北ノ二面ハ悉ク大鵬気ヲ養フノ地トナラバ仮令《たとい》我内地ヲ侵略セラル、ニ至ラザルモ、我外国貿易ハ常ニ危嶮ノ地位ニ陥ラザルヲ得ズ。是レ豈《あ》ニ予《あらかじ》メ之ヲ防グノ策ヲ立テザルベケンヤ。清国ノ朝鮮ヲ奪フガ如キハ之ヲ峨羅士ノ占有ニ比スレバ稍々《やや》恐ルヽニ足ラザルモノアリト雖モ、唯ダ吾人ノ注意セザルベカラザルモノハ、蓋此《けだしかく》ノ如キ事件ノ発セシ後我居留地人民ノ其心ヲ安ンズルコト現時ノ如クナルヲ得ルヤ否ヤ、我通商ノ利大《おおい》ニ清商ノ為メニ奪ハルヽモノナキヤ否ヤ、而シテ万一北辺事アルニ至リテ清国政府ハ独力能ク峨羅士図南ノ勢ヲ遮《さえぎ》リ之ヲ保持スルノ力ヲ有スルヤ否ヤ、是《これ》ナリ。

前号ニ開陳…　九月八日・十日・十二日掲載の論説「再ビ清国政府ノ挙動ヲ議ス第一〜第三」。　**弾丸黒子ノ地**　はじきだまかほくろほどの小さな地域。　**峨羅士**　オロス。ロシアのこと。　**図南ノ計**　大事業を企てること。伝説上の巨鳥である鵬が空高く舞い上り、南の海に飛ぼうとしたたとえ話による(荘子、逍遥遊篇)。　**異日**　ここでは、後日、将来。

抑《そもそ》モ余輩ノ見ル所ヲ以テスルニ清国ニシテ朝鮮ヲ占有スルコトアラバ以上ノ諸件ハ必ズ発出スベキノ結果ニシテ、而シテ最後ノ一事ニ至リテハ決シテ頼ムベカラザルモノト断定セザルヲ得ズ。若シ清国ニシテ独力以テ峨国南下ノ勢ニ抗スルヲ得ルトセンカ、是レ此《この》清国タル亦タ我国ノ為メニ最モ恐ルベキ一敵国ニシテ、其朝鮮ヲ占有スルノ我ニ害アル、殆ンド将《まさ》ニ峨国ノ之ヲ占有シタルト同一ナラントスルナリ。故ニ我国ノ利益タル、常ニ朝鮮ヲシテ独立ヲ保有セシムルニアルナリ。清国政府現時ノ挙動ヲ熟視スルニ稍々吾人ヲシテ其意ノアル所ヲ疑ハシムルモノアリ。彼*ノ暁諭《ぎょうゆ》書ニ於テ先以㆓国太公㆒入朝、親問㆓事状㆒、一俟㆓罪人之得㆒、更申㆓天討之威㆒、殲㆑渠釈㆑従、明㆓奕典訓㆒ト云フヲ見レバ清国政府ハ朝鮮内地ニ其裁判ノ権ヲ及ボシ、弑㆑妃辱㆑王残㆑民虐㆑吏ノ罪ヲ正シテ其主者ヲ刑セント欲スルモノニアラズヤ。又タ目前大兵水陸斉進、已有㆓二十営㆒此後継発者海上相属、爾自度、待㆓王師㆒可㆓以顕拒㆒、兵力可㆓以相抗㆒、厳陣相待、儘可㆓一戦㆒否則深鑑㆓禍福㆒早自効発幸勿㆔執㆑迷怙㆑悪自速㆓誅夷㆒而震恐良善ト云ヒ、且ツ嗚呼天朝視㆓爾朝鮮臣主㆒誼猶㆓一家㆒、本軍門奉㆑命而来、則体㆓皇帝之至仁㆒、為㆓軍力之律令㆒ト云ヲ見レバ、前ニハ兵威以テ朝鮮人民ノ気ヲ褫《うば》ヒ震恐レテ以テ清国ノ号令ニ従ハシメ、又タ後ニハ恩恵以テ其心ヲ和《やわら》ゲ懐従シテ以テ其徳ニ服セシメント欲スルモノニアラズヤ。然リ而シテ此暁諭書ヲ発シテ朝鮮人民ニ告グルモノハ、実ニ立法ノ大権ヲ朝鮮内地ニ試ミントスルノ第一着手ナランカト疑ハザルベカラズ。清国政府ノ意果《はた》シテ此ノ如クバ我国亦タ実ニ傍観スベカラザルモノアリ。唯々我国ノ清国ノ此ノ挙動ニ抗スルニ、如何ナル熱心ヲ以テスベキヤハ、須《すべか》ラク清国政府ガ之ヲ占有セント欲スルニ、如何ナル熱心ヲ以テスルヤニ応ゼザルベカラズ。之ヲ要スルニ朝鮮ノ地タル現時ノ状況ニテハ其独力ヲ以テ自立スルニ足ルアリトハ見ルベカラザルナリ。而シテ日本之ヲ得ルモ利以テ其費ヲ償フ能ハザルベク、清国之ヲ得ルモ益《ますます》以テ其損ヲ補フ能ハザルベシ。然ラバ則チ之ヲ放置センカ、終ニ峨羅士ノ有トナランコトヲ恐ル。故ニ今日ノ計タル日本政府タルモノ悉《つぶ》サニ清国ニ説クニ其利害ヲ以テシ、朝鮮ヲ以テ独立国ト認メ欧米諸国ト通商和親ノ条約ヲ結バシメ連合国ノ力ヲ以テ峨国南下ノ衝ニ当リ其勢ヲ制スルノ手段ヲ執ラザルベカラザルベシ。朝鮮ノ国タル東海ノ表ニ於テ此ノ如キ緊要ノ衝地ニ当ルヲ以テ余輩ハ其人心ノ孤立シ保助ヲ失フノ姿アルニ当リテ務《つと》メテ其心ヲ得テ以テ互ニ輔車唇歯ノ約ヲ結ビ其交誼ヲ周密ニシテ、数々《しばしば》和親ヲ破壊スルガ如キ事件ノ発出セザランコトヲ予防セザルベカラザルナリト思惟セリ。之ヲ為ス如何《いかん》。曰ク、彼ノ済物浦*ニ於テ締約セル条約中、第一条罪人処刑ノ件第五条特使謝罪ノ件ヲ特免シテ以テ其心ヲ和グルニアルナリ。

彼ノ暁諭書　光緒八年七月十三日(一八八二年八月二十六日)付、朝鮮人民に対し示した清国皇帝の暁諭書。馬建忠が大院君を事情聴取のためとして拉致した後、王宮および漢城の各所に掲示されたもの。「自由」の前日の論説中に全文の引用があり、「朝野」(「立憲」より の転載)など主要紙に掲載されたが、字句に若干の異同がある。なお、李朝実録の高宗壬午十九年七月十三日の条に略文が掲載されている。「国太公」(大院君をさす)を清国に喚問した理由をのべ、清国軍が進駐すること、動揺してはならないことなどを記している。

済物浦…　済物浦は仁川。壬午軍乱の外交的解決として、日朝修好条規続約(全二条)とともに結ばれた済物浦条約(全六条)。第一条に「今ヨリ二十日ヲ期シ、朝鮮国ハ兇徒ヲ捕獲シ、巨魁ヲ厳究シ、重キニ従テ懲弁スル事」とあり、第六条に「朝鮮国ハ特ニ大官ヲ派シ、国書ヲ修シ、以テ日本国ニ謝スル事」とある。本文に第五条とあるのは第六条の誤り。

16　朝鮮処分（自由新聞）

解題［明治十七年十二月十八日・十九日］　甲申事変の事後処理と朝鮮における日本の劣勢を挽回するため、朝鮮への即時出兵を主張する論説。すみやかに漢城を武力占拠し、清韓両国と談判に入る方策は「過激ノ挙動」ではなく「必要已ムベカラザルノ手段」であり、清国が日本の交渉に応じない場合の唯一の手段は「曲直ヲ武力ニ訴へ」ることであるとしている。なおこの期の「自由」の朝鮮政略の論調については↓IV-20参照。

朝鮮処分

*朝鮮変乱ノ顚末ニ関スルノ意見ハ吾輩已ニ前*二日間ノ社説ニ於テ之レヲ陳べタリ。想フニ我ガ政府ハ迅速ニ之レヲ処分スルノ手段ヲ執ラルベキコト固《もと》ヨリ言ヲ俟《ま》タザルナリ。吾輩ヲ以テ之レヲ視レバ我邦ガ今回朝鮮事変ヲ処分スルノ要旨三件アリ。曰ク、其国王ガ信用スルノ開化党ヲシテ政権ヲ掌握セシムルコト。曰ク、清官清兵ヲシテ朝鮮国事ニ干与セシムベカラザルコト。曰ク、我邦人ニ対スル暴挙ノ為メニ謝罪ノ実ヲ表セシムルコト、即チ是レナリ。抑《そもそ》モ朝鮮今日ノ内乱ハ開化党守旧党ノ相軋《あいあつ》轢《れき》スルニ生ジタルモノニシテ、而シテ開化党ハ其国ノ独立ヲ確守シテ進歩ノ政ヲ行ハント要シ、守旧党ハ之ニ反シテ日本及ビ他ノ邦国ガ条約上明カニ朝鮮ヲ認メテ独立国ト為シ同等ノ交際ヲ為スニ拘《かか》ハラズ隣邦ノ支那ニ臣事シテ固陋卑屈ノ国状ヲ保守セントスル者ナリ。顧ミテ我邦ガ*修交条規ヲ朝鮮ニ訂セシ所以《ゆえん》ノ政略ヲ考フレバ、其目的主トシテ朝鮮ヲ独立セシメ我ガ無二ノ親交国ト為シ、喩《たと》ヘバ一大中立区画ヲ魯清日ノ中間ニ設ケタルガ如クシテ以テ我ガ安全ヲ護スルニ在ルコト明カナリ。去《さ》レバ彼国開化党ガ其国ノ独立ヲ確守シテ進歩ノ政ヲ行フハ即チ我ガ政略ノ目的ヲ達スルニ利ナリト雖ドモ、若シモ彼ノ守旧党ニシテ常ニ十分ノ勢力ヲ政権上ニ得ルニ於テハ啻《ただ》ニ其国ノ清国ニ屈従シテ独立ノ実ヲ失フノミナラズ、更ニ開明進歩ノ道途ヲ杜絶シテ為メニ何等ノ禍根ヲ萌生セシモ亦《ま》タ知ルベカラズ。安《いずく》ンゾ我ガ至親ノ友国タルコトヲ得ンヤ。然ルニ今ヤ開化党ハ守旧党ト清兵トノ聯合威力ノ為メニ圧セラレ、其遁逃《とんとう》シテ身跡ヲ韜晦《とうかい》シタルニ非ザレバ恐ラクハ反対党ノ毒手ニ罹リテ非命ノ死ヲ為シタルナランカ。殊ニ国王ハ開明進歩ノ意見ヲ有シテ而シテ朝廷守旧党ノ*頑黨《がんとう》ニ苦シミ、清兵ノ威力ニ妨ゲラレ声ヲ呑ンデ嗚咽シテ在《おわ》スナルベシ。然ラバ我邦ハ友国ノ情誼《じょうぎ》

ニ於テ之レヲ救フベキノミナラズ、又我ガ実利上力ヲ尽シテ開化党ガ其政権ヲ掌握スルノ便ヲ与フルヲ以テ朝鮮処分ノ一要旨ト為サヾルベカラザルナリ。

朝鮮変乱　甲申事変。→補注。　**前二日間ノ社説**　十二月十六日・十七日の論説「朝鮮内乱及ビ日清両国兵ノ紛争」。　**修交条規ヲ…**　日朝修好条規。　**頑憊**　頑固。かたくななこと。

清官清兵ガ朝鮮国事ニ干渉スルハ従来已《すで》ニ其甚《はなはだ》シキモノアルヲ示シタリ。而シテ今回ノ内乱ヲシテ其紛擾《ふんじょう》ノ範囲ヲ大ナラシメタルハ亦職*トシテ支那兵ノ守旧党ニ与《く》ミシタルニ因レリ。蓋シ従来ノ事跡ニ就《つい》テ之レヲ察スルニ、清官ハ飽《あく》マデモ朝鮮国事ニ関与セント要シ、守旧党ハ常ニ清官清兵ノ威力ヲ仮《か》リテ国王ヲ制シ反対党ヲ圧スルノ手段ト為シ、彼此相合シテ以テ朝鮮ノ独立進歩ノ途ヲ阻《はば》ムニ至ル。然ラバ若《も》シ清官清兵ニシテ毫モ朝鮮国事ニ関与スルコトアラザリセバ守旧党ノ跋扈ハ決シテ従来ノ如ク甚シカルベカラズ、従フテ国王ノ意見ヲ遮断シテ行ハレザラシムルノ妨障物自カラ少ナフシテ進歩ノ政治ハ較《やや》容易ニ其国中ニ布《し》カルベキナリ。此ニ由テ之レヲ観レバ、朝鮮国事ヲシテ困難ナラシメ守旧党ヲシテ跋扈セシメ紛擾ヲシテ大ナラシムルモノハ要スルニ清官清兵ノ関渉ニ帰スルニ非ズヤ。而シテ其事ノ甚ダ我ガ政略ノ目的ヲ達スルニ害アルコトハ復《ま》タ多言ヲ要セザレバ、我邦ハ必ズ清官清兵ヲシテ後来朝鮮国事ニ関与セシメザルヲ以テ朝鮮処分ノ一要旨ト為サヾルベカラザルナリ。我邦人ニ対スル暴挙ノ為メニ謝罪ノ実ヲ其責任者ニ表セシムルノ要旨ニ就テハ、敢《あえ》テ吾輩ノ論言ヲ要セズシテ可ナリ。

以上三要旨ヲ実行スルニハ果シテ何等ノ手段ニ由ルヲ以テ至便ナリト為サンカ。論者或ハ単ニ談判ヲ朝鮮政府ニ開クベシトスルモノアリ、或ハ特命使節ヲ北京ニ発シテ談判ヲ試ムベシト言フモノ有リ。吾輩ハ二説共ニ甚ダ其全《まった》キヲ得ザル者ナリト思惟ス。試ミニ思ヘ、現在ノ朝鮮政府果シテ何等ノ人物ヨリ成立ツベキカ。内乱ノ成績ヨリ判定スルニ蓋シ必ラズ守旧党ノミナルベシ。此守旧党ノ政府ニ談判シテ開化党ヲシテ政権ノ地ニ在ラシムルノ要旨ヲ貫カントスルハ抑《そもそ》モ亦難《かた》シ。独リ之レノミナラズ依然支那国ニ臣事セントノ意見ヲ固執スル守旧政府ニ向フテ清官清兵ヲシテ朝鮮国事ニ干与セザラシムルノ要旨ヲ遂グベカラザルヤ甚ダ明カナリ。暴挙ノ謝罪ニ至リテハ彼レ或ハ能《よ》ク之ヲ為サン。然レドモ彼ノ暴挙ヤ決シテ韓人ノミニハ非ラザルナリ。我ガ護衛兵ヲ襲撃シテ幾多ノ死傷アラシメタルハ実ニ清兵ノ所為ニハ非ズヤ。去《さ》レバ韓*城ニ開クノ談判ハ単ニ暴挙謝罪ノ処分スラモ全ク之ヲ遂ゲ得ルモノトハ思ハレザルナリ。第二説ノ不完全ナルモ亦殆《ほと》ンド之レニ同《おなじ》ク、北京ノ談判ハ縦《たと》ヒ能《よ》ク支那政府ヲシテ*在韓清兵ヲ引揚ゲシメ、或ハ然ラザルモ後来清官清兵ガ朝鮮国事ニ干与スルコトヲ絶タシムルニモセヨ、其責任上ノ暴挙ニ就テ謝罪ノ実ヲ表スルニモセヨ、以テ我邦ガ朝鮮ニ対スル処分ヲ完結スルニハ至リ難シ。是レ其完《まった》カラザルノ一ナリ。又現在朝鮮ノ形状ヲ以テスレバ支那ハ実際十分ノ威権ヲ朝鮮ニ逞《たくまし》フシテ其屯兵ヲ以テ開化党ヲ圧伏シ、而シテ守旧党ヲ護シテ政権ノ地ニ立タシメ、清官ハ其上位ニ在リテ殆ンド之レヲ監護スルノ有様ナリト言フモ敢テ妄言ニハ非ザルベシ。果シテ然ラバ今日ノ勢ヒ支那ハ已ニ十分ノ地歩ヲ朝鮮ニ占メテ我レハ甚ダ不十分ノ地ニ立ツモノナリ。想フニ斯《かか》ル場合ヲ以テ朝鮮事件ノ談判ヲ北京政府ニ開クハ始メヨリ我ガ為メニ幾分ノ損所アリ。之レニ反シテ支那ハ幾分ノ得所アルガ故ニ、恐《おそら》クハ我ニ於テ其好結果ヲ収ムルニ至難ナランカ。見ヨ、清国政治家ノ傲慢自尊ナル仏国ト交渉ヲ生ジテスラモ猶且《なおか》ツ談判ニ屈スルコト無ク、其国ノ利害如何ヲ問ハズシテ敢テ頑戇《がんとう》ノ議論ヲ為シ遂ニ干戈ヲ以テ相見《あいまみゆ》ルニ至リタリ。去レバ我邦ニ対シ殊ニ其十分ナル地歩ヲ占メタル場合ニ於テハ蓋シ大ニ論争シテ我邦ノ為メニ良好ノ結局ヲ妨グルコト必セリ。臆《ああ》是レ豈《あに》我邦ノ利益ナランヤ。

職トシテ もっぱら。 **韓城** 漢城。 **在韓清兵** このとき朝鮮には、呉長慶・袁世凱の指揮下に一五〇〇名の清国軍が駐屯していた。

吾輩ノ考フル所ヲ以テスレバ今回ノ朝鮮処分ハ宜《よろ》シク先ヅ便宜ノ地歩ヲ朝鮮ニ占メテ而シテ後《の》チニ清国及ビ韓廷ニ向テ談判ヲ開クベキナリ。我邦ノ威力ヲ以テシテ便宜ノ地歩ヲ朝鮮ニ占ムルコト決シテ難キニ非ズ。即チ速《すみや》カニ十分ナル兵ヲ出シテ朝鮮京城ヲ占有シ、一方ニ於テハ韓王及ビ開化党ガ清兵ノ為メニ威圧セラレテ其志ヲ伸バスコト能《あた》ハザルノ害ヲ除キテ韓廷ガ擅《ほしいま》マニ其ノ国事ヲ整理スルヲ得セシメ、他ノ一方ニ於テ談判ヲ北京政府ニ開キテ十分満足ナル処分ヲ要求スベキノミ。想フニ世ノ*膠柱《こうちゅう》ノ意見ヲ執リテ活機ニ応用スルコトヲ知ラザルノ論者ハ或ハ言ハントス、此ノ如キハ甚ダ過激ノ挙動ニシテ朝鮮守旧党ヲシテ愈《いよい》ヨ我邦ヲ憤怨セシムルノミナラズ、支那ト容易ナラザルノ交渉ヲ引起スルコト必セリ、是レ豈《あに》策ノ得タルモノナランヤト。*咄々《とつとつ》、論者ハ今日ノ場合ニ当リ彼ノ朝鮮守旧党ガ我邦ヲ嫌悪シ、胸中已《すで》ニ斥和ノ二字ヲ記銘スルヲ化シ得テ歓心ヲ我邦ニ懐《いだ》カシメント欲スル乎。今日マデノ経験ニ因レバ我邦ハ常ニ極メテ寛厚慈仁ノ政略ヲ用ヒ韓人ノ胸襟ヲ開キテ親交スルコトヲ求メ、近クハ*四十万円ノ償金ヲ返附シテ非常ノ恩徳ヲ施《ほど》コシタルニモ拘ハラズ、彼輩ハ依然トシテ我邦ヲ忌《い》ンデ支那ニ親ミ償金返附ノ事ヲ目シテ我邦ガ其国ヲ謀ルノ野心ニ出ヅルト為シタルニ非ズヤ。去《さ》レバ今回我邦ニ於テ縦《たと》ヒ何等ノ寛厚ノ手段ヲ用フルト雖ドモ、彼ノ守旧党ガ歓心ヲ買フニハ足ラザルナリ。而シテ国王及開化党ハ其独立ヲ遂グルノ意見ニ於テ、我ガ朝鮮政略ノ旨趣ト一致スル所アルヨリ大ニ我邦ヲ頼ミトスルノ情況アリ。為ニ彼我ノ関係ヲシテ親密ナルコトヲ得セシメタルニ、今其国難ニ際シ我邦ニシテ若《も》シモ緩漫ナル手段ヲ執ルニ於テハ、開化党モ遂ニ我邦ヲ目シテ頼ムニ足ラズト為シ、或ハ離レテ守旧党ニ一致スルカ、縦《たと》ヒ然ラザルモ必ズ我邦ト親密ノ情交ヲ為スノ意ナキニ至ルベシ。斯《か》ク守旧党已《すで》ニ歓心ヲ我レニ懐カズシテ開化党又乖離《かいり》シ去ルニ於テハ、我ガ朝鮮政略ノ目的ヲ達スルノ期ハ恰《あた》カモ*河清ヲ俟《ま》ツト一般、決シテ望ムベカラザルナリ。又論者ニシテ支那ト容易ナラザルノ交渉ヲ畏レバ宜シク先ヅ我ガ勢力ノ朝鮮ニ伸ビザルニ一任シ支那ガ勝手気儘ニ之ヲ支配シテ実際属国タラシムルコトヲ黙視スルノ覚悟ヲ為スベキナリ。然リ而シテ論者ト雖ドモ蓋シ必ズ朝鮮ヲシテ此クノ如キノ地ニ陥ラシムルコトヲ欲セザルナラン。果シテ然ラバ朝鮮事件ノ為メニ支那ト交渉ヲ生ズルモ亦我ガ国利上ニ於テ已ムヲ得ズト為スベキニ非ズヤ。況ンヤ今回我邦人ニ対スル暴挙ハ、支那兵ノ実ニ関係シタルハ事実ノ復《ま》タ争フベカラザルニ於テヲヤ。

膠柱… 琴柱(ことじ)に膠(にかわ)する。融通のきかないことの喩。 **咄々** なんとまあ。 **四十万円ノ償金**… この年十月末、朝鮮に帰任した竹添公使が、済物浦条約での賠償金五〇万円のうち、未払分四〇万円を返付したこと。その背景には、同年六月からの清仏戦争で朝鮮に駐屯していた清国軍の半数が引き上げ、また清国の敗北が濃くなる中で、国王の歓心を買い、日本の影響力を強めようとする意図があった。 **河清ヲ俟ツ** 実現されるはずのないことをいつまでも待つこと。

抑《そもそ》モ支那ハ傲慢尊大ノ国柄ニシテ開明邦国ノ事ヲ以テ推スベカラザルコトハ、苟《いやし》クモ支那ノ事情ヲ知ル者ガ皆言フ所ナリ。故ニ斯《かか》ル邦国ニ対シテ一歩ヲ退クハ即チ是レ彼レガ傲慢尊大ノ気焔ヲ増殖セシムルモノニ非ズシテ何ゾヤ。嚮《さ》キニ支那ハ謂ハレナキニ*兵ヲ発シテ大院君ヲ拘引シ、且ツ強《しい》テ韓廷ヲ監護セシニ当リ、我邦ハ極メテ穏当ノ談判ヲ為シ遂ニ其結局ヲ得テ兵ヲ引揚ゲタルニ、支那ハ却《かえっ》テ之レヲ目シテ日本ハ中国ノ威力ヲ憚リテ其野心ヲ放棄シテ退キタリト為シ爾来《じらい》益《ますま》ス朝鮮国事ニ干与スルノ気勢ヲ加ヘタリ。想フニ今回在韓ノ支那兵ガ粗暴ノ挙動ヲ日本人ニ向フテ為シタルモノハ、必ズ幾分カ当時ニ於テ我邦ヲ軽侮スルノ心ヲ啓《ひら》キタルニ原因スル所アルベキ歟、夫《そ》レ然リ。故ニ今回我邦ニ於テ再ビ寛厚ニ過グルノ手段ヲ執ルニ於テハ、支那ガ我邦ヲ軽ンズルノ心ハ愈《いよい》ヨ其ノ甚《はなはだ》シキヲ加ヘ、従フテ彼レガ朝鮮ヲ処スルノ事モ亦一層専擅《*せんせん》憚ルコトナキニ至ルベキコト必セリ。我邦ノ要スル所ハ支那ヲシテ名実両《ふたつ》ナガラ朝鮮ハ独立国ニシテ干与スベカラザルモノト為サシムルニ在レバ、今ヤ必ズ断然タル手段ヲ以テ其傲慢尊大ノ気焔ヲ挫《くじ》キ、更ラニ再ビ謂《いわ》レナキノ干渉ヲ朝鮮国事ニ為シ得ザラシムベキナリ。然ラバ則チ我邦ニ於テ速《すみや》カニ十分ノ兵ヲ遣発シテ先ヅ朝鮮京城ヲ占有シ、然ル後《の》チ談判ヲ清朝両国ニ開クハ決シテ過激ノ挙動ナリト言フベカラザルノミナラズ、実ニ必要已《や》ムベカラザルノ手段ト言ハンノミ。

吾輩ヲ以テ之ヲ観ルニ此《か》クノ如キ手段ニ由テ開クノ談判ハ蓋《けだ》シ能《よ》ク彼《か》ノ傲慢尊大ノ北京政治家ヲシテ俎豆《*そとう》ノ間ニ屈セシムルニ足ルベシ。然レドモ若《も》シ万一支那国ニシテ我ガ談判ヲ拒絶シテ顧リミザルコトアラバ則チ唯一ノ手段アリ。曲直ヲ武力ニ訴ヘテ而シテ已《や》マンノミ。夫レ支那ハ国大民衆ナリト雖ドモ、現時ノ国状ニ於テハ決シテ畏ルベキノ強力アルモノニハ非ズ。軍艦多シト言フモ武器備ハルト言フモ要スルニ外面ヲ装飾スルノ具タルニ過ギズ、巧ミニ戦艦ヲ運転シ兵隊ヲ進退スルノ将校アルニ非ズ、又能《よ》ク砲銃ヲ用フルノ熟兵アルニ非ズ。若シ戦機一タビ熟スルニ及ンデハ我ガ精鋭勇敢ノ兵ヲ以テ在韓ノ支那兵ヲ駆逐シ、更ニ進ンデ鴨緑江水ヲ横《よこぎ》リ長駆シテ北京ニ突入スルハ決シテ至難ニハ非ザルベシ。然レドモ吾輩敢《あえ》テ妄《みだ》リニ戦争ヲ欲スルモノニハ非ズ。宜シク先ヅ韓城ヲ占有シ最モ我邦ニ利ナルノ地歩ヲ占メテ然ル後チ談判ヲ開クベシト云フノミ。

兵ヲ発シテ大院君…　壬午軍乱直後の馬建忠による大院君拉致事件。　**専擅**　勝手なふるまい。　**俎豆…**　俎とたかつき。ともに祭りのときに供物を盛るうつわ。転じて礼法・儀式をいう。「俎豆之事、則嘗聞レ之矣。軍旅之事、未ニ之学一也」(論語、衛霊公)。

17　朝鮮と日本の関繋（東京日日新聞）

解題［明治十七年十二月十九日］　甲申事変の背景には、朝鮮の歴史的な日本への不信感と、日本に「妬心」「怖念」を抱いてこれを助長する清国の動きがあり、事変ではこれが開化派と日本を排除しようとしたと分析する。対清強硬論が大勢を占める状況のなかで、比較的冷静な認識を示すもの。甲申事変関連論説は「東日」も多いが、清国による朝鮮属邦視への批判が中心。とくに論説「朝鮮ノ処置如何」(十七・十二・十七)、「清国ヲシテ朝鮮ノ独立ヲ公認セシメザル可ラズ」(十七・十二・二十五)などでは、あくまで属邦視を拒否して「独立」公認を迫れと説く。

朝鮮ト日本ノ関繫

朝鮮ト日本ノ関繫ヲ察センニハ、須《すべから》ク従前ニ遡リテ両国間ノ関繫ヲ察セザル可カラザルナリ。今日ニテコソ朝鮮ノ上等社会ノ中ニテ進歩ニ志アリテ稍々《やや》彼我ノ事情ニ通ズル者ハ、日本ハ決テ朝鮮ヲ侵掠スルノ禍心ヲ包蔵スルモノニ非ズ、朝鮮ヲ独立セシメテ東洋大陸ノ咽喉ヲ阨シテ勢ヲ制セシムルハ日本ノ志ナリト知リ得ルナレドモ、其他ニ至リテハ深ク我国ニ対シテ恐怖ノ念ヲ懐クコト、敢テ異《あや》シムニ足ラザルナリ。抑《そもそ》モ我ガ朝鮮ニ於ケル中古以前ノ事ハ、其ノ詳細ヲ知ル可カラズト雖ドモ、我武威ヲ以テ彼ガ*孱弱《せんじゃく》ニ臨ミ、其ノ内政ニ干渉シテ我意ノ如クナラシメタルノ跡アレバ、当時ニテハ朝鮮ノ上下ハ力ノ敵シ難キヲ以テ日本ニ屈服スレドモ、時機モアラバ之ヲ攘斥セント思ヒタルナラン。果シテ然ラバ朝鮮ニテ日本ヲ憎忌セル念ハ其由来蓋《けだ》シ久シト云ハザル可ラズ。中古以来朝鮮ノ交通ハ朝廷ニ絶エタレドモ、我国民ノ彼地ニ往来セシコトハ全ク其跡ヲ斂《おさ》メタルニモ非ザルベキ歟。*足利氏ノ頃ニ将軍ヨリ使ヲ遣《つかわ》シ書ヲ送リタル事モアリシガ、当時支那ニテハ*倭寇ニ閩浙《びんせつ》ノ沿岸ヲ侵掠セラレタル如ク、朝鮮ニテモ亦同ジク多少ソノ禍ヲ被リタルニヤアルベキ。*宗氏ガ対馬ニ在リテ朝鮮ノ通交ヲ媒《なかだち》シタルナド、朝鮮ニ取リテハ好マシキ義トモ思ハザリシナラン。降テ文禄ノ役ニ至リテハ我兵ノ朝鮮ヲ蹂躙スル夫《そ》レ極《きわま》レリ。其ノ城市ヲ毀《こぼ》チ其ノ財貨ヲ掠《かす》メ到ル所《ところ》野ニ青草ヲ遺サズト云ヘルヲ見テ、以テ其ノ強暴ナリシヲ証スルニ足ルベシ。彼《か》ノ朝鮮ノ文明ノ昔時ニ上進シテ今日ニ退下セルハ、其ノ気運ノ然ラシムル所ナリト雖ドモ、文禄ノ役ハ其ノ重因ノ一ニ居ルガ如シ。朝鮮上下ヲ挙テ此怨ヲ我ニ忘ル、コト能ハザルモ、蓋シ其故ナシトセザル也。次ニ徳川氏三百年間朝鮮ニ於ケル果シテ如何ナル修好ヲナシタル乎。和平ノ交際ヲ為シタリト云フ而已《のみ》ニシテ、威信ヲ示シタルコトモ無ケレバ厚誼ヲ表シタルコトモ無ク、僅《わずか》ニ*聘問《へいもん》ノ礼ヲ修ムルノ名ニ止マリテ交際ヲ開クノ実ヲ見ルニ及バザリキ。而シテ其ノ交通ノ状勢ヲ察スレバ、*朝鮮一道ノ歳入ヲ以テ日本通交ノ費ニ充テ、釜山ハ日本人ノ拠ル所トナリテ茲ニ来リテ通商セル日本人ノ中ニハ往々強暴ノ徒アリテ、朝鮮人民ヲ恐怖セシメタル其ノ常観タリシガ如シ。朝鮮ノ上下ヲ挙テ当時我ガ交通ヲ以テ其国ノ累ト思ヒ、機会モアラバ全ク之ヲ絶タント希《ねが》ヒタルモ亦《また》吾曹ハ其故ナシトセザル也。是レ維新ノ後ニ於テ朝鮮ガ好ヲ我ニ修ムルコトヲ嫌ヒタル所以《ゆえん》ナルベシ。

孱弱　よわよわしいこと。　**足利氏ノ頃…**　一五世紀初に足利義満は朝鮮に使節を派遣、以後対馬の宗氏を介しての貿易が行なわれた。　**倭寇ニ閩浙…**　中世、中国や朝鮮の沿岸を襲った日本の海賊を倭寇といったが、のち明人が多くなる。閩浙は福建省(閩)と浙江省。　**宗氏**　鎌倉時代以降、対馬を支配した豪族で、朝鮮との通交を仲介する役割をにない、それは明治維新までつづいた。　**聘問ノ礼…**　朝鮮使節が来日したことをいう。江戸時代には将軍の代替りやその他の慶事に、祝賀使として計一二回来日した。聘問とは礼物をもって訪れること。　**朝鮮一道ノ歳入…**　未詳。ちなみに趙曮「海槎日記」には、通信使の費用が全羅道の歳入の半分にあたるという記述があり、多大な費用がかかっていたことは確認される。

江華砲撃ノ変ヨリシテ問罪ノ使節ハ幸ニ条約ノ善果ヲ結ビ、*黒田井上両公ノ名望ト威信トヲ以テ日本ト朝鮮トハ明ニ修好国トナリテケレバ、我国ニ於テ第一ニハ朝鮮ヲ独立国ト認メテ対等ノ地位ニ立タシメ、第二ニハ交通都《すべ》テ条約ノ明文ニ遵《したが》テ其矩《のり》ヲ踰《こ》エズ、条約ニ載セザル特典ハ我ニ於テ之ヲ抛棄シ、以テ日本ノ朝鮮ニ対スルノ国是ハ斯《かく》ノ如クニ公明正大ナルコトヲ示シタレバ、朝鮮ハ事ノ意外ニ出デタルニ驚キ豁然《かつぜん》ソノ疑惑ヲ去リテ胸襟ヲ日本ニ開キ懇篤ヲ通ズベキ筈ナレドモ、去《さ》ル豹変ハ卓

識明知ニ非ザレバ為シ能ハザル事ト見エテ、*二三明識ノ輩ヲ除クノ外ハ、此ノ条約ヲ得テモ概《おおむ》ネ信疑相半《あいなかば》シ、甚《はなはだし》キハ是亦日本ガ甘言ヲ以テ我ヲ懈《おこた》ラシムルノ計ナルベシト疑ヒ常ニ戒心ヲ我ニ挟ムモノ多キガ如シ。其状ハ廿余年前我国ニテモ幕府ノ大員諸侯ヲ初トシ、一般ノ人々ガ米国全権*ペルリ提督次ニ*ハルリス公使ガ懇切ナル忠告ヲ以テ開鎖ノ利害ヲ説キタルヲ聴キテモ、啻《ただ》ニ之ヲ信ゼザル而已《のみ》ナラズ、益々《ますます》疑ヲ深クシタルニ同ジト思ハルヽナリ。

黒田井上両公　黒田清隆と井上馨。江華島事件についての談判において、それぞれ特命全権弁理大臣・特命副全権弁理大臣。　**二三明識ノ輩**　金玉均・朴泳孝ら朝鮮開化派をさすか。　**ペルリ・ハルリス**　ペリー Perry とハリス Harris.

然レドモ朝鮮ノ高官及ビ壮士輩ノ内ニハ、漸《ようや》ク宇内ノ時勢ニ耳ヲ欹《そばだつ》ルモノモアリ。国王モ亦聡名ノ名アル君主ニテ坐《おわ》スナレバ、本日ノ日本ハ往時ノ日本ニ非ラズト覚リ、彼我ノ交通ノ繁キニ従テ進歩ノ方向モ分リテ、今ハ将《まさ》ニ日本ニ則《のっと》リ百事ソノ忠告ニ依ルヲ得策ナルト思ヒ附タルニ由リ、円滑ノ関繫ハ是ヨリシテ其効ヲ見ベキ所ニ茲《ここ》ニ欧米諸国ヨリ交通ヲ朝鮮ニ求ムルニ際シ我国ヨリ之ヲ勧告シタルコトアリキ。朝鮮官員ハ左《さ》ナキダニ未ダ信

ヲ日本ニ置カズ、殊ニハ洋人ヲ嫌悪セルニ、交通ノ勧告ニ遇ヒ扠《さ》コソ日本ハ洋人ト同服ニテ朝鮮ノ地ニ望ヲ属スルモノナレ、由断ナセソ、ト云フガ如キ邪念ヲ喚起シ、再ビ日本ニ向テ内心ニ籬屏ヲ構ヘタルガ如シ。而シテ清国ガ妬心ト怖念トノ為ニ、稍々《やや》裏面ヨリシテ朝鮮ニ干渉スルノ政略ヲ執リタルハ此時ニ初マリテ、其為《そのため》ニ日本ニ対シテ朝鮮ヲ離間スルノ勢ヲナセリ。清国ト朝鮮ノ関繫ハ吾曹コレヲ次条ニ叙述スベシ。今ソノ離間ノ概路ヲ云ハヾ朝鮮鎖攘ノ国是ハ固ヨリ不可ナリ、欧米ノ外邦ニ好ヲ通ゼザル可カラズト雖ドモ、日本ヲ以テ恃《たの》ム可キノ国ナリト信依スルコト勿《なか》レ、日本ハ常ニ朝鮮ヲ併略スルノ志ヲ棄テザル者ナリ、清国ハ朝鮮ノ宗国ナレバ、苟モ朝鮮ニシテ其ノ忠告ニ従ヒ命令ヲ奉ゼバ、必ラズ朝鮮ヲ保庇スベシト云フガ如キ趣意ニテアリツラン。此ノ離間ノ斥和党、守旧党ノ意ニ投ズル所ナレバ、是ヨリシテ韓廷ニハ又再ビ日本ヲ恐怖シテ嫌疑ヲ懐クモノ其多キヲ加ヘ、漸ク日本ニ疎ニシテ清国ニ密ナルノ勢ニ傾向シタリ。

一昨年大院君ノ変ニ際シ、清国ガ不思議ノ振舞ヲナシ武断ヲ以テ朝鮮ノ内政ニ干渉シタルニ反シ、我国ハ始終公平ヲ旨トシテ平和ノ談判ニ事ヲ了シタルナレバ、朝鮮ノ信依ハ正ニ此時ヨリシテ著《いちじるし》ク我ニ転向スベキニ、爾《じ》来《らい》却テ其ノ清国ヲ奉承スルニ汲々タルガ如キハ、右ノ離間其力ヲ得タルガ故ニ非ザルヲ得ンヤ。去《さ》レバ今回ノ変ノ如キ、進歩党ガ過激ナル刺殺ヲ行ナヒ日本兵ガ王宮ヲ護衛スルヲ見テハ、兼《かね》テヨリ疑惑ヲ懐キタル斥和党、守旧党ガ直《ただち》ニ之ヲ誤リテ同志共謀ト思ヒ、怱《にわか》ニ日本ヲ憎悪スルノ念ヲ発シ清兵ト一ニナリテ暴挙シ我ニ寇セルコト、皆コノ因ニ生ズル歟ト考察セラル、也。

18　支那朝鮮をして倨傲心を増長せしむる勿れ　（郵便報知新聞）

解題［明治十七年十二月二十一日］　甲申事変は朝鮮・清国の日本に対する「倨傲心」の結果だとして、「勇断果決」の手段で両国の度胆をぬけと説く論説。前掲Ⅲ-9・14以来の「報知」の蔑清・脱亜論が、この対清対決論へ帰結している。甲申事変での「報知」の論説の基調は、「支那朝鮮ノ国位ハ遠ク日本ノ下ニ在ル事ヲ知ラザル可ラズ」(十七・十二・十七)、「国際法ハ支那ト朝鮮トヲ認識セズ」(十七・十二・十八)、さらに「韓人尚教す可し清人に至ては所謂無縁の衆生釈迦再生と雖ども済度す可らざる者也」(十七・十二・三十一)などの露骨な蔑清・脱亜論であり、さらに、論説「支那と戦ふの利害を論ず」(十八・一・十六～三十一)に典型的な対清勝利、「亜州の盟主」論を展開する。これらはすべて無署名論説であるが、いずれも「尾崎咢堂全集」第二巻に収録され、尾崎行雄の著述とされている。【尾崎行雄】一八五八―一九五四。号は咢堂。慶応義塾に学び、「報知」のち「朝野」の記者。改進党員。第一回総選挙以来、代議士として活躍した。

　支那朝鮮ヲシテ倨傲《きょごう》心ヲ増長セシムル勿《なか》レ

欧洲ノ強国ヲシテ朝鮮ニ拠ラシムルノ害ハ猶ホ九州若《もし》クハ四国ヲ棄テ、独露英仏ノ割拠ニ任スルガ如キ也。独露英仏ニシテ一タビ四国若クハ九州ニ拠ラバ、我レ得テ我ガ独立ヲ維持ス可ラズ。欧洲ノ強国ニシテ一タビ朝鮮ニ拠ラバ我レ亦得テ我ガ安寧ヲ維持ス可ラズ。設《たと》ヘ一時之ヲ維持スルコトヲ得ルモ交際上寸毫ノ瑕瑾《かきん》開クレバ彼レ直チニ之ヲ口実トシテ併略ノ計ヲ施サン。我ガ独立ハ*岌々乎《きゆうきゆうこ》トシテ夫《そ》レ危《あやう》カラズヤ。故ニ朝鮮若《も》シ輔《たす》ク可クンバ我レ飽《あ》クマデ之ヲ輔佐*誘掖《ゆうえき》シテ其独立ヲ維持シ又進歩開明ノ途ニ上ラシメザル可ラズト雖モ、支那ニシテ徒《いたず》ラニ尊大自負、自家ノ将《まさ》ニ覆《くつが》ヘラントスルヲ知ラズシテ他人ノ事ニ干渉スル以上ハ元来文明ノ事物ヲ厭忌セル朝鮮人民ハ益々《ますます》頑固守旧ノ志ヲ生ズ可シ。是レ余輩ノ数々《しばしば》朝鮮ヲシテ其文明ヲ進メ其独立ヲ固フセシメント欲セバ、先ヅ清廷ニ談判シテ其干渉ヲ引去《ひきさら》セシメザル可ラザルコトヲ痛論セル所以《ゆえん》也。

然リト雖ドモ支那人ノ倨傲ナル、依然今日ノ如クンバ我レ姑息ノ談判ヲ開クモ彼レ容易ニ之ヲ承諾セザル可ク、朝鮮人ノ頑瞑倨傲ナル亦依然今日ノ如クンバ、支那縦《よ》シ其干渉ヲ引キ去ルモ彼レ容易ニ我ガ深切ナル勧告誘導ヲ承受セザル可シ。故ニ我レ我ガ独立ト久安トヲ維持スルノ必要物タル朝鮮ノ独立ヲ輔ケテ之ヲ鞏固《きょうこ》ナラシメント欲セバ、先ヅ彼ガ傲胆ヲ破テ我ノ敬ス可ク親ム可ク又恐ル可キ所以ヲ知ラシメザル可ラズ。彼《か》ノ二国ニシテ洋鬼(支那人我ヲ嘲ケルノ語)倭奴(朝鮮人我ヲ侮ルノ語)ヲ以テ我ヲ目スル以上ハ、我ノ亜細亜《アジア》全体ノ利害ヲ慮《おもんぱか》ル如《い》何《か》ニ深切ナルモ、彼レ決シテ我ガ助言ヲ容《い》レ我ガ誘導ニ応ゼザル也。地勢上我ト唇歯輔車ノ関係アル所ノ二国ニシテ、我ガ遠謀深慮アル忠言ヲ容レズ頑鈍固陋ノ見識ヲ守テ妄施乱行セバ、終《つい》ニ唇亡歯寒ノ結果ナキヲ得ズ。是ニ於テ乎《か》知ル、大《おおい》ニ亜洲ヲ振作シ兼テ我ガ独立ヲ鞏固ニスルノ法ハ唯《た》ダ清韓二国ヲシテ我ガ威信ニ感服セシムルニ在ルヲ。而シテ我ガ人民ノ節義ニ富ミ廉恥ヲ重ンズルト、我ガ外交政策ノ唯ダ信是レ守ルトハ欧米諸邦中久シク我ニ交際セル者ノ皆ナ認承スル所、其之ヲ認承賛嘆セザル者ハ既ニ国民ノ性質ヲ知ルノ明ナク、亦政府ノ政策ヲ審断スルノ識ナキ者ノミ、我ガ政府ノ清韓ニ向テ信ヲ尽シ恩ヲ与ヘタルコト実ニ多シト云フ可シ。彼レ若シ今ニ及ンデ尚ホ我ガ恩ト信トニ服セズンバ蓋《けだ》シ人ノ措置ヲ見テ是非ヲ断ズルノ明ナキ者、其過《あやま》チ彼ニ在テ我ニ在ラズ、我レ得テ之ヲ如何トモス可ラザルノミ。独リ威ノ一点ニ至テハ王政維新以来未ダ充分ニ之ヲ外ニ施シタルコト有ラズ、彼レノ之ヲ恐レザルモ亦宜《むべ》ナリ。

昔《むか》シ豊臣氏ノ朝鮮ヲ攻ムルヤ猛将鋭卒雲ノ如クニシテ忽《たちま》チ八道ヲ蹂躪ス。爾後《じご》韓人常ニ之ヲ銘ニ記シテ忘レズ、我ガ猛将ノ名ハ啼児ヲシテ声ヲ呑マシムルニ至レリ。然ルニ修好条約一タビ成テ彼我ノ往来頗《すこぶ》ル頻繁ニ趣キ、我ガ政府人民ノ彼ヲ待ツニ寛大温厚ナルヤ、彼レ唯ダ我ノ恐ル可ラザルヲ見テ我ノ親ム可キ所以ヲ知ラズ、動《やや》モスレバ輙《すなわ》チ傲然兵戈《へいか》ヲ執テ我ガ官民ヲ襲撃スルニ至レリ。之レニ反シテ支那人ノ如キハ中心窃《ひそ》カニ我ヲ恐レザルニ非ズト雖ドモ、其壌地ノ大ニシテ人民ノ多キヤ常ニ傲然トシテ我ヲ*藐視《びょうし》スルノ状アリ。特ニ一昨十五年我ノ機会ニ乗ジテ朝鮮ヲ取ランコトヲ恐レ、*倉皇狼狽《そうこうろうばい》前後ヲ顧ミルニ遑《いとま》アラズシテ海陸ノ兵ヲ発遣シ、一挙シテ暴徒ヲ鎮定シ再挙シテ大院君ヲ拘致シ些細ノ労費ヲ以テ朝鮮ヲシテ幾《ほとん》ド附庸国ノ実ヲ負ハシメ、狼狽中ノ措置図《はか》ラズモ大功ヲ奏セルヨリ清廷忽チ倨傲心ヲ増長シ日本与《くみ》シ易シト放言スルニ至レリ。余輩嘗《かつ》テ支那人ト語《かたり》テ談偶《たまたま》朝鮮ノ事ニ及ビ清廷其内治ニ干渉スルノ不可ナルヲ論ズ。該人曰ク、今日ノ朝鮮、設《たと》ヘ独立ノ実ヲ備フトスルモ、前年我ガ政府施セル所ノ措置ハ大ニ之レヲ減殺シテ附庸国ノ実ヲ負ハシメタリ、今後再ビ機会ヲ相《み》テ前年ノ政策ヲ追行セバ朝鮮終ニ全ク独立ノ実ヲ失フテ足下ノ所謂《いわゆ》ル附庸国ノ資質ヲ備フルニ至ルコト必セリ、事態此ニ至テ貴邦、朝鮮ノ独立国ナルコトヲ主張スルモ蓋シ無効ノ空言タランノミト。是レ固《も》ト一私人ノ言説深ク顧慮スルニ足ラズト雖ドモ、亦以テ支那官民ガ其一昨十五年ニ施セル朝鮮政略ヲ得意トスルノ形情ヲ察ス可シ。清廷若《も》シ此意想ヲ抱カバ今日ノ変乱ハ実ニ失フ可ラザルノ機会也。其往年施セル所ヲ再行シ、以テ益々朝鮮ノ独立ヲ危フシ、終ニ之ヲシテ純然タル附庸国ノ実ヲ負ハシムルニ至ランモ、亦未ダ測知ス可ラザル也。余輩甚《はなは》ダ之ヲ憂フ。

往年ノ妄挙偶中シテ清人大ニ其《その》倨傲心ヲ増長シ頗《すこぶ》ル日本ヲ軽《かろ》ンズルノ状アリ。今日再ビ干渉政略ヲ施シテ更ニ偶中スルガ如キコトアラバ、其倨傲心ハ益々《ますます》増長シテ妄施乱行至ラザル所ナカラントス。抑《そもそ》モ亜洲ノ盛衰ハ懸《かかり》テ日清両国ノ手中ニ在リ。支那ノ権勢四方ニ行ハルレバ亜洲決シテ振起スル能ハズ、日本ノ権勢四方ニ行ハルレバ亜洲必ズ振起ス可シ。甲ノ目的ハ退守ニ在テ乙ノ目的ハ進取ニ在リ、進退ノ分ル、所ハ盛衰ノ因テ起ル所也。然《しから》バ則チ支那朝鮮ヲシテ其倨傲心ヲ増長セシメザルノ一事ハ、啻《た》ダ我ガ独立久安ヲ保持スルニ於テ必要ナルノミナラズ、亦《また》亜洲全体ヲ振起スルニ於テ必要ナル也。啻ダ亜洲全体ヲ振起スルニ於テ必要ナルノミナラズ、亦亜細亜東部ノ文明ヲ進歩セシムルニ於テ必要ナル也。其関係豈《あ》ニ少小ナランヤ。而シテ清韓二国ヲシテ其倨傲心ヲ増長セシメザルノ法ハ、唯ダ勇断果決以テ着々彼ガ先ヲ制シ威信並ビ行フテ彼ガ傲胆ヲ破ルニ在リ。姑息ノ計策ハ偶《たまた》マ以テ我ガ威信ヲ汚スニ足ルノミナラズ、則チ亦朝鮮向後ノ長利ニ非ザル也。鄙語《ひご》ニ之レ有リ、仏の顔も三度までト。韓人ノ暴行ヲ我ニ加ヘタル者既ニ*三回ニ及ベリ。韓人夫《そ》レ何ヲ以テ謝罪ノ実ヲ挙《あげ》ントスル乎。

岌々乎　あぶないさま。　**誘掖**　導きたすける。　**藐視**　藐は軽んずること。軽視。　**倉皇**　あわてるさま。　**三回ニ及ベリ**　江華島事件、壬午軍乱、甲申事変。

19　我邦の支那に対する政略如何　（朝野新聞）

解題［明治十七年十二月二十一日・二十三日］　甲申事変について、毅然たる談判で清国を屈服させ、国権を拡張せよと説く論説。そのため清仏戦争を利用し、日仏同盟をにおわせよとする。「朝野」の権謀術数の駆使による国権拡張論は、論説「和戦与（とも）ニ利ナルノ計ヲ為セ」（十八・一・二〜三）、「戦争ハ手段ニシテ目的ニアラズ」（十八・一・七〜八）、さらにはII-27の露骨な対外マキャヴェリズム論がある。なお、「毎日」も論説「已ムヲ得ズンバ仏国ト同盟ス可シ第一〜第三」（十八・一・十四〜十六）で日仏同盟による清国挟撃論を唱える。

我邦ノ支那ニ対スル政略如何

曰ク朝鮮ニ暴徒起レリ。曰ク漢城駐在ノ我ガ兵隊ハ支那兵ト紛争シテ互ニ死傷アリ。曰ク我ガ公使館ハ*兵燹《へいせん》ニ罹《かか》レリト。去ル十三日以来朝鮮ノ変動ヲ報ズルハ簡短ナル電信ニ過ギズ。故ニ我々ハ其ノ我邦及ビ支那朝鮮ノ三ケ国ニ関係スル重大ノ事件ナルベシト想像スレドモ、其ノ詳細ナル事実ヲ聞ク能《あた》ハズ。各新聞ノ報道ハ互ニ異同アリテ其ノ真偽ノ如何《いか》ンヲ審《つまび》ラカニスルニ由《よ》シナク、此ノ事件ニ関シテ論断スル所モ一ニ臆測ニ過ギザリキ。然ルニ漢城ニ在テ変動ニ際会シタル*井上角五郎氏ガ其ノ実験セシ所ノ記事ヲ*新聞紙上ニ掲載シ、而シテ吾輩ハ更ニ今回ノ事変上申ノ為メ帰朝セラレシ朝鮮京城公使館員某ノ其筋ヘ差出サレシ書面ナリトテ或ル所ヨリ接手シタル詳報ヲ*昨日ノ紙上ニ登録セリ。彼此ヲ参考シテ略《ほ》ボ変動ノ始末ヲ審ラカニスレバ今回ノ事変タル大ニ一昨年ト其《その》趣キヲ異《こと》ニスルガ如シ。吾輩ノ視ル所ヲ以テスルニ、我ガ政府ハ直チニ朝鮮政府ニ向テ手詰ノ談判ヲ開クヲ要セザルハ勿論ニテ、支那ノ兵隊ガ我ガ国旗ニ向テ施シタル無礼ノ如キモ騒擾《そうじよう》ノ際ニアタリ一時ノ誤解ニ出デシニ外ナラザルノ形迹《けいせき》アレバ、我ガ政府ガ支那ニ対スル政略ノ如何ンニ因リ、平和ニ此ノ事件ノ結局ヲ見ルヲ得ベキナリ。吾輩ノ伝聞スル所ニ拠ルニ今回朝鮮ノ事変タル本月四日ニ暴発シタルヲ以テ公使館ヨリ迅速ノ通報アラバ、我ガ政府モ至急ニ之ニ応ズルノ準備ニ着手セラレシナルベシ。然ルニ*千歳丸ノ八日ニ仁川ヲ発シ十三日ニ長崎ヨリ朝鮮ニ事変アリシコトヲ電報セシマデハ、政府ニ於テ少シモ之《これ》ヲ知ラズ、殆《ほと》ンド寝耳ニ水ノ有様アリ。而シテ簡短ナル電報ニテハ実地ノ事情ヲ知リ之ヲ処分スルノ方略ヲ定ムル能《あた》ハザルヲ以テ、政府モ容易ニ廟議ヲ決定セラルヽノ場合ニ至ラザリシガ、確実ナル報告ノ達セシヨリ始メテ前後ノ事情ヲ審ラカニシ、朝鮮人ノ公使館ヲ襲撃シタルハ騒擾中政府ノ号令行ハレズシテ為メニ乱民ノ暴挙ヲ為シタルニ外ナラズ、而シテ王宮ヲ護衛シタル我ガ兵隊ニ向ヒテ支那兵ノ発砲シタルモ一時事情ノ行違ヒニ出ルニ外ナラザレバ、両国政府ニ向ヒテ掛合ヲ為スニハ充分ニ平和ノ手段ヲ取ラルヽノ都合ナリト。今日談判ノ主位ニ立ツ者ハ我邦ニシテ支那ト朝鮮トハ客位ニ在リ。我ガ政府ニシテ果シテ平和ノ手段ヲ取ラルヽ以上ハ為メニ戦争ノ不幸ヲ避ケ*俎豆《そとう》ノ間ニ此ノ事件ノ結果ヲ見ルヲ得ベキカ。然レドモ朝鮮ノ暴民ガ我ガ人民ヲ殺戮《さつりく》シ我ガ兵隊ヲ襲撃シ我ガ公使館ヲ焼毀《しようき》シタル不当ノ処置ハ、朝鮮政府ヨリ之ガ謝罪ヲ為シ之ガ賠償ノ道ヲ尽サシメザルベカラズ。而シテ支那兵ガ王宮ヲ護衛シタル我ガ兵隊ヲ砲撃シタル一事ハ、我ガ国旗上ノ名誉ニ於テ重大ノ関係アレバ充分ニ是非曲直ノ在ル所ヲ明カニシテ断然ノ掛合ヲ為サヾルベカラズ。故ニ政府ガ今回ノ事変ニ於テ成《な》ル可《べ》ク平和ノ主義ヲ以テ其ノ局ヲ結バルヽコトハ吾輩ノ深ク希望スル所ナレドモ、一国ノ名誉ヲ保護スルハ最モ政府ノ急務トスル所ナレバ、支那政府ガ答弁ノ如何ンニ因テ政府ニ於テモ亦充分ノ決心アルベキヲ信ズルナリ。

兵燹　兵火。　**井上角五郎**　一八六〇―一九三八。慶応義塾を卒業し、十五年に壬午軍乱後の朝鮮政府顧問として朝鮮に渡り、「漢城旬報」を創刊して開化思想の普及につとめた。清国兵による朝鮮薬局主人殺害事件を報じたため、清国の干渉により帰国させられる。のち自由党また政友会に属し、代議士として活躍するとともに、実業界でも重きをなした。　**新聞紙上ニ掲載**　「朝野」十二月十九日・二十日号に「神戸又新日報」より引用として掲載。　**昨日ノ紙上**　特集欄「朝鮮事件」に掲載。　**千歳丸**　二等巡洋艦。艦長は辻勝三郎。清国軍の攻撃をうけ、仁川に避難した竹添公使らは千歳丸に乗船し帰国する。　**俎豆…**　→三七四頁注。

蓋《けだ》シ両国ノ間ニ一ノ事件ヲ生出スルトキハ互ニ己《おの》レヲ是トシテ彼《か》レヲ非トシ、容易ニ事実ノ在ル所ヲ弁知スベカラザルハ外交上ノ通例ナリ。今回ノ事ノ如キモ亦然ルモノ有ラン。蓋シ我邦ヨリ之ヲ言ヘバ竹添公使ガ国王ノ依頼ニ因リ兵隊ヲ以テ王宮ヲ護衛スルニ当リ、支那ノ将官ハ兵隊ヲ引率シテ王宮ヲ囲ミ無法ニモ発砲ヲ為シタレバ、其ノ曲直ハ弁ゼズシテ明ラカナルモノ有リト。然レドモ支那人ハ亦必ラズ云ハントス、日本党ガ暴動ヲ企《くわ》ダテ大臣ヲ殺戮シテ政府ノ革命ヲ為シタルハ実ニ形迹ノ疑フベキモノ有リ、意ヲ我ガ中国ニ通ズル事大党ハ之ヲ以テ日本人ノ煽動ニ出デタリト断定セリ、而シテ国王ハ我々ガ保護ノ下ニ立ツ者ナリ、然ルニ外国兵ヲ以テ王宮ニ侵入シテ国王ヲシテ囚虜ト一般ナル有様ニ陥ラシム、是レ我々ノ袖手傍観スベカラザル所ナリ、加フルニ朝鮮大臣ヨリ依頼アリ王宮ヲ護衛セントスルニ日本兵ハ拒《こ》バンデ入レズ、是レ遂ニ兵仗《へいじょう》ヲ開クニ至リシ所以《ゆえん》ナリ、然レバ曲ハ日本ニ在リテ清国ニ在ラズト。現ニ済物浦ニ於テ竹添公使ノ*支那ノ官吏ト談判ヲ開カル、ヤ彼レハ日本ノ兵隊ヨリ先ヅ戦ヲ開キシト主張シ、我ハ支那兵ヨリ先ヅ発砲セシコトヲ論弁シ、容易ニ其ノ帰着スル所ヲ知ラズト聞ケリ。夫レ両国兵隊ノ互ニ相逢フテ警備ヲ為スニ当リ砲声一発シテ遂ニ両軍ノ紛争トナル、其ノ間髪ヲ容《い》レザル者アリ、孰《いず》レカ先ヅ手ヲ下ダシテ孰レカ後ニ之レニ応ジタルヤ事後ニ於テ之ヲ証明スルニ由ナシ。所謂《いわゆ》ル水掛論ナル者ハ幾度之《これ》ヲ俎豆ノ間ニ争フトモ容易ニ其ノ曲直ヲ決スル能ハザラントス。止《た》ダ朝鮮国王ハ支那政府ニ対シ外国兵ヲ以テ王宮ヲ護衛セシムルノ権利ナキ者ナルカ、我ガ兵隊ノ王宮ヲ護衛スルニ当リ戦争ノ用意ヲ為シタル兵隊ヲ以テ四方ヨリ之ヲ囲繞シタルハ不当ノ挙動ニ非ザルカハ、是レ蓋シ我ガ政府ノ北京政府ニ向テ難詰《なんきつ》スベキ要点ニシテ、発砲ノ前後ノ如キハ敢《あえ》テ今日ニ問フ所ニ非ラザルナリ。之ヲ要スルニ両国ノ間ニ紛議ヲ生ズルヤ、一方ノ全ク曲ニシテ一方ノ全ク直ナルコトハ誠ニ希有《けう》ニシテ、互ニ執ル所ノ口実アルガ為メニ葛藤ノ結ンデ解ケザルニ至ルニ外ナラズ。此クノ如キ場合ニ於テ勝ヲ俎豆ノ間ニ決スル者ハ外交官又ハ使節ニ任ズル者ノ胆力熟練ニ在ルノミ。故ニ吾輩ハ目ヲ刮シテ我ガ政府ガ如《い》何《か》ナル挙動ヲ為シ北京政府ニ向ヒテ如何ナル談判ヲ開カル、カヲ視ントスルナリ。

支那ノ官吏　督弁交渉通商事務趙秉鎬。

今日道徳主義ハ決シテ万国交際ノ間ニ行ハレザルナリ。名誉ヲ争ヒ勢力ヲ競ヒ権謀術数ニ依頼シ他ヲ損シテ己レヲ利セントスルハ各国皆然ラザルハ無シ。故ニ交際国ノ危急ニ乗ジテ之ヲ強逼《きょうひつ》シ以テ自国ノ利益ヲ博取スルガ如キ、道徳上ヨリ之ヲ視レバ深ク非難スベキ所ナレドモ、所謂《いわゆる》外交官ノ熟練ト称スル者ハ巧ミニ此ノ方略ヲ実地ニ施行スルニ過ギザルナリ。我レニ充分ノ条理アルモ其ノ手段ノ適当ヲ誤マレバ自カラ一国ノ権利ヲ損害スルニ至リ、我レニ多少ノ失錯アルモ其ノ乗ズル所ノ機会ヲ得ルトキハ充分ノ勝利ヲ俎豆《そとう》ノ間ニ奏スルヲ得ベシ。今日外交ノ事ハ権謀ノミ術数ノミ、豈《あに》条理ノ明不明ニ因リテ勝敗利鈍ヲ決スルモノナランヤ。

今回朝鮮京城ノ変動ニ於テ支那ノ将官ガ兵隊ヲ引率シテ王宮ヲ護衛スル我ガ兵隊ヲ砲撃シ士官兵隊ニ死傷アラシメシノミナラズ、朝鮮ノ暴徒ト聯合シテ我ガ国民数十名ヲ殺戮セシガ如キ、我ガ政府ニ於テハ一国ノ名誉ヲ保護スルガ為メニ断然タル掛合ヲ支那政府ニ開カザルベカラザルハ勿論ニテ、今日マデノ形迹《けいせき》ニ就イテ之ヲ視レバ、我レニ充分ノ口実アリテ容易ニ支那政府ニ謝罪ノ道ヲ尽サシムルヲ望ムベキナリ。苟《いやしく》モ一歩ヲ譲リ彼我トモニ執言スル所アリ、我レハ支那兵ノ王宮ニ在ル我兵ヲ襲撃セシヲ以テ不当ノ処置ナリト主張シ、彼レハ日本兵ガ騒擾ノ際ニ於テ王宮ニ侵入シテ朝鮮ノ内政ニ関係シタル形迹アリシハ朝鮮ノ主権ヲ有スル清国ニ対シテ為スベカラザルノ挙動ナリト断言シ、彼我条理ノ相半《あいなか》バスルコトアリトモ、我ガ外交政略ノ熟練ニ因リ支那ニ対シテ充分ニ国権ヲ拡張シ之ヲシテ枉《ま》ゲテ我邦ノ要求スル所ニ従ハシムルニ難《かた》カラザルナリ。夫《そ》レ支那ハ如何ニ内政ノ整頓セズシテ兵備ノ廃弛《はいし》ニ就クニモセヨ、亦《また》堂々タル一大帝国ニシテ*陸軍ノ数ハ我国ニ十倍シ*南洋北洋ニ許多ノ軍艦砲船アリ、容易ニ軽侮スベキニ非《あら》ズ。若《も》シ他国ノ関係ナク我邦ヲシテ独手ニ之ト戦争ヲ開カシムレバ、未ダ鹿ノ誰レノ手ニ落ルヲ知ラズ。紛乱ノ結ンデ解ケザルトキハ、人命ト財産ヲ犠牲ニシ其ノ不幸ヲ国家ニ及ボス果シテ幾許《いくばく》ゾヤ。故ニ朝鮮事件ニ於テ仮令《たとい》我邦ニ充分ノ名義アラシムトモ、支那ノ確乎トシテ之ニ抵抗スルトキハ、其ノ戦争ノ危険ヲ避クルガ為メニ一歩ヲ枉《ま》ゲ平和ノ目的ヲ以テ之レガ談判ニ従事スルノ已《や》ムヲ得ザル場合ナキニ非ザルベシ。今日ハ然ラズ。支那ハ方《ま》サニ仏国ト戦争ヲ開キ*福州ニテ海軍ノ全覆ヲ致《い》タシ*東京《トンキン》ニ侵入シテ大敗シ遂ニ仏兵ノ為メニ*台湾ヲ占取セラルヽニ至レリ。幸ニシテ仏国援軍ノ到着セザルニ先キダチ北海ノ氷結セシヲ以テ一時休軍ノ有様トナルト雖ドモ、明春暖和ノ候ニ至リ天津ノ港口ニ舟舶ノ往来ヲ通ズルニ及べバ、数万ノ仏軍ハ必ラズ長駆遠征ヲ為スニ至ラン。柔懦《じゆうだ》ナル支那兵ヲ以テ勇猛ナル仏軍ニ対シ勝敗ノ在ル所ハ已《すで》ニ顕然タル者アリ。是レ少シク世間ノ事情ニ通ズル支那ノ政事家ガ深ク寒心スル所ナリ。独リ頼ミトスル所ハ仏国ノ万里海ヲ渡リテ遠ク戦ヒ巨額ノ費用ヲ要スルヲ以テ多ク兵隊*軍実ヲ送致スル能《あた》ハザルニ在リ。然ルニ此際ニ当リ一葦《いちい》水ヲ隔ツル我邦ト*釁隙《きんげき》ヲ開キ、仏国ノ軍艦ニ加フルニ日本ノ兵隊ヲ以テスルカ、苟モ然ラザルトモ我ガ西海ノ一要港ヲ以テ仏軍ノ駐在所ニ宛《あ》テ病院ヲ設ケ舟舶ヲ繕ヒ兵食軍器ヲ積入ルヽノ便宜ヲ与フルトキハ、支那ニ取テハ誠ニ一大利害ト謂ハザルベカラズ。蓋《けだ》シ朝鮮ノ事件ニ因リ直チニ*封《ほう》豕《し》長蛇ノ心ヲ懐ク仏国ト聯合ヲ為スコトハ我邦ニ於テ容易ニ為サヾル所ナリト雖ドモ、支那人ヨリ之ヲ視レバ将来談判ノ模様ニ因リテ日本ハ如何ナル挙動ニ出ヅルカヲ予定スル能ハザルベシ。故ニ清仏戦争ノ中央ニ当リテ我邦ト葛藤ヲ生出スルコトハ支那政府ノ深ク憂慮トスル所ナラン。此《か》クノ如キ機会ノ乗ズベキアリ。然ラバ漢城ノ事件ニ於テ仮令《たとい》彼我条理ノ相半バストモ我レヨリ進ンデ七分ノ利益ヲ占取スルニ難カラズ。況ンヤ我レ直《ただち》ニシテ彼レ曲ナル之ヲ事迹《じせき》ニ照ラシテ明々白々ナル者アルニ於テヲヤ。夫《そ》レ此《かく》ノ如シ。苟《いやしく》モ我ガ政府ノ外交政略ニシテ其ノ適当ヲ得ルトキハ支那政府ヲシテ自ラ屈服セシメ、一タビ彼レノ為メニ加ヘラレタル我ガ国旗上ノ斑点ヲ消除シテ赫々《かくかく》ノ名誉ヲ得ルハ豈為《あにな》シ難キノ事業ナランヤ。

之ヲ要スルニ我邦モ維新以来内外多事ナルヲ以テ国力未ダ充実セズ、加《くわう》ルニ*両三年来人民ハ非常ノ困難ニ陥レ

陸軍ノ数… 壬午軍乱で日清両軍が接触するまでの日本軍は、六鎮台の平時総員三万一四四〇人、これに近衛兵三三二八人と第一後備軍を加えた四万六〇五〇人が戦事総兵力であった。これに対し、例えば山県有朋の「隣邦兵備略」(十四年刊)によれば、近代軍隊としては無価値に等しい八旗緑営軍を含め、清国軍は兵力一〇八万一〇〇〇人と紹介されていた。 **南洋北洋…** 中国の海軍に南洋海軍と北洋海軍があり、南洋海軍は清仏戦争で壊滅したが、北洋海軍は出動せず健在であった。一八八八年には、北洋海軍は戦艦一一、港湾守備船六、練習船三を擁している。 **福州…・東京…・台湾…** →補注「清仏戦争」。 **軍実** 軍隊の兵器・食糧。 **釁隙** 不和。仲たがい。 **封豕長蛇** 大きいぶたと長いへび。残忍で貪欲なことの喩。

リ。此クノ如キ有様ヲ以テ戦争ヲ外国ニ開カバ、社会ヲシテ如何ナル不幸ヲ現出セシムベキカヲ知ラズ。故ニ漢城ノ事変ヲ聞キ*辮髪《べんぱつ》奴何ゾ無礼ナルヤト云ヒ直チニ日本刀ヲ揮《ふるい》テ彼レト一戦ヲ試ミントスル者ノ如キハ吾輩ノ深ク取ラザル所ニシテ、今日ノ事タル成《な》ル可《べ》ク戦争ノ危険ヲ避ケテ平和ノ手段ヲ取ラザル可カラザルハ勿論ナリト雖ドモ、彼我ノ形勢ヲ比較シテ我ニ充分ノ勝利アレバ此ノ機会ヲ失ハズ我ガ国権ヲ拡張スルハ我ガ廟堂君子ノ責任ニ非ズシテ何ゾヤ。大臣ヲ派遣シテ談判ヲ北京政府ニ開キ我ガ要求スル所ヲ聞カザレバ汝ノ方《ま》サニ対敵スル仏国ト聯合スベシト云フヲ要セズ、将《は》タ我レニ許多ノ軍艦兵隊アリ請フ一戦ヲ試ミント云フヲ要セズ。権利ノ在ル所ヲ固守シテ一歩ヲ退カザルノ決心ヲ示サバ、予《あら》カジメ己レガ地位ノ危険ナルヲ憂慮スル支那政府ハ何ゾ能《よ》ク我ガ呈出スル所ノ条件ヲ断然拒絶スルヲ得ンヤ。故ニ政府ガ方略ノ適当ヲ得レバ自ラ一兵ヲ出ダシ一弾ヲ費ヤスヲ須《もち》ヒズ、台湾ニ在ル仏国ノ艦隊ト其ノ本国ヲ発シテ航海中ナル軍兵ハ皆我ガ談判ヲ決スル倔強ノ機関ト為スヲ得ベキナリ。苟モ然ラズ此クノ如キ再ビ際会スベカラザルノ時期ニ投ジナガラ優柔不断ノ政略ヲ取リ、一歩ヲ支那ニ譲リテ談判ヲ決着スルガ如キアラバ、支那政府ハ我邦ノ内情ヲ洞察シ、曰ク日本ハ能ク為スナキナリト、遂ニ今回ノ事変ヲ機会トシ兵力ニ頼リテ朝鮮ヲ左右シ我ガ多年ノ計画ヲ水泡ニ帰セシムルノミナラズ、清仏事件ノ決着ヲ待ツテ再ビ*琉球事件ノ難問ヲ呈出シ、仏国ニ失フ所ヲ以テ償ヲ我邦ニ取ラントスルガ如キ処置ニ出ヅルコトナキヲ保ツベカラザルナリ。若《も》シ彼レガ方《ま》サニ艱難《かんなん》中ニ在ルヲ以テ十分ノ斟酌《しんしゃく》ヲ為シ、之ニ向フテ平和ノ談判ヲ開カバ、支那ハ深ク之ヲ恩義トシ為メニ多年ノ怨恨ヲ解キ両国ノ相親ム膠漆《こうしつ》ノ如キニ至ルヲ望ムベキカ、吾輩ハ之ヲ信ズル能ハズ。其ノ頼ム可カラザルヲ頼マズシテ乗ズベキノ機会ヲ失ハザルハ我邦ノ上策ニ非ズシテ何ゾヤ。

両三年来…　十四年以来の松方正義のデフレ政策による、不況と農村疲弊の現状をいう。　**辮髪奴**　中国人に対する蔑視的表現。辮髪は当時の清国の風俗。　**琉球事件**　→四三四頁注「琉球三分ノ議」。

20　日本兵の武力を宇内に示すべし（自由新聞）

解題［明治十七年十二月二十七日］　甲申事変は武力発動による国威

発揚の好機だと説く論説。武力で清国を屈服させ傲慢な「白皙人種」を大いに驚愕させれば、普仏戦争勝利後のプロシアの如く、欧米諸国は日本の実力を正当に評価するようになり、条約改正も容易に実現するとする。論説「朝鮮ニ対スル政略ヲ論ズ」(十七・四・十一〜二十)や前掲IV-16また、III-10、II-25などの帰着点がこの論説である。

日本兵ノ武力ヲ宇内ニ示スベシ

夫《そ》レ故ナキニ事ヲ起シテ武ヲ瀆《けが》スハ古人ノ已ニ千載ノ前ニ戒シムル所ニシテ、而シテ吾輩ノ常ニ欲セザル所ナリ。然レドモ所謂事《いわゆること》順ニシテ名正シク武ノ以テ示スベキ時ニ際シテ之レヲ示スハ、啻《ただ》ニ害ナキノミナラズ其利タル亦測ルベカラザルモノ有ラントス。吾輩ハ前論ニ於テ我ガ武力ヲ以テ清廷ノ頑陋ヲ挫折スルハ我ガ国権国利ヲ振張スルノ効アルニ止《とどま》ラズ、又実ニ亜洲振興ノ手段タルコトヲ論ジタルガ、今此利ヲ外ニシテ之レヲ考フルモ他ニ猶《な》ホ其利ノ大ナルモノアルヲ知ルナリ。抑《そもそ》モ我ガ日本国ハ二十年前マデハ甚ダ頑陋微弱ノ状態ニシテ国事ノ整頓セザリシコトハ固《もと》ヨリ論ナク、兵力ノ如キモ亦不振ノ極ニ達シ堂々タル薩長雄藩ノ兵ヲ挙ゲテ僅々数百ノ外国兵ニ敵抗スルコト能《あた》ハザル程ナリキ。是ヲ以テ数《しばし》バ外国ノ侮《あなど》リヲ来タシ、彼レノ我レヲ視ルコト宛《あた》カモ小児ノ如ク恣《ほしいま》マニ翫弄《がんろう》セントスルノ意アリ。幸ヒニ維新革命ノ挙ハ一時ニ天下ノ弊制汚風ヲ破壊シ頑陋ヲ転ジテ機敏ト為シ微弱ヲ化シテ強勁ト為シタルガ故ニ、遂ニ能《よ》ク甚《はなはだ》シキノ外患ヲ免レタリ。然リト雖ドモ我邦ガ前廿年間ノ非常ナル進歩ハ人間歴史中未ダ其例アラザルヲ以テ、彼ノ徐々トシテ歩ヲ進メ数百年ヲ費ヤシテ開化ヲ得タル欧米人ハ殆ンド我邦ガ開化進歩ノ確実ナルコトヲ信ゼズ、往々評シテ外貌開化又ハ模擬開化ト言フニ至リ、其大衆人民ノ如キハ今日ノ我邦ヲ視ル猶ホ昔日頑陋微弱ナリシ所ノ我邦ヲ視ルガ如ク、日本ニ甲鉄艦隊アリト言フモ信ゼズ、日本ニ欧洲一般ノ陸軍アリト言フモ亦信ゼズ。何ゾ我ガ武力ノ欧洲邦国ニ対シテ其独立ヲ保護スルニ足ル者アルコトヲ知ランヤ。是ヲ以テ我邦ガ国権毀損ヲ説キ条約改正ヲ論ズルモ彼レハ恬《てん》トシテ之レヲ顧ミズ、皆曰ク、尚《なお》早シ尚早シト。要スルニ我邦ニ如何ナル開化進歩ノ実アルヤ、如何ナル武力アルヤヲ知ラザルガ故ニ然ルナリ。然レバ現ニ我邦ガ外ニ対スルノ急務ハ彼レヲシテ成ルベク速《すみや》カニ此等ノ事ヲ知ラシムルニ在リ。而シテ其開化進歩ヲ証スル平和ノ事業ヲ彼レニ知ラシムルノコトハ我邦人已《すで》ニ之レヲ勉メザルニハ非ズ。唯《ただ》武力ヲ示スノ一点ニ至リテハ未ダ其時機ノアラザリシノミ。然ルニ今ヤ*韓城事変ニ関シテ容易ナラザルノ交渉ヲ日清間ニ生起シ、彼我談判ノ模様ニ由リテハ曲直ヲ干戈ニ訴ヘ日本刀ノ鋭利ヲ試ムルガ為メニ大ニ出兵ヲ要スルノ事アルベシ。果シテ此ノ已《や》ムヲ得ザルノ場合ニ及ブコトアランカ、我邦ノ武力ヲ宇内ニ示シテ傲慢ナル白皙《はくせき》人種ニ一大驚ヲ喫セシムル好時機ナリト言ハザルベカラザルナリ。

往年普国ノ未ダ仏国ト交戦セザルヤ、宇内ノ邦国ハ勿論近ク同一大陸ニ在ルノ列国ト雖ドモ唯《ただ》僅カニ一ノ独立国ヲ以テ普国ヲ視タルニ過ギズ、未ダ之レヲ欧洲第一等強国ノ中ニ算入セシモノアルヲ聞カザリシナリ。其然ル所以《ゆえん》ノモノハ他ナシ、普*仏戦争前ニハ未ダ必ズシモ大ニ普国武力ノ世ニ顕《あら》ハル、時機アラザリシガ為メノミ。従フテ其勢力モ亦常ニ欧洲ニ著《いちじる》シカラズ、或ハ時トシテ他ノ強国ノ侮リヲ免ル、コト能ハズ。就中《なかんずく》仏国ノ如キハ殊ニ普国ヲ軽ンジタルヨリ、第三世那勃烈翁《ナポレオン》ハ武勲ヲ立テ、自己ノ人望ヲ仏国ニ回復スルノ手段トシテ先ヅ自カラ交渉ノ事端ヲ普政府ニ開キタリ。若《も》シ那帝ニシテ普国ノ武力与《くみ》シ易カラズト思惟セバ何ゾ敢《あえ》テ武勲ヲ普国ニ期スルノコトアランヤ。又那帝ハ当時其陸軍卿*ニ垂問シテ、若シ一旦戦ヒヲ普国ニ開クヲ要スルニ際シ我ガ仏兵ノ出軍準備ハ果シテ完《まった》キカト宣《のたま》ヒタルニ、卿ハ事モナゲニ答ヘテ沓覆《くつおお》ヒノ小鈕スラモ十分ニシテ不足ナシト言ヒシトゾ。亦以テ当時普国ガ欧洲強国ニ軽侮セラレタルヲ見ルベシ。然ルニ普仏遂ニ交戦シテ普軍処々ニ仏兵ヲ挫折シ、セダンノ一戦ニ那帝ヲ降《くだ》ラシメ更ニ進ンデ巴里《パリ》ヲ囲ミ新立*ノ共和政府ト和約ヲ議定シテ償金五十億「フランク」トアルサス、ロウレンノ二州ヲ得テ兵ヲ退ケタルヨリ以後ハ、欧洲ノ邦国一般ニ普国ヲ畏敬スルノ勢ヒト為リ、普国ノ宰相タル比斯馬爾克《ビスマルク》ノ言語動作ニ依リテ欧大陸ノ治乱ヲ卜定《ぼくじょう》スルニ至レリ。前ニハ甚ダ軽ンジテ而シテ後ニハ甚ダ畏《おそ》ル、コト此《かく》ノ如シ。欧洲人ノ識見ナキハ笑フニ堪エタルガ如クナリト雖ドモ、都《す》ベテ人間社会ノコトハ皆然ラザルヲ得ザルモノナリ。普仏戦争以前ニハ人未ダ普国ノ武力ノ強盛ナルコトヲ知ラザルガ故ニ之レヲ軽ンジタレドモ、戦争以後ニハ其武力ノ超絶ナルヲ実見シタルガ故ニ之レヲ畏ル、ニ至リシノミ。去レバ欧洲国人ガ我邦ニ対スルノ情意モ必ズ亦之レト同一ナル場合ニ於テ変換スベキコト固《もと》ヨリ言ヲ俟《ま》タズ。苟モ我邦ニ於テ時機ヲ得テ其ノ武力ノ著シキモノアルコトヲ示サバ彼レガ是マデ我邦ヲ軽侮スルノ心ハ忽《たちま》チ変ジテ畏敬ノ心ト為リ、条約改正ノ事ノ如キハ手ニ唾シテ容易《たやす》ク之ヲ遂行スルヲ得ントスルナリ。

吾輩ヲ以テ之ヲ観ルニ今回日清大使間*ノ談判ニ於テ彼ノ傲慢尊大ナル支那国ガ能《よ》ク平心ニ事理ノ何タルヲ解シ

テ一々我ガ要請ヲ許諾スベシトハ思ハレザルナリ。彼レ果シテ屯韓ノ兵ヲ引揚ゲテ向来一切朝鮮国事ニ干与セザルコトヲ然諾スベキ乎、清官清兵ガ我レニ暴行ヲ為シタル責任者ヲ罰シテ謝罪ノ道ヲ誤ラザルベキ乎、十分ナル償金ヲ我レニ約シテ後安ヲ保スベキ乎。此事一ヲ欠クモ我邦ハ甚ダ不満足ナリ。大使ハ必ズ姑息ノ平和ヲ買フテ百年ノ大計ヲ忽《ゆるが》セニスルコト能ハザルベシ。想フニ清官果シテ之レヲ許諾セズンバ我邦ハ必ズ談判ヲ此ニ止メテ武力ノ裁断ヲ為サヾルヲ得ザルナラン。噫《ああ》我邦ガ武力ヲ宇内ニ示スノ時機ニシテ若シ之レアリトスレバ、其時機ヤ蓋《けだ》シ甚ダ遠カラザルナリ。苟クモ日本男児タルモノハ汝ガ刀剣ヲ磨セ、汝ガ糧嚢ヲ充タセ。時ニ臨ンデ我ガ赫々タル武力ヲ宇内ニ表示スルニ怠ルコト勿《なか》レ。

韓城事変　甲申事変のこと。　**普仏戦争**　→一五頁注「仏孛交戦」。　**陸軍卿…**　ルブーフ Edmond Leboeuf. 一八〇九-八八。ナポレオン三世に信任され、一八六九年陸相。七〇年下院において、プロシアに対する軍備は完全であると宣言し、戦争が一年続いてもゲートルのボタン一つ買う必要がない、と豪語したという。　**新立ノ共和政府**　チエールを大統領とする第三共和制。チエール政府との間に、五〇億フランの賠償とアルザス・ロレーヌ両州の割譲が約された。　**日清大使間ノ談判**　この時点ではまだ談判・交渉は行なわれていない。経過は以下のようであった。十二月十三日、日本政府は事件に関する竹添公使の報告を受けると、事情調査のため外務書記官栗野慎一郎を漢城に急派、また参事院議官井上毅を特派した。井上毅は二十八日竹添とともに兵一小隊の護衛のもとに漢城に入り、翌日左議政金弘集との会見を要求したが拒否され、督弁趙秉鎬と談判となった。これより先、十九日、日本政府は井上馨外務卿を特派全権大使として朝鮮へ派遣することに決しており、陸軍中将高島鞆之助・海軍少将樺山資紀とともに三十日仁川に到着した。翌十八年一月七日から井上特派全権大使と、朝鮮の全権大臣金弘集との間で談判が行なわれ、九日漢城条約が調印された。この談判の途中清国会弁北洋事宜呉大澂が会談に同席することを求めてきたが、井上大使は呉が全権を委任されていないことをもってそれを拒否している。なお日清間の交渉は、朝鮮からの共同撤兵問題を中心に、日本の全権大使伊藤博文と李鴻章との間で同年四月三日から行なわれ、十八日天津条約が調印されて七月日清両国軍は全部撤退する。

21　朝鮮を以て第二のポーランド国と為す勿れ　（東京横浜毎日新聞）

解題［明治十八年六月十四日・十六日］　イギリスの巨文島占領を非難するとともに、それがロシアの朝鮮進出を刺激し、やがて朝鮮の分割に途をひらくおそれありとして、朝鮮との締約諸国が合同してイギリスに退去を要求し、朝鮮を東洋のポーランドではなく、東洋のスイスにせよと主張する。この事件関連の各紙の論説も数多い。アフガニスタンをめぐって英露間に一触即発の危機が迫ると、イギリスはロシアの朝鮮進出阻止、ウラジオストック先制攻撃を狙い、この年一八八五年四月、朝鮮南海の要地巨文島を占領、軍港化に着手しつつあった。清国は朝鮮宗主国として英露と交渉、ロシアの朝鮮領土不侵犯の声明にイギリスが妥協する形で事態は一八八六年末に落着をみた。

朝鮮を以て第二の波蘭《ポーランド》国と為す勿《なか》れ

近時朝鮮より得る所の報に曰く、韓廷は英国が不法にも海軍の力に依り巨文島を占領し、之れに談判して平和に英人を同島より退去せしめんとしたれども、彼《かの》言を左右に托して容易に退くの色なければ、韓廷は深く英の不法を憤り好《よし》みを露国に通じたりと。又曰く、露国は英国が巨文島を占領したるを見て、敵国既に朝鮮に要地を占めたり、露国も亦彼れに譲らざる要地を占めざる可からずと、乃《すなわ》ち*済州島を借用せんことを朝鮮政府に談判したるに韓廷之を承諾したりと。済州島借用の事件は吾人未だ信偽を確かめざれども、英国が巨文島を占領したることは明々白々たる事実なり。現に英国は*六隻の軍艦此島を防禦し海底電線を布《し》き此電線と香港上海間の海底線とに連絡せしめんとし、港湾には水雷鉄鎖を沈めて敵艦の進入を禦《ふせ》ぐの準備を為し、容易に他国船舶の入港を許さずと云ふ。此等の事実を以てせば巨文島占領は一時の占領にあらず、永久占領の目的たる者の如し。英にして此挙動あり。従来隣国を見ること恰《あたか》も自国領地の如《ごと》くする露国に於ては、自国の領地を英国に奪はれたる如き感覚を生じたるや推して知《しる》べし。彼れ既に自国領地の一分を英に奪はれたる如き心地を為さん歟、露は決して英の此《この》挙を坐視傍観する者とは思はれざれば、済州島借用の説真実なるやも知る可らず。露は済州島を以て東洋艦隊の碇泊所となし、英も巨文島を以て東洋艦隊の碇泊所となさん歟、朝鮮は最早《もはや》東洋の波蘭《ポーランド》国たる第一歩を顕はしたる者なり。而して此古王国をして東洋の波蘭国たらしめんとする者は平生土地侵略主義が支配する所の露国にあらず、平生過大の説を吐露するを以て有名なる清国にあらず、即ち従来通商貿易を専一の目的とする邦国なりと東方諸国にて信用を得たる英国なり、平生侵略主義を排撃する*英国改進党の内閣なり、先きに露が波蘭人民を虐殺したる時波蘭の為めに一時は露国と戦争をも開《ひらか》んとしたる義気ありし英国なり。嗚乎《ああ》英国の此挙や軍略家の所謂《いわゆ》る先《さきん》ずる時は人を制し、先ぜらるゝ時は人に制せらるゝの確言に従ひ、能く彼が東洋政略を運転したる者歟。余輩は決して彼れ実に東洋政略に*一着を嬴したりとは評する能はざるなり。

済州島…　実際にはこの事実はない。ただし関係する事実として以下の経過があった。イギリスが巨文島占領後清国に承諾をもとめたことに対し、清国は、清国の属国である朝鮮の属地の占領は認められないが、占領が一時的かつ当面清国の利益を損なわないなら占領は差支えないと回答した。これを知った駐清ロシア公使が、それならばロシアも朝鮮の一部を占領する必要があると清国政府を脅迫したことから、清国はあわててイギリスに巨文島からの退去を要請した。　**六隻の軍艦**　サー・ウィリアム・ドーウェル海軍中将の率いる艦隊。　**英国改進党の内閣**　自由党の第二次グラッドストン内閣。
一着を贏したり　先んずる。

此迄東方諸国の人民は皆云ふ、英国強しと雖ども彼は武器の力を以て威を東洋に振はんとする者にあらず、彼の競はんとする所は商業上の利益に在り。露国の政略は之れに異なり、彼余力あらば接壌の国を侵略し、只《ただ》南方に向ひ侵入するを以て彼れ歴世帝王の政略とせり。清領満州朝鮮北境の如き露廷に於ては最早幾《ほと》んど自国領地の如き心地することとなるべしと。是を以て日本辺境の守を云ふ者は露国に向て警戒の念を懐き、朝鮮憂国者は他日国境を紊《みだ》す者を以て露国となし、支那の憂国者も露国を以つて国境を争ふの重《お》もなる敵手とせり。彼の烏蘇里《*ウスリー》地方殖民地に露が専《もつぱ》ら力を用ふるは其《その》意の在る所知る可し。是を以て清国は頻《しき》りに民を同地に移し露国の侵略に当《あて》んとし、朝鮮魚允中*等が力を咸鏡道に用ひしも其意露の南侵を禦《ふせが》んとするに在りて、恰《あたか》も衛生家が疫癘《*えきれい》の将《まさ》に来んとするとき之れが予防法に力を用ふるが如きなり。開国以来鎖国の一主義を貫き来りたる朝鮮国が、近時頻りに欧米諸国と条約を結び交際を開くも、之を以て露国の侵略を防禦する一助となさんとするに在りと云ふ。露国が是迄東方諸国に信用を失ふたるの実知る可きなり。然るに今回英国巨文島占領事件のありし為め、露は坐して従来東方諸国に受けたる悪《にく》みの一分を英に嫁せしめ、英は東方人民の信用を犠牲にして豆大の巨文島を得たる者と云ふべし。朝鮮は是れ迄陰然英を朋とし露を敵とするの状ありし者なり。而《しか》るに英が巨文島を占領せし以来恩讐頓《とみ》に一変し、韓廷は露を朋とし英を敵とするの報道内外新聞紙上に伝説せり。是れ則ち英国が失錯の一とす。露にして英に先《さきだ》ち永興又は済州島を占領するあらん乎、朝鮮は勿論之《こ》れと交際する邦国は皆露国の不法を咎《とが》むるならん。而るに今や英は露に先ちて不法の占領策を実行したるが故に、露をして朝鮮に対し土地借用を強請するの好口実を得せしめたり。是れ即ち失錯の二なり。*二十余年前露が朝鮮の一地を占領せんとせし時英国拒《こば》んで聞かず、露は之れが為めに欲する所を得る能《あた》はざりしと云ふ。此事実を聞く者は皆今日迄英の此挙を以て義挙なりと思ひしなる可し。而るに今や露国だも手を下すに憚《はばか》る巨文島にして英先《ま》づ之を占領したれば、英国が有したる昔日の美名は此一挙に依りて煙散霧消したりと云ふ可し。是れ英国に取りて不利益の三なり。已往《いおう》の英国ならば露が朝鮮地方に不法の土地占有を為《なさ》んとする時之れに説くに道理を以てし、事《こと》武人の手に渉《かかわ》らず外交官の手にて露の堅甲利兵を挫くを得たりしなる可しと雖ども、今後露の不法の南進を防《ふせが》んとせば英は之れに諭《さと》すに道理を以てするを得ざる可し。自分を不正の地に置て他人の不正を責むることは三尺の童子も許さゞる所なればなり。故に英国が巨文島占領の一事は余輩の見る所を以てするに、得る所より失ふ所多く、只之《こ》れに依て大に利益を得るは露国なる可し。蓋《けだ》し露は此迄朝鮮の一港を取《と》らんとして辞*なきに苦《くるし》みしに、今回巨文島事件の為めに充分なる口実を得たればなり。

烏蘇里…　ウスリー江周辺。ロシア領沿海州と中国領黒竜江省との境界の川。　**魚允中**　一八四八-九六。朝鮮の開化派政治家。　**疫癘**　疫病。　**二十余年前**…　一八六三年冬のこと。ロシアは豆満江を越えて慶興(咸鏡北道)に入り、また元山に軍艦を派して通商条約締結を迫った。　**辞**　口実。

余輩が巨文島占領事件を以て、英国が得る所よりも失ふ所多かる可しと思考することは前号に述べし如くなり。

然れども徒《いたずら》に英国の不正不法を弾劾《だんがい》して其《その》不正不法を救治し、後来の安全を固くする方法を講ぜざれば、東洋諸国に利する所なきなり。只東洋諸国に利なきのみならず欧米諸国の為めに利なきなり。請《こ》ふ、余輩是より英国の不法不正を弾劾すると同時に此不正不法を救治し、後来安全に補ふる法を云はん、若《も》し此方法にして尽さゞる所あらば識者宜《よろ》しく教ふる所あれ。即ち其方法とは、朝鮮との条約諸国が一致して巨文島より英人を退去せしむること是《これ》なり。之を聞く、朝鮮政府は英国が巨文島を占領したることに就き朝鮮在留の各国公使に之れを処するの方法を諮問し、我朝鮮在留代理公使も之れに就て自分の意見を述べたりと。此事事実なるや否やを確知せざれども、朝鮮との条約諸国は早く商議を開き害を未発に防ぐこと目下必要の事項ならん。其故如何《いかん》と云ふに、朝鮮にして英人の為めに其領地の一分を占拠せらるゝあらん乎、*亜非業《アフガン》国境事件にして戦争を開くに至らば、朝鮮は東洋の戦場とならん。之れに反し朝鮮にして英露の為めに領地の一分に占拠せらるゝなからん乎、中立国の港湾に於て戦争を為すことは国際法の許さゞる所なれば、浦潮《ウラジオ》斯徳《ストック》の海湾に英露の二海軍が戦争するも朝鮮の領地は安全を望むを得べきなり。故に亜非業《アフガン》事件にして英露の間に到底破裂を免れざる者とせば巨文島占領事件は朝鮮を英露二国東洋艦隊の戦闘場とするとせざるとの大関係ある者なり。朝鮮との条約諸国は、日本支那両国を除き交際日尚《な》ほ浅きが故に利害の関係も未だ大ならずと雖も、既に之と通商条約を結ぶ以上は、此国の平和は条約国の利益なり、此の国の戦乱は条約国の不利益なりと云はざる可からず。巨文島占領は朝鮮を戦場たらしむるの一歩とせば、条約諸国は英国に談判し彼を巨文島より退去せしむること不当の干渉にあらざるなり。良《よ》しや亜非業事件にして破裂に至らざるも、朝鮮領地の一分に世界の強国が割拠することは将来の利益を保護するの道にあらざるなり。余輩は巨文島占領事件を以て英国が弁護す可からざるの不正を犯したりと思考する者なり。条約諸国は早く英国に談判し、彼をして同島より退去せしめんことを望むなり。然れども英国独り同島を退去するを肯《がえん》じたればとて、自余の邦国にして将来朝鮮の一部分を占領するあらば、今回英人を退去せしめたるの労は全く無益に属すべく、又英国も他国が将来朝鮮の一分又は全部を占領するの恐《おそれ》あらば、此退去を肯ぜざるべし。故に今英人を巨文島より退去せしめんとせば第二の英人あり、次《つい》で来て朝鮮の全地又は一分を占領せんとするも決して能《あた》はざるの予防を為さゞる可からず。之を為すの法、今後就《いず》れの邦国と雖ども朝鮮の領地に手を下さゞるの意を示し置くこと是なり。此事たる日本政府は喜んで為す所ならん。清国も亦日本と同一情なる可く、米独両国も朝鮮にて土地の一部を掠奪するの希望を懐《いだ》かざる可し。只露西《ロシ》亜《ア》のみ私《ひそ》かに朝鮮を窺《うかが》ふの意あるが如くなれども、米独日本支那の諸国にして此事に同意せば露独り之《こ》れに不同意を為すこともあらざる可き歟。英人にして巨文島を退き、露にして将来朝鮮領地を占領せざる可しとの意を英国其他各国に示すあらば、朝鮮の国境は是より安全なる可し。東洋の波蘭《ポーランド》国を転じて、*東洋の瑞西《スイス》国となすは此法の外に良法なきが如し。実に朝鮮辺境の治乱は東洋の治乱に大影響を与ふる者なれば、我国政治部面に眼を属する人士は之れを以て隔岸の火災と同視する勿《なか》れ。

亜非業国境事件　イギリスの巨文島占領は、ロシアのアフガニスタン要地の占領による両国間の緊張を反映していた。かつ一八八五年四月の、朝鮮へのロシア軍事教官派遣とその代償としての永興湾(ラザレフ港)の租借を内容とする露朝密約によるロシアの朝鮮進出の報がきっかけとなった。　**東洋の瑞西国**　姜在彦氏の研究によれば、たとえばドイツ総領事バッドラーは、甲申事変後の一八八五年二月、朝鮮の督弁交渉通商事務金允植に対してスイスをモデルとした永世中立宣言をするよう勧告している。

22　朝鮮人民のために其国の滅亡を賀す（時事新報）

解題［明治十八年八月十三日］　朝鮮の人民にとってはその国が滅亡し、露英の人民となった方が幸福だと説くもの。朝鮮政府が人民に対する義務をつくさず、また清国につかえロシアと通じるなど「売国者」的行為をしている以上、占領下にある巨文島島民の方がイギリスの法秩序のもとにあって、かえって幸せだろうとする。筆者福沢諭吉の、朝鮮改造の夢が破れた絶望感を背景にした皮肉で逆説的な論法だが、「時事」はこの激越な論説により発行停止処分となった。なおこれは、掲載不能となった続編二回分とともに「福沢諭吉全集」に収録されており、底本はそれによった。「時事」に掲載された第一回の仮名遣は片仮名である。

朝鮮人民のために其国の滅亡を賀す

英人は既に巨文島を占領して海軍の根拠を作り、露人は*穆仁徳《もーれんどるふ》と諜し合せて陸地より侵入するの用意を為し、朝鮮国独立の運命も旦夕に迫りたるものと云ふ可し。扨《さて》この国がいよ〳〵滅亡するものとして考れば、国の王家たる李氏のためには誠に気の毒にして、又其直接の臣下たる*貴族士族のためにも甚だ不利なりと雖ども、人民一般の利害如何を論ずるときは、滅亡こそ寧ろ其幸福を大にするの方便なりと云はざるを得ず。抑《そもそ》も天地間に生々する人間の身に最も大切なるものは栄誉と生命と私有と此三つのものにして、爰《ここ》に一国を立て丶政府を設《もう》くるは此三者を保護するが為なり。人の物を盗む者あれば国法を以て之を罰し、借りて返さず欺《あざむき》て取らんとする者あれば法に拠て裁判す、私有の保護なり。人を殺し又傷《きずつく》る者あれば之を刑に処す、生命の保護なり。又栄誉には内外二様の別ありて、内国の人民相互に貴賤貧富の別はあれども、其国民たるの権利は同等なるが故に、人為の爵位身分など云ふ虚名を張て漫《みだり》に人を軽侮するを許さず、若しも犯す者あれば法に由て罰せらる丶か、又は社会に対して笑を取る、内の栄誉を保護するものなり。又外の栄誉とは独立の外国交際を政府に任し、政府の当局者が諸外国に対して我国権を拡張し、毛頭の事にも栄辱を争ふて、以て自国の人民をして独立国民たるの体面を全うせしめ、以て政府が人民に対するの義務を尽す、即ち外の栄誉を保護するものなり。斯くありてこそ国民も一政府の下に立て之に奉ずるの甲斐あることなれども、今朝鮮の有様を見るに、王室無法、貴族跋扈、税法さへ紊乱《びんらん》の極に陥りて民に私有の権なく、啻《ただ》に政府の法律不完全にして無辜《むこ》を殺すのみならず、貴族士族の輩が私慾私怨を以て私に人を拘留し又は傷け又は殺すも、人民は之を訴るに由なし。又その栄誉の一点に至ては上下の間、殆《ほとん》ど人種を殊にするが如くにして、苟《いやしく》も士族以上、直接に政府に縁ある者は無限の権威を恣《ほしいまま》にして、下民は上流の奴隷たるに過ぎず。人民は既に斯《か》くまでに内に軽蔑せられて、尚《なお》其外に対して独立国民たるの栄誉如何を尋れば、復《ま》た言ふに忍びざるものあり。政府は王室のため又人民のために外国の交際を司どりながら、世界の事情を解せず、文明の風潮を知らず、如何なる外患に当り如何なる国辱を被るも、恬《てん》として感覚なきもの丶如くして曾《かつ》て憂苦の色なく、唯《ただ》其忙《せ》はしくする所は朝臣等が権力栄華を政府に争ふに在るのみ。朋党相分れて甲是乙非、その議論様々なれども、帰する所の目的は唯一身の為にするものにして、此輩の内実を評すれば身を以て国事に役するに非ずして、国事を弄して私の名利の媒介に用るものと云はざるを得ず。支那に属邦視せらる丶も汚辱を感ぜず、英人に土地を奪はる丶も憂患を知らず、啻《ただ》に此辺に無感覚なるのみならず、或は国を売りても身に利する所あれば憚らざるもの丶如し。即ち彼の事大党の輩が只管《ひたすら》支那に事《つか》へんとし、又*韓圭穆、*李祖淵、*閔泳穆の流が、私に露政府に通じて為すことあらんと企てたるが如き、身あるを知て国あるを知らざるものなり。故に朝鮮人が独立の一国民として外国に対するの栄誉は、既に地を払ふて無に帰したるものなり。人民夢中の際に国は既に売られたるものなり。而して其売国者は何処に在ると尋れば、政府自から此事を為せり。左《さ》れば朝鮮の人民は内に居て私有を護るを得ず、生命を安くするを得ず、又栄誉を全うするを得ず、即ち国民に対する政府の功徳は一も被らずして、却て政府に害せられ、尚その上にも外国に向て独立の一国民たる栄誉をも政府に於て保護するを得ず。実に以て朝鮮国民として生々する甲斐もなきことなれば、露なり英なり、其来て国土を押領するがま丶に任せて、露英の人民たるこそ其幸福は大なる可し。他国政府に亡ぼさる丶ときは亡国の民にして甚《はなは》だ楽《たのし》まずと雖ども、前途に望なき苦界に沈没して終身内外の恥辱中に死せんよりも、寧ろ強大文明国の保護を被り、せめて生命と私有とのみにても安全にするは不幸中の幸ならん。手近く其一証を示さんに、過般来英人が巨文島を占領して其全島を支配し、工事あれば島民を使役し、犯罪人あれば之を罰する等、全く英国の法を施行する其有様を見れば、巨文島は一区の小亡国にして、島民が独立国民たるの栄誉は既に尽き果てたれども(是れまでとても独立の実なければ其栄誉もなし）、唯この一事のみを度外に置て他の百般の利害如何を察すれば、英人が工事に役すれば必ず賃銭を払ひ、其賃銭を貯蓄すれば更に掠奪せらるゝの心配もなし、人を殺し人に傷るに非ざれば死刑に行はれ又幽囚せらるゝこともなし、先づ以て安心なりと云ふ可し。固《もと》より英人とても温良の君子のみに非ず、時としては残刻なる処置もある可し、或は疳癪に乗じて人を笞《むちう》つ等の事もある可しと雖ども、之を朝鮮の官吏貴族等が下民を犬羊視して、其肉体精神を窘《くるし》めて又随て其膏血を絞る者に比すれば、同日の論に非ず。既に今日に於て青陽県の管内巨文島の人民七百名は仕合せものなりとて、他に羨まるゝ程の次第なりと云ふ。悪政の余弊、民心の解体したるものにして、是非もなきことなり。故に我輩は朝鮮の滅亡、其期遠からざるを察して、一応は政府のために之を弔し、顧みて其国民の為には之を賀せんと欲する者なり。

穆仁徳　メルレンドルフ Paul George von Möllendorff. 一八四八―一九〇一。ドイツ外交官、東洋学者。一八六九年清国に渡り、各地の海関に勤務し、天津・上海のドイツ副領事となり、八二年李鴻章の推薦で朝鮮政府の外交顧問となったが、ロシアとの接近策をすすめたため李鴻章と対立し、八五年解任された。　**貴族士族**　朝鮮の上流階級である「両班」層をいう。　**韓圭穆**　韓圭稷。近衛軍は、前・後・左・右の四営からなっており、当時、前営の営使（司令官）。　**李祖淵**　当時、左営営使。　**閔泳穆**　当時、海防衙門督弁。

*朝鮮の滅亡は其国の大勢に於て免る可らず

朝鮮国民のためには其国の滅亡こそ仕合せなれとの次第は前号の紙上に記したりしが、或人の所見に、斯《かか》る腐敗国の人民は到底自国の支配の下に居て栄誉も生命も私有も共に不安心なれば、寧ろ自国の独立云々に迷はずして、西洋諸国露英仏逸*の別なく、来て国を奪はんとするものあらば素直に之に服従して心身の安全を求め、又随て文明の進歩を謀る可しとは、一応これを聞て至極尤《もっと》もなるに似たれども、其立論余り劇《はげ》しきに過ぎて人の耳目を驚かすのみならず、実際に於ても大早計と云はざるを得ず。朝鮮の国、小弱なりと雖ども、土地あり人民あり、其社会の経営宜しきを得るときは富強に達するの道なきに非ず。苟も文明の真面目を信じて国民相互に力を協《あわ》せ、自強して進歩を謀るに於ては、独立の事決して難からざるものを、却《かえっ》て自から滅亡を望むが如きは、自暴自棄の罪なりとて異議を立る者あり。此異議甚《はなは》だ立派なり。我輩とても朝鮮人に成り替はりて説を立れば、斯くこそ云ふ可きなれども、然りと雖ども議論は議論なり、実際は実際なり、或人の議論果して実際に行はる可きや、我輩の所見にては断じて行はれざるものと云はざるを得ず。或人の言に、社会の経営宜しきを得るときはと云ひ、*国民協力自強と云ふが如き、字面の表は甚だ美なれども、都《すべ》て無形の話にして実際に取留めたることなし。即ち事物の数と理とに拠らざるの言にして、苟も数理に根本せざる空論には感服するを得ざるなり。今我輩が実際に朝鮮の事情を述《のぶ》れば、土地の広さも人口の数も大凡《おおよそ》日本国の三分二に当り、海陸山河、天然の富源なきに非ざれども、国中に貴族あり士族あり、貴族の豪大なるものは*李氏、金氏、鄭氏、朴氏、崔氏、趙氏の六家を始めとして、他の小族も亦甚だ少なからず、其支流末葉より下《くだり》て士族、中族、郷族の数を共計すれば、蓋《けだ》し何十万戸或は百万の数に上る可し。之を朝鮮国の士大夫と称す。此士大夫なるものは家に恒《つね》の産なく身に勤労の手足なし。又この中より挙げられて政府の官吏と為りたる者にても、俸給の豊あるに非ず。国中都鄙の別なく所在に人民と雑居して暴威を恣《ほしいまま》にし、私に他の財を貪《むさぼ》り又随て之を虐使して自から生計と為し、殊に其官吏社会には賄賂公行して、法を枉《ま》げ法を作ること甚だ易《やす》く、苟《いやしく》も国中に利益の営む可きものあれば、一も官吏の私に帰し、二も貴顕の専《もつぱら》にする所と為りて、人民のこれがために疾苦難渋する其有様は、国中無数の豺狼《さいろう》と共に雑居するに異ならず。例へば士大夫が平民の田園を奪ふが如きは誠に尋常一様の事にして、甚しきは店頭に買物の価を直切《(ねぎ)》りて、其命に従はざれば店の主人を捕へて之を私獄に繋《つな》ぐも咎る者なし。尚《なお》甚だしきは平民の妻に容色あるものを掠めて玩弄するも、其夫は唯窃《ひそか》に悲しむのみにして訴るに処なしと云ふ。乱暴無法も亦既に極端に達したるものにして、我輩の想像にも及ばざる所なり。朝鮮に有名なる虎の害は稀に暗夜深山に起ることなれども、横目立行の豺狼は青天白日、都邑《とゆう》の間に大害を為して猛虎の比に非ざるなり。斯《かか》る次第なれば年々歳々、人民の手より出る財物は甚だ少なからざれども、其正味の中央政(府)に入るものは唯僅《わずか》に王室の私費と政府の常用に供するに足る歟《か》足らざるの間に在るのみ(朝鮮政府歳入の実額三百万円に足らずと云ふ)。左《さ》れども今この習慣弊風を非なりとして改革を企てんとする歟、在野の貴族士族は勿論、政府に在る無数の官吏も立《たち》どころに糊口の生計を失ふて餓死するの外ある可らず。之を要するに朝鮮国を支配して治者の位に在る者は朝鮮国の士大夫にして、其士大夫は朝鮮国の無法に依頼して生活するものなるが故に、国に公平なる政法を施して人民を富まし随て政府の財政を豊にするが如きは治者の欲せざる所なり。仮令《たと》へ或は公に之を欲するも私に能はざる所なり。例へば貴族士族の数の無用に多きは其族中にても之を知ると雖ども、知て之を沙汰せんとすれば自から沙汰せらるゝの厄に当るが故に黙して発言するものなし。政府の官吏多きに過ぎて啻《ただ》に無用なるのみか却て事務の妨げたることは、官員自から之を明知して往々窃《ひそか》に不平を鳴らす者ありと雖ども、其これを鳴らすや唯窃にするのみにして之を公言するを得ず、如何となれば之を公言して夫子自から災難の局に当る可ければなり。故に貴族なり官員なり、今日新に其数を増すも之を減ずるの端緒を見ず、国の上流に一貴族を生じ一官員を増すは、其下流に一不幸者を生じ一貧民を増すの理にして、有限の国財以て無限の士大夫に奉じ、唯坐して国の滅亡を俟《ま》つの外ある可らず、凡《およ》そ国の将《ま》さに亡びんとするや、其大勢に於て如何ともす可らざるものあり。後世より亡国の歴史を読むときは甚だ堪へ難きものにして、当年の人は何故に斯《か》くも不明なりしや、何故に彼の一策を用ひざりしやと、窃に切歯扼腕に堪へざること多しと雖ども、畢竟《ひっきょう》其人の罪に非ず、名策妙案と知りながらも之を施す可らざるは即ち其時勢の然らしむる所なり。例へば近く我国の徳川政府の亡びたるも、今日より考れば亡びざるの策もあらん、否《い》な二十年前、其未だ亡びざるの時に当て亡びざるの策を案じたる者もあらんなれども、其策の行はれずして看《み》す〳〵亡滅したるは何ぞや、即ち所謂《いわゆる》如何ともす可らざる時勢なるものなり。左れば今日の朝鮮に於ても国を維持するの法、固《もと》より無きに非ず、巧《たくみ》に社会を経営して国民脇力自強す、即ち維持の妙案なれども、唯議論上に妙なるのみにして、我輩の眼を以て其実際の大勢を視れば、妙案遂に妙功を奏するを得ずして唯滅亡を期するの外ある可らざるなり。

朝鮮の… 以下は掲載されないままに終った続稿。 **逸** 独逸(ドイ)。
脇力 協力。 **李氏、金氏、鄭氏、朴氏、崔氏、趙氏** 王族と、貴族中の最も有力な家柄である六氏。

弱肉強食とは机上の談に非ず、今の世界に行はれて隠れもなき事実なり。殊に近年欧洲の各国、交通の利器を利用して東洋に其肉を求るの急なるに於ては、朝鮮の如き弱国は到底其独立の体面を全ふするを得べからざるは、甚だ以て睹易《みやす》きの数なり。古より国交際の言に国力権衡(バランス・ヲフ・パワル)と云ふことなり。是れは本《も》と大国相互の嫉妬心に起るものにして、其一大国が小国を併するは力に於て易きことなれども、去りとては大国をます〳〵強大にして、自然他の大国のために不利なるが故に、敢《あえ》て当局の小国を愛するには非ざれども、他より之を保護して独り一大国の慾を逞《たくまし》ふするを得せしめず、以て小国をして自然に自立の安を得せしむるものにして、小国は大国の力の釣合《つりあい》のために幸に免かるゝを得るなり。之を国力権衡と云ふ。世の論者の迂闊なる者は、動《やや》もすれば東洋小弱国の保存を謀りて、此一義に依頼せんとするの説あれども、其説甚だ陳腐にして、千八百八十年代に通用〔す可〕きものに非ず。或は欧洲の内地に於ては尚その慣行の存するものもあらん。例へば仏国が西班牙《スペイン》を取らんとし、独国が荷蘭《オランダ》、白耳義《(べるぎー)》を取らんとするが如きあらば、双方より相互に之を拒み、又他の諸大国も黙止せざることとならんなれども、畢竟するに欧羅巴《ヨーロッパ》の大陸上にては其利害に感ずる所も甚だ敏《さと》くして、且その小国人なるものも欧人種の一部分にして、宗教、歴史、文物、人情を共にして、大国小国共に風俗習慣の兄弟なれば、自から之を愛憐するの意味もありて、国力権衡論も往々実効を現はすことありと雖ども、遥《はるか》に遠方の東洋地方に向て何の遠慮も会釈もある可きや。昔年は西洋の諸大国が内に兵力金力の盛なるを有するも、蒸気も電信もなくして交通の不自由なるがために、遠方の地に手を下だすことを難《か》たんじたりと雖ども、今や此故障は既に除去して、東西恰も*咫尺《しせき》の間に接近し、次第に他の内情を視察すれば、*赤手以て大利益の取る可きものあり、而して其人種は如何《いか》なるものぞと尋れば、人情風俗全く相異にして、相互に異類視するのみならず、小弱国の人民等は国力の小弱にも拘はらず其心は甚だ驕傲《きょうこう》にして、力に於ては西洋の大国を恐るれども、心の中には窃《ひそか》に之を侮《あなど》るほどの内実なるが故に、大国の眼を以てすれば毫も愛憐の情あることなくして、其人民を虐し其政府を倒すが如きは、禽獣の巣窟を覆《くつがえ》すに異ならず。唯この一段に臨て故障と申すは、諸大国の中にて誰れが先鞭を着けて大利を占るかと、其着鞭の先後と利益の大小とに由て相互に羨むの苦情なれども、是れとても大国の間に互に相談を遂げ、甲が何《いず》れの国を取る其代りに乙は何れの地方に着せん、或は甲乙前後に相援けて、成るの後は平等に其利を配分せんなどゝ、綿密に計算を定め、徒《いたずら》に功名の虚を争はずして利益の実に眼を着するときは、大なる争論の起る可きにも非ず。之を喩へば西洋人が東洋国を侵略するは、猟師が獲物の利を求るに異ならず。其猟師等が猟場を争ふて相互に白眼合《(にらみ)》ひ、双方共に手を出さゞる間は先づ以て穏《おだやか》なれども、若しも仲間中に相談行届き、無益の力身《(りきみ)》を止めにして利の一点に心を寄せ、相互に銃猟の持場を定めて夫れ〴〵に着手することあらば、何れの山にも林にも鳥獣の跡を絶《た》つに至る可し。蓋《けだ》し猟師が従前其力を逞《たくまし》ふせざりしは、鳥獣を憐むが為に非ず、又其猟法の拙なるが為に非ず、唯仲間同士の力身に由りて利を空ふしたるものなれども、漸く自から其迂闊を悟りて互に利益を分つの要を発明したればなり。今や欧洲の諸大国は既に東洋人に対して愛憐の情なく、又其国土を押領して利益あるを知り、又これを押領するには十分の武力あるを自から信じ、又この利益を一大国に専《もつぱら》にせんとするよりも、寧ろ之を平等に分配して均しく其利沢に霑《うるお》ふの得策たるを合点したるものなれば、東洋の小弱国にして滅亡の禍を免かれんとするも、殆ど無益の企望なりと云はざるを得ず。近くは昨年来の事実を見ても、*仏蘭西《フランス》が支那に対したる挙動は、随分無理にして名義に乏しきものなれども、欧洲の諸大国は支那に左袒《さたん》して仏を制止せざるのみならず、寧ろ暗々裡には仏を助けて其進退を自由ならしめたるの跡あるが如し。唯当局の仏人が存外に不手際にして曖昧に事を終りたるのみなれども、是れとても仏蘭西国が欧洲大陸に国するの勢力を軽重するに足らず。欧洲人の眼を以て此事の始末を見れば、仏人は支那に猟して労して獲る所なかりしと云はるゝに過ぎず。又本年は英人が突然朝鮮海に現はれて巨文島を占領したれども、文明の世界中に其無理非道を咎るものとてはなくして、是れは英が露に対して先鞭を着けたるものなりと云ひ、或は英人は巨文を取りたる其代りに、露人をして自由に済州を占領せしむるならんと云ひ、眼中既に朝鮮王国なるものなきが如し。前年露人が日本の対州を占領せんとしたる時には、英人が力を尽して之を退去せしめ、其立言の主意は日本帝国の土地を無名に押領するは非なり、万国公法の許さゞる所なりなどにて、露人も之に抗するを得ず、英人の言ふがまゝに対馬を棄てたれども、爾後《じご》二十年を経て今日となれば、其英人が自から朝鮮王国の土地を無名に押領して、正しく当時露人が日本に仕向けたる無法を働きながら、欧洲の文明人にして之を非難するものなし。偶《たまた》まこれあれば、其理非を論ずるには非ずして、之を羨むの情を含むものに過ぎず。文明の変遷、日に急にして、其東洋に向ふの気勢、復た前年の比に非ざること明に見る可し。此急変劇動の衝に当りて、内の腐敗は既に極度に達したる朝鮮国が、尚《なお》其独立を維持せんとする歟、我輩の如きは到底其説を得ざる者なり。

咫尺の間　距離がごく近いこと。　**赤手**　なにももっていないこと。素手。　**仏蘭西が支那に…**　清仏戦争のこと。↓補注。

23　列国相ひ約して朝鮮の独立を保護す可し　(郵便報知新聞)

解題［明治十九年九月三日］　朝鮮はあたかも東洋のトルコであるとして、英露あるいは日清の利害が衝突する舞台となることを懸念し、日清英露四国が協定して朝鮮の独立を保障すべしとする論説。ついで「報知」は、論説「東洋大勢論」(十九・九・十七〜二十)、「日本外交政略の方向」(二十・一・九〜十九)では日英清三国の連合により最大の脅威たるロシアの東侵に対抗せよと説いている。

列国相《あ》ヒ約シテ朝鮮ノ独立ヲ保護ス可シ

朝鮮ハ東洋ノ土耳機《トルコ》也。其内政紛乱シテ朋党互ニ*起仆《きふ》スルノ形勢恰《あたか》モ土耳機ノ如クニシテ、其治乱安危ノ影響ヲ隣国ニ及ボスノ状態亦《また》毫モ土耳機ノ欧洲ニ於ケルニ異ナラザル也。唯ダ利害ノ関係小ニシテ影響ノ及ブ所狭キノミ。其性質傾向ニ至テハ彼是全ク相ヒ同ジキ也。今ニシテ早ク之ガ計ヲ為サズンバ、大国ノ争源ヲ他日ニ開カンコト、必然ノ勢也。見ヨ、朝鮮ノ一治一乱一盛一衰ハ悉《ことごと》ク日支両国ノ利害ニ大関係ヲ及ボシ其独立苟《いやしく》モ安全ナラズンバ二国遂ニ枕ヲ高フスルコト能《あた》ハザルニ非ズヤ。現ニ支那ノ如キハ盛ニ其内治ニ干渉シ、之ガ為ニ財ヲ費シ士ヲ労スルコト少小ナラザルベシト雖ドモ其結果ハ既ニ以テ自国ヲ利スルニ足ラズ、亦以テ朝鮮ヲ益スルニ足ラズ、却テ朝鮮ヲ駆テ露国ノ保護ヲ請ハシムルニ至ル。而シテ露国一タビ朝鮮ノ人心ヲ収攬シ且ツ形勝ノ地ニ拠テ四時不凍ノ良港ヲ占ムルコトヲ得バ其日支二国ノ患害タル豈《あ》ニ啻《た》ダ腹心ノ病ノミナランヤ。是レ今ニ方《あたり》テ朝鮮保護ノ大計ヲ定ムルノ止ム可ラザル所以《ゆえん》也。

朝鮮ヲシテ多難紛乱ノ現状ヲ永続セシメバ財源日ニ屈塞シ元気日ニ萎靡《いび》シテ他ヨリ之ヲ支持スルモ尚《なお》独立スル能ハザルノ悲境ニ陥ランコト必然ノ勢也。此時ニ方《あた》リ欧ノ強国隙ヲ窺《うかが》フテ之ヲ領略セバ其東亜ノ大患ヲ為スハ弁ヲ待タズ。支那ヲシテ之ヲ*掩有《えんゆう》セシムルモ亦又日本ノ大患タリ。蓋《けだ》シ支那ハ嗣後《しご》永久今日ノ状勢ヲ存続スルヲ得ベキモノニ非ズ。若《も》シ欧洲強国ノ蚕食スル所ト為ラズンバ必ズ奮起作興シテ活潑有為ノ一大強国ト為ルベシ。支那既ニ欧洲諸強国ノ蚕食スル所ト為ラバ、日本独リ東海ニ安処スル能ハザルハ論ナキノミ。試《こころみ》ニ支那ハ他日必ラズ衰勢ヲ掃蕩《そうとう》シテ元初清初ノ如キ元気ヲ回復シ之ヲ助クルニ文明ノ利器ヲ以テスベシト仮定セヨ。之ヲシテ朝鮮ヲ奄有セシメバ我ガ日本ノ安全ヲ減少スルコト甚ダ巨大ナラザルヲ得ズ。故ニ今ノ政治家タルモノハ眼前咫尺《しせき》ノ間ニ局促*シ、単ニ一時ヲ弥縫《びほう》スルヲ以テ足レリトセズ、眼ヲ遠大ニ着シテ将来百年ノ計策ヲ立テザル可ラズ。今日支那ノ優柔為スナキヲ見テ唯ダ之ニ対スルノ姑息策ヲ施スハ特《ただ》ニ小児ノ見識ナルノミ。而シテ静坐沈思シテ支那ノ前途ヲ推考スレバ則チ前ニ述ブルガ如キ必至ノ運命アリ。之ヲシテ我ト一葦水ヲ隔ツルノ朝鮮ヲ奄有セシムルハ実ニ本邦他日ノ大患タリ。是レ今ニ方《あたり》テ朝鮮保護ノ大計ヲ立ツルノ止ム可ラザル所以二也。

起仆　おこるとたおれると。　**掩有**　のこらず自分のものにする。奄有も同じ。　**局促**　ちぢこまり、のびのびしないさま。

依然トシテ朝鮮ノ現状ヲ存続スルノ患害ハ更ニ是ヨリ近クシテ且ツ急ナルモノアリ。支那之《これ》ヲ併略スレバ我レ固《もと》ヨリ袖手傍観政略ヲ取ルコト能ハザルノ一事是レ也。支那ガ朝鮮ヲ奄有スルノ我ニ大害アルハ前既《すで》ニ述ブル所ノ如クナルヲ以テ、何人《なんぴと》政府ニ在ルモ支那若《も》シ朝鮮ヲ併略スルガ如キコトアラバ全力ヲ傾《かたむけ》テ之ヲ抗争セザル可《べか》ラズ。之ヲ抗争セザルモノハ一時ノ小安ヲ偸《ぬす》ムニ急ニシテ、他日ノ大患ヲ慮《おもんぱか》ラザルモノ也。是レ豈《あ》ニ当局者ノ為スニ忍ブベキ所ナランヤ。故ニ如何ナル政治家ノ朝ニ在ルヲ問ハズ支那ニシテ苟モ朝鮮ヲ併略スルガ如キコトアラバ之ヲ抗争スベキハ必然避《さ》ク可ラザルノ勢也。此時ニ方リ支那若シ我ガ異議ニ畏《おそ》レテ其廟議ヲ覆翻セバ則チ可ナリト雖ドモ、彼レ恐《おそら》クハ之ヲ為サヾル可ク、我モ亦支那ヲ怖レテ我ガ国ノ大患ヲ度外視スル能ハザルベシ。果シテ然ラバ日支ノ戦遂ニ避ク可ラズシテ東亜ノ患害実ニ是ヨリ大ナルハナキ也。而シテ之ガ予防ノ方計唯《ただ》速《すみやか》ニ朝鮮ノ位地ヲ確定シ支那ニ併略ノ志アリト雖ドモ復《ま》タ之ヲ実施スル能ハザラシムルニ在ルノミ。是レ今ニ方《あたり》テ朝鮮保護ノ大計ヲ立ルノ止ム可ラザル所以三也。

朝鮮ハ唯ダ日支両国間ノ問題タルニ止ラズ欧米諸国中苟《いやしく》モ羽翼ヲ東洋ニ伸バスノ志アルモノハ皆ナ之ト深大ナル利害ノ関係ヲ有セザルハナシ。則チ夫《か》ノ普仏米墺ノ如キハ皆ナ利害ノ関係ヲ朝鮮ノ安危ニ有スルモノナリト雖ドモ、未ダ英露ノ深大ナルニ似ザル也。英ハ東洋ニ一大帝国ト許多ノ殖民地トヲ有シ且ツ貿易上ノ関係極テ深大ナルガ故、勢ヒ朝鮮ノ安危盛衰ヲ度外視スル能ハズ、露モ亦清韓二国ト境土ヲ接シ且ツ常ニ東洋ニ雄飛スルノ志アルガ故、之ヲ度外視スル能ハザル也。朝鮮ニ対シテ最モ深大ナル利害ノ関係ヲ有スルモノハ夫《そ》レ日、清、英、露ノ四国ナル乎。

英国形勝ノ地ヲ朝鮮ニ占ムレバ露国ノ不利実ニ少ナシトセズ、露国若《も》シ朝鮮ノ要港ヲ占拠セバ英ノ不利タル亦大ナリ。現ニ露ノ地ヲ朝鮮ニ得ント欲シテ其計ヲ運《めぐ》ラセルコト、茲《ここ》ニ年アリ*ト雖ドモ、一朝英国ノ為メニ先ンゼラレテヨリ益々《ますます》其渇想ヲ増加シ、英ガ巨文嶋ヲ占拠シタルノ故ヲ以テ己《おのれ》モ亦形勝ノ要地ヲ朝鮮ニ占拠スルヲ得ベキ口実ニ供セントスルノ勢アルニ非ズヤ。他年二国益々其貪慾ヲ増加シ進ンデ他ヲ圧倒スルノ計ヲ断行スルニ至ラバ、朝鮮必ズ英露葛藤ノ原因ト為ラン。此時ニ方リ土耳機《トルコ》若《もし》クハ地央亜細亜《アジア》事件ニ関シテ英露ノ釁《きん》開クレバ朝鮮亦其争地ト為ラザルヲ得ズ。是レ独リ東亜ノ憂タルニ止《とどま》ラズ亦英露ノ憂タリ。之ニ反シテ今日予《あらかじ》メ朝鮮ノ位地ヲ確定シ英露地ヲ是ニ争フノ乱源ヲ杜絶スルハ豈《あ》ニ両国及ビ東亜全局ノ大利ニ非ズヤ。是レ今ニ方《あたり》テ朝鮮保護ノ大計ヲ立ツルノ止ム可ラザル所以四也。

朝鮮ヲシテ依然今日ノ現状ヲ存続セシムルノ弊患ト其位地ヲ確定スルノ利益トハ凡ソ右論述スル所ノ如キモノアリ。故ニ之ト利害ノ関係ヲ有スルコト最モ深大ナル日清英露ノ四国ハ其大臣ヲ一処ニ会シテ朝鮮ノ独立ヲ保護スルニ足ルベキ条件ヲ議約セシムベシ。清ヲシテ宗国ノ処名ト干渉ノ悪例トヲ廃棄セシメ、英ヲシテ巨文嶋ヲ撤去セシメ、而《しか》ル后《の》チ四国皆ナ向後永ク地ヲ朝鮮ニ侵略スルガ如キコトナカルベキ旨ト条約国中ノ或ル国ハ云フニ及バズ他ノ邦国若《も》シ朝鮮ノ独立ヲ侵サントスルニ方《あたり》テハ四国協議シテ之ヲ制禦スベキ旨トヲ誓約セシムルハ目下緊急ノ処法ト思ハル。韓廷若シ微弱ニシテ内政ヲ整理スル能ハズンバ兵ヲ貸シテ京城ニ駐屯セシムルモ可ナリ。四国協同シテ内政整理ノ方法ヲ施措セシムルモ亦可ナリ。要ハ唯ダ朝鮮ヲシテ其独立ト境域トヲ保全セシメ、以テ日清英露ノ争源ヲ杜絶スルニ在ルノミ。

年アリ　長い年月を経ること。

24　日清両国の外交政略及び其外交家（朝野新聞）

解題［明治十九年十二月二十八日・二十九日］　巨文島占領問題の解決とともに清国がイギリスに接近し、アジアに跋扈しようとしているいま、日本も場合によっては仏露と連合してこれを牽制するなど、

「外交上ノ機略」で一歩も譲るな、と主張する。「朝野」はさらに、前掲II-30で、シベリア鉄道敷設という新しい局面のなか、日本は英清と結ぶか露と結ぶか、それとも孤立傍観するか、と問題提起している。

日清両国ノ外交政略及ビ其外交家

日本ノ治安ハ外部ヨリ破裂スルノ患アルノミニテ、決シテ内部ヨリ崩潰スルノ恐レナキナリ。仮令《たと》ヒ国内ニ二三不逞ノ徒アリ、*悻々《こうこう》ノ憤ニ堪ヘズシテ治平ヲ擾乱《じょうらん》セント謀ルコトアルモ、政府ニシテ苟《いやしく》モ非常ノ失計ナキ以上ハ、現在ノ警察官ト常備軍トノ力ヲ以テ之レヲ未発ニ制止スルニ余リアリト雖ドモ、海外諸国トノ関係ニ至テハ則チ然ラズ。*英獅ハ牙ヲ磨イテ海雲ニ嘯《うそぶ》キ、*魯鷲ハ翼ヲ振フテ霜風ニ搏《う》チ、其ノ小弱ナル者ヲ噬攫《ぜいかく》シテ餓腸ヲ満タセントス。苟モ我国ニシテ其ノ外交政略ヲ誤マリ、彼等ヲシテ乗ズベキノ機会ヲ得セシムレバ、一国ヲ挙ゲテ如何ナル不幸ニ陥ラシムベキヲ知ラザルナリ。今ノ政治家タル者豈《あに》深ク意ヲ外交上ノ関係ニ注ガズシテ可ナランヤ。

然ルニ本邦ハ古来東洋ニ孤立シテ交ヲ外邦ニ通ゼズ、疆土《きょうど》亦タ狭小ニシテ、戦国割拠ノ日ト雖ドモ唯《た》ダ風俗習慣及ビ思想ヲ同《おなじ》ウスル所ノ兄弟四方ニ分裂シテ、小争闘ヲ事トセルニ過ギズ。其ノ間復《ま》タ今ノ外交上ノ機略ニ似タルモノヲ用フルコトヲ要セズ。故ヲ以テ列国通交ノ間ニ処スルハ本邦人民ノ最モ短所トスル所ニシテ、海港ヲ開イテ欧米諸国ト交通ヲ為セシ以来モ、未ダ外交政略ノ大《おお》ニ見ルベキモノアラズ。否《い》ナ、所謂《いわゆ》ル日本ノ外交ナルモノハ唯ダ玉帛贈答ノ小節目ヲ修ムルニ過ギズ。復タ一タビ外交政略ノ名ニ恥ヂザル措置ヲ施《ほど》コセルコトアラザルニ似タリ。

彼ノ支那人ノ事ヲ為スニ、因循遅緩ナルハ吾人ノ常ニ嘲笑スル所ナリト雖ドモ、其ノ地勢ノ然ラシムル所歴代ノ政府絶ヘズ外邦ト交通シ、且ツ疆土ノ広大ナルガ為メ全ク其ノ風俗習慣思想ヲ異ニスル所ノ人民屢《しばし》バ内地ニ分裂シテ敵国対峙ノ形勢ヲ為シ、其ノ関係毫モ欧洲諸国ノ相対立スルニ異ナラザリシコト多シ。故ニ支那人ハ古来遺伝ノ習慣ニ因リ多少外交上ノ思想ヲ有シ、四方ニ使シテ君命ヲ辱カシメザルノ栄誉ハ支那政治家ノ最モ希望スル所ト為レリ。彼ノ因循姑息ナル支那人モ、外交上ノ事項ニ於テ動《やや》モスレバ一身ノ利害安危ヲ顧慮セズシテ、勇断果決ノ措置ヲ施スハ吾人ノ常ニ驚歎スル所ニ非ラズヤ。*崇厚ハ魯国ノ関係ヲ裁理スルニ方《あた》リ果断ノ罪ヲ以テ幾《ほと》ンド死地ニ陥リ、*曾紀沢モ亦魯国ノ葛藤ヲ処置スルニ方リ、専行ヲ以テ停職召還ノ罰ニ処セラレタリ。外交官ノ越権専行ハ素《も》ト嘉称スベキノ事ニ非ラズト雖ドモ、其ノ篤《あつ》ク自ラ信ジ身ヲ以テ国*ニ許スノ気節ニ至テハ、全ク支那人平生ノ気象ト相反シ、我ガ小心翼々タル外交官ヲシテ時ニ慚汗《ざんかん》背ニ徹セシムルモノアルナラン。若シ支那人ヲシテ騙詐《へんさ》詭譎《きけつ》ヲ以テ外交政略ト為スノ古教ヲ排斥シテ、今ノ外交世界ノ新面目ヲ知ラシメバ、必ラズ多ク有為ノ外交家ヲ出スヤ、敢《あえ》テ疑ヲ容《い》レザルナリ。蓋《けだ》シ支那人ハ其ノ国勢教育ノ然ラシムル所ニ因リ、人々多少ノ外交思想ヲ有シ其ノ外交家タルニ適スルコト、遠ク日本人ノ右ニ出ル者アリ。今日支那ノ政治家ガ他邦トノ関係ヲ処理スルニ方リ、数々《しばしば》奇異ノ言行ヲ為シテ外人ノ擯斥《ひんせき》ヲ受クルハ、唯《た》ダ古習ニ拘ハリテ、今日外交上ノ真面目ヲ知ラザルガ為メノミ。徒《いたず》ラニ其ノ言行ノ古怪ナルヲ嘲テ、智略ノ陰然其ノ間ニ隠伏スル者アルヲ知ラザルハ、之レヲ烱眼士ト云フ可カラザルナリ。

夫《そ》レ、日本ノ安危ハ外交政略ノ当否如何《いかん》ニ因テ判ル、モ、外交政略ハ日本人ノ最モ短所ニシテ、平生軽視スル所ノ支那人ニダモ如《し》カラザルコト、果シテ右ニ論ゼシ所ノ如クナレバ、日本人民ハ其国ヲ安泰ナラシムルノ資質ニ於テ、支那人ノ下ニ出ヅル者アリト断定セザルヲ得ズ。而シテ日本人ノ特ニ外交思想ニ乏シク、又外交政略ニ拙《つた》ナキ所以《ゆえん》ヲ求ムレバ、古来国ヲ鎖シテ孤立セルト、其ノ性ノ小胆ニシテ勇断果決ナル能ハザルトニ在リ。唯ダ夫レ勇断果決ナル能ハズ、故ニ人ノ虚喝ヲ以テ我ニ対スル者アルモ、直言壮語ヲ以テ之ヲ屈服スル能ハザルナリ。復タ何ゾ外交上ノ秘計タル、虚ヲ以テ実ヲ制スルノ機略ヲ用フルコトヲ得ンヤ。是ヲ以テ吾輩将《まさ》ニ云ハントス。勉メテ外交上ノ事態ニ注目スルハ我人民ノ急務ニシテ、日夜怠ラズ外交政略ヲ研究スルハ我ガ政治家ノ国ニ尽ス所以ナリト。本邦苟《いやしく》モ有為ノ外交家有テ四方ノ関係ヲ調理セバ、国家ノ名誉勢力決シテ今日ノ如キニ止マラザルベキナリ。

更ニ一歩ヲ進メ、実際ニ就キ日支両国ノ外交世界ニ於ケル優劣ヲ観察スレバ、吾輩窃《ひそか》ニ憂慮ニ堪ヘザル者アルナリ。見ヨ、支那ニ於テハ英国及ビ独逸等ノ頻リニ自ラ進ンデ親密ノ交際ヲ求ムル者アルモ、我ガ締盟諸国ハ皆尋常一様ノ通商国タルニ過ギザルガ如キ形跡アルニ非ズ

悻々　うらみ怒ること。　**英獅・魯鷲**　イギリスとロシア。それぞれ国の表徴が獅子と鷲。　**崇厚**　→二六四頁注「チュンホー」。

曾紀沢　一八三九-九〇。中国清末期の政治家、外交官。曾国藩の長子で、一八七八年駐英仏公使に就任しベトナムをめぐる清仏間の紛争では終始強硬論を唱えた。　**国ニ許ス**　国に殉ずることを決意する。

ヤ。天下ノ広キ、万国ノ多キ、其ノ特ニ我ヲ親愛シ我ヲ庇蔭スル者ハ果シテ孰《いず》レノ邦国ゾヤ。親交ヲ日耳曼《ゲルマン》ニ求ムルモ、日耳曼ハ唯ダ機会ニ乗ジテ其ノ物品ノ販路ヲ広メント欲スルニ過ギズ。北米聯邦ノ常ニ好意ヲ以テ我ニ交ハルアルモ、近来一二ノ成跡ニ就イテ之ヲ視レバ、米国ノ外交家ハ少ク我邦ニ就イテ不満ヲ懐ク所アルカヲ疑ハザルヲ得ズ。然レバ我ガ外交政略ヲ以テ支那ニ優レル所アリト謂フモ、吾輩ハ未ダ之ヲ信ズル能ハザルナリ。

抑《そもそ》モ朝鮮ハ日清両国必争ノ場処ニシテ、朝鮮ノ事件ハ皆多少二国ノ感情ヲ動カサヾルヲ得ザルガ故ニ、中立国ノ之ニ関スル措置ニ至ツテモ大ニ両国ノ名誉勢力ニ影響ヲ及ボサヾルヲ得ザルナリ。然ルニ近来英国ハ其ノ嘗《かつ》テ占拠セル巨文島ヲ清国ニ譲与セントスルノ風説アリ。此ノ事ヲシテ果シテ全ク一時ノ訛伝ニ非ザラシムレバ、英国ハ支那ト連衡ヲ為シ、敢テ日本ノ利益面目ヲ損傷スルヲ顧慮セザルニ似タリ。英国ヲシテ果シテ我邦ヲ認メテ一ノ親愛国ト為サシムレバ、豈此《あにかく》ノ如キ挙動アルベケンヤ。外ニ親密ナル交際国ナキトキハ、其ノ一国ノ損害タル、決シテ鮮少ナラザルナリ。豈ニ深ク警戒セザルベケンヤ。

外交上ノ機略ハ変化百出、人ヲシテ容易ニ其端倪《たんげい》ヲ窺《うかが》フコト能ハザラシムルヲ常トス。一定不易ノ法則アリテ之ニ拘泥シ、斡旋スルヲ得ベキ者ニ非ザルナリ。然ルニ日本支那ノ政治家ニ一種ノ奇癖アリ。他国ノ我ニ対スル挙動如何ニ因テ我ノ之ニ応ズル所以《ゆえん》ノ方略ヲ定ムルコトヲ為サズ、却テ恩讐両《ふた》ツナガラ無キ所ノ締盟列国ノ中ニ就テ、予《あらかじ》メ親疎軽重ノ別ヲ定メ、我ノ認メテ親友国ト妄断セル者ハ、如何ニ我ヲ疎外シ我ヲ軽侮スルモ、尚《な》ホ小心翼々之ニ敬事シテ唯ダ其ノ歓心ヲ失ハンコトヲ是レ憂フルノ有様アリ。今ノ離合集散転化極《きわま》リナキノ外交世界ニ処シテ、故ナク恩讐両ツナガラ無キ所ノ邦国ヲ敵ト想像スルハ、素《もと》ヨリ誤レリ。而シテ故ナク之ヲ味方ト認定スルモ、亦誤レリ。敵ト味方ノ区別ハ彼ノ我ニ対スル挙動如何ニ因テ始テ判ルベキ者ニテ、初メヨリ一定不易ノ区別アルニ非ザルナリ。此故ニ旦《あした》ノ与国ハ夕ノ敵国ト為リ、今日ノ敵国ハ明日ノ与国ト為ル。同文同俗ノ国ナレバトテ、徹頭徹尾親愛ヲ全ウスルコトヲ得べ〔キ〕ニ非ズ。仏ハ曽《かつ》テ魯ノ深仇タリシモ今ハ則チ其ノ与国タリ。墺ハ曽テ普ノ敵国タリシモ今ハ則チ其ノ友国タリ。曽テ数々《しばしば》清国ヲ攻メテ其ノ地ヲ略シ、其ノ都ヲ陥レタルコト英国ノ如キヲ以テスルモ、今ヤ合従連盟シテ緩急相ヒ援ントスルニ非ズヤ。支那ノ政治家未ダ外交ノ機略ニ嫻《なら》ハズト雖ドモ、尚ホ且ツ旧怨ヲ捨テ、深ク英国ニ結ビ、以テ他ノ邦国ニ当ルノ利益ヲ知レリ。此ノ時ニ方リ、我モ亦《また》故ナク英清ノ敵国タル仏魯ヲ敵視シテ之ヲ疎外スルハ、敵ニ糧ヲ贈リ盗ニ兵ヲ貸スノ拙策ニ非ズト云フ可ラズ。

仏魯ノ国タル、我ニ恩讐ナシ。苟《いやしく》モ勢利ノ在ル所ハ古来ノ敵国ト雖ドモ、尚ホ合従連衡ヲ嫌《いと》ハザルノ外交世界ニ処シテ恩讐ナキノ邦国ヲ敵視スルハ、自ラ傷《きずつ》ケテ刃ヲ敵ニ授クルノ道ナリ。仮令《たとい》仏魯二国ヲシテ陰険不測ノ志ヲ懐抱セシメ、到底与親ヲ結ブ能ハザルノ国ナラシムルモ、尚ホ之ヲ疎外スルハ今日ノ得策ニ非ズ。況《いわん》ヤ二国ノ邪謀ハ未ダ必ズシモ世人ノ妄想スルガ如ク甚ダシカラザルヲヤ。故ニ支那ガ英ニ結ンデ東亜ニ跋扈セントスルノ今日ニ方リ、多少ノ関係ヲ仏魯ニ通ジテ之ヲ制スルハ、我ガ外交上ノ得策ニ非ズヤ。東海孤立ノ一小国ヲ以テ他ノ同盟アル国ニ当ラントスルトキハ、*タリーラン、*メテルニッチ再生スト雖ドモ、決シテ我ガ利益ト面目トヲ全ウスルコト能ハザルナリ。

世ノ外交上ノ機変ヲ知ラザル者、動《やや》モスレバ魯国ヲ以テ我ガ宿生ノ仇敵ノ如ク心得、一タビ之ト連盟スレバ到底其ノ併呑ヲ免レズト為ス。是レ妄想ノ甚ダシキ者ナリ。前ニモ説ケルガ如ク、外交上ノ関係ハ転化極リナク、其ノ局面朝暮ニ変ズル者ナリ。今日魯国ト多少ノ関係ヲ通ズルモ、彼レ明日我ガ不利ヲ図ラバ直チニ之ヲ解イテ其ノ不信ヲ責ムルコトヲ得ベシ。況ヤ之ヲ結ブノ深浅多少ト、之ガ為メニ生ズベキ利害安危トハ当局者ノ事ヲ処スル巧拙如何《いかん》ニ在テ、合従其者ニ在ラザルヲヤ。且ツ夫《そ》レ支那ハ古《いにしえ》ヨリ驕傲ニシテ已ムコトヲ知ラザルノ国ナリ。之ニ強ヲ示セバ則チ退キ、之ニ弱ヲ示セバ則チ進ム。斯ル邦国ハ剛邁果断ヲ以テ之ヲ制スルヲ得ベシト雖ドモ、我レ苟モ謙退辞譲ノ策ニ出レバ、彼レノ跋扈増長シ遂ニ底止スル所ナカラントス。故ニ我ニシテ苟モ剛邁果断ノ政略ヲ施サバ、我レ仮令《たと》ヘ孤立独行スルモ尚ホ能ク之ヲ制スルヲ得ベシ。是レ吾輩ノ深ク当局者ニ希望スル所ニシテ、吾輩素《もと》ヨリ区々タル清国ニ当ランガ為メニ仏魯ノ連合ヲ求ムル者ニ非ズト雖ドモ、今ノ合従連衡世界ニ孤立独行スルハ外交上ノ得計ニアラズ。故ニ聊《いささ》カ此ノ新案ヲ提出シテ、世人ノ僻見ヲ打破セント欲スルノミ。

タリーラン・メテルニッチ　タレーラン Talleyrand とメッテルニヒ Metternich. それぞれフランス、オーストリアの政治家、外交官。ウィーン会議で自国の利益を守るため、外交交渉に活躍した。

我ガ締盟諸国中利害ヲ我ニ及ボスコト、最モ深キ者ハ清国ナルガ故、之ニ対スルノ政略ハ我ガ政治家ノ最モ細心考究スベキ所タリ。而シテ謙退辞譲ハ支那ニ対スル所以《ゆえん》ノ得策ニ非ザルコトハ吾輩既ニ之ヲ略説シタリト雖ドモ、更ニ仏国公使館付書記官福州税務司等ノ官職ヲ以テ、久シク清国ニ滞在セル仏人メリタン氏ノ著書中ヨリ一表ヲ訳出シテ、読者ノ参考ニ供スベシ。是レ欧米諸国ガ支那ト通交セル以来二百有余年間、退譲政略ハ常ニ失敗シテ強迫政略ハ常ニ奏功シタルコトヲ示セル者ナリ。

退譲政略ノ結果

○千七百五十九年　英政府ノ書記官兼訳官フリント氏逮捕セラレ、尋《つい》デ三年間遠謫《えんたく》セラレ満期ノ後清国ヲ逐ハル。

○千七百七十三年　スコット氏死刑ニ処セラル。

○千七百七十四年　英艦ノ砲手スミツスナル者祝砲ヲ放ツニ方リ、誤ツテ実丸ヲ込メタル大砲ヲ発射シ、支那政府ノ為メニ死刑ニ処セラル。

○同年　米船ノ乗組員エミリー氏支那政府ノ為メニ腕力ヲ以テ捕ヘ去ラレ、尋《つい》デ死刑ニ処セラル。

○同年二月一日　清官英船アルロウ号ヲ掠《かす》メ其水手《かこ》ヲ入牢セルガ故、其罪ヲ問ハントテ広東ニ赴ケル英国貿易事務受付ノ訳官ガツラツフ氏ハ支那官吏ノ為メニ軽侮セラレ艦長エリヲツト氏ノ発議ハ慢然度外視セラル。

○千八百三十四年七月　ネーピエル卿広東ニ到着シ、恥ヅベキ待遇ヲ受ケ広東ヨリ逐ハレ、同年十月十一日瑪港ニ卒ス。

○千八百三十九年　貿易事務長エリヲツト氏逮捕セラレ、阿片《アヘン》二万箱ヲ没収セラレ貿易之ガ為メニ停止ス。

○千八百四十九年　支那政府ハ人民ガ外国人ノ広東ニ入ルコトヲ好マズトテ、英国官吏ト結ベル約束書ヲ廃棄スル旨ヲ通知ス。

○千八百五十年　白河々口ニ於テ英国官吏ト談判ヲ開クコ

強迫政策ノ結果

○千六百三十七年　艦長ウエツデル氏砲台ヲ砲撃シテ始メテ通商ノ允許《いんきょ》ヲ得タリ。

○千八百四十二年　サー、ヘンリー、ポツチンガー始メテ南京条約ヲ結ビ、五港ヲ開イテ通商ノ便ヲ挙ゲ、英国臣民ノ生命財産ヲ貴重スベキ旨ヲ保証セシム。英清二国ガ外交上ノ関係ヲ開ケルハ之ヲ以テ創始ト為ス。

○千八百四十二年　英艦ボツカ、タイ、グリスヲ砲撃シ、尋《つい》デ広東府ニ進入シ始メテ諸般ノ葛藤ヲ解キ、且ツ従前英商ニ与ヘタル広東府ニテ貿易スルノ許可ヲ来ル千八百四十九年マデ延バサシムルコトヲ得タリ。

○千八百五十八年六月　広東ヲ占拠シ、太沽天津ヲ陥レテ天津条約ヲ結ブコトヲ得タリ。

○千八百六十年十月廿四日　英仏同盟ノ兵北京ヲ占拠シ、北京条約ヲ結ンデ公使館ヲ同府ニ設置シ、且ツ総理外交事務衙門ヲ開創セシムルコトヲ得タリ。

○千八百六十二年四月七日　仏国公使ノ求メニ応ジ、支那政府ハ耶蘇《ヤソ》教ヲ公許スルノ勅令ヲ発シ、之ヲ全国ニ布告シタリ。

トヲ拒絶ス。

○千八百五十四年　進ンデ太沽ニ至レル英仏ノ談判委員ハ、広東ニ帰テ事ヲ議定スベキ旨ノ命令ヲ受ク。

○千八百五十六年　清人アルロウ号ヲ剽略シ、英ノ国旗ヲ破爛シ製造所ヲ焼キ、両広総督ノ手中ニ落チタル欧人ヲバ悉《ことごと》ク虐殺シ、且ツ悉ク香港ノ居留外人ヲ毒害セント企タリ。

○千八百五十九年　支那政府ハ太沽ニ伏兵ヲ置キ、英ノ砲船ヲ破壊セリ。

○千八百六十年　支那政府ハ其全権委員ノ招キニ応ジ、和約ヲ商議センガ為メ休戦中通州ニ至レル英仏官吏廿六名ヲ虐殺シ、十三名ヲ入牢セシメテ残酷ヲ極メタリ。

著者右ノ一表ニ附記シテ云フ、千八百六十二年以後欧米諸国ノ支那政略ハ悉ク退譲主義ニ出デ、、着々失敗ヲ取レリ、故ニ対照表ヲ玆《ここ》ニ止ムト。一昨年仏国ノ如キハ少シク兵ヲ用ヒタリト雖ドモ、亦因循姑息ニ破レタル者ト云フベキノミ。後ノ支那政略ヲ担任スル者、若《も》シ深ク此ニ鑑ミテ*一着ヲ支那外交家ニ輸《ゆ》スルコトナクンバ実ニ国家ノ幸福ナリ。

一着ヲ…輸スル　おくれをとる。

25　高麗半島の現状（東京電報）

解題［明治二十一年十二月十二日］　二十一年八月朝露間に陸路通商条約が調印されたが、清国の干渉をきらう朝鮮がロシアと結ぼうとするこの動きは、朝鮮が自ら危機を招き日本にも深刻な影響を及ぼす事態だと論じたもの。朝鮮はあたかもバルカン半島のごとしと述べ、他国への干渉は本意ではないが、日本の利益維持のためには、「富力」と「武力」を賭して対朝鮮干渉策を取らざるを得ないこともあると説く。【陸羯南】（一八五七―一九〇七）。二十一年四月「東京電報」を創刊、また二十二年に「日本」を創刊し、社長兼主筆として国民主義の立場から健筆をふるった。

高麗半島の現状

高麗半島に於て、半ば属国の如く半ば独立国の如く、*揺々靡々の間に其命脈を支持したる朝鮮国の運命は、今や正に危殆の方向に面して、益々《ますます》其歩を進めたり。抑々《そもそも》朝鮮の一国は、安南《アンナン》若《もし》くは琉球の前時に於けるが如く、古来漠然たる名義の関係を以て、清国の下に立ちしが、近来日本及び欧米の諸国と表向の交際を開くに及び独立して条約を訂結し、彼《か》の清国政府も亦《また》当時之を朝鮮の自由に任せしを以て、正式上稍々《ようやく》独立国の形状を見《あら》はせしと雖も、実際裏面に行動する清韓の関係は、毫も昔日に異なる無く、否《い》な清国は近来昔日より一層重大なる政権を以て、朝鮮内外の政事に干渉し、殆ど韓廷の大臣をして、清国公使袁世凱氏の喜怒如何《いかん》を候《うかが》ひて始めて其国政を施行せしむるに至れり。是に於てか朝鮮政府は漸く其干渉の過度なるを厭嫌し、一大強国の後援を得て従来の関係を絶ち、彼れ老婆の手を離れ独歩を世界に試《こころみ》んと欲するの情を生じたり。久しく事機を相し国力を南方に拡張し、高麗半島を占領して東洋の大権を制せんとの志を蓄へたる露国は、早くも此機に投じ朝鮮の前顧問モルレンドルフ*氏及び現顧問*デンニー氏等と密議し、已に其後援となりて、朝鮮の独立を成功せしめんと奨慂《しょうよう》するの意を現はしたり。夫《そ》れ外よりは世界の一大強国後援を為さんとの好意を示し、内よりは股肱の顧問之に依頼するの計策を献ず。韓廷大臣の幼稚にして大勢に蒙《くら》き、誰か烏の雌雄を知らんや、識《し》らず知らず彼の武断国及び陰謀者の術中に陥ゐらんとするもの丶如し。吾輩は去九月中或《ある》信憑す可き朝鮮京城よりの通信に接し、モルレンドルフ氏の時より談判の端緒を開きたる、露韓陸地貿易条約がデンニー氏の周旋に由りて、漸く将《まさ》に訂結せられんとするを知り、四月廿二日の紙上に其条約草案を掲載して、読者に報じたり。其第一第二の両条に曰く、

本条約は豆満江より起算し同江の両岸に於て露韓両国の間に朝鮮里数百里に渉る一帯の土地を作るの一事を約定し、此地方の貿易は露国人及び朝鮮人の為め全く自由たる可し。其貿易を監理する官吏は両国より任命するものとす(第一)

朝鮮は現行開港場の外《ほか》特に露国人の貿易及び居住に供するが為め、豆満江より朝鮮里数一百里の地に位せる富寧と称する地を他の諸開港場と同一の方法にて特に露国人のみに開く可し(第二)

と。此草案に拠るときは、其所謂《いわゆる》一帯百里の空地は、取《とり》も直《なお》さず露国に割与して、露国南下の資に藉するものなり。左《さ》無きだに、陸地貿易は*疆場《きょうえき》の連接せるが為め、紛《ふん》擾《じょう》の原因を惹起《ひきおこ》すこと、海港貿易に比すれば最も多きは大陸諸国に於ける歴史の明示する所なり、況や一方の強国に資するに百里の広土を以てし、嘗《かつ》て他国の其間に立

入るを許さゞるに於てをや。是れ朝鮮自から其国の亡滅を招くものにして、当時吾輩は朝鮮の為め否な寧ろ東洋諸国の為め、其条約の停止せられんことを希望して止まざりき。幸にして其条約は英国其他の忠告に由りて未だ公然訂結の運びに至らずと聞けども、今や露国の為めに朝鮮の北境慶尚道なる慶興一府を開きて、陸地通商貿易をなすの条約は、両国全権委員に於て記名調印せられ、其全文は載せて去月十五日以下数日の東京電報紙上に在り。是実に朝鮮政府が露国の歓心を買ひ、以て自国の後援となさんと欲するの一証とし視るも甚だ大過無かる可し。而して近頃倫敦《ロンドン》タイムスは朝鮮露国の保護国となりたりとの電報を伝へ、其電報は露国の官報に由りて打消されたりといふと雖も、烟燄《えんえん》の昇る処火気の其下に伏在するもの有るを知る可きなり。夫《そ》れ朝鮮は亜細亜《アジア》のバルカン半島なり。一たび欧洲中の一強国をして之に拠らしめば、均勢の権衡忽《たちま》ち傾き、第一に其影響を被る可きものは、*一葦《いちい》帯水を隔て此半島に相対したる日本帝国なり。故に此半島をして朝鮮人の朝鮮たらしむるは、独り朝鮮の為めのみならずして、其対岸に屹立せる日本帝国の為めなりと謂はざる可からず。而して今日の如く此国をして国歩の進捗《しんちょく》を欲せざる清国政府干渉の下に立たしむるは、固《もと》より其たゆる所に非ず、又此国の基礎を鞏固ならしむるものに非ず。然れども其れをして全然清国の手を離れ露国の後援を頼みて独立の外表を装はしむるが如き、弱国の独立は常に強国の餌食となるものなれば、其危殆更に以前より甚《はなはだ》しきもの有り。而して今や朝鮮は、自から択びて此危殆を冒さんとするに傾向せり。吾輩は日常自国の富力と武力とを賭して、他国の事に干渉するを欲する者に非ずと雖も、自国の利益を維持するが為めには、時有りてか之を取らざる可からずと断信する者なり。知らず、我内閣諸公は之に対し如何の外交政略に出でんと欲する歟。此頃京城より伝ふる所の通信に拠れば、議政*金炳始氏其職を辞し、前領議政*沈舜沢氏、前左議政*金宏集氏等旧職に復したりと。彼の金宏集氏は朝鮮に於ける開進党の領袖にして、同国の士人中*鏘々《そうそう》の人物なりと聞けば、或は其国事の危急に迫りて此*交迭を生じたるものには非《あら》ざる歟。吾輩は尚ほ詳細の事情を探知したる後《の》ち、更に吾輩の意見を開陳すべし。

揺々靡々 ゆれ、なびくさま。 **モルレンドルフ** メルレンドルフ。↓三九五頁注「穆仁徳」。 **デンニー** O. N. Denny. アメリカの外交官。一八八六年四月、李鴻章によってメルレンドルフの後任として通商・外務事務の交渉のため、対外協判(外交顧問)として漢城に送りこまれた。彼は一八八八年、「清韓論」(China and Korea)を上海で発表している。　**疆場**　国境。　**一葦帯水**　近接していること。一衣帯水。　**金炳始**　甲申事変の後、右議政。親露派政権の組閣にあたっては、議政となった。　**沈舜沢**　非常時にロシアの保護を求める書翰を、ロシア公使ウエーベルに送るなどしている。　**金宏集**　金弘集。開化派として知られ、壬午軍乱の後の済物浦条約のときに全権となる。一八九四年に領議政。一八九六年、親露派の政権樹立のとき殺害される。　**鏘々**　錚々。とくにすぐれた人物。　**交迭**　更迭。

26　日支韓事件に関するの意見(手記)　(徳富蘇峰)

解題［明治十八年二月五日］　甲申事変に関し、沸騰した対清強硬・開戦論を批判し、自由・改進を確守するには平和主義こそ上策と説いた覚書で、当時としては異彩を放つものである。とくにもし日清開戦して勝利をおさめた場合、専制と軍国主義への傾斜がさらに強まると指摘していることも注目されよう。筆者徳富蘇峰は当時二三歳、郷里熊本にあって私塾大江義塾を開設・主宰していた。なおこれは当時公表されておらず、自筆原本は徳富蘇峰記念塩崎財団に所蔵されており、底本にはそれを用いた。**【徳富蘇峰】**　一八六三―一九五七。本名猪一郎。同志社中退。民友社を創立し、また「国民之友」「国民新聞」を創刊して、明治中期以降の代表的ジャーナリストの一人として活躍。平民主義を主唱したが、日清戦争直後の三国干渉を機に国家主義に転向する。

日支韓事件ニ関スルノ意見

今回ノ事件ニ付テハ日ニ増《まし》人心激昂ノ模様ニテ社会ノ血管一時ニ沸騰シ、異口同音「イザ打立テョ、曲直ノ談判ハ、火ト鉄トナリ、無二無三ニ攻入リ、馬ヲ鴨緑江ニ飲《みずか》ヒ、旗ヲ北京城上ニ翻ス可シ」ト、勇立《いさみたち》タルハ如何《いか》ニモ尤《もっとも》ナル次第ニテ候。勿論今回ノ事ハ曲直理非分明ナルハ火ヲ覩ルガ如キ訳ナレバ、如何《いか》程《ほど》手《て》強《こわ》キ談判ヲ致シテモ、如何ナル猛激ナル所分ヲナシテモ万国ニ対シテ聊《いささ》カ中分ナキ様ナルコトハ之《こ》レナク、之レガ為メニ我等ガ義憤モ霽《はら》ス可ク、国辱モ洒《すす》グ可ク、日本人民ガ手練ノ程モ発揮ス可ク種々ノ効益モアルコトナラン。サレバ可成《なるべく》ハ果断決行主戦ノ政略ヲ取ルコソ我ガ邦家ノ長策ト可レ申哉《もうすべきや》。吾人ハ大ニ然ラズト存《ぞんじ》候。左ニ其ノ理由ヲ陳ズ可シ。(第一)先ヅ我軍大勝利ヲ得タリト仮定セョ。勝利ハ実ニ願フ所ナレバ勝利後ノ結果ハ如何ニナル可キヤ。一タビ彼国ト兵端ヲ接《まじ》ヘタル上ハ必ラズ其ノ*復仇《ふっきゅう》ヲ用意セザル可ラズ。然ル時ニハ彼ニ一艘ノ軍艦ヲ新調スレバ我モ一艘ノ軍艦ヲ新調セザル可ラズ。彼ニ一群ノ兵団ヲ募《つの》ル時ハ我モ亦然《しか》セザル可ラズ。騎虎ノ勢、何ノ辺ニ駐止ス可キヤ、且ツ一タビ欛《つか》ヲ脱シタルノ刀剣ハ復《ふたた》ビ其ノ柄ニ帰ルコトハ万々覚束《おぼつか》ナキコトナリ。況ンヤ臨時戦争ノ際ニ暴張シタル兵備ハ決シテ之ヲ収縮スルコト能《あた》ハズ。之ニ加ヘ之ニ増シ到底我邦ヲシテ一ノ武断国トナス迄ハ止《や》マント欲シテ止ム能ハザル様ニナル可シ。果シテ然ル時ハ自由改進ノ運動ハ中絶スルコトハナキヤ。サナキダニ、縷《いと》ノ如キ生命ヲ保チタル我ガ自由主義ハ乍《たちま》チニ絶命スルハ歴然タルコトナラン。既ニ米洲ニ於テ南北戦争後武人ノ権柄《けんぺい》甚ダ盛ニシテ、マヽ、全ク政治家タルノ資格ナキ武将ヲ挙テ大統領トナシタルコトアリキ。ソレ南北戦争ハ天下ノ義戦ナリ。自由ヲ重《おも》ジ平等ヲ愛シタルガ為メニ止ム可ラザル勢ニ於テ戦フタルモノナリ。米国人ハ自由ノ人民ナリ。米国ハ尤《もっと》モ武備ヲ寛ニシ武勲ヲ尊バザル国ナリ。然ルニ猶《なお》カヽル結果アリ。況ンヤ我邦ニ於テ如何ナル有様ヲ呈ス可キヤ、甚ダ心配ノ次第ニ候。(第二)以上ノ考ハ我ガ政府ハ邪気無罪ナル所分ヨリ生ジ来ル結果ナレドモ、我ガ政府ハ果シテ無邪気無罪ナルヤ。ナポレオン埃及《エジプト》遠征ヨリ凱旋ハ乍チニ彼帝*冕ヲ得ルノ手段トナリ、ビスマルク仏国ニ勝テョリ鉄拳以テ自由党ヲ圧スル既ニ十余年。近クハ明治政府ガ*十年ノ乱ニ打勝テョリ其ノ威権ハ一稜《ひとかど》酷敷《はなはだしき》ナリシハ我モ人モ能ク承知スル所ニテ候。蓋《けだ》シ十年ノ乱ハ政府ガ人民ノ一部ト戦ヒ勝タルヲ以テノ故ニ我人民ハ戦争中モ戦争後モ何トナク不愉快ナル感情ヲ有シ、始終猜疑ノ眼ヲ以テ政府ノ挙動ニ注ギタリシナリ。全国人民ガ不愉快ト云フ戦争ニテスラ我ガ政府ハ今日ノ如キ政治ヲナスノ威力ヲ此ノ間ニ養ヘリ。況ンヤ我ガ人民ガ異口同音ニ愉快ナリトスル戦争ニ於テハ如何ナル権柄ヲ増長ス可キヤ。今日ノ乱政虐刑ヲシテ其ノ太甚《はなはだ》シキニ到ラザラシムルモノハ只一ノ人民怨嗟《えんさ》不平ノ声アルノミ。然ルニ一タビ凱歌ヲ奏シテ東京ニ凱旋シ分取リシタル*黄竜ノ旗ヲ竿頭ニ貫キ、*クルツフ砲ヲ荷《にの》フテ東京銀座通ヲ通過スル時ニ於テハ浅《あさ》墓《はか》ナル人心乍《たちま》チニ躍跳シ、我国万歳、政府万歳、*黒田万歳ト大呼スルニ到ラン。此ノ時ニ於テ我ガ政府ハ何ノ憚《はばか》ル所アリテカ圧制ノ政ヲナサヾラン。何ノ恐ル所アリテカ武断ノ政略ヲ取ラザラン。ソレ今日ノ政府ハ虎狼ナリ。虎狼真ニ可レ恐《おそるべし》。猶《なお》鉄鎖ノ之ヲ枷スルアリ。苟モ一タビ戦端ヲ開カバ是レ虎狼ヲ放《はなち》テ野ニ在ラシムルナリ。虎狼ハ決シテ人ニ向テ好意ヲ有スルモノニアラズ。亦何ノ憚ル所アリテ里ニ入リテ人ヲ喰ハザランヤ。故ニ曰ク、我邦ガ支那ニ向テ戦ヒ勝チタルハ取リモ直サズ我ガ政府ガ人民ニ向テ戦ヒ勝チ、専制ガ自由ニ向テ戦ヒ勝チタル訳トナリ、彼ノ敵ヲ斬リタル刀剣ハ却テ我人民ノ腹中ニ刺《いた》ム刀剣トナラン。嗟呼《ああ》吾人ハ一勝ノ後如何ナル憂《うき》目《め》ヲ見ネバナラヌカ能々《よくよく》考アリ度《たき》コトナリ。(第三)勿論戦争ハ無代価ニテ出来《でき》不レ申《もうさず》。既ニ十年ノ戦ニモ五千万円余ノ入費ニ上リタレバ今回モ必ラズ沢山ノ入費ヲ支払ハザル可ラズ。此ノ入費ハ誰ノ財布ヨリ出サネバナラヌヤ。今日スラ喰フヤ喰ハズニ悲《な》ク〳〵モ税吏ノ為メニ呵責セラレテ出ス租税ヲバ、今更如何ナル見込アレバ戦争ノ費用迄モ賄《まかな》ハントスルカ。既ニ外国ニ向テ戦フコトナレバ軍艦ト云ヒ*輜重《しちょう》ト云ヒ何ト云ヒ中々内地ノ如ク思フ様ナル都合ハ六ケ《むつか》敷《しき》コトナレバ、其ノ費用ハ幾何《いくばく》トモ如何程トモ積ルコトスラ容易ナラヌコトニテ候。然ルヲ一時ノ逆上ニテ恰《あたか》モ江戸ッ児ガ山王様ノ祭礼ニ家ヲ売リ、諸式ヲ売リ、妻ヲ離縁シ子ニ別レテ花車ヲ出シ、揃《そろい》ノ浴衣ニテ終日市中ヲ練《ねり》行ク如クニ憤発スルモ、其ノ結果ハ祭リガ済メバ帰ル所モナク、行ク場所モナク、唯昨日ノ無分別ヲ悔《くや》ム〔バ〕カリニテ暮スト同様ニ如何ナル迷惑ヲナスヤ吾人ガ今日ヨリ予想スルコトダニ出来不レ申。勿論戦功ニヨリテ年金ヲ貰フ人モアリ、恩賞ニ預ル人モアラント雖ドモ、人民全体ハ恩賞ニ預ル訳ニモ行カズ、ツマル処《ところ》戦ノ入費モ凱旋ノ祝料モ人民ノ懐中ヨリ出サネバナラヌコトハ明々白々ノコトニテ、此ノ時ニナレバ、所謂《いわゆ》ル戦勝テ国亡滅スト謂フ時節ト可ニ相成一《あいなるべし》。憫《あわ》レナル哉《かな》日本ノ人民達ヨ、今更如何ナル了見アレバ*菜色アル顔ヲ為シナガラ財布ノ底ヲ揮《ふる》ヒ、平生恫喝《どうかつ》ヨリモ悪シトスル憎キ圧制ヲ買フカ。諺ニ曰ク、泣面ヲ蜂ガ蠆《さ》スト。如何ニモ気ノ毒ナル次第ト存候。(第四)縦令《たとい》支那ニ打勝シトテ直《ただち》ニ欧州文明国ノ仲間入リスルコト出来可キヤ如何、合点ノ行カヌ話ナリ。天下万人承知ノ通リ支那国ハ無類ノ弱国ナリ。無類ノ弱国ニ打勝シトテ直ニ強国トハ申スコト出来難シ。必ラ〔ズ〕シモ益ナキニハアラザル可シ。打敗ショリハ打勝シ方ガ多少ノ利益ナラント雖ドモ、之ヲ笠ニ掛テ欧州諸国ト宇内ノ争場ニ角逐《かくちく》セントスルハ、*烏ガ孔雀ノ羽ヲ摑《つか》ミ来リテ孔雀ノ仲間入シタルガ如ク、乍チ失敗ノ源トナル可シ。全体一国ノ真価ハ決シテ武力ニノミ存スルモノニテハ無レ之《これなし》。苟モ一国人民自主ニシテ教育盛ニ商売繁昌シ、一国挙テ文明ノ途上ヲ一直線ニ奔《はし》ル場合ニナレバ、縦令《たとい》文明国ノ尊敬ヲ得ザラントスルハ決シテ不レ能《あたわざる》事ト存候。我邦ノ地所位ヲ察セズ単一ニ武力ニテ国ヲ立《たて》ナントセバ土耳古《トルコ》ノ覆轍《ふくてつ》目前ニ有レ之《これあり》候。以上ノ理由ヲ以テ吾人ハ実ニ平和ヲ以テ上策ト信《しんじ》候。

復仇　かたきをうつこと。　**帝冕**　皇帝の冠。　**十年ノ乱**　西南戦争。　**黄竜ノ旗**　清国の国旗。　**クルツフ砲**　クルップ砲。クルップはドイツの兵器製造会社としてすでに著名であり、普仏戦争でのプロシア軍勝利によりその優秀さが喧伝された。　**黒田**　黒田清降。　**輜重**　軍隊で必要な武器や食糧。　**菜色…**　栄養不良で血食が悪いさま。　**烏ガ孔雀ノ…**　自分の能力や身のほどを知らずに、他のまねをして失敗すること。

サリナガラ事吾人ガ希望ノ如クナラズ万一ニモ開戦ト相成候ハヾ吾人人民ハ袖手傍観ス可キヤ。否々。彼ノ常備軍ヲシテ一タビ砲火ヲ放タシメバ是レ虎ヲ野ニ放ツナリ。可成的《なるべく》ハ此ノ虎ヲバ檻中ニ錮シ度候得共《たくそうらえども》、既ニ一度野ニ放チシ上ハ之ヲ制スル覚悟コソ緊要ナレ。若《も》シ戦争中我人民ガ袖手傍観シタランニハ我人民ハ何ノ面アリテ彼ノ戦勝者ヲ見ル可キヤ。彼一度凱旋シ来ラン時ニハ肩身ノ狭ルノミカ、我党ガ息吹所ダニナク只我党ハ首ヲ駢《なら》べテ永ク戦勝者ノ靴下ニ懼伏《くふく》セネバナラヌ苦境トナル可シ。故ニ此ノ場合ニ立到《たちいた》ラバ我党モ*被堅執鋭矢石ノ間ニ奔走スルコソ可レ然《しかるべし》ト存候。勿論コレトテモ今日ノ如ク三々五々ニ先鋒志願トカ従軍希望トカナシ、常備軍ノ埋艸《うめくさ》トナリ、馬ノ骨同様ナル取扱ヲ受ケ、一死以テ常備軍ノ光栄ヲ添ル様ナル馬鹿ラシキ挙動ハ致度《いたしたく》ナヒコトナリ。願フ所ハ全国民間党一致団結シ政府ヨリ見スカサル様ナ軽易ノ挙動ヲナサズ、正々ノ旗、堂々ノ陣以テ一旅団ヲナシ、一方面ノ任ニ衝《あた》リ花々敷《はなばなしき》手柄ヲナシ、今回ノ戦勝ニハ我ガ民間党ノ与《あずかり》テ力多ニ居ルヲ示シ、一ハ以テ戦勝者ノ跋扈ヲ制シ、一ハ以テ民間ノ位地ヲ保チ、一ハ以テ民間党ノ勢力ヲ示シ、

一ハ以テ民間党ノ団結ヲ盛大ニ致度《いたしたき》情願ナリ。此ノ義ニ関シテハ愚見少ナカラズト雖ドモ実際ノ運動ニ関シテハ其ノ必要ヲ茲ニ陳述ス可シ。故ニ開戦ニ到ラバ一致団結以テ民間党ノ義勇軍ヲ編成ス可シ。之ヲ中策トス。

今日ノ如ク周章狼狽目下ノ快ヲ見テ将来ノ苦ヲ察セズ、局部ノ考ニ偏シテ全局面ヲ思ハズ、他人ヲ教唆《きょうさ》シ政府ヲ教唆シ、滅法無暗《むやみ》ニ開戦ヲ主張スルハ下策ノ尤モナルモノト信ズ。

吾人ハ当初ヨリシテ以上ノ意見ヲ有シタレドモ、世上同志ノ士ハ定メテ同感ナラント信ジ敢《あえ》テ一黙ニ附シ去リシモ、今日ノ事情愈《いよい》ヨ切迫トナリ、誰レカ同志ノ士ナルヤ殆ンド烏ノ雌雄ヲ知ラザル有様ニ立チ到リ、止《やむ》ヲ得ズ匆々愚見ヲ陳ズルコト如レ此《かくのごとし》。仏国ガ普魯西《プロシア》ト戦ハン〔ト〕スルヤ議院中反対ノ黒子ヲ握セシモノハ只*チユル氏一人ノミ。クリミヤノ戦争ニ際シテ之ヲ不可トセシハ英国議院中只*ブライト、*コブテンノ二氏ナルノミ。天下ノ事固《もと》ヨリ量リ易《やすか》ラズ。只吾人ガ其ノ利害得失ヲ判ズル一ノ権衡尺度ハ自由主義ノ消長、全国ノ幸不幸トノ二アルノミ。愛国卓識ノ士幸《さいわい》ニ教ヲ垂レヨ。

明治十八年二月五日夜　於二燈下一草

被堅執鋭　堅固なよろいを着、鋭利な武器をとる。完全武装をいう。　**チユル**　チエール。　**ブライト・コブテン**　→三五八頁注。

V

新聞論調にみる琉球論

解題　本章は、主要な新聞の論説・投書のうち、台湾出兵(一八七四年)から琉球の廃藩＝置県処分(一八七九年)、さらに清国との分島・改約交渉(一八八〇年)にいたる、いわゆる琉球問題にかかわるものを収録する。

琉球観や琉球問題論には、厳密には、対外観や対外問題論としては扱いえない側面、近代日本の国家的統合・国民的統一をめぐる議論という側面がある。だが一方、事実上は日清両属ながらも、独自の王朝国家としての伝統や制度・文化を保持してきた琉球にたいする認識や姿勢は、たんなる国内対策論の枠内では検討しえない。また、琉球藩設置(一八七二年)から置県処分にいたる強制統合は、清朝と琉球王朝との伝統的な宗属関係の切断、それをめぐる日清両国の深刻な外交問題を不可分にともなっていた。

琉球の官民にたいする評価、琉球の対外的地位にかんする認識、日本への統合の是非や方法をめぐる議論、清国からの抗議や外交折衝にたいする対応論など、いわゆる琉球処分の前後における代表的な民間世論は、けっして一様ではなく、むしろ多様であった。琉球や清国にたいし明治政府以上に強硬な併合論・対決論もあれば、漸進的・妥協的な統合論、実利主義的な放置＝非干渉論、あるいは自己の主張を大転換させる新聞もあり、一方、少数ながら原則的な対琉球非干渉、琉球の独立承認・擁護論もあった。そこで、それぞれの議論の背後には、琉球観をめぐるどのような問題、日本の進路にかかわるどのような姿勢があったのか。また、清国への対応、とくに対清強硬対決論の背景には、清国や国際政治全般へのどのような認識・判断があったのか。とくに注目されるところである。

その意味で、本章もまた、全体的な世論の潮流の一環として位置づけ、検討されることが望まれる。

1　大に賀すべく大に憂ふべし

（朝野新聞　投書）

解題［明治七年十一月三十日］　台湾出兵をめぐる日清交渉によって、日本が清国から償金を獲得したことから「軍人」たちがますます傲慢になり、軍国主義熱が強まっているとして、警戒批判する投書。もっとも、この前後「朝野」への投書の多くは、無題（七・十一・四、東籬隠士）、同（七・十一・九、愛国ノ壮士）、同（七・十二・二十八、陳々々人）など勇ましいものばかりである。

闘争ヲ起スノコト、眼中法度《はっと》ナルモノヲ認メズ、私忿《しふん》是快ニ安ンズル。知ルベシ、或ハ曰《いわく》、*兵士為政ト、或ハ曰、外国ニ於テ其*搏噬《はくぜい》ヲ放《ほしいまま》ニセシムト。此言真ニ誣《しい》ザル也。今ノ軍人ハ法度ニ服スル軍人ニ非ズ、乱暴狼藉ノ軍人也。政府ノ軍人ニアラズ、放恣《ほうし》自立ノ軍人也。余*放尿違律ノ事ヲ以テ他日軍人ト政府ノ戦闘ヲ起ス*履霜《りそう》〈ハジメ〉トス。政府本省今日ニ在テ*令終善後ノ処置ナクンバ軍人ノ気焔益熾《ますますさかん》、堅氷ノ至ル遠キニ非ザラントス。何ヲ以テ軍人ノ気焔益熾ニ至ルヲ知ルヤ、*大久保参議支那ノ償金ヲ得ルヲ以テナリ。此事大ニ賀スベクシテ、亦以テ大ニ憂フベシ。其《それ》軍人ノ気焔ヲ熾ニスルガ為也。曰、支那ノ償ヲ出スハ使臣ノ*樽俎《そんそ》ノ間ニ折衝セシニヨル。軍人何ヲ以テ之ガ為ニ気焔ヲ益《ま》サンヤ。曰、是情也、勢也。夫《かの》征台ノ事ハ已《や》ムヲ得ザルニ出ルモノナリ。固《もと》ヨリ勝算アルニ非ズ。而《しか》ルニ別ノ事故アルカハ知ラネドモ支那人償ヲ納《い》ルヽニ至リ、望外ノ全局ヲ占《しむ》ルヲ得タリ。此望外ノ事ナルヲ知リシ者モ或ハ之ヲ忘レ、知ラザル者ハ日本ハ天下ノ一強国ナリナド、佞諛《ねいゆ》者ノ溢美《いつび》〈オダテ〉ニ欺《あざむ》カレ、野蛮犬豕《けんし》ノ如ク隊伍ノ何タルモ銃炮ノ何ナルモ知ラザル者ヲ征圧シ、戦闘ラシキ取合モセザリシコトハ忘レハテ、*（ワウートルロー）ノ戦ヨリ引揚ゲタル（ウイリングトン）ノ様ナル心持ニナリ、又在国セシ軍人モ、一二外国人ノ日本兵ハ操練ニ善シトカ勇敢ナリトカ人情語〈アイソウ〉ヲ発シタルヲ、大将軍ノ首デモ得タ様ノ手柄ニ思ヒ、朝鮮ハ服スル、支那ハ償金ヲ納ルヽ、琉球ハ藩トナリ、英米人ハ強国勇兵ト称ス、神功后、豊太閤ニモ駕シテ以テ上レリトシ、天下又恐ルヽニ足ルナシトセン。或ハ官人中モ亦此意ノ人ナキヲ保タズ。於是乎《ここにおいてか》驕傲《きょうごう》不遜ヲ栽培養育シテ熾然《しぜん》タル気焔前ノ乱暴狼藉ナル者其《その》底止スル所ナキニ至ラン。此事放尿ノ一挙ニ於テ験スベシ。此《かく》ノ如キノ時ニ至テ行法ノ政府果シテ黙シテ已《やま》ンカ、其レ或ハ此時ニ及バズシテ之ヲ処センカ、所謂《いわゆる》夫婦ノ愚モ以テ之ニ備ルノ意ヲ体シ、後《おく》レタリト雖《いえど》モ猶《なお》今ニシテ之ヲ処セバ政府及軍人併《あわせ》テ*三千万人民ノ至大幸福ナリト云フベシ。

城北　西郷景光

兵士為政　軍人が政治に関与すること。　**搏噬**　つかみ、くらうこと。　**放尿違律…**　立ち小便というちっぽけな犯罪。小さな違反が大事の起点となる喩として用いている。　**履霜**　前兆。出典↓一七七頁注「堅氷は霜を…」。　**令終**　おわりをよくする。　**大久保参議…**　七年の台湾出兵にともなう償金獲得。↓補注「台湾出兵」。　**樽俎…**　尊俎折衝に同じ。樽(尊)俎は宴席のことで、兵力によらない外交談判をいう。　**ワウートルロー**　ワーテルロー Waterloo. ベルギーの中央部にあり、一八一五年、ウェリントンらの率いるイギリス・プロシア軍がナポレオン軍を撃破する一大決戦場となった。　**三千万**　当時の日本の人口の概数。

2　琉球は確乎たる我が属国には非ず（郵便報知新聞）

解題［明治八年五月二十四日］　国内の改革・整備こそ急務だとして、「空名」を好んで多大の国財を浪費する琉球の獲得などは断念し、これを放棄すべしとする論説。この琉球放棄論に対し、「東日」が無題論説(八・五・二五)で批判すると、「報知」は無題論説(八・五・二七、八・六・三〜四)、論説「再読東京日日新聞」(八・五・二九)などで猛烈な反批判を加えている。

我日本政府が琉球に対して如何《いか》なる処置を施す乎は、我々日本人民たるもの丶最《もっとも》注意して視察すべき事なり。而《しこう》して我政府が此《これ》迄に彼《か》の藩に対して施したる処置は、恐《おそら》くは皆空名を好むの心より起りたることには非ざる乎。実に馬鹿らしきとも何とも云はれざる程の無駄事なりと我々自ら疑ひたれ共《ども》、世の論者皆政府の尻押しをなし、一人の之を非とするもの非ざるを以て、猶已《なおすで》に反求し容易に軽卒の言を発せざりしが、今日に至り益々《ますます》我々が前日の臆測を固くし、政府の処置が我々の見込に相違なきを確信したれば最早之《これ》を黙止すること能《あた》はず、敢《あえ》て大声を発して政府の空名を好むの心よりして我々日本人民の迷惑を引き起すことを公告せんと欲す。要路の諸君は勿論、凡《およそ》日本国に生じ日本国民の名あるものは我々今日の論説を熟読して自ら考ふる所あれ。琉球藩の為に我々人民の金着《きんちゃく》を絞られたること此迄既に少々ならず。其内最《もっとも》馬鹿げたることにして最大金を費したるは台湾の一件なり(人皆知焉《しれり》)。其外*金札を遣《や》り新造金貨を遣り、此節《このせつ》又蒸気船を遣り、熊本鎮台分遣隊を移し、幷《あわ》せて又内務大丞*松田道之君及《および》数名の属官を遣《つかわ》し、内務中録*河原田盛夫君をして該地に在勤せしむるの令あり。嗚呼《ああ》又何等のタワケぞや。実に其意を得ざるなり。

夫《それ》琉球藩の事たるや確乎《かっこ》たる我属国に非ず、半《なかば》は支那に属し半は日本に属し、恰《あたか》も両属の曖昧国なり。然るに(道理も何もなけれ共)政府の空名を好むの心よりして琉球は我属国なりと自ら*平親王の気位となり、切《しき》りに財を与へ貨を送り我に属せしめんとし、*明治五年第十月琉球の王に命じ、今後汝を封じて琉球藩王となす、以来決《けっ》して支那に朝貢することなく我正朔を奉ぜよと云ひ付けたるに、琉球王は自己の存念とては別にあることなく、西に向けと云へば西に向ひ東に向けと云へば東に向ふが如き*蚩々《しし》たる土人形の如きものにて、我より恩威を加ふれば則ち我に低頭し属隷の状をなす。然れ共《ども》其実決して我に心服して支那に心を二《ふたつ》にせずと誓ふ程に非ず。故に支那より恩威を加ふれば又支那に低頭す。豈《あ》に確乎たる日本の属国ならんや。

雖レ然《しかりといえども》若しも今日に於て我国に余裕の財あり力ありて能く之に堪ゆべくんば、宜しく之をして我属国とならしむるべきなり。され共《ども》今日本国の有様を熟察せよ。誰が此国に余財ありと云ふものあらんや。試《こころみ》に見よ、蝦夷地《えぞち》は我国接近の地又琉球の比に非ず、則《すなわち》我国の一部なりと云ふも可なり。然るも世の論者は猶且《なおかつ》之を棄つ可きを主張するものあり。況《いわん》や琉球の未だ確然我属国に定《さだま》らざるものに於てをや。我々は常に世の論者が我接近の股を割《さ》き、却《かえっ》て他を求めんと欲するを怪しむなり。然れ共畢竟《ひっきょう》我々が此等の論者を高価に買ひ過ぎたるものなり。惟《おも》ふに此等の論者は皆徒《いたずら》に政府の意を受けたるものにして、政府は蝦夷地を売らんと欲するの意あるを臭《か》ぎ付け、ヤレ売れのソラ打ち棄つべし抔《など》と喧《やか》ましく叫び立て、又琉球を我に属せんとするの御趣意なりと云《いい》て又叫び立て、之を翼賛す。其《その》骨なきこと蒟蒻《こんにゃく》も亦*三舎を譲る程なり。

金札を遣り…　政府は琉球藩に対し、五年に金銀貨・紙幣をあわせて三万円を下賜、八年に熊本鎮台分営設置を通告して、蒸気船大有丸を下賜した。とくに軍隊常駐は外国を刺激するとして、琉球側は分営設置に反対したが、政府は国防・治安上必要としてこれを強行した。　**松田道之**　↓八七頁注。　**河原田盛夫**　盛夫は盛美(もりはる)の誤り。一八四二—一九一四。会津藩出身。大蔵省出仕をへて内務中録。琉球藩内務省出張所において琉球処分事務にかかわる。　**平親王**　平将門のこと。一〇世紀半ば、いわゆる承平天慶の乱で上総一帯を制圧し、「新皇」と称した。　**明治五年…**　五年九月(太陽暦では十月)に、琉球国王尚泰を冊封して藩王とし、華族に列したこと。　**蚩々たる**　愚かなさま。　**三舎を譲る**　「三舎を避ける」に同じ。三舎は軍隊の三日の行程で、その距離の外に退く意より、ここでは、遠く及ばない、比較にもならないこと。

斯《か》く議論を推し詰め琉球を打棄つ可しと云はゞ、世の論者は大に憤懣して必ず云はん、報知記者は臆病ものなり、勇気なしじやと罵るべけれ共、我々切に信ず、是《これ》日本人民の口より吐き出さるべき罵言に非ず。何となれば、臆病なることに至ては日本人民は既に覚悟の前なるべし。縦令《たとい》臆病に非ざる真似〈まね〉をなすも臆病神は自然に己を顕《あら》はすべきなり。近く実例を挙《あ》げれば、先頃*芝増上寺山内に於て英人の暴行の一件なり(諸新聞に掲げたれば衆人皆承知なるべし)。此事たるや、実に我国人に対し英人の無礼許す可らざるなり。如何《いかん》ぞ之を*苟且《こうしょ》に附すべけんや。然《しか》るに我人民は厳しく英国政府に迫ることなく、其結局は曖昧にて立ち消へたるが如し。若《も》しも此暴行をして反対ならしめ、我日本国民の一人が英の公使*パークス氏配下の家に到り其家の細君か娘子を捕へて強淫することあらば、パークス氏は之を如何すべきや。必ず憤懣して我政府に迫り、日本人民の無礼暴行を鳴らし、日本政府の失政を咎《とが》め、日本政府に向ひ何程の償金を促すに相違なし。然るも日本人民は英人の暴行を視《み》て左《さ》まで怒ることなきは、豈《あ》に渠《かれ》を恐るゝに非ざるを得んや。論者復将《またまさ》に云はんとす。嚮《＊さき》に台湾の蛮族我漂流人を食ひしや、其暴戻《ぼうれい》残忍許《ゆ》るす可からず。我政府直《ただち》に問罪の師を遣りたり。豈《あに》又勇気なしとせんやと。嗚呼《ああ》是何と云ふことぞや。之《これ》に至《いたり》て益《ますます》臆病の真面目を顕《あら》はせり。夫《そ》れ台湾人は何等の奴ぞや。漂流人を食ふことを何とも思はざるのみか、若し蛮人漂流して我海岸に着せし時は、我国人其肉を食ふも亦決して意とせざる程の猪《い》の獅子同様の種族ならずや。この理窟も何《な》にも分別せざるの蛮人を責《せめ》て文明の高度を誇る英国をば責めざる乎、豈《あに》又大間違ならずや。畢竟強大を恐れて弱小をいじめるものなり。之を是臆病の極《きわみ》と云ふ可きなり。

芝増上寺山内…　八年四月十四日、工部省雇のイギリス人二人が芝山内の酒屋桑田鈴平方で酒を飲み、うち一人が奥にいた鈴平の娘コウを強姦したという事件。「開化文明とかいふて誇る国でもこんな憎い野蛮の奴が有ります」(「朝野」八・四・三〇)。　**苟且**　かりそめ。　**パークス**　Harry Smith Parkes. 一八二八―八五。慶応元年から明治十六年まで、イギリスの駐日公使として重きをなした。　**嚮に台湾の蛮族…**　台湾出兵の理由となった、琉球漂流民殺害事件。

我々決して臆病に安んずるに非ず。さればこそ強を恐れ弱を虐《しいた》ぐるの臆病神を払はんと欲するのみ。然れ共我国今日の有様如何を見よ。果して内に余裕ありて以て外に散ずべきの余財あるや。苟《いやし》くも具眼の人たらば、其決して然らざるを知らん。内国の貧弱目前に横《よこた》はり、背後に隘《なやめ》る内国改正の事業未だ整へりと云ふ可らず。復《また》急務の仕事なしとせざるなり。畢竟琉球を属せしめんと無益に労資を費すは、豈《あ》に政府の空名を好むに非ざるを得んや。宜しく此子供らしき好空の心を抑へ、琉玖も棄つ可し、蝦夷も売るべし、尽《ことごと》く此等を打捨て以て内国の改正に力を尽すべきなり。他なし、是《これ》緩を捨て急を救ふの術なり。若し夫《それ》我をして余財余力あらしめば、蝦夷琉球は申すに及ばず墺太利亜《オーストラリア》迄も我属島となすべきなり。

古人云へるあり、遠き慮なければ必ず近き憂ありと。今ありもせぬ金を散じ蒸気船を遣り鎮台を置くと雖も、決して此《これ》丈《だけ》の入費にては止まらず。蒸気船も一艘にては不足なり、何も不足、蚊も不足、其間に支那より小言を云ひ立てなば、之に付ての入費又測るべからず。実に瓢箪から駒が出るとは此事にて、図らざるの禍を全国人民に蒙《こうむ》らしむるに至るは鏡に掛て見るが如し。而して此等の大金は天より降るに非ず、地より沸き出るに非ず、皆我々日本国民の財布より絞り出したるものなり。然るに其金主へは些《いささか》の相談もなく無暗《むやみ》なことをなすは政府は復《また》何の心ぞや。斯《かか》る危き機会に接し此金主たる人民は袖手傍観恬《てん》として知らざるもの丶如きは、復何の心ぞや。上文にも云へる如く世の論者就中《なかんずく》新聞記者たるもの、徒《いたずら》に政府の意を迎へ政府彼を棄て是を取らんと欲するの御趣意あるを臭ぎ付け、恰《あたか》も楊柳の春風に動くが如く飄焉として定らず、是《これまた》復何の心ぞや。我々切に要路の諸君に希望す。

請ふ、之を熟慮して緩急を察せんことを。人民は復自己の頭上に最大の難渋を蒙らんとす、豈《あ》に傍観するの理あらんや。更に新聞記者に向ひ卑窟の気象を出し、徒《いたずら》に政府の御趣意に謬《おもね》り政府をして毒を人民に蒙らしむる勿《なか》らんことを。

3　琉球処分論（横浜毎日新聞）

解題［明治九年十二月十一日］日本の「都鄙無産無業ノ壮丁」を琉球各所に移住させ、日本に同化させることを説く論説。琉球は「海国ノ防禦ニ便利」だとして琉球処分を主張するが、この移民処分策によれば、多大の公費を使わずにすみ、また武断的処分による琉球人民の抵抗・反乱を回避しうるとする。なお「毎日」は無題論説(九・十三・四)でも、琉球を日本の領土にくみ入れた上で清国との「宗教」的な名目上の関係は黙認せよと説き、論説「琉球論」(十二・一・二十二〜二十三)も非併合・外藩を主張するが、実際に廃藩されると論説「政府廃二琉球藩一而置二沖縄県一」(十二・四・六)では併合を是認。

琉球処分論

*北京総理衙門ノ約ハ清国政府ガ我ガ人民ノ虐殺ヲ蒙《こうむ》リシモノ、為メニ償害金ヲ払ヒシモノナリ。琉球ノ人民若《も》シ清国ノ民タラバ、何ゾ其虐殺ノ怨ヲ清国政府ニ訴ヘズシテ而シテ是ヲ我政府ニ訴ヘシゾ。清国政府若シ琉球ヲ属民ナリトセバ、何ゾ自ラ其償害金ヲ琉球藩民ニ与ヘズシテ而シテ是ヲ我政府ニ委頼セシゾ。然ラバ即チ琉球藩民今更《いまさら》何ノ顔《かんばせ》アリテ両属ノ議ヲ我政府ニ哀訴スルカ。清国政府亦《ま》タ何ノ顔アリテ両属ノ意ヲ我政府ニ通ズルカ。何ゾ思ハザルノ甚シキヤ。若《も》シ其《その》怨ヲ報ヒント欲スルニ当《あたり》テ、自国ノ威力ナキガ為メニ之《これ》ヲ日本政府ニ委頼シ、償害金マデモ占取シ、其怨既《すで》ニ解ケ国家患《うれえ》ナキニ及ンデ、何《な》ニ喰《く》ハヌ顔色ニテ両属ノ義ヲ主張シ曖昧ノ間ニ独立ヲ保タント欲ス、琉球藩民ノ猾智、蓋《けだ》シ之ニ過ギザルノミ。*池城親方等如何《いか》ニ其智弁ヲ逞《たくまし》スルモ、日本ノ政府豈《あ》ニ其《その》手ヲ喰ハンヤ。我輩日本ノ人民ハ、如此《かくのごと》キ拙劣ノ哀訴ヲ承諾セザル也。余其哀訴ノ文字ヲ見ルニ曰ク、「琉球ノ清国ト通ズルヤ久シ。君臣ノ義ヲ結ベルハ皇国ニ通ズルヨリモ旧《ふる》シ。今《い》マ俄《にわ》カニ之ヲ廃セント欲ス、義ヲ破ブルヲ如何《いかん》セン」。嗚呼《ああ》何ゾ其国事ニ疎《うと》キヤ。清国政府ノ国ヲ建ツル、僅《わず》カニ二百有余年ニ過ギズ、君臣ノ分猶《な》ホ我ヨリ旧キ乎、通交ノ誼《よしみ》猶ホ我ヨリ厚キ乎。況ンヤ征台ノ役我政府ニ大金ヲ費《ついや》サシメ、我人民ヲ荒郊ニ死セシメ、以テ其怨ヲ報ヒ、以テ其償ヲ得タルニ非ズヤ。嗚呼其恩ヲ知ラズ、其義ヲ弁ゼズ、言ヲ清国ニ藉《か》シテ我ガ政府ニ抗ス、琉球ノ人民将《は》タ何ノ顔アリテ日本人民ニ面スルヲ得ルヤ、将タ何ノ顔アリテ五州ニ対スルヲ得ルヤ。

然リト雖モ琉球ハ小国ノミ。其《その》民ヤ野、其地ヤ瘠《せき》、之ヲ得ルモ以テ我ガ国商業物産ノ市場ヲ広張スルニ足ラズ、唯ダ我ガ海国ノ防禦ニ便利アルノミ。然レドモ此ノ愚民瘠地ヲ版図《はんと》ニ収メントテ許多《きよた》ノ公費ヲ煩《わずらわ》シ、内庫ノ疲弊ヲ促スベカラズ。我ガ日本政府タル者ハ宜シク都鄙《とひ》無産無業ノ壮丁ヲ集メ、之ヲ琉球各所ニ散居セシメ、彼ノ醜俗ヲシテ我レニ化セシムルベシ。

夫《そ》レ琉球ノ我ガ日本ニ於ケルハ、*キユバ孤嶋ノ米合衆国ニ於ケルガ如キナリ。キユバハ米国南海ノ孤島ナリ。之ヲ得テ以テ米国物産ノ輸出ヲ増益スルニ足ラズ、之ヲ捨ツルモ米国政府ニ於テ別ニ痛痒ナキ者ノ如シ。然レドモ米国政府ハキユバヲ領収シテ之ヲ版図ニ容《い》レンガ為メニ西班牙《イスパニア》政府ト*釁《きん》ヲ開キ、紛争年ヲ越ヘテ止マザル者ハ何ゾヤ。該政府ガ利眼ナル、此孤島ヲ以テ夙《つと》ニ米国南門ノ鎖鑰《さやく》タルヲ知レバナリ。

江湖論者モ知ル如ク、キユバ嶋民ニシテ米属ヲ主張スル者ハ常ニ米国ノ移民ナリ。西属ヲ希《ねが》フ者ハ常ニ西班牙国ノ移民ナリ。人民恋土ノ情奪フベカラザル者、内外古今皆ナ然リ。故ニ琉球ノ民心ヲシテ我国ニ偏属《へんぞく》セシメントセバ、我ガ国民ヲ移シテ藩民ト雑居セシメ、藩民*首鼠《しゅそ》ノ心ヲシテ漸次ニ我ニ傾向セシムルニアルナリ。然ラズシテ、彼レガ首鼠ノ心ヲ強制シ我ガ兵士ヲ発シ我ガ警吏ヲ使シ我目的ヲ達セントセバ、彼レ平時我レニ乖《そむ》カザルモ、一旦辺海ニ事アラバ彼レ亦キユバ西属ノ反民トナルモ知ルベカラズ。故ニ我輩ハ琉球所分ノ事ニ付キ我ガ国民ヲ発シテ彼レニ移住セシムルヲ以テ、策ノ得タル者ト思考スルナリ。知ラズ、我ガ政府ノ神断如何ニアル歟《か》。

北京総理衙門　↓五七頁注「総理衙門」。　**池城親方**　池城（いけぐすく）安規。琉球の重職である三司官として、旧来の日清両属の保持につとめ、政府の東京からの退去命令に屈せず嘆願をくり返した。親方（うえかた）は士族の最上層の称。　**キユバ**　キューバ。Cuba.　**釁ヲ開キ**　不和になる、仲たがいをすること。　**首鼠**　首鼠両端の略。二心あって態度を決めず、日和見的であることをいう。

4　琉奴討《つみ》す可し　（朝野新聞）

解題［明治十二年一月十日］　琉球の日本に対する無礼不敬が甚だしいとして断固琉球を「可レ討」とする論説。前日の高橋基一による論説「琉球処分論」をうけたもの。「朝野」は一連の論説（九・三・十、九・七・二三、九・八・八、十一・一・九、十一・十二・十七～十八など）でも一貫して対琉球強硬論を主張。本論説は反響をよび、「曙」は大賛成の意を表明した（V-5）。また「報知」は論説「琉球論」（十二・一・十一）で、「琉奴」は叛民であり、「討」は「罰」とすべきだと注文をつけたが、「朝野」は雑録「報知記者ニ一言ス」（十二・一・十三）で、「討」には「罰」の字義もあり傍訓で注記したはずと返答。

琉奴可レ討〈ツミス〉

琉球ノ処分ニ於テハ、社員高橋子*既ニ之ヲ前号ニ論弁セリ。*看官ハ必ズ其ノ論旨ヲ領得セラレシナラン。我輩ハ更ニ本日ニ於テ看官ニ報道ス可キノ一大事項有ルヲ以テ、冗複ヲ厭《いと》ハズ喙《くちばし》ヲ琉球ノ処分ニ挿《さしはさ》マント欲スルナリ。昨日発兌《はっだ》セシ同業

*甲ノ新聞ニ曰ク、琉球ノ事ニ付世間ニテハ何カ事有《あ》リ気《げ》ニ申《もうし》触《ふ》ラセド、是レハ*岩村鹿児島県令ヨリ今後ノ処分ヲ上申アリシヨリ起リタルコトナル可シト。*乙ノ新聞ハ曰ク、我ガ政府ニテハ、琉球藩ヲ廃シ、更ニ琉球県ヲ置カレ、県令一人ヲ選定スル等非常ノ改革ニ着手スルノ風説有リト。蓋《けだ》シ甲ノ説ハ甚ダ軽易ニ看過シ、乙ノ説ハ甚ダ急激ニ思惟シタル者ト謂《い》フ可シ。我輩ガ聴ク所ニ拠レバ、其ノ説二有リ。其一ニ曰ク、此回ノ事決シテ甲ノ所謂《いわゆる》鹿児島県令ノ上申ノミニ出ヅル小事件ニハ非ズ。然レドモ*松田大書記官ノ該地ニ赴クヤ直チニ乙ノ所謂廃藩置県ヲ行ナフニハ非ズ、彼ノ*藩王ヲシテ曽《かつ》テ約スル所ノ三件ヲ履行セシメントスルニ在ルナリ。其ノ三件トハ何ゾ。藩王ノ世子ヲシテ東京ニ移住セシムル也、支那ノ朝貢ヲ絶タシムル也、明治ノ正朔ヲ奉ゼシムル也。彼レ若《も》シ此ノ三件ヲ行フヲ肯《がえ》ンゼザル有ラバ、則チ已《や》ムヲ得ズ其藩ヲ廃スルノ果断ヲ為ス有ラントスト。其二ニ曰ク、我ガ政府ハ琉球ノ頑愚固陋竟《つい》ニ開悟ス可カラズ、之ヲシテ支那ノ交際ヲ絶タシム可カラザルヲ知リ、之ヲ放棄シ之ヲ拒絶シ、該国ニ在ル所ノ我ガ吏人ヲ召還シ、彼レヲシテ其ノ為ス所ニ任《ま》カセ、彼レノ挙止ヲ熟察シテ而シテ後チ将《まさ》ニ為ス所《とこ》ロ有ラントス。松田大書記官ノ此行ハ蓋シ是レガ為メナリト。我輩ハ窃《ひそか》ニ第一説ヲ以テ其ノ正鵠《せいこく》ヲ失ハザル者ト断定スルナリ。何トナレバ、琉球ノ所為ニ於テ甚ダ悪《に》クム可ク甚ダ怒ル可キ者有レバナリ。我ガ政府ハ常ニ寛容ヲ以テ主旨ト為スモ、今日ニ於テハ其ノ勢ヒ已《や》ム可カラザル者有ルヲ知ル。何ヲカ悪ム可ク怒ル可シト謂フヤ。我輩ガ此ノ論題ニ於テ琉奴可㆑討ノ四字ヲ掲ゲ、又冒頭ニ於テ一大事項ヲ報道スト筆セシモノ即チ是レナリ。看官試《こころみ》ニ左ニ掲グル所ノ琉球藩ヨリ外国某公使ヘ贈リシ書《しょ》牘《とく》ヲ読一読セラレヨ。

高橋子既ニ… 高橋基一(↓一二六頁注)による、琉球処分断行を主張した一月九日の「朝野」論説「琉球処分論」。 **看官** 読者。 **甲ノ新聞** 「東日」一月九日の雑報欄にある。 **岩村鹿児島県令** 岩村通俊。一八四〇―一九二五。土佐藩出身。十年に鹿児島県令、十六年に沖縄県令、十九年に初代の北海道長官となる。のち農商務大臣。 **乙ノ新聞** 「報知」一月九日の府下雑報欄には、同趣旨の風説が掲載されており、あるいはこれをさすか。 **松田大書記官** 松田道之。↓八七頁注。 **藩王…約スル所ノ三件** 八年七月、当時内務大丞であった松田道之が、首里城で藩王代理などに伝達した九件中の三件で、もっとも抵抗が強かったもの。

*具稟琉球国*法司官〈*毛鳳来、*馬兼才〉等為㆓小国危急㆒切請有約

大国俯賜㆓憐鑒㆒事、窃琉球小国自㆓明洪武五年〈即一千三百七十二年〉㆒入㆓貢中国㆒。*永楽二年〈即一千三百九十九年〉我前王武寧受㆓明冊封㆒為㆓中山王㆒相承至㆑今。向列㆓外藩㆒遵㆓用中国年号暦朔文字㆒、惟国内政令許㆓其自治㆒。大清以来定㆑例進㆓貢土物㆒二年一次。逢㆓大清国大皇帝登極㆒、専遣㆓陪臣㆒行㆓慶賀之礼㆒。*敝国国王嗣

レ位請レ膺二封典一。

大清国大皇帝遣レ使冊二封嗣王一為二中山王一。又時召二陪臣子弟一入二北京*国子監一。読レ書、遇レ有二漂船遭レ風難民一、大清国各省*督撫皆優加二撫卹一、給レ糧脩レ船、妥遣回レ国。自レ列二中国外藩一以来至レ今五百余年不レ改、前咸豊九年〈即一千八百五十九年、日本安政六年〉

大荷蘭国欽奉全権公使大臣*加白良来二小国一、互市曾蒙レ許レ立二条約七款一。条約中即用二漢文及大清国年号一、諒貴公使有レ案可二以査考一、*大合衆国大法蘭西国亦曾与二敝国一立レ約。其任二日本一則旧与二薩摩藩一往来。同治十一年〈即一千八百七十二年、日本明治五年〉日本既廃二薩摩藩一、逼令二敝国一、改隷二東京一冊二封我国主一為二藩王一、列入二華族一事、与二外務省一交渉。同治十二年〈即一千八百七十三年、日本明治六年〉日本勒二将敝国与下

大荷蘭国大合衆国大仏蘭西国上所レ立条約原書一、送二交外務省一。同治十三年九月〈即一千八百七十四年、日本明治七年〉又強以二琉球事務一改附二内務省一。至二光緒元年〈即一千八百七十五年、日本明治八年〉一日本国太政官告二琉球国一曰、自レ今琉球進二貢清国一及受二清国冊封一、即行二停止一。又曰、藩中宜レ用二明治年号及日本律法一、藩中職官宜レ行二改革一。敝国屢次上レ書遣レ使泣二求日本一、*無レ如国小力弱日本決不二允従一切念敝国雖レ小自為二一国一遵二用大清国年号一大清国天恩高厚許二其自治一今日本国乃逼令二改革一、

査二敝国与下

大荷蘭国上立約一係二用大清国年号文字一。今若大清国封貢之事不レ能二照レ旧挙行一、則前約幾同二廃紙一、小国無二以自存一。即恐得二罪

大国一。且無三以対二大清国一。寔深惶恐小国弾丸之地、当時

大荷蘭国不レ行二拒棄一、待為二列国一允与立レ約至レ今、感二荷厚情一。今事処二危急一。惟有下仰仗二

大国一、勧二諭日本一使中琉球国一切照上レ旧。闔国臣民戴レ徳無レ極、除別備二文稟一求大清国

欽差大臣及大法蘭西国全権公使大合衆国全権公使外相応具

稟求請

恩准施行

具稟…　具稟はつぶさに申し上げるの意。以下の書牘(書翰)は、琉球と清国の深い歴史的かかわりを述べ、日清両属という形を維持したいことを訴えたもの。大国・大清国・大荷蘭国という言葉について、改行し行頭がとび出しているのは、擡頭(たいとう)という書式で、特に敬意を表する場合に用いられた。のちに竹越三叉は自著「新日本史」にこの全文を引用し、「是れ実に支那の政治家が陰に教唆せるもの」と論評した。なお返点は底本のまま。　**法司官**　三司官の漢名。三司官は政務の最高責任者で摂政に次ぐ重職。　**毛鳳来・馬兼才**　馬兼才は馬兼方か。富川盛奎と浦添朝昭。ともに士族の最上層である親方。琉球の士族以上は俗称の他に公称として日本名・中国名をもっており、公文書ことに外交文書では、中国名が用いられた。
永楽二年…　一三九九年とあるのは一四〇四年の誤り。この年初めて中国から冊封使が派遣され、中山王という王号をえた。以後、王

位継承のたびに、中国の認証(封冊)の儀礼がくり返され、最後の国王である尚泰にいたっていた。 **敝国** 自国の謙称。弊国。 **国子監** 国子学とも。貴族の子弟や全国の秀才を教育した学校。 **各省督撫** 中国各省の地方長官である総督と巡撫をいう。 **加白良…** カペレン Julius Hendrik van Capellen. 一八八-九九。一八五九年七月に琉球オランダ和親条約を締結した。 **大合衆国大法蘭西国…** アメリカとは一八五四年、フランスとは翌五五年に修好条約を締結した。 **無如** いかんともなく。

甚ダシイ哉《かな》琉奴ノ我ガ日本帝国ヲ蔑視スルヤ、甚ダシイ哉琉奴ノ支那国ニ傾慕スルヤ。我ガ厚遇ヲ忘レ我ガ*寵眷《ちようけん》ニ背《そむ》キ、斯《か》クノ如キ無礼不敬ノ文章ヲ作為シ之ヲ外人ニ捧ゲ、猶*覥然《てんぜん》トシテ我ガ東京ニ駐在ス。我ガ政府仁慈天ノ如キモ、何ゾ之ヲ寛容ス可ケンヤ。急ニ其ノ人ヲ放逐シ直チニ使臣ヲ其ノ藩ニ遣《つか》ハシ、以テ其ノ罪ヲ正《ただ》シ其ノ約ヲ履《ふ》マシメ、以テ往罪ヲ償《つぐな》ハシムルヤ寔《まこと》ニ宜《むべ》ナリ。我ガ三千万ノ兄弟、誰カ此ノ書牘ヲ読一読シテ大喝《だいかつ》一声琉奴ノ面ニ唾セント欲セザル者有ランヤ。故ニ我輩ハ多言ヲ要セズシテ曰ク、琉奴可レ討。

寵眷 かわいがること。 **覥然** あつかましいさま。

5 「琉奴討す可し」を読む

(東京曙新聞)

解題［明治十二年一月十三日］ 琉球漂流民が台湾で殺害された事件に際し、琉球は日本が台湾を征討した「大恩」を忘れ、かえって日本の国威を公然と侮辱しているとして、琉球を懲罰せよと強く主張する論説。V-4に賛意を表したもの。琉球はかつて薩摩の大名島津氏に隷属した「小藩」たる地位にもかかわらず、維新後は「一国」然としてふるまい、日本に対し「不敬無礼」の反逆を謀っているとしている。「曙」は無題論説(九・九・二十〜二十一)では、まだ琉球は「属国」化にとどめ、もしくは「独立」保護すべきことを説いていた。筆者横地敬三については未詳。

読二朝野新聞琉奴可レ討論一

在東京　横地敬三

世ノ朝野新聞ヲ読ム者ハ、其去ル十日ノ社説ナル琉奴可レ討論ヲ読ミ、其論中ニ掲ゲタル琉球藩ガ外国公使ニ贈与セル書牘《しよとく》(此書牘ハ十一日ノ曙、日々、報知等ニモ抜萃セリ)ヲ見テ、果シテ何等ノ感ヲ生ズル乎。余輩ハ之ヲ一読シ、*憤恚《ふんい》交《こもご》モ至リ、紙ヲ机上ニ展《の》ベテ黙然タルモノ小時間ノ久シキニ及ベリ。嗚呼《ああ》此藩ガ我国威ヲ軽侮シ我国体ヲ凌辱シ、不敬無礼ヲ我帝国ニ加フルコト、何ゾ其レ斯《かく》ノ如クニ甚シキヤ。蓋《けだ》シ琉球ガ我国朝ノ大恩ヲ負荷シナガラ毫モ之ヲ徳トセズ、常ニ心ヲ清国ニ委《ゆだ》ネ、*首鼠両端、時ニ我邦ヲ疎外スルノ挙動アリシハ、敢《あえ》テ今日ニ始マルニアラズシテ、余輩ハ其嫌悪スベキノ風説ヲ聞ク毎《ごと》ニ常ニ切歯ニ堪ヘザリシト雖ドモ、其《その》事ノ国是ノ如何《いかん》ニ渉《わた》ルヲ以テ、冗論贅議ノ或ハ廟謨《びょうぼ》ヲ妨害スルニ至ランコトヲ恐レ、忍ンデ之ヲ黙々ニ付シ去リタリト雖ドモ、今ヤ琉球ノ無礼ハ殆《ほとん》ド其極ニ達シ此《かく》ノ如キノ書牘ヲ外国公使ニ贈与スルニ至リ、遂ニ論者ヲシテ琉奴可レ討ノ言ヲ発セシムルニ至リタレバ、余輩ト雖ドモ亦、安《いずくん》ゾ一言ヲ陳ジテ論者ト共ニ該藩ノ罪憎ムベキノ状ヲ鳴ラシ、以テ我帝国ノ威権ト光栄ヲ回護センコトヲ努メザル可ケンヤ。

琉球人我日本政府ノ恩遇ヲ被ムルノ深高ナルヤ、殆ド物ノ比スベキナシ。夫《か》ノ之ヲ撫シ之ヲ綏《やす》ンジ、之ニ船舶品物ヲ*恵《けい》賚《らい》シ、以テ之ヲ寵遇スルガ如キハ、暫ク之ヲ大国其属藩ヲ懐《なつ》クルノ常ニシテ敢テ特異ノ寵恩ニアラズトスルモ、*其人民ノ嘗《かつ》テ台湾蛮民ノ為メニ屠戮《とりく》セラレ非常ノ惨毒ヲ被ムリシニ当リ、之ヲ我政府ニ訴ヘ、政府ガ本国ノ多事ナルヲモ顧ミズ、之ガ為メニ直チニ数艘ノ軍艦ヲ派出シテ蛮民ノ罪ヲ罰シ、以テ其讐《あだ》ヲ報ヒ、数百ノ兵士ヲ蛮烟瘴雨《しょうう》ノ中ニ斃《たお》レシメ、幾万ノ貨財ヲ*礮響戈光《ほうきようかこう》ト共ニ滅セシメテ吝惜《りんせき》セザルガ如キハ、他国ニ在リテハ仮令《たとい》直轄人民ノ為メニスルモ尚ホ及バザル所ニシテ、我政府ハ琉球ノ僅《わずか》ニ属藩ノ故アルヲ以テ之ヲ為ス。其高義深恩、寔《まこと》ニ喜馬拉亜《ヒマラヤ》ノ山モ其高キヲ比スルニ足ラズ、圧倒瀾的《アトランティック》ノ洋モ其深キヲ比スルニ足ラザルナリ。然ルニ琉球ハ、此高義ニ背《そむ》キ此大恩ヲ忘レ、我国人ヲ疎斥シ我国威ヲ慢侮シ、却ツテ其仇敵、即チ台湾人ヲ以テ自己ノ管民ト認ムル所ノ清国ニ眷恋《けんれん》シ、其正朔ヲ奉ジ其朝貢ヲ絶タズ。近頃又其貴族*幸地親方ナルモノヲシテ窃《ひそか》ニ清国ニ至ラシメ、以テ之ニ依頼センコトヲ謀リ、更ニ書牘ヲ外国公使ニ呈シテ其私ヲ成サンコトヲ欲ス。鳥獣ダモ尚《なお》恩ヲ記ス。義ヲ忘レ恩ニ背キ反覆不忠ノ業ヲ為スコト*琉竪《りゅうじゅ》ノ如キハ、今日ノ腕力世界争奪天地ニ於テモ余輩ガ稀レニ見ル所ナリ。我ハ彼ヲ待スルニ誠ヲ以テシテ、彼ハ之ニ報《むくゆ》ルニ忠ヲ以テセズシテ詐ヲ以テシ、我ハ彼ニ臨ムニ仁ヲ以テシテ、彼ハ我ニ接スルニ義ヲ以テセズシテ猾ヲ以テス。此《かく》ノ如クニシテ之ヲ懲サヾレバ、豈《あ》ニ竟《つい》ニ極マリアランヤ。諺ニ曰ク、地蔵ノ面モ三度ト。蓋シ仏ノ慈悲忍辱《にんにく》ト雖ドモ其面ヲ拊《う》ツコト三度ニ及ベバ復《ま》タ耐忍スルコト能ハザルヲ謂フナリ。我政府ハ慈仁仏ノ如シト雖ドモ、琉竪ガ凌侮ヲ受クルノ彰明ナルコト此《かく》ノ如ク屢々《しばしば》ナルニ及ビ、尚ホ耐忍シテ之ヲ尤《とが》メザル乎、余輩信ズル能ハザル所也。

且ツ夫《そ》レ該藩ノ事ハ、仮令《たとい》少シク其事情ノ憫諒《びんりょう》スベキモノアリテ、我政策上ニ於テモ之ヲ寛容スルノ止《や》ムヲ得ザルモノアリトスルモ、此小国属藩ノ為メニ慢侮セラル、コトノ此《かく》ノ

憤恚　憤怒。　**首鼠両端**　日和見。　**恵賚**　めぐみあたえる。　**其人民ノ嘗テ…**　四年の琉球漂流民殺害事件と七年の台湾出兵。↓補注。　**礮響戈光**　砲の響きとほこのきらめき。　**幸地親方**　↓九〇頁注「幸池親方…」。　**琉竪**　竪は人をいやしめていう語。

如ク甚キニ至リテ尚ホ之ヲ容忍セバ、我帝国ノ威権ト光栄ヲ汚損スルヲ如何センヤ。回顧スレバ、先年*魯国ト北地ヲ交換シテ祖宗ノ地数千方里ヲ失ヒ、又*朝鮮ト和親ヲ修メテ*我先皇ガ認メテ以テ其国王ハ日本ノ犬ナリト為セシ所ノ国ト同等ノ条約ヲ結ビ、今又琉球ノ為メニ軽蔑セラル、コト斯ノ如クンバ、日本ノ国威、明治ノ政績ハ果シテ何処ニ在リヤ。余輩ハ生レテ髪ノ未ダ燥《かわ》カザルニ既ニ聞ク、琉球ハ我天皇陛下ノ臣民ナル徳川将軍ニ服従セル薩摩ノ大名島津氏ノ隷属ナリト。然ルニ今ヤ王政維新ノ盛運ニ際シ、此*蕞爾《さいじ》タル小藩ニシテ敢テ一国ヲ以テ自ラ居リ、言ヲ巧ニシテ外人ニ媚《こ》ビ、以テ我ニ叛《そむ》カンコトヲ謀ル。何ゾ其レ憎ムベキノ甚シキヤ。我政府ハ仮令《たとい》イカニ慈仁ヲ旨トシ寛裕ヲ主トスルモ、属藩人民ガ不敬無礼此《この》極度ニ達スルヲ見テ、尚ホ之ヲ措《おき》テ不問ニ付スル時ハ、何ヲ以テカ能ク帝国ノ国権ヲ回護シテ外《ほ》カ強大国ト対立センコトヲ望ムベケンヤ。

聞クガ如クンバ、松田大書記官ノ該藩ニ趣クヤ、我政府ガ曾テ約スル所ノ三件、即チ藩王ノ世子ヲシテ東京ニ移住セシメ、支那ノ朝貢ヲ絶タシメ、明治ノ正朔ヲ奉ゼシムルノ約ヲ履行スルニ在リテ、若シ該藩ニシテ此三件ヲ行フコトヲ肯《がえ》ンゼザレバ、則《すなわち》其藩ヲ廃スルノ果断ヲ為スアラント。夫レ然ラン、我満朝ノ文武ハ豈ニ婦人ヲ以テ組成スルモノナランヤ。彼ノ*偸安苟且ノ為ニハ国家ノ威権光栄ヲモ犠牲ニ供シテ顧ミザルガ如キノ卑怯論者ハ、今日ニ至リテモ尚ホ我国ニ於テ琉球ニ対シ果断ノ処置ヲ為スコトアラバ、或ハ支那ト紛議ヲ生ゼンコトヲ憚《はばか》リ、或ハ其藩民ノ心腹シ難キコトヲ慮《おもんぱか》ルモノアルモ知ル可ラズト雖ドモ、余輩ハ断ジテ信ズ、苟モ我帝国ニシテ其威権ト光栄ヲ永久ニ保持センヲ欲セバ、決シテ此不敬無礼ノ藩民ヲ*臥榻《がとう》ノ傍ニ鼾睡《かんすい》セシムベカラザルコトヲ。江湖ノ諸君、以テ如何トカ為ス。

魯国ト北地ヲ交換　八年の樺太千島交換条約。**朝鮮ト和親…**　九年の日朝修好条規。**我先皇…**　日本書紀などにみえる、古代には百済などが日本に朝貢していたということを誇張していうか。ただし、日朝修好条規自体は日本を優位におくものであり、不平等条約であった。**蕞爾**　小さいさま。**偸安苟且**　かりそめに目先の安楽をむさぼること。**臥榻ノ傍…**　→二八五頁注「鼾睡ヲ…」。

6　琉球の処分（近事評論）

解題〔明治十二年一月十三日〕　琉球帰属問題では、日清両属を望む琉球の「小邦」としての実情をくむべきだとして、強硬武断策は日本の「虚栄」は充たせても「実益」はなく、また琉球人民の「離叛ノ心」を招くと説く。さらに非干渉策によっては琉球を「心服」させ、「東洋協和ノ基」を固めるべしとする。近事評論は論説「琉球藩ノ紛議」（九・六・十）以来、非併合・小国自立論を基調としている。もっとも原則論ではなく戦術論として説く、「琉球移民論」（十二・三・十六、在京平井民之助投寄）もあった。近事評論は九年六月に林正明が創刊した週刊誌(のち月六回刊)。創刊時の編集長は横地文彦。穏健自由主義的政論雑誌として知られる。十六年五月廃刊。

琉球ノ処分

*咄々《とつとつ》、彼ノ*碧眼奴ヲシテ跋扈ヲ東洋ニ逞《たくまし》フセシメザルノ術策ハ、東洋各邦信義ヲ以テ相交リ仁愛ヲ以テ相接シ、同心協力東洋ノ大勢ヲ振起シテ彼ト相制スルニ在リトハ、余輩ガ平生喋々《ちょうちょう》主張シテ已《や》マザル所ナリ。若《も》シ夫《そ》レ眼前獷獰《こうどう》ナル豺《さい》狼《ろう》ハ之ヲ見ザル偽《ま》ネシテ、却テ他ノ小弱ナル狐狸ニ向ツテ少シク圧制ヲ試ミ、意気揚々自ラ以為《おも》ヘラク、我《わが》武維《こ》レ張リ天下将《ま》サニ敵ナカラントスト。是レ目前ノ小虚栄ニ迷フテ百年ノ遠謀ヲ忘ル、モノニシテ、後来ノ悔ヲ招カザル者殆ンド希《ま》レナリ。何トナレバ、我意ニ従フテ他ノ小弱ナル者ヲ制馭スル快ハ則チ快ナルベシ。然レドモ他ガ服従スルハ其威力聊《いささ》カ我ニ及バザル所アルヲ以テ已ムヲ得ザルニ出ヅルモノナレバ、所レ謂《いわゆ》ル心ニ服スルニ非ズ。故ニ他ノ形コソ我ニ恭順スルモ、其心ハ常ニ離叛《りはん》シテ、動《やや》モスレバ我羈絆《きはん》ヲ脱セント欲シ、平素ノ交誼其《その》真情ニ出デザルハ固《もと》ヨリ矣。不幸ニシテ一旦事アルニ遭ハヾ徒《いたずら》ニ恃《たの》ムニ足ラザル而已《のみ》ナラズ、却テ我禍ヲ来タスノ所為ナキモ亦タ保ス可ラザルナリ。夫《そ》レ琉球処分ノ紛紜《ふんうん》ヲ我国政上ニ演ズルヤ久《ひさし》矣。抑《そもそ》モ我政府ハ*明治五年ヲ以テ人ヲ遣《や》リ琉球国王尚泰ニ諭シ、其使臣ヲ督シテ入朝セシメ、尚泰ヲ封ジテ琉球藩王ト為シ、政治万般旧ニ依リテ変ズル無ク、外務卿ヲシテ其請フ所ヲ管理セシメ、以テ遠人ヲ懐《なつ》クルノ意ヲ表セシガ、征台ノ役竣《おわ》ルニ及ビテ今ノ内務大書記官松田道之君ヲ派遣シ、該藩ヲシテ法令ヲ変ジ風俗ヲ更《あらた》メ、一切内務卿ノ命令ヲ奉ゼシム。之ガ為メ尚泰ハ直チニ其臣数人ニ命ジ我政府ニ出デ、請願スル所アリシモ、我政府ハ皆ナ斥《しりぞ》ケテ省セズ、遂ニ内務官吏及ビ巡査、兵卒ヲ派遣シテ以テ其藩政ニ干渉シ、且ツ其藩吏ヲシテ常ニ東京ニ在留シテ我命令ヲ奉ゼシムル等、余輩ヲシテ我ノ該藩ヲ保護スル却テ其度ニ過グル無キヤノ念ヲ動カサシムルニ足ル。然ルニ、該藩ハ専ラ我属藩タルニ非ズ、尚ホ清‖国ノ正冊《せいさく》爵位ヲ奉ジ、妄《みだ》リニ日本ヲ父トシ清‖国ヲ母トスルノ口実ヲ以テ両属ノ利ヲ曖昧ノ裏《うち》ニ営ミ、已ニ紛議ヲ其間ニ起セシ者一ニシテ足ラズ。夫レ*弾丸黒子ノ一小邦ヲ以テ我ヲ煩ハスヤ斯《かく》ノ如シ。宜シク大喝《だいかつ》一声彼意ヲ圧シ琉球一円ヲシテ全ク我版図《はんと》ニ帰シ後来紛議ノ根ヲ絶ツベキニ似タルモ、斯ク彼ガ両属ノ形ヲ存センコトヲ欲スルハ、蓋シ已ムヲ得ザルノ事実アリテ、小邦ノ情亦《ま》タ愍《あわれ》ムベキモノアルナリ。即チ余輩ガ聞ク所ニ拠レバ、該藩ノ清‖国ニ事《つか》フルヤ、些少ノ貢物ヲ載セテ頻々入朝シ清‖国ノ授与却《かえっ》テ多キニ過ギ、為《た》メニ不利ヲ醸《かも》スヲ以テ其朝貢ヲ緩《ゆる》ムルニ至リシ程ナルモ、該藩ハ益々臣礼ヲ厚フセンコトヲ請フテ已マズ。是レ他ナシ、其朝貢スルヤ毎《つね》ニ該地ノ産物ヲ携ヘテ清‖国ニ貿易シ、為メニ大利ヲ博シ以テ其国計ヲ立ツト。該藩ハ実ニ海中ノ*一粟島、固《もと》ヨリ地狭ク土瘠《や》セタリ。国計ヲ立ツルノ方、此ニ出デザルヲ得ザルノ情実アルベシ。然ルヲ、我《われ》其情実ヲ酌量《しゃくりょう》セ

ズ、琉球ハ本《も》ト我《わが》属地ナリト、強《し》ヒテ之ヲ我専有トナシ、我正冊ヲ奉ゼシメテ支那ノ朝貢ヲ絶タシムルガ如キアラバ、我虚栄コソ博シ得ベキモ、之ガ為メ較著《こうちょ》ナル実益アルナク、或ル皮相論者ハ、若《も》シ琉球ヲ我有トナスニ費其益ヲ償《つぐな》ハズトセバ、小笠原島、北海道モ何ゾ之ヲ擲棄《てきき》セザル乎ト云フナキニ非ザレドモ、是等ハ所レ謂《いわゆ》ル糞、味噌混淆《こんこう》ノ説ニシテ取ルニ足ラズ、将《は》タ我力ヲ量《はか》ラズ我内《う》チ顧ミズ徒《いたず》ラニ外ヲ務ムルニ之レ汲々タルハ、決シテ策ノ上ナルモノニ非ズ。之ヲ要スルニ、今ノ日本ヲ以テ霧暗《むやみ》ニ厄介ヲ増シ且ツ彼ガ離叛ノ心ヲ招クハ、之ヲ放ツテ其自由ニ任セ、我甚ダ干渉セザルノ却テ彼ノ心服ヲ来タシ、幾分カ東洋協和ノ基ヲ固フスルノ勝《まさ》レリトスルニ如《し》カザルナリ。

咄々　おやおや。驚きあやしむ声。　**碧眼奴**　西洋人に対する蔑称。　**明治五年…**　五年九月に琉球藩を設置、七年まで外務省管轄とされた。　**弾丸黒子**　きわめて小さいことの喩。　**一粟島**　粟はあわつぶのように小さいものを称していう。

夫《そ》レ然リ。余輩ハ琉球処分モ亦タ任他主義ニ取ルベキヲ確信セシニ、我政府ハ去十二月廿八日ヲ以テ東京在留琉球藩邸親方へ其藩吏東京*在留ノ儀自今廃止候条早々帰藩可レ致《いたすべし》云々ト達セラレ、又タ即日ニ再ビ松田内務大書記官ニ琉球出張ヲ命ゼラレシハ、全ク余輩ノ意見ト同一轍ニ帰スルモノヽ如シ。余輩豈《あ》ニ*欣抃《きんべん》ニ堪フベケンヤ。然リト雖《いえど》モ、我同業ナル甲*新聞ニ記載スル所ノ我政府ニテ今回琉球藩ヲ廃シ更ニ琉球県ヲ置キ県令一人ヲ選定シ親方等ヲ華族ニ編入スル云々ノ風説ト、*乙新聞ニ記載スル所ノ松田君ノ此行ハ彼藩王ヲシテ曾《かつ》テ約スル所ノ三件即チ藩王ノ世子ヲシテ東京ニ移住シ支那ノ朝貢ヲ絶チ明治ノ正冊ヲ奉ズルコトヲ履行セシムルニ在リトノ事、果シテ其実ヲ得バ、余輩一旦ノ歓喜ハ変ジテ悲酸トナリ、我政府ノ此挙ハ決シテ策ノ得タルモノニ非ズシテ後日ノ悔ヲ来タスヤ、余輩地球大ノ証券ヲ貼《ちょう》シテ之ヲ保証セント欲スルナリ。

東京在留ノ儀自今廃止…　十一年末、在日の各国公使あての、救援密書である書翰(四二三—四二四頁)が知られたことにより、琉球問題が国際問題化することを懸念した政府は、各国公使と琉球藩吏が接触することを防ぐため、帰藩命令をだした。　**欣抃**　こおどりしてよろこぶこと。　**甲新聞・乙新聞**　甲新聞は「報知」か(↓四二三頁注「乙ノ新聞」)。乙新聞は「朝野」の論説「琉奴可レ討」(V-4)。

7　琉球人民の幸福　(郵便報知新聞)

解題[明治十二年四月八日]　一国の独立維持は兵力に依らなければ不可能であり、琉球人民に「兵事ノ精神」がなく、「兵事ノ備具」がない以上、日本政府の保護下にあることが「琉球人民ノ幸福」であると説く。「報知」は十一年十一月ころから全体的に論調が急変し強兵富国・国権論に移行するが(↓II-13解題)、琉球論でも例外ではなく、前掲V-2のような初期の琉球放棄論から急変節している。

この期の論説「琉球論」(十二・一・十一)、「琉球ノ廃藩」(十二・四・七)、「不レ得レ已事情　箕浦勝人」(十二・四・十一)なども、内政としての処置・処分を当然・妥当とする。そしてV-10へ帰着する。

琉球人民ノ幸福

箕浦勝人稿

獣力ト云ヒ腕力ト云ヒ集メテ之ヲ兵力ト称スル所ノモノハ、道徳家ノ最モ忌嫌スル所ニシテ条理家ノ最モ軽蔑スル所ナルモ、今ノ世界ニ於テハ其ノ最モ倔強《くっきょう》ノ力タルヲ如何セン。眼ヲ開《ひらき》テ今世ノ状態ヲ見ヨ。道徳以テ最強ノ権ヲ博スルニ足ラズ、条理モ亦ソノ勢力ヲ逞《たくまし》フスル能《あた》ハズ、却《かえっ》テ皆兵力ノ支配スル所トナリテ之ニ伴従スルモノ、如シ。唯僅《わずか》ニ一局面ニ属《しょく》目《もく》スルモノ或ハ文明ヲ以テ今ノ世界ヲ評スベケレドモ、全局ニ就テ之ヲ視《み》ルトキハ野蛮ノ少シク変ジタルモノニ過ギズシテ、*搏噬攘奪《はくぜい》ノ一*乾坤《けんこん》タル真面目ヲ知了スルヲ得可シ。苟《いやしく》モ斯《かか》ル搏噬攘奪ノ世ニ処シテ以テ一国ノ独立ヲ維持セント欲スルモノ、兵力ニ依ラズシテ復《ま》タ何ヲカ待タン。

搏噬攘奪　つかみ、くらい、ぬすみ、うばう。　**乾坤**　天地。世界。

今夫《いまそれ》国土ノ位地境壌ノ広狭ヲ問ハズ、斯《かく》ノ如キ時勢ニ処シナガラ内ニ兵事ノ精神ナク外ニ兵事ノ備具ナクンバ、到底攘奪ノ患ヲ免《まぬか》ル、能ハザルベシ。徒《いたずら》ニ恃《たの》ム可ラザル道徳ヲ恃デ以テ自ラ安《やすん》ジ、依頼ス可ラザル条理ニ依頼シテ以テ危難ヲ免レントス、能《よ》ク其ノ安寧ヲ保チ危難ヲ免ル、モノ誠ニ鮮《すくな》シ。幸ニシテ近接ノ国保護ノ労ヲ憚《はばか》ラザルモノアラバ、真ニ至上ノ幸福ト云フベキナリ。然ルニ短見者或ハ之ヲ悟ラズ、徒《いたずら》ニ万国公法ヲ信ジテ充分ノ勢力ヲ有スルモノトシ、結局ノ訴場ハ一ニ万国公法ニ在リト妄想スルモノアリ、或ハ古聖ノ宗教ヲ信ジテ之ヲ天地ノ公道ト認メ、啻《ただ》ニ無事ノ日ニ当リテ民ヲ化シ俗ヲ成スノ至道トナスノミナラズ、一朝事《こと》有ルノ日ニ当テハ訴ヘテ以テ曲直ヲ判ズ可キ器械ト思惟スルモノアレドモ、万国公法ハ固《もと》ヨリ死字徒法ニシテ万国ヲ制御スルノ力ナク、曲直ヲ判ジ勝敗ヲ決スル、一ニ兵力ノ強弱ニ依ル。万国公法ノ如キハ僅《わずか》ニ強大ノ国ガ口ニ藉《かり》テ以テ弱小ノ国ヲ恐嚇スルニ便ズルノ私法タルノミ。況ンヤ区々タル一境土ニ限リテ通用スベキ古聖ノ宗教ニ於テオヤ。苟《いやしく》モ事有ルノ日ニ当リ、異邦ニ対シテ其ノ効ナキヤ明ナリ。余輩断ジテ其ノ毛髪モ恃ムニ足ラザルヲ知ル。

夫《か》ノ琉球ノ如キ、実ニ弾丸黒子ノ一孤島ニシテ幅員広カラズ人口多カラズト雖モ亦敢《あえ》テ独立ス可ラザルニ非ズ。唯《ただ》其ノ人民ニ兵事ノ精神絶《たえ》テ無ク従テ兵事ノ備具一モアルコトナケレバ、勢《いきおい》近隣大国ノ附庸《ふよう》トナリ属国トナラザルヲ得ズ。其ノ附庸トナリ属国トナリテ始メテ安寧康福ヲ享受ス可キナリ。然レドモ単ニ附属ノ名アリテ其ノ実アルニアラズンバ、到底康安ヲ保ス可ラザルナリ。然リ而シテ其ノ地形民俗等固《もと》ヨリ我ニ専属ス可キノ実アルニ、偶《たまたま》又支那ニ属シ以テ両属ノ姿ヲナセシヨリ、我レ専《もっぱ》ラ之ヲ保護スルニ不便アリ、支那モ亦《また》全ク之ヲ棄テザルガ為ニ、附属ノ名アリテ未ダ其ノ実ヲ充分ニ保スル能ハザル久シ。其ノ間我レノ保護ヲ厚フスルニ意アリテ之ヲ等閑視セザルニ依リ、陰然ソノ国力ヲ助ケ僅《わずか》ニ外賊ノ之ニ乗ズルモノナキヲ得タルナリ。然レドモ熟々《つらつら》一朝ノ異変ヲ想像スルトキハ、決シテ曖昧ノ間ニ経過スベキニ非ズ。速《すみやか》ニ我専属ノ実ヲ断決セザル可ラザルナリ。今ヤ琉球藩ヲ廃シテ沖縄県ヲ置カレ、我華族タル鍋島直彬*君ヲシテ之ガ令*《れい》尹《いん》タラシメ原忠順*君ヲ少書記官ニ命ジテ以テ其ノ事務ヲ補翼参判セシム、真ニ琉球人民ノ幸福ナリ。顧《かえりみ》テ我邦ノ利害ヲ問フトキハ、之ヲ我三十六県ノ一ニ加ヘテ我政府ノ直轄トナスモ、国計上甚《はなはだ》シク益スル所アルニ非ズ、又大ニ我国光ヲ増スニモ非ズ。唯我大政上之ヲ等閑ニ附スルノ他日ニ不便タルヲ以テスルニ過ギザルモ、琉球人民ノ幸福ハ譬《たと》フルニ物ナカルベシ。

鍋島直彬　初代沖縄県令。　**令尹**　地方長官の別称。　**原忠順**…少書記官とあるのは大書記官の誤り。鍋島直彬の沖縄県令就任とともに、沖縄に渡り、十四年まで在琉。

既ニ斯《かく》ノ如ク琉球人民ハ我政府ノ保護ヲ受ケテ、搏噬攘奪ノ世ニ安寧康福ヲ享受スルニ至レリ。是レ余輩ガ琉球人民ノ為ニ太《はなは》ダ賀スル所ナリ。然レドモ翻《ひるがえっ》テ我邦人ノ安否如何《いかん》ヲ顧ヨ。誰レカ我人民ヲ保護スル者ゾ。我政府ノ琉球人民ニ於ケルガ如キモノアラザルナリ。我々人民ガ自己ノ力ヲ以テ自《よ》ラ保護スルノ外ナカルベキナリ。良シヤ他ニ保護スル者アルモ、余輩ハ甘《あまん》ジテ之ヲ受《う》クルコトヲ願ハザルナリ。然ラバ則チ此ノ搏噬攘奪ノ世ニ処シテ能《よ》ク我日本帝国ヲ保護シ能クソノ独立ヲ維持スベキモノハ即チ我々日本人民タルガ故ニ、苟《いやしく》モ我国民タランモノハ飽迄《あくまで》モ今日ノ世態ヲ知了シテ以テ兵事ノ精神ヲ攉揮《かくき》シ、又兵事ノ備具ヲ拡張セザル可ラザルナリ。偶《たまたま》兵事ノ精神ニ欠乏スルコト琉球人民ノ如ク、兵事ノ備具ニ懈怠スルコト彼レガ如キノ甚シキニ至ラザルモ、苟モ欠乏懈怠ノ態ヲ現ズルニ至ラバ、恰《あたか》モ盗賊充満ノ街道ニ百貨ヲ陳《つら》ネテ看守セザルト一般、異日ノ奇変測ル可ラザルナリ。余輩ハ今ノ世ニ当リテ決シテ兵力ヲ忌嫌セズ又之ヲ軽蔑セズシテ、却テ恃《たの》ム可ラザルノ道ヲ恃ミ依頼ス可ラザルノ理ニ依頼セント欲スルモノヲ喜バザルナリ。

8　沖縄県民を鄭重に遇待するを希望す（近事評論）

解題［明治十二年四月十三日］　琉球への置県処分を既成事実として是認したうえで、本土人民が琉球の人民に対し「軽侮」することなく、鄭重に対処することを願うとする論説。琉球人民はもはや「同胞兄弟」であり「他国人」ではなくなったとして「奴隷」視したり「驕傲侮謾ノ行」で遇したりすることのないよう戒めている。

我国人ガ沖縄県民ヲ遇待スルノ
鄭重ナランコトヲ希望ス

強ヲ挫《くじ》キ弱ヲ救ハント欲スルハ人情ノ然ル所ナリ。若夫《もしそ》レ事之《これ》ト反シ、其強ナル者ニ逢ヘバ則チ之ニ諂《こ》ビ、其弱ナル者ニ対スレバ則チ之ヲ威《おど》スガ如キ、其レ之ヲ何トカ云ハン乎。吾人ハ今日我日本人民ガ将来ニ於テ旧琉球藩民ヲ遇待スルノ有様ヲ想フテ、大ニ此ニ憂懼《ゆうく》セザルヲ得ザル所ノモノ有リ。

琉球藩ハ去ル四日ヲ以テ廃セラレテ更ニ沖縄県ヲ置カレ、鍋島直彬君其令タリ、原忠順君其少書記官タリ。県庁ハ則チ首里ニ置カレ、文武ノ良、爾来《じらい》此ニ其県治ヲ計画セラル、ト聞ク。然ラバ其藩主尚泰氏ハ身尚《な》ホ華族ノ籍ニ列セラル、モ、其祖先数百年来所有ノ権力ハ則チ一朝ニ湮滅《いんめつ》シタル者ニシテ、其尚泰氏ノ心中ニ悲歎スルモノハ果シテ如何ナラン乎。又《ま》タ其琉球藩民ガ俄然開国以来ノ大事変ニ逢フテ驚愕狼狽スルノ状ハ、抑《そもそ》モ如何ナル可キ乎。吾人ハ想フ、一葉ノ軽舟ヲ蕩シテ万里ノ海程ヲ航スルニ当リ、白日青天忽《たちま》チニ一団ノ黒雲ヲ走ラセ、暴風急雨天外ヨリ来リ、亀蛇蛟竜海底ニ躍リ、舟ノ将《まさ》ニ激浪ノ中ニ顚覆シテ身ハ乃《すなわ》チ魚腹ニ葬ラル、ノ思《おもい》有ラントスルヲ。曩者《さきごろ》我内国廃藩置県ノ時ニ於テスラ、其人民ガ藩主ヲ慕フノ情ハ尚ホ其レ此ノ如クナリシニ非ズヤ。嗚呼《ああ》二千有余年来天子ノ尊ヲ知ルノ人民ニシテ其藩主ヲ思フヤ尚ホ然《しか》リ。況ンヤ琉球人民ハ藩主尚泰氏アルヲ知テ日本帝王アル〔ヲ〕知ラザル人民ナルヲヤ、況ンヤ多年自ラ一小国タルノ体裁ヲ備フル琉球国ナルヲヤ。吾人ハ旧藩主尚泰氏ノ心事ヲ察シ其人民ノ思想如何《いかん》ヲ察シ、転《うた》タ憫憐《びんれん》ノ情ニ堪ヘザルモノ有ル也。

夫《そ》レ琉球藩ヲ廃シテ県ヲ置クノ利害得失ハ、吾人数回ニ論弁ヲ費シテ已《すで》ニ之ヲ尽ス所ナリ。且也《かつまた》今我政府ガ已《すで》ニ天下ニ公布シテ断然決行スル所ニ係ル、復《ま》タ更ニ論ジテ何ノ益有ルヲ見ン。故ニ吾人ハ此ニ廃藩置県ノ如何ヲ論ゼズシテ、廃藩置県後ノ政略如何ト、及ビ我人民ガ沖縄県民ト交際スルニ臨ミ極メテ信愛ヲ重ンジ苟《いやしく》モ軽侮ノ心ナカランコトヲ望マントス。已ニ世人ノ知ルガ如ク、琉球ハ元ト弾丸黒子ノ一小邦ニシテ、弱国ナリ、強国ニアラザル也。儻《も》シ琉球ヲシテ強大英ノ如ク魯ノ如ク米仏*日墺ノ如クナラシメバ、寧《むし》ロ甘心シテ我日本国ニ隷属センヤ、我日本国ノ為メニ廃藩置県セラレンヤ。左《さ》レバ我日本人民タル者ハ深ク彼ノ心情ヲ憐察シ、之ニ接スルニ信愛ヲ以テシ、之ニ交ルニ軽侮ノ念ナク、爾来《じらい》沖縄県民ハ我々ト同ジク日本政府ノ治下ニ在ル良民ナレバ即チ同胞兄弟ニシテ他国人ニ非ザルノ意ヲ記念シ、苟モ交際上ニ奴隷是レ視《み》ル等ノ事ナカランコトハ、吾人ノ深ク世人ニ向テ冀《き》望《ぼう》スル所ナリ。思フニ、尚泰氏以下旧藩ニ門閥アル尚氏ノ戚族ガ東京ニ来《きた》リ我天子ニ礼スルノ日モ応《まさ》ニ遠キニ非ザル可キ乎。此時ニ当ラバ、吾人ハ我政府ガ鄭重ナル待遇アランコトヲ望ムハ言フ迄モナク、我人民タル者ハ特ニ愛重ノ意ヲ表シ、其風習ノ陋ナル其言語ノ異ナル等ヲ以テ嘲笑不敬ノ行アルナク、稚児小童ニ至ル迄モ能《よ》ク此意ヲ記シ、彼ヲシテ日本人民ヲ怨望《えんぼう》スルノ心情ナカラシメンコトコソ願ハシケレ。又《ま》タ一方ニ向テハ、政府ガ仮令《たと》ヒ県治ノ大綱ヲ管理スルモ、県民ニシテ旧藩政ニ参与シタル者ハ成《な》ルベク之ヲ襲用シ、能ク県民ノ情ヲ察シテ県民ノ言ヲ容《い》レ、仮リニモ異常ノ事ヲ為シテ県民ノ耳目ヲ驚スヲ喜ブ等ノ事ナカランコトコソ願ハシケレ。嗚呼《ああ》沖縄県民ハ即チ琉球亡国ノ人ナリ。亡国ノ人ニシテ、而シテ心中悲歎訴フル所ナキ人ナリ。悪《いずく》ンゾ此*羸弱《るいじゃく》ノ士民ヲ待遇スルニ驕傲侮謾《きょうごうぶまん》ノ行アリテ可ナランヤ、吾人ハ決シテ其可ナラザルヲ信ズルナリ。古人曰ク、*赤心《せきしん》ヲ人ノ服中ニ置クト。吾人ハ乃《すなわ》チ我同胞三千五百万兄弟ガ其赤心ヲ沖縄県民ノ服中ニ置カンコトヲ望ム。

日　ゲルマン。　**羸弱**　よわよわしいさま。　**赤心ヲ人ノ服中ニ置ク**　まごころをもって人に接し、へだてをおかないこと。

9　「日日新聞」「報知新聞」の想像論を駁す　（東京横浜毎日新聞）

解題［明治十三年十一月二十一日］　分島・改約交渉を売国的なものと批判し、「一寸ノ地」も割くなとして分島には絶対反対と主張する論説。琉球分島案については→後出注「琉球三分ノ議」。「東日」の論説「日清ノ交際」(十三・十一・九)は、この分島案にともなう清国に対する最恵国待遇の獲得を大利益だとして分島・改約を歓迎、これに「報知」も同意していたが、「毎日」はこの二紙を批判。同紙は、論説「清魯及ビ日清ノ関係」(十三・十・十九〜二十二)、「井上毅君ノ支那行ハ如何ナル目的ナル歟」(十三・五・十一〜?)、「金剛艦」(十四・二・十)などでも、一貫して分島批判の立場を表明している。

駁二日々新聞報知新聞想像論一

一昨十九日、東京日々新聞ハ日清ノ交際ト題セル一篇ヲ掲ゲタリ。其大意ニ曰ク、「此回*井上氏ガ清国行タル、世上ニ種々ノ浮説ヲ為ス者アレドモ、此浮説タル一モ信ズ可キ者ナシ。蓋《けだ》シ今回井上氏ガ清国行タル、琉球談判ニハ相違ナキ者ニテ、近日*清国公使ガ参議幷《ならび》ニ外務省ノ官吏ヲ不時ニ饗応セシ者ハ、或ハ琉球談判平和ノ極ヲ結ビタルノ祝宴ナリト想像スルモ不可ナカルマジ。琉球諸島中、宮古八重(山)島ハ最モ台湾諸島ニ接近シタル者トス。故ニ清廷ハ以前ニ主張シタル*琉球三分ノ議ヲ止メ、此宮古八重山ノ二島ヲ得テ琉球紛議ノ極ヲ結ビタルト思ハル。我国ハ清国ニ与フルニ宮古八重山ノ二島ヲ以テセバ、清国ハ何ヲ以テ此二島ノ報酬トシテ我ニ与ヘン歟。清国ハ償金ヲ以テ我ニ与ヘン歟、償金ヲ出シテ此島ヲ得ルハ売譲ニシテ報酬ニアラズ、又此二島ノ報酬トシテ清国ヨリ我ニ与フ可キ島嶼《とうしょ》アルヲ見ズ。左《さ》レバ清国ヨリ我ニ与フルノ報酬ハ条約改正ニシテ、元来日清間ノ条約ハ我ニ於テ甚《はなは》ダ不満足ナル者ニテ、我《われ》ガ清国民ヲ待スルニ最優遇国民ヲ以テスルニ、清国我ヲ待スルニ最優遇国民ヲ以テセズ。故ニ今回清国ヨリ我ニ得ル所ノ報酬ハ日清間ノ条約ヲ改正シ、以来清国政府ガ我国民ヲ待スルコト清国政府ガ欧米国民ヲ待スルト一様ナル待遇ヲ為サシメ、我国人ヲシテ欧米人ト同様ニ清国ノ内地ニ於テ自由ニ商業ヲ営ムヲ得ルノ報酬ナル可シ。果シテ然《しから》バ、此報酬ハ我ニ於テ大利益アル報酬ナリ。吾曹何ゾ之ヲ欣賀セザルヲ得ン乎」云々ト。而シテ此日報記者ガ説タル、*報知記者ノ説ト恰《あたか》モ符節ヲ合セタルガ如ク、日報記者ガ八重(山)島宮古ノ事実ヲ引証スレバ報知記者モ此事実ヲ引証シ、日報記者ガ清国内地通商ノ報酬ヲ欣賀スレバ報知記者モ之ヲ欣賀シタルガ故ニ、此日報記者ガ所論ノ大意ヲ読ム者ハ即チ報知記者ガ所論ノ大意ナリト見做《みな》シテ可ナリ。

井上氏ガ清国行…　琉球の分島案の交渉のため、当時太政官大書記官であった井上毅が渡清したこと。帰国は十三年十一月。交渉の一切が秘密裡にはこばれたので、井上の渡清・帰国の報は様々な臆測を呼んだ。　**清国公使**　何如璋。　**琉球三分ノ議**　琉球帰属をめぐる日清両国の対立は、十二年四月の琉球処分断行により緊迫化したものとなったが、清国はおりからアジア歴訪の途次にあった前アメリカ大統領グラントに調停を依頼、グラントは日本側に琉球分島案を示唆した。日本側は宮古・八重山諸島を清国領とし、同時に日清修好条規を改訂して日本に欧米並みの最恵国待遇を与えるという、分島・改約案を清国側に提起する。これに対し、李鴻章は奄美諸島を日本領とし、本島を「琉球王国」、宮古・八重山諸島を清国領とする三分割案を主張した。十三年十月、駐清公使宍戸璣は清国政府と日本側提案による条約案を議定するが、同年十一月李鴻章は条約反対を清国皇帝に上奏、結局清国政府は調印しないままに終った。琉球帰属問題は最終的決着をみる日清戦争後まで、再燃の可能性のある大きな外交的懸案として残った。　**報知記者ノ説**　十三年十一月十九日の論説「琉球事件ノ結局如何ヲ想像ス」。

琉球談判ノ始末タル、我政府ガ外交機密ナリトスル所ナリ。既ニ外交機密トアラバ、吾人ハ之レニ向テ濫《みだ》リニ想像ヲ逞《たくまし》フスルヲ欲セザレドモ、反対説ニシテ想像ノ上ニ柱脚ヲ立《たて》タル論説ナレバ、吾人モ亦想像ノ上ニ吾人ノ説ヲ立テザルヲ得ズ。而シテ日報報知両記者ノ想像ニシテ今回琉球談判ノ事実ニ合符スルノ想像ナラバ、今回ノ談判タル、欣賀ス可キノ結極ニアラズシテ嗟歎ス可キノ結極ナル者ノ如シ。又報知日報両記者ノ想像ニシテ其事実ニ符合セザルノ想像トセバ、両記者ノ想像説ハ我琉球談判ノ美果ヲ傷《きずつ》クル者ト云ハザル可カラズ。我政府有司ノ事務ニ老練ナル、思フニ彼《か》ノ両記者ガ想像シタル如キ結果ノ談判ヲ為《な》セシ者ニアラズ、必ズヤ他ニ余輩ガ欣賀ス可キ結果ヲ生ズルノ談判ナル可シ。日報報知両記者ハ此回日清談判ヲ以テ宮古八重(山)島ノ割与トナシ、之レガ報酬ハ清国内地通商ナリト云フ。蓋シ我政府ガ事務ニ老練ナル、万々斯《かく》ノ如キ挙ハアラザル可シ。請フ、其所以《ゆえん》ヲ述《のべ》ン。抑々《そもそも》余輩ガ琉球談判ノ始メヨリ聞キ得タル所ニ依ルニ、琉球全島ハ全ク我属国ナリト云フ。現ニ我ガ政府ハ先年琉球王ヲ封ジテ藩王トナシ、又次《つい》デ沖縄県トナシ、藩王ヲ召シテ我*輦轂《れんこく》ノ下《もと》ニ住在セシムル者ナリ。琉球諸島ニシテ我属地ニアラザラシメバ、政府ハ決シテ斯ノ如キ処分ヲ為サヾル可シ。若シ琉球島ニシテ両属国タラシメバ、或ハ日報報知両記者ノ説モ一分ノ当ヲ得タル者ナル可シト雖ドモ、琉球全島我領有地タルコトハ日報報知ノ両記者モ予《かね》テ其紙上ニ論述シタリト記臆セリ。既ニ琉球諸島日本ノ版図《はんと》ナリトセバ、一寸ノ地ヲ割《さ》クモ我体面ヲ傷ツクル者ナリ。之ヲ欣賀ス可キノ談判ナリトス可カラザルナリ。条約改正セザル可カラズ、治外法権廃セザル可カラズトハ、日報報知両記者等ガ近来頻《しき》リニ喋々《ちょうちょう》弁ズル所ナリ。試《こころみ》ニ此両記者ニ向テ問ハン。今日本政府ガ条約改正ノ急務タルヲ知リ、貿易規則ノ改正ヲ得ル為メニ我九州ノ一分ヲ割《さき》テ条約諸国ニ与ヘ、治外法権ヲ廃セン為メニ南海諸県ノ一分ヲ割キ之ヲ条約諸国ニ与フルアラバ、日報報知両記者ハ、是レ欣賀ス可キノ談判ナリ、条約諸国ハ我ニ報《むく》ユルニ治外法権ヲ廃スルヲ以テシタリト云フ歟。若《も》シ斯ノ如キ処分ヲ以テ条約改正ノ好手段トセバ、条約改正成ルノ日ハ　即《すなわち》我三千万人外人ノ奴隷トナルノ時ナル可シ。我全国挙《あげ》テ交通諸国ノ領地トナルノ時ナル可シ。斯ノ如キ条約改正ヲ為スモ尚《な》ホ之ヲ可ナリトスル論者ナラバ、是レ国ヲ売ルヲ欣賀スルノ論者ナリ。我政府ニシテ、豈《あ》ニ斯ノ如キ非挙ヲ為ス者ナラン乎。

日清両廷ガ*明治四年ニ為シタル条約ハ、我国人清国内地ニ通商セシメザルノ条約ニシテ、此条約ハ明治四年後十年間改正セザルノ条約ナリト云フ。明治四年ヨリ年ヲ数フレバ、明治十三年ハ其年期ノ尽クル時ナリ。既ニ日報報知両記者ノ知ル如ク欧米諸国政府ノ執拗ナルモ道理ノ向フ所ニハ敵スル能ハズ、既ニ多少ノ条約改正ヲ為《なさ》ントスルノ挙動ニ出ヅルニアラズヤ。況《いわん》ヤ清国政府ハ我ト唇歯ノ形勢ヲ為ス帝国ナリ、我ト宗教文字ヲ同《おなじ》フスルノ帝国ナリ。我政府ガ道理ヲ以テ彼レニ迫リ、此不公平ナル条約ヲ改正センコトヲ要求セバ、彼レ決シテ我要求ヲ拒ム能《あた》ハザル可シ。左《さ》レバ此不正ナル条約タル、一介ノ使節ヲ発シテ彼レニ要求シテ余《あまり》アルノ改正ナリ。豈ニ地ヲ割キ之ニ与フルヲ要スル者ナラン乎。故ニ余輩ガ日報報知ノ両記者ヲ以テ日清談判ノ結果ヲ傷ケタル者ト想像スルモ、決シテ不根ノ想像ニアラザルナリ。記者若シ説アラバ、之レガ答弁ヲ吝《おし》ム勿《なか》レ。

輦轂ノ下　天子の車のもと。首都をいう。　**明治四年ニ為シタル条約**　日清修好条規。

10　琉球談判の結局（郵便報知新聞）

解題［明治十四年二月二十四日］　分島・改約交渉決裂にともない、清国が「相譲相与和平交修ノ大道」を忘れて一方的に宮古・八重山の割譲を求めるのなら、「相殺相奪戦時外交ノ要訣」を用い開戦も辞すなと説く論説。前掲II-13やV-7いらいの「報知」の強兵・国権論にそって、この筆者波多野は、論説「国権ノ拡張第一～第五」(十四・三・三十一～四・二十五)でも強兵・対清対決論を主張している。【波多野承五郎】　一八五八-一九二九。旧幕臣。慶応義塾を卒業し、同塾教師をへて「報知」記者となり、十五年、「時事」創刊とともに同紙記者となる。のち外務省に出仕するが、二十五年には「朝野」の社長兼主筆に就任。

琉球談判ノ結局　　波多野承五郎　稿

凡《およ》ソ外交ノ要訣ハ相譲相奪ノ間ニ周旋スルニアリ矣。其成敗窮達ハ、論ノ正邪ヲ以テ之ヲ判ジ、事ノ曲直ニ由《よ》テ之ヲ議シ、我ガ謂フ所正直ナリ、何ゾ成ラザルノ理アランヤ、彼レノ求ムル所邪曲ナリ、焉《なん》ゾ之ヲ達セシム可ケンヤト謂フ如キハ、誠トニ井蛙《せいあ》ノ瞥見《べっけん》ニシテ宇内ノ大勢ト万国ノ交通ヲ知ラザル者ノミ。若《も》シ天公ヲシテ外交ニ主宰タラシメバ則チ知ラズト雖モ、若シ其レ然ラズンバ、豈《あに》外交ノ間一毫ノ正理ト半点ノ正道トヲ容《い》レンヤ。夫《か》ノ万国ノ交通ハ、各国互ヒニ其兵ヲ練リ其艦ヲ装シ、以テ国権ヲ保持センコトヲ欲シ、所謂《いわゆる》口蜜腹剣ノ間常ニ*惴々焉《ずいずいえん》トシテ寸分ノ権理モ之レヲ失ハザランコトヲ恐レ、*遑々如《こうこうじょ》トシテ厘毫ノ利益モ之レヲ得ンコトヲ求メ、内相猜忌シテ却テ外相親愛スル者ナレバ、其取与譲奪ノ際ニ於テハ、我レ一権理ヲ譲テ彼レ亦《ま》タ始メテ一利益ヲ与フ可キノミ。彼レ若シ一利益ヲ奪ハゞ我亦タ進デ一権理ヲ取ル可キノミ。独譲独奪ハ、蓋シ外交ノ要訣ニ反スル者ナリ。

試《こころみ》ニ看ヨ、我ガ条約改正ノ如キ、審判ノ全権ヲ独占シ収税ノ全権ヲ専有スルハ、独立国ノ権義ヨリ論ジテ其正其直固《もと》ヨリ昭々トシテ火ヲ睹《み》ルガ如ク、彼レ条約ノ非ヲ独譲シテ我レ改正ノ利ヲ独奪ス可キハ、理ノ当《まさ》ニ然ル所ノ者ナリト雖モ、我ガ外務官吏ガ之ヲ持シテ以テ外国公使ト相接スルニ当リ、果シテ能ク其正理ヲ達シ其正道ヲ伸ブルヲ得ル乎。外交ノ機密ハ未ダ遽《にわ》カニ明言ス可ラズト雖モ、彼レノ藉《かり》テ以テ口実トナス所ノ者ハ、貴国若シ内地旅行ヲ許サバ我レ亦タ収税ノ全権ヲ譲ラン、貴国若シ雑居ノ自由ヲ奪ハズンバ我レ亦タ審判ノ権理ヲ奪ハズト謂フニ過ギズ。嗚呼《ああ》其レ斯クノ如ク平時外交ノ要訣ハ既ニ相譲相奪ノ間ニ周旋スルニアリトセバ、平時以外ノ交際ニ於テハ固ヨリ僅カニ相奪以外ノ事ヲ望ム可キノミ。

惴々焉　びくびくするさま。　**遑々如**　うろうろするさま。

我国曩《さ》キニ琉球藩ヲ廃シテ沖縄ノ一県ヲ置キ、其藩屏《はんぺい》ヲシテ我皇統連綿万世一系聖天子ノ藩王タル華族トナスニ及ンデヤ、清国政府ハ曾《かつ》テ誤テ其版図《はんと》内ニ列シタル*中山国ノ名称ヲ没センコトヲ憂ヒ、琉球南部ノ二三島嶼ノ割譲ヲ我レニ請ヒ、以テ中山王ノ廟祭ヲ此地ニ襲《つ》ガシメントセリ。夫《そ》レ外交ノ道ハ相譲相奪ニアルヲ以テ、我政府ハ琉球ノ二三島嶼ヲ割譲シテ彼レ亦タ内地通商、条約改正ノ二権ヲ我レニ割譲シ、乃《すな》ハチ夫《か》ノ相譲相奪外交ノ道ヲ全フセンコトヲ求メリ。爾来《じらい》数月ヲ閲《けみ》シテ本年一月ニ至リ、清国政府ハ*古留着《クルジア》事件ノ稍《や》ヤ平定ニ帰セントスルヲ見テ、*客歳十一月ノ約言ニ背《そむ》キ、言ヲ勅命ニ托シテ相譲条約ノ批准ヲ延遷シ、徒《いたず》ラニ日子《にっし》ヲ空《むなし》フセリ。夫レ日清間琉球談判ハ、清国ノ懇望ニ応ジテ我ガ貴重ノ版図ヲ割譲シ、以テ夫《か》ノ相譲ノ道ヲ全フセンコトヲ欲スル者ナレバ、彼レ*荏苒《じんぜん》日子ヲ空フシテ相譲条約ノ批准ヲ延遷シ、以テ外交ノ道ヲ紊《みだ》ラント欲セバ、我レ乃ハチ我ガ版図ヲ譲ラズシテ、亦タ彼レノ内地通商、条約改正ヲ要求セザルノミ。彼レ前《さき》キニ相譲条約ヲ我レニ懇望シテ、今亦タ之ガ批准ヲ延遷ス、我レ豈《あ》ニ強《しい》テ此相譲ヲ清国ニ向テ請願センヤ。何トナレバ、此相譲ヤ初メヨリ特ニ我ガ欲スル所ノ者ニアラザレバナリ。此ニ由テ乎、我宍戸*公使ハ清廷ニ照会シテ曰ク、外臣近日、本国ニ復命セントス。若シ琉球割与ノ条約ヲ結バント欲セバ、臣ガ滞在中ニ於テス可シト。居ルコト数日、尚ホ未ダ報ゼズ。緩慢終《つい》ニ決スルノ期ナキヲ知リ、又照会シテ曰ク、来ル廿日（一月）ヲ以テ、愈々《いよいよ》日本ニ帰朝セントスト。清廷曰ク、勅命未ダ下ラズ、公使ノ帰朝亦タ止ムコトナキナリト。茲《ここ》ニ於テ公使北京ヲ発シテ上海ニ向フ。是レ近日途上ニ説ク所ニ係ルヲ以テ、必ズシモ信ヲ置クニ足ラズト雖モ、内外ノ諸新紙ニ報ズル所ヲ参考シテ、其稍《や》ヤ確実ニ近キ者タルヲ知ル。

中山国　琉球王国をいう。琉球には一四世紀に北山・中山・南山の三つの勢力圏があり、中山からでた尚氏が一五世紀にこれを統一、中国から中山王という王号をえていた。**古留着事件**　イリ紛争のこと。→補注。**客歳十一月ノ約言**　客歳は去年。琉球分島条約案。**宍戸公使**　宍戸璣。**荏苒**　のびのびになること。

若シ此途上ノ説ヲシテ信ナラシメバ、我公使ノ帰朝ハ清廷ノ緩慢自ラ招クノ禍ノミ。公使駐留中ニ相譲ノ条約ヲ批准セザルハ、其好ンデ批准セザル者ナリ。嗚呼《ああ》自ラ此談判ノ端ヲ開クノ清廷ニシテ、亦タ自ラ其批准ヲ拒ム。乃《すなわ》ハチ此談判ハ既ニ局ヲ結ビ了《おわ》リ、琉球ノ全島ハ依然トシテ我沖縄県下ニ服従シ、堂々タル大日本帝国皇化ノ厚キニ浴ス可キノミ。今夫レ琉球ノ事件ニ関シテ、清廷ハ其原告ニシテ、我国ハ其被告ナリ。此原告ニシテ法庭ニ訟詞ヲ出スヲ止ム、被告ニシテ豈《あに》訟ヲ開ク可ケンヤ。故ニ我宍戸公使ノ帰朝ハ琉球談判ノ既ニ局ヲ結ベルヲ復命セル者ニシテ、其東京ニ帰ルノ後、必ラズヤ我ガ政府ハ此被告詞訟ノ労ヲ慰センガ為メ数十日ノ公暇ヲ賜ヒ、或ハ熱海ニ遊浴シテ北京官遊ノ旅愁ヲ洗フヲ得セシメ、或ハ朝野ノ紳士ヲシテ公使ノ為メニ盛宴ヲ張リ、以テ其労ヲ謝セシムルヲ得セシム可キナリ。若シ此時ニ当テ、清廷ハ前《さき》キノ優柔不断ヲ悔ヒ更ニ琉球譲与ノ談判ヲ開カント欲シ、東*京駐留清国公使ヲシテ我政府ニ照会セシメバ、我政府ハ乃ハチ前キニ琉球ニ関シ貴国ノ懇望ニヨリテ相譲相与ノ条約ヲ結バント欲セシニ、貴国緩慢殆ンド之ヲ拒ムニ近シ。我国豈《あ》ニ斯《かく》ノ如ク貴国ノ為メニ愚弄サル、者ナランヤ。貴国必ラズ内地通商、条約改正ヲ譲ラザレ、我レ亦タ琉球ノ二三島ヲ割譲セズト謂フ可キノミ。然レドモ、清国若シ此相譲相与和平交修ノ大道ヲ忘レ、強テ沖縄県下ノ二三島ヲ割《さ》カンコトヲ求メバ、則チ我日本帝国ノ権理ヲ奪ハント欲スル者ナリ。彼レ既ニ我ガ寸分ノ権理ダモ之レヲ奪ハント欲セバ、相殺相奪戦時外交ノ要訣ヲ用ヒ、腕力ノアル所ハ則チ権理ノ存スル所、苟《いやしく》モ日本男児タル者ハ、三尺ノ宝刀ニヨリ大ヒニ処スル所アル可キナリ。

東京駐留清国公使　黎庶昌。初代公使何如璋の後任。

11　琉球の独立せしむ可きを論ず（愛国新誌）

解題［明治十四年三月六日］　政府の分島・改約交渉を批判しつつ、国家の自主独立・平等の普遍的原理にたって、「有道」「正理」の原則論から琉球の独立を説いたものとして、著名な論稿。交渉の決裂が明らかになると強硬な対清開戦論が「報知」「朝野」などにより力説されたが、こうした声高な開戦論への批判でもある。無署名だが筆者は植木枝盛とされている。

琉球ノ独立セシム可キヲ論ズ

夫《そ》レ琉球ハ独立セシム可シ、琉球ヲ独立セシムルハ有道ノ事ニシテ開明ノ義ニ進ムモノナリ。天下ノ勇アル者何ゾ為サヾル可ケン哉。蓋《けだ》シ以《おもん》ミルニ、彼《か》ノ欧洲各国ノ如キハ、古来其国ノ内事ヲ治ムル若何《いかん》ヲ問ハズ世界ニ在テ万国ニ接スル上ニ至テハ、武威腕力ヲ以テ主ト為シ、専《もっぱ》ラ之ヲ用ヒ之ヲ尊ビ、苟《いやしく》モ他邦ノ侵スベキアリ、勢ノ乗ズベキモノアレバ、輒《すなわ》チ兵力惟《こ》レ事トシテ其地ヲ掠シ其国ヲ奪ヒ、之ヲ己レニ併セテ以テ己レガ国ヲ大ニシ、己レガ国ヲ大ニシ己レガ地ヲ広クシテ以テ其勢ヲ増シ其力ヲ強クシ、斯《かく》ノ如クニシテ其国ヲ立テ其国ヲ保チタリト雖モ、其実ハ甚ダ野蛮ノ所為ニシテ全ク開明ノ主義ヲ失シ、国家同等論ノ賊トモ称スベク、人間自主ノ理ヲ害スルノ魁首《かいしゅ》トモ称スベク、最モ悪《にく》ムベク最モ忌ムベキモノト為スベシ。但《た》ダ欧洲各国ノ如キハ他ニ先ンジテ之ヲ行ヒ、時モ亦《また》早クシテ、今日ヨリ比スルトキハ遥カニ不文ナルニ当テ之ヲ用ヒタルガ故ニ、或ハ其意ヲ遂ゲソレ相応ノ功能ヲモ為シタレドモ、敢テ今日ニ於テ学ブベキニアラズ倣《なら》フベキニアラズ、全ク斥ゾケザルベカラザルナリ。欧洲各国ニ於テハ、其由来実ニ斯《かく》ノ如クナルガ故ニ、因襲ノ久シキニ従ヒ今日ニ於テモ仍《な》ホ且ツ専ラ武力主義ヲ使用スルコトモアルベク、武力ヲ使用スルニ慣レテ遽《にわ》カニ之ヲ廃スルコト能ハズ、容易ニ之ヲ改ムルコト能ハザルコトアルベキモ、敢《あえ》テ他ノ国ニ於テ則《のっ》トルベキニアラズ、効《なら》フベキニアラズ、全ク避ケザルベカラザルナリ。乃《すなわ》チ亜西亜《アジア》州ノ諸国ノ如キハ、力微《すくな》ク気弱キノ因由アルニモ拘ハラズ、欧洲各国ノ如ク腕力武威ヲ尊ンデ剪*併侵掠ノ主義ヲ行フコトナク、却テ欧洲各国ノ為メニ其事ヲ行ハレタルノ仕合セナルガ故ニ、今日ニ在テハ善キ癖《（クセ）》モ少キ代リニ悪シキ僻《（クセ）》モ少ク、必ズ如何様《いかさま》セザルベカラズ、如何様ノ事ハ千万行ヒ難シト云フ程ノ形勢ナキニヨリ、允《まこと》ニ之ヲ幸トシテ成《な》ル可《べ》ク開明主義ヲ進取スベク、成ルベク正理ニ由ルコトヲ務ムベク、大ニ進テ限リモナキ善良ノ世界ヲ造ルベシ。是レ便《すなわ》チ亜洲ノ欧州ニ優リテ利ヲ得ル所ニシテ、亜洲ノ必ズ取用スベク亜洲ノ須《すべか》ラク方向トスベキ所ナリ。豈ニ曷《なん》ゾ此理ヲ誤リ、此揆ヲ過《あやま》ツ可ケンヤ。嗚呼《ああ》、亜細亜《アジア》ノ事ハ其レ此《かく》ノ如シ、今ニシテ琉球ヲ独立セシムルハ此理ニ合フモノナリ、此揆ヲ得ルモノナリ、誠ニ亜細亜洲ノ為メニ上々ノ策タラザランヤ。琉球ハ終《つい》ニ独立セシムベキナリ。

且ツヤ熟《つらつ》ラ之ヲ考ルニ、今我東洋ニシテ武威腕力ヲ用フルヲ主トシ、兵力ヲ以テ邦国ヲ立テ命脈ヲ提繫セント欲スルモノナラバ、敢テ琉球ヲ我物トスルコトモ亦国家ヲ大ニシ土地ヲ広クスルノ一タルガ故ニ、或ハ日本ノ利トモナルベク、或ハ策ノ良キモノトモスベケレドモ、既ニ開明主義ヲ以テ後来ノ方向トナシ、真理ニ循由シテ進行セントスルモノナラバ、決シテ琉球ヲ我物トスルヲ要スルノ訳ナク琉球ヲ我物トセザルト云ツテ何ノ差支《さしつかえ》モナカルベキナリ。翅《ただ》ニ然ルノミナラズ、今ニシテ琉球ヲ独立セシムルガ如キハ、実ニ天下ニ立テ義ヲ示スモノニシテ、世界ノ儀則ト為サシムルニ足ルベク、今ニシテ之ヲ行フハ、我レ先ヅ同等主義ヲ重ンズルノ端ヲ開クモノニシテ、後来愈《いよいよ》開明ノ進ムニ随ヒ益々《ますます》同等主義ヲ施行スルノ馳駆ヲ付クルモノト云フベク、今ニシテ之ヲ行フハ、我先ヅ自ラ同等主義ヲ重ンジテ然後《しかるのち》他ヨリモ亦我ニ向テ同等主義ヲ重ンゼシムルノ道ト云フベク、何ニシテモ後来ノ為メニ慮《おもんばかり》テ可ナル所ノモノナリ、不可ナル所ニハアラザルナリ。

蓋シ之ヲ察スルニ、所謂《いわゆる》琉球ノ如キハ、世界ノ各国ニ較ベテ其地大ナルコト能ハズ、其人多キコト能ハズ、其力モ亦強キコト能ハズシテ古来十分ニ昌盛ナルコト能ハズ、今日ニ至ルト雖モ亦仍《な》ホ甚ダ微弱ニシテ、純然克《よ》ク独立シテ鞏固《きようこ》ニ存立スルコト或ハ難カルベキヤ否ヲ知ラザル也。然リト雖モ、琉球モ亦一個別立ノ地ニシテ、*天孫氏以下諸氏数代ノ如キ各々《おのおの》之ニ王トシテ政ヲ施シ、一国ノ形ヲ為シタルコトモアルモノナレバ、徒《いたずら》ニ土民ノ渙散セル一島嶼ノミトハ云フベカラザルベク、多少ノ保護ヲ為シテ独立セシムルモノナラバ、必ズ独立スルコト能ハザルモノニハアラザルベク、預《あらかじ》メ約束ヲ結テ独立ヲ為サシムルモノナラバ、現今ニ在リト雖モ実ニ之ヲ行フコトヲ得ベシ。況ンヤ其力ノ今ノ如ク微弱ナルモノハ今ノ時ニ関シテ然ルモノニシテ、変遷ノ勢ニヨリテハ早晩《(イツ》何《ナン》時《ドキ)》ニ於テ如何ナル勢力ヲ生ジ来ランモ亦《また》測ルベカラザル筈ナレバ、今ノ時ニ関ハラズシテ之ヲ論ズル以上ハ、愈《いよいよ》独立セシムベキノ義アルコトヲ知ルベキナリ。

是ヲ以テ、琉球ノ全ク日本ノ属地ニ係ル耶《や》、日本ト支那トノ両国ニ属セシモノナル耶《や》否ノ事ニ至テハ姑《しばら》ク之ヲ論ズルヲ閣《お》キ、且ツ我日本政府ノ已《すで》ニ断行セシ如ク、之ヲ我国ノ一県ト為シテ何タル子細モナキコトナラバ、国家ノ政略上ニ於テハ全ク之ヲ是ナリトスベキヤ、又ハ否《しか》ラザルヤノ如何ヲ問フコトナク、仮ニ論脚ヲ立テ、甚ダ子細故障ノアルコトトナシ、之ヲ我国ノ一県トシテ為メニ外国ト戦ハザルヲ得ザルノ義ヲ生ズルアランヤ、又ハ*琉球全地ヲ両断シテ二国交々《こもごも》分取セントスルガ如キノ事アリトスレバ、寧ロ之ヲシテ独立セシムルノ優レルニ若《し》カザルヲ知ルナリ。蓋シ琉球ヲ両断シテ二国交々之ヲ分取スルト云フガ如キハ、実ニ残忍酷虐ノ太甚矣《はなはだしき》モノニシテ、野蛮不文ノ極ニ達スルト云フベシ。何トナレバ則《すなわち》琉球モ亦曾《かつ》テ一個ノ独立ヲ為シ琉球ト云ヘル一個ノ団結ヲ為シタルモノナレバ、之ヲ両断スルコトハ猶ホ人ノ一身ヲ両断シテ之ヲ殺スニ同《おなじ》ク、人ノ一家ヲ両分シテ其愛ヲ割カシムルニ異ナルコトナケレバナリ。今日ノ世界ニ於テ豈ニ敢テ行フベキ道ナランヤ。決シテ取ルベキモノニハアラザルナリ。

斯《かく》ノ如クナルガ故ニ、吾儕ハ今日ニ於テ敢テ必《かならず》シモ琉球ヲ独立セシメザルベカラズト云フニハアラズ、之ヲ今日ノ如クシテ差当リ故障ノ無キコトナラバ、政略ノ上ニ於テハ先ヅ此《この》儘《まま》ニ為シテ通ルモ可ナルヤ否ヤヲ知ラズト雖モ、茲《ここ》ニ如何ノ事故アリテ更ニ一処分ヲ施サヾルベカラザルニ臨ムニ至ラバ、彼レヲシテ独立セシムルコトヲ以ツテ最モ善美ノ事トスル也。吾儕ハ斯ノ如ク行ハンコトヲ欲スル也。国人以テ若何《いかん》トスル。

剪併　ほろぼし併合する。　**天孫氏**　↓八八頁注。　**琉球全地ヲ両断…**　琉球分島案をいう。↓四三四頁注「琉球三分ノ議」。

12　東洋の風浪（朝野新聞）

解題［明治十四年三月十五日・十八日］　琉球は経済・軍事両面で日本の国益・国権に不可欠な地だとして、「干戈」に訴えても手放すべきではないと説く論説。ロシアの琉球進出をも想定しつつ、琉球を手放すことで被る弊害は、日清開戦に伴う被害より甚大だとする。「朝野」も論説「琉球事件平和ノ局ヲ結バントス」（十二・十一・十三）などで分島・改約交渉を歓迎していただけに、前掲V-10の「報知」と共にいっそう強硬論になっている。ただ、やや後の論説「日支ノ関係ヲ論ズ」（十四・八・二十四）では、英露に漁夫の利を取られ日清共に蚕食される恐れありとして、安易な開戦論に対しては慎重になっている。

東洋ノ風浪

方今世人ノ最モ心思ヲ労スル所ハ、琉球事件ニ関スル日清間ノ紛議如何《いかん》ニ在リ。蓋《けだ》シ此事タル頗《すこぶ》ル危殆《きたい》ノ形状アリトハ雖ドモ、両国ノ親交ハ已《すで》ニ破レタルニ非ズ、彼我ノ談判ハ猶《な》ホ交際上ノ談判ニ属スルヲ以テ当局者ハ極メテ之ヲ秘密ニシ、我儕ヲシテ容易ニ其一斑ヲ窺《うかが》フ能ハザラシム。然レドモ国事ニ熱心ナルハ我儕天賦《てんぷ》ノ性質ニシテ、廟堂ノ墻壁《しょうへき》ハ*九仞《きゅうじん》ナルモ、思想ノ常ニ其間ニ徘徊スルヲ防グ能ハズ。夫《そ》レ爪牙《そうが》ヲ雲間ニ望メバ以テ飛竜ノ全体ヲ察スルニ足リ、鰭鱗ヲ水上ニ認ムレバ以テ遊魚ノ何タルヲ知ルヲ得ベシ。我儕ガ日清事件ニ於ル亦《また》之ニ類スル者アルナリ。宍戸公使ハ北京ニ於テ琉球談判ヲ試ミテ成ラズ、遂ニ上海ヘ引取リ、今又金剛艦ニ駕シテ帰京スルニ至ル。同公使ノ北京ヲ引キ揚《あ》ルヤ、両国ノ和親ヲ破ツテ然《し》カセシニ非ズ、言ヲ事務ニ託シテ平穏ニ別ヲ*総理衙門ニ告ゲタリ。此一点ヨリ之ヲ視レバ、日清両国外面ノ形況ハ決シテ平和ヲ失ナフ無クシテ、親睦交際ハ依然其ノ間ニ存立ス。然レドモ内情ニ至ツテハ我レ未ダ平和ヲ破ラザルモ、彼レ已ニ親交ヲ棄ツ。無形ノ砲弾ハ清人ノ胸間ヨリ発シテ日本人ノ頭上ニ爆裂スルニ似タリ。其然《しか》ル所以《ゆえん》ノモノハ何ゾ。数百年間両属ノ形跡ヲ存シタル琉球ヲ以テ*全然我ガ版図《はんと》ニ入レタルニ因ルカ。是レ抑《そもそ》モ末ノミ。日清今日ノ関係ヲ以テ纔《わず》カニ此一小事件ニ帰スルガ如キハ、近眼短思者ノ見ト謂フベシ。清人ヲシテ我邦ヲ怨悪《えんお》セシムル二ノ原因アリ。其一ハ嚮《さ》キニ我ガ論説中ニ言ヘル歴史上ノ記臆ニシテ、其ノ二ハ彼我思想ノ乖異《かいい》ト為ス。*元世ニ於テ彼ガ十万ノ兵我ガ西海ノ藻屑ト化シ去リタル惨事ハ、彼レヲシテ今猶《なお》心胆ヲ寒カラシムル所ニシテ、*明代ニ於テ我西辺ノ士民ガ江浙ノ辺省ヲ騒ガシタルガ如キ、*朝鮮征討ノ日本兵ガ大ニ明軍ト戦ヒ屢《しばし》バ之ヲ敗リシガ如キハ、亦皆彼レヲシテ我邦ヲ怨悪セシムル者ナリ。而シテ昔時ハ彼我同ジク*孔教ヲ信ジ其ノ思想略《ほ》ボ相似《あいに》タリシモ、近来我邦人ハ好ンデ西学ヲ用ヒ百事改良進歩ヲ主トシ、孔教ノ如キハ勢ヒ退イテ修身学ノ一部分ヲ組織セザルヲ得ザルニ至リ、其前日ニ有セシ無限ノ勢力ハ既ニ*無何有郷《むかゆうきょう》ニ向ツテ消失セリ。之ニ反シテ清国ハ海外国ト交際スル我レニ先ダツ数十年ナルモ、頑乎《がんこ》トシテ古来ノ思想ヲ固守シ、西学ノ如キハ之ヲ賤蔑シテ夷狄《いてき》ノ学ト為シ毫モ国中ニ導キ入ルヽノ心ナシ。要スルニ我ハ改良進歩ノ思想ヲ有シテ、彼ハ因循退守ノ思想ヲ懐ク、而シテ此思想タル、政治上ニ交際上ニ文事ニ武事ニ各般ノコトニ関シテ互ニ発顕セザル無クシテ、其ノ発顕スルガ毎《ご》トニ我レハ彼レヲ賤ミ彼レハ我レヲ悪《にく》ムニ至ルヲ免レズ。噫《ああ》此ノ二因アル両国ノ心情、決シテ相親和スル能ハズ。況ヤ更ニ近因ノ在ル有テ彼レガ畏憚《いたん》憤怨ヲ甚ダシカラシムルニ於テヲヤ。

九仞　非常に高いこと。　**総理衙門**　↓五七頁注。　**全然**　そっくり。まったく。　**元世ニ於テ…**　鎌倉時代、文永・弘安の役における元・高麗軍の撃退。　**明代ニ於テ…**　室町時代、倭寇による海賊行為。　**朝鮮征討…**　豊臣秀吉による朝鮮出兵(文禄・慶長の役)。　**孔教**　孔子の教え。儒教。　**無何有郷**　自然のままで、何の作為もない楽土。

台湾征討ノ挙ノ如キ、朝鮮条約ノ如キ、琉球処分ノ如キ、清国ヲシテ我邦ヲ畏憚シ憤怨セシムル近因ナリ。彼レ久《ひさし》ク我レヲ畏憚シ怨悪スルノ心アルニ当テ我レ已ニ此等ノ所為アリ。於是《ここにおいて》彼レ以為《おもえ》ラク、日本ハ中国ニ向ツテ虎狼ノ貪心ヲ有スル者ニシテ、其台湾ヲ征シ朝鮮ヲ威嚇シ琉球ヲ廃滅スルハ則チ先ヅ中国ノ羽翼ヲ殺《そ》イデ、然《しか》ル後《の》チ中原ニ事アラント為スノ策略ナリト。乃《すなわ》チ警ヲ国中ニ伝ヘテ飽《あく》マデ我邦ニ抵抗セントスルニ至ル。宍戸公使ノ談判其好結果ヲ得ル能ハザリシモノハ、蓋《けだ》シ偶然ニ非ザルナリ。夫《そ》レ此《か》クノ如クナラバ、縦令《たとい》全琉球ノ地ヲ以テ之ヲ清国ニ与フルモ、彼レ決シテ我レヲ畏憚シ怨悪スルノ心ヲ解ク可ラズ、而シテ早晩尚《な》ホ紛議ヲ両国間ニ生起スルハ火ヲ睹《み》ルヨリ明カナリ。

然ラバ則チ我邦ハ如何ナル所為ヲ以テ清国ノ紛論ニ答フベキヤ。万已《や》ムヲ得ザルニ至ツテハ、進ンデ*一ニ従事スル有ランノミ。然レドモ日清相戦フハ亜細亜《アジア》東方政略上ノ利益ニ非ザルノミナラズ、我ガ邦ノミニ就テ之ヲ言フモ今日他国ト戦争ヲ為スガ如キハ経済上ニ於テ大ナル害アルヲ免レザルナリ。故ニ特《ひと》リ清国ニ限ラズ彼ノ蕞爾《さいじ》タル蒙昧《もうまい》ノ朝鮮ニ向ツテ干戈ヲ動スガ如キスラモ、可成《なるべく》ハ耐忍ニ耐忍ヲ重ネテ、亜洲東方政略ヲ害セズ、且ツハ自国ヲシテ疲弊セザラシムルノ方法ヲ計画セザル可カラズ。曾テ＊我ガ社説中ニ於テ琉球事件ニ就テ清国ヲ遇スルノ政略ハ宜シク優遊不断ヲ以テスベキヲ論述セシ所以ノ者ハ、其意亦《また》此ニ在ルナリ。何トナレバ、我邦人ニシテ、清国ガ今回突然琉球ニ関シテ不当ノ口実ヲ発シタリト言フヤ、我レモ亦之ニ応ジテ俄《にわ》カニ激烈ノ談判ヲ試ミ、或ハ彼ノ強魯ノ所為ニ傚《なら》ヒ鉄艦巨礮《きょほう》ノ勢力ヲ以テ威嚇ヲ清国ニ逞《たくましう》セント為スガ如キアラバ、清国政治家ヲシテ愈益《いよいよますます》畏憚怨悪ノ心ヲ生ゼシメ、干戈ノ裁判ヲ要セズシテ結局ヲ得ベキ争論モ必ズ之レガ為メニ壊裂スルニ至ランコトヲ畏ルレバナリ。平心ニ実際ノ形状ヲ観ヨ。此争論ノ根原タル琉球ハ既ニ全然我ガ掌握中ニ在リ、廃王ハ華族ト為ツテ東京市中ニ生活シ、其島中ニハ我ガ政府ヨリ命ジタル県令其他ノ属吏アツテ百般ノ政務ヲ施行セルニ非ズヤ。此ノ際ニ当リ、清国政府ガ其ノ不平ヲ我官吏ニ漏洩スル機会ヲ得テ一二ノ議論ヲ為シタレバトテ、復《ま》タ何ノ妨ゲカ之レアランヤ。然ルニ世人、或ハ清国ガ我ガ公使ノ陳説セル方法ヲ拒ミタリト聞クヤ直チニ開戦スベシト言ヒ、或ハ琉球ヲ挙ゲテ清国ヘ与フベシト言フモノアリ。周章狼狽モ亦甚《はなは》ダシト謂フベキナリ。然リト雖ドモ彼輩或ハ言ハン、我々ハ目下ノ急ニ就テ斯ク言フニ非ズ、清国ガ必竟《ひっきょう》此事件ヲ放擲セズシテ大ニ我邦ニ迫論スル有ランコトヲ予知スレバナリト。果シテ然ルカ、然ラバ則チ既ニ全然我ガ所有ニ帰シタル琉球ヲ挙ゲテ清国ニ与フルハ固《もと》ヨリ不可ナリ。而シテ又軽易ニ戦端ヲ開カントスルガ如キモ亦決シテ策ノ得タル者ニ非ズ。我儕ハ請フ、更ニ其ノ理ヲ弁ゼン。

一ニ従事スル　一戦、ひと勝負の意か。　**我ガ社説…**　十四年二月二十三日の論説「宍戸全権公使北京ヲ去ル」。イリ紛争を契機に軍備を増強充実させている清国に対しては、強硬策をとるのは得策ではないという情勢判断が述べられていた。

夫《そ》レ琉球ハ実ニ記臆スベカラザル古代ヨリシテ我邦ノ属国タリ。歴史上ヨリ考フルモ地理上ヨリ観ルモ又人民ノ種類言語ヨリ判ズルモ、其ノ証跡瞭然トシテ弁ヲ俟《ま》タザル者アリ。而シテ其交通ヲ支那ニ開ラキ一二ノ利益ヲ得ルガ為メニ彼レガ封冊ヲ受クルハ明代ヨリ始マリ、愛親覚羅氏ガ明ヲ亡ボシ其ノ国ヲ統一セシ以来ニ於テモ琉球ト清朝トノ関係ハ一ニ明ノ時ノ如シ。当時我邦ガ其ノ情ヲ知ツテ敢テ之ヲ処分セザル所以ハ、鎖封単立ノ政略ニ従事シ広ク域外ニ国権ヲ及ボスヲ欲セザルニ因ルノミ。維新以来ハ我ガ国論ノ帰スル所《ところ》国権ヲ東洋ニ振起シ海外万邦ト比肩スルニ在ルヲ以テ、政府ノ為ス所モ亦《また》之ヲ以テ其ノ目的トセザルヲ得ズ。故ニ琉球ノ為メニ台湾ノ蛮奴ヲ征シ清国ノ紛議ヲ発スルニ及ンデハ償金ヲ彼《か》レニ収メテ其一部ヲ琉球ニ与ヘタリ。夫レ已ニ此クノ如シ。琉球ハ素《もと》ヨリ我ガ属国タリ。而シテ其近代明清ノ封冊ヲ受ケシガ如キハ日本政府ノ与《あずか》リ知ル所ニ非ズ。唯《ただ》当時ノ政略上ヨリ之ヲ黙視シタルノミ。政府已ニ改《あらた》マリ政略モ亦変ズ。於是《ここにおいて》明治政府ハ琉球ノ猥《みだ》リニ清国ト交通スルヲ尤《とが》メ、且ツ内治ノ都合ニヨリ其藩ヲ廃シテ県ト為シタリ。清国何ノ理由アッテカ喙《くちばし》ヲ此ニ容ル可《べけ》ンヤ。彼レ或ハ琉球ガ明清ノ世常ニ封冊ヲ受ケ来タリシ故ニ之ヲ支配スルノ権アリト言フカ。古代ヨリ我ガ属国タル琉球ガ窃《ひそ》カニ明清ニ通ジタルハ是レ反《むほん》ノミ。反人久シク明清ノ封冊ヲ受ケシヲ以テ、我ガ政府ハ近《ちかご》ロ之ヲ処分シタリ。清国政府ハ我邦ニ反人ヲ処分スルノ権ナシト言フヲ得ザルベシ。蓋シ彼ハ明清ノ間其ノ封冊ヲ受ケタル琉球王ガ我邦ノ反人タリシヲ知ラザルナラン。往昔*足利義満ハ明ノ封冊ヲ受ケテ日本国王タリ。義満ハ我ガ反人ナリ。明ノ封冊ヲ受クルモ我邦ハ何ゾ支那ノ属国タランヤ。然ルニ彼レ若シ我ガ反人ヲ封立シ其反人ガ支配スルノ地ハ即チ己レガ属国ナリト為サバ、義満ハ当時日本全国ヲ管治セシヲ以テ日本ハ即チ明ノ属国ナリト言フカ。決シテ然ル能《あた》ハザルベシ。琉球ノ事亦豈《あに》之ニ異ナランヤ。然ルニ彼ノ論者ハ我邦ト琉球トノ関係此クノ如キ者アルヲ知ラズ、此島嶼《とうしょ》ニ関スル日清ノ権利ハ互ニ甲乙ナキ者ノ如クニ思考シ、我ガ政府ガ清国ノ承諾ヲ受ケズシテ廃藩立県ノ処分ヲ施《ほど》コシタルハ不理ナリ、清国ノ紛議ヲ来タスハ当然ノコトナリト論ジ、遂ニ此紛議ニ因ツテ戦ヲ開ラキ、方今我ガ財政困難ヲシテ更ニ益《ますま》ス甚シキニ至ラシメンヨリハ、寧ロ琉球ヲ挙ゲテ清国ニ与フルヲ以テ上策トスルト言フニ至ル。噫《ああ》何ゾ其レ愆《あやま》レルヤ。抑《そもそ》モ与フベキノ理由アッテ与フルハ可ナリ、然ルニ今琉球ヲ清国ニ与ヘント言フハ其ノ理由那辺《なへん》ニアルヤ。毫モ之レヲ与フベキノ理ナキノミナラズ、之レヲ与フベカラザルノ理ハ已ニ論ゼシ所ヲ以テ復タ余蘊《ようん》ナキニ非ズヤ。想フニ論者ハ理否ヲ棄テ、只損益ヲ考フルモノカ。好々〈ヨシ〉然ラバ我儕ハ専ラ損益ニ就イテ之ヲ論ゼン。琉球小ナリト雖ドモ尚ホ十五万余ノ民アリ。物産寥々《りょうりょう》タリト雖ドモ奨励シテ之ヲ増殖スルノ道ナキニ非ズ。是レ之レヲ有スル一益ナリ。又良港アリ、他日我ガ国威ヲシテ益《ますま》ス振張セシムルノ際、海軍ノ屯集所ニ供用シテ、支那海及ビ群島海ニ縦横航行スルノ根拠ト為スニ足ル。是レ之レヲ有スル二益ナリ。若シ他国ヲ以テ琉球ヲ占メ之レヲ根拠ト為シテ其ノ軍艦我ガ南海ニ出没スルアラバ、我邦其ノ害ニ罹《かか》ラザルヲ得ズ。我レ先ヅ占領スレバ此患《うれえ》ナシ。是レ之レヲ有スル三益ナリ。而シテ今此島嶼ヲ挙ゲテ清国ニ与フルトキハ、彼レ我ガ東洋政略ノ為メ且ツ自国ノ経済ヲ保持スルガ為メニ枉《ま》ゲテ此譲与ヲ為スヲ知ラズ。其尊大頑冥《がんめい》ノ思想ヨリ我邦ガ道理ニ伏シ威力ニ屈シテ之ヲ為スト妄測シ、他日彼我交渉ノコトアル、彼レ必ズ此ニ類スル不理ヲ主張シテ其私論ヲ逞ウセントスルハ言ヲ俟《ま》タズ。是レ之ヲ与フルノ一損ナリ。清国政府琉球ヲ得レバ果シテ能《よ》ク政権ヲ之ニ及ボシ其安寧ヲ保護スルノ道ヲ益スベキカ、安《いず》ンゾ其レ然ラン。我邦曾テ台湾蛮人ヲ征シ其*十八社ヲシテ略《ほ》ボ約束ヲ履行シ従順平和ナラシメタルモ、之ヲ清国ニ交付セシ以後蛮人ノ兇悪放恣ナルハ全ク旧時ニ復シ毫モ統一スル所アル無シ。之ニ由ツテ視レバ、彼レ琉球ヲ得ルト雖ドモ只属国ノ虚名ヲ貪《むさぼ》ツテ其実之ヲ放擲シテ統轄セザルヤ知ルベシ。他ノ強国若シ其機ヲ察シ辞柄ヲ設ケテ之ヲ奪フコトアラバ、我邦ハ直チニ強国ノ要衝ニ当ラザルヲ得ズ。就レ中《なかんずく》魯国ノ如キ、亜細亜東洋ニ於テ一ノ屯艦所ヲ有シ、其ノ多年貯蔵スル大志ヲ遂グルノ方便ニ供セント希望スルヤ久シ。今日琉球ヲシテ清国ノ管理スル地ナラシメバ、‖クルジヤノ条約中ニハ琉球譲与ノ一項アリシモ亦知ル可ラザルナリ。是レ之ヲ与フルノ二損ナリ。夫《そ》レ此ノ三益二損アリ。琉球ヲ占領スベクシテ譲与ス可ラザルハ、三尺ノ童モ皆能ク之ヲ知ル。堂々タル論者ニシテ却テ之ヲ思ハザルハ何ゾヤ。蓋シ戦争ノ百事ニ害アルハ吾人ノ知ル所ナレドモ、時ニ又戦争ノ害ヲシテ他ノ害ヨリ軽且ツ少ナラシムルコトアリ。清国果シテ我レニ迫リ琉球ヲ得ルニ非ザレバ、断然両国ノ交通ヲ絶ツテ戦ヲ公告スベシト言フニ至ラバ、我邦モ亦已《や》ムヲ得ズ断ジテ干戈ニ従事セザル可ラザルナリ。然ラザレバ何ヲ以テカ我ガ国権ヲ張ランヤ。又何ヲ以テカ我ガ国益ヲ保タンヤ。

足利義満…　明と国交を開き貿易を開始するため、明による「日本国王」としての封冊をうけた。とくに明の永楽帝にあてた返書に、日本国王である臣、と称して、明が宗主国であることを明確に表明したことは当時から批判があり、のちに強く指弾されることになる。

十八社　社は部落をいう。「生蕃」(→三九頁注)全体をさす。

13　沖縄事件（朝野新聞）

解題［明治十九年九月五日］　清国に脱走しその保護を嘆願した琉球民が逮捕された事件を報じながら、日清の外交問題に注目し、清国の動静への関心を促す論説。この前後「朝野」は長崎事件や袁世凱の朝鮮干渉強化に強い関心を払い、多くの論説を掲げているが、そうしたなかで琉球問題が再燃することを警戒している。

沖縄事件

一時内外ノ注意ヲ引起シタル*長崎事件ハ果シテ如何ナル結果ト為ルベキカ、其ノ事跡ニ就テ之レヲ考フレバ是非曲直ノアル所ハ太《はなは》ダ分明ナレバ、決シテ我ガ国権ヲ傷害スルノ気遣《きづかい》ナケレドモ、長崎県知事ト支那領事トノ談判ハ現今方《ま》サニ中止ノ姿トナリシガ如クナルニ因リ、吾輩ハ速《すみや》カニ其ノ事件ノ落着ニ就キ両国ノ交和ヲ害セズシテ我ガ国民ノ支那海兵ノ為メニ蒙ブル所ノ損害ヲ賠償スルニ至ランコトヲ希望セザル可ラザルナリ。而シテ此ノ紛紜《ふんうん》ノ未ダ結着セザルニ先ダツテ更ニ*朝鮮ノ変動アリ、其詳細ノ事件ニ至テハ吾輩未ダ之レヲ知ル能ハズ。前日来ノ電報ニ就テ之ヲ想像スレバ専ラ朝鮮ト清魯二国ノ関係ニ止《とど》マルガ如クナレドモ、苟《いやしく》モ不幸ニシテ之《これ》ガ為メニ風浪ヲ亜細亜《アジア》ノ東方ニ捲起《まきおこ》スニ至レバ、我国ノ如キモ多少之ガ影響ヲ蒙ラザルヲ得ザルベシ。何ゾ之ヲ対岸ノ失火ト見做《みな》シテ之レヲ不問ニ付シ去ルベケンヤ。蓋《けだ》シ我邦ハ四疆《しきよう》ヲ繞《めぐ》ラスニ渺茫《びようぼう》タル海濤ヲ以テシ、絶エテ疆土ヲ接スル者ナキニ因リ、外国トノ交渉ハ太ダ僅少ナレドモ、独リ支那ニ至リテハ一葦水《いちい》ヲ隔テ、相対峙《あいたいじ》シ、商売上政事上ニ互ニ相競争セザルベカラザルノ地位ニ在ルヲ以テ、或ハ唇歯タリ、或ハ水火タリ、前途ニ於テ我邦ニ重大ノ関係アル者ハ支那ニ若《し》クハ無シ。故ニ長崎事件ノ如キ、特ニ兵隊ト巡査トノ闘争ニ止マリ、朝鮮ノ変動ハ支那政府ガ認メテ己《おの》レガ保護国ト為ス所ノモノニ向ヒテ施シタル政略ノ結果ニ外ナラズト雖ドモ、世人ガ此二件ニ就テ大ニ感動ヲ引起シタルモノハ決シテ偶然ニハ非ザルナリ。之ヲ要スルニ一時我邦ト支那ノ間ニ大疑問ヲ引起シタル琉球事件ノ如キモ、許多ノ歳月ヲ経過シテ内外人ノ殆ンド遺忘《いぼう》スル所ナレドモ、実際ニ於テハ未ダ全ク結局ニ就キシ者ニ非ズ、両国ノ間ニ議論ノ端緒ヲ生出スルガ毎《ご》トニ再ビ死灰ヲ吹キ起スガ如キ有様アレバ、日支ノ関係ハ我ガ国人ノ一日モ之ヲ度外ニ放棄スル能《あた》ハザル所ナラン。

長崎事件 十九年八月十三日に、長崎入港中の清国軍艦水兵が酔って暴行して逮捕された事件がきっかけとなり、十五日水兵が巡査屯所などを襲撃、清国側に死者四名負傷者五十数名、日本側に死者二名負傷者十数名をだした事件。 **朝鮮ノ変動** 朝鮮政府がロシアと密約を結ぼうとしたことに対し、清国が軍隊を派遣して示威行動を行なったこと。八月三十一日の「朝野」電報欄には「朝鮮事件」と題して詳細な報道がなされていた。

頃日《けいじつ》二三ノ新聞紙ニ於テ何カ琉球ニ事変アリシ風説ヲ掲載セシガ、我社*本月二日ノ紙上ニ掲ゲシ沖縄県去月廿四日発ノ通信ニ拠レバ、前年来同県下ニ*黒党或ハ支那党抔《など》ヲ称スル者アリテ我政府ヘ管轄替ノ儀ヲ歎願セシ事モアリシ由ナルガ、其残党ニヤ先比《さきごろ》三艘ノ黒船ニ乗リ、十八名ノ重立《おもだ》チシ者ガ当地ヲ出帆シテ、窃《ひそ》カニ支那ニ航シ、頻《しき》リニ同政府ヘ属セン事ヲ請願セシニ、終《つい》ニ聞キ届ケラルヽ旨指令アリシトカニテ大ニ喜ビ、本月上旬ニ九名乗組ミノ一艘ダケ先ヅ彼ノ地ヲ発シテ帰国シ上陸セントスルヲ早クモ其筋ニテ探知シ、警部巡査出張シテ之ヲ捕縛シ取調ベ中ノ折カラ、熊本県下天草島ニ六名ノ琉球ノ国事犯ガ暴風ノ為メ漂着セリトノ急報ニ引キ続キ、又モ鹿児島県薩摩国ノ某島ヘ三名漂流セシニ、何《いず》レモ支那政府ニ請願ノ筋アリテ同国ニ赴キシ帰途此所ニ着シ、何カ目論《もくろ》見《み》居ル者ナリトノ急報アリケレバ、其筋ニテハ直ニ上京中ノ*大迫沖縄県知事ニ向ケ其由ヲ鹿児嶋ヨリ電報ヲ以テ通知シタルヲ以テ、来月下旬ナラデハ御用済ミニハナラザル都合ノ処、数十名ノ巡査ヲ率《ひき》ヰテ帰県サルヽ事トナリシトノ噂ナリ。扨《さ》テ熊本鹿児島両県ヨリ漂着人ノ通報アルヤ否ヤ沖縄ヨリ二名ノ警部ト五六名ノ巡査ガ出張アリ、両県官吏会立ノ上之ヲ受取リ鹿児島県警察署ニ拘引シ取調ベラルヽト、三名ノモノハ我々ハ昨年来支那広東ニ至リ商業ヲ為シ居リシモノニテ、帰国ノ途次暴風雨ニテ彼所ニ漂着セリト云ヒ、又其他ノ者ハ漁業ノ為メ沖合ニ出デ斯《か》ク天草島ニ吹キ流サレタルナリト云ヒ、其ノ答ヘ区々ニシテ一モ信ヲ置クニ足ラズ、其様子ノ曖昧ナルヲ以テ一時同県ノ未決監ニ入レ置キシ後チ、汽船出雲丸ニテ当地ニ護送セラレ目下取調べ中ナリ。聞ク所ニ拠レバ、連《れん》累《るい》モ他ニ数十名アリトノ風聞ナリ云々。此事ノ真偽ハ吾輩輙《たやす》ク之ヲ今日ニ保証スル能ハズト雖ドモ、是レ迄琉球人ノ其心ヲ支那ニ傾ケ我ガ邦ノ支配ヲ受クルヲ欲セザル者ニ至テハ、動《やや》モスレバ窃《ひそ》カニ支那ニ航行シテ其ノ政府ノ保護ヲ依頼スル所アリシト聞ケバ此ノ事タル亦全ク訛伝《かでん》ナリトモ断定スベカラザルガ如シ。之レヲ要スルニ十八名ノ不平家ガ我ガ邦ニ背叛セントスルコトアリトテ、警察ノ力ニ因テ容易ニ之レヲ捕縛シ相当ノ処分ヲ為スヲ得ルヲ以テ、決シテ之ヲ認メテ我邦ノ大事ト為スニ足ラザルハ勿論ナレドモ、沖縄県下ニ此等ノ不平党アリテ屢《しばし》バ支那政府ニ要請スル所アルトキハ、支那政府ヲシテ時ニ南洋群島ノ処分ニ就テ再ビ之ガ計画ヲ為スノ意思ヲ発生セシメザルヲ得ザレバ、此ノ沖縄県ヨリノ通知ノ如キハ、亦多少日支両国ノ交渉上ニ影響ヲ及ボス者ニ非ズト謂フベカラザルナリ。

本月二日ノ紙上…　九月二日の「黒党の捕縛」と題した「沖縄通信」。　**黒党…**　日本の支配を逃れ清国に帰属しようとするものを脱清派と称したが、その一党か。以下四四六頁上段の「数十名アリトノ風聞ナリ云々」まで、九月二日の「沖縄通信」のほぼ忠実な引用。　**大迫沖縄県知事**　大迫貞清。一八二五‐九六。薩摩藩出身。静岡県令、警視総監などをへて、十九年に沖縄県知事。

前年来上海及ビ其他ノ地方ニ於テ発兌《はつだ》スル支那*ノ新聞紙ヲ読ムニ、毎々日本ノ琉球ヲ占領セシコトヲ挙ゲテ其支那ノ国権ヲ傷害セシ者ト為《な》シ、常ニ終天ノ憾《うら》ミアルガ如ク、今回長崎事件ヲ記載スルニ当ツテモ、先ヅ琉球ノ処分ヨリ説キ起シテ日本ノ容易ニ信用スベカ〔ラ〕ザルコトヲ証明セリ。是レ二三記者ノ意見ニ出デ、必ラズシモ支那政府ノ精神ヲ写出《うつしいだ》セシモノト見做《みな》スベカラザレドモ、一時南洋ノ風波ハ将《ま》サニ静定ニ就カントスルニ際シ、其ノ群島中ニ不平家ヲ現出シテ、支那政府中ノ政事家ニ刺衝スルガ如キアラバ、亦之ガ為メニ多少ノ影響ヲ他ノ交渉事件ニ及ボスニ至ラン。故ニ吾輩ガ我ガ紙上ニ掲載セシ事件ノ如キモ亦《また》政事家ノ十分ニ注意ヲ加ヘザルベカラザル所ナラン。之ヲ要スルニ長崎事件ト云ヒ朝鮮ノ変動ト云ヒ、将《は》タ沖縄県下ノ近状ト云ヒ、孰《いず》レモ直接カ間接ニ日支両国ノ交際上ニ関係アルモノナリ。此ノ一葦水ヲ隔テ、商売上政事上ニ於テ、互ニ競争ヲ為ス邦国ハ今ヨリシテ其ノ交渉ノ愈《いよい》ヨ多クシテ愈ヨ大ナルハ、勢*ノ然ラザルヲ得ザル所ナリ。我ガ国人タル者ハ何ゾ常ニ支那ノ国勢国情ヲ視察スルコトヲ勉メザルベケンヤ。

支那ノ新聞紙…　清国の新聞の論調に対する関心は強いものがあり、たとえば十九年九月三日の「東日」の雑報欄に掲載されている「支那新聞所説」には、「日本は初め台湾を伐ち、次に琉球を滅し、次に朝鮮を窺ひたり。…支那に挑む所あるものの如く」と、清国の報道を紹介している。　**勢ノ然ラザルヲ得ザル所ナリ**　勢の然るべき所なのだの意。

補注

出典とした新聞（池田正博作成）
主要な国際紛争（猪飼隆明作成）

出典とした新聞

東京横浜毎日新聞

本紙の前身である「横浜毎日新聞」は、明治三年十二月八日横浜で創刊された最初の日刊紙である。開港地の貿易商らに日々変動する商況・株式など相場を伝える経済紙的日刊紙として、神奈川県知事井関盛艮(もりとめ)の企画のもとに、当地の豪商島田豊寛らが参画して創刊したもの。この横浜時代の初期執筆陣には、星亨や鈴木三郎(後に島田の養子)、杉村濬、肥塚竜、栗本鋤雲、仮名垣魯文、塚原靖らがいた。七年の民撰議院設立論争を機に政論への関心が高まる中で、民権派新聞に変わりつつあったが、十二年沼間守一がこれを買収、本社を東京に移し、十一月十八日「東京横浜毎日新聞」と改題する。沼間は元老院就官中に設立した法律講習会を嚶鳴社に改めて国会開設運動を主導しており、本紙は同社の機関紙として民権派の論陣の一翼を担った。主筆格の肥塚のほかに野村元之助がいたが、明治十四年の政変後は下野した島田三郎や波多野伝三郎が加わった。十五年立憲改進党が結成されると、「郵便報知新聞」とともに、その機関紙的役割を果たした。とくに十四年開拓使官有物払下げ事件のスクープ、同年末から十五年にかけて行なわれた「東京日日新聞」との主権論争などで評価を高めた。同じ改進党系の「郵便報知新聞」とは競合する関係にあったが、「郵便報知新聞」の読者が比較的都市部に多かったのに対して、本紙は地方に多くの読者をもっていたところに特徴があったとされる。十九年五月一日「毎日新聞」と改題、廉価な大衆紙としての性格を備えた。歿した沼間に代わって社長となった島田三郎のもとで、三十年代には木下尚江、横山源之助らも一時期記者として活躍、特に足尾鉱毒事件では被害農民を擁護、また日露開戦反対を強く主張した。三十九年七月一日「東京毎日新聞」と改題したところから経営不振が続き、四十二年報知新聞社の経営するところとなった。以後、「報知新聞」の姉妹紙のごとき観を呈したが、大正二年山本実彦が経営権をえるがふるわず、昭和十五年「帝都日日新聞」に吸収された。

東京曙新聞

明治四年五月、参議木戸孝允の主唱により創刊された「新聞雑誌」を前身とする。この時期、政府の政策宣伝の媒体として新聞の発行・普及が奨励されたため、草創期の新聞には政府の後援を得たものが少なくない。八年一月「あけぼの」と改題、さらに同年六月「東京曙新聞」となり、紙幣権頭青江秀が退官して経営にあたり、日刊紙とした。民撰議院設立論争で尚早論を唱えて不評をかったため、大井憲太郎・古沢滋が短期間ながら在社して急進論を展開(大井はほどなく元老院に仕官)、さらに八年四月末広鉄腸(重恭)を主筆に招いて社運挽回を期した。改正新聞紙条例および讒謗律の公布に対する末広の批判記事は、新聞紙条例による初の筆禍事件となった。出所後末広は「朝野新聞」にうつり、新たに関新吾、岡本武雄らが入社、岡本が執筆陣の中心となる。ただし論調は一貫性を欠いた。九年上条信次が入社し、数多くの論説を執筆するが、岡本が官権寄りの姿勢を強めるのとあわず、退社する。すでに大井・末広ら有力執筆者が去ったことにより、社は頽勢に向かっていたが、九年五—六月には経営難に陥った。岡本は民権派政論新聞として命脈を保つべく藩閥政府批判の論陣を張るが、執筆陣の弱体と支持団体の欠如などの弱点を克服できず、十四年末、土佐共行社に経営権を譲渡、ついで翌年三月「東洋新報」に吸収される。

東京日日新聞

明治五年二月二十一日条野伝平・西田伝助らが、東京で日刊紙として創刊。六年九月頃岸田吟香が入社、同じ頃入社した甫喜山景雄とともに雑報記事に練達の筆を揮うが、論説の多くは投書が占めていた。七年民撰議院設立論争にともない、政論新聞への脱皮がはかられ、条野らは福地桜痴(源一郎)を主筆に迎える。福地は同年十月「太政官記事印行御用」の看板を掲げるとともに、十二月社説欄を創設、政府寄りの論陣を張った。福地の論説は多くは無署名であるが、彼が「吾曹」の自称を愛用したことは著名である。十年の西南戦争の折には、自ら戦地に赴き、「戦地採録」を書き送って大評判となった。社説執筆者としては、ほかに末松謙澄（笹波萍二）、久保田貫一、細川瀏、岡本武雄らがいる。政治的には漸進論の立場をとったが、十四年の開拓使官有物払下げ事件では政府批判にまわった。十四年政変を機に、自由党・改進党が相次いで結成されると、福地は御用政党たる立憲帝政党の結成に参画し、その機関紙とした。十五年「東京横浜毎日新聞」との間に始まった主権論争では主権在君説を主張する。この頃から経営不振になり、二十一年七月福地は社長を辞した。以後、関直彦が主導するが振るわず、二十五年社主伊東巳代治、主筆朝比奈知泉の体制となって伊藤博文系官僚の意見を代表することになる。三十七年三菱が買収、加藤高明社主のもとで、日本の「ロンドン・タイムズ」をめざすが失敗、四十四年「大阪毎日新聞」に吸収され、昭和十八年「毎日新聞」となる。

郵便報知新聞

渡欧中新聞の役割に着目した駅逓頭前島密が計画、その意を受けた秘書小西義敬らが、明治五年六月東京で創刊した。当初は駅逓寮の後援により全国各地の郵便局から無料で集めた地方記事が紙面を占め、月五回の刊行であった。六年六月一日から日刊。はじめ前島の推薦で入った岡敬孝が編集長格をつとめていたが、七年の民撰議院設立論争以来、政論が諸紙に掲載されるようになると、編集体制の強化が図られ、同年六月旧幕臣の栗本鋤雲を招き、次いで古沢滋を起用した。この栗本を通して福沢諭吉の助力を得ることになる。以後慶応義塾と関係を強め、八年福沢門下生の藤田茂吉、箕浦勝人、牛場卓蔵らが入社、この前後から民権派政論紙としての性格をもった。九年に矢野文雄、十年には犬養毅が入社した。翌十一年参議大隈重信の接近により提携関係ができると、矢野、犬養、牛場らは大隈側近として官界に入った。十四年政変により下野した矢野らは、慶応義塾出身者で東洋議政会を組織すると共に本紙を買収してその機関紙とし、さらに十五年三月立憲改進党結成にともない、同党の代表的機関紙となった。民権派指導政党の機関紙として本紙の果たした役割は大きいが、政府の弾圧などにより運動の後退が余儀なくされると、社長矢野は欧米視察を機に三木善八を経営担当者として招き、十九年九月から紙面の通俗化、価格の低廉化を進めて、政論新聞が商業主義へ転換する先鞭をつけた。また編集方針も論説重視から報道重視へと切り換えた。二十三年矢野が辞した後、小栗貞雄と三木が経営にあたった。二十七年「報知新聞」と改題、紙面も商業主義をより徹底させ、社主三木、社長箕浦勝人のもとで存続。三木の社主は大正十三年にまで及んだ。明治末期に社運は隆盛を迎えたが、大正末期には衰退。この間一貫して大隈系の新聞であった。昭和十七年八月「読売新聞」に合併された。

朝野新聞

明治五年十一月旧松江・明石両藩主の出資により、その家扶乙部鼎らが発行した「公文通誌」が前身。七年九月二十四日旧幕臣成島柳北を局長に迎えて「朝野新聞」と改題、同時に他紙にさきがけ常設の論説欄を設けて政論紙への脱皮を図った。八年十月、末広鉄腸を編集長に迎え、以後成島が「雑録」を執筆し、末広が「論説」を担当する。成島の洒脱な文章に加え、論説陣にさらに高橋基一・浅野乾・草間時福ら多士済々の人材を擁したことにより、自由民権運動の高まりの中で多くの優れた論説を掲げて、十四年を頂点に紙数は増大した。自由・改進両党が十四―十五年に結成されると、成島は改進党、末広は自由党に入党、末広は「自由新聞」の論説委員も兼ねた。末広は馬場辰猪を論説に起用するなど一貫して自由党系の論陣を張った。だが十六―十七年民権運動の後退と成島の死により紙数は減少、社運は衰えた。十八年四月「郵便報知新聞」から犬養毅を招き、さらに尾崎行雄らが入社すると、改進党機関紙の様相を呈し、二十二年末広は退社する。翌年「大阪毎日新聞」の渡辺治が社長に就くと犬養らは一斉に退社、二十六年大成会・国民協会の機関紙となった。内紛により同年十一月廃刊。なお復刻版が刊行されている。

自由新聞

明治十四年十月結成された我が国最初の政党、自由党の機関紙。党結成とともに発行が計画されたが、資金難もあり、十五年六月二十五日東京で日刊紙として創刊された。当初の社説執筆陣は馬場辰猪、末広鉄腸、田口卯吉、田中耕造らで、他の有力紙に比べ報道面がやや弱かったが、政論は充実していた。同年九月のいわゆる板垣洋行問題をめぐり、洋行反対を主張した馬場・末広・田口らが去ると、大阪の「日本立憲政党新聞」の古沢滋を主幹に、ついで中江兆民を客員に迎え、さらに植木枝盛らを社員とした。古沢は同年十二月以降かねて板垣洋行を批判していた改進党系諸紙と激しい論戦を展開、民権運動の指導政党間の軋轢は深刻化した。こうした民権陣営の内紛、政府の弾圧強化や支持基盤であった豪農層の離脱などが重なって党費も不足し、読者拡大の不調を克服できず機関紙運営はより困難となった。そして地方下部党員の中央指導部への不信も強まるなかで十七年十月自由党の解党が決せられ、廃刊する。廃刊届は翌十八年三月三日(あるいは十五日)に出されたとされているが、最終号の発行年月日は未詳(ただし十八年二月一日、第七六八号とする推定がある)。本紙は自由党のみならず自由民権運動の研究に不可欠の新聞資料として極めて高い価値をもつものである。なお復刻版が刊行されている。

日本立憲政党新聞

明治十五年二月中島信行を総理として、大阪で結成された立憲政党の機関紙。同党は関西における自由党の別働隊ともいうべき政党で、党役員となる古沢滋が社長であった「大阪日報」を買収して改題したもので、同年二月一日創刊。中島が社長となり、記者には古沢の他、小室信介、河津祐之、草間時福らがいた。当時言論統制が厳しかったため、発行停止にそなえ、「大阪日報」は廃刊とせず休刊としていた。いわゆる身代わり新聞である。古沢が「自由新聞」にうつってからは河津が編集長格であった。十六年三月の立憲政党解党後は振るわず、十八年九月一日「大阪日報」に復題、政党機関紙としては終止符を打つ。ちなみに「大阪日報」は十八年の大井憲太郎らの大阪事件について、大阪重罪裁判所の公判傍聴記を二十年五月二十五日―九月二十四日の間、連日掲載したことで知られる。二十一年十一月二十日「大阪毎日新聞」と改題。

時事新報

明治十五年三月一日福沢諭吉が東京で創刊した日刊紙。紙名は「専ラ近時ノ文明ヲ記シテ此文明ニ進ム所以ノ方略事項ヲ論ジ日新ノ風潮ニ後レズシテ之ヲ世上ニ報道セントスル」(第一号「本紙発兌之趣旨」)に由来する。不偏不党・官民調和を主唱したことで知られる。創刊のきっかけは、十三年末ごろ、民権運動の高揚の中で政府の意を汲んだ官権新聞を発行することで、世論誘導を企図した伊藤博文、大隈重信らが福沢に主宰させようとしたのに対し、かねて中立的新聞の必要を考えていた福沢が応諾したことにあった。これは十四年政変によって実現しなかったが、既に準備が進んでいたこともあり創刊の運びとなったもの。社主は中上川彦次郎、編集には牛場卓蔵、波多野承五郎らがあたり、渉外・営業担当もすべて慶応義塾出身の福沢門下生で占められていた。全体的には政治よりも経済に重きが置かれていたが、福沢は「論説」や「漫言」などに多岐にわたる論稿を精力的に執筆、また平易な筆致であったから世論に大きな影響を与えた。二十六年ロイター通信社と初めて正式契約を結び、海外ニュース報道では他紙を凌駕した。福沢没後は石河幹明らが後を継いだ。大正期に入ると、事業拡大の失敗や震災、他紙との競争に疲弊して経営が悪化、昭和十一年十二月二十五日廃刊となる。

内外政党事情

小野梓を中心に、東京大学学生であった高田早苗、天野為之、山田一郎、岡山兼吉らによる政治研究団体である鷗渡会の機関紙。小野らは十五年四月立憲改進党の結成に参画、ついで十月十八日「江湖新報」を譲り受け、本紙のごとく改題して東京で創刊。編集、経営は主に山田一郎と市嶋謙吉が担当したが、経営難に苦しみ、翌年二月二十日廃刊となった。十六年二月二日、第三八号までの発刊が確かめられている。小野、高田らはこの廃刊後に「読売新聞」に接近していく。「小野梓全集」とともに改進党鷗渡会系の思想を知る貴重な新聞資料。

東雲新聞

旧土佐藩出身で代言人の旧自由党員寺田寛、戸田猛馬が大阪で明治二十一年一月十五日創刊。前年十二月大同団結運動弾圧のため発布された、保安条例により東京を追われた中江兆民を主筆に迎え、植木枝盛、栗原亮一、江口三省、宮崎夢柳らが記者として活躍。本紙の論説として兆民が執筆した論稿には、彼の数多い新聞論説の中でも特筆に価するものが少なくない。例えば「国会論」「新民世界」「士著兵論」、そして本文収載の「外交論」(II-31)などがそれにあたるが、これらは当時、自由主義を標榜する政論紙を欠いていた大阪の新聞界にあって、ひときわ光彩を放つものであった。二十二年最大部数を記録したが、翌年には半減、兆民が東京に戻った後二十四年には衰退した。終刊は二十四年十月下旬、一一〇〇号前後と推定されている。なお復刻版が刊行されている。

東京電報

明治期国粋主義の代表的新聞「日本」の前身。井上条約改正案に反対の意を抱いていた内閣官報局長青木貞三が、自ら経営していた「東京商業電報」を国家主義的政論紙に改めようと図り、これを同局編集課長の陸羯南(実)が引き受けることになったもの。陸は明治二十一年三月退官、同年四月九日社長として同紙を「東京電報」と改題して発刊、しかし経営がうまく運ばず、谷干城らの後援を得て、翌年憲法発布当日の、二月十一日同紙を「日本」と改題、改組して第一号から発刊した。

主要な国際紛争

アフガン戦争[一八三八-四二(第一次)、一八七八-八〇(第二次)]

アフガニスタンはイランあるいはインドの王朝の支配を次々にうけてきたが、一七四七年初めて民族王朝を建設する(ドゥッラーニ朝)。アフガニスタンは地理的要衝であったから、とくにインド支配をめぐるイギリスとロシア対立の緩衝地帯として国際政治上大きな位置を占めていた。一八三七年イラン(カジャール朝)のムハンマッド・シャーはアフガニスタン方面のかつての自領を回復すべくヘラートを攻撃、これがロシアの侵攻をうながすことをおそれたイギリスは、三八年アフガニスタンを支配下に入れるべく、侵攻を開始した。三九年八月イギリスはカブールに入城、四二年再びカブールを攻め、ドゥッラーニ朝は滅び、イギリスは西北インド支配確立の基礎を築いた(第一次アフガン戦争)。しかし五六年イランがヘラートを再占領したことから、イギリスはイランに宣戦布告(イギリス・イラン戦争)、翌五七年三月イランは敗れ、イランとアフガニスタン両国の紛争はイギリスの斡旋に委ねられることが定められた。

七八年ロシアはイギリスを牽制しつつ南下をはかり、八月アフガニスタンと対英相互援助条約を結んで、国境に軍隊二万を配備した。これを背景にアフガニスタン国王、バーラクザイ朝のシェール・アリはイギリスの大使入国要求を拒否、十一月イギリスは出兵して、第二次アフガン戦争が開始された。この間の事情は、当時の日本の新聞も詳しく報道し論評している(II-12)。この結果、アフガニスタンはイギリスの保護領とされた。アフガニスタンをめぐる、イギリスとロシアの対抗は以後もつづき、八五年のイギリスの巨文島占領事件など、国際紛争の火種となった(IV-21)。

アヘン戦争[一八四〇-四二、南京条約]

アヘンの清国への密輸入問題をきっかけに、清国とイギリスの間に起こった戦争。イギリス東インド会社は、一八世紀以来インド産の綿花とアヘンを売り込み、一九世紀初めには清国から大量の銀が流出して、清国の経済は混乱、またアヘン吸引の害は官員や兵士にも及んで、社会的大問題になった。清国政府は度々アヘン禁令を出していたが、一八三八(天保九)年厳禁策を決定、広州に派遣された欽差大臣、林則徐は翌年、イギリス商人たちの所有するアヘン二万箱余を没収、廃棄した。この処置を不満とするイギリスとの対立は激化した。イギリス政府はグラッドストンらの反対はあったが、外相パーマストンの強硬策を容れて遠征軍の派遣を決定、四〇年六月イギリス艦隊が清国沿岸に到着して、示威行動を行なった。清国政府は林則徐を解任、琦善を欽差大臣に任命して交渉にあたらせたが、アヘン代価の支払い、広州のほか上海などの開港、香港の割譲などを取り決めた仮協定を北京政府は認めず、四一年五月ついに戦闘が開始される。一年余の戦闘はイギリス軍の圧倒的優勢のうちにすすみ、厦門・鎮海・寧波・上海と次々に陥落、さらに南京が降伏して清国の敗北に終わった。

四二年の南京条約は、香港の割譲を認めたほか、広州・福州・厦門・寧波・上海の開港と領事館設置、総額二一〇〇万ドルにのぼる賠償金の支払い、協定による関税率決定などからなる(さらに四三年に領事裁判権や最恵国条款など追加)。清国の主権が侵害された最初の不平等条約であり、続いて同様の内容でアメリカとの間に望厦条約(四四年七月)、フランスとの間に黄埔条約(四四年十月)が結ばれた。このアヘン戦争の顛末は、オランダを通じて鎖国下の日本に伝えられ、幕府や知識人に大きな衝撃を与えた。例えば、佐久間象山はアヘン戦争直後の天保十三年十一月、老中であった藩主に対し「海防に関する上書」を提出、洋式軍備の充実を説き、自ら西洋の科学技術を学ぶべく、オランダ語の習得を始めることになる。

クリミア戦争[一八五三-五六、パリ条約]

一九世紀に入ってトルコ(オスマン帝国)が衰退し、いわゆる「東方問題」(→一〇二頁注「東邦論」)が発生する中で、トルコ・イギリス・フランス・オーストリア・プロシア・サルディニアの連合国とロシアとの間に行なわれた戦争。フランスの要求によって、トルコ領内にあったエルサレムの聖地管理権がギリシア正教徒からカトリック教徒の手に戻されたことに対し、ギリシア正教徒の保護者を自任していたロシアのニコライ一世がトルコ領土全域におけるギリシア正教徒の権利を認めることを要求したことが発端となった。トルコがこれを拒否すると、ロシアは一八五三年七月モルダビア・ワラキア(のちのルーマニア地方)を占領、十月トルコはロシアに宣戦布告する。十一月ロシア艦隊によりトルコ艦隊は壊滅し、トルコの要請によって、五四年三月イギリス・フランスがロシアに宣戦布告、列強間の本格的戦争に展開した。九月連合軍はクリミア半島に上陸して、セバストポリに進軍、この要塞の攻防戦が戦争の帰趨を決することになった。ロシアのトートレーベンらに指導された守備軍はほぼ一年にわたってもちこたえるが、五五年一月にはサルディニア軍も連合軍に加わり、九月八日ようやく陥落した。

五六年初めオーストリア・プロシアの調停で講和交渉が始まり、三月パリ条約が締結。ロシアは黒海に艦隊を維持する権利を失い、モルダビア・ワラキア・セルビアの自治を規定、ベッサラビアの南半分はモルダビアに併合された。これによりロシアの軍事的・国家的権威は失墜してロシアの国内改革をうながす要因ともなり、六一年の農奴解放など諸改革が行なわれることになる。またトルコにとっては、領土は保全されたものの、列強の共同管理下におかれることとなった。

アロー戦争[一八五六-六〇、天津条約、北京条約]

アロー号事件を契機とした、イギリス・フランス連合軍による清国侵略戦争。第二次アヘン戦争ともいう。事件は一八五六年十月、広州に停泊中のアロー号(所有者は清国人であったが、船長はイギリス人トマス・ケネディ)の清国人船員一二人を、清国官憲が海賊の容疑で逮捕・連行したというもので、イギリスの清国駐在公使兼香港総督ジョン・ボーリングと広州領事ハリー・パークス(のちの駐日公使)は、イギリス国旗に対する侮辱(清国側は国旗は掲揚されていなかったと主張)、アロー号は香港船籍であること(実際は船籍期限は切れていた)などを主張して、強硬姿勢をとった。この背景には南京条約による有利な貿易関係にもかかわらず、本国製品の輸出が伸び悩んでいることから、開港場を増加させるべく、条約改正の機会を求めていたという事情がある。イギリス本国のパーマストン内閣は強硬策を主張したが、リチャード・コブデンらの強い反対によって紛糾し、解散・総選挙による新議会によって開戦を決定、フランスに共同出兵を申し入れた。ナポレオン三世治下のフランスは、五六年のフランス人宣教師殺害事件を理由に参戦を決定。五七年十二月、イギリス・フランス連合軍は広州を占領して(六一年まで占領行政を行なう)、五八年には天津に迫った。この結果、天津における講和会議で、アメリカ・ロシアを加えた四国との間に天津条約が結ばれたが、清国政府には強硬論がなお強くあり、六月の批准書交換に来航した艦隊に砲撃し、再び戦端が開かれた。連合国は六〇年八月大沽砲台を占領、天津さらに北京に迫って、北京近郊では大略奪を行なった。これにより清国は屈服、天津条約を批准するとともに、追加条約として北京条約が締結された。

　天津条約は外交使節の北京常駐、外国人の内地旅行の自由、キリスト教布教の自由、賠償金の支払いなどからなるが、北京条約はこれに加え、天津を開港場とし、九竜をイギリスに割譲することなどを定めた。またロシアはウスリー江以東の地(沿海州)を獲得するとともに、従来締結されていた国境確定の諸条約について、清国に大幅に譲歩させた。

イリ紛争[一八七一―八一、リワディア条約、セント・ペテルスブルグ条約]

イリは天山南路の要地で、かつてチャガタイ・ハン国があり、その主都がクルジア(現、伊寧)である。一八七一年にロシアが占領したことから生じた国際紛争。清国領東トルキスタン、新疆地方はイスラム教を奉ずるウイグル人社会であり(イスラム教を回教というのは回紇(ウイグル)の宗教ということからきている)、しばしば自立を求めて反乱が起きていたが、六六年コーカンド・ハン国の武将ヤクーブ・ベクがカシュガルに新国家を建設し、七〇年に東トルキスタンをほぼ占領した。西トルキスタンの三ハン国(ボハラ・ヒヴァ・コーカンド)を手中におさめつつあったロシアは、この新国家の成立がその政略に影響を及ぼすことをおそれ、七一年戦乱による通商妨害を理由にイリ渓谷を軍事占領した。ときのロシアのトルキスタン総督はカウフマン(→二六三頁注「コーフマン」)。ロシアは清国に対して、イリ地方の秩序が回復すれば撤兵すると約していた。

　清国は六六年に左宗棠(→二四七頁注)を陝甘総督に任命し、陝西省・甘粛省の「回乱」(ムスリム反乱)討伐のため現地に派遣、七三年に乱は平定された。七四年の日本の台湾出兵は、海軍強化を先決とする李鴻章(→五八頁注)らの新疆遠征延期論を生み出すが、左宗棠の新疆即時奪回の意見が通り、七五年に天山北路、七七年にトルファン、さらにヤクーブ・ベク国家を滅ぼして、イリ地方を除く新疆全域を再征服する。

　これによってロシアのイリ占領の名目は失われたが、ロシアは返還に応ぜず、七九年十月外交交渉にあたった全権大使崇厚が、イリの返還、償金五〇〇万ルーブリの支払い、国境地方の領土の割譲、貿易上の特権付与などを定めたリワディア条約を締結した。しかしこれは清国にとってきわめて不利な内容であったため、清国政府は八〇年三月、崇厚の軟弱外交は訓令違反で権限を越えたものであるとして、崇厚に死刑を宣告(のち赦される)、ロシアに対して条約改訂を要求した。両国とも軍備を増強し、国境地帯は緊張したが、イギリス・フランスの斡旋によって、曾紀沢が欽差大臣としてロシアにおいて交渉、八一年二月セント・ペテルスブルグ条約が調印された。この結果、償金は九〇〇万ルーブリに増額されたが、領土割譲は大幅に縮小、また貿易特権も最小限にとどめられた。清国は新疆地方の支配強化のため、八四年十一月新疆省を新設する。なお日本ではロシアの政略をよく示すものとして、紛争のなりゆきが注目されており、また清国の奪回の軍事行動の迅速さは、清国の底力をみせたものとうけとられていた(II-10・14、III-3など)。

台湾出兵[一八七四]

一八七一(明治四)年十一月、台湾に漂着した琉球島民六六人中五四人が台湾高山族に殺害された事件を理由とした出兵。当時、征台の役と称した。台湾は清国領であり、また琉球も国際的には日清両属の関係にあったから、清国にとっては国内問題であり、日本が出兵して報復する名分は乏しかった。しかし七三年二月、日清修好条規の批准書交換のため特命全権大使副島種臣らが渡清した際、清国官吏が台湾土着民は「化外の民」(王化の及ばない野蛮な地の民)と発言したことをとらえ、台湾「土蕃」の地は清国領土ではないと責任回避したものと理由づけして、琉球は自国領であってその島民は日本政府の保護下にあることを主張する立場から、出兵を強行したもの。この背後には国内の士族の不満をそらすねらいがあった。

七四年四月、政府は陸軍少将西郷従道を中将に昇進させて蕃地事務都督に任じ、西郷は兵を率いて長崎に向かった。しかし参議兼文部卿木戸孝允の強い反対また辞表提出があり、アメリカ公使の申し入れもあって一旦出兵中止を決定した。これに対し西郷らは強硬策を主張して譲らず、五月再度出兵に決し、熊本・鹿児島の義勇兵を加えて台湾に上陸、六月占領した。八月外交交渉のため大久保利通を全権弁理大臣とし、九月から北京において交渉が行なわれたが難航し、結局清国駐在イギリス公使ウェードの斡旋によって合議が成立した。その内容は、清国は日本の出兵を「義挙」として認め、難民遺族への撫恤金などとして五〇万両を支払う、日本は台湾から撤兵する等である。十二月に日本は台湾から撤兵した。

江華島事件[一八七五、日朝修好条規(江華条約)]

日本軍艦雲揚号が朝鮮漢江河口の江華島付近で挑発行為を行ない、朝鮮守備軍から砲撃されて交戦した事件。一八七五(明治八)年四月、森山茂外務少丞・広津弘信外務省六等出仕らは、「軍艦ヲ発遣シ対州近海ヲ測量セシメ、以テ朝鮮国ノ内訌ニ乗ジ、以テ我応接ノ声援ヲ為ンコトヲ請フ」の上申を外務卿寺島宗則に提出、政府はこれをうけ、五月二十五日雲揚、六月十二日第二丁卯を予告なしに釜山に入港させるなど示威を行なった。さらに九月雲揚は朝鮮西南海岸に向かい、漢江河口江華島付近で草芝鎮砲台から砲撃を受け、交戦する(この間の事情はⅣ-1以下を参照)。この挑発行為が意図的なものであったことは、佐佐木高行の日記からも知られるところであり(→三二二頁注「偶然此兵端…」)、各新聞の論説もそのことを疑っていた(Ⅳ-1以下など)。この報を受けた日本政府は十二月に至って陸軍中将兼参議開拓使長官黒田清隆を特命全権弁理大臣に、前大蔵大輔井上馨を特命副全権弁理大臣に任じ、全権一行は七六年一月六日、軍艦日進・孟春・特務艦高雄・汽船玄武丸・函館丸・矯竜丸の六隻で品川を出発、同月十五日釜山に入港する。すでに入港していた軍艦鳳翔・汽船満珠丸をあわせて八隻で朝鮮を威圧、また下関に山県有朋陸軍卿を急派して広島・熊本鎮台からの出兵の準備をさせた。全権一行は二月四日江華島に到り、十日上陸、翌十一日から朝鮮の判中枢府事申櫶らと交渉に入った。朝鮮政府内部では大院君らの主戦論もあったが、結局開国を認めざるをえなくなり、二月二十七日、日朝修好条規(江華条約)が調印・締結された。

条約は一二条からなるが、朝鮮を独立国(したがって清国の属国でないこと)と認め、釜山のほか二港の開港、また日本の領事裁判権を認めるなど、日本に有利な不平等条約である。これによって初めて朝鮮の鎖国は破られた。また同年八月二十四日修好条規附録と貿易章程が漢城で調印され、開港場における日本人の権利、通商上の手続きのほか、貨物の出入はとくに数年間関税を免ずることを約させた。

露土戦争[一八七七-七八、サン・ステファノ条約、ベルリン条約]

一八七五年ヘルツェゴビナの対トルコ反乱はたちまちボスニア全土に広がり、翌年にはブルガリアに波及、セルビア・モンテネグロ両公国はトルコに宣戦布告する。トルコ領内の民族自立化の動きの中で、ロシアの南下を恐れるイギリスは七六年十二月、ドイツ・オーストリア・フランス・イタリア・ロシアに呼びかけ、共同でトルコの内政改革案を作成、実行を迫ったが、トルコは内政干渉であると拒否、新憲法を発布して領土の不可分一体性を定めるなど、自ら改革を開始する姿勢を示した。翌年三月ロンドンの列国会議の勧告をトルコが拒否したことを理由に、四月ロシアはトルコに宣戦布告、ここに露土戦争が勃発した。ロシア軍は初戦の優勢にもかかわらず、とくにプレヴナの要塞が容易に陥落せず、その攻防戦は五カ月にわたった。十二月ついに陥落、翌七八年一月にはアドリアノープルも占領してコンスタンチノープルに迫った。トルコが講和に追いこまれた段階で、イギリスはコンスタンチノープルへの艦隊派遣を決定したが、一月三十一日アドリアノープルで講和が成立、戦争は終了する。

三月にサン・ステファノ条約が締結されるが、あまりにロシアの利益を反映した、汎スラブ主義的解決であったため列強が反発、結局ビスマルクの斡旋により六月ベルリン会議が開かれ、修正される。セルビア・ルーマニア・モンテネグロが独立し、またブルガリア公国はサン・ステファノ条約で規定した領土を三分の一に縮小、オーストリアはボスニア・ヘルツェゴビナの行政権を取得して、ロシアの思惑は大きく制約される。またイギリスはキプロスを獲得した。なおこの戦争は最大の士族反乱である西南戦争の最中のことであったが、日本政府は山沢静吾を観戦武官として現地に派遣するなど、並々ならぬ関心を抱いていた。民間でも同様であったことは、II-3以下の論説にみる如くである。

壬午軍乱[一八八二、済物浦条約]

朝鮮の首都、漢城で起きた反日クーデタ。日本では京城事変(第一次。第二次は甲申事変)と呼ぶ。朝鮮では開国以後、両班支配層の中に開化思想を抱くものもあらわれ、一八七六(明治九)年には金綺秀一行、八〇年には金弘集一行が修信使として日本に派遣された。また八一年には趙準永・魚允中ら六二人の「紳士遊覧団」が日本に派遣されて、官庁・学校・軍隊などを視察した。八一年五月には、前年の修信使の随員として日本を視察して帰った尹雄烈を中心に、洋式軍隊の士官養成のための別技軍を創設、日本公使館付武官堀本礼造が軍事訓練にあたった。開化政策の一方、不平等条約に支えられた日朝貿易の拡大によって朝鮮民衆の生活は圧迫をうけ、とくに米・大豆などの食料が大量に流出したため食料危機となり、穀価は開港後三、四倍に騰貴した。民衆の不満は募り、「衛正斥邪」論が台頭した。

八二(明治十五)年七月二十三日、兵士に対する一三カ月ぶりの俸給米支給に不正があり、憤激した軍民が蜂起、漢城の市民も合流して閔氏一族の邸宅を襲い、捕盗庁を襲撃して柳卜万・金春永など「衛正斥邪」論者を解放、倉庫を開いて軍民に食料を分配した。また日本公使館を襲って別技軍教官の堀本礼造と陸軍語学生二名、外務省巡査二名を殺害、さらに王宮に突入して閔氏政権を倒し、大院君を迎えて新政権を樹立した。花房義質公使ら館員一行は仁川に逃れ、ついでイギリス船フライング・フィッシュ号に救助されて長崎に帰ったが、軍艦四隻・陸兵一個大隊とともに朝鮮にもどり、八月十六日漢城に入った。一方領選使金允植・魚允中の出兵要請をうけた清国は馬建忠と北洋艦隊、さらに淮軍の精鋭三〇〇〇人を派遣した。清国軍は日本を牽制しつつ、八月二十六日大院君を清国に拉致し、反乱の中心人物等を処罪し、閔氏政権を復活させた。

八月三十日、軍乱の処理として済物浦条約が調印され、軍乱の主謀者の処罪、日本人被害者の遺族らに五万円、また賠償金として五〇万円(五年賦)の支払い、公使館警備のための日本軍の駐兵権などを約束させた。また日朝修好条規続約を結んで、釜山・元山・仁川の日本商人の活動範囲の拡大、漢城近くの楊花津の開市、朝鮮内地への日本公使らの遊歴の自由などを定めた。この結果、日本の朝鮮侵略への道は拡大されたが、朝鮮政府内への影響力はむしろ減退する。

清仏戦争[一八八三—八五、天津条約]

ベトナム(越南)の支配をめぐり、宗主権を主張する清国と保護国化をすすめるフランスが衝突した戦争。中法戦争とも呼ぶ。一八〇二年阮福暎がベトナム全土を統一、首都をフエにおいて越南国と称するが、このときフランス人宣教師ピニョーとその私兵の支援があったことから親仏政策をとっていた。のちにキリスト教禁圧政策をとったため、ナポレオン三世は一八五八年宣教師殺害事件を名目に出兵、以後フランスによる侵略が開始される(→一四三頁注「安南王国」)。七三年にはフランスのサイゴン総督デュプレが武力侵略を開始して、トンキン地方のデルタ地帯を制圧、ついでハノイを占領して、七四年サイゴン条約(第二次)を結ばせるが、これはコーチシナ六省に対するフランスの完全主権を認めるなど、実質的に保護国化を意味するものであった。七五年フランスは清国に条約締結を通告するが、清国はベトナムに対する宗主権を主張してこの承認を拒否、さらに八一年には条約破棄を通告する。もともとベトナムの雲南国境一帯には、かつて太平天国軍に参加した劉永福の率いる黒旗軍が蟠踞しており、フランス軍と対峙していたが、八二年四月黒旗軍の調査妨害を理由にリヴィエール海軍大佐率いる部隊がハノイを占領(リヴィエールは翌年黒旗軍のため敗死)、清国正規軍は続々北ベトナムに南下し、緊張が高まった。

北洋大臣李鴻章とフランス側との交渉は緩衝地帯設置などでまとまりかけたが、八三年に登場したフランスのフェリー第二次内閣は本格的なベトナム植民地化政策をとり、八月にフエ条約を強要して外交権などを奪い、十二月には山西、翌八四年三月には北寧など要地を武力占領して、事態は再び紛糾した。このため五月李鴻章と海軍中佐フルニエの間で、フエ条約の承認などを含む協定が成立するが、六月北黎で武力衝突がおき戦闘状態に入った(この経緯については→二八八頁注「言ヲ誤訳ニ托シテ…」)。八月フランスは宣戦布告のないまま、台湾の基隆を攻撃、また福州で清国南洋艦隊を全滅させた。同月清国は宣戦布告、フランス軍は十月台湾封鎖を宣言し、翌八五年三月澎湖島を占領するが清国軍も三月に国境付近の鎮南関でフランス軍を撃退、諒山を奪回するなど反撃に転じた。この中でフランスのフェリー内閣は倒れ、イギリスの調停のもとに講和交渉が始まる。

四月にさきの李・フルニエ協定を確認するパリ議定書が調印され、六月天津条約締結。天津条約によって清国はベトナムに対するフランスの保護権を認め、国境が画定されるとともに国境陸路貿易の規定が設けられた。この清仏戦争の帰趨は日本にとって多大の関心の的であり、新聞報道を賑わしたが、その一端は本書収録論説からもうかがえよう(Ⅲ-8〜14)。日本の対清国観に深刻な影響を与えた戦争である。なお詳しくは、坂野正高『近代中国政治外交史』などを参照されたい。

甲申事変〔一八八四-八五、漢城条約、天津条約〕

一八八四(明治十七)年十二月朝鮮の漢城でおきた親日派のクーデタ。京城事変(第二次)とも称する。壬午軍乱のあと、閔氏政権は清国に依存しつつ政権を整備、八二年八月には清国と「中朝商民水陸貿易章程」を結んで宗属関係を確認、朝鮮国王と北洋大臣を同等の位置に置き、領事裁判権や清国商人の内地旅行・通商権を規定した。また旧式軍隊の廃止を進めて親軍営を編成して清の袁世凱の掌握下におき、また外交顧問として李鴻章の推薦で馬建常(馬建忠の兄)とドイツ人メルレンドルフを招いた。この一方で、八二年九月には朴泳孝を正使、金晩植を副使とする修信使が再び日本に派遣され、二ヵ月間の日本における近代化過程の研究から、朝鮮独自の開化政策をつくるべしとする勢力も台頭し、閔氏一派と対立を深めた。八三年閔氏政権がメルレンドルフの支持で当五銭という悪貨を鋳造しようとしたことに金玉均が大反撥したことで、対立は頂点に達した。

金玉均ら急進開化派は、清仏戦争によって清国が朝鮮駐屯軍の半数一五〇〇を本国にひきあげたのを好機とし、(1)大院君の帰国と対清朝貢の廃止、(2)門閥打破・人民平等・人材登用、(3)税制改革による国庫の充実、(4)財政官庁の一元化、などの改革の政綱をつくり、十二月四日クーデタをおこした。日本軍一個中隊と政府軍をもって王宮を制圧、閔氏政権の要人閔台鎬らを殺害し、金玉均らは国王を擁して新政権を樹立し政綱を発表した。しかし、閔氏の要請を受けた清国軍は十二月六日王宮の急進開化派を攻撃、日本公使竹添進一郎と日本軍は撤兵して新政権は三日で倒れ、金玉均らは日本に脱出した。

日本政府は八五年一月井上馨を特派全権大使として、軍艦七隻と二個大隊を派遣し、朝鮮と漢城条約を結ぶ。日本側は竹添公使らの事件介入の責任を回避し、公使館焼失と居留民の被害の賠償を要求し、結局合計一三万円の支払いを認めさせた。さらに四月李鴻章・伊藤博文により日清間で天津条約が結ばれ、日清両国の四ヵ月以内の撤退、将来両国または一国が出兵するときは事前に通告しあうことを約することになる。

解説

対外観とナショナリズム

芝原拓自

一 はじめに

本巻では、維新後の明治前半期すなわち日本の近代国家形成期における対外観がとりあげられている(幕末期のそれは、本大系の『開国』の巻に委ねている)。そのため、当時の対外観の諸相がやや典型的に表現されていると思われる、さまざまな公文書や論策・意見書・書翰類また諸新聞の論説などが収録されている。

ところでまず、対外観とはなにかと問われれば、回答はさほど容易ではない。対外観についての比較的正確にして一般的な定義づけなどは、いまの私にはほとんど不可能にちかい。そこで、さしあたりいまは、同時代の世界情勢や国際政治、欧米やアジアをはじめ世界各国の内治・外交や世情などへの、近代日本形成期の日本人の認識・判断や評価、したがって広くは当時の人々によって抱かれた世界像を、本巻でとりあげる対外観としておきたい。このように対外観それ自体は、直接には自国の外の世界への一定のイメージにほかならない。

けれども、国際情勢や外国事情へのなんらかの認識や判断は、日本および日本人のなんらかの対外的な態度や行動と、つねに相関している。ある対外的な態度・行動の裏側には、かならず外の世界へのある認識・判断があり、これが働いて対外行動そのものまでを方向づけることもある。いな、対外行動のみならず、内治——それも政治・軍事・経済・社会から教育・宗教はじめ思想・文化など多方面におよぶ——の改良や変革への強い意欲もまた、国際情勢や諸外国の趨勢への認識や判断と深くつらなっており、これらがプラスの目標あるいはマイナスの教訓として生かされようとされる。その意味で対外観は、日本人の内外への能動性あるいは実践性と深くかかわる精神領域の重要な一部分である。

対外観のあり方のこのような特徴からして、いわば無関係な第三者として国際情勢全般や世界各国事情を観察し、これをたんに紹介・評論するような著作や論稿などは、当然のことながらほとんど皆無にちかい。むしろ反対に、さまざまな側面をもつ対外認識は、欧米諸国から圧迫される劣勢なアジアの一小国日本の現在と将来をどうするかという切実な課題意識のなかでこそ、しかも鋭い対外緊張感をともなって、より鮮明に表現されるばあいがほとんどである。こうして外の世界へのイメージは、生きて動く世界・アジアのなかでの日本の位置についての自己認識、さらにこの世界と主体的にかかわろうとする日本人の自意識の、一つの反映でもある。そこで、その自己認識や自意識の多様性や揺れ動きと対外観の多様性や揺れ動きとの密接な関連性は、否定しえないのではなかろうか。

たしかに、国際情勢の「現実」あるいは諸外国の「実情」がもちだされ論じられたのは、多くのばあい、ほかならぬ日本の外交や内治への批判もしくは方向づけをめぐる主張や論策のなかでであった。したがってそこに一、二の問題も生じてくる。一つは、そこで論じられる外の世界の「現実」・「実情」とは、断片的に関説されたものからやや系統的に分析されたものまで、多様であるということである。一般には、課題や主張がより根本的かつ長期の射程をもつものであればあるほど、国際情勢や諸外国の趨勢にかんする論述もより長期かつ体系的な展望をもったものになりがちであり、それがいわば戦術的かつ短期のレベルの主張であれば、論及もまた断片的になりがちである。だがいずれにしても、そこで扱われる海外事情とは、国際関係であれ特定国の内治・外交であれ、自己の主張とのかかわりである一面がことさら前面に登場させられているばあいがほとんどだということを、無視・軽視するわけにはいかない。そのうえ、さらにそこには、知識や情報の不足や片寄り、論者の思い入れなどからくる認識や判断の過誤、それどころか「現実」を故意にねじまげて説く誇張や修辞上の操作までが、〃対外認識〃のなかにしばしば混入されていることも考慮されなければならない。このように、描かれまた植えつけられる日本人の対外観・世界像とは、外的世界の実相そのものとは区別さるべき別の独自の観念、あるばあいには虚偽意識にほかならないのである。

対外観の究明は、さしあたりはこのような問題状況をたえず意識してなされる必要があろう。しかも、このイメージや観念としての対外観の諸側面、その多様性や一定の共通傾向の考察をつうじて、実は私たちは、前述のように、世界とのかかわりでの当時の日本人の自己認識や自意識をも確認しているのであった。その意味で本巻は、対外観や対外課題意識のなかに表現される、当時の日本のナショナリズムの問題性をも、同時に探ることになるであろう。

本巻は、五つの部分から構成されているが、大別すれば、明治国家をになう有司・官僚層の対外観を扱った部分、すなわちI章と、世論＝国民意識の形成により近くかかわった新聞（一部は雑誌など）の論説を主たる素材とした部分から成っている。後者のうち、欧米列強の内治・外交やこれが主導する世界情勢全般への認識・評価をより広く扱った部分をII章とし、近隣諸国および東アジア情勢への認識や課題意識を扱った部分をIII章以降に一括している。

その際、種々の対外懸案・係争事項にかかわる争点をめぐっての、あまりに具体的な戦術論的・政策論的な主張は、可能なかぎり本巻からは省くことにした。たとえば壬午軍乱や甲申事変の処理をめぐる処方箋とか、条約改正をめぐる法権・税権の回復や内地雑居の問題への賛否や提案などがそれである。これらの係争問題や懸案事項をめぐっても、そこで表明される対外観と自意識こそが、本巻で扱われるべき課題だからである。また、代表的な思想家——たとえば福沢諭吉や中江兆民など——の長文の著作なども、それらが当時の対外認識のある側面を典型的に代表していようとも、本巻には収録しなかった。あまりに著名かつ『文庫』や『全集』などで入手しやすいということも一つの理由である。だがそれだけではなく、ここでは主に、新聞論調など、より広範な世論や思潮を紹介しつつ、これら代表的思想家たちの議論もそのなかで検討していきたいと考えたからである。事実、かれらの多くも、みずから新聞を発行するか各種の新聞にその主張を系統的に公表したのであって、主に新聞論説の全体的な潮流のなかにこれを位置づけ評価することも、可能かつ重要な課題なのである。たしかに、当時のほとんど唯一のマス・メディアとしての新聞は、国民意識や社会思想の主潮流を映しだす、まさに最良の鏡である。したがって本巻は、十数年間にわたる新聞論調を主素材として近代日本形成期における対外認識の全体像を体系的に追跡する最初の試みとして、一定の意味があると確信している。もっともその新聞も、本巻では『東京日日新聞』・『郵便報知新聞』・『朝野新聞』・『東京曙新聞』・『東京横浜毎日新聞』(以下、『東日』・『報知』・『朝野』・『曙』・『毎日』と略称)のいわゆる中央五大紙の論説が、中心的な素材とされている。当時草創期にあった全国各地の地方新聞も無視しえないが、対外観という主題からみると、外の世界への情報・知識や分析・評価において、なお中央諸紙の論調の方がユニークかつ典型的だと考えられるからである。

それにしても本巻は、日本人の対外観のすべての領域を、包括して扱っているわけではない。対外観には本来多様な側面があり、したがってさまざまなとりあげ方も可能である。たとえば、民族観・領土観や外国人観、あるいは対外冒険心や植民論なども検討に価するテーマになりうるし、日本人の歴史意識もみずからが抱く世界像と無縁ではない。しかし、限られた紙幅のなかで、これらすべてを扱うことは不可能である。一方また、外国事情とくに欧米諸国のそれへの評価や判断は、実は、たとえば憲法・各種法制の制定や経済構想の分野、また、開化と伝統、欧化と国粋との相剋をはらみつつ試行錯誤をつづけていた軍隊の編成・規律や教育の制度・内容さらに宗教などの各分野においても、つねにつきまとっていた。事実これら各分野でも、対外認識のあり方をはなれては、それぞれの基本的な方向さえ語りえないほどであった。だが、それぞれの領域にかかわるこの問題については、本大系の『憲法構想』・『軍隊兵士』・『経済構想』・『教育の体系』・『宗教と国家』などの巻にゆずっている。そのうえで本巻は、主に政治と外交にかかわって、欧米やアジアの諸国の内治内情の問題、世界情勢や国際関係の現状と趨勢を、当時の日本人が全体としてどう認識し、対外的にどう対処しようとしていたかという基本的な論点の追究を、課題の主軸に据えている。

また本巻の構成にも、収録史料など、上述のようないくつかの限定がある。したがって、本巻のみによって、近代日本形成期の官・民の日本人の対外観の全貌を、充分に把握しうるものではない。そこで、その限定およびさきに述べた対外観をめぐる問題状況をふまえ、可能なかぎり収録外の著作その他の史料も含みこんで、若干の考察をしてみたい。それが、より体系的な研究の進展のための一つの捨て石にでもなれば幸せである。

二　有司・官僚の対外観

一　明治国家の対外姿勢と国是

欧米列強による強制としての開国、日本側の屈服としての不平等条約、その体制下での国交と通商関係の進展は、大きな精神的衝撃をともなう西洋認識を人々にせまった。それは、まずはインドを略し中国を侵した強力な艦船・銃砲への驚異だったとしても、やがてはその威力の源泉としての産業・科学技術や西洋人の自主自立かつ旺盛な活力、これらの文化・文明を土台とした近代的社会・政治制度などの確認にまでおよぶものであって、しかもそのすべてが、自他の大きな差異をきびしく印象づけられざるをえない西洋認識であった。この〃西洋の衝撃〃はまた、はねかえって日本および日本民族とは何か、どうあるべきかという反省的な自己確認への強い志向を生み、さらにアジア諸国にたいする西洋とは異質なイメージをも、より鮮明にするであろう。

幕末維新の変革は、このようなナショナリズムの急激な発生・展開のなかで遂行され、維新の成就と文明開化・富国強兵の目標設定の過程は、そのまま同時に、いわば対極的な西洋観とアジア観とを、ともに増幅する過程となった。明治維新の国民的体験は、一方では古い侮蔑的・攘夷的な西洋観の多くの部分をふるい落とすとともに、他方では旧態依然たる近隣アジア諸国から日本を区別しようとする自意識を強めることによって、二つの対外観をますます両極分化させる方向に働いたのである。

ところで、いわゆる維新期・自由民権期は、周知のように専制か立憲か、国権か民権かをめぐって、国家的・国民的規模での論争や政争が展開された。そこで、官民あるいは民間相互のあいだにおけるこの一大争点やその交錯と帰趨において、それぞれの対外観、世界のなかの日本の位置についての自己認識や展望は、これらとどうかかわっていたのか。そのことを、世界情勢認識や分極化しつつある西洋観とアジア観を焦点としつつ検討し、その歴史的な意味を問うために、ここではまず、維新いらい幼少期の近代日本を現実的に統治し方向づけた、明治国家の有司・官僚層の対外観を問題としてみたい。

明治国家の権力中枢にいて、その内外政策を直接に推進するかれらは、いうまでもなく政治家＝天皇制官僚であり、いわゆる知識人や思想家ではない。したがってかれらの対外認識の諸相は、それ自身まとまって表明されることはほとんどない。むしろそれは、重要な内治・外交をめぐる天皇＝国家意志として宣言される文書、具体的な案件や課題をめぐって提出される建策や意見書、または書翰類などのなかに、あるいは露骨にあるいは化粧されつつ、濃淡とりまぜて表明されるものである。そしてもちろん、かれら有司・官僚のあいだにも、内外政策上のいくつかの選択肢や優先順位をめぐっての、やや系統的あるいは転変する対立意見が存在し、その背後には相対的に異なる対外認識や判断があった。しかし、かれらに共通する国家の大目標、そこに示される対外的な基本姿勢は、新政府が誕生したばかりの一八六八(明治元)年、天皇＝国家意志を公示する諸文書のなかに、すでに明瞭に表現されている。

すなわち、まず同年一月、その対外基本方針を最初に内外に示した「対外和親、国威宣揚の布告」(I-1)は、新政府による旧幕府締結の条約履行とともに、その不平等条項の改正と「宇内之公法」にのっとった外交の推進を掲げ、同時に、上下一致して「大ニ兵備ヲ充実シ、国威ヲ海外万国ニ光輝セシメ」る意欲をも宣言している(以下、本巻収録の史料を引用する場合は、史料名と史料番号のみを示す)。ついで二月、各国公使参朝の布告においても「万国普通之次第ヲ以各国公使御取扱」とされ、この布告への三職(総裁・議定・参与)の副書も、「万国普通之公法」により当分は旧条約を継承するが、曲直により「攻守之覚悟勿論之事」とし、「時勢ニ応ジ活眼ヲ開キ、従前之弊習ヲ脱シ、聖徳ヲ万国ニ光輝シ、天下ヲ富岳之安ニ置」く大目標を披瀝している(『復古記』二)。

対外和親・開国進取と国威宣揚の姿勢は、同年三月十四日、「今日ノ急務、永世ノ基礎」たる国是を定めようとした五箇条誓文、および宸翰のなかにも、強く貫かれていた。まず、旧来の陋習を破り「天地ノ公道」(草案では「宇内ノ通義」)に基づくべし、智識を世界に求め大に皇基を振起すべし、などの誓文の文言は、翌十五日、「万国之公法ヲ以条約御履行」と改めて宣言し外国人加害を禁じた五榜の掲示第四札とともに、なお残存する退嬰や攘夷排外熱を難じ、開国進取の国是を強調して止まない(以上、『復古記』二)。一方、一君万民・天皇親政の本義を天皇みずから国民に諭そうとした国威宣揚の「宸翰」(I-2)は、「近来宇内大に開け、各国四方に相雄飛するの時」、他国の侮りをはねかえし、「一身の艱難辛苦を問ず、親ら四方を経営し汝億兆を安撫し、遂には万里の波濤を拓開し国威を四方に宣布し、天下を富岳の安きに置んことを欲す」と、再び積極的な海外進出の野心を吐露している。

このように、成立の当初から新政府がことさらに開国進取および万国対峙と海外雄飛の国是を宣明したのは、たんなる攘夷主義批判のみならず、欧米列強への屈従を重ねた幕府の対外失政とは根本的に異なる、新国家の存在理由をそこに賭けていたからだと考えられる。翌六九(明治二)年二月、岩倉具視の「外交・会計・蝦夷地開拓意見書」(I-3)は、まず、万国交際が不可避にしてかつ各国たがいに競合する現今、外交は「海外万国ハ皆我ガ皇国ノ公敵」との覚悟をもって「皇威ヲ墜サズ国権ヲ損セザルヲ以テ大眼目」とすること、治外法権などの不平等には外国を畏懼せずに曲直を争い条約改正・国権確立に及ぶことを、さらに「天下ニ暁諭」すべしと主張する。国家財政の集中も「皇綱ヲ張リ国権ヲ伸ブル」ために急務とされ、蝦夷地(北海道)開拓も「内ハ未曾有ノ大利益ヲ興シ、外ハ魯西亜人ガ垂涎ノ念ヲ絶チ、皇国ノ威勢此ヨリシテ海外ニ宣揚スル」ために強調される。しかもこの意見書は、幕府の対外屈従や幕末の動乱と幕府の倒壊を生々しく想起しつつ、それだけに「外国ニ対スルノ事ハ皇国安危ノ繫ル所ニシテ、尤《もっとも》深謀遠慮セザル可カラズ」として、積極的な対外姿勢の公表・実践を迫っているのである。また同年八月、版籍奉還が実現した直後の官制改革で左右大臣・大納言・参議の三職に就任した最高指導者六名が連署した「盟約書」も、国体維持・全国一和と「皇威ヲ海外ニ輝サシメン」ためにこそ、名分を誤り対外的に国体を損じた幕府を討ったのだとし、あらためて「全国之力ヲ戮《あわ》セテ皇威ヲ宣揚シ国権ヲ拡張スル」という基本任務を確認している(『岩倉公実記』中)。このように、対外問題への対処の仕方が国家＝政権の威信を根底からゆさぶること、その意味で開国進取とともに万国対峙・国権拡張の課題の実現がみずからをも制約していることを、幕府打倒にいたる厳しい政争をくぐり抜けたばかりの新政府有司たちは、いたく自覚していたのである。

それにしても、この時期にあいついで宣言あるいは確認された開国進取や海外雄飛の対外基本目標は、なお抽象的な新国家の決意表明にしかすぎないようにみえる。たしかに、ひきつづく廃藩置県やいわゆる三大改革(徴兵制・義務教育制・地租改正)をはじめとする矢つぎばやな内政改革も、明治政府はつねにこの開国進取・万国対峙・国権拡張の大義名分を前面におしだして、反対派を封じ込めつつ強行した。だが一方かれらは、死活的とされる対外問題において、より具体的に、当時の欧米諸国あるいは近隣の中国・朝鮮との国際関係をどう認識し、実際にどのように万国対峙・国権拡張の〝実績〟をつもうとしていたのであろうか。

二 「万国公法」と欧米列強観

欧米諸国が主導する近代の国際社会に主権国家として仲間入りするためには、そこに存在する一定の規範を度外視するわけにはいかず、むしろ建前上でもそれを尊重しないわけにはいかない。さきにみたように、誕生の当初から新政府が、「宇内之公法」・「万国普通之公法」・「万国之公法」にそった外交とか、「万国普通之次第」や「宇内ノ通義」・「天地ノ公道」の尊重を謳ったのは、そのためである。従来の東アジアの国際秩序とは無縁であり、したがって未知であった西洋の近代国際法は、たとえばマーチン漢訳『万国公法』の中国からの移入などによって、すでに幕末いらい広く為政者や識者の関心をさそっていた。ただその際、「万国公法」を実定法上の国際法規に限定して理解するよりも、むしろ国際関係を律する自然法的な条理・理想としてうけとめるのが一般的であり、「万国之公法」は、しばしば伝統的な儒教の天道概念によって読みかえた「天地ノ公道」などと同義に観念され使用されていた。たとえば、岩倉具視が一八六七(慶応三)年、「済時策」において国際交易は本来「天地ノ公道」に基づくはずのものと述べ、「王政復古大挙ノ議」密奏において「目今万国ノ交誼天地公道ノ在ル所ヲ以テ和戦ヲ決シ進退ヲ定ムルノ際」と論じているのは、その適例である(『岩倉公実記』中)。また、木戸孝允が六八(明治元)年二月、後藤象二郎への書翰で「世間普通之公法」と言い(『木戸孝允文書』三)、七〇(明治三)年六月、その建白で「天下ノ通情、宇内ノ公理」による対朝鮮国交を要求したのも(『日本外交文書』三)、ほぼ同様の使用例であろう。したがって、この岩倉や木戸がいずれも深くかかわった、五箇条誓文その他の布告にある「万国普通之公法」とか「天地ノ公道」とかの文言には、すでに尾佐竹猛から大久保利謙・稲田正次にいたる研究史が指摘するとおり、ともに〃万国に通ずる純理〃〃国際関係を律する自然の条理〃ともいうべき含意があった。あるいは、最近の丸山真男によれば、「主として国家相互間を規律し拘束する倫理的＝法的な規範」を意味するカテゴリーとして、これらの文言は理解されうる(丸山真男『「文明論之概略」を読む』下)。

そこで、建前上にせよ承認し尊重さるべき「万国之公法」・「天地ノ公道」の条理あるはずの世界で、現実の欧米列強諸国はどうだったのか。また、現実のアジア諸国や日本はどう位置づけられ扱われていたのか。政府有司たちは、これらをどう認識し具体的にどう立ち向かおうとしていたのであろうか。

じつはかれらは当初から、国家相互間を対等平等に律するはずの「天地ノ公道」・「宇内ノ公理」に基づくルールなどは、本音においてはほとんどまったく信用していなかった。現実の世界に存在するのは、国際間におけるパワー・ポリティクス、弱肉強食の力の論理にほかならないと、むしろ深く信じこんでいた。たとえば、さきの「済時策」において岩倉は、現今の通商は「天地ノ公道」に反して「貪利ノ術」を逞しくするもの、弱肉強食にしてむしろ兵法にいう「糧ヲ敵ニ取ル」策を追求するものだと喝破し、それだけに、日本の国政一新と「富国強兵」による「皇威ヲ宇内ニ宣揚ス可キノ大基本」確立の急務を説いている。一八六九(明治二)年二月の「会計外交等ノ条々意見」(草稿か)においてもかれは、「万国公法」などはいわば国際判例集のようなもので「恃《たのむ》ニ足ラズ守ルニモ足ラザル」もの、「公法」などを吹聴するのはただ「洋癖ヲ長ズルノ本」になるだけだと論じている(『岩倉具視関係文書』一)。木戸もまた六八(明治元)年十一月八日の日記に、「兵力不レ調《ととのわざる》ときは万国公法も元より不レ可レ信、向ニ弱に一候ては大に公法を名として利を謀るもの不レ少、故に余万国公法は弱を奪ふ一道具と云」と記しており(『木戸孝允日記』一)、さらに同十三日付の野村素介あて書翰では、つぎのような露骨な評価を下している。

　万国公法などゝ申候ても是又《これまた》人之国を奪ひ候之道具にて毫も油断不ニ相成《あいならず》一、今日世間縦横往来相開け居候に付、名目無レ之ては猥《みだ》りに人之国も不レ被レ奪故、不レ得レ止《やむをえず》如レ此之法を立候もの歟と愚考仕候。弱国は此法を以《もって》奪ひ強国此法にて未奪れ候を不レ聞、安心不ニ相成一世界に御座候。(『木戸孝允文書』三)

幕末・維新期からの、岩倉や木戸らの以上のような認識・評価を、どう理解すればよいのであろうか。一九世紀の当時の国際法＝「万国公法」は、ヨーロッパの近代主権国家＝高等国家群相互間の対等平等な秩序を形成しているのみで、それ自体、半未開国(トルコ・ペルシアや中国・日本など)や未開国にたいする主権制限や領土獲得をさえ正当化している不平等な法の世界システムにほかならず、岩倉や木戸らは当時からすでに、「万国公法」そのもののこの不平等な構造を見抜いていたのだ、と主張する見解もある(井上勝生「維新変革と後進国型権力の形成」)。だが、かれらの認識はそこまで徹底していたのではなく、「万国之公法」は公理公道にて結構だが、現実には赤裸々な主権国家の腕力こそが上位にあって国際関係を支配しており、「万国公法」もその謀利・強奪の名分とすらされているという冷ややかな判断が、かれらに共通していたのだと考えた方がよいのではないか。この点はさらに後述するが、それにしても現実の国際政治へのこのような露骨な判断が、そのナショナリズムをますます力の論理の方向に刺激したことは疑いえない。さきにみた、開国進取のみならず万国対峙・国権拡張をめざすとする新政府の再三の宣言は、たんに自己を幕府と区別するためだけのものではなく、この認識のもとでの、強国・大国への上昇の強烈な国家意志の表明でもあったと考えられる。

しかし、不信とはいえ「万国公法」は遵守されなければならず、国権回復・国威宣揚といっても欧米諸国との現実の力の格差は巨大である。そして、条約改正を一大課題とする対欧米外交は、このような矛盾と劣等感に悩まされつつ推進されざるを得なかった。一八七一(明治四)年十一月から二年近くの長きにわたって欧米諸国に派遣された、大規模ないわゆる岩倉使節団のなかに、そのことの自覚はすでに典型的にみてとれる。

すなわちまず、特命全権使節の目的と使命を明示した「事由書」(I-6)は、「列国公法」は国際間の互格・平均にして「対等ノ権利」を保障しているとしながらも、幕末いらいこの権利が「凌辱侵犯」されているのは、日本の「東洋一種ノ国体政俗」が「列国公法」を適用しがたいものとして列強に利用されているからだとし、「従前ノ条約ヲ改正セント欲セバ、列国公法ニ拠ラザルベカラズ。列国公法ニ拠ル、我国律、民律、貿易律、刑法律、税法等公法ト相反スルモノ、之ヲ変革改正セザルベカラズ。之ヲ変革改正スルニ其方法処置ヲ考案セザル可ラズ」と、当今の課題を提起している。

日本の文明開化、すなわち法律・制度さらに風俗や宗教などの一定の〝欧化〟なしには条約の改正と対等化・平等化などは問題にならないとする列強側の態度は、それまでの再三の意向打診や海外視察官吏の報告などからも明らかであった。したがって、これらの「変革改正」なしの条約の「姑息ノ改正」要求はかえって列強に乗ぜられ圧倒されるという懸念、といって「列国公法」適用の条件という外国側の論理に抵抗しうる理論も実力もないという現状のもとでの、日本の〝後進性〟へのにがい自認が、この「事由書」のなかにはよく反映されている。この点は、使節団の最初の訪問地アメリカにおける、天皇の意志＝使節団の使命への再確認を首脳に求めた伊藤博文の「意見書」(I-7)において、よりあざやかに表現されている。

> 天皇陛下ハ我東洋諸州ニ行ハル、所ノ政治風俗ヲ以テ、我国ノ善美ヲ尽スニ足レリトセズ。何ゾヤ。欧米各国ノ政治制度風俗教育営生守産概《おおむ》ネ我東洋ニ超絶スルヲ以テナリ。於《ここにおいて》レ此開明ノ風ヲ我国ニ移シ、我国民ヲシテ速《すみやか》ニ同等ノ化域ニ進歩セシメンコトヲ志シ、夙夜《しゅくや》励精黽勉《びんべん》スルヲ事務トセリ。

誕生いらい不平等条約の改正と国威宣揚を宣言してきた政府有司たちの、この現実の国際環境のなかでの〝劣亜〟の自覚、それだけに内治・外交における〝脱亜入欧〟への強烈な意欲は、当時木戸孝允から欧米カブレといぶかられたアメリカ駐在少弁務使森有礼やこの伊藤のみならず、政府有司たちにも多かれ少なかれ共通したものであった。そしてもちろん、この権力意志は、開化に無関心で頑迷固陋にみえる朝鮮や中国への、いっそうの〝蔑亜〟の心情にもつながるのであるが。

『米欧回覧実記』および大久保利通・木戸孝允らの日記や書翰などに詳細にあとづけられる、全権使節一行の欧米各地での精力的な外交活動や調査見聞、近代諸産業や憲法・政治制度・兵事・教育その他多方面のさまざまな体験・知見の獲得をふくむ世界認識の拡大深化など、その全体的な意義の考察は、いまは田中彰『「脱亜」の明治維新――岩倉使節団を追う旅から――』などにゆずるほかはない。ただ、かれらの当初からの国際的な権力政治への早熟的な執心との関係からすれば、ドイツでの体験、小国プロシアから普仏戦争でフランスを蹂躙し大ドイツ帝国を樹立したばかりの宰相ビスマルクや将軍モルトケから直接に聞いた政治外交哲学は、きわめて重要である。名義はともかく、実際には「強弱相凌ギ大小相侮ルノ情形」たる国際政治において、「列国ノ権利ヲ保全スル典常」たるはずの「所謂ル公法」などは、小国にとっては何の役にもたたない。結局は「凌侮」をうけず「自主」を奪われまいとすれば、「愛国心ヲ奮励」し「国力ヲ振興」し、実力をもって「国権」を全うするほかはないのだ。「軍備ヲ振整スル」は急務、まして大国として「国ノ権勢ヲ境外ニ振ハス」ためには、国力・兵力によらずして他に恃むものはない。『回覧実記』などにわざわざ記録された、このような両者の談話や演説は、使節団首脳のかねてからの国際情勢認識と小国から大国への基本的な志向に、一段の確信と勇気をあたえたにちがいないからである。

ともあれ、国際情勢や各国事情をつぶさに体験・調査した使節団首脳にとって、その体験は同時に、そのなかにおける日本の位置についての自己認識の、再確認と深化の過程でもあった。たとえば、パリ滞在中の一八七三(明治六)年一月、ロシア留学中の西徳次郎あて書翰において大久保利通は、「英米仏等ハ普ク取調モ出来居候而已ナラズ、開化登ル事数層ニシテ及バザル事万々ナリ。依テ孛・魯ノ国ニハ必ズ標準タルベキ事多カラント愚考イタシ候」と、すでにプロシアやロシアへの強い関心を示している(『大久保利通文書』四)。帰国後の同年十一月、「立憲政体に関する意見書」においても大久保は、維新いらい進取・欧化につとめた日本の位置を、あらためて「時勢半バ開化ノ地位ニ臨ム」ものとし、したがって旧套の「君主擅制ノ体」はもはや固守すべきではないとしながらも、「我国ノ土地風俗人情時勢」を斟酌しつつ「君民共治」の「定律国法」、「根源律法」たる「国憲」の制定を要請している(同右書五)。最初のアメリカ滞在中から、各国の教育・兵制や「根本律法《コンスチユーシヨン》」=憲法を研究しつづけた木戸孝允も、帰国直後の同年七月、「憲法制定の建言書」を廟堂に呈出したが、その草案(I-8)では、露・普・墺三国に分割された亡国の悲惨なポーランドでの体験を強調しつつ、つぎのように訴えている。

大凡《おおよそ》政治の盛衰国家の興廃総《すべ》て政規典則の有無と其当否に由らざるものなし。土壌広大人民蕃殖すと雖ども、若し其国の政務に於て一規を以て之を約束する事能はず、一夫縦《ほしいまま》に私利を営み、一夫驕《おご》りて公道を矯《た》め、諂諛《てんゆ》僥倖、小人随て朝に満るに至らば、富強文明の外貌ありと雖ども、国基衰頽終《つい》に整頓すべからざるに至らん。近く比較を取りて之を支那の形勢に証し、遠く欧洲「ホーランド」の蹉跌に鑑《かんが》むべし。

木戸もまた、「一国尚《なお》不化に属し、文明未だ洽《あま》ねからざ」る日本も、「闔《こう》国《こく》の人民一致協合」の欧米強国に迫るには、まず上から「政規典則」＝憲法・法律を立て、「人民を文明の域に導」き、独立・富強へ進めるほかはないと立論している。さらに、岩倉具視も一八七五(明治八)年三月、「外交ノ機務」に関する上書において、なお「公法トハ公理公道ナリ」との認識を示しているが、この「公理公道ニ背反」して外交や不平等条約で日本が「自主ノ権」を失っているのは、「是レ畢竟我ガ国憲未ダ確立セズ、富強未ダ自ラ持セザルヲ以テ彼レニ圧倒セラル、ナリ」と指摘している。そしてそれだけに、「公法」も認める「自主自護」の権によって、まずは「国内政法」を整備し「民智ノ開進」もすすめ、「富強自ラ持スル」ことの急務を再強調している(『岩倉公実記』下)。

使節団帰国の前後、かの「征韓論」をめぐって廟堂の内外が沸騰していた折、「内治」優先に固執してついに反対派を政権外に追いやった岩倉や大久保・木戸らは、ことさらに外遊中の体験・知見を披瀝しつつ、外征即行の不可、政法整備・殖産興業・開化富強の急を説かねばならなかった、という事情もあった。事実、西郷隆盛以下「征韓」派五参議の下野の直接の引き金となった、一八七三(明治六)年十月二十三日の岩倉の天皇への上奏・意見書も、条約改正こそ維新いらいの「国権ヲ復スル」基本課題、しかも一朝一夕にあらざるこの「一大至難ノ業」を達成するためには「国政ノ整備ヲ務メ民力ノ富贍ヲ謀リ文明進歩ノ道ヲ尽ス」ことこそ最急務、朝鮮への使節発遣などは国力・兵備充実のうえでも遅くはない、と断言していたのである(同右書下)。

このように、欧米先進諸国に比して半開・半文明たる日本への自己認識をさらに余儀なくされた明治政府とその要路にとっては、少なくとも欧米列強にたいしては、当初からの強烈な志向であった国威宣揚・国権拡張の強硬外交どころか、十分には信用しえない「万国公法」の論理をも忍びつつ、政法整備・文明開化・富国強兵をともなう「一大至難」の条約改正事業に、しばしの間は邁進しつづけるほかはなかった。

三　朝鮮・中国への外交志向

だがこの過程は、一方、近隣の朝鮮・中国との関係においては、おおいに異なった志向と局面とをともなっていた。征韓論争と政府分裂自体がその一段階を画したような、ことに朝鮮への侮慢と国権拡張の野心は、維新の当初から、すでに覆いがたい国家意志として表明され実践されはじめていたのである。いまだあらゆる列強の開国要求をも拒否しつづけていた朝鮮への、日本の新たな国交の要求がその直接の発端であった。

幕末期の征韓論についてはいまは措くとしても、木戸孝允などはすでに一八六八(明治元)年末いらい、版籍奉還とともに熱心に征韓を主張し、朝鮮にたいし「大に神州之威を伸張」することによって「天下の陋習忽《たちまち》一変して遠く海外へ目的を定め」ること、「皇国之大方向を相立、億万生之眼を内外に一変仕」ることを期していたことは、よく知られている(『木戸孝允日記』一・『木戸孝允文書』三)。対馬藩を介しての朝鮮への王政復古告知書にある「皇」・「勅」などの文言に日本の野心を察知して——なぜなら「皇」や「勅」は、朝鮮にとっては宗主国・上国たる清国皇帝のみが使用しうる資格をもっていたから——その受理を朝鮮側が拒否しつづけたことが、〝無礼〟だ〝侮日〟だとする木戸や外務当局の征韓熱をますます煽った。そして七〇(明治三)年四月、外務省「対朝鮮政策三箇条」(Ⅰ-4)は、この朝鮮に処する三つの選択肢を、すでに具体的に提案している。

このうち、皇使(木戸)派遣→朝鮮の拒否→武力発動という第二の策こそが最大の眼目であったことは、六月の参議木戸孝允や外務大録佐田素一郎らの建白書に明白である。すなわち、まず佐田らの建白は、中国での天津教案(反教会暴動)をめぐって対立する仏・英・米と清国が、ともに「朝鮮ヲ謀ル」余裕なきいまこそ「皇威ノ朝鮮ヲ綏服スルノ好機会」と、皇使派遣を督促している。木戸もまた前述のように、対朝鮮国交要求は「天下ノ通情、宇内ノ公理」、「万一彼レ公理ニ服セザル時ハ、我モ亦則チ断然ノ決無カル可カラズ」と息まいている(以上、『日本外交文書』三)。「万国公法は弱を奪ふ一道具」とする木戸のリアリズムは、そのまま、まさに弱き朝鮮に向けられようとしているのである。

さらに同年七月、外務権大丞柳原前光もまた「朝鮮論稿」(I-5)において、列強とくにロシアの朝鮮への野心を強調しつつ、「之(=朝鮮)ヲ綏服スレバ、実ニ皇国保全ノ基礎ニシテ、後来万国経略進取ノ基本ト相成」と、皇使派遣や出兵の急を建言している。その際朝鮮はただ、「対朝鮮政策三箇条」では「神功皇后御一征」の地あるいは「烈聖の遺烈豊臣氏の余光」ある地、「朝鮮論稿」では「列聖御垂念ノ地」としてのみ捉えられているのは、日本支配層の歴史的に根ぶかい朝鮮蔑視と、これを上から「綏服」し勢力圏に入れるを当然視する観念をのぞかせて象徴的である。

とはいえ、実際に実行されたのは、「対朝鮮政策三箇条」の第三の策、すなわち、朝鮮が藩属する中国と「比肩同等」の条約をまず結び、そのうえで朝鮮を「無論に一等を下し候礼典」にて扱い、清国を中立化させつつ目的を実現するという、「所謂遠く和して近く攻る」戦術であった。予備交渉のためまず柳原が派遣され、一八七一(明治四)七月に調印された「日清修好条規」が、そのための新たな出発点でもあった。いらい日本政府の、条約批准に名をかりた外交行動は、朝鮮への着手、また宮古・八重山の漂流民五四人の台湾での殺害事件の罪を問う台湾遠征、この二つへの清国や露・米などの不干渉の意向や暗黙の支持をうるための打診であった。他方では、朝鮮が嫌う蒸気船(従来は和船)の派遣や潜商の密貿易奨励などで、朝鮮側を挑発しつづけることであった。そして、この「無法ノ国」日本への朝鮮側の非難が誇張して日本で喧伝され、〝侮日〟だ〝国辱〟だとの世論沸騰のなかで、皇使西郷隆盛の派遣が、ひとたび廟堂で決定されたのである。したがってそのパターンは、所詮はかつての木戸孝允や外務省のそれと大同小異である。岩倉・大久保・木戸ら「内治」派がこれに反対したのは、岩倉使節団首脳の新知見・情勢判断や優先順位での見解の差のみならず、廟堂内での指導権争いという要素も見逃せないのである。維新当初からの朝鮮観や朝鮮への膨張志向そのものが、このとき岩倉・大久保・木戸らにおいて大きく変わっていたという証拠はなにもない。

征韓派参議排除後のいわゆる「大久保政権」下での一八七四(明治七)年二月、大久保利通・大隈重信の連名になる

「台湾蕃地処分要略」(I-9)および「朝鮮遣使に関する取調書」(I-10)は、その意味で、かれらの近隣アジアへの外交志向をよく示している。このうちまず前者は、琉球の日清両属の説を拒否して「琉球は古来我が帝国の所属」たるを主張しぬくこと、その琉球人民を殺害した「台湾土蕃の部落」は清国の支配が及ばない「無主の地」ゆえ、日本政府がこれに報復する義務ありとの「公理」を掲げようとしている。しかし客観的には、これらはすべて乱暴な議論である。まず「土蕃」の帰属については、事前交渉において清国側が主張したとおり「日本の蝦夷、米国の「アメリカン・インデヤン」等、王化に服せざる者有るは万国通有の事なり」であり(王芸生『日支外交六十年史』一)、日本側の主張をとるなら、北海道のアイヌ居住地は日本の版図外ということになってしまう。また、清朝と琉球王国との伝統的な冊封関係は厳然と継続中だったのであり、いかに日本側が七二(明治五)年いらい勝手に琉球藩設置(国王尚泰の琉球藩王=華族化)や琉球外交事務の外務省への接収、さらに藩事務の内務省管轄などを強行しても、国際的にはそれがそのまま「公理」たるはずもない。清国にとっては、台湾原住民と琉球漂流民との事件の裁決はまさに「我国の権限」に属する問題であり、「特に貴国(=日本)の容嘴に及ばざる処」なのである(同右書二)。こうして、この「処分要略」および現実の台湾遠征と北京での大久保利通の談判などは、名分の「公理」ではなく実際の力の論理で清・琉の宗属関係に挑戦し、いわゆる琉球処分を強行する姿勢を明示したものと評価するほかはない。

また後者、「朝鮮遣使に関する取調書」も、「和船」による遣使など「友国ノ公誼」を一応重んずる立場はとっているものの、拒否の場合は「問罪ノ師」を興すとの前提のもとに、朝鮮の内情探偵やロシアとの事前交渉まで提議している。だが、所詮は従来と同じく使節派遣→拒否→出兵というパターンのこの構想は、実際には翌一八七五(明治八)年九月、まず日本側の軍艦による挑発、砲艦政策の実行としての江華島事件の勃発として、きわめて粗暴な形態をとって具体化された。軍艦など六隻をひきつれた全権黒田清隆・副使井上馨の渡朝と「日朝修好条規」調印の強要(翌七六(明治九)年二月)は、この露骨な軍事行動と圧力を背景としてなされたものである。

江華島事件の直接の契機は、朝鮮中枢部における国王・閔氏一党と大院君派との内訌激化を「我ノ力ヲ彼国ニ為ス只此時ヲ好機会」とする、朝鮮派遣使臣森山茂・広津弘信らによる軍艦派遣と示威・挑発を求める執拗な建議にあった(『日本外交文書』八)。ときあたかも、ロシアとの融和政策の一定の成果でもある「樺太千島交換条約」が締結された(一八七五(明治八)年五月)ことが、この軍事冒険にさらにはずみをつけた。事実、この条約を交渉中だった駐露公使榎本武揚もまた、その「意見書」(I-11)において、国境画定交渉がつねに朝鮮問題に密接していたことを告白しており、「抑《そもそも》魯国の尚来に大注目致居《いたしおり》候は、兼々《かねがね》申進置候通、朝鮮境より満州海岸新領地に有レ之候に付、我防辺の要地は其咽喉の地たる対馬嶋とこれに向へる朝鮮の向岸にあり」と、朝鮮に先鞭をつけるの急務を説いていたくらいである。しかもここで榎本は、一八六〇年にやっと沿海州を占拠したロシアも、その国力・財力からして「今より拾数年内には未だ亜細亜洲に威権を逞するを得るには必然至らざるべし」と冷静に読み、それだけに「我威徳を朝鮮国内に感響せしむる」開国・交誼、場合により「対馬嶋の向岸」=釜山への橋頭堡確保を急げと進言している。

大久保利通もまた江華島事件後、岩倉具視あて「覚書」のなかで、一方では全権使節派遣のための万国公法研究や各国公使への報知を求めるとともに、「大目的」として、「朝鮮ヲ開化ニ誘導スルノ旨趣」のみならず、すでに「朝鮮ヲ我有ニ属シ呑噬スルノ旨趣」までもの検討を要請している(『大久保利通文書』五、同書がこの「覚書」の日付を明治六年十月としているのは誤りで、二年後のこの時期のものであろう)。また、さきの榎本は、まだ日朝修好条規交渉中の一八七六(明治九)年二月、外務卿寺島宗則あて書翰(I-12)においてふたたび、朝鮮の政治上・戦略上の重要性を強調しつつ、「釜山の埠頭を領」し朝鮮への勢力扶植を早めるよう進言している。このように当時、「内治」派主導下の政府部内においても、力の論理と朝鮮への国権拡張の大野心は、覆いかくしがたく露呈されている。

台湾遠征やとくに江華島事件・日朝修好条規の締結は、短期的かつ対内的には、「内治」派大久保政権にとっては、比較的小規模な対外武力行使によって薩派や不平士族と軍部内強硬派とをともに満足させ、政府軍と外征熱の全国各地の不平士族との結合の可能性を奪ったという点で、その限定目標のかぎりでは成功かつ勝利であった、という評価もなりたちうる(坂野潤治「征韓論争後の「内治派」と「外征派」」)。だが一方、近隣アジアとくに朝鮮を、頑迷・侮日にして腕力で圧服させる対象としてしかみない対外観、二度にわたる野蛮な武力挑発・武力発動は、対外的には、半ばとりかえしがつかない近代日本観を、中国や朝鮮に植えつけてしまったのではないか。朝鮮への全権派遣の直前、対清調整のため急ぎ駐清公使に任命され、中国に赴いた森有礼にたいし、会談のなかで李鴻章は、日清修好条規批准後半年も経ぬ間の日本の台湾出兵、ひきつづく朝鮮への日本の軍事挑発を非難し、条約および対外信義の遵守をつよく求めた。森はその一つひとつに反論したが、その会談記録の一部を紹介すると、

鴻章　我々東方諸国の中、清国が最も大きく日本之に次ますが、其余の各小国も均しく心を合せ睦み合ひ、局面を挽回するに於ては欧州に対抗する事が出来ませう。

森　私思ひまするに、修好条約などは何の役にも立ちません。

鴻章　両国間の和好は皆条約に拠るものですのに、何故役に立たぬと云はれるのですか。

森　通商と云ふが如き事は条約に照して之を行ふ様な事もありませうが、国家の大事と云ふ事になりますと、只誰が、いづれが強いかと云ふ事によつて決するもので、必しも条約等に依拠する必要はないのです。

鴻章　それは謬論だ。強きを恃んで約に背くと云ふ事は万国公法も之を許さゞる所です。

森　万国公法又無用なりです。

鴻章　約に背き公法に背くは、世界各国の容れざる所です。

となっている(王芸生、前掲書一)。現実には赤裸々な主権国家の暴力こそが通用するとの、維新いらいの有司たちの国際政治への認識いや信念について、いまだ若い森(当時満二八歳)は、あまりに馬鹿正直だったのかも知れない。だが、こうした対外観にもとづく実践としての台湾・朝鮮への軍事政略は、まさに粗暴で「無法ノ国」日本というイメージ

を、はやくも近隣諸国に焼きつけてしまったのではないか。

ともあれ、日朝修好条規の第一条に「朝鮮国ハ自主ノ邦ニシテ日本国ト平等ノ権ヲ保有セリ」と規定し、琉球とともに「自主ノ邦」朝鮮を清国への服属から切り離す政略は、同時に、「日本国ト平等」どころか、日本の列強との不平等条約をそのまま裏がえして朝鮮に押しつける政略と不可分であった。伝統的・前近代的な清・琉、清・朝の宗属関係への挑戦＝否定と、「琉球処分」や朝鮮圧迫の政策は、ここで一段階を画しつつ、さらに推進される。

このうち、またも圧倒的な武力を背景にして併合のような形態をとった、一八七九(明治十二)年の琉球廃藩・沖縄県設置のプロセスなどについては、いまは詳論するいとまはない。この「処分」の最終的な方針・方法やそれを正当化する「条理ト辞柄」は、処分官たる内務大書記官松田道之の「琉球処分案」(I-19)そのものが、みごとに語ってくれる。ここで松田＝内務省は、「純然タル本邦治内ノ一藩地」として清国との交際から切り離す諸政策への琉球の不履行・抵抗を、処分強行の「条理名義」にするとしている。だが一方では、琉球の長年にわたる「王統聯綿」、言語・気風・宗教・学問までもの相対的な独自性や日清両属の「半主国」たる沿革をも認めざるをえず、それだけに武力処分断行後も、いわゆる旧慣温存・漸進を旨とすべしとしている。琉球処分は、このように、日本および琉球の民意を問うこともなく暴力的に強行された、対外的には清国にたいして併合を既成事実で押しつけようとした、同じく乱暴な権力発動だったといわざるをえない。

他方、朝鮮の開国と開化の先鞭をつけたとする自負は、実はつねに、可能なかぎり朝鮮にたいする影響力を日本が独占しようとする執着とうらはらであった。たとえば一八八〇(明治十三)年、朝鮮との条約締結のため派遣されたアメリカのシュウフェルト提督は再三にわたり仲介を依頼したが、朝鮮への影響力弱しとして非積極的な外務卿井上馨の対応をみて、日本に朝鮮との国交・通商独占の野心ありと疑い、仲介者を清国に変えた(彭沢周『明治初期日韓清関係の研究』)。かれの疑惑は的はずれではなかった。当時、井上の駐朝弁理公使花房義質あての「訓条」および改訂「訓条」

は、アメリカの対朝国交要求に触れ、朝鮮政府にたいし、「有害ノ条ヲ避ケ無害ノ約ヲ締シムル様」、具体的には薪水給与条約に止まり「通商貿易ノ事ニ及バザル」よう忠告・協議せよと訓令している。同時にこれら「訓条」は、朝鮮に公使館開設や内地旅行・大丘行商などをせまること、軍艦での渡航や新鋭銃器の贈呈など「恩威併行」の策をとり、もって朝鮮の「主戦論者ノ頑陋ヲ破」り「改進論者ノ心ヲ攬」ること、などを指示している(以上、『日本外交文書』一三)。朝鮮国内の開化派の収攬・育成も、日本の影響力と独占的な国家利益の拡大・深化のためにこそ、強調されているのである。

その朝鮮における壬午軍乱(一八八二年七月)や、まして二年後の甲申事変(一八八四年十二月)は、この国権拡張の焦点たる朝鮮独占の夢が、まずは清国の積極的な介入によって大きく破られていく国際的事件でもあった。すでに、「琉球処分」への清国の不承認と対抗、アメリカ前大統領グラントの調停を機とした分島・改約(宮古・八重山の清国への割譲と最恵国条款の獲得)交渉の難航などをつうじて、対清強硬論は朝野に満ちていた。まして、日本の朝鮮政策が宗主国清国の国家利益とは両立しえないこと、将来の日清対決が避けがたいことは、あらかじめ自覚されていたのである。たとえば、一八八〇(明治十三)年十一月、参議・参謀本部長山県有朋の「進隣邦兵備略表」には、明らかにその認識が背後にあった。すなわち、前年中国各地の偵察活動にあたった陸軍将校福島安正の『隣邦兵備略』を天皇に上呈するに際してのこの上奏において、山県は、清国の兵備刷新・兵力増強などの実例をあらためて示しつつ、「今隣邦ト交戦スルノ素意ニ非ズ」とことわりながらも、「隣邦兵備ノ強キ一ハ以テ喜ブ可ク一ハ以テ懼ル可シ」としている。そして、「西隣(=清国)ニシテ果シテ其強ヲ得バ我ト朝鮮ト其間ニ介マリ、猶春秋鄭衛ノ晋楚ニ於ケル如シ」とまで論じて、対抗的な軍と軍備の拡張を訴えている(『山県有朋意見書』)。また、維新の当初から対朝鮮・対中国外交に携わり、いまは駐露公使としてロシアの国内情勢やイリ紛争をめぐる露清関係などを系統的に報じていた柳原前光も、その一つ、八一(明治十四)年四月の佐佐木高行あて書翰(I-13)において、「我国既ニ清韓ト相隣ス。今度ノ葛藤(=琉球問題〕ハ解クモ、到底清国トハ早晩交兵ヲ免レザルベシ。〔中略〕現今ノ儘ニテ和親ヲ全フシ、維持並立ヲ図ルハ、言フベク行フ可カラズ」との見とおしを、冷静に語っている。

その意味で、朝鮮の兵士・市民・農民の抗日暴動としての壬午軍乱を機とした日清両国の顕然たる対峙、清国の朝鮮への派兵や大院君連行・軍隊駐留などの事態のなかで、日本側がまず、いずれ不可避となるであろう日清衝突を予期した陸海軍大拡張にふみきったのは、それまでの対朝鮮政略の必然の帰結でもあった。そしてここでも一八八二(明治十五)年八月、参議・参事院議長山県の「陸海軍拡張に関する財政上申」がその発端となった。

今夫《そ》レ欧州各国ハ我ト相離隔シ痛癢《つうよう》ノ感急迫ナラズ、或ハ長短ノ遠ク相及バズシテ未ダ遽カニ比較ス可カラザル者アリ。〔中略〕抑モ我ノ以テ其力ヲ角セント欲スル所ノ者ハ痛癢ノ感急迫ナラザルノ国ニ在ラズシテ直接附近ノ処ニアリ。況ヤ目今焦眉ノ急アルニ於テヲヤ。(『山県有朋意見書』)

こうして山県は、「我ノ嘗テ軽侮セル直接附近ノ外患」=清国にたいして、「我帝国ヲ一大鉄艦ニ擬」する大軍拡を要求する。

二年まえの「進隣邦兵備略表」においては、まだ山県は、対清国のみならず、世界情勢一般への警戒を根拠として、軍備増強を主張していた。そこでは、露土戦争・第二次アフガン戦争や露清イリ紛争、またポーランドやインドの実例などを挙げつつ、欧米列強の勢力が「竟ニ地球面ニ一環帯ヲナス」ほどの帝国主義的世界分割競争の激化やとくにロシアの南下の脅威を強調し、日本独立の危機を訴えていた。そしてあらためて、「万国公法」などは「強者ハ名義ヲ仮リテ私利ヲ営シ弱者ハ口実トナシテ哀情ヲ訴フルノ具タルニ過ギザルノミ」との持論を披瀝し、強兵こそ国家の富強独立や国民の権利自由の根基だとする、独得の哲学を強調していたのである。しかしいまや、ここでかれがいう危機的国際情勢なるものが、じつは誇張であり文飾であったことは明らかである。当時、たしかに日本は欧米列強にたいしては、外務卿井上馨による条約改正交渉での難題に悩むなど、不平等の継続を余儀なくされつづけていた。しかし、当面はそれ以上の政治的・軍事的な脅威は皆無であり、そのかぎりで欧米諸国は「痛癢ノ感急迫ナラザルノ国」だったのである。軍備拡張を急ごうとする真の動機は、したがって二年まえもいまも、日本の琉球・朝鮮への膨張そのものが激化させた、日清対決への対処にあったとするほかはない。

山県ばかりではない。岩倉もまた壬午軍乱を機として八月・九月・十一月と三度にわたって、清国と対抗しぬくための陸海軍大拡張、そのための特別の徴税・増税を建議している(『岩倉公実記』下)。そして事実、これらの軍拡・増税構想は年末までには最終決定し、実施に移されていく。しかし、このときにはなお、日清の軍事対決は将来に予期しているもので、当面の朝鮮をめぐる外交で清国を軍事的に圧倒し、起りうるかもしれない欧米諸国の介入を拒否しうるほどの国力・軍事力を、すでに日本が確保しているとの自信があったわけでは決してない。そこに、宗主権を楯にする清国に対抗する、当面の外交上の選択を困難にする要因があった。一八八二(明治十五)年九月、参事院議官井上毅――かれは「明治十四年政変」の前後からすでに、憲法問題や対欧米・対アジア外交などでも政府の最大のブレーンであった――の「朝鮮政略意見案」(I-14)は、その苦悩と模索のなかから案出された現実策であった。清国とともに、朝鮮への締約国となったばかりの米・英・独をもひきこんで朝鮮の独立・中立を保障し、ロシアの南下や清国の独断干渉の権も米・英・独の利権獲得も、ともに拒絶しようとするこの提案は、当面の一歩後退と将来への遠慮深謀をあわせはらんだものである。それにしても、朝鮮の主体性をまったく否認しているこの政略案は、右大臣岩倉具視や外務卿井上馨らに、すぐに容れられたのである。

ときあたかも、朴泳孝・金玉均ら開化派の要人が朝鮮修信使として来日し、清国からの独立と改革への日本の援助を、非公式に要請していた。そこで井上外務卿は、朝鮮対策につき「一、条約各国政府ト協議シテ朝鮮国ノ独立ヲ認定スルノ条」、「一、清国ト直接ニ属不属ヲ談判スルノ条」、「一、朝鮮国ノ倚頼ニ応ズルノ条」の三カ条を閣員に呈して意見を求めたが、その回答において岩倉は、すでに井上毅が提起していた第一の条をこそ「尤モ其ノ宜ヲ得タルモノ」と支持した。第二・第三の条は、いま朝鮮のために清国と争端を開くか、その猜疑を深め仇敵の運命を招くもとになるもの、「西来ノ狂瀾」にたいし日清両国は「唇歯相依リ以テ独立ノ堤防ヲ固クスル」必要もある、陸海軍拡張も「万不レ得レ已ノ時ニ用ユル為」のもので、我より求めて清国と戦端を開くためではない、と岩倉は拒否している(以上、『岩倉公実記』下)。井上外務卿もまた翌十一月、憲法調査で滞欧中の伊藤博文への再三の書翰のなかで、朝鮮側の日本への援助要請といっても、対清独立派の有志は「僅ニ其国王ト其他二、三ノ朝士」、「只国王と朴泳孝及金玉均の三人のみ」、しかもこれを決行する気勢もないのが実態で、軍事力も財政力もなお覚束ないいまの日本は、締約各国による朝鮮独立の保障という穏便な手段をとり将来に備えるほかはないと、強硬論の伊藤を説得している(以上、『伊藤博文関係文書』一)。

こうして、将来にむけての陸海軍大拡張とそのための大増税、当面は欧米各国との協調による朝鮮独立の認定と密かな対朝援助という方針が一決した一八八二(明治十五)年十二月、天皇が閣員に軍拡・増税の順序や方法を問うという、異例の勅語が発せられた。

東洋全局ノ太平ヲ保全スルハ朕ガ切望スル所ナリ。然ルニ今度朝鮮ノ依頼アルニ由リ、隣交ノ好誼ヲ以テ其ノ自守ノ実力ヲ幇助シ、各国ヲシテ其ノ独立国タルヲ認定セシムルノ政略ニ渉リ、而シテ直接ニ我ガ国益ヲ将来ニ保護セント欲スルノ閣議ハ其ノ当ヲ得タルモノ、如シ。然シテ隣国ノ感触ヨリ或ハ不虞ノ変アルニ備ユル為メ武備ヲ充実スルノ議ハ、尤国ヲ護スルノ要点タリ。(『明治天皇紀』五)

いずれにせよ、さしあたりは朝鮮をめぐってのわが「国益」、すなわちナショナル・インタレストの保護・伸張という基本姿勢は、ここにますます明瞭である。いなむしろ、維新いらいの万国対峙・国威宣揚・国権拡張などの、まだやや抽象的にして漠然としていた国是＝国家目標は、いまや現実的・具体的な焦点を結んでここに確定したのだ、というべきなのかも知れない。

ところで、かつて「唇歯ノ邦」たる大国清国と「和誼ヲ厚フ」すべしとした岩倉(前掲、「外交ノ機務」に関する上書)、いまも日清両国は「唇歯相依リ」連衡すべしと説いた岩倉を、「政府関係者の中における熱心な日清提携論者の一人であった」とし、その背後には西洋帝国主義への巨大な重圧感および中国の国力への伝統的な高い評価があった、とする見解がある(たとえば岡義武「国民的独立と国家理性」)。だが、同時に熱心な軍拡・増税論者だった岩倉は、一時的・戦術的な慎重論者・日清提携論者ではあっても、将来の日清対決をあきらかに予期し準備する、代表的な朝鮮進出論者だったのではないか(坂野潤治『明治・思想の実像』)。そしてこの内奥の野心は、岩倉が死去してわずか一年有半、もっとも拙速かつまたも粗野な形態をともなって露呈され、大失敗を招くことになった。一八八四(明治十七)年十二月、甲申事変の冒険がそれである。

当時、一八六〇年代いらいのフランスのベトナムにたいする野心、清朝の宗主権を否認しつつこれを植民地化しようとするフランスと清国との対立は、かの「黒旗軍」のみならず清朝正規軍そのものがソンタイでフランス軍と交戦した一八八三年末いらい、事実上の清仏戦争に発展していた。とくに、八四年八月、フランス軍による台湾基隆《キールン》への攻撃、福州艦隊・福州船政局への攻撃・破壊・全滅いらい、中枢部の華北の防衛にさえ汲々たる清国の状況が、この冒険の直接の引き金となった。朝鮮の朴泳孝・金玉均ら開化派の、この機を利用した権力奪取・清国排除・改革断行とそのための日本への援助要請、一方、福沢諭吉・井上角五郎らやフランスと内応した板垣退助・後藤象二郎ら民間人のこれへの呼応の動向への政府の焦慮、これらが駐朝公使竹添進一郎と日本軍による朝鮮王宮占領をともなう開化派のクーデタ決行に帰着したことなどは、すでに周知のところである。だが、清仏戦争から漁夫の利を得て朝鮮から清国の勢力を駆逐し、朝鮮に一挙に独占的な勢力を扶植しようとしたこの日本の乱暴な陰謀は、より優勢な清国軍の進撃・交戦と日本軍の退却によって、三日天下の開化派政権とともにみごとに挫折した。しかも、甘い幻想が一瞬にして画餅に帰しただけに対清対決・開戦熱があれ狂う世論のなかで、対朝鮮のみならず対清談判にこそ、政府はその内外への威信を賭けなければならなくなったのである。そしてここでも、井上毅が大きな役割をはたしている。

この時期、開戦の覚悟を秘めた清国軍の朝鮮撤兵要求を基本にすべしと主張した、前後七つの意見書類の一つ、甲申事変処理に関する「意見案」(I-16)においてかれは、同時に、十数年にわたる日清対立の歴史をそれなりに冷静かつ系統的に分析・総括している。それだけに、「両国ノ怨気ハ殆ンド其極点ニ達シ」、清仏戦争がなければ「日清間ノ決裂」はすでに不可避だったであろういまこそ、一方では「日仏ノ密約」への清国側の疑惑を解き、「好和ノ誠心ヲ披示」して融和も計らなければならないと強調している。そこにはなお、朝鮮への執念を堅くしながらも、当面の日本の国力・軍事力への不安と懸念が働いていたのだ、と見なければなるまい。

そして「天津条約」(一八八五年四月)いらい、朝鮮をめぐる日清両国の対峙は、基本的には日清戦争(一八九四―九五年)までつづいた。その間、かの露朝密約問題や、アフガニスタンをめぐる英露緊張を背景としたイギリス海軍の朝鮮巨文島占拠事件など、一八八〇年代後半に顕在化しはじめた東アジアをめぐる英露対立などのなかで、日本の対朝鮮政策も決して一貫し確乎不動だったわけではなかった。英・中・露との関係で、選択に迷ったり動揺をくりかえすことも皆無ではなかった。しかしその根幹は、一八九〇(明治二十三)年三月、首相山県有朋がその「外交政略論」(I-18)で語るとおり、わが「主権線」を守禦するとともに「利益線」を防護すること、「我ガ国、利益線ノ焦点ハ実ニ朝鮮ニ在リ」であり、そのためには、空言ではなく「実力」=陸海軍拡充と愛国教育こそが基本である、とする路線であった。この論稿や、同時に閣僚に回覧された山県の「軍事意見書」には、カナダ太平洋鉄道とくにシベリア鉄道建設問題など、英・露の東アジアへの軍事動員能力増大の可能性など、新たな国際情勢への認識・判断も示されており、それだけに朝鮮対策の重要性と困難さも指摘されている。だが、「兵力ヲ外ニシテ果シテ何ノ恃ム所アルカ」とするかれの年来の政治哲学と、「利益線」の焦点朝鮮「保護」のための軍備拡張路線は、同年末、わが国最初の帝国議会における施政方針演説においても、「国是」として再宣言されるのである(以上、『山県有朋意見書』・『大日本帝国議会誌』一)。

四　「欧洲的新帝国」への展望

さて、台湾遠征、江華島事件、壬午軍乱・甲申事変などをつうじて、明治国家やその有司たちの朝鮮・清国および東アジア情勢をめぐる認識・判断や、それを土台とした外交行動にたいしては、反政府的な自由民権派もふくむ国民世論や識者・思想家たちの論陣においても、その根幹をゆさぶる系統的・体系的な批判は弱かった。あっても一時的・局部的であって、批判が大勢を占めつつ反政府行動が拡大・激化するようなことはほとんどなかった。その意味や背景そのものの問題性は後述するところだが、外交をめぐる政府内対立や国民的な批判・反政府行動などは、この間むしろ、条約改正問題を焦点とする対欧米諸国との外交問題でこそ典型的であった。とくに、外務卿のち外務大臣の井上馨のもと、一八八二(明治十五)年に二一回も開かれた締約列国との条約改正予議会は、新たな予備交渉ののち八六(明治十九)年五月から条約改正会議に切りかえられ一年後に議了したが、秘密とされた改正案の内容が閣内の谷干城農商務相らの強硬な反対意見とともに世間に洩れたとき、それが万国対峙・国威宣揚を「国是」としてきた政府のアキレスの腱であることがはっきりした。西洋主義の法典編纂やとくに外人法官任用・内地雑居などの改正案は、欧化主義=鹿鳴館外交への反発とともに、「亡国条約」や秘密外交粉砕への国民世論を一気に刺激したのである。かの岩倉使節団いらいの〝劣亜〟の自覚と欧化への努力によっても列強の壁はなお厚かったこと、欧化主義にたいする批判、完全独立や日本人としての国民性・アイデンティティ確保への強い欲求が噴出したこと、この両者の衝突のなかで、まさに政府は立往生してしまった。このとき、直接には谷農商務相らの批判への反論として内閣に呈出された井上外相の「条約改正問題意見書」(I-17)には、さまざまな問題が含まれているように思われる。

　我帝国ヲ化シテ欧洲的帝国トセヨ、我国人ヲ化シテ欧洲的人民トセヨ、欧洲的新帝国ヲ東洋ノ表ニ造出セヨ。只ダ能ク如レ此《かくのごとく》ニシテ我帝国ハ始メテ条約上泰西各国同等ノ地位ニ躋《のぼり》タル事ヲ得可シ。我帝国ハ只ダ之ヲ以テ独立シ、之ヲ以テ富強ヲ致ス事ヲ得ベシ。

このような主張は、「泰西各国文物開化ノ度」に比して日本の開化はなお不十分であり、列国による日本の制度・法制への不信が残っている現状では改正条約での「若干ノ譲与」は止むをえなかったのだとする弁明と、まさに不可分であった。しかし、欧米にたいするこの依然とした劣等意識が、すでに朝鮮にたいする明瞭な優越意識とも不可分であったことが、この意見書のいま一つの問題である。日本が欧米諸国のような地位に達し、朝鮮が現今の日本のような状態になったとき、朝鮮が治外法権撤廃など条約改正を要求してきたら、日本はきっと現今の欧米列国が日本にすると同様な要求をするはずだという意見書の議論は、すでに日本が十数年来朝鮮に優越的地位を獲得してきたとの自負を土台として、はじめて生じる議論である。しかも、その議論が閣僚たちに説得力をもつと井上が考えた背景には、かれらに共通のこの自意識があったからだと考えるほかはない。

だが、この意見書のさらに大きないま一つの問題は、ここで「欧洲的新帝国」建設を急務とする理由として、対等条約の獲得のみならず、いまや東洋に集中しようとする西勢東侵の勢を防禦するにはこの策しかない、と強調していることである。ここで井上は、弱肉強食と世界分割は「現今欧洲一定ノ国是」となり、英・露・独・仏はみな「殖民拓地ノ政略」に熱中して世界のほとんどの地域をその掌中におさめ、その勢は「駸々トシテ日ニ我ニ迫ル」と、最初に延々と論じている。だが、ここで力説されたような世界情勢への認識と危機感は、本心からのものであろうか。ふりかえってみれば、山県有朋のかの「進隣邦兵備略表」も、事実上は清国との対決を予期した強兵論を説得力あらしめるために、世界情勢の切迫と日本独立の危機なるものを過度に誇張して論じていた。また、一八八三(明治十六)年一月、滞欧中の伊藤博文から松方正義への書翰(I-15)も、一方ではエジプトやベトナムなどを例示しつつ、英・仏の競争はじめ「属地政略再燃の景況」を警告し、他方では欧州の「文明道徳」もキリスト教圏内のことで人種・宗教を異にする者への差別・軽侮・凌駕を当然視しているとして、「実に我東方の形勢は、累卵よりも危し」と強調しつつ、

「軍備充実の事」を激励しているが、これも伊藤の真意だったのであろうか。当時伊藤は、ドイツ中心の憲法調査とともに、条約改正実現の可能性さえ期待しつつ各国の意向打診につとめていたのであって、日本・東アジアの形勢が真に「累卵よりも危し」との切迫感があったとは考えられない。ここでも、壬午軍乱後の対清軍備拡張こそが真の課題であって、欧米列強の侵略にたいする日本・東アジアの危機という文脈は、その軍備拡張への大義名分として、自他ともに納得させ正当化させる不可欠の論拠とされているのではないか。同様に、条約改正や「欧洲的新帝国」建設を急務とする論拠として、井上がことさらに東アジアと日本の危機切迫を説くのも、いささか不自然であり、そこに山県や伊藤と同じ論法があると考える方がより自然であろう。

だが、この井上の論法も、つぎの点を考慮すると、あながち不自然ではない。それはどんな点か。じつは、一八八四(明治十七)年前後から、日本と欧米列国との関係で、条約改正問題とは別の局面が、非公式ながら現われはじめていた。まず、清仏戦争にからんでのイギリスからの中立国共同艦隊への加入の勧誘、フランスからの対清日仏連合への再三の打診があった。また、対露緊張下で朝鮮の巨文島を占領したイギリスからの、万一の際の日英清合従への打診もあった。これら非公式な接触にたいしては、表面上は用心深く消極・静観の姿勢を保持していた伊藤・井上らも、内心では「我が国世界の強国と相協調して事を共にするが如き」未曾有の局面を国威宣揚の一大チャンスとして、積極的な対応さえ検討してきていたのである(津田多賀子「一八八〇年代における日本政府の東アジア政策展開と列強」)。まして、シベリア鉄道建設問題に象徴されるような東アジアをめぐる英露対立激化の趨勢のなかで、そのいずれかに日本を高く売りつけ、軍事的・政治的にも対外地位を高めようとする野心が、この時期、後述する民間ばかりか、政府有司のなかにも拡がりつつあったことは否定しえない。だとすれば、西勢東侵の勢切迫のいまこそ日本をして「欧洲的新帝国」とし、その独立・富強を急ぐべしとする井上の論法は、かならずしも不自然ではなくなる。事実、井上の条約改正案をはげしく非難・攻撃した谷干城の「意見書」もまた、「欧州は早晩必ず干戈破裂して馬蹄中原を蹂躙するの期あるべし」、英露であれ清仏であれ争乱が東アジアに及べば、強兵富国を持した日本の向背こそが戦況を左右し、我国は坐して「東洋勝敗の全権を握」ることになり、こうして「遂に欧の強国と対峙する」快事が実現する可能性は高いと論じている。それゆえにこそ、なお不公平な条約改正などをあわてる必要はないと、谷は主張していたのである(『谷干城遺稿』下)。激しく対立した谷も井上も、国際政治や日本の地位・役割についての認識と展望そのものにかんしては、ほぼ共通の土俵のなかにあったと考えるほかはない。

井上や谷に共通するこの認識や展望は、同時にまぎれもなく、列強資本主義・帝国主義による世界の制覇・分割をめぐる抗争激化の局面のなかで、みずからもその「帝国」の陣営の一翼をすすんで担い、「東洋諸国の中に在りては牛耳を取りて盟主たる」地位を得て(同書、谷の「意見書」)列強に伍していこうとする、小型の帝国主義的な認識・展望である。ここには、維新いらいの開国進取・国権拡張の国是のもと、不平等条約はなお忍びながらも自からの半植民地的従属の危機をまず脱却し、朝鮮への膨張の野心を土台として資本主義的・軍国主義的な路線を確定してきた、新たな段階の国家＝有司たちの国際情勢認識や自意識が、よく反映されている。さきにみた山県の、英露の勢切迫を強調した「主権線」守禦と「利益線」＝朝鮮防護急務の主張も、所詮はそのような新たな段階の虚偽意識＝イデオロギーの、別の表現にほかなるまい。

それでは、以上にトレースしてきた二〇年あまりにわたる明治国家＝有司たちの対外観や外交行動の展開は、当時の国民世論、代表的な識者・思想家たちの国際情勢認識や諸外国の内治内情への判断、また日本自身についての自己認識の展開と、どのような関係にあったのであろうか。ひきつづき、その論点に移ることにしよう。

三　西洋観と国際政治論――世論その一

一　複眼の「西洋文明」認識

明治前半期、日本の近代国家形成期は、同時に多少とも近代的な国民と国民意識の形成期であった。たしかに、開国いらいの日本は、外には主権国家の確立、内には国民国家の樹立を最大の歴史的課題としていた。そして、その国民形成に大きな役割を果したのは、政府による上からの国民教化や発足したばかりの国民教育とともに、それ以上に急速かつ多様に開花しはじめた新聞や雑誌、とくにこの時期のほとんど唯一のマス・メディアとしての新聞であった。明治十年代、一日平均発行部数がそれぞれほぼ五千部から一万部前後だった前述の中央五大紙をはじめ、その他の大衆紙や地方紙にも掲載される論説や記事・投書類は、最大の情報伝達機能を果しつつ、国民の意識・世論の形成を方向づけている。そこで本節以降は、この中央五大紙の論調を主たる素材としつつ、国民的な規模における対外観の諸側面を可能なかぎり広く捉え、その問題性を考察してみたい。*

＊　新聞が当時の最大のマス・メディアだったとしても、なお文盲率の高かったこの時期、それがそのまま民衆一般の意識や観念を代表し表現していたわけではない。だが、近年の諸研究が明らかにしつつあるように、とくに民権期の全国的な政社・学習結社などの簇生のなかで、公設のみならず私設の新聞縦覧所の設置、新聞の共同購入や回覧などが各地であいついでいる。また、政談演説や地方遊説も新聞に掲載されるし、いわゆる民権講談はじめ落語・芝居などの大衆演芸でも、しばしば新聞論説などが素材とされている。そのような意味で、いわば下からの国民形成・世論形成に、新聞はもっとも密接していたと考えたい。

「文明開化」が叫ばれはじめる啓蒙期、さらに自由民権運動の国民的展開とともに隆盛となった諸新聞・諸雑誌は、当時はほとんど、親政府系・民権諸派系・中立系などの諸系統の社会的・政治的立場や、主に準拠する西洋の思想的諸潮流を反映しつつ、それぞれに旗幟鮮明であった。また、これら本巻の主素材とした新聞の諸論調は、いうまでもなく、諸雑誌や単独の著作として公表された代表的思想家たちの論調などとも関連させてはじめて、その意味をより広く捉えうる。そこで、この全体的な思想の諸潮流のなかでの、国内政治ではそれぞれに立場を明確にしていた諸新聞の論調は、その世界情勢や国際政治への認識、欧米あるいはアジア各国の内治・外交への評価、さらには対外的志向においても、それぞれ截然と区別されうる系統的な差異を生んでいたのであろうか。それともむしろ、これらあい対抗する諸派、さらに前節でみた政府有司・官僚層とのあいだにも、その対外観や日本の位置についての自己認識においては、たがいに交錯あるいは共通するものが多く流れていたのであろうか。これらの論点とその意味もまた、ここで考察されることになろう。

さて、新聞論調のなかからその対外観の諸相を捉えようとするばあい、関連論説などはきわめて厖大である。もちろんそのなかでは、日本軍の台湾遠征や北京談判、江華島事件や日朝修好条規の締結、いわゆる琉球処分や分島・改約交渉、朝鮮における壬午軍乱、清仏戦争、甲申事変と日清交渉など、前節でみた日本政府の外交・軍事行動そのものと直結するもの、これと関連する東アジア情勢や中国・朝鮮認識にかかわるものが最大の位置を占めている。とはいえ一方、欧米諸国の内治・外交や社会問題、その列強が主導する国際情勢全般の分析や評価にかかわる論稿も想像以上に厖大である。しかも、その関心もきわめて広くかつ深いもので、日本と世界の現状と将来への鋭い緊張感が、そこに示されている。これらすべての論稿(主に論説、一部は投書や記事など)を広く収集し検討する多大な作業量にひきかえ、本巻に収録しえた論稿(それぞれの解題で紹介した関連論稿をふくむ)は、そのほんの一部分にすぎない。とはいえ、これらを主な手がかりとして、以下まず、欧米諸国と世界情勢全般への認識の諸側面や課題意識を探ってみたい。

すでに多くの論者が指摘するように、幕末維新期いらい日本人にとって西洋諸国は、大きくいって、一方では国際権力政治の主体としての「列強イメージ」、他方では文物開化が進んだ「文明イメージ」として現われたといわれる。そして、こうした西洋観はそのままその対極に、西洋に従属しつつある、文明に達していない諸国としてのアジア観を強め、この両極の西洋観・アジア観のなかで、開国進取と独立富強およびアジアの先覚者・優越者への共通志向に拍車がかけられたとされる（典型的には鹿野政直『日本近代化の思想』）。だが、大枠としてはこのように区別されうる西洋への列強・文明のイメージのそれぞれがもっている問題は、現実の社会思潮のなかでは、単純ではない諸論点を多様に産みだしていた。それをまず、「文明イメージ」とのかかわりでみてみよう。

人類が経過すべき諸段階を、いわば「文明の齢」として野蛮・半開・文明の三段階に区分しつつ、なお「半開」の日本の、西洋「文明」を当面の大目的とした開化を強く訴えつづけたのは、周知のように啓蒙期の福沢諭吉であった（『文明論之概略』など）。こうした、西洋文明を多少とも普遍視する文明史的な歴史観は、「半ば開化」の日本を自認したさきの大久保利通や伊藤博文をはじめ、多少の差はあれ当時の朝野の諸人士に共通するものであった。だがその福沢も、「文明の外形」よりもまず「文明の精神」の涵養こそ開化の土台だと説き、天賦の人権を全うする独立・自主の「人民の気風」の啓発に努めたように、文明化とは、産業や科学技術また諸制度のような有形のものの奥にある、人民の価値感の転換を不可欠の土台とするものである。そして、卑屈・固陋・惑溺を脱し独立・自主・進取の気象ある人民こそが、教育・学問や経済活動などの権力からの独立自律を獲得し、いわゆる「権力の偏重」を克服しつつ、福沢が期待する近代的市民となり国民国家を担うはずのものである。だが同時に、天賦人権・独立自尊を旨とする市民は、市民的諸権利のみならず政治的権利をも要求し、旧き専制権力の変革と「自由政体」をもとめて実践する主体へと必然的に成長する。「文明イメージ」としての西洋からこの歴史と現実および理論を学び、勃興する自由民権運動の思想的リーダーとなった人士が、福沢の門下あるいは影響下にあった者のなかからも少なからず輩出したのは、その意味で理由あることであった。

たとえば、草間時福の一八七五(明治八)年の投書「論二変革一」(II-1)などは、その非常に早い時期の典型的な一例であろう。通例は禍源乱階とみなされる変革こそ実は「文明ノ進歩」の原動力であり、イギリスの歴史が示すように、日本も維新につづく第二の「一大変革」が不可欠だとするこの主張は、福沢の論を土台としながらも、すでに主体的・実践的な文明観・西洋観をともなっている。しかも同様な主張は、イギリスのピューリタン革命やアメリカの独立戦争・南北戦争などを例示しつつ、流血・戦乱の艱苦さえも「開化ト自由ノ真域」に達するための一里塚であったと論じた翌年の『朝野』の無題論説(明治九年二月九日、以下、九・二・九と略す)をはじめ、あちこちに現われはじめている。

若くして福沢に深く影響され、のち『民権自由論』を著わし、人民の権利・自由に固執して専制国家への抵抗権・革命権の主張にまでいたった植木枝盛もまた、その意味では鬼子の一人である。その植木が、後述する福沢の『通俗国権論』・『通俗民権論』にいう国権のための民権論や官民調和論・国権興張論などを原理的に批判した論文「人民ノ国家ニ対スル精神ヲ論ズ」(『愛国新誌』一三―一六号、一三・一一・一二〜一二・五)において、民権を国権の手段とするのはまだ「第二段ノ精神」にすぎない、真の文明の精神はその「主部」に人民の権利を置く「第三段ノ精神」だとして、福沢の説く「文明ノ精神」などは「文明ノ本トモナルベキ精神ノ克ク進マザル」第二段のものだと慨嘆したのは、歴史の大きな皮肉であった。ちなみに当時植木は、「世界大野蛮論」(II-16)や「無上政法論」において、福沢とおなじく列強主導の国際政治における野蛮な獣力の世界の存在を認めざるをえなかったが、それだけに、国家の土台を各個人の独立・自由・人権の確保とする原理を、各国の自主独立と平等を土台とする国際関係にまで貫徹させるよう理論的に固執しぬき、「禽獣世界」の論理を容認しつつ国家主義的に対応しようとする福沢のような姿勢を拒否している。

しかしながら、天賦人権論やこれを土台としたいわば革命的民主主義の理論・歴史・現状を中核として西洋を認識し、これらをプラス・シンボルとする思想は、当時の日本においては決して順調に成長しなかった。むしろ、「国体上ノ一大改革」たるフランス革命などを過激な害悪を産むものとして、「政治上ノ改革」をはかる自己と区別し拒否しようとする姿勢(『朝野』九・二・二十九、無題論説)は、相対的に急進的な自由民権の立場をとった『朝野』などにも早くからしばしば現われた。その一代表例としての末広重恭(鉄腸)の『朝野』の論説「改革ノ惨毒」(十五・三・九〜十一)などは、人民大衆が革命権・反乱権をまで主張・実践したフランス革命を、革命の利益よりも弊害の方が大なるものと断定し、その後今日にいたるフランスの激しい政争や政治的不安定こそ「革命ノ惨毒」の証明だと論じている。こうして、大勢としてはイギリス流の穏健・安定の立憲議会政治をこそプラスの「文明イメージ」で捉える立場は、そのプラスたる根拠を、人民の基本的権利と自由の解放そのものに求めるのではなく、他に求めることになる。その際しばしば援用されたのが、周知のように、国民の自主・自由、世論の尊重、国民代表による立憲議会政治こそが、国民の愛国心を高め国家の独立・富強を支えるという、この国家主義的な論拠であった。かの「民撰議院設立建白書」や「民選議院弁」にすでに典型的だったかかる論拠は、枚挙にいとまがないほどである。しかも、こうした近代的立憲政体の正当化は、たとえば清仏戦争(一八八三―八五年)に際し、人民が政府と利害を異にし政府の興亡に無関心で利のためには敵とも結ぶ「無限ノ専制政治」の清国はきっと敗れ、人民が政府と利害を一にし国家の安危を一家一身の安危となす「自由政体」のフランスはきっと勝利する、といった『朝野』の論説「外患ニ対スル政体ノ得失」(III-12)に典型的なように、事実上侵略者の擁護にまで至ることもある。もちろんその主題は、外患に直面しても弱い専制政治への批判にあったのであろうが、その対極として、「屢バ変乱ヲ経過」したフランスも、「政体ノ自由」あるがゆえに国力を維持し、大帝国清国を圧する威勢ある国でありつづけたとして、ここでは肯定されているのである。

　とはいえ一方、いずれにせよ人民の権利と自由の拡大を課題とする立場からは、洋の東西を問わず、圧制・専制への批判は痛烈であった。たとえば、『朝野』の論説「比斯馬耳克《ビスマーク》論」(II-2)や「独逸内閣ヲ論ズ」(II-23)などは、強国ドイツの人民抑圧・有司専制の実体を告発した典型的なものである。すなわち、まず初期の論説たる前者は、ビスマルクこそ無数の人命を奪い民権家を蛇蝎視し君権を絶対化する圧制の張本人だとして、これを英雄視し礼賛する風潮を難じている。ドイツを富庶強大にしたとするかれの「一時ノ功」を、所詮は「権」・「暴」の所為にして対外的に「禍ヲ後世ニ遺」すものとして拒否する姿勢も、人民の権利と自由を「天理」とする原則的な立場からのものであった。また、名は立憲政体、実は無責任内閣・有司専制たるドイツを痛烈に批判した後者の論説も、伊藤博文らの憲法調査いらいドイツに最大の範をとる政府の憲法構想を暗に論難するもので、言論規制の厳しかった当時におけるもっとも本格的な言説の一つであった。

同時に、東アジアへの最大の脅威とされた帝政ロシアの、「酷虐抑圧」・「厳刑酷罰」を旨とする、かの「亜細亜流ノ圧制」への告発(『朝野』十二・六・一、論説「魯国ノ暴政」)は、もっと強烈であった。ここでも、本巻に収録された論説「魯国形勢論」(II-10)や、「魯国内外ノ事情ヲ論ズ」(II-22)をはじめ、『朝野』の批判がもっとも系統的である。とくに後者の論説は、すでに長期にわたり欧州の「自由ノ人民」と交わってきた国民と、「古来ノ専制政体ヲ固守」せんとする国家との激しい対立こそ、ロシアの根本問題であると指摘する。そして、ロシアの「虎狼」たる最大の所以は、そのあくなき対外併呑拡張策にあるのではなく(その点では英仏とて根本的には変わらない)、数年間にシベリア追放六万人余という暴虐、法律の手続きもふまない被疑者の検束・処刑といった野蛮専制にこそある、と強調する。たしかに、前者の論説「魯国形勢論」も説くように、幕末いらい多くの日本人はその体験と知識から、「魯西亜ハ虎狼ノ兇国ナリ呑噬蚕食ヲ以テ其国是ト為ス者ナリ」と胸中に刻みつけてきたのかもしれない。たとえば、同じ『朝野』の一八七六(明治九)年二月の無題論説(九・二・十二)や同じく無題論説(IV-6)はすでに、江華島事件後の日朝談判の行方を懸念しつつ、もしもこの談判が破れて争端が開かれれば、日本を妨害する「巨大ナル蟠竜(支那ノ国旗)」のみならず、「双頭ノ大鷲(魯西亜ノ国旗)」もまた満州・樺太から朝鮮に突入するは必至、この「大鷲ノ翼」は朝鮮からさらに日本の疆域にも及ぶであろうと警戒している。だが、ロシアの「虎狼ノ兇国」ぶりへの批判は、たんに脅威たる「呑噬蚕食」の対外政策にたいしてだけではなく、さきの論説に典型的なように、その暴虐・残酷な専制支配体制そのものにも向けられつづけていたのである。

このようなロシア認識は、『報知』の初期の論説にもすでに現われている。露土戦争(一八七七―七八年)にからんだ二つの論説、一八七七(明治十)年十二月の無題論説(II-5)と翌年一月の論説「魯勝土敗ハ東洋ノ不利ニアラズ」(II-6)は、その一典型である。すなわち、前者の論説では、露土戦争でのロシアの勝利は、普仏戦争(一八七〇―七一年)でのプロシアの勝利が「抑圧主義モ亦《また》国ヲ富強ニスルニ足レリ」との思潮を生んだように、「専制抑圧ノ主義」をこそ礼賛・思慕する風潮をますます強めることになるのではないかと、深く懸念している。だが一方、後者の論説では、ロシアが勝利してその慾望がますます「右辺」(トルコや欧州)にむかい「左辺」(東アジア)への圧力が弱まることになるのならば、日本にとって「意外ノ幸福」ではないか、とも論じている。このように、当時の民権派のロシア観は、その膨張主義への警戒と専制主義への批判とのあいだを揺れ動いていた。ともあれかれらは、ドイツやロシアに「標準タルベキ事」を期待した前述の政府有司大久保利通などとは異なって、圧制・専制とは非妥協的であった。「自由政体」を国家主義的に正当化することはあったが、少なくとも「専制抑圧ノ主義」をも国家主義的に容認することは決してなかった、といわなければなるまい。

ところで、「文明」の西洋諸国が抱えている問題、とくにドイツやロシアが悩んでいる問題への観察と評価のなかで、この前後、無視しえない比重をしめていたのは、同時代のこれら西洋諸国に蔓延し激化しつつあった社会主義の思想と運動、その諸潮流であった。道徳上また治安上もっとも有害な思潮として、これらが粗雑ながらも加藤弘之や西周らによって最初に日本に紹介されたのは、すでに明治初年であったが、この思想と運動が多くの知識分子に衝撃を与え深い関心を呼ぶことになったのは、欧米の激化する労働運動や、一八七八(明治十一)年頃からドイツやロシアであいついだ過激分子による皇帝暗殺未遂事件などの情報が、日本にも伝えられてからである。当時一般に「社会党」と総称され、またその過激な一派としてのロシアの「虚無党」(主に「人民の意志」派ナロードニキのこと)と呼ばれたこの社会主義の新潮流への分析と評価は、七八(明治十一)年、新政府的な『東日』の論説「僻説ノ害」(十一・六・六)・「小人窮斯濫矣」(十一・六・二十二)や、民権派の『曙』の無題論説(II-9)に、はじめて登場する。いらい『東日』は、世界と日本の将来の安寧のために、この「哲理学ノ魔道」に堕した「財産共有ノ邪説」を殲滅し、禍源を断てと力説しつづける。だが、さすがに『曙』のこの論説は、これら「不平党」の「僻説」やその過激化の根源・背景そのものを、最初から問題としている。そして、「貴賤貧富ノ懸隔」が甚大なるかぎり、かかる党派流は「専制国」にも善美なる「共和国」にも必然的に増勢するとし、これを「威力ト権柄」で弾圧する「圧抑反動ノ勢」は、かえって怨望を深めその勢焰を熾烈にする、と警告する。このように、当時の西洋「文明イメージ」もすでに、単純な開化のプラス・シンボルとしてのそれだけではなく、その近代資本主義の経済・社会・国家が抱えこんだ〝業病〟への深刻な認識、その日本への影響や対処法の思案にまで及びはじめていたのである。

翌一八七九(明治十二)年における、『曙』の論説「社会党ノ原因及来勢」(十二・六・十六〜八・七)と、これを批判した『朝野』の論説「闢邪論」(十二・八・十〜九・十六)を起点とする両紙の大論争をはじめ、七九―八一(明治十二―十四)年の三年間にわたる社会主義の認識・評価の動向については、すでに林茂の研究(「自由民権論の社会的限界――その社会党論に関する一考察」)に詳しいので、ここでは省略する。ただ、林が触れていないつぎの二点だけは簡略にでも論じておきたい。一つは、これらの論争をつうじて民権派の欧米社会主義認識はさらに深化・体系化され、ついに明くる八二(明治十五)年、『朝野』の大論説「論ニ欧洲社会党一」(十五・六・二十三〜八・二、一一回連載)にまで至ったことの意義についてである。若き城多虎雄の筆になるとされる、三部構成のこの論説は、まず、オーエンやフーリエからルイ・ブランやプルードン、さらにラサールからマルクスにいたる社会主義の諸潮流とその発展諸段階について、その思想・理論と運動の両面で、驚くほど的を射た整理をしている。さらに、「社会党」発生の因とされる「貧富懸隔豪族兼併ノ弊」についても、まさに「私産ノ制、競争ノ法」、すなわち近代資本主義の二つの基本的枠組たる私的所有制と自由競争の原理こそがこの「弊」を産み激化させる根源だと喝破し、「経済学者流ガ分業ノ利益ヲ陳列シテ以テ庇護スル」近代社会そのものが、かえって優勝劣敗の社会的淘汰をも激烈にすると、問題点の核心を鋭く剔る。こうして、「社会党」の議論にも一定の同意と共感を示しながら、社会主義的革命か社会民主主義的改革かという基本的論点にまで迫り、社会主義をただ蛇蝎視し恐怖する偏見をいましめているのである。当時の民権派の知性は、このように、〃明日は我が身〃たる近代文明が産む社会問題にまで検討の歩をすすめ、すでにほぼ正確な展望を抱くにいたっている。

いま一つは、ロシア観とからむ「虚無党」認識の相対的に独自な意味についてである。さきにみたように、「呑噬蚕食」のロシアの脅威という緊張感、その非難さるべき「亜細亜流ノ圧制」という両面で、民権派の立憲議会主義の願望とナショナリズムが著しく刺激されていただけに、その帝政ロシアへの過激な反体制派たる「虚無党」への関心は、社会主義への認識一般のなかには解消しきれない、独得な意味をもっていた。そこからたとえば、「虚無党」に特徴的な「国家ノ身代限リヲ促ガス」無政府主義的傾向も確認され（『朝野』論説「魯国虚無党ノ景状」、II-15）、また名望家やインテリゲンチアによる先覚運動としての特質も理解され（『曙』十四・二・二十五、高須鉄峯の投書「虚無党論」）、これらの過激な行動も、ロシアの極端な暴政こそが招いたものだとする分析も生まれている。一八八一（明治十四）年四月、さきにみた駐露公使柳原前光より佐佐木高行あて書翰（I-13）が、ロシア皇帝アレクサンドル二世の暗殺を報じつつ、知識青年の登用の必要を強調したのは、その共通の認識・判断を土台とした、政府官僚の側からの一つの対応姿勢であった。反対に、前述の『朝野』の論説「魯国内外ノ事情ヲ論ズ」（II-22）は、一知半解にしてただ「乱暴兇悪ノ党」の撲滅を是認するの愚をいましめ、かれらを過激化させた暴虐残酷なロシアの圧制を告発しつづけたのである。

以上のように、まだ資本主義国民経済の形成と立憲制国家の樹立こそが歴史的課題であった日本における、その西洋観のすでに一極をなした「社会党」・「虚無党」認識の問題は、日本の思想史上無視しえない重要性をもっている。これらの点のやや詳細な考察は、いまは別稿にゆずるほかはないが（芝原拓自「民権派の社会党・虚無党論」）、ここでは、これと関連する一つの論点だけを述べておきたい。それはつぎのことである。さきの「論二欧洲社会党一」のような卓越した認識・分析の存在にもかかわらず、当時なお「革命」や「無政」を邪説・妄想としてひたすら怖れ峻拒する姿勢は、民権派の中心たる自由党の機関紙『自由新聞』(以下、『自由』と略称)をはじめ、いまだ世間の大勢であった。そしてその姿勢や想念は、官民調和と国権主義へのかれらの傾斜と、あい対応していたようである。また、「西洋の文明を目的」として国民の啓蒙につとめた福沢諭吉も、やがてその文明諸国の「社会党」・「共産党」などの動向に深刻な関心を抱きはじめ、この「破壊主義」がいずれ日本にも伝染してくるのを危惧しつづけていた。かの『文明論之概略』第十章で、「自国の独立」を論じながらも本来の大課題たる「文明の本旨」のさらなる追求を他日に約束した福沢は、その後は官民調和や内安外競の国権主義的な論調を強めつつ、事実上その「文明の本旨」追求を放棄していったが、その理由の一つに、この難病に悩み方向に迷う西洋諸国、文明化そのものが成長させた過激な社会運動への懸念と、これをあらかじめチェックしようとする福沢の姿勢があったのではないかとする想定(安川寿之輔『増補日本近代教育の思想構造』)は、そのかぎりでうなずけるところである。

二　世界情勢への関心とその射程

さて、西洋観の一面たる「文明イメージ」そのものも、以上に考察したように、単純な先進・開化のイメージのみではなく、すでに多様かつ内在的・批判的な観察や分析をもふくんだ緊張感あるものだったように、他の一面たる「列強イメージ」も、日本の国民的・国家的課題とのかかわりで、複雑な諸論点をはらんだ厚みあるものであった。その点でまず第一に印象づけられることは、当時の生きた国際政治・世界情勢への関心や分析の射程が、きわめて長くかつ広いということである。東アジアから遠く隔たった、日本とは直接には無関係な中近東やアフリカをめぐる諸事件にも、各紙はそれぞれ敏感に反応し、外報また論説などでこれを伝え論陣を張っている。

まず、露土戦争(一八七七―七八年)をめぐるさきの『報知』の二論説などはその初期の一典型であるが、この戦争をめぐる『東日』の二つの無題論説(II-3・II-4)なども、その一証明である。この両論説は、トルコの内訌を奇貨として「欧亜ノ咽喉」たる要地を奪おうとするロシアの野心が「欧亜全局ノ争乱」の端となるとしつつ、この戦争も圧制・束縛の両国の所詮「暗黒世界」の戦争だと非難する。しかも、ロシアのみならず、「文明」を自負するフランス・ドイツなどの内治・外交の非文明性と野蛮さをも暴き、西洋文明への妄信・心酔に警告する。露土戦争関連では、信教の自由の保護など「自由主義」を口実として出兵した「君主専制主義」ロシアの矛盾を衝いた『朝野』の論説(十一・三・二十)、「半開化ノ国」の露土戦争も「文明開化ノ国」の普仏戦争もともに「野蛮禽獣ノ所為」を逞しくしていると難じた『毎日』の論説(十・六・二)をはじめ、他にも数多く、その関心の深さをうかがわせる。

しかも、『朝野』の投書「英領印度独立論」(II-8)などは、露土のサン・ステファノ条約に不満なイギリスとロシアの開戦の危機を報じつつ、白人に蚕食され「牛馬使」され脅迫されるアジア全体の衰運挽回という立場から、いまこそ「我ガ同胞ナル印度人民」の独立と権利回復の絶好機と説く。この前後、イギリスのインドへの苛酷な支配への告発、経済・政治の各レベルでのインドの対英自立の動向など、インドに関する新聞・雑誌の議論は多くはないが、それらは、少なくとも被圧迫アジアの一員としての健康なナショナリズムを、なにほどか反映しているといえよう。

このような立場から、同じ『朝野』の論説「慈母化ニ毒鬼ニ」(II-12)は、「慈仁温和各国ノ母」と自負するイギリスも、アジアの罪もない弱者・幼児を残忍不仁に蹂躙する「毒鬼」にほかならないと論じ、第二次アフガン戦争(一八七八―八〇年)におけるイギリスの行動を分析し告発する。フランスによる、アルジェリアにつづく隣接チュニジアの占領・「併有」と、これにからむ欧州列強の対抗にも、小火が大火を生む可能性への懸念とともに眼が向けられている(『朝野』十四・八・十六〜十九、論説「伊仏交渉論」)。こうした、遠隔の中近東やアフリカへの列強の帝国主義的膨張にも真剣かつ批判的な洞察につとめる各紙の姿勢は、一八八二(明治十五)年、エジプトにおけるオラービー革命とこれを無残に軍事鎮圧しエジプトを占領したイギリスへの批判のなかに、さらに典型的であった。『朝野』の論説「埃及《エジプト》処分及ビ各国ノ関係」(II-21)などはその代表例の一つにすぎないが、「独立ヲ求ムルノ心ト干渉ヲ欲スル心」との戦いでのイギリスの制覇は、そのエジプト支配の強化と欧州各国の帝国主義的抗争を刺激すると、深く懸念している。とくに、この問題でイギリスの知識層を前にしての、ケンブリッジ大学での留学生末松謙澄の演説(『東日』論説「論二埃及事件一」、II-20)は、かれらにむかってその大国主義的驕りと「インタレスト」本位のエゴイズムを鋭く批判し、被圧迫国の一人の知性として国際間の道理と正義を訴えた、堂々たるものである。「若シ君等ニシテ如《かくのごとき》レ此ノ事ヲ我ガ国ニ施スコトアリトセン乎、予モ亦必ラズ抗抵蜂起ノ一首謀タラン」と論ずるかれの発言も、たんなる大言壮語とはいえない迫力がある。

列強のアフリカ分割をめぐるベルリン会議(一八八四―八五年)への関心も並々ではなく、たとえば『報知』の論説「国権拡張ト独立維持トハ二物ナリ」(十六・一・二十一〜二十三)などは、「峨冠長衣ノ士白日広堂ニ集リテ公然地ヲ略シ国ヲ侵スノ手続ヲ相談シ、之ヲ目シテ堂々列国ノ国際会議ト云フ」と、厳しくこれを非難する。また同年末、低地ビルマのみならずイギリスのビルマ全土併合を報じた『朝野』の論説「緬甸《ビルマ》征服セラル」(II-28)は、併合を急いだ背後に軍事侵略をけしかけた「貿易ニ従事スル」関係者たちの「植民政略」要求があることまで見抜き、帝国主義的世界分割が盛行するその経済的背景までも衝いている。

近代社会形成期における日本人の世界情勢認識は、このように想像以上に広くかつ深い。その視野は、決して狭く限定されることはなく、列強のそれぞれのみならず、これに圧迫され併呑される、日本とは直接に利害関係をもたない遠い国々の運命にまでおよび、鋭敏な分析と同情および抵抗への共感をまで寄せている。かの東海散士『佳人之奇遇』(とくにその前半)の雄大なロマンの世界も、こうした思潮とまったく無縁のものではなかった。しかもこれらの論調には、劣勢にして圧迫されるアジアの一小国日本という自己認識と対応して、真剣な対外緊張感をともないつつ、まだ弱者の側から加害者を批判的に観察しえた当時の国民意識が、なにほどか反映されていた。そしてその点では、民権派の諸紙の論調も『東日』など親政府系のそれも、さしたる相違はなかったのである。

だが、以上はあくまでも事柄の一面であることも否定しえない。列強主導の帝国主義的な国際政治や世界情勢の展開への注目と分析は、いまみたトルコ・アフガニスタンやエジプト・ビルマなどをめぐるそれのみならず、当然のことながら実は、イリ地方をめぐる露清紛争(一八七九―八一年)、ベトナムをめぐる清仏戦争(一八八三―八五年)や朝鮮をめぐる露・英の動向など、まさに東アジアにかかわる諸事件についてはいっそう切実であった。しかもそこでは、たとえば琉球とくに朝鮮を焦点とした日本の利害関心がからむために、英・露・仏など列強の侵略的動向にたいしても、あたかも善意の第三者のような、冷静かつ客観的・批判的な認識は困難になってくる。こうした、アジアにおける日本自身の自意識や対外膨張意欲と密接する、朝鮮観・中国観や東アジアの国際情勢の認識、そこでのいわば屈折した「列強イメージ」の問題などは、次節であらためて考察する。したがってここでは、以上にみたような国際権力政治への認識・判断そのものの問題点を、より一般的な日本の対応や選択をめぐる諸論点とかかわらせつつ、さらに追求してみよう。

三　国際政治論と対外野心

日本の対外進路にかかわる議論の主潮流は、まず全体としてはやはり国家主義さらに国権主義的な主張であり、これを正当化するものとしての、列強主導のパワー・ポリティクスと世界争覇の現状の強調であった。『朝野』の無題論説(II-11)などは、「呑噬蚕食」・「抑圧凌轢」があふれる現今、「兵制」の整備・進歩・拡充こそ第一とし、琉球問題・台湾出兵や江華島事件の解決も他国の侵略防止もみな強兵によるのみと強調した、比較的初期の論調の一典型である。さらにこの時期、箕浦勝人執筆の『報知』の論説「強兵富国論」(II-13)などは、イギリスの富強もアメリカの独立も所詮は兵力、国際間の「徳義」や「万国公法」への依存などは有害無益と論じ、富国優先の富強論にさえ反対しつつ、かの山県有朋も顔負けするほどの、「強兵ハ先ナリ富国ハ後ナリ」の強兵優先論を吐露している。この箕浦は、これと前後する同じ『報知』の論説「琉球人民ノ幸福」(V-7)においても、この「搏噬攘奪ノ世」には兵備拡張こそ土台となるとの議論をまたも披瀝しつつ、琉球処分で日本により「安寧康福」を享受しえた柔弱な琉球人は、それを喜ぶべきだとさえ主張している。だとすれば、これら『朝野』や『報知』の論説は、政府のこの前後の琉球処分に同調しこれを正当化するのが主目的で、弱肉強食の世界をことさらに強調し、強兵の必要を主張したとも考えられる。だが、たとえば『朝野』のこの論説につづく『曙』との陸軍優先か海軍優先かをめぐる激しい論争は、もっと射程の長いものである。また、『報知』のこの強兵論にも、別の背景があるようである。それは、『報知』に影響力の強い、ほかならぬ福沢諭吉の議論との関係である。

もちろん『報知』も、すでに論説「各国交際ノ形勢ヲ論ズ」(II-7)などで、欧米列強の「蚕食并呑」の権力外交を詳細に批判し、「万国公法」そのものの不平等性を衝いたりしていた。だが、この論説は、それを日本の国権主義を正当化する論拠とは決してしていない。いなむしろ、この前後までの『報知』は、次節でも検討するように、琉球問題や江華島事件などをめぐっても、国権主義的な政府や対外強硬熱の世論にたいして一貫してもっとも批判的であり、内治優先を主張しつづけていた。箕浦などもその論陣の先頭に立って、たとえば、近隣諸国との軋轢による国力消耗を非とし、欧米諸国と並駆しうる国力・民力養成の急務を説いていた(『報知』八・十二・五、無題論説など)。これらは、当時の福沢の議論ともほぼ合致していた。したがって、その『報知』や箕浦らのいわば〝変節〟の契機が問題となる。そしてその直接の契機は、福沢の一八七八(明治十一)年九月公刊の『通俗国権論』ではないか、というのがこの解説での仮の想定である。ちなみに、同年十月八日の『報知』の論説「評二国権論一 藤田茂吉記」は、この福沢の著作、とくにその「第七章 外戦止むを得ざる事」を評して、

今夫『西洋事情』ノ如キハ、君ガ著作中最モ世ノ人心ヲ動カシテ、其ノ進歩ヲ促《うな》ガシタルノ効実ニ大ナルモノナ

リ。然レドモ、其人心進歩ヲ促ガシタルト同時ニ、又其精神ヲ畏縮セシメ、漫《みだり》ニ西人ヲ懼ル丶ノ気風ヲ生ゼシメタル(君ガ今日外戦ヲ主張スルノ論アル所以)ナキニアラズ。

と述べている。しかも、突如として『報知』が、「方今万国対峙腕力争闘ノ時」、「心力」とともに「腕力ノ進取」こそ急務と説いた犬養毅の論説「腕力《フキシカルパー》進取ス可キ論」(十一・十一・四)を掲載したのは、その四週間後であった。そして、さきの箕浦の二論説のような強硬論があいつぎ、「自家ノ腕力」こそ独立確保や富国の基との強兵優先論を長々と論じた、波多野承五郎の論説「国権ノ拡張」(十四・三・三十一〜四・二十五、五回連続)にいたる。そのうえ、藤田はじめみな慶応義塾の関係者たる犬養・箕浦・波多野らの論拠や論法までがすべて、「結局今の禽獣世界に処して最後に訴う可き道は必死の獣力に在るのみ」、「百巻の万国公法は数門の大砲に若かず」とする、かの福沢の『通俗国権論』のそれとそっくりなものであった。

だが、この福沢や『報知』の対外強硬論の直接の動機が、ただ「漫ニ西人ヲ懼ル丶ノ気風」の克服のみにあったのかどうかは、明らかではない。たしかに福沢は、かの『文明論之概略』でも、旧い攘夷排外主義を難ずるとともに洋学者流の西洋かぶれをも批判し、「国体」＝「ナショナリチ」の確保と「報国心」の必要を説いていたし、『通俗国権論』でも、「西洋心酔の輩」を排して「国権(ナショナリチ)を重んずる」人民の育成を強調していた。しかしそれが、『報知』のような露骨な強兵論に直結する必然性があった、とはいいきれない。とはいえ、福沢や『報知』のような「国権」確保を鼓吹する立場にたてば、現下の国際政治と世界情勢は、ただ無法な「腕力争闘」の「禽獣世界」としてますます誇大に強調されざるをえないのであって、それが現実の客観的な世界情勢の全体そのものである保証はまったくない。『通俗国権論』などにたいする、さきに紹介した植木枝盛の批判などは、その点で、国内および国際社会にもなお通じうる〝道理〟の存在をも、あらためて確認させている。

このように、この前後からの議論にくりかえしあふれる腕力世界論・禽獣世界論のほとんどは、実は、東アジアにおける自己の国権主義的な膨張への願望を正当化するための過度な誇張であり、国民への印象づけではないか、と疑われうる。事実、福沢や『報知』が、いらいとくに壬午軍乱や甲申事変をめぐって、次節でみるように、清国をライバル視しつつ、もっとも激烈な強硬論を吐きつづけるときにも、つねに強調されたのは、露・英をはじめ獣力世界の〝列強の脅威〟であった。その点からみると、たとえば、列強の東アジアへの「併呑蚕食」を放置すれば日本の「独立権」確保も危いとして、積極的な強兵と膨張の急務を説いた一八八四(明治十七)年の『自由』の論説「国権拡張論」(II-25)などは、なんの新味もない内安外競論の正直な告白にすぎない。また、翌年二月の『朝野』の論説「外交政略ノ標準ヲ論ズ」(II-27)も、より一般的に、「生存競争ノ一大劇場」たる現今の世界では、「信義道徳」を捨て、「権謀術数」のマキャヴェリズムにて国家利益を追求するほかはないと説く。だがこれも、清仏戦争を利用して対清談判に国利を賭けよと主張した、後述する論説「我邦ノ支那ニ対スル政略如何」(IV-19)いらいの甲申事変対応論が、うまく進まないことへのいらだちの一反映でもある。この間、清仏戦争がらみで、侵略者フランスのみならず、ともに漁夫の利を狙ってその侵略をむしろ黙認し協力しがちな「餓狼」のごとき独・英・露などを全体として論難した、『毎日』の論説「東洋諸国ハ万国公法ノ利益ヲ分取セズ」(II-26)や『報知』の論説「欧州ノ大勢ヲ論ジテ仏清事件ノ局勢ヲ断ズ」(十七・九・十六〜二十)、あるいは『東日』の論説「欧州ノ侵略主義」・「欧州ノ武備」(十七・十二・一〜三)などの論調のなかには、たしかに、帝国主義的なナショナル・インタレスト本位の列強の権謀外交への、一定の正当な認識・批判がみられる。だが一般的に、こうした欧米列強の権力政治と膨張政策が、直接に日本の独立を脅かすほどに強烈だと、心底から懸念され焦慮されていたとは考えにくい。そのことは、この間の、対欧米条約改正の課題を論じた諸論稿や、時折表明された日本の小国主義的自立と対外非干渉あるいは内治優先の主張をみると、いっそう明らかとなる。

その点でまず、一八八〇(明治十三)年の馬場辰猪の演説「外交論」(II-17)は、「人民ト人民トノ交際」こそ外国交際のもっとも進んだ形態であり、英・米・仏・独ともいまや「人民ノ輿論《よろん》」こそが政府の外交を制約していると論ずる。

そして、「東洋政府ノ愚」と「欧人ノ狡黠」がアジア諸国の人民にそのことを自覚させないでいるが、わが国も「全国人民ノ輿論」の力でイギリスなどの人民の世論に訴え、その同情・共感を得ることが条約改正の基本だと強調している。条約改正をめぐる政府の秘密主義や小策略を批判し、民権＝国会開設と対外独立の両課題をみごとに一致させたこの議論は、同時に、国際政治にもその道理が貫徹されうるとの確信を背景にしているのである。一方、小野梓の演説「外交を論ず」(II-19)は、前節でみた締約列国との条約改正予議会にからんで、馬場と異なり具体的な戦術論をまで論じている。だがここでも、抑圧・干渉を欲する側のみではなく、かれらに好機を与える「外交ノ弊」こそが長期の禍根を残すとする主体的立場からの、欧米諸国の利害対立をも利用した各個撃破の主張や、段階的主権回復の提案などは、同時に、日本の内治改良の積み重ねと東アジア三国の連衡によって、列強主導の国際政治にも十分対応しうるとの判断を背景にしている、と考えられる。

しかもこの前後、かつてはアジアの「中等国」だった日本も、いまや「民智大ニ開達シ幾《ほと》ンド東洋上等国ノ地位ヲ占メントスル」地位に達したとするような自意識は、むしろ一般化しつつあった。そして、このように宣言した『毎日』の論説「東洋諸国ノ形勢」(II-14)は、対外従属のもっとも軽微なこの日本の「最大福祉」を「永遠ニ増益セン」、との意欲をさえ語っている。さきの演説で小野も「我邦は実に東洋文明の先導者たり」と自負したような感覚は、すでに多少ともほとんどの議論の共通の前提になっていた。そのうえでアジア連衡論あるいは脱亜論的な志向が表明されるような状況下で、幕末期には間々みられたような日本の半植民地化への真剣な危機意識は、現実にはすでに遠のいていた。むしろ反対に、たとえば壬午軍乱問題の解決直後の『朝野』の論説「論二攻守之得失一」(II-18)などは、外患を叫び対外冒険によって国民の不平を外に逸らすは古今内外の政府の威信確保のための常套手段だと警告し、かかる一時の「危険ノ方略」をいくつか例示しつつ批判しながら、内治改良優先を主張する。二年後の『自由』の論説「内外ノ緩急」(II-24)も、未開野蛮の国々への列強の「併呑蚕食」の実例をもってただちに「現時ノ我邦」の大患の脅威を叫び、対外方略に汲々とする風潮の虚偽をあばき、文化も進み紀綱も兵備もある程度整頓された今日の日本には、列国も口実もなく干戈を用いる怖れはないと断言する。これら二つの論説はともに、一般的には内治優先か外事優先かは対外環境にもよるといって、原則論を避けてはいるが、この二論説の解題に掲げたような、『朝野』や『自由』にこの前後散見される内治改良優先・小国主義的自立・対外非干渉などの論説は、いずれもこのような国際政治観・世界情勢観を背景にしている。

そういえば、かの『通俗国権論』においては福沢も、英・仏・露などの東アジアへの政略も、ほとんどは「実力の余光」・「虚喝」によって脅迫し制御しようとするもので、現実に大兵力を遠く日本などに遠征させうる実力はないのだ、と論じていた。それが三年後、一八八一(明治十四)年九月の『時事小言』や翌年の論説「朝鮮の交際を論ず」(『時事』十五・三・十一)いらい、突如としてかの類焼予防論が登場し、家作の悪い隣家＝朝鮮の大火(外国の侵略)はそのまま日本に類焼するとして、朝鮮にも「防火建築」を強制するための積極的な干渉をさえ主唱しはじめる。しかし、福沢のその議論の背後にあったのは、後述するような朝鮮への改革派支援と国権拡張の野心であって、その合理化のために創作されたような、国民の被害者意識を刺激する切迫した対外危機などは、現実には存在しなかったのではないか。

このように考えると、一八八五(明治十八)年のかのイギリスの朝鮮巨文島占拠事件や「露朝密約」問題、さらにシベリア鉄道建設の情報伝達の前後から、各紙をにぎわせはじめた日露仏連合論あるいは日英清同盟論などの論拠とされた国際情勢認識も、きわめてあやしいものである。たとえば、『朝野』の論説「日清両国ノ外交政略及ビ其外交家」(IV-24)の露仏との連合論、同じ『朝野』の論説「西伯利亜《シベリア》大鉄道と東亜三国との関係」(II-30)の英清またはロシアとの同盟か局外孤立かとの問題提起、さらに長大論説「東洋大勢論」(二十一・九・十七〜二十)をはじめその前後に『報知』の紙上をにぎわせたロシアに対する日英清同盟論などは、いずれもロシアあるいはイギリスによる東アジアへの危機急迫をまことしやかに訴えている。だが他方では、そのどちらとの連合を選択するかという日本の主体性をも、それらはすべて前提にしているのである。したがって、これらが真に問題とし課題としていたのは、東アジアにおける帝国主義的情勢の切迫と日本の独立の危機そのものではなく、実は、前節でみた井上馨や谷干城と同じく、この情勢に対応した、日本の小型の帝国主義候補国への方向確定のための模索だったといわざるをえない。

周知のように一八八七(明治二十)年、中江兆民『三酔人経綸問答』においてかの南海先生は、正反対の議論を展開する洋学紳士君と豪傑君の双方にじつは共通する「病源」として、欧州諸強国の世界制覇の動向にたいする「過慮」を挙げ、その「外交の神経病」を鎮めよと諭している。そして、列国のバランス・オブ・パワーや万国公法の存在のみならず、それぞれの国内外の議会や世論の力など、国際関係における「道徳の旨義」の区域拡大にも眼を向けよと指摘している。その著者兆民は、早くはその筆になるとされる『自由』の論説「論三外交一」(十五・八・十二〜十七)や『経綸問答』の翌年の『東雲新聞』の論説「外交論」(II-31)や「東方ノ強国」(二十一・十・七)などにおいて、スイスやベルギーのような小国の自力更生・自主独立の追求の重要性を説きつづけている。そして、とくに「外交論」では、自国の亡滅を怖れ他国を畏懼するから強大国への依頼の念が絶えないのだとして、さきにみたようなさまざまな提携同盟論をすべて批判し拒否している。このような、兆民の「一陣道徳の大風」確守への一貫した姿勢は、たしかに、当時の思潮の大勢のなかでは卓越している。だがしかし、当時の言論界を大きく染めあげた対外観や課題意識のなかには、真に心底からの自国の亡滅への「過慮」や「外交の神経病」・「依頼の一念」が一般的だったのであろうか。またそれを余儀なくさせるような客観的な東アジア情勢が、切迫して存在していたのであろうか。

たとえば、紳士君・豪傑君・南海先生にも共通した、「日本の独立の危機がさし迫っているという自己認識」が広く深く存在していたのは否定できない、その理解なしには福沢諭吉も陸羯南も兆民も内在的には捉えられない、とする見解がある(植手通有「兆民における民権と国権」)。また、民権運動の高揚期たる明治十年代前半いらい、「欧州諸国の帝国主義」を非常なる脅威としてこれを恐怖する認識は、朝鮮や清国の将来への深刻な危惧とともに一般的であり、これが民権思想にも「濃厚な国家主義的色彩」を帯びさせた、とする評価もある（岡義武「明治初期の自由民権論者の眼に映じたる当時の国際情勢」）。さらに、福沢の国権論や「あらわな国家理由《レーソン・デタ》の主張」についても、かれの課題の一つたる「国際権力政治の渦中における国権の擁護伸張」のテーマが、切迫する国際状況への対応のなかで第一の優先課題とされていったことの帰結として捉える意見も、なお影響力は大きい（丸山真男「福沢諭吉」および『福沢諭吉選集』四「解題」）。あるいは、当時の政府有司・官僚層にも民権派にも共通していた、国際関係への道義論や規範意識の弱さ、世界を弱肉強食の腕力関係とのみ観てこれに処そうとする「非常に早熟的な帝国主義への目ざめ」の背景として、当時の帝国主義化する「国際環境というものが非常に悪かった」、とする指摘もある（丸山真男「明治国家の思想」）。だが、この指摘のなかでの、思春期の子供も非常に悪い環境に育てば性的な面で他と不釣合にませることもある、との比喩の是非は別としても、悪い国際環境や非常な危機意識ということで、以上に紹介・検討したような諸論説に現われた対外観・世界像を、素直に評価しうるであろうか。この問題は次節でもさらに追究するが、ここではひとまず、これらすべての見解に一定の疑問を呈しておきたい。

本節では、「列強イメージ」とかかわるさまざまな議論のなかに、可能なかぎり隠されたその真の動機、その自意識や課題意識さらに対外野心や膨張欲までをも探り、あるばあいには、政府有司・官僚のそれとも共通する、ためにする誇張や故意の修辞上・文飾上の操作までをも見ようとしてきた。こうした、客観的な現実・世界とは相対的に区別さるべき世界認識の一定のイデオロギー性の考察は、不可欠であろう。しかし、だとしても、この解説がそれになにほどか成功しているという保証はない。そこで、「文明イメージ」とも交錯する、こうした西洋観・西洋列強認識の諸相がもつ問題性のさらなる検討は他日を期して、ひきつづき、琉球・朝鮮さらに中国や東アジア情勢をめぐる思潮について、いくつかの論点を考えてみたい。

四　朝鮮・中国への認識と志向――世論その二

一　朝鮮・琉球をめぐる論調

維新の成就と開国進取・富国強兵の方向設定の過程が、開化した西洋文明を多少とも普遍化してとらえる傾向を生む一方、その西洋に圧迫されながらも守旧・専制・怠惰のままにみえる中国や朝鮮へのマイナス・イメージをさらに増幅させただろうことは、すでに指摘しておいたところである。このアジア観、およびそれとうらはらな、自己をその中国・朝鮮と峻別しようとする自意識がもつ問題の考察が、ここでの直接の課題である。ところで、台湾遠征や江華島事件、琉球併合や壬午軍乱・甲申事変などをめぐる、具体的な諸係争問題とからんで表明される中国観や朝鮮観については、これら諸事件への対処をめぐる新聞などの論調とともに、すでに少なからざる紹介や研究がある。そこでここでは、あれもこれもではなく、いくつかに論点をしぼって検討することにする。

まず、台湾遠征や江華島事件の前後から、日本の世論のなかには、朝鮮ばかりか清国にたいしても、すでに無視しがたい侮蔑感と自惚れがあり、これを前提としたとくに朝鮮への軍国主義的国権拡張熱も根強かった、という問題がある。征台や征韓にも熱中した不平士族層、その国権意識から自由ではなかった初期の過激民権派壮士たち、そのかれらの鬱屈した旧き志士的情念が、この〝世論〟なるものの直接の背景にあったことは否定できない。だが、それだけではない。というのは、この前後、軍国主義的風潮やいわれなき日本人の傲慢と自惚れを難じた諸論説のなかには、中国・朝鮮への軽侮と傲慢心の前提となる、日本の「開化」への自負そのものを問題視しているものも少なくないからである。たとえば、台湾遠征・北京談判の望外の〝成功〟にからむ「驕傲不遜」の風潮に警告した『朝野』の西郷景光の投書(V-1)や、江華島事件にからみ軍国熱・外征熱の横行を懸念した同じ『朝野』の論説(IV-2)などは、たしかに直接には、不平士族層を背後にもつ「軍人」層や「慷慨ノ士無聊ノ徒」を対象としたものである。だが一方、『東日』の無題論説(III-1)や『報知』の杉山繁の論説「清国軽視ス可ラザル論」(III-2)などが問題としていたのは、「開明ノ先進」たる日本への「自満」とうらはらな、「隣邦ヲ軽侮スルノ悪念」であった。そして、清国を「委靡不振」・「優柔惰弱」ときめつけるこの危険な偏見の土台となる日本の改進・開明も、その内実は実力をともなわない外飾にすぎないではないか、と反省を促すことであった。

日本のわずかな開化への思いあがりにたいする警告は、たしかにこの前後に著しい。たとえば、『朝野』の中山竹塢の投書「自惚《ウヌボレ》ノ害ヲ論ズ」(十・一・二十)は、外に台湾遠征や朝鮮開国強要、内に「外形ノ宏麗ナル」開化に得意がり、「支那ヲ柔弱ト云ヒ朝鮮ヲ野蛮ト云ヒ、其軽侮慢罵一ニシテ止マラズ」の傲慢が、後来どんな帰結を生むかと憂慮している。また『毎日』の無題論説(十・十一・十)も、「我民ノ欧米人ニ学ブ事一日先キナルヲ以テ支那ヲ卑視スルノ驕傲心ヲ生ゼリ」として、中国などを「同等視セズ」とする風潮を批判している。事実、横浜在留の友人をたずねて来日した中国人張春舟の『毎日』への無題投書(十・十二・七)も、道徳社会にあるはずの新聞さえも「必ズ辮髪ノ字ヘチャンチャント仮字ヲ用ヒ」、また「豕尾頭抔ノ字」を平気で使っているとして、庶民が人を嘲弄罵辱するような勢を放置また奨励するようでは、善隣友誼こそ必要な日中間にも、かかる「小事ヨリ竟ニ大事ノ葛藤ヲ生ズル」恐れも大きいと訴えている。そして、これらはすべて、維新いらい一〇年前後にしてすでに無視しがたい、開化日本への高慢な自負と侮蔑的なアジア観の浸透という事実を、なにほどか反映しているのである。

当時すでに、西力東漸のなか、アジアでかろうじて独立を維持しこれに対抗しうるのは中国と日本のみ、朝鮮も安南・マラヤ・ビルマも到底その力はないと断定する論調は、各紙に共通していた。その中国への蔑視さえ一般的な雰囲気のなかでは、まして朝鮮への侮蔑感なくその主体性・自立性を尊重する姿勢などは、ほとんど見られない。江華島事件や日朝修好条規締結の前後の〝世論〟に共通していたのは、その点である。たとえば、本巻のIV章の最初に掲げた、江華島事件への対応・処理をめぐる中央五大紙の論説は、その後のそれぞれの大論争の直接の出発点となったものだが、ここで考察しておきたいのは、この共通した朝鮮野蛮視と自主独立性無視の問題である。

まず、一八七五(明治八)年十月六日付論説(Ⅳ-5)いらい、「一国ノ体裁面目」確保といういわば栄誉論的征韓論を主張した『曙』などは、論争をつうじて、「朝鮮ノ蛮奴」などになめられるな、東洋に勇武の名を輝かせという壮士へのアジテーションにまでいたるほどで(八・十・十四、無題論説)、その背後にある朝鮮観は容易に推測しうる。また、十月五日付論説(Ⅳ-4)いらい、いまは征韓派不平士族層の「鬱勃ノ気焔」を外に逸らすほかはないとの、いわば権道論的征韓論を説いた『毎日』も、日本の国安保持のために朝鮮を踏台にするをはばからない。この『毎日』は、江華島事件は日本側の明白な挑発によるものと冷静に分析するが、それは日本の非を難ずるためではなく、そこに政府の政略的な征韓の意志を読みとって、自己の権道論の正当性を誇るためであった(八・十・十三、無題論説)。

一方、「慷慨ノ士無聊ノ徒」による開戦熱を難じ富国民教の急を説いた『朝野』の前掲論説(Ⅳ-2)、事件も「曲、我ニ在リ」とする『報知』の論説(Ⅳ-1)、朝鮮非干渉と内政集中を最上策とする『東日』の論説(Ⅳ-3)などは、たしかに、いらい非戦論の共同戦線をはって『曙』や『毎日』と対抗した。しかし、たとえばその『朝野』も、まず内治改良・文教武備整備のうえ「時ヲ待チ、而シテ大挙以テ其罪ヲ問フモ何ノ遅キ事有ランヤ」とする時機待望論にいたるほどで(八・十・十四、無題論説)、朝鮮の自主性尊重を非戦論の土台としたものではない。このうち、「征韓論ト民権論トハ共ニ両立ス可ラザルモノ」と断言して征韓熱に走る過激民権派壮士の「仮面」を暴いたりもした『報知』(八・十・十、無題論説)は、もっとも果敢に非戦論を通した。だがその論拠の中心は、前節でも紹介したかの箕浦勝人執筆の論説(八・十・十九、八・十三・十五など)にも典型的なように、小野蛮の朝鮮などに拘泥して国力を浪費するな、欧米諸国と並駆すべき国力・民力の養成こそ先決だとする、実利・実益優先の立場であった。また、この立場を支援すべく『報知』に寄書され、その論説として掲載された福沢諭吉の「亜細亜諸国との和戦は我栄辱に関するなきの説」(八・十・七)も、「一小野蛮国」朝鮮の事件などはたんなる「手足の疵」のようなもの、いまは軽重大小を弁別し、学問・商売・国財・兵備で欧米諸国にたいする地位を高めるべく、この「永遠の利害」をこそ洞察すべしと説いている。

このように、栄誉論や権道論的な征韓論と内治優先また実利主義の非征韓論とは、激しく対立している。だがその両者に共通していたのは、ともに朝鮮を対等な相手とはみなさず、「蛮奴」視また「一小野蛮国」視しつつ処遇しようとする姿勢である。したがってそのほとんどは、日朝修好条規締結の報を歓迎し、日本全権団をあたかも幕末のペリーの艦隊に比定しつつ、朝鮮の開国・開化の先導者日本を謳歌したのである(山田昭次「征韓論・自由民権論・文明開化論」)。そして、西洋への劣等感とうらはらなこの優越感は、そのままやがて、ひとたび確保した権益にそって朝鮮を日本の「藩屏」・「万里ノ長城」として独占しぬこうとする執着につながっていく。事実、この不平等条約強要の年の十月、たとえば『毎日』への回東士と名乗る人物の投書(九・十・十六)は、すでに、昨今の議論は極論すれば「支那全国ヲ英国ニ分取セシメ我ハ朝鮮ヲ取ラバ、始メテ欧人ト比隣ノ交親ヲ為スヲ得可シ。而シテ我ガ文明モ是ヨリシテ進マン」といった類いの、危険きわまりないものだと警告していたほどであった。

対外的な自負・独善と国権の確保・拡張への執心は、朝鮮問題につづく琉球処分の過程でも、すでに主潮流となっていた。前節でもふれた『報知』の箕浦勝人の論説「琉球人民ノ幸福」(V-7)、すなわち、柔弱なる琉球人民は強兵富国の日本に統合・保護され「安寧康福」を享受しえたことを喜ぶべしとする主張などは、その一典型である。この『報知』も江華島事件の前後までは、たとえば一八七五(明治八)年五月の無題論説(V-2)に代表的なように、日清両国への「恰も両属の曖昧国」なる琉球などは放棄し、「空名」のために国財を浪費するよりは「内国の改正」に集中せよと論じ、いらい、樺太売却論を唱えながら琉球には固執する『東日』と大論争の火花を散らしたりしていた。ここにはなお、当時の福沢や『報知』の実利主義的な内治優先論が貫徹していた。だが、前節でみた一八七八(明治十一)年末頃からの『報知』の露骨な強兵富国論への〝変節〟と対応して、たとえば論説「琉球論」(十二・一・十)などは公然とかつての琉球放棄論を翻し、琉球は国内問題として適宜処置すべしと主張するにいたる。琉球人民は置県処分を喜ぶべしとの箕浦の論説は、その当然の帰結でもあった。しかもこのような立場は、同じ『報知』の、「今ヤ我ノ朝鮮ニ対スルノ地位ハ猶ホ昔日西人ノ我ニ対シタル地位ノ如シ」として、朝鮮への圧迫国たる地位を進んで容認する姿勢とも(十二・五・七、論説「朝鮮人ノ無礼」)、あい対応していたのである。

もともと、朝鮮とも峻別して琉球を日本の一部と見なし、それゆえ形式的な日清両属を断って日本に名実ともに併合すべしと主張しつつ、台湾遠征いらいの政府の琉球対策の遅延にも業をにやしてきた『朝野』や『曙』は、当然のことながら当初からの最強硬論であった。その『朝野』の論説「琉奴可レ討」(V-4)や、これをすぐに支持・支援した『曙』の論説(V-5)などは、まさにその「琉奴」の日本への「蔑視」・「無礼不敬」なるものに激昂し、また、先皇が「日本ノ犬」としたほどの朝鮮とも「同等ノ条約」しか結べず、いまこんな小国属藩から「軽侮」されるようでは日本の威光も地に墜ちる、と興奮している。しかし実はここには、琉球よりは一等高いはずの朝鮮をもすでに制御したとする独善の驕りこそが、はしなくも覗いているのではなかろうか。

この『朝野』や『曙』にくらべればやや冷静だった『毎日』も、論説「琉球処分論」(V-3)が示すように、早くから、兵力や過多な出費によらず移民の力で琉球をわが版図に収めよとする、所詮は実利主義的な併合論であった。その『毎日』は、清国との対立や琉球君民の抵抗を懸念するために、内属の非強要、「外藩」としての実質保護を説いたりもしたが(十二・一・二十二～二十三、論説「琉球論」など)、政府の処分断行はすぐに是認してしまう。また、もともと政府よりの『東日』も、処分断行も時勢の然らしむるところと容認し、ただこれが、台湾・朝鮮問題についで清国の日本への遺恨をさらに増すことを懸念するのみであった(十二・四・十七、論説「琉球処分」など)。他方、「琉球藩ノ紛議」(二号、九・六・十)いらい「琉球ノ処分」(V-6)にいたるまで、ほぼ一貫して琉球併合不可を主張していた『近事評論』は、その論拠を、琉球が日清両属または独立自治を望めばそれを尊重する「任地主義」を取るのが信義であり、弱肉強食の世界で信義仁愛の交際という大義を天下に証明し、西洋の跋扈にたいする東洋の協和と振起の基を固むべし、とする原則論においていた。だが、小弱国への軽侮を難じその権利尊重を説く姿勢も、政府の強引な置県処分という既成事実をまえにした「我国人ガ沖縄県民ヲ遇待スルノ鄭重ナランコトヲ希望ス」(V-8)では、「亡国ノ人」たる沖縄県民への「驕傲侮謾」・「軽侮」を排し、同胞としての信愛の実をあげよという主張への後退を余儀なくされている。その立場は、政府の方針あるいは他の諸紙が置県処分直後に論じたような、琉球官民の慰撫のための漸進論や旧慣温存策と対比すれば、たしかに民族としての一体化への願望が反映されてはいる。だが、その憫憐や願望も、当の琉球官民、また宗属関係を突如暴力的に切断された清国には、そのまま通じはしないのである。

　こうして、処分強行にたいする清国の抗議、さらに前述した分島・改約交渉の難航と決裂の過程は、世論としての対清強硬論が沸騰する契機ともなった。あたかもこの時期、清国は、左宗棠の西征により広大な故地を回復し、さらにイリ地方をめぐってロシアと対峙していた。とくに一八八〇(明治十三)年春以降は、海陸ともにロシアと一触即発の緊張が続いていた。このイリ紛争をめぐっては、その初期には、たとえば『朝野』の論説「聞三清民奮抗二強魯一有レ感」(III-3)のように、清国の「自治独立ノ精神」の覚醒を評価しつつ、清国への「蔑視軽侮」の風潮を批判するものもあった。また、朝鮮確保への思惑からは、同じ『朝野』の論説「魯清果シテ戦端ヲ開クベキカ」(III-7)のように、万一開戦して「魯人ガ北京ヲ陥ルノ明日ハ必ズ双頭鷲旗ノ朝鮮京城ニ翻ル有ラン」といい、わが国への脅威さえも切迫する、との懸念も表明されたりしていた。だが一方、琉球処分や分島・改約交渉とのかかわりでは、政府とともに各紙とも、イリ紛争・対露緊張のため東顧のいとまもないであろう清国の内情を意識的に利用しようとしており、そのうえで、対日遺恨百倍となったであろう清国との融和あるいは強硬対決の論がくりかえされていた。しかも、その論調は、『近事評論』もふくめて、宗主権に固執する〝理不尽〟な清国との戦争も止むなしとし、ために軍拡を政府に迫るほどの、国権主義的なものが支配的であった(矢沢康祐「明治前半期のブルジョア民族主義の二つの発現形態」、藤村道生「琉球分島交渉と対アジア政策の転換」など)。たとえば、実利ありとして分島・改約交渉を支持した『東日』・『報知』などを非難して「一寸ノ地」も割くなと叫んだ『毎日』の論説「駁二日々新聞報知新聞想像論一」(V-9)や、逆に、分島・改約への期待がイリ紛争解決と清国の調印拒否で砕かれただけに、いっそう強硬な対清対決論を唱えた『報知』の論説「琉球談判ノ結局」(V-10)や『朝野』の論説「東洋ノ風浪」(V-12)なども、このような世論動向の一翼を担っていたのである。そして、かかる論調のなかには、つぎの二つの点が明瞭に示されている。すなわちその一つは、台湾出兵・朝鮮開国強要さらに琉球処分問題をつうじて日本への不信・宿怨を強めたであろう清国にたいして、これを守旧・頑迷としながらも、日本の国権への当面の最大のライバルとする意識が、両国の正面対決への予想とともに決定的となったことである。いま一つは、琉球=沖縄を日本の国威・国権の都合のままに処遇して当然とする、琉球官民を柔弱な「琉奴」視して意に介さない深い侮蔑である。

二　中国・朝鮮・琉球観の三層構造

さて、以上の考察をつうじて明らかにしたかったのは、台湾・朝鮮・琉球問題などをつうじて無視しえない、そのアジア観の主潮流のなかにすでに存在していた、それぞれ位相を異にした清国観・朝鮮観・琉球観の三層構造の問題である。一概にアジア観やアジア政策を論じ、あるいはアジア連衡論・アジア改造論さらに脱亜論を論じても、たとえば清国と朝鮮にたいするこの意識や対応の差異を無視した議論は、空虚で非現実的な謬論におちいる可能性があるのではないか、という問題である。これらの論点は、これまでの考察ですでに示唆されているが、その問題性を以下さらに探ってみたい。

まず琉球・沖縄県関連では、かの分島・改約交渉決裂前後の対清緊張がなしくずしに緩和されていらい、諸紙の関心は急速に薄らぎ、この問題への関説はほとんど姿を消していく。それは、北辺警備・北海道開拓への関心が、かの樺太千島交換条約の前後からとくに希薄になっていくのと、あたかも対応しているかのようである。琉球については、たしかに、置県処分以前の『近事評論』以上に開明的かつ有道正理の原則論から、その独立承認の義を天下に示せと主張し、分島など両断＝分取の「残忍酷虐」を衝いた、植木枝盛の筆になるとされる「琉球ノ独立セシム可キヲ論ズ」(V-11)がある。またこの前後、河野広中ら民権派の東北有志会の面々も、国会開設要求のための戦術論的要素をふくみながらも、併合の「理」なき政府の「掠奪主義」を難じ、その「独立国」承認の姿勢を示していたとされる(『自由民権機密探偵史料集』)。だが、こうした思想が多くの人心を捉えることなく黙殺されていったのは、本巻に収録した諸論説の多くも有形無形に前提していたような、琉球は所詮島津氏に征服され、長期にわたり日本・薩摩の支配下にあった事実上の属領だとの牢乎たる歴史意識と、開化・文明の国家間原理で版図を画定するを名分とした、実際には国権主義的な想念が、すでに世論の大勢をリードしていたからではないか。だから、いらい世論の関心が薄らいだのは、近代的民族統一意識の実現の所産というよりも、対外緊張の直接の種にならないかぎり、強制統合も当然の帰結としてやがて忘却していく一般的な心情からではないか。そしてこの時期以降の、アイヌや沖縄県民の問題への一般的無関心と実際での差別の定着は、処分の結果が抱えこんだ近代日本の一重要問題となっていく。

一方朝鮮にたいしては、いかに「蛮奴」視・「小野蛮国」視しようとも、これを文字どおり国際関係として考えることは共通の前提になっていた。とはいえ、すでに江華島事件の前後から、政府のみならず民間の世論もまた、朝鮮の日本との自主対等性も認めずに〝日本による指導〟を当然視していったのはなぜか。また、それはやがて朝鮮「藩屏」化の志向につながり、たとえば、前述の『朝野』の論説のように、イリ紛争をめぐるロシアの朝鮮略取への懸念をことさらに昂じさせるが、それらは、日本の開化・先進への自負や国利・国権拡張の焦点への執着一般の問題として解けるのであろうか。ふりかえってみれば、征韓論争や二年後の江華島事件の前後いらい、内治・実益先決の立場からの征韓批判は数多かったとはいえ、国際関係の〝道義〟遵守という原理的立場からの征韓反対論はほとんどなかった。

そのなかで、たとえば、すでに下野して大久保政権に批判的だった西郷隆盛は、江華島事件の報に接し、一応の談判もなく交戦したのは「天理」にも恥ずべき仕業であり、政府の威信回復のための「奸計」・「術策」に違いないが、弱を侮る非道理なものだ、と断定している（六・十・八、篠原冬一郎あて書翰、『大西郷全集』二）。ここで西郷は、まず使節派遣により「道理を尽した後」和戦を決断するという二年前の自己の主張を正当化しているが、はたしてそれは道理たるものだったのか。

実は、第二節でみた大久保・大隈による「台湾蕃地処分要略」・「朝鮮遣使に関する取調書」がだされた一八七四（明治七）年二月、吉岡弘毅による長文の「建議」が左院に提出されていた（『明治建白書集成』三）。かれは、七〇（明治三）年十一月いらい一年七カ月間にわたり、最初の正式な外務省代表・外務権少丞として釜山の草梁倭館に滞在しつつ朝鮮と国交交渉をつづけ、帰国後依願辞職した人物である。その建議でかれは、征韓の世論を非とし、朝鮮に開国を強要するのは、かつて「己ガ所レ不レ欲、コレヲ人ニ施ス」もので、弱を侮る「非理」だとしている。さらに、「名義」を得るための使節派遣・談判強要→拒否→出兵の論も、「是レ臣等ガ嘗テ議セシトコロニシテ」、所詮は「不条理」なものだとしている。こうして西郷らの議論も、かれによれば、強いて「名義ヲ製造ス」る不条理である。また、征韓熱の契機となった朝鮮側の「驕慢無礼」という浮説なども実は真っ赤なウソ、ただ日本にたいする「疑懼ノ念鮮人ノ頭脳中ニ凝結シ」、朝鮮側はひたすら新国交要求を謝辞し、回答を遅延させつづけただけだ、と告白している。そしてかれは、朝鮮が日本を「虎狼」と怖れる背景として、三つの原因を挙げている。すなわち第一、秀吉の朝鮮八道蹂躙の歴史的体験にいまなお朝鮮の官民は「戦慄」していること、第二、旧幕府時代朝鮮から毎年定額の「莫大ノ米穀」を受取った対馬藩は、さらに種々辞柄を設け朝鮮を恐喝してしばしば米穀の数年分を貪ってきたが、朝鮮は背後の日本を怖れこれに従いつつも疑懼をつのらせてきたこと、第三、新政府の最初の書契中の「皇・勅ノ字」への日本側の拘泥のなかに「日本我ヲ属国ニスルノ奸計」を読み、後の大害を怖れつづけたことの三つがそれである。いまや啓蒙思想を学びキリスト教にも接しはじめていた、元外務省官吏吉岡(吉岡については、牧原憲夫「吉岡弘毅・ある明治初期外交官僚の精神史」)のこの〝証言〟は、きわめて原理的な征韓批判であるとともに、朝鮮官民の日本観、日本官民の朝鮮観の歴史的な背景にも、鋭く迫っているのではなかろうか。

考えてみれば、この吉岡もふくめ一八七〇(明治三)年前後から外務省官吏たちは、第二節で検討したように、朝鮮を「烈聖の遺烈豊臣氏の余光」ある地、「列聖御垂念ノ地」としてのみ認識し、これを早く「綏服」せよと再三にわたり叫んでいた。「綏服」という表現そのものが象徴するとおり、維新の当初からの、朝鮮を属国候補国として当然視するこの根深い侮蔑意識は、一朝一夕のこととは考えられない。その歴史的背景にまでいまは立ちいる余裕はないが、秀吉の朝鮮侵略が日本人の歴史意識にもたらしたもの、また幕藩体制二百数十年間の対馬藩を介しての日朝関係――それは双方の華夷秩序意識を土台とした真に対等なものだったのか――や幕末いらいの安易な征韓論の意味、これらをも視野にいれた、中国観とは位相を異にする日本官民の朝鮮観の〝ゆがみ〟の考察は、軽視しえない課題となるであろう。

さて、開国を強いたこの朝鮮への執着は、かの清露イリ紛争の前後、政府のみならず民権派のものでもあった。たとえば、前述のようにロシアの「双頭鷲旗」の朝鮮進出への懸念をことごとに強調してきた『朝野』は、論説「論下処二朝鮮一之政略上」(Ⅳ-7)でも、ロシアあるいは清国との朝鮮の接触をつねに偵察し排除し、朝鮮側の日本への要求にも「国利ヲ該国ニ保存スル」ために断乎たる態度をとり、朝鮮に「窃《ひそ》カニ以テ我ガ万里ノ長城ヲ作」れと説いている。さらに論説「朝鮮ヲ処スルノ政略」(Ⅳ-9)や「朝鮮ヲ待ツノ政略ヲ論ズ」(Ⅳ-10)においても、「日清合従」による朝鮮扶助は不可、朝鮮官民は日本以上に清国を嫌忌しているとの独善のもとに、朝鮮「開化党」への援助を勧めている。また、ロシアの脅威を強調しつつ、「恐嚇政略」と「懐柔政略」を併用して朝鮮の大院君派＝鎖攘論をくじけと叫んでいる。この間、なかには『毎日』の論説「読二東京日々新聞朝鮮按一」(Ⅳ-8)のように、ロシアの朝鮮進出への過度な防禦論を難じ、日本の国力や実利への懸念から、欧米諸国への開国による朝鮮保全を主張するものもあった。だが、世論の大勢はたとえば、『朝野』と同じく朝鮮の「開進党」支援・「守旧党」排除を説く『報知』の論説「朝鮮ノ国難ニ対スル政策」(十四・五・七〜九)か、あるいは「開国党」支援はかえって「鎖国党」のロシア接近を強めると懸念する『東日』の論説「朝鮮処分議」(十四・五・九〜十一)など、日本の朝鮮へのいっそうの勢力浸透の方途を問うものがほとんどであった。これらはみな、日本の力による朝鮮改造論ではあったが、清国との関係では当時なおしばしばみられたような、朝鮮を対等な相手とみなす日朝の提携・連衡あるいは連帯論などは、まったく見られなかったのである。

そして実は、この朝鮮開化派支援と改造強制を、焦眉の急としてもっとも激烈に説いたのが、前述した福沢諭吉の『時事小言』や「朝鮮の交際を論ず」であり、その類焼予防論、朝鮮にも「防火建築」を要求する積極的な干渉論であった。民権論の「正道」よりもいまは国権論の「権道」に従うと公言して内安外競の急務を叫び、日本の独立安寧のために「支那朝鮮」の改造を脅迫せよと叫ぶこの『時事小言』の真意は、まさに「朝鮮」の改造強要であり、そのための親日派・開化派の育成であった(坂野潤治、前掲『明治・思想の実像』)。そして、この著作の底にある、まさに露骨な国権拡張論をすぐに暴いたのも、かの吉岡弘毅その人であった。「駁㆓福沢氏耶蘇教論㆒」(『六合雑誌』三―二六、十五・八・三)においてかれは、道義や平和を重んずる漢学者やキリスト教徒をことさらに嫌悪・侮蔑し、私心たる「報国心」の熱情を煽る福沢の心底にあるのは「氏ノ掠奪主義」そのものだ、「我日本帝国ヲシテ強盗国ニ変ゼシメント謀ル」ような乱暴な外交政略は、「怨ヲ四隣ニ結ビ憎ヲ万国ニ受ケ、不レ可レ救ノ災禍ヲ将来ニ遺サン事必セリ」と痛言している。福沢の思想の質的な転換開始の指標とされ(遠山茂樹『福沢諭吉』)、かれの啓蒙主義との最終的な訣別とされる(ひろたまさき『福沢諭吉研究』)この『時事小言』の問題性の核心の一つは、ここに鋭く衝かれている。

ところで、以上のような朝鮮観・朝鮮対策をめぐる状況に比して、琉球処分や清露イリ紛争の前後にさかんに主唱されていたのは、日清の提携や合従連衡論であった。前述のように、日本の表面的開化といわれなき清国蔑視に警告し、清国のイリ地方奪回などを評価していた諸紙は、たしかに、西勢東侵の趨勢に抗しアジア全体の連帯と振起を図るための要としての、唇歯輔車たる日清両国の連携を説くという側面もあった。だが、現実のこれら多くの日清連衡論の底にあったのは、実は、琉球問題や朝鮮問題をめぐる清国の日本に対する遺恨・憎悪と両国の対決を危惧するがゆえの提携促進論であり、またそこでの開化日本の盟主化論をはらんだ連衡論だったのではないか。

その点でまず第一に、琉球処分直後の『東日』の論説「東洋政略」(十二・五・十三〜十四)、「支那ノ関係」(十二・八・六)や、『朝野』の論説「日本支那ノ関係ヲ論ズ」(十二・六・二十二)などはみな、清国の対日宿怨や抗日親露を警戒し、そのためにこそ対清対決論をおさえ、清国の疑惑を解き、その歓心を買えという協調論である。また第二に、かの草間時福による『報知』の論説「東洋連衡論」(III-4)や『朝野』の論説「支那語学ノ要用ナルヲ論ズ」(III-6)などは、日清連衡を軸として弱肉強食の患を防止するとともに、そこで日本が「東洋ノ盟主」として牛耳をとることを予期したものである。また、地大物博の中国を、「我国人ノ壮快ナル活劇ヲ試ルノ新舞台」とする期待をこめたものであった。草間などのなかにも、文明化を主体的に捉えた、前節でみた論説「論二変革一」(II-1)においてすでに、一方では日本を「已ニ頑愚ノ支那ニ超エ固陋ノ朝鮮ニ駕スル、啻《タダ》ニ数等ノミナラズ」とする自負があったのであり、清国にたいする優越感から自由ではなかったのである。この『朝野』の末広重恭・高橋基一・草間時福らも積極的に参加した、一八八〇(明治十三)年三月設立の「興亜会」が、所詮は非藩閥系の政府高官・中堅幹部層主導のものだったのも、両者の中国観やアジア政略の一定の共通性を示して象徴的である(黒木彬文「興亜会の成立」)。そして、この興亜会のリーダーの一人、駐露公使柳原前光なども、第二節で論じたとおり、すでに「清国トハ早晩交兵ヲ免レザルベシ」と予期し、とくに「武人ノ士卒」への「清韓ノ語学」の修得を説いていたのである。

日清連衡論には、このように、すでに「東洋上等国」日本の先進開化を自認した、しかも日清対決状況の打開や対立尖鋭化回避の思惑あるものが多かっただけに、たとえば、『毎日』への野手一郎の投書「日支聯合果シテ恃《たの》ムベキ耶《や》」

(Ⅲ-5)のような疑問が起るのも、当然であった。この投書は、「利害」で結ばれた提携などは「其ノ利害」そのものによってすぐに解消されるとし、安直な「倭清合従」などはむしろ一大弊害を生む、とさえ指摘している。そして、強兵富国論を説き、朝鮮開化派支援を主張し、日清連衡論などにも冷たくなっていった『報知』などは、論説「露清ノ開戦ニ当リテ我国ノ政略ハ何如」(十四・一・十一〜十三)において、イリ紛争再燃・清露開戦が現実になれば、いまの日本はロシアの「獣力」を避け、局外中立して「唯利ヲ収メ益ヲ得ノ一点ニ着念」せよと冷酷に説いている。しかも一方では、前述の論説「琉球談判ノ結局」(Ⅴ-10)などで、「腕力ノアル所ハ則チ権理ノ存スル所」と述べ、対清対決を煽っていたのである。

以上のように、この時期の清国観・清国対策論はすでに、朝鮮観・朝鮮対策論とは異質なものであり、まして琉球観と同列に論ずることはできない。清国は、いかに日本の開化への自惚れや思いあがりにより「委靡不振」と軽侮されようとも、琉球や朝鮮への宗主国であり、したがって合従連衡の相手たる老大国あるいは対決すべきライバルとして警戒される存在であった。しかも、琉球処分まして朝鮮改造論・朝鮮掌握論は、決して日清連衡論とは両立しえないこと、朝鮮改造論はますます日清対決を避けがたくすることすら、すでに官民ともに自覚されはじめていたのである。この矛盾ある三層構造を軽視して、当時、中国・朝鮮をひっくるめた〝アジア主義〟的な連帯論や改造論が育ちはじめたと説くのは(たとえば竹内好「アジア主義の展望」など)、この時期の論者たちの独りよがりの論理や心情あるいは修辞・文飾のロマンティシズムに、そのまま無批判に寄りそう評価になってしまうのではなかろうか。

三　瀰漫する清国との対決熱

そこで、朝鮮における壬午軍乱と清国軍の朝鮮進駐は、政府のみならず世論にとっても、対清敵愾心・日清対決熱のいっそうの浸透の、決定的な契機となった。

この大事件にたいして、周知のように各紙は、それぞれ厖大な論説群をつうじて多様な態度をとった。福沢の主宰する『時事新報』(以下、『時事』と略称)の、最も強硬な朝鮮頑固派懲罰論や「東洋の老大朽木」清国との対決の鼓吹などは、その一典型である(『福沢諭吉全集』八を参照)。浅野乾の筆になる論説「朝鮮鎖攘家ノ乱」(Ⅳ-11)で、頑固党絶滅こそ清国やロシアの制圧から朝鮮を護る道と説いた『朝野』の強硬論、まず叛徒を討ち逆賊政権と交渉するなとする『報知』の強硬論などは、この福沢の主張と揆を一にするものであった。だがこの両紙は、たとえば『報知』の論説「東洋ノ大勢大計ヲ論ズ」(Ⅳ-14)に代表的なように、ロシアこそ最大の脅威・主敵とする立場から、単純な対清好戦論を批判し、清国の派兵・干渉を懸念しつつも日清融和の必要を説いている。反対に『毎日』などは、まさに実益優先の立場から、過度な朝鮮への要求・干渉を排し、英・米と協同して朝鮮を保全せよと主張しつづけた(改進党系の『報知』・『毎日』などの主張については、林茂「壬午政変と立憲改進党系新聞雑誌の論調」、山田昭次「立憲改進党における対アジア意識と資本主義体制の構想」など)。また、親政府的な『東日』は、論説「朝鮮果シテ無政府ナル乎」(Ⅳ-12)などで『時事』や『報知』のような対朝鮮強硬＝軍事介入論を難じ、清国の「属邦」論や「調停」は拒否せよとは説くが(十五・八・二十五〜二十八、論説「清国ト朝鮮ノ関係」)、全体として冷静な対処を呼びかけている。それどころか、大阪の『日本立憲政党新聞』の論説「ヂョン、ブライト氏ガ埃及《エジプト》措置ノ意見」(Ⅳ-13)が見事に論じたような、「我ガ従前ノ措置」こそ抗日軍乱の種であるとして道義による寛仮容赦を訴え、侵犯の戦いを朝鮮・清国に宣しようとする議論を厳しく糾弾したものもあった。また、まさにこの時期から、対朝鮮強硬の干渉熱や対清緊張下の軍拡熱・対決熱が国の将来にとって憂慮されるほどに昂じたからこそ、前節で検討したような内治優先・小国主義的対外非干渉の主張が、『朝野』や『自由』また『報知』などのなかにも、時折みられるようにもなってくる。

このように、壬午軍乱後の世論は、ただひたすらな軍国主義的国権拡張論や対清決戦論で沸きかえったわけでは決してない。だがたとえば、自由党の機関紙『自由』の論説「大陸ノ関係」(Ⅳ-15)に典型的なような、ロシアまた清国の朝鮮への勢力扶植を脅威とし、当面は清国の朝鮮「占有」熱こそ重大事とする焦慮が、一般化しはじめたことはまちがいない。そして『自由』は、清国の兵力・船艦・銃砲が質量ともに日本に優越していると判断すればするほど、清国への軍事的・政治的対抗心をあらわにし、政府のかの対清陸海軍大拡張とそのための増税をも容認していく(芝原拓自『日本近代化の世界史的位置』)。事変直後の清国の派兵およびソウル制圧と大院君連行、淮軍六営(三千名)の朝鮮常駐などの過程で、すでに早くから『報知』の論説「論ニ韓清之関係一」(十五・八・二十六)なども、外にはつねに「優柔不断」のはずの清国が今回はまさに「敏捷迅速」と、驚異の念をかくしていない。さらに、最強硬派の『時事』の福沢の論説「朝鮮国を如何すべきや」(十六・三・十三)も、清国を「遅鈍因循」と軽侮してきたのは大なる誤りとあらためて自省し、この「活潑勇敢」・「迅速穎敏」な清国によって朝鮮が清国の「高麗省」のように支配されたらどうするのか、と問いかけている。そして実は、過度な干渉批判や英・米との協調による朝鮮保全を説いた、かの『毎日』も、その裏には清国の軍事的・政治的な朝鮮への宗主権強化を脅威とする心情があった(十五・九・九～十七、論説「日韓及ビ清国ノ関係ヲ論ズ」、十五・十一・二十五、論説「韓使将ニ本国ニ帰ラントス」)。また、道義論を説いたかの『日本立憲政党新聞』も、清国の朝鮮干渉への対抗準備を説き、政府が開始した陸海軍大拡張も、世界情勢一般という「遠因」ではなく日清関係という「近因」のためだと断定し、これを止むをえないものとして是認している(十五・十二・十五～十六、論説「日本支那ノ関係ヲ論ズ」、十六・一・十四～十六、論説「再ビ日支ノ関係ヲ論ズ」)。

朝鮮独占への甘い夢が粉砕され、優勢かつ敏捷な宗主国清国の軍事的・政治的な朝鮮への影響力が強化された壬午軍乱後の事態のなかで、このように日本の世論には、清国侮れずとする警戒と対決・敵愾の空気が、陰に陽に浸透していった。しかも、第一節でみたように、政府でさえ清国との「不慮ノ変」に備えた大軍拡を決断しつつも、当面は英・米・独などと協調した朝鮮独立保障策しかとりえなかった状況のもとでは、この朝鮮への執着と清国への敵愾の想念も、ますます鬱屈し内攻していった。そして、そのストレスの最初の捌け口の契機となったのが清仏戦争(一八八八三―八五年)であり、鬱積した執念がさらにほとばしりでる契機となったのが甲申事変であった。

まず、清仏戦争にたいする各紙の関心も、朝鮮をめぐる日清対峙のもとで並々ならぬものであり、それぞれ数多の論説でこれを分析・評価している。その初期には、たとえば『朝野』の論説「東洋ノ気運」(III-8)のように、劣勢の清国の奮起を期待し、欧米列強にたいする「単独ノ我邦」のみの国権伸暢が困難ないまは、清国とともに「東洋連衡ノ計」をはかるほかはないとする、フランスはじめ列強の跋扈批判を主とするものもあった。だがその『朝野』も、前節でもふれた論説「外患ニ対スル政体ノ得失」(III-12)や、関輪正路による論説「開化ト開化ノ戦争」(III-13)では、「自由政体」・「実用開化」のフランスの勝戦をむしろ必然とし、「無限ノ専制政治」・「空想開化」で官・兵・民ともに秩序も風紀も紊乱した清国の敗北は必至と、冷酷に評価するにいたる。それどころか、『報知』の論説「興亜ノ問題及ビ東洋ノ現勢」(III-9)や「四十年来ノ日本及ビ支那」(III-14)などは、アヘン戦争いらい日清両国は改進と守旧の正反対の方向を歩んでおり、いまは両国連衡による「興亜ノ空想」などはきっぱり捨て去り、清国の欧米への敗退・屈辱をむしろ「試験ノ料具」として、日本は西洋の改進・文明にならった自力更生にさらに励むべしと強調している。ここには、上下とも因循・愚弱な清国はきっとフランスに屈するであろうと冷たく予測する、あらたな侮蔑心と〝脱亜〟の心情すらがすでに覗いている。また、『毎日』の論説「支那ノ敗北ハ日本ノ幸ナリ」(III-11)もアジア連衡論などをあらためて拒絶し、万一の清国の対仏勝利は日本のさらなる軍拡と軍国主義化や経済発展阻害につながるとして、「利害」論・実益論の立場から清国の敗北を期待している。

この『毎日』・『報知』や、『東日』の論説「欧州ノ侵略主義」・「欧州ノ武備」(十七・十・二〜三)などは、前節でも論じたように、たしかに一方では、フランスの露骨な侵略やそれをめぐる欧州諸国の帝国主義的な利害打算による黙認・協調を、きびしく批判している。だがそれらは、頑迷にしてまともな対応もなく敗れる清国への非同情や、あらたな〝蔑清〟・〝脱亜〟の姿勢ともつながっていたのである。とはいえ諸紙の論調は、現実の清仏の戦争には深いコミットを非とし、局外中立を説いていた。しかし、朝鮮で清国と対峙する日本のまさに「利害」から、むしろ親仏・反清の志向も覆いかくしがたくなってくる。そして、その論理と心理をもっとも体系的に示したのが、『自由』の論説「曷為《なんす》レゾ其レ仏国ヲ咎《とが》ムルヤ」(Ⅲ-10)であった。フランスを曲とし清国に同情すべしとする論を四つの点から批判したこの論説は、所詮はベトナムと朝鮮でともに清国の宗主権を否認する日仏両国の「道理ト利害」の共通性を強調し、「同文同種」論などは「蛮風」の非合理だとして、すでに「今日ノ文明世界」のなかに身を置く日本が、方向も利害も対立する「頑陋保守」の清国に与《くみ》するのは有害無益と説いている。しかもこの前後、固陋かつ傲慢な清国の敗勢を「自業自得」とし、その政治や兵力の「病衰」・「不整頓」を見ぬき、「文明」フランスへの親和感を〝脱亜入欧〟の心情と共通利害という国益追求の立場から表明しつづけた『自由』は、その一方で、朝鮮駐在清国軍の半数退去(フランスとの決戦への対処)などの情勢をにらみつつ、清国の官・軍の朝鮮からの撤退要求など、「我邦政略ヲ朝鮮ニ逞スル」積極策を急げと主張している。そして、前節でみた『自由』の露骨な論説「国権拡張論」(Ⅱ-25)なども、このような論調のなかで表明されたものであり、自由党の首領板垣退助や後藤象二郎らが駐日フランス公使サンクィッチらと結託して朝鮮開化派とともに事を図ろうとした策謀も、この時期に頂点に達していたのである(以上、芝原拓自、前掲書)。

この『自由』の親仏・反清論にたいしては、さすがに『朝野』の論説「一方ヲ庇護ス可カラズ」(十七・九・十六〜十八)など、「漁夫ノ利」をあさろうとして「窃カニ盗賊(=フランス)ヲ案内シテ己レニ怨恨アル隣家(=清国)ヲ劫略セシメン」とするものとする、きびしい批判もあった。だが、まさに「隣家」(清国)の難から直接に「漁夫ノ利」を得ようとした甲申事変が優勢な清国軍によって三日天下で挫折させられるや、その『朝野』をはじめ各紙は対清対決熱に沸きかえり、そのなかから、フランス利用論や日仏同盟=清国挟撃論さえも登場するにいたる。

四　侮蔑的清国観と脱亜・膨張志向

甲申事変の挫折のなかで、まず、朝鮮守旧派政権とこれを支える清国にたいし、ソウル占領と日清開戦による武力解決のほかはないと煽動しつづけたのは、論説「朝鮮処分」(Ⅳ-16)や「日本兵ノ武力ヲ宇内ニ示スベシ」(Ⅳ-20)を掲げた『自由』であった。すでに解党し、その機関紙『自由』も廃刊寸前となった旧自由党幹部たちの、「我ガ精鋭勇敢ノ兵」により「傲慢尊大」の清国を挫き、「傲慢ナル白皙人種」を一驚させれば条約改正も簡単だとする、これら二論説の幼稚な短絡論法は、むしろ、民権運動の大衆的激化のなかでその大義を捨て国権に走ったかれらの、内外情勢認識や思想の底の浅さを象徴するかのようである。また、壬午軍乱いらい二度目の対朝鮮野心の挫折と憤懣のなかで、改進党系の『報知』の論調もまた強硬であった。この時期、「支那朝鮮ヲシテ倨傲心ヲ増長セシムル勿レ」(Ⅳ-18)をはじめ、ほとんどが尾崎行雄の筆になる一連の『報知』の論説(『尾崎咢堂全集』二に収録)は、朝鮮も九州・四国と同様の要地だとして、その保全のためには欧州列強のまえにまず清国を排除すべしと論じている。そして、朝鮮・清国をあらんかぎり侮蔑しつつ、清国と雌雄を決する開戦の決意も兼ねた強硬談判を主張しつづけ、ついには「亜州の盟主」となる開戦の利益は大きいとさえ叫んでいる。

これら『自由』や『報知』にくらべれば、主戦論よりもむしろ主利論を主張した『朝野』は、論説「我邦ノ支那ニ対スル政略如何」(Ⅳ-19)をはじめとして、「我ガ国権ヲ拡張スル」利益を占取するため、フランスの「艦隊」・「軍兵」を「倔強ノ機関」として対清国談判に利用せよと説きつづけている。フランスの大軍事動員を怖れている清国にたいし、談判不調なら日仏同盟をにおわせて譲歩を迫れというこの政略論は、半年たらず前に自からが批判したばかりの、「漁夫ノ利」をあさる議論と大同小異である。また、いたずらな好戦論を批判する『毎日』も、禍源たる清国との軍事的支援のもとでの談判を要求しつづける。その際、論説「已ムヲ得ズンバ仏国ト同盟ス可シ」(十六・一・十四～十六)に典型的なように、清国が撤兵と対朝鮮非干渉に応じないなら、日仏同盟による「南北相応ジ海陸相攻メ」る短期決勝策も止むをえない、と論じている。さらに、論説「朝鮮ト日本ノ関繋」(Ⅳ-17)で甲申事変の背景などを比較的冷静に分析した『東日』も、ひきつづき清国を「信義」なき国として、兵力による示威をふくむ対清談判で朝鮮干渉排除を迫れ、と主張するにいたる。

清国にたいする切歯扼腕、従軍志願・軍費募金や大衆的な示威の運動さえ巷にあふれる敵愾意識の高揚を背景とした、これら各紙の主論調のなかでは、たとえば徳富蘇峰の「日支韓事件ニ関スルノ意見」(Ⅳ-26)などは、きわめて例外的な非戦論であった。「自由主義ノ消長」・「自由改進ノ運動」の運命こそ第一義とし、対清勝戦はそのまま政府専制・武断主義の勝利となって自由・改進の道を中絶・絶命させると懸念するこの議論は、この時期にも時折表明された前述した他紙の内治優先論などと対比しても、すぐれて原則的な民権論と平和主義である。ちなみに蘇峰は、翌年の『将来之日本』においても、従来の民権運動にたいし、所詮は過激な大言壮語で人民を煽る「好戦者」であり、人民の利害を顧みずに東洋進出を叫ぶ「封建的の自由主義」だと批判している(遠山茂樹『自由民権と現代』)。だが、こうした小さな呼びかけは、大勢たる各紙の論調や世論の対清対抗熱の沸騰のなかでは、ほとんど影響力をもちえなかったといわざるをえない。

しかも、甲申事変後のこの激昂した世論や強硬な新聞論調が、壬午軍乱後のそれと大きく異なっていたのは、軍乱後の清国の「敏捷迅速」・「活潑勇敢」への驚異や見直しの雰囲気とは反対に、対清対決論が清国への深い侮蔑心(少なくとも表面上は)をともなっていたことである。そして、その新たな「文明」日本への自負や高慢と、「頑陋」・「病衰」清国への蔑視は、前述のように、まさに清仏戦争の帰趨の観察や分析のなかで、すでに決定的になりつつあったものである。事実、こうした清国を無能・腐朽とする冷酷な清国観と侮蔑意識は、表面上の新聞論調のみならず、実は、直接に渡清して清仏戦争期の清国の内情を実地に観察・分析した、軍将校や民間諸人士からの情報などをつうじて、直接間接に国内にも伝播され蔓延しつつあったのである。

すなわちまず、紙幅の制約のため本巻ではほとんど扱いえなかったが、軍の組織的・系統的な朝鮮・清国とくに清国への情報将校の派遣と内治内情や地理の密偵活動のなかで、清仏戦争・甲申事変の前後にはすでに、清国の軍の組織や兵器の腐敗・乱悪、近代的戦闘能力の欠如などのみならず、官民ともの綱紀紊乱・徳義沈倫による不振のさまが、多く見抜かれ報告されていた。すでに一八七三(明治六)年十一月いらいの、清国ついで朝鮮への軍の密偵派遣と情報収集活動は、七八(明治十一)年の参謀本部設置いらいさらに組織的となり(七九(明治十二)年に清国に短期派遣された前述の福島安正中尉の『隣邦兵備略』などはその一〝成果〟)、とくに壬午軍乱後の対清軍拡路線のもとでそれは質的・量的に一段と増強され、清仏戦争期には前線視察もふくめ、上述のような観察と清国観は系統的に本国に報告され、そのなかで対清積極策も建議されつつあったのである(以上、村上勝彦「隣邦軍事偵察と兵要地誌」、小林一美「明治期日本参謀本部の対外諜報活動」)。しかも、かれら自身の多くが「志士」的でもある情報将校たちによる、現地偵察を土台とした生々しい知識や清国対策論は、多かれ少なかれ、国内の多数の官・民の「同志」たちにも伝えられていた。また、これも壬午軍乱以降、留学生・商人あるいは浪人など、さまざまな形で増大しつつあった民間の渡清者たち(一部民権派の人士もふくむ)と、多くは民間人を装った派遣情報将校たちとの交流(その一部は民間人の軍諜報網への包摂)をつうじて、蔑清の心情と「興亜」の熱情は相互に共通になりつつあった。事実、これら渡清者たちの多くも、清国の現況を蔑み懸念しつつ、ことごとにその覚醒・改造あるいはロシアの南下阻止を叫び、その実は日本の中国大陸への勢力浸透を夢みる、きわめて「志士」的な性格を濃厚に帯びていた。そして民権派の面々も、このような潮流からすでに無縁ではありえなくなりつつあった、と考えられる。

たとえば、清仏全面開戦の直前たる一八八四(明治十七)年七月、上海における「東洋学館」の創設(一年余りで挫折)に際し、館長末広重恭はじめ中江兆民・馬場辰猪・栗原亮一・杉田定一などの民権派有志は、半国権的な玄洋社の平岡浩太郎、あるいは樽井藤吉らとともに積極的に参画し、東洋の衰運挽回と輔車唇歯の間柄たる日清両国の交流増進のための人材養成を謳った。だが、創設の動機の少なくとも一端は、末広の演説「書生ノ方向」(『朝野』十七・十・十五〜十六)そのものが語るとおり、「無尽ノ財源ヲ有スル一大国(=清国)ハ我ガ国民ノ進ンデ利益ヲ博取スベキ好市場」とする展望であった。したがって、その創設後まもなく、福州での清国の対仏惨敗を眼のあたりにした情報将校小沢豁郎中尉による民間志士たちをもまきこんだ清朝の攪乱・革正の陰謀(参謀本部により決行寸前に阻止されたいわゆる「福州組事件」)に、この「東洋学館」の関係者の一部が加担したのも、学館が内包していたこうした要素を考慮すれば、別に不思議ではなかった(田中正俊「清仏戦争と日本人の中国観」)。

また、学館創設にも参加した、もともと積極的な東アジア進出論者だった民権派の杉田定一は、台湾・福州での清国の敗報をうけてみずから渡清したが、現地を視察して「遊清余感」(Ⅲ-16)を著わし、そのなかで、倨傲尊大な清国も実際の内情は腐敗・紊乱しているとしてこれを具体的に暴きつつ、あらためて露骨な脱亜と征清による「東洋ノ盟主」化を主張している。しかし、その驕りや深い清国蔑視の心情も、すでに大きな広がりをもっていたものであり、杉田に特有のものではなかったのではないか。事実、たとえば『自由』の特派員として杉田と前後して渡清し、清国で杉田とも時折行をともにした小室信介も、一八八四(明治十七)年十一月に帰国して間もなく『第一遊清記』を公刊しているが、これも、彼れを侮り我れを驕るような民族感情をそそる、清国の内情暴露的な読み物となっている。さらに、かの馬場辰猪でさえも、甲申事変後の天津での日清談判をにらみつつ、清国を「吾人が進路を妨害する」、「因循固陋にして譬を以てすれば偏屈根性なる口喧しき姑女」と罵り、いまは「外面」より刺激して清国の改進を強制するほかはないと説いている(『朝野』一六・四・七〜一五、雑報「馬場辰猪氏の演説」)。この対清強硬論の背後にも、いまや「欧州の文明」を導入し「西洋と相拮抗せむと欲する」日本への身贔屓と、「姑女」清国の現状を見捨て突き放す心情、その自力改進への期待の放棄があったのではないか。

そこで、以上のような清仏戦争期いらいの多様な体験や認識・判断の浸透、これらをも一背景としての上述の各紙にほぼ共通した〝蔑清〟・〝脱亜〟の論調をすでに前提にしつつ、甲申事変後の各紙の強硬な対清対決論は展開されたのであった。そして、壬午軍乱後とは大きく異なったこのような空気のなかで、まさに「命脈」尽きつつある清国との政治的・文化的断絶をことさらに強調し、甲申事変に際しては天皇の親征や北京・熱河までもの侵入を煽っていた福沢が、参議伊藤博文の天津派遣決定後に発表したのが有名な「脱亜論」(III-15)にほかならない。したがって、文化・精神の問題に重きを置いたこの脱亜入欧論に福沢的な特徴は認められるものの、欧州文明諸国の側にたって清国に対処しようとする脱亜論的志向は、突如とした福沢の独創ではなかったのである。

福沢の「脱亜論」は、『時事小言』いらいの朝鮮改革派援助＝改造論とそのための一貫した福沢の清国・朝鮮への強硬論の、甲申事変での挫折を機としたいわば「敗北宣言」であり、いらいかえって福沢の朝鮮・清国問題への関心・関与は消極的になっていく、という見解がある(坂野潤治、前掲書)。たしかに、たとえば「脱亜論」から五カ月後の論説「朝鮮人民のために其国の滅亡を賀す」(IV-22)などの、朝鮮の現状・安危・行方のすべてについて冷酷に見かぎったような議論は、それ以前にはなかったものである。だが、その福沢も、その前後のイギリスによる朝鮮巨文島占拠などには、あいかわらず「弱隣」の「盗難失火等の飛災」を深く懸念しているし、一年半後の『時事』の論説「朝鮮は日本の藩屏なり」(二十・一・六)でも、朝鮮を日本の「防禦線」とする遠大の策を求めている。朝鮮への不関与・消極主義は、このように、福沢においても容易ではなかったのではないか。そして、たとえば『毎日』の論説「朝鮮を以て第二の波蘭《ポーランド》国と為す勿れ」(IV-21)をはじめ、巨文島事件を懸念した各紙の論調も、福沢と同じく朝鮮の保全になお執着したものである。この一八八五(明治十八)年十一月に発覚した「大阪事件」も、その首謀者大井憲太郎らの国際感覚は、「野蛮国」朝鮮の現状を黙視しえずという、所詮は独善的な朝鮮「侵略加害」につながる(『馬城大井憲太郎伝』)。また、その一年後の『報知』の論説「列国相ヒ約シテ朝鮮ノ独立ヲ保護ス可シ」(IV-23)なども、遠くはロシア近くは清国の朝鮮掌握を、日本の相対的後退のなかでも可能なかぎり阻止しようとする執念を覗かせている。その点では、「国権」と消長をともにする「国民主義」＝「ナショナリチー」の発揮を説く陸羯南による、論説「高麗半島の現状」(IV-25)などは、朝鮮をめぐってすでに牢乎となりつつあったまさに「国民」的な国権意識の、すなおな表出としての干渉容認論だったのかもしれない。

一方、「脱亜」意識の底にあるなお根強い朝鮮への執着、それだけに侮蔑しつつも清国の一挙手一投足への警戒心・対抗心は、一八八六(明治十九)年八月の「長崎事件」(長崎に上陸した清国艦隊の水兵が酔って暴行、ついで翌々日、日本警官と大乱闘し双方に多数の死傷者を出した事件)によって、ますます刺激された。この事件にたいし、たとえば『朝野』は、清国の「傲慢無礼」こそ兵の驕りの根因だとして、「十分強剛の政略」により人心の不満鬱積を晴らせと要求した(十九・八・十九、論説「清兵の暴挙」)。『報知』も、ベトナムやビルマをも侵され意気消沈しているはずの清国のこの傲慢不遜の振舞いは、常識外の「一種異様ノ知覚」だと一方で蔑みつつ、その無神経な放恣専横を抑える強硬対処を説いている(十九・八・二十三、論説「退譲ハ驕国ニ対スルノ政略ニ非ズ」)。しかも、その後も各紙は、この長崎事件の決着のみならず、袁世凱による朝鮮干渉強化や沖縄県民の清国への脱走事件などにも神経をとがらせ(たとえば『朝野』論説「朝鮮ノ事情如何」(十九・九・二)や、四日後の論説「沖縄事件」(V-13)など)、清国への不信・憎悪と対抗熱を煽りつづけている。こうした空気のなか、たとえばかの「玄洋社」が、この長崎事件への悲憤慷慨を機として最終的に「民権伸張論を捨て国権主義に変」じ、「軍国主義」至上論に転換したとしても、別に不思議ではなかった。もともと半民権・半国権の玄洋社は、とくに壬午軍乱いらい、〝小(=朝鮮)を合するにはまず大を採るべし〟として、中国大陸での活動に熱を入れつつあったのである(以上、『玄洋社社史』)。実は、この長崎事件と同年の十月、日本人のナショナリズムを刺激したいま一つの事件、かの「ノルマントン号事件」(紀州大島沖で英船が沈没し、日本人乗客のみが二十三名も水死した事件)が発生した。神戸のイギリス領事裁判における船長無罪の審決にたいして、『朝野』の論説「豈《あに》二十余人ノミノ不幸ナランヤ」(II-29)もその一典型をなすように、日本人・黄色人種を人間扱いしない白人と、これをかばう不平等条約下の領事裁判に、世論は一時激昂した。だがこの事件にたいしては、船長・船員を非難するイギリスや欧米各国の「公平」な反応への評価、人種間の感情論を排し船員の倫理問題として扱えとする主張など、各紙の冷静な対応も多く、日本側の告訴による横浜イギリス領事裁判所の船長有罪判決(禁錮三カ月)以降は、領事裁判権への不満は残しつつも、世論は急速に沈静化していっている。長崎事件とノルマントン号事件は、その意味で、民族感情を煽るセンセーショナルな二大事件とはいえ、一方はやがて「文明」への信頼をつなぐ事件、他方はアジアの〝頑陋・不遜な老大国〟への敵愾心をさらに募らせる事件へと帰結している。

ふりかえってみれば、福沢をはじめ「脱亜」論的な議論は、拙速な朝鮮略取への策謀は失敗するとしても、東アジアへの「世界文明諸国の分割」の勢が増すなかで、いまやその「西洋の文明国と進退を共にし」うる(福沢、III-15)日本の西洋化=大国化への自意識の共有を国民に求め、そこに冷めてひらきなおれと勧めていたのかもしれない。甲申事変での一歩後退、さらに巨文島占拠事件・露朝密約問題また長崎事件などののちにも、『朝野』や『報知』などをにぎわせた、すでに前節で検討した日露仏同盟論や日英清同盟論などは、その日本の、新たな段階・局面における小型帝国主義候補国への現実的可能性と、そのためのさまざまな選択肢を、国民に問いかけはじめていたのではなかったか。事実、英清の接近に対抗する日露の連携を主張した『朝野』の論説「支那人の外交に係る誤想」(二十・一・七~八)などは、脅威とされるロシアとも、事により「之と連衡して以て南侵の利獲を分つ」ことも可能なのだ、とさえ語っている。したがって、その前後にも強調されていた、シベリア鉄道建設問題はじめ「獣力世界」の論理の東アジアへの切迫という論点も、日本そのものの存亡の危機への「過慮」からくる、「外交の神経病」の所産ではなかったのではないか。あるいは、もし真に「過慮」があったとすれば、その多くは、我家そのものではなく、このままでは隣家が我家の手のとどかぬうちに他の強隣に取りこまれてしまうとする焦燥であり「過慮」だったのではないか。そして、そのような世界情勢・東アジア情勢の認識と自意識は、結局はかの外相井上馨がいう「欧洲的新帝国」論、また第一帝国議会での山県有朋の施政方針演説が説く「利益線」=朝鮮防護のための軍備拡張論とも一線を画しにくい、膨張主義的・軍国主義的ナショナリズムの深く広い浸透とつながっていたのではないか。その意味で、条約改正問題では対欧米並駆の自信をもって強硬だった三大事件建白・大同団結の反政府運動のリーダーたちが、この山県が説く「国是」そのものには帝国議会でも反対せずに協調しようとしたことは、きわめて象徴的である。

五　おわりに

対外観として扱われるべき課題は、本来は限りなく広いし、対外観をめぐる問題状況も、この解説の最初に述べたように、きわめて複雑である。本巻では、法制・軍事・経済や文化諸領域の問題にはふみこまず、主に政治と外交にかかわって、欧米やアジアの諸国の内治内情の問題、世界情勢や国際関係を、近代社会形成期の日本人がどのように認識・判断し、これに対処しようとしてきたかということを考察してきた。しかしこの解説は、当時の官・民の、とくに朝鮮観・朝鮮対策論やこれとからむ中国観がはらむ諸論点の検討に、あまりに拘泥しすぎたのかもしれない。既述のように、かれらは、自由と専制や他民族圧迫また社会主義の問題なども含む欧州諸国の内治・外交のさまざまな側面、帝国主義的な国際権力政治と世界分割の開始の趨勢、あるいは被抑圧民族の抵抗などにも、深い緊張感と広い関心を抱きつつ、その帰趨を追跡しようとしていたのである。朝鮮・中国や東アジア情勢の問題がすべてでは決してなかった。にもかかわらず、まず朝鮮認識ついで中国認識の問題に大きな焦点をあてたのは、対外観が、日本人自身の自己認識や自意識および内外への能動性・実践性と深くかかわる精神領域の重要な一部であるという、この観点からである。

国際社会のなかでのこの自己認識や自意識、あるいは民族的な歴史意識や気負いは、実はそれがフィルターとなって、外の世界にたいする主観的な像を結びがちである。しかもその像は、自国の利害がからめばからむほど、しばしば不遜で身勝手あるいは侮蔑的で一面的なものになりがちであり、それが内外への国民的な関心や選択の方向をも徐々に制約し、特定の進路を納得させ正当化させていく。対外観がはらむこの虚偽意識としての問題性は、二、三の小段階を画しつつも、近代日本の自己形成とほぼ併行した、この朝鮮観・中国観のなかに凝集されているのではないかということが、朝鮮・中国にこだわりつづけた最大の理由である。その点でこの解説は、たとえば、世論のほとんどが日清戦争を文野明暗の「義戦」とし、さらに中国大陸の要地を取れと叫んだような国民意識の歴史的な由来について、あまりに「過慮」していたのかもしれない。

たしかに、帝国主義化しつつある一九世紀後半の世界と東アジアの情勢は、客観的にみても、国際関係における道義や規範意識を弱め、新興国における露骨な国権主義さらに膨張主義のナショナリズムを生みやすい環境であった。とはいえ、近代日本の対外選択、とりわけ近隣諸国への志向がもつ問題を、この国際環境一般の問題のなかに解消しうるであろうか。道義や理想よりも切迫した国際権力政治の「現実」への対処こそが急務とする、その「現実」なるものの多くも、実は、国民の国権熱や焦燥感を煽るために、ある一面のみが誇張された「現実」だったのではないか。これらの点も、各所で検討してきたはずである。

しかも、以上のような諸論点は、広くは、ひとり近代日本形成期の問題にとどまるものではない。どの国についても多少ともいえることだが、いまは日本を問題にすれば、日本人の多くにとって、曖昧で主観的な民族的自負心を土台とした、自国・他国それぞれにたいする独りよがりのイメージや自己本位の間尺にあわせた国際感覚、また利害関心につられてついつい屈折していく世界像から自由になることは、そう簡単なことではない。それは、当時、あるいは日清・日露やかの十五年戦争期のみならず、ほぼ一世紀を隔て、日本も国際環境も大きく変わった今日においてもなお、さほど容易なことではない、と考えられるからである。

それにしても、この解説の全体で考察されたのは、広範な問題領域のなかのほんの一部であるにすぎない。本巻に収録された諸史料に関説したばあいにも、その骨と筋の一部への論及に止まらざるをえなかったばあいがほとんどである。これらの史料自体さまざまな読み方が可能なものであり、またそれらの少なからざる部分にもふくまれている想像以上に広い知識、深い識見、また多様な含蓄については、読者自身の味読を期待する。同時に、それらに書かれ論じられていることとともに、その奥にある隠された動機・意図や裏側の真の認識・判断にも、ときには吟味のメスを加えていただきたい。そのことによって、近代日本形成期の対外観とナショナリズムの全射程に、あらためて想いを寄せていただきたい。

日本近代思想大系　12
対外観

1988年11月22日　第1刷発行
2000年7月3日　第4刷発行
2017年6月13日　オンデマンド版発行

校注者　芝原拓自《しばはらたくじ》　猪飼隆明《いかいたかあき》　池田正博《いけだまさひろ》

発行者　岡本　厚

発行所　株式会社　岩波書店
〒101-8002　東京都千代田区一ツ橋2-5-5
電話案内　03-5210-4000
http://www.iwanami.co.jp/

印刷／製本・法令印刷

ISBN 978-4-00-730617-4　Printed in Japan